2025 쉬운 휘운 행정법 | 유휘운 행정법

요
키

요플
키워드
해설집

메가 공무원

PREFACE

지문에 처리된 형광펜 부분만 읽으면, 그것이 "최상위 합격자의 눈에 시험장에서 보이는 지문의 모습"이 됩니다.

요.플.키워드 해설집(이하 "요.키.")은 다음과 같은 목적과 특징을 가지고 있습니다.

1 요.플.의 완벽한 키워드 해설서로서의 요.키.

- 저자의 단권화 요약서인 요약노트+기출문제(요.플.)는 좌측에 행정법 전체 내용을 도식화한 요약서를, 우측에 이에 대응하는 기출지문을 1:1 매칭하는 2 in 1 방식으로 개념과 문풀을 빠르게 동시 회독할 수 있도록 하였습니다. 그리고 이러한 방식으로 출간 첫 해부터 베스트셀러 1위에 오르는 등 이제까지 많은 사랑을 받아왔습니다.
- 다만 수록 지문들에 대해 보다 상세한 해설, 특히, 틀린 지문은 어디가 틀린 것이고 옳게 고치면 어떻게 되는 것인지 등을 강사가 직접 대조해 보여주면 좋겠다는 요청이 있었고 이에 요플의 완벽한 해설서로 본서가 탄생하게 되었습니다.
- 요.키.는 요.플.에 수록된 4,600개 모든 지문에 키워드 해설을 제공하고, 틀린 지문은 옳은 지문으로 고쳐 좌우에 배열해 즉각 비교할 수 있도록 해 드립니다. 나아가 추가 해설이 필요한 경우 plus 해설까지 제공하고 있습니다. 이러한 방식으로 여러분들의 고민시간을 줄이고 오류에 빠질 가능성을 완전히 차단하고 있습니다.

2 독자적 키워드 지문집으로서의 요.키.

- 위와 같이 요.키.는 기본적으로 요.플.의 상세 해설서 역할을 수행하지만, 다음과 같은 특징으로 독립된 키워드 지문집으로서의 역할 역시 수행합니다.

㉮ 모든 지문에서 키워드를 알려드립니다. 틀린 지문은 옳은 지문으로 고쳐 비교해 드립니다.

- 키워드는 해당 부분이 중요하다는 의미도 있지만, 키워드 외의 부분은 중요하지 않다는 의미도 있습니다. 수험생분들은 키워드 정보를 제공받아야 지문에서 읽어야 할 부분과 신경쓸 필요가 없는 부분을 구별할 수 있습니다. 그래야 쓸데없는 곳에 매몰되어 시간을 허비하지 않고 빠르게 점수를 획득하는 공부를 할 수 있습니다.
- 요.키.는 4,600개 전 지문을 대상으로 어디가 키워드이고 어디서 끊어 읽어야 하는지를 형광펜 작업을 통해 블록화 하여 제공합니다. 또한 우측에 틀린 지문을, 좌측에 그에 대한 바른 지문을 고쳐 제시하는 방식으로 어느 수준에 이른 뒤에는 완전한 독학과 효율적 학습이 가능하도록 하였습니다.
- 따라서 좌우의 형광펜만 비교해 가면서 반복 학습 하시면 그 이미지가 기억에 남아 설령 내용을 잘 모르는 한이 있어도 정답을 찾을 수 있게 됩니다(일명 숨은 그림찾기 방법). 물론 내용을 잘 안다면 그것을 검증하고 완전히 단단하게 만들어줄 더 없이 좋은 도구가 될 것입니다.
- 형광펜 부분은 그것이 "최상위 합격자의 눈에 시험장에서 보이는 지문의 모습"이라 생각하시면 됩니다. 최상위 합격자들은 수많은 회독을 통해 지문에서 읽어야 할 부분과 읽지 않아도 되는 부분을 어느 순간 알게 됩니다. 본서는 처음부터 그 경지를 보여드리고 제공해 드리고자 합니다.

㉯ 옳은 지문만 회독하기, 틀린 지문만 회독하기, 비교하며 회독하기가 모두 가능합니다.

- 교재의 좌측만 읽어 내려가면 옳은 지문만 회독할 수 있습니다. 교재의 우측만 읽어 내려가면 틀린 지문만 회독해 볼 수 있습니다. 교재의 좌우를 같이 읽어 내려가면 옳은 지문과 틀린 지문을 대조해 가면서 회독할 수 있습니다.
- 이들을 번갈아 수행해 보시면 단순한 다회독과는 비교도 할 수 없는 효율과 단단함을 맛보게 되실 것입니다.

저자의 글

수없는 회독을 통해서 간신히 달성할 수 있는 그 경지를 처음부터 보여드리는 것이 본서의 궁극적 목적입니다.

다 빠짐이 없습니다.
- 요.키.에 수록된 4,600개의 지문은 전 시행처에서 중복을 제거하고 빠짐없이 가져온 것입니다. 또한 출제가 예상되는 최신판례나 미기출 판례, 조문 등을 문제화 하여 미기출 예상지문도 200개 가량 수록해 두었습니다. 따라서 합격을 위한 완벽한 단권화 지문집으로서의 역할을 수행합니다.

라 9단계의 중요도를 제공해 상황별 최대 효율을 뽑아내게 하였습니다.
- 요.키.는 다음과 같이 4,600개 지문 모두에 9가지 등급을 제공하여 S A B C 만 보고 70%의 합격을 노리는 방법, 기 인 소 까지 보고 90~95%의 합격을 노리는 방법, 무 Z 까지 보고 99%의 합격을 노리는 방법 등 본인의 상황과 목표에 따라 언제나 최대 효율을 뽑을 수 있도록 하였습니다.

분류		의미	정복 시 합격확률
S A B C	중요등급	빈출지문 혹은 미기출이나 출제가 유력한 예상지문	70% 이상 합격예상
기	기본등급	자주 출제되진 않으나, 뿌리가 되는 기본내용	90~95% 합격예상 (인사처 수험생은 "인"까지, 소방 수험생은 "소"까지)
인	인사처용 등급	인사처 10개년 동안 단 1번이라도 출제된 지문	
소	소방용 등급	공개된 소방기출 중 단 1번이라도 출제된 지문	
무	무(無) 등급	위 모두에 해당하지 않으나 지엽까지는 아닌 지문	99% 합격예상
Z	지엽 등급	지엽적인 지문	99.9% 합격예상

마 24년도 최신기출, 최신판례, 개정 법령, 미기출 중요내용 등을 문제화 해 담았습니다.
- 24년도 현재까지 치러진 국가직, 지방직, 소방, 국회 등 각종 객관식 행정법 시험을 모두 반영하였습니다.
- 최신판례나 개정법령 등은 기출되지 않은 것이더라도 문제화 하여 중요도까지 부여해 반영하였습니다. 이들은 23년도 내지 24년도에 치러진 국가직9급이나 지방직9급 등에서 똑같이 정답지문으로 출제되어 적중하는 등 각종 시험에서 다수 적중하였습니다. 올해도 마찬가지로 새로운 내용들을 문제화 해 반영했습니다.

3 마치며
- 본 교재와 관련한 오타·추가사항 등이 발견되면 네이버 까페(cafe.naver.com/exampasslaw)에 업로드하도록 하겠습니다.
- 하고 싶어서 강사를 시작한지 4년이 되었습니다. 수험생분들께 도움을 줄 수 있다는 자신감을 가지고 시작했지만 시간이 갈수록 부족한 것이 더 보이고, 해야 할 일은 늘어간다는 생각이 듭니다. 좋게 생각하면 앞으로 해드릴 게 아직도 많다는 것이지만 나쁘게 생각하면 그 동안 지를 이용한 수험생분들께 더 잘 해드리지 못 했다는 미안함도 듭니다.
- 요.키.는 요.플.에서의 또 한 번의 도약입니다. 교재를 만들면서 "나라도 이걸 사겠다"라는 생각이 들 정도로 자신이 있었습니다. 공인된 기출 지문을 제가 모두 직접 키워딩 한 것이기에 제 강의를 듣지 않는 분들이나 아무 강의를 듣지 않는 분들에게도 굉장히 유용할 것이리라 생각합니다.
- 지금 이 순간에도 자신과 싸워 나가며 책장을 넘기고 있을 세상의 모든 수험생분들을 응원합니다. 꿈을 가지고 그 꿈을 이루기 위해 노력하는 여러분들은 아름다운 사람입니다. 저도 언제나 받는 것보다 주는 것이 더 많은 강사가 되기 위해 한번 더 정신을 가다듬어야겠습니다. 부디 제가 도움이 되는 사람이길 바랍니다.

2024. 10.
저자 **유휘운** 드림

CONTENTS

PART I 행정법 서론

- T 01 행정과 행정법 ... 008
- T 02 통치행위 ... 009
- T 03 법치행정 ... 010
- T 04 행정법의 법원 ... 013
- T 05 행정법의 일반원칙(1) – 신뢰보호의 원칙 ... 015
- T 06 행정법의 일반원칙(2) – 나머지 원칙 ... 020
- T 07 행정법의 효력 ... 024
- T 08 법령개정 시 적용법령 ... 026
- T 09 행정주체와 행정객체 ... 028
- T 10 행정상 법률관계 ... 030
- T 11 특별권력관계(특별행정법관계) ... 031
- T 12 행정법관계의 변동–사건을 중심으로 ... 033

PART II 행정작용법

- T 13 행정입법 총설 ... 036
- T 14 법규명령 ... 038
- T 15 행정규칙 ... 044
- T 16 행정행위의 개념과 분류 ... 050
- T 17 명령적 행정행위 – 하명·허가·면제 ... 057
- T 18 인·허가 의제제도 ... 059
- T 19 형성적 행위 – 특허·대리·인가 ... 064
- T 20 정비사업 – 재개발·재건축 등 쟁점 모음 ... 067
- T 21 준법률행위적 행정행위 – 확인·공증·통지·수리 ... 072
- T 22 사인의 공법행위 – 개관 ... 072
- T 23 사인의 공법행위 – 신고·신청 ... 074
- T 24 건축 관련 쟁점 모음 ... 078
- T 25 영업양도의 쟁점 ... 081
- T 26 행정행위의 성립요건·효력발생요건 ... 084
- T 27 행정행위의 효력(1) – 공정력·구성요건적 효력 ... 087
- T 28 행정행위의 효력(2) – 불가쟁력·불가변력, 구속력, 강제력 ... 091
- T 29 행정행위의 하자와 효력 ... 093
- T 30 하자의 승계·전환·치유 ... 100
- T 31 행정행위의 효력상실 – 취소·철회·실효 ... 106
- T 32 행정행위의 부관 ... 114
- T 33 단계적 행정결정 등 ... 124
- T 34 행정계획 ... 127
- T 35 행정지도 ... 132
- T 36 공법상 계약 ... 134
- T 37 행정절차법(1) – 조문별 기출정리 ... 136
- T 38 행정절차법(2) – 헌법적 근거 및 적용범위 ... 144
- T 39 행정절차법(3) – 사전통지·의견청취 ... 147
- T 40 행정절차법(4) – 이유제시 ... 150
- T 41 행정절차법(5) – 절차의 하자 ... 152

| 이 책의 차례 |

PART III 행정의 실효성 확보수단

- T 42 실효성 확보수단(1) – 공통쟁점 정리 ········ 156
- T 43 실효성 확보수단(2) – 대집행 ········ 162
- T 44 실효성 확보수단(3) – 그 외 강제집행 ········ 166
- T 45 실효성 확보수단(4) – 즉시강제 ········ 170
- T 46 실효성 확보수단(5) – 행정형벌 ········ 173
- T 47 실효성 확보수단(6) – 행정질서벌(과태료) ········ 175
- T 48 실효성 확보수단(7) – 새로운 실효성 확보수단 ········ 179
- T 49 행정조사기본법 ········ 182

PART IV 행정구제법

- T 50 행정소송의 개관 ········ 187
- T 51 대상적격(1) – 원처분주의와 재결주의 ········ 187
- T 52 대상적격(2) – 처분성 등 일괄 정리(행정작용을 중심으로) ········ 189
- T 53 대상적격(3) – 처분성 등 일괄 정리(법률관계를 중심으로) ········ 197
- T 54 거부처분 관련 쟁점 ········ 211
- T 55 공권과 원고적격 ········ 217
- T 56 제3자의 지위(1) – 경업자·경원자·인근주민 소송 등 일괄정리 ········ 222
- T 57 (협의의) 소의 이익 ········ 227
- T 58 피고적격 ········ 232
- T 59 관할법원 ········ 235
- T 60 행정심판 임의주의 – 예외적 전치주의 ········ 237
- T 61 제소기간 ········ 239
- T 62 가구제 – 집행정지(항고소송)/가처분(당사자소송) ········ 242
- T 63 행정소송의 심리(1) – 심리의 원칙·종류·내용 ········ 247
- T 64 행정소송의 심리(2) – 소송 중 각종 변동제도 일괄정리 ········ 249
- T 65 행정소송의 판결(1) – 판단의 기준 시와 판결의 종류 ········ 256
- T 66 행정소송의 판결(2) – 판결의 효력 ········ 260
- T 67 제3자의 지위(2) – 절차순 일괄정리 ········ 266
- T 68 행정심판(1) – 조문별 쟁점·기출정리 ········ 267
- T 69 행정심판(2) – 이의신청·재심사청구 등 ········ 279
- T 70 고지제도 일괄 정리 – 행정절차법·행정심판법·행정소송법 ········ 281
- T 71 국가배상법(1) – 공무원의 위법행위에 대한 국가배상책임(제2조) ········ 282
- T 72 국가배상법(2) – 영조물의 하자에 따른 국가배상책임(제5조) ········ 293
- T 73 국가배상법(3) – 공통사항 및 특례규정 ········ 297
- T 74 손실보상(1) – 헌법적 검토 ········ 302
- T 75 손실보상(2) – 토지보상법 중심 검토 ········ 306

PART V 정보공개법·보호법

- T 76 공공기관 정보공개법(1) – 조문별 기출정리 ········ 318
- T 77 공공기관 정보공개법(2) – 정보공개청구권 ········ 322
- T 78 공공기관 정보공개법(3) – 정보공개의 대상 ········ 324
- T 79 공공기관 정보공개법(4) – 비공개대상정보 ········ 325
- T 80 개인정보 보호법(1) – 조문별 기출정리 ········ 329
- T 81 개인정보 보호법(2) – 기타 사항 ········ 335

(부록) 수시참고 사항 ········ 336

STRUCTURE

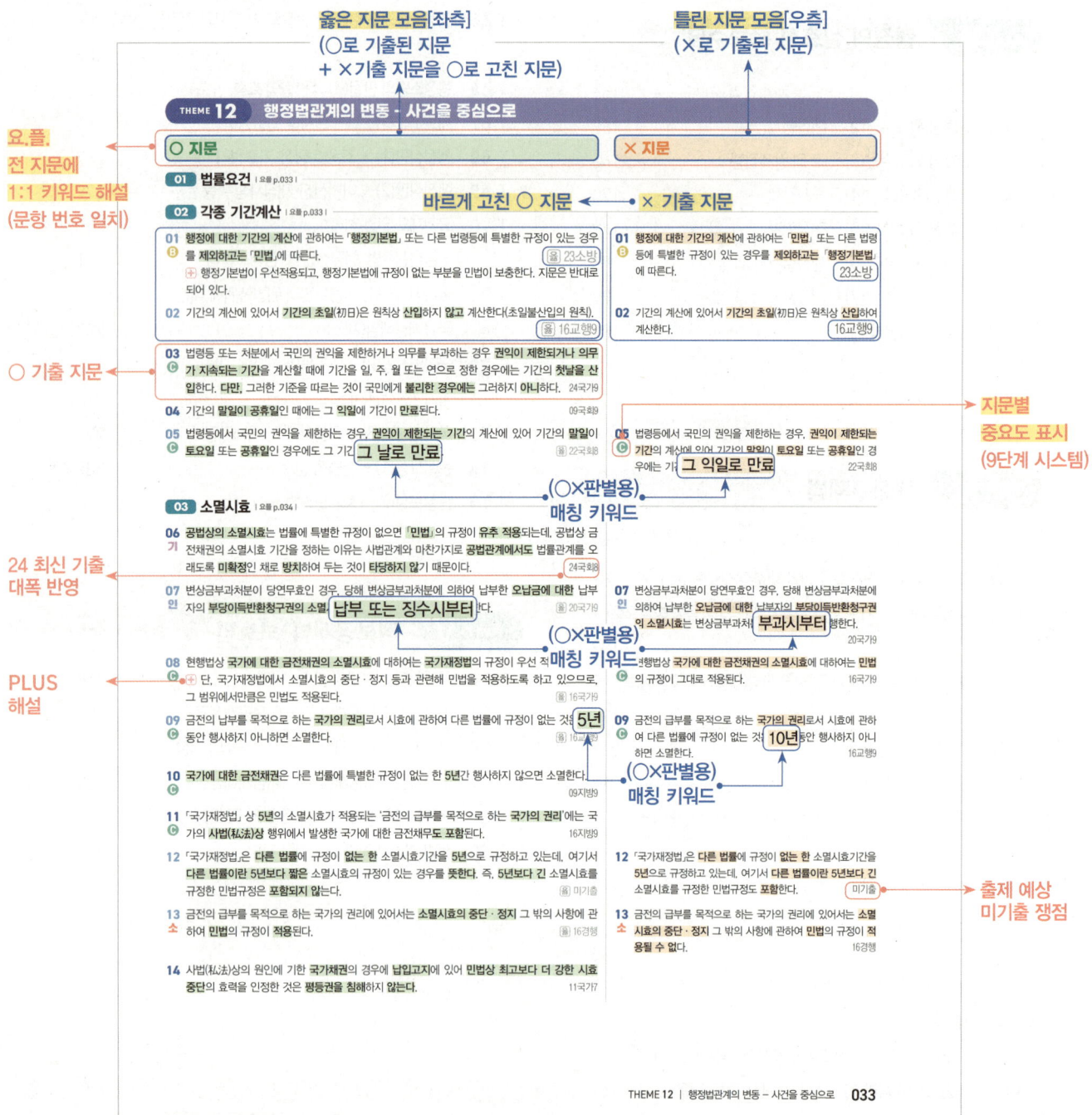

교재구성

○ 지문 키워드
(그린색)

× 지문 키워드
(오렌지색)

49 임대사업자에 대한 분양전환승인처분 중 **가격승인부분**은 강학상 **인가**에 해당한다고 볼 수 **없고**, 분양전환승인 중 분양전환가격에 대한 부분은 임대사업자뿐만 아니라 임차인의 법적 지위에도 구체적이고 직접적인 영향을 미치므로 **임차인들은 해당 처분**의 가격산정에 위법이 있음을 들어 **다툴 법률상 이익(원고적격)이** 있다.
미기출

49 임대사업자에 대한 분양전환승인처분 중 **가격승인부분**은 강학상 **인가**에 불과하고, 임차인들은 해당 처분의 제3자에 불과하므로 **임차인들은 해당 처분**의 가격산정에 위법이 있음을 들어 **다툴 법률상 이익이 없다.**
미기출

50 **생태·자연도** 1등급으로 지정되었던 지역을 2등급 또는 3**등급**으로 **변경**하는 내용의 환경부장관의 결정에 대해 해당 1등급 권역의 **인근주민**이 취소소송을 제기할 **원고적격이 없다.**(2011두29052)
16국가9

50 **생태·자연도** 1등급으로 지정되었던 지역을 2등급 또는 3**등급**으로 **변경**하는 내용의 환경부장관의 결정에 대해 해당 1등급 권역의 **인근주민**이 취소소송을 제기할 **원고적격이 인정**된다.
16국가9

51 **절대보전지역 변경처분**에 대해 지역주민회와 주민들이 항고소송을 제기하는 경우에는 절대보전지역 유지고 **지역주민회·주민**들이 가지는 주거 및 생활환경상의 이익은 지역의 경관 등이 보호됨으로써 누리는 **반사적 이익이다.** 따라서 지역주민회 등은 원고적격이 없다.(2011두13187)
17서울7

51 **절대보전지역 변경처분**에 대해 지역주민회와 주민들이 항고소송을 제기하는 경우에는 절대보전지역 유지고 **지역주민회·주민**들이 가지는 주거 및 생활환경상의 이익은 지역의 경관 등이 보호됨으로써 누리는 **법률상 이익이다.**
17서울7

52 **문화재**나 문화재보호구역 **지정**으로 인하여 **인근주민**이 문화재를 향유할 이익은 구체적이고도 **법률적인 이익**이라고 할 수는 **없다.**
13지방7

52 **문화재**나 문화재보호구역 **지정**으로 인하여 **인근주민**이 문화재를 향유할 이익은 구체적인 **법률상 이익에 해당한다.**
13지방7

53 콘크리트제조업종의 **공장입지지정승인처분**이 취소됨으로 인하여 **다른 지역에 거주**하면서 그 공장설립예정지에 인접한 토지를 소유하고 있거나 **그 지상에 묘소**를 두고 있는 자가 분진, 소음, 수질오염 등의 피해를 입을 우려에서 벗어나는 이익은 그 입지지정승인처분의 근거법률에 의하여 보호되는 직접적이고 구체적인 **법률상 이익**이라고 할 수 **없다.**
22소간

54 **다른 도로의 이용이 가능**해진 주민에게는 종전에 이용하던 **사도의 폐지**허가처분의 취소를 구할 **법률상 이익이** 인정되지 **않는다.**
미기출

[테마별 N지 모음]

N1 다음 사례에 대한 설명으로 옳은 것은? (다툼이 있는 경우 판례에 의함)
17(하)국가9 ③

> 국토교통부장관은 몰디브 직항 항공노선 **1개의 면허**를 국내항공사에 발급하기로 결정하고, 이 사실을 공고하였다. 이에 따라 A항공사와 B항공사는 **각각** 노선면허취득을 위한 **신청**을 하였는데, 국토교통부장관은 심사를 거쳐 A항공사에게 노선면허를 발급(이하 '이 사건 노선면허발급처분'이라 한다)하였다.

① B항공사가 자신에 대한 노선면허발급거부처분에 대해 취소소송을 제기하여 인용판결을 받더라도 이 사건 노선면허발급처분이 취소되지 않는 이상 자신이 노선면허를 발급받을 수는 없으므로 B항공사에게는 **자신에 대한 노선면허발급거부처분**의 취소를 구할 **소의 이익**이 인정되지 **않는다.**
② B항공사가 이 사건 **노선면허**처분에 대해 취소소송을 제기할 **원고적격이 인정되지 않는다.**
③ 만약 B항공사가 이 사건 노선면허발급처분에 대한 행정심판을 청구하여 **인용재결**을 받는다면, A항공사는 그 **인용재결의 취소**를 구하는 **소송**을 제기할 수 **있다.**
④ 만약 위 사례와 달리 C항공사가 몰디브 직항 항공노선에 관하여 **이미 노선면허**를 가지고 있었는데, A항공사가 국토교통부장관에게 몰디브 직항 항공노선면허를 신청하였고 이에 대해 국토교통부장관이 A항공사에게도 **신규로 노선면허**를 발급한 것이라면, C항공사는 A항공사에 대한 노선면허발급처분에 대해 취소소송을 제기할 **원고적격이 없다.**

[해설] ① B항공사가 자신에 대한 노선면허발급거부처분에 대해 취소소송을 제기하여 인용판결을 받으면 이 사건 노선면허발급처분이 취소되지 않더라도 행정청은 취소판결의 기속력에 따라 새심사할 의무를 부담하므로 이에 따라 B항공사가 노선면허를 발급받을 가능성이 인정된다. 따라서 B항공사에게는 **자신에 대한 노선면허발급거부처분**의 취소를 구할 **소의 이익은 인정된다.**(2013두27517)
② B항공사는 경원자로서 이 사건 **노선면허발급**처분에 대해 취소소송을 제기할 **원고적격이 인정된다.**(두8359)
④ 만약 위 사례와 달리 C항공사가 몰디브 직항 항공노선에 관하여 **이미 노선면허**를 가지고 있었는데, A항공사가 국토교통부장관에게 몰디브 직항 항공노선면허를 신청하였고 이에 대해 국토교통부장관이 A항공사에게도 **신규로 노선면허**를 발급한 것이라면, 항공노선면허는 특허에 해당하고 C항공사는 A항공사와 경업관계에 있으므로 A항공사에 대한 노선면허발급처분에 대해 취소소송을 제기할 **원고적격이 있다.**

사례 등 4지선다
(테마 끝 배치)

(○×판별용)
매칭 키워드

추가 상세 해설

THEME 01 행정과 행정법

○ 지문 | **✕ 지문**

01 행정의 정의 | 요플 p.008 |

○ 지문:

01 **대통령령의 제정**은 **실질적** 의미에서는 **입법**이고, 형식적 의미에서만 행정이다. 10경행

02 **국회사무총장의 직원임명**은 실질적 의미의 행정에 속하지만, **형식적** 의미에서는 **입법**에 속한다. 10경행

03 **지방공무원 임명**은 실질적, 형식적으로 모두 **행정**이다. 10경행

04 집회의 금지통고(는 **실질적** 의미의 **행정**에 해당한다) 15지방7

05 일반법관의 임명(은 **실질적** 의미의 **행정**에 해당한다) 15지방7

06 **행정심판의 재결**은 **실질적** 의미에서는 **사법**이고, 형식적 의미에서만 행정이다. 10경행

07 **통고처분**은 **실질적** 의미의 **사법**에 해당한다. 15지방7

08 형식적 행정에 해당할 뿐, **실질적 행정에는 해당하지 않는** 행정작용도 **행정법의 대상**이 된다(예컨대 행정입법, 행정심판의 재결). 18서울9

09 **국가행정**과 **자치행정**은 행정주체를 기준으로 행정을 구분한 것이다. 18서울9

10 행정은 그 법 형식을 기준으로 하여 **공법형식**의 행정과 **사법형식**의 행정으로 구분할 수 있다. 18서울9

✕ 지문:

01 **대통령령의 제정**(은 **실질적** 의미, 형식적 의미 모두 **행정에 속한다**) 10경행

02 **국회사무총장의 직원임명**(은 실질적 의미, **형식적** 의미 모두 **행정에 속한다**) 10경행

03 **지방공무원 임명**(은 실질적 의미의 행정에는 속하나 **형식적** 의미의 **행정이 아니**다) 10경행

06 **행정심판의 재결**(은 **실질적** 의미, 형식적 의미 모두 **행정에 속한다**) 10경행

07 **통고처분**(은 **실질적** 의미의 **행정**에 해당한다) 15지방7

08 **행정법의 대상**이 되는 행정은 **실질적 행정에 한**한다. 18서울9

02 행정의 성격 | 요플 p.008 |

11 (행정기본법에 따르면) 행정은 공공의 이익을 위하여 **적극적으로 추진**되어야 한다. 21군무원9

12 **국가와 지방자치단체**는 소속 공무원이 공공의 이익을 위하여 적극적으로 직무를 수행할 수 있도록 제반 **여건을 조성**하고, 이와 관련된 **시책 및 조치를 추진**하여야 한다. 23소방

13 행정은 **적극적·미래지향적** 형성작용이다. 18서울9

03 행정법의 의의 | 요플 p.008 |

테마별 N지 모음

N1 행정법에 대한 설명으로 옳지 않은 것은? 11국가9 ③

① **대륙법계는 공법과 사법(私法)의 구별**을 강조하면서 행정사건은 사법(司法)법원이 아닌 **별도의 법원(재판소)**의 관할에 속하도록 하고 있다.

② 프랑스에서 **행정법원(재판소**, Conseil d'EtAt)이 출범하게 된 배경은 대혁명 이후 **행정사건에 대한 사법(司法)법원의 간섭을 배제**하기 위한 필요성과 관련이 있다.

③ 공법과 사법(私法)의 구별을 강조하지 않는 **영·미법계** 국가에서는 오늘날 **행정법의 특수성은 인정되지 않**으며 행정기관의 결정에 대한 재판권은 통상의 사법(司法)법원이 행사한다.

④ **우리나라**의 행정법은 전통적으로 대륙법계의 영향을 받아 행정에 특유한 **공법으로서의 성격을 강조**하고 있으면서도 행정사건은 별도의 행정법원(재판소)이 아닌 **사법(司法)법원의 관할**에 속한다.

[해설] ③ 공법과 사법(私法)의 구별을 강조하지 않는 **영·미법계** 국가에서도 오늘날 **행정법의 특수성은 인정**된다. 단, 행정기관의 결정에 대한 재판권은 통상의 사법(司法)법원이 행사한다.

THEME 02 통치행위

○ 지문 / × 지문

01 개념

01 (통치행위란) 국가행위 중에서 **고도의 정치성**을 갖기 때문에 **사법심사가 제한**되는 행위이다. 13경행

02 **통치행위의 주체**는 통상 정부가 거론되고 국회도 가능하다. 그러나, **사법부**에 의한 통치행위는 **인정되지 않는다**. 13서울7

03 **통치행위의 인정**은 지극히 신중하게 하여야 하고, 그 판단은 오로지 **사법부만**에 의하여 이루어져야 한다.(대판 2003도7878) 11국회9

× **02** **통치행위의 주체**는 통상 정부가 거론되나 국회와 **사법부**에 의한 통치행위를 **인정**하는 것이 일반적이다. 13서울7

× **03** 대법원은 **통치행위 인정**을 지극히 신중하게 하여야 하지만, 그 판단은 오로지 **사법부만**에 의하여 이루어져야 하는 것은 **아니라**고 보았다. 11국회9

02 인정여부

04 통치행위는 고도의 정치적 결단에 의한 국가의 행위로 **사법심사**의 대상으로 할 수 있는가에 대하여 **학설대립**이 있다. 13서울7(변형)

05 통치행위에 관한 **사법자제설**은 사법심사가 **가능함에도** 사법의 정치화를 방지하기 위하여 법원 스스로 **자제한다**는 견해이다. 13서울7

06 통치행위를 포함하여 모든 국가작용은 국민의 **기본권적** 가치를 실현하기 위한 수단이라는 **한계**를 반드시 지켜야 한다. 18소방

× **06** 통치행위를 포함하여 모든 국가작용은 국민의 **기본권적** 가치를 실현하기 위한 수단이라는 **한계를 반드시 지켜야 하는 것은 아니다**. 18소방

03 판례사안

07 **외국에의 국군 파견결정**은 그 성격상 국방 및 외교에 관련된 **고도의 정치적 결단**을 요하는 문제로서, 헌법과 법률이 정한 절차가 지켜진 것이라면 대통령과 국회의 판단은 존중되어야 하고 **사법적** 기준만으로 이를 **심판하는 것은 자제**되어야 한다. 17지방9

08 대통령의 **사면권** 행사는 형의 선고의 효력 또는 공소권을 상실시키거나 형의 집행을 면제시키는 국가원수의 고유한 권한을 의미하며, 사법부의 판단을 변경하는 제도로서 **권력분립**의 원리에 대한 **예외**이다. 22군무원7

09 대통령의 특별**사면**(은 **통치행위**에 해당한다) 16교행9

10 대통령이 **한미연합 군사훈련**의 일종인 2007 전시증원연습을 하기로 한 결정이 국방에 관련되는 고도의 정치적 결단에 해당하여 사법심사를 자제하여야 하는 **통치행위에 해당된다고 보기 어렵다**.(헌재 2007 헌마369) 11경행

× **10** 대통령이 **한미연합 군사훈련**의 일종인 2007년 전시증원연습을 하기로 한 결정은 국방과 관련되는 고도의 정치적 결단에 해당하여 사법심사를 자제하여야 하는 **통치행위에 해당한다**. 11경행

11 **서훈취소**는 대통령이 국가원수로서 행하는 행위이지만 **통치행위**는 아니다. 23국가9

12 **신행정수도건설이나 수도이전문제**는 그 자체로 **고도의 정치적 결단**을 요하여 사법심사 대상에서 제외된다고 볼 수 없고, 그것이 국민의 기본권침해와 관련되는 경우에는 **헌법재판소의 심판대상**이 **된다**. 17(상)지방9

× **12** **신행정수도건설이나 수도이전문제**는 그 자체로 **고도의 정치적 결단**을 요하므로 사법심사의 대상에게 제외되고, 그것이 국민의 기본권침해와 관련되는 경우에도 **헌법재판소의 심판대상이 될 수 없다**. 17(상)지방9

13 **신행정수도건설이나 수도이전**의 문제를 **국민투표에 부칠지** 여부에 관한 대통령의 의사결정이 사법심사의 대상이 될 경우, 위 의사결정이 **고도의 정치적 결단을 요하는 문제**여서 사법심사를 자제함이 바람직하다. 그러나, 위 의사결정이 국민의 기본권 침해와 직접 관련되는 경우에는 헌법재판소의 심판대상이 될 수 있다.(헌재 2004헌마554) 17경행
  ⊕ 고도의 정치적 결단을 요하는 문제라고 볼 수 없다는 앞 부분이 틀렸다. 헌법재판소의 심판대상이 될 수 있다는 뒷부분은 옳다.

× **13** 헌법재판소는 **신행정수도건설이나 수도이전**의 문제를 **국민투표에 부칠지** 여부에 관한 대통령의 의사결정이 사법심사의 대상이 될 경우 위 의사결정은 **고도의 정치적 결단을 요하는 사안이라고 볼 수 없으며**, 국민의 기본권 침해와 직접 관련되는 문제이므로 헌법재판소의 심판대상이 될 수 있다고 판시하였다. 17경행

14 대통령의 **개성공단 전면중단 조치**는 고도의 정치적 결단을 요하는 문제이다. 그러나 국민의 기본권 제한과 직접 관련된 공권력의 행사에 해당하므로 **헌법소원심판의 대상이 될 수 있다**.(헌재 2016헌마364) 미기출

× **14** 헌법재판소는 대통령의 **개성공단 전면중단 조치**에 대하여, 고도의 정치적 결단을 요하는 문제이므로 **헌법소원심판의 대상이 될 수 없다**고 보았다. 미기출

15 대통령의 **긴급재정·경제명령**은 고도의 정치적 결단에 의하여 발동되는 이른바 **통치행위**에 속하지만 그것이 국민의 **기본권침해와 직접 관련**되는 경우에는 헌법재판소의 **심판대상이 된다**. 15국가9

16 기본권보장의 최후 보루인 법원으로서는 **사법심사권을 행사**함으로써, 대통령의 **긴급조치권 행사**로 인하여 우리나라 헌법의 근본이념인 자유민주적 기본질서가 부정되는 사태가 발생하지 않도록 그 책무를 다하여야 한다. 17(상)지방9

17 **남북정상회담 개최**는 고도의 정치적 성격을 지니고 있는 행위로서 사법심사의 대상으로 하는 것은 적절치 못하나, 그 개최과정에서 당국에 신고하지 아니하거나 승인을 얻지 아니한 채 **북한 측에 송금**한 행위 자체는 **사법심사의 대상이 된다**. 15국가9

18 **비상계엄의 선포**는 행정의 영역이 아니라 제4의 영역인 **통치행위에 해당**한다. 15지방7

19 대통령의 비상계엄의 선포나 확대 행위는 고도의 정치적·군사적 성격을 지니고 있는 행위라 할 것이므로, 그 **계엄선포의 요건구비 여부나 선포의 당·부당**을 판단할 권한이 사법부에는 **없다**고 할 것이나, 비상계엄의 선포나 확대가 국헌문란의 목적을 달성하기 위하여 행하여진 경우에는 법원은 그 자체가 **범죄행위에 해당하는지**의 여부에 관하여 **심사할 수 있다**. 08(하)지방9

17 **남북정상회담 개최**는 고도의 정치적 성격을 지니고 있는 행위로서 사법심사의 대상으로 하는 것은 적절치 못하므로 그 개최과정에서 당국에 신고하지 아니하거나 승인을 얻지 아니한 채 **북한 측**에 송금한 행위는 **사법심사의 대상이 되지 않는다**. 15국가9

18 **비상계엄의 선포**(는 실질적 의미의 **행정에 해당**한다) 15지방7

19 대통령의 비상계엄의 선포나 확대 행위는 고도의 정치적·군사적 성격을 지니고 있는 행위라 할 것이므로, 그 **계엄선포의 요건구비 여부나 선포의 당·부당**을 판단할 권한이 사법부에는 **없다**고 할 것이고, 비상계엄의 선포나 확대가 국헌문란의 목적을 달성하기 위하여 행하여진 경우에라도 법원은 그 자체가 **범죄행위에 해당하는지**의 여부에 관하여 **심사할 수 없다**. 08(하)지방9

THEME 03 법치행정

○ 지문 / × 지문

01 법치행정의 내용

01 **법치행정의 목적**은 자의적 행정을 방지하고, 행정의 예견가능성을 보장하는 데 있다. 그러나 **행정의 효율성**은 법치행정의 목적이라고 볼 수 없다. 11국가9

02 (법치행정의 원칙은)「**행정기본법**」에 명문 **규정**을 두고 **있다**. 23소간

03 **행정작용**은 **법률에 위반되어서는 아니** 되며, 국민의 권리를 제한하거나 의무를 부과하는 경우와 그 밖에 국민생활에 **중요한 영향**을 미치는 경우에는 **법률에 근거**하여야 한다. 22소방

04 **행정청이** 행정처분의 단계에서 당해 처분의 근거가 되는 **법률이 위헌이라 판단하여 그 적용을 거부**하는 것은 권력분립의 원칙상 **허용될 수 없다**. 17국가7

05 **법률의 우위원칙**은 행정의 법률에의 구속성을 의미하는 것으로 제한 없이 **행정의 모든 영역**에 적용된다. 13국회9

06 **법률유보의 원칙**은 행정권의 발동에 있어서 **작용법적 근거**가 필요하다는 것을 말한다. 조직법적 근거는 모든 행정권 행사에서 당연히 요구되는 것이지, 법률유보 원칙에 따라 특별히 요구되는 것이 아니다. 19서울7

07 **법률유보의 원칙**은 '**법률에 의한 규율**'만을 요청하는 것이 **아니라** '**법률에 근거한 규율**'을 요청하는 것이기 때문에 기본권의 제한에는 법률의 근거가 필요할 뿐이고 **기본권제한**의 형식이 반드시 **법률의 형식일 필요는 없다**. 23지방9

08 헌법재판소는 법률에 근거를 두면서 헌법 제75조가 요구하는 위임의 구체성과 명확성을 구비하는 경우에는 **위임입법에 의하여도 기본권을 제한**할 수 있다고 한다. 17(상)국가9

09 법률유보원칙에서 '**법률의 유보**'란, '법률에 근거한' 규율도 포함하므로, 법률의 구체적 위임을 받은 명령에 의한 규율도 이에 해당한다. 그러나 불문법원인 **관습법**에 의한 규율은 이에 **해당하지 않는다**. 나아가 판례는 불문법조차 **아니다**. 19서울7(변형)

06 **법률유보의 원칙**은 행정권의 발동에 있어서 **조직규범의 근거**가 필요하다는 것을 말한다. 19서울7

09 법률유보원칙에서 '**법률의 유보**'란, '법률에 근거한' 규율도 포함하므로, 법률의 위임을 받은 명령이나, 불문법원인 **관습법, 판례** 등에 의한 규율도 이에 **해당한다**. 19서울7(변형)

10 헌법재판소는 **예산**도 일종의 법규범이고, 법률과 마찬가지로 국회의 의결을 거쳐 제정되지만, **국가기관만을 구속**할 뿐 **일반국민은 구속하지 않는**다고 본다. 따라서 **법률유보원칙**에서 말하는 법률에는 예산은 포함되지 않는다. 〔을〕 13지방9

10 헌법재판소는 **예산**도 일종의 법규범이고, 법률과 마찬가지로 국회의 의결을 거쳐 제정되며, 국가기관뿐만 아니라 **일반국민도 구속**한다고 본다. 따라서 **법률유보원칙**에서 말하는 법률에는 예산도 포함된다. 13지방9

11 법우위의 원칙에서 법은 형식적 법률뿐 아니라 **법규명령과 관습법 등을 포함**하는 넓은 의미의 법이다. 19서울7

12 **법률의 우위원칙**은 행정의 법률에의 구속성을 의미하는 **소극적**인 성격인 것인 반면에 **법률유보의 원칙**은 행정은 법률의 수권에 의하여 행해져야 한다는 **적극적** 성격의 것이다. 〔을〕 13국회9

12 **법률의 우위원칙**은 행정의 법률에의 구속성을 의미하는 **적극적**인 성격의 것인 반면에 **법률유보의 원칙**은 행정은 단순히 법률의 수권에 의하여 행해져야 한다는 **소극적** 성격의 것이다. 13국회9

13 법률유보의 원칙에 **반**하는 행정작용은 **위법**하다. 17교행9
기

14 **법률의 우위원칙에 위반**된 행정작용의 법적 **효과**는 행위형식에 따라 **상이**하여 일률적으로 말할 수 없다. 13국회9
기

15 법률의 법규창조력이란 국민의 권리·의무관계에 구속력을 가지는 **법규(법규범)를 창조하는 것**은 국민의 대표기관인 **의회에서 제정한 법률**만이라고 한다. 13국회9

02 법률유보 원칙 | 요룰 p.011 |

16 급부행정유보설은 오늘날의 **사회적 복리국가**에서는 급부가 자유·재산과 같은 중요성을 갖는다는 인식에 근거를 두고 있다. 10지방7

17 **급부행정유보설**은 침해행정을 넘어, 급부행정에까지 법률의 근거가 필요하다는 견해이다. 즉, 급부행정유보설에 따르더라도 국민의 자유와 재산에 대한 **침해행정에는 법률의 근거가 필요**하다. 〔을〕 12지방9

17 **급부행정유보설**에 따르면 국민의 자유와 재산에 대한 **침해행정**에 대해서는 **법률의 근거가 필요하지 않**다고 한다. 12지방9

18 **전부유보설**은 모든 행정작용이 법률에 근거해야 한다는 입장으로, **행정의 자유영역을 부정**하는 견해이다. 13지방9

19 **전부유보설**은 **법률의 수권이 없는 한**, 국민에게 필요한 **급부를 할 수 없게** 되는 문제가 있다. 10지방7

20 행정조사가 사인에게 미치는 **중요한 사항인 경우**에는 설령 **비권력적 행정조사**라고 하더라도 중요사항유보설에 의하면 **법률의 근거를 필요로 한다**. 17국회8
B

21 헌법상 법치주의의 한 내용인 **법률유보원칙**은 **기본권규범과 관련 없는 경우에까지** 준수되도록 요청되는 것은 **아니다**. 24국회8

22 국가의 통치조직과 작용에 관한 **기본적이고 본질적인 사항은 반드시 국회가** 정하여야 한다. 11지방7
B

23 법률유보원칙은 단순히 행정작용이 법률에 근거를 두기만 하면 충분한 것이 아니라, 국가공동체와 그 구성원에게 기본적이고도 중요한 의미를 갖는 영역, 특히 국민의 **기본권실현과 관련**된 영역에 있어서는 국민의 대표자인 **입법자가** 그 본질적 사항에 대해서 **스스로 결정하여야** 한다는 요구까지 내포한다. 24소방
S

24 어떠한 사안이 국회가 형식적 법률로 스스로 규정하여야 하는 **본질적 사항**에 해당되는지는 **구체적** 사례에서 관련된 이익 내지 가치의 중요성, 규제 또는 침해의 정도와 방법 등을 고려하여 **개별적으로 결정**하여야 한다는 것이 대법원의 입장이다. 21소간

25 국회가 형식적 **법률로 직접 규율하여야 하는 필요성**은 규율대상이 **기본권 및 기본적 의무와 관련된 중요성**을 가질수록, 그에 관한 **공개적 토론의 필요성** 또는 상충하는 이익 사이의 조정 필요성이 클수록 더 증대된다. 19국가9
B

26 중요사항유보설은 행정작용에 **법률의 근거**가 필요한지 여부에 그치지 않고 **법률의 규율정도**에 대해서도 설명하는 이론이다. 13지방9

27 **자격이나 신분** 등을 취득 또는 부여할 수 **없거나** 인가, 허가, 지정, 승인, 영업등록, 신고 수리 등을 필요로 하는 **영업 또는 사업** 등을 할 수 **없는 사유**는 **법률로 정하여야** 한다. 22국회8

28 **행정규제기본법**은 규제의 존속기한을 명시하여 '**규제일몰제**'를 도입하고 있다. 11지방9

29 납세의무자에게 조세의 납부의무뿐만 아니라 스스로 과세표준과 세액을 계산하여 신고하여야 하는 의무까지 부과하는 경우에 **신고의무불이행에 따른 납세의무자가 입게 될 불이익**은 **법률로 정하여야** 한다. 17국가7

30 구「**한국방송공사법**」상 **국회의 결정이나 관여를 배제한 채** 한국방송공사로 하여금 **수신료금액을 결정**해서 문화관광부장관의 승인을 얻도록 한 것은 **법률유보원칙에 위반**된다는 것이 헌법재판소의 입장이다. 21소간

31 텔레비전방송**수신료금액의 결정**은 납부의무자의 범위 등과 함께 수신료에 관한 **본질적인 중요한 사항**이므로 국회가 **스스로 결정해야** 한다. 22국회8

31 텔레비전방송**수신료금액의 결정**은 납부의무자의 범위와는 달리 수신료에 관한 **본질적인 중요한 사항이 아니므로** 국회가 **스스로 결정할 필요는 없다**. 22국회8

32 수신료 징수업무를 한국방송공사가 직접 수행할 것인지 제3자에게 **위탁**할 것인지, 위탁한다면 **누구**에게 위탁하도록 할 것인지, 위탁받은 자가 자신의 고유업무와 **결합**하여 징수업무를 할 수 있는지는 징수업무 처리의 효율성 등을 감안하여 결정할 수 있는 사항으로서 국민의 기본권제한에 관한 **본질적인 사항이 아니다**. 24소방

33 지방의회의원에 대하여 **유급보좌인력**을 두는 것은 지방의회의 조례가 아니라 **법률로써** 규정할 사항이다. 18교행9

33 지방의회의원에 대하여 **유급보좌인력**을 두는 것은 **지방의회의 조례로** 규정할 사항이다. 18교행9

34 지방의회에서 **근로자를 두어 의정활동을 지원**하는 것은 개별 지방의회에서 정할 사항이 아니라 국회의 **법률로 규정**하여야 할 입법사항에 해당한다는 것이 대법원의 입장이다. 21소간

35 보건복지부고시인「**의료급여수가의 기준 및 일반기준**」은 **전문적**이고 **정책적**인 영역이어서, 구체적인 수가기준을 반드시 **법률로** 정하여야 한다고 볼 수 **없다**. 23지방7

36 **병의 복무기간**은 국방의무의 본질적 내용에 관한 것이어서 반드시 **법률로** 정하여야 할 입법사항에 속한다. 12국회9

37 헌법재판소는 **초등교원 임용** 시 **지역가산점의 배점비율, 최종합격자 결정방식**은 직접 법률에 규정되어야 할 **본질적인 사항**으로 보기 **어렵**다고 판시하였다. 24국회8

38 헌법재판소는 **중학교 의무교육 실시 여부** 자체는 법률로 정하여야 하는 기본사항으로서 **법률유보사항**이나 그 **실시의 시기·범위** 등 구체적 실시에 필요한 세부사항은 **법률유보사항이 아니**라고 하였다. 17(하)지방9

39 헌법재판소는 구 **토지초과이득세법상의 기준시가**는 국민의 납세의무의 성부 및 범위와 직접적인 관계를 가지고 있는 중요한 사항임에도 불구하고 해당 내용을 **법률에 규정하지 않고 하위법령에 위임**한 것은 **헌법 제75조에 반**한다고 판단한 바 있다. 16사복9

40 조세를 부과·징수하기 위해서는 법률의 근거가 필요하다. 또한 **조세를 감면**하기 **위해서도 법률의 근거가 필요**하다. 20국가7

40 조세를 부과·징수하기 위해서는 법률의 근거가 필요하지만 **조세를 감면**하기 위해서 **법률의 근거가 필요한 것은 아니다**. 20국가7

41 집회나 시위 해산을 위한 살수차 사용은 집회의 자유 및 신체의 자유에 대한 중대한 제한을 초래하므로 **살수차 사용요건이나 기준**은 **법률에 근거**를 두어야 한다. 18경행

42 **법외노조 통보**는 적법하게 설립된 노동조합의 법적 지위를 박탈하는 **중대한 침익적** 처분으로서 **원칙적으로** 국민의 대표자인 입법자가 **스스로** 형식적 **법률로써 규정하여야** 할 사항이고, 행정입법으로 이를 규정하기 위하여는 반드시 법률의 **명시적**이고 **구체적인 위임**이 있어야 한다. 24변시

03 법치행정의 발전

43 **법치행정원리**의 현대적 의미는 단순한 **형식적 법치주의**를 넘어 **실질적 법치주의로**의 전환이다. 19서울7

43 **법치행정원리**의 현대적 의미는 **실질적 법치주의**에서 **형식적 법치주의로**의 전환이다. 19서울7

44 실질적 법치행정이 자리잡음에 따라 **법률유보의 적용범위**는 점차 **확대**되고 있다. 나아가 **헌법재판소**는 본질적 사항은 국회에서 직접 정해야 한다는 **의회유보**의 입장을 확고히 하고 있다. 16사복9

44 **법률유보의 적용범위**는 행정의 복잡화와 다기화, 재량행위의 확대에 따라 과거에 비해 점차 **축소**되고 있으며 이러한 경향에 따라 **헌법재판소**는 **행정유보**의 입장을 확고히 하고 있다. 16사복9

테마별 N지 모음

N1 실질적 법치주의를 구현하기 위한 방법으로 옳지 않은 것은? `14사복9 ④`
① 법률의 위임에 의한 법규명령의 제정에 있어서 **포괄적 위임금지**
② 행정의 내부조직이나 특별행정법관계 내부에까지 **법률유보 적용확대**
③ 헌법재판소에 의한 **위헌법률심사제**
④ 행정의 탄력성과 합목적성을 달성하기 위한 **행정입법권의 강화**

[해설] ④ 행정의 탄력성과 합목적성을 달성하기 위한 **행정입법권의 강화**는 **실질적 법치주의**의 구현수단이 될 수 **없다**. 오히려 이는 법치주의의 한계에 가깝다.

THEME 04 행정법의 법원

○ 지문 / ✕ 지문

01 성문법원 | 요플 p.013 |

○ 지문

01 기 법원(法源)은 법의 인식근거이다. 그리고 **헌법**은 대표적인 **행정법의 법원이다**. `(옳) 16서울9`

02 인간다운 생활을 할 권리와 같은 헌법상의 **추상적인 기본권에 대한 규정**도 행정법의 **법원이 될 수 있다**. `(옳) 19서울9`

03 Z 독일의 법학자인 프리츠 베르너(Fritz Werner)는 '**행정법은 구체화된 헌법**'이라고 표현하였다. `20군무원7`

04 기 대통령의 **긴급명령과 긴급재정·경제명령**은 행정법의 **법원**이 된다. `17교행9`

05 기 **중앙선거관리위원회규칙**은 행정법의 **법원**이다(명령에 해당). `(옳) 16교행9`

06 **행정규칙이 법규성을 가지는 경우**에는 **법원성을 인정**할 수 있다. `18교행9`

07 기 지방자치단체의 학생인권**조례**는 행정법의 **법원**이 된다. `16교행9`

08 「**남북** 사이의 화해와 불가침 및 교류협력에 관한 **합의서**」는 남북한 당국이 각기 정치적인 책임을 지고 상호 간에 그 성의 있는 이행을 약속한 것이기는 하나, 법적 구속력이 있는 것은 아니어서 **조약 또는 이에 준하는 것으로 볼 수 없고 국내법과 동일한 효력을 갖는 것도 아니다**. `(옳) 14경행`

09 C 헌법에 의하여 체결·공포된 **조약**은 별도의 **시행법률이 없어도 국내에서 효력을 갖는다**. `09국회9`

10 C 일반적으로 승인된 **국제법규**는 의회의 의한 **입법절차를 거치지 않더라도** 행정법의 법원이 된다. `(옳) 07국가9`

11 S 지방자치단체가 제정한 조례가 헌법에 의하여 체결·공포된 **조약에 위반되는** 경우 그 **조례는 효력이 없다**. `21국가9`

12 S 대법원은 초·중·고등학교의 학교급식을 위해 지방자치단체에서 생산되는 **우수농산물을 사용**하여 식재료를 만드는 자에게 식재료 구입비의 일부를 **지원하는 지방자치단체의 조례**안이 「1994년 관세 및 무역에 관한 **일반협정(GATT)**」에 **위반**되어 **무효**라고 판시한 바 있다. `12지방9`

13 C 국제법규도 행정법의 법원이나, **사인이** 제기한 취소소송에서 WTO협정과 같은 **국제협정 위반**을 **독립된 취소사유로 주장할 수는 없다**. `(옳) 19서울9`

14 C 회원국 정부의 **반덤핑부과처분이** WTO **협정위반**이라는 이유만으로는 **사인이** 직접 국내법원에 회원국 정부를 상대로 그 처분의 **취소를 구하는 소를 제기할 수는 없다**. `(옳) 17(하)국가9`

✕ 지문

01 기 **법원(法源)**을 법의 인식근거로 보면 **헌법**은 행정법의 **법원이 될 수 없다**. `16서울9`

02 인간다운 생활을 할 권리와 같은 헌법상의 **추상적인 기본권에 관한 규정**은 행정법의 **법원이 되지 못한다**. `19서울9`

05 기 **중앙선거관리위원회규칙**은 행정법의 **법원이 아니다**. `16교행9`

08 「**남북** 사이의 화해와 불가침 및 교류협력에 관한 **합의서**」는 남북한 당국이 각기 정치적인 책임을 지고 상호 간에 그 성의 있는 이행을 약속한 것으로 법적 구속력이 인정되는 **조약에 해당**되어 **국내법과 동일한 효력을 갖는다**. `14경행`

10 C 일반적으로 승인된 **국제법규**라도 의회에 의한 **입법절차를 거쳐야** 행정법의 법원이 된다. `07국가9`

13 C 국제법규도 행정법의 법원이므로, **사인이** 제기한 취소소송에서 WTO협정과 같은 **국제협정 위반을 독립된 취소사유로 주장할 수 있다**. `19서울9`

14 C 회원국 정부의 **반덤핑부과처분이** WTO **협정위반**이라는 이유만으로 **사인이** 직접 국내법원에 회원국 정부를 상대로 그 처분의 **취소를 구하는 소를 제기할 수 있다**. `17(하)국가9`

15 대형마트에 대한 **영업시간제한 처분**이 '서비스 무역에 관한 일반협정(General Agreement on Trade in Services, GATS)' 및 '한-유럽연합 **자유무역협정**(Free Trade Agreement)'의 시장접근 제한금지 조항을 위반한 경우 **사인**은 동 **협정 위반**을 처분의 **독립된 취소사유**로 주장할 수 **없다**. 미기출

15 대형마트에 대한 **영업시간제한 처분**이 '서비스 무역에 관한 일반협정(General Agreement on Trade in Services, GATS)' 및 '한-유럽연합 자유무역협정(Free Trade Agreement)'의 시장접근 제한금지 조항을 위반한 경우 **사인**은 동 **협정 위반**을 처분의 독립된 **취소사유**로 주장할 수 **있다**. 미기출

02 불문법원 | 요플 p.013 |

16 행정법의 **일반원칙**은 다른 법원(法源)과의 관계에서 **보충적 역할**에 그치지 **않으며 헌법적 효력**을 갖기도 한다. 16서울9

17 법원(法院)은 **보충적 법원**으로서의 **조리**에 따라 재판할 수 있다. 18교행9

18 일반적으로 **관습법**은 **성문법**에 대하여 **열후적, 보충적** 성격을 가질뿐, 성문법을 개폐적 효력을 가지지 못한다. 18교행9

18 일반적으로 **관습법**은 **성문법**에 대하여 **개폐적 효력**을 가진다. 18교행9

19 헌법재판소는 「신행정수도의 건설을 위한 특별조치법」의 위헌확인사건에서 **관습헌법**은 **성문헌법과 같은 헌법개정절차**를 통해서 개정될 수 있다고 판시하였다. 12지방9

20 **영·미법계** 국가에서는 '선례구속의 원칙'이 엄격하게 적용되어 **유사사건**에서 상급심의 판결은 하급심을 **구속**한다. 14지방9

21 대법원은 "대법원의 법령 해석은 **당해 사건**에 관하여 하급심을 **기속**한다."고 판시한 바 있을 뿐이다.(80다1019) 반면, 당해사건이 아닌 **유사사건**에 관한 대법원 판례는 하급심 법원을 **기속할 수 없다**. 즉, 대법원 판례는 법원성이 없다(재판규범성이 없다). 07국가9

21 대법원은 "**유사사건**에 관한 **대법원 판례**가 하급심법원을 **직접 기속한다**."고 판시한 바 있다. 07국가9

22 「법원조직법」에는 **상급법원의 재판**에 있어서의 판단은 **당해 사건**에 관하여 하급심을 **기속한다**는 규정이 있다. 10(1)경행

23 **헌법재판소**에 의한 법률의 **위헌결정**은 국가기관과 지방자치단체를 기속한다는 헌법재판소법 제47조에 의해 **법원**으로서의 성격을 가진다. 12지방9

24 대법원 판례에 따르면 **헌법재판소**가 법률의 위헌 여부를 판단하기 위하여 한 **법률해석**에 대법원이나 각급 **법원이 구속되는 것은 아니다**. 10국가9(변형)

25 사회의 거듭된 관행으로 생성된 사회생활규범이 관습법으로 승인되었다고 하더라도 사회구성원들이 그러한 **관행의 법적 구속력**에 대하여 확신을 갖지 않게 되었다면 그러한 관습법은 법적 규범으로서의 **효력이 부정**될 수밖에 없다. 17(하)국가9

26 판례는 국세행정상 **비과세의 관행**을 일종의 **행정선례법으로 인정**한다. 14지방9

26 판례는 국세행정상 **비과세의 관행**을 일종의 **행정선례법으로** 인정하지 **아니**한다. 14지방9

27 **국세기본법**은 세법의 해석이나 **국세행정의 관행**이 일반적으로 납세자에게 **받아들여진 후에는** 그 해석이나 **관행에 의한 행위 또는 계산은 정당**한 것으로 보며, 새로운 해석이나 관행에 의하여 소급하여 과세되지 아니한다고 규정하고 있다. 16지방7

28 **국세기본법**은 조세행정에서 **행정선례법**의 존재를 인정하는 **조항**을 두고 **있다**. 07국가9

29 **비과세관행**이 성립되었다고 하려면 상당한 기간에 걸쳐 **과세를 하지 않은 객관적 사실**이 존재하여야 한다. 13국가7

30 「국세기본법」 제18조 제3항에서 말하는 **비과세관행이 성립**하려면 상당한 기간에 걸쳐 과세를 하지 않은 객관적 사실이 존재하고, 나아가 과세관청 자신이 그 사항에 관하여 **과세할 수 있음을 알면서도** 어떤 특별한 사정 때문에 과세 **하지 않는다는 주관적인 의사까지 요구**된다. 22소간

30 「국세기본법」 제18조 제3항에서 말하는 **비과세관행이 성립**하려면 상당한 기간에 걸쳐 과세를 하지 않은 객관적 사실이 존재하면 충분하고, 나아가 과세관청 자신이 그 사항에 관하여 **과세할 수 있음을 알면서도** 어떤 특별한 사정 때문에 과세 **하지 않는다는 주관적인 의사까지 요구되는 것은 아니다**. 22소간

31 보세운송면허세의 부과근거이던 지방세법 시행령이 1973. 10. 1. 제정되어 1977. 9. 20.에 폐지될 때까지 4년 동안 그 면허세를 부과할 수 있는 정을 **알면서도** 과세관청이 수출확대라는 **공익상 필요**에서 한 건도 이를 부과한 일이 없었다면 납세자는 그것을 믿을 수밖에 없고 그로써 **비과세의 관행이 이루어졌다**고 보아도 무방하다. 07국가7

32 비과세관행의 성립을 위해서는 과세관청 스스로 과세할 수 있음을 **알면서도** 어떤 특별한 사정 때문에 **과세하지 않는다는 의사**가 있고, 이와 같은 의사는 **명시적 또는 묵시적**으로 표시되어야 한다. 13국가7

33 과세관청이 **비과세대상**에 해당하는 것으로 잘못 알고 일단 비과세결정을 하였으나 그 후 과세표준과 세액의 탈루 또는 오류가 있는 것을 발견한 때에는, **이를 조사하여 결정할 수** 있다. 13국가7

34 **수산업법**은 민중적 관습법인 **입어권**의 존재를 명문으로 인정하고 있다. 14지방9

03 법원 간 우선관계 | 요를 p.014 |

35 **대통령령**은 **총리령 및 부령**보다 **우월**한 효력을 가진다. 19국회8
기

36 조례와 규칙의 형식적 효력에 있어 **조례가 규칙보다 상위**규범으로 보고 있으며, **조례로 정하여야**
기 **할 사항을 규칙으로 정**하였으면 그 규칙은 **무효**이다. 17소간

37 헌법에 의하여 체결·공포된 **조약과 일반적으로 승인된 국제법규**가 **동일한 효력**을 가진 국내의
기 **법률, 명령과 충돌**하는 경우에는 **신법우위의 원칙 및 특별법우위**의 원칙이 적용된다. 11지방9

38 개발제한구역에서의 행위 제한에 관하여는 구 「**개발제한구역의 지정 및 관리에 관한 특별조치법**」
이 구 「**국토의 계획 및 이용에 관한 법률**」에 대하여 **특별법**의 관계에 있다. 20소간

THEME 05 행정법의 일반원칙(1) - 신뢰보호의 원칙

○ 지문   × 지문

01 행정청은 **공익 또는 제3자의 이익**을 현저히 해칠 우려가 있는 경우를 **제외**하고는 행정에 대한 국
Ⓑ 민의 **정당하고 합리적인 신뢰**를 보호하여야 한다. 21국가7

02 「행정기본법」에 의하면 행정청은 권한 행사의 **기회**가 있음에도 불구하고 **장기간 권한을 행사하**
Ⓑ **지 아니**하여 국민이 그 권한이 행사되지 아니할 것으로 **믿을 만한 정당한 사유**가 있는 경우에는,
공익 또는 제3자의 이익을 현저히 해칠 우려가 있는 경우를 제외하고는 그 **권한을 행사해서는 아니** 된다. 23국가7

01 근거 | 요를 p.016 |

03 **신뢰보호의 원칙**은, 국민이 법률적 규율이나 제도가 장래에 지속할 것이라는 합리적인 신뢰를 바
인 탕으로 개인의 법적 지위를 형성해 왔을 때에는 국가에게 그 국민의 신뢰를 되도록 보호할 것을
요구하는 **법치국가원리의 파생원칙**이다. 17국가7

04 **신뢰보호의 원칙**(은 「**행정기본법**」에 **규정**된 행정법상 원칙이다) 22군무원7
Ⓒ

05 「**행정절차법**」과 「**국세기본법**」에서는 법령 등의 해석 또는 행정청의 관행이 일반적으로 국민에게
Ⓒ 받아들여졌을 때와 관련하여 **신뢰보호의 원칙을 규정**하고 있다. 18지방9

02 요건 | 요를 p.016 |

06 행정청의 **공적 견해표명**이 있었는지 여부를 판단하는 데 있어 반드시 행정조직상의 **형식적인 권**
Ⓢ **한분장에 구애**될 것은 **아니**고 담당자의 조직상의 지위와 임무, 당해 언동을 하게 된 구체적인 경
위 및 그에 대한 상대방의 신뢰가능성에 비추어 **실질에 의하여 판단**하여야 한다. 20국가9

07 행정조직상 권한을 가진 처분청 자신의 공적 견해가 아니라 **보조기관에 불과한 담당공무원의 공**
Ⓒ **적 견해표명**이라도 **신뢰보호의 대상**이 될 수 있다. 08국회8

08 행정청의 **공적 견해표명**이 있다고 인정하기 위해서는 적어도 **담당자의 조직상 지위와 임무**, 당해 언동
소 을 하게 된 구체적인 경위 **등**에 비추어 그 언동의 내용을 **신뢰할 수 있는 경우**이어야 한다. 23국회8

09 ⭕ 신뢰보호의 원칙이 적용되기 위한 요건인 행정권의 행사에 관하여 신뢰를 주는 **선행조치**가 되기 위해서는 반드시 처분청 자신의 적극적인 언동이 있어야만 하는 것은 아니고, **묵시적·소극적으로도** 가능하다. 〔을〕 20지방9

10 ⭕ 「행정절차법」은 처분의 방식으로 문서주의를 표방하고 있다. 그러나 행정청의 **공적 견해표명은** 처분에 한정되지 않는다. 즉, 문서로 명시적으로 하는 경우는 물론 **묵시적으로도 표시될 수 있다.** 〔을〕 23소방

11 ⭕ 신뢰보호의 대상인 행정청의 **선행조치**에는 법적행위 뿐 아니라, 행정지도 등의 **사실행위도 포함**될 수 있다. 〔을〕 14국회8

12 신뢰보호원칙의 요건은 **행정청의 위법한 선행조치**, 보호가치가 있는 사인의 신뢰, 신뢰에 기한 사인의 처리, 인과관계, 선행행위에 반하는 후행처분이다. 〔을〕 15서울9
➕ 즉, 위법한 공적 견해표명도 신뢰보호원칙에 의해 보호받을 수 있다. 위법한 선례는 평등원칙이나, 자기구속의 원칙에서는 보호받지 못한다는 것과 구별

13 과세관청의 의사표시가 **일반론적인 견해표명**인 경우에는 **신뢰 보호원칙을 적용하지 않는다.** 08(상)지방9

14 소 과세관청이 **질의회신** 등을 통하여 어떤 견해를 대외적으로 표명하였더라도 그것이 **중요한 사실관계와 법적인 쟁점**을 제대로 드러내지 아니한 채 질의한 데 따른 것이라면, 공적인 견해표명에 의하여 정당한 기대를 가지게 할 만한 **신뢰가 부여된 경우로 볼 수 없다.** 22소방

15 ⓒ (신뢰보호원칙과 관련하여) 공적 견해표명을 신뢰한 자가 사실은폐 등 **적극적 부정행위를 하지 않았더라도 귀책사유가 인정될 수** 있다. 예컨대 적극적 부정행위를 하지는 않았으나 그 공적 견해표명이 잘못 되었음을 알았거나(고의), 모른데 중대한 과실이 있는 경우(중과실)이 이에 해당한다. 〔을〕 09국회8

16 Ⓢ 신뢰보호의 원칙이 적용되기 위한 요건 중 **귀책사유**의 유무는 **상대방과** 그로부터 신청행위를 위임받은 **수임인 등 관계자 모두를 기준**으로 판단하여야 한다. 21국가7

17 Ⓢ 건축설계를 **위임받은 건축사**가 건축한계선의 **제한**이 있다는 **사실**을 **간과**한 채 건축설계를 하고 이를 토대로 건축물의 신축허가를 받은 경우, 신축허가에 대한 **건축주의 신뢰는 보호의 대상이 되지 아니한다.** 〔을〕 08국가9

18 행정청의 선행조치에 대하여 상대방인 **사인의 아무런 처리행위가 없었다면** 정신적 신뢰를 이유로 **신뢰보호를 요구할 수 없다.** 〔을〕 08국가9

19 행정청의 **선행조치와 무관**하게 우연히 행해진 **사인의 처리행위는 신뢰보호의 대상이 될 수 없다.** 〔을〕 08국회8

20 행정청이 그 **견해표명에 반하는** 처분을 함으로써 견해표명을 신뢰한 **개인의 이익이** 침해되는 결과가 초래되어야 한다(는 것은 **신뢰보호원칙의 요건**이다). 19서울7

21 소 행정청이 공적인 견해에 반하는 행정처분을 함으로써 달성하려는 **공익이** 행정청의 공적 견해표명을 신뢰한 개인이 그 행정처분으로 인하여 입게 되는 **이익의 침해를 정당화할 수 있을 정도로 강한 경우**에는 그 행정처분은 위법하지 않다. 22소방

22 건축주가 **건축허가 내용대로 공사**를 상당한 정도로 진행하였는데, 나중에 「**건축법」에 위반되는 하자가 발견**되었다는 이유로 행정청이 그 일부분의 **철거**를 명할 수 있기 위하여는 그 건축허가를 기초로 하여 형성된 사실관계 및 법률관계를 고려하여 **건축주가 입게 될 불이익**과 건축행정상의 **공익, 제3자의 이익,** 「**건축법」위반의 정도를 비교·교량**하여 건축주의 이익을 희생시켜도 부득이하다고 인정되는 경우라야 한다. 22변시

23 소 행정상 법률관계에 있어서 특정의 사항에 대해 **신뢰보호의 원칙상** 처분청이 그와 배치되는 조치를 할 수 없다고 할 수 있을 정도의 **행정관행이 성립**되었다고 하려면 **상당한 기간**에 걸쳐 그 사항에 대해 **동일한 처분**을 하였다는 **객관적 사실**이 존재할 **뿐만 아니라,** 처분청이 그 사항에 관해 다른 내용의 처분을 할 수 있음을 알면서도 어떤 특별한 사정 때문에 그러한 처분을 하지 않는다는 **의사가 있고** 이와 같은 의사가 명시적 또는 묵시적으로 **표시되어야 한다** 할 것이므로, 단순히 착오로 어떠한 처분을 계속한 경우는 이에 해당되지 않는다.(92누14021) 〔을〕 23국회8

---

09 ❌ 신뢰보호의 원칙이 적용되기 위한 요건인 행정권의 행사에 관하여 신뢰를 주는 **선행조치**가 되기 위해서는 반드시 처분청 자신의 **적극적인 언동이 있어야만** 한다. 20지방9

10 ❌ 「행정절차법」은 처분의 방식으로 문서주의를 표방하고 있으므로, 행정청의 **공적 견해표명은 묵시적으로 표시되어서는 안 된다.** 23소방

11 ❌ 신뢰보호의 대상인 행정청의 **선행조치**에는 법적행위만이 포함되며, 행정지도 등의 **사실행위는** 포함되지 **아니**한다. 14국회8

12 신뢰보호원칙의 요건은 **행정청의 적법한 선행조치**, 보호가치가 있는 사인의 신뢰, 신뢰에 기한 사인의 처리, 인과관계, 선행행위에 반하는 후행처분이다. 15서울9

15 ⓒ (신뢰보호원칙과 관련하여) 공적 견해표명을 신뢰한 자가 사실은폐 등 **적극적 부정행위를 하지 않는 한** 귀책사유가 인정**되지 않는**다. 09국회8

17 Ⓢ 건축설계를 **위임받은 건축사**가 건축한계선의 **제한**이 있다는 **사실을 간과**한 채 건축설계를 하고 이를 토대로 건축물의 신축허가를 받은 경우, 신축허가에 대한 **건축주의 신뢰는 보호되어야** 한다. 08국가9

18 행정청의 선행조치에 대하여 상대방인 **사인의 아무런 처리행위가 없었던 경우라도** 정신적 신뢰를 이유로 **신뢰보호를 요구할 수 있다.** 08국회8

19 행정청의 **선행조치와 무관**하게 우연히 행해진 **사인의 처리행위도 신뢰보호의 대상이 될 수 있다.** 08국회8

23 소 특정 사항에 관하여 **신뢰보호원칙상** 행정청이 그와 배치되는 조치를 할 수 없다고 할 수 있을 정도의 **행정관행이 성립**되었다고 하려면 **상당한 기간**에 걸쳐 그 사항에 관하여 **동일한 처분**을 하였다는 **객관적 사실**이 존재하는 것**으로 족하다.** 23국회8

24 행정청이 **단순한 착오로** 어떠한 **처분을 계속**한 경우에는, 신뢰보호원칙상 행정청이 그와 배치되는 조치를 할 수 **없는 행정관행이 성립**되었다고 볼 수 **없으므로**, 행정청이 추후 오류를 발견하여 합리적인 방법으로 **변경**하는 것은 **신뢰보호원칙에 위배**되지 **않는다**. 〈을〉23변시

24 행정청이 **단순한 착오로** 어떠한 **처분을 계속**한 경우, 신뢰보호원칙상 행정청이 그와 배치되는 조치를 할 수 없는 **행정관행이 성립**하므로, 행정청이 추후 오류를 발견하여 합리적인 방법으로 **변경**하더라도 **신뢰보호원칙에 위배**된다. 23변시

25 납세자에게 신뢰의 대상이 되는 **공적인 견해가 표명**되었다는 사실은 **납세자가 주장·입증**하여야 한다. 〈을〉22소간

25 납세자에게 신뢰의 대상이 되는 **공적인 견해가 표명**되었다는 사실은 과세처분의 적법성에 대한 증명책임이 있는 **과세관청이 주장·입증**하여야 한다. 22소간

26 재건축조합에서 일단 내부 규범이 정립되면 조합원들은 특별한 사정이 없는 한 그것이 존속하리라는 신뢰를 가지게 되므로, **내부 규범**을 변경할 경우 내부 **규범변경을 통해 달성하려는 이익**이 종전 내부 규범의 존속을 **신뢰한 조합원들의 이익**보다 우월해야 한다. 21국회8

27 **법령 개정에 대한 신뢰**와 관련하여, 법령에 따른 개인의 행위가 **국가에 의하여** 일정 방향으로 **유인된 경우**에 특별히 보호가치가 있는 **신뢰이익이 인정**될 수 있다. 16지방9

28 법률에 따른 개인의 행위가 국가에 의하여 일정 방향으로 유인된 신뢰의 행사가 아니라 단지 **법률이 부여한 기회를 활용**한 것이라면, **신뢰보호의 이익이 인정되지 않는다**. 〈을〉18국가7

28 법률에 따른 개인의 행위가 국가에 의하여 일정 방향으로 유인된 신뢰의 행사가 아니라 단지 **법률이 부여한 기회를 활용**한 것이라 하더라도, **신뢰보호의 이익이 인정**된다. 18국가7

29 **법령 개폐**에 있어서 신뢰보호원칙의 위반 여부는 한편으로는 **침해받은 신뢰이익의 보호가치, 침해의 중한 정도, 신뢰침해의 방법** 등과 다른 한편으로는 **새 입법을 통해 실현코자하는 공익목적**을 종합적으로 **비교형량**하여 판단하여야 한다. 19지방9

30 **법령의 개정**에 있어서 구 법령의 존속에 대한 당사자의 신뢰가 합리적이고도 정당하며, 법령의 개정으로 야기되는 당사자의 손해가 극심하여 새로운 법령으로 달성하고자 하는 **공익적 목적**이 그러한 **신뢰의 파괴를 정당화할 수 없다면**, 입법자는 경과규정을 두는 등 당사자의 신뢰를 보호할 적절한 조치를 하여야 하며, 이와 같은 **적절한 조치 없이 새 법령을 그대로 시행하거나 적용**하는 것은 허용될 수 없는바, 이는 헌법의 기본원리인 법치주의 원리에서 도출되는 **신뢰보호의 원칙에 위배**되기 때문이다. 10지방7

03 한계 | 요플 p.018 |

31 신뢰보호의 원칙과 행정의 법률적합성의 원칙이 **충돌**하는 경우 **어느 것이 우선한다고 할 수 없**다. 즉, 양자는 기본적으로 동위의 원칙에 해당하고, 개별사안마다 이익형량하여 어느 것을 우선할지를 정해야 한다. 〈을〉14(1)경행

31 신뢰보호의 원칙과 행정의 법률적합성의 원칙이 **충돌**하는 경우 **법률적합성의 원칙이 우선**한다. 14(1)경행

32 신뢰보호의 원칙과 행정의 법률적합성의 원칙이 **충돌**하는 경우 어느 것이 우선한다고 할 수 없다. 즉, 양자는 **기본적으로 동위**의 원칙에 해당하고, **개별사안마다** 이익형량하여 어느 것을 우선할지를 **정해야** 한다. 〈을〉20지방7

32 신뢰보호의 원칙과 행정의 법률적합성의 원칙이 **충돌**하는 경우 국민보호를 위해 원칙적으로 **신뢰보호의 원칙이 우선**한다. 20지방7

33 국가가 공무원임용결격사유가 있는 자에 대하여 당초의 **임용처분을 취소**함에 있어서는 **신의칙 내지 신뢰보호의 원칙을 적용할 수 없고**, 그러한 의미의 **취소권은 시효**로 소멸되는 것도 **아니다**. 08국가7

34 행정청이 상대방에게 장차 어떤 처분을 하겠다고 **공적인 의사표명**을 하면서 상대방에게 언제까지 처분의 발령을 신청하도록 **유효기간을 둔 경우**, 그 기간 내에 상대방의 **신청이 없었다면** 그 공적인 의사표명은 행정청의 **별다른 의사표시를 기다리지 않고** 실효된다. 20지방7

35 행정청이 공적인 의사표시를 한 이후 **사실적·법률적 상태의 변경**이 있으면 행정청이 이를 **취소하지 않더라도** 공적인 **의사표명은 실효**된다. 21시방9

35 행정청이 공적인 의사표명을 하였다면 이후 **사실적·법률적 상태의 변경**이 있더라도 행정청이 이를 취소하지 않는 한 여전히 공적인 **의사표명은 유효**하다. 21지방9

36 신뢰보호의 원칙은 행정청이 공적인 견해를 표명할 당시의 사정이 그대로 유지됨을 전제로 적용되는 것이 원칙이므로, 사후에 그와 같은 **사정이 변경**된 경우에는 특별한 사정이 없는 한 행정청이 그 견해표명에 반하는 **처분**을 하더라도 **신뢰보호의 원칙에 위반**된다고 할 수 **없다**. 21국회8

37 법원이 하는 **과태료재판**에는 원칙적으로 행정소송에서와 같은 **신뢰보호의 원칙이 적용되지 않는다**. 〈을〉22지방9

37 법원이 하는 **과태료재판**에는 원칙적으로 행정소송에서와 같은 **신뢰보호의 원칙이 적용**된다. 22지방9

04 폐기물처리업 사업허가 적정통보 후 거부 사례

38 폐기물처리업에 대하여 관할 관청의 사전 **적정통보**를 받고 막대한 비용을 들여 허가요건을 갖춘 다음 허가신청을 하였음에도 **청소업자의 난립**으로 효율적인 청소업무의 수행에 지장이 있다는 **이유로 한 불허가처분**이 **신뢰보호의 원칙에 반**하여 재량권을 남용한 위법한 처분이다. 17서울9

39 (신뢰보호의 원칙과 관련하여) 행정관청이 **폐기물처리업** 사업계획에 대하여 폐기물관리법령에 의한 **적정통보**를 한 경우에도, 그 사업부지 토지에 대한 **국토이용계획변경신청**을 **승인**하여 주겠다는 취지의 공적 **견해**를 **표명**한 것으로 볼 수 **없다**. 17지방7

40 (甲은 폐기물처리업을 경영하기 위하여 폐기물처리업 사업계획서를 제출하여 관할 도지사 乙로부터 사업계획 적합통보를 받았다. 그 후 甲은 폐기물처리시설의 설치가 허용되지 않는 용도지역을 허용되는 용도지역으로 변경하기 위하여「국토의 계획 및 이용에 관한 법률」에 따라 乙에게 국토이용계획변경신청을 하였으나, 乙은 위 신청을 거부하였다.) 폐기물처리업 사업계획에 대한 **적합통보**와 **국토이용계획변경**은 각기 그 제도적 취지와 결정단계에서 **고려해야 할 사항들이 다르다**. 23지방7

41 일반적으로 행정청이 **폐기물처리업** 사업계획에 대한 **적정통보**를 한 경우 이는 토지에 대한 **형질변경신청**을 **허가**하는 취지의 공적 **견해표명**까지 포함되어 있었다고 볼 수 **없다**. 21국가9

---

39 (신뢰보호의 원칙과 관련하여) 행정관청이 **폐기물처리업** 사업계획에 대하여 폐기물관리법령에 의한 **적정통보**를 한 경우에는, 그 사업부지 토지에 대한 **국토이용계획변경신청**을 **승인**하여 주겠다는 취지의 공적 **견해**를 **표명**한 것으로 볼 수 **있다**. 17지방7

41 일반적으로 행정청이 **폐기물처리업** 사업계획에 대한 **적정통보**를 한 경우 이는 토지에 대한 **형질변경신청**을 **허가**하는 취지의 공적 **견해표명**까지도 **포함한다**. 21국가9

05 신뢰보호원칙 위반 ○

42 운전면허취소사유에 해당하는 음주운전을 적발한 경찰관 소속 경찰서장이 사무착오로 위반자에게 **운전면허정지처분을 한 상태**에서 위반자의 주소지 관할 지방청이 위반자에게 **운전면허취소처분**을 한 것은 선행처분에 대한 당사자의 **신뢰 및 법적 안정성을 저해**하는 것**이다**. 따라서 허용될 수 없다. 18경행

43 도시계획구역 내 생산녹지로 답(畓)인 토지에 대하여 **종교회관** 건립을 이용**목적**으로 하는 **토지거래계약의 허가**를 받으면서 담당공무원이 관련법규상 허용된다고 하여 이를 신뢰하고 건축준비를 하였으나 그 후 **토지형질 변경허가신청**을 불허가한 것은 **신뢰보호의 원칙에 위반**된다. 13국가9

44 시의 **도시계획과장과 도시계획국장이** 도시계획사업의 준공과 동시에 사업부지에 편입할 토지에 대한 **완충녹지 지정**을 해제함과 아울러 당초의 토지소유자들에게 환매하겠다는 **약속을 했음에도** 이를 믿고 토지를 협의매매한 토지소유자의 완충녹지지정해제신청을 거부한 것은 **신뢰보호의 원칙을 위반**하거나 재량권을 일탈·남용한 위법한 처분이다. 24국가9

45 [보건복지부장관은 중앙일간지에 "의료취약지 병원설립 운용자에게 5년간 지방세 중 **재산세를 면제**한다"는 취지의 **공고**를 하였다. 이에 甲은 의료취약지인 B군(郡)에서 병원을 설립·운용하였으나, B 군수는 지방세법 규정에 근거하여 甲에 대해 군세(郡稅)인 재산세를 부과하였다.] **보건복지부장관**에 의하여 이루어진 **비과세 견해표명**은 당해 과세관청이 한 것과 마찬가지로 볼 여지가 충분하기에 **보건복지부장관의 공고**는 신뢰보호원칙의 요건인 **공적 견해표명에 해당**한다. (대판 95누13746) 11국가9
➕ 판례가 신뢰보호원칙 위반여부에 대해서는 판시하지 않은 사안이다.

---

42 운전면허취소사유에 해당하는 음주운전을 적발한 경찰관의 소속 경찰서장이 사무착오로 위반자에게 **운전면허정지처분을 한 상태**에서 위반자의 주소지 관할 지방경찰청장이 위반자에게 **운전면허취소처분**을 한 것은 선행처분에 대한 당사자의 **신뢰 및 법적 안정성을 저해**하는 것으로 볼 수 **없다**. 18경행

45 [보건복지부장관은 중앙일간지에 "의료취약지 병원설립 운용자에게 5년간 지방세 중 **재산세를 면제**한다"는 취지의 **공고**를 하였다. 이에 甲은 의료취약지인 B군(郡)에서 병원을 설립·운용하였으나, B 군수는 지방세법 규정에 근거하여 甲에 대해 군세(郡稅)인 재산세를 부과하였다.] 보건복지부장관은 권한분장관계상 **재산세를 부과할 권한**이 없으므로 보건복지부장관의 공고는 신뢰보호원칙의 요건인 행정청의 **공적 견해표명에 해당하지 않**는다. 따라서 甲은 신뢰보호원칙의 적용을 주장할 수는 없다. 11국가9

06 신뢰보호원칙 위반 ✕

46 병무청 담당부서의 담당공무원에게 공적 견해의 표명을 구하는 정식의 서면질의 등을 하지 아니한 채 총무과 **민원팀장**에 불과한 공무원이 민원봉사차원에서 상담에 응하여 안내한 것을 신뢰한 경우, **신뢰보호 원칙이 적용되지 아니한다**. 16국가7

47 개발사업을 시행하기 전에 사건 토지 지상에 예식장 등을 건축하는 것이 관계 법령상 가능한지 여부를 질의하여 민원 부서로부터 '**저촉사항 없음**'이라고 기재된 **민원예비심사** 결과를 통보받았다 하더라도, 이는 이후의 개발**부담금부과처분**에 관하여 신뢰보호의 원칙을 적용하기 위한 공적인 **견해표명**을 한 것에 **해당하지 않**는다. 24국가9

---

47 개발사업을 시행하기 전에 사건 토지 지상에 예식장 등을 건축하는 것이 관계 법령상 가능한지 여부를 질의하여 민원 부서로부터 '**저촉사항 없음**'이라고 기재된 **민원예비심사** 결과를 통보받았다면, 이는 이후의 개발**부담금부과처분**에 관하여 신뢰보호의 원칙을 적용하기 위한 공적인 **견해표명**을 한 것에 **해당**한다. 24국가9

48 행정청이 지구단위계획을 수립하면서 그 권장용도를 판매·위락·숙박시설로 결정하여 고시하였다 하더라도 당해 지구 내에서 공익과 무관하게 언제든지 숙박시설에 대한 건축허가가 가능하다는 취지의 공적 견해를 표명한 것으로 볼 수 없다. 〔17지방7〕

49 숙박시설 건축허가 신청을 반려한 처분에 관해 학생들의 교육환경과 인근 주민들의 주거환경 보호라는 공익이 그 신청인이 잃게 되는 이익의 침해를 정당화할 수 있을 정도로 크므로, 위 반려처분은 신뢰보호의 원칙에 위배되지 않는다는 것이 판례의 태도이다. 〔20소방〕

50 당초 정구장시설을 설치한다는 도시계획결정을 하였다가 정구장 대신 청소년 수련시설을 설치한다는 도시계획 변경결정 및 지적 승인을 한 경우 당초의 도시계획 결정만으로는 도시계획사업의 시행자 지정을 받게 된다는 공적 견해를 표명했다고 할 수 없다. 〔19국가7〕

51 주무 부처인 중앙행정기관이 입법 예고를 통해 법령안의 내용을 국민에게 예고한 적이 있더라도, 그것이 법령으로 확정되지 아니하였다면 국가는 위 법령안에 관련된 사항에 대해 이해관계자들에게 어떠한 신뢰를 부여한 것으로 볼 수 없다. 〔22소방〕

51 주무 부처인 중앙행정기관이 입법 예고를 통해 법령안의 내용을 국민에게 예고한 적이 있다면, 그것이 법령으로 확정되지 아니하였다고 하더라도 국가는 위 법령안에 관련된 사항에 대해 이해관계자들에게 어떠한 신뢰를 부여한 것으로 볼 수 있다. 〔22소방〕

52 과세관청이 납세의무자에게 부가가치세 면세사업자용 사업자등록증을 교부하거나 고유번호를 부여하였다고 하더라도 그가 영위하는 사업에 관하여 부가가치세를 과세하지 않겠다는 언동이나 공적 견해를 표명한 것으로 볼 수 없다. 〔17지방7〕

53 헌법재판소의 위헌결정은 행정청이 개인에 대하여 신뢰의 대상이 되는 공적인 견해를 표명한 것이라 할 수 없으므로 그 결정에 관한 개인의 행위에 대하여는 신뢰보호의 원칙이 적용되지 아니한다. 〔19지방9〕

53 헌법재판소의 위헌결정은 행정청이 개인에 대하여 신뢰의 대상이 되는 공적인 견해를 표명한 것이라고 할 수 있으므로 그 결정에 관련한 개인의 행위에 대하여는 신뢰보호의 원칙이 적용된다. 〔19지방9〕

54 (신뢰보호의 원칙과 관련하여) 국립공원 관리권한을 가진 행정청이 실제의 공원구역과 다르게 경계측량과 표지를 설치한 십 수년 후 착오를 발견하여 지형도를 수정한 조치는 신뢰보호원칙에 위배되지 않는다. 〔15사복9〕
  ⊕ 경계측량 및 표지설치는 사실행위에 불과하다. 즉, 행정청의 과오로 원고의 대지가 공원 밖이었다가 공원 내로 변경된 것처럼 보이더라도, 법률상으로는 원고의 대지는 처음부터 공원구역 내였기에 신뢰보호원칙에 위배되지 않는다.

54 (신뢰보호의 원칙과 관련하여) 국립공원 관리권한을 가진 행정청이 실제의 공원구역과 다르게 경계측량과 표지를 설치한 십수 년 후 착오를 발견하여 지형도를 수정한 조치는 신뢰보호원칙에 위배된다. 〔15사복9〕

07 관련문제(1) | 요플 p.019 |

55 실효의 원칙이 적용되기 위한 요건으로서 실효기간의 길이와 의무자인 상대방이 권리가 행사되지 아니하리라고 신뢰할 만한 정당한 사유가 있었는지의 여부는 구체적인 경우마다 권리를 행사하지 아니한 기간의 장단, 당사자 쌍방의 사정 및 객관적으로 존재한 사정 등을 고려하여 사회통념에 따라 판단하여야 한다. 〔08국가7〕

56 대법원은 실권의 법리를 신의성실의 원칙의 파생원칙으로 본다. 〔20군무원9〕
  ⊕ 단, 동 판례 이후 제정된 행정기본법은 실권의 법리를 신뢰보호 원칙의 하나로 규정하였으므로, 이러한 대법원의 태도는 더이상 유지되기는 어렵다.

56 대법원은 실권의 법리를 신뢰보호 원칙의 파생원칙으로 본다. 〔20군무원9〕

57 처분청이 착오로 행정서사업 허가처분을 한 후 20년이 다 되어서야 취소사유를 알고 행정서사업 허가를 취소한 경우, 그 허가취소처분은 실권의 법리에 저촉되지 아니한다. 〔19국가7〕
  ⊕ 처분청이 취소나 철회사유를 알지 못하였기에 실권의 법리가 적용될 수 없었던 것.

57 처분청이 착오로 행정서사업 허가처분을 한 후 20년이 다 되어서야 취소사유를 알고 행정서사업 허가를 취소한 경우, 그 허가취소처분은 실권의 법리에 저촉되는 것으로 보아야 한다. 〔19국가7〕

08 관련문제(2) | 요플 p.019 |

THEME 06 행정법의 일반원칙(2) - 나머지 원칙

○ 지문

01 행정의 **자기구속의 원칙**은 「**행정기본법**」에 명시적 **규정은 없**으나 평등원칙이나 신뢰보호 원칙에 따라 발현된다. 〈을〉 22군무원7

01 비례의 원칙(과잉금지의 원칙) | 요플 p.020 |

02 비례의 원칙은 **법치국가원리**에서 당연히 파생되는 헌법상의 기본원리이다. 22지방9

03 「**행정기본법**」은 비례의 원칙을 명문으로 **규정**하고 있다. 22국가7

04 **행정규제기본법**과 **행정절차법**은 각각 규제의 원칙과 행정지도의 원칙으로 **비례원칙을 정**하고 있다. 17서울9

05 **과잉금지의 원칙**은 특히 **경찰행정작용**에서 중요한 의미를 가지며, **경찰관직무집행법** 제1조 제2항에서 **이를 규정**하고 있다. 09국가7

06 [어떤 행정목적을 달성하기 위한 수단은 그 목적달성에 유효·적절하고 또한 가능한 한 최소침해를 가져오는 것이어야 하며, 아울러 그 수단의 도입으로 인한 침해가 의도하는 공익을 능가하여서는 아니 된다.] 위 원칙에 따라 노후된 건축물을 **개수하여 붕괴위험을 충분히 방지할 수 있다면** 스스로 원하지 않는다는 한도에서 **철거명령을 내려서는 안 되**는데, 위 원칙 중 **필요성원칙**이 적용된 결과이다. 14국가9

07 (식품위생법에 따르면 청소년에게 주류제공 시 영업의 전부 또는 일부를 정지하거나 취소할 수 있다. 식품접객업자인 甲은 영업장에서 청소년에게 술을 팔다 적발되었고, 관할 행정청인 乙은 청문절차를 거쳐 甲에게 영업허가취소처분을 하였다.) 甲이 청소년에게 주류를 제공한 것이 인정되더라도 영업허가취소처분으로 인하여 **甲이 입게 되는 불이익**이 **공익상 필요보다 막대한** 경우에는 **영업허가취소처분이 위법**하다고 인정될 수 있다. 17(하)국가9

08 비례원칙은 **적합성**의 원칙, **필요성**의 원칙, **상당성**의 원칙(협의의 비례원칙)으로 구성된다고 보는 것이 일반적이며, **헌법재판소**는 과잉금지원칙과 관련하여 위 세 가지에 **목적의 정당성**을 더하여 판단하고 있다. 17국회8

09 (비례의 원칙은) 침해행정인가 급부행정인가를 가리지 아니하고 **행정의 전 영역**에 적용된다. 13국가9

10 비례의 원칙은 행정뿐만 아니라 **입법**을 포함한 전 국가작용에 **적용**된다. 〈을〉 20지방9

11 국가가 **국민의 생명·신체의 안전에 대한 보호의무**를 다하지 않았는지 여부를 헌법재판소가 심사할 때에는 국가가 이를 보호하기 위하여 적어도 적절하고 효율적인 최소한의 보호조치를 취하였는가 하는 '**과소보호 금지원칙**'의 위반 여부를 기준으로 삼는다. 21국가9

12 원고가 단지 **1회 훈령에 위반하여 요정출입**을 하다가 적발된 정도라면, 면직처분보다 가벼운 징계처분으로서도 능히 위 훈령의 목적을 달성할 수 있다고 볼 수 있는 점에서 이 사건 **파면처분은** 이른바 **비례의 원칙에 어긋난 것으로 위법**하다고 판시하였다. 21소방

13 변호사법 제10조 제2항의 **개업지 제한규정**은 직업선택의 자유를 제한하는 것으로서 헌법 제37조 제2항에 **위반**된다. 13국회9

14 아무런 **시간적 제한도 두지 않**은 채 **과거의 음주운전** 금지규정 위반 전력을 **가중요건**으로 삼거나, 비난가능성이 상대적으로 낮은 재범행위까지 **일률적으로 법정형의 하한을 높게** 책정한 도로교통법 제148조의2 제1항은 **비례원칙에 위반**된다. 미기출

15 (구별) 도로교통법 제44조 제1항의 **2회째 이상 위반행위를 가중처벌**하는 규정은, **과거의 위반행위를 다시 처벌하는 규정이 아니어서 일사부재리원칙에 위반되지 않**는다. 〈을〉 미기출

× 지문

01 행정의 **자기구속의 원칙**(은 「**행정기본법**」에 **규정**된 행정법상 원칙이다) 22군무원7

10 비례의 원칙은 행정에만 적용되는 원칙이므로 **입법**에서는 **적용될 여지가 없**다. 20지방9

15 (구별) 도로교통법 제44조 제1항의 **2회째 이상 위반행위를 가중처벌**하는 규정은, **과거의 위반행위를 다시 처벌하는 규정이므로 일사부재리원칙에 위반**된다. 미기출

16 도로교통법 제148조의2 제1항 제1호의 '도로교통법 제44조 제1항을 2회 이상 위반한' 것에 **구 도로교통법** 제44조 제1항을 위반한 **음주운전 전과도 포함**된다고 해석하는 것은 일사부재리의 원칙이나 **비례의 원칙에 위배되지 않**는다. 〈율〉 13국가9
   ➕ 과거의 위반 전력 등과 관련해 아무런 제한도 두지 않고 죄질이 가벼운 경우에 대해서까지 일률적으로 가중처벌 하는 것은 책임과 형벌 사이의 비례 원칙에 위반된다는 최근 헌재결정과 비교가 필요합니다.(헌재 2021헌가30, 14번 문제 참조)

17 **음주운전으로 인해 운전면허를 취소**하는 경우의 이익형량에서 음주운전으로 인한 교통사고를 방지할 **공익상의 필요**는 취소의 **상대방이 입게 될 불이익보다 강조되어야** 한다. 〈율〉 20국가7

18 다른 차들의 통행을 원활히 하기 위하여 승용차를 주차 목적으로 자신의 집 앞 약 6미터를 운행하였다 하여도 이는 도로교통법상의 음주운전에 해당하고, 이미 음주운전으로 적발되어 면허정지처분을 받은 적이 있는 데도 혈중 알콜 농도 **0.182%의 만취 상태에서 운전한 것이라면**, 교통사고가 발생하지 않았고 운전 승용차로 서적을 판매하여 **가족의 생계를 책임져야 한다는 사정을 고려하더라도**, 이 사건 운전면허취소처분은 **적법**하다. 11(1)경행

19 택시운송사업자가 **차고지와 운송부대시설을 증설**하는 내용의 자동차운송사업계획 변경인가를 신청한 데 대하여 **교통행정 및 주거환경 등 공익을 이유로 한 거부처분**은 이익교량의 원칙에 **반하지 않**는다. 13국회9

20 **옥외집회의 사전신고의무**를 규정한 구 「집회 및 시위에 관한 법률」 제6조 제1항 중 '옥외집회'에 관한 부분은 **과잉금지원칙에 위배하지 않**는다. 따라서 **집회의 자유를 침해하지 않**는다. 〈율〉 20소방

21 **사법시험 제2차 시험에 과락제도를 적용**하고 있는 (구)사법시험령 제15조 제2항은 비례의 원칙, 과잉금지의 원칙, 평등의 원칙에 **위반되지 않는다**고 판시하였다. 21소방

16 도로교통법 제148조의2 제1항 제1호의 '도로교통법 제44조 제1항을 2회 이상 위반한' 것에 **구 도로교통법** 제44조 제1항을 위반한 **음주운전 전과도 포함**된다고 해석하는 것은 **비례 원칙에 위반**된다. 13국가9

17 **음주운전으로 인해 운전면허를 취소**하는 경우의 이익형량에서 음주운전으로 인한 교통사고를 방지할 **공익상의 필요**가 취소의 **상대방이 입게 될 불이익보다 강조되어야 하는 것은 아니다**. 20국가7

20 **옥외집회의 사전신고의무**를 규정한 구 「집회 및 시위에 관한 법률」 제6조 제1항 중 '옥외집회'에 관한 부분은 **과잉금지원칙에 위배하여 집회의 자유를 침해하는 것으로 볼 수 있다**는 것이 헌법재판소의 태도이다. 20소방

02 평등의 원칙 | 요플 p.021 |

22 **행정기본법**에서는 **평등의 원칙**을 별도로 **규정**하고 **있다**. 〈율〉 미기출

23 행정청은 **합리적 이유 없이 국민을 차별**하여서는 **아니** 된다. 21군무원9

24 평등원칙은 일체의 차별적 대우를 부정하는 **절대적 평등**을 의미하는 것이 **아니라** 입법과 법의 적용에 있어서 합리적인 근거가 없는 차별을 배제하는 **상대적 평등**을 뜻한다. 21국가9

25 **평등원칙**은 동일한 것 사이에서의 평등뿐만 아니라 상이한 것에 대한 차별의 **정도에서의 평등**도 **포함**한다. 〈율〉 21군무원9

26 조례안이 지방의회의 조사를 위하여 출석요구를 받은 증인이 5급 이상 공무원인지 여부, 기관(법인)의 대표나 임원인지 여부 등 **증인의 사회적 신분**에 따라 미리부터 **과태료의 액수에 차등**을 두고 있는 것은 **평등의 원칙에 위반**된다. 〈율〉 16국가7

27 동일한 사항을 다르게 취급하는 것은 합리적 이유가 없는 차별로서 금지된다. 그러나 **같은 정도의 비위**를 저지른 자들 사이라 하더라도 **개전의 정**이 있는지 **여부에 차이**가 있어 징계 송류의 선택과 양정에 있어 **차별적으로 취급**하는 것은 합리적 이유가 있는 차별이므로 허용된다. 〈율〉 20지방9

28 청원경찰의 인원감축을 위하여 **초등학교 졸업 이하 학력소지자 집단과 중학교 중퇴 이상 학력소지자 집단으로 나누어 각 집단별로 같은 감원비율의 인원을 선정한 것은 위법**한 재량권행사이다. 08국가9

29 일반직 직원의 정년을 58세로 규정하면서 **전화교환직렬 직원만**은 정년을 53세로 규정하여 5년간의 **정년차등**을 둔 것은 사회적 **합리성이 있는 차별**이기에 평등원칙에 위반되지 않는다. 11국회8

22 **행정기본법**에서는 **평등의 원칙**을 별도로 **규정**하고 있지 **않다**. 미기출

25 **평등원칙**은 동일한 것 사이에서의 평등이므로 **상이한 것**에 대한 차별의 **정도에서의 평등을 포함하지 않**는다. 21군무원9

26 조례안이 지방의회의 조사를 위하여 출석요구를 받은 증인이 5급 이상 공무원인지 여부, 기관(법인)의 대표나 임원인지 여부 등 **증인의 사회적 신분**에 따라 미리부터 **과태료의 액수에 차등**을 두고 있는 것은 **평등의 원칙에 위반되지 않**는다. 16국가7

27 동일한 사항을 다르게 취급하는 것은 합리적 이유가 없는 차별이므로, 같은 정도의 비위를 저지른 자들은 비록 개선의 정이 있는지 여부에 차이가 있다고 하더라도 징계 종류의 선택과 양정에 있어 **동일하게 취급받아야** 한다. 20지방9

29 일반직 직원의 정년을 58세로 규정하면서 **전화교환직렬 직원만**은 정년을 53세로 규정하여 5년간의 **정년차등**을 둔 것은 사회통념상 **합리성이 없는 차별**로서 평등원칙에 위반된다. 11국회8

30 연구단지 내 녹지구역에 위험저장물시설인 주유소와 LPG충전소 중에서 주유소는 허용되면서 LPG충전소를 금지하는 규정은 LPG충전소 영업을 하려는 국민을 합리적 이유없이 자의적으로 차별하는 것이 아니므로 평등원칙에 위반되지 않는다. 20소방
　⊕ LPG충전소가 주유소보다 위험성이 훨씬 크다는 점이 고려된 사안이다.

31 「의료법」 등 관련 법령이 정신병원 등의 개설에 관하여는 허가제로, 정신과의원 개설에 관하여는 신고제로 각 규정하고 있는 것은 합리적 차별로서 평등의 원칙에 반하지 않는다. 23지방7

32 미신고 집회의 주최자를 미신고 시위 주최자와 동등하게 처벌하는 구 「집회 및 시위에 관한 법률」 제19조 제2항은 평등원칙에 위반되지 않는다. 11국회8

33 국가유공자 등과 그 가족에 대한 가산점제도는 입법정책상 허용될 수 있다. 다만, 그 차별의 효과가 지나쳐서는 아니 된다는 점에 한계가 있다. 12국9

34 헌법재판소는 국·공립학교 채용시험에 국가 유공자와 그 가족이 응시하는 경우 만점의 10퍼센트를 가산하도록 했던 구 「국가유공자등예우및지원에관한법률」및「5·18민주유공자예우에관한법률」의 규정이 일반 응시자들의 평등권을 침해한다고 보았다. 20군무원7

35 현역군인만을 국방부의 보조기관 및 차관보·보좌기관과 병무청 및 방위사업청의 보조기관 및 보좌기관에 보할 수 있도록 정하여 군무원을 제외하고 있는 정부조직법 관련 조항은 군무원인 청구인들의 평등권을 침해하지 않는다. 20군무원9

30 연구단지 내 녹지구역에 위험물저장시설인 주유소와 LPG충전소 중에서 주유소는 허용하면서 LPG충전소를 금지하는 시행령 규정은 LPG충전소 영업을 하려는 국민을 합리적 이유 없이 자의적으로 차별하여 결과적으로 평등원칙에 위배된다는 것이 헌법재판소의 태도이다. 20소방

33 국가유공자 등과 그 가족에 대한 가산점제도는 입법정책상 전혀 허용될 수 없다. 12국회9

35 현역군인만을 국방부의 보조기관 및 차관보·보좌기관과 병무청 및 방위사업청의 보조기관 및 보좌기관에 보할 수 있도록 정하여 군무원을 제외하고 있는 정부조직법 관련 조항은 군무원인 청구인들의 평등권을 침해한다고 보아야 한다. 20군무원9

03 자기구속의 원칙 | 요플 p.022 |

36 행정의 자기구속의 원칙은 법적으로 동일한 사실관계, 즉 동종의 사안에서 적용이 문제되는 것으로 주로 재량의 통제법리와 관련된다. 18국가9

37 행정의 자기구속의 법리는 평등원칙뿐 아니라 신뢰보호의 원칙도 근거가 된다. 11사복9

38 행정의 자기구속의 법리를 적용함에 있어서 행정선례가 필요한지 여부에 대한 학설의 대립이 있다. 11사복9

39 평등의 원칙은 본질적으로 같은 것을 자의적으로 다르게 취급함을 금지하는 것이다. 그러나 위법한 행정처분이 수 차례에 걸쳐 반복적으로 행하여졌다면 행정청에 대하여 자기구속력을 갖지 못한다. 22지방9
　⊕ 즉, 위법한 선례나 관행에 대해서는 평등의 원칙이나, 그로부터 파생된 자기구속의 원칙이 모두 적용되지 않는다. 반면, 신뢰보호의 원칙은 위법한 선행조치에 대해서도 인정될 수 있어서 구별해야 한다.

40 행정청이 조합설립추진위원회의 설립승인 심사에서 한 처분이 위법한 선례인 경우에는, 행정청에 대하여 자기구속력을 갖지 못한다. 21국가9

41 행정의 자기구속의 원칙은 처분청에 대해서만 적용된다. 자기구속의 원칙은 동일 행정청의 동일·동종 사건처리에 적용되는 것이기 때문이다. 19서울9

42 행정의 자기구속의 원칙이 인정되는 경우에는 행정관행과 다른 처분은 특별한 사정이 없는 한 위법하다. 21군무원9

43 [甲은 구청장 X에 대하여 재량행위인 건물의 증·개축허가를 신청하였으나 거부되었다. 그런데 이웃에 사는 乙은 동일한 사안임에도 불구하고 X로부터 허가를 받은 사실을 알게 되었다] 甲은 X행정청이 증·개축허가를 거부한 것은 자기구속의 법리에 위반되어 위법하다고 주장할 수 있다. 10국회8

37 행정의 자기구속의 법리는 평등원칙에만 적용된다는 것이 판례의 입장이다. 11사복9

39 평등의 원칙은 본질적으로 같은 것을 자의적으로 다르게 취급함을 금지하는 것이므로, 위법한 행정처분이 수차례에 걸쳐 반복적으로 행하여졌다면 행정청에 대하여 자기구속력을 갖게 된다. 22지방9

40 행정청이 조합설립추진위원회의 설립승인 심사에서 위법한 행정처분을 한 선례가 있는 경우에는, 행정청에 대해 자기구속력을 갖게 되어 이후에도 그러한 기준에 따라야 한다. 21국가9

41 행정의 자기구속의 원칙은 처분청이 아닌 제3자 행정청에 대해서도 적용된다. 19서울9

04 부당결부금지의 원칙 | 요플 p.022 |

44 부당결부금지의 원칙이란 행정주체가 행정작용을 함에 있어서 상대방에게 이와 실질적인 관련이 없는 의무를 부과하거나 그 이행을 강제하여서는 아니 된다는 원칙을 말한다. 18경행

45 행정규제기본법은 부당결부금지의 원칙에 관하여 명시적으로 규정하고 있지 않다. 08(하)지방7

45 행정규제기본법은 부당결부금지의 원칙에 관하여 명시적으로 규정하고 있다. 08(하)지방7

46 부당결부금지의 원칙(은 「행정기본법」에 규정된 행정법상 원칙이다) 22군무원7

47 부당결부금지원칙은 행정작용을 함에 있어서 상대방에게 이와 실질적인 관련이 없는 의무를 부과하지 말도록 하는 것이며, 판례는 이러한 부당결부금지원칙의 적용을 긍정하고 있다. 예컨대 판례는 주택건설사업계획승인을 하면서 실질적 관련성이 없는 토지의 기부채납부관을 붙이는 경우 부당결부금지의 원칙에 위반되어 위법하다고 본다.(95다49650) 15서울7

47 부당결부금지원칙은 행정작용을 함에 있어서 상대방에게 이와 실질적인 관련이 없는 의무를 부과하지 말도록 하는 것인데, 판례는 이러한 부당결부금지원칙의 적용을 부정하고 있다. 15서울7

48 건축물에 인접한 도로의 개설을 위한 도시계획사업시행허가처분은 건축물에 대한 건축허가처분과는 별개의 행정처분이므로 사업시행허가를 함에 있어 조건으로 내세운 기부채납의무를 이행하지 않았음을 이유로 한 건축물에 대한 준공거부처분은 건축법에 근거 없이 이루어진 것으로 위법하다. 13국가9

49 상속세 체납자에 대한 영업허가취소는 다음의 어느 법원칙에 위반될 가능성이 가장 높은가? ① 과잉금지의 원칙, ② 신뢰보호의 원칙, ③ 보충성의 원칙, ④ 신의성실의 원칙, ⑤ 부당결부금지의 원칙) 13서울9

50 부당결부금지의 원칙은 공법상 계약에 있어서도 그 적용이 있다. 08(하)지방7

05 복수운전면허의 철회 | 요플 p.023 |

51 한 사람이 여러 종류의 자동차운전면허를 취득하는 경우뿐 아니라 이를 취소함에 있어서도 서로 별개의 것으로 취급하는 것이 원칙이다. 23군무원9

52 행정청이 여러 종류의 자동차운전면허를 취득한 자에 대해 그 운전면허를 취소하는 경우, 취소사유가 특정면허에 관한 것이 아니고 다른 면허와 공통된 것이거나 운전면허를 받은 사람에 관한 것일 경우에는 여러 면허를 전부 취소할 수 있다. 18지방9

53 12인승 승합자동차를 운전한 자에 대하여 운전면허를 취소할 경우 제1종 보통면허와 대형면허를 취소할 수는 있지만 특수면허를 취소할 수는 없다. 10국회8(변형)

54 제1종 보통면허로 운전할 수 있는 차량을 음주운전한 경우 제1종 보통면허의 취소 외에 동일인이 소지하고 있는 제1종 대형면허와 원동기장치자전거면허도 취소할 수 있다. 15국가9
   ➕ 1종 보통면허, 대형면허, 원동기장치자전거면허는 서로 포함관계에 있으므로 모두 취소할 수 있음

54 제1종 보통면허로 운전할 수 있는 차량을 음주운전한 경우 제1종 보통면허의 취소 외에 동일인이 소지하고 있는 제1종 대형면허와 원동기장치자전거면허는 취소할 수 없다. 15국가9

06 신의성실의 원칙 등 | 요플 p.023 |

55 성실의무 및 권한남용금지의 원칙(은 「행정기본법」에 규정된 행정법상 원칙이다) 22군무원7

56 행정기본법은 성실의무와 권한남용금지의무의 수범자로 행정청만을 규정하고 있다. 미기출

56 행정기본법은 성실의무와 권한남용금지의무의 수범자로 행정청 외 국민도 규정하고 있다. 미기출

57 공무원 임용신청 당시 잘못 기재된 호적상 출생연월일을 생년월일로 기재하고, 임용 후 36년 동안 이의를 제기하지 않다가, 정년을 1년 3개월 앞두고 정정된 출생연월일을 기준으로 정년연장을 요구하는 것은 신의성실의 원칙에 반하지 않는다. 21국가9
   ➕ 신의성실의 원칙은 모든 법률관계에 적용되는 일반원칙이기에, 국가가 사인에 대해서도 주장을 할 수 있다. 다만, 대법원은 해당 사안에서 인사기록변경신청기간이 제한되어 있지 않은 점 등을 고려해 신의성실의 원칙에 위반되지 않는다고 하였다.(대법원 2008두21300)

57 공무원 임용신청 당시 잘못 기재된 호적상 출생연월일을 생년월일로 기재하고, 임용 후 36년 동안 이의를 제기하지 않다가, 정년을 1년 3개월 앞두고 정정된 출생연월일을 기준으로 정년연장을 요구하는 것은 신의성실의 원칙에 반한다. 21국가9

58 관할관청이 위법한 직업능력개발훈련과정 인정제한처분을 하여 사업주로 하여금 제때 훈련과정 인정신청을 할 수 없도록 하였음에도, 인정제한처분에 대한 취소판결 확정 후 사업주가 인정제한기간 내에 실제로 실시하였던 훈련에 관하여 비용지원신청을 한 경우에, 사전에 훈련과정 인정을 받지 않았다는 이유만을 들어 훈련비용지원을 거부하는 것은 신의성실의 원칙에 반하여 허용될 수 없다. 21국회8

59 근로복지공단의 요양불승인처분의 적법 여부는 사실상 근로자의 휴업급여청구권 발생의 전제가 된다고 볼 수 있는 점 등에 비추어, 근로자가 요양불승인에 대한 취소소송의 판결확정시까지 근로복지공단에 휴업급여를 청구하지 않았던 것에 대한 근로복지공단의 소멸시효 항변은 신의성실의 원칙에 반하여 허용될 수 없다. 21국회8

07 기타 - 적법절차의 원칙 | 요플 p.023 |

테마별 N지 모음

N1 다음 사례에서 법원이 피고 행정청의 처분이 재량을 남용하였다고 판단하면서 인용한 행정법의 일반원칙은? 13서울7 ③

> 원판결이유에 의하면 원심은 원고가 원판시와 같이 부산시 영도구청의 당직 근무 대기 중 약 25분간 같은 근무조원 3명과 함께 시민과장실에서 심심풀이로 돈을 걸지 않고 점수따기 화투놀이를 한 사실을 확정한 다음 이것이 국가공무원법 제78조 1·3호 규정의 징계사유에 해당한다 할지라도 당직 **근무시간이 아닌 그 대기중**에 불과 약 25분간 심심풀이로 한 것이고 또 **돈을 걸지 아니**하고 점수따기를 한 데 불과하며 원고와 함께 화투놀이를 한 3명(지방공무원)은 부산시 소청심사위원회에서 **견책**에 처하기로 의결된 사실이 인정되는 점 등 제반 사정을 고려하면 피고가 **원고**에 대한 징계처분으로 **파면**을 택한 것은 재량의 범위를 벗어난 위법한 것이다.

① 평등의 원칙, 신뢰보호의 원칙
② 행정의 자기구속의 법리, 법률적합성의 원칙
③ **비례의 원칙, 평등의 원칙**
④ 신뢰보호의 원칙, 부당결부금지의 원칙
⑤ 부당결부금지의 원칙, 비례의 원칙

[해설] ③ 근무시간도 아닌 시간에 돈도 걸지 않은 화투놀이를 두고 파면까지 한 점은 **비례원칙 위반**. 같이 한 자들은 견책하고 원고만 파면한 것은 **평등원칙 위반**

N2 [원고가 운전한 오토바이는 이륜자동차로서 **제2종 소형면허**를 가진 사람만이 운전할 수 있는 것이고, 이륜자동차의 운전은 제1종 대형면허와는 아무런 관련이 없는 것이므로 오토바이를 음주운전하였음을 이유로 이륜자동차 이외의 다른 차종을 운전할 수 있는 **제1종 대형면허를 취소**한 피고의 이 사건처분은 **위법하다**.] 이와 가장 관련이 깊은 법원칙은? 10국회9 ③

① 필요성의 원칙
② 신뢰보호의 원칙
③ **부당결부금지의 원칙**
④ 행정의 자기구속의 원칙
⑤ 상당성의 원칙

THEME 07 행정법의 효력

○ 지문 / × 지문

01 시간적 효력 | 요플 p.024 |

○ 지문

01 법령등의 시행일을 정하거나 계산할 때에는 법령 등을 **공포한 날부터 시행**하는 경우 **공포한 날**을 시행일로 한다. 23소간

02 법령등을 공포한 날부터 **일정 기간이 경과한 날부터 시행**하는 경우 법령등을 **공포한 날을 첫날에 산입하지 않는다**. (울) 24국가9

03 법령등을 공포한 날부터 **일정 기간이 경과한 날부터 시행**하는 경우 그 기간의 **말일이 토요일 또는 공휴일**일 때에는 **그 말일로 기간이 만료**한다. 24국가9

04 **대통령령·총리령 및 부령**은 특별한 규정이 없는 한 공포한 날로부터 **20일**이 경과함으로써 효력을 발생한다. (울) 09국가7

05 **조례와 규칙**은 특별한 규정이 없으면 공포한 날부터 **20일**이 경과함으로써 효력을 발생한다. 21군무원9

06 국민의 **권리 제한 또는 의무 부과와 직접 관련**되는 법률, 대통령령, 총리령 및 부령은 긴급히 시행하여야 할 특별한 사유가 있는 경우를 제외하고는 공포일부터 **적어도 30일**이 경과한 날부터 시행되도록 하여야 한다. 20국가9

× 지문

02 법령등을 공포한 날부터 **일정 기간이 경과한 날부터 시행**하는 경우 법령등을 **공포한 날을 첫날에 산입**한다. 24국가9

04 **대통령령·총리령 및 부령**은 특별한 규정이 없는 한 공포한 날로부터 **14일**이 경과함으로써 효력을 발생한다. 09국가7

07 법령의 **공포일**은 해당 법령을 게재한 관보 또는 신문이 **발행된 날**로 한다. 21지방9

08 법령의 **공포시점**은 관보 또는 공보가 판매소에 도달하여 누구든지 이를 **구독할 수 있는 상태**가 된 최초의 시점으로 보는 것이 판례의 입장이다. 09국가9

09 헌법개정·법률·조약·대통령령·총리령 및 부령의 **공포**와 헌법개정안·예산 및 예산 외 국고부담계약의 공고는 **관보(官報)**에 게재함으로써 한다. 18경행

10 관보의 내용 해석 및 적용 시기 등에 대하여 **종이관보는 전자관보와 동일**한 효력을 가진다. 21지방9

11 대통령의 법률안거부권의 행사로 인하여 재의결된 법률을 **국회의장이 공포**하는 경우에는 서울특별시에서 발행되는 둘 이상의 **일간신문**에 게재함으로써 한다. 15지방9

12 **지방자치단체**의 장에 의한 조례와 규칙의 **공포**는 해당지방자치단체의 **공보**에 게재하는 방법으로 한다. 15지방9

13 지방자치단체의 조례와 규칙을 **지방의회의 의장이 공포**하는 경우에는 **공보나 일간신문에 게재하거나 게시판**에 게재한다. 15지방9
  ➕ 지문과 같이 일간신문과 홈페이지 모두에 게재(게시)할 의무는 없다. 공보, 일간신문, 게시판 중 하나에만 하면 된다.

10 관보의 내용 해석 및 적용 시기 등에 대하여 **종이관보가 전자관보보다 우선**적 효력을 가진다. 21지방9

13 지방자치단체의 조례와 규칙을 **지방의회의 의장이 공포**하는 경우에는 **일간신문**에 게재함과 **동시에** 해당 지방자치단체의 **인터넷 홈페이지**에 게시하여야 한다. 15지방9

02 지역적 효력 | 요플 p.024 |

14 **특정지역만을 규율**대상으로 하는 법률을 **언제나 무효**라고 할 수 **없다**. 16교행9(변형)

14 **특정지역만을 규율**대상으로 하는 법률은 **언제나 무효**이다. 16교행9(변형)

03 인적 효력 | 요플 p.024 |

15 행정법령의 대인적 효력은 **속지주의**를 원칙으로 한다. 16교행9

16 **국내에 거주하는 미합중국 군대의 구성원**에 대하여는 대한민국과 아메리카합중국 간의 상호방위조약 제4조에 의한 시설과 구역 및 대한민국에서의 합중국 군대의 지위에 관한 협정(이른바 한미행정협정)에 의해 **국내법령의 적용이 제한**된다. 10국회9

17 법령은 대한민국의 영토 내에 있는 모든 사람에게 같이 적용되는 것이 원칙이나, 경우에 따라 **외국인에 대하여 특칙**을 두거나 **상호주의**가 **적용될 수도 있다**. 15행정사
  ➕ 예컨대 국가배상법은 외국인이 피해자인 경우, 자국민이 피해자인 경우와 달리 해당 국가와 상호 보증이 있을 때에만 배상책임을 인정하는 특칙을 두고 있다.

18 **국외의 자국인**에 대하여도 **국내법령**이 적용된다. 행정법령의 적용에는 속지주의 뿐 아니라 속인주의도 적용되기 때문이다. 12국회9

17 법령은 대한민국의 영토 내에 있는 모든 사람에게 적용되는 것이 원칙이므로 **외국인에 대하여 특칙**을 두거나 **상호주의가 적용될 수 없다**. 15행정사

18 **국외의 자국인**에 대하여 **국내법령**은 **적용되지 않는다**. 12국회9

THEME 08 법령개정 시 적용법령

○ 지문

01 기본기 | 요플 p.025 |
02 개관 | 요플 p.025 |
03 개별 검토 | 요플 p.026 |

01 행정처분은 그 **근거법령이 개정**된 경우에도 경과규정에서 달리 정함이 없는 한, **처분 당시** 시행되는 **개정법령**과 그에 정한 기준에 **의하는 것**이 원칙이다. 14지방7

02 당사자의 **신청에 따른 처분**은 다른 법령에 특별한 규정이 있는 경우를 제외하고는 **처분 당시의 법령** 등에 따른다. 21지방7

03 **허가** 등의 행정처분은 원칙적으로 허가 **처분시의 법령**과 허가기준에 의하여 처리되어야 한다. 19서울7

04 **건축허가**신청 후 건축허가기준에 관한 관계법령 및 조례의 규정이 **신청인에게 불리하게 개정**된 경우, 종전의 규정에 의한다는 취지의 경과규정을 두지 아니한 이상 **처분시의 법령**에서 정한 기준에 의하여 건축허가 여부를 결정하는 것이 원칙이다. 18지방9

05 행정처분은 그 근거 법령이 개정된 경우에도 처분 당시 시행되는 개정 법령과 거기에서 정한 기준에 의하는 것이 원칙이다. 그러나 행정청이 신청을 수리하고도 **정당한 이유 없이 처리를 지연**하여 그 사이에 법령 및 보상 기준이 변경된 경우라면 그 **변경된 법령** 및 보상 기준에 **따라 처분**하는 것은 **위법**하다. 미기출

06 **새로운 법령등**은 법령등에 특별한 규정이 있는 경우를 제외하고는 그 법령등의 효력 발생 전에 **완성되거나 종결된** 사실관계 또는 법률관계에 대해서는 **적용되지 아니한다**. 21지방7

07 일반적으로 국민이 소급입법을 예상할 수 있었거나 법적상태가 불확실하고 혼란스러워 보호할 만한 **신뢰이익이 적은 경우**에는 **진정소급입법**이 **허용**된다. 15사복9

08 신뢰보호의 요청에 우선하는 심히 **중대한 공익상**의 사유가 소급입법을 정당화하는 경우 등에는 예외적으로 **진정소급입법**이 **허용**된다. 14국가9

09 법령을 소급적용하더라도 일반국민의 이해에 **직접 관계가 없는** 경우, 오히려 그 **이익을 증진**시키는 경우, **불이익**이나 **고통**을 제거하는 경우에는 법령의 **소급적용**이 **허용**된다. 12(하)지방9

10 개정 법령이 기존의 사실 또는 법률관계를 적용대상으로 하면서 국민의 재산권과 관련하여 종전보다 불리한 법률효과를 규정하고 있는 경우라도, 그러한 사실 또는 법률관계가 개정 법률이 시행되기 이전에 **이미 완성 또는 종결된 것이 아니라면 소급입법금지원칙에 위반**되지 않는 것이 원칙이다. 21국가9
   ➕ 이미 완성 또는 종결된 것이 아닌 상태, 즉, 아직 진행 중인 상태에서 개정법을 적용하는 것은 부진정소급입법이다. 부진정소급입법은 허용됨이 원칙이다.

11 소득세법이 개정되어 세율이 인상된 경우, 법 개정 전부터 개정법이 발효된 후에까지 **걸쳐 있는 과세기간(1년)의 전체 소득**에 대하여 **인상된 세율을 적용**하는 것은 부진정 소급효의 경우이므로 **허용**된다. 15서울9

12 한시적인 법인세액 **감면제도**를 시행하다가 새로운 조문을 신설하면서 법인세액 감면 대상이 되지 아니하는 업종으로 변경된 기업에 대하여 아무런 **경과규정을 두지 아니하였더라도 신뢰보호의 원칙에 위반되지 않는다.** 11국회8

13 수강신청 후에 징계요건을 완화하는 **학칙개정**이 이루어지고 **이어 시험**이 실시되어 그 **개정학칙에 따라** 대학이 성적 불량을 이유로 학생에 대하여 **징계처분**을 한 경우라면 이는 이른바 **부진정 소급효**에 관한 것으로서 특별한 사정이 없는 한 **위법**이라고 할 수 **없다**. 22국가9

× 지문

02 당사자의 **신청에 따른 처분**은 다른 법령에 특별한 규정이 있는 경우를 제외하고는 **신청 당시의 법령** 등에 따른다. 21지방7

03 **허가** 등의 행정처분은 원칙적으로 허가 **신청시의 법령**과 허가기준에 의하여 처리되어야 한다. 19서울7

04 **건축허가**신청 후 건축허가기준에 관한 관계법령 및 조례의 규정이 **신청인에게 불리하게 개정**된 경우, 당사자의 신뢰를 보호하기 위해 처분시가 아닌 **신청시 법령**에서 정한 기준에 의하여 건축허가 여부를 결정하는 것이 원칙이다. 18지방9

05 행정처분은 그 근거 법령이 개정된 경우에도 처분 당시 시행되는 개정 법령과 거기에서 정한 기준에 의하는 것이 원칙이므로, 행정청이 신청을 수리하고도 **정당한 이유 없이 처리를 지연**하여 그 사이에 법령 및 보상 기준이 변경된 경우에도 그 **변경된 법령** 및 보상 기준에 **따라 처분하여야** 한다. 미기출

07 일반적으로 국민이 소급입법을 예상할 수 있었거나 법적상태가 불확실하고 혼란스러워 보호할 만한 **신뢰이익이 적은 경우**에도 **진정소급입법**이 **허용되지 않는다**. 15사복9

09 법령을 소급적용하더라도 일반국민의 이해에 **직접 관계가 없는** 경우, 오히려 그 **이익을 증진**시키는 경우, **불이익**이나 **고통**을 제거하는 경우에도 법령의 **소급적용**은 **허용되지 않는다**. 12(하)지방9

10 개정 법령이 기존의 사실 또는 법률관계를 적용대상으로 하면서 국민의 재산권과 관련하여 종전보다 불리한 법률효과를 규정하고 있는 경우, 그러한 사실 또는 법률관계가 개정 법률이 시행되기 이전에 **이미 완성 또는 종결된 것이 아니라면 소급입법금지원칙에 위반**된다. 21국가9

11 소득세법이 개정되어 세율이 인상된 경우, 법 개정 전부터 개정법이 발효된 후에까지 **걸쳐 있는 과세기간(1년)의 전체 소득**에 대하여 **인상된 세율을 적용**하는 것은 재산권에 대한 소급적 박탈이 되므로 위법하다. 15서울9

14 부진정소급입법은 **원칙적으로 허용**되지만 소급효를 요구하는 공익상의 사유와 신뢰보호의 요청 사이의 형량과정에서 **신뢰보호**의 관점이 입법자의 형성권에 **제한**을 가하게 된다. 17국가7

15 근거 법령이 개정된 경우에 경과규정에서 달리 정함이 없는 한 개정법령에서 정한 기준에 의하는 것이 원칙이나, **개정 전 법령의 존속에 대한 국민의 신뢰가 개정 법령의 적용에 관한 공익상의 요구보다 더 보호가치**가 있다고 인정되는 경우에는 그 **적용이 제한될 수 있다**. 23소간

16 변리사시험 실시 **2개월 전 절대평가제에서 상대평가제로 환원**할 것을 규정한 변리사법 시행령 규정은, 부진정소급입법에 해당하지만, 아무런 경과규정 없이 이를 **즉시 적용**하는 것은 **신뢰보호원칙에 위반되어 불가**하다. 미기출

16 변리사시험 실시 **2개월 전 절대평가제에서 상대평가제로 환원**할 것을 규정한 변리사법 시행령 규정은, 부진정소급입법에 해당하므로 별도의 경과규정이 없이 **즉시 적용하는 것이 가능**하다. 미기출

17 경과규정 등의 특별규정 없이 법령이 변경된 경우, 그 **변경 전에 발생한 사항**에 대하여 적용할 법령은 **구법령**이다. 14국가9

17 경과규정 등의 특별규정 없이 법령이 변경된 경우, 그 **변경 전에 발생한 사항**에 대하여 적용할 법령은 개정 후의 **신법령**이다. 14국가9

18 (구별) 어떠한 법률조항에 대하여 헌법재판소가 **헌법불합치결정**을 하여 그 법률조항을 합헌적으로 개정 또는 폐지하는 임무를 입법자의 형성 재량에 맡긴 이상, 그 **개선입법의 소급적용** 여부와 소급적용의 범위는 원칙적으로 **입법자의 재량**에 달린 것이다. 24소방

19 법령 개정 시 개정 전 발생 사항에 대해서는 경과규정이 없는 한 개정 전 법령을 적용하는 것이 원칙이다. 다만, 헌법불합치결정에 따른 개정이라면 경과규정을 두지 않았더라도 예외적으로 개정 법령의 소급적용이 가능한 경우가 있다. 나아가 개정된 법령에서 **경과규정을 두지도 않고**, 법령 개정이 **헌법불합치결정을 매개로 한 것도 아니더라도**, 개정 전 법령에 위헌적 요소가 있어서 이를 해소하려는 **반성적 고려에서 개정된** 것이고 그 개정을 통하여 개정 전의 구 법령보다 행정상대방의 법적 지위가 유리하게 되는 **경우라면** 예외적으로 변경 전 발생 사항에 **개정 법령을 소급적용**하는 것이 타당한 경우도 **있다**. 미기출

19 법령 개정 시 개정 전 발생 사항에 대해서는 개정 전 법령을 적용하는 것이 원칙이다. 따라서 개정된 법령에서 **경과규정을 두지도 않고**, 법령 개정이 **헌법불합치결정을 매개로 한 것도 아니라면**, 개정 전 법령에 위헌적 요소가 있어서 이를 해소하려는 **반성적 고려에서 개정된** 것이고 그 개정을 통하여 개정 전의 구 법령보다 행정상대방의 법적 지위가 유리하게 되는 **경우더라도** 변경 전 발생 사항에 **개정 법령을 소급적용**하는 것은 허용될 수 **없다**. 미기출

20 법령이 **일부 개정**된 경우에는 기존 법령 부칙의 경과규정을 개정 또는 삭제하거나 이를 대체하는 별도의 규정을 두는 등의 특별한 조치가 없는 한 개정 법령에 다시 경과규정을 두지 않았다고 하여 기존 법령 **부칙의 경과규정**이 **당연**히 **실효**되는 것은 **아니다**. 22소간

21 법령이 **전문 개정**된 경우 특별한 사정이 없는 한 종전의 법률 **부칙의 경과규정**도 모두 **실효**된다. 08국가9

22 법률이 **전부 개정**된 경우, 종전 법률의 본문 규정은 물론 부칙의 경과규정 역시 실효됨이 원칙이다. 그러나 ① 별도의 규정을 둔 경우나, ② **별도의 규정을 둔 경우가 아니더라도** 종전 경과규정의 입법경위나 개정된 법령의 입법취지 등을 고려해 종전 규정의 계속 적용되어야 할 예외적 사정이 인정되는 경우에는 **종전 경과규정의 유효함을 주장할 수 있다**. 미기출

22 법률이 **전부 개정**된 경우, 개정 법률에서 종전 법률부칙의 경과규정을 계속 적용한다는 **별도의 규정을 둔 경우 외에는** 종전 법률의 본문 규정은 물론 부칙의 경과규정 역시 **실효**되므로, 종전 경과규정의 입법경위나 개정된 법령의 입법취지 등을 들어 **종전 경과규정의 유효함을 주장할 수는 없다**. 미기출

23 법령등을 위반한 행위의 성립과 이에 대한 **제재처분**은 법령등에 특별한 규정이 있는 경우를 제외하고는 법령등을 위반한 **행위 당시의 법령등**에 따른다. 24소방

23 법령등을 위반한 행위의 성립과 이에 대한 **제재처분**은 법령등에 특별한 규정이 있는 경우를 제외하고는 원칙적으로 **제재처분 당시의 법령등**에 따른다. 24소방

24 건설업자가 시공자격 없는 자에게 전문공사를 하도급한 행위에 대하여 **과징금 부과처분**을 하는 경우, 구체적인 부과기준에 대하여 **처분시의 법령이** 행위시의 법령보다 **불리하게 개정**되었고 어느 법령을 적용할 것인지에 대하여 특별한 규정이 없다면 **행위시의 법령을 적용**하여야 한다. 15국가9

25 법령등을 **위반한 행위** 후 법령등의 변경에 의하여 그 행위가 법령등을 **위반한 행위에 해당하지 아니하**거나 제재처분 기준이 가벼워진 경우로서 해당 법령등에 특별한 **규정**이 없는 경우에는 **변경된 법령등을 적용**한다. 21군무원7

25 법령을 위반한 행위 후 법령의 변경에 의하여 그 행위가 법령을 **위반한 행위에 해당하지 아니하는** 경우에도 해당 법령에 특별한 규정이 없는 경우 **변경이전의 법령을 적용**한다. 21군무원7

26 법령**위반 행위**가 2022년 3월 23일 있은 **후** 법령이 개정되어 그 위반행위에 대한 **제재처분 기준이 감경**된 경우, 특별한 규정이 없다면 해당 제재처분에 대해서는 **개정된 법령을 적용**한다. 22국가7

27 행정법규 위반행위 후 그에 대한 **형벌규정이 개정**되어 해당 행위가 더 이상 범죄를 구성하지 않게 된 경우, 해당 법령개정이 **반성적 고려에 기인**한 것인지, 단순한 **사정변경**에 기인한 것인지를 **따지지 않고** 원칙적으로 **신법**이 적용돼 **가벌성**이 소멸한다. 미기출

27 행정법규 위반행위 후 그에 대한 **형벌규정이 개정**되어 해당 행위가 더 이상 범죄를 구성하지 않게 된 경우, 해당 법령개정이 **반성적 고려**에 기인한 것이라면 **신법**이 적용돼 **가벌성**이 **소멸**하나, 단순한 **사정변경**에 기인한 것이면 **구법**을 적용해 **처벌하여야** 한다. 미기출

28 국민연금법상 장애연금 지급을 위한 **장애등급 결정**을 하는 경우에는 장애연금지급을 결정할 당시가 아니라 장애연금 **지급청구권을 취득할 당시, 즉, 치료종결** 후 신체 등에 장애가 있게 된 **당시의 법령을 적용**하는 것이 원칙이다. 　17(하)국가7

29 산업재해보상보험법상 장해등급 결정을 하는 경우 장해급여 지급청구권을 취득할 당시의 법령을 적용하는 것이 원칙이다. 그러나 **반성적 고려**에 의해 동법 시행령이 근로자에게 **유리하게 개정**되었다면 예외적으로 이러한 **개정 시행령을 적용**하여 장해등급을 결정**하여야** 한다. 　미기출

28 국민연금법상 장애연금 지급을 위한 **장애등급 결정**을 하는 경우에는 원칙상 장애연금 지급청구권을 취득할 당시가 아니라 **장애연금지급을 결정할 당시의 법령**을 적용한다. 　17(하)국가7

29 산업재해보상보험법상 장해등급 결정을 하는 경우 장해급여 지급청구권을 취득할 당시의 법령을 적용하는 것이 원칙이므로 그 후 **반성적 고려**에 의해 동법 시행령이 근로자에게 **유리하게 개정**되었다 하더라도 이러한 **개정 시행령을 적용**하여 장해등급을 결정할 수는 **없는 것**이다. 　미기출

THEME 09 행정주체와 행정객체

○ 지문

01 행정주체 | 요플 p.028 |

01 행정청은 독립적인 법인격이 인정되지 않으므로 **행정청**의 대외적인 **권한행사**의 법적 **효과는 행정주체**에게 귀속된다. 　20소간

02 **법무부장관**은 **행정기관**(그 중에서도 행정청)이다. 　16서울9

03 **대한민국**은 **행정주체**이다. 　13국가9

04 **서울특별시**는 **행정주체**이다. 　13국가9

05 자치법규에 따라 행정권한을 가지고 있는 **공공단체**는 **행정청**에 해당된다. 　18국회8
　⊕ 이러한 공공단체는 행정주체이자 행정청이다.

06 **농지개량조합**(은 **행정주체**이다) 　16서울9

07 **대한변호사협회**는 공법상의 **사단법인**(이다) 　18국회8

08 **한국연구재단**은 공법상의 **재단법인**(이다) 　18국회8

09 **한국방송공사**는 **영조물법인**(이다) 　18국회8

10 **국립의료원**은 **영조물 법인**이다. 　18국회8
　⊕ 관련법에서 국립의료원을 법인으로 한다고 하였기에 영조물 법인에 해당

11 **서울대학교**(는 **행정주체**이다) 　16서울9
　⊕ 통상의 국·공립대학은 영조물에 불과하지만, 서울대학교는 특별법상 영조물'법인'에 해당. 따라서 행정주체에 해당

12 **공무수탁사인**은 수탁받은 공무를 수행하는 범위 내에서 **행정주체이고**, 행정절차법이나 행정소송법에서는 **행정청이다**. 　17사복9

13 법령에 의하여 공무를 위탁받은 **공무수탁사인**이 행한 처분에 대하여 항고소송을 제기하는 경우 **피고는 공무수탁사인**이 된다. 　10지방9
　⊕ 공무수탁사인은 행정주체이자, 동시에 행정청이다. 따라서 행정주체로서 당사자소송의 피고도 되고, 행정청으로서 항고소송의 피고도 된다.

14 **법인격 없는 단체**도 **공무수탁사인**이 될 수 있다. 　17서울9

15 「항공안전 및 보안에 관한 법률」상 경찰임무를 수행하는 **항공기의 기장**(은 **공무수탁사인**이다) 　18(1)서울7

16 **민영교도소**는 **공무수탁사인**에 해당한다. 　17서울9

× 지문

02 **법무부장관**(은 **행정주체**이다) 　16서울9

03 **대한민국**(은 **행정주체가 될 수 없다**) 　13국가9

04 **서울특별시**(는 **행정주체가 될 수 없다**) 　13국가9

10 **국립의료원**은 **공법상의 사단법인**(이다) 　18국회8

13 법령에 의하여 공무를 위탁받은 **공무수탁사인**이 행한 처분에 대하여 항고소송을 제기하는 경우 **피고는 위임행정청**이 된다. 　10지방9

14 **법인격 없는 단체**는 **공무수탁사인**이 될 수 **없다**. 　17서울9

16 「민영교도소 등의 설치·운영에 관한 법률」상의 **민영교도소**는 **행정보조인**(행정보조자)에 해당한다. 　17서울9

17 「공익사업을 위한 토지 등의 취득 및 보상에 관한 법률」상 **토지수용권을 행사하는 사인**(은 **공무수탁사인**이다. 18(1)서울7

18 (**공무수탁사인**은) 행정임무를 자기 책임하에 수행함이 없이 **단순한 기술적 집행**만을 행하는 사인인 **행정보조인**과는 **구별**된다. 10지방9

19 사법상의 계약에 의하여 **단순히 경영위탁**을 받은 사인은 **공무수탁사인이 아니다**. 11국회9

20 경찰과의 **계약을 통해 주차위반차량을 견인**하는데 불과한 민간사업자는 **공무수탁사인**에 해당하지 **않**는다. (을) 17서울7

20 경찰과의 **계약을 통해 주차위반차량을 견인**하는 민간사업자도 **공무수탁사인**에 해당한다. 17서울7

21 (공무수탁사인과 관련하여) 국가가 자신의 임무를 **스스로 수행할 것인지** 아니면 그 임무의 기능을 **민간부문으로 하여금 수행하게 할 것인지**에 대하여 입법자에게 **광범위한 입법재량** 내지 형성의 자유가 인정된다고 보는 것이 판례의 입장이다. 10지방9

22 중앙관서장뿐만 아니라 **지방자치단체장도** 자신의 사무중 조사·검사·검정·관리업무 등 주민의 권리·의무와 직접 관련되지 아니하는 **사무를 개인에게 위탁할 수** 있다. 17서울7

23 국가가 공무수탁사인의 **공무수탁사무수행을 감독**하는 경우 수탁사무수행의 **합법성뿐만 아니라 합목적성까지도 감독할 수** 있다. 17서울7

02 행정객체 | 요플 p.029 |

24 **지방자치단체**는 행정주체이기도 하지만, 국가나 다른 지방자치단체와의 관계에서 행정권의 발동의 상대방인 **행정객체가 될 수도 있다**. (을) 17사복9

24 **지방자치단체**는 행정주체이지 행정권 발동의 상대방인 **행정객체는 될 수 없**다. 17사복9

테마별 N지 모음

N1 다음 설명의 ㉠~㉣에 해당하는 행정기관을 바르게 연결한 것은? 17국가7 ③

㉠ 행정주체의 의사를 **결정하는 권한**만을 가지고 이를 외부에 **표시할 권한은 가지지 못**하는 기관
㉡ 행정청의 명을 받아 **행정청이 발한 의사를 집행**하여 행정상 필요한 상태를 실현하는 기관
㉢ 행정주체의 의사를 **자기의 이름으로 외부에 표시**하는 권한을 가진 기관
㉣ 행정청에 소속되어 **행정청의 의사결정을 보조**하거나 그 명을 받아 사무에 종사하는 기관

	㉠	㉡	㉢	㉣
①	국가공무원법상 징계위원회	국가기록원	대전지방경찰청	행정각부의 차관보
②	서울특별시장	감사원	중앙행정심판위원회	행정각부의 차관보
③	국가공무원법상 **징계위원회**	**소방공무원**	**중앙행정심판위원회**	**행정각부의 실장**
④	과천시장	국립병원	경찰공무원	행정각부의 과장

해설 ㉠ 의결기관. 징계위원회, 지방의회 등이 이에 해당
㉡ 집행기관. 소방공무원, 경찰공무원, 세무공무원 등이 이에 해당
㉢ 행정청. 독임제 행정청(장관, 지자체장 등)과, 합의제 행정청(행정심판위원회, 공정거래위원회 등)으로 분류됨
㉣ 보조기관. 차관, 차장·실장, 국장, 과장 등이 이에 해당

THEME 10 행정상 법률관계

○ 지문 / × 지문

01 행정상 법률관계의 분류 | 요플 p.030 |

01 (행정법관계는) 행정상의 법률관계 가운데 **공법**의 규율을 받는 관계이다. 11사복9

02 **권력관계**란 행정주체에게 개인에게는 인정되지 않는 **우월적 지위**가 인정되는 법률관계이다. 11사복9

03 **관리관계**는 공법관계에 속하나 행정주체가 사인과 대등한 지위에서 공행정을 수행하는 관계이다. 공익목적을 달성하기 위해 **필요한 범위**에서 **공법적 규율이 적용**되나, 그 외에는 사법이 적용된다. (을) 11사복9
➕ 전면적으로 공법규정 내지 공법원리가 적용된다는 부분이 틀렸다.

04 **행정사법**(行政私法) 영역에서는 사법이 적용되지만, **공법원리**도 추가로 **적용**된다. (을) 18교행9

05 **국고관계**란 국가 또는 공공단체 등의 행정주체가 우월적인 지위에서가 아니라 **재산권의 주체**로서 사인과 맺는 법률관계를 말한다. 11국회9

06 행정상 법률관계를 **공법관계**와 **사법관계**로 구분하는 것은 각각의 **소송절차와도 관련**된다. 18교행9
➕ 공법관계로 분류되면 행정소송을, 사법관계로 분류되면 민사소송을 하게 된다. 즉, 공법관계와 사법관계의 구분은 소송절차를 정하는 것과 관련된다.

07 조세채무는 법률의 규정에 의하여 정해지는 법정채무로서 당사자가 그 내용 등을 임의로 정할 수 없고, 조세채무관계는 **공법**상의 법률관계이고 그에 관한 쟁송은 원칙적으로 행정사건으로서 「**행정소송법」의 적용**을 받는다. 23군무원9

08 **행정사법**작용에 관한 법적 분쟁은 특별한 규정이 없는 한 **민사소송**을 통해 구제를 도모하여야 한다. 20군무원7

03 **관리관계**는 공법관계에 속하므로 **전면적으로 공법규정 내지 공법원리**가 **적용**된다. 11사복9

04 **행정사법**(行政私法) 영역에서는 사법이 적용되며, **공법원리**는 추가로 **적용될 수 없다**. 18교행9

02 공법관계와 사법관계의 구별기준 | 요플 p.030 |

09 공법관계와 사법관계는 **1차적으로** 관계법령의 규정내용과 성질 등을 **기준으로 구별**한다. 18교행9

10 공법과 사법의 구별기준에 대한 **주체설**은 국가나 지방자치단체 등의 **행정주체**가 관련되는 법률관계를 **공법**관계로 보고 **사인 간**의 법률관계는 **사법**관계로 본다. (을) 17국회8
➕ 신주체설이 아니라 주체설에 관한 내용이다.

11 법률관계의 **한쪽 당사자가** 행정주체인 경우**에도 사법관계**가 성립할 수 있다. 예컨대 행정주체가 사경제의 주체로서 체결하는 공공계약이 이에 해당한다. (을) 20지방9

10 공법과 사법의 구별기준에 대한 **신주체설**은 국가나 지방자치단체 등의 **행정주체**가 관련되는 법률관계를 **공법**관계로 보고 **사인 간**의 법률관계는 **사법**관계로 본다. 17국회8

11 법률관계의 **한쪽 당사자가** 행정주체인 경우에는 **공법관계**로 보는 것이 판례의 일관된 입장이다. 20지방9

03 공법관계에 대한 사법규정의 적용 | 요플 p.031 |

12 **공법**은 사법에 비해 역사가 짧기 때문에 상대적으로 법의 적용에 **흠결이 많은** 편이다. 반면, 사법은 공법에 비해 역사가 길기 때문에 법의 적용에 흠결이 없는 편이다. (을) 11경북교행

13 (행정법관계에 적용할 법규가 없는 경우의 사법규정의 적용과 관련하여) **사법규정의 적용문제**는 **공법과 사법**을 질적으로 **구별하는** 법원론체계국가에서(대륙법계에서) 주로 **문제된다**. 반면, 공법과 사법을 질적으로 구별하지 않는 체계(영미법계)에서는 이러한 논의의 필요성이 적다. (을) 11경북교행

14 **공법규정의 흠결**이 있는 경우에는 **1차적**으로 유사한 **공법(행정법) 규정**을 유추적용하고, 2차적으로 헌법 및 일반원칙을 적용하며, 그래도 부족할 경우 사법규정을 유추적용한다. 즉, 처음부터 사법규정을 유추적용하지 않는다. (을) 11경북교행

15 민법상의 **일반법원리적인 규정**은 행정법상 **권력관계에 대해서도** 적용될 수 있다. 16국가9

12 **사법**은 공법에 비해 역사가 짧기 때문에 법의 적용에 **흠결이 많아** 사법규정 적용에 문제가 있다. 11경북교행

13 (행정법관계에 적용할 법규가 없는 경우의 사법규정의 적용과 관련하여) **사법규정의 적용문제**는 **공법과 사법을 구별하는** 법원론체계국가에서는 **문제시되지 않는다**. 11경북교행

14 **공법규정의 흠결**이 있는 경우에는 **1차적**으로 유사한 **사법규정**을 적용·유추하는 것이 허용된다. 11경북교행

16 [권리자가 권리행사의 **기회가 있음에도** 불구하고 장기간에 걸쳐 그의 **권리를 행사하지 아니할 것**으로 믿을만한 정당한 사유가 있는 경우, 새삼스럽게 그 권리를 행사하는 것이 신의성실의 원칙에 반한다면 그 **권리행사는 허용되지 않는**다.] 위 원칙은 **신의성실원칙에서 파생**된 원칙으로서 공법관계 가운데 **권력관계**뿐 아니라 **관리관계**에도 **적용**되어야 함을 배제할 수는 없다. 14국가9

17 특별한 규정이 없는 경우, 민법의 법률행위에 관한 규정 중 **의사표시의 효력발생시기, 대리행위의 효력**, 조건과 기한의 효력 등의 규정은 **행정행위에도** 적용된다. 17(상)지방9

18 현행법상 **공법의 흠결**이 있는 경우에 행정법 스스로 **사법규정의 적용을 직접 규정한 것도** 있다. 11경북교행

THEME 11 특별권력관계(특별행정법관계)

○ 지문   × 지문

01 이론의 전개 | 요플 p.032 |

02 수정설(Ule) | 요플 p.032 |

(01~03) 특별권력관계를 기본관계와 경영수행관계로 분류할 경우 15국가7

01 **특별권력관계 자체의 성립·변경·종료**와 관련된 경우는 **기본관계**에 해당한다.

02 **기본관계**는 공법관계로서 **법치행정원리**가 **적용**된다.

03 **기본관계**에서 이루어지는 법률관계의 변동은 행정처분으로서 **행정소송**의 **대상**이 **된다**.

04 특별권력관계를 기본관계와 경영수행관계로 나누는 견해(수행설)에 따르면, 기본관계에 대해서는 사법심사가 가능하나, 공무원에 대한 **직무상 명령**과 같은 **경영수행관계**에 대해서는 **사법상 심사**가 **불가능**하다. 11국회9

04 특별권력관계를 기본관계와 **경영수행관계**로 나누는 견해에 따르면, 공무원에 대한 **직무상 명령**에 대해서 **사법심사**가 **가능**하게 된다. 11국회9

03 성립과 종류 | 요플 p.032 |

05 특별권력관계의 성립은 직접 법률에 의거하는 경우와 상대방의 동의에 의하는 경우가 있는데, **상대방의 동의**는 자유로운 의사에 기한 **자발적인 동의에 한정되지 않는다**. 09국회9
　＋ 학령 아동의 초등학교 취학 같은 법률로 강제되는 비자발적 동의도 있다.

05 특별권력관계의 성립은 직접 법률에 의거하는 경우와 상대방의 동의에 의하는 경우가 있는데, **상대방의 동의**는 자유로운 의사에 기한 **자발적인 동의만을** 인정한다. 09국회9

06 특별행정법관계(**특별권력관계)의 종류**에는 공법상의 **근무**관계, 공법상의 **영조물이용**관계, 공법상의 **특별감독**관계, 공법상의 **사단**관계가 있다. 15(1)경행

04 법치주의의 적용 | 요플 p.032 |

07 **군인은** 국가의 존립과 안전을 보장함을 직접적인 존재의 목적으로 하는 군조직의 구성원인 특수한 신분관계에 있으므로, 그 존립 목적을 달성하기 위하여 필요한 한도 내에서 **일반 국민보다 상대적으로 기본권이 더 제한될 수** 있다. 19(2)경찰

08 **육군3사관학교 생도**는 일반 국민보다 상대적으로 **기본권이 더 제한될 수** 있으나, 그러한 경우에도 법률유보원칙, 과잉금지원칙 등 기본권 제한의 **헌법상 원칙들이 지켜져야** 한다. 24변시

(09~10) 교도소장 X는 **복역 중**인 甲이 변호사에게 보내기 위하여 발송을 의뢰한 서신을 법령상 검열사유에 해당하지 않음에도 불구하고 발송 전에 이를 검열하였다. 이에 甲은 X의 위와 같은 서신검열행위로 말미암아 통신의 비밀이 침해되었다고 주장하며 다투고자 한다. 11(상)지방9

09 교도소장 X의 서신검열행위는 **법률에 근거함이 없**이 행하여 졌**다면 위법**하다.
인

10 교도소장 X의 서신검열행위는 이른바 특별권력관계 내부에서의 행위이지만 그에 대한 **사법심사**
인 는 **가능**하다.

05 내용 | 요플 p.032 |

11 **특별권력관계**에서는 특별권력에 따른 명령권과 **징계권**이 인정된다. **형벌권은** 특별권력관계에서
Z 인정되는 것이 **아니**다. 09국회8

11 **특별권력관계**에서는 특별권력에 따른 명령권과 **형벌권**이 인정된다.
Z 09국회8

테마별 N지 모음

N1 다음 중 공법상의 **특별권력관계(특별행정법관계)**가 아닌 것은? 12경행 ④
기 ① 경찰공무원의 근무관계
   ② 전염병환자의 강제수용
   ③ 국립대학과 재학생과의 관계
   ④ **국가와 납세자와의 관계**

   해설 ① **국가와 납세자와의 관계**는 국가와 일반 국민과의 관계이므로 특별권력관계가 아니라 **일반행정법관계**이다.

N2 다음 사례에 대한 설명으로 가장 옳은 것은? 10국가9(변형) ②

> 국립 ○○교육대학 교수회는 학칙에 의거해 징계권자인 학장(피고)의 요구에 따라 교내·외의 과격시위 등에 가담한 甲(원고) 외 학생들에게 무기정학과 퇴학처분 등의 징계의결을 하였다. 피고가 위 징계의결의 내용이 미흡하다는 이유로 재심을 요청하여 다시 교수회가 개최되었는데, 그 자리에서 피고는 자신에게 위 징계의결내용을 직권으로 조정할 권한을 위임하여 줄 것을 요청하여 찬반토론은 거쳤으나 표결은 하지 않았다. 이에 피고는 같은 일자로 원고에 대한 위 **교수회의 징계의결내용을 변경하여** 원고에 대하여 **퇴학처분**을 하였다.

① 오늘날 특별권력관계의 특수성은 여전히 인정되므로, **특별권력관계**의 목적달성을 위하여는 **법률의 근거가 없는** 경우에도 당연히 **기본권**이 **제한**된다.
② ○○교육대학 학생에 대한 **퇴학처분**은 국립대학교의 내부질서유지를 해 학칙 위반자인 재학생에 대한 구체적 법집행으로서 행정소송법상의 **처분에 해당**한다.
③ 학생에 대한 징계권의 발동이나 징계의 양정은 징계권자인 ○○교육대학 학장의 교육적 재량에 맡겨져 있지만, 교수회의 의결을 요건으로 하므로 위 **징계처분은 기속행위**로 보아야 한다.

해설 ① 오늘날 특별권력관계의 특수성은 여전히 인정되나, **특별권력관계**에도 법치주의가 적용되기에, 목적달성을 위하여는 **법률의 근거가 있어야 기본권**을 제한할 수 있다.
③ 학생에 대한 징계권의 발동이나 징계의 양정은 징계권자의 교육적 재량에 맡겨져 있다. 징계시 교수회의 의결을 요건으로 한다고 위 **징계처분**을 **기속행위**로 보아야 하는 것은 **아니**다.

THEME 12 | 행정법관계의 변동 – 사건을 중심으로

○ 지문 | × 지문

01 법률요건 | 요플 p.033 |

02 각종 기간계산 | 요플 p.033 |

01 행정에 대한 기간의 계산에 관하여는 「행정기본법」 또는 다른 법령등에 특별한 규정이 있는 경우를 제외하고는 「민법」에 따른다. 　23소방
➕ 행정기본법이 우선적용되고, 행정기본법에 규정이 없는 부분을 민법이 보충한다. 지문은 반대로 되어 있다.

01 행정에 대한 기간의 계산에 관하여는 「민법」 또는 다른 법령 등에 특별한 규정이 있는 경우를 제외하고는 「행정기본법」에 따른다. 　23소방

02 기간의 계산에 있어서 기간의 초일(初日)은 원칙상 산입하지 않고 계산한다(초일불산입의 원칙). 　16교행9

02 기간의 계산에 있어서 기간의 초일(初日)은 원칙상 산입하여 계산한다. 　16교행9

03 법령등 또는 처분에서 국민의 권익을 제한하거나 의무를 부과하는 경우 권익이 제한되거나 의무가 지속되는 기간을 계산할 때에 기간을 일, 주, 월 또는 연으로 정한 경우에는 기간의 첫날을 산입한다. 다만, 그러한 기준을 따르는 것이 국민에게 불리한 경우에는 그러하지 아니하다. 　24국가9

04 기간의 말일이 공휴일인 때에는 그 익일에 기간이 만료된다. 　09국회9

05 법령등에서 국민의 권익을 제한하는 경우, 권익이 제한되는 기간의 계산에 있어 기간의 말일이 토요일 또는 공휴일인 경우에도 그 기간은 그 날로 만료한다. 　22국회8

05 법령등에서 국민의 권익을 제한하는 경우, 권익이 제한되는 기간의 계산에 있어 기간의 말일이 토요일 또는 공휴일인 경우에는 기간은 그 익일로 만료한다. 　22국회8

03 소멸시효 | 요플 p.034 |

06 공법상의 소멸시효는 법률에 특별한 규정이 없으면 「민법」의 규정이 유추 적용되는데, 공법상 금전채권의 소멸시효 기간을 정하는 이유는 사법관계와 마찬가지로 공법관계에서도 법률관계를 오래도록 미확정인 채로 방치하여 두는 것이 타당하지 않기 때문이다. 　24국회8

07 변상금부과처분이 당연무효인 경우, 당해 변상금부과처분에 의하여 납부한 오납금에 대한 납부자의 부당이득반환청구권의 소멸시효는 납부 또는 징수시부터 진행한다. 　20국가9

07 변상금부과처분이 당연무효인 경우, 당해 변상금부과처분에 의하여 납부한 오납금에 대한 납부자의 부당이득반환청구권의 소멸시효는 변상금부과처분의 부과시부터 진행한다. 　20국가9

08 현행법상 국가에 대한 금전채권의 소멸시효에 대하여는 국가재정법의 규정이 우선 적용된다. 　16국가9
➕ 단, 국가재정법에서 소멸시효의 중단ㆍ정지 등과 관련해 민법을 적용하도록 하고 있으므로, 그 범위에서만큼은 민법도 적용된다.

08 현행법상 국가에 대한 금전채권의 소멸시효에 대하여는 민법의 규정이 그대로 적용된다. 　16국가9

09 금전의 납부를 목적으로 하는 국가의 권리로서 시효에 관하여 다른 법률에 규정이 없는 것은 5년 동안 행사하지 아니하면 소멸한다. 　16교행9

09 금전의 급부를 목적으로 하는 국가의 권리로서 시효에 관하여 다른 법률에 규정이 없는 것은 10년 동안 행사하지 아니하면 소멸한다. 　16교행9

10 국가에 대한 금전채권은 다른 법률에 특별한 규정이 없는 한 5년간 행사하지 않으면 소멸한다. 　09지방9

11 「국가재정법」 상 5년의 소멸시효가 적용되는 '금전의 급부를 목적으로 하는 국가의 권리'에는 국가의 사법(私法)상 행위에서 발생한 국가에 대한 금전채무도 포함된다. 　16지방9

12 「국가재정법」은 다른 법률에 규정이 없는 한 소멸시효기간을 5년으로 규정하고 있는데, 여기서 다른 법률이란 5년보다 짧은 소멸시효의 규정이 있는 경우를 뜻한다. 즉, 5년보다 긴 소멸시효를 규정한 민법규정은 포함되지 않는다. 　미기출

12 「국가재정법」은 다른 법률에 규정이 없는 한 소멸시효기간을 5년으로 규정하고 있는데, 여기서 다른 법률이란 5년보다 긴 소멸시효를 규정한 민법규정도 포함한다. 　미기출

13 금전의 급부를 목적으로 하는 국가의 권리에 있어서는 소멸시효의 중단ㆍ정지 그 밖의 사항에 관하여 민법의 규정이 적용된다. 　16경행

13 금전의 급부를 목적으로 하는 국가의 권리에 있어서는 소멸시효의 중단ㆍ정지 그 밖의 사항에 관하여 민법의 규정이 적용될 수 없다. 　16경행

14 사법(私法)상의 원인에 기한 국가채권의 경우에 납입고지에 있어 민법상 최고보다 더 강한 시효중단의 효력을 인정한 것은 평등권을 침해하지 않는다. 　11국가7

15 납입고지에 의한 **소멸시효의 중단**은 그 납입고지에 의한 **부과처분**이 추후 **취소되어도 효력을 유지**한다. 〇 16지방9

16 **독촉**은 이후에 행해지는 **압류의 적법요건**이 되며 최고기간 동안 조세채권의 **소멸시효를 중단**시키는 법적 효과를 갖는다. 18소방

17 국세징수법상 세무공무원이 체납자의 재산을 압류하기 위해 **수색을 하였으나** 압류할 목적물이 없어 **압류를 실행하지 못한** 경우에도 **시효중단의 효력은 발생**한다. 08지방7

18 조세에 관한 **소멸시효가 완성된 후**에 부과된 조세**부과처분**은 하자가 중대·명백하여 **당연무효이다**. 〇 16지방9

19 **제척기간**은 권리자로 하여금 권리를 신속하게 행사하도록 함으로써 그 권리를 중심으로 하는 법률관계를 조속하게 확정하려는 데에 그 제도의 취지가 있는 것으로서, 관계 법령에 따라 정당한 사유가 인정되는 등 특별한 사정이 없는 한 그 **기간의 경과 자체만으로 곧 권리 소멸**의 효과를 발생시킨다. 24국회8

20 **제척기간은** 권리관계를 조속히 확정시키기 위하여 권리의 행사에 중대한 제한을 가하는 것이므로, 모법인 **법률에 의한 위임이 없는 한** 시행령이 함부로 제척기간을 **규정할 수는 없**다고 할 것이다. 24국회8

21 **소멸시효**는 권리를 **행사할 수 있는 때**를 기산점으로 하지만, **제척기간**은 권리가 **발생한 때**를 기산점으로 한다. 〇 24국회8

22 **제척기간**에 있어서는 그 성질에 비추어 소멸시효와 같이 기간의 **중단**이나 **정지**는 있을 수 없다. 24국회8

15 납입고지에 의한 **소멸시효의 중단**은 그 납입고지에 의한 **부과처분**이 추후 **취소되면 효력이 상실**된다. 16지방9

18 조세에 관한 **소멸시효가 완성된 후**에 부과된 조세**부과처분**은 위법한 처분이지만 **당연무효**라고 볼 수는 **없다**. 16지방9

21 **소멸시효**는 권리가 **발생한 때**를 기산점으로 하지만, **제척기간**은 권리를 **행사할 수 있는 때**를 기산점으로 한다. 24국회8

04 취득시효 | 요플 p.034 |

23 (문화재보호법상 문화재보호구역의 지정과 관련하여) 문화재보호구역 내의 국유토지는 「국유재산법」상 보존재산에 해당한다. **보존재산**은 행정재산이므로 **시효취득**이 대상이 될 수 **없다**. 〇 18지방7

24 현행법상 행정목적을 위하여 제공된 **행정재산**에 대해서는 **공용폐지가 되지 않는 한** 민법상 **취득시효규정**이 적용되지 **않는다**. 16국가9

25 구 「국유재산법」 제5조 제2항이 **잡종재산(일반재산)**에 대하여까지 **시효취득**을 배제하고 있는 것은 국가만을 우대하여 합리적 사유없이 국가와 사인을 차별하는 것이므로 **평등원칙에 위반**된다. 11국회8(변형)

26 국유재산법상 **일반재산**은 **취득시효**의 대상이 될 수 **있다**. 〇 16지방9

27 「지방재정법」상 공유재산에 대한 취득시효가 완성되기 위하여는 그 공유재산이 **취득시효기간 동안 계속**하여 시효취득의 대상이 될 수 있는 **일반재산이어야** 한다. 20국가7

28 원래 **일반재산이던 것이 행정재산으로 된** 경우 **일반재산일 당시**에 취득시효가 완성되었다고 하더라도 행정재산으로 된 이상 이를 원인으로 하는 **소유권이전등기**를 청구할 수 **없다**. 22소간

23 (문화재보호법상 문화재보호구역의 지정과 관련하여) 문화재보호구역 내의 국유토지는 「국유재산법」상 **보존재산**에 해당하므로 **시효취득**의 대상이 될 수 **있다**. 18지방7

26 「국유재산법」상 **일반재산**은 **취득시효**의 대상이 될 수 **없다**. 16지방9

05 공법상 사무관리·부당이득 | 요플 p.035 |

29 사무처리의 **긴급성**으로 인하여 **해양경찰**의 직접적인 **지휘를 받아** 보조로 **방제작업을 한** 경우, **사인**은 그 사무를 처리하며 지출한 **필요비 내지 유익비의 상환**을 국가에 대하여 **민사소송으로 청구**할 수 있다. 22국가9

30 **공법상 부당이득**에 관한 일반법은 없으므로 특별한 규정이 없는 경우, **민법상 부당이득반환의 법리**가 준용된다. 17(상)지방9

31 판례는 **공법상 부당이득반환청구권**은 **사권(私權)**에 해당되며, 그에 관한 소송은 **민사소송절차**에 따라야 한다고 보고 있다. 20소방

32 **공법상 부당이득반환**에 대한 청구권의 행사는 개별적인 사안에 따라 **행정주체도 주장할 수** 있다. 17(상)지방9

06 주소 | 요플 p.035 |

33 공법관계에 있어서 자연인의 **주소**는 **주민등록지**이고, 그 수는 **1개소**에 한한다.　　17(상)지방9
인

테마별 N지 모음

N1　행정법상 기간 계산에서 **초일을 산입하지 않은 것은?**　　10경북교행(변형) ②
Z
　　① 연령 계산
　　② **법령 등을 공포한 날부터 일정 기간 경과 후 시행하는 경우**
　　③ 국회회기 계산
　　④ 민원사무처리 기간
　　⑤ 공소시효와 구속기간
　[해설] ②를 제외한 나머지는 모두 초일을 산입한다.

N2　**부당이득**과 가장 거리가 먼 것은?　　12지방9 ④
　　① **조세과오납**
　　② 공무원의 **봉급과액수령**
　　③ 처분이 무효 또는 소급 취소된 경우의 **무자격자**의 **기초생활보장금**의 **수령**
　　④ **자연재해시 빈 상점의 물건의 처분**
　[해설] ④ **자연재해시 빈 상점의 물건을 처분**해 주는 것은 부당이득이 아닌 **사무관리**의 문제이다.

THEME 13 행정입법 총설

○ 지문 / × 지문

01 법규명령 vs 행정규칙 | 요플 p.038 |

01 법규명령이란 일반적으로 행정권이 정립하는 일반적·추상적 규정으로서 법규의 성질을 가지는 것을 말한다. 09국가7

02 상급행정기관이 소속 공무원이나 하급행정기관에 대하여 세부적인 업무처리절차나 법령의 해석·적용 기준을 정해 주는 행정규칙은 상위법령의 구체적 위임이 있지 않더라도, 그것이 상위법령에 반하지 않는 한 행정조직 내부적으로는 효력을 갖는다. 다만, 대외적으로 국민이나 법원을 구속하는 효력은 없다. 23소방
　＋ 행정규칙은 대외적 효력은 못 갖지만, 내부적 효력은 갖는다. 지문은 내부적 효력마저 못 갖는다고 해서 틀린 것

02 상급행정기관이 소속 공무원이나 하급행정기관에 대하여 세부적인 업무처리절차나 법령의 해석·적용 기준을 정해 주는 행정규칙은 상위법령에 반하지 않는다고 하더라도 상위법령의 구체적 위임이 있지 않는 한, 행정조직 내부적으로도 효력을 가지지 못하고 대외적으로도 국민이나 법원을 구속하는 효력이 없다. 23소방

03 행정처분이 법규성이 없는 내부지침 등의 규정에 위배된다고 하더라도 그 이유만으로 처분이 위법하게 되는 것은 아니고, 또 그 내부지침 등에서 정한 요건에 부합한다고 하여 반드시 그 처분이 적법한 것이라고 할 수도 없다. 19서울7

04 대외적으로 처분 권한이 있는 처분청이 상급행정기관의 지시를 위반하는 처분을 한 경우, 그러한 사정만으로 처분이 곧바로 위법하게 되는 것은 아니다. 23국가7

05 상급행정기관이 발한 위법성이 명백한 재량준칙에 불복한 공무원은 정당하므로 징계의 대상이 될 수 없다. 그러나 지문과 같이 위법이 의심되는데 그친 경우에는 이를 불복시 징계의 대상이 될 수 있다. 08지방9

05 상급행정기관이 발한 위법이 의심되는 재량준칙에 불복한 공무원은 정당하므로 징계의 대상이 될 수 없다. 08지방9

06 행정규칙의 내용이 상위법령에 반하는 것이라면 법치국가원리에서 파생되는 법질서의 통일성과 모순금지 원칙에 따라 그것은 법질서상 당연무효이고, 행정내부적 효력도 인정될 수 없다. 20군무원9

07 행정규칙의 내용이 상위법령에 반하는 것이라면 법원은 해당 행정규칙이 법질서상 부존재하는 것으로 취급하여 행정기관이 한 조치의 당부를 상위법령의 규정과 입법 목적 등에 따라서 판단하여야 한다. 22소간

08 법령에 반하는 위법한 행정규칙은 무효이므로 위법한 행정규칙을 위반한 것은 징계사유가 되지 않는다. 23지방7

09 법규명령에는 법률유보원칙과 법률우위원칙이 적용된다. 12(하)지방7

10 행정규칙의 제정은 법률적 근거가 없어도 가능하다. 즉, 행정규칙의 제정에는 법률유보의 원칙이 적용되지 않는다. 행정규칙은 어차피 내부규율에 불과하고 대외적 구속력이 인정되는 것이 아니기 때문이다. 08지방9

10 행정규칙의 제정을 위해서는 행정의 법률적합성의 원칙상 위임입법금지의 원칙에 따라 법률적 근거가 필요하다. 08지방9

11 행정기관 내부의 사무처리준칙에 불과한 행정규칙은 공포되어야 하는 것은 아니므로 특별한 규정이 없는 한, 수명기관에 도달된 때부터 효력이 발생한다. 22지방7

12 행정규칙의 공표는 행정규칙의 성립요건이나 효력요건은 아니나, 행정절차법에서는 행정청은 필요한 처분기준을 당해 처분의 성질에 비추어 될 수 있는 한 구체적으로 공표하도록 하고 있다. 18국가9

13 행정규칙은 행정입법에 해당하므로 하자가 있으면 무효가 될뿐, 행정행위처럼 유효하나 취소할 수 있는 경우는 없는 것이 원칙이다. 이는 법규명령도 마찬가지이다. 행정행위와 달리 행정입법에는 공정력이 인정되지 않기 때문이다. 18서울7

13 행정규칙도 행정작용의 하나이므로 하자가 있으면 하자의 정도에 따라 무효 또는 취소할 수 있는 행정규칙이 된다. 18서울7

02 행정입법의 통제 | 요플 p.039 |

14 국회법에 의하면 중앙행정기관의 장은 법률에서 위임한 사항이나 법률을 집행하기 위하여 필요한 사항을 규정한 대통령령·총리령·부령·훈령·예규·고시 등이 제정·개정 또는 폐지되었을 때에는 10일 이내에 이를 국회 소관 상임위원회에 제출하여야 한다. 18경행

15 국회법에 의하면 **대통령령**의 경우에는 **입법예고**를 할 때(입법예고를 생략하는 경우에는 법제처장에게 심사를 요청할 때를 말한다)에도 그 입법예고안을 **10일 이내**에 이를 국회소관 **상임위원회에 제출**하여야 한다. 18경행

16 상급행정청의 감독권의 대상에는 하급행정청의 행정입법권 행사도 포함되지만 **상급행정청은 하급행정청의 법규명령을 스스로 폐지할 수는 없다.** 12국회8
⊕ 대신 문제되는 하위명령과 내용상 충돌하는 상위명령을 제정하는 등으로 하위명령을 배제·소멸시킬 수 있음

17 대통령령을 제정하려면 **국무회의**의 심의와 **법제처**의 심사를 거쳐야 한다. 17(하)국가9

18 **총리령·부령**의 제정절차는 대통령령의 경우와는 달리 **국무회의 심의는 거치지 않아도** 된다. 23국가9

19 **중앙행정심판위원회**는 심판청구를 심리·재결할 때에 처분 또는 부작위의 근거가 되는 **명령 등**이 상위 법령에 위반되면 관계 행정기관에 그 명령 등의 개정·폐지 등 적절한 **시정조치를 요청**할 수 있고, 그 사실을 **법제처장에게 통보**하여야 한다. 21국회8

03 행정입법부작위의 통제 | 요플 p.039 |

20 **삼권분립**의 원칙, **법치행정**의 원칙을 당연한 전제로 하고 있는, 우리 헌법하에서 행정권의 **행정입법** 등 법집행의무는 **헌법적 의무**라고 보아야 한다. 17서울7

21 입법부가 법률로써 행정부에게 특정한 사항을 **위임했음에도** 불구하고 행정부가 정당한 이유 없이 이를 **이행하지 않**는다면 **권력분립**의 원칙과 법치국가 내지 **법치행정**의 원칙에 위배되는 것으로서 **위법함과** 동시에 **위헌적**인 것이 된다. 17(하)국가7

22 상위법령을 시행하기 위하여 하위법령을 제정하거나 필요한 조치를 함에 있어서는 상당한 기간을 필요로 하며 합리적인 **기간 내의 지체를 위헌적인 부작위로 볼 수 없다.** 20국가7

23 행정입법부작위의 위헌·위법성과 관련하여, 하위 행정입법의 제정 없이 **상위법령의 규정만으로 집행이 이루어질 수 있는 경우에는**, 설령 상위 법령의 명시적 위임이 있더라도 **하위 행정입법을 제정하여야 할 작위의무는 인정되지 아니**한다. (을)16지방9

24 **부작위위법확인소송의 대상이 될 수 있는 것은 구체적 권리의무에 관한 분쟁이어야** 하고 추상적인 **법령에 관하여 제정의 여부 등은** 그 자체로서 국민의 구체적인 권리의무에 직접적 변동을 초래하는 것이 아니어서 그 소송의 **대상이 될 수 없다.** 22지방7

25 법률의 집행을 위해 시행규칙을 제정할 의무가 있음에도 불구하고 행정청이 **시행규칙을 제정하지 않고 있는 경우**, 이는 추상적인 법령의 제정여부에 관한 다툼에 불과할 뿐, 국민의 구체적인 권리의무에 직접 변동을 초래하는 것이 아니므로 **부작위위법확인소송을 통하여 다툴 수는 없다.** (을)16국가7

26 「특정다목적댐법」에서 댐 건설로 손실을 입으면 국가가 보상해야 하고 그 절차와 방법은 **대통령령으로 제정토록** 명시되어 **있음에도 미제정**된 경우, 법령제정의 여부는 「행정소송법」상 **부작위위법확인소송의 대상이 될 수 없다.** 23국가9

27 판례는 **행정입법부작위**에 대하여 **헌법소원**을 인정하고 **있다.** (을)10지방9

28 치과전문의 시험실시를 위한 **시행규칙 규정의 제정미비**로 인해 치과전문의 자격을 갖지 못한 사람에 대해서 판례는 **부작위위법확인소송이 아닌 헌법소원**을 통하여 구제를 받을 수 **있다**고 보았다. (을)17지방9

29 입법의 내용·범위·절차 등의 **결함을** 이유로 헌법소원을 제기하려면 결함이 있는 당해 **입법규정 그 자체를 대상**으로 하여 그것이 평등의 원칙에 위배된다는 등 헌법위반을 내세워 적극적인 헌법소원을 제기하여야 하며, 이 경우에는 헌법재판소법 소정의 **제소기간을 준수하여야** 한다. 17서울7

30 대통령령의 **입법부작위**에 대한 **국가배상책임은 인정될 수** 있다. 예컨대 판례는 행정입법 부작위로 인하여 보수청구권이 침해된 군법무관에 대한 배상책임을 인정한 바 있다. (을)21지방9

---

23 행정입법부작위의 위헌·위법성과 관련하여, 하위 행정입법의 제정 없이 **상위법령의 규정만으로 집행이 이루어질 수 있는 경우에도** 상위 법령의 명시적 위임이 있다면 **하위 행정입법을 제정하여야 할 작위의무는 인정**된다. 16지방9

25 **법률의 집행을 위해 시행규칙을 제정할 의무가 있음에도** 불구하고 행정청이 시행규칙을 제정하지 않고 있는 경우, **부작위위법확인소송을 통하여 다툴 수 있다.** 16국가7

27 판례는 **행정입법부작위**에 대하여 **헌법소원**을 인정하고 있지 **않다.** 10지방9

28 **치과전문의**의 시험실시를 위한 **시행규칙 규정의 제정미비**로 인해 치과전문의 자격을 갖지 못한 사람은 **부작위위법확인소송**을 통하여 구제 받을 수 **있다.** 17지방9

30 대통령령의 **입법부작위**에 대한 **국가배상책임은 인정되지 않**는다. 21지방9

04 행정기본법 규정

31 정부는 권한 있는 기관에 의하여 위헌으로 결정되어 법령이 헌법에 위반되거나 법률에 위반되는 것이 명백한 경우 등 대통령령으로 정하는 경우에는 해당 법령을 개선하여야 한다. 24국가9

THEME 14 법규명령

○ 지문 / × 지문

01 법률과의 우위 관계에 따른 분류 / 제정권자에 따른 분류

01 현행 헌법상 헌법적 효력을 갖는 비상명령은 존재하지 않는다. 15교행9

02 대통령의 긴급명령, 긴급재정경제명령은 헌법에 직접 근거를 둔 법규명령에 해당한다. 11지방7

03 긴급명령이나 긴급재정경제명령은 지체 없이 국회의 승인을 받아야 하며 승인을 얻지 못한 때에는 그 명령은 그 때부터 효력을 상실한다. 13국회8

04 헌법에 의하면 대통령은 법률에서 구체적으로 범위를 정하여 위임받은 사항과 법률을 집행하기 위하여 필요한 사항에 관하여 대통령령을 발할 수 있다. 18경행
➕ 위임받은 사항에 관한 명령은 위임명령, 집행하기 위해 필요한 사항에 관한 명령은 집행명령에 해당

05 헌법에 의하면 국무총리 또는 행정각부의 장은 소관사무에 관하여 법률이나 대통령령의 위임 또는 직권으로 총리령 또는 부령을 발할 수 있다. 18경행(변형)

06 부령도 총리령과 마찬가지로 법률과 대통령령의 위임이나 직권으로 발하는 것이지, 총리령의 위임을 받아 그 위임 범위 내에서 제정되는 것이 아니다. 16교행9

07 국회규칙은 법규명령이다. 19국회8

08 중앙선거관리위원회는 법령의 범위 안에서 선거관리·국민투표관리·정당사무 등에 관한 규칙을 제정할 수 있는 바, 이 규칙은 법규명령의 성질을 가진다. 13(하)지방7

09 헌법은 법규명령의 발령권자를 대통령과 각부장관으로 한정하고 있지 않다. 국무총리나, 헌법상 독립기관(대법원, 헌법재판소, 중앙선거관리위원회) 등도 법규명령을 발할 수 있도록 규정하고 있다. 15교행9

10 헌법에서 인정한 법규명령의 형식을 예시에 불과하다고 보는 견해는, 헌법에 명시된 형식이 아니더라도 법규명령으로 인정될 수 있다고 본다. 이러한 견해에 의하면 헌법에 명시되지 않은 감사원규칙 역시 법규명령에 해당하게 된다. 20국가7

---

01 현행 헌법상 헌법적 효력을 갖는 비상명령이 인정된다. 15교행9

05 헌법에 의하면 국무총리 또는 행정각부의 장은 소관사무에 관하여 법률이나 대통령령의 위임이 있는 경우에만 총리령 또는 부령을 발할 수 있다. 18경행(변형)

06 부령은 총리령의 위임 범위 내에서 제정되어야 한다. 16교행9

09 헌법은 법규명령의 발령권자를 대통령과 각부장관으로 한정하고 있다. 15교행9

10 헌법에서 인정한 법규명령의 형식을 예시적으로 이해하는 견해에 의하면 감사원규칙은 법규명령이 아니라고 본다. 20국가7

02 위임명령 vs 집행명령

11 위임명령은 새로운 법규사항을 정할 수 있으나 집행명령은 상위법령의 집행에 필요한 절차나 형식을 정하는 데 그쳐야 하며 새로운 법규사항을 정할 수 없다. 10지방9

12 법률의 시행령은 법률에 의한 위임 없이는 법률이 규정한 개인의 권리·의무에 관한 내용을 변경·보충하거나 법률에 규정되지 아니한 새로운 내용을 규정할 수 없다. 23지방9

12 법률의 시행령은 법률에 의한 위임 없이도 법률이 규정한 개인의 권리·의무에 관한 내용을 변경·보충하거나 법률에 규정되지 아니한 새로운 내용을 규정할 수 있다. 23지방9

13 허가를 받기 위한 **시설**의 기준은 **집행명령**으로는 독자적으로 정할 수 **없다**. 〔12지방7〕
　⊕ 허가기준을 정하는 것은 새로운 법규적 사항을 정하는 것이다. 따라서 집행명령이 아닌 위임명령으로 정해야 한다.

14 집행명령은 상위법을 집행하기 위한 것일뿐, 새로운 법규사항을 정하는 것이 아니므로 상위법령의 **수권**이 **요구되지 아니**한다. 〔11국회9〕

14 집행명령은 상위법을 집행하기 위한 것이므로 상위법령의 **수권**이 원칙적으로 **요구**된다. 〔11국회9〕

03 위임명령의 근거와 한계 | 요플 p.042 |

15 법률의 위임에 따라 효력을 갖는 법규명령의 경우에 위임의 근거가 없어 무효였더라도 **나중에 법 개정으로 위임의 근거가 다시 부여**된 경우에는 **그때부터 유효**한 법규명령이 된다. 〔21국가7〕

15 법률의 위임에 따라 효력을 갖는 법규명령의 경우에 위임의 근거가 없어 무효였더라도 **나중에 법 개정으로 위임의 근거가 다시 부여**된 경우에는 이전부터 **소급하여 유효**한 법규명령이 있었던 것으로 본다. 〔21국가7〕

16 구법의 위임에 의한 유효한 법규명령이 법개정으로 위임의 근거가 없어지게 되면 그 때부터 무효인 법규명령이 되므로, 어떤 **법령의 위임 근거 유무에 따른 유효여부**를 심사하려면 **법 개정의 전·후에 걸쳐 모두 심사**하여야만 그 법규명령의 **시기에 따른 유효·무효를 판단**할 수 있다. 〔10국가7〕

17 법령의 위임관계는 반드시 하위 법령의 개별조항에서 **위임의 근거가 되는 상위 법령의 해당 조항**을 구체적으로 **명시**하고 있어야 하는 것은 **아니다**. 〔16지방9〕

18 위임입법이 필요한 분야라고 하더라도 입법권의 **위임**은 법치주의 원칙과 의회민주주의의 원칙, 권력분립의 원칙에 비추어 **구체적으로 범위를 정하여 하는 경우만 허용**된다. 〔10국가7〕

19 위임입법의 한계인 **예측가능성**은 법률에서 이미 하위법규에 규정될 내용 및 범위의 기본사항이 구체적으로 규정되어 있어서 **누구라도** 당해 법률로부터 **하위법규에 규정될 내용**의 대강을 예측할 수 있으면 족하다. 〔12국회9〕

20 수권법률의 **예측가능성** 유무를 판단함에 있어서는 수권규정과 이와 관계된 조항, **수권법률 전체**의 취지, 입법목적의 유기적·체계적 해석 등을 통하여 **종합 판단하여야** 한다. 〔11사복9〕

21 **처벌법규**나 **조세법규**와 같이 국민의 기본권을 직접적으로 제한하거나 침해할 소지가 있는 영역에서는 **구체성·명확성**의 요구가 **강화**된다. 〔07국가7〕

21 **처벌법규**나 **조세법규**와 같이 국민의 기본권을 직접적으로 제한하거나 침해할 소지가 있는 영역에서는 **구체성·명확성**의 요구가 **완화**된다. 〔07국가7〕

22 위임입법에 있어 **급부행정** 영역에서는 기본권침해 영역보다는 위임의 **구체성**의 요구가 다소 **약화**되어도 무방하며, **다양한 사실관계**를 규율하거나 사실관계가 **수시로 변화**될 것이 예상될 때에는 위임의 **명확성**의 요건이 **완화**된다. 〔21변시〕

23 **군인의 복무**에 관한 사항을 규율할 권한을 대통령령에 위임하는 경우에는 대통령령으로 규정될 내용 및 범위에 관한 기본적인 사항을 **다소 광범위하게 위임**하였다 하더라도 **포괄위임금지원칙에 위배**된다고 볼 수 **없다**. 〔23국회8〕

24 **국회전속적 입법사항**은 원칙적으로 법률에 의하여 규정되어야 하지만, 입법자가 법률에서 구체적으로 범위를 정하여 법규명령에 위임할 수도 있다. 〔14지방9〕

24 **국회전속적 입법사항**은 반드시 법률에 의하여 규정되어야 하며, 입법자가 법률에서 구체적으로 범위를 정하여도 **법규명령에 위임될 수는 없다**. 〔14지방9〕

25 헌법에서 채택하고 있는 조세법률주의의 원칙에서도 **과세요건과 징수절차에 관한 사항**을 명령·규칙 등 하위법령에 **구체적·개별적으로 위임하여 규정**할 수 있다. 〔21국가9〕

25 헌법에서 채택하고 있는 조세법률주의의 원칙상 **과세요건과 징수절차에 관한 사항**을 명령·규칙 등 하위법령에 구체적·개별적으로 **위임하여 규정할 수 없다**. 〔21국가9〕

26 특히 긴급한 필요가 있거나 미리 법률로 자세히 정할 수 없는 부득이한 사정이 있어 법률에 형벌의 종류·상한·폭을 명확히 규정한다면, **행정형벌**에 대한 **위임입법도 허용**된다. 〔19국가9〕

26 특히 긴급한 필요가 있거나 미리 법률로 자세히 정할 수 없는 부득이한 사정이 있어 법률에 형벌의 종류·상한·폭을 명확히 규정하더라도, **행정형벌**에 대한 **위임입법은 허용되지 않는다**. 〔19국가9〕

27 **자치조례**의 경우에는 위임조례와 달리 국가법에 적용되는 **일반적인 위임입법의 한계가 적용되지 않는다**. 즉, 법령 범위 내라면(법령을 저촉하는 것이 아니라면), **위임을 받지 않고도** 제정이 가능하다. 단, 권리를 제한하거나 의무를 부과하는 내용의 조례의 경우 위임이 필요하나, 이때 역시 **포괄적 위임으로도** 족하다. 〔12(하)지방9〕

27 **자치조례**의 경우에도 위임조례와 같이 국가법에 적용되는 **일반적인 위임입법의 한계가 적용**된다. 〔12(하)지방9〕

28 지방자치단체는 법령에 위반되지 않는 범위 내에서 자치사무에 관하여 주민의 **권리를 제한**하거나 **의무를 부과**하는 사항이 **아닌 한 법률의 위임 없이 조례를 제정**할 수 있다. 〔20지방9〕

29 군민의 출산을 장려하기 위하여 세 자녀 이상 세대 중 세 번째 이후 자녀에게 양육비 등을 지원할

인 수 있도록 하는 조례의 제정에는 법률의 위임이 필요 없다. 20지방9

30 지방자치단체가 조례를 제정함에 있어 그 내용이 주민의 권리제한 또는 의무부과에 관한 사항이

인 나 벌칙인 경우에는 법률의 위임이 있어야 하므로, 법률의 위임 없이 주민의 권리 제한 또는 의무
부과에 관한 사항을 정한 조례는 효력이 없다. 17(하)국가7

31 법률의 위임이 없이 주민의 권리를 제한하거나 의무를 부과하는 사항을 정한 조례는 효력이 없

A 다. 그러나 일단 법률에서 주민의 권리의무에 관한 사항을 조례에 위임하였다면, 그 위임의 정도
는 구체적 위임이 아닌 포괄적 위임으로도 가능하다. 율 16서울7

31 헌법재판소는 법률이 주민의 권리의무에 관한 사항을 조례에

A 위임하는 경우 그 위임의 정도는 구체적 위임이어야 한다고
본다. 16서울7

32 담배자동판매기의 설치를 금지하고 설치된 판매기를 철거하도록 하는 조례는 기존 담배자동판매

인 기업자의 직업의 자유와 재산권을 제한하는 조례이므로 법률의 위임이 필요하다. 20지방9

33 법률의 위임 없이 보육시설 종사자의 정년을 규정한 '서울특별시 중구 영유아 보육조례 일부개정

인 조례안'은 그 효력을 인정할 수 없으므로, 이 조례안에 대한 재의결은 무효이다. 21소간

34 국가사무로서 지방자치단체의 장에게 위임된 기관위임사무의 경우, 동 사무는 지방자치단체가

인 아닌 지방자치단체의 장에게 위임된 것이기 때문에 지방자치단체의 조례가 아닌 지방자치단체의
장이 정한 규칙에 의하여 재위임하는 것이 원칙이다. 율 16서울7

34 국가사무로서 지방자치단체의 장에게 위임된 기관위임사무

인 의 경우에는 지방자치단체의 조례에 의하여 구청장 등에게
재위임할 수 있다. 16서울7

35 지방자치단체가 조례를 제정할 수 있는 것은 원칙적으로 자치사무와 단체위임사무에 한하며, 예

인 외적으로 기관위임 사무라도 개별법령에서 일정한 사항을 조례로 정하도록 위임하고 있는 경우
에는 조례를 제정할 수 있다. 17서울7

36 법률이 공법적 단체 등의 정관에 자치법적 사항을 위임한 경우에는 헌법 제75조가 정하는 포괄

A 적인 위임입법의 금지는 원칙적으로 적용되지 않는다. 16사복9

37 법률이 공법적 단체 등의 정관에 자치법적 사항을 위임한 경우에는 헌법 제75조가 정하는 포괄

A 적인 위임입법의 금지는 원칙적으로 적용되지 않지만, 그 사항이 국민의 권리·의무에 관련되는
것일 경우에는 적어도 국민의 권리·의무에 관한 기본적이고 본질적인 사항은 국회가 정하여야
한다. 21국가9

38 하위법령은 그 규정이 상위법령의 규정에 명백히 저촉되어 무효인 경우를 제외하고는 관련 법령

B 의 내용과 그 입법취지, 연혁 등을 종합적으로 살펴서 그 의미를 상위법령에 합치되는 것으로 해
석하여야 한다. 17사복9

39 어느 시행령의 규정이 모법에 저촉되는지 여부가 명백하지 아니하는 경우에는 모법과 시행령의

B 다른 규정들과 그 입법취지, 연혁 등을 종합적으로 살펴 모법에 합치한다는 해석도 가능한 경우
라면 그 규정을 모법위반으로 무효라고 선언하여서는 안 된다. 17(하)지방9

40 법률의 위임 규정 자체가 그 의미 내용을 정확하게 알 수 있는 용어를 사용하여 위임의 한계를 분

A 명히 하고 있는데도 시행령의 위임 규정에서 사용하고 있는 용어의 의미를 넘어 그 범위를 확장하
거나 축소함으로써 위임내용을 구체화하는 단계를 벗어나 새로운 입법을 한 것으로 평가할 수 있
는 경우라면 이는 위임을 한계를 일탈한 것이다. 따라서 허용되지 않는다. 율 17(하)국가7

40 법률의 위임 규정 자체가 그 의미 내용을 정확하게 알 수 있는

A 용어를 사용하여 위임의 한계를 분명히 하고 있는데도 시행령
이 위임 규정에서 사용하고 있는 용어의 의미를 넘어 그 범위
를 확장하거나 축소함으로써 위임내용을 구체화하는 단계를
벗어나 새로운 입법을 한 것으로 평가할 수 있는 경우라도 이
를 위임의 한계를 일탈한 것으로 보기는 어렵다. 17(하)국가7

41 수권법령에 재위임을 허용하는 규정이 없더라도 위임받은 사항에 관하여 대강을 정하고 그 중의

B 특정사항을 범위를 정하여 하위법령에 재위임하는 것은 허용된다. 17국회8

42 법률에서 위임받은 사항에 관하여 대강을 정하고 그 중의 특정사항을 범위를 정하여 하위법령에

인 다시 위임하는 경우에는 재위임이 허용된다. 이러한 법리는 조례가 「지방자치법」에 따라 주민의
권리제한 또는 의무부과에 관한 사항을 법률로부터 위임받은 후, 이를 다시 지방자치단체장이 정
하는 '규칙'이나 '고시' 등에 재위임하는 경우에도 마찬가지이다. 21국가9

43 전기요금은 조세 내지 부담금에 준하는 것이 아니므로, 한국전력공사가 전기사용자에게 전기요금

C 을 부과하는 것은 국민의 재산권에 제한을 가하는 행정작용에 해당한다고 볼 수 없다. 율 미기출

43 전기요금은 조세 내지 부담금에 준하는 것이므로, 한국전력공

C 사가 전기사용자에게 전기요금을 부과하는 것은 국민의 재산권
에 제한을 가하는 행정작용에 해당한다고 볼 수 있다. 미기출

44 전기요금의 결정에 관한 내용은 전기요금에 관한 전문적이고 정책적인 판단을 요하고 변화에 즉

C 각적으로 대응할 필요가 있으므로 국회가 스스로 규율하여야 하는 것은 아니다. 율 미기출

44 전기요금의 결정에 관한 내용은 전기요금에 관한 본질적인

C 중요한 사항이므로 국회가 스스로 규율하여야 한다. 미기출

45 전기요금약관에 대한 인가의 구체적 기준을 하위법령에 위임한 것은 **의회유보의 원칙 및 포괄위임금지의 원칙**에 **위배되지 아니**한다. 미기출

45 전기요금약관에 대한 인가의 구체적 기준을 하위법령에 위임한 것은 **의회유보의 원칙 및 포괄위임금지의 원칙에 위배**된다. 미기출

04 위법한 법규명령 | 요플 p.044 |

46 **위법한 법규명령**은 **무효**이다. 17교행9

46 **위법한 법규명령**은 무효가 아니라 **취소**할 수 있다. 17교행9

47 법률의 **위임 없이** 법률이 정하지 아니한 **법외노조통보에 관하여 규정**하고 있는 노동조합법 시행령 9조 2항은 **무효**이고, 그에 기초한 법외노조 통보는 위법하다. 미기출

48 법령의 **위임이 없음에도** 법령에 규정된 **처분 요건**에 해당하는 사항을 **부령에서 변경**하여 규정한 경우에는 그 부령의 규정은 **행정명령**의 성격을 지닐 뿐 국민에 대한 **대외적 구속력**은 **없다**. 20국가9

49 법령의 **위임이 없음에도** 법령에 규정된 **처분 요건**에 해당하는 사항을 **부령에서 변경**하여 규정한 경우에 **처분의 적법 여부**는 그러한 **부령에서 정한 요건**에 합치하는지 여부가 **아니라** 법률 등 법규성이 있는 **관계 법령의 규정을 기준으로 판단**하여야 한다. 21지방7

49 법령의 **위임이 없음에도** 법령에 규정된 **처분 요건**에 해당하는 사항을 **부령에서 변경**하여 규정한 경우에 **처분의 적법 여부**는 그러한 **부령에서 정한 요건을 기준으로 판단**하여야 한다. 21지방7

50 법률의 시행령이 형사처벌에 관한 사항을 규정하면서 법률의 명시적인 **위임 범위를 벗어나 처벌의 대상을 확장**하는 것은 죄형법정주의원칙에 어긋나는 것이므로, 그러한 시행령은 위임입법의 한계를 벗어난 것으로서 **무효**이다. 17(상)지방9

51 법령상 **대통령령으로 규정하도록** 되어 있는 사항을 **부령으로 정**하였다면 그 부령은 **무효**이다. ➕ 형식과 관련하여 위임범위를 일탈한 것 18교행9

51 법령상 **대통령령으로 규정하도록** 되어 있는 사항을 **부령으로 정**하더라도 그 부령은 **유효**하다. 18교행9

52 법률의 시행령이나 시행규칙의 내용이 모법의 입법취지와 관련 조항 전체를 유기적·체계적으로 살펴보아 **모법의 해석상** 가능한 것을 명시한 것에 지나지 아니하거나 **모법 조항의 취지에 근거하여 이를 구체화**하기 위한 것인 때에는, 모법에 이에 관하여 직접 **위임하는 규정**을 두지 **아니**하였다고 하더라도 이를 **무효**라고 볼 수는 **없다**. 17(하)국가9

05 법규명령에 대한 사법적 통제 | 요플 p.045 |

53 명령·규칙 또는 처분이 헌법이나 법률에 위반되는 여부가 재판의 전제가 된 경우에는 **대법원**은 이를 **최종적으로 심사할 권한**을 가진다. 11국회8

53 명령·규칙 또는 처분이 헌법이나 법률에 위반되는 여부가 재판의 전제가 된 경우에는 **헌법재판소**가 이를 **최종적으로 심사할 권한**을 가진다. 11국회8

54 법규명령에 대하여는 특정 **법규명령의 위헌·위법여부**가 구체적 사건에 대한 **재판의 전제가 된 경우**에 법원이 이를 심리·판단하는 선결문제 심리방식에 의한 **간접적 통제**가 인정되고 있다. 09국가9

55 헌법 제107조 제2항의 규정에 따르면 **행정입법의 심사**는 일반적인 재판절차에 의하여 **구체적 규범통제**의 방법에 의하도록 하고 있으므로, 원칙적으로 당사자는 구체적 사건의 심판을 위한 **선결문제로서** 행정입법의 위법성을 주장하여 법원에 대하여 당해 사건에 대한 적용 여부의 **판단을 구할 수 있을 뿐 행정입법 자체의** 합법성의 심사를 목적으로 하는 **독립한 신청**을 제기할 수는 **없다**. 18국회8

56 법원이 법률 하위의 법규명령이 위헌·위법인지를 심사하려면 그것이 재판의 전제가 되어야 하는데, 여기에서 **재판의 전제**란 **구체적 사건이 법원에 계속** 중이어야 하고, 위헌·위법인지가 문제 된 경우에는 그 법규명령의 **특정 조항**이 해당 소송사건의 **재판에 적용**되는 것이어야 하며, **그 조항이 위헌·위법인지에 따라** 그 사건을 담당하는 **법원이 다른 판단**을 하게 되는 경우를 말한다. 23국가7

57 의료기관의 명칭표시판에 진료과목을 함께 표시하는 경우 **글자 크기를 제한**하고 있는 구「의료법 시행규칙」제31조는 그 자체로 국민의 구체적 권리의무나 법률관계에 **직접 변동**을 초래하는 것이 아니므로 항고소송의 대상이 될 수 없다. 20지방7

57 의료기관의 명칭표시판에 진료과목을 함께 표시하는 경우 **글자 크기를 제한**하고 있는 구「의료법 시행규칙」제31조는 그 자체로 국민의 구체적 권리의무나 법률관계에 **직접적 변동을 초래**하므로 항고소송의 대상이 될 수 있다. 20지방7

58 법원이 구체적 규범통제를 통해 **위헌·위법으로 선언할 심판대상**은, 해당 규정의 전부가 불가분적으로 결합되어 있어 일부를 무효로 하는 경우 나머지 부분이 유지될 수 없는 결과를 가져오는 특별한 사정이 없는 한, 원칙적으로 해당 규정 중 **재판의 전제성이 인정되는 조항에 한정**된다. 20지방7

59 **법규명령에 대한 법원의 위헌·위법결정**은 원칙적으로 **당해 사건에 한하여 그 적용이 거부**된다. 08지방7

60 행정소송에 대한 대법원판결에 의하여 **명령·규칙이 헌법 또는 법률에 위반**된다는 것이 확정된 경우에는 **대법원**은 지체없이 그 사유를 **행정안전부장관에게 통보**하여야 하고, 그 통보를 받은 행정안전부장관은 지체 없이 이를 **관보에 게재**하여야 한다. 14지방7

61 행정소송의 대상은 구체적인 권리의무에 관한 분쟁이어야하므로 구체적인 권리의무에 관한 분쟁을 떠나서 **법령 자체의 무효확인**을 구하는 청구는 **행정소송의 대상이 아닌** 사항에 대한 것으로서 부적법하다. 12(하)지방9

62 법규명령이 그에 따른 처분 없이 **직접 국민의 권리를 제한**하는 경우에는 **항고소송의 대상이 될 수 있다**. 16교행9

62 법규명령이 그에 따른 처분 없이 **직접 국민의 권리를 제한**하는 경우에도 **항고소송의 대상은 될 수 없다**. 16교행9

63 조례가 **집행행위의 개입 없이 직접 국민의 구체적 권리·의무에 영향**을 미치는 등의 효과를 발생하면 그 조례는 **항고소송의 대상**이 된다. 18(2)서울7

64 헌법 제107조 제2항에서 **명령·규칙**에 대한 위헌심사권을 법원에 부여하고 있지만, **헌법재판소**는 명령·규칙이 직접 기본권을 침해하는 경우에는 이에 대한 **위헌심사권을 행사할 수 있다**는 것이 헌법재판소의 입장이다. 09국가9

64 헌법 제107조 제2항에서 **명령·규칙**에 대한 위헌심사권을 법원에 부여하고 있기 때문에, **헌법재판소**는 이에 대한 **위헌심사권을 행사할 수 없다**는 것이 헌법재판소의 입장이다. 09국가9

65 헌법재판소는 대법원규칙인 구 **법무사법 시행규칙**에 대해, 법규명령이 별도의 집행행위를 기다리지 않고 **직접 기본권을 침해**하는 것일 때에는 헌법 제107조 제2항의 명령·규칙에 대한 대법원의 최종심사권에도 불구하고 **헌법소원심판의 대상이 된다**고 한다. 17(상)국가9

66 법령에 근거한 구체적인 **집행행위가 재량행위**인 경우에는 법령은 집행관청에게 기본권침해의 가능성만을 부여할 뿐 법령 스스로가 기본권의 침해행위를 규정하고 행정청이 이에 따르도록 구속하는 것이 아니고, 이때의 기본권의 침해는 집행기관의 의사에 따른 집행행위, 즉 재량권의 행사에 의하여 비로소 이루어지고 현실화되므로 이러한 경우에는 **법령에 의한 기본권침해의 직접성**이 인정될 여지가 **없다**. 12(하)지방9

67 중앙선거관리위원회규칙은 법규명령이므로 **구체적 규범통제의 대상**이 될 수 있다. 23지방9

68 **대법원 이외의 각급법원**도 구체적 규범통제의 방법으로 **법규명령** 조항에 대한 **위헌·위법 판단**을 할 수 있다. 23지방9

69 **대법원**은 유신헌법상 **긴급조치**가 법률이 아니므로 **대법원이 심사권**을 가진다고 판시하였다. 18소방 반면, 헌법재판소는 유신헌법상 긴급조치가 법률과 동일한 효력을 가지므로 헌법재판소에 심사권한이 전속된다고 보았다.

06 법규명령의 소멸 | 요론 p.046 |

70 한시법은 명문으로 정해진 **유효기간이 경과**하면 당연히 그 효력이 **소멸**된다. 12지방9

70 한시법은 명문으로 정해진 **유효기간이 경과**하더라도 당연히 그 효력이 **소멸되는 것은 아니다**. 12지방9

71 **해제조건의 성취**는 법규명령과 행정규칙의 공통적 소멸사유이다. 12지방7

72 법규명령의 **위임근거**가 되는 법률에 대하여 **위헌결정이 선고되면** 그 위임에 근거하여 제정된 법규명령은 별도의 폐지행위가 없어도 효력을 상실한다. 21지방9

72 법규명령의 **위임근거**가 되는 법률에 대하여 **위헌결정이 선고되더라도** 그 위임에 근거하여 제정된 법규명령은 **별도의 폐지행위가 있어야** 효력을 상실한다. 21지방9

73 집행명령의 경우 **상위법령**이 폐지된 것이 아니라 단순히 **개정됨에 그친 경우**에는 그 개정법령과 성질상 모순·저촉되지 아니하고 개정된 상위법령의 시행에 필요한 사항을 규정하고 있는 이상 그 **집행명령**은 개정법령의 시행을 위한 집행명령이 제정·발효될 때까지는 그 **효력을 유지**한다. 24국회8

테마별 N지 모음

N1 다음은 행정입법에 대한 대법원 판결문의 일부이다. 이에 대한 설명으로 옳은 것은?   18국회8 ②

> 공공기관의 운영에 관한 법률 (이하 '공공기관법'이라 한다) 제39조 제2항, 제3항 및 그 위임에 따라 기획재정부령으로 제정된 공기업·준정부기관 계약사무규칙 제15조 제1항 (이하 '이 사건 규칙 조항'이라 한다)의 내용을 대비해 보면, 입찰참가자격제한의 요건을 공공기관법에서는 '공정한 경쟁이나 계약의 적정한 이행을 해칠 것이 명백할 것'을 규정하고 있는 반면, 이 사건 규칙 조항에서는 '경쟁의 공정한 집행이나 계약의 적정한 이행을 해칠 우려가 있거나 입찰에 참가시키는 것이 부적합하다고 인정되는 자'라고 규정함으로써, 이 사건 규칙 조항이 법률에 규정된 것보다 한층 완화된 처분요건을 규정하여 그 처분대상을 확대하고 있다. 그러나 공공기관법 제39조 제3항에서 부령에 위임한 것은 '입찰참가 자격의 제한기준 등에 관하여 필요한 사항'일 뿐이고, 이는 그 규정의 문언상 입찰참가자격을 제한하면서 그 기간의 정도와 가중·감경 등에 관한 사항을 의미하는 것이지 처분의 요건까지를 위임한 것이라고 볼 수는 없다. 따라서 이 사건 규칙조항에서 위와 같이 처분의 요건을 완화하여 정한 것은 상위 법령의 위임 없이 규정한 것이므로 이는 행정기관 내부의 사무처리준칙을 정한 것에 지나지 않는다.

① 공기업·준정부기관 계약사무규칙 제15조 제1항은 국민에 대하여 구속력이 있다.
② 법률의 위임이 없음에도 법률에 규정된 처분 요건을 부령에서 변경하여 규정한 경우에는 그 부령의 규정은 국민에 대하여 대외적 구속력은 없다.
③ 어떤 행정처분이 법규성이 없는 부령의 규정에 위배되면 그 처분은 위법하고, 또 그 부령에서 정한 요건에 부합하면 그 처분은 적법하다.
④ 입찰참가자격제한처분의 적법 여부는 공기업·준정부기관 계약사무규칙 제15조 제1항에서 정한 요건에 합치하는지 여부와 공공기관법 제39조의 규정을 기준으로 판단하여야 한다.
⑤ 법령에서 행정처분의 요건 중 일부 사항을 부령으로 정할 것을 위임한 데 따라 부령에서 이를 정하고 있는 경우에 그 부령의 규정은 국민에 대하여 구속력이 없다.

[해설] ① 공기업·준정부기관 계약사무규칙 제15조 제1항은 국민에 대하여 구속력이 없다. 상위법령의 위임이 없음에도 부령에서 처분요건을 변경한 경우에 해당하여 대외효가 인정될 수 없는 것이다.
③ 어떤 행정처분이 법규성이 없는 부령의 규정에 위배된다고 하더라도 그 이유만으로 위법하게 되는 것은 아니고, 또 그 부령에서 정한 요건에 부합하더라도 적법한 것이라고 할 수도 없다.
④ 입찰참가자격제한처분의 적법 여부는 법규성 없는 공기업·준정부기관 계약사무규칙 제15조 제1항에서 정한 요건에 합치하는지 여부가 아니라 법규성 있는 상위법령인 공공기관법 제39조의 규정 등을 기준으로 판단하여야 한다.
⑤ 법령에서 행정처분의 요건 중 일부 사항을 부령으로 정할 것을 위임한 데 따라 부령에서 이를 정하고 있는 경우에 그 부령의 규정은 국민에 대하여 구속력이 있다.

N2 국민의 권리를 제한하는 내용의 법규명령(X)이 법률의 위임 없이 위법하게 제정되었다. 장차 X법령의 적용을 받게 될 A는 당해 법령의 집행을 통한 자신의 권리침해를 우려하고 있다. 이에 관한 법적 설명으로 옳지 않은 것은?   08국회8 ①
① X법령의 위법성이 중대명백한 경우에는 X법령은 당연무효이지만, 그렇지 않은 경우 X법령은 취소되기 전까지는 유효한 법령이다.
② A는 직접 X법령을 소송의 대상으로 하여 항고소송으로 다툴 수 없는 것이 원칙이다.
③ 예외적으로 X법령이 구체적 규율을 내용으로 하는 소위 처분법규인 경우에는 A는 X법령에 대하여 직접 항고소송을 제기할 수 있다.
④ X법령이 A의 기본권을 직접 침해하고 있는 경우에는 X법령에 대하여 헌법소원을 제기할 수 있다는 것이 헌법재판소의 입장이다.
⑤ X법령이 법원에 의하여 위법한 것으로 판단된 경우, 문제된 당해 사건에 한해 적용이 배제된다는 것이 일반적인 견해이다.

[해설] ① 하자있는 행정행위는 그 정도에 따라 무효 또는 취소사유가 되지만, 하자있는 행정입법은 무효임이 원칙이다. 즉, X법령의 위법성이 중대명백한 경우는 물론, 그렇지 않은 경우에도 X법령은 무효임이 원칙이다.

THEME 15 행정규칙

○ 지문 / ✗ 지문

01 규범형식 | 요플 p.047 |

01 행정규칙은 보통 훈령, 고시, 예규의 형식으로 행하여진다. 그러나 **고유한 형식이나 서식이** **정해져 있는 것은 아니다.** 11국회9

02 (행정규칙과 관련하여) **훈령, 지시, 예규, 일일명령** 등 행정기관이 그 하급기관이나 소속 공무원에 대하여 일정한 사항을 지시하는 문서는 **지시문서**이다. 14국가9

01 행정규칙은 보통 훈령, 고시, 예규의 형식으로 행하여지며 **고유한 서식에 따라야 한다.** 11국회9

02 재량준칙 | 요플 p.047 |

03 재량권이 인정되는 영역에서 **재량권 행사의 기준이 되는 지침**을 제정하는 것(은 행정청이 **법률의 근거규정 없이도** 할 수 있다) 18국가9

04 **재량준칙**은 행정규칙이기에 **제정만으로는** 행정조직내부만의 효력을 가지며, **대외적인 구속력을 갖지 못한다.** 17(하)국가7

05 (행정규칙과 관련하여) 설정된 **재량기준**이 객관적으로 합리적이 아니라거나 타당하지 않다고 볼 만한 다른 특별한 사정이 없다면 **행정청의 의사는 존중**되어야 한다. 17사복9

06 재량권행사의 **준칙**인 행정규칙이 그 정한 바에 따라 **되풀이** 시행되어 **행정관행**이 이루어지게 되면, 평등의 원칙이나 신뢰보호의 원칙에 따라 행정기관은 그 상대방에 대한 관계에서 그 행정규칙에 따라야 할 **자기구속**을 받게 되고, 그러한 경우에는 **대외적인 구속력**을 가지게 된다. 23국가7

07 행정청 내부의 **사무처리준칙**에 해당하는 지침의 **공표만으로는** 신청인은 **보호가치 있는 신뢰를 갖지 못한다.** 16지방9

08 재량준칙이 **공표된 것만으로는 자기구속의 원칙이 적용될 수 없으며**, 재량준칙이 되풀이 시행되어 행정관행이 성립되어야 한다. 17(하)국가9

09 행정기관이 재량준칙에 위반하는 처분을 행하여 **자기구속의 법리에 위반**하는 경우, 당사자는 당해 **처분의 위법**을 이유로 취소쟁송을 제기할 수 있다. 09국가7

10 대법원은 재량준칙이 되풀이 시행되어 행정관행이 성립된 경우에는 당해 재량준칙에 자기구속력을 인정한다. 따라서 당해 **재량준칙에 반하는 처분은 평등의 원칙이나 신뢰보호원칙에 어긋나** 재량권을 일탈·남용한 위반한 처분이 된다. 17(상)국가9

➕ 재량준칙은 원칙적으로 행정규칙이기에 대외적 구속력 있는 법규범이라 할 수 없다. 따라서 재량준칙에 반하는 처분은 재량준칙을 직접 위반하여 위법한 처분인 것이 아니라, 재량준칙이 관행화 되면서 발현된 평등의 원칙이나 신뢰보호의 원칙에 어긋나 재량권을 일탈·남용한 것으로 보는 것이 판례의 입장이다.(대판 2011두28783)

11 위법한 행정규칙에 의하여 **위법한 행정관행**이 형성되었다면, 행정청은 **자기구속을 받지 않기**에 이 관행과 달리 조치를 할 수 있다. 17서울9

➕ 평등의 원칙이나 자기구속의 원칙은 적법한 선례나 관행에 한하여 인정된다. 반면, 신뢰보호의 원칙은 위법한 선행조치에도 인정된다.

04 재량준칙은 제정됨으로써 일반적으로 행정조직 내부뿐만 아니라 **대외적인 구속력**을 갖는다. 17(하)국가7

07 행정청 내부의 **사무처리준칙**에 해당하는 지침의 **공표만으로도** 신청인은 보호가치 있는 신뢰를 갖게 된다. 16지방9

08 재량준칙이 **공표된 것만으로도 자기구속의 원칙이 적용될 수 있으며**, 재량준칙이 되풀이 시행되어 행정관행이 성립될 필요는 없다. 17(하)국가9

09 행정기관이 재량준칙에 위반하여 처분을 행하는 때에는 **자기구속의 법리에 위반**하더라도 당사자는 당해 **처분의 위법**을 이유로 취소쟁송을 제기할 수 없다. 09국가7

10 대법원은 재량준칙이 되풀이 시행되어 행정관행이 성립된 경우에는 당해 재량준칙에 자기구속력을 인정한다. 따라서 당해 **재량준칙에 반하는 처분**은 법규범인 당해 **재량준칙을 직접 위반**한 것으로서 위법한 처분이 된다고 한다. 17(상)국가9

11 위법한 행정규칙에 의하여 **위법한 행정관행**이 형성되었다 하더라도 행정청은 정당한 사유 없이 이 관행과 달리 조치를 할 수 없는 **자기구속을 받는다.** 17서울9

03 법규명령형식의 행정규칙 | 요플 p.048 |

12 행정입법을 **실질적 기준**에 따라 구분하는 학설은 행정입법의 법규성 유무, 즉 **대외적 구속력**이 있는지 여부에 따라 법규명령과 행정규칙으로 구분한다. 24소방

13 대법원은 **제재적 처분의 기준**이 **부령 형식**으로 규정되어 있더라도 그것은 행정청 내부의 사무처리준칙을 정한 것에 지나지 아니하여 **대외적으로 국민이나 법원을 기속하는 효력이 없고**, 당해 **처분의 적법여부**는 위 처분기준뿐만 아니라 **관계 법령의 규정내용과 취지에 따라야 한다**고 판단하였다. 14국가9

14 **제재적 행정처분의 기준이 부령의 형식으로 규정되어 있는 경우** 그러한 **처분기준에 적합하다** 하여 곧바로 당해 **처분이 적법**한 것이라고 할 수는 **없다.** 21지방7

15 제재적 처분기준이 부령의 형식으로 규정되어 있는 경우, 그 처분기준에 따른 제재적 행정처분이 현저히 부당하다고 인정할 만한 합리적인 이유가 없는 한 섣불리 그 처분이 재량권의 범위를 일탈하였거나 재량권을 남용한 것이라고 판단해서는 안 된다. 16국가7

16 구 「약사법」 제69조 제1항 제3호, 제3항에 근거하여 약사의 의약품 개봉판매행위에 대한 「약사법 시행규칙」 제89조 [별표 6]의 '행정처분의 기준'은 부령의 형식으로 규정되어 있더라도 행정청 내부의 사무처리준칙을 정한 것에 지나지 아니하여 대외적 효력이 없다. 따라서 법규명령의 성질이 부정된다. 08(상)지방9

17 도로교통법시행규칙 제53조 제1항이 정한 [별표 16]의 운전면허행정처분기준은 부령의 형식으로 되어 있으나, 그 규정의 성질과 내용이 행정청 내부의 사무처리준칙을 규정한 것에 지나지 아니하므로 대외적으로 국민이나 법원을 기속하는 효력이 없다. 13국가9

18 (A시 시장은 식품접객업주 甲에게 청소년고용금지업소에 청소년을 고용하였다는 사유로 식품위생 법령에 근거하여 영업정지 2개월 처분에 갈음하는 과징금부과처분을 하였고, 甲은 부과된 과징금을 납부하였다. 그러나 甲은 이후 과징금부과처분에 하자가 있음을 알게 되었다.) 「식품위생법」이 청소년을 고용한 행위에 대하여 영업허가를 취소하거나 6개월 이내의 기간을 정하여 그 영업의 전부 또는 일부를 정지하거나 영업소 폐쇄를 명할 수 있다고 하면서 행정처분의 세부기준은 총리령으로 위임한다고 정하고 있는 경우에, 총리령에서 정하고 있는 행정처분의 기준은 재판규범이 되지 못한다. 22국가9

19 「공공기관의 운영에 관한 법률」에 따라 입찰참가자격제한기준을 정하고 있는 구 「공기업·준정부기관 계약 사무규칙」, 「국가를 당사자로 하는 계약에 관한 법률 시행규칙」은 대외적으로 국민이나 법원을 기속하는 효력이 없다. 17서울9

20 「자동차운수사업법」 제31조 제2항의 규정에 따라 자동차운수사업면허의 취소처분 등에 관한 사무처리기준과 처분절차 등을 정한 「자동차운수사업법 제31조 등의 규정에 의한 사업면허의 취소 등의 처분에 관한 규칙」은 그 규정의 성격상 행정청내의 사무처리의 기준과 절차에 관한 준칙의 성질을 가진 것에 불과할 뿐, 이로써 대외적으로 국민이나 법원을 기속할 수 없는 것이다. 따라서 법규명령의 성질이 부정된다. 08(상)지방9

21 제재적 처분기준의 형식이 부령으로 정립된 경우에는 행정조직 내부에 있어서의 행정명령에 지나지 않는 것과는 달리, 대통령령의 경우에는 대외적으로 국민이나 법원을 구속한다. 16국회8

22 주택건설촉진법시행령 제10조의3 제1항 [별표 1]은 주택건설촉진법 제7조 제2항의 위임규정에 터잡은 규정형식상 대통령령이므로 대외적으로 국민이나 법원을 구속하는 힘이 있다. 13국가9

23 「국토의 계획 및 이용에 관한 법률」 및 같은 법 시행령이 정한 이행강제금의 부과기준은 특정액을 정한 것이기에 행정청은 이와 다른 이행강제액을 결정할 재량권이 없다. 15지방7

24 구 청소년보호법 제49조 제1·2항에 따른 동법 시행령 제40조 [별표 6]의 위반행위의 종별에 따른 과징금 처분기준은 법규명령에 해당하나, 과징금 처분기준의 수액은 정액이 아니라 최고한도액이다. 13국가9

25 국민건강보험법시행령 제61조제1항 [별표5]의 '업무정지처분 및 과징금부과의 기준'에서 그 업무정지기간은 최고한도의 의미를 가진다. 09국회8

26 구 여객자동차 운송사업법 제11조 제4항의 위임에 따라 시외버스운송사업의 사업계획변경에 관한 절차, 인가기준 등을 구체적으로 규정한 구 여객자동차 운수사업법 시행규칙 제31조 제2항 제1호, 제2호, 제6호는 법규명령으로서 대외적인 구속력이 있다. 14지방9
➕ 제재적 처분기준은 그 실질이 행정규칙에 불과하여, 비록 법규명령(시행규칙)의 형식으로 규정해도 법규명령으로 인정받지 못한다. 그러나 실질부터가 법규명령인 인·허가기준을 법규명령의 형식에 규정한 경우는, 고유의 법규명령 그 자체이다.

04 법령보충적 행정규칙

27 행정적 편의를 도모하기 위해 법령의 위임을 받아 제정된 절차적 규정은 단순한 행정규칙이기에 대외적 구속력이 없다.(2001두403) 14국가9

---

16 구 「약사법」 제69조 제1항 제3호, 제3항에 근거하여 약사의 의약품 개봉판매행위에 대한 「약사법 시행규칙」 제89조 [별표 6]의 '행정처분의 기준'은 판례가 법규명령의 성질을 인정하였다. 08(상)지방9

20 「자동차운수사업법」 제31조 제2항의 규정에 따라 자동차운수사업면허의 취소처분 등에 관한 사무처리기준과 처분절차 등을 정한 「자동차운수사업법 제31조 등의 규정에 의한 사업면허의 취소 등의 처분에 관한 규칙」은 판례가 법규명령의 성질을 인정하였다. 08(상)지방9

23 「국토의 계획 및 이용에 관한 법률」 및 같은 법 시행령이 정한 이행강제금의 부과기준은 단지 상한을 정한 것에 불과한 것이므로 행정청에 이와 다른 이행강제액을 결정할 재량권이 있다. 15지방7

24 구 청소년보호법 제49조 제1·2항에 따른 동법 시행령 제40조 [별표 6]의 위반행위의 종별에 따른 과징금 처분기준은 법규명령에 해당하고 과징금 처분기준의 수액은 최고한도액이 아니라 정액이다. 13국가9

26 구 여객자동차 운수사업법 제11조 제4항의 위임에 따라 시외버스운송사업의 사업계획변경에 관한 절차, 인가기준 등을 구체적으로 규정한 구 여객자동차 운수사업법 시행규칙 제31조 제2항 제1호, 제2호, 제6호는 행정청 내부의 사무처리 준칙을 규정한 행정규칙에 불과하여 대외적 구속력이 없다. 14지방9

27 대법원은 행정적 편의를 도모하기 위해 법령의 위임을 받아 제정된 절차적 규정을 법령보충적 행정규칙으로 본다. 14국가9

28 총리령으로 제정된 「법인세법 시행규칙」에 따른 '소득금액조정합계표 작성요령'은 법률의 위임을 받은 것이기는 하나 법인세의 부과징수라는 행정적 편의를 도모하기 위한 절차적 규정으로서 단순히 행정규칙의 성질을 가진다. 19국회8

29 국토계획법의 위임에 따라 제정된 동 시행령 별표의 '개발행위허가기준'은 대외적으로 구속력 있는 법규명령에 해당하지만, 동 시행령의 위임에 따라 국토교통부 훈령으로 정한 '개발행위허가운영지침'은 세부적인 검토기준으로, 행정규칙에 불과하여 대외적 구속력이 없다. 미기출

30 헌법 제40조와 헌법 제75조, 제95조의 의미를 살펴보면, 국회입법에 의한 수권이 행정기관에게 법률 등으로 구체적인 범위를 정하여 위임한 사항에 관하여는 당해 행정기관이 법정립의 권한을 갖게 되고, 입법자가 규율의 형식도 선택할 수 있다 할 것이므로, 헌법이 인정하고 있는 위임입법의 형식은 예시적인 것으로 보아야 할 것이다. 24변시

31 헌법상 위임입법의 형식은 예시적이기 때문에, 국민의 권리·의무에 관한 사항을 고시 등 행정규칙으로 정하도록 위임하는 법률 조항도 합헌이다.(2005헌바59) 16서울9
  ➕ 이는 법령보충적 행정규칙으로서 상위법령과 결합하여 그를 보충하는 범위 내에서 대외효를 갖게 된다.

32 중앙행정기관의 장이 정한 훈령·예규 및 고시 등 행정규칙도 상위법령의 위임이 있으면 「행정기본법」상의 '법령'에 해당한다. 즉, 행정기본법은 법령보충적 행정규칙을 인정하는 규정을 두고 있다. 22국가7

33 행정규제기본법 제4조 제2항 단서는 "법령이 전문적·기술적 사항이나 경미한 사항으로서 업무의 성질상 위임이 불가피한 사항에 관하여 구체적으로 범위를 정하여 위임한 경우에는 고시 등으로 정할 수 있다."고 규정하고 있는데, 이는 행정규칙형식의 법규명령을 명문으로 인정한 것으로 평가할 수 있다. 10국회8
  ➕ 행정규칙 형식의 법규명령 = 법령보충적 행정규칙

34 재산권 등의 기본권을 제한하는 작용을 하는 법률이 구체적으로 범위를 정하여 고시와 같은 형식으로 입법위임을 할 수 있는 사항은 전문적·기술적 사항이나 경미한 사항으로서 업무의 성질상 위임이 불가피한 사항에 한정된다. 19국7

35 한국표준산업분류는 우리나라의 산업구조를 가장 잘 반영하고 있고, 업종의 분류에 관하여 가장 공신력 있는 자료로 평가받고 있는 점 등을 고려하면, 업종의 분류에 관하여 판단자료와 전문성의 한계가 있는 대통령이나 행정각부의 장에게 위임하기보다는 통계청장이 고시하는 한국표준산업분류에 위임할 필요성이 인정된다. 17서울9

36 행정규칙 형식의 법규명령은 통상적인 법규명령과 마찬가지로 포괄적 위임금지의 원칙에 구속받는다. 09지방9

37 법령의 규정이 행정기관에 그 내용의 구체화 권한을 부여하면서 그 권한 행사의 절차나 방법을 특정하지 않아서 수임행정기관이 행정규칙의 형식으로 그 법령의 내용이 될 사항을 구체적으로 정한 경우, 그 행정규칙은 당해 법령의 위임한계를 벗어나지 아니하는 한 법령과 결합하여 대외적으로 구속력이 있는 법규명령으로서 효력을 가진다. 13지방7

38 행정 각부의 장이 정하는 고시가 법령에 근거를 둔 것이라도 그 규정 내용이 법령의 위임 범위를 벗어난 경우에는 법규명령으로서의 대외적 구속력을 인정할 여지는 없다. 23지방7

39 행정규칙에서 사용하는 개념이 달리 해석될 여지가 있다하더라도 행정청이 수권의 범위 내에서 법령이 위임한 취지 및 형평과 비례의 원칙에 기초하여 합목적적으로 기준을 설정하여 그 개념을 해석·적용하고 있다면, 개념이 달리 해석될 여지가 있다는 것만으로 이를 사용한 행정규칙이 법령의 위임한계를 벗어났다고는 할 수 없다. 15지방7

40 고시가 법령의 규정을 보충하는 기능을 가지면서 그와 결합하여 대외적인 구속력이 있는 법규명령으로서의 효력을 가지는 경우에도 그 자체가 법령은 아니고 행정규칙에 지나지 않으므로 적당한 방법으로 이를 일반인 또는 관계인에게 표시 또는 통보함으로써 그 효력이 발생한다. 19서울7
  ➕ 법령보충적 행정규칙은 상위법령과 결합해 "법규명령으로 기능"하거나, "법규명령으로서의 효력"을 갖는 것이지, 그 자체가 독립적 법규명령은 아니다. 따라서 법령과 같은 공포절차를 거칠 필요는 없고, 적절한 표시·통보절차가 있으면 족하다는 취지이다.

---

28 총리령으로 제정된 「법인세법 시행규칙」에 따른 '소득금액조정합계표 작성요령'은 법령을 보충하는 법규사항으로서 법규명령의 효력을 가진다. 19국회8

29 국토계획법의 위임에 따라 제정된 동 시행령 별표의 '개발행위허가기준' 및 동 시행령의 위임에 따라 국토교통부 훈령으로 정한 '개발행위허가운영지침'은 모두 법규명령에 해당하여 대외적 구속력이 있다. 미기출

30 헌법 제40조와 헌법 제75조, 제95조의 의미를 살펴보면, 국회입법에 의한 수권이 행정기관에게 법률 등으로 구체적인 범위를 정하여 위임하더라도 당해 행정기관이 독자적인 법정립의 권한을 갖는 것은 아니므로 헌법이 인정하고 있는 위임입법의 형식은 한정적인 것으로 보아야 한다. 24변시

31 헌법재판소 판례에 의하면, 헌법상 위임입법의 형식은 열거적이기 때문에, 국민의 권리·의무에 관한 사항을 고시 등 행정규칙으로 정하도록 위임한 법률 조항은 위헌이다. 16서울9

32 중앙행정기관의 장이 정한 훈령·예규 및 고시 등 행정규칙은 상위법령의 위임이 있다고 하더라도 「행정기본법」상의 '법령'에 해당하지 않는다. 22국가7

36 행정규칙 형식의 법규명령은 통상적인 법규명령과는 달리 포괄적 위임금지의 원칙에 구속받지 아니한다. 09지방9

38 행정 각부의 장이 정하는 고시가 법령에 근거를 둔 것이라면, 그 규정 내용이 법령의 위임 범위를 벗어난 것이라도 법규명령으로서의 대외적 구속력이 인정된다. 23지방7

41 법령보충적 행정규칙은 상위법령과 결합하여 그 위임한계를 벗어나지 아니하는 범위 내에서 상위법령의 일부가 됨으로써 대외적 구속력을 발생한다. 12국가9

42 법령의 직접적인 위임에 따라 위임행정기관이 그 법령을 시행하는 데 필요한 구체적인 사항을 정한 것이라면, 그 제정형식이 고시, 훈령, 예규 등과 같은 행정규칙이더라도 그것이 상위법령의 위임한계를 벗어나지 아니하는 한, 상위법령과 결합하여 대외적 구속력을 가진다. 17사복(서울)9

43 법령보충적 행정규칙은 그 자체로서 직접적으로 대외적 구속력을 갖진 못한다. 상위법령과 결합하여 그 위임의 한계를 벗어나지 아니하는 범위 내에서 대외적 구속력을 가질 뿐이다. 12(하)지방7

44 구 「지방공무원보수업무 등 처리지침」은 상위법령과 결합하여 대외적인 구속력이 있는 법규명령으로서의 효력을 갖는 법령보충적 행정규칙에 해당한다. 18서울9

45 국세청장의 훈령 형식으로 되어 있는 재산제세사무 처리규정은 소득세법 시행령의 위임에 따라 소득세법 시행령의 내용을 보충하는 기능을 가지므로 소득세법 시행령과 결합하여 대외적 효력을 갖는다. 13국가9

46 국무총리훈령 형식으로 제정된 '개별토지가격합동조사지침'은 집행명령으로서 법률보충적인 구실을 하는 법규적 성질을 가진다. 09국회8

47 「2014년도 건물 및 기타물건 시가표준액 조정기준」은 건축법 및 지방세법령의 위임에 따른 것으로서 그 법령 규정의 내용을 보충하고 있으므로 그 법령 규정과 결합하여 대외적인 구속력이 있는 법규명령으로서의 효력을 가진다. 18서울9

48 판례는 "주유소의 진출입로는 도로상의 횡단보도로부터 10m 이상 이격되게 설치하여야 한다."고 규정한 「전라남도주유소등록요건에 관한 고시」제2조 제2항 [별표1]에 대하여 법규명령으로서의 효력을 긍정하였다. 09지방9

49 (행정규칙 형식의 법규명령과 관련하여) 재산제세사무처리규정, 석유판매허가기준고시, 식품영업허가기준고시 등이 그 예이다. 09지방9

50 「농약관리법」의 위임에 따라 인축독성 시험성적서 검토기준 및 판정기준을 규정하고 있는 농촌진흥청 고시 「농약 및 원제의 등록기준」 제3조제2항제3호 별표4는 대외적 구속력을 가지는 법령보충적 행정규칙에 해당한다. 24국회8

51 산업자원부장관(현 산통부장관)이 공업배치 및 공장설립에 관한 법률 제 8조의 위임에 따라 공장입지의 기준을 구체적으로 정한 고시는 법규명령으로서 효력을 가진다. 15사복9

52 금융위법의 위임에 따라 금융위가 고시한 금융기관 검사 및 제재에 관한 규정은 대외적으로 구속력 있는 법규명령의 효력을 가진다. 미기출

53 「독점규제 및 공정거래에 관한 법률」 제23조 제3항에 근거한 불공정거래행위의 지정고시 또는 대외무역법 제19조 제2항에 근거한 물품수출입공고 등은 행정규칙의 형식을 취하고 있으나, 근거법령과 결합하여 대외적인 구속력이 있는 법규명령으로서의 효력을 가진다. 11국가9

54 [X법률 및 같은 법 시행령은 65세 이상의 자에게 노령수당의 지급을 규정하고 있다. 같은 법 시행령은 노령수당의 지급수준을 노인복지 등을 참작하여 매년 예산의 범위 안에서 보건복지부장관이 정하도록 규정하고 있다. 이에 따라 보건복지부장관은 70세 이상의 국민기초생활 수급대상 노인에게만 노령수당을 지급하도록 노인복지지침을 정하였고, 이러한 지침에 따라 69세인 노인 甲은 관할행정청으로부터 노령수당 지급대상에서 제외되는 처분을 받았다] 위 노인복지지침은 법령이 예정한 노령수당의 지급대상자를 부당하게 축소·조정하고 있기에, 위 지침에 따라 노령수당의 지급대상자를 '70세 이상'으로 규정한 부문은 법령의 위임한계를 벗어난 것이어서 효력이 없고, 위 노인복지지침에 따른 제외처분 역시 적법하다고 할 수 없다. 10국회8

55 "가공품의 원료로 가공품이 사용될 경우 원산지표시는 원료로 사용된 가공품의 원료 농산물의 원산지를 표시하여야 한다."는 농림부고시인 「농산물원산지 표시요령」은 대외적 구속력이 없다. 17서울9
⊕ 상위법령에서 원산지 표시 방법만을 위임하였는데 고시에서 원산지 표시의무대상까지 규정하여 위임의 한계를 벗어났기 때문이다.

---

43 법령보충적 행정규칙은 그 자체로서 직접적으로 대외적 구속력을 가진다. 12(하)지방7

44 구 「지방공무원보수업무 등 처리지침」은 안전행정부 예규로서 행정규칙의 성질을 가진다. 18서울9

47 「2014년도 건물 및 기타물건 시가표준액 조정기준」은 건축법 및 지방세법령의 위임에 따른 것이지만 행정규칙의 성격을 가진다. 18서울9

53 「독점규제 및 공정거래에 관한 법률」 제23조 제3항에 근거한 불공정거래행위의 지정고시 또는 대외무역법 제19조 제2항에 근거한 물품수출입공고 등은 행정규칙의 형식을 취하고 있으므로 내용상으로도 행정규칙으로 보는 것이 타당하다. 11국가9

54 [X법률 및 같은 법 시행령은 65세 이상의 자에게 노령수당의 지급을 규정하고 있다. 같은 법 시행령은 노령수당의 지급수준을 노인복지 등을 참작하여 매년 예산의 범위 안에서 보건복지부장관이 정하도록 규정하고 있다. 이에 따라 보건복지부장관은 70세 이상의 국민기초생활 수급대상 노인에게만 노령수당을 지급하도록 노인복지지침을 정하였고, 이러한 지침에 따라 69세인 노인 甲은 관할행정청으로부터 노령수당 지급대상에서 제외되는 처분을 받았다] 위 노인복지지침은 X법률 및 같은 법 시행령의 규정내용을 보충하는 기능을 지니면서 그것과 결합하여 대외적으로 구속력이 있는 법규명령의 성질을 가지므로, 위 노인복지지침에 따른 제외처분은 적법하다. 10국회8

55 "가공품의 원료로 가공품이 사용될 경우 원산지표시는 원료로 사용된 가공품의 원료 농산물의 원산지를 표시하여야 한다."는 농림부고시인 「농산물원산지 표시요령」은 법규명령으로서의 대외적 구속력을 가진다. 17서울9

56 상위법령에서 세부사항 등을 **시행규칙으로** 정하도록 **위임**하였으나 이를 **고시의 형식으로** 정하였다면 규정내용 자체는 위임의 범위를 벗어나지 않았더라도, 규정 방식이 위임의 범위를 벗어난 것이므로 해당 고시는 대외적 구속력을 가지는 **법규명령으로서 효력을 인정할 수 없다.** 22변시

57 「공익사업을 위한 토지 등의 취득 및 보상에 관한 법률」제68조 제3항은 **협의취득의 보상액 산정에 관한 구체적 기준**을 시행규칙에 위임하고 있고, 위임 범위 내에서 동법 **시행규칙** 제22조는 토지에 건축물 등이 있는 경우에는 건축물이 없는 상태를 상정하여 토지를 평가하도록 **규정**하고 있는데, 이는 공익사업법 규정과 결합하여 **대외적인 구속력을 가진다.** 14지방9

  ⊕ 시행규칙은 형식상으로도 법규명령에 해당하므로, 법령보충적 행정규칙이 아니라 법규명령에 해당한다. 판례가 법령보충적 행정규칙처럼 표현한 부분은 착오가 있었다고 기억할 수밖에 없다.

56 상위법령에서 세부사항 등을 **시행규칙으로** 정하도록 **위임**하였으나 이를 **고시의 형식으로** 정하였더라도 규정내용이 위임의 범위를 벗어나지 않았다면 그 고시는 대외적 구속력을 가지는 **법규명령으로서 효력이 인정된다.** 22변시

57 「공익사업을 위한 토지 등의 취득 및 보상에 관한 법률」제68조 제3항은 **협의취득의 보상액 산정에 관한 구체적 기준**을 시행규칙에 위임하고 있고, 위임 범위 내에서 동법 **시행규칙** 제22조는 토지에 건축물 등이 있는 경우에는 건축물 등이 없는 상태를 상정하여 토지를 평가하도록 **규정**하고 있는데, 이는 **대외적 구속력이 없다.** 14지방9

05 행정규칙에 대한 사법적 통제 | 요플 p.050 |

58 **행정규칙 자체**는 원칙적으로 행정소송법상 **처분**에 해당되지 **않**는다. 14(1)경행

59 교육부장관이 **대학입시기본계획**에서 **내신성적 산정기준**에 관한 시행지침을 마련하여 시·도교육감에게 통보한 경우, 각 고등학교에서 위 지침에 일률적으로 기속되어 내신성적을 산정할 수밖에 없고 대학에서도 이를 그대로 내신성적으로 인정하여 입학생을 선발할 수밖에 없는 관계로 장차 일부 수험생들이 위 지침으로 인해 어떤 불이익을 입을 개연성이 없지는 아니하나, 그것만으로는 현실적으로 특정인의 구체적인 권리의무에 직접적으로 변동을 초래케 하는 것은 아니라 할 것이어서 내신성적 산정지침을 항고소송의 대상이 되는 행정**처분으로 볼 수 없다.** 24지방9

60 어떠한 **고시**가 다른 집행행위의 매개 없이 그 자체로서 **직접 국민의 구체적인 권리의무**나 법률관계를 규율하는 성격을 가질 때에는 행정**처분**에 해당한다. 21국가7

61 **고시**에 담긴 내용이 **구체적 규율**의 성격을 가지는 경우, 즉, 다른 집행행위의 매개 없이 그 자체로서 직접 국민의 구체적인 권리·의무에 영향을 미치는 경우라면 해당 고시를 행정**처분으로 볼 수 있다.** 19국가7

62 항정신병 치료제의 **요양급여 인정기준**에 관한 **보건복지부 고시**가 다른 집행행위의 매개 없이 그 자체로서 직접 국민의 구체적인 권리의무와 법률관계를 규율하는 성격을 가질 때에는 항고소송의 대상이 되는 **행정처분**에 해당한다. 22국가9

63 보건복지부 고시인 구 「**약제급여·비급여목록 및 급여상한금액표**」는 그 자체로서 국민건강보험 가입자, 국민건강보험공단, 요양기관 등의 법률관계를 직접 규율하는 성격을 가지므로 항고소송의 대상이 되는 **행정처분에 해당**한다. 18국가9

64 **법령보충적 행정규칙**은 물론이고, **재량권 행사의 준칙**이 되는 행정규칙이 그 정한 바에 따라 되풀이 시행되어 행정관행이 이루어지고 행정의 **자기구속원리**에 따라 대외적 구속력을 가지는 경우에는 헌법소원의 대상이 **될 수 있다.** 23소방

65 법령보충규칙에 해당하는 고시의 관계규정에 의하여 **직접 기본권 침해**를 받는다면, 이에 대하여 헌법재판소법 제68조 제1항에 의한 **헌법소원을 청구할 수 있다.** 18지방7

66 헌법재판소의 결정에 따르면, **대학입학고사 주요 요강**은 항고소송의 대상인 처분은 아니지만 **헌법소원의 대상이 되는 공권력 행사**에는 해당된다. 14지방7

67 (구별) **건강보험심사평가원**이 보건복지가족부 고시인 '요양급여비용 심사·지급업무 처리기준'에 근거하여 제정한 **심사지침**인 '방광내압 및 요누출압 측정 시 검사방법'은 **내부적** 업무처리 기준으로서 **행정규칙에 불과**하다. 19국회8

68 요양급여의 적정성 평가 결과 전체 **하위 20%** 이하에 해당하는 **요양기관**이 건강보험심사평가원으로부터 받은 **입원료 가산 및 별도 보상 적용 제외 통보**는 해당 요양기관의 권리 또는 법률상 이익에 직접적 영향을 미치는 공권력 행사에 해당하여 **항고소송의 대상**이 된다. 22소간

61 **고시**에 담긴 내용이 **구체적 규율**의 성격을 갖는다고 하더라도, 해당 고시를 행정**처분으로 볼 수는 없으며** 법령의 수권 여부에 따라 법규명령 또는 행정규칙으로 볼 수 있을 뿐이다. 19국가7

65 법령보충규칙에 해당하는 고시의 관계규정에 의하여 **직접 기본권 침해**를 받는다고 하여도 이에 대하여 바로 헌법재판소법 제68조 제1항에 의한 **헌법소원심판을 청구할 수 없다.** 18지방7

테마별 N지 모음

N1 甲은 청소년에게 주류를 제공하였다는 이유로 A구청장으로부터 **6개월 이내**에서 영업정지처분을 **할 수 있다**고 규정하는 식품위생법 제75조, 총리령인 식품위생법**시행규칙** 제89조 및 **별표**23[행정처분의 기준]에 근거하여 영업정지 **2개월**처분을 받았다. 甲은 처음으로 단속된 사람이었다. 이에 대한 다음의 설명 중 가장 옳은 것은? (단, 다툼이 있는 경우 판례에 의함)

21군무원7 ④

① 위 **영업정지**처분은 **기속**행위이다.
② 위 **별표**는 **법규명령**이다.
③ A구청장은 2개월의 **영업정지처분**을 함에 있어서 **가중 감경**의 여지는 **없다**.
④ A구청장이 **유사 사례와의 형평성**을 고려하지 **않고** 3개월의 영업정지처분을 하였다면 甲은 행정의 **자기구속원칙의 위반**으로 위법함을 주장할 수 있다.

[해설] ① 위 **영업정지**처분은 **재량**행위이다.
➕ ②에서 보는 바와 같이 위 시행규칙 별표는 행정규칙에 불과하기에 재판규범성이 없다. 따라서 당해 영업정지처분의 성격은 상위규정인 식품위생법에 의해 판단된다. 그런데 식품위생법은 영업정지처분을 '할 수 있다'고 규정하고 있기 때문에, 재량행위에 해당한다.

② 위 **별표**는 **행정규칙**이다.
➕ 판례는 그 실질이 행정규칙인 제재처분기준을 법규명령 형식인 총리령으로 정하였더라도 이는 행정규칙에 불과하다고 본다. 반면, 그 형식이 대통령령이라면 법규명령으로 본다.

③ A구청장은 2개월의 **영업정지처분**을 함에 있어서 **가중 감경**을 할 수 **있다**.
➕ ①, ②에서 본 바와 같이 위 시행규칙 별표는 재판규범성이 없는 행정규칙에 불과하여 그에 따라야만 적법한 것이 아니다. 따라서 위 시행규칙 별표에서 2개월로 규정했더라도 재량의 일탈·남용이 없는 범위 내에서 이보다 가중할 수도, 감경할 수도 있다.

N2 다음 사례에 대한 설명으로 옳지 않은 것은? (다툼이 있는 경우 판례에 따름)

13국회8 ③

> 국민건강보험 관련법령상 보건복지부장관은 제약회사의 신청 또는 직권으로 모든 의약품에 대하여 요양급여대상 또는 비급여대상의 결정을 할 수 있다. 전국의 모든 의료기관·약국이 요양기관으로 강제편입되어 있고 모든 국민이 국민건강보험에 편입되어 있기 때문에 의사의 처방이 필요 없는 일반의약품을 제외한 모든 의약품은 국민건강보험상의 요양급여로 공급되는 것만이 판로라 할 수 있다. 「국민건강보험요양급여의 기준의 관한 규칙」에서 약제의 제조·수입업자 등의 요양급여대상 여부의 결정을 신청하고자 하는 경우 판매예정가 산출근거 및 내역, 동일 또는 유사 약제와의 장단점 및 판매가의 비교 등 비용효과에 관한 자료를 제출하도록 하고 있다. 이러한 상황에서 **A제약회사의 B제품**이 **보건복지부장관에 의해 비급여대상으로 결정됨**에 따라 A제약회사는 경영상 큰 타격을 맞게 될 위험에 처했다.

① 어떠한 고시가 일반적·추상적 성격을 가질 때에는 법규명령 또는 행정규칙에 해당할 것이지만, 다른 **집행행위의 매개없이 그 자체로 직접 국민의 구체적인 권리·의무나 법률관계를 규율**하는 성격을 가질 때에는 **행정처분에 해당**한다.
② 이 사건 고시는 다른 **집행행위의 매개 없이** 그 자체로서 제약회사, 요양기관, 환자 및 국민건강보험공단 사이의 **법률관계를 직접 규율**하는 성격을 가진다고 할 것이므로 이는 항고소송의 대상이 되는 **행정처분**으로서의 성격을 갖는다.
③ 고시의 효력발생일을 **처분이 있은 날**로 보아 그로부터 **1년 이내**에 취소소송을 제기하면 된다.
④ **A는** 그가 공급하는 이 사건 약품에 대하여 국민건강보험 관련법규 등에 의하여 보호되는 직접적이고 구체적인 이익을 향유한다고 할 것이므로 A에게 이 사건 고시의 효력을 다툴 수 있는 **원고적격** 또는 신청인적격을 인정함이 상당하다.
⑤ 회복하기 어려운 손해발생을 막기 위해서는 집행정지신청을 하는 것이 필요하다. 이 경우 본안소송과 마찬가지로 **처분성이 있어야 집행정지신청이 가능**하다.

[해설] ③ 고시의 효력발생일은 처분이 있은 날을 넘어, **처분을 안 날**로 본다. 따라서 그로부터 **90일 이내**에 취소소송을 제기하면 된다.

THEME 16 행정행위의 개념과 분류

○ 지문 | × 지문

01 대상적격(처분)과의 관계 | 요플 p.052

01 행정소송법상 '처분'이라 함은 행정청이 행하는 구체적 사실에 관한 법집행으로서의 **공권력의 행사** 또는 그 거부와 그 밖에 **이에 준하는 행정작용**을 말한다. 13국가9

02 항고소송의 대상이 되는 행정**처분**이라 함은 원칙적으로 행정청의 공법상 행위로서 특정사항에 대하여 법규에 의한 권리의 설정 또는 의무의 부담을 명하거나 기타 법률상 효과를 발생하게 하는 등으로 일반 **국민의 권리·의무에 직접 영향**을 미치는 행위를 가리킨다. 13국가9

03 행정소송법상 처분의 개념과 강학상 행정행위의 개념이 다르다고 보는 견해는 **처분의 개념을 강학상 행정행위의 개념보다 넓게 본다.** 17(상)국가9

02 행정행위의 개념요소 | 요플 p.052

04 상대방의 권리를 제한하는 행위라 하더라도 **행정청** 또는 그 소속기관이나 권한을 위임받은 공공단체 **등의 행위가 아닌** 한 이를 **행정처분**이라고 할 수 **없다**. 22지방7

05 **행정청**이란 행정에 관한 **의사를 결정하여 표시하는 국가 또는 지방자치단체의 기관**, 그 밖에 법령 또는 자치법규에 따라 행정권한을 가지고 있거나 위탁을 받은 **공공단체나 그 기관** 또는 **사인**(私人)을 말한다. 20군무원9

06 **공무수탁사인의** 공무를 수행하는 **공권력 행사도 처분**에 해당한다. 18소방

07 **지방법무사회는** 법무사 감독 사무를 수행하기 위하여 법률에 의하여 설립과 법무사의 회원 가입이 강제된 **공법인으로서** 법무사 사무원 **채용승인**에 관한 한 **공권력 행사의 주체**라고 보아야 한다. 24변시

08 법무사가 **사무원을 채용**할 때 소속 **지방법무사회로부터 승인을 받아야 할 의무는 공법상 의무**이다. 22국가9

09 도로의 공용개시 또는 통행금지 등은 **일반처분**의 예이다. 06국회8

10 지방경찰청장이 **횡단보도를 설치**하여 보행자의 통행방법을 규제하는 것은 행정**처분에 해당**한다. (을) 14국가9

10 지방경찰청장이 **횡단보도를 설치**하여 보행자의 통행방법을 규제하는 것은 행정**처분이 아니다**. 14국가9

11 취소소송의 대상인 처분은 행정청이 행하는 구체적 사실에 관한 법집행행위이므로 불특정 다수인을 대상으로 하여 반복적으로 적용되는 일반적·**추상적 규율**은 원칙적으로 **처분이 아니다**. 17(하)국가7

12 부하 공무원에 대한 상관의 **개별적인 직무명령**은 **행정행위가 아니다**. 15서울9

13 행정행위는 법적 행위이므로, 행정청이 **도로를 보수**하는 행위는 **행정행위가 아니다**. 15교행9

14 **행정행위를** '행정청이 법아래서 구체적 사실에 대한 법집행으로서 행하는 **공법행위**'로만 정의한다면, **공법상 계약**과 **공법상 합동행위**도 행정행위의 개념에 **포함될** 수 있다. 따라서 위 지문은 틀린 것이다. 그러나, 행정행위는 단순한 공법행위가 아니라, '**권력적 단독행위로서의 공법행위**'이다. 이렇게 올바로 **정의한다면**, **공법상 계약**과 **공법상 합동행위**는 행정행위의 개념에서 **제외된다**. 즉, 지문이 가정한 정의에 따르면 공법상 계약 등이 행정행위에 포함될 수 있어 위 지문은 틀린 것이 되나, 올바른 정의에 따르면 공법상 계약 등은 행정행위에서 제외되는 것이 맞다. (을) 17국가9

14 **행정행위를** '행정청이 법아래서 구체적 사실에 대한 법집행으로서 하는 **공법행위**'로 정의하면, **공법상 계약**과 **공법상 합동행위**는 행정행위의 개념에서 **제외된다**. 17국가9

15 행정행위가 공법상의 행위라는 것은 그 행위의 **근거가 공법적**이라는 것이지, 행위의 효과까지 공법적이라는 것을 의미하는 것은 아니다. 14국회8

16 **행정행위는 공법상의 행위이지만**, 이는 행위의 근거가 공법적이라는 것이지, 행위의 효과가 공법적이어야 한다는 의미가 아니다. 따라서 행정청이 특정인에게 어업권과 같은 **사권**의 성질을 가지는 권리를 **설정**하는 행위도 **행정행위에 해당**한다. 행위의 효과(도출되는 권리)는 사권이나, 그 행위의 근거는 공법적이기 때문이다. (을) 15교행9

16 **행정행위는 공법상의 행위이므로**, 행정청이 특정인에게 어업권과 같이 **사권**의 성질을 가지는 권리를 **설정**하는 행위는 **행정행위가 아니다**. 15교행9

03 행정행위의 분류 | 요플 p.053 |

17 공유수면매립면허는 **협력을 요하는** 행정행위로 보는 것이 일반적 견해이다. 09지방9

18 **침익적** 행정행위의 근거가 되는 행정법규는 **엄격하게 해석·적용**하여야 하고 그 행정행위의 상대방에게 불리한 방향으로 **지나치게 확장해석하거나 유추해석해서는 아니** 된다. 18국회8

19 마을버스 운송업자가 유류사용량을 실제보다 부풀려 유가보조금을 과다 지급받은 데 대하여 관할 행정청이 부정수급기간 동안 지급된 유가보조금 전액을 회수하는 내용의 처분을 한 것은 '**거짓이나 부정한 방법으로 지급받은 보조금**'에 대하여 반환할 것을 명하는 것일 **뿐만 아니라** '**정상적으로 지급받은 보조금**'까지 **반환**하도록 명할 수 있는 것이어서 **위법**하다. 18국회8

20 기 행정청의 의사표시를 요소로 하는 법률행위적 행정행위 중에서 **명령적** 행위에는 **하명, 허가, 면제**가 속한다. ㉢ 23국가7

21 기 **형성적** 행정행위는 명령적 행정행위와 함께 **법률행위적** 행정행위에 속하며, 이에는 **특허·인가·대리**가 속한다. 15국가7

22 기 **형성적** 행정행위가 국민에게 새로운 권리·능력, 기타 포괄적 법률관계를 **발생·변경·소멸**시키는 행위이다. 명령적 행정행위는 본래적 자유를 제한하거나 회복시키는 행위이다. ㉢ 07국가9

23 기 **형성적** 행정행위는 타인을 위하여 그 행위의 효력을 **보충·완성**하는 행위와 타인을 **대신하여 행하는** 행위로 나누어진다. ㉢ 07국가9
　➕ 행위의 효력을 보충·완성하는 행위는 인가이고, 대신하여 행하는 행위는 대리에 해당한다. 모두 형성적 행위에 포함된다.

20 기 행정청의 의사표시를 요소로 하는 법률행위적 행정행위 중에서 **명령적** 행위에는 **하명, 허가, 대리**가 속한다. 23국가7

22 기 **명령적** 행정행위는 국민에게 새로운 권리·능력, 기타 포괄적 법률관계를 **발생·변경·소멸**시키는 행위이다. 07국가9

23 기 **명령적** 행정행위는 타인을 위하여 그 행위의 효력을 **보충·완성**하는 행위와 타인을 **대신하여 행하는** 행위로 나누어진다. 07국가9

04 기속행위와 재량행위 | 요플 p.054 |

24 오늘날 **행정행위 이외의 행정작용**형식에서도 행정행위와 마찬가지로 행정청의 **재량여부가 문제**된다. 10국회9

25 Z **요건재량설**에 대해서는 행정행위의 **종국목적**과 **중간목적**의 분류나 구체적 **기준자체가 불명확**하다는 비판이 있다. 10경행

26 Z 효과재량설의 입장에서 보면 **징계처분**은 **기속행위**라고 보게 되므로, 관계 법령 또는 학칙상 징계사유가 존재하면 반드시 **징계를 하여야** 한다. ㉢ 10국가9
　➕ 효과재량설에 행정행위의 효과가 수익적이면 재량행위이고, 침익적이면 기속행위에 해당한다. 이에 따르면 징계처분은 침익적인 것이기에 기속행위에 해당한다.

27 기 **재량행위**와 **기속행위**의 **구분**은 법규의 규정양식에 따라 개별적으로 판단된다. 15국가7

28 기 허가가 **기속행위**인지 **재량행위**인지 여부는 **개별법령**이 정하는 바에 의한다. 13국회8

29 기 **기속행위**와 **재량행위**의 **구분**은 당해 행위의 근거가 된 **법규**의 체재·형식과 그 문언, 당해 행위가 속하는 행정 **분야**의 주된 목적과 특성, 당해 **행위** 자체의 개별적 성질과 유형 등을 **모두 고려**하여 판단하여야 한다. 20지방9

30 Z 어떠한 처분이 **수익적**이라는 이유로 **재량행위**라고 판단하는 것은 요건재량설이 아니라 **효과재량설**에 가깝다. 다만, 이를 두고 대법원이 효과재량설을 취했다고 보기는 어렵다. 대법원이 취하는 법문언기준설에 따르더라도, 당해 행위의 성격을 고려해 재량행위 여부를 판단하기 때문에 법문언기준설에 따르더라도 같은 이유와 결과가 나올 수 있기 때문이다. ㉢ 08국가9

31 기 **재량의 존재** 여부가 **법해석으로 도출**되기도 한다. 15국가7

32 [갑은 경찰의 음주단속에서 음주측정을 거부하였다. 도로교통법은 **주취 중 운전**의 경우 운전면허를 취소하거나 1년 이내의 범위에서 운전면허의 효력을 **정지시킬 수 있다**고 규정하면서 경찰공무원의 **측정에 응하지 아니**한 때에는 운전면허를 취소**하여야 한다**고 규정하고 있다. 이에 경찰청장은 갑의 운전면허를 취소하였다.] 도로교통법상 운전면허의 **취소·정지**는 **재량행위**이지만, 경찰의 음주측정을 거부한 자에 대한 면허취소는 **기속**행위이다. 08국회8

33 © 「여객자동차 운수사업법」에 따르면, 여객자동차 운수사업자가 **거짓이나 부정한 방법으로 지급받은 보조금**에 대한 국토교통부장관 또는 시·도지사의 **환수처분**은 **기속행위**에 해당한다. 24국가9

26 Z **효과재량설**의 입장에서 보면 **징계처분**은 **재량행위**라고 보게 되므로, 관계 법령 또는 학칙상 징계사유가 존재하더라도 반드시 **징계를 하여야 하는 것은 아니**다. 10국가9

30 Z 대법원은 주택건설촉진법상의 주택건설사업계획의 승인은 상대방에게 권리나 이익을 부여하는 효과를 수반하는 **수익적** 행정처분이라는 점에서 **재량행위**라고 판단하고 있는데 이것은 이른바 **요건재량설**에 따른 것이다. 08국가9

34 육아휴직 중 「국가공무원법」 제73조제2항에서 정한 복직 요건인 '휴직사유가 없어진 때'에 하는 **복직명령**은 **기속행위**이므로 휴직사유가 소멸하였음을 이유로 복직을 신청하는 경우 임용권자는 지체 없이 복직명령을 하여야 한다. 23국가7

35 **재량행위**는 요건이 충족되어도 공익과의 이익형량을 통하여 **법에 정해진 효과를 부여하지 않을 수** 있다. 20국가7

36 「주택법」상 주택건설사업계획의 승인은 **재량행위**에 해당하므로, 처분권자는 주택건설사업계획이 **법령이 정하는 제한사유에 배치되지 않는 경우에도 공익상** 필요가 있으면 사업계획승인신청에 대하여 **불허가 결정을 할 수** 있다. 21회8

37 **재외동포에 대한 사증발급**은 행정청의 **재량**행위에 속하는 것으로서, 재외동포가 사증발급을 신청한 경우에 구「출입국관리법 시행령」[별표 1의2]에서 정한 재외동포체류자격의 **요건을 갖추었다고 해서 무조건 사증을 발급해야** 하는 것은 **아니다**. 23국가7

37 **재외동포에 대한 사증발급**은 행정청의 **기속행위**에 속하는 것으로, 재외동포가 사증발급을 신청한 경우에 구「출입국관리법 시행령」[별표 1의2]에서 정한 재외동포체류자격의 요건을 갖추었다면 사증을 발급해야 한다. 23국가7

38 **기속행위**에 대한 사법심사는 법원이 사실인정과 관련법규의 해석·적용을 통하여 **일정한 결론을 도출**한 후 그 결론에 비추어 행정청이 한 판단의 적법 여부를 **독자의 입장에서 판정**하는 방식에 의하게 된다. 17(하)국가9

39 **재량행위**에 대한 사법심사는 행정청의 재량에 기한 공익판단의 여지를 감안하여 법원이 **독자의 결론을 도출함이 없이** 당해 행위에 재량권의 **일탈·남용**이 있는지 여부를 **심사**한다. 18국가7

40 행정청의 **전문적인 정성적 평가 결과**는 판단의 기초가 된 사실인정에 중대한 오류가 있거나 그 판단이 사회통념상 현저하게 타당성을 잃어 객관적으로 불합리하다는 등의 특별한 사정이 없는 한 법원이 당부를 심사하기에 적절하지 않으므로 **가급적 존중**되어야 한다. 23소방

41 **야생동·식물보호법령에 따른 용도변경승인**의 경우 용도변경이 불가피한 경우에만 용도변경을 할 수 있도록 제한하는 규정을 두고 있는바, 환경부장관의 용도변경 승인처분은 **재량행위**이다. 19서울7
　　＋ 용도변경승인은 특정인에게만 용도 외의 사용을 허용해주는 권리나 이익을 부여하는 수익적 행정행위로서 재량행위에 해당한다.(2010두23033)

41 **야생동·식물보호법령에 따른 용도변경승인**의 경우 용도변경이 불가피한 경우에만 용도변경을 할 수 있도록 제한하는 규정을 두고 있으므로 환경부장관의 용도변경 승인처분은 **기속행위**이다. 19서울7

42 **입목굴채허가**는 **재량**행위에 해당한다. 12(하)지방9

42 **입목굴채허가**는 **기속**행위에 해당한다. 12(하)지방9

43 「개발제한구역의 지정 및 관리에 관한 특별조치법」 및 구「액화석유가스의 안전관리 및 사업법」등의 관련 법규에 의하면, **개발제한구역에서의 자동차용 액화석유가스충전사업 허가**는 그 기준 내지 요건이 불확정개념으로 규정되어 있으므로 그 허가 여부를 판단함에 있어서 행정청에 **재량권**이 부여되어 있다고 보아야 한다. 17(하)지방9

44 「가축분뇨의 관리 및 이용에 관한 법률」에 따른 **가축분뇨 처리방법 변경허가**는 허가권자의 **재량**행위에 해당한다. 23지방7

45 구 「전염병예방법」 제54조의 2 제2항에 따른 **예방접종으로 인한 질병, 장애 또는 사망의 인정여부 결정**은 보건복지가족부장관의 **재량**에 속한다. 15국회8(변형)

46 구 「전염병예방법」에 의한 피해보상제도가 수익적 행정처분의 형식을 취하고는 있지만, 구 「전염병예방법」의 취지와 입법 경위 등을 고려하면 그 실질은 피해자의 특별한 희생에 대한 보상에 가까우므로 그 인정 여부는 객관적으로 **합리적인 재량권**의 범위 내에서 타당하게 결정하여야 한다. 23소방

47 「의료법」상 **신의료기술의 안전성·유효성 평가**나 신의료기술의 시술로 국민보건에 중대한 **위해가 발생하거나 발생할 우려가 있는지 여부에 대한 판단**과, 그 경우 행정청이 **어떠한 종류와 내용의 지도나 명령을 할 것인지의 판단**에 관해서는 행정청에 **재량권**이 부여되어 있다. 21회8

48 「총포·도검·화약류등단속법」상의 **총포 등 소지허가**는 **기속행위라고는 할 수 없다**. 10경행

49 재량행위라 하더라도 완전히 **법에서 자유로운 행위는 아니고**, 행정의 법률적합성의 원리상 행정법령상에서 인정되는 **의무에 합당한 재량**이라고 볼 수 있다. 08지방9

50 행정청의 재량에 속하는 처분이라도 **재량권의 한계**를 넘거나 그 남용이 있는 때에는 법원은 **이를 취소**할 수 있다. 12지방9
　　＋ 재량행위더라도 사법심사의 대상이 된다는 의미로, 행정소송법 제27조의 규정이다.

51 **재량권**의 일탈이나 남용에 대한 **사법적 통제**의 가능성은 **행정소송법에도 규정**되어 있다. 08(상)지방9

52 재량권의 일탈이란 재량권의 외적 한계를 벗어난 것을 말하고, 재량권의 남용이란 재량권의 내적 한계를 벗어난 것을 말한다. 〔율〕 15국가9
　➕ 일탈과 남용의 개념을 반대로 설명하여 틀린 지문이다.

53 재량권의 불행사에는 재량권을 행사하지 않았거나, 행사하였으나 충분히 행사하지 아니한 경우도 포함된다. 〔율〕 15국가9

54 판례는 재량권의 일탈과 재량권의 남용을 명확히 구분하고 있지 않다고 평가된다. 〔율〕 15국가9
　➕ 판례는 보통 어떠한 재량 하자가 있으면 그것이 일탈인지, 남용인지 구분하지 않고 "일탈·남용"이라고 뭉뚱그려 판시한다.

55 처분의 근거법령이 행정청에 처분의 요건과 효과 판단에 일정한 재량을 부여하였는데도, 행정청이 자신에게 재량권이 없다고 오인하여 처분으로 달성하려는 공익과 그로써 처분상대방이 입게 되는 불이익의 내용과 정도를 전혀 비교형량하지 않은 채 처분을 하였다면, 이는 재량권 불행사로서 그 자체로 재량권 일탈·남용에 해당된다. 20변시

56 [甲은 값싼 외국산 수입재료를 국내산 유기농 재료로 속여 상품을 제조·판매하였음을 이유로 식품위생법령에 따라 관할행정청으로부터 영업정지 3개월 처분을 받았다.] 甲에 대하여 법령상 임의적 감경사유가 있음에도, 관할행정청이 이를 전혀 고려하지 않았거나 감경사유에 해당하지 않는다고 오인하여 영업정지 3개월 처분을 한 경우에는 재량권을 일탈·남용한 위법한 처분이 된다. 17지방7

57 행정청이 제재처분 양정을 하면서 처분 상대방에게 법령에서 정한 임의적 감경사유가 있는 경우, 그 감경 사유까지 고려하고도 감경하지 않은 채 개별처분기준에서 정한 상한으로 처분을 한 경우에는 재량권을 일탈·남용하였다고 단정할 수 없다. 〔율〕 22소방

58 재량권의 일탈·남용여부에 대한 심사는 사실오인, 비례·평등원칙 위배, 당해 행위의 목적 위반이나 동기의 부정 유무 등을 그 판단대상으로 한다. 14국회8

59 사실의 존부에 대한 판단에는 재량권이 인정될 수 없으므로 사실을 오인하여 재량권을 행사한 경우에 그 처분은 위법하다. 16교행9

60 「도로법」에 따라 도로관리청이 도로점용허가를 하면서 특별사용의 필요가 없는 부분을 점용장소 및 점용면적에 포함하는 것은 그 재량권 행사의 기초가 되는 사실인정에 잘못이 있는 경우에 해당하므로 그 도로점용허가 중 특별사용의 필요가 없는 부분은 위법하다. 〔율〕 23국가7

61 (구별) 장래에 발생할 불확실한 상황과 파급효과에 대한 예측이 필요한 요건에 대하여 행정청의 당초 예측이나 평가와 일부 다른 내용의 감정의견이 제시되었다는 사정만으로는 행정청의 판단이 위법하다고 단정할 수 없다. 〔율〕 미기출
　➕ 예측이 필요한 요건에 관한 행정청의 재량적 판단은 특별한 사정이 없는 한 폭넓게 존중되어야 하기 때문이다. (2020두36007)

62 협의의 비례원칙인 상당성의 원칙은 재량권행사의 적법성의 기준에 해당한다. 13국가9

63 제재적 행정처분이 사회통념상 재량권의 범위를 일탈하였거나 남용하였는지 여부는 처분사유로 된 위반 행위의 내용과 당해 처분행위에 의하여 달성하려는 공익목적 및 이에 따르는 제반 사정 등을 객관적으로 심리하여 공익침해의 정도와 그 처분으로 인하여 개인이 입게 될 불이익을 비교·교량하여 판단하여야 한다. 12(하)지방9

64 평등의 원칙은 행정작용에 있어서 특별히 합리적인 차별사유가 없는 한 국민을 공평하게 처우하여야 한다는 원칙으로 재량권행사의 한계 원리로서 중요한 의미를 갖는다. 10지방9

65 행정기본법은 재량이 있는 제재처분을 할 때의 고려사항을 규정하고 있는데, 이에 따르면 위반행위의 결과와 횟수 뿐 아니라, 그 동기와 목적도 고려요소이다. 〔율〕 미기출

66 공정한 업무처리에 대한 사의로 두고 간 돈 30만 원이 든 봉투를 소지함으로써 피동적으로 금품을 수수하였다가 돌려 준 20여 년 근속의 경찰공무원에 대한 해임처분(은 재량의 일탈 또는 남용에 해당한다) 20국회9

---

52 재량권의 일탈이란 재량권의 내적 한계를 벗어난 것을 말하고, 재량권의 남용이란 재량권의 외적 한계를 벗어난 것을 말한다. 15국가9

53 재량권의 불행사에는 재량권을 충분히 행사하지 아니한 경우는 포함되지 않는다. 15국가9

54 판례는 재량권의 일탈과 남용을 명확히 구분하고 있다. 15국가9

57 행정청이 제재처분 양정을 하면서 처분 상대방에게서 정한 임의적 감경사유가 있는 경우, 그 감경 사유까지 고려하고도 감경하지 않은 채 개별처분기준에서 정한 상한으로 처분을 한 경우에는 재량권을 일탈·남용하였다고 보아야 한다. 22소방

60 「도로법」에 따라 도로관리청이 도로점용허가를 하면서 특별사용의 필요가 없는 부분을 점용장소 및 점용면적에 포함시킨 경우에도 그 특별사용의 필요가 없는 부분이 위법하다고 할 수 없다. 23국가7

61 (구별) 장래에 발생할 불확실한 상황과 파급효과에 대한 예측이 필요한 요건에 대하여 행정청의 당초 예측이나 평가와 일부 다른 내용의 감정의견이 제시되었다면 행정청의 판단은 곧바로 위법한 것이 된다. 미기출

65 행정기본법은 재량이 있는 제재처분을 할 때의 고려사항을 규정하고 있는데, 이에 따르면 위반행위의 결과와 횟수는 고려요소이나 그 동기와 목적은 고려요소가 아니다. 미기출

67 교통경찰관이 법규위반자에게 **만원권** 지폐 한 장을 두 번 접어서 면허증과 함께 **달라고 한 경우**에 내려진 **해임처분은 재량권의 일탈·남용이 아니다.** 08국회8
　➕ 경찰관이 먼저 적극적으로 돈을 요구하였기 때문에, 1만원에 불과하더라도 해임은 정당하다 (재량권의 일탈·남용이 아니다).

68 교통사고를 일으켜 피해자 2인에게 각 전치 2주의 상해를 입히고 약 296,890원 상당의 손해를 입히고도 **구호조치 없이 도주**한 수사 담당 경찰관에 대한 **해임** 처분이 **재량권의 범위를 일탈·남용**한 것이라고 볼 수 **없다.**(99두6101) 11(1)경행

69 명예퇴직 합의 후 명예퇴직 예정일 사이에 **허위**로 **병가**를 받아 다른 행사에 근무하였음을 사유로 한 **징계해임처분**을 **재량권의 남용**으로 단정할 수 **없다.**(2000다60890) 13국회9

70 대학의 신규 교원 채용에 서류심사위원으로 관여하면서 소지하게 된 **인사서류를 학교 운영과 관련한 진정서의 자료로 활용**한 사립학교의 교원에 대한 해임처분은 **재량권의 일탈·남용이 아니다.** 08국회8

71 전국공무원노동조합 시지부 사무국장이 지방공무원 복무조례 개정안에 대한 의견을 표명하기 위하여 **전국공무원노동조합간부들과 함께 시장의 사택을 방문**하였고, 이에 징계권자가 시장 개인의 명예와 시청의 위신을 실추시키고 지방공무원법에서 정한 집단행위 금지의무를 위반하였다는 등의 이유로 사무국장을 **파면처분**한 것은 **재량권의 일탈·남용**에 해당되지 **않는다.** 15사복9

72 단원에게 지급될 **급량비**를 바로 지급하지 않고 **모아두었다가 지급**한 시립 무용단원에 대한 **해촉 처분은 재량권의 일탈·남용**이라고 인정되었다) 08국회8

73 학교법인의 임원이 **교비회계 자금**을 법인회계로 **부당 전출**하였고, 업무 집행에 있어서 직무를 태만히 하여 학교법인이 이를 시정하기 위한 노력을 하였으나 결과적으로 대부분의 시정 요구 사항이 이행되지 아니 하였던 점 등을 고려하면, 교육부장관의 **임원승인취소** 처분은 **재량권을 일탈·남용**한 것으로 볼 수 **없다.** 22소방

74 주유소의 관리인이 **부정휘발유를 구입 판매**한 것을 이유로 한 위험물취급소 **설치허가취소**처분(은 **재량의 일탈·남용**에 해당한다) 09지방7

75 약사의 **의약품 개봉판매행위**는 약사법에서 금지되어 있는데, 이를 위반한 약사에 대하여 구 약사법령에 근거한 15일 **영업정지에 갈음하는 과징금** 855만원을 부과한 처분은 **재량권의 일탈·남용이 아니다.** 08국회8

76 청소년유해매체물로 결정·고시된 만화인 사실을 **모르고** 있던 도서대여업자가 그 고시일로부터 8일 후에 청소년에게 그 만화를 대여한 것을 사유로 그 도서대여업자에게 금 **700만원의 과징금**이 부과된 경우, 그 과징금 부과처분은 **재량권을 일탈·남용**한 것으로서 위법하다고 판시하였다. 21소방

77 태국에서 수입하는 냉동새우에 **유해화학물질**인 말라카이트그린이 들어 있음에도 수입신고서에 말라카이트그린이 사용된 사실을 **기재하지 않았음**을 이유로 행정청이 **영업정지 1개월**의 처분을 한 것이 **재량권을 일탈·남용**한 것이 **아니다.** 11(1)경행

78 건강보험 및 의료급여 재정의 건전성을 확보하려는 국민건강보험법의 입법 취지에 비추어 볼 때, 동법에서 정한 **비의료인 개설자에 대한 부당이득징수**는 **재량행위**에 해당하고, **개별적 사정을 고려함이 없이** 지급된 요양급여비용 **전액**을 징수하는 것은 비례의 원칙에 위배되어 **재량권을 일탈·남용**한 것이다. 미기출

79 수입 녹용 중 일정성분이 **기준치를 0.5% 초과**하였다는 이유로 수입 녹용 전부에 대하여 **전량폐기** 또는 반송처리를 지시한 처분은 **재량권을 일탈·남용**한 경우에 해당하지 **아니한다.** 21소방

80 **미성년자를** 출입시켰다는 이유로 2회나 영업정지에 갈음한 과징금을 부과 받은 지 **1개월** 만에 다시 만17세도 되지 아니한 고등학교 1학년 재학생까지 포함된 **미성년자들을** 연령을 확인하지 않고 출입시킨 행위에 대한 **영업허가취소처분**은 **재량권의 일탈·남용이 아니다.** 11(1)경행

81 대학교 총장이 해외근무자들의 자녀를 대상으로 한 특별전형에서 **외교관, 공무원의 자녀에 대하여만 가산점**을 부여해 합격사정을 함으로써, 실제 취득점수에 의하면 **합격할 수 있었던 응시자들에 대한 불합격처분**(은 재량의 일탈 · 남용에 해당한다) 09지방7

82 **전역지원의 시기를 상실**하였을 뿐 아니라 의무장교의 인력운영 수준이 매우 저조하여 장기활용가능 자원인 군의관을 의무복무기관 중 군에서 계속하여 활용할 필요가 있다는 등의 이유로 해당 **군의관을 전역대상자에서 제외한 처분**은 재량권의 일탈 또는 남용이 아니다. 20국회9
  ㊉ 장교 등 군인의 전역허가 여부는 원칙적으로 자유재량에 의하여 판단할 사항이고, 인력운영 수준이 매우 저조하다는 점을 감안한 판례이다.

83 건설공사를 계속하기 위한 **매장문화재의 발굴허가신청**에 대하여, 이를 **원형** 그대로 매장되어 있는 상태를 **유지하기 위해** 문화재보호법 등 관계 법령이 정하는 바에 따라 내린 허가권자의 **불허가 조치**는 재량권의 일탈 · 남용에 해당하지 아니한다. 14지방7

84 문화재청장이 **국가지정문화재의 보호구역에 인접**한 나대지에 건물을 건축하기 위한 **국가지정문화재 현상변경신청을 허가하지 않은 경우**를 재량권의 남용으로 단정할 수 **없다**. 13국회9

85 판례는 甲교회가 지구단위계획구역으로 지정되어 있던 토지 중 일부를 매수한 후 교회 건물을 신축하는 과정에서, 乙구 소유 국지도 지하에 지하주차장 진입 통로를 건설하고 지하공간에 건축되는 **예배당시설 부지의 일부로 사용할 목적**으로 乙 구청장에게 위 도로 지하 부분에 대한 도로점용허가를 신청하였고, 乙 구청장이 위도로 중 일부 도로 지하 부분을 갑 교회가 점용할 수 있도록 하는 내용의 **도로점용허가처분**을 하자, 甲 교회가 위 도로 지하 부분을 포함한 신축 교회 건물 지하에 예배당 등의 시설을 설치한 사안에서, 위 **도로점용허가는 비례 · 형평의 원칙을 위반**한 것이다.(2018두104) 미기출
  ㊉ 도로 지하 부분이 교회 건물의 일부로 사실상 영구적 · 전속적으로 사용되게 되어 도로 주변의 상황변화에 탄력적 · 능동적으로 대처할 수 없게 된다는 등의 사정이 고려된 판결이다.

86 자동차운송사업 **신규면허처분이 기존업자의** 사업구역을 축소한 결과가 되어 경제적 **손실을 가져온다** 하더라도 그것이 행정구역변경에 따른 **사업구역 조정이라는 공익상의 필요**에 따른 것이라면 신규면허처분에 재량권남용 등의 위법이 없다. 11국회8

87 판단여지를 긍정하는 학설은 **판단여지는 법률요건**에 대한 **인식**의 문제이고 **재량은 법률효과 선택**의 문제라는 점, 양자는 그 인정근거와 내용 등을 달리하는 점에서 구별하는 것이 타당하다고 한다. 17(상)국가9

88 다수설에 따르면 **불확정개념**의 해석은 법적 문제이기 때문에 일반적으로 **전면적인 사법심사**의 대상이 되고, 특정한 사실관계와 관련하여서는 **원칙적으로 일의적인 해석**(하나의 정당한 결론)만이 가능하다고 본다. 17(상)국가9

89 판단여지설에 의하더라도 **요건부문**에 **불확정개념**이 사용된 경우에 **모두** 행정청의 **판단여지가 인정되는 것은 아니다**. 10국회9
  ㊉ 재량과 판단여지를 구별하는 판단여지설에 따르더라도 요건에 불확정개념이 사용되는 모든 경우에 판단여지를 인정하는 것은 아니다. 요건에 불확정개념이 사용된 경우 일의적 해석과 전면적 심사가 어려운 특수한 경우에만 예외적으로 판단여지가 인정된다고 한다.

90 **법규정의 일체성**에 의해 요건 판단과 효과 선택의 문제를 구별하기 어렵다고 보는 견해는 **재량과 판단여지의 구분을** 부정한다. 18국가7
  ㊉ 재량과 판단여지를 구분하는 견해의 핵심은 재량의 효과선택의 문제이고, 판단여지는 요건인식의 문제라 양자는 질적으로 구별된다는 것이다. 반면, 이러한 구분을 부정하는 견해는 법규정 자체의 일체성으로 인해 어디부터가 효과선택이고, 어디까지가 요건인식인지 구분 자체가 어렵다고 한다.

91 판례는 **재량권과 판단여지를 구분**하지 **않고**, 판단여지가 인정되는 경우에도 재량권이 인정되는 것으로 본다. 24소방

92 공무원 임용을 위한 면접전형에서 **임용신청자의 능력이나 적격성** 등에 관한 판단은 면접위원의 고도의 교양과 학식, 경험에 기초한 자율적 판단에 의존하는 것으로서 **면접위원의 자유재량**에 속하고, 그와 같은 판단이 현저하게 재량권을 일탈 · 남용하지 않은 한 이를 위법하다고 할 수 없다. 23지방7

93 대법원은 **교과서검정**에 대한 판단, 공무원임용을 위한 **면접** 등의 사안에서, 독일의 **판단여지이론**
기 **이 아닌** 재량권의 일탈남용 여부의 관점에서 **심사하였다**. 07국가7
   ➕ 판례는 판단여지가 아닌 재량으로 표현하며 사법심사를 하고 있다. 따라서 대법원이 독일의 판단여지이론을 인정하였다는 부분과 사법심사를 배제했다는 부분 모두 적절하지 않다.

94 교육과학기술부장관의 교과서검정에 관한 처분과 관련하여 **법원**이 **교과서의 저술내용이 교육에 적합한지**의 여부를 **심사할 수는 없고**, 교육부장관이 관계법령과 심사기준에 따라 처분을 한 것인지만 심사할 수는 있다.(86누618) 12경행

93 대법원은 **교과서검정**에 대한 판단, 공무원임용을 위한 **면접**
기 등의 사안에서 독일의 **판단여지이론을 인정**하여 사법**심사**를
   배제하고 있다. 07국가7

94 대법원은 교육과학기술부장관의 교과서검정에 관한 처분과 관련하여 법원이 **교과서의 저술내용이 교육에 적합한지**의 여부를 **심사할 수 있다**고 보았다. 12경행

테마별 N지 모음

N1 2007년 독일에서 개최된 G8정상회담 당시, 독일정부는 회담기간 중 행사장 주변지역에서의 모든 **옥외집회를 금지**하였다. 위와 같은 규율 내용의 법적 성격은? 09지방9(변형) ③
① 개별적, 구체적 규율
② 개별적, 추상적 규율
③ **일반적, 구체적 규율**
④ 일반적, 추상적 규율

N2 **일반처분**으로 볼 수 있는 것은? 08(하)지방9 ②
기 ① 운전면허
   ② **주차금지구역의 지정**
   ③ 공유수면매립면허
   ④ 건축허가
해설 운전면허, 공유수면매립면허, 건축허가는 불특정 다수인을 대상으로 하는 일반처분이 아니라 특정인에 대해 이루어지는 개별처분에 해당

N3 **재량권의 한계**에 대한 설명으로 옳은 것은? 11사복9 ③
기 ① **법률**에서 **정한** 액수 **이상**의 과태료를 **부과**한 처분은 **부당**한 처분이다.
   ② 재량의 범위를 넘지는 않았지만 **평등원칙에 위반**한 처분은 **부당**한 처분이다.
   ③ 재량권을 수권한 법률상의 **목적을 위반**한 처분은 **위법**한 처분이다.
   ④ 고려해야 할 **구체적 사정을 고려**하지 **않고 재량권을 행사**한 처분은 **부당**한 처분이다.
해설 ① 법률에서 정한 액수 이상의 과태료를 부과한 처분은 위법한 처분이다.
   ② 재량의 범위를 넘지는 않았지만 평등원칙에 위반한 처분은 위법한 처분이다.
   ④ 고려해야 할 구체적 사정을 고려하지 않고 재량권을 행사한 처분은 재량의 불행사에 해당하여 위법한 처분이다.

THEME 17 명령적 행정행위 – 하명·허가·면제

○ 지문 | × 지문

01 의의 및 성격 비교 | 요플 p.059 |

01 의무해제라는 점에서 허가와 면제는 같으나 **허가는 부작위의무의 해제**인 데 반하여 **면제는 작위, 급부 및 수인의무의 해제**라는 점에서 다르다. 13국회8

02 하명 | 요플 p.059 |

02 **하명**은 **법령의 근거를 요**하므로 법령이 정한 요건이 갖추어 졌을 때에 행할 수 있다. 08지방9

03 국유재산의 **무단점유**에 대한 **변상금 징수**의 요건은 「국유재산법」에 명백히 규정되어 있으므로 변상금을 징수할 것인가는 처분청의 재량을 허용하지 않는 **기속행위**이다. 22지방9

04 **하명**은 대부분 개별적·구체적 규율로서 행하여지나 **일반처분으로도** 행하여진다. 08(상)지방9

05 **하명**의 대상은 불법광고물의 철거와 같은 **사실행위**와 영업금지와 같은 **법률행위를 모두** 대상으로 한다. 17국가7

05 **하명**의 대상은 불법광고물의 철거와 같은 **사실행위에 한정**된다. 17국가7

06 명령적 행정행위의 수명자가 **하명**에 의하여 과하여진 의무를 **이행하지 않는 경우**에는 행정상 **강제집행**에 의하여 그 의무이행이 강제되거나 또는 **행정상 제재**가 부과된다. 07국가9

07 **하명**에 **위반**한 법률행위의 **효과**가 무효로 되는 것은 **아니**다. 오히려 하명을 위반한 사법상 행위의(예컨대 무허가 영업행위) 효력은 **유효**임이 **원칙**이다. 08(상)지방9

07 **하명**에 **위반**한 법률행위의 **효과**는 **무효**이다. 08(상)지방9

03 허가와 예외적 승인 | 요플 p.059 |

08 **예외적 승인**은 사회적으로 **유해한 행위**를 대상으로 하고, **허가**는 **위험방지**를 대상으로 한다. 13국회8

08 **예외적 승인**은 **위험방지**를 대상으로 하고 **허가**는 사회적으로 **유해한 행위**를 대상으로 한다. 13국회8

09 전통적인 의미에서 **허가**는 원래 개인이 누리는 **자연적 자유**를 공익적 차원(공공의 안녕과질서유지)에서 **금지해 두었다가** 일정한 **요건을 갖춘 경우** 그러한 공공에 대한 위험이 없다고 판단되는 경우 그 금지를 풀어줌으로써 자연적자유를 회복시켜주는 행위이다. 21군무원9

10 **허가**란 법령에 의해 금지된 행위를 **일정한 요건을 갖춘 경우**에 그 **금지를 해제**하여 적법하게 행위할 수 있게 해준다는 의미에서 **상대적 금지**와 관련되는 경우이다. 21군무원9

11 (**예외적 승인**은) 일반적·추상적 법률의 적용에 있어서 **비정형적 사태**에 대한 효과적 **규율**을 가능케 한다. 10국가7

12 **허가**는 예방적 금지의 해제, **예외적 승인**은 **억제적 금지**의 해제에 관한 것이다. 08(하)지방9

13 **예외적 승인**은 억제적 금지를 해제해 주는 것이어서 허가와 달리 개인의 **법적 지위를 확대시켜** 주는데 의미가 있다. 08(하)지방9

13 **예외적 승인**은 **상대적으로 금지된** 자유를 회복시켜 주는 것이어서 허가의 경우보다 개인의 **법적 지위를 확대시켜 주는** 의미가 **약하다**. 08(하)지방9

14 일반적으로 **허가**는 기속행위의 성질을 가지는데 반하여, **예외적 승인**은 재량행위의 성질을 가진다. 08(하)지방9

15 학교환경위생정화구역의 금지행위해제는 예외적 승인이다. 18서울9

15 학교환경위생정화구역의 금지행위해제(는 **인가**이다) 18서울9

16 구 「사행행위등규제법」에 의한 **허가**의 경우 허가신청이 **적극적 요건**에 해당하는지 여부를 판단하는 것은 **재량행위**라 할 수 있겠으나 **허가제한사유**에 해당되는 경우에는 **적극적 요건**에 해당하는지 여부를 **판단할 필요**는 **없다**. 23소방

17 **사행행위허가**에 대해 **갱신허가신청**이 있으면 갱신허가 당시의 해당 법령과 관련법령 규정상의 허가요건이 맞는지, 저촉되는 점이 없는지 여부와 **공익 등**을 고려하여 갱신허가 여부를 **결정해야** 한다. 10국회8(변형)

04 허가 | 요플 p.060 |

18 (행정법상 허가와 관련하여) 실정법상으로는 허가 이외에 면허, 인가, 승인 등의 용어가 사용되고 있기 때문에 그것이 학문상 개념인 허가에 해당하는지 검토할 필요가 있다. 　21군무원9(변형)

19 강학상 허가와 특허는 의사표시를 요소로 한다는 점에서 공통점이 있다. 그러나 허가는 신청을 전제로 하지 않는 경우도 있으나, 특허는 반드시 신청을 전제로 한다는 점에 차이점이 있다(법규특허는 제외). 　17(상)국가9

19 강학상 허가와 특허는 의사표시를 요소로 한다는 점과 반드시 신청을 전제로 한다는 점에서 공통점이 있다. 　17(상)국가9

20 허가의 요건은 법령으로 규정되어야 하며, 법령의 근거 없이 행정권이 독자적으로 허가요건을 추가하는 것은 허용되지 아니한다. 　15(2)경행

21 법적인 근거가 없음에도 불구하고 경찰관청이 집단민원의 발생 등을 이유로 신청인에 대하여 인근 주민의 동의서 제출을 요구한 경우라면, 신청인이 주민의 동의서를 제출하지 않았다는 사유로 허가를 거부할 수는 없다. 　10지방7

21 법적인 근거가 없음에도 불구하고 경찰관청이 집단민원의 발생 등을 이유로 신청인에 대하여 인근 주민의 동의서 제출을 요구한 경우, 신청인이 주민의 동의서를 제출하지 않은 때에는 허가를 거부할 수 있다. 　10지방7

22 주류판매업면허는 강학상의 허가로 해석되므로 주세법에 열거된 면허제한사유에 해당하지 아니하는 한 면허관청으로서는 임의로 그 면허를 거부할 수 없다. 　14지방9

23 일반음식점영업허가는 강학상 허가이다. 따라서 관계법령이 정하는 제한사유 이외에 공익적 요소를 감안하여 그 허가를 거부할 수 없는 기속행위에 해당한다. 　14국회8

23 일반음식점영업허가는 관계법령이 정하는 제한사유 이외에 공익적 요소를 감안하여 그 허가를 거부할 수 있는 재량행위로 볼 것이다. 　14국회8

24 산림형질변경은 허가에 해당한다. 다만, 법령상의 금지 또는 제한지역에 해당하지 않더라도 중대한 공익상의 필요가 있으면 그 허가를 거부할 수 있다. 　10국회9

24 산림형질변경(은 특허에 해당한다) 　10국회9

25 산림형질변경허가시 법령상의 금지 또는 제한지역에 해당하지 않더라도 국토 및 자연의 유지와 상수원 수질과 같은 환경의 보전 등을 위한 중대한 공익상의 필요가 있을 경우 그 허가를 거부할 수 있다. 　12지방9

26 환경의 보전 등 중대한 공익상 필요가 있다고 인정된다면 명문의 근거가 없더라도 산림훼손기간 연장허가를 거부할 수 있다. 　19서울9

26 환경의 보전 등 중대한 공익상 필요가 있다고 인정되더라도 법규에 명문의 근거가 없다면 산림훼손기간 연장허가를 거부할 수 없다. 　19서울9

27 유기장 영업허가는 일반적 금지를 해제하는 행위이다. 　19소방

27 유기장 영업허가는 유기장영업권을 설정하는 설권행위이다. 　19소방

28 허가의 효과는 당해 허가행정청의 관할구역 내에서만 미치는 것이 원칙이지만 법령의 규정이 있거나 허가의 성질상 관할구역에 국한시킬 것이 아닌 경우에는 관할구역 외까지 그 효과가 미치게 된다. 　07국회8

29 허가는 근거법상의 금지를 해제하는 효과만 있을 뿐, 타법에 의한 금지까지 해제하는 효과가 있는 것은 아니다. 　11국가9

30 甲이 공무원인 경우라도, 「식품위생법」상의 영업허가는 「식품위생법」상의 금지만을 해제할 뿐, 「국가공무원법」상의 영리업무금지까지 해제하여 주는 것은 아니다. 　19지방9
　╋ 허가는 그 근거법령상의 금지를 해제하는 것이지 타 법령상 금지까지 해제하는 것이 아니기 때문

30 甲은 강학상 허가에 해당하는 「식품위생법」상 영업허가를 신청하였다. 甲이 공무원인 경우 허가를 받으면 이는 「식품위생법」상의 금지를 해제할 뿐만 아니라 「국가공무원법」상의 영리업무금지까지 해제하여 주는 효과가 있다. 　19지방9

31 도로법과 건축법에서 각 규정하고 있는 건축허가는 그 허가권자의 허가를 받도록 한 목적, 허가의 기준, 허가 후의 감독에 있어서 같지 아니하므로 접도구역으로 지정된 지역 안에 있는 건물에 관하여 도로법에 의하여 도로관리청인 도지사로부터 개축허가를 받았다고 하더라도 건축법에 의하여 시장 또는 군수의 허가를 다시 받아야 한다. 　12국회9

31 도로법과 건축법에서 각 규정하고 있는 건축허가는 그 허가권자의 허가를 받도록 한 목적, 허가의 기준, 허가 후의 감독에 있어서 동일하므로 도로법에 의하여 도로관리청인 도 지사로부터 개축허가를 받았다면 건축법에 의하여 시장 또는 군수의 허가를 다시 받을 필요는 없다. 　12국회9

32 허가를 받지 않고 행한 영업행위는 행정상 강제집행이나 처벌의 대상은 되지만, 행위 자체의 법률적 효력은 영향을 받지 않는 것이 원칙이다. 　11국가9

33 행정청의 허가가 있어야 함에도 불구하고 허가를 받지 아니하여 처벌대상의 행위를 한 경우라도, 허가를 담당하는 공무원이 허가를 요하지 아니하는 것으로 잘못 알려 주어 이를 믿었기 때문에 허가를 받지 아니한 것이라면 허가를 받지 않더라도 죄가 되지 않는 것으로 착오를 일으킨 데 대하여 정당한 이유가 있는 경우에 해당하여 처벌할 수 없다. 　11국회9

34 허가를 받은 후에 할 수 있는 행위를 허가를 받지 아니하고 행하면 일반적으로 행정상 강제집행 또는 행정벌이 가해지며 경우에 따라서는 무효가 되기도 한다. 　13국회8

테마별 N지 모음

N1 강학상 예외적 승인에 해당하지 않는 것은? 15국가9 ②
① 치료목적의 마약류사용허가
② 재단법인의 정관변경허가
③ 개발제한구역 내의 용도변경허가
④ 사행행위 영업허가

[해설] ① 재단법인 정관변경허가는 예외적 승인이 아니라 강학상 인가이다.

N2 다음 (가)그룹과 (나)그룹에 대한 설명으로 옳지 않은 것은? (다툼이 있는 경우 판례에 의함) 12국가9 ③

> (가) 주거지역 내의 건축허가
>   상가지역 내의 유흥주점업 허가
> (나) 개발제한구역 내의 건축허가
>   학교환경위생정화구역 내의 유흥주점업 허가

	(가)그룹	(나)그룹
①	예방적 금지의 해제	억제적 금지의 해제
②	허가	예외적 승인
③	법률행위적 행정행위	준법률행위적 행정행위
④	기속행위	재량행위

[해설] ③ (가)는 허가, (나)는 예외적 승인. 허가와 예외적 승인 모두 법률행위적 행정행위에 속함

THEME 18 인·허가 의제제도

○ 지문 **× 지문**

01 개요 | 요플 p.061 |

01 "인허가의제"란 하나의 인허가를 받으면 법률로 정하는 바에 따라 그와 관련된 여러 인허가를 받은 것으로 보는 것을 말한다. 24소간

02 인·허가 의제는 의제되는 행위에 대하여 본래적으로 권한을 갖는 행정기관의 권한행사를 단순히 보충하는 것이 아니라, 행정권한 자체의 변경을 가져오는 것이므로 법령의 근거가 있어야 인정된다. (을) 14지방9

02 인·허가 의제는 의제되는 행위에 대하여 본래적으로 권한을 갖는 행정기관의 권한행사를 보충하는 것이므로 법령의 근거가 없는 경우에도 인정된다. 14지방9

03 「건축법」에서 인허가의제 제도를 둔 취지는, 인허가 의제사항과 관련하여 건축허가의 관할 행정청으로 창구를 단일화하고 절차를 간소화하며 비용과 시간을 절감함으로써 국민의 권익을 보호하려는 것이다. 19서울7

04 「건축법」에서 관련 인·허가 의제 제도를 둔 취지는 인·허가 의제사항 관련 법률에 따른 각각의 인·허가 요건에 관한 일체의 심사를 배제하려는 것이 아니다. 21국가9
   ⊕ 의제되는 인허가의 절차적 요건은 배제되지만(절차집중○), 실체적 요건은 배제되지 않는다(실체집중×).

02 절차 | 요플 p.062 |

05 관련 인허가의제 제도는 사업시행자의 이익을 위하여 만들어진 것이므로, 사업시행자가 반드시 관련 인허가의제 처리를 신청할 의무가 있는 것은 아니다. 24소간

06 (중소기업창업 지원법에 따르면 A시장이 공장설립계획을 승인하면 하천법에 따른 하천점용허가가 의제된다) 甲이 하천점용허가를 의제받으려면 위 공장설립계획 승인을 신청할 때 하천점용허가에 필요한 서류를 함께 제출하여야 한다. 다만, 불가피한 사유로 함께 제출할 수 없는 경우에는 A시장이 별도로 정하는 기한까지 제출할 수 있다.(→즉, 주된 인허가 신청 시 관련 인허가 서류도 함께 제출함이 원칙임에도 별도 제출이 원칙이라는 부분이 틀렸고, 예외적으로 별도 제출이 가능한 경우더라도 이는 관련 인허가 행정청인 하천점용허가청이 아니라 주된 인허가 행정청인 A시장이 정한다는 점에서도 틀렸다) 율 24변시

(07~09) 甲은 자신의 토지에 건축을 하기 위하여 건축허가(주된 허가)를 신청하려고 담당 공무원에게 문의한 결과, 건축허가뿐만 아니라 개발행위허가(의제된 허가)도 받아야 함을 알게 되었다. 24국회8

07 건축허가 행정청은 건축허가를 하기 전에 개발행위허가에 관하여 미리 개발행위허가 행정청과 협의하여야 한다.

08 개발행위허가 행정청은 건축허가 행정청으로부터 협의를 요청받으면, 법률에 인허가의제 시에도 관련 인허가에 필요한 심의·의견 청취 등 절차를 거친다는 명시적인 규정이 있는 경우 그 절차에 걸리는 기간을 제외하고, 그 요청을 받은 날부터 20일 이내에 의견을 제출하여야 한다.

09 개발행위허가 행정청이 건축허가 행정청으로부터 협의를 요청받고도 법령에서 정한 기간 내에 협의 여부에 관하여 의견을 제출하지 아니하면 협의가 된 것으로 본다. 율

10 인·허가 의제에 관계기관의 장과 협의가 요구되는 경우, 주된 인·허가를 하기 전에 의제되는 모든 인·허가 사항에 관하여 관계기관의 장과 사전협의를 거쳐야 하는 것은 아니다. 율 16지방7
  ➕ 협의가 완료된 일부 인허가만 의제되는 부분인허가 제도가 존재. 이 때 의제되지 않은 인허가는 추후협의로 순차 의제되거나 별도의 독립적 인허가 대상이 됨

11 (중소기업창업 지원법에 따르면 A시장이 공장설립계획을 승인하면 하천법에 따른 하천점용허가가 의제된다) 하천점용허가가 의제되면 하천점용허가청은 하천점용허가를 직접 한 것으로 보아 관계 법령에 따른 관리·감독 등 필요한 조치를 하여야 한다. 24변시

03 요건 | 요플 p.063 |

12 행정청이 「주택법」상 주택건설사업계획을 승인하면 「국토의 계획 및 이용에 관한 법률」상의 도시·군관리계획결정이 이루어진 것으로 의제되는데, 이 경우 도시·군관리계획 결정권자와의 협의절차와 별도로 「국토의 계획 및 이용에 관한 법률」에서 정한 도시·군관리계획 입안을 위한 주민 의견청취 절차를 거칠 필요는 없다. 22지방7
  ➕ 주택법상 주택건설사업계획승인 시, 국토계획법상 도시관리계획이 의제되는 상황. 절차가 집중되므로 국토계획법상의 도시관리계획 절차는 거치지 않아도 됨

13 [건축법에는 건축허가를 받으면 「국토의 계획 및 이용에 관한 법률」에 의한 토지의 형질변경허가도 받은 것으로 보는 조항이 있다. 이 조항의 적용을 받는 甲이 토지의 형질을 변경하여 건축물을 건축하고자 건축허가신청을 하였다.] 甲은 건축허가절차 외 형질변경허가절차를 별도로 거치지 않아도 된다. 주된 인허가인 건축허가절차로 절차가 집중되기 때문이다. 율 15국가9

14 도시계획시설인 주차장에 대한 건축허가신청을 받은 행정청으로서는 「건축법」상 허가 요건뿐 아니라 그에 의해 의제되는 국토의 계획 및 이용에 관한 법령이 정한 도시계획시설사업에 관한 실시계획인가 요건도 충족하는 경우에 한하여 이를 허가해야 한다. 22지방7
  ➕ 실체적 요건은 집중되지 않으므로 주된 인허가인 건축법상의 건축허가요건 뿐 아니라, 의제되는 인허가인 국토계획법상의 도시계획시설사업 실시계획인가요건도 충족해야 한다.

15 건축물의 건축이 「국토의 계획 및 이용에 관한 법률」상 개발행위에 해당할 경우 그 건축의 허가권자는 국토계획법령의 개발행위허가기준을 확인하여야 하므로, 국토계획법상 건축물의 건축에 관한 개발행위허가가 의제되는 건축허가신청이 국토계획법령이 정한 개발행위허가기준에 부합하지 아니하면 허가권자로서는 이를 거부할 수 있다. 21국가9

---

06 (중소기업창업 지원법에 따르면 A시장이 공장설립계획을 승인하면 하천법에 따른 하천점용허가가 의제된다) 甲이 하천점용허가를 의제받으려면 위 공장설립계획 승인을 신청할 때 하천점용허가에 필요한 서류를 하천점용허가청이 별도로 정하는 기한까지 제출하여야 한다. 24변시

(07~09) 甲은 자신의 토지에 건축을 하기 위하여 건축허가(주된 허가)를 신청하려고 담당 공무원에게 문의한 결과, 건축허가뿐만 아니라 개발행위허가(의제된 허가)도 받아야 함을 알게 되었다. 24국회8

09 개발행위허가 행정청이 건축허가 행정청으로부터 협의를 요청받고도 법령에서 정한 기간 내에 협의 여부에 관하여 의견을 제출하지 아니하면 건축허가 행정청은 재협의를 요청하여야 한다.

10 인·허가 의제에 관계기관의 장과 협의가 요구되는 경우, 주된 인·허가를 하기 전에 의제되는 모든 인·허가 사항에 관하여 관계기관의 장과 사전협의를 거쳐야 한다. 16지방7

13 [건축법에는 건축허가를 받으면 「국토의 계획 및 이용에 관한 법률」에 의한 토지의 형질변경허가도 받은 것으로 보는 조항이 있다. 이 조항의 적용을 받는 甲이 토지의 형질을 변경하여 건축물을 건축하고자 건축허가신청을 하였다.] 甲은 건축허가절차 외에 형질변경허가절차를 별도로 거쳐야 한다. 15국가9

16 공유수면점용허가를 필요로 하는 채광계획인가신청에 대하여, 공유수면관리청이 **공유수면점용을 허용하지 않기로 결정**한 경우, 채광계획인가관청은 이를 사유로 **채광계획인가신청을 반려할 수 있다.** 16국회8
   ➕ 실체집중은 인정되지 않으므로, 의제되는 인허가의 요건도 별도로 갖춰야 하는데, 사안의 경우 의제되는 인허가인 공유수면점용허가의 요건을 갖추지 못했기 때문이다.

17 **의제되는 인·허가가 재량**행위인 경우에는 **주된 인·허가**가 기속행위인 경우에도 인·허가가 의제되는 한도 내에서 **재량행위로 보아야** 한다. 20국가7

18 인허가의제 시 실제적 요건은 집중되지 않는다. 따라서 **개정 행정절차법**에서는 주된 인허가 행정청이 **관련 인허가 처분 기준을 통합**하여 **공표**하도록 **규정**해 관련 인허가 요건까지 모두 갖춰야 하는 국민의 편의를 도모하고 있다. 미기출

16 공유수면점용허가를 필요로 하는 채광계획인가신청에 대하여, 공유수면관리청이 **공유수면점용을 허용하지 않기로 결정**한 경우, 채광계획인가관청은 이를 사유로 **채광계획인가신청을 반려할 수 없다.** 16국회8

18 인허가의제 시 실체적 요건은 집중되지 않으므로 주된 인허가 행정청이 **관련 인허가 처분기준을 통합**하여 **공표할 수는 없다.** 미기출

04 효과 | 요론 p.063 |

19 (중소기업창업 지원법에 따르면 A시장이 공장설립계획을 승인하면 하천법에 따른 하천점용허가가 의제된다) A시장과 하천점용허가청 간에 협의가 된 사항에 대해서는 **주된 인허가를 받았을 때** 하천점용허가를 **받은 것으로** 본다. 24변시

20 중소기업창업법에서 정한 20일의 **처리기간이 지나** 사업계획승인처분이 이루어진 것으로 **의제되더라도**, 사업시행자는 동 승인처분으로부터 의제되는 관련 인허가까지 받은 지위를 갖게 되는 것은 아니므로, 별도로 관련 **인허가를 신청하여 발급받는 절차를 거칠 필요가 있다.** 미기출
   ➕ 처리기간 도과로 주된 인허가가 의제되었다고 하여, 연쇄적으로 주된 인허가의 관련 인허가까지 의제되는 것은 아니라는 취지

21 주된 인·허가에 의해 **의제되는 인·허가**는 원칙적으로 주된 인허가로 인한 사업을 시행하는 데 **필요한 범위 내에서만** 그 효력이 유지되는 것이므로, 주된 인·허가로 인한 **사업이 완료된 이후에는 효력을 잃는다.** 16지방7

22 주된 인·허가에 관한 사항을 규정하고 있는 법률에서 주된 인·허가가 있으면 다른 법률에 의한 인·허가를 받은 것으로 의제한다는 규정을 둔 경우, 주된 인·허가가 있으면 **다른 법률에 의하여 인·허가를 받았음을 전제로 하는** 그 다른 법률의 모든 규정들까지 적용되는 것은 **아니다.** 18국가7

19 (중소기업창업 지원법에 따르면 A시장이 공장설립계획을 승인하면 하천법에 따른 하천점용허가가 의제된다) A시장과 하천점용허가청 간에 협의가 된 사항에 대해서는 **협의 성립시점에** 하천점용허가를 **받은 것으로** 의제된다. 24변시

20 중소기업창업법에서 정한 20일의 **처리기간이 지나** 사업계획승인처분이 이루어진 것으로 **의제되는 경우**, 사업시행자는 동 승인처분으로부터 의제되는 **관련 인허가까지 받은 지위를 갖게 되므로**, 별도로 **관련 인허가를 신청하여 발급받는 절차를 거칠 필요가 없다.** 미기출

21 주된 인·허가에 의해 **의제되는 인·허가**는 원칙적으로 주된 인·허가로 인한 사업을 시행하는 데 **필요한 범위 내에서만 그 효력이 유지되는 것은 아니므로**, 주된 인·허가로 인한 **사업이 완료된 이후에도 효력이 있다.** 16지방7

05 불복의 대상 | 요론 p.064 |

23 A허가에 대해 B허가가 의제되는 것으로 규정된 경우, A불허가처분을 하면서 **B불허가사유를 들고 있다고 하여** A불허가처분 외에 별개로 **B불허가처분이 존재**하는 것이 **아니다.** 18국가7

24 주된 인·허가거부처분을 하면서 **의제되는 인·허가거부사유를 제시**한 경우, 의제되는 인·허가거부사유를 다투려는 자는 **주된 인·허가거부처분에 관한 쟁송**에서 의제되는 인·허가거부사유에 관하여 다툴 수 있는 것**이지**, 그 주된 인·허가거부처분에 관한 쟁송과는 별개로 **의제되는 인·허가거부처분에 관한 쟁송**을 제기하여 이를 다투어야 하는 것은 **아니다.** 16지방7

(25~27) 건축법에는 **건축허가를 받으면** 「국토의 계획 및 이용에 관한 법률」에 의한 토지의 **형질변경허가도** 받은 것으로 보는 조항이 있다. 이 조항의 적용을 받는 甲이 토지의 형질을 변경하여 건축물을 건축하고자 건축허가신청을 하였다. 15국가9

25 건축불허가처분을 하면서 건축불허가 사유 외에 형질변경불허가 사유를 들고 있는 경우, 그 **건축불허가처분만 존재**할 뿐, 그 외에 별개로 **형질변경불허가처분이 존재하는 것은 아니다.**

26 건축불허가처분을 하면서 건축불허가 사유 외에 형질변경불허가 사유를 들고 있는 경우, 甲은 **건축불허가 처분취소청구소송에서 형질변경불허가 사유**에 대하여도 **다툴 수** 있다.

23 A허가에 대해 B허가가 의제되는 것으로 규정된 경우, A불허가처분을 하면서 **B불허가사유를 들고 있으면** A불허가처분과 별개로 **B불허가처분도 존재**한다. 18국가7

24 주된 인·허가거부처분을 하면서 **의제되는 인·허가거부사유를 제시**한 경우, 의제되는 인·허가거부를 다투려는 자는 주된 인·허가거부 외에 별도로 **의제되는 인·허가거부에 대한 쟁송**을 제기**해야** 한다. 16지방7

(25~27) 건축법에는 **건축허가를 받으면** 「국토의 계획 및 이용에 관한 법률」에 의한 토지의 **형질변경허가도** 받은 것으로 보는 조항이 있다. 이 조항의 적용을 받는 甲이 토지의 형질을 변경하여 건축물을 건축하고자 건축허가신청을 하였다. 15국가9

25 건축불허가처분을 하면서 건축불허가 사유 외에 형질변경불허가 사유를 들고 있는 경우, 그 **건축불허가처분 외에 별개로 형질변경불허가처분이 존재**한다.

27 甲이 건축불허가처분에 관한 쟁송과는 별개로 형질변경불허가처분취소소송을 제기하지 아니하였어도 **형질변경불허가** 사유에 관하여 **불가쟁력이 생기지 아니한다**. 〔을〕
  ⊕ 형질변경불허가처분 자체가 별도로 존재하지 않는다. 따라서 이에 대한 소송을 제기할 수도 없고, 처분도 아닌 것에 불가쟁력이 생길 수도 없다. (99두10988)

28 (「소방시설 설치 및 관리에 관한 법률」은 "건축허가 등의 권한이 있는 행정기관은 건축허가 등을 할 때 미리 그 건축물 등의 소재지를 관할하는 소방서장의 동의를 받아야 한다."고 규정하고 있다. 甲은 건물 신축을 위해 A시 시장 乙에게 「건축법」상 건축허가신청을 하였으나, 乙은 A시 소방서장 丙의 동의 거부를 이유로 건축불허가처분을 하였다.) **乙이 건축불허가처분을 하면서** 건축불허가 사유뿐만 아니라 **丙의 건축부동의 사유를 들고 있다고** 하여 그 건축불허가처분 외에 별개로 건축부동의처분이 존재하는 것이 아니므로, 甲은 **건축불허가처분에 관한 쟁송에서** 건축법상의 건축불허가 사유뿐만 아니라 丙의 **건축부동의 사유**에 관하여**도 다툴 수 있다**. 〔을〕 24국회8

29 (주택법상 주택건설사업계획의 승인이 있으면, 국토의 계획 및 이용에 관한 법률에 따른 도시·군관리계획 결정 등이 의제된다) **의제되는** 국토계획법상 도시·군관리계획의 **결정에 하자가** 있더라도, 그로써 해당 인허가 의제의 효과가 발생하지 않을 여지가 있게'될 뿐이고, 그러한 사정이 **주택건설사업계획 승인처분** 자체의 **위법사유**가 될 수는 **없다**. 〔을〕 23변시

30 주택건설사업계획 승인처분에 따라 **의제된 인·허가가 위법함을 다투고자 하는** 이해관계인은, **의제된 인·허가의 취소를 구해야지** 주택건설사업계획 승인의 취소를 구해서는 아니된다. **의제된 인·허가는** 주택건설사업계획 승인처분과 **별도로 항고소송의 대상이 되는 처분에 해당하기** 때문이다. 〔을〕 21국가9

31 공유수면매립면허처분 이후에 매립실시계획이 승인되면, 공유수면법에 의해 다른 법률상의 인가·허가가 의제될 수 있는데, 이 경우 **의제된 인가·허가는 통상적인 인가·허가와 동일한 효력**을 가진다. 21변시

32 어떠한 허가처분에 대하여 타법상의 인·허가가 의제된 경우, **의제된 인·허가는 통상적인 인·허가와 동일한 효력을 가지므로** '부분 인·허가 의제'가 허용되는 경우에는 **의제된 인·허가에 대한 쟁송취소**가 허용**된다**. 〔을〕 20국가9

(33~34) A군수는 甲에게 「중소기업창업 지원법」 관련규정에 따라 **농지의 전용허가 등이 의제**되는 **사업계획을 승인**하는 처분을 하였다. (다툼이 있는 경우 판례에 의함) 20변시

33 사업계획의 승인을 받은 甲이 농지의 전용허가와 관련한 명령을 불이행하는 경우, 甲에 대해 사업계획에 대한 승인의 효력은 유지하면서 **의제된 농지의 전용허가만을 철회할 수 있다**.
  ⊕ 의제된 인허가에 하자가 있을 경우, 주된 인허가가 아닌 의제된 인허가만을 쟁송취소의 대상으로 삼듯이, 의제된 인허가에 취소·철회사유가 있을 경우 의제된 인허가만 직권취소·철회할 수 있다.

34 甲에 대해 농지의 **전용허가가 취소**되었고 이를 이유로 **사업계획승인처분이 취소**된 경우에도, 甲은 사업계획승인의 취소를 다툼과 **별도로 농지의 전용허가의 취소를 다툴 수 있다**. 농지전용허가의 취소와 사업계획 승인의 취소는 서로 대상과 범위를 달리하기 때문이다. 〔을〕

---

27 甲이 건축불허가처분에 관한 쟁송과는 별개로 형질변경불허가처분취소소송을 제기하지 아니한 경우 **형질변경불허가** 사유에 관하여 **불가쟁력이 발생**한다.

28 (「소방시설 설치 및 관리에 관한 법률」은 "건축허가 등의 권한이 있는 행정기관은 건축허가 등을 할 때 미리 그 건축물 등의 소재지를 관할하는 소방서장의 동의를 받아야 한다."고 규정하고 있다. 甲은 건물 신축을 위해 A시 시장 乙에게 「건축법」상 건축허가신청을 하였으나, 乙은 A시 소방서장 丙의 동의 거부를 이유로 건축불허가처분을 하였다.) **乙이 건축불허가처분을 하면서** 건축불허가 사유뿐만 아니라 **丙의 건축부동의 사유를 들고 있는 경우**, 甲은 **건축불허가처분에 관한 쟁송에서** 丙의 **건축부동의 사유**에 관하여**는 다툴 수 없다**. 24국회8

29 (주택법상 주택건설사업계획의 승인이 있으면, 국토의 계획 및 이용에 관한 법률에 따른 도시·군관리계획 결정 등이 의제된다) **의제되는** 국토계획법상 도시·군관리계획의 **결정에 하자가** 있다면, **주택건설사업계획 승인처분** 자체가 **위법**하게 **된다**. 23변시

30 주택건설사업계획 승인처분에 따라 **의제된 인·허가가 위법함을 다투고자 하는** 이해관계인은, **주택건설사업계획 승인처분의 취소를 구해야지** 의제된 인·허가의 취소를 구해서는 아니되며, **의제된 인·허가**는 주택건설사업계획 승인처분과 **별도로 항고소송의 대상이 되는 처분에 해당하지 않는다**. 21국가9

32 어떠한 허가처분에 대하여 타법상의 인·허가가 의제된 경우, **의제된 인·허가는 통상적인 인·허가와 동일한 효력**을 갖는 것은 **아니므로** '부분 인·허가 의제'가 허용되는 경우에도 **의제된 인·허가에 대한 쟁송취소**는 허용되지 **않는다**. 20국가9

(33~34) A군수는 甲에게 「중소기업창업 지원법」 관련규정에 따라 **농지의 전용허가 등이 의제**되는 **사업계획을 승인**하는 처분을 하였다. (다툼이 있는 경우 판례에 의함) 20변시

34 甲에 대해 **농지의 전용허가가 취소**되었고 이를 이유로 **사업계획승인처분이 취소**된 경우, 甲은 사업계획승인의 취소를 다투어야 하며 **따로 농지의 전용허가의 취소를 다툴 수는 없다**.

테마별 N지 모음

N1 다음 중 **집중효**에 대한 설명으로 옳지 않은 것은?
09지방9+18(1)서울7(변형) ③

> ㄱ. **계획확정이** 일반법규에 규정되어 있는 **승인** 또는 **허가** 등을 **대체**시키는 효과를 말한다.
> ㄴ. 행정기관의 **권한에 변경**을 가져온다.
> ㄷ. 법률에서 **명시적 규정이 없는 경우에도** 인정된다.
> ㄹ. **절차의 간소화**를 통하여 **사업자의 부담해소** 및 절차촉진에 기여한다.
> ㅁ. 판례에 따르면 행정계획의 구속효는 계획마다 상이하나 집중효에 있어서는 **절차집중과 실체집중 모두 인정**된다.

① ㄱ, ㄴ   ② ㄷ, ㄹ   ③ ㄷ, ㅁ   ④ ㄹ, ㅁ

[해설] ㄷ. 집중효는 행정기관의 권한변경을 가져오므로 법률에서 **명시적 규정이 있어야** 인정된다.
ㅁ. 행정계획의 구속효는 계획마다 상이하다(구속적 계획, 비구속적 계획). 한편, 집중효에 있어서는 **절차집중만이 인정**되고, 실체집중은 인정되지 않는다.

N2 다음은 건축법 제11조의 일부이다. 이 법의 적용에 대한 설명으로 가장 옳은 것은? (다툼이 있는 경우 판례에 따름)
16서울9 ②

> 제11조(건축허가) ① 건축물을 건축하거나 대수선하려는 자는 특별자치시장·특별자치도지사 또는 시장·군수·구청장의 허가를 받아야 한다. (이하 생략)
> ② 내지 ④ (생략)
> ⑤ 제1항에 따른 **건축허가를 받으면** 다음 **각 호의 허가 등을 받거나 신고를 한 것으로 보며**, 공장건축물의 경우에는 「산업집적활성화 및 공장설립에 관한 법률」 제13조의2와 제14조에 따라 관련 법률의 인·허가등이나 허가등을 받은 것으로 본다.
>   1. 내지 6. (생략)
>   7. 농지법 제34조, 제35조 및 제43조에 따른 **농지전용허가·신고** 및 협의
>   8. 내지 21. (생략)
> ⑥ 허가권자는 제5항 각 호의 어느 하나에 해당하는 사항이 다른 행정기관의 권한에 속하면 그 행정기관의 장과 **미리 협의하여야** 하며, (이하 생략)
> ⑦ 내지 ⑩ (생략)

① 서울시장은 건축허가를 하는 경우 **농지법상 농지전용허가**에 대한 절차도 **준수하여야** 한다.
② 서울시장은 농림축산식품부장관이 제6항의 규정에 의한 **협의에서 농지전용허가를 하지 않기로 결정**한 경우 **건축허가를 할 수 없다**.
③ 서울시장이 농지전용허가 요건 불비를 이유로 **건축불허가를 한 때에는 농지전용허가 거부처분**에 대한 **취소소송**을 제기하여야 한다.
④ 판례는 주무행정기관에 신청되거나 의제되는 인·허가 요건의 판단방식에 관하여 **실체집중설**을 취하고 있다.

[해설] ① 서울시장은 건축허가를 하는 경우 **농지법상 농지전용허가**에 대한 **절차를 준수할 필요는 없다**. 의제되는 인허가의 절차는 거치지 않아도 되는 절차집중이 인정되기 때문이다.
② 관계기관과의 사전 "협의"를 동의로 본다는 취지에서 출제된 지문이다. 대법원 판례는 찾기 어려우나 하급심에는 이러한 취지의 판례도 있다.
③ 서울시장이 농지전용허가 요건 불비를 이유로 **건축불허가를 한** 때에는 **건축허가 거부처분**에 대한 **취소소송**을 제기하여야 한다.
　➕ 의제되는 인허가인 농지전용허가에 대한 거부처분은 존재하지도 않기 때문에 그에 대한 취소소송을 제기할 수는 없다. 주된 인허가인 건축허가에 대한 거부처분이 존재하기 때문에 이에 대한 취소소송을 제기하여야 한다. 단, 이 소송에서 서울시장이 들고있는 농지전용불허가 사유가 잘못된 것이라고 그 사유에 대해 다툴 수 있다.
④ 판례는 주무행정기관에 신청되거나 의제되는 인·허가 요건의 판단방식에 관하여 절차적 요건이 집중된다는 **절차집중설**을 취하고 있다. 반면, 실체적 요건은 집중되지 않는다고 한다.

THEME 19 형성적 행위 - 특허·대리·인가

○ 지문

01 의의 및 성격 | 요플 p.066 |

01 특정인을 위해 **권리·능력 또는 포괄적 법률관계** 기타 법상의 힘을 **설정·변경·소멸**시키는 행정행위를 **특허**라 하며, 이러한 특허에는 여객자동차운수사업법에 의한 **개인택시면허**를 들 수 있다. 12경행

02 **공법상 대리**는 본인의 의사에 의한 대리행위가 아니라, **법률의 규정에 의한 법정대리**만을 의미한다. 07국가9

03 **행려병자의 유류품처분**은 공법상 대리이므로 **법률행위적 행정행위**이다. 14사복9

02 특허 | 요플 p.066 |

04 **허가**는 원칙적으로 **기속**행위, **특허**는 원칙적으로 **재량**행위로 본다. 15국회8

05 여객자동차운수사업법에 의한 **개인택시운송사업면허**는 특정인에게 권리나 이익을 부여하는 행정청의 **재량**행위이며, 동법(同法) 및 그 시행규칙의 범위 내에서 면허를 위하여 필요한 **기준을 정하는 것** 역시 행정청의 재량에 속한다. 14지방9

06 서울특별시가 정한 **개인택시운송사업면허지침**은 재량권행사의 기준으로 설정된 행정청의 내부의 **사무처리준칙**(즉, **행정규칙**)에 불과하다. 12국가9

07 행정청이 개인택시운송사업의 면허를 발급함에 있어 '개인택시운송사업면허 사무처리지침'에 따라 **택시운전경력자**를 일정부분 **우대**하는 처분을 한 경우, 택시의 운전경력을 다소 우대하는 것이 객관적으로 합리적이 아니라거나 타당하지 않다고 볼 수 없어 **재량권을 일탈·남용**한 처분에 해당되는 것은 **아니다**. 15사복9

08 해당 지역에서 일정기간 거주하여야 한다는 요건 이외에 해당 **지역 운수업체에서** 일정기간 **근무한 경력**이 있는 경우에만 개인**택시운송사업면허신청자격**을 **부여**한다는 개인택시운송사업면허업무규정은 **합리적인 제한**이다. 12국회9

09 행정청이 개인택시운송사업면허발급 여부를 심사함에 있어서 **이미 설정된 면허기준의 해석상** 당해 신청이 면허발급의 **우선순위**에 해당함이 **명백함에도** 면허**거부처분**을 하였다면 특별한 사정이 없는 한 그 거부처분은 **위법**한 처분이 된다. 24지방9

10 구 여객자동차운수사업법령상 **마을버스운송사업면허의 허용여부** 및 마을버스 한정면허시 확정되는 마을버스 노선을 정함에 있어서 **기존 일반노선버스의 노선과의 중복 허용 정도**에 대한 판단은 행정청의 **재량**에 속한다. 17(하)지방9

11 공유재산의 관리청이 행하는 **행정재산의 사용·수익에 대한 허가**는 순전히 사경제주체로서 행하는 **사법상의 행위가 아니라** 관리청이 공권력을 가진 우월적 지위에서 행하는 행정처분으로서 특정인에게 행정재산을 사용할 수 있는 권리를 설정하여 주는 강학상 **특허에 해당**한다. 20국가7

12 **도로점용허가**는 **특허**행위로서 상대방의 신청 또는 동의를 요하는 쌍방적 행정행위이며, 권리를 설정하여 주는 행위로서 **재량**행위이다. 23국8

13 **하천점용허가**는 **권리를 설정**하여 주는 강학상 특허에 해당하므로 관계 법령에서 정한 **요건을 갖추었더라도** 허가여부는 **재량**에 속한다. 18지방9

14 **공유수면점용허가**는 특정인에게 공유수면이용권이라는 독점적 **권리를 설정**하여 주는 처분으로서 그 처분의 여부 및 내용의 결정은 원칙적으로 행정청의 **재량**에 속한다. 15서울7

15 **공유수면매립면허**는 설권행위인 **특허**의 성질을 갖는 것이므로 원칙적으로 행정청의 자유**재량**에 속한다. 13지방7

× 지문

02 **공법상 대리**는 법률의 규정에 의한 법정대리가 아니라, 본인의 **의사에 따른** 대리행위이다. 07국가9

03 **행려병자의 유류품처분**(은 준법률행위적 행정행위이다) 14사복9

04 **허가**는 원칙적으로 **재량**행위, **특허**는 원칙적으로 **기속**행위로 본다. 15국회8

06 서울특별시가 정한 **개인택시운송사업면허지침**은 재량권행사의 기준으로 설정된 행정청의 **법규명령**에 해당한다. 12국가9

07 행정청이 개인택시운송사업의 면허를 발급함에 있어 '개인택시운송사업면허 사무처리지침'에 따라 **택시 운전경력자**를 일정부분 **우대**하는 처분을 한 경우, 택시 이외의 운전경력자에게 반사적인 불이익이 초래되는 결과가 되므로 그러한 내용의 지침에 따른 처분은 **재량권을 일탈·남용**한 처분에 해당된다. 15사복9

11 공유재산의 관리청이 행하는 **행정재산의 사용·수익에 대한 허가**는 순전히 사경제주체로서 행하는 **사법상의 법률행위**이다. 20국가7

13 **하천점용허가**는 성질상 일반적 **금지의 해제**에 불과하여 허가의 일정한 **요건을 갖춘 경우 기속적**으로 판단하여야 한다. 18지방9

16 관할 행정청은 甲에게 **공유수면매립면허**를 함에 있어서 **부관을 붙일 수 있다.** 09지방9
ⓒ ➕ 공유수면매립면허는 재량행위에 해당하므로 별도의 근거가 없어도 부관을 붙일 수 있다.

17 관세법 소정의 **보세구역 설영특허**는 공기업의 특허로서 그 특허의 **부여 여부**는 행정청의 자유**재량**에 속하고, 설영특허에 특허기간이 부가된 경우 그 기간의 **갱신여부**도 행정청의 자유**재량**에 속한다. 15사복9

18 **전기 · 가스** 등의 공급사업이나 **철도 · 버스**등의 운송사업에 대한 허가는 강학상의 **특허**로 보는 것이 일반적이다. 13지방7

19 **공무원임명**(은 **특허**에 해당한다) 20소방
소

20 「출입국관리법」상 **체류자격 변경허가**는 **설권적 처분**의 성격을 가지므로, 허가권자는 허가 여부를 결정할 수 있는 **재량**을 가진다. 19소방
Ⓐ

21 **귀화허가**는 외국인에게 대한민국 국적을 부여함으로써 국민으로서의 **법적지위를 포괄적으로 설정**하는 행위에 해당하므로 법무부장관은 귀화신청인이 국적법 소정의 귀화요건을 모두 갖춘 경우에도 **관계법령에서 정하는 제한사유 외에 공익상의 이유로** 귀화허가를 **거부할 수 있다.** 17(하)국가9
Ⓐ ➕ 귀화허가는 특허로서 재량행위이므로 법령상 제한사유 외의 이유로 거부가능

22 귀화신청인이 국적법에서 정한 **귀화요건을 갖추지 못한 경우**에는, 법무부장관은 귀화 허부에 관한 **재량권을 행사할 여지 없이** 귀화 불허처분을 하여야 한다.(2016두31616) 미기출
➕ 재량행위에 해당하더라도 법령상 요건조차 갖추지 못하였으면 재량권을 행사할 여지도 없이 거부하여야 한다.

23 **난민 인정**에 관한 신청을 받은 행정청은 원칙적으로 법령이 정한 난민 요건에 해당하는지를 심사하여 난민 인정 여부를 결정할 수 있을 뿐이고, **법령**이 정한 난민 **요건**과 무관한 **다른 사유**만을 들어 난민 인정을 **거부할 수는 없다.** 24국가9
ⓒ

---

21 **귀화허가**는 외국인에게 대한민국 국적을 부여함으로써 국민으로서의 **법적 지위를 포괄적으로 설정**하는 행위에 해당하므로 법무부장관은 귀화신청인이 국적법 소정의 귀화요건을 모두 갖춘 경우에는 **관계법령에서 정하는 제한사유 외에 공익상의 이유로** 귀화허가를 **거부할 수 없다.** 17(하)국가9
Ⓐ

22 귀화신청인이 국적법에서 정한 **귀화요건을 갖추지 못한 경우**에도, 법무부장관은 귀화 허부에 관한 **재량권을 행사할** 귀화 **허부에 대해 판단하여야** 한다. 미기출

---

03 대리 | 요론 p.066 |

04 인가 | 요론 p.067 |

24 **인가**는 당사자의 **법률적 행위**를 보충하여 그 법률적 **효력을 완성**시키는 행정주체의 보충적 의사표시로서의 **법률행위적 행정행위**이다. 21국가7
기

25 **인가의 대상**이 되는 법률행위는 **계약에 한하는 것이 아니라**, 합동행위일 수도 있다. 07국가9

26 **인가**는 타인의 **법률행위의 효력발생요건**이다. 17소간
기

27 **공유수면매립면허**의 공동명의자 사이의 면허로 인한 **권리의무양도약정**은 면허관청의 **인가를 받지 않은 이상** 법률상 아무런 **효력**도 발생할 수 **없다.** 20국가9
Ⓑ

28 **학교법인이 기본재산에 대해 용도변경이나 의무부담을 내용으로 하는 계약을 체결한 경우**, 관할청의 **허가를 받지 않는** 한 **효력이 없다.** 미기출
ⓒ ➕ 학교법인의 기본재산에 대한 용도변경 등에 대한 허가는 강학상 인가. 무인가 행위는 취소가 아니라 무효

29 학교법인의 기본재산에 대한 용도변경이나 의무부담에 관한 계약은 계약 체결 전 **사전허가를 받지 않았더라도**, 계약 체결 후 **허가를 받으면 유효**하게 될 수 **있다.** 미기출

30 학교법인의 기본재산에 대한 용도변경이나 의무부담에 관한 계약에 대하여 당사자가 **허가신청을 하지 않을 의사를 명백**히 표시한 경우, 해당 계약은 **확정적 무효**가 된다. 미기출

31 **토지거래계약허가**는 규제지역 내 토지거래의 자유를 일반적으로 금지하고 일정한 요건을 갖춘 경우에만 그 금지를 해제하여 **계약체결의 자유를 회복**시켜주는 성질의 **것으로 볼 수 없고** 허가 전의 유동적 무효 상태에 있는 법률행위의 효력을 완성시켜 주는 **인가적 성질**을 띤 **것이다.** 18교행9
Ⓑ ➕ 강학상 허가가 아니라 인가라는 의미

---

25 **인가의 대상**이 되는 법률행위는 **계약에 한**한다. 07국가9

28 학교법인이 기본재산에 대해 용도변경이나 의무부담을 내용으로 하는 계약을 체결한 경우, 관할청의 **허가를 받지 않는** 한 **취소대상**이 된다. 미기출
ⓒ

29 학교법인의 기본재산에 대한 용도변경이나 의무부담에 관한 계약은 계약 체결 전 **사전허가를 받지 않는** 한, 계약 체결 후에야 허가를 받더라도 유효가 될 수 없다. 미기출

30 학교법인의 기본재산에 대한 용도변경이나 의무부담에 관한 계약에 대하여 당사자가 **허가신청을 하지 않을 의사를 명백**히 표시한 경우, 해당 계약은 **유동적 무효**상태에 놓이게 된다. 미기출

31 **토지거래계약허가**는 규제지역 내 토지거래의 자유를 일반적으로 금지하고 일정한 요건을 갖춘 경우에만 그 금지를 해제하여 **계약체결의 자유를 회복**시켜주는 성질의 것이다. 18교행9

32 특허기업의 사업양도허가는 인가에 해당한다. 10국회9
   즉, 특허기업에 대한 특허 자체는 강학상 특허이나, 그 사업의 양도에 대한 허가는 강학상 인가이다.

33 행정청의 사립학교법인 임원취임승인행위는 학교법인의 임원선임행위의 법률상 효력을 완성하게 하는 보충적 법률행위로서 강학상 인가에 해당한다. 22국회8

34 재단법인의 임원 취임이 재단법인의 정관에 근거한다 할지라도 이에 대해 주무관청이 당연히 인가하여야 하는 것은 아니며 인가여부를 재량으로 결정할 수 있다. 19서울7

35 「민법」상 재단법인의 정관변경에 대한 주무관청의 허가는 법률상 표현이 허가로 되어 있기는 하나, 그 성질은 법률행위의 효력을 보충해 주는 것이지 일반적 금지를 해제하는 것은 아니다. 20지방9

36 사회복지법인의 정관변경허가(는 인가)이다 18서울9

37 사회복지법인의 정관변경을 허가할 것인지의 여부는 주무관청의 정책적 판단에 따른 재량에 맡겨져 있다고 할 것이고, 주무관청이 정관변경허가를 함에 있어서는 비례의 원칙 및 평등의 원칙에 적합하고 행정처분의 본질적 효력을 해하지 않는 한도 내에서 부관을 붙일 수 있다. 20국8

38 「자동차관리법」상 자동차관리사업자로 구성하는 사업자단체인 조합 또는 협회의 설립인가처분은 자동차관리사업자들의 단체결성행위를 보충하여 효력을 완성시키는 처분에 해당한다. 23지방9

39 자동차관리사업자로 구성하는 사업자단체 설립인가는 인가권자가 가지는 지도·감독 권한의 범위 등과 아울러 설립인가에 관하여 구체적인 기준이 정하여져 있지 않은 점 등에 비추어 재량행위로 보아야 한다. 24국가9

40 인가의 전제가 되는 기본행위에 하자가 있는 경우, 행정청의 적법한 인가가 있더라도 그 하자는 치유되지 않는다. 14서울9

40 인가의 전제가 되는 기본행위에 하자가 있다고 하더라도 행정청의 적법한 인가가 있으면 그 하자는 치유가 된다. 14서울9

41 기본행위에 취소원인이 있다면, 인가가 있은 후에도 기본행위를 취소할 수 있고, 기본행위가 취소되면 인가도 실효된다. 07국가9
   기본행위에 하자가 있는 경우 인가가 있어도 하자가 치유되는 것은 아니기에 여전히 기본행위를 취소할 수 있다.

41 기본행위에 취소원인이 있더라도 인가가 있은 후에는 기본행위를 취소할 수 없다. 07국가9

42 기본행위인 재단법인의 정관변경 결의에 하자가 있다면, 그에 대한 인가가 있더라도 기본행위인 정관변경결의는 유효한 것으로 되지 않는다. 21국가7

42 재단법인의 정관변경 결의에 하자가 있더라도, 그에 대한 인가가 있었다면 기본행위인 정관변경결의는 유효한 것으로 된다. 21국가7

43 학교법인의 임원선임행위가 불성립 또는 무효인 경우에는 비록 그에 대한 감독청의 취임승인이 있었다 하여도 이로써 무효인 그 선임행위가 유효한 것으로 될 수는 없다. 17소간

43 학교법인의 임원선임행위가 불성립 또는 무효인 경우에 감독청의 취임승인이 있었다면 그 선임행위는 유효하다. 17소간

44 기본행위가 성립하지 않거나 무효인 경우에 인가가 있어도 당해 인가는 무효가 된다. 15국가9

45 유효한 기본행위를 대상으로 인가가 행해진 후에 기본행위가 취소되거나 실효된 경우에는 인가도 실효된다. 15국가9

46 (구)외자도입법에 따른 기술도입계약에 대한 인가는 기본행위인 기술도입계약을 보충하여 그 법률상 효력을 완성시키는 보충적 행정행위에 지나지 아니하므로 기본행위인 기술도입계약의 해지로 소멸되었다면 위 인가처분은 무효선언이나 그 취소처분이 없어도 당연히 실효된다. 20군무원9

46 (구)외자도입법에 따른 기술도입계약에 대한 인가는 기본행위인 기술도입계약을 보충하여 그 법률상 효력을 완성시키는 보충적 행정행위에 지나지 아니하므로 기본행위인 기술도입계약의 해지로 인하여 소멸되었다면 위 인가처분은 처분청의 직권취소에 의하여 소멸한다. 20군무원9

47 「사립학교법」 제20조 제2항에 의한 학교법인의 임원에 대한 감독청의 취임승인은 학교법인의 임원선임행위를 보충하여 그 법률상의 효력을 완성하게 하는 보충적 행정행위로서 성질상 기본행위를 떠나 승인처분 그 자체만으로는 법률상 아무런 효과도 발생할 수 없다. 18국회8

48 기본행위가 무효이면 사립학교법인 임원의 선임에 대한 승인행위는 무효가 된다. 19소방

49 인가처분에 하자가 없다면 기본행위의 하자를 이유로 행정청의 인가처분의 취소 또는 무효확인을 구할 법률상 이익은 인정되지 않는다. 17국가7

49 인가처분에 하자가 없더라도 기본행위의 하자를 이유로 행정청의 인가처분의 취소 또는 무효확인을 구할 법률상 이익이 인정된다. 17국가7

50 기본행위는 적법하고 인가 자체에만 하자가 있다면 그 인가의 무효나 취소를 주장할 수 있다. 17(하)국가9

51 재단법인의 정관변경 결의가 적법 유효하고 보충행위인 **인가처분 자체에만 하자**가 있다면 그 **인가**
Ⓑ 처분의 무효나 취소를 주장할 수 있다. 21국가7

52 기본행위인 이사선임결의가 적법·유효하고 보충행위인 **승인처분 자체에만 하자**가 있다면 그 **승인**
Ⓑ 처분의 무효확인이나 그 취소를 주장할 수 있다. 19서울9

테마별 N지 모음

N1 사립학교법은 학교법인의 임원은 정관이 정하는 바에 의하여 학교법인의 이사회에서 선임하고, 관할청의 승인을 얻어 취임하는 것으로 규정하고 있다. A 사립 학교법인은 **이사회를 소집하지 않은 채** B를 **임원으로 선임**하여 취임승인을 요청하였고, 이에 대하여 **관할청은 취임**을 승인하였다. 이에 대한 설명으로 옳은 것은? (다툼이 있는 경우 판례에 의함) 16국가9 ②

① 관할청의 **임원 취임승인**으로 선임절차상의 **하자**는 **치유**되고 B는 **임원**으로서의 **지위**를 **취득**한다.
② **임원 선임절차상의 하자**를 이유로 관할청의 **취임승인처분에 대한 취소**를 구하는 소송은 **허용되지 않**는다.
③ A 학교법인의 **임원선임행위**에 대해서는 **선임처분취소소송**을 제기하여 그 **효력**을 **다툴 수 있다**.
④ 관할청의 **임원취임승인**은 B에 대해 학교법인의 임원으로서의 포괄적 지위를 설정하여 주는 **특허**에 해당한다.

[해설] ① 관할청의 **임원 취임승인**으로 선임절차상의 **하자**는 **치유되는 것이 아니므로** B는 **임원**으로서의 **지위**를 **취득하지 못**한다.
③ A 학교법인의 임원선임행위는 처분이 아닌 사법상의 행위에 불과하다. 따라서 A학교법인의 **임원선임행위**에 대해서는 항고소송인 **선임처분취소소송이 아닌**, 민사소송인 **선임행위무효확인소송**으로 효력을 다투어야 한다.
④ 관할청의 **임원취임승인**은 A 학교법인의 임원선임행위를 보충해주는 **인가**에 해당한다.

THEME 20 정비사업 – 재개발·재건축 등 쟁점 모음

○ 지문 　　　　　　　　　　　　　　　× 지문

01 기본기 | 요플 p.069 |

02 실전풀이 | 요플 p.069 |

03 빈출 쟁점 | 요플 p.070 |

01 조합설립**추진위원회 구성승인**처분은 조합의 설립을 위한 주체인 추진위원회의 구성행위를 보충
Ⓑ 하여 그 효력을 부여하는 처분으로 **인가**에 해당한다. 17서울7

02 구 「도시 및 주거환경정비법」상 조합설립추진위원회 구성승인처분을 다투는 소송계속 중에 **조합**
Ⓐ **설립인가처분이 이루어졌**다면 조합설립**추진위원회 구성승인처분의 취소**를 구할 법률상 **이익은 없다**. 18지방9

03 「도시 및 주거환경정비법」상 주택재건축**정비사업조합**은 **공법인**으로서 목적 범위 내에서 법령이
Ⓢ 정하는 바에 따라 일정한 행정작용을 행하는 **행정주체**의 지위를 갖는다. 17사복9

04 **재개발조합**(은 **행정주체**로서 그 성격은) **공공조합**(이나) 18국회8

05 행정청이 관련법령에 근거하여 행하는 **조합설립인가처분**은 그 설립행위에 대한 **보충행위**로서의
Ⓢ 성질에 그치지 **않고** 법령상 요건을 갖출 경우 「도시 및 주거환경정비법」상 주택재건축사업을 시행할 수 있는 권한을 갖는 **행정주체(공법인)**로서의 **지위**를 **부여**하는 일종의 **설권적 처분**의 성격을 갖는다. 17(상)지방9

06 「도시 및 주거환경정비법」에 근거한 **조합설립인가**처분은 행정주체로서의 지위를 부여하는 **설권**
Ⓐ **적 처분**이고, **조합설립결의**는 조합설립인가처분의 요건이므로, **조합설립결의에 하자**가 있다면 그 하자를 이유로 직접 **항고소송**의 방법으로 **조합설립인가처분의 취소 또는 무효확인**을 구하여야 한다. 23국가9

07 「도시 및 주거환경정비법」상 조합설립인가처분에서 **조합설립결의에 하자**가 있는 경우, **조합설립결의 부분**만을 따로 떼어내어 그 효력 유무를 다투는 **확인의 소**를 제기하는 것은 원고의 권리 또는 법률상의 지위에 현존하는 불안·위험을 제거하는 데 가장 유효·적절한 수단이라 할 수 없어 특별한 사정이 없는 한 확인의 이익은 인정되지 **아니**한다. 14지방9

08 「도시 및 주거환경정비법」에 기초하여 주택재건축정비사업조합이수립한 **사업시행계획은 인가·고시**를 통해 확정되면 이해관계인에 대한 직접적인 **구속력이 있는** 행정계획으로서 **독립된 행정처분**에 해당하게 **된다**. 20국가9

08 「도시 및 주거환경정비법」에 기초하여 주택재건축정비사업조합이수립한 **사업시행계획은 인가·고시**를 통해 확정되어도 이해관계인에 대한 직접적인 **구속력이 없는** 행정계획으로서 **독립된 행정처분**에 해당하지 **아니**한다. 20국가9

09 「도시 및 주거환경정비법」에 따른 주택 재건축정비사업조합이 행정주체의 지위에서 수립하는 **관리처분계획은 구속적 행정계획**으로서 주택재건축정비사업조합이 행하는 **독립된 행정처분**에 해당한다. 23군무원9

10 도시환경정비사업조합이 수립한 **사업시행계획을 인가**하는 행정청의 행위는 사업시행계획에 대한 법률상의 효력을 완성시키는 **보충행위**에 해당한다. 16국회8

11 **사업시행계획이 무효**인 경우 그에 대한 **인가처분**이 있다고 **하더라도** 사업시행계획이 **유효**한 것으로 될 수 **없다**. 23소방

12 「도시 및 주거환경정비법」상의 주택재건축정비사업조합이 수립한 **관리처분계획안**에 대한 **조합총회결의는 공법**관계이다. 17(하)국가7
  ➕ 사업시행계획안이나 관리처분계획안에 대한 조합총회결의는 행정처분에 이르는 절차적 요건에 해당하여 공법관계

12 「도시 및 주거환경정비법」상의 주택재건축정비사업조합이 수립한 **관리처분계획안**에 대한 **조합총회결의(는) 사법**관계(이다.) 17(하)국가7

13 주택재건축정비사업 조합을 상대로 **사업시행계획의 인가·고시 전**에 사업시행계획 **결의의 효력**을 다투는 소송(은 **당사자소송**에 해당한다). 17세무사

14 「도시 및 주거환경정비법」상 행정주체인 주택재건축정비사업조합을 상대로 **관리처분계획안**에 대한 조합 총회**결의의 효력** 등을 다투는 소송은 **공법**상 법률관계에 관한 것이므로, 이는 행정소송법상의 **당사자소송**에 해당한다. 20지방7

14 「도시 및 주거환경정비법」상 행정주체인 주택재건축정비사업조합을 상대로 **관리처분계획안**에 대한 조합 총회**결의의 효력** 등을 다투는 소송은 **민사상 법률관계**에 관한 것이므로 **민사소송**에 해당한다. 20지방7

15 「도시 및 주거환경정비법」상의 주택재건축정비사업조합을 상대로 **관리처분계획안**에 대한 조합총회**결의의 효력**을 다투기 위해선 **당사자소송**을 제기하여야 한다. 11국가7

15 「도시 및 주거환경정비법」상의 주택재건축정비사업조합을 상대로 **관리처분계획안**에 대한 조합총회**결의의 효력**을 다투기 위해선 **항고소송**을 제기하여야 한다. 11국가7

16 주택재개발정비사업을 위한 **관리처분계획**이 조합원 총회에서 승인되었으나 아직 관할 행정청의 **인가 전**이라면 조합원은 해당 총회**결의에 대해서 당사자소송**으로 다툴 수 있다. 20국회8

17 「도시 및 주거환경정비법」상 주택재건축정비사업조합을 상대로 관리처분계획안에 대한 조합 총회**결의의 효력을 다투**는 소송은 **당사자소송**에 해당하므로, 당해 소송에서「민사집행법」상 **가처분**에 관한 규정이 준용**된다**. 22지방7
  ➕ 항고소송에는 고유의 가구제(집행정지)제도가 있으므로 민사법상의 가처분 규정이 준용되지 않지만, 당사자소송에는 고유의 가구제 제도가 없으므로 민사법상의 가처분 규정이 준용된다.

17 「도시 및 주거환경정비법」상 주택재건축정비사업조합을 상대로 관리처분계획안에 대한 조합 총회**결의의 효력을 다투**는 소송은 **당사자소송**에 해당하므로 당해 소송에서「민사집행법」상 **가처분**에 관한 규정이 준용되지 않는다. 22지방7

18 주택재개발정비사업조합이 수립한 **사업시행계획에 하자**가 있음에도 불구하고 관할 행정청이 해당 사업시행계획에 대한 **인가처분을 한 경우**, 인가처분에 고유한 하자가 없는 이상 그 사업시행계획의 하자를 다투는 것은 별론으로 하고 **사업시행계획의 무효를 내세워** 바로 그에 대한 **인가처분의 취소 또는 무효확인**을 구할 수 **없다**. 23지방9

18 주택재개발정비사업조합이 수립한 **사업시행계획에 하자**가 있음에도 불구하고 관할 행정청이 해당 사업시행계획에 대한 **인가처분을 하였다면**, 그 인가처분에는 고유한 하자가 없더라도 **사업시행계획의 무효를 주장**하면서 곧바로 그에 대한 **인가처분의 무효확인이나 취소**를 구하여야 **한다**. 23지방9

19 **관리처분계획**에 대한 관할 행정청의 **인가**·고시까지 있게 되면 관리처분계획은 행정처분으로서 효력이 발생하게 되므로, 총회결의의 하자를 이유로 하여 행정처분의 효력을 다투는 항고소송의 방법으로 **관리처분계획의 취소 또는 무효확인**을 구하여야 한다. 13국회8

19 **관리처분계획**에 대한 **인가**를 받고 난 **이후**에 관리처분계획을 다투기 위해서는 **인가처분** 자체를 **취소소송**으로 다투어야 한다. 13국회8

20 「도시 및 주거환경정비법」상 주택재건축정비사업조합을 상대로 관리처분계획안에 대한 조합 총회**결의의 효력** 등을 다투는 **소송은 관리처분계획의 인가·고시가 있은 이후에는** 허용되지 **아니**한다. 19지방7
  ➕ 인가·고시 후에는 기본행위인 관리처분계획이 독립된 행정처분이 되어 소송의 대상이 된다. 이 때부터는 관리처분계획의 절차적 요건에 불과했던 총회결의 부분을 따로 떼어 소송을 제기할 수는 없다.

20 「도시 및 주거환경정비법」상 주택재건축정비사업조합을 상대로 관리처분계획안에 대한 조합 총회결의의 효력 등을 다투는 **소송은 관리처분계획의 인가·고시가 있은 이후라도** 특별한 사정이 없는 한 **허용**되어야 한다. 19지방7

21 재건축조합이 행하는 **관리처분계획**은 일종의 **행정처분**으로서 이를 다투고자 하면 재건축**조합을 피고**로 하여 **항고소송**으로 이를 다투어야 한다. 　　　　　　　　　　　　　16국회8
- 짧은 지문 안에 인가 후 다툼 시의 소송대상(관리처분계획), 소송형태(처분에 대해 다투므로 항고소송), 피고(처분청이 조합이므로 조합)을 모두 담고 있다.

22 주택재건축**사업시행의 인가**는 상대방에게 권리나 이익을 부여하는 효과를 가진 이른바 수익적 행정처분으로서 법령에 행정처분의 요건에 관하여 일의적으로 규정되어 있지 아니한 이상 행정청의 **재량행위**에 속한다. 　　　　　　　　　　　10국가9

23 구「도시 및 주거환경정비법」상 토지소유자들이 **조합을 설립하지 아니하고 직접** 도시환경정비사업을 **시행**하고자 하는 경우에 내려진 **사업시행인가**처분은 **설권적 처분**의 성격을 가진다. 　23지방9

24 토지 등 소유자들이 도시환경정비사업을 위한 **조합을 따로 설립하지 아니하고 직접 그 사업을 시행**하고자 하는 경우, **사업시행계획인가처분**은 일종의 **설권적 처분**의 성격을 가지므로 토지 등 소유자들이 작성한 **사업시행계획**은 **독립된 행정처분이 아니다**. 　　22지방7
- 조합이 시행하는 경우 사업시행계획이 독립된 행정처분으로서 항고소송의 대상이 되나, 소유자시행의 경우 사업시행계획이 독립된 행정처분이 되지 못하고, 그에 대한 인가(특허)를 대상으로 항고소송을 하여야 한다.

25 **조합**의 **사업시행인가 신청 시**의 토지 등 **소유자의 동의요건**은 토지 등 소유자의 재산상 권리·의무에 관한 기본적이고 **본질적인 사항**이라고 **볼 수 없**으므로 **법률유보의 원칙이 반드시 지켜져야** 하는 영역이 **아니다**.(2012두7332) 　　　21소간
- 조합의 사업시행계획 작성은 조합이라는 하나의 행정주체의 자치법적 사항이기 때문이다.

26 구「도시 및 주거환경정비법」제28조 제4항 본문이 **사업시행인가 신청시**의 **동의요건**을 조합의 **정관에 포괄적으로 위임**한 것은 헌법 제75조가 정하는 **포괄위임입법금지의 원칙이 적용되지 아니**하므로 이에 **위배되지 아니**한다.(2006두14476) 　　17(하)지방9
- 조합의 사업시행계획 작성은 조합이라는 하나의 행정주체의 자치법적 사항이므로, 그 요건을 정관에 포괄위임하는 것이 가능

27 헌법재판소는 **토지 등 소유자**가 도시환경정비**사업을 시행**하는 경우, **사업시행인가 신청**시 필요한 토지 등 소유자의 **동의정족수**를 정하는 것은 국민의 권리와 의무의 형성에 관한 기본적이고 **본질적인 사항**으로 **법률유보 내지 의회유보**의 원칙이 **지켜져야** 할 영역이라고 한다. 　17(상)국가9
- 조합을 설립하지 않고 민간인인 토지등소유자가 직접시행하는 사안이기 때문이다. 이때는 사업시행인가에 대한 동의요건이 곧 민간인인 토지등소유자에게 행정주체의 지위를 부여하는 문제가 된다. 따라서 조합시행사업에서와 달리 반드시 법률에 근거가 있어야 한다.

28 헌법재판소는 구「도시 및 주거환경정비법」상 도시환경정비사업의 **사업시행인가** 신청 시의 **동의요건**을 '토지등소유자가 자치적으로 정하여 운영하는 **규약**에 정하도록 한 것'(동의요건조항)은 **법률유보원칙** 내지 **의회유보원칙**에 **위배**된다고 판단했다. 　　20소간

---

25 **조합**의 **사업시행인가 신청 시**의 토지 등 **소유자의 동의요건**은 토지 등 소유자의 재산상 권리·의무에 관한 **본질적인 사항**으로 **법률유보의 원칙이 반드시 지켜져야** 하는 영역이라는 것이 대법원의 입장이다. 　　21소간

26 대법원은 구「도시 및 주거환경정비법」제28조 제4항 본문이 **사업시행인가 신청시**의 **동의요건**을 조합의 **정관에 포괄적으로 위임**한 것은 헌법 제75조가 정하는 **포괄위임입법금지의 원칙이 적용되어** 이에 **위배**된다고 하였다. 　　17(하)지방9

---

04 그 외 쟁점 | 요플 p.073 |

29 도시 및 주거환경정비법 상 조합설립**추진위원회의 구성에 동의하지 아니한** 정비구역 내의 토지 등 **소유자**는 조합설립추진위원회 설립승인처분의 취소를 구할 **원고적격**이 있다. 　11국가7

30 일정한 정비예정구역을 전제로 **추진위원회 구성 승인처분**이 이루어진 후 정비구역이 **정비예정구역과 달리** 지정된 경우, 승인처분은 당연히 **실효**된다고 볼 수 **없**다.(2011두31284) 　미기출
- 목적 달성이 사실상 불가능하다고 인정되는 경우에 한하여 실효가 인정된다.

31 「도시 및 주거환경정비법」상 주택재개발사업조합의 **조합설립인가처분**이 법원의 재판에 의하여 **취소**된 경우 그 조합설립인가처분은 **소급**하여 **효력**을 상실한다. 　15국회8

32 「도시 및 주거환경정비법」상 주택재건축사업조합이 **새로이** 조합설립인가처분을 받은 것과 동일한 요건과 절차를 거쳐 **조합설립변경인가처분**을 받은 경우, **당초의 조합설립인가처분**이 유효한 것을 **전제로** 당해 주택재건축사업조합이 시공사 선정 등의 **후속행위**를 하였다면, 특별한 사정이 없는 한 **당초의 조합설립인가처분**의 무효확인을 구할 **소의 이익**이 있다.(2010두25107) 　22지방7
- 당초의 조합설립인가가 새로운 변경인가로 이미 소멸되어 버렸으므로 더 이상 당초의 설립인가에 대해 다툴 소익이 없는 것이 원칙일 것이다. 그러나 당초의 설립인가를 기초로 후속행위를 해 버렸다면, 여전히 당초의 설립인가에 대해 다툴 소익이 있다.

---

30 일정한 정비예정구역을 전제로 **추진위원회 구성 승인처분**이 이루어진 후 정비구역이 **정비예정구역과 달리** 지정된 경우, **승인처분은 당연히 실효**된다. 　미기출

32 「도시 및 주거환경정비법」상 주택재건축사업조합이 **새로이** 조합설립인가처분을 받은 것과 동일한 요건과 절차를 거쳐 **조합설립변경인가처분**을 받은 경우, **당초의 조합설립인가처분**이 유효한 것을 **전제로** 당해 주택재건축사업조합이 시공사 선정 등의 **후속행위를 하였다** 하더라도 특별한 사정이 없는 한 **당초의 조합설립인가처분**의 무효확인을 구할 **소의 이익**은 **없**다. 　22지방7

33 토지소유자 등의 **동의율을 충족하지 못했다**는 주택재건축정비사업조합설립인가 처분 당시의 하자는 후에 토지소유자 등의 **추가 동의서**가 제출되었다는 사정만으로 **치유될 수 없다**. 16지방9

34 정비조합 정관변경에 대한 **인가**행위는 기본행위의 **효력을 완성**시켜 주는 **보충적 행위**이다. 19소방

35 **주택재건축조합의 정관변경**에 대한 시장·군수등의 **인가**는 그 대상이 되는 **기본행위를 보충**하여 법률상 효력을 완성시키는 **행위**로서 시장·군수등이 변경된 정관을 인가하더라도 정관변경의 효력이 **총회의 의결이 있었던 때로 소급**하여 발생한다고 할 **수 없다**.(2013도11532) 22지방7
  ➕ 반면, 토지거래계약허가 역시 강학상 인가이지만, 이는 소급하여 토지거래계약을 유효로 한다.

36 재개발조합을 상대로 **조합원자격 유무에 관한 확인**을 구하는 소송(은 공법상 **당사자소송**에 해당한다) 22군무원9

37 주택재개발정비사업조합은 공법인이나, 재개발조합과 조합장 또는 조합임원 사이의 선임·해임 등을 둘러싼 법률관계는 **사법**상 법률관계로서, 그 조합장 또는 조합임원의 지위를 다투는 소송은 **민사소송**에 의하여야 할 것이다. 13지방9

38 조합이 **사업시행계획**을 재건축결의에서 결정된 내용과 **달리** 작성한 경우 이러한 하자는 **기본행위인 사업시행계획** 작성행위의 **하자**이고, 이에 대한 **보충행위인** 행정청의 인가처분이 적법요건을 갖추고 있는 이상은 그 **인가처분 자체에 하자**가 있는 것이라 할 수 **없다**. 20국회8
  ➕ 즉, 기본행위에 하자가 있을뿐 인가자체에는 하자가 없는 경우이므로, 기본행위인 사업시행계획을 대상으로 항고소송을 하여야 하고, 인가처분을 대상으로 소송을 할 수는 없다.

39 **조합원 지위를 상실한 토지 등 소유자**는 주택재개발사업에 대한 사업시행계획에 당연무효의 하자가 있는 경우, **사업시행계획의 무효확인 또는 취소**를 구할 법률상 이익이 **있다**. 23소방

40 토지 등의 소유자가 분양신청을 하였으나 **관리처분계획에서 제외**된 경우에 조합을 상대로 **당사자소송**으로 **수분양권존재확인**을 할 것이 아니라 **관리처분계획 또는 분양거부처분 등의 취소**를 구하는 **항고소송**을 하여야 한다. 12국회8

41 「도시 및 주거환경정비법」상 당초 관리처분계획의 경미한 사항을 변경하는 경우와 달리 **관리처분계획의 주요부분을 실질적으로 변경**하는 내용으로 새로운 관리처분계획을 수립하여 관할행정청의 인가를 받은 경우, **당초 관리처분계획**은 원칙적으로 그 **효력을 상실**한다. 20국회8

42 **이전고시**는 행정**처분**이므로 이전고시에 대하여 불복이 있는 경우에는 **항고소송**을 할 수 있다. 12국회8

43 이전고시의 효력발생으로 이미 대다수 조합원 등에 대하여 획일적·일률적으로 처리된 권리귀속관계를 모두 무효화하고 다시 처음부터 관리처분계획을 수립하여 이전고시절차를 거치도록 하는 것은 **정비사업의 공익적·단체법적 성격**에 배치되므로, **이전고시가 효력을 발생한 후**에는 조합원 등이 **관리처분계획의 취소 또는 무효확인**을 구할 법률상 이익이 **없다**. 13국회8

44 **이전고시의 효력이 발생한 이후**에는 조합원 등이 해당 정비사업을 위하여 이루어진 **수용재결이나 이의재결의 취소 또는 무효확인**을 구할 법률상 이익이 **없다**. 23군무원9

45 행정청은 수익적 행정처분으로서 재량행위인 주택재건축**사업시행 인가**에 대하여 법령상의 제한에 근거한 것이 아니라 하더라도 공익상 필요 등에 의하여 필요한 범위 내에서 **조건(부담)**을 부과할 수 **있다**. 18지방7

46 행정청이 **관리처분계획에 대한 인가**처분을 할 때에는 그 관리처분계획의 내용이 구 도시 및 주거환경정비법 기준에 부합하는지 여부 등을 심사·확인하여 그 인가 여부를 결정할 수 있을 뿐 기부채납과 같은 다른 **조건**을 붙일 수는 **없다**. 19소간

---

33 토지소유자 등의 **동의율을 충족하지 못했다**는 주택재건축정비사업조합설립인가처분 당시의 하자는 후에 토지소유자 등의 **추가 동의서**가 제출되었다면 **치유**된다. 16지방9

35 **주택재건축조합의 정관변경**에 대한 시장·군수등의 **인가**는 그 대상이 되는 **기본행위를 보충**하여 법률상 효력을 완성시키는 **행위**로서 시장·군수등이 변경된 정관을 인가하면 정관변경의 효력이 **총회의 의결이 있었던 때로 소급**하여 발생한다. 22지방7

37 주택재개발정비사업조합은 공법인에 해당하기 때문에, **조합과 조합장 또는 조합임원 사이의 선임, 해임** 등을 둘러싼 법률관계는 공법상 법률관계로서, 그 조합장 또는 조합임원의 지위를 다투는 소송은 공법상 **당사자소송**에 의하여야 한다. 13지방9

테마별 N지 모음

N1 X주택재개발사업조합(이하 'X조합'이라 함)은 「도시 및 주거환경정비법」에 따라 관할 A행정청으로부터 조합설립인가를 받았고 甲을 조합장으로 선임하였다. 그 후 X조합은 분양신청을 기초로 관리처분계획을 수립하여 조합총회에 부의하였고, 조합총회에서 조합원들은 관리처분계획을 원안대로 의결하였다. A행정청은 관리처분계획을 인가·고시하였다. 이에 관한 설명 중 옳지 않은 것은? (다툼이 있는 경우 판례에 의함) 22변시 ④

① X조합에 대한 조합설립인가처분이 무효인 경우에는 甲의 행위는 「도시 및 주거환경정비법」에서 정한 조합장의 행위라고 할 수 없다.
② 조합설립인가처분이 있은 후 조합설립결의의 하자를 이유로 조합설립의 효력을 부정하려면 항고소송으로 조합설립인가처분의 효력을 다투어야 한다.
③ X조합과 甲 사이의 선임·해임을 둘러싼 법률관계는 사법상의 법률관계이므로 조합장의 지위를 다투는 소송은 민사소송에 의하여야 한다.
④ 관리처분계획에 대한 인가·고시가 있은 이후 총회의결의 하자를 이유로 관리처분계획의 효력을 다투려면 당사자소송으로 총회의결의 효력 유무의 확인을 구하여야 한다.
⑤ 사업시행이 완료되고 소유권 이전에 관한 고시의 효력이 발생한 이후에는 조합원 등은 해당 재개발사업을 위하여 이루어진 수용재결이나 이의재결의 취소를 구할 법률상 이익이 없다.

해설 ④ 관리처분계획에 대한 인가·고시가 있은 이후 총회의결의 하자를 이유로 관리처분계획의 효력을 다투려면 항고소송으로 관리처분계획에 대하여 다투어야 한다.

N2 다음 사례에 대한 설명으로 옳은 것은? (다툼이 있는 경우 판례에 의함) 22지방9 ③

> 「도시 및 주거환경정비법」에 따라 설립된 A 주택재건축정비사업조합은 관할 B 구청장으로부터 ⓘ 조합설립인가를 받은 후, 조합총회에서 재건축 관련 ⓒ 관리처분계획에 대한 의결을 하였고, 관할 B구청장으로부터 위 ⓒ 관리처분계획에 대한 인가를 받았다. 이후 조합원 甲은 위 관리처분계획의 의결에는 조합원 전체의 4/5 이상의 결의가 있어야 함에도 불구하고, 이를 위반하여 위법한 것임을 이유로 ⓔ 관리처분계획의 무효를 주장하며 소송으로 다투려고 한다.

① ⓘ과 ⓒ의 인가의 강학상 법적 성격은 동일하다.
② 甲이 ⓒ에 대해 소송으로 다투려면 A 주택재건축정비사업조합을 상대로 민사소송을 제기하여야 한다.
③ 甲이 ⓔ에 대해 소송으로 다투려면 항고소송을 제기하여야 한다.
④ 甲이 ⓔ에 대해 소송으로 다투려면 B구청장을 피고로 하여야 한다.

해설 ① ⓘ은 강학상 특허, ⓒ은 강학상 인가로 법적 성격이 다르다.
② ⓒ, 즉, 관리처분계획에 대한 의결에 대해 다투려면 인가 전에는 동 의결에 대한 당사자소송을, 인가 후에는 확정된 계획에 대해 항고소송으로 다퉈야 한다. 어느 경우건 민사소송은 아니다.
④ 관리처분계획에 대한 항고소송의 피고는 해당 관리처분계획의 처분청에 해당하는 조합이 되는 것이다. 관할청(구청장)은 관리처분계획에 대한 인가처분의 처분청일뿐, 관리처분계획 자체의 처분청은 아니므로 피고가 될 수 없다.

N3 다음 대법원 판결요지 중 괄호 안에 들어갈 내용으로 옳지 않은 것은? 12국가9 ③
Ⓒ

> 구 「도시 및 주거환경정비법」(2007. 12. 21. 법률 제8785호로 개정되기 전의 것)에 따른 주택재건축정비사업조합은 관할행정청의 감독 아래 위 법상 주택재건축사업을 시행하는 공법인으로서, 그 목적범위 내에서 법령이 정하는 바에 따라 일정한 행정작용을 행하는 행정주체의 지위를 가진다 할 것인데, 재건축정비사업조합이 이러한 행정주체의 지위에서 위 법에 기초하여 수립한 사업시행계획은 인가·고시를 통해 확정되면 이해관계인에 대한 (ⓘ)으로서 독립된 행정처분에 해당하고, 이와 같은 사업시행계획안에 대한 조합총회결의는 그 행정처분에 이르는 절차적 요건 중 하나에 불과한 것으로서, 그 계획이 확정된 후에는 (ⓒ)의 방법으로 계획의 취소 또는 무효확인을 구할 수 있을 뿐, 절차적 요건에 불과한 총회결의 부분만을 대상으로 그 효력 유무를 다투는 확인의 소를 제기하는 것은 허용되지 아니하고, 한편 이러한 (ⓒ)의 대상이 되는 행정처분의 효력이나 집행 혹은 절차 속행 등의 정지를 구하는 신청은 행정소송법상 (ⓔ)의 방법으로서만 가능할 뿐 민사소송법상 가처분의 방법으로는 허용될 수 없다.

① ⓘ 구속적 행정계획
② ⓒ 항고소송
③ ⓒ 당사자소송
④ ⓔ 집행정지신청

해설 ③ 인가·고시를 통해 확정된 사업시행계획은 처분이고, 이에 대한 취소 또는 무효확인을 구하는 소송은 항고소송

THEME 21 준법률행위적 행정행위 - 확인·공증·통지·수리

○ 지문

01 의의 및 종류 | 요플 p.074 |

01 **납세의무의 확정**은 이미 발생되어 있는 조세채권을 확정하는 것이므로 그 법적 성질은 **확인행위**이다. 14지방7

02 확인 | 요플 p.074 |

02 소 「친일반민족행위자 재산의 국가귀속에 관한 특별법」에 따른 **친일재산**은 친일반민족행위자 재산조사위원회가 국가귀속결정을 하여야 비로소 국가의 소유가 되는 것이 아니라 **특별법의 시행에 따라 당연히 국가의 소유**로 된다. 율 18교행9

03 소 친일반민족행위자 재산조사위원회의 **국가귀속결정**은 친일재산을 국가의 소유로 귀속시키는 형성행위가 아니라, 당해 재산이 법률에 따라 이미 국가의 소유로 되어 있는 친일재산이라는 사실을 확인하는 이른바 **준법률행위적 행정행위**이다. 율 17사복9

04 소 친일반민족행위자재산조사위원회의 **친일재산 국가귀속결정**은 문제된 재산이 친일재산에 해당한다는 사실을 **확인**하는 **준법률행위적 행정행위**이다. 19서울7

03 통지 | 요플 p.074 |

05 토지수용에 있어서의 **사업인정의 고시**는 이미 성립한 행정행위의 효력발생요건으로서의 통지가 아니라 그 자체로 **일정한 법률효과를 발생**시키는 **준법률행위적 행정행위**의 하나인 통지에 해당한다. 율 20군무원7

× 지문

02 소 「친일반민족행위자 재산의 국가귀속에 관한 특별법」에 따른 **친일재산**은 친일반민족행위자 재산조사위원회가 **국가귀속결정을 하여야** 비로소 **국가의 소유**로 된다. 18교행9

03 소 친일반민족행위자 재산조사위원회의 **국가귀속결정**은 친일재산을 국가의 소유로 귀속시키는 **형성행위**이다. 17사복9

05 토지수용에 있어서의 **사업인정의 고시**는 이미 성립한 행정행위의 **효력발생요건으로서의 통지**에 해당한다. 20군무원7

THEME 22 사인의 공법행위 - 개관

○ 지문

01 의의 및 종류 | 요플 p.075 |

01 기 **사인의 공법행위**는 행정법 관계에서 **사인의 행위**로서 **공법적 효과**를 발생시키는 일체의 행위를 말한다. 19소간

02 사인의 공법행위는 **법적 행위**인 점에서 공법상 사실행위와 구별된다. 14국가7

03 기 (사인의 공법행위는) **사인의 행위**만으로 공법적 효과를 가져오는 것과 **국가나 지방자치단체의 행위의 전제요건**이 되는 것으로 구분할 수 있다. 14서울9

02 적용법규 | 요플 p.076 |

04 **사인의 공법행위**의 특수한 성격과 어긋나지 않는 범위에서는 「**민법**」상의 법률행위에 관한 규정이 **적용될 수** 있다. 22소간

05 사인의 공법행위를 규율하는 **총칙적인 규정이 없다**. 11국회9

06 소 적법한 사인의 공법행위가 있는 경우에 발생하는 효과는 개별법규가 정한 바에 따르며, 행정청에 가해지는 기본적인 효과는 **처리기간 내**에 특별한 사유가 없는 한 **처리하여야 할 의무가 발생**한다. 18소방

07 **의사능력**이 **없는** 사인의 공법행위는 **무효**이다. 율 11국회9

× 지문

07 **의사능력**이 **없는** 자의 행위라 하더라도 사인의 공법행위에 있어서는 **유효**하다. 11국회9

08 사인의 공법행위에는 **행위능력**에 관한 **민법**의 규정이 원칙적으로 **적용**된다. 16서울9

09 **행위무능력자(제한능력자)**에 의한 사인의 공법행위**도 유효**한 것이라고 보는 **개별법**이 있다. 10국가7(변형)

10 **사직원**의 제출 또는 그 철회에는 **대리**가 허용되지 **않**는다. 12지방7

11 (사인의 공법행위와 관련하여) **명문의 금지규정**이 있거나 **일신전속적**인 행위는 대리가 허용될 수 없으나, 그렇지 **않은 사인의 공법행위**는 **대리**에 관한 **민법**규정이 유추**적용**될 수 있다. 14국가7

12 권고사직의 형식을 취하고 있더라도 사직의 권고가 공무원의 **의사결정의 자유를 박탈**할 정도의 강박에 해당하는 경우에는 당해 **권고사직은 무효**이다. 14국가7

13 민법의 **비진의 의사표시**의 무효에 관한 규정은 그 성질상 영업재개신고나 사직의 의사표시와 같은 사인의 공법행위에는 **적용**되지 **않**는다. 15지방7

14 사직원 제출자의 **내심의 의사가 사직할 뜻이 없었더라도** 「민법」상 비진의 의사표시의 무효에 관한 규정이 적용되지 않으므로 그 사직원을 받아들인 의원면직처분을 **당연무효**라 볼 수는 **없**다. 16지방7

15 **사인의 공법행위**에는 **부관**을 붙일 수 **없**다. 10국가7
  ➕ 사인이 붙인 부관에 의하여 행정법관계의 안정성이 해쳐질 수 있기 때문

16 **사인의 공법행위**는 원칙적으로 **도달주의**에 따라 그 효력이 발생한다. 23지방9

17 **사인**이 우편으로 보조금을 **신청**한 경우, 특별한 규정이 없다면 신청서가 **도달한 때**에 신청의 효력이 발생한다. 20지방7(변형)

18 (사인의 공법행위와 관련하여) 실정법은 발신인의 이익을 위하여 **발신주의를 택하기도** 한다. 11국회9

19 **사인의 공법상 행위**는 명문으로 금지되거나 성질상 불가능한 경우가 아닌 한, **그에 의거한 행정행위**가 행하여질 **때까지는 자유로이 철회나 보정**이 **가능**하다. 14지방9

20 공무원의 **사직의 의사표시**는 상대방에게 도달한 후에도 그 효과가 발생하기 전이라면 **철회할 수 있다.** 14국가7

21 공무원에 의해 제출된 **사직원**은 그에 터잡은 의원면직처분이 있을 때까지 철회될 수 있고, 일단 **면직처분**이 있고 난 **이후에는** 자유로이 **취소** 및 **철회될 수 없다.** 23지방9

22 (甲이 관할 행정청에 **보조금을 신청**한 경우) 명문으로 금지되거나 성질상 불가능한 경우가 아닌 한, 甲은 신청에 대한 관할 행정청의 **처분이 있기 전까지** 신청의 내용을 **변경할 수** 있다. 20지방7

23 **사인의 공법행위**에는 행정행위에 인정되는 **공정력, 존속력, 집행력** 등이 인정되지 **않**는다. 15지방7

---

15 **사인의 공법행위**에는 원칙적으로 **부관**을 붙일 수 **있**다. 10국가7

16 **사인의 공법행위**는 원칙적으로 **발신주의**에 따라 그 효력이 발생한다. 23지방9

17 **사인**이 우편으로 보조금을 **신청**한 경우, 특별한 규정이 없다면 신청서를 **발송한 때**에 신청의 효력이 발생한다. 20지방7(변형)

20 공무원의 **사직의 의사표시**는 상대방에게 도달한 후에는 **철회할 수 없다.** 14국가7

21 공무원에 의해 제출된 **사직원**은 그에 터잡은 의원면직처분이 있을 때까지 철회될 수 있고, 일단 **면직처분**이 있고 난 **이후에도** 자유로이 **취소** 및 **철회될 수 있다.** 23지방9

03 하자와 효력

24 사인의 공법행위가 행정행위의 단순한 **동기에 불과**한 경우에는 그 하자는 **행정행위의 효력에** 아무런 **영향**을 미치지 **않는다**는 것이 일반적인 견해이다. 16서울9

THEME 23 사인의 공법행위 - 신고·신청

○ 지문

01 자기완결적 신고 vs 행위요건적 신고 | 요플 p.077 |

01 「행정절차법」에서는 수리를 요하지 않는 신고를 규정하고 있고, 「행정기본법」에서는 수리를 요하는 신고를 규정하고 있다. 23소방
  ➕ 반대로 기재되어 틀린 지문

02 (행정절차법에 따르면) 법령 등에서 행정청에 대하여 일정한 사항을 통지함으로써 의무가 끝나는 신고를 규정하고 있는 경우 신고를 관장하는 행정청은 신고에 필요한 구비서류와 접수기관 기타 법령 등에 의한 신고에 필요한 사항을 게시하거나 이에 대한 편람을 비치하여 누구나 열람할 수 있도록 하여야 한다. 10지방7

03 법령등에서 행정청에 일정한 사항을 통지함으로써 의무가 끝나는 신고를 규정하고 있는 경우, 신고가 법령등에 규정된 형식상의 요건에 적합하면 신고서가 접수기관에 도달된 때에 신고 의무가 이행된 것으로 본다. 23소방

04 법령등으로 정하는 바에 따라 행정청에 일정한 사항을 통지하여야 하는 신고로서 법률에 신고의 수리가 필요하다고 명시되어 있는 경우에는 행정청이 수리하여야 효력이 발생한다. 23소방

05 법률에 신고의 수리가 필요하다고 명시되어 있는 경우에는 행정청이 수리하여야 효력이 발생한다. 단, 행정기관의 내부 업무 처리 절차로서 수리를 규정한 경우는 제외한다. 23군무원7

06 구「유통산업발전법」에 따른 대규모점포의 개설등록 및 구「재래시장 및 상점가 육성을 위한 특별법」에 따른 시장관리자 지정은 행정청이 실체적 요건에 관한 심사를 한 후 수리하여야 하는, 수리를 요하는 신고로서 행정처분에 해당한다. 23국가7

07 수리를 요하는 신고란 사인이 행정청에 대하여 일정한 사항을 통지하고 행정청이 이를 수리함으로써 법적효과가 발생하는 신고를 말하며 실정법상 등록으로 표현되는 경우가 있다. 11국가9

08 자기완결적 신고의 경우 적법한 요건을 갖춘 신고를 하면 신고의 대상이 되는 행위를 적법하게 할 수 있고, 별도로 행정청의 수리를 기다릴 필요가 없다. 23국가7

09 (甲이 관할행정청에 법령상 요건을 갖춘 적법한 신고를 한 경우) 수리를 요하지 않는 신고라면, 甲의 신고의 수리가 거부된 경우 당해 신고대상인 행위를 하더라도 행정벌의 대상이 되지 않는다. 11국회9

10 (甲이 관할행정청에 법령상 요건을 갖춘 적법한 신고를 한 경우) 수리를 요하는 신고라면, 甲의 신고의 수리가 거부되었음에도 당해 신고대상인 행위를 하는 경우 행정벌의 대상이 된다. 11국회9

11 구「체육시설의 설치·이용에 관한 법률」에 의한 골프장 이용료 변경신고서는 행정청에 제출하여 접수된 때에 신고가 있었다고 볼 것이고, 행정청의 수리행위가 있어야만 하는 것은 아니다. 14국가9

12 「체육시설의 설치·이용에 관한 법률」상 신고체육시설업에 대한 변경신고를 적법하게 하였으나, 관할 행정청이 수리를 거부한 경우(에도 신고의 효과가 발생한다.) 17(하)국가7

13 「체육시설의 설치·이용에 관한 법률」상 당구장업은 적법한 요건을 갖춘 신고가 접수된 이상, 행정청의 수리행위가 없어도 신고로서의 효력이 발생한다. 23소간

14 적법한 요건을 갖추어 당구장업 영업신고를 한 경우 행정청이 그 신고를 거부하였다고 하더라도 무신고영업이 되는 것은 아니다. 16행정사
  ➕ 당구장 영업신고는 자기완결적 신고에 해당하므로, 적법하게 신고를 하면 효력이 발생한다. 행정청이 그 신고를 거부하더라도 신고의 효과가 발생하기에 무신고 영업이 되지 아니 한다.

15 수산제조업 신고에 있어서 담당 공무원이 관계법령에 규정되지 아니한 서류를 요구하여 신고서를 제출하지 못하였다는 사정만으로는 신고가 있었던 것으로 볼 수 없다. 15국회8

16 「수산업법」 제47조 소정의 어업의 신고는 이른바 '수리를 요하는 신고'라 할 것이므로 관할관청의 적법한 수리가 없었던 이상 적법한 어업신고가 있는 것으로 볼 수 없다. 23소간

✗ 지문

01 「행정절차법」에서는 수리를 요하는 신고를 규정하고 있고, 「행정기본법」에서는 수리를 요하지 않는 신고를 규정하고 있다. 23소방

05 법률에 행정기관의 내부업무처리 절차로서 수리를 규정한 경우에도 수리를 요하는 신고로 보아야 한다. 23군무원7

13 「체육시설의 설치·이용에 관한 법률」상 당구장업은 적법한 요건을 갖춘 신고를 접수한 행정청의 수리행위가 있어야 신고로서의 효력이 발생한다. 23소간

14 적법한 요건을 갖추어 당구장업 영업신고를 한 경우 행정청이 그 신고에 대한 수리를 거부하였음에도 영업을 하면 무신고 영업이 된다. 16행정사

16 「수산업법」 제47조 소정의 어업의 신고는 이른바 자기완결적 신고라 할 것이므로 관할관청의 적법한 수리가 없었다 하더라도 적법한 어업신고가 있는 것으로 볼 수 있다. 23소간

17 수리를 요하지 아니하는 신고의 경우에 신고에 하자가 있다면 보정되기까지는 신고의 효과가 발생하지 않는다. 18소방

18 행위요건적 신고에서 부적법한 신고가 있음에도 행정청이 신고를 수리한 경우, 신고의 효과가 발생할 수 있다. 12국회8
  ➕ 즉, 신고자체가 무효이거나, 수리행위에 중대명백한 하자가 있다면 신고의 효과가 발생하지 않지만, 신고자체가 위법하기는 하나 무효는 아니고 수리행위에 중대명백한 하자가 있는 것도 아니라면 수리는 유효하여 신고의 효과가 발생한다.

19 축산물 위생관리법 상 축산물판매업에 대한 신고가 부적법한 경우, 관할 행정청이 이를 수리하여도 신고의 효과가 발생하지 아니한다. 17(하)국가7
  ➕ 축산물판매업 신고는 자기완결적 신고

20 장기요양기관의 폐업신고 자체가 효력이 없음에도 행정청이 이를 수리한 경우, 그 수리행위는 유효한 대상이 없는 것으로서, 수리행위 자체에 중대·명백한 하자가 있는지를 따질 것도 없이 당연히 무효이다.(2018두33593) 20국가7

21 장기요양기관의 폐업신고와 노인의료복지시설의 폐지 신고는 행정청이 그 신고를 수리한 경우에도, 신고서 위조 등의 사유가 있어 신고행위 자체가 효력이 없다면, 그 수리행위는 유효한 대상이 없는 것으로서, 수리행위 자체에 중대·명백한 하자가 있는지를 따질 것도 없이 당연히 무효이다.(2018두33593) 22소방

22 (행정절차법에 따르면) 형식적인 흠이 있는 신고의 경우 지체 없이 상당한 기간을 정하여 보완을 요구하여야 하며, 신고인이 상당한 기간 내에 보완을 하지 아니한 때에는 그 이유를 명시하여 신고서를 되돌려 보내야 한다. 10지방7

23 의료법상 의원·치과의원 개설 신고의 경우 그 신고필증의 교부행위는 신고 사실의 확인행위에 해당한다. 12국가9

24 구 「의료법 시행규칙」 제22조 제3항에 의하면 의원개설 신고서를 수리한 행정관청이 소정의 신고필증을 교부하도록 되어 있으나, 이는 신고사실의 확인행위로서 신고필증을 교부하도록 규정한 것에 불과한 것이므로 신고필증의 교부가 없더라도 개설신고의 효력은 있다. 19지방9

25 수리를 요하는 신고에서 행정청의 수리행위에 신고필증 교부의 행위가 반드시 필요한 것은 아니다. 21지방7

26 납골당설치 신고는 이른바 '수리를 요하는 신고'이므로 납골당설치 신고가 관련 법령 규정의 모든 요건을 충족하는 신고라 하더라도 행정청의 수리처분이 있어야만 그 신고한 대로 납골당을 설치할 수 있다. 19국회8

27 납골당설치신고는 수리를 요하는 신고이나 수리행위에 신고필증 교부 등 행위가 꼭 필요한 것은 아니다. 20소간

28 사인의 공법행위로서 신고는 사인이 공법적 효과의 발생을 목적으로 행정주체에 대하여 일정한 사실을 알리는 행위로서 원칙적으로 행정청에 의한 형식적 심사가 요구되는 행위를 말한다. 18소방
  ➕ 자기완결적 신고의 경우에는 형식적 심사만 가능하고, 행위요건적 신고도 형식적 심사부터 하는 것이 원칙이다. 따라서 언제나 실질적 심사가 요구된다는 취지의 위 지문은 틀린 것

29 「행정절차법」은 '법령등에서 행정청에 일정한 사항을 통지함으로써 의무가 끝나는 신고'에 대하여 '그 밖에 법령등에 규정된 형식상의 요건에 적합할 것'을 그 신고의무 이행요건의 하나로 정하고 있다. 20지방9

30 행정절차법상 신고는 자기완결적 신고에 해당하며, 그 요건으로는 신고서의 기재사항에 흠이 없고 필요한 구비서류가 첨부되어 있어야 한다. 신고의 기재사항이 진실한지는 실질적 심사사항으로서 자기완결 신고의 요건이 아니다. 14국가9

31 정보통신매체를 이용하여 원격평생교육을 불특정다수인에게 학습비를 받고 실시하기 위해 인터넷 침·뜸 학습센터를 평생교육시설로 신고한 경우, 관할행정청은 신고서 기재사항에 흠결이 없고 형식적 요건을 모두 갖추어 신고한 경우 실체적 사유를 들어 신고 수리를 거부할 수 없다. 16지방9
  ➕ 원격평생교육시설은 자기완결적 신고로서 형식적 요건을 갖추면 수리해야 함. 실체적 사유로 거부불가, 자기완결 신고의 수리 거부에 처분성을 인정한 판례(2005두11784)

---

18 행정요건적 신고의 경우 부적법한 신고가 있는 경우에는 행정청이 신고를 수리하였다고 하더라도 신고의 효과가 발생하지 않는 것이 원칙이다. 12국회8

19 축산물 위생관리법 상 축산물판매업에 대한 부적법한 신고가 있었으나, 관할 행정청이 이를 수리한 경우(에도 신고의 효과가 발생한다.) 17(하)국가7

20 장기요양기관의 폐업신고 자체가 효력이 없음에도 행정청이 이를 수리한 경우, 그 수리행위가 당연무효로 되는 것은 아니다. 20국가7

21 장기요양기관의 폐업신고와 노인의료복지시설의 폐지 신고는 행정청이 그 신고를 수리한 경우, 신고서 위조 등의 사유가 있더라도 그대로 유효하다. 22소방

24 구 「의료법 시행규칙」 제22조 제3항에 의하면 의원개설신고서를 수리한 행정관청이 소정의 신고필증을 교부하도록 되어 있기 때문에 이와 같은 신고필증의 교부가 없으면 개설신고의 효력이 없다. 19지방9

27 납골당설치신고는 수리를 요하는 신고이므로 신고필증의 교부가 필요하다. 20소간

28 사인의 공법행위로서 신고는 사인이 공법적 효과의 발생을 목적으로 행정주체에 대하여 일정한 사실을 알리는 행위로서 행정청에 의한 실질적 심사가 요구되는 행위를 말한다. 18소방

30 행정절차법상 신고 요건으로는 신고서의 기재사항에 흠이 없고 필요한 구비서류가 첨부되어 있어야 하며, 신고의 기재사항은 그 진실함이 입증되어야 한다. 14국가9

31 정보통신매체를 이용하여 원격평생교육을 불특정다수인에게 학습비를 받고 실시하기 위해 인터넷 침·뜸 학습센터를 평생교육시설로 신고한 경우, 관할행정청은 신고서 기재사항에 흠결이 없고 형식적 요건을 모두 갖추었더라도 신고대상이 된 교육이나 학습이 공익적 기준에 적합하지 않는다는 등의 실체적 사유를 들어 신고수리를 거부할 수 있다. 16지방9

32 (판례에 따르면) **수리를 요하는 신고**의 경우 행정청은 1차적으로 형식적 심사를 하나 필요한 경우 **실질적 심사를 할 수** 있다. 13국가7

33 행정관청은 **노동조합**으로 **설립신고**를 한 단체가 노동조합 및 노동관계조정법상의 요건에 해당하는지 여부에 대하여 **실질적으로 심사할 수** 있다. **다만**, 행정관청은 일단 제출된 설립신고서와 규약의 내용을 기준으로 동법상 요건 해당 여부를 심사하되, 설립신고서를 접수할 당시 그 해당 여부가 **문제된다고 볼 만한 객관적인 사정이 있는 경우에 한하여** 설립신고서와 규약 내용 외의 사항에 대하여 **실질적인 심사**를 거쳐 반려 여부를 결정할 수 있다. 17소간

34 **유료노인복지주택의 설치신고**를 받은 행정관청은 그 유료노인복지주택의 **시설 및 운용기준**이 법령에 부합하는지와 설치신고 당시 **부적격자들이 입소**하고 있는지 여부를 **심사할 수** 있다. 14국가9
➕ 실질적 심사를 허용한 사례

35 신고의 수리는 타인의 행위를 유효한 행위로 받아들이는 행정행위를 말하며, **자기완결적 신고의 수리는 사실행위**이고, **행위요건적 신고의 수리는** 강학상 **준법률행위적 행정행위**에 해당한다.
➕ 즉, 위 지문은 자기완결적 신고이건 행위요건적 신고이건 틀린 지문이 된다. 18국가9

36 **수리를 요하는 신고**에서 수리는 행정소송의 대상인 **처분**에 해당한다. 15지방9

37 구「체육시설의 설치·이용에 관한 법률」의 규정에 따라 체육시설의 회원을 모집하고자 하는 자의 **'회원모집계획서 제출'**은 **수리를 요하는 신고**이며, 이에 대하여 회원모집계획을 승인하는 시·도지사 등의 **검토결과 통보**는 수리행위로서 행정**처분**에 해당한다. 20국가7

38 **수리를 요하는 신고**의 경우 그 신고에 대한 **거부행위**는 행정소송의 대상이 되는 **처분**에 **해당**한다. 14국가7

32 (판례에 따르면) **수리를 요하는 신고**의 경우 행정청은 **형식적 심사**를 하는 것으로 **족하다**. 13국가7

33 행정관청은 **노동조합**으로 **설립신고**를 한 단체가 노동조합 및 노동관계조정법상의 요건에 해당하는지 여부에 대하여 **실질적인 심사**를 거쳐 반려여부를 결정할 수 없다. 17소간

35 **신고의 수리**는 타인의 행위를 유효한 행위로 받아들이는 행정행위를 말하며, 이는 강학상 **법률행위적 행정행위**에 해당한다. 18국가9

02 부적법한 신고 | 요플 p.079 |

39 자기완결적 신고를 규정한 법률상의 요건 외에 타법상의 요건도 충족하여야 하는 경우, **타법상의 요건을 충족시키지 못**하는 한 **적법한 신고**를 할 수 없다. 15지방9

40 **식품접객업 영업신고**에 대해서는 **식품위생법이 건축법에 우선** 적용되는 관계에 있다고 해석되지 **않으므로**, 영업신고가 식품위생법상의 신고요건을 갖춘 경우라도 그 영업신고를 한 해당 건축물이 건축법소정의 허가를 받지 아니한 **무허가건축물**이라면 **적법한 신고를 할 수 없다**. 16국가9

41 신고행위의 하자가 중대·명백하여 당연무효에 해당하는지에 대하여는 신고행위의 근거가 되는 **법규**의 목적, 의미, 기능 및 하자 있는 신고행위에 대한 법적 구제수단 등을 **목적론적으로 고찰**함과 동시에 신고행위에 이르게 된 구체적 **사정을 개별적으로 파악**하여 합리적으로 판단하여야 한다. 17지방7

42 영업장 면적을 변경하였음에도 변경 당시의 식품위생법령에 따른 **변경신고를 하지 않고 영업**을 할 경우 **처벌대상이 되고**, 이는 해당 영업이 영업장 면적 변경을 신고사항으로 명시한 식품위생법령이 시행되기 **이전부터** 이미 **영업신고가 되어** 있는 경우에도 **마찬가지**다(처벌대상이 된다). 미기출
➕ 신고의무는 행위시법에 따름이 원칙이기 때문이다. 최초 영업신고 당시는 면적변경이 신고대상이 아니었더라도, 실제 면적변경행위에 나갈 당시에는 신고대상이었다면 신고의무가 있다.

40 **식품접객업 영업신고**에 대해서는 **식품위생법이 건축법에 우선** 적용되므로, 영업신고가 식품위생법상의 신고요건을 갖춘 경우라면 그 영업신고를 한 해당 건축물이 건축법상 **무허가건축물**이라도 **적법한 신고에 해당**된다. 16국가9

42 영업장 면적을 변경하였음에도 변경 당시의 식품위생법령에 따른 **변경신고를 하지 않고** 영업을 할 경우 **처벌대상이 되는 것이나**, 만약 해당 영업이 영업장 면적 변경을 신고사항으로 명시한 식품위생법령이 시행되기 **이전부터** 이미 **영업신고가 되어 있는 경우**에는 **그렇지 않다**. 미기출

03 수리행위의 성질 | 요플 p.080 |

43 (甲이 관할행정청에 법령상 요건을 갖춘 적법한 신고를 한 경우) 신고의 **수리**는 원칙적으로 **기속**행위로서, 법령상 요건을 갖춘 신고가 있으면 관할행정청은 甲의 신고를 수리하여야 하고, 법령 외 사정을 들어 거부하는 것은 허용되지 않는 것이 원칙이다. 11국회9

44 **주민등록의 신고**는 행정청에 도달하기만 하면 신고로서의 효력이 발생하는 것이 아니라 행정청이 **수리한 경우**에 비로소 신고의 **효력이 발생**한다. 21국가7

45 시장 등의 **주민등록전입신고** 수리 여부에 대한 **심사**는 「주민등록법」의 입법 목적의 범위 **내에서 제한적**으로 이루어져야 하는바, 전입신고자가 **30일 이상** 생활의 근거로서 **거주할 목적**으로 거주지를 옮기는지 여부가 심사 대상으로 되어야 한다. 23지방9

43 (甲이 관할행정청에 법령상 요건을 갖춘 적법한 신고를 한 경우) 수리를 요하는 신고라면, 관할행정청은 甲의 신고의 **수리 여부**에 대하여 **재량**을 가지는 것이 원칙이다. 11국회9

46 주민등록전입신고의 수리 여부와 관련하여서는, 전입신고자가 거주의 목적 외에 다른 이해관계에 관한 의도를 가지고 있었는지 여부, 무허가건축물의 관리, 전입신고를 수리함으로써 당해 지방자치단체에 미치는 영향 등을 고려할 수는 없다. 17지방7

47 주민등록전입신고는 수리여부에 대한 심사는 주민등록법의 입법목적과 법률효과 이외에 지방자치법 및 지방자치의 이념까지 고려하여 실질적으로 판단할 수 없다. 13국회8

48 「의료법」에 따라 정신과의원을 개설하려는 자가 법령에 규정되어 있는 요건을 갖추어 개설신고를 한 경우라면 관할 시장·군수·구청장은 법령에서 정한 요건 이외의 사유를 들어 의원급 의료기관 개설신고의 수리를 거부할 수 없다. 19지방7

49 가설건축물 존치기간을 연장하려는 건축주 등이 법령에 규정되어 있는 제반 서류와 요건을 갖추어 행정청에 연장신고를 한 경우, 행정청으로서는 법령에서 요구하고 있지도 아니한 '대지사용승낙서' 등의 서류가 제출되지 아니하였거나, 대지소유권자의 사용승낙이 없다는 등의 사유를 들어 가설건축물 존치기간 연장신고의 수리를 거부하여서는 아니 된다. 19지방7

50 숙박업을 하고자 하는 자가 법령이 정하는 시설과 설비를 갖추고 행정청에 신고를 하면 행정청은 공중위생관리법령의 규정에 따라 원칙적으로 이를 수리하여야 하므로, 새로 숙박업을 하려는 자가 기존에 다른 사람이 숙박업 신고를 한 적이 있는 시설 등의 소유권 등 정당한 사용권한을 취득하여 법령에서 정한 요건을 갖추어 신고하였다면, 행정청으로서는 특별한 사정이 없는 한 이를 수리하여야 하고, 기존의 숙박업 신고가 외관상 남아 있다는 이유로 이를 거부할 수 없다. 18국가9

51 관할 행정청은 악취배출시설 설치·운영신고가 형식상 요건을 갖췄더라도, 그에 대하여 악취방지계획의 적정 여부에 대해 광범위한 재량을 가지고 판단할 수 있다. 미기출

46 주민등록전입신고의 수리 여부와 관련하여서는, 전입신고자가 거주의 목적 외에 다른 이해관계에 관한 의도를 가지고 있었는지 여부, 무허가건축물의 관리, 전입신고를 수리함으로써 당해 지방자치단체에 미치는 영향 등도 고려하여야 한다. 17지방7

47 주민등록전입신고 수리여부에 대한 심사는 주민등록법의 입법목적과 법률효과 이외에 지방자치법 및 지방자치의 이념까지 고려하여 실질적으로 판단해야 한다. 13국회8

48 「의료법」에 따라 정신과의원을 개설하려는 자가 법령에 규정되어 있는 요건을 갖추어 개설신고를 한 경우라도 관할시장·군수·구청장은 법령에서 정한 요건 이외의 사유를 들어 의원급 의료기관 개설신고의 수리를 거부할 수 있다. 19지방7

51 관할 행정청은 악취배출시설 설치·운영신고가 형식상 요건을 갖췄으면 수리하여야 하고, 그에 대하여 악취방지계획의 적정 여부를 판단하여 거부할 재량은 인정되지 않는다. 미기출

04 정보제공적 신고 vs 금지해제적 신고

52 법상 금지되어 있는 행위를 해제시키는 기능을 갖는 신고의 경우 그 신고 없이 한 행위는 위법하다. 16행정사

53 부가가치세법 상의 사업자등록은 과세관청으로 하여금 부가가치세의 납세의무자를 파악하고 그 과세자료를 확보하게 하려는데 입법취지가 있는 것으로써, 이는 단순한 사업사실의 신고로 사업자가 소관 세무서장에게 소정의 사업자등록신청서를 제출함으로써 성립되는 것이다. 13국가7

05 신청권

54 신청권은 행정청의 응답을 구하는 권리이며, 신청된대로의 처분을 구하는 권리는 아니다. 14지방9

55 신청에 따른 행정청의 처분이 기속행위인 때는 물론 재량행위인 경우에도 행정청은 신청에 응답의무를 진다. 14지방9
　⊕ 재량행위라도 적정한 응답을 할 의무는 있는 것

55 신청에 따른 행정청의 처분이 기속행위인 때에는 행정청은 신청에 대한 응답의무를 지지만, 재량행위인 때에는 응답의무가 없다. 14지방9

THEME 24 건축 관련 쟁점 모음

○ 지문 / × 지문

01 기본기 | 요플 p.082 |

02 건축허가 | 요플 p.082 |

01 건축허가는 수허가자에게 어떤 새로운 권리나 능력을 부여하는 것이 아니다. 19서울9

02 건축허가서에 건축주로 기재된 자는 당연히 그 건물의 소유권을 취득하는 것은 아니며, 건축 중인 건물의 소유자와 건축허가의 건축주는 반드시 일치하여야 하는 것은 아니다. 14지방9

03 건축허가는 대물적 성질을 갖는 것이어서 행정청으로서는 허가를 할 때에 건축주 또는 토지 소유자가 누구인지 등 인적 요소에 관하여는 형식적 심사만 한다. 22지방9

04 건축허가는 대물적 허가에 해당하므로, 허가의 효과는 허가대상 건축물에 대한 권리변동에 수반하여 이전되고 별도의 승인처분에 의하여 이전되는 것은 아니다. 19국가9

05 건축허가청은 건축허가신청이 건축법 등 관계법령에서 정하는 어떠한 제한에 배치되지 않는 이상 당연히 같은 법에서 정하는 건축허가를 하여야 하고, 중대한 공익상의 필요가 없음에도 불구하고 요건을 갖춘 자에 대한 허가를 관계법령에서 정하는 제한사유 이외의 사유를 들어 거부할 수는 없다. 17(하)국가7

06 「건축법」상 건축허가신청의 경우 심사 결과 그 신청이 법정요건에 합치하는 경우라면 소음공해, 먼지 발생, 주변인 집단 민원 등의 사유가 있더라도 이를 불허가 사유로 삼을 수는 없다. 20소방

07 「국토의 계획 및 이용에 관한 법률」의 규정에 의한 토지의 형질변경허가는 그 금지요건이 불확정개념으로 규정되어 있어 그 금지요건에 해당하는지 여부를 판단함에 있어서 행정청에게 재량권이 부여되어 있다고 할 것이므로 재량행위에 속한다. 19서울9

08 「국토의 계획 및 이용에 관한 법률」에 따른 토지의 형질변경허가는 그 금지요건이 불확정개념으로 규정되어 있어 그 금지요건에 해당하는지 여부를 판단함에 있어서 행정청에 재량권이 부여되어 있다고 할 것이므로, 이 법에 따른 토지의 형질변경행위를 수반하는 건축허가는 재량행위에 속한다. 17(하)국가9

09 숙박용 건물의 건축허가는 재량행위이다(건축법 11-④). 또한 기속행위인 일반적인 건축허가라 하더라도 중대한 공익상의 이유가 있으면 그 허가를 거부할 수 있다. 16교행9

10 (갑은 개발제한구역 내의 토지에 건축물을 건축하기 위하여 건축허가를 신청하였다.) 갑이 개발제한구역 내의 토지에 건축물을 건축하기 위하여 건축허가를 신청하였다면, 갑의 허가신청이 관련법령의 요건을 모두 충족한 경우에도 관할 행정청은 관련 법령상 제한사유 이외의 사유를 들어 허가를 거부할 수 있다. 19국가7
＋ 개발제한 구역 내 건축허가는 예외적 승인에 해당하여 재량행위이기 때문이다.

11 개발제한구역 내에서의 건축물의 건축 등에 대한 예외적 허가는 재량행위에 속하는 것이며, 그에 관한 행정청의 판단이 비례·평등의 원칙 위배, 목적위반 등에 해당하지 아니하는 이상 이를 재량권의 일탈·남용에 해당한다고 할 수 없다. 14지방7

12 구「도시계획법」상의 개발제한구역 내에서의 건축물 용도변경에 대한 허가는 예외적 허가로서 재량행위에 해당한다. 18국가7

---

02 건축허가시 건축허가서에 건축주로 기재된 자는 당연히 그 건물의 소유권을 취득하며, 건축 중인 건물의 소유자와 건축허가의 건축주는 일치하여야 한다. 14지방9

06 「건축법」상 건축허가신청의 경우 심사 결과 그 신청이 법정 요건에 합치하는 경우라 할지라도 소음공해, 먼지 발생, 주변인 집단 민원 등의 사유가 있는 경우 이를 불허가 사유로 삼을 수 있고, 그러한 불허가처분이 비례원칙 등을 준수하였다면 처분 자체의 위법성은 인정될 수 없다. 20소방

09 숙박용 건물의 건축허가는 기속행위이므로 중대한 공익상의 이유가 있다 할지라도 그 허가를 거부할 수 없다. 16교행9

10 (갑은 개발제한구역 내의 토지에 건축물을 건축하기 위하여 건축허가를 신청하였다.) 갑의 허가신청이 관련법령의 요건을 모두 충족한 경우에는 관할 행정청은 허가를 하여야 하며, 관련 법령상 제한사유 이외의 사유를 들어 허가를 거부할 수 없다. 19국가7

03 건축신고 / 착공신고 | 요플 p.083 |

13 건축법상 신고는 수리를 요하지 않는 신고로서, 행정청의 수리처분등 별단의 조치를 요하지 않는다.
기   10지방9

14 건축주 등은 건축신고가 반려될 경우 건축물의 건축을 개시하면 시정명령, 이행강제금, 벌금의
A 대상이 되거나 당해 건축물을 사용하여 행할 행위의 허가가 거부될 우려가 있어 불안정한 지위에 놓이게 되므로, 건축신고에 대한 반려처분은 항고소송의 대상이 된다.   23군무원7

15 건축법에 따른 건축신고를 반려하는 행위는 장차 있을지도 모르는 위험에서 미리 벗어날 수 있도
A 록 길을 열어 주고 위법한 건축물의 양산과 그 철거를 둘러싼 분쟁을 조기에 근본적으로 해결할 수 있게 하여야 한다는 점에서 항고소송의 대상이 된다.   17서울9

16 건축법에 따른 착공신고가 반려되었음에도 당해 건축물의 착공을 개시하면 시정명령, 이행강제금,
A 벌금 등의 대상이 될 우려가 있으므로 행정청의 착공신고 반려행위는 항고소송의 대상이 된다.   16행정사

17 타법상의 인·허가 의제가 수반되는 건축법상의 건축신고는 특별한 사정이 없는 한 행정청이 그
S 실체적 요건에 관한 심사를 한 후 수리하여야 한다.   17사복9

18 인·허가의제 효과를 수반하는 건축신고는 일반적인 건축신고와는 달리, 특별한 사정이 없는 한
S 행정청이 그 실체적 요건에 관한 심사를 한 후 수리하여야 하는 이른바 '수리를 요하는 신고'에 해당한다.   19지방7

19 「국토의 계획 및 이용에 관한 법률」상의 개발행위허가로 의제되는 건축신고가 동법(同法)상의 개발
S 행위허가기준을 갖추지 못한 경우 행정청으로서는 이를 이유로 그 수리를 거부할 수 있다.   14지방9

20 건축허가권자는 건축신고가 「건축법」, 「국토의 계획 및 이용에 관한 법률」 등 관계 법령에서 정
C 하는 명시적인 제한에 배치되지 않는 경우에도 건축을 허용하지 않아야 할 중대한 공익상 필요가 있는 경우에는 건축신고의 수리를 거부할 수 있다.   24소간

21 형질변경허가가 필요한 건축물에 대해서 향후 형질변경허가를 받을 것을 조건으로 건축신고를
수리하였다면 위법하다고 볼 수 없으나, 수리 당시 형질변경허가를 받지 않거나 받지 못할 것이 명백함에도 건축신고를 수리하였다면, 이는 적법하다고 볼 수 없다.   미기출

22 시장·군수·구청장은 건축신고를 받은 날부터 5일 이내에 신고수리 여부 또는 민원 처리 관련
Z 법령에 따른 처리기간의 연장 여부를 신고인에게 통지하여야 한다.   19국회8

23 행정청은 건축신고를 받은 날부터 5일 이내에 신고수리 여부 또는 민원처리 관련 법령에 따른 처
Z 리기간의 연장 여부를 신고인에게 통지하여야 하나, 그 기간 내에 통지하지 않더라도 그 기간이 끝난 날의 다음 날에 신고를 수리한 것으로 보는 것은 아니다.   을 18국가7
    ➕ 통지의무 불이행 시 수리간주가 되는 것은 착공신고이지 건축신고가 아니다. 즉, 신고인에게 통지하여야 한다는 앞부분은 옳으나, 수리한 것으로 본다는 뒷부분이 틀렸다.

23 행정청은 건축신고를 받은 날부터 5일 이내에 신고수리여부
Z 또는 민원처리 관련 법령에 따른 처리기간의 연장 여부를 신고인에게 통지하여야 하고, 그 기간 내에 통지하지 아니하면 그 기간이 끝난 날의 다음 날에 신고를 수리한 것으로 본다.   18국가7

04 건축주 변경신고 | 요플 p.084 |

24 허가대상건축물의 양수인이 형식적 요건을 갖추어 시장, 군수에게 적법하게 건축주의 명의변경
B 을 신고한 때에는 시장, 군수는 그 신고를 수리하여야지 실체적인 이유를 내세워 그 신고의 수리를 거부할 수는 없다.   22국회8

25 건축물의 소유권을 둘러싸고 소송이 계속중이어서 판결로 소유권의 귀속이 확정될 때까지 건축
주명의변경신고의 수리를 거부함은 상당하다.   15국회8

26 건축법상 건축주 명의변경신고의 수리를 거부하는 행위는 항고소송의 대상이 되는 처분이다.   13국회8
C

05 사용검사(준공처분) | 요플 p.084 |

27 건축허가관청은 특단의 사정이 없는 한 건축허가내용대로 완공된 건축물의 준공을 거부할 수 없다.
인 ➕ 즉, 준공처분은 기속행위   19지방7

테마별 N지 모음

N1 건축허가와 건축신고에 대한 설명으로 옳지 않은 것만을 모두 고르면? (다툼이 있는 경우 판례에 의함) 19국가9 ②

> ㄱ. 「건축법」 제14조 제2항에 의한 인·허가의제효과를 수반하는 건축신고에 대한 수리거부는 처분성이 인정되나, 동 규정에 의한 **인·허가의제 효과를 수반하지 않는** 건축신고에 대한 **수리거부는 처분성이 부정**된다.
> ㄴ. 「국토의 계획 및 이용에 관한 법률」에 의해 지정된 도시지역 안에서 토지의 **형질변경행위를 수반**하는 건축허가는 **재량**행위에 속한다.
> ㄷ. 건축허가권자는 중대한 공익상의 필요가 없에도 **관계법령**에서 정하는 **제한사유 이외의 사유**를 들어 건축허가 요건을 갖춘 자에 대한 허가를 **거부할 수 있다**.
> ㄹ. 건축허가는 **대물적** 허가에 해당하므로, **허가의 효과**는 허가대상 **건축물**에 대한 권리변동에 **수반하여 이전**되고 별도의 **승인처분**에 의하여 이전되는 것은 아니다.

① ㄱ, ㄴ   ② ㄱ, ㄷ   ③ ㄴ, ㄷ   ④ ㄷ, ㄹ

[해설]
ㄱ. 「건축법」 제14조 제2항에 의한 인·허가의제효과를 수반하는 건축신고에 대한 수리거부는 처분성이 인정되고, 동 규정에 의한 **인·허가의제 효과를 수반하지 않는** 건축신고에 대한 **수리거부도 처분성이 인정**된다.
ㄷ. 건축허가권자는 중대한 공익상의 필요가 없에도 **관계법령**에서 정하는 **제한사유 이외의 사유**를 들어 건축허가 요건을 갖춘 자에 대한 허가를 **거부할 수 없**다.

N2 건축허가와 건축신고에 관한 설명으로 가장 옳지 않은 것은? 19서울7 ②

① 건축허가는 **원칙상 기속**행위이지만 **중대한 공익**상 필요가 있는 경우 예외적으로 건축허가를 **거부할 수 있다**.
② 건축신고는 자기완결적 신고이므로 **신고반려**행위 또는 **수리거부**행위는 **항고소송의 대상**이 되지 **않는다**.
③ **신고**대상인 **건축물**의 건축행위를 하고자 할 경우에는 관계법령에 정해진 적법한 요건을 갖춘 신고만을 하면 그와 같은 건축행위를 할 수 있고, 행정청의 **수리처분** 등 별도의 조치를 **기다릴 필요가 없다**.
④ 토지의 **형질변경허가**는 금지요건이 불확정개념으로 규정되어 있어 그 금지요건에 해당하는지 여부를 판단함에 있어서 행정청에게 **재량권이 부여**되어 있다고 할 것이므로, 같은 법에 의하여 지정된 도시지역 안에서 토지의 **형질변경행위를 수반**하는 건축허가는 결국 **재량**행위에 속한다.

[해설]
② 건축신고는 자기완결적 신고이나 **신고반려**행위 또는 **수리거부**행위는 **항고소송의 대상**이 **된다**.

N3 건축물의 건축이 건축법상 건축허가의 대상이자 동시에 국토계획법상 개발행위허가(건축물 건축)의 대상이 되는 경우와 관련하여, 다음 중 옳은 것은? 미기출 ①

① 관련 인허가 의제 제도는 사업시행자의 이익을 위하여 만들어진 것이므로, 사업시행자가 반드시 관련 **인허가의제** 처리를 **신청할 의무**가 있는 것은 **아님**이 원칙이다.
② 건축주가 건축물을 건축하기 위해서는 두 허가를 모두 받아야 하지만, 우선 건축법상 건축허가만 심사·발급받고 국토계획법상 **개발행위(건축물의 건축) 허가**는 추후에 **별도로 신청**하여 따로 심사·발급받을 수도 **있다**.
③ 건축법상 **건축허가절차**에서 건축주의 건축계획이 국토계획법상 **개발행위 허가기준**을 충족하였는지가 **함께 심사되**어야 하는 것은 **아니다**.
④ 건축법상 건축허가절차에서 국토계획법상 **개발행위허가기준**에 대한 **심사가 이루어지지 않은 채 건축허가**가 발급된 경우에도 이는 건축법상 요건을 충족했다는 의미에 불과하기 때문에 **위법하다고 할 수 없고**, 따라서 건축허가를 **취소할 수는 없다**.
⑤ 건축주의 건축계획이 건축법상 **건축허가기준**은 **충족**하지만, 국토계획법상 **개발행위 허가기준**은 **충족하지 못**한 경우, 건축행정청은 건축법상 **건축허가를 발급**하면서 국토계획법상 개발행위(건축물의 건축) 허가가 **의제되지 않은 것으로 처리**하여야 한다.

[해설]
② 건축주가 건축물을 건축하기 위해서는 두 허가를 모두 받아야 한다. 또한 건축법상 건축허가만 심사·발급받고 국토계획법상 **개발행위(건축물의 건축) 허가**는 추후에 **별도로 신청**하여 따로 심사·발급받을 수는 **없다**.
✚ 즉, 건축주는 관련 인허가 의제 제도를 통해 건축허가절차에서 두 허가의 발급 여부가 동시에 심사·결정되도록 신청하여야 한다.(예외적으로 관련 인허가의제처리를 신청할 의무가 있는 경우)
③ 건축법상 **건축허가절차**에서 건축주의 건축계획이 국토계획법상 **개발행위 허가기준**을 충족하였는지가 **함께 심사되어야** 한다.
④ 건축법상 건축허가절차에서 국토계획법상 **개발행위허가기준**에 대한 **심사가 이루어지지 않은 채 건축허가**가 발급된 경우에는 그 건축법상 건축허가는 **위법**하므로 **취소할 수 있다**.
⑤ 건축주의 건축계획이 건축법상 **건축허가기준**은 **충족**하지만, 국토계획법상 **개발행위 허가기준**은 **충족하지 못**한 경우, 건축행정청은 건축법상 **건축허가를 발급**하면서 국토계획법상 개발행위(건축물의 건축) 허가가 **의제되지 않은 것으로 처리하여서는 안되고**, 건축법상 건축허가의 발급 자체를 거부하여야 한다.

THEME 25 영업양도의 쟁점

○ 지문 / × 지문

01 영업허가 등의 양도 가부 | 요플 p.085 |

01 **주류제조업면허**는 제조장단위의 이전성이 인정되는 소위 **대물적 허가**로서 허가받은 자의 **인격변동**이 당연히 **허가취소사유**에 해당하는 것은 **아니다**. 11국회9

02 **대물적 행정행위** 중 수익적 행정행위인 경우에는 그 **효과**가 **승계**된다. 12(하)지방9

02 지위승계 처리 단계별 쟁점 | 요플 p.086 |

03 사실상 영업이 양도·양수되었지만 아직 승계신고 및 **수리**처분이 있기 이**전**의 경우라면 행정제재 **처분사유**의 유무는 **양도인**을 **기준**으로 판단한다. 19소간

04 (甲은 식품위생법상 영업허가를 받아 영업을 하는 자로서 자신의 영업을 乙에게 양도하였고, 乙은 관련법령에 따라 관할 행정청에 영업자 **지위승계신고**를 하였다.) 영업양도계약이 적법하게 이루어졌더라도 아직 乙의 신고가 **수리되기 전**이라면 관할 행정청의 **영업허가 취소처분**의 **상대방은 甲**이 된다. 14사복9

05 양도인이 자신의 의사에 따라 양수인에게 영업을 양도하면서 양수인으로 하여금 영업을 하도록 허락하였다면 영업승계신고 및 **수리처분이 있기 전**에 발생한 양수인의 위반행위에 대한 **행정적 책임**은 **양도인에게 귀속**된다. 14국가9

06 (甲은 식품위생법상 식품접객업 영업허가를 받아 영업을 하던 중, 자신의 영업을 乙에게 양도하기로 계약을 체결하였고, 乙은 같은 법이 정한 바에 따라 영업지위승계신고를 하였다) 관할행정청이 乙의 **신고를 수리하기 전에 甲의 영업허가가 취소**되었을 경우, **乙은** 당해 처분의 직접 상대방이 아닐 지라도 甲에 대한 영업허가취소에 대하여 취소소송을 제기할 수 있는 **원고적격이 있다**. 15국가7

07 주택건설사업이 양도되었으나 그 변경승인을 받기 이전에 행정청이 **양수인에 대하여** 양도인에 대한 사업계획승인을 취소하였다는 사실을 **통지**한 경우 이러한 통지는 양수인의 법률상 지위에 변동을 일으키는 **행정처분이 아니다**. 17서울9
⊕ 양도인에 대한 취소처분은 처분이다. 그러나 양수인에 대하여 "양도인에 취소처분이 있었음"을 알리는 통지는 사실행위에 불과하다.

08 채석허가를 받은 자로부터 영업양수 후 명의변경**신고 이전**에 양도인의 법위반사유를 이유로 채석허가가 취소된 경우, **양수인은** 수허가자의 지위를 사실상 양수받은 경우에도 그 처분의 취소를 구할 **법률상 이익을 가진다**. 17(하)국가7

09 (甲은 식품위생법상 식품접객업 영업허가를 받아 영업을 하던 중, 자신의 영업을 乙에게 양도하기로 계약을 체결하였고, 을은 같은 법이 정한 바에 따라 영업지위승계신고를 하였다) 법령상 신고요건을 갖춘 적법한 신고가 있었더라도, 관할 행정청의 **수리가 있어야** 영업양도는 **효력을 발생**한다. 15국가7
⊕ 지위승계신고는 행위요건적 신고

10 「식품위생법」에 의한 영업양도에 따른 **지위승계신고를 수리**하는 허가관청의 행위는 단순히 양도·양수인 사이에 이미 발생한 사법상의 사업양도의 법률효과에 의하여 양수인이 그 영업을 승계하였다는 **사실**의 신고를 **접수**하는 행위에 그치는 것이 **아니라**, **영업허가자의 변경**이라는 **법률효과를 발생**시키는 행위이다. 19지방9

11 공매 등의 절차로 영업시설의 전부를 인수함으로써 영업자의 **지위**를 **승계**한 자가 관계행정청에 이를 **신고**하여 관계 행정청이 그 신고를 **수리**하는 처분에 대해 **종전 영업자**는 그 처분의 취소를 구할 **법률상 이익을 가진다**. 13국가7

---

06 (甲은 식품위생법상 식품접객업 영업허가를 받아 영업을 하던 중, 자신의 영업을 乙에게 양도하기로 계약을 체결하였고, 乙은 같은 법이 정한 바에 따라 영업지위승계신고를 하였다) 관할행정청이 乙의 **신고를 수리하기 전에 甲의 영업허가가 취소**되었을 경우, **乙은** 甲에 대한 영업허가취소에 대하여는 취소소송을 제기할 수 있는 **원고적격이 없다**. 15국가7

07 주택건설사업이 양도되었으나 그 **변경승인을 받기 이전**에 행정청이 **양수인에 대하여** 양도인에 대한 사업계획승인을 취소하였다는 사실을 **통지**한 경우 이러한 통지는 양수인의 법률상 지위에 변동을 일으키므로 **행정처분이다**. 17서울9

08 채석허가를 받은 자로부터 영업양수 후 명의변경**신고 이전**에 양도인의 법위반사유를 이유로 채석허가가 **취소**된 경우, **양수인은** 수허가자의 지위를 사실상 양수받았다고 하더라도 그 처분의 취소를 구할 **법률상 이익을 가지지 않는다**. 17(하)국가7

09 (甲은 식품위생법상 식품접객업 영업허가를 받아 영업을 하던 중, 자신의 영업을 乙에게 양도하기로 계약을 체결하였고, 을은 같은 법이 정한 바에 따라 영업지위승계신고를 하였다) 법령상 신고요건을 갖춘 적법한 신고가 있었다면, 관할행정청의 **수리 여부와 관계없이** 영업양도는 **효력**을 발생한다. 15국가7

11 공매 등의 절차로 영업시설의 전부를 인수함으로써 영업자의 **지위**를 **승계**한 자가 관계행정청에 이를 신고하여 관계행정청이 그 **신고**를 **수리**하는 처분에 대해 **종전 영업자**는 제3자로서 그 처분의 취소를 구할 **법률상 이익**이 인정되지 **않는다**. 13국가7

12 관할관청이 개인택시운송사업의 **양도·양수에 대한 인가**를 하였을 경우 거기에는 양도인과 양수인 간의 양도행위를 **보충**하여 그 법률효과를 완성시키는 의미에서의 인가처분**뿐만 아니라** 양도인이 가지고 있던 면허와 동일한 내용의 면허를 양수인에게 **부여**하는 처분이 **포함**되어 있다. 20국회8

(13~14) 甲이 乙에게 일반택시운송사업면허를 양도하고자 乙과 **양도·양수계약**을 체결하고 관련법령에 따라 乙이 사업의 **양도·양수신고**를 한 경우 17지방7

13 甲과 乙 사이의 사업양도·양수**계약이 무효라면** 이에 대한 신고의 **수리가 있어도** 그 수리는 유효한 대상이 없는 것으로서 사업양도의 **효과**가 **발생**하는 것은 **아니다**.

14 사업의 양도·양수신고가 수리된 경우, 甲은 **민사쟁송**으로 양도·양수행위의 무효를 구함이 **없이 곧바로 항고소송**으로 신고수리의 무효확인을 구할 법률상 이익이 **있다**.

15 양도인의 위법행위로 **양도인에게 이미 제재처분**이 내려진 경우에 영업정지 등 그 제재처분의 효력은 **양수인에게** 당연히 **이전**된다. 17서울9

16 **식품위생법** 제78조나 **먹는물관리법** 제49조는 명문규정으로 책임의 승계를 인정하고 있는데, **양수인이** 양수할 때에 양도인에 대한 제재처분이나 위반사실을 **알지 못하였음을 입증**하였을 때에는 책임의 승계를 부인하고 있다. 16국회8

17 (甲은 식품위생법상 영업허가를 받아 영업을 하는 자로서 자신의 영업을 乙에게 양도하였고, 乙은 관련법령에 따라 관할 행정청에 영업자 지위승계신고를 하였다.) 관할 행정청은 乙의 신고가 수리된 후에도 위해식품 판매를 이유로 **甲에 대해 진행 중이던 제재처분 절차를 乙에 대해 계속**할 수 있다. 14사복9

18 양도인이 위법행위를 한 후 제재를 피하기 위하여 영업을 양도한 경우 그 **제재사유의 승계**에 관하여 명문의 규정이 없는 경우, 위법행위로 인한 제재사유는 항상 **인적 사유**이고 경찰책임 중 **행위책임**의 문제라는 논거는 **승계부정설**의 논거이다. 17서울9
 ⊕ 그러나 이는 학설의 태도일 뿐이다. 판례는 제재처분을 대물적 처분으로 보아 승계를 긍정한다.

19 대물적 영업양도의 경우, 명시적인 규정이 없는 경우에도 **양도 전에 존재하는 영업정지 사유를** 이유로 **양수인**에 대해서도 **영업정지처분**을 할 수 있다. 13국가7

20 주유소허가의 양수인은 양도인의 지위를 승계하므로 **양도인에게** 그 허가를 취소할 법적 **사유**가 있는 경우 이를 이유로 **양수인에게** 응분의 **제재조치**를 할 수 있다. 19서울7

21 공중위생관리법령에 따라 공중위생영업이 양도·양수된 **양수인이** 그 후 행정청에 **새로운 영업소개설통보**를 한 경우**에도** 양도인에 관한 사유로 **양수인에 대하여 영업정지처분을 할 수 있다**. 19소간

22 (비교) 행정청은 개인택시 운송사업의 양도·양수에 대한 인가가 있은 후에도 그 **양도·양수 이전**에 있었던 양도인에 대한 운송사업면허취소사유를 들어 양수인의 운송사업면허를 **취소할 수 있다**. 14국가7

23 행정청은 개인택시 운송사업의 양도·양수 당시에 양도인에 대한 운송사업면허 취소사유가 현실적으로 발생하지 않았더라도, 그 **원인이 되는 사실이 존재**하였다면 그 후 발생한 운송사업면허 취소사유에 기하여 양수인의 사업면허를 **취소할 수 있다**. 미기출

(13~14) 甲이 乙에게 일반택시운송사업면허를 양도하고자 乙과 **양도·양수계약**을 체결하고 관련법령에 따라 乙이 사업의 **양도·양수신고**를 한 경우 17지방7

13 甲과 乙 사이의 사업양도·양수**계약이 무효**이더라도 이에 대한 신고의 **수리가 있게 되면** 사업양도의 **효과**가 **발생**한다.

17 (甲은 식품위생법상 영업허가를 받아 영업을 하는 자로서 자신의 영업을 乙에게 양도하였고, 乙은 관련법령에 따라 관할 행정청에 영업자 지위승계신고를 하였다.) 관할 행정청은 乙의 신고가 수리된 후에는 위해식품 판매를 이유로 **甲에 대해 진행 중이던 제재처분 절차를 乙에 대해 계속할 수 없다**. 14사복9

21 공중위생관리법령에 따라 공중위생영업이 양도·양수된 후 **양수인이** 그 후 행정청에 **새로운 영업소개설통보**를 하였다면 양도인에 관한 사유로 **양수인에 대하여 영업정지처분을 할 수 없다**. 19소간

22 (비교) 행정청은 개인택시 운송사업의 양도·양수에 대한 인가가 있은 후에는 그 **양도·양수 이전**에 있었던 양도인에 대한 운송사업면허취소사유를 들어 양수인의 운송사업면허를 **취소할 수 없다**. 14국가7

23 행정청은 개인택시 운송사업의 양도·양수 당시에 양도인에 대한 운송사업면허 취소사유가 현실적으로 발생하지 않았다면, 그 **원인이 되는 사실이 존재**하였더라도 그 후 발생한 운송사업면허 취소사유에 기하여 양수인의 사업면허를 **취소할 수는 없다**. 미기출

03 지위승계 관련 특별한 사례 | 요플 p.087 |

24 (행정처분에 의한 제재를 받을 사유가 있는 영업자가 영업을 양도하거나 이미 행정처분에 의해 제재를 받은 자가 그 제재나 제재의 효과를 피하기 위하여 영업을 양도하는 경우) **영업정지** 등의 제재처분에 있어서 양도인에게 발생한 책임이 양수인에게 **승계**되는 것이 **인정**되는 것처럼, **과징금의 부과**에 대해서도 승계가 **인정**된다.(2003두8005) 16국회8
 ⊕ 다만 해당 판례는 전통적 과징금에 대한 사례가 아닌 본래의 변형된 과징금에 대한 사례였다.

24 (행정처분에 의한 제재를 받을 사유가 있는 영업자가 영업을 양도하거나 이미 행정처분에 의해 제재를 받은 자가 그 제재나 제재의 효과를 피하기 위하여 영업을 양도하는 경우) 대법원은 **영업정지** 등의 제재처분에 있어서는 양도인에게 발생한 책임이 양수인에게 **승계**되는 것을 **인정**하지만 **과징금의 부과**에 대해서는 이를 **인정하지 않고** 있다. 16국회8

25 화물자동차법에 따라 운송사업을 양수하고 지위를 승계한 양수인은 양도인의 의무위반행위에 따른 위법상태까지 승계한다. 〈을〉 미기출

26 양도인의 불법증차 사실을 모르고 운송사업자의 지위를 승계한 양수인의 경우에도, 불법증차차량과 그에 대한 운송사업자로서의 책임을 승계한다. 〈을〉 미기출

27 양수인이 불법증차를 실행한 운송사업자의 지위를 승계한 경우, 양수인은 지위승계 후 발생한 수급에 대해서 반환책임이 있는 것이지, 지위 승계 전 발생한 부정수급액까지 반환책임을 부담하는 것은 아니다. 〈을〉 미기출

28 유가보조금 반환명령은 대인적 처분으로서, 대물적 제재처분인 운송사업 허가취소처분과 구별된다. 〈을〉 미기출

29 합병 이전의 회사에 대한 분식회계를 이유로 감사인 지정제외 처분과 손해배상공동기금의 추가 적립의무를 명한 조치의 효력은 합병 후 존속하는 법인에게 승계될 수 있다. 21군무원9

30 회사분할 시 분할 전 회사에 대한 제재사유가 신설회사에 대하여 승계되지 않으므로 회사의 분할 전 법 위반행위를 이유로 과징금을 부과하는 것은 허용되지 않는다. 17서울9

31 하도급법에 따른 벌점 부과를 단순 사실행위에 불과하다고만 볼 수는 없고, 분할 전 회사에 부과된 벌점은 회사의 공법상 의무 또는 이와 관련한 재산적 가치가 있는 사실관계에 해당하므로, 분할신설회사에 귀속된다. 〈을〉 미기출

32 위반행위를 하여 업무정지처분의 대상이 된 요양기관이 폐업할 경우, 그 요양기관의 개설자가 새로 개설한 요양기관에 대하여 업무정지처분을 할 수 없다. 〈을〉 미기출
➕ 업무정지처분은 대물적 처분인데, 그 대상이 되는 영업이 폐업으로 소멸해 버렸기 때문

33 종전 사업시행자가 농업인 등이 아님에도 부정한 방법으로 사업계획승인을 취득하여 그 승인에 대한 취소사유가 있더라도, 지위 승계 등에 관한 별도의 명문 규정이 없는 이상 이를 들어 변경된 사업시행자에 대한 사업계획변경승인을 취소할 수 없다. 〈을〉 미기출
➕ 농어촌정비법상 사업계획변경승인은 지위승계를 수반하는 것이 아닌, 단순한 명의변경에 불과하여 양수인에게 제재사유가 승계되지 않는다고 본 판례

25 화물자동차법에 따라 운송사업을 양수하고 지위를 승계한 양수인이라 하더라도, 양도인의 의무위반행위에 따른 위법상태까지 승계하는 것이라고 볼 수는 없다. 미기출

26 양도인의 불법증차 사실을 모르고 운송사업자의 지위를 승계한 양수인의 경우에는, 예외적으로 불법증차차량과 그에 대한 운송사업자로서의 책임을 승계하지 않는다. 미기출

27 양수인이 불법증차를 실행한 운송사업자의 지위를 승계한 경우, 양수인은 지위승계 후 발생한 수급액은 물론 지위승계 전 발생한 부정수급액에 대해서까지 반환책임이 있다. 미기출

28 유가보조금 반환명령은 대물적 처분으로서, 대인적처분인 운송사업 허가취소처분과 구별된다. 미기출

31 하도급법에 따른 벌점 부과는 단순 사실행위에 불과하므로, 분할 전 회사에 부과된 벌점이 분할신설회사에 승계된다고 볼 수 없다. 미기출

32 위반행위를 하여 업무정지처분의 대상이 된 요양기관이 폐업한 경우, 그 요양기관의 개설자가 새로 개설한 요양기관에 대하여 업무정지처분을 할 수 있다. 미기출

33 종전 사업시행자가 농업인 등이 아님에도 부정한 방법으로 사업계획승인을 취득하여 그 승인에 대한 취소사유가 있는 경우, 이를 들어 변경된 사업시행자에 대한 사업계획 변경승인을 취소할 수 있다. 미기출

테마별 N지 모음

N1 다음 사례에 대한 설명으로 옳지 않은 것은? (다툼이 있는 경우 판례에 의함) 22국가7 ③

> 甲은 구「주택건설촉진법」상 아파트를 건설하기 위해 관할 행정청인 A시장으로부터 주택건설사업계획승인을 받았는데, 그 후 乙에게 위 주택건설사업에 관한 일체의 권리를 양도하였다. 乙은 A시장에 대하여 사업주체가 변경되었음을 이유로 사업계획변경승인신청서를 제출하였는데, A시장은 사업계획승인을 받은 날로부터 4년여 간 공사에 착수하지 않았다는 이유로 주택건설사업계획승인을 취소한다고 甲과 乙에게 통지하고, 乙의 사업계획변경승인신청을 반려하였다.

① A시장의 주택건설사업계획승인의 취소는 취소하여야 할 공익상의 필요와 그 취소로 인하여 당사자가 입게 될 기득권의 침해·신뢰보호 등을 비교·교량하였을 때 공익상의 필요가 당사자가 입을 불이익을 정당화할만큼 강하지 않다면 적법성을 인정받을 수 없다.
② 사실상 내지 사법상으로 주택건설사업 등이 양도·양수되었을지라도 아직 변경승인을 받기 이전에는 그 사업계획의 피승인자는 여전히 종전의 사업주체인 甲이다.
③ 주택건설사업계획승인취소처분이 甲과 乙에게 같이 통지되었다 하더라도 아직 乙이 사업계획변경승인을 받지 못한 이상 乙로서는 자신에 대한 것이든 甲에 대한 것이든 사업계획승인취소를 다툴 원고적격이 인정되지 않는다.
④ A시장이 乙에 대하여 한 주택건설사업계획승인취소의 통지는 항고소송의 대상이 되는 행정처분이 아니다.

해설 ③ 주택건설사업계획승인취소처분이 甲과 乙에게 같이 통지된 경우, 乙로서는 자신에 대한 사업계획승인취소를 다툴 수는 없다. 이는 처분이 아닌 사실의 안내에 불과하기 때문이다(④번지문). 그러나 甲에 대한 사업계획승인취소는 처분에 해당하고, 이에 대해서는 처분의 상대방인 甲은 물론, 乙에게도 이를 다툴 원고적격이 인정된다.

테마별 N지 모음

N2 갑(甲)은 영업허가를 받아 영업을 하던 중 자신의 영업을 을(乙)에게 양도하고자 을과 **사업양도양수계약**을 체결하고 관련법령에 따라 관할 행정청 A에게 **지위승계신고**를 하였다. 이에 대한 설명으로 가장 옳지 않은 것은? 19서울9 ④

① 갑과 을이 사업양도양수계약을 체결하였으나 지위승계**신고 이전**에 갑에 대해 **영업허가가 취소**되었다면, 을은 이를 **다툴** 법률상 이익이 **있다**.
② 갑과 을이 관련법령상 요건을 갖춘 적법한 신고를 하였더라도 A가 이를 **수리하지 않았다**면 **지위승계의 효력**이 발생하지 **않는다**.
③ A가 **지위승계신고의 수리를 거부**한 경우 갑은 수리거부에 대해 **취소소송**으로 다툴 **수 있다**.
④ 갑과 을 사이의 사업양도양수**계약이 무효**이더라도 A가 지위승계신고를 **수리하였다면** 그 수리는 취소되기 전까지 **유효**하다.

[해설] ④ 갑과 을 사이의 사업양도양수**계약이 무효**라면 A가 지위승계신고를 **수리하였더라도** 그 수리는 대상이 없는 것에 대한 것으로서 **무효**이다.

THEME 26 행정행위의 성립요건 · 효력발생요건

○ 지문 / ✕ 지문

01 개관 | 요플 p.088 |

○ 지문

01 일반적으로 행정행위가 **주체 · 내용 · 절차**와 **형식**의 요건을 모두 갖추고 **외부**에 **표시**된 경우에 행정행위의 **존재**가 **인정**된다. 21소방

02 행정청의 의사가 외부에 표시되어 행정청이 **자유롭게 취소 · 철회할 수 없는 구속을 받게 되는 시점**에 행정행위가 **성립**하며, 행정행위의 성립 여부는 행정청의 의사표시를 **공식적인 방법**으로 **외부에 표시**하였는지 여부를 **기준**으로 판단해야 한다. 21소방
➕ 즉, 지문의 뒷부분은 옳으나, 앞부분이 틀린 것

03 법무부장관의 **입국금지결정**이 그 의사가 공식적인 방법으로 **외부**에 **표시**된 것이 아니라 단지 그 정보를 내부 전산망인 출입국관리정보시스템에 입력하여 관리한 것에 지나지 않은 경우, 이는 **항고소송의 대상**에 해당되지 **않는다**. 20소간

04 과세관청이 납세의무자가 제기한 항고**소송에서** 법원에 **제출한 서면에 내부적 결정** 사실을 **밝혔**다고 하더라도 이는 **공식적인 방법**으로 그 결정을 **표시**한 경우라고 할 수 **없으므로**, 다른 사정이 없는 한 해당 결정이 **처분**으로 존재한다고 보기 **어렵다**. 미기출

05 행정처분의 **송달**은 「행정절차법」 제15조에 따라 **도달주의**를 취한다. 즉, 송달은 다른 법령등에 특별한 규정이 있는 경우를 제외하고는 해당 문서가 송달받을 자에게 도달됨으로써 그 효력이 발생한다. 12지방9

06 처분의 통지는 행정처분을 상대방에게 표시하는 것으로서 상대방이 **인식할 수 있는 상태에 둠**으로써 족하고, 객관적으로 보아 행정처분으로 **인식할 수 있도록 고지**하면 된다. 18국가9
➕ 즉, 상대방이 현실적으로 인식할 것까지 요하는 것은 아니다.

07 구 중기관리법에 도로교통법 시행령 제86조 제3항 제4호와 같은 운전면허의 취소 · 정지에 대한 **통지에 관한 규정이 없더라도** 중기조종사면허의 취소나 정지는 상대방에 대한 **통지를 요하며** 행정행위의 일반원칙에 따라 이를 상대방에게 **고지하여야 효력이 발생**한다. 18국회8

08 과세처분에 관한 납세고지서의 송달이 국세기본법의 규정에 위배되는 부적법한 것으로서 **송달의 효력이 발생하지 아니하는** 이상, 그 과세**처분은 무효**이다. 18국가7

09 수도과태료의 부과처분에 대한 납세고지서의 **송달이 부적법**하면 그 부과처분은 효력이 발생할 수 없고, **상대방이** 객관적으로 위 부과처분의 존재를 **인식할 수 있었**다 하더라도 그와 같은 사실로써 송달의 **하자가 치유**된다고 볼 수 **없다**. 24소방

✕ 지문

02 행정청의 의사가 외부에 표시되어 행정청이 **자유롭게 취소 · 철회할 수 없는 시점**에 행정행위가 성립하는 것은 아니며, 행정행위의 성립 여부는 행정청의 의사를 공식적인 방법으로 **외부에 표시**하였는지 여부를 **기준**으로 판단해야 한다. 21소방

04 과세관청이 납세의무자가 제기한 항고**소송에서** 법원에 **제출한 서면에 내부적 결정** 사실을 **밝혔다면**, 공식적인 방법으로 그 결정을 **표시**한 것**이므로** 해당 결정이 **처분**으로 존재한다고 볼 수 **있다**. 미기출

05 행정처분의 **송달**은 민법상 도달주의가 아니라 「행정절차법」 제15조에 의한 **발신주의**를 취한다. 12지방9

07 구 중기관리법에 도로교통법 시행령 제86조 제3항 제4호와 같은 운전면허의 취소 · 정지에 대한 **통지에 관한 규정이 없다면** 중기조종사면허의 취소나 정지는 상대방에 대한 **통지를 요하지 아니한다**고 할 수 있고 행정행위의 일반원칙에 따라 이를 상대방에게 **고지하여야 효력이 발생**한다고 볼 수 없다. 18국회8

09 수도과태료의 부과처분에 대한 납세고지서의 **송달이 부적법**하면 그 부과처분은 효력이 발생할 수 없지만 처분의 **상대방이** 객관적으로 위 부과처분의 존재를 **인식할 수 있었**다는 사실로써 송달의 **하자가 치유**된다. 24소방

10 납세고지서의 교부송달 및 우편송달에 있어서 반드시 납세의무자 또는 그와 일정한 관계에 있는 사람의 현실적인 수령행위를 전제로 하고 있다고 보아야 하며, **납세자가 과세처분의 내용을 이미 알고 있는 경우에도** 납세고지서의 **송달이 불필요하다고 할 수 없다.** 13지방9

11 상대방 있는 행정처분이 상대방에게 **고지되지 아니한 경우에는** 상대방이 **다른 경로를 통해** 행정처분의 내용을 **알게 되었어도** 그 **행정처분의 효력이 발생하지 아니한다.** 21소방

11 상대방 있는 행정처분이 상대방에게 **고지되지 아니한 경우에도** 상대방이 **다른 경로를 통해** 행정처분의 내용을 **알게 된다면** 그 행정처분의 효력이 발생한다. 21소방

02 효력발생요건 | 요플 p.089 |

12 행정청은 **송달하는 문서**의 명칭, 송달받은 자의 성명또는 명칭, 발송방법 및 발송연월일을 확인할 수 있는 **기록을 보존하여야** 한다. 20국회8

13 판례는 내용증명우편이나 등기우편과는 달리 **보통우편**의 방법으로 발송되었다는 사실만으로는 그 우편물이 상당한 기간 내에 **도달하였다고 추정할 수 없고**, 송달의 효력을 주장하는 측에서 증거에 의하여 이를 **입증하여야** 한다고 본다. 17서울9

14 보통우편에 의한 송달과 달리 **등기우편**에 의한 송달은 반송 등 기타 특별한 사유가 없는 한 **배달**된 것으로 **추정**된다. 20국회8

15 (행정행위의 효력발생요건으로서의 통지와 관련하여) **등기**에 의한 우편송달의 경우**라도** 수취인이 주민등록지에 실제로 **거주하지 않는 경우**에는 우편물의 **도달사실을 처분청이 입증**해야 한다. 18국가9

16 교부에 의한 송달은 **수령확인서**를 받고 문서를 교부함으로써 하며, 송달하는 장소에서 **송달 받을 자**를 만나지 **못한** 경우에는 그 **사무원 · 피용자** 또는 **동거인**으로서 사리를 분별할 지능이 있는 사람에게 문서를 **교부할 수** 있다. 17(하)국가7

17 수취인이 **송달을 회피하는 정황**이 있어 부득이 **사업장**에 납세고지서를 두고 왔다고 하더라도 납세고지서의 **송달이 이루어진 것으로 볼 수는 없다.** 20국회8

17 수취인이 **송달을 회피하는 정황**이 있어 부득이 **사업장**에 납세고지서를 두고 왔다면 납세고지서의 **송달이 이루어진 것이다.** 20국회8

18 상대방이 부당하게 **등기우편물의 수취를 거부**함으로써 우편물의 내용을 알 수 있는 객관적 상태의 형성을 **방해한 경우**, 그러한 상태가 형성되지 아니한 사정만으로 발송인의 의사표시의 효력을 부정하는 것은 신의성실의 원칙에 반하므로, 수신인의 **수취거부 시에 의사표시의 효력이 생긴 것으로 보아야** 한다. 미기출

18 상대방이 부당하게 **등기우편물의 수취를 거부**함으로써 우편물의 내용을 알 수 있는 객관적 상태의 형성을 방해한 경우라 하더라도, 그러한 상태가 형성되지 않은 이상 발송인의 의사표시가 효력을 발생할 수는 없으며, 수신인의 **수취거부 시에 의사표시의 효력이 생긴 것으로 보아서는 안 된다.** 미기출

19 문서를 송달 받을 자 또는 그 사무원등이 정당한 사유없이 **송달 받기를 거부**하는 때에는 그 사실을 수령확인서에 적고, 문서를 송달할 장소에 **놓아둘 수** 있다. 17(하)국가7

20 **정보통신망**을 이용한 송달은 송달받을 자가 **동의**하는 경우에**만** 한다. 22국회8

21 정보통신망을 이용한 송달은 송달 받을 자가 동의하는 경우에만 할 수 있다. 이 경우 **송달 받을 자**가 송달받을 **전자우표주소 등을 지정**하여야 한다. 17(하)국가7

21 정보통신망을 이용한 송달을 할 경우 **행정청**은 송달받을 자의 동의를 얻어 송달 받을 **전자우편주소 등을 지정**하여야 한다. 17(하)국가7

22 정보통신망을 이용하여 전자문서로 송달하는 경우에는 **송달받을 자**가 지정한 컴퓨터에 **입력된 때**에 **도달**된 것으로 본다. 08국가9

22 정보통신망을 이용하여 전자문서로 송달하는 경우에는 **송달 받은 자**가 지정한 컴퓨터에서 **확인한 때**에 **도달**된 것으로 본다. 08국가9

23 「행정절차법」는 행정행위 상대방에 대한 송달받을 자의 **주소** 등을 통상적인 방법으로 **확인할 수 없는 경우 뿐 아니라**, 송달이 불가능한 경우에도 **공고**의 방법에 의한 송달이 가능하도록 규정하고 있다. 21소방

23 「행정절차법」은 행정행위 상대방에 대한 송달받을 자의 **주소** 등을 통상적인 방법으로 **확인할 수 없는 경우에 한하여**, 공고의 방법에 의한 송달이 가능하도록 규정하고 있다. 21소방

24 (행정행위의 효력발생요건과 관련하여) **송달이 불가능할 경우**에는 송달받을 자가 알기 쉽도록 **관보, 공보, 게시판, 일간신문** 중 하나 이상을 공고하고 **인터넷에도** 공고하여야 한다. 18교행9
  ⊕ 즉, 인터넷 공고는 선택이 아니라 필수

24 (행정행위의 효력발생요건과 관련하여) **송달이 불가능할** 경우에는 송달받을 자가 알기 쉽도록 **관보, 공보, 게시판, 일간신문, 인터넷 중 하나**에 공고하여야 한다. 18교행9

25 주소불명 · 송달불능에 따른 공고의 경우는 행정절차법에 따라 공개가 이루어지고 개인정보 보호법에 따른 **개인정보호의무도 적용된다.** 미기출

25 주소불명 · 송달불능에 따른 공고의 경우는 행정절차법에 따라 공개가 이루어지므로 개인정보 보호법에 따른 **개인정보 보호의무가 적용되지 않는다.** 미기출

26 송달이 불가능하여 관보, 공보 등에 공고한 경우에는 다른 법령등에 특별한 규정이 있는 경우를 제외하고는 공고일부터 14일이 지난 때에 그 효력이 발생한다. 다만, 긴급히 시행하여야 할 특별한 사유가 있어 효력 발생 시기를 달리 정하여 공고한 경우에는 그에 따른다. 22국회8 Ⓞ

27 구 청소년 보호법에 따라 정보통신윤리위원회가 특정 웹사이트를 청소년유해매체물로 결정하고 청소년보호위원회가 효력발생시기를 명시하여 고시한 경우, 정보통신윤리위원회와 청소년보호위원회가 웹사이트 운영자에게 위 처분이 있었음을 통지하지 아니하였더라도 그 효력은 발생한다. 18국가9 Ⓞ

27 구 청소년 보호법에 따라 정보통신윤리위원회가 특정 웹사이트를 청소년유해매체물로 결정하고 청소년보호위원회가 효력발생시기를 명시하여 고시하였으나 정보통신윤리위원회와 청소년보호위원회가 웹사이트 운영자에게는 위 처분이 있었음을 통지하지 않았다면 그 효력이 발생하지 않는다. 18국가9 Ⓧ

28 서훈은 서훈대상자의 특별한 공적에 의하여 수여되는 고도의 일신전속적 성격을 가지는 것이므로 유족이라고 하더라도 처분의 상대방이 될 수 없다. 23국가9 Ⓞ

29 망인에 대한 서훈취소는 유족에 대한 것이 아니므로 유족에 대한 통지에 의해서만 성립하여 효력이 발생한다고 볼 수 없고, 그 결정이 처분권자의 의사에 따라 상당한 방법으로 대외적으로 표시됨으로써 행정 행위로서 성립하여 효력이 발생한다고 봄이 타당하다. 17(하)지방9 Ⓞ

30 「행정절차법」은 송달과 관련하여 민사소송법의 송달 규정을 준용하도록 하고 있지 않다. 08국가9 Ⓧ
➕ 행정절차는 행정작용의 일종이고, 민사소송은 쟁송의 일종이라 성격이 다르기 때문이다. 반면, 민사소송과 같이 쟁송의 성격을 띄는 행정심판의 경우, 행정심판법에서 민사소송법의 송달 규정을 준용하고 있다.

31 외국에 거주 또는 체류하는 자에 대한 송달의 효력발생일은 행정청이 그 우편이나 통신에 걸리는 일수를 고려하여 정하여야 한다. 09지방9 Ⓞ

30 「행정절차법」에 따르면 송달과 관련하여 행정절차법에서 규정하지 아니하는 사항은 민사소송법의 송달에 관한 규정을 준용해야 한다. 08국가9 Ⓞ

31 외국에 거주 또는 체류하는 자에 대한 송달의 효력발생일은 공고일로부터 30일이 경과한 때이다. 09지방9 Ⓧ

테마별 N지 모음

N1 다음 사례에 대한 설명으로 옳은 것은? (다툼이 있는 경우 판례에 의함) 20국가9(변형) ③

> • 2020. 1. 6. 인기 아이돌 가수인 甲의 노래가 수록된 음반이 청소년 유해 매체물로 결정 및 고시되었는데, 여성가족부장관은 이 고시를 하면서 그 효력발생 시기를 구체적으로 밝히지 않았다.
> • A시의 시장이 식품위생법 위반을 이유로 乙에 대해 영업허가를 취소하는 처분을 하고자 하나 송달이 불가능하다.

① 「행정업무의 운영 및 혁신에 관한 규정」에 따르면 여성가족부장관의 고시의 효력은 2020. 1. 20.부터 발생한다.
② 甲의 노래가 수록된 음반을 청소년 유해 매체물로 지정하는 결정 및 고시는 항고소송의 대상이 될 수 없다.
③ A시의 시장이 영업허가취소처분을 송달하려면 乙이 알기 쉽도록 관보, 공보, 게시판, 일간신문 중 하나 이상에 공고하고 인터넷에도 공고하여야 한다.
④ 乙의 영업허가취소처분이 공보에 공고된 경우, 乙이 자신에 대한 영업허가취소처분이 있음을 알고 있지 못하더라도 영업 허가취소처분에 대한 취소소송을 제기하려면 공고가 효력을 발생한 날부터 90일 안에 제기해야 한다.

[해설] ① 행정업무의 운영과 혁신에 관한 규정에 따르면 여성가족부장관의 고시의 효력은 2020. 1. 12.부터 발생한다.
➕ 고시·공고는 해당 고시·공고에서 별도로 효력발생시기를 명시하지 않는 한 고시일로부터 5일 후에 효력이 발생
② 甲의 노래가 수록된 음반을 청소년 유해 매체물로 지정하는 결정 및 고시는 항고소송의 대상이 된다.
④ 乙의 영업허가취소처분이 공보에 공고된 경우, 乙이 자신에 대한 영업허가취소처분이 있음을 알고 있지 못한 경우라면, 乙은 처분이 있음을 현실적으로 안날부터 90일 안에 영업 허가처분에 대한 취소소송을 제기할 수 있다.
➕ 송달불능 등에 따른 공고 시 효력발생일이 제소기간의 기산점인 안 날이 되는 것이 아니라, 처분의 상대방이 현실적으로 안 날부터 90일이 기산된다.

테마별 N지 모음

N2 다음 사례에 관한 설명으로 옳은 것은? (다툼이 있는 경우 판례에 의함) 21국가7 ②

> 관할 행정청은 2019. 4. 17. 「청소년보호법」의 규정에 따라 ㉠ A주식회사가 운영하는 인터넷 사이트를 청소년유해매체물로 결정하는 내용, ㉡ 일반 불특정 다수인을 상대방으로 하여 일률적으로 표시의무, 포장의무, 청소년에 대한 판매·대여 등의 금지의무 등 각종 의무를 발생시키는 내용, ㉢ 그 결정·고시의 효력발생일을 2019. 4. 24.로 정하는 내용 등을 포함한 「청소년유해매체물 결정·고시」를 하였다.

① 위 결정·고시는 항고소송의 대상이 되는 행정처분에 해당하지 않는다.
② 관할 행정청이 위 결정·고시를 함에 있어서 A주식회사에게 이를 통지하지 않았다고 하여 결정·고시의 효력 자체가 발생하지 않는 것은 아니다.
③ A주식회사가 위 결정을 통지받지 못하였다는 것은 취소소송의 제소기간을 준수하지 못한 것에 대한 정당한 사유가 될 수 있다.
④ 위 결정·고시에 대한 취소소송의 제소기간을 계산함에 있어서는, A주식회사가 위 결정·고시가 있었다는 사실을 현실적으로 알았는지 여부에 관계없이 고시일인 2019. 4. 17.에 위 결정·고시가 있음을 알았다고 보아야 한다.

[해설] ① 위 결정·고시는 항고소송의 대상이 되는 행정처분에 해당한다.
③ A주식회사가 위 결정을 통지받지 못하였다는 것은 취소소송의 제소기간을 준수하지 못한 것에 대한 정당한 사유가 될 수 없다.
④ 위 결정·고시에 대한 취소소송의 제소기간을 계산함에 있어서는, A주식회사가 위 결정·고시가 있었다는 사실을 현실적으로 알았는지 여부와 관계없이 고시의 효력발생일인 2019. 4. 24.에 위 결정·고시가 있음을 알았다고 보아야 한다.
⊕ 관할 행정청이 결정·고시의 효력발생일을 2019. 4. 24.로 정해두었기 때문에 그 날에 결정·고시가 있음을 알았다고 간주한다.

N3 행정행위의 성립요건과 효력발생요건을 구분할 경우 효력발생요건에 해당하는 것은? 15교행9 ①
① 상대방에게 통지되어 도달되어야 한다.
② 내용이 법률상으로나 사실상으로 실현가능해야 한다.
③ 법령상 특별한 규정이 있는 경우를 제외하고는 문서로 하여야 한다.
④ 당해 행정행위를 발할 수 있는 권한을 가진 자에 의해 행해져야 한다.

[해설] ②, ③, ④는 각각 내용, 형식, 주체와 관련한 성립요건이다.

THEME 27 | 행정행위의 효력(1) - 공정력·구성요건적 효력

○ 지문 / × 지문

01 공정력 | 요론 p.090 |

01기 (「행정기본법」에 따르면) 처분은 무효가 아닌 한 권한이 있는 기관이 취소 또는 철회하거나 기간의 경과 등으로 소멸되기 전까지는 유효한 것으로 통용된다. 22국가7

02 (법률이 위임하지 아니한 사항을 허가요건으로 추가하고 입법예고도 거치지도 아니한 시행규칙에 근거하여 허가청이 갑의 허가신청에 대하여 시행규칙이 정한 요건을 갖추지 못하였다는 이유로 불허가 처분한 경우) 위임한계를 벗어난 법령은 공정력이 인정되지 않으므로 해당 시행규칙은 대외적 효력을 보유할 수 없다. 10국가9

03 위법한 공법상 계약은 무효이므로 공법상 계약에는 원칙적으로 공정력이 인정되지 않는다. 10지방9

04 공정력은 행정청의 권력적 처분에 인정되는 것일 뿐, 비권력적 행위, 단순 사실행위, 사법행위에는 인정되지 아니한다. 16사복9

05기 공정력이란 행정행위의 위법이 중대명백하여 당연무효가 아닌 한 권한 있는 기관에 의하여 취소되기까지는 행정의 상대방이나 이해관계자에게 유효하게 통용되는 힘을 말한다. 20국회8

02 (법률이 위임하지 아니한 사항을 허가요건으로 추가하고 입법예고도 거치지도 아니한 시행규칙에 근거하여 허가청이 갑의 허가신청에 대하여 시행규칙이 정한 요건을 갖추지 못하였다는 이유로 불허분 처분한 경우) 위임한계를 벗어난 법령도 공정력을 갖는 결과 권한이 있는 국가기관에 의해 그 효력이 부인될 때까지는 유효한 효력을 보유한다는 것이 판례의 일관된 입장이다. 10국가9

04 공정력은 행정청의 권력적 행위뿐 아니라 비권력적 행위, 사실행위, 사법행위에도 인정된다. 16사복9

05기 공정력이란 행정행위의 위법이 중대명백하여 당연무효가 아닌 한 권한 있는 기관에 의해 취소되기까지는 행정의 상대방이나 이해관계자에게 적법하게 통용되는 힘을 말한다. 20국회8

06 공정력의 근거는 **적법성의 추정**이 **아닌** 행정의 실효성 확보에 있다. 따라서 행정행위를 적법으로 추정하는 것이 아니라, 유효로 통용시킬 뿐이고, 행정행위의 **적법성**에 대한 **입증책임**은 원고 측이 아니라 **피고** 행정청에 있는 것이 원칙이다. 〈율〉21군무원7
  ➕ 입증책임과 처분의 공정력은 전연 별개의 문제이다.(66누134)
07 공정력은 **무효**인 행정행위에는 **인정되지 아니**한다. 〈율〉08(하)지방7
기 ➕ 행정행위의 효력들은(공정력, 불가쟁력, 불가변력, 구속력, 강제력) 적어도 해당 행정행위가 유효일 것을 전제로 함

06 공정력의 근거를 **적법성의 추정**으로 보아 행정행위의 **적법성**은 피고인 행정청이 아니라 **원고** 측에 **입증책임**이 있다. 21군무원7
07 공정력은 경우에 따라 **무효**인 행정행위에도 **인정**된다.
기 08(하)지방7

02 공정력과 구성요건적 효력 | 요플 p.090 |

08 공정력은 행위의 상대방은 물론 **이해관계인에도** 미친다. 07국가9
09 **구성요건적 효력**에서도 당해 **처분이 무효**인 경우에는 그 효력이 **인정되지 않는다**. 08(하)지방9
10 행정행위의 **구성요건적 효력**은 처분청 이외의 **다른 국가기관**으로 하여금 당해 행위의 존재와 효과를 인정하고 그 내용에 구속될 것을 요구하는 효력을 말한다. 18국회8
11 행정행위의 효력으로서 **구성요건적 효력**은 기관 간 상호존중 내지 관할배분에 이론적 근거가 있으나, 공정력은 법적 안정성 및 행정의 실효성 확보에 이론적 근거가 있다는 데에서 **차이점**이 있다.
인 〈율〉17(상)국가9
12 **공정력**을 인정하는 이론적 근거는 **법적안정성**설이 통설이다. 20국회8
인
13 통설은 **공정력**의 이론적 근거를 행정의 실효성 및 법적안정성 확보에 둔다. 〈율〉08(하)지방7
Z ➕ 공정력은 선험적으로 당연히 인정되는 것이 아니라, 법정책상 필요로 인해 인정되는 것
14 **구성요건적 효력**의 근거로는 **국가기관 상호 간**에 관할권의 배분을 들 수 있다. 20국회8(변형)
인
15 행정기본법 제15조에 **공정력**에 관한 명문**규정**이 **존재**한다. 〈율〉미기출
Ⓒ

16 국세 등의 부과 및 징수처분에 대한 **부당이득반환청구사건**에서 행정처분의 하자가 단순한 **취소사유**에 그칠 때에는 **법원**은 그 행정**처분의 효력을 부인할 수 없**다는 것은 행정행위의 **구성요건적 효력**과 관련된다. 10국가7

11 행정행위의 효력으로서 **구성요건적 효력**과 공정력은 이론적 근거를 **법적 안정성**에서 찾고 있다는 **공통**점이 있다.
인 17(상)국가9

13 통설은 **공정력**의 이론적 근거를 행정권에 **선험적인 우월적 지위**가 인정된다는 데에 둔다. 08(하)지방7
Z

15 **공정력**에 대한 명문**규정**은 **존재하지 않**으나, 취소제도의 존재, 제소기간의 제한 등을 통해 공정력을 간접적으로 추정할 수 있다. 미기출
Ⓒ

03 선결문제 관련 규정 | 요플 p.091 |

17 처분 등의 **효력 유무** 및 **존재 여부**가 민사소송의 선결문제로 되어 당해 민사소송의 수소법원이 이를 심리 판단하는 경우에 대하여 행정소송법은 명시적인 규정을 두고 있다.(제11조) 〈율〉11지방7
 ➕ 처분 등의 "위법 여부"에 대해서는 명시적인 규정이 없으므로 해당 부분이 틀린 것

18 처분의 **효력 유무**가 민사소송의 **선결문제**로 되어 당해 소송의 수소법원이 이를 심리·판단하는 경우 수소법원은 필요하다고 인정할 때에는 **직권**으로 **증거조사**를 할 수 있고, 당사자가 **주장하지 아니한 사실**에 대하여도 **판단**할 수 있다. 18국가7
인

17 처분 등의 **효력 유무** 또는 **위법 여부** 또는 **존재 여부**가 민사소송의 선결문제로 되어 당해 민사소송의 수소법원이 이를 심리 판단하는 경우에 대하여 행정소송법은 명시적인 규정을 두고 있다. 11지방7
인

04 선결문제 풀이방법 | 요플 p.091 |

19 조세과오납에 따른 **부당이득반환청구사안**에서 민사법원은 사전통지 및 의견제출**절차**를 거치지 않은 **하자**를 이유로 행정행위의 **효력**을 부인할 수는 없다. 〈율〉20국회8
Ⓢ ➕ 사전통지나 의견청취의 하자는 절차의 하자로 취소사유이기 때문이다.

20 갑이 개별공시지가결정에 따라 부과된 재산세를 납부한 후 이미 납부한 재산세에 대한 부당이득반환을 구하는 민사소송을 제기한 경우, 민사법원은 재산세부과처분에 **취소사유**의 하자가 있음을 이유로는 재산세부과처분의 **효력**을 **부인**할 수 없고 그 납세액의 **반환**을 명하는 판결을 내릴 수도 **없**다. 〈율〉19국가7
Ⓢ

19 **조세과오납**에 따른 **부당이득반환청구**사안에서 민사법원은 사전통지 및 의견제출**절차**를 거치지 않은 **하자**를 이유로 **행정행위의 효력을 부인할 수 있다**. 20국회8
Ⓢ

20 갑이 개별공시지가결정에 따라 **부과**된 **재산세**를 납부한 후 이미 납부한 재산세에 대한 부당이득반환을 구하는 민사소송을 제기한 경우, 민사법원은 재산세부과처분에 **취소사유**의 하자가 있음을 이유로 재산세부과처분의 **효력**을 **부인**하고 그 납세액의 **반환을 명하는 판결을 내릴 수 있다**. 19국가7
Ⓢ

21 신고납세방식의 조세의 경우 납세의무자의 **신고행위**가 중대하고 명백한 하자로 인하여 당연**무효**로 되지 **아니**하는 한 신고에 따라 **납부한 세액**이 바로 **부당이득**에 해당하는 것은 **아니**다. 23국가7

22 과세처분의 하자가 **취소**할 수 있는 **사유**인 경우 과세관청이 이를 스스로 취소하거나 항고소송절차에 의하여 **취소되어야** 해당 조세의 납부는 **부당이득**이 된다. 18지방7

23 무단으로 공유재산 등을 사용·수익·점유하는 자가 관리청의 **변상금부과처분**에 따라 그에 해당하는 돈을 납부한 경우라면 위 변상금부과처분이 **당연무효이거나** 행정소송을 통해 먼저 **취소되기** 전에는 사법상 **부당이득반환청구**로써 위 납부액의 반환을 구할 수 **없다**. 23소간

24 과·오납세금반환청구소송에서 **민사법원**은 그 선결문제로서 과세처분의 **무효 여부**를 판단할 수 있다. 19국가9

25 **민사소송에 있어서** 어느 행정처분의 당연무효 여부가 선결문제로 되는 때에는 이를 판단하여 **당연무효임을 전제로 판결할 수** 있고 반드시 **행정소송** 등의 절차에 의하여 그 **취소나 무효확인을 받아야 하는 것은 아니다**. 21지방9

26 조세부과처분이 **무효**임을 이유로 이미 납부한 세금의 반환을 청구하는 민사소송에서 법원은 그 조세부과처분이 **무효라는 판단**과 함께 세금을 **반환하라는 판결**을 할 수 **있다**. 22지방9

27 구 「지방재정법」에 의한 **변상금부과처분이 당연무효**인 경우, 이 변상금부과처분에 의하여 납부자가 납부한 **오납금**은 지방자치단체가 법률상 원인 없이 취득한 **부당이득**에 해당한다. 21국가7

28 **민사소송**에 있어서 어느 행정처분의 당연무효 여부가 선결문제로 되는 때에는 당해 소송의 **수소법원**은 이를 판단하여 **당연무효임을 전제로 인용판결**(예컨대 **과세처분이 무효임을 전제로 부당이득인 과오납세금을 반환하라는 판결**)을 할 수는 있다. 그러나 선결문제가 되는 행정**처분의 무효확인판결**(예컨대 과세처분이 무효임을 확인한다는 판결)을 할 수는 **없다**. 19지방9
 ➕ 즉, 민사소송의 수소법원은 처분이 무효임을 판단해 이를 전제로 민사적 판결을 내릴 수 있는 것이지, 처분이 무효라고 무효확인판결을 할 수는 없는 것이다. 처분에 대한 무효확인판결은 행정법원의 항고소송으로만 가능하기 때문이다.

28 **민사소송**에 있어서 어느 행정처분의 당연무효 여부가 선결문제로 되는 때에는 당해 소송의 수소법원은 이를 판단하여 그 행정처분의 **무효확인판결**을 할 수 있다. 19지방9

29 구 **토지수용법** 및 관계법령에 따라 행해진 **재결**에 대하여 불복절차를 취하지 아니함으로써 그 재결에 대하여 더 이상 다툴 수 없게 된 경우, 기업자(사업시행자)는 그 재결이 **당연무효이거나 취소되지 않는 한** 이미 보상금을 지급받은 자에 대하여 민사소송으로 그 보상금을 **부당이득**이라 하여 반환청구할 수 **없다**. 14지방7
 ➕ 재결이 "당연무효이거나 취소되지 않는 한"이란, 결국 그 재결이 "유효"하다는 의미이다. 부당이득반환청구는 선결 처분이 무효일 때만 인정될 수 있으므로 유효인 이상 인정될 수 없다.

30 **파면처분**을 당한 공무원은 그 처분에 **취소사유**인 하자가 존재하는 경우 **파면처분취소소송을 제기하여야** 하고 **곧바로 공무원지위확인소송**을 제기할 수 **없다**. 19서울9

31 (A시 시장은 식품접객업주 甲에게 청소년고용금지업소에 청소년을 고용하였다는 사유로 식품위생 법령에 근거하여 영업정지 2개월 처분에 갈음하는 과징금부과처분을 하였고, 甲은 부과된 과징금을 납부하였다. 그러나 甲은 이후 **과징금부과처분에 하자**가 있음을 알게 되었다.) 甲은 납부한 과징금을 돌려받기 위해 관할 행정법원에 과징금반환을 구하는 **당사자소송**을 제기할 수 **없다**. 과징금부과처분의 하자가 취소사유라면 먼저 항고소송을 제기해 당해 과징금 처분을 무효로 만들어야 하고, 무효에 해당한다면 민사소송인 부당이득반환소송을 제기하여야 한다. 어느 경우건 당사자소송은 아니다. 22국가9

31 (A시 시장은 식품접객업주 甲에게 청소년고용금지업소에 청소년을 고용하였다는 사유로 식품위생 법령에 근거하여 영업정지 2개월 처분에 갈음하는 과징금부과처분을 하였고, 甲은 부과된 과징금을 납부하였다. 그러나 甲은 이후 **과징금부과처분에 하자**가 있음을 알게 되었다.) 甲은 납부한 과징금을 **돌려받기 위해** 관할 행정법원에 과징금반환을 구하는 **당사자소송**을 제기할 수 **있다**. 22국가9

32 **영업허가취소처분**으로 손해를 입은 자가 제기한 국가배상청구소송에서 법원은 영업허가취소처분에 **취소사유**에 해당하는 하자가 있는 경우에는 영업허가취소처분의 위법을 이유로 **배상청구**를 인용할 수 **있다**. 22지방9
 ➕ 국가배상청구는 처분이 위법하기만 하면 인용될 수 있다. 즉, 처분이 무효일 것까지 요구하지 않는다.

32 **영업허가취소처분**으로 손해를 입은 자가 제기한 국가배상청구소송에서 법원은 영업허가취소처분에 **취소사유**에 해당하는 하자가 있는 경우에는 영업허가취소처분의 위법을 이유로 **배상청구**를 인용할 수 **없다**. 22지방9

33 위법한 행정행위에 대한 **국가배상소송**이 제기된 경우, 민사법원은 **해당 행정행위의 취소여부와 무관하게** 그 위법여부를 심리·판단하여 배상을 명할 수 있다. 18교행9

33 위법한 행정행위에 대한 **국가배상소송**이 제기된 경우, 민사법원은 **해당 행정행위가 취소되어야만** 그 위법여부를 심리·판단하여 배상을 명할 수 있다. 18교행9

34 과세대상이 아닌 것을 세무공무원이 직무상 과실로 과세대상으로 오인하여 **과세처분**을 행함으로 인하여 손해가 발생된 경우, 동 과세처분이 **취소되지 아니하였다 하더라도 국가**는 이로 인한 손해를 **배상할 책임**이 있다. 18지방7

35 위법한 행정대집행이 완료되면 **계고처분**의 무효확인 또는 취소를 구할 **소의 이익은 없다 하더라도**, 미리 그 계고처분의 **취소판결이 있어야만** 그 계고처분이 위법임을 이유로 **손해배상청구**를 할 수 있는 것은 **아니다**. 16국가7

36 행정처분이 당연무효가 아닌 한 형사법원은 선결문제로 그 행정처분의 효력을 부인할 수 없다. 14지방9

37 **영업허가취소처분**이 청문절차를 거치지 않았다 하여 **행정심판에서 취소되었다면** 그 **허가취소처분 이후 취소재결시까지** 영업했던 행위도 **무허가영업**에 해당하지 **아니한다**. (옳) 19국가9
  ⊕ 취소재결에 의하여 허가취소처분의 효력이 소급하여 상실되기 때문

38 **영업허가취소처분** 이후에 영업을 한 행위에 대하여 무허가영업으로 기소되었으나 **형사법원이 판결**을 내리기 전에 **영업허가취소처분**이 행정소송에서 **취소되면** 형사법원은 무허가영업행위에 대해서 **무죄**를 선고하여야 한다. 22지방9

39 **운전면허취소처분**을 받은 후 자동차를 운전하였으나 위 취소처분**이 행정쟁송절차에 의하여 취소**된 경우, 행정행위에 인정되는 공정력에도 불구하고 **무면허운전**이 성립되지 **않는다**. 08(하)지방7

40 위법한 **행정처분의 취소**가 관련 **유죄판결 확정** 후에 이루어진 경우 형사소송법 상 **재심**에 의하여 구제받을 수 있다. 미기출

41 조세부과처분을 취소하는 행정판결이 확정된 경우 부과처분의 효력은 처분 시에 소급하여 효력을 잃게 되므로 확정된 행정판결은 **조세포탈**에 대한 **무죄**를 인정할 **명백한 증거**에 해당한다. 22국가9

42 자동차 **운전면허 취소처분**을 받은 뒤에도 자동차를 운전한 사람에 대해서 동 **취소처분의 원인이 된 법규위반**에 대해서 무죄판결이 확정되었다면, 동 취소처분 자체가 취소되지 않고 유효하게 존속하고 있더라도 **무면허운전죄로 처벌 할 수 없다**.(2019도11826) (옳) 미기출
  ⊕ 취소처분의 원인이 된 법규위반에 대해 무죄판결이 있으면 어차피 운전면허취소처분도 취소될 운명이기 때문

43 형사법원은 행정행위가 당연무효라면, 선결문제로서 그 행정행위의 효력을 부인할 수 있다. 18교행9

44 **연령미달** 결격자가 다른 사람 이름으로 교부받은 **운전면허**는 당연무효가 아니고 취소되지 않는 한 유효하므로 그 연령미달 결격자의 운전행위는 **무면허운전**에 해당하지 **아니한다**. 22국가9

45 물품을 수입하고자 하는 자가 세관장에게 수입신고를 하여 그 면허를 받고 물품을 통관한 경우에는, 세관장의 **수입면허**가 중대하고도 명백한 하자가 있는 행정행위이어서 당연**무효가 아닌 한**「관세법」소정의 **무면허수입죄**가 성립될 수 **없다**. 22지방9

46 구 도시계획법에 정한 처분이나 조치명령을 받은 자가 이에 위반한 경우 이로 인하여 동법 제92조에 정한 처벌을 하기 위하여는 그 처분이나 **조치명령**이 적법한 것이라야 하고, 그 처분이 당연무효가 아니라 하더라도 그것이 **위법**한 처분으로 인정되는 한 동법 제92조 **위반죄**가 **성립될 수 없다**. 13국가9

47 행정청이 침해적 행정처분인 시정명령을 하면서 사전통지를 하거나 의견제출 기회를 부여하지 않아 **시정명령**이 절차적 하자로 **위법**하다면, 그 시정명령을 위반한 사람에 대하여는 **시정명령위반죄**가 성립하지 **않는다**. 18국가7

테마별 N지 모음

N1 법무부장관이 외국인 甲에 대하여 **귀화허가**를 하였을 경우 **여타의 행정기관**은 甲에 대한 **귀화허가에 기초하여 행정행위를 하여야 한다**. 이는 법무부장관의 귀화허가가 가지는 특유한 강학상의 효력 때문인데, 다음 중 어느 것인가? 16소간 ⑤

① 공정력   ② 불가쟁력   ③ 불가변력
④ 강제력   ⑤ 구성요건적 효력

[해설] 공정력과 별도로 구성요건적 효력을 인정하는 견해에 따르면 처분의 상대방과 이해관계인을 구속하는 것은 공정력, 타 행정기관 등을 구속하는 것은 구성요건적 효력이라 한다. 사안의 경우 타 행정기관을 구속하는 것이므로 공정력이 아닌 구성요건적 효력에 해당한다.

테마별 N지 모음

N2 다음 중 공정력을 간접적으로 추정할 수 있는 경우가 아닌 것은? 09국가7(변형) ④
① 취소쟁송제도
② 직권취소제도
③ 흠 있는 행정행위에 대한 제소기간의 제한
④ 철회권의 제한법리

해설 ④ 철회권의 제한법리는 적법한 행정행위를 후발적 사정으로 철회할 때 상대방의 신뢰보호와 함께 논의 되는 것으로, 원시적으로 위법한 행정행위를 행정의 안정성과 실효성 확보측면에서 유효하게 보는 공정력과는 논의의 평면을 달리한다.

N3 다음 글에 대한 설명으로 옳지 않은 것은?(다툼이 있는 경우 판례에 의함) 11지방9 ④

> 甲이 국세를 체납하자 관할 세무서장은 甲 소유가옥에 대한 공매절차를 진행하여 낙찰자 乙에게 소유권이전등기가 경료되었다. 그런데 甲은 그로부터 1년이 지난 후에야 위 공매처분에 하자 있음을 발견하였다.
> (가) 甲이 공매처분의 하자를 이유로 乙을 상대로 하여 소유권이전등기의 말소등기절차의 이행을 구하는 민사소송을 제기하였다.
> (나) 甲이 가옥의 소유권을 상실하는 손해를 입었음을 이유로 바로 국가를 상대로 민사법원에 손해배상청구소송을 제기하였다.

① (가)의 경우 공매처분의 하자가 무효사유라면 민사법원은 공매처분의 효력 유무에 대해서 판단이 가능하며, 甲의 등기말소청구는 인용될 수 있다.
② (가)의 경우 공매처분의 하자가 취소사유라면 민사법원은 공매처분의 효력을 부인할 수 없으므로 甲의 등기말소청구는 기각될 것이다.
③ (나)의 경우 甲의 소송제기는 관할위반의 위법이 없고, 민사법원은 공매처분의 하자에 대해 그 위법성을 심사하여 갑의 손해배상청구를 인용할 수 있다.
④ (나)의 경우 공매처분에 대한 취소소송의 제기기간인 1년이 지난 후에 제기한 손해배상청구소송이므로 민사법원은 甲의 청구를 각하해야 할 것이다.

해설 ④ 공매처분에 대한 취소소송의 제기기간인 1년이 지난 후에 손해배상청구소송을 제기하였더라도, 민사법원은 위법성을 인정해 甲의 청구를 인용할 수 있다.
➕ 취소소소의 제소기간이 지났으므로 공매처분에 대한 취소소송을 제기 시 각하해야 할 것이다. 그러나 민사소송인 국가배상소송(손해배상소송)에는 이러한 제소기간의 제한이 없으므로, 민사법원은 여전히 공매처분의 위법여부를 심리 판단해 인용판결을 할 수 있다.

THEME 28 | 행정행위의 효력(2) - 불가쟁력·불가변력, 구속력, 강제력

○ 지문 / × 지문

01 불가쟁력 vs 불가변력 |요플 p.094|

01 기 일정한 불복기간이 경과하거나 쟁송수단을 다 거친 후에는 더 이상 행정행위를 **다툴 수 없게 되는 효력**을 행정행위의 **불가쟁력**이라 한다. 15서울9

01 기 일정한 불복기간이 경과하거나 쟁송수단을 다 거친 후에는 더 이상 행정행위를 **다툴 수 없게 되는 효력**을 행정행위의 **불가변력**이라 한다. 15서울9

02 소 행정행위의 **불가쟁력**은 **형식적** 존속력이라고도 한다. 18소방

03 소 **불가쟁력**은 **절차법적** 효력을 갖고, 불가변력이 실체법적 효력을 갖는다. 21소방
➕ 불가쟁력은 쟁송이라는 절차를 제한하기에 절차법적 효력을 갖고, 불가변력은 처분의 성질과 내용에 대한 것으로 실체법적 효력을 갖는다.

03 소 **불가쟁력**은 **실체법적** 효력만 있고, 절차법적 효력은 전혀 가지고 있지 않다. 21소방

04 소 **불가변력**은 처분청에 미치는 효력이고, **불가쟁력**은 **상대방 및 이해관계인**에게 미치는 효력이다. 21소방

05 소 **불가변력**이라 함은 행정행위를 한 행정청이 당해 행정행위를 **직권으로 취소** 또는 **변경할 수 없게** 하는 힘으로 **실질적 확정력** 또는 **실체적 존속력**이라고도 한다. 22군무원9

06 행정행위에 **불가변력**이 발생한 경우, 행정청은 당해 행정행위를 직권으로 취소할 수도 없고 **철회**도 **불가능**하다. 16사복9

06 행정행위에 **불가변력**이 발생한 경우 행정청은 당해 행정행위를 직권으로 취소할 수 없으나 **철회**는 **가능**하다. 16사복9

07 ⓒ **불가변력**은 **모든 행정행위**에 공통되는 것이 **아니라** 행정심판의 재결 등과 같이 예외적이고 **특별한 경우**에 처분청 등 행정청에 대한 구속으로 **인정**되는 실체법적효력을 의미한다. 17(하)국가7

08 무효인 행정행위에는 **불가쟁력**과 공력력 모두 **인정되지 않**는다. 12(하)지방9
  ⊕ 무효인 행정행위에는 공정력·불가쟁력·불가변력·구속력·강제력이 모두 인정되지 않는다. 이러한 효력이 인정되지 않기에 '무효'인 것이다.

09 위법한 행정행위에 대하여 **불가쟁력**이 **발생**한 **이후에도** 당해 행정행위의 위법을 이유로 **직권취소**할 수 있다. 16국가9

10 (하천점용허가와 관련하여) 위법한 점용허가를 다투지 않고 있다가 **제소기간이 도과**한 경우에도 **처분청**은 그 점용허가를 **취소할 수 있다**. 18지방9
  ⊕ 제소기간이 도과하면 국민은 이에 대한 취소쟁송을 할 수 없으나(불가쟁력 발생), 처분청은 이를 직권취소할 수 있다(불가쟁력이 발생한 것과 불가변력은 무관)

11 제소기간의 경과 등으로 처분에 **불가쟁력**이 **발생**하였다 하여도 행정청은 **실권의 법리**에 해당하지 **않는다면 직권**으로 처분을 **취소**할 수 있다. 24국가9

12 **불가변력**이 발생한 행정행위라고 당연히 **불가쟁력**을 가지는 것은 **아니다**. 불가변력과 불가쟁력은 별개의 효력이기 때문이다. 09지방7

13 **불가변력**이 **있는** 행정행위도 쟁송제기기간이 경과하기 전에는 **쟁송을 제기**하여 그 효력을 다툴 수 있다. 15교행9

08 무효인 행정행위에는 **불가쟁력**은 **인정**되지만 공정력은 인정되지 않는다. 12(하)지방9

10 (하천점용허가와 관련하여) 위법한 점용허가를 다투지 않고 있다가 **제소기간이 도과**한 경우에는 **처분청이라도** 그 점용허가를 **취소할 수 없다**. 18지방9

12 **불가변력**이 발생한 행정행위는 당연히 **불가쟁력**을 **가진다**. 09지방7

02 불가쟁력 | 요플 p.095 |

14 취소사유 있는 영업정지처분에 대한 **취소소송의 제소기간이 도과**한 경우 처분의 상대방은 **국가배상청구소송**을 제기하여 재산상 손해의 배상을 구할 **수 있다**. 19서울9

03 불가변력 | 요플 p.095 |

15 의무이행심판에 관한 **재결**이 있게 되면 재결기관은 그것이 위법·부당하다고 생각되는 경우에도 **스스로** 이를 **취소** 또는 **변경할 수 없다**. 08국회8

16 **특허심판원**이 행하는 **심결**은 일단 행해지면 그 심결에 흠이 있다 하더라도 특허심판원 스스로 이를 취소할 수 없다는 것은 행정행위의 **불가변력**과 관련된다. 10국가7
  ⊕ 스스로 취소할 수 없다는 부분은 옳다. 단, 그것이 구성요건적 효력과 관련된다는 부분이 틀린 것

17 과세처분에 관한 이의신청절차에서 과세관청이 **이의신청**사유가 옳다고 **인정**하여 과세**처분을 직권**으로 **취소**한 이상 그 후 특별한 사유 없이 이를 **번복**하고 종전처분을 되풀이하는 것은 허용되지 **않는다**. 16국가7

18 확인은 특정한 사실 또는 법률관계의 존재 여부 또는 정당성 여부를 공적으로 확정하는 효과를 발생시키므로 확인행위에는 일반적으로 **불가변력**(실질적 존속력)이 **발생**한다. 20군무원7

19 행정행위의 **불가변력**은 해당 **행정행위**에 대해서만 인정되며, 그 대상을 달리하는 **동종의 행정행위**에 대해서는 인정되지 **아니한다**.(73누129) 18지방7

20 국세청장의 **특정 과세부과처분**에 대하여 **취소결정**을 한 경우, 위 처분과 전후에 걸쳐 이루어진 **동종의 다른 과세부과처분**까지 위법하게 된다고 할 **수는 없다**. ⊕ 미기출

16 **특허심판원**이 행하는 심결은 일단 행해지면 그 심결에 흠이 있다 하더라도 특허심판원 **스스로** 이를 **취소할 수 없다(는 것)은** 행정행위의 **구성요건적 효력**과 관련된다.) 10국가7

19 행정행위의 불가변력은 해당 행정행위에 대해서 **뿐만 아니라** 그 대상을 달리하는 **동종의 행정행위**에 대해서**도 인정**된다. 18지방7

20 국세청장의 **특정 과세부과처분**에 대하여 **취소결정**을 한 경우, 위 처분과 전후에 걸쳐 이루어진 **동종의 다른 과세부과처분** 역시 **위법**하게 된다. 미기출

04 구속력, 강제력 관련 쟁점 | 요플 p.095 |

21 **행정행위는** 그 내용에 따라 일정한 법적 효과가 발생하고 관계행정청 및 상대방과 관계인을 **구속하는 힘**을 가진다. 09국가9

22 상대방에게 일정한 의무를 부과하는 **하명**은 **집행력**을 가진다. 15교행9

23 행정행위의 **집행력**은 행정행위의 성질상 **당연히 내재**하는 효력이 **아니**기에 **별도의 법적 근거를 요한다**. 15서울9
  ⊕ 따라서 의무부과행위에 대한 근거법규만으로는 그 위반행위에 대한 강제집행력이 인정되지 않고, 별도의 법적 근거가 필요하다.

23 판례에 따르면 행정행위의 **집행력**은 행정행위의 성질상 **당연히 내재**하는 효력으로서 별도의 **법적 근거를 요하지 않는다**. 15서울9

THEME 29 행정행위의 하자와 효력

○ 지문 | × 지문

01 하자의 개념 | 요플 p.097 |

01 개발부담금 부과처분을 하면서 납부고지서에 **납부기한**을 법정납부기한보다 **단축**하여 **기재**한 것은 **하자**에 해당하지 **아니**한다. 09국회8
 ➕ 단순히 기재를 잘못한 오기에 해당하여 정정사유가 될 뿐이다.

02 단순한 **계산**의 **착오**만으로는 법규에 특별한 규정이 없는 한 행위의 **효력에 영향이 없다**. 08국회8

03 행정처분의 이유로 제시한 수개의 처분사유 중 일부가 위법하더라도, **다른 처분사유**로써 그 처분의 **정당성이 인정**되면 그 처분은 **적법**하다. 18국가7

04 과징금을 부과하면서 여러 개의 처분사유에 터잡아 하나의 과징금 부과처분을 하였고 그 **처분사유들 중 일부에 위법이 있으나 그 부분이 과징금 부과처분에 영향을 미치지 아니하였다면 그 부과처분을 위법**하다고 할 수 **없다**. 23소간

01 개발부담금 부과처분을 하면서 납부고지서에 **납부기한**을 법정납부기한보다 **단축**하여 **기재**한 것(은 **무효**인 행정행위이다) 09국회8

03 행정처분의 이유로 제시한 수개의 처분사유 중 일부가 위법하면, **다른 처분사유**로써 그 처분의 **정당성이 인정**되더라도 그 처분은 **위법**하다. 18국가7

02 부존재와 무효의 구별 | 요플 p.097 |

05 **무효**인 행정행위는 행정행위의 **외형**은 갖추고 있는데 대해서, 행정행위의 **부존재**는 **외형 자체가 존재하지 않**는다. 08국회8

03 무효와 취소의 구별 | 요플 p.098 |

06 행정처분이 당연무효임을 전제로 하여 민사소송을 제기한 때에는 그 행정처분이 당연무효인지의 여부가 선결문제이므로 법원은 이를 심사하여 그 행정처분의 하자가 당연무효라고 인정될 경우에는 이를 전제로 하여 판단할 수 있으나 그 하자가 단순한 취소사유에 그칠 때에는 법원은 그 효력을 부인할 수 없다. 17(하)국가7

07 **무효**인 행정행위에는 **공정력**과 **불가쟁력**이 **발생**하지 **아니**한다. 17교행9
 ➕ 무효인 행정행위에는 공정력·불가쟁력·불가변력·구속력·강제력이 모두 인정되지 않는다. 이러한 효력이 인정되지 않기에 '무효'인 것이다.

08 **취소**할 수 있는 행정행위는 **제소기간의 제한**을 **받지만 무효**인 행정행위는 제소기간의 제한을 **받지 않**는다. 13국회9

09 흠의 승계(에 있어 **무효**인 행정행위와 **취소**할 수 있는 행정행위를 **구별**하는 실익이 **있다**) 15사복9

10 행정심판전치주의는 **취소소송**에는 **적용**되지만 **무효확인소송**에는 **적용되지 않**는다. 17국회8

11 통설에 의하면 **취소**할 수 있는 행정행위에 대해서는 **사정판결**이 **인정**되나, **무효**인 행정행위에 대해서는 **인정되지 아니**한다. 08국회8

12 위법성의 **판단기준**에 있어 **무효**인 행정행위와 **취소**할 수 있는 행정행위를 **구별**하는 실익은 **없다**. 15사복9
 ➕ 무효와 취소에는 위법성의 정도의 차이가 있을 뿐이다. 무엇이 위법인지에 대한 판단기준은 동일하다(행정법의 범위를 위반하는 것이 위법)

13 「**행정기본법**」은 행정처분이 **무효**가 되기 위한 기준을 **규정**하고 있지 **않다**. 하자가 중대하고 명백해야 무효가 된다는 것은 통설과 판례의 태도이지, 규정의 내용이 아니다. 23국회8

14 대법원은 무효와 취소의 구별기준에 대해서 중대명백설을 취하고 있다. 반대의견으로 **명백성 보충요건설**이 제시된 판례는 **있으나**, **객관적 명백성설**이 제시된 판례는 존재하지 **않는다**. 17국회8

07 **무효**인 행정행위에는 **공정력**과 **불가쟁력**이 **발생**한다. 17교행9

10 **행정심판전치주의**는 **무효확인소송**에는 **적용**되지만 **취소소송**에는 **적용되지 않**는다. 17국회8

12 **위법성의 판단기준**(에 있어 **무효**인 행정행위와 **취소**할 수 있는 행정행위를 **구별**하는 실익이 **있다**) 15사복9

13 「**행정기본법**」은 행정처분이 **무효**가 되기 위해서는 그 하자가 법규의 중요한 부분을 위반한 중대한 것으로서 객관적으로 명백한 것이어야 한다고 **규정**하고 **있다**. 23국회8

14 대법원은 무효와 취소의 구별기준에 대해서 중대명백설을 취하고 있으나, 반대의견으로 **객관적 명백성설**이 제시된 **판례도 존재**한다. 17국회8

15 하자 있는 행정처분이 당연무효가 되기 위하여는 그 하자가 법규의 중요한 부분을 위반한 중대한 것으로서 객관적으로 명백한 것이어야 하며 **하자가 중대하고 명백한 것인지** 여부를 판별함에 있어서는 **구체적 사안 자체의 특수성은 고려**하고 동시에 법규의 목적, 의미, 기능 등을 목적론적으로 고찰함을 요한다. 〔을〕 15서울7
    ➕ 즉, 법규에 대한 추상적·목적론적 고찰과 사안의 특수성에 대한 구체적 고려가 동시에 이루어져야 함

16 대법원은 사실관계의 자료를 **정확히 조사해야만** 그 하자 유무가 **밝혀질 수 있는 경우**에는 하자의 **명백성을 인정하지 아니**한다. 〔을〕 12국회9
    ➕ 하자의 명백성이란 일반인 관점에서 외관상 봐도 명백한 것을 의미하고, 자료조사를 해봐야 하자가 드러날 정도인 것이라면 명백성을 인정할 수 없다는 것이 판례.

17 행정행위의 하자론에서의 중대·명백성설에 대한 비판은 주로 **명백성** 요구를 둘러싸고 전개된다. 13국가7

18 (판례인 중대명백설에 따르면) 행정행위의 무효사유를 판단하는 기준으로서의 **명백성은** 중대성과 함께 **원칙적으로 요구**된다. 반면, **명백성 보충요건설**에 따르면 **명백성은** 행정행위의 법적 안정성 확보를 통하여 행정의 원활한 수행을 도모하는 한편, 그 행정행위를 유효한 것으로 믿은 제3자나 공공의 신뢰를 보호하여야 할 필요가 있는 경우에 **보충적으로 요구**된다. 〔을〕 20국가7

19 **명백성보충설**에 의하면 무효판단의 기준에 명백성이 항상 요구되지는 아니하므로 중대명백설보다 **무효의 범위**가 넓어지게 된다. 17(하)지방9

20 행정청이 어느 법률관계나 사실관계에 대하여 어느 법률의 규정을 적용하여 행정처분을 한 경우에, 그 법률관계나 사실관계에 대하여는 그 법률의 규정을 적용할 수 없다는 **법리가 명백히 밝혀져 해석에 다툼의 여지가 없음**에도 행정청이 그 규정을 적용하여 처분을 한 때에는 하자가 중대하고 **명백하다**. 22지방7

21 법률관계나 사실관계에 대한 **법리가 명백히 밝혀지지 아니**하여 해석에 다툼의 여지가 있는 경우, 행정청이 이를 잘못 해석하여 행정처분을 하였다면, 이러한 하자는 객관적으로 **명백**한 것이라고는 할 수 **없다**. 18승진5

22 **공무원임용결격사유**가 있는지의 여부는 채용후보자 명부에 등록한 때가 아닌 **임용 당시**에 시행되던 법률을 기준으로 하여 판단하여야 한다. 〔을〕 19지방7

23 임용 당시 법령상 공무원**임용 결격사유**가 있었다면 **임용권자의 과실에 의하여** 임용결격자임을 **밝혀내지 못한 경우에도** 그 임용행위는 **당연무효**가 된다. 〔을〕 16국가9

24 국가가 사후에 甲이 임용결격자임을 **발견**하고 甲에 대하여 임용행위를 취소하는 통지를 한 경우 그러한 **임용취소통지**는 항고소송의 대상이 되는 **처분**이 **아니**다. 〔을〕 17국회8
    ➕ 원래의 임용행위가 당초부터 당연무효였음을 통지하여 확인시켜 주는 것에 불과하여 처분이 아니라는 취지(단, 이 사안에서 판례는 본안판단을 했으므로 이러한 출제는 부적절한 측면이 있음. 그러나 17국회8, 13지방7, 행정법 교과서 모두 이렇게 기술하고 있고, 지방공무원과 관련한 보다 최근의 판례도 이런 기조이므로 이에 따를 수밖에 없음)

25 임용 당시 乙에게 **임용결격사유**가 있음에도 임용되어 근무하다가 퇴직할 경우, 乙은 공무원연금법상 **퇴직급여** 청구 또는 근로자퇴직급여 보장법상 **퇴직금** 청구를 할 수 **없다**. 18국가7

26 대법원은 납세신고에서 중대명백설을 원칙으로 하면서도, 예외적으로 **명백성보충요건설을 취하**기도 하였다. 미기출

27 부동산에 관한 **취득세를 신고하였으나** 부동산매매계약이 해제됨에 따라 소유권 취득의 요건을 갖추지 못한 경우에는 그 하자가 중대하나 외관상 **명백하지는 않다. 그러나** 중대한 하자가 있는 신고행위로 인한 과세라는 불이익을 그대로 감수시키는 것은 권익구제의 측면에서 현저하게 부당하므로 **당연무효**이다. 〔을〕 21소방
    ➕ 하자가 중대하나 명백하지 않은 경우 취소사유로 보는 것이 일반적이나, 제3자 보호나 법적안정성에 특별한 문제가 없다는 이유로 무효를 인정한 예외적 판례이다.(2017나115369)

04 주체의 하자

28 (甲이 1991. 10. 10. 공무원으로 신규임용되어 근무하였으나, 2007. 12. 5. 신규임용 당시 **임용결격사유**에 해당함이 밝혀져 임용이 취소된 경우)甲이 신규임용되어 임용이 취소될 때까지 **공무원으로서 한 행위**는 당연무효라고 할 수 **없다**. 21국가7(변형)
- "임용결격사유가 있는 자에 대한 임용"은 무효이다. 그러나 "그 자가 그간 공무원으로서 한 행위"는 무효가 아니다. 후자까지 무효로 보면 그 상대방 국민의 신뢰를 침해하게 되기 때문이다.

29 구「폐기물처리시설 설치촉진 및 주변지역 지원 등에 관한 법률」상 **입지선정위원회**가 동법 시행령의 규정에 위배하여 군수와 **주민대표**가 **선정·추천한 전문가**를 포함시키지 **않**은채 임의로 구성되어 의결을 한 경우에, 이에 터잡아 이루어진 폐기물처리시설 **입지결정처분**은 **당연무효**가 된다. 19국가7

30 국토계획법령이 정한 **도시계획시설사업**의 대상 **토지의 소유와 동의요건**을 갖추지 **못하였음에도** 도시계획시설사업의 **사업시행자 지정처분**을 한 경우는 행정행위의 하자로서 **무효사유이다**. 22소방

30 국토계획법령이 정한 **도시계획시설사업**의 대상 **토지의 소유와 동의요건**을 갖추지 **못하였음에도** 도시계획시설사업의 **사업시행자 지정처분**을 한 경우(는 행정행위의 하자로서 **무효사유가 아니다.**) 22소방

31 법령에서 사업의 승인 이전에 **관계행정청과의 협의**를 거치도록 규정한 취지가 미리 **자문**을 구하라는 의미**인 경우**에는 비록 승인 전에 이러한 협의를 **거치지 아니하였더라도** 그 승인처분이 당연**무효**가 되는 것은 **아니다**. 21변시

32 **택지개발예정지구의 지정·고시**(는 **항고소송**의 대상이 될 수 있다) 14국회8

33 택지개발촉진법상 택지개발예정지구를 지정함에 있어 거쳐야 하는 관계중앙행정기관의 장과 **협의**를 거치지 않은 택지개발예정지구 지정처분은 **취소사유** 있는 행정행위에 해당한다. 17지방7

33 택지개발촉진법상 택지개발예정지구를 지정함에 있어 거쳐야 하는 관계중앙행정기관의 장과의 **협의**를 거치지 않은 택지개발예정지구 지정처분(은 **무효**인 행정행위에 해당한다.) 17지방7

34 행정청의 권한은 지역적 한계가 있으므로 행정청이 자신의 **권한**이 미치는 지역적 한계를 **벗어나** 발하는 행정행위는 **위법**하게 된다. 13지방9
- 무권한의 행위로서 하자가 존재함은 물론, 그것이 중대명백하여 무효임이 원칙

35 음주운전**단속경찰관**이 **자신의 명의**로 운전면허행정처분통지서를 작성·교부하여 행한 **운전면허정지처분**은 위법하며, **무효**의 원인이 된다. 12지방7

35 음주운전**단속경찰관**이 **자신의 명의**로 운전면허행정처분통지서를 작성·교부하여 행한 **운전면허정지처분**은 위법하며, **취소**의 원인이 된다. 12지방7

36 적법한 권한 위임 없이 **세관출장소장**이 한 **관세부과처분**은 그 하자가 중대하기는 하지만 객관적으로 명백하다고 할 수 없어 **당연무효는 아니다**. 17교행9
- 무권한자의 행위이나, 하자가 중대하지만 명백하지는 않다고 본 사례(2003두2403)

36 적법한 권한 위임 없이 **세관출장소장**이 한 **관세부과처분**은 **당연무효**이다. 17교행9

37 무권한의 행위는 원칙적으로 무효라고 할 것이나, **5급 이상의** 국가정보원 **직원**에 대해 임면권자인 대통령이 아닌 **국가정보원장**이 행한 **의원면직처분**은 하자가 중대한 것이라고 볼 수는 없으므로 **당연무효**에 해당하지 **아니한다**. 18지방9
- 무권한자의 행위이나, 하자가 중대하지 않다고 본 사례(2005두15748)

37 무권한의 행위는 원칙적으로 무효라고 할 것이므로, **5급 이상의** 국가정보원 **직원**에 대해 임면권자인 대통령이 아닌 **국가정보원장**이 행한 **의원면직처분**은 **당연무효**에 해당한다. 18지방9

38 대법원은 **내부위임**을 받은 수임기관이 **자신의 이름**으로 **처분**을 한 경우 당해 처분을 무권한의 행위로서 **무효**로 보고 있다. 13국회8

39 체납취득세에 대한 압류처분권한은 도지사로부터 시장에게 권한위임된 것이고 시장으로부터 압류처분권한을 **내부위임**받은 데 불과한 구청장이 **자신의 명의**로 한 압류**처분**은 권한 없는 자에 의하여 행하여진 위법**무효**의 처분이다. 21군무원7

40 행정관청의 내부의 사무처리규정에 불과한 **전결규정**에 **위반**하여 원래의 전결권자 아닌 보조기관 등이 처분권자인 **행정관청의 이름**으로 행정처분을 하였다고 하더라도 그 처분이 권한 없는 자에 의하여 행하여진 **무효**의 처분이라고는 할 수 **없다**. 20국가9

40 행정관청 내부의 사무처리규정에 불과한 **전결규정**에 **위반**하여 원래의 전결권자 아닌 보조기관 등이 처분권자인 **행정관청의 이름**으로 행정처분을 한 경우, 그 처분은 권한 없는 자에 의하여 행하여진 것으로 **무효이다**. 20국가9

41 **개축허가신청**에 대해 착오로 행한 **용도변경허가**는 **무효**가 아니다. 11국가7

42 부동산을 **양도한 사실이 없음에도** 세무당국이 부동산을 양도한 것으로 오인한 **양도소득세 부과처분**은 착오에 의한 행정처분으로서 그 표시된 내용에 중대하고 명백한 하자가 있어 **당연무효**이다. 11지방9

42 부동산을 **양도한 사실이 없음에도** 세무당국이 부동산을 양도한 것으로 오인한 **양도소득세 부과처분**은 착오에 의한 행정처분으로서 **취소**할 수 있는 행정행위에 해당한다. 11지방9

05 절차의 하자 | 요플 p.100 |

06 형식의 하자 | 요플 p.101 |

43 행정청이 **처분**을 할 때에는 다른 법령 등에 특별한 규정이 있는 경우를 제외하고는 **문서로** 하여야 하며, 이를 **위반한 처분**은 하자가 중대·명백하여 원칙적으로 **무효**이다. 　24국회8

44 건물소유자에게 소방시설 불량사항을 시정·보완하라는 **명령**을 **구두로 고지**한 것은 「행정절차법」에 위반한 것으로 하자가 중대하고 명백하여 무효사유에 해당한다. 　23국회8

44 건물소유자에게 소방시설 불량사항을 시정·보완하라는 **명령**을 **구두로 고지**한 것은 「행정절차법」에 위반한 것으로 하자가 중대하나 명백하지는 않아 **취소**사유에 해당한다. 　23국회8

45 면허관청이 **운전면허정지처분을** 하면서 통지서에 의하여 면허정지사실을 통지하지 아니하거나 처분집행예정일 7일전까지 이를 발송하지 아니한 경우에는 절차와 형식을 갖추지 아니한 조치로서 효력이 없고, 면허관청이 임의로 출석한 **상대방의 편의를** 위하여 **구두로** 면허정지사실을 알렸다고 하더라도 운전면허정지처분의 **효력이 인정되지 아니**한다. 　13지방9
　⊕ 처분을 구두로 할 수 있는 경우는 긴급한 필요가 있거나, 사안이 경미한 경우에 한한다(행정절차법24-②). 상대방 편의를 핑계로 구두로 할 수는 없다.

45 면허관청이 **운전면허정지처분을** 하면서 통지서에 의하여 면허정지사실을 통지하지 아니하거나 처분집행예정일 7일전까지 이를 발송하지 아니한 경우에는 절차와 형식을 갖추지 아니한 조치로서 효력이 없으나, 면허관청이 임의로 출석한 **상대방의 편의를** 위하여 **구두로** 면허정지사실을 알렸다면 운전면허정지처분의 **효력이 인정**된다. 　13지방9

46 법령상의 **서명·날인**을 **결여**한 행위는 행정행위 **형식에 관한 하자**로서 원칙적으로 무효사유이다. 　10경북교행

46 법령상의 **서명·날인**을 **결여**한 행위(는 행정행위의 **절차에 관한 하자**에 해당한다) 　10경북교행

07 내용의 하자 | 요플 p.101 |

47 **신뢰보호원칙에 위반**하는 경우 그 행정행위는 **위법**하며, 하자의 중대명백 여부에 따라 **취소**사유 혹은 **무효**사유로 판단된다. 　20소방

47 **신뢰보호원칙에 위반**하는 경우 그 행정행위는 **위법**하며, 판례는 이 경우 취소사유로 보지 않고 **무효**로만 보았다. 　20소방

48 행정행위의 내용이 **공익위반**인 때에는 부당한 것이 되어 **취소**의 원인이 될 수 있다. 단순한 위법인 때에는 취소사유가 된다. 　08국회8
　⊕ 부당은 심판에서는 취소사유가 되나, 소송에서는 취소사유가 되지 않는다. 반면, 위법은 심판·소송 모두에서 취소사유가 된다.

48 행정행위의 내용이 **공익위반**인 때에는 **무효**원인이 되는데 대하여, 단순한 위법인 때에는 취소사유가 된다. 　08국회8

49 **행정행위 효력요건**은 정당한 권한있는 기관이 필요한 수속을 거치고 필요한 표시의 형식을 갖추어야 할 뿐만 아니라, 행정행위의 **내용이 법률상 효과를 발생할 수 있는 것이어야** 되며 그 중의 어느 하나의 요건의 **흠결도** 당해 행정행위의 절대적 **무효를 초래**하는 것이다.(4290민상834) 　18국회8

49 **행정행위 효력요건**은 정당한 권한있는 기관이 필요한 절차를 거치고 필요한 표시의 형식을 갖추어야 할 뿐만 아니라, 행정행위의 **내용이 법률상 효과를 발생할 수 있는 것이어야** 되며 그중의 어느 하나의 요건의 **흠결도** 당해 행정행위의 **취소**원인이 된다. 　18국회8

50 납세자가 아닌 제3자의 재산을 대상으로 한 **압류**처분은 그 처분의 내용이 법률상 실현될 수 없는 것이어서 당연무효이다. 　22국가7

51 체납자는 자신이 점유하는 제3자 소유의 동산에 대한 **압류처분**의 취소나 무효확인을 구할 **원고적격**이 있다. 　20국회8

52 구 「개발이익환수에 관한 법률」시행 당시, **납부의무자가 아닌 조합원**에 대하여 행한 **개발부담금 부과처분**(은 **무효**사유에 해당한다) 　11국회8

53 국가시험에 **불합격한 자에 대한 의사면허**는 의료법에 위배되는 법률상 실현불능의 행위로서 내용에 관한 흠에 해당되어 **무효**이다. 　08국회8

08 행정행위가 법령을 따랐으나, 그 법령이 위헌(·위법)인 경우 | 요플 p.101 |

54 법률이 **위헌**으로 결정된 후 그 법률에 근거하여 발령되는 행정처분은 위헌결정의 **기속력에 반하**므로 그 하자가 중대하고 명백하여 **당연무효**가 된다. 　13국가9

55 법령규정의 문언만으로는 처분요건의 의미가 분명하지 아니 하여 그 해석에 다툼의 여지가 있었더라도 해당 법령규정의 위헌 여부 및 그 범위, 법령이 정한 처분요건의 구체적 의미 등에 관하여 헌법재판소의 **헌법불합치결정이 있고**, 행정청이 그러한 판단 내용에 따라 법령규정을 해석·적용하는 데에 아무런 법률상 장애가 **없는 데도** 합리적 근거 없이 사법적 판단과 **어긋나게 행정처분**을 하였다면 그 **하자는** 객관적으로 **명백**하다고 봄이 타당하다. 　21변시
　⊕ 법령규정이 다소 모호하였더라도, 일단 헌재의 헌법불합치결정이 있은 이상, 그 결정과 어긋나게 한 처분은 하자가 중대명백하여 무효

56 헌법불합치결정을 받은 법령에 근거하여 **부담금을 부과·징수**하는 침익적 처분을 하는 경우, 그 법령과 관련한 어떠한 추가적 개선입법이 없더라도 행정청이 사법적 판단에 따라 위헌이라고 판명된 내용과 동일한 취지로 부담금부과처분을 하여서는 안 된다는 점은 분명하고, 이는 법질서의 통일성과 일관성을 확보하려는 법치주의의 당연한 귀결이며, 행정청이 위 부담금부과처분을 하지 않는 데에 어떠한 법률상 장애가 있다고 볼 수도 없으므로 위 부담금부과처분은 **당연무효**이다. 21변시

57 헌법재판소법 제47조는 **위헌**으로 결정된 법률 또는 법률의 조항은 그 **결정이 있는 날부터 효력을 상실**한다고 규정하여 **장래효**를 원칙으로 규정하고 있다. 13서울7

58 **위헌결정**은 원칙적으로 **장래효**를 가지나, 예외적으로 **당해**사건, **동종**사건, **병행**사건에 효력을 미치며, 위헌결정 이후 제소된 **일반**사건에서도 소급효의 부인이 정의와 형평에 반하는 경우에는 소급효가 인정된다. 20국회8

59 대법원은 금고 이상의 형의 **선고유예**를 받은 경우에 공무원직에서 **당연히 퇴직**하는 것으로 **규정**한 구지방공무원법 제61조 중 제31조 제5호 부분에 대한 헌법재판소의 **위헌결정의 효력**에 대하여, **퇴직공무원의 권리구제의 요청에 비하여 종래의 법령에 의하여 형성된 공무원의 신분관계에 관한 법적 안정성과 신뢰보호의 요청이 현저하게 우월**하므로, 위 위헌결정 이후 제소된 일반사건에 대하여 위 위헌결정의 **소급효가 제한**된다고 판시하였다. (2005두5628) 14지방9

60 위헌인 법률에 근거한 행정처분이 당연무효인지의 여부는 위헌결정의 소급효와는 별개의 문제로서 취소소송의 **제기기간을 경과하여 확정력이 발생한 행정처분**에는 **위헌결정의 소급효**가 미치지 **않는다**. 18지방9

61 대법원은 행정**처분**이 발하여진 **후**에 그 행정처분의 근거가 된 **법률이 위헌**으로 결정된 경우, 그 행정처분의 근거가 되는 법률이 헌법에 위반된다는 사유는 특별한 사정이 없는 한 그 행정처분의 **취소소송의 전제가 될 수 있을 뿐**, 당연무효사유는 아니라고 판시하였다. 14지방9

62 일반적으로 **시행령이** 헌법이나 법률에 위반된다는 사정은 그 시행령의 규정을 **위헌** 또는 **위법**하여 무효라고 선언한 대법원의 판결이 **선고되지 않은 상태에서는** 그 시행령 규정의 **위헌 내지 위법여부가** 객관적으로 **명백**하다고 할 수 **없으므로**, 이러한 시행령에 근거한 행정처분의 하자는 **취소사유에** 해당한다. 18국가9

63 **조례가** 법률 등 **상위법령에 위배**되더라도 그 조례를 무효라고 **선언**한 대법원의 판결이 선고되지 **아니한 상태에서는** 그 조례에 근거한 행정처분의 하자는 **취소사유**에 해당할 뿐 무효사유가 된다고 볼 수는 없다. 18국회8

64 조례 제정권의 범위를 벗어나 **국가사무를 대상으로 한** 무효인 **조례**의 규정에 **근거**하여 지방자치단체의 장이 행정처분을 한 경우 그 행정처분은 하자가 중대하나, 명백하지는 아니하므로 당연무효에 해당하지 **아니**한다. 21소방

65 법령상 **규칙**의 방식으로 위임하여야 함에도 **조례**의 방식으로 **위임**하여 행해진 수임기관의 처분은 중대명백설에 따라 그 하자가 중대하나 명백한 것은 아니므로 **취소사유**에 해당한다. (94누5094) 15국회8

➕ 기관위임사무는 지자체에 위임된 사무가 아니라, 지자체장에게 위임된 사무이다. 따라서 지자체가 조례로 재위임할 수는 없고, 지자체장이 규칙으로 재위임해야 한다. 그럼에도 불구하고 기관위임사무를 규칙이 아닌 조례의 방식으로 위임해 버린 경우 그 조례 자체는 위법하여 무효가 된다. 그러나 조례가 무효라는 법원의 판결이 있기 전에는 그 조례에 근거한 처분의 하자가 중대할 수는 있을지언정 명백하다고는 볼 수 없어 취소사유에 해당한다.

---

57 헌법재판소법 제47조는 **위헌**으로 결정된 법률 또는 법률의 조항은 원칙적으로 그 법률 또는 법률 조항이 **제정된 날까지 소급**하여 관련된 사건의 **효력**을 **상실**시킨다고 규정하고 있다. 13서울7

59 대법원은 금고 이상의 형의 **선고유예**를 받은 경우에 공무원직에서 **당연히 퇴직**하는 것으로 **규정**한 구 지방공무원법 제61조 중 제31조 제5호 부분에 대한 헌법재판소의 **위헌결정의 효력**에 대하여, **종래의 법령에 의하여 형성된** 공무원의 **신분관계에 관한 법적 안정성과 신뢰보호의 요청에 비하여 퇴직공무원의 권리구제의 요청이** 현저하게 우월하므로, 위 위헌결정 이후 제소된 일반사건에 대하여 위 위헌결정의 **소급효가 인정**된다고 판시하였다. 14지방9

62 일반적으로 **시행령이** 헌법이나 법률에 위반된다는 사정은 그 시행령의 규정을 **위헌** 또는 **위법**하여 무효라고 선언한 대법원의 판결이 **선고되지 않은 상태에서도** 그 시행령 규정의 **위헌 내지 위법 여부가** 객관적으로 **명백하다고 할 수 있으므로**, 이러한 시행령에 근거한 행정처분의 하자는 **무효사유에 해당**한다. 18국가9

63 **조례가** 법률 등 **상위법령에 위배**되면 비록 그 조례를 무효라고 **선언**한 대법원의 판결이 선고되지 **않았더라도** 그 조례에 **근거한 행정처분은 당연무효**가 된다. 18국회8

65 법령상 **규칙**의 방식으로 위임하여야 함에도 **조례**의 방식으로 **위임**하여 행해진 수임기관의 처분은 중대명백설에 따라 위법하여 **당연무효**이다. 15국회8

66 행정처분에 대하여 그 행정처분의 근거가 된 법률이 위헌이라는 이유로 무효확인청구의 소가 제기된 경우에는 다른 특별한 사정이 없는 한 법원으로서는 그 법률이 위헌인지 여부에 대하여 판단할 필요 없이 그 무효확인청구를 기각하여야 한다. 13국가9

⊕ 설령 처분의 근거법률이 위헌이더라도 이는 취소사유일뿐, 무효사유가 아니므로, 어차피 "무효확인"청구는 인용될 수 없다. 따라서 위헌인지 판단할 필요 없이 "기각"한다. 소송요건을 갖추지 못한 것이 아니라 본안요건(처분의 하자가 중대명백할 것)을 갖추지 못한 것이므로 "각하"가 아닌 "기각"을 한다.(92누9463)

67 상위법령에 근거를 두고 있지 않은 훈령에만 근거하여 발령된 침익적 행정처분은 무효인 훈령에 기초한 것으로서 당연무효이다. 12국가7

⊕ 대법원은 근거법령의 위헌·위법 결정 전에 이루어진 처분을 취소사유로 보나, 이처럼 무효사유로 보는 경우도 있다. 법원의 위헌·위법 결정이 있기 전이라도 처음부터 해당 법령의 위헌·위법이 명백한 경우가 이에 해당한다.

68 행정처분 자체의 효력이 쟁송기간 경과 후에도 존속 중인 경우, 그 행정처분이 위헌인 법률에 근거하여 내려졌고 그 목적달성을 위해 필요한 후행 행정처분이 아직 이루어지지 않았다면 그 하자가 중대하여 그 구제가 필요한 경우에 대하여서는 쟁송기간 경과 후라도 무효확인을 구할 수 있다. 18지방9

69 법률이 위헌으로 선언된 경우, 위헌결정 전에 이미 형성된 법률관계에 기한 후속처분이라도 그것이 새로운 위헌적 법률관계를 생성·확대하는 경우라면 이를 허용할 수 없고, 이에 위배하여 이루어진 후속처분은 그 사유만으로 하자가 중대하고 객관적으로 명백하여 당연무효라고 보아야 한다. 16지방7

70 대법원은 처분이 있은 후에 근거법률이 위헌으로 결정된 경우, 그 처분의 집행이나 집행력을 유지하기 위한 행위는 위헌결정의 기속력에 위반되어 허용되지 않는다고 보았다. 12국가7

71 과세처분이 조세부과처분의 근거법령에 대한 위헌결정전에 이루어졌고 과세처분의 제소기간이 경과하여 조세채권이 확정되었더라도 그 위헌결정 이후 조세채권의 새로운 체납처분에 착수하거나 이를 속행하는 것은 허용되지 않는다. 17서울7

⊕ 위헌 결정 전 과세처분이 이루어졌고, 그에 대해 불가쟁력마저 발생했다면 당해 과세처분은 더 이상 취소될 수 없고 유효하게 존속한다. 그러나 과세처분 자체는 유효하게 존속한다고 하더라도, 일단 그 근거법령에 대하여 위헌 결정이 내려진 이상 위헌인 법령에 근거해 이루어졌던 처분을 실현하고자 또 다시 공권력을 행사하는 것은 위헌결정의 기속력에 반하는 것이기 때문이다.

72 과세처분 이후 조세 부과의 근거가 되었던 법률규정에 대하여 헌법재판소의 위헌결정이 내려진 경우, 비록 체납처분의 근거법률에 대하여 따로 위헌결정이 내려진 바 없더라도 그 조세채권의 집행을 위한 체납처분은 당연무효이다. 16국회8

73 부담금 부과처분 이후에 처분의 근거법률이 위헌결정된 경우, 그 부과처분에 불가쟁력이 발생하였고 위헌결정 전에 이미 관할 행정청이 압류처분을 했더라도, 위헌결정 이후에 후속절차인 체납처분절차를 통하여 부담금을 강제징수 할 수 없다. 16국가9

74 근거법률의 위헌결정 이전에 이미 부담금부과처분과 압류처분 및 이에 기한 압류등기가 이루어지고 각 처분이 확정되었다고 하여도, 기존의 압류등기나 교부청구만으로는 다른 사람에 의하여 개시된 경매절차에서 배당을 받을 수 없다. 18지방9

⊕ 당해 처분에 불가쟁력이 발생하고 체납처분의 일부 절차를 집행한 상태더라도 나머지 체납처분을 진행할 수 없고, 기존 압류에 터잡아 배당을 받을 수도 없다.(2001두2959)

75 압류 후 부과처분의 근거법률이 위헌으로 결정된 경우에 압류처분은 취소사유가 있는 것이 되므로 압류를 해제하여야 할 것이다. 08(상)지방9

76 총포·화약안전기술협회가 회비납부의무자에 대하여 한 회비납부통지에 불가쟁력이 발생하였다면, 회비 부과·징수의 근거 규정이 위헌·위법하다는 점이 판명되더라도, 회비를 납부했던 자는 그에 대해 부당이득반환청구를 할 수 없다. 미기출

⊕ 근거 규정이 사후적으로 위헌·위법으로 판명되더라도 이는 취소사유에 불과할 뿐 무효사유가 아니다. 따라서 협회가 받은 회비는 부당이득이 아니므로 반환해 줄 의무가 없다.

---

66 행정처분에 대하여 그 행정처분의 근거가 된 법률이 위헌이라는 이유로 무효확인청구의 소가 제기된 경우에는 다른 특별한 사정이 없는 한 법원으로서는 그 법률이 위헌인지 여부에 대하여는 판단할 필요 없이 그 무효확인청구를 각하하여야 한다. 13국가9

69 법률이 위헌으로 선언된 경우, 위헌결정 전에 이미 형성된 법률관계에 기한 후속처분은 비록 그것이 새로운 위헌적 법률관계를 생성·확대하는 경우라도 당연무효라 볼 수는 없다. 16지방7

73 부담금 부과처분 이후에 처분의 근거법률이 위헌결정된 경우, 그 부과처분에 불가쟁력이 발생하였고 위헌결정 전에 이미 관할 행정청이 압류처분을 하였다면, 위헌결정 이후에도 후속절차인 체납처분절차를 통하여 부담금을 강제징수할 수 있다. 16국가9

74 근거법률의 위헌결정 이전에 이미 부담금 부과처분과 압류처분 및 이에 기한 압류등기가 이루어지고 각 처분이 확정된 경우에는 기존의 압류등기나 교부청구로도 다른 사람에 의하여 개시된 경매절차에서 배당을 받을 수 있다. 18지방9

76 총포·화약안전기술협회가 회비납부의무자에 대하여 한 회비납부통지에 불가쟁력이 발생하였더라도, 회비 부과징수의 근거 규정이 위헌·위법하다는 점이 판명된다면, 회비를 납부했던 자는 그에 대해 부당이득반환청구를 할 수 있다. 미기출

77 (A군수는 甲에게 중소기업창원 지원법 관련규정에 따라 농지의 전용허가 등이 의제되는 사업계획을 승인하는 처분을 하였다.) 甲에 대한 사업계획승인**처분 이후**에 「중소기업창업지원법」제35조에 따른 허가 등 의제가 행정권한의 과도한 침해임을 이유로 헌법불합치결정이 내려진 경우, **위헌결정과 마찬가지로 헌법불합치결정도 당해사건**에 대하여 **소급효가 미친**다. 20변시

77 (A군수는 甲에게 중소기업창업 지원법 관련규정에 따라 농지의 전용허가 등이 의제되는 사업계획을 승인하는 처분을 하였다.) 甲에 대한 사업계획승인**처분 이후**에 「중소기업창업지원법」제35조에 따른 허가등 의제가 행정권한의 과도한 침해임을 이유로 헌법불합치결정이 내려진 경우라도, **위헌결정과 달리 헌법불합치결정은 당해사건**에 대해서도 **소급효가 미치지 않**는다. 20변시

테마별 N지 모음

N1 다음 사례에 대한 설명으로 옳지 않은 것을 고르시오. (다툼이 있는 경우 판례에 의함) 22국가9 ②

> A시 시장은 「학교용지 확보 등에 관한 특례법」관계 조항에 따라 공동주택을 분양받은 甲, 乙, 丙, 丁 등에게 각각 다른 시기에 **학교용지 부담금을 부과**하였다. **이후** 해당 조항에 대하여 법원의 위헌법률심판제청에 따라 헌법재판소가 **위헌결정**을 하였다. (단, 甲, 乙, 丙, 丁은 모두 위헌법률심판제청신청을 하지 않은 것으로 가정함)

① 甲이 **부담금을 납부**하였고 부담금부과처분에 **불가쟁력이 발생**한 상태라면, 해당 조항이 위헌으로 결정되더라도 이미 납부한 부담금을 **반환받을 수 없**다.
② 乙은 부담금을 납부한 후 **부담금부과처분에 대해** 행정소송을 제기하였고 현재 소가 계속 중인 경우에도, 乙이 **위헌법률심판제청신청**을 하지 **않았으므로** 乙에게 **위헌결정의 소급효**는 미치지 **않**는다.
③ 丙이 **부담금부과처분에 대한 행정심판청구를** 하여 기각재결서를 송달받았으나, **재결서 송달일로부터 90일 이내에 취소소송을 제기**하였다면 丙의 청구는 **인용될 수 있다**.
④ 부담금부과처분에 대한 제소기간이 경과하여 丁의 부담금 납부의무가 확정되었고 **위헌결정 전**에 丁의 재산에 대한 **압류가 이루어진 상태라도**, 丁에 대해 부담금 징수를 위한 **체납처분을 속행**할 수는 **없**다.

[해설] ② 乙은 부담금을 납부한 후 **부담금부과처분에 대해** 행정소송을 제기하였고 현재 소가 계속 중인 경우에는, 乙이 **위헌법률심판제청신청**을 하지 **않았더라도** 乙에게 **위헌결정의 소급효**가 **미친**다.
㊉ 즉, 위헌결정의 소급효는 당해, 동종사건이 아닌 병행사건에도 미친다.

N2 다음 사례에 대한 설명으로 옳은 것은? (다툼이 있을 경우 판례에 의함) 13서울7 ⑤

> 서울시장은 甲에 대하여 부담금 부과처분을 하였다. **甲은** 서울시장의 부담금 부과처분에 대하여 **취소소송을 제기하고** 나아가 위헌법률심판형 **헌법소원을 청구**하였으며, 헌법재판소는 서울시장의 부담금 부과처분의 근거 법률을 **위헌으로 결정**하였다. **乙은** 甲과 같은 이유로 서울시장으로부터 부담금 부과처분을 받았지만 부담금을 기간 내에 **납부하지 않아** 서울시장은 乙에 대한 부담금의 강제징수에 필요한 재산을 **압류**하였다. **丙은** 甲과 같은 이유로 부담금 부과처분을 받았으나 이를 다투지 않고 서울시에 부담금을 이미 납부하였다. 그런데 乙과 丙에 대한 서울시장의 부담금 부과처분은 모두 취소소송의 제소기간을 이미 도과한 상태이다.

① 서울시장의 甲에 대한 **부담금 부과처분**은 원칙적으로 **무효**이다.
② 서울시장은 **압류**된 乙의 재산을 매각하여 부담금을 **강제징수할 수 있다**.
③ 乙은 부담금 **부과처분의 위법성을 근거로** 하여 부담금 **체납처분의 취소를 구할 수 있다**.
④ 서울시는 위헌판결의 소급효에 따라 丙이 **납부한 부담금을 환급하여야 한다**.
⑤ 丙이 서울시장의 부담금 부과처분 **무효확인소송**을 청구하면 丙의 청구는 **기각**될 것이다.

[해설] ① 서울시장의 甲에 대한 **부담금 부과처분**은 원칙적으로 **취소**사유에 해당한다. 처분 후 위헌결정이 있는 경우에 해당하기 때문이다.
② 서울시장은 **압류**된 乙의 재산을 매각하여 부담금을 **강제징수 할 수 없다**. 부과처분의 근거법률에 위헌결정이 난 이상, 그에 대한 집행행위에 나아가는 것은 위헌결정의 기속력에 반하기 때문이다.
③ 乙은 부담금 **부과처분의 위법성을 근거로** 하여 부담금 **체납처분의 취소를 구할 수 없다**. 부담금 부과처분과 체납처분 간 하자승계는 인정되지 않기 때문에 부과처분의 위법성을 체납처분의 취소소송에서 주장할 수는 없다.
㊉ 부담금 부과처분의 근거법률에 대해 위헌결정이 있다면, 그 후 이루어진 체납처분(사안의 경우 공매에 나아가는 것)은 무효가 되나, 이는 부담금 부과처분이 위법해서가 아니라, 체납처분 자체가 위헌결정의 기속력에 반하기 때문임. 반면 위헌결정 전 이미 이루어진 체납처분(사안의 경우 乙에 대한 압류)는 위법하지조차 않게 됨
④ 서울시는 위헌판결이 있었더라도 丙이 **납부한 부담금을 환급할 필요는 없다**. 丙이 납부한 부담금은 확정적으로 유효한 부과처분에 근거한 것으로 부당이득이 아니기 때문이다.

테마별 N지 모음

N3 다음 사례에 대한 설명으로 옳지 않은 것만을 모두 고르면? 24국가9 ②

> 세무서장 A가 甲에게 과세처분을 하였는데, 그 후 과세처분의 근거가 되었던 법률규정은 헌법재판소에 의해 위헌으로 선언되었다. 그러나 그 과세처분에 대한 제소기간은 이미 경과하여 확정되었고, A는 甲 명의의 예금에 대한 압류처분을 하였다. 한편, 과세처분의 집행을 위한 위 압류처분의 근거규정 자체는 따로 위헌결정이 내려진 바 없다.

> ㄱ. 甲에 대한 과세처분과 압류처분은 별개의 행정처분이므로 선행처분인 과세처분이 당연무효가 아닌 이상 압류처분을 다툴 수 있는 방법은 존재하지 않는다.
> ㄴ. 압류처분은 과세처분 근거규정이 직접 적용되지 않고 압류처분 관련 규정이 적용될 뿐이므로, 과세처분 근거규정에 대한 위헌결정의 기속력은 압류처분과는 무관하다.
> ㄷ. 과세처분 이후 조세부과의 근거가 되었던 법률규정에 대하여 위헌결정이 내려진 경우, 과세처분이 당연무효가 아니더라도 위헌결정 이후에 과세처분의 집행을 위한 압류처분을 하는 것은 더 이상 허용되지 않는다.

① ㄱ　　② ㄱ, ㄴ　　③ ㄱ, ㄷ　　④ ㄴ, ㄷ

해설 ㄱ. 甲에 대한 과세처분과 압류처분은 별개의 행정처분이긴 하나, 사안과 같이 위헌결정에도 불구하고 압류 등 후속처분에 나아갔다면 이는 위헌결정의 기속력에 반하여 무효에 해당하고, 따라서 선행처분인 과세처분이 당연무효가 아니더라도 압류처분의 효력이 무효라고 다툴 수 있다.
ㄴ. 압류처분은 과세처분 근거규정이 직접 적용되지 않고 압류처분 관련 규정이 적용될 뿐이더라도, 과세처분 근거규정에 대한 위헌결정의 기속력은 위헌결정 후 이루어지는 압류처분 등 후속처분에 미쳐 이를 허용하지 않는다.
아래와 같이 판례(대법원 다수의견)에 따르면 ㄷ은 옳고, ㄱ, ㄴ이 틀리다. 반면, 대법원 반대의견에 따르면 ㄱ, ㄴ이 옳고, ㄷ이 틀리다.
"조세 부과의 근거가 되었던 법률규정이 위헌으로 선언된 경우, 비록 그에 기한 과세처분이 위헌결정 전에 이루어졌고, 그 과세처분에 대한 제소기간이 이미 경과하여 조세채권이 확정되었으며, 그 조세채권의 집행을 위한 체납처분의 근거규정 자체에 대하여는 따로 위헌결정이 내려진 바 없다고 하더라도(제시문), 위와 같은 위헌결정 이후에 조세채권의 집행을 위한 새로운 체납처분에 착수하거나 이를 속행하는 것은 더 이상 허용되지 않고 (ㄷ), 이러한 위헌결정의 효력에 위배하여 이루어진 체납처분은(ㄴ) 그 사유만으로 하자가 중대하고 객관적으로 명백하여 당연무효라고 보아야 한다(ㄱ)."(2012. 2. 16. 2010두10907 전합 [압류등처분무효확인])

THEME 30 하자의 승계·전환·치유

○ 지문 / × 지문

01 하자의 전환 | 요플 p.105 |

01 전환 전의 행위와 전환 후의 행위는 목적·효과에 있어서 실질적 공통성이 있어야 한다. 09국회8

02 전환이 처분청의 의사에 반하지 않아야 한다. 09국회8

03 전환이 관계자에게 불이익하지 않아야 한다. 09국회8

04 귀속재산을 불하받은 자가 사망한 후에 그 수불하자에 대하여 한 그 불하처분취소처분은 사망자에 대한 행정처분이므로 무효이지만 그 취소처분을 수불하자의 상속인에게 송달한 때에는 그 송달 시에 그 상속인에 대하여 그 불하처분을 취소한다는 새로운 행정처분을 한 것이다. 11국회8

02 하자의 치유 | 요플 p.106 |

05 행정행위의 흠이 치유되면 당해 행정행위는 성립시부터 흠이 없는 적법한 행정행위로서 효력이 발생한다. 08지방7

05 행정행위의 흠이 치유되면 당해 행정행위는 치유시부터 흠이 없는 적법한 행정행위로서 효력이 발생한다. 08지방7

06 하자 있는 행정행위의 치유는 행정행위의 성질이나 법치주의의 관점에서 볼 때 원칙적으로 허용될 수 없으며, 예외적으로 행정행위의 무용한 반복을 피하고 당사자의 법적 안정성을 위해 이를 허용하는 때에도 국민의 권리나 이익을 침해하지 않는 범위에서 구체적 사정에 따라 합목적적으로 인정할 필요가 있다. 24소방

07 **무효**인 행정행위에는 **치유**가 **인정되지 않는다**. 08지방7

08 행정행위의 **내용상**의 하자는 **치유**의 대상이 **될 수 없고**, **형식**이나 **절차상**의 하자에 대해서 **치유**가 **인정된다**. 16국가9

09 도로관리청이 도로점용허가를 함에 있어서 특별사용의 필요가 없는 부분을 도로점용허가의 점용장소 및 점용면적으로 포함한 흠이 있고 그로 인하여 점용료부과처분에도 흠이 있게 된 경우, **흠 있는 부분**에 해당하는 점용료를 감액하는 것은 당초 처분 자체를 **일부 취소**하는 변경처분에 해당하는 것**이지**, **흠의 치유**라 볼 수 **없다**. 20(2)경찰

10 도로 점용료 부과처분에 **하자**가 있어 그 **부분**을 **감액**하는 처분을 할 경우, 이는 하자의 치유가 아니라 **처분의 일부취소**에 해당하므로 원칙적으로 **허용될 수 있다**.(2016두56721) 미기출

11 인근주민의 동의를 받아야 하는 요건을 결여하였다는 이유로 **경원관계에 있는 자**가 제기한 허가처분의 취소소송에서, **허가처분을 받은 자**가 사후 동의를 받은 경우에 하자의 **치유**를 **인정**하는 것은 원고에게 불이익하게 되므로 이를 **허용할 수 없다**. 14지방7

12 선행처분인 **개별공시지가결정**이 **위법**하여 그에 **기초한** 개발부담금 부과처분도 **위법**하게 된 경우, **그 후 적법한 절차**를 거쳐 공시된 **개별공시지가결정**이 종전의 위법한 공시지가결정과 그 **내용이 동일하더라도** 그러한 사정만으로는 위법한 개별공시지가결정에 기초한 개발부담금 부과처분이 **적법**하게 된다고 볼 수 **없다**. 19국회8
➕ 하자의 치유를 인정 시 납부의무자에게 가산금 납부의무를 부담하게 되는 불이익이 있기 때문에 하자의 치유를 부정한 사례

13 **징계처분**이 중대하고 명백한 하자로 인해 당연 **무효**의 것이라면 징계처분을 받은 원고가 이를 **용인했더라도** 그 하자가 **치유되지 아니** 한다. 16지방9

14 학교법인**이사회의 승인의결 없이 위조**한 회의록을 제출해 **기본재산교환허가처분을 받은 경우** 위 허가처분은 **당연무효**라 할 것이며, 이후 학교법인**이사회**에서 위 교환에 대하여 **추인**하기로 **의결하였더라도** 위 허가처분의 하자는 치유되지 아니 한다. 미기출

15 토지등급결정내용의 개별통지가 있다고 볼 수 없어 **토지등급결정이 무효**인 이상, 토지소유자가 그 결정 이전이나 이후에 토지등급결정내용을 알았다거나 또는 그 결정 이후 매년 정기등급수정의 결과가 토지소유자 등의 열람에 공하여졌다 하더라도 개별통지의 하자가 **치유**되는 것은 **아니다**. 10(1)경행

16 노선여객자동차운송사업의 **사업계획변경인가**처분에 관한 하자가 행정처분의 **내용에 관한 것**이고 새로운 노선면허가 소 제기 이후에 이루어진 사정 등에 비추어 하자의 사후적 **치유**를 인정하지 **아니** 한다. 11(1)경행

---

07 **무효**인 행정행위도 **치유**가 **인정**된다. 08지방7

08 행정행위의 **내용상**의 하자는 **치유**의 대상이 **될 수 있으나**, 형식이나 **절차상**의 하자에 대해서는 **치유**가 **인정되지 않는다**. 16국가9

09 도로관리청이 도로점용허가를 함에 있어서 특별사용의 필요가 없는 부분을 도로점용허가의 점용장소 및 점용면적으로 포함한 흠이 있고 그로 인하여 점용료 부과처분에도 흠이 있게 된 경우, **흠 있는 부분**에 해당하는 점용료를 감액하는 것은 당초 처분 자체를 **일부 취소**하는 변경처분이 **아니라 흠의 치유**에 해당한다. 20(2)경찰

10 도로 점용료 부과처분에 **하자**가 있어 그 **부분**을 **감액**하는 처분을 할 경우, 이는 **하자의 치유**에 해당하므로 원칙적으로 **허용될 수 없는 것**이다. 미기출

12 선행처분인 **개별공시지가결정**이 **위법**하여 그에 **기초한** 개발**부담금 부과처분**도 위법하게 되었지만 **그 후 적법한 절차**를 거쳐 공시된 **개별공시지가결정**이 종전의 위법한 공시지가결정과 그 **내용이 동일하다면** 위법한 개별공시지가결정에 기초한 개발**부담금 부과처분**은 **적법**하게 **된다**. 19국회8

13 **징계처분**이 중대하고 명백한 하자로 인해 당연 **무효**의 것이라도 징계처분을 받은 원고가 이를 **용인하였다면** 그 하자는 **치유**된다. 16지방9

14 학교법인**이사회의 승인의결 없이 위조**한 회의록을 제출해 **기본재산교환허가처분을 받은 경우** 위 허가처분은 **당연무효**라 할 것이나, 이후 위 학교법인**이사회**에서 위 교환에 대하여 **추인하기로 의결하였다면** 위 허가처분의 하자는 치유된다 할 것이다. 미기출

16 노선여객자동차운송사업의 **사업계획변경인가**처분에 관한 하자가 행정처분의 **내용에 관한 것**이고 새로운 노선면허가 소 제기 이후에 이루어진 사정 등에 비추어 하자의 사후적 **치유**는 **인정**된다. 11(1)경행

---

03 하자의 승계 | 요플 p.107 |

17 직장행정의 유지에 대한 요청에서 나오는 **하자의 승계를 인정**하면 **국민**의 권리를 보호하고 **구제**하는 범위가 더 **넓어**진다. 17(상)지방9

18 선행행위의 하자를 이유로 후행행위를 다투는 경우만이 하자의 승계이고, **후행행위의 하자를 이유로 선행행위를 다투는** 것은 **하자의 승계와 무관**하다. 17(하)지방9

19 계고처분의 후속절차인 대집행에 위법이 있는 경우에 그 와 같은 **후속절차에 위법성**이 있다는 점을 들어 **선행절차**인 계고처분이 **부적법하다**는 사유로 삼을 수 **없다**. 14(1)경행

20 하자의 승계가 인정되기 위해서는 **선행행위**와 **후행행위**가 **모두** 항고소송의 대상이 되는 **처분이어야** 한다. 16교행9

---

18 선행행위의 하자를 이유로 후행행위를 다투는 경우 뿐 아니라 **후행행위의 하자를 이유로 선행행위를 다투는 것도 하자의 승계이다**. 17(하)지방9

19 계고처분의 후속절차인 대집행에 위법이 있는 경우에 그와 같은 **후속절차에 위법성**이 있다는 점을 들어 **선행절차**인 계고처분이 **부적법하다**는 사유로 삼을 수 **있다**. 14(1)경행

21 선행행위의 **흠**이 후행행위에 **승계**되는가의 문제는 **취소사유의 행정행위에서 문제**되는 것이고, 선행행위가 무효인 행정행위인 경우에는 논의의 **실익**이 없다. 10지방7

22 **선행** 행정행위가 **당연무효**라면 양자가 서로 독립하여 별개의 효과를 목적으로 하는 경우에도 **후행** 행정행위는 **당연무효**가 **된다**. 16국회8

23 **선행**행위에 **무효**의 하자가 존재한다면 선행행위와 후행행위가 결합하여 하나의 법적 효과를 목적으로 하건, 독립하여 별개의 법적 효과를 목적으로 하건, 언제나 후행행위의 무효를 주장할 수 있기에 **하자의 승계**에 대한 논의의 **실익**이 **없다**. 17(상)지방9

24 **적법**하게 건축된 **건축물**에 대한 **철거명령**은 그 하자가 중대하고 명백하여 당연무효라고 할 것이고, 그 후행행위인 건축물철거 **대집행계고처분 역시** 당연무효라고 할 것이다. 17(하)국가7

25 자기완결적 신고에 해당하는 **대문설치신고**가 형식적 하자가 없는 **적법**한 요건을 갖춘 **신고**라면 관할 행정청이 수리를 **거부했어도** 신고의 효력은 발생하고 당해 **대문**은 적법한 것이 된다. 따라서 당해 대문에 대한 **철거명령**은 적법한 건축물에 대해 행하여진 것으로 당연**무효**가 되고, 그 후행행위인 **대집행계고처분 역시** 당연무효가 된다. 24지방9

26 조세부과처분과 압류 등의 체납처분은 별개의 행정처분으로서 독립성을 가지므로 조세**부과처분에 하자가 있더라도** 그 부과처분이 취소되지 아니하는 한 그에 근거한 **체납처분**은 **위법**이라고 할 수 **없으나**, 그 **부과처분**에 중대하고도 명백한 하자가 있어 **무효**인 경우에는 그 부과처분의 집행을 위한 **체납처분**도 **무효**이다. 22국회8
➕ 과세처분과 체납처분은 독립하여 별개의 관계로 하자가 승계되지 않는다. 따라서 과세처분에 하자가 있어도 그것이 취소되어 무효가 되지 않는한 체납처분을 위법하다고 볼 수 없다. 그러나 과세처분이 처음부터 무효였다면 체납처분도 무효가 된다.

27 도시계획시설사업 **시행자 지정 처분**이 처분 요건을 충족하지 못하여 **당연무효**인 경우, 도시계획시설사업의 **시행자가 작성한 실시계획을 인가**하는 **처분**도 **무효**이다. 22국가9

28 도시계획시설사업에 관한 **실시계획의 인가**처분이 그 하자가 중대·명백하여 당연**무효이면**, 인가처분에 기초한 수용재결도 무효이다. 21변시

29 **개별공시지가결정**이 무효인 경우 **양도소득세부과처분의 취소**를 주장할 수 있다. 10국가7
➕ 선행 개별공시지가결정이 무효이므로, 후행 양도소득세부과처분도 무효이다. 따라서 후행처분의 무효를 주장할 수 있고, 후행처분의 무효를 선언하는 의미에서의 취소를 주장할 수도 있다. 어느 경우건 선행행위가 위법하니, 후행행위도 위법하다고 주장하는 것이다.

30 제소기간이 경과하여 **선행행위**에 **불가쟁력**이 발생해야 비로소 하자의 **승계가 문제**되기 시작한다. 16사복9
➕ 선행행위에 불가쟁력이 발생하기 전에는 승계가 문제되지 않는다. 선행행위에 불가쟁력이 발생해 더이상 선행행위를 취소시킬 수 없을 때, 비로소 하자의 승계가 문제되기 시작한다.

31 **하자의 승계**가 인정되기 위해서는 선행행위에는 불가쟁력이 발생했으나, **후행행위에는 불가쟁력이 발생하지 않은** 경우이어야 한다. 16교행9

32 흠의 승계문제는 국가배상소송에서는 발생하지 **않는다**. 09국회9

33 (A행정청이 甲에게 한 X행정처분에 대하여 제소기간이 도과하여 불가쟁력이 발생하였다.) X행정처분에 후속하여 Y행정처분이 행해진 경우, 두 처분이 서로 **결합하여 하나의** 법률효과를 목적으로 하는 경우에는 甲은 **X행정처분의 위법**을 이유로 **Y행정처분의 취소**를 구할 수 **있다**. 22변시

34 선행행위에 대하여 불가쟁력이 발생하지 않았거나 선행행위와 후행행위가 서로 **독립하여** 각각 **별개**의 법률효과를 목적으로 하는 때에는 원칙적으로 **선행행위의 하자**를 이유로 **후행행위의 효력**을 **다툴 수 없다**. 17(상)지방9

35 선행행위와 후행행위가 서로 **독립하여 별개**의 법률효과를 목적으로 하는 경우**라도** 선행행위의 불가쟁력이나 구속력이 그로 인하여 불이익을 입는 자에게 **수인한도를 넘는** 가혹함을 가져오고 그 결과가 **예측가능한 것이 아닌** 때에는 하자의 **승계**를 **인정**할 수 있다. 17(상)지방9

---

21 선행행위의 **흠**이 후행행위에 **승계**되는가의 문제는 **무효인 행정행위에만 해당**하고, 선행행위가 취소할 수 있는 행정행위와는 **무관**하다. 10지방7

22 **선행** 행정행위가 **당연무효**이더라도 양자가 서로 독립하여 별개의 효과를 목적으로 하는 경우에는 **후행** 행정행위가 **당연무효**가 되는 것은 **아니다**. 16국회8

23 **선행**행위에 **무효**의 하자가 존재하더라도 선행행위와 후행행위가 결합하여 하나의 법적 효과를 목적으로 하는 경우에는 **하자의 승계**에 대한 논의의 **실익**이 **있다**. 17(상)지방9

24 **적법**하게 건축된 **건축물**에 대한 **철거명령**을 전제로 행하여진 후행행위인 건축물철거 **대집행계고처분**은 당연무효라 할 수 **없다**. 17(하)국가7

25 자기완결적 신고에 해당하는 **대문설치신고**가 형식적 하자가 없는 **적법한 요건을 갖춘 신고임에도 불구하고** 관할 행정청이 수리를 **거부한 후** 당해 대문의 **철거명령**을 하였더라도, 후행행위인 대문철거 **대집행계고처분**이 당연무효가 되는 것은 **아니다**. 24지방9

29 **개별공시지가결정**이 무효인 경우 **양도소득세부과처분**의 **취소를 주장할 수 없다**. 10국가7

30 제소기간이 경과하여 **선행행위**에 **불가쟁력**이 발생한다면 하자의 **승계는 문제되지 않는다**. 16사복9

31 **하자의 승계**가 인정되기 위해서는 선행행위와 **후행행위**에 모두 **불가쟁력이 발생한 경우이어야** 한다. 16교행9

33 (A행정청이 甲에게 한 X행정처분에 대하여 제소기간이 도과하여 불가쟁력이 발생하였다.) X행정처분에 후속하여 Y행정처분이 행해진 경우, 두 처분이 서로 **결합하여 하나의** 법률효과를 목적으로 하는 경우에도 甲은 **X행정처분의 위법**을 이유로 **Y행정처분의 취소**를 구할 수 **없다**. 22변시

36 (비교) 암매장**분묘개장명령**과 후행**계고처분**(간 하자의 **승계**가 **인정**된다) 12경행

37 **철거명령**과 **대집행** 절차를 이루는 행위는 **별개**의 법적효과를 가져오는 행위이므로 철거명령의 흠은 대집행절차를 이루는 각 행위에 **승계**되지 **아니**한다. 13지방7
Ⓑ

38 광고물에 대한 자진**철거명령**과 **대집행**영장발부통보처분 사이에는 하자의 **승계**가 **부정**된다. 16교행9
Ⓑ

39 **조세부과**처분에 취소사유인 하자가 있는 경우 그 하자는 후행 **강제징수**절차인 독촉·압류·매각·청산 절차에 **승계**되지 **아니** 한다. 을 19국가9
Ⓒ

39 **조세부과**처분에 취소사유인 하자가 있는 경우 그 하자는 후행 **강제징수**절차인 독촉·압류·매각·청산절차에 **승계**된다. 19국가9
Ⓒ

40 선행처분인 **소득금액변동통지**에 하자가 존재하더라도 당연무효 사유에 해당하지 않는 한 그 하자는 후행처분인 소득세 납세고지처분에 그대로 **승계**되지 **아니**한다. 22지방7
Ⓑ

41 신고납세방식의 **취득세**의 **신고**행위와 **징수처분** 간의 하자의 **승계**는 인정되지 **아니** 한다.(2005두14394) 을 15서울9

41 신고납세방식의 **취득세**의 **신고**행위와 **징수처분**(간 하자의 **승계**가 **인정**된다.) 15서울9

42 대집행의 **계고**, 대집행영장에 의한 **통지**, 대집행의 **실행**, 대집행**비용**의 **납부명령**은 동일한 행정목적을 달성하기 위하여 일련의 절차로 연속하여 행하여지는 것으로서, 서로 **결합**하여 **하나**의 법률효과를 발생시키는 것이다. 18서울9
Ⓐ

43 대집행에 있어서 선행처분인 계고처분이 하자가 있는 위법한 처분이라면 후행처분인 대집행영장발부통보처분의 취소를 청구하는 소송에서 청구원인으로 선행처분인 **계고처분이 위법**한 것이기 때문에 그 계고처분을 전제로 행하여진 **대집행영장발부통보처분**도 위법한 것이라는 주장을 할 수 있다. 17경행
Ⓐ

44 계고처분과 대집행**비용납부명령**은 동일한 행정목적을 달성하기 위하여 단계적인 일련의 절차로 연속하여 행하여지는 것으로서 서로 **결합**하여 **하나**의 법률효과를 발생시키는 것이므로 이미 불가쟁력이 발생한 **계고처분**에 존재하는 하자를 이유로 아무런 하자가 없는 **대집행비용납부명령**의 효력을 다툴 수 있다. 을 22소간
Ⓐ

44 계고처분과 대집행**비용납부명령**은 그 목적을 달리하여 **별개**의 법률효과를 발생시키는 처분이므로 이미 불가쟁력이 발생한 계고**처분**에 존재하는 **하자**를 이유로 아무런 하자가 없는 **대집행비용납부명령**의 효력을 다툴 수 없다. 22소간
Ⓐ

45 「도시 및 주거환경정비법」상 **사업시행계획**에 관한 취소사유인 하자는 **관리처분계획**에 **승계**되지 않는다. 18국가9
인

46 재개발**사업시행인가**처분과 **토지수용재결**처분 간 하자의 **승계**는 인정되지 **아니** 한다. 을 12경행

46 재개발**사업시행인가**처분과 **토지수용재결**처분(간 하자의 **승계**가 **인정**된다) 12경행

47 [甲의 토지는 공익사업의 대상지역으로 「공익사업을 위한 토지등의 취득 및 보상에 관한 법률」에 따라 사업인정절차를 거쳐 甲의 토지에 대한 수용재결이 있었다.] 위 **사업인정**에 **취소사유**인 위법이 있는 경우 사업인정의 하자는 후행처분인 수용재결에 **승계**되지 않는다. 16서울7

48 법률에 규정된 **공청회를 열지 아니한 하자**가 있는 **도시계획결정**에 불가쟁력이 발생하였다면, 당해 도시계획결정이 당연무효가 아닌 이상 그 하자를 이유로 후행하는 **수용재결처분**의 취소를 구할 수는 **없다**. 16지방7
인
  ⊕ 법령상 규정된 공청회를 열지 아니한 하자는 취소사유이다. 따라서 하자의 승계가 논의된다. 선행처분이 무효사유라면 어차피 후행처분이 무효가 될 것이기에 논의의 실익이 없다.

49 도시계획사업의 **실시계획인가고시**와 **수용재결처분** 간 하자의 **승계**는 인정되지 **아니** 한다. 을 11국가7
인

49 도시계획사업의 **실시계획인가고시**와 **수용재결처분**(간 하자의 **승계**가 **인정**된다) 11국가7
인

50 「국토의 계획 및 이용에 관한 법률」상 **도시·군계획시설결정**과 **실시계획인가**는 **별개**의 법률효과를 목적으로 하는 것이므로 선행처분인 도시·군계획시설결정의 **하자**는 실시계획인가에 **승계**되지 **아니** 한다. 을 18국가9
Ⓒ

50 「국토의 계획 및 이용에 관한 법률」상 **도시·군계획 시설결정**과 **실시계획인가**는 **동일한** 법률효과를 목적으로 하는 것이므로 선행처분인 도시·군계획시설결정의 **하자**는 실시계획인가에 **승계**된다. 18국가9
Ⓒ

51 사업계획승인의 하자는 **도시계획시설변경** 및 **지적승인고시**의 하자로 **승계**가 인정되지 아니 한다. 을 미기출

51 사업계획승인의 하자는 **도시계획시설변경** 및 **지적승인고시**의 하자로 **승계**가 인정된다. 미기출

52 구 「부동산 가격공시 및 감정평가에 관한 법률」상 선행처분인 **표준지공시지가의 결정**에 하자가 있는 경우에 그 하자는 보상금 산정을 위한 **수용재결**에 **승계**된다. 18국가9
Ⓐ

53 **수용보상금의 증액**을 구하는 **소송에서**, 선행처분으로서 그 수용대상 토지가격 산정의 기초가 된 비교**표준지공시지가결정의 위법**을 독립한 사유로 **주장할 수 있다**. 을 17경행
Ⓐ
  ⊕ 별개의 법적효과를 목적으로 하는 관계이나, 예외적으로 하자의 승계를 인정(2007두13845)

53 **수용보상금의 증액**을 구하는 **소송에서**, 선행처분으로서 그 수용대상 토지가격 산정의 기초가 된 비교**표준지공시지가 결정의 위법**을 독립한 사유로 **주장할 수 없다**. 17경행
Ⓐ

54 개별공시지가결정과 양도소득세부과처분은 서로 **독립**하여 **별개**의 법률효과를 목적으로 하는 것이다. [A] 〔율〕 10국가7

55 위법한 개별공시지가결정에 대하여 그 정해진 시정절차를 통하여 시정하도록 요구하지 아니하였다는 이유로 위법한 개별공시지가를 기초로 한 과세처분 등 후행행정처분**에서** 개별공시지가결정의 위법을 **주장할 수 없도록** 하는 것은 **수인한도를 넘는 불이익**을 강요하는 것이다. [A] 18서울9

(56~57) (甲은 자신의 토지에 대한 개별공시지가결정을 통지받은 후 90일이 넘어 과세처분을 받았는데, 과세처분이 **위법**한 개별공시지가결정에 기초하였다는 이유로 **과세처분의 취소**를 구하고자 한다.) 21국가9

56 甲은 과세처분이 있기 **전에도** 개별공시지가결정에 대해서 취소소송을 제기할 수 있다. [인] 〔율〕
  ➕ 개별공시지가결정은 과세처분의 절차에 불과한 것이 아니라, 과세처분과 독립한 별개의 처분이다. 따라서 과세처분이 있기 전에도 이에 대하여 취소소송을 제기할 수 있다.

57 甲은 과세처분의 위법성이 인정되지 않더라도 **과세처분 취소소송에서 개별공시지가결정의 위법**을 독립된 위법사유로 **주장할 수 있다**. [A]

58 개별공시지가 결정과 이에 근거한 개발부담금부과처분(간 하자의 승계가 인정된다.) [A] 15서울9

59 양도소득세 산정의 기초가 되는 **개별공시지가결정**에 대하여 **재조사청구에 따른 조정결정을 통지** 받고서도 **더 이상 다투지 않았다면** 위 개별공시지가결정의 위법을 양도소득세 부과처분의 **위법 사유로 주장할 수 없다**. [C] 〔율〕 10국가7
  ➕ 이미 개별공시지가결정에 대해 다툼을 벌여 그 결과를 받고 더 이상 다투지 않기로까지 하였다면, 그 결정을 수인하기로 한 것이므로 하자의 승계를 인정해 또 다시 다툼을 벌일 수 있게 해 줄 필요가 없기 때문이다.

60 취소사유에 해당하는 **하자가 있는 표준지공시지가 결정**에 대한 취소소송의 제소기간이 지난 경우, 갑은 **개별토지가격결정을 다투는 소송**에서 그 개별토지가격산정의 기초가 된 표준지공시지가의 위법성을 다툴 수 없다. [인] 〔율〕 19국가7

61 판례는 표준지에 대한 **조세부과** 처분의 취소를 다투는 소송에서 **표준지공시지가**의 위법성을 **다툴 수 없다**고 한다. 〔율〕 15국회8

62 토지등급의 설정 또는 수정처분과 **과세처분** 간에는 하자의 **승계**가 인정되지 **아니**한다. 〔율〕 15(1)경행

63 **친일반민족행위자**로 결정한 최종발표와 그에 따라 그 유가족에 대하여 한 「**독립유공자 예우에 관한 법률**」적용배제자 결정은 별개의 법률효과를 목적으로 하는 처분이다. [인] 18지방9

64 일제강점하 반민족행위 진상규명에 관한 특별법에 따른 **친일반민족행위자 결정**과 독립유공자 예우에 관한 법률에 의한 법적용 배제결정(에서 하자의 **승계**가 **인정**된다.) [인] 17서울9

65 귀속재산의 **임대처분**과 후행**매각처분**(간 하자의 **승계**가 **인정**된다.) 18(1)서울7

66 한지의사시험자격인정과 한지의사**면허처분**(간 하자의 **승계**가 **인정**된다.) 18(1)서울7

67 안경사시험합격취소처분과 안경사**면허취소처분**(간 하자의 **승계**가 **인정**된다.) 17서울9

68 보충역편입처분과 공익근무요원 소집처분은 양자가 별개의 법률효과를 목표로 하는 것이므로 선행처분에 대한 하자는 후행처분에 **승계**되지 **않**는다. [C] 12국가9

69 구 경찰공무원법 제50조 제1항에 의해 선행된 **직위해제처분의 위법**사유를 들어 동법 제50조 제3항에 의한 후행 **면직처분**의 효력을 **다툴 수 없다**. [B] 17경행

70 도로점용허가와 점용료 부과처분은 서로 **독립**하여 **별개**의 법률효과를 발생시키므로 도로점용허가에 불가쟁력이 생겨 그 효력을 다툴 수 없게 되면 그 흠을 이유로 점용료 부과처분의 효력을 **다툴 수 없다**. 미기출

71 수강거부처분과 수료처분 간 하자의 **승계**는 인정되지 **아니**한다. 〔율〕 12경행

---

54 개별공시지가결정과 양도소득세부과처분은 서로 **결합**하여 **하나**의 효과를 완성하는 처분이라고 보는 것이 판례의 입장이다. [A] 10국가7

(56~57) (甲은 자신의 토지에 대한 개별공시지가결정을 통지받은 후 90일이 넘어 과세처분을 받았는데, 과세처분이 **위법**한 개별공시지가결정에 기초하였다는 이유로 **과세처분의 취소**를 구하고자 한다.) 21국가9

56 甲은 과세처분이 있기 **전에는** 개별공시지가결정에 대해서 취소소송을 제기할 수 **없다**. [인]

59 양도소득세 산정의 기초가 되는 **개별공시지가결정**에 대하여 한 재조사청구에 따른 조정결정을 통지받고서도 **더 이상 다투지 않았다** 하더라도 위 개별공시지가결정의 위법을 양도소득세 부과처분의 **위법사유로 주장할 수 있다**. [C] 10국가7

60 취소사유에 해당하는 **하자가 있는 표준지공시지가 결정**에 대한 취소소송의 제소기간이 지난 경우, 갑은 **개별토지가격결정을 다투는 소송**에서 그 개별토지가격산정의 기초가 된 표준지공시지가의 위법성을 다툴 수 있다. [인] 19국가7

61 판례는 표준지에 대한 **조세부과** 처분의 취소를 다투는 소송에서 **표준지공시지가**의 위법성을 **다툴 수 있다**고 한다. 15국회8

62 토지등급의 설정 또는 수정처분과 과세처분(간에는 하자의 **승계**가 **인정**된다.) 15(1)경행

70 도로점용허가와 점용료 부과처분은 서로 **결합**하여 **하나**의 법률효과를 발생시키므로 도로점용허가에 불가쟁력이 생겨 그 효력을 다툴 수 없게 되더라도 그 흠을 이유로 점용료 부과처분의 효력을 **다툴 수 있다**. 미기출

71 수강거부처분과 수료처분(간 하자의 **승계**가 **인정**된다) 12경행

72 선행처분인 국제항공노선 **운수권 배분 실효**처분 및 **노선면허거부**처분에 대하여 이미 불가쟁력이 생겨 그 효력을 다툴 수 없게 되었다면 후행처분인 **노선면허**처분을 다투는 단계에서 선행처분의 하자를 **다툴 수 없**다. 19국회8

73 공인중개사 업무정지처분과 동 정지기간 중에 중개업무를 하였음을 사유로 한 **사무소개설등록 취소처분**은 하자가 승계되지 **않**는다. 미기출

74 **변상판정이 위법**이라는 이유로 **변상명령의 취소**를 구할 수는 **없**다. 미기출

75 **액화석유가스판매사업허가**와 **사업개시신고반려** 간 하자의 **승계**는 인정되지 **아니**한다. (90누8756) 미기출

76 **토지구획정리사업 시행 후 시행인가**처분의 하자가 취소사유에 불과하다면 사업 시행 후 시행인가처분의 하자를 이유로 환지청산금 부과처분의 효력을 **다툴 수 없**다. 19국회8

77 불가쟁력이 발생한 **부담금 부과**처분의 근거 **법률**에 대한 **위헌결정**이 있더라도, 후행 **압류**처분의 **취소**를 구하는 **소송**에서 재판의 내용과 효력에 대한 법률적 의미가 **달라지지 않**는다. 23소방
소
➕ 부담금 부과처분의 근거 법률에 위헌결정이 있더라도 이는 취소사유에 불과하다. 그리고 부담금 부과처분이 취소사유에 불과하다면, 그 후속처분인 압류처분(강제징수)에는 하자가 승계되지 않아 압류처분 취소소송에 영향을 미치지 못한다. 즉, 부담금 부과처분의 근거 법률에 대해 위헌결정을 받아보자, 후행 압류처분의 취소를 구하는 소송에서는 법률적 의미가 달라질 것이 없어 위헌여부를 판단할 실익이 없다.

72 선행처분인 국제항공노선 **운수권 배분 실효**처분 및 **노선면허거부**처분에 대하여 이미 불가쟁력이 생겨 그 효력을 다툴 수 없게 되었더라도 후행처분인 **노선면허**처분을 다투는 단계에서 선행처분의 하자를 **다툴 수 있**다. 19국회8

75 **액화석유가스판매사업허가**와 **사업개시신고반려** 간 하자의 **승계**가 인정된다. 미기출

76 **토지구획정리사업 시행 후 시행인가**처분의 하자가 취소사유에 불과하더라도 사업 시행 후 시행인가처분의 하자를 이유로 환지청산금 부과처분의 효력을 **다툴 수 있**다. 19국회8

77 불가쟁력이 발생한 **부담금 부과**처분의 근거 **법률**에 대한 **위헌결정**이 있으면, 후행 압류처분의 취소를 구하는 **소송**에서 재판의 내용과 효력에 대한 법률적 **의미가 달라**진다. 23소방
소

테마별 N지 모음

N1 다음 사례에 관한 설명으로 옳은 것은? 08국가9 ④

> A는 본인 소유의 토지를 乙에게 매도하였고, 관할세무서장은 위 토지의 양도 당시의 기준시가로서 이 토지의 **개별공시지가**를 기준으로 **양도소득세**를 부과하였다. 그런데 양도소득세가 지나치게 많다고 생각한 A는 **개별공시지가결정이 있은 지 1년 넘게 지나**고 나서야 개별공시지가에 대하여 이의가 있으면 개별공시지가의 결정·공시일부터 30일 이내에 이의를 신청할 수 있었다는 사실이 이 개별공시지가가 자신의 토지에 대하여는 잘못된 사실판단으로 인하여 지나치게 높게 결정되었다는 사실을 알게 되었다.

① A는 **개별공시지가결정**을 대상으로 **취소소송**을 제기하여 이를 다투면 **된**다.
② **개별공시지가결정**이 **무효**라 하더라도 A는 개별공시지가 결정이 잘못되었음을 이유로 **양도소득세부과처분의 위법**을 주장할 수 **없**다.
③ **개별공시지가의 결정**과 이를 기초로 한 **과세처분**은 **동일한 목적**을 달성하기 위하여 일련의 절차로 연속하여 행하여지는 것으로서 양 행위는 서로 **결합된 처분**이라고 보는 것이 다수설의 입장이다.
④ 대법원은 관계인의 **수인한도를 넘어** 불이익을 강요하는 경우에는 **과세처분의 위법사유로서 개별공시지가결정의 위법**을 주장할 수 **있**다고 판시한 바 있다.

해설 ① A는 **개별공시지가결정**을 대상으로 **취소소송**을 제기하여 다툴 수 **없**다.
➕ 결정이 있은 날로부터 1년 넘게 지나 이미 제소기간이 도과했기 때문이다.
② **개별공시지가결정**이 **무효**라면 A는 개별공시지가결정이 잘못되었음을 이유로 **양도소득세부과처분의 위법**을 주장할 수 **있**다.
③ **개별공시지가의 결정**과 이를 기초로 한 **과세처분**은 **별개의 목적**을 달성하기 위하여 행하여지는 것으로서 양 행위는 서로 **별개의 처분**이라고 보는 것이 판례와 다수설의 입장이다.
➕ 다만, 그럼에도 불구하고 수인가능성을 이유로 하자의 승계는 인정

N2 행정행위의 하자승계론에서 **구속력설(규준력설)**의 입장에 대한 설명으로 옳지 않은 것은? 15국가7 ④
인
① 선행행위와 후행행위의 **목적 및 법효과가 동일**한 경우에 선행행위의 구속력은 인정된다.
② 선행행위의 상대방과 후행행위의 **상대방이 일치**하는 경우에 선행행위의 구속력은 인정된다.
③ 선행행위의 **사실적·법적 상태가 유지**되는 한도에서 선행행위의 구속력은 인정된다.
④ 선행행위의 구속력의 법적 결과를 **예측할 수 없거나 수인이 불가능**한 경우에 선행행위의 **구속력**은 **인정**된다.

해설 ④ 선행행위의 구속력의 법적 결과를 **예측할 수 없거나 수인이 불가능**한 경우에 선행행위의 **구속력**은 인정되지 **아니**한다.

THEME 31 행정행위의 효력상실 - 취소·철회·실효

○ 지문

01 취소 vs 철회 vs 실효 | 요플 p.110 |

01 다음 ㄱ, ㄴ, ㄷ은 취소, 철회, 실효 중 무엇에 해당하는가? 14서울7

> ㄱ. 일단 유효하게 성립한 행정행위를 **하자가 있음**을 이유로 또는 부당함을 이유로 행정청이 그 효력을 **소멸시키는 행정행위** → 취소
> ㄴ. **하자 없이 성립**한 행정행위에 대해 그의 효력을 존속시킬 수 없는 **새로운 사정**이 발생하였음을 이유로 **장래에 향**하여 그의 효력을 **소멸시키는 행정행위** → 철회
> ㄷ. 하자 없이 적법하게 성립한 행정행위가 일정한 **사실의 발생**에 의하여 **당연히 그 효력이 소멸**되는 것 → 실효

02 **해제조건**은 조건사실이 발생하면 **당연히** 행정행위의 효력이 **소멸**되지만 **철회권 유보**는 유보된 사실이 발생하더라도 그 효력을 소멸시키려면 행정청의 **별도의 의사표시**(철회)가 필요하다. 13국회9

03 행정행위가 그 성립상의 **중대·명백한 하자**가 존재한다면 이는 당연**무효**로서 처음부터 효력이 발생하지 않는 것**이지**, **실효**사유로서 발생한 효력이 소멸하는 것이 **아니다**. 07국가7
➕ 취소·철회·실효 모두 적어도 유효하게 성립한 행정행위에 대해서 인정되는 것이지, 처음부터 무효인 행정행위에는 인정될 수 없다.

02 쟁송취소 vs 직권취소 vs 철회 | 요플 p.111 |

04 행정행위의 **쟁송취소**에 있어서 취소할 수 있는 **권한**을 가진 자는 취소쟁송의 **수소법원이나 행정심판위원회**이다. 09지방9

05 **처분청이라면** 취소에 대한 **법적 근거가 없어도** 자신이 행한 수익적 행정행위를 위법 또는 부당을 이유로 직권으로 **취소할 수** 있다. 16국가9

06 「**행정기본법**」은 **직권취소**에 관한 **일반적 근거 규정**을 두고 있어, **개별 법률**의 근거가 **없더라도** 직권취소가 **가능**하다. 23군무원7

07 「**행정기본법**」은 직권취소나 철회의 **일반적 근거규정**을 두고 있고, 직권취소나 철회는 **개별법률**의 근거가 **없어도** 가능하다. 23국가9

08 권한 없는 행정청이 한 위법한 행정처분을 취소할 수 있는 권한은 그 행정처분을 한 처분청에게 **속하는 것이고**, 그 행정처분을 할 수 있는 **적법한 권한을 가지는 행정청**에게 그 취소권이 귀속되는 것은 **아니다**. 22지방9

09 「행정권한의 위임 및 위탁에 관한 규정」은 **위임기관 및 위탁기관**은 수임기관 및 수탁기관의 **수임 및 수탁사무처리에 대하여** 지휘·감독하고, 그 처리가 위법 또는 부당하다고 인정되는 때에는 이를 **취소하거나 정지시킬 수 있다**고 규정하고 있다. 14서울7

10 대통령은 **국무총리의 명령**이 위법 또는 부당하다고 인정하면 이를 **중지 또는 취소할 수 있다**. 13서울7

11 구 사회복지사업법은 **임시이사의 선임**에 관해서**만 규정**할 뿐, 해임에 대해서는 규정하고 있지 않더라도 관할 행정청은 임시이사를 선임할 권한과 **해임할 권한 모두를 갖는다**. (2017다269152) 미기출

12 명문의 근거규정이 없다면 처분청이 아니라 **감독청**은 **철회권을 갖지 못**한다. 08국가9

13 **감사원**은 별도의 규정이 없이는 행정처분의 **철회권을 갖지 못**한다. 13서울9

14 **직권취소**는 행정행위가 위법한 경우뿐만 아니라, **부당한 경우에도** 소급하여 취소할 수 있다. 24국회8

× 지문

03 행정행위가 그 성립상의 **중대·명백한 하자**가 존재한다면 이는 **실효**사유로서 그 효력이 소멸한다. 07국가7

04 행정행위의 **쟁송취소**에 있어서 취소할 수 있는 **권한**을 가진 자는 원칙적으로 당해 행정행위를 한 **행정청**이다. 09지방9

05 **처분청이라도** 자신이 행한 수익적 행정행위를 위법 또는 부당을 이유로 **취소하려면** 취소에 대한 **법적 근거가 있어야** 한다. 16국가9

10 대통령은 **국무총리의 명령**이 위법하다고 인정해도 이를 중지시킬 수 없다. 13서울7

11 구 사회복지사업법은 **임시이사의 선임**에 관해서**만 규정**할 뿐, 해임에 대해서는 규정하고 있지 않으므로 관할 행정청은 임시이사를 선임할 권한은 있으나, **해임할 권한은 없는 것**이다. 미기출

12 명문의 근거규정이 없어도 처분청뿐만 아니라 **감독청**도 **철회권을 가진다**. 08국가9

13 감사원(은 행정처분의 **철회권을 가진다**) 13서울9

15 행정행위에 하자가 있으나 **하자가 이미 치유**되었거나 다른 **적법한 행위로 전환**된 경우에는 **취소**의 대상이 되지 **않는다**. 〔인〕 11사복9

16 행정행위의 **철회 사유**는 행정행위가 **성립된 이후**에 발생한 것으로서 행정행위의 효력을 존속시킬 수 없는 사유를 말한다. 〔C〕 23국가9

16 행정행위의 **철회 사유**는 행정행위가 **성립되기 이전**에 발생한 것으로서 행정행위의 효력을 존속시킬 수 없는 사유를 말한다. 〔C〕 23국가9

17 행정청은 적법한 처분의 경우 당사자의 **신청이 있는 경우에만 철회**가 **가능**한 것은 **아니다**. 법률에서 정한 사유에 해당하거나, 법령 등 변경이나 사정변경이 있는 경우, 중대한 공익을 위하여 필요한 경우 등에도 가능하다. 〔인〕 21지방7

17 행정청은 적법한 처분의 경우 당사자의 **신청이 있는 경우에만 철회**가 **가능**하다. 〔인〕 21지방7

18 행정행위를 한 처분청은 그 처분 당시에 그 행정처분에 별다른 하자가 없었고 또 그 처분 후에 이를 철회 또는 변경할 별도의 법적 근거가 없다 하더라도 원래의 처분을 그대로 존속시킬 필요가 없게 된 **사정변경**이 생겼거나 또는 **중대한 공익**상의 필요가 발생한 경우에는 별개의 행정행위로 이를 **철회**하거나 **변경할 수** 있다. 〔S〕 18(2)서울7

19 (「행정기본법」에 따르면) 행정청은 **중대한 공익**을 위하여 필요한 경우에는 **적법한 처분**의 전부 또는 일부를 장래를 향하여 **철회할 수** 있다. 〔S〕 22국가7

20 [甲은 관할 행정청에 토지의 형질변경행위가 수반되는 건축허가를 신청하였고, 관할 행정청은 甲에 대해 '건축기간동안 자재 등을 도로에 불법적치하지 말 것'이라는 부관을 붙여 건축허가를 하였다.] 甲이 위 **부관에 위반**하였음을 이유로 건축허가의 효력을 **소멸**시킬 때 추가로 **법령상의 근거**가 있어야 하는 것은 **아니다**. 〔인〕 19지방9
➕ 철회는 법령상의 근거가 있는 경우 뿐 아니라, 위 사안과 같이 철회권이 유보된 경우에도 가능하기 때문이다.

20 [甲은 관할 행정청에 토지의 형질변경행위가 수반되는 건축허가를 신청하였고, 관할 행정청은 甲에 대해 '건축기간동안 자재 등을 도로에 불법적치하지 말 것'이라는 부관을 붙여 건축허가를 하였다.] 甲이 위 **부관에 위반**하였음을 이유로 관할 행정청이 건축허가의 효력을 **소멸**시키려면 **법령상의 근거가 있어야** 한다. 〔인〕 19지방9

21 부관인 **부담**의 **불이행**을 이유로 수익적 행정행위를 **철회**하는 행위(는 행정청이 별도의 **법령**상의 근거 **없이도 할 수 있다**) 〔인〕 19지방7

22 의료인이 의료법을 위반하여 금고이상의 형의 **집행유예를 선고**받았다면 면허취소사유에 해당하고, 이후 그 유예기간이 경과하거나 특별사면을 받는 등으로 **형 선고의 효력이 상실되었더라도 면허를 취소할 수 있다**. 〔B〕 미기출
➕ 여기서의 면허취소는 "철회"를 의미한다. 후발적 사유이기 때문이다. 이러한 면허취소(철회)사유는 그 사유가 발생한 사실만 있으면 성립하는 것이지, 실제 취소(철회) 시까지 그 사유가 유지되어야 하는 것은 아니다.(2021두62171, 2021두62287)

22 의료인이 의료법을 위반하여 금고이상의 형의 **집행유예를 선고**받았다면 면허취소사유에 해당하나, 이후 그 유예기간이 경과하거나 특별사면을 받는 등으로 **형 선고의 효력이 상실되었다면** 더 이상 면허취소사유에 해당하지 않게 되어 **면허를 취소할 수 없다**. 〔B〕 미기출

23 **수익적 행정처분에 대한 취소**권 등의 행사는 기득권의 침해를 정당화할 만한 **중대한 공익**상의 필요 또는 **제3자의 이익보호의 필요**가 있는 때에 한하여 허용될 수 있다는 **법리**는 처분청이 수익적 행정처분을 직권으로 취소·철회하는 경우에 적용되는 법리일 뿐 **쟁송취소**의 경우에는 **적용되지 않는**다. 〔C〕 23국회8

24 특별한 사정이 없는 한 **부담적 행정행위의 취소**는 원칙적으로 **자유롭다**. 부담적 행정행위는 침익적 처분이므로 이를 취소하는 것은 당사자에게 유리하기 때문이다. 16서울9

24 특별한 사정이 없는 한 **부담적 행정행위의 취소**는 원칙적으로 **자유롭지 않다**. 16서울9

25 부담적 행정행위의 철회는 원칙적으로 **자유롭다**고 본다. 11국가7

25 부담적 행정행위의 철회는 원칙적으로 **자유롭지 않다**고 본다. 11국가7

26 수익적 행정처분을 **직권취소**할 때에는 이를 취소하여야 할 중대한 **공익상 필요**와 취소로 인하여 처분 **상대방**이 입게 될 기득권과 법적 안정성에 대한 침해 정도 등 불이익을 **비교·교량**한 후 공익상 필요가 처분상대방이 입을 불이익을 정당화할 만큼 강한 경우에 한하여 취소할 수 있다. 〔A〕 23국가9

27 (「행정기본법」에 따르면) 당사자가 **부정한 방법으로 수익적 처분을 받은 경우에는** 행정청이 그 처분을 **취소할 시**, 취소로 인하여 당사자가 입게 될 불이익을 취소로 달성되는 공익과 **비교·형량하지 않아도** 된다. 〔C〕 22국가7

27 (「행정기본법」에 따르면) 당사자가 **부정한 방법으로 수익적 처분을 받은 경우에도** 행정청이 그 처분을 **취소하려면** 취소로 인하여 당사자가 입게 될 불이익을 취소로 달성되는 공익과 **비교·형량하여야** 한다. 〔C〕 22국가7

28 처분의 상대방이 **처분의 위법성을 알고 있었거나 중대한 과실로 알지 못한** 경우에는 행정청이 처분의 상대방에게 권리나 이익을 부여하는 처분을 **취소하는 경우**에도 취소로 인하여 처분의 상대방이 입게 될 불이익과 취소로 달성되는 공익을 비교·**형량하지 않아도** 된다. 〔C〕 23국회8

29 당사자의 부정한 방법에 의한 신청행위를 **이유로** 수익적 행정처분을 **직권취소**하는 경우, 당사자는 처분에 관한 **신뢰이익을 원용할 수 없음**은 물론 행정청이 이를 **고려하지 아니하였다고 하여도** 재량권의 **일탈·남용**이 아니다. 〔A〕 22변시

(30~32) 甲은 녹지지역의 용적률 제한을 충족하지 못한다는 점을 숨기고 마치 그 제한을 **충족하는 것처럼 가장**하여 관할행정청 A에게 **건축허가를 신청**하였고, **A는** 사실관계에 대하여 명확한 **확인을 하지 아니한 채** 甲에게 **건축허가**를 하였다. 그 후 A는 甲의 건축허가신청이 위와 같은 제한을 충족하지 못한다는 사실을 알게 되자 甲에 대한 건축허가를 **직권**으로 **취소**하였다.   17국회8

30 甲이 건축허가에 관한 자신의 **신뢰이익을 원용**하는 것은 허용되지 **아니**한다.
Ⓐ

31 A는 甲의 신청내용에 구애받지 아니하고 조사 및 검토를 거쳐 법령에 정한 기준에 따라 허가조건의 충족여부를 제대로 따져 허가 여부를 결정하여야 함에도 불구하고 **자신의 잘못으로 건축허가**를 하였다 하더라도, A의 **건축허가취소**는 **적법**하다.   을
　➕ 행정청에 과실이 있어도 상대방에게 귀책사유가 있으면 직권취소를 할 수 있다.

32 만약 甲으로부터 건축허가신청을 **위임받은** 乙이 **건축허가를 신청**한 경우라면, 사실은폐나 기타
Ⓢ 사위의 방법에 의한 건축허가 신청행위가 있었는지 여부는 甲과 乙 **모두를 기준으로 판단**하여야 한다.

33 **허위의 무사고증명을** 제출하여 개인택시면허를 받은 자에 대한 **면허를 취소**함에 있어서 행정청
Ⓒ 이 그 자의 **신뢰이익을 고려**하지 **아니**한 경우에도 **재량권 남용**이 아니다. 당사자에게 보호가치 있는 신뢰가 없는 경우이기 때문이다.   을 11국회8

34 **허위의 고등학교 졸업증명서**를 제출하는 사위(詐僞)의 방법에 의한 하사관 지원의 하자를 이유로
Ⓒ 하사관 임용일로부터 **33년이 경과**한 후에 행정청이 행한 하사관 및 준사관 **임용취소 처분**은 **적법**하다.   을 13경행

35 생물학적 동등성 **시험자료에 조작**이 있음을 이유로 해당 **의약품의 회수, 폐기**를 명한 처분에 어
Ⓒ 떠한 재량권의 **일탈·남용**이 있다고 할 수는 **없**다.   12(하)지방9

36 (구별) 공장의 용도뿐만 아니라 **공장 외의 용도로도 활용할 내심의 의사**가 있었다고 하더라도 그
Ⓩ 와 같은 사유만으로는 공장등록**취소사유**가 될 수 **없**고, 다만 위와 같은 내심의 의사가 현실화되어 공장 외 용도로 실제로 활용하는 경우에 법령상 공장등록취소(철회)사유가 될 수 있을 뿐이다.   을 08지방7

37 **수익적 행정처분**에 하자가 있다고 하더라도 이를 **취소하여야 할 필요성**에 관한 증명책임은 행정처분의 상대방이 아니라 **처분청**에 있다.   22변시

38 **수익적 행정행위에 철회원인이 있는 경우**에 행정청은 철회원인이 있다는 것만으로 **자유로이** 철
Ⓒ 회권을 행사할 수 **없**다. 수익적 행정행위의 철회는 결과적으로 상대방에게 침익적이기 때문에 철회사유가 인정되더라도 일반원칙 등의 제한을 받는다.   을 12(상)지방9

39 **부담의 불이행**을 이유로 행정행위를 **철회**하는 경우에도 **이익형량**에 따른 **철회의 제한이 적용**된다.   을 16서울9

40 행정행위를 한 처분청은 사정변경이 생겼거나 또는 중대한 공익상의 필요가 발생한 경우에는 그
Ⓒ 효력을 상실케 하는 별개의 행정행위로 이를 철회할 수 있다고 할 것이나, **기득권을 침해하는 경우**에는 기득권의 침해를 정당화할 만한 **중대한 공익상의 필요** 또는 **제3자의 이익보호의 필요**가 있는 때에 한하여 상대방이 받는 불이익과 **비교·교량하여 철회하여야** 한다.   17국가9

41 행정청은 처분을 **철회하려는 경우**에는 철회로 인하여 처분의 상대방이 입게 될 불이익과 철회로
Ⓒ 달성되는 공익을 **비교·형량하여야** 한다.   23국회8

42 건축허가를 받은 자가 법정 **착수기간이 지나** 공사에 착수한 경우, 허가권자는 착수기간이 지났다고 하더라도 건축허가를 취소하여야 할 특별한 공익상 필요가 인정되지 않는 한 건축허가를 **취소할 수 없다**.(2012두22973)   을 18국회8
　➕ 여기서의 '취소'란 철회를 의미한다. 건축허가에 원시적 하자가 있는 것이 아니라, 후발적 사정(법정의무기간 내 의무불이행)이 발생한 경우기 때문이다.

43 **운전면허정지기간 중에 운전**을 하여 운전면허취소사유에 해당되더라도 **3년**이나 **지나서 면허를 취소**한 것은 **위법**하다.   10경행

(30~32) 甲은 녹지지역의 용적률 제한을 충족하지 못한다는 점을 숨기고 마치 그 제한을 **충족하는 것처럼 가장**하여 관할행정청 A에게 **건축허가를 신청**하였고, **A는** 사실관계에 대하여 명확한 **확인을 하지 아니한 채** 甲에게 **건축허가**를 하였다. 그 후 A는 甲의 건축허가신청이 위와 같은 제한을 충족하지 못한다는 사실을 알게 되자 甲에 대한 건축허가를 **직권**으로 **취소**하였다.   17국회8

31 A는 甲의 신청내용에 구애받지 아니하고 조사 및 검토를 거쳐 관련 법령에 정한 기준에 따라 허가조건의 충족 여부를 제대로 따져 허가 여부를 결정하여야 함에도 불구하고 **자신의 잘못으로 건축허가**를 한 것이므로 A의 **건축허가취소**는 **위법**하다.

33 **허위의 무사고증명**을 제출하여 개인택시면허를 받은 자에 대한 **면허를 취소**함에 있어서 행정청이 그 자의 **신뢰이익을 고**
Ⓒ **려**하지 아니하였다면 **재량권 남용**이다.   11국회8

34 **허위의 고등학교 졸업증명서**를 제출하는 사위(詐僞)의 방법
Ⓒ 에 의한 하사관 지원의 하자를 이유로 하사관 임용일로부터 **33년이 경과**한 후에 행정청이 행한 하사관 및 준사관 **임용취소처분**은 **위법**하다.   13경행

36 (구별) 공장의 용도뿐만 아니라 **공장 외의 용도로도 활용할**
Ⓩ **내심의 의사**가 있었다면 이는 공장등록**취소사유**가 **된**다.   08지방7

38 **수익적 행정행위에 철회원인이 있는 경우**에 행정청은 철회원
Ⓒ 인이 있다는 것만으로 **자유로이** 철회권을 행사할 수 **있**다.   12(상)지방9

39 **부담의 불이행**을 이유로 행정행위를 철회하는 경우라면 **이익형량**에 따른 **철회의 제한**이 적용되지 **않는다**.   16서울9

42 건축허가를 받은 자가 법정 **착수기간이 지나** 공사에 착수한 경우, 허가권자는 착수기간이 지났음을 이유로 건축허가를 **취소하여야** 한다.   18국회8

44 택시운송사업자가 **중대한 교통사고**로 인하여 많은 **사상자**를 냈다면 사업면허가 취소될 것을 예상할 수 있었으므로 **1년 10개월**이 **지나** 사업**면허**를 **취소**하였더라도 **위법**하다고 할 수 **없다**. 10경행

44 택시운송사업자가 **중대한 교통사고**로 인하여 많은 **사상자**를 냈다면 사업면허가 취소될 것을 예상할 수 있었다 하더라도 **1년 10개월**이 **지나** 사업**면허를 취소**하였다면 **위법**하다. 10경행

45 외형상 하나의 행정처분이라 하더라도 **가분성**이 있거나 그 처분대상의 일부가 **특정될 수** 있다면 그 **일부만의 취소도 가능**하고 그 일부의 취소는 당해 취소부분에 관하여 효력이 생긴다. 18국회8

46 대법원은 외형상 하나의 행정처분이라고 하더라도 **가분성**이 있는 경우 그 일부만의 **철회도 가능**하다고 본다. 08국가9

47 국고보조조림결정에서 정한 조건에 **일부만 위반**한 경우 그 보조조림결정의 **전부를 취소**한 것은 **위법**하다고 한 판례가 있다. 10국회8

48 (관할행정청 乙이 甲에게 도로점용을 한 사안에서) 乙의 **도로점용허가**가 甲의 점용목적에 **필요한 범위를 넘어 과도**하게 이루어진 경우, 이는 위법한 점용허가로서 乙은 甲에 대한 도로점용허가 중 특별사용의 **필요가 없는 부분만을 직권취소할 수 있음**이 원칙이다. 20변시

48 (관할행정청 乙이 甲에게 도로점용을 한 사안에서) 乙의 **도로점용허가**가 甲의 점용목적에 **필요한 범위를 넘어 과도**하게 이루어진 경우, 이는 위법한 점용허가로서 乙은 甲에 대한 도로점용허가 전부를 취소하여야 하며 도로점용허가 중 특별사용의 **필요가 없는 부분에 대해서만 직권취소할 수 없다**. 20변시

49 **직권취소**는 행정행위의 성립상의 하자를 이유로 하는 것으로, 그 자체가 하나의 행정행위이다. 따라서 개별법에 특별한 규정이 없더라도 「**행정절차법**」에 따른 처분의 절차규정이 **적용**된다. 19국가7

49 **직권취소**는 행정행위의 성립상의 하자를 이유로 하는 것이므로, 개별법에 특별한 규정이 없는 한 「**행정절차법**」에 따른 절차규정이 **적용되지 않는다**. 19국가7

50 **철회** 자체도 **행정행위**의 성질을 가지는 것이므로 **행정절차법상 처분절차를 적용**하여야 하며, 신뢰보호원칙이나 비례원칙과 같은 행정법의 일반원칙도 준수해야 한다. 18서울9

50 **철회** 자체가 **행정행위**의 성질을 가지는 것은 **아니**어서 **행정절차법상 처분절차**를 적용하여야 하는 것은 **아니**나, 신뢰보호원칙이나 비례원칙과 같은 행정법의 일반원칙은 준수해야 한다. 18서울9

51 판례는 **행정절차법**의 제정 **이전에도** 철회에 **이유제시**를 **요구**하였다. 11국가7

52 우리나라 「**행정절차법**」은 **직권취소의 기간**에 관한 명문의 **규정**을 두고 있지 **않다**. 다만, 행정기본법에서 인허가의 직권취소 등에 대한 제척기간은 두고 있다. 17국회8

52 우리나라 「**행정절차법**」에서는 **취소권**을 **1년** 이상 행사하지 아니하면 실권되는 것으로 명문의 **규정**을 두고 있다. 17국회8

53 수익적 행정처분을 직권으로 취소하는 경우, 행정청이 종전 처분과 **양립할 수 없는 처분**을 함으로써 **묵시적**으로 종전의 수익적 행정처분을 **취소할 수도 있다**.(98두1895) 22변시

53 수익적 행정처분을 직권으로 취소하는 경우, 행정청이 종전 처분과 **양립할 수 없는 처분**을 함으로써 **묵시적**으로 종전의 수익적 행정처분을 **취소할 수는 없다**. 22변시

54 **국세감액결정** 처분은 이미 부과된 과세처분에 **하자**가 있음을 이유로 사후에 이를 **일부 취소**하는 처분이고, 취소의 효력은 판결 등에 의한 취소이거나 과세관청의 직권에 의한 취소이거나에 관계없이 그 부과처분이 있었을 당시로 **소급하여 발생**한다. 18지방9

55 행정청은 위법 또는 부당한 처분의 전부나 일부를 **소급**하여 **취소**할 수 있다. 다만, 당사자의 신뢰를 보호할 가치가 있는 등 **정당한 사유**가 있는 경우에는 **장래**를 향하여 **취소**할 수 있다. 24국가9

56 철회의 효과는 장래에 미치는 것이 **원칙**이지만, **예외적**으로 **소급효**를 인정할 수 있다. 15교행9

57 철회의 효과에 관하여 「행정기본법」은 소급효에 대해 명시적으로 규정함이 없으나, 판례는 별도의 법적 근거가 있다면 소급효 또한 인정할 수 있다는 입장이다. 24소방

58 사회복지법인에 대한 주무관청의 **기본재산처분 허가**에 따라 부동산 **소유권이전등기**가 완료된 후, 주무관청이 동 **허가를 취소**한 경우, **취소사유가 허가 당시에 존재했던 사유가 아니라면** 그 명칭에도 불구하고 법적 성격은 허가의 '**철회**'에 해당할 수 있어, 그 효력은 **장래효**가 되므로 **소유권이전등기**는 허가취소에도 불구하고 **여전히 유효**하다. 미기출

58 사회복지법인에 대한 주무관청의 **기본재산처분 허가**에 따라 부동산 **소유권이전등기**가 완료된 후, 주무관청이 동 **허가를 취소**한 경우, **취소사유가 허가 당시에 존재했던 사유가 아니더라도** 취소의 소급효에 따라 **소유권이전등기**는 소급하여 **무효**가 된다. 미기출

59 [甲은 영유아보육법에 따라 보건복지부장관의 평가인증을 받아 어린이집을 설치·운영하고 있다. 甲은 어린이집을 운영하면서 **부정한 방법으로 보조금**을 교부받아 사용하였고, 보건복지부장관은 이를 근거로 관련 법령에 따라 **평가인증**을 **취소**하였다.] **평가인증의 취소**는 강학상 **철회**에 해당하며, 행정청이 평가인증취소처분을 하면서 별도의 **법적 근거가 없다면** 평가인증의 효력을 취소사유 발생일로 **소급**하여 상실시킬 수는 **없다**. 특별한 규정이 없는 한 철회는 장래효가 원칙이기 때문이다. 19국가9

59 [甲은 영유아보육법에 따라 보건복지부장관의 평가인증을 받아 어린이집을 설치·운영하고 있다. 甲은 어린이집을 운영하면서 **부정한 방법으로 보조금**을 교부받아 사용하였고, 보건복지부장관은 이를 근거로 관련 법령에 따라 **평가인증**을 **취소**하였다.] **평가인증의 취소**는 강학상 **취소**에 해당하며, 행정청이 평가인증취소처분을 하면서 별도의 **법적 근거 없이도** 평가인증의 효력을 취소사유 발생일로 **소급**하여 상실시킬 수 **있다**. 19국가9

60 특별사용의 필요가 없는 부분을 포함시킨 도로점용허가가 위법한 경우, 도로관리청은 해당 부분을 **직권취소**할 수 있다. 이는 수익적 행정행위의 취소에 해당하나 소급효를 제한할 사유가 없어 취소의 효과를 **소급**할 수 **있다**. 미기출

60 특별사용의 필요가 없는 부분을 포함시킨 도로점용허가가 위법한 경우, 도로관리청은 해당 부분을 **직권취소**할 수 있으나, 이는 수익적 행정행위의 취소이므로 그 취소의 효과는 **소급**할 수 **없다**. 미기출

61 도로관리청이 도로점용허가 중 **특별사용의 필요가 없는 부분**을 소급적으로 **직권취소**하였다면, 상대방이 해당 부분을 이미 사용하였다 하더라도 취소된 부분의 **점용료**는 **반환하여야** 한다. 미기출

61 도로관리청이 도로점용허가 중 **특별사용의 필요가 없는 부분**을 **소급적**으로 **직권취소**하였더라도, 상대방이 해당 부분을 이미 사용한 이상 취소된 부분의 **점용료**를 **반환하지 않아도** 된다. 미기출

03 금전급부처분의 직권취소처분과 환수처분 | 요플 p.115 |

62 「국민연금법」상 연금 **지급결정을 취소하는** 처분과 그 처분에 기초하여 잘못 지급된 급여액에 해당하는 금액을 **환수하는** 처분이 적법한지를 판단하는 경우 **비교·교량할 각 사정이 동일**하다고는 할 수 **없으므로**, 연금 **지급결정을 취소**하는 처분이 **적법**하다고 환수처분도 반드시 **적법**하다고 판단하여야 하는 것은 **아니다**. 19국가7

62 「국민연금법」상 연금 **지급결정을 취소하는** 처분과 그 처분에 기초하여 잘못 지급된 급여액에 해당하는 금액을 **환수하는** 처분이 적법한지를 판단하는 경우 **비교·교량할 각 사정이 상이**하다고는 할 수 **없으므로**, 연금 **지급결정을 취소**하는 처분이 **적법**하다면 환수처분도 **적법**하다고 판단하여야 한다. 19국가7

63 「산업재해보상보험법」상 각종 보험급여 등의 지급결정을 변경 또는 취소하는 처분과 처분에 터 잡아 잘못 지급된 보험급여액에 해당하는 금액을 징수하는 처분이 적법한지를 판단하는 경우, **지급결정을 변경 또는 취소**하는 처분이 **적법**하다고 해서 그에 터 잡은 **징수처분**도 반드시 **적법**하다고 판단해야 하는 것은 **아니다**. 양자 간 비교·교량할 각 사정이 동일하다고 할 수는 없기 때문이다. 19지방9

63 「산업재해보상보험법」상 각종 보험급여 등의 지급결정을 변경 또는 취소하는 처분과 처분에 터 잡아 잘못 지급된 보험급여액에 해당하는 금액을 징수하는 처분이 적법한지를 판단하는 경우, **지급결정을 변경 또는 취소**하는 처분이 **적법**하다면 그에 터 잡은 **징수처분**도 **적법**하다고 판단해야 한다. 19지방9

64 잘못 지급된 보상금에 해당하는 금액의 징수처분을 해야 할 **공익상 필요**가 당사자가 입게 될 **불이익**을 정당화할 만큼 강한 경우, 보상금을 받은 당사자로부터 오지급금액의 **환수처분이 가능**하다. 17지방9

65 **출생연월일 정정**으로 특례노령연금 **수급요건**을 **충족하지 못**하게 된 자에 대하여 지급결정을 소급적으로 직권취소하고 이미 지급된 급여를 환수하는 처분을 한 경우, **지급결정 취소처분**은 **적법**할 수 있으나, **급여 환수처분**은 **위법**하다. 18(2)서울7(변형)

65 **출생연월일 정정**으로 특례노령연금 **수급요건**을 **충족하지 못**하게 된 자에 대하여 지급결정을 소급적으로 직권취소하고 이미 지급된 급여를 환수하는 처분을 한 경우, **지급결정 취소**처분과 **급여 환수처분**은 **모두 위법**하다. 18(2)서울7(변형)

04 쟁송 중 직권취소 | 요플 p.115 |

66 행정행위의 위법 여부에 대하여 **취소소송**이 이미 **진행 중**인 경우에도 처분청은 위법을 이유로 그 행정행위를 **직권취소**할 수 있다. 19국가7

66 행정행위의 위법 여부에 대하여 **취소소송**이 이미 **진행 중**인 경우 처분청은 위법을 이유로 그 행정행위를 **직권취소**할 수 **없다**. 19국가7

67 변상금 부과처분에 대한 **취소소송**이 **진행 중**이더라도 처분청은 직권취소를 할 수 있기에 변상금부과권의 **권리행사**에 **법률상의 장애사유가 없**으므로 그 부과권의 **소멸시효**는 **진행**된다. 17(하)국가9

67 변상금 부과처분에 대한 **취소소송**이 **진행 중**이면 변상금부과권의 **권리행사**에 **법률상의 장애사유가 있**는 경우에 해당하므로 그 부과권의 **소멸시효**는 **진행되지 않는다**. 17(하)국가9

05 취소·철회의 취소(재취소) | 요플 p.115 |

68 국세기본법상 상속세**부과처분의 취소**에 **하자**가 있는 경우, 부과의 취소의 취소에 대하여는 법률이 명문으로 그 취소요건이나 그에 대한 불복절차에 대하여 따로 규정하고 있지 않다면 과세관청은 **부과의 취소를 다시 취소**함으로써 **원부과처분을 소생**시킬 수 **없다**. 18지방9

68 국세기본법상 상속세**부과처분의 취소**에 **하자**가 있는 경우, 부과의 취소의 취소에 대하여는 법률이 명문으로 그 취소요건이나 그에 대한 불복절차에 대하여 따로 규정을 두고 있지 않더라도 과세관청은 **부과의 취소를 다시 취소**함으로써 **원부과처분을 소생**시킬 수 **있다**. 18지방9

69 과세관청은 **과세처분의 취소**에 **하자**가 있다면 그 취소를 취소해 원부과처분을 소생시킬 수 없고, **다시 부과절차를 밟아** 동일한 내용의 처분을 할 수는 **있다**. 미기출

69 과세관청은 **과세처분의 취소**에 **하자**가 있다면, 그 취소를 취소해 원부과처분을 소생시킬 수 없고, **다시 부과절차를 밟아** 동일한 내용의 처분을 할 수도 **없다**. 미기출

70 현역병 입영대상편입처분을 보충역편입처분으로 변경한 경우, 보충역편입처분에 불가쟁력이 발생한 이후 **보충역편입처분**이 하자를 이유로 **직권취소** 되더라도 종전의 **현역병 입영대상편입처분**의 효력이 **되살아**난다고 할 수 **없다**. 14지방9

70 현역병 입영대상편입처분을 보충역편입처분으로 변경한 경우, 보충역편입처분에 불가쟁력이 발생한 이후 **보충역편입처분**이 하자를 이유로 **직권취소** 되었다면 종전의 **현역병 입영대상편입처분**의 효력은 **되살아**난다. 14지방9

71 지방병무청장이 재신체검사 등을 거쳐 **보충역입처분을 제2국민역편입처분으로 변경**한 경우, 그 후 새로운 병역처분의 성립에 하자가 있었음을 이유로 하여 **이를 취소**하더라도 **종전의 병역처분**의 효력이 **되살아나는 것은 아니**다. 〈옳〉 16서울7

72 광업권 취소처분 후 **광업권 설정의 선출원이 있는 경우**에는 **취소처분을 취소하여 광업권을 복구**시키는 조치는 **위법**하다. 〈옳〉 14서울7

73 행정청이 의료법인의 이사에 대한 **이사취임승인취소처분을** 직권으로 **취소**하면 이사의 **지위가 소급하여 회복**된다. 17국가9

74 행정청이 의료법인의 이사에 대한 **이사취임승인취소처분**(제1처분)을 직권으로 **취소**(제2처분)한 경우, 제1처분과 제2처분 사이에 법원에 의하여 선임결정된 **임시이사들의 지위는** 법원의 **해임결정이 없더라도** 당연히 **소멸**된다. 〈옳〉 23지방7

71 지방병무청장이 재신체검사 등을 거쳐 **보충역입처분을 제2국민역편입처분으로 변경**한 경우, 그 후 새로운 병역처분의 성립에 하자가 있었음을 이유로 하여 **이를 취소**하게 되면 **종전의 병역처분**의 효력이 **되살아**난다. 16서울7

72 광업권 취소처분 후 **광업권 설정의 선출원이 있는 경우**에도 **취소처분을 취소하여 광업권을 복구**시키는 조치는 **적법**하다. 14서울7

74 행정청이 의료법인의 이사에 대한 **이사취임승인취소처분**(제1처분)을 직권으로 **취소**(제2처분)한 경우, 제1처분과 제2처분 사이에 법원에 의하여 선임결정된 **임시이사들의 지위는** 법원의 **해임결정이 있어야** 소멸된다. 23지방7

06 철회권 유보

75 **철회권유보**의 부관을 붙이는 데 별도의 **법적 근거**가 필요한 것은 **아니**다. 11국가7

76 **철회권유보**의 경우 유보된 사유가 발생하였더라도 철회권을 행사함에 있어서는 **이익형량에 따른 제한**을 받게 된다. 15사복9

77 **철회권이 유보된 경우라도** 철회권의 행사는 그 자체만으로는 정당화되지 않고 그 외에 **철회의 일반적 요건이 충족되어야** 한다. 12(하)지방9
　➕ 철회권이 유보되었다는 것은 철회사유에는 해당한다. 그러나 그 자체만으로는 철회가 정당화 되지 않고, 추가로 행정법의 일반원칙(이익형량) 등 철회의 제한사유가 없어야만 비로소 철회가 가능하다.

78 **철회권이 유보된 경우에도** 철회의 제한이론인 **이익형량**의 원칙이 **적용되나**, 행정행위의 계속성에 대한 상대방의 **신뢰는** 유보된 철회사유에 대해서는 **인정되지 않는**다. 17(하)지방9

79 수익적 행정행위에 대한 **철회권유보**의 부관은 그 유보된 사유가 발생하여 철회권이 행사된 경우 상대방이 **신뢰보호원칙**을 원용하는 것을 **제한**한다는 데 실익이 있다. 16서울9

80 행정청이 종교단체에 대하여 기본재산전환인가를 함에 있어 **인가조건**을 부가하고 그 **불이행시 인가를 취소**할 수 있도록 한 경우, 인가조건의 의미는 인가처분에 대한 **철회권을 유보**한 것이다. 18지방7

81 숙박영업허가를 함에 있어 **윤락행위를 알선하면 허가를 취소**한다는 부관을 붙인 경우에는 **철회권의 유보**이다. 10국가9

07 실효

82 행정행위의 **대상소멸**(은 행정행위의 **실효**사유에 해당한다) 11국회9

83 행정행위의 **목적달성**(은 행정행위의 **실효**사유에 해당한다) 11국회9

84 해제조건부 행정행위에 있어서 조건의 **성취**, 종기부 행정행위에 있어서 **종기의 도래**는 행정행위의 효력의 소멸을 가져온다. 07국가7

85 **신청에 의한 허가처분**을 받은 자가 그 영업을 **폐업**한 경우에는 그 **허가도 당연히 실효**된다고 할 것이고, 이 경우 허가행정청의 **허가취소처분**은 허가가 **실효**되었음을 **확인**하는 것에 불과하다. 07국가7

86 공장등록이 취소된 후 그 **공장시설물이** 철거되었고 다시 복구를 통하여 공장을 운영할 수 없는 상태라 하더라도 대도시 안의 공장을 지방으로 이전할 경우 **조세감면 및 우선입주 등의 혜택**이 관계법률에 보장되어 **있다면**, 공장등록취소처분의 취소를 구할 **법률상 이익**이 인정된다. 19국가9

08 택시면허 Case 비교정리 | 요플 p.117 |

87 개인택시운송사업자의 **운전면허**가 아직 **취소되지 않았다면** 운전면허 취소사유가 있더라도 행정청은 명문 규정이 없는 한 **개인택시운송사업면허를 취소할 수 없다**. 19국가9
  ➕ 운전면허가 "취소되면" 택시면허를 취소할 수 있다는 규정은 있으나, 운전면허에 "취소사유만 있어도" 택시면허를 취소할 수 있다는 규정은 없기 때문이다.

87 개인택시운송사업자의 **운전면허**가 아직 **취소되지 않았더라도** 운전면허 취소사유가 있다면 행정청은 명문 규정이 없더라도 **개인택시운송사업면허를 취소할 수 있다**. 19국가9

88 개인**택시기사가 음주운전사고로 사망**한 경우 음주운전이 운전면허취소사유로만 규정되어 있으므로 관할 관청은 당해 음주운전사고를 이유로 개인**택시운송사업면허**를 바로 **취소할 수는 없다**. 19국회8
  ➕ 택시면허를 취소하려면 일단 운전면허가 "취소되어야" 한다. 그런데 택시기사가 음주운전을 했다는 것은 운전면허에 "취소사유가 있는 경우"에 해당할 뿐, 아직 운전면허가 "취소된 것"은 아니다. 나아가 해당 택시기사가 사망했으므로 이제 운전면허를 취소할 수 없게 되었다(사망 즉시 이미 실효되기 때문). 결국 운전면허를 취소할 수 없어 택시면허도 취소할 수 없게 된 것이다(이러한 법리에 따라 택시기사의 상속인이 택시면허를 승계받을 수 있게 된 판례).

테마별 N지 모음

N1 다음 중 행정행위의 **철회**에 해당하지 않은 것은? 16소간 ①
  ① **허위사실기재**로 인한 **공무원임용취소**
  ② **음주운전**으로 인한 **운전면허취소**
  ③ **불법영업**으로 인한 **영업허가취소**
  ④ **중요한 공익상** 필요에 따른 **도로점용허가취소**
  ⑤ **도로확장**에 따른 **주유소영업허가취소**

  [해설] ①은 행정행위(공무원임용)의 성립 당시부터 하자가 존재했던 경우이므로 철회가 아닌 취소에 해당한다. 반면, ②~⑤는 모두 후발적으로 문제나 사정이 발생한 경우이므로 철회에 해당한다.

N2 〈보기〉에 대한 설명으로 옳은 것은? (다툼이 있는 경우 판례에 의함) 16국회8 ③

> 甲은 관련법령에 따라 공장등록을 하기 위하여 등록신청을 乙에게 위임하였고, 수임인 乙은 **등록서류를 위조하여 공장등록**을 하였으나 甲은 그 사실을 알지 못하였다. 이후 관할 행정청 A는 위조된 서류에 의한 공장등록임을 이유로 甲에 대해 **공장등록을 취소**하는 처분을 하였다.

  ① 관할 행정청 A가 甲에 대해 **공장등록을 취소**하려면 **법적 근거**가 **있어야** 한다.
  ② 甲에 대한 **공장등록 취소**는 상대방의 귀책사유에 의한 것이므로 관할 행정청 A는 행정절차법상 **사전통지** 및 **의견제출** 절차를 거치지 **않아도** 된다.
  ③ 관할 행정청 A는 甲에 대해 **공장등록을 취소**하면서 **甲의 신뢰**를 고려하지 **아니할 수** 있다.
  ④ 甲에 대한 공장등록을 취소하면 공장등록이 확정적으로 효력을 상실하게 되므로, **공장등록 취소처분**이 위법함을 이유로 그 취소처분을 **직권취소**하더라도 **공장등록이 다시 효력**을 발생할 수는 **없다**.
  ⑤ 甲의 공장등록을 취소하는 처분에 대해 제소기간이 경과하여 **불가쟁력**이 **발생**한 이후에는 관할 행정청 A도 그 취소처분을 **직권취소할 수 없다**.

  [해설] ① 관할 행정청 A가 甲에 대해 **공장등록을 취소**하려면 **법적 근거**가 **없어도** 된다.
  ② 甲에 대한 **공장등록 취소**는 상대방에게 침익적 효과를 발생시키므로 관할 행정청 A는 행정절차법상 **사전통지** 및 **의견제출** 절차를 **거쳐야** 한다. 이러한 절차는 상대방에게 귀책사유가 있는지를 불문하고 인정되는 것이다.
  ③ 甲 측에서 부정한 방법으로 공장등록을 받았기 때문에 신뢰보호를 고려하지 않아도 된다.
  ④ 甲에 대한 공장등록이 취소되었더라도, **공장등록 취소처분**이 위법함을 이유로 그 취소처분을 **직권취소**하면 공장등록이 **다시 효력**을 발생하게 할 수 **있다**.
  ⑤ 甲의 공장등록을 취소하는 처분에 대해 제소기간이 경과하여 **불가쟁력**이 **발생**한 이후에도 불가변력이 발생하지 않는 한 관할 행정청 A는 그 취소처분을 **직권취소할 수 있다**. 불가쟁력과 불가변력은 별개의 효력이기 때문이다.

N3 〈보기〉에 대한 설명으로 옳지 않은 것은? (다툼이 있는 경우 판례에 의함)　　　　11국가9 + 16국회8(변형) ③

> 甲은 A구청장으로부터 식품위생법의 관련규정에 따라 적법하게 유흥접객업 영업허가를 받아 영업을 시작하였다. 영업을 시작한 지 1년이 지난 후에 **甲의 영업장**을 포함한 일부 **지역이** 새로이 적법한 절차에 따라 **학교환경위생정화구역으로 설정**되었다. A구청장은 甲의 영업이 관할 학교환경위생정화위원회의 심의에 따라 금지되는 행위로 결정되었다는 이유로 청문을 거친 후에 **甲의 영업허가를 취소**하였다. 甲은 A구청장의 취소처분이 위법하다고 주장하면서 영업허가취소처분에 대하여 취소소송을 제기하였다.

① 구청장의 甲에 대한 **영업허가 취소**는 적법하게 성립한 행정행위를 후발적인 사유의 발생을 이유로 그 효력을 소멸시키는 강학상 **철회에 해당**한다.
② A구청장은 甲에 대한 영업허가의 **허가권자**로서 이에 대한 **철회권도** 갖고 있다.
③ A구청장은 甲의 영업허가를 **철회**함에 있어 그 **근거**가 되는 법령이나 취소권 유보의 부관 등을 명시하여야 하나, **피처분자**가 처분 당시 그 **취지를 알고 있었다**거나 그 후 알게 된 경우에는 **생략할 수 있다**.
④ A구청장의 甲에 대한 **영업허가 취소**는 처분시로 소급하여 효력을 소멸시키는 것이 아니라 **장래효**를 갖는다.
⑤ 甲이 위 취소소송을 제기하여 **기각판결**을 받았다고 하더라도 A구청장은 위 영업허가 **취소처분을 철회할 수** 있다.

해설 ③ A구청장은 甲의 영업허가를 철회함에 있어 그 근거가 되는 법령이나 취소권 유보의 부관 등을 명시하여야 하며, **피처분자**가 처분 당시 그 **취지를 알고 있었다**거나 그 후 알게 된 경우에도 **생략할 수 없다**.(90누1768)
⑤ 기각판결에는 기속력이 미치지 않기 때문

N4 ⓒ 다음 사례 상황에 대한 설명으로 옳은 것은? (다툼이 있는 경우 판례에 의함)　　　　16국가9 ③

> **甲은** 식품위생법상 유흥주점 영업허가를 받아 영업을 하던 중 경기부진을 이유로 2015. 8. 3. 자진폐업하고 관련 법령에 따라 **폐업신고를** 하였다. 이에 관할 **시장은** 자진폐업을 이유로 2015. 9. 10. 갑에 대한 위 **영업허가를 취소**하는 처분을 하였으나 이를 甲에게 통지하지 아니하였다. 이후 甲은 경기가 활성화되자 유흥주점 영업을 재개하려고 관할 시장에 2016. 2. 3. **재개업신고를** 하였으나, 영업허가가 이미 취소되었다는 회신을 받았다. 허가취소사실을 비로소 알게 된 甲은 2016. 3. 10.에 위 2015. 9. 10.자 영업허가취소처분의 취소를 구하는 소송을 제기하였다.

① 甲에 대한 유흥주점 **영업허가**의 효력은 2015. 9. 10. 자 **영업허가취소처분에 의해서** 소멸된다.
② 위 2015. 9. 10. 자 **영업허가취소처분은** 甲에게 **통지되지 않아** 효력이 발생하지 아니하였으므로 甲의 **영업허가는 여전히 유효**하다.
③ 甲이 2015. 9. 10. 자 **영업허가취소처분에** 대하여 제기한 위 **취소소송**은 부적법한 소송으로서 **각하**된다.
④ 甲에 대한 유흥주점 영업허가는 2016. 2. 3. 행한 甲의 **재개업신고를** 통하여 **다시 효력을 회복한다**.

해설 ① 甲에 대한 유흥주점 **영업허가**의 효력은 2015. 8. 3. 자 **자진폐업신고로** 당연히 소멸된다.
② 위 2015. 9. 10. 자 **영업허가취소처분이** 甲에게 **통지되지 않았어도** 그와 무관히 甲의 **영업허가는** 폐업으로 인해 **이미 실효**되었다.
④ 甲에 대한 유흥주점 영업허가는 2016. 2. 3. 행한 甲의 **재개업신고를** 통하여 **다시 효력을 회복할 수 없다**.
　➕ 甲의 영업허가는 이미 실효된 상태여서 되살아날 수 없고, 재개업신고는 새로운 영업허가의 신청에 불과하다.

THEME 32 행정행위의 부관

○ 지문 / × 지문

01 개관 | 요플 p.118 |

○ 지문

01 **독일연방행정절차법**에 의하면 주된 법률행위의 법률요건을 **보충하는 부관**은 **유효**하다. 08국가9
  ➕ 국내법령에는 이러한 요건충족적 부관에 대한 규정이 없다. 단, 다수설은 이를 인정하고 있다.

02 **부관**은 행정행위의 **법률효과**를 **제한**하거나 **보충**하는 기능을 수행한다. 09국가9

03 부관은 행정을 수행함에 있어서 **유연성** 및 **탄력성을 보장**하는 기능을 가진다. 09국가9

04 **부관**은 주된 행정행위의 **종된** 규율에 불과하다. 07국가9

05 부담은 주된 행정행위에 부가하여 상대방에게 의무를 부과하는 것이므로, **주된 행정행위가 효력을 발생하지 않으면** 부담으로 부과된 의무도 효력을 **발생하지 아니**한다. 07국가7

06 **부관도** 행정행위의 내용을 이루는 것이므로 **외부**에 **표시되어야** 한다. 12국가7

× 지문

01 **독일연방행정절차법**에 의하면 주된 법률행위의 법률요건을 **보충하는 부관**은 **무효**이다. 08국가9

04 **부관**은 주된 행정행위로부터 **독립**한 별개의 행정행위이다. 07국가9

05 부담은 주된 행정행위에 부가하여 상대방에게 의무를 부과하는 것이므로, **주된 행정행위가 효력을 발생하지 않더라도 부담으로 부과된 의무는** 이에 영향을 받지 아니하고 효력을 **발생**한다. 07국가7

02 종류 | 요플 p.118 |

07 '**기한**'은 행정행위의 시간상의 효력범위를 정하는 점에서 조건과 같으나, 확정기한이든 불확정기한이든 그 **도래가 확실**하다는 점에서 **조건과 구별**된다. 12국회9

08 2012년 2월 25일**까지의 도로사용허가**는 **종기**에 해당한다. 기한도래시 허가의 효력이 상실되기 때문이다. 12경행

09 행정행위의 효력 발생 또는 소멸을 장래의 **불확실한 사실에 의존**시키는 부관을 '**조건**'이라고 한다. 12국회9

10 장래의 도래가 **불확실한 사실**에 행정행위의 효력**발생을 의존**시키는 조건을 **정지조건**이라 한다. 15교행9

11 (식품위생법은 관할관청이 영업허가를 하는 때에는 필요한 조건을 붙일 수 있다고 규정하고 있다. 이에 군수 A는 유흥주점영업을 허가하면서 일정한 규모의 **주차공간을 확보할 것을** 조건으로 붙였다.) 영업허가를 하면서 붙인 시설확보 조건은 **정지조건**이나 **부담**에 해당한다. 10국가9
  ➕ 일정 규모의 주차공간이 확보되어야 영업허가의 효력이 발생한다고 해석하면 정지조건에 해당하고, 조건과 무관하게 독립된 의무를 부과한 것이라면 부담에 해당한다. 법률효과의 일부배제는 법률상근거가 있어야 하기에 이에 해당한다고 볼 수 없다.

12 행정행위의 부관의 유형 중에서 장래의 **불확실한 사실**에 의해서 행정행위의 **효력을 소멸시키는** 것은 **해제조건**이다. 20소방

13 **일정기간** 내에 공사에 **착수**할 것을 **조건**으로 한 **공유수면매립면허**는 **정지조건**으로 볼 수 **없다**. 11사복9
  ➕ 이것이 정지조건이라면, 공사착수를 하여야 공유수면매립면허의 효력이 발생하는데, 공사착수는 공유수면매립면허가 효력을 발생한 이후부터 가능하기 때문에 선후 관계상 모순이 발생하기 때문이다. 따라서 이는 일단 공유수면매립면허의 효력을 발생시킨 후 기간 내 공사를 착수하지 않을 시 그 허가의 효력을 상실시키겠다는 의미의 해제조건으로 보는 것이 타당하다.

14 도로점용허가에 부가된 **점용료**의 부가(는) **부담**(에 해당한다) 12경행

15 지방국토관리청장이 일부 공유수면매립지에 대하여한 국가 또는 직할시(현 광역시) 귀속처분은 **법률효과의 일부배제**에 해당하는 것으로 행정행위의 **부관**의 유형으로 볼 수 **있다**는 것이 판례의 태도이다. 20소방
  ➕ 반면, 학설은 법률효과의 일부배제는 행정행위의 일부허가 내지 일부거부로서 부관과 다르다는 견해도 있음

16 **법률효과의 일부배제**는 **법률에 근거**가 있어야 한다. 15교행9

08 2012년 2월 25일**까지의 도로사용허가**(는) **시기**(에 해당한다) 12경행

11 (식품위생법은 관할관청이 영업허가를 하는 때에는 필요한 조건을 붙일 수 있다고 규정하고 있다. 이에 군수 A는 유흥주점영업을 허가하면서 일정한 규모의 **주차공간을 확보할 것을** 조건으로 붙였다.) 여기에서 조건은 강학상 **법률효과의 일부배제**라고 부른다. 10국가9

13 **일정기간** 내에 공사에 **착수**할 것을 **조건**으로 한 **공유수면매립면허**(는) **정지조건**(이다.) 11사복9

15 지방국토관리청장이 일부 공유수면매립지에 대하여한 국가 또는 직할시(현 광역시) 귀속처분은 **법률효과의 일부배제**에 해당하는 것으로 행정행위의 **부관**의 유형으로 볼 수 **없다**는 것이 판례의 태도이다. 20소방

17 지방국토관리청장이 **일부 공유수면매립지**에 대하여 한 국가 **귀속처분**은 매립준공인가를 함에 있어서 매립의 면허를 받은 자의 매립지에 대한 소유권취득을 규정한 구 「공유수면매립법」의 **법률효과를 일부 배제**하는 부관을 붙인 것이다. 24지방9

18 택시영업을 허가하면서 **격일제**로 운행을 제한하는 것은 **법률효과의 일부배제**이다. 09국회9

18 택시영업을 허가하면서 **격일제**로 운행을 제한하는 것은 **수정부담**이다. 09국회9

19 **부담부** 행정행위의 경우 부담에서 부과하고 있는 **의무의 이행이 없어도** 주된 행정행위의 **효력이 발생**한다. 17지방9

19 **부담부** 행정행위의 경우 부담에서 부과하고 있는 **의무의 이행이 있어야** 비로소 주된 행정행위의 **효력이 발생**한다. 17지방9

20 **부담**에 의하여 부과된 **의무의 불이행으로** 부담부행정행위가 당연히 **효력을 상실**하는 것은 **아니고** 당해 의무불이행은 부담부행정행위의 **철회사유가 될 수** 있다. 16국가7

21 [甲은 관할 행정청 A에 도로점용허가를 신청하였고, 이에 대하여 행정청 A는 주민의 민원을 고려하여 甲에 대하여 **공원부지**를 **기부채납**할 것을 **부관**으로 하여 도로점용허가를 하였다.] 위 부관을 **부담으로 보는 경우**, 甲이 정해진 기간 내에 공원부지를 **기부채납하지 않은 경우에도** 도로점용허가를 철회하지 않는 한 도로점용**허가는 유효**하다. 16국가9

22 영업허가를 발급하면서 일정한 시설설치의무를 부가하는 것을 '**정지조건**'으로 본다면, 시설설치의무를 **불이행한 상태**에서 한 **영업**은 **부적법**하다. 12국회9
　⊕ 정지조건의 내용인 시설설치의무를 이행하지 아니하였다면, 영업허가의 효력이 발생하지 않는다. 이 상태에서 행한 영업은 무허가 영업으로서 부적법하다.

22 영업허가를 발급하면서 일정한 시설설치의무를 부가하는 것을 '**정지조건**'으로 본다면, 시설설치의무를 **불이행한 상태**에서 한 **영업**일지라도 **적법**하다. 12국회9

23 해제조건의 경우에 조건이 성취되면 행정행위의 효력은 당연히 **소멸**되지만, **부담**의 경우에 부담에 의해 부과된 **의무의 불이행**은 행정행위의 **철회사유**가 된다. 20소간

24 **부담과 조건**의 구분이 **명확하지 않을 경우**, **부담**이 당사자에게 조건보다 **유리**하기 때문에 원칙적으로 **부담으로 추정**해야 한다. 15사복9
　⊕ 부담의 경우 조건의 성취와 무관하게 행정행위의 효력이 발생하고, 그를 불이행하더라도 곧바로 효력이 상실하지 않는다는 측면에서 조건보다 유리하다.

24 **부담과 조건**의 구분이 **명확하지 않을 경우**, 조건이 당사자에게 부담보다 **유리**하기 때문에 원칙적으로 **조건으로 추정**해야 한다. 15사복9

25 [한강 둔치에 편의점을 운영하고자 하는 甲에게 관할 행정청이 부지점용허가를 하면서 매달 일정한 점용료를 납부할 것을 부담으로 붙인 경우] **점용료를 미납**하였다면 독립하여 **강제집행할 수 있다**. 09국회8
　⊕ 부담으로 창설된 의무를 불이행 할 시 독립하여 강제집행이 된다. 반면, 정지조건의 불이행에 대해서는 강제집행이 불가하고, 강제집행이 필요도 않다.

25 [한강 둔치에 편의점을 운영하고자 하는 甲에게 관할 행정청이 부지점용허가를 하면서 매달 일정한 점용료를 납부할 것을 부담으로 붙인 경우] **점용료를 미납**하더라도 부관이갖는 종속성 때문에 독립하여 **강제집행할 수 없다**. 09국회8

26 **사도개설허가**에서 정해진 **공사기간**은 사도개설허가 **자체의 존속기간이 아니므로** 공사기간 내에 사도로 준공검사를 받지 **못하였더라도** 사도개설허가는 당연히 실효되는 것은 아니다.(2004두7023) 23국회8
　⊕ 사도개설허가 자체의 존속기간이 아니라(즉, 기한이 아니라), 기간내 공사를 마칠 의무를 부과하는 부담으로 본다.

26 **사도개설허가**에서 정해진 **공사기간**은 사도개설허가 **자체의 존속기간**을 정한 것이라 볼 수 있으므로 공사**기간 내**에 사도로 준공검사를 받지 **못하였다면** 사도개설허가는 당연히 **실효**된다. 23국회8

27 행정행위의 **부관**은 법령이 **직접** 행정행위의 **조건**이나 **기한** 등을 정한 경우와 **구별**되어야 한다. 18지방9

28 행정청이 행정행위에 부가한 부관과 달리 **법령이 직접** 행정행위의 **조건을 정한 경우**에 그 조건이 위법하면 이는 **법률 및 법규명령에 대한 통제제도**에 의해 통제된다. 17(하)지방9

29 학설의 다수견해는 **수정부담**의 성격을 **부관이 아닌 것**으로 이해한다. 행정행위의 효력을 제한하는 것이 아니라 아예 다른 행정행위로 변경해 버리는 것이기 때문이다. 17지방9

29 학설의 다수견해는 **수정부담**의 성격을 **부관으로** 이해한다. 17지방9

03 부관의 형식

30 **부담**은 그 자체로서 독립된 행정처분이므로 행정청이 행정처분을 하면서 **일방적으로 부가할 수도 있지만, 사전**에 상대방과 협의하여 부담의 내용을 **협약**의 형식으로 **미리 정한 후**에 행정처분을 하면서 이를 **부가할 수도 있다**. 16국가9

30 **부담**은 그 자체로서 독립된 행정처분이므로 행정청이 행정처분을 하면서 **일방적으로 부가**하는 것**이지**, **사전**에 상대방과 협의하여 부담의 내용을 **협약**의 형식으로 미리 정한 후에 행정처분을 하면서 이를 **부가할 수는 없다**. 16국가9

31 행정청이 수익적 행정처분을 하면서 부가한 **부담의 위법** 여부는 **처분 당시 법령**을 기준으로 판단하여야 한다. 15지방9

32 ⓢ 행정청이 수익적 행정처분을 하면서 부가한 부담이 **처분 당시** 법령을 기준으로 **적법**한 경우, 처분 후 부담의 전제가 된 주된 행정처분의 근거법령이 개정됨으로써 행정청이 더 이상 **부관을 붙일 수 없게 되었더라도** 그것만으로 그 **부담**이 **위법**하게 되는 것은 **아니다**. 〔을〕 19서울7

32 ⓢ 행정청이 수익적 행정처분을 하면서 부가한 부담이 **처분 당시** 법령을 기준으로는 **적법**하였지만 **처분 후** 부담의 전제가 된 주된 행정처분의 근거법령이 개정됨으로써 행정청이 더 이상 부관을 **붙일 수 없게 되었다면** 그 **부담**은 **위법**하게 된다. 19서울7

33 ⓢ **처분 당시** 법령을 기준으로 처분에 부가된 부담이 **적법**한 경우, **처분 후** 부담의 전제가 된 주된 행정처분의 근거 법령이 개정됨으로써 행정청이 더 이상 부관을 **붙일 수 없게 되었더라도** 그때부터 **부담의 효력이 소멸**하게 되는 것은 **아니다**. 〔을〕 21국가9

33 ⓢ **처분 당시** 법령을 기준으로 처분에 부가된 부담이 **적법**하였더라도, **처분 후** 부담의 전제가 된 주된 행정처분의 근거 법령이 개정됨으로써 행정청이 더 이상 부관을 **붙일 수 없게 되었다면** 그때부터 **부담의 효력은 소멸**한다. 21국가9

34 ⓢ 행정처분과 부관 사이에 **실제적 관련성**이 있다고 볼 수 **없는 경우**, 공무원이 **공법상의 제한**을 회피할 목적으로 행정처분의 상대방과 사이에 **사법상 계약**을 체결하는 형식을 취하였다면 이는 법치행정의 원리에 반하는 것으로서 **위법**하다. 〔을〕 21국가9

34 ⓢ 행정처분과 부관 사이에 **실제적 관련성**이 있다고 볼 수 **없는 경우**, 공무원이 **공법상의 제한**을 회피할 목적으로 행정처분의 상대방과 사이에 **사법상 계약**을 체결하는 형식을 취하였더라도 법치행정의 원리에 반하는 것으로서 **위법**하다고 볼 수 **없다**. 21국가9

35 지방자치단체가 골프장사업계획승인과 관련하여 사업자로부터 **기부금**을 지급받기로 한 **증여계약**은 무효이다. 12국회9

04 유효기간의 갱신·연장 | 요플 p.121 |

36 ⓢ 허가에 붙인 **기한**이 그 허가된 사업의 성질상 **부당하게 짧은** 경우에는 이를 그 **허가 자체의 존속기간**이 아니라 그 **허가조건의 존속기간**으로 보아 그 기한이 **도래**함으로써 그 **조건의 개정**을 고려한다는 뜻으로 해석할 수 있을 것이다. 18국회8

37 Z 허가조건의 존속기간 내에 **적법한 갱신신청**이 있었다면 갱신 가부의 결정이 없는 상태에서도 주된 **행정행위의 효력은 일단 존속**한다. 〔을〕 11지방9

37 Z 허가조건의 존속기간 내에 **적법한 갱신신청**이 있었음에도 갱신 가부의 결정이 없으면 주된 **행정행위는 효력**이 **상실**된다. 11지방9

38 Ⓑ 허가에 붙인 **기한**이 그 허가된 사업의 성질상 **부당하게 짧아** 이 기한을 그 허가 조건의 존속기간으로 해석할 수 있**더라도**, 그 후 당초의 기한이 **상당 기간 연장되어** 연장된 기간을 포함한 존속기간 전체를 기준으로 보면 더 이상 허가된 사업의 성질상 **부당하게 짧은** 경우에 해당하지 **않게 된** 때에는, 관계법령상 허가여부의 재량권을 가진 행정청은 허가**조건의 개정만**을 고려하여야 하는 것은 **아니고**, 재량권의 행사로서 더 이상의 **기간 연장을 불허가**하여 허가의 효력을 상실시킬 수 **있다**. 16지방7

39 Ⓑ 허가의 갱신으로 **갱신 전의 허가**는 **동일성**을 유지하면서 효력을 유지한다. 11지방9

40 Ⓑ 허가의 갱신은 허가취득자에게 종전의 지위를 계속 유지시키는 효과를 갖게 하는 것으로 갱신 후라도 **갱신전 법위반사실**을 근거로 **허가**를 **취소할 수** 있다. 17국가7

41 Ⓑ 유료직업 소개사업의 **허가갱신**은 허가취득자에게 **종전의 지위를 계속 유지**시키는 효과를 갖는 것에 불과하고 갱신 후에는 갱신 전의 법위반사항을 불문에 붙이는 효과를 발생하는 것이 아니므로 일단 **갱신**이 있은 **후에도** 갱신 전의 **법위반사실을 근거로 허가를 취소**할 수 있다. 20군무원7

42 Ⓐ 허가에 붙인 **기한**이 그 허가된 사업의 성질상 **부당하게 짧아** 그 기한을 허가조건의 존속기간으로 볼 수 있는 경우에 허가기간이 **연장되기 위하여**는 그 종기가 도래하기 **전**에 그 허가기간의 **연장**에 관한 **신청**이 있어야 한다. 20국가9

43 Ⓐ 허가에 붙인 **기한이 부당하게 짧은 경우라도** 그 허가기간이 연장되기 위하여는 그 종기가 도래하기 전에 그 허가기간의 연장에 관한 신청이 있어야 하며, 만일 그러한 **연장신청이 없는 상태에서 허가기간이 만료하였다면** 그 허가의 효력은 **상실**된다. 〔을〕 17사복(서울)9

43 Ⓐ 허가에 붙인 **기한이 부당하게 짧은 경우에는** 허가기간의 **연장신청**이 없는 상태에서 허가기간이 만료하였더라도 그 후에 허가기간 연장신청을 하였다면 허가의 효력은 상실되지 **않는다**. 17사복(서울)9

44 Ⓐ **기한의 도래로 실효**한 종전의 허가에 대한 **기간연장신청**은 새로운 허가를 내용으로 하는 행정처분을 구하는 것으로 **보아야** 하고, **종전의 허가처분**을 전제로 하여 단순히 그 유효기간을 **연장**하여 주는 행정처분을 구하는 것으로 **볼 수 없다**. 〔을〕 22국가7

44 Ⓐ **기한의 도래로 실효**한 종전의 허가에 대한 **기간연장신청**은 새로운 허가를 내용으로 하는 행정처분을 구하는 것이 **아니라**, 종전의 허가처분을 전제로 하여 단순히 그 유효기간을 연장하여 주는 행정처분을 구하는 **것으로 보아야** 한다. 22국가7

45 Ⓒ **어업**에 관한 **허가** 또는 **신고**의 경우에는 어업면허와 달리 유효기간 **연장제도**가 마련되어 **있지 아니**하므로 그 유효기간이 경과하면 그 허가나 신고의 효력이 당연히 소멸하며, **재차 허가를 받거나 신고를 하더라도** 허가나 신고의 기간만 갱신되어 **종전**의 어업허가나 신고의 효력 또는 성질이 **계속된다고 볼 수 없고** 새로운 허가 내지 신고로서의 **효력이 발생**한다. 12(하)지방9

05 부관의 한계

46 기속행위에 대해서는 법령상 특별한 근거가 없는 한 부관을 붙일 수 없고, 가사 부관을 붙였다고 하더라도 이는 무효이다. 19국가9

47 건축허가를 하면서 일정 토지의 기부채납을 허가조건으로 하는 부관은 기속행위 내지 기속적 재량행위에 붙인 부담이거나 또는 법령상 근거가 없는 부관이어서 무효이다. 11지방9

48 (A 행정청은 甲에게 처분을 하면서 법령에 근거 없이 일정 토지를 기부채납하도록 하는 부담을 붙였다.) 처분이 기속행위라면 甲은 기부채납 부담을 이행할 의무가 없다. 21국회8

49 대구직할시 교육위원회 교육감이 사립학교의 이사회소집을 승인하면서 일정한 일시와 장소에 한정하여 이사회를 개최할 수 있다고 붙인 부관의 구속력은 인정되지 아니한다. 12국회8
  ➕ 이사회소집승인은 기속행위이므로 이에 대한 부관은 무효

49 판례는 대구직할시 교육위원회 교육감이 사립학교의 이사회소집을 승인하면서 일정한 일시와 장소에 한정하여 이사회를 개최할 수 있다고 붙인 부관의 구속력을 인정하였다. 12국회8

50 행정청은 처분에 재량이 없는 경우에는 법률에 근거가 있는 경우에 부관을 붙일 수 있다. 21지방

51 [식품위생법은 관할관청이 영업허가를 하는 때에는 필요한 조건을 붙일 수 있다고 규정하고 있다. 이에 군수 A는 유흥주점영업을 허가하면서 일정한 규모의 주차공간을 확보할 것을 조건으로 붙였다.] 식품위생법상의 영업허가는 기속행위이나 법령에서 조건을 붙일 수 있다고 규정하고 있으므로 이러한 조건을 붙일 수 있는 것이다. 10국가9

51 [식품위생법은 관할관청이 영업허가를 하는 때에는 필요한 조건을 붙일 수 있다고 규정하고 있다. 이에 군수 A는 유흥주점영업을 허가하면서 일정한 규모의 주차공간을 확보할 것을 조건으로 붙였다.] 식품위생법상의 영업허가는 재량행위이므로 이러한 조건을 붙일 수 있는 것이다. 10국가9

52 재량행위에 대해서는 법령상 특별한 근거가 없더라도 부관을 붙일 수 있다. 23소간

52 재량행위에 대해서는 법령상 특별한 근거가 없는 한 부관을 붙일 수 없고 만약 부관을 붙였다고 할지라도 무효이다. 23소간

53 수익적 행정처분이 재량행위에 해당한다면 법령에 특별한 근거규정이 없는 경우에도 부관을 붙일 수 있다. 22소방

53 수익적 행정처분에 있어서는 법령에 특별한 근거규정이 있는 경우에 한하여 부관을 붙일 수 있다. 22소방

54 재량행위에는 법령상의 제한에 근거한 것이 아니라 하더라도 공익상 필요에 의하여 부관을 붙일 수 있다. 18지방9

55 「국토의 계획 및 이용에 관한 법률」상 토지형질변경의 허가신청에 대하여, 공익상 또는 이해관계인의 보호를 위하여 부관을 붙일 필요의 유무나 그 내용 등을 판단함에 있어서 행정청에 재량의 여지가 있다. 14지방7

56 (판단여지와 재량을 구별하는 입장에 따르면) 재량행위는 효과에 대한 것이므로 법효과를 제한하는 부관을 붙일 수 있으나, 판단여지는 요건에 대한 것이므로 원칙적으로 효과를 제한하는 부관을 붙일 수 없어 양자의 구별실익이 있다고 한다. 15국가7

56 (판단여지와 재량을 구별하는 입장에 따르면) 재량행위에 법효과를 제한하는 부관을 붙일 수 없다. 15국가7

57 (행정청 A는 甲에 대하여 주택건설사업계획 승인처분을 하면서 사업부지 중 일부를 공공시설용 토지로 기부채납할 것을 부관으로 하였고, 甲은 그 부관의 이행으로 토지에 대한 소유권이전등기를 마쳤다.) 행정청 A는 법령에 특별한 근거가 없더라도 甲에 대하여 부관을 붙일 수 있다. 17국회8

58 일반적으로 보조금 교부결정에 관해서는 행정청에게 광범위한 재량이 부여되어 있고, 행정청은 보조금교부결정을 할 때 법령과 예산에서 정하는 보조금의 교부 목적을 달성하는 데에 필요한 조건을 붙일 수 있다.(2020두48772, 보조금관리법 18-①) 22지방7

58 일반적으로 보조금 교부결정은 법령과 예산에서 정하는 바에 엄격히 기속되므로, 행정청은 보조금 교부결정을 할 때 조건을 붙일 수 없다. 22지방7

59 보조금 교부결정에 관하여 행정청에게 재량이 부여되어 있는 이상, 행정청에서 심사를 통해 선정한 업체와 계약을 체결한 경우에만 관련 보조금을 교부하는 내용의 교부 목적 달성 조건을 붙이는 것은 법령에 근거가 없어도 허용된다.(2020두48772) 미기출

59 보조금 교부결정에 관하여 행정청에게 재량이 부여되어 있다 하더라도, 행정청에서 심사를 통해 선정한 업체와 계약을 체결한 경우에만 관련 보조금을 교부하는 내용의 교부 목적 달성 조건을 붙이는 것은 법령에 근거가 없는 한 허용될 수 없다. 미기출

60 공익법인의 기본재산 처분허가에 부관을 붙인 경우, 그 처분허가의 법적 성질은 형성적 행정행위인 인가에 해당하며 조건으로서 부관의 부과가 허용된다. 24국가9

60 공익법인의 기본재산 처분허가에 부관을 붙인 경우, 그 처분허가의 법적 성질은 명령적 행정행위인 허가에 해당하며 조건으로서 부관의 부과가 허용되지 아니한다. 24국가9

61 공익법인의 기본재산에 대한 감독관청의 처분허가는 그 성질상 특정 상대에 대한 처분행위의 허가가 아니고 처분의 상대가 누구이든 이에 대한 처분행위를 보충하여 유효하게 하는 행위라 할 것이므로 그 처분행위에 따른 권리의 양도가 있는 경우에도 처분이 완전히 끝날 때까지는 허가의 효력이 유효하게 존속한다. 18국회8

62 법률행위적 행정행위(그 중 재량행위인 경우) 부관을 붙일 수 있는 것이 원칙이나, 귀화허가 및 공무원의 임명행위 등과 같은 **신분설정행위**에는 **부관을 붙일 수 없다**. 10국가9
   ➕ 당사자의 법적지위가 지나치게 불안정해질 수 있기 때문이다.

63 준법률행위에는 **부관**을 붙일 수 **없다**는 것이 전통적 견해이다. 11국가9

64 부관의 **사후변경**은 법률에 명문의 규정이 있거나 그 변경이 미리 **유보**되어 있는 경우 또는 **상대방의 동의**가 있는 경우에 한하여 허용되는 것이 원칙이지만, **사정변경**으로 인하여 당초에 부담을 부가한 목적을 달성할 수 없게 된 경우에도 그 목적달성에 필요한 범위 내에서 예외적으로 허용된다. 17(하)국가9

65 부관을 행정행위 당시가 아니라 **행정행위**가 행하여진 **후에** 새로이 **붙이는 것**을 사후부관이라 한다. 사후부관을 붙일 수 있는지에 대하여는 법령에 근거가 있거나 상대방의 동의가 있는 경우 등에는 **인정된다**는 것이 판례의 태도이고, 행정기본법 역시 명시적으로 이를 인정하고 있다. 11국가9

66 재량행위에 있어서 법령상의 근거가 없더라도 부관은 붙일 수 있는데, 그 **부관의 내용은 적법**하고 **이행가능**하여야 하며 **비례의 원칙** 및 **평등의 원칙**에 적합하고 행정**처분의 본질적 효력**을 해하지 아니하는 한도의 것이어야 한다. 09지방7

67 행정청이 처분을 하면서 **부제소(不提訴)특약**의 부관을 붙인 것은 당사자가 임의로 처분할 수 없는 공법상 권리관계를 대상으로 하여 사인의 국가에 대한 소권을 당사자의 합의로 포기하는 것으로 **허용될 수 없다**. 13지방7

68 도매시장법인 지정시 지정기간 중 유통정책 방침에 따라 도매시장법인의 이전 또는 폐쇄지시에도 일체소송이나 손실보상을 청구할 수 없다는 부관을 붙인 경우, 이 **부제소특약**은 **허용될 수 없다**. 13국회9
   ➕ 당사자가 임의로 처분할 수 없는 공권(소권)을 포기시키는 것이므로 불허

69 허가의 목적달성을 사실상 어렵게 하여 그 **본질적 효력을 해**하는 부관은 **적법하지 않**다. 23소방

70 **주택건축허가**를 하면서 **영업목적으로만** 사용할 것을 부관으로 정한 경우에, 이러한 부관은 주된 행정행위의 **목적에 위배**된다. 18(1)서울7

71 **기선선망어업**의 허가를 하면서 운반선, 등선 등 **부속선을 사용할 수 없도록** 제한한 부관은 그 어업허가의 목적달성을 사실상 어렵게 하여 그 **본질적 효력을 해**하는 것이므로 **위법**한 것이다. 23국가9

72 부관은 주된 행정행위와 **실질적 관련성**이 있어야 한다. 15교행9

73 **주택사업계획을** 승인하면서 **입주민이 이용**하는 **진입도로**의 개설 및 확장과 이의 기부채납을 **부담**으로 부과하는 것은 실질적 관련성이 인정되기에 **부당결부금지의 원칙에 반하지 아니**한다. 08국가9

74 65세대의 **주택건설사업**에 대한 **사업계획승인** 시 '**진입도로** 설치 후 기부채납, 인근 주민의 기존 통행로 폐쇄에 따른 대체 통행로 설치 후 그 부지 일부 기부채납'을 조건으로 붙인 것은 **위법**한 부관에 해당하지 **않는다**. 20소간

75 지방자치단체장이 사업자에게 **주택사업계획승인**을 하면서 그 **주택사업과는 아무런 관련이 없는 토지**를 기부채납하도록 하는 부관은 부당결부금지의 원칙에 위반되어 **위법하지만** 당연무효라고 볼 수 **없다**. 16국가7

76 건축행정청은 신청인의 건축계획상 하나의 대지로 삼으려고 하는 '하나 이상의 필지의 일부'가 관계 법령상 **토지분할이** 가능한 경우인지를 심사하여 토지분할이 관계 법령상 제한에 해당되어 **명백히 불가능**하다고 판단되는 경우에는 **토지분할 조건부 건축허가를 거부하여야** 한다. 21소간

06 부관의 위법 | 요플 p.123 |

77 **기속행위**인 행정처분에 부담인 부관을 붙인 경우 일반적으로 그 **부관은 무효**라 할 것이고 그 부관의 무효화에 의하여 본체인 **행정처분 자체**의 효력에도 **영향이 있게 될 수는 있다**. 미기출

78 공유재산의 관리청이 기부채납된 행정재산에 대하여 행하는 사용·수익 허가의 경우, 부관인 **사용·수익허가의 기간**에 위법사유가 있다면 **허가 전부가 위법**하게 된다. 17(상)지방9

---

62 법률행위적 행정행위에는 부관을 붙일 수 있는 것이 원칙이므로 귀화허가 및 공무원의 임명행위 등과 같은 **신분설정행위**에는 **부관을 붙일 수 있다**. 10국가9

65 부관을 **행정행위** 당시가 아니라 행정행위가 행하여진 **후에** 새로이 **붙일 수 있는지**에 대하여는 비록 법령에 근거가 있고 상대방의 동의가 있다고 해도 **인정하지 않**는 것이 판례의 태도이다. 11국가9

68 도매시장법인 지정시 지정기간 중 유통정책 방침에 따라 도매시장법인의 이전 또는 폐쇄지시에도 일체 소송이나 손실보상을 청구할 수 없다는 부관을 붙인 경우, 이 **부제소특약**은 **허용될 수 있다**. 13국회9

73 **주택사업계획을** 승인하면서 **입주민이 이용**하는 **진입도로**의 개설 및 확장과 이의 기부채납의무를 **부담**으로 부과하는 것은 부당결부금지의 원칙에 **반한다**. 08국가9

79 도로점용허가의 **점용기간**은 행정행위의 **본질적인 요소**에 해당한다고 볼 것이어서 부관인 점용기간을 정함에 있어서 위법사유가 있다면 이로써 **도로점용허가처분 전부가 위법**하게 된다. 19지방9

07 위법한 부관에 대한 쟁송(판례) | 요플 p.124 |

80 **부담**의 경우에는 다른 부관과는 달리 행정행위의 불가분적인 요소가 아니고 그 존속이 본체인 행정행위의 존재를 전제로 하는 것일 뿐이므로 부담 **그 자체로서 행정쟁송**의 대상이 될 **수 있다**. 17(하)국가9

81 (행정청 A는 甲에 대하여 주택건설사업계획 승인처분을 하면서 사업부지 중 일부를 공공시설용 토지로 기부채납할 것을 부관으로 하였고, 甲은 그 부관의 이행으로 토지에 대한 소유권이전등기를 마쳤다.) 甲은 **기부채납부관**에 대하여서 **독립**하여 취소**소송**을 제기할 **수 있다**. 17회8
  ➕ 기부채납부관은 사실관계에 따라 정지조건일 수도 있고, 부담일 수도 있다. 전자라면 독립쟁송이 불가할 것이나, 후자라면 가능할 것이다. 이 지문은 후자임(부담임)을 전제로 출제된 것이다. 좋은 출제는 아니다. 이렇게 조건인지 부담인지 불분명한 문제가 나오면 상대적으로 풀 수밖에 없다.

82 [甲은 관할 행정청 A에 도로점용허가를 신청하였고, 이에 대하여 행정청 A는 주민의 민원을 고려하여 甲에 대하여 공원부지를 기부채납할 것을 부관으로 하여 도로점용허가를 하였다.] 위 부관을 **부담**으로 본다면, 부관만 **독립**하여 취소**소송**의 대상으로 할 수 있으며 부관만의 **독립취소**가 **가능**하다. 16국가9

83 행정행위의 부관인 부담에 정해진 바에 따라 당해 행정청이 아닌 **다른 행정청이** 그 부담상의 의무이행을 요구하는 의사표시를 하였을 경우, 이러한 행위가 **당연히** 항고소송의 대상이 되는 **처분에 해당**한다고 할 수는 **없**다. 24국가9

84 하천점용허가에 **조건**인 부관이 부가된 경우 해당 부관에 대해서는 **독립**적으로 **소**를 제기할 수 **없**다. 18지방9

85 공유재산에 대하여 40년간 사용허가기간을 신청한 것에 대해 행정청이 20년간 사용허가 한 경우에 **허가기간**에 대해서 **독립**하여 취소**소송**이 **불가능**하다. 11지방9

86 공유수면매립준공인가처분을 하면서 **매립지 일부**에 대하여 한 국가 및 지방자치단체에의 **귀속처분**은 부관 중 **법률효과의 일부배제에 해당**하여 **독립**하여 **행정소송** 대상이 될 수 **없**다. 19지방9

87 **부담이 아닌 부관**은 **독립**하여 **행정소송**의 대상이 될 수 **없**으므로 이의 취소를 구하는 소송에 대하여는 **각하**판결을 하여야 한다. 17서울9
  ➕ 부담이 아닌 부관은 독립한 처분이 아니므로 독립하여 소송의 대상이 될 수 없다. 그럼에도 이에 대해 제소한다면 소송요건(대상적격)이 흠결된 것이므로 각하판결을 하여야 한다.

88 [甲은 관할 행정청 A에 도로점용허가를 신청하였고, 이에 대하여 행정청 A는 주민의 민원을 고려하여 甲에 대하여 공원부지를 기부채납할 것을 부관으로 하여 도로점용허가를 하였다.] 위 부관을 **조건**으로 본다면, 甲은 부관부 행정행위 **전체**를 취소소송의 **대상**으로 하여 **부관부 행정행위 전체의 취소**를 구하여야 한다. 16국가9
  ➕ 판례는 부담 아닌 부관만의 취소를 구하는 진정일부취소소송과 부관부 행정행위 전체를 대상으로 소를 제기하면서 실질적으로 부관만의 취소를 구하는 부진정일부취소소송 모두 허용하지 않고 있다. 따라서 부관부 행정행위 전부의 취소를 청구하는 소를 제기하여야 한다.

89 판례에 의하면 위법한 **부담 이외의 부관으로** 인하여 권리를 침해당한 자는 부관부 행정행위이 **전체의 취소**를 구하든지 아니면 먼저 행정청에 부관이 없는 처분으로 변경해 줄 것을 청구한 다음 그것이 거부된 경우에 **거부처분취소소송**을 제기할 수밖에 없다. 10회8

90 **기선선망어업 허가**를 하면서 **부속선을 사용할 수 없도록 제한**한 위법한 부관에 대해서는 부속선을 사용할 수 있도록 어업허가사항변경신청을 한 다음 그것이 거부된 경우 **거부처분취소소송**을 제기할 **수 있다**. 15회8

91 판례는 개발제한구역 내에서 광산에 대한 개발행위 **허가기간의 연장신청을 거부**한 처분에 대해서 **독립적 쟁송**의 대상으로 **인정하였다**.(90누7920) 12회8
  ➕ 부관을 변경해 줄 것을 신청한 후, 행정청이 이를 거부하자 거부처분에 대하여 취소소송을 제기한 사례이다.

---

85 공유재산에 대하여 40년간 사용허가기간을 신청한 것에 대해 행정청이 20년간 사용허가 한 경우에 **허가기간**에 대해서 **독립**하여 취소**소송**이 **가능**하다. 11지방9

86 공유수면매립준공인가처분을 하면서 **매립지 일부**에 대하여 한 국가 및 지방자치단체에의 **귀속처분**은 부관 중 **부담에 해당**하므로 **독립**하여 **행정소송** 대상이 될 수 있다. 19지방9

88 [甲은 관할 행정청 A에 도로점용허가를 신청하였고, 이에 대하여 행정청 A는 주민의 민원을 고려하여 甲에 대하여 공원부지를 기부채납할 것을 부관으로 하여 도로점용허가를 하였다.] 위 부관을 **조건**으로 본다면, 甲은 부관부 행정행위 **전체**를 취소소송의 **대상**으로 하여 **부관만의 일부취소**를 구하여야 한다. 16국가9

91 판례는 개발제한구역 내에서 광산에 대한 개발행위 **허가기간**의 연장신청을 거부한 처분에 대해서는 **독립적 쟁송**의 대상으로 **인정하지 않았다**. 12회8

08 부담 vs 부담을 이행한 사법상 법률행위 | 요플 p.125 |

92 **기부채납**은 기부자의 소유재산을 지방자치단체의 공유재산으로 무상증여하는 의사표시를 하고 지방자치단체는 이를 승낙하는 채납의 의사표시를 함으로써 성립하는 **증여계약**이다. 23소간

93 판례는 **부담의 이행**으로서 하게 된 사법상 매매 등의 법률행위는 **부담을 붙인 행정처분과는 별개**의 법률행위로 본다. 13국회8

94 행정처분에 부가한 **부담이 무효**인 경우에는 그 **부담의 이행**으로 이루어진 사법상 법률행위가 당연히 **무효**가 되는 것은 **아니다**. 22지방9

95 (A 행정청은 甲에게 처분을 하면서 법령에 근거 없이 일정 토지를 기부채납하도록 하는 부담을 붙였다.) 처분이 **기속행위임에도** 甲이 기부채납 **부담**을 붙였다면 그 부담은 무효이다. 그러나 부담이 무효라고 하여 그 이행에 해당하는 **기부채납** 행위가 **당연무효**인 행위가 되는 것은 **아니다**. 21국회8

96 부관인 **부담의 이행행위**인 법률행위는 **사법상의 법률행위**의 성격을 갖기 때문에 **부담이 무효**이거나 취소가 되더라도, 그 **이행행위**인 기부채납이나 금전납부가 법률상 원인없이 이루어진 **부당이득**이 된다고 할 수 **없다**. 14국회8

97 건축허가를 하면서 일정 토지를 기부채납하도록 한 허가**조건의 효력**이 **무효라고 하더라도**, 무효인 허가조건을 유효한 것으로 **믿고** 토지를 **증여하였다면** 이는 동기의 착오에 불과하여 그 **소유권이전등기의 말소**를 청구할 수는 **없다**. 24국회8

98 [행정청 A는 甲에 대하여 주택건설사업계획 승인처분을 하면서 사업부지 중 일부를 공공시설용 토지로 기부채납할 것을 부관으로 하였고, 甲은 그 부관의 이행으로 토지에 대한 소유권이전등기를 마쳤다.] 甲에 대한 **기부채납 부관**이 제소기간의 도과로 **불가쟁력이 발생**하여 유효로 확정된 이후에도 그 **부담의 이행**으로 한 소유권 이전등기의 **효력을 다툴 수 있다**. 17국회8

99 토지소유자가 토지형질변경행위허가에 붙은 기부채납의 부관에 따라 토지를 국가나 지방자치단체에 기부채납한 경우, 기부채납의 **부관**이 **당연무효**이거나 **취소**되지 **아니한 이상** 토지소유자는 위 부관으로 인하여 기부채납계약의 중요부분에 **착오**가 있음을 이유로 기부채납계약을 **취소할 수 없다**. 23국가9
즉, 부관이 유효한 이상, 설사 부관의 적법성 등에 착오가 있었다고 하더라도 그를 이유로 부관의 이행행위를 취소할 수 없다는 취지

92 **기부채납**은 기부자의 소유재산을 지방자치단체의 공유재산으로 무상증여하도록 하는 지방자치단체의 일방적 의사표시인 행정**처분**에 해당한다. 23소간

94 행정처분에 부가한 **부담이 무효**인 경우에는 그 **부담의 이행**으로 이루어진 사법상 법률행위**도 무효**가 된다. 22지방9

95 (A 행정청은 甲에게 처분을 하면서 법령에 근거 없이 일정 토지를 기부채납하도록 하는 부담을 붙였다.) 처분이 **기속행위임에도** 甲이 **부담**의 이행으로 기부채납을 하였다면, 그 **기부채납** 행위는 **당연무효**인 행위가 된다. 21국회8

96 부관인 **부담의 이행행위**인 법률행위는 **공법상의 법률행위**의 성격을 갖기 때문에 **부담이 무효**이거나 취소가 되면, 그 **이행행위**인 기부채납이나 금전납부는 법률상 원인없이 이루어진 것으로 **부당이득**이 **된다**. 14국회8

98 [행정청 A는 甲에 대하여 주택건설사업계획 승인처분을 하면서 사업부지 중 일부를 공공시설용 토지로 기부채납할 것을 부관으로 하였고, 甲은 그 부관의 이행으로 토지에 대한 소유권이전등기를 마쳤다.] 甲에 대한 **기부채납 부관**이 제소기간의 도과로 **불가쟁력이 발생**한 이후에는 그 **부담의 이행**으로 한 소유권이전등기의 **효력을 다툴 수 없다**. 17국회8

테마별 N지 모음

N1 갑은 개발제한구역 내에서의 건축허가를 관할 행정청인 을에게 신청하였고, 을은 갑에게 일정 토지의 기부채납을 조건으로 이를 허가하였다. 이에 대한 설명으로 옳은 것은? (다툼이 있는 경우 판례에 의함) 19지방7 ③

① 특별한 규정이 없다면 갑에 대한 건축허가는 **기속행위**로서 건축허가를 하면서 **기부채납조건**을 붙인 것은 **위법**하다.
② 갑이 **부담인 기부채납조건**에 대하여 불복하지 않았고, 이를 이행하지도 않은 채 기부채납조건에서 정한 기부채납**기한이 경과**하였다면 이로써 갑에 대한 건축**허가는** 효력을 **상실**한다.
③ **기부채납조건**이 중대하고 명백한 하자로 인하여 **무효**라 하더라도 갑의 **기부채납 이행**으로 이루어진 토지의 증여는 그 자체로 사회질서 위반이나 강행규정 위반 등의 특별한 사정이 없는 한 **유효**하다.
④ 건축허가 자체는 적법하고 **부담인 기부채납조건만**이 취소사유에 해당하는 **위법**성이 있는 경우, 갑은 기부채납조건부 건축허가처분 전체에 대하여 취소소송을 제기할 수 있을 뿐이고 **기부채납조건만을 대상으로 취소소송**을 제기할 수 **없다**.

해설 ① 특별한 규정이 없더라도 갑에 대한 건축허가는 **재량행위**로서 건축허가를 하면서 **기부채납조건**을 붙인 것은 **적법**하다.
  ➕ 일반적 건축허가라면 기속행위겠으나, 개발제한구역 내의 건축허가이므로 예외적 승인으로서 재량행위이다.
② 갑이 **부담인 기부채납조건**에 대하여 불복하지 않았고, 이를 이행하지도 않은 채 기부채납조건에서 정한 기부채납**기한이 경과**하였더라도 갑에 대한 건축허가의 **효력이 상실**하는 것은 **아니다**.
  ➕ 부담의 불이행만으로 주된 행정행위의 효력이 상실되는 것은 아니며, 행정청이 철회할 수 있는 사유가 될 뿐이다.
④ 건축허가 자체는 적법하고 **부담인 기부채납조건만**이 취소사유에 해당하는 **위법**성이 있는 경우, 갑은 기부채납조건부건축허가처분 전체가 아닌 **기부채납조건만을 대상으로 취소소송**을 제기할 수 있다.
  ➕ 부담은 독립하여 취소소송의 대상이 되기 때문

테마별 N지 모음

N2 한강 둔치에 편의점을 운영하고자 하는 甲에게 관할 행정청이 부지점용허가를 하면서 매달 일정한 점용료를 납부할 것을 부담으로 붙인 경우와 관련하여 옳은 것은?
09국회8 ②

① 점용료 납부의무를 이행하지 않은 경우 부지점용허가의 효력은 소멸한다.
② 점용료납부의무만 독립하여 행정쟁송의 대상으로 삼을 수 있다.
③ 점용료납부의무의 부관을 붙이기 위해서는 법률의 근거가 있어야 한다.
④ 점용료를 미납하더라도 부관이 갖는 종속성 때문에 독립하여 강제집행할 수 없다.
⑤ 점용허가와 점용료납부의무는 부당결부금지의 원칙상 무효에 해당한다.

[해설] ① 점용료 납부의무를 이행하지 않은 경우에도 부지점용허가의 효력은 소멸되지 않는다.
➕ 점용료 납부의무는 부담에 해당하고, 부담을 이행하지 않았다고 그것만으로 주된 행정행위인 부지점용허가의 효력이 당연히 소멸하는 것은 아니기 때문이다.
③ 점용료납부의무의 부관을 붙이기 위해서는 법률의 근거가 없어도 된다.
➕ 부지점용허가는 강학상 특허에 해당하여 재량행위에 해당하기 때문
④ 점용료를 미납하는 경우, 이러한 부담의 불이행에 대해서는 부관이 갖는 종속성에도 불구하고, 독립하여 강제집행할 수 있다.
⑤ 점용허가와 점용료납부의무는 실질적 관련성이 인정되므로 부당결부금지의 원칙에 반하지 않아 유효하다.

N3 구 식품위생법은 보건사회부장관(현 보건복지부장관)이 지정하여 고시(告示)하는 영업 또는 품목의 경우는 영업허가를 제한할 수 있다고 규정하였고, 이에 따라 보건사회부장관은 "그 전량을 수출하거나 주한 외국인에게만 판매한다는 요건을 갖춘 경우에만 보존음료수제조업의 허가를 할 수 있다."라는 고시를 발한 바 있었다. 이 고시에 대한 설명으로 옳은 것은?
10국가9 ②

① 위 고시의 법적 성질을 행정규칙이라고 보는 것이 대법원의 입장이다.
② 위 고시에 정한 허가기준에 따라 보존음료수제조업허가에 붙여진 전량수출 또는 주한 외국인에 대한 판매에 한한다는 내용의 조건에 대해서는 행정행위에 부관을 붙일 수 있는 한계에 관한 일반원칙이 적용되지 않는다.
③ 대법원은 행정청이 甲에 대하여 보존음료수제조업허가를 하면서 붙인 위 허가조건이 甲의 영업의 자유의 본질적 내용을 침해한다고 볼 수 없다고 하였다.
④ 위 고시상의 조건을 위반한 행위에 대하여 행정청이 과징금을 부과한 제재적 행정처분은 위법하지 아니하다.

[해설] ① 위 고시는 상위법의 규정내용을 보충하는 기능을 지니면서 그것과 결합하여 대외적으로 구속력이 있는 법규명령의 성질을 갖게 된다.(92누1728)
➕ 법령보충적 행정규칙에 해당
③ 행정청이 甲에 대하여 보존음료수제조업허가를 하면서 붙인 위 허가조건은 甲의 영업의 자유와 행복추구권을 침해한다.
④ 위 고시상의 조건을 위반한 행위에 대하여 행정청이 과징금을 부과한 제재적 행정처분은 위법하다. 이 고시는 무효이기 때문에 제재처분의 근거가 될 수 없기 때문이다.

테마별 N지 모음

N4 다음 사례에 대한 판례의 입장으로 옳지 않은 것은? 17국가9 ③

> 고속국도 관리청이 고속도로 부지와 접도구역에 **송유관 매설을 허가하면서** 상대방인 甲과 체결한 **협약에 따라** 송유관 시설을 **이전**하게 될 경우 그 **비용**을 甲이 **부담하도록** 하였는데, **그 후** 도로법시행규칙이 **개정**되어 접도구역에는 관리청의 **허가없이도** 송유관을 **매설할 수 있게** 되었다.

① 甲과의 **협약이 없더라도** 고속국도 관리청은 송유관매설허가를 하면서 일방적으로 송유관 이전 시 그 비용을 甲이 부담한다는 내용의 **부관**을 **부가할 수** 있다.
② **협약에 따라** 송유관 시설을 이전하게 될 경우 그 **비용**을 甲이 **부담하도록 한 것**은 행정행위의 부관 중 **부담**에 해당한다.
③ 도로법 시행규칙의 **개정**으로 접도구역에는 관리청의 **허가없이도** 송유관을 **매설할 수 있게 되었기 때문에** 위 협약 중 접도구역에 대한 부분은 **효력**이 **소멸**된다.
④ 도로법 시행규칙의 개정 이후에도 위 협약에 포함된 부관은 **부당결부금지**의 원칙에 **반하지 않는다**.

[해설] ③ 도로법 시행규칙의 **개정**으로 접도구역에는 관리청의 **허가 없이도** 송유관을 **매설할 수 있게 되었더라도** 위 협약 중 접도구역에 대한 부분은 **효력**이 **유지**된다.

N5 다음 사례에 대한 설명으로 옳은 것은? (다툼이 있는 경우 판례에 의함) 11국가9 ①

> A는 허가청으로부터 B간판에 관하여 설치허가를 받았다. **설치기간**은 2011. 3. 1.부터 2013. **2. 28.까지**로 하였다. A는 2013. **4. 1.에** 허가기간의 **연장**을 **신청**하였다. 그러나 허가청은 B간판이 2013. 4. 1. 현재의 관련 법령이 정하는 규격을 초과한다는 이유로 허가연장신청을 거부하였다.

① 2013. **2. 28.이 지나면** 종전 허가의 효과는 원칙적으로 **소멸**한다.
② 허가의 **갱신신청**은 달리 정함이 없으면 원칙적으로 기한이 도래하기 전에 할 수도 있고 **도래한 후**에 **할 수도** 있다.
③ 종전의 허가**기간 경과 후**에 이루어진 신청에 따른 허가는 일반적으로 **갱신허가**에 해당한다.
④ 허가청이 **허가연장신청**을 **거부**한 것은 **위법**하다.

[해설] ① 연장신청이 없는 상태에서 허가기간이 만료하였다면 그 허가의 효력은 상실된다.
② 허가의 **갱신신청**은 달리 정함이 없으면 원칙적으로 기한이 도래하기 전에 하여야 하며, **도래한 후**에는 **할 수 없**다.
③ 종전의 허가**기간이 경과**한 후에 이루어진 신청에 따른 허가는 **새로운 허가**에 해당한다.
④ 허가청이 **허가연장신청**을 **거부**한 것은 **적법**하다.
　➕ 허가기간이 만료한 뒤의 신청은 완전히 새로운 허가신청에 해당하므로, 허가청은 새로운 허가 처분 당시의 법령을 적용하여 거부할 수 있기 때문이다.

테마별 N지 모음

N6 도시재개발사업계획인가를 하면서 인근토지의 기부채납을 부관으로 명하고 기부채납이 이루어진 시점부터 인가의 효력이 발생하는 것으로 명시한 경우 인가를 받은 자가 부관의 위법을 이유로 부관을 취소하거나 무효화하려고 할 때 취할 수 있는 방안과 법원의 대응으로 옳은 것은?(다툼이 있으면 판례에 따름)

14국회8 ⑤

① 부관만에 대한 취소소송을 제기할 수 있고, 법원은 부관만 취소할 수 있다.
② 부관만에 대한 취소소송을 제기할 수 있으나, 법원은 부관만 취소하지는 못한다.
③ 부관을 포함한 행정처분 전체에 대해 취소소송을 제기하여야 하며 부관의 위법이 확실하다면 다른 고려사항 없이 부관만의 취소가 가능하다.
④ 부관을 포함한 행정처분 전체에 대한 취소소송이 제기된 경우 법원은 이를 각하하여야 한다.
⑤ 인가를 받은 자는 부관이 없는 처분으로 변경하여줄 것을 요청하고 그것이 거부된 경우 거부처분취소소송을 제기하여야 하며 법원은 이에 대한 심리결과에 따라 인용여부를 결정한다.

[해설] ① 부관만에 대한 취소소송을 제기할 수 없고, 법원은 부관만 취소할 수도 없다.
➕ 기부채납을 하여야 비로소 인가의 효력이 발생하므로 부담이 아닌 정지조건이다. 따라서 부관만의 독립쟁송이 불가
② 부관만에 대한 취소소송을 제기할 수 없고, 법원은 부관만 취소하지도 못한다.
③ 부관을 포함한 행정처분 전체에 대해 취소소송을 제기하여야 한다. 또한 부관이 위법이 확실하더라도 다른 고려사항 없이 부관만의 취소는 불가능하다.
④ 부관을 포함한 행정처분 전체에 대한 취소소송이 제기된 경우 법원은 본안심리 하여야 한다.

N7 아래 사례의 밑줄 친 부분 중 위법하여 허용되지 않거나 옳지 않은 것을 모두 고른 것은? (다툼이 있는 경우 판례에 의함)

21변시 ⑤

> A구청장은 ⑤ 미리 B재건축조합과 협의하여 '사업부지에 포함되어 있고 무상양도되지 않는 국·공유지에 대하여 관리처분계획의 수립 전까지 매매계약을 체결할 것'을 조건으로 하여 사업시행계획을 인가하기로 협약을 맺은 다음 위 내용을 부관으로 붙여 재건축사업시행계획을 인가하였다. 위 협약에 따른 부관의 성질이 정지조건인지 부담인지에 대한 ⓒ A구청장의 의사가 명확하지 않아 B재건축조합은 이를 부담으로 판단하였다. 사업의 진행과정에서 사업부지 내 국·공유지의 소유관계가 문제되자 A구청장은 ⓒ B재건축조합의 동의를 얻어 부관의 내용을 '착공신고 전까지 매매계약을 체결할 것'으로 변경하였고, 부관의 내용에 따라 B재건축조합은 사업부지 내 국·공유지에 대하여 매매계약을 체결하였다. 이후 재건축사업부지 내의 국·공유지는 전부 무상양도하도록 근거법령이 개정되어 행정청이 더 이상 위와 같은 부관을 붙일 수 없게 되자, B재건축조합은 ⓔ 근거법령의 개정으로 위 협약에 따른 부관의 효력이 소멸하게 되었고, 위 ⓜ 부관이 무효라면 이에 근거하여 행하여진 위 매매계약 또한 당연히 무효가 된다고 주장하면서, ⓑ 위 부관만의 취소를 구하는 소를 제기하였다.

* 위 사례는 가상으로 구성한 것임

① ㉠, ㉡, ㉣
② ㉠, ㉢, ㉥
③ ㉠, ㉣, ㉤
④ ㉡, ㉥
⑤ ㉣, ㉤

[해설] ㉣ 부담이 처분 당시 법령을 기준으로 적법하다면 처분 후 부담의 전제가 된 주된 행정처분의 근거 법령이 개정됨으로써 행정청이 더 이상 부관을 붙일 수 없게 되었다 하더라도 곧바로 위법하게 되거나 그 효력이 소멸하게 되는 것은 아니다.
㉤ 부관이 무효에 의하여 그 이행으로써 행한 사법상 매매계약 등의 법률행위도 당연히 무효가 되는 것은 아니다.
㉠ 부관은 통상 처분을 하면서 일방적으로 부가하지만, 사안과 같이 미리 협약의 형식으로 정한 다음 처분을 하면서 부가하는 것도 가능하다.
㉡ 부담이 조건보다 국민에게 유리하므로, 행정청의 의사가 불분명 시 부담으로 추정하는 것이 타당하다.
㉢ 상대방 당사자의 동의가 있다면 부관내용의 사후변경도 가능하다.
㉥ 해당 부관은 부담이므로, 독립쟁송이 가능하다.

THEME 33 단계적 행정결정 등

○ 지문 / × 지문

01 개관

○ 지문

01 **가행정행위**는 그 효력발생이 시간적으로 **잠정적**이라는 것 외에는 보통의 행정행위와 같은 것이므로 가행정행위로 인한 **권리침해에 대한 구제도 보통의 행정행위**와 다르지 않다. 19국회8

02 가행정행위인 선행처분이 후행처분으로 흡수되어 소멸하는 경우에는 **선행처분의 취소를 구하는 소**는 소의 이익이 없어 **불가능**하다. 19서울7

03 **가행정행위**는 불가변력이 발생하지 않기 때문에 **신뢰보호원칙**이 적용된다고 보기 **어렵다**. 08(상)지방9

04 [甲은 폐기물관리법에 따라 **폐기물처리업**의 허가를 받기 전에 행정청 乙에게 폐기물처리사업계획서를 작성하여 제출하였고, 乙은 그 사업계획서를 검토하여 적합통보를 하였다.] 甲은 폐기물처리업 사업계획에 대한 **적합통보를 받았더라도** 폐기물처리업의 허가를 받기 전이라면 부분적이더라도 폐기물처리를 적법하게 **할 수 없다**. 18국가7

05 정부 간 항공노선의 개설에 관한 잠정협정 및 비밀양해각서와 건설교통부(현 국토교통부) 내부지침에 의한 **항공노선에 대한 운수권배분처분**은 항고소송의 대상이 되는 행정**처분**이다. 10경행

06 **사전결정(예비결정)**은 단계화된 행정절차에서 최종적인 행정결정을 내리기 전에 이루어지는 행위이지만, **그 자체가 하나의 행정행위**이기도 하다. 16서울9

07 **부분허가(부분승인)**은 본허가 권한에 내재된 행정행위이기 때문에 부분허가를 위해서는 본허가 이외에 **별도의 법적 근거를 필요로 하지 않는다**. 16서울9

× 지문

02 가행정행위인 선행처분이 후행처분으로 흡수되어 소멸하는 경우에도 **선행처분의 취소를 구하는 소**는 **가능**하다. 19서울7

04 [甲은 폐기물관리법에 따라 **폐기물처리업**의 허가를 받기 전에 행정청 乙에게 폐기물처리사업계획서를 작성하여 제출하였고, 乙은 그 사업계획서를 검토하여 적합통보를 하였다.] **적합통보를 받은 甲은** 폐기물처리업의 허가를 받기 전이라도 부분적으로 폐기물처리를 적법하게 **할 수 있다**. 18국가7

07 **부분허가(부분승인)**는 본허가 권한과 분리되는 독자적인 행정행위이기 때문에 부분허가를 위해서는 본허가 이외에 **별도의 법적 근거를 필요로 한다**. 16서울9

02 확약

○ 지문

08 법령등에서 당사자가 신청할 수 있는 처분을 규정하고 있는 경우 행정청은 당사자의 신청에 따라 **장래에 어떤 처분을 하거나 하지 아니할 것을 내용으로 하는 확약**을 할 수 있다. 24소방

09 확약은 본 행정행위에 대해 정당한 **권한을 가진 행정청**만이 할 수 있고, 당해 행정청의 **행위권한의 범위 내**에 있어야 한다. 10지방7

10 **확약을 행정행위로 인정하지 않더라도** 확약 위반 시에 **신뢰보호원칙** 위반을 원용할 수 있다.
➕ 신뢰보호원칙의 보호를 받을 수 있는 공적 견해표명은 행정행위에 한정되지 않음 07국가9

11 확약이 법적 구속력을 갖기 위해서는 **상대방에게 표시**되고, 그 상대방이 행정청의 확약을 신뢰하였고, 그 신뢰에 **귀책사유가 없어야** 한다. 10지방7

12 **확약**을 하기 위해 개별법에 확약에 대한 법적 **근거**가 있어야 하는 것은 **아니다**.
➕ 별도의 개별법적 근거 불필요(행정절차법에 일반적 근거규정 있음) 18국가9(변형)

13 **행정절차법**은 확약에 관한 명문**규정**을 두고 **있다**. 16서울9

14 「**행정절차법**」상 법령등에서 당사자가 신청할 수 있는 처분을 규정하고 있는 경우 행정청은 당사자의 신청에 따라 장래에 어떤 처분을 하거나 하지 아니할 것을 내용으로 하는 확약을 할 수 있으며, 이러한 **확약은 문서로 하여야** 한다. 23국가7

15 행정절차법상 **확약**은 당사자의 **신청**에 따라 행정청이 한다. 미기출

16 행정청은 다른 행정청과의 **협의 등의 절차를 거쳐야 하는** 처분에 대하여 확약을 하려는 경우에는 **확약을 하기 전에 그 절차를 거쳐야** 한다. 24소방

17 **확약**을 행한 **행정청**은 확약의 내용인 행위를 하여야 할 **자기구속적 의무**를 지며, **상대방**은 행정청에 그 **이행을 청구할 권리**를 갖게 된다. 16서울9

× 지문

10 **확약을 행정행위로 인정하여야** 확약 위반 시에 **신뢰보호원칙** 위반을 원용할 수 있다. 07국가9

12 **확약**을 하려면 개별법에 확약에 대한 법적 **근거가 있어야** 한다. 18국가9(변형)

13 **행정절차법**은 확약에 관한 명문**규정**을 두고 있지 **않다**. 16서울9

14 「**행정절차법**」상 법령등에서 당사자가 신청할 수 있는 처분을 규정하고 있는 경우 행정청은 당사자의 신청에 따라 장래에 어떤 처분을 하거나 하지 아니할 것을 내용으로 하는 확약을 할 수 있으며, 문서 또는 **말에 의한 확약도 가능**하다. 23국가7

18 확약을 한 후에 확약의 내용을 이행할 수 없을 정도로 **사정**이 **변경**된 경우, 행정청은 **확약에 기속**되지 **아니**한다. 24소방

19 행정청이 당사자의 신청에 따라 장래에 어떤 처분을 하거나 하지 아니할 것을 내용으로 하는 의사표시인 확약을 했더라도, 그 **확약이 위법한 경우라면** 행정청은 이에 **기속되지 아니**한다. 23변시

20 「행정절차법」상 행정청은 확약을 한 후에 확약의 내용을 이행할 수 없을 정도로 법령등이나 사정이 변경된 경우에는 확약에 기속되지 아니하며, 그 **확약을 이행할 수 없는 경우**에는 지체 없이 **당사자에게** 그 사실을 **통지하여야** 한다. 23국가7

21 확약에는 공정력이나 불가쟁력과 같은 효력이 인정되지 않는다. 또한 확약이 있은 후에 **사실적 · 법률적 상태**가 **변경**되면 행정청의 별다른 의사표시 없이 **확약이 실효된다**.(95누10877) 19지방7
   ➕ 사정변경이 있으면 별도의 통지 없이 확약이 그대로 실효된다는 것과, 그럴더라도 이를 통지할 절차적 의무는 있음을 구별해야 한다.

22 자동차운송사업 양도양수인가신청에 대하여 행정청이 내인가를 한 후 그 **본인가신청**이 있음에도 **내인가를 취소**함으로써 다시 본인가에 대하여 따로 인가여부의 처분을 한다는 사정이 보이지 않는 경우 위 내인가취소를 **인가신청거부처분**으로 볼 수 있다. 21소간

23 행정청의 확약은 처분이 아니므로 공정력이 인정되지 아니하여 하자가 있으면 **취소여부와 무관**하게 **효력이 인정되지 아니**한다. 18국가9

24 행정청의 확약에 대해 법률상 이익이 있는 제3자라도 확약에 대해 **취소소송으로 다툴 수 없다**. 18국가9
   ➕ 확약은 처분성이 없음

25 **어업권면허**에 선행하는 **우선순위결정**은 행정청이 우선권자로 결정된 자의 신청이 있으면 어업권면허처분을 하겠다는 것을 약속하는 행위로서 강학상 **확약에 불과**하고 행정**처분은 아니**다. 23국가7

26 **어업권면허**에 선행하는 **우선순위결정**은 행정청이 우선권자로 결정된 자의 신청이 있으면 어업권면허처분을 하겠다는 것을 약속하는 행위로서 **확약**에 해당한다. 따라서 **공정력**과 **불가쟁력**이 인정되지 **아니**한다. 13국가9

27 구 「**민원사무 처리에 관한 법률**」에서 정한 **사전심사결과 통보**는 항고소송의 대상이 되는 **행정처분**에 해당하지 **않는다**. 19지방9

28 행정청의 **확약의 불이행**으로 인해 손해를 입은 자는 **국가배상**법상 요건을 충족하는 경우에 한하여 손해배상을 청구할 수 **있다**. 14사복9
   ➕ 국가배상의 대상이 되는 직무집행은 처분에 한하지 않으므로 확약도 포함

19 행정청이 당사자의 신청에 따라 장래에 어떤 처분을 하거나 하지 아니할 것을 내용으로 하는 의사표시인 확약을 했다면, 그 **확약이 위법한 경우라도** 행정청은 이에 **기속**된다. 23변시

21 확약에는 공정력이나 불가쟁력과 같은 효력이 인정되는 것은 아니라고 하더라도, 일단 확약이 있은 후에 **사실적 · 법률적 상태**가 **변경**되었다고 하여 행정청의 별다른 의사표시 없이 **확약이 실효**된다고 할 수 **없다**. 19지방7

23 행정청의 **확약**은 위법하더라도 중대명백한 하자가 있어 당연무효가 아닌 한 **취소되기 전까지는 유효**한 것으로 통용된다. 18국가9

24 행정청의 확약에 대해 법률상 이익이 있는 제3자는 **확약**에 대해 **취소소송으로 다툴 수 있다**. 18국가9

26 **어업권면허**에 선행하는 **우선순위결정**은 행정청이 우선권자로 결정된 자의 신청이 있으면 어업권면허처분을 하겠다는 것을 약속하는 행위로서 그 우선순위결정에 **공정력**과 **불가쟁력**이 **인정**된다. 13국가9

03 폐기물처리업 사업계획 적정통보 · 부적정통보 │요론 p.128│

29 **폐기물처리업**의 허가를 받기 위하여는 먼저 사업 계획서를 제출하여 허가권자로부터 **사업계획**에 대한 적정통보를 받아야 하는데, **부적정통보**는 허가신청 자체를 제한하는 등 개인의 권리 내지 법률상의 이익을 개별적이고 구체적으로 규제하고 있어 행정**처분에 해당**한다. 21소간

(30~31) 甲은 폐기물관리법에 따라 **폐기물처리업**의 허가를 받기 전에 행정청 乙에게 폐기물처리사업계획서를 작성하여 제출하였고, 乙은 그 **사업계획**서를 검토하여 적합통보를 하였다. 18국가7

30 사업계획의 **적합 여부**는 乙의 **재량**에 속하고, 사업계획 적합 여부 통보를 위하여 필요한 **기준을 정하는 것도** 역시 乙의 **재량**에 속한다.

31 사업계획서 적합통보가 있는 경우 폐기물처리업의 **허가단계**에서는 **나머지** 허가요건만을 심사한다.

32 [폐기물처리사업계획과 관련하여] 판례는 사업계획에 대한 적합통보가 있는 경우 폐기물처리업의 허가단계에서는 나머지 허가요건만을 심사해야 한다고 본다. 따라서 사업계획에 대한 **적합통보결정**이 최종행정행위인 폐기물처리사업허가에 기본적으로 **구속을 미친다**고 볼 수 있다. 15국가7

(30~31) 甲은 폐기물관리법에 따라 **폐기물처리업**의 허가를 받기 전에 행정청 乙에게 폐기물처리사업계획서를 작성하여 제출하였고, 乙은 그 **사업계획**서를 검토하여 적합통보를 하였다. 18국가7

32 [폐기물처리사업계획과 관련하여] 사업계획에 대한 **적합통보결정**은 최종행정행위인 **폐기물처리사업허가**에 기본적으로 **구속력**을 미치지 **않는다**. 15국가7

33 구 주택건설촉진법에 의한 주택건설사업계획 사전결정이 있는 경우 **주택건설계획승인 처분은 사전결정에 기속되지 않으므로** 다시 승인 여부를 **결정할 수 있다.**(99두1052) 〔을〕 17서울9

34 [폐기물처리사업계획과 관련하여] 사업계획에 대한 **적합통보**는 사업허가 전에 신청자의 편의를 위하여 미리 그 사업허가의 일부 요건을 심사하여 행하는 사전결정의 성격이 있는 것이어서 **사업허가처분이 있게 되면** 그 허가처분에 **흡수되어** 독립된 존재가치를 **상실**한다. 15국가7

33 구 주택건설촉진법에 의한 주택건설사업계획 사전결정이 있는 경우 **주택건설계획승인 처분은 사전결정에 기속되므로** 다시 승인 여부를 **결정할 수 없다.** 17서울9

04 원자로 부지사전승인 | 요플 p.128 |

35 구「**원자력법**」상 **원자로** 및 관계 시설의 **부지사전승인처분**은 그 자체로서 건설부지를 확정하고 사전공사를 허용하는 법률효과를 지닌 **독립된 행정처분**이다. 17(하)국가9

36 **원자로건설허가처분이 있게 되면** 원자로부지사전승인처분에 대한 취소소송은 **소의 이익을 잃게** 된다. 13지방7

37 구「**원자력법**」상 원자로 및 관계 시설의 **부지사전승인처분 후 건설허가처분**까지 내려진 경우, 선행처분은 후행처분에 흡수되어 **건설허가처분만**이 **행정쟁송의 대상**이 된다. 22국가9

05 참고 – 행정의 자동결정 | 요플 p.128 |

38 「행정기본법」상 **자동적 처분**을 할 수 있는 '완전히 자동화된 시스템'에는 '**인공지능** 기술을 적용한 시스템'이 **포함된다**. 〔을〕 23지방9

39 행정청은 처분에 **재량이 있는 경우** 법령이나 행정규칙이 정하는 바에 따라 완전히 **자동화된 시스템**으로 처분할 수 **없다**. 〔을〕 21지방7

40 「행정기본법」상 **자동적 처분**은 **항고소송**의 **대상**이 된다. 23지방9

38 「행정기본법」상 **자동적 처분**을 할 수 있는 '완전히 자동화된 시스템'에는 '**인공지능** 기술을 적용한 시스템'이 **포함되지 않는다**. 23지방9

39 행정청은 처분에 **재량**이 있는 경우 법령이나 행정규칙이 정하는 바에 따라 완전히 **자동화된 시스템**으로 처분할 수 **있다**. 21지방7

06 기타 – 수수료 · 사용료 | 요플 p.128 |

테마별 N지 모음

N1 행정의 **자동결정**에 대한 설명으로 옳지 않은 것은? 16사복9 ②

① 행정의 자동결정의 예로는 신호등에 의한 **교통신호**, 컴퓨터를 통한 중·고등학생의 **학교배정** 등을 들 수 있다.
② 행정의 자동결정은 컴퓨터를 통하여 이루어지는 자동적 결정이기 때문에 행정행위의 개념적 요소를 구비하는 경우에도 **행정행위로서의 성격**을 인정하는 데 **어려움**이 있다.
③ 행정의 **자동결정의 기준이 되는 프로그램**의 법적 성질은 **명령**(행정규칙을 포함)이라는 견해가 유력하다.
④ 행정의 자동결정도 행정작용의 하나이므로 행정의 **법률적합성**과 행정법의 **일반원칙**에 의한 법적한계를 준수하여야 한다.

해설 ② 행정의 자동결정은 컴퓨터를 통하여 이루어지는 자동적 결정이지만 행정행위의 개념적 요소를 구비하는 경우에는 **행정행위로서의 성격**을 **인정**할 수 있다.

THEME 34 행정계획

○ 지문

01 의의

01 **행정계획은** 행정에 관한 전문적·기술적 판단을 기초로 하여 도시의 건설·정비·개량 등과 같은 특정한 **행정목표를** 달성하기 **위하여** 서로 관련되는 **행정수단을 종합·조정함**으로써 장래의 일정한 시점에 있어서 일정한 질서를 실현하기 위한 활동기준이다. 16국회

02 행정계획을 근거지우는 수권규범은 통상적으로 조건-결과프로그램이 아니라 **목적-수단프로그램**으로 이루어져 있다. 08(하)지방9

03 (행정계획은) 주로 장기성·종합성을 요하는 사회국가적 **복리행정 영역에서 중요**한 의미를 갖는다. 13서울9

02 종류

04 행정계획은 구체화의 정도에 따라 **기본계획과 실시계획**으로 나눌 수 있는바, 실시계획은 기본계획의 내용을 구체화하는 것이다. 13서울9

05 행정계획이 행정활동의 **지침으로서만의 성격**에 그치거나 행정조직 **내부에서의 효력**만을 가질 때는 항고소송의 대상으로서의 **처분성**을 갖지는 **않는다**. 14서울7

06 국민의 **권리·의무에 구체적·개별적인 영향**을 미치는 행정계획은 **처분성이 인정**된다. 15교행9

07 행정계획 중에서 국민의 권리·의무에 법적 효과를 미치는 **구속적인 행정계획은 법률에 근거가 있어야** 한다. 12(하)지방9

08 도시**기본계획은** 도시의 장기적 개발 방향과 미래상을 제시하는 도시계획 입안의 지침이 되는 장기적·종합적인 개발계획으로서 **직접적인 구속력이 없는** 것이므로, 도시계획시설결정 대상면적이 도시**기본계획**에서 예정했던 것**보다 증가**하였다 하여 그것이 도시기본계획의 범위를 벗어나 **위법**한 것은 **아니**다. 24국가9

09 도시관리계획결정·고시와 그 도면에 특정 토지가 **도시관리계획에 포함되지 않았음**이 명백한데도 도시관리계획을 집행하기 위한 후속계획이나 처분에서 그 토지가 도시관리계획에 **포함된 것처럼 표시**되어 있는 경우, 이는 원칙적으로 **무효사유**에 해당한다. 21지방7

10 이미 고시된 **실시계획에 포함된 상세계획으로 관리되는 토지** 위의 건물의 용도를 상세계획 승인권자의 변경승인 없이 **임의**로 판매시설에서 상세계획에 반하는 일반목욕장으로 **변경**한 사안에서, 그 영업신고를 **수리하지 않고** 영업소를 폐쇄한 처분은 **적법**하다.(2006두3742) 17(하)지방9
⊕ 실시계획에 포함된 상세계획은 대외적으로 구속력이 있으므로 이에 반하는 행위는 인정될 수 없음

11 **개발제한구역**으로 지정되어 있는 부지에 **묘지공원**과 **화장장** 시설들을 설치하기로 하는 도시계획시설결정은 **위법**하지 **않다**. 개발제한구역의 지정목적에 위배되는 것은 아니기 때문이다.(2005두1893) 22소방

03 성격

12 **행정계획의 성질**은 일률적으로 말할 수 없고, **개별적으로 판단**하여야 한다. 즉, 사안에 따라 행정입법의 성질을 가질 수도 있고, 행정행위의 성질을 가질 수도 있으며, 제3의 성질을 가질 수도 있다. 13서울9

13 **행정계획**의 법적 성질에 관하여 여러 가지 견해가 대립하고 있으나, 행정계획은 다양한 형태와 내용을 포함하고 있으므로 그 **법적 성질을 일률적**으로 말하기는 **어렵다**. 08(하)지방9

14 행정계획은 **법률**이 아닌 법규명령의 형식으로 수립될 수도 있고, 법적 형식 자체를 취지지 **않는 경우도** 있다. 15교행9

× 지문

02 **행정계획**을 근거지우는 수권규범은 통상적으로 목적-수단프로그램으로 이루어져 있는 것이 아니라 **조건-결과프로그램**으로 이루어져 있다. 08(하)지방9

08 도시**기본계획은** 도시의 장기적 개발 방향과 미래상을 제시하는 도시계획 입안의 지침이 되는 장기적·종합적인 개발계획으로서 **직접적인 구속력이 있으므로**, 도시계획시설결정 대상면적이 도시**기본계획**에서 예정했던 것**보다 증가**할 경우 도시기본계획의 범위를 벗어나 **위법**하다. 24국가9

09 도시관리계획결정·고시와 그 도면에 특정 토지가 **도시관리계획에 포함되지 않았음**이 명백한데도 도시관리계획을 집행하기 위한 후속 계획이나 처분에서 그 토지가 도시관리계획에 **포함된 것처럼 표시**되어 있는 경우, 이는 원칙적으로 **취소사유**에 해당한다. 21지방7

10 이미 고시된 **실시계획에 포함된 상세계획으로 관리되는 토지** 위의 건물의 용도를 상세계획 승인권자의 변경승인 없이 **임의**로 판매시설에서 상세계획에 반하는 일반목욕장으로 **변경**한 사안에서, 그 영업신고를 **수리하지 않고** 영업소를 폐쇄한 처분은 **위법**하다. 17(하)지방9

11 **개발제한구역**으로 지정되어 있는 부지에 **묘지공원**과 **화장장** 시설들을 설치하기로 하는 도시계획시설결정은 **위법**하다. 22소방

12 **행정계획은** 장래 행정작용의 방향을 정한 것일 뿐 직접 국민의 권리의무에 변동을 가져오지는 않으므로 **행정입법의 성질을 갖는다**고 본다. 13서울9

14 행정계획은 **법률의 형식으로 수립되어야** 한다. 15교행9

15 정부의 수도권 소재 공공기관의 지방이전시책을 추진하는 과정에서 도지사가 도내 특정시를 공공기관이 이전할 혁신도시 최종입지로 선정한 행위는 「행정소송법」상 항고소송의 대상인 처분이 아니다. 10국회8

16 구체적인 계획을 입안함에 있어 지침이 되거나 특정사업의 기본방향을 제시하는 내용의 행정계획은 항고소송의 대상인 행정처분에 해당하지 않는다. 22국가9

17 구「도시계획법」상 도시기본계획은 도시의 기본적인 공간구조와 장기발전방향을 제시하는 종합계획으로서 도시계획입안의 지침이 되므로 일반 국민에 대한 직접적인 구속력은 없다. 21국가9

18 위법한 도시기본계획에 대하여 제기되는 취소소송은 법원에 의하여 허용되지 아니한다. 17(상)지방9

19 「국토의 계획 및 이용에 관한 법률」에 따른 도시기본계획은 일반 국민에 대한 직접적인 구속력이 인정되지 않고, 도시의 장기적 개발방향과 미래상을 제시하는 도시계획 입안의 지침이 되는 장기적·종합적인 개발계획으로서 행정청에 대한 직접적인 구속력도 없다.(2005두1893) 18국가7

20 하수도법상 하수도정비기본계획은 항고소송의 대상이 되는 행정처분에 해당하지 아니한다. 15지방9

21 국토해양부, 환경부, 문화체육관광부, 농림수산식품부가 합동으로 2009. 6. 8. 발표한 '4대강 살리기 마스터플랜'은 행정기관 내부에서 사업의 기본방향을 제시하는 것일 뿐, 국민의 권리·의무에 직접 영향을 미치는 것은 아니라고 할 것이어서 행정처분에 해당하지 아니한다. 23소방

22 구「도시계획법」제12조의 도시관리계획(현「국토의 계획 및 이용에 관한 법률」제30조의 도시·군관리계획) 결정의 경우 도시관리계획구역 안의 토지나 건물소유자의 토지형질변경, 건축물의 신축·개축 또는 증축 등 권리행사가 일정한 제한을 받게 되므로 항고소송의 대상이 되는 처분에 해당한다. 17국회8

23 도시설계는 건축물규제라는 성격과 건축법의 입법적인 경과에 비추어 볼 때 법적 구속력을 갖는 구속적 행정계획이다. 08(상)지방9

24 개발제한구역지정처분은 그 입안·결정에 관하여 광범위한 형성의 자유를 가지는 계획재량처분이다. 23군무원9

25 개발제한구역의 지정·고시행위는 특정 개인의 법률상 이익을 구체적으로 규제하는 효과를 가져오는 행정청의 처분으로서 행정소송의 대상이 된다. 14국회8

26 환지계획은 환지예정지 지정이나 환지처분의 근거가 될 뿐, 고유한 법률효과를 수반하는 것이 아니어서 항고소송의 대상이 되는 처분에 해당한다고 할 수가 없다. 16국회8

27 환지계획은 항고소송의 대상이 되는 행정처분이 아니나, 환지예정지 지정은 행정처분에 해당한다. 20소간

28 환지예정지 지정은 처분에 해당하나 환지처분이 일단 공고되어 효력을 발생한 후에는 환지예정지지정처분에 대하여 그 취소를 구할 법률상 이익은 없다. 09국회8
  ⊕ 이미 환지처분에 환지예정지정처분이 흡수·소멸됨

29 환지처분이 확정된 후에는 환지처분의 일부에 위법이 있다면 민사상의 손해배상청구를 할 수 있고, 행정소송으로 그 취소를 구할 수는 없다. 12국가7
  ⊕ 환지처분의 효력이 발생하면 일부만을 따로 떼어 환지처분을 변경할 수 없기에 일부에 대한 취소소송은 허용되지 아니 한다.

---

15 정부의 수도권 소재 공공기관의 지방이전시책을 추진하는 과정에서 도지사가 도내 특정시를 공공기관이 이전할 혁신도시 최종입지로 선정한 행위(는 「행정소송법」상 항고소송의 대상인 처분이다.) 10국회8

19 「국토의 계획 및 이용에 관한 법률」에 따른 도시기본계획은 일반 국민에 대한 직접적인 구속력은 인정되지 않지만, 도시의 장기적 개발방향과 미래상을 제시하는 도시계획입안의 지침이 되기에 행정청에 대한 직접적인 구속력은 인정된다. 18국가7

20 하수도법상 하수도정비기본계획(은 항고소송의 대상이 되는 행정처분으로 인정된다) 15지방9

27 환지계획과 환지예정지 지정은 항고소송의 대상이 되는 행정처분이 아니다. 20소간

28 환지예정지 지정은 처분에 해당하므로 환지처분이 일단 공고되어 효력을 발생한 후에도 환지예정지지정처분에 대하여 그 취소를 구할 법률상 이익이 있다. 09국회8

29 환지처분이 확정된 후에는 환지처분의 일부에 위법이 있다고 하더라도 민사상의 손해배상청구를 할 수 없고, 행정소송으로만 그 취소를 구할 수 있다. 12국가7

---

04 선행 도시계획과 후행 도시계획이 양립할 수 없는 경우 | 요플 p.131 |

30 도시계획의 결정·변경 등에 관한 권한을 가진 행정청은 이미 도시계획이 결정·고시된 지역에 대하여도 다른 내용의 도시계획을 결정·고시할 수 있고, 이때에 후행 도시계획에 선행 도시계획과 서로 양립할 수 없는 내용이 포함되어 있다면, 특별한 사정이 없는 한 선행 도시계획은 후행 도시계획과 같은 내용으로 변경된다. 24국가9

31 후행 도시계획을 결정하는 **행정청이** 선행도시계획의 결정·변경에 관한 **권한을 가지고 있지 아니한 경우 선행** 도시계획과 **양립할 수 없는** 내용이 포함된 **후행** 도시계획결정은 **무효**라고 보아야 한다. 17서울7

31 후행 도시계획을 결정하는 **행정청이** 선행도시계획의 결정·변경에 관한 **권한을 가지고 있지 아니한** 경우 **선행** 도시계획과 **양립할 수 없는** 후행 도시계획결정은 **취소사유**에 해당한다. 17서울7

05 절차위반 등 사례들 | 요플 p.131 |

32 도시계획안의 **공고 및 공람절차에 하자**가 있는 도시계획결정은 절차에 하자가 있는 것이므로 **위법하다.** 11지방7

32 도시계획안의 **공고 및 공람절차에 하자**가 있는 도시계획결정은 내용에 하자가 있는 것이 아니라 단지 절차의 하자에 불과하므로 **위법하지 않다.** 11지방7

33 **공청회와 이주대책이 없는** 도시계획수립행위는 절차상 위법으로서 **취소사유**에 불과하다. 12지방9

33 **공청회와 이주대책이 없는** 도시계획수립행위는 **당연무효**인 행위이다. 12지방9

34 권한있는 행정청이 정당하게 도시계획결정등의 처분을 하였더라도 이를 관보에 게재하여 **고시하지 아니한** 이상 대외적으로 **아무런 효력도 발생하지 아니한다.** 12지방9

34 권한있는 행정청이 정당하게 도시계획결정등의 처분을 하였다면 이를 관보에 게재하여 **고시하지 아니하였다** 하더라도 대외적으로 **효력을 발생**한다. 12지방9

06 재량과 통제 | 요플 p.132 |

35 계획재량, 형량명령 및 형량명령의 하자에 관한 이론은 **판례에 반영되어** 있다. 18소방

35 계획재량, 형량명령 및 형량명령의 하자에 관한 이론은 **판례에는 반영되고 있지 아니하다.** 18소방

36 **계획재량**과 **일반행정재량**은 **양적 차이**가 **존재**한다는 것이 통설이다(계획재량이 더 광범위). **질적 차이**에 대해서는 학설이 **대립**한다. 09국회8

36 **계획재량**과 **일반행정재량** 사이에는 어떠한 양적·질적 **차이**도 존재하지 **아니**한다고 보는 것이 통설적 견해이다. 09국회8

37 관계법령에 추상적인 행정목표와 절차만이 규정되어 있을 뿐 행정계획의 내용에 관하여 별다른 규정을 두고 있지 아니하는 경우에, 행정주체는 구체적인 **행정계획의 입안·결정**에 관하여 비교적 **광범위한 형성의 자유**를 가진다. 18국가7

38 통상적인 재량행위와 **계획재량**은 양적인 점에서 차이가 있을 뿐 **질적인 점**에서는 **차이가 없다는 견해**는 **형량명령**이 계획재량에 특유한 하자 이론이라기보다는 **비례의 원칙**을 계획재량에 적용한 것이라고 한다. 21군무원9

39 행정계획의 수립에 있어서 행정청에게 인정되는 광범위한 형성의 자유, 즉 '**계획재량**'은 '**형량명령의 원칙**'에 따라 통제한다. 18국회8

40 **형량명령**은 계획을 수립함에 있어 관계되는 **모든 이익**을 정당하게 **형량**하여야 한다는 행정법의 일반원칙이다. 18소방

41 행정청은 행정청이 수립하는 계획 중 국민의 **권리·의무에 직접 영향을 미치는 계획**을 수립하거나 변경·폐지할 때에는 관련된 여러 **이익**을 정당하게 **형량**하여야 한다(는 것은 「**행정절차법**」에 **규정**된 내용이다). 23국회8

42 행정계획결정에 있어서 계획청은 행정계획과 관련된 **이익을 형량하기 위하여** 관련 **이익을 조사하여야** 한다. 12국회9

43 행정주체가 행정계획을 입안·결정함에 있어서 행정계획에 관련되는 자들의 이익을 **공익과 사익** 사이에서는 물론이고 **공익 상호 간**과 **사익 상호 간**에도 정당하게 **비교·교량하여야** 한다. 18국가7

44 법령에서 고려하도록 규정한 이익은 물론 법령에 **규정되지 않은 이익**도 행정계획과 관련이 있으면 모두 **형량명령에 포함**시켜야 한다. 12(하)지방9

45 행정주체가 구체적인 **행정계획**을 입안·결정할 때 가지는 **형성의 자유의 한계**에 관한 법리는 **주민의 입안 제안 또는 변경신청을 받아들여** 도시관리계획결정을 하거나 도시계획시설을 변경할 것인지를 결정할 때에도 동일하게 **적용**된다. 20국가9

46 행정청이 행정계획을 입안·결정할 때 **이익형량**을 전혀 **행하지 아니하였다면**, 그 행정계획 결정은 재량권을 일탈·남용한 것으로 **위법**하다. 22소방

47 형량의 대상 중 당연히 포함되어야 할 사항을 **빠뜨린 경우**를 **형량의 흠결**이라고 한다. 14서울7

48 행정주체가 행정계획을 입안·결정함에 있어서 **이익형량**의 고려 대상에 마땅히 **포함시켜야 할 사항을 누락**한 경우 그 행정계획결정은 재량권을 일탈·남용한 것으로서 **위법**하다. 22국가7

49 형량시에 여러 이익 간의 형량을 행하기는 하였으나 그것이 **객관성·비례성을 결한 경우**를 오형량이라고 한다. 14서울7

50 판례는 행정계획에 있어서 형량의 부존재, 형량의 누락, 평가의 과오 및 형량의 불비례 등 다양한 형량의 하자 유형은 인정하고 있으나, **형량의 하자별**로 **위법의 판단기준을 달리**하지는 **않는다**. 22군무원9

51 행정주체가 행정계획을 입안·결정함에 있어서 이익형량을 전혀 행하지 아니하거나 이익형량의 고려대상에 마땅히 포함시켜야 할 사항을 누락한 경우가 아닌, 이익형량에서 **정당성과 객관성이 결여된 것만으로도** 그 행정계획결정은 재량을 일탈·남용한 것으로서 **위법한 것이 된다**. 11국가7

52 행정주체가 행정계획을 입안·결정함에 있어서 **이익형량**을 전혀 행하지 **아니**하거나 이익형량의 고려 대상에 마땅히 포함시켜야 할 사항을 **누락**한 경우, 또는 이익형량을 하였으나 **정당성·객관성이 결여**된 경우에는 그 행정계획결정은 **재량권**을 **일탈·남용**한 것으로서 **위법**하게 된다. 14국가7

07 사인의 권리 | 요론 p.133 |

53 행정계획은 현재의 사회·경제적 모든 상황의 조사를 바탕으로 장래를 예측하여 수립되고 장기간에 걸쳐 있고, 본질적으로 변화가능성을 내재하고 있으므로 **행정계획의 변경**은 **인정된다**. 21소방

54 행정계획은 그 본질상 **변경가능성**과 **신뢰보호**의 **긴장** 관계에 있다. 10국가9

55 행정계획에는 변화가능성이 내재되어 있으므로, **계획보장청구권**은 원칙적으로 **인정되기 어렵다**. 16서울9

56 **계획보장청구권**이 **성립**되면, 피해자는 계획주체에 대하여 계획의 변경이나 폐지로 인해 입은 피해의 **보상**을 청구할 수 있다. 09지방9

57 구 국토이용관리법상 국토이용계획이 확정된 후 일정한 **사정의 변동**이 있는 것만으로 지역주민에게 **일반적으로** 계획의 **변경** 또는 **폐지**를 **청구**할 **권리**가 인정될 수는 **없다**. (2001두10936) 14국가9

58 장래 일정한 기간 내에 관계법령이 규정하는 시설 등을 갖추어 일정한 행정처분을 구하는 신청을 할 수 있는 법률상 지위에 있는 자의 **국토이용계획변경신청**을 거부하는 것이 실질적으로 당해 행정처분 자체를 거부하는 결과가 되는 경우에는 그 신청인에게 국토이용계획을 **신청**할 **권리**가 **인정**된다고 보아야 하므로, 이러한 신청에 대한 **거부행위**는 행정**처분에 해당**한다. 17국회8

59 [甲이 폐기물관리법에 따라 **폐기물처리업**의 허가를 받기 전에 행정청 乙에게 폐기물처리사업계획서를 작성하여 제출하였고, 乙은 그 사업계획서를 검토하여 **적합통보**를 하였다] 甲이 폐기물처리업허가를 받기 위해서는 용도지역을 변경하는 국토이용계획변경이 선행되어야 할 경우, 甲에게 **국토이용계획변경**을 **신청**할 **권리**가 **인정**된다. 18국가7

60 판례는 **도시계획구역 내 토지 등**을 **소유**하고 있는 **주민**은 입안권자에게 **도시계획입안**을 요구할 수 있는 법규상 또는 조리상의 **신청권이 있으며**, 도시계획입안 신청에 대한 **거부행위**는 항고소송의 대상이 되는 행정**처분에 해당**한다고 보았다. 12국가7

61 도시관리계획 구역 내 **토지 등**을 **소유**하고 있는 **주민**의 납골시설에 관한 도시관리계획의 **입안제안**을 반려한 군수의 처분은 **항고소송**의 대상이 **된다**. 15서울7

62 도시계획시설결정에 **이해관계**가 있는 **주민**으로서는 도시시설계획의 입안권자 내지 결정권자에게 **도시시설계획의 입안** 내지 **변경**을 요구할 수 있는 법규상 또는 조리상의 **신청권**이 있고, 이러한 신청에 대한 **거부행위**는 항고소송의 대상이 되는 행정**처분에 해당**한다. 19서울9

63 **문화재보호구역** 내의 **토지소유자**가 문화재보호구역의 **지정해제**를 신청하는 경우에는 그 신청인에게 법규상 또는 조리상 행정계획 변경을 **신청**할 **권리**가 **있다**. 20지방9

64 (문화재보호법상 문화재보호구역의 지정과 관련하여) **문화재보호구역** 내에 **토지**를 **소유**하고 있는 자가 문화재보호구역의 **지정해제**를 요구하였으나 **거부**된 경우, 그 거부행위는 행정**처분에 해당**한다. 18지방7

---

49 형량시에 여러 이익 간의 형량을 행하기는 하였으나 그것이 **객관성·비례성을 결한 경우**를 **형량의 해태**라고 한다. 14서울7

50 판례에 따르면, 행정계획에 있어서 형량의부존재, 형량의 누락, 평가의 과오 및 형량의불비례 등 **형량의 하자별**로 **위법의 판단기준을 달리**하여 개별화하여 판단하고 있다. 22군무원9

51 판례에 의하면, 행정주체가 행정계획을 입안·결정함에 있어서 이익형량을 전혀 행하지 아니하거나 이익형량의 고려 대상에 마땅히 포함시켜야 할 사항을 누락한 경우가 아닌 한, 이익형량에서 **정당성과 객관성이 결여된 것만으로는** 그 행정계획결정은 **위법한 것으로 되지 않는다**. 11국가7

53 행정계획은 현재의 사회·경제적 모든 상황의 조사를 바탕으로 장래를 예측하여 수립되고 장기간에 걸쳐 있으므로, **행정계획의 변경**은 **인정되지 않는다**. 21소방

55 행정계획에는 변화가능성이 내재되어 있으므로, 국민의 신뢰보호를 위하여 **계획보장청구권**이 널리 **인정된다**. 16서울9

57 구 국토이용관리법상 국토이용계획이 확정된 후 일정한 **사정의 변동**이 있다면 지역주민에게 **일반적으로** 계획의 **변경** 또는 **폐지**를 **청구**할 **권리**가 있다. 14국가9

63 **문화재보호구역** 내의 **토지소유자**가 문화재보호구역의 **지정해제**를 신청하는 경우에는 그 신청인에게 법규상 또는 조리상 행정계획 변경을 **신청**할 **권리**가 인정되지 **않는다**. 20지방9

65 「산업입지 및 개발에 관한 법률」에 따른 산업단지개발계획상 **산업단지 안의 토지소유자로서** 산업단지개발계획에 적합한 시설을 설치하여 **입주하려는 자**는 산업단지지정권자에 대하여 **산업단지개발계획의 변경**을 요청할 수 있는 법규상 또는 조리상 **신청권이 있다**. 〔을〕24변시

66 (구별) 개발제한구역 중 일부취락을 개발제한구역에서 해제하는 내용의 도시관리 계획변경 결정에 대하여 **개발제한구역 해제대상에서 누락된 토지의 소유자**는 그 결정의 취소를 구할 **법률상 이익이 없다**. 개발제한구역해제에 대한 취소소송에서 승소하더라도 여전히 자신의 토지는 개발제한구역으로 남아있기 때문이다.(2007두10242) 〔을〕18지방9

08 구제방안 | 요플 p.134 |

67 도시계획사업 시행지역에 포함된 **토지의 소유자**에게 **도시 계획사업실시계획인가처분**에 대한 **취소소송**을 제기할 법률상 이익이 **있다**. 12국가7

68 도시계획시설결정과 토지의 수용이 위법하더라도 **당연무효가 아닌 경우**에, 일단 **도시계획시설사업의 시행**에 착수한 뒤에는 이해관계인에게는 그 **도시계획시설결정 자체의 취소**를 청구할 법률상 이익이 **없다**.(헌재 2000헌바58) 〔을〕12(하)지방9

69 (구별) 도시개발사업의 **공사 등이 완료**되고 **원상회복**이 사회통념상 **불가능**하게 된 경우 도시개발사업의 시행에 따른 도시계획 변경결정처분과 도시개발구역지정 처분 및 도시개발사업실시 계획인가처분의 취소를 구하는 경우 협의의 **소의 이익은 인정된다**. 〔을〕08지방7
➕ 판례는 당해 소송의 결과에 따라 후속 법률관계에 영향이 있으므로 소의 이익이 인정된다고 하였다.(2003두5402)

70 **개발제한구역의 지정·고시**에 대한 **헌법소원** 심판청구는 행정쟁송절차를 모두 거친 후가 아니면 **부적법**하다. 17(상)지방9

71 **비구속적 행정계획**안이나 행정지침은 비록 그것이 국민의 **기본권에 직접적으로 영향**을 끼치고, 앞으로 법령의 뒷받침에 의하여 **그대로 실시될 것이 틀림없을 것으로 예상**될 수 있을 때에는 **헌법소원**의 대상이 될 수 **있다**.(헌재 2013헌마576) 〔을〕15지방7

72 건설부장관이 발표한 '개발제한구역제도 개선방안'은 개발 제한구역의 해제 내지 조정을 위한 일반적인 기준과 그 운용에 대한 국가의 기본방침을 천명하는 정책계획안으로서 비구속적 행정계획안에 불과하지만 국민의 **기본권에 직접적으로 영향**을 끼치고, 앞으로 법령의 뒷받침에 의하여 **그대로 실시될 것이 틀림없을 것으로 예상**되는 때에는 **헌법소원**의 대상이 될 수 **있다**. 16사복9

73 국공립대학의 총장직선제 개선 여부를 재정지원 평가요소로 반영하고 이를 개선하지 않을 경우 다음 연도에 지원금을 삭감 또는 환수하도록 규정한 교육부장관의 '**대학교육역량강화사업 기본계획**'은 **헌법소원**의 대상이 되지 **아니한다**. 이에 따를지 여부는 전적으로 대학의 자율에 맡겨져 있는 사실상의 구속에 불과하기 때문이다.(헌재 2013헌마576) 〔을〕17(상)지방9

74 도시계획시설결정의 **장기미집행**으로 인해 재산권이 침해된 경우 도시계획시설결정의 **실효**를 주장할 수 있도록 하는 장기미집행 도시계획시설결정의 실효제도는, 입법자가 새로운 제도를 마련함에 따라 얻게 되는 법률에 기한 권리일 뿐 **헌법상 재산권으로부터** 당연히 **도출되는 권리는 아니다**. 〔을〕24지방9

---

65 「산업입지 및 개발에 관한 법률」에 따른 산업단지개발계획상 **산업단지 안의 토지소유자로서** 산업단지개발계획에 적합한 시설을 설치하여 **입주하려는 자**는 산업단지지정권자에 대하여 **산업단지개발계획의 변경**을 요청할 수 있는 법규상 또는 조리상 **신청권이 없다**. 24변시

66 (구별) 개발제한구역 중 일부취락을 개발제한구역에서 해제하는 내용의 도시관리 계획변경 결정에 대하여 **개발제한구역 해제대상에서 누락된 토지의 소유자**는 그 결정의 취소를 구할 **법률상 이익이 있다**. 18지방9

68 도시계획시설결정과 토지의 수용이 위법하더라도 **당연무효가 아닌 경우**에, 일단 **도시계획시설사업의 시행**에 착수한 뒤에도 이해관계인에게는 그 **도시계획시설결정 자체의 취소**를 청구할 법률상 이익이 **있다**. 12(하)지방9

69 (구별) 도시개발사업의 **공사 등이 완료**되고 **원상회복**이 사회통념상 **불가능**하게 된 경우 도시개발사업의 시행에 따른 도시계획 변경결정처분과 도시개발구역지정 처분 및 도시개발사업실시 계획인가처분의 취소를 구하는 경우(협의의 **소의 이익**이 인정되지 **않는다**.) 08지방7

71 **비구속적 행정계획**안이나 행정지침은 비록 그것이 국민의 **기본권에 직접적으로 영향**을 끼치고, 앞으로 법령의 뒷받침에 의하여 **그대로 실시될 것이 틀림없을 것으로 예상**될 수 있을 때에도 **헌법소원**의 대상이 될 수 **없다**. 15지방7

73 국공립대학의 총장직선제 개선 여부를 재정지원 평가요소로 반영하고 이를 개선하지 않을 경우 다음 연도에 지원금을 삭감 또는 환수하도록 규정한 교육부장관의 '**대학교육역량강화사업 기본계획**'은 **헌법소원**의 대상이 **된다**. 17(상)지방9

74 도시계획시설결정의 **장기미집행**으로 인해 재산권이 침해된 경우, 도시계획시설결정의 **실효**를 주장할 수 있고, 이는 **헌법상 재산권으로부터** 당연히 직접 **도출**되는 권리이다. 24지방9

THEME 35 행정지도

○ 지문 / × 지문

01 개관

○ 지문

01 행정지도를 두고 행정목적 달성에 필요한 **제재를 가하기 위하여** 행하여지는 단계적 행정행위로서 사전적인 행위라고 볼 수는 **없다**. 오히려 행정지도는 제재를 지양하고 자율적 개선을 유도하려는 것에 가깝다. 08(상)지방9

02 **행정지도**란 행정기관이 그 소관 사무의 범위에서 일정한 행정목적을 실현하기 위하여 특정인에게 일정한 행위를 하거나 하지 아니하도록 **지도, 권고, 조언** 등을 하는 행정작용을 말한다. 21소방

03 **행정지도**는 임의적 협력을 구하는 **비권력적** 행정작용이다. 11지방9

04 **행정지도**는 그 자체로는 **법적 효과**의 발생을 가져 오지 **않는 사실행위**이다. 18교행9

05 행정지도에 관해서 개별법에 **근거규정이 없는 경우**에도 **행정지도를 할 수 있다**. 비권력적 사실행위에 불과하여 강제성이 없기 때문이다. 17(상)국가9

06 행정지도 중 **규제적·구속적** 행정지도의 경우에는 **법적 근거가 필요**하다는 **견해가 있다**. 21소방

07 **영농지도**, 중소기업에 대한 **경영지도**, **생활개선지도** 등은 **조성적 행정지도**에 해당한다. 12국가9

08 행정지도는 당해 행정기관이 **소관사무의 범위를 벗어나는 경우에는 허용되지 아니**한다. 20소간
  + 행정지도도 행정작용인 이상 조직법적 한계를 지켜야 하기 때문이다.

09 **행정지도**는 의무를 부과하거나 권익을 제한하는 것은 아니지만, 「**행정절차법**」에서 별도의 규정을 두고 있다. 23국회8

10 **행정지도**는 작용법적 근거가 필요하지 않다. 그러나 **비례원칙과 평등원칙에는 구속된다**. 19국가9
  + 행정지도도 행정작용인 이상 행정법의 일반원칙을 준수해야 하기 때문이다. 나아가 행정절차법은 행정지도에 관한 비례의 원칙을 따로 규정하고 있다.

× 지문

01 행정지도는 행정목적 달성에 필요한 **제재를 가하기 위하여** 행하여지는 단계적 행정행위로서의 사전적인 행위라고도 볼 수 **있다**. 08(상)지방9

03 **행정지도**는 사실상 강제력으로 인하여 **권력적** 행정활동임이 원칙이다. 11지방9

04 **행정지도**는 법적 효과의 발생을 목적으로 하는 의사표시이다. 18교행9

05 다수설에 따르면 행정지도에 관해서 개별법에 **근거규정이 없는 경우** 행정지도의 상대방인 국민에게 미치는 효력을 고려하여 **행정지도를 할 수 없다**고 본다. 17(상)국가9

08 행정지도는 비권력적 사실행위이므로 당해 행정기관이 **소관사무의 범위를 벗어나는 경우에도 허용**된다. 20소간

09 **행정지도**는 의무를 부과하거나 권익을 제한하는 것이 아니므로 「행정절차법」의 적용을 받지 **않는다**. 23국회8

10 **행정지도**는 작용법적 근거가 필요하지 않으므로, **비례원칙과 평등원칙에 구속되지 않는다**. 19국가9

02 행정절차법 규정

○ 지문

11 **행정지도**를 함에 있어서 **비례원칙이 적용**되고, **행정절차법**은 이를 직접 **규정**하고 있다. 12국가7

12 **행정지도**는 그 목적달성에 필요한 **최소한도**에 그쳐야 한다. 20소방

13 상대방의 의사에 반하여 **부당**하게 **강요**하는 행정지도는 **위법**하다. 20소방

14 「**행정절차법**」에 따르면, 행정기관은 행정지도의 상대방이 행정지도에 **따르지 않았다**는 것을 이유로 **불이익한 조치**를 하여서는 **아니**된다고 **규정**하고 있다. 13지방9

15 행정지도의 상대방이 행정지도에 따르지 않았다고 하여 **불이익한 조치**를 하는 것은 법리적으로 비례의 원칙이 아닌 불이익금지 원칙에 어긋나는 것이다. 08(상)지방9

16 행정지도를 하는 자는 그 상대방에게 그 행정지도의 **취지** 및 **내용**과 **신분을 밝혀야** 한다. 20소방

17 행정지도의 상대방은 행정지도의 내용에 동의하지 않는 경우 이를 따르지 않을 수 있다. 또한, 행정지도의 내용이나 방식에 대해 **의견제출권도 가진다**. 17(상)국가9

18 행정절차법에 따르면 행정지도의 상대방은 해당 행정지도의 **내용**에 관하여서**뿐만 아니라** 그 **방식**에 관하여도 행정기관에 **의견을 제출할 수** 있다. 17국회8

× 지문

11 **행정지도**를 함에 있어서 명문의 **규정은 없지만 비례원칙이 적용**된다. 12국가7

15 행정지도의 상대방이 행정지도에 따르지 않았다고 하여 **불이익한 조치**를 하는 것은 법리적으로 **비례의 원칙에 어긋나는** 과잉지도로 볼 수 있다. 08(상)지방9

16 행정지도를 하는 자는 그 상대방에게 그 행정지도의 **취지 및 내용을 밝혀야** 하지만 **신분은 생략할 수** 있다. 20소방

17 행정지도의 상대방은 행정지도의 내용에 동의하지 않는 경우 이를 따르지 않을 수 있으므로, **행정지도의 내용이나 방식에 대해 의견제출권을 갖지 않는다**. 17(상)국가9

19 행정지도가 **다수인을 대상**으로 할 경우, 행정절차법에 따르면 특별한 사정이 없는 한 **공통적인 내용을 공표하여야** 한다. 이는 행정지도가 명령·강제작용이 아닌 것과 무관하다. ⓒ
〔율 11지방9〕

20 「행정절차법」은 **행정지도**를 반드시 서면으로 하도록 하지 않고, **말로도** 할 수 있도록 규정하고 있다. 단, 행정지도 시 그 상대방에게 행정지도의 **취지 및 내용과 신분**을 밝히도록 하고 있다. Ⓑ
〔율 17국회8〕

19 행정지도가 **다수인을 대상**으로 할 경우에도 명령·강제작용이 아니기 때문에 행정절차법은 특별한 사정이 없으면 **공표할 필요가 없다**고 규정한다. ⓒ
11지방9

20 「행정절차법」은 **행정지도**는 반드시 **서면으로** 하여야 하고 그 서면에는 행정지도의 **취지·내용을 기재하도록** 규정함으로써 행정지도의 명확성을 요구하고 있다. Ⓑ
17국회8

03 위법한 행정지도에 대한 구제 | 요플 p.136 |

21 지도, 권고, 조언 등의 **행정지도**는 **법령의 근거를 요하지 않고 항고소송의 대상이 되지 아니**한다. Ⓑ
〔율 22국가9〕

22 **세무당국**이 **주류거래**를 일정기간 **중지**하여 줄 것을 **요청**한 행위는 **항고소송의 대상이 될 수 없다**. Ⓑ
〔율 16교행9〕

23 **노동부장관**이 **공공기관 단체협약**내용을 분석하여 불합리한 요소를 **개선**하라고 **요구**한 행위는 행정지도로서의 한계를 넘어 규제적·구속적 성격을 강하게 갖는다고 할 수 없어 **헌법소원의 대상**이 되는 공권력의 행사에 해당한다고 볼 수 **없다**. 인
17(하)지방9

24 행정기관의 조언에 따르지 않을 경우 일정한 **불이익조치가 예정**되어 있어 사실상 상대방에게 그에 따를 **의무를 부과하는 것과 다를 바 없다면** 그 조언은 단순한 행정지도로서의 한계를 넘어 규제적·구속적 성격을 상당히 강하게 갖는 것으로서 이는 「헌법재판소법」 제68조 제1항의 **헌법소원심판의 대상**이 되는 공권력의 행사라 볼 수 **있다**. ⓒ
〔율 21변시〕

25 행정지도는 비권력적 사실행위이나 행정지도가 그 **한계를 넘어 규제적·구속적 성격**을 강하게 갖는 경우라면 헌법소원의 대상이 되는 **공권력의 행사**에 해당한다고 볼 수 **있다**. ⓒ
〔율 17국회8〕

26 **교육인적자원부장관**(현 교육부장관)의 (구)공립대학 총장들에 대한 **학칙시정요구**는 고등교육법령에 따른 것으로, 그 법적 성격은 대학총장의 임의적인 협력을 통하여 사실상의 효과를 발생시키는 행정지도의 일종이지만, 그에 따르지 않을 경우 일정한 불이익조치를 예정하고 있어 사실상 상대방에게 그에 따를 의무를 부과하는 것과 다를 바 없으므로 단순한 행정지도로서의 한계를 넘어 규제적·구속적 성격을 상당히 강하게 갖는 것으로서 **헌법소원**의 대상이 되는 공권력의 행사로 볼 수 **있다**. Ⓑ
〔율 21소방〕

27 금융위원장의 **초고가 아파트 주택담보대출금지조치**는 **규제적·구속적 성격을 갖는 행정지도**로서, **헌법소원**의 대상이 되는 공권력 행사에 해당**된다**.
〔율 미기출〕

28 행정지도가 강제성을 띠지 않은 비권력적 작용으로서 **행정지도의 한계를 일탈하지 아니**하였다면 그로 인하여 상대방에게 어떤 손해가 발생하였더라도 행정기관은 그에 대한 **손해배상책임**을 지지 **않는다**. Ⓑ
〔율 14(1)경행〕

29 행정지도의 **한계 일탈**로 인해 상대방에게 손해가 발생한 경우 행정기관은 **손해배상책임을 부담한다**. Ⓑ
〔율 18교행9〕

30 **위법한 행정지도**로 손해가 발생한 경우 **국가 등을 상대로 손해배상**을 청구할 수 있으나, 이 경우 **국가배상법** 제2조가 정한 배상책임의 **요건을 갖추어야** 한다.
18(1)서울7

31 행정기관의 위법한 행정지도로 일정기간 어업권을 행사하지 못하는 손해를 입은 자가 그 **어업권을 타인에게 매도**하여 **매매대금** 상당의 이득을 얻은 경우, 손해배상액의 산정에서 그 이득을 **손익상계할 수 없다**.(2006다18228) 인
〔율 17(하)지방9〕
➕ 어업권을 타인에게 매도한 이득과 위법한 행정지도 사이에는 상당인과관계가 없기 때문

32 **위법한 행정지도에 따라 행한 사인의 행위**는 법령에 명시적으로 정함이 없는 한 **위법성이 조각**된다고 할 수 **없다**. Ⓑ
17(상)국가9

33 행정관청이 구 국토이용관리법 소정의 토지거래계약신고에 관하여 공시된 기준시가를 기준으로 매매가격을 신고하도록 **행정지도**를 하여 그에 **따라 허위신고**를 한 것이라 하더라도 이와 같은 행정지도는 법에 어긋나는 것으로서 그 범법행위가 **정당화될 수 없다**. Ⓑ
17(하)지방9

21 지도, 권고, 조언 등의 **행정지도**는 **법령의 근거를 요하고 항고소송의 대상이 된다**. Ⓑ
22국가9

22 판례에 따르면 **세무당국**이 **주류거래**를 일정기간 **중지**하여 줄 것을 **요청**한 행위는 **항고소송의 대상**이다. Ⓑ
16교행9

24 행정기관의 조언에 따르지 않을 경우 일정한 **불이익조치가 예정**되어 있어 사실상 상대방에게 그에 따를 **의무를 부과하는 것과 다를 바 없더라도** 그 조언이 **행정지도에 불과한 이상** 이는 「헌법재판소법」 제68조 제1항의 **헌법소원심판의 대상**이 되는 공권력의 행사라 할 수 **없다**. ⓒ
21변시

25 행정지도는 비권력적 사실행위이므로 행정지도가 그 **한계를 넘어 규제적·구속적 성격**을 강하게 갖는 경우라 하여 헌법소원의 대상이 되는 **공권력의 행사**에 해당한다고 볼 수는 **없다**. ⓒ
17국회8

26 **교육인적자원부장관**(현 교육부장관)의 (구)공립대학 총장들에 대한 **학칙시정요구**는 고등교육법령에 따른 것으로, 그 법적 성격은 대학총장의 임의적인 협력을 통하여 사실상의 효과를 발생시키는 행정지도의 일종으로 **헌법소원**의 대상이 되는 공권력의 행사로 볼 수 **없다**. Ⓑ
21소방

27 금융위원장의 **초고가 아파트 주택담보대출금지조치**는 **비권력적인 행정지도**에 해당하여 **헌법소원**의 대상이 되는 공권력 행사에 해당한다고 볼 수 **없다**.
미기출

28 행정지도가 강제성을 띠지 않은 비권력적 작용으로서 **행정지도의 한계를 일탈하지 아니**하였다 하더라도 그로 인하여 상대방에게 어떤 손해가 발생하였다면 행정기관은 그에 대한 **손해배상책임을 진다**. Ⓑ
14(1)경행

29 행정지도의 **한계 일탈**로 인해 상대방에게 손해가 발생한 경우 행정기관은 **손해배상책임이 없다**. Ⓑ
18교행9

31 행정기관의 위법한 행정지도로 일정기간 어업권을 행사하지 못하는 손해를 입은 자가 그 **어업권을 타인에게 매도**하여 **매매대금** 상당의 이득을 얻은 경우, 손해배상액의 산정에서 그 이득을 **손익상계할 수 있다**. 인
17(하)지방9

34 재무부장관이 대통령의 지시에 따라 정해진 정부의 방침을 행정지도라는 방법으로 **금융기관에** 전달함에 있어 실제에 있어서는 통상의 행정지도의 방법과는 달리 **사실상 지시**하는 방법으로 행한 경우에는 헌법상의 **법치주의원리**, **시장경제**의 원리에 **반한다**. 10국회8

35 구 재무부(현 기획재정부)의 주거래은행에 대한 행정지도(매각권유의 지시)가 위헌인 경우에도, 주거래은행의 권유로 매각조건에 관한 오랜 **협상**을 통해 **주식 매매계약**이 성립되었다면 구 재무부(현 기획재정부)의 행정지도는 **강박이 될 수 없어** 당해 주식 매매계약은 **유효**하다.(94다34432) 20소간

35 구 재무부(현 기획재정부)의 주거래은행에 대한 행정지도(매각권유의 지시)가 위헌이라면, 주거래 은행의 권유로 매각조건에 관한 오랜 **협상**을 통해 **주식 매매계약**이 성립되었다고 하더라도 구 재무부(현 기획재정부)의 행정지도는 **강박이 되고** 당해 주식 매매계약은 **무효**이다. 20소간

36 적법한 행정지도로 인정되기 위해서는 우선 그 목적이 적법한 것으로 인정될 수 있어야 할 것이므로, 행정청이 행한 **주식매각의 종용**이 정당한 법률적 근거 없이 **자의적으로 주주에게 제재를** 가하는 것이라면 **행정지도의 영역을 벗어난 것**이라고 보아야 할 것이다. 20군무원9

테마별 N지 모음

N1 밑줄 친 부분의 행정작용에 해당하는 것은? 11사복9 ②

> 정부는 다음 달 초부터 자동차 운전자들이 자주 일삼는 교차로 꼬리물기에 대하여 단속보다는 이를 지양하는 방향으로 **계도**하기로 하고 적극 홍보에 나섰다.

① 행정기관이 장래 일정기간 내에 도달해야 할 **목표**를 설정하고 제 **수단**을 조정·통합하는 작용 또는 그 활동기준
② 행정기관이 행정목적을 실현하기 위하여 특정인에게 일정한 행위를 하거나 하지 아니하도록 **지도·권고·조언** 등을 하는 행정작용
③ 행정활동의 한 수단으로 **공행정** 목적을 수행하기 위한 **계약**적 행정작용
④ 일정한 행정작용을 하거나 하지 않을 것을 내용으로 하는 **행정청의** 구속력 있는 **약속**

해설 ① 행정계획 ② **행정지도** ③ 공법상 계약 ④ 확약

THEME 36 공법상 계약

O 지문

01 행정청은 **법령등을 위반**하지 **아니**하는 **범위**에서 행정목적을 달성하기 위하여 필요한 경우에는 **공법상 법률관계**에 대한 **계약**을 체결할 수 있다. 23소방

02 「행정기본법」에 따르면 행정청은 **공법상 계약**을 체결하는 경우 계약의 목적 및 내용을 명확하게 적은 **계약서를 작성하여야** 한다. 즉, '**말**'로 체결할 수 있는 경우는 규정하고 있지 **않다**. 23지방7

03 행정청은 공법상 계약의 **상대방**을 선정하고 계약 내용을 정할 때 공법상 계약의 **공공성**과 **제3자**의 이해관계를 **고려하여야** 한다. 21지방9

04 (   )은/는 **공법상의 법률관계**의 변경을 가져오는 **행정주체를 한쪽 당사자**로 하는 양 당사자 사이의 **반대방향의 의사표시의 합치**를 말한다.(① 행정처분, ② **공법상계약**, ③ 사법상계약, ④ 공법상 합동행위) 17교행9

05 공법상 계약은 공법상 효과의 발생을 목적으로 한다. 18교행9

06 공법상 계약에는 공정력이 인정되지 않는다. 13국가7

07 행정주체의 상대방이 **계약상 의무**를 이행하지 **않는** 경우라도 **법률의 근거**가 없으면 행정상 **강제집행**을 할 수 없다. 19서울7

X 지문

02 「행정기본법」에 따르면 신속히 처리할 필요가 있거나 사안이 경미한 경우에는 **말 또는 서면으로 공법상 계약**을 체결할 **수 있다**. 23지방7

05 **공법상 계약**은 **사법상** 효과의 발생을 목적으로 한다. 18교행9

08 공법상 계약이 법령 위반 등의 내용상 하자가 있는 경우에는 공정력이 인정되지 않아 그 하자가 중대명백하지 않더라도 무효에 해당함이 원칙이고, 이에 대한 다툼은 원칙적으로 당사자소송에 의하여야 한다. 〔을〕 22국가9
〔인〕

08 공법상 계약이 법령 위반 등의 내용상 하자가 있는 경우에도 그 하자가 중대명백한 것이 아니면 취소할 수 있는 하자에 불과하고 이에 대한 다툼은 당사자소송에 의하여야 한다. 22국가9
〔인〕

09 (공법상 계약의 경우) 계약당사자의 일방은 행정주체이어야 하며, 행정주체에는 공무를 수탁받은 사인도 포함된다. 12(하)지방9

10 공법상 계약은 행정주체와 사인 간은 물론, 행정주체 상호 간에도 공법상 계약이 성립할 수 있다. 〔을〕 17국가9
〔인〕
➕ 일방 당사자에만 행정주체가 있으면 공법상 계약이 될 수 있다. 즉, 쌍방 당사자가 행정주체여도 된다.

10 공법상 계약은 행정주체와 사인 간에만 체결 가능하며, 행정주체 상호 간에는 공법상 계약이 성립할 수 없다. 17국가9
〔인〕

11 지방자치단체 간의 교육사무위탁은 공법상 계약이다. 11사복9

12 공법상 계약은 복수당사자 간 반대방향의 의사표시 합치로 성립되는 공법행위로 동일한 방향의 의사표시 합치로 성립되는 공법상 합동행위와 구별된다. 14(2)경행

13 공법상 계약의 내용은 당사자 간에 합의에 의하여 정해지기도 하지만, 행정주체가 일방적으로 내용을 정하고 상대방은 체결 여부만을 선택해야 하는 경우도 인정될 수 있다. 14서울7
〔Z〕

14 행정주체가 체결하는 계약이라고 모두 공법상 계약은 아니다. 행정주체가 체결하는 계약이라도 사법적 효과를 발생시키는 조달계약 등은 사법상 계약에 해당한다. 〔을〕 19서울9

14 행정주체가 체결하는 계약은 모두 공법상 계약이다. 19서울9

15 공법상 합동행위는 공법적 효과 발생을 목적으로 하는 복수당사자 간의 동일방향의 의사의 합치로 성립되는 공법행위이며, 지방자치단체 조합을 설립하는 행위 등은 이에 해당한다. 12지방7

16 공공조합의 설립행위는 공법상 합동행위이다. 〔을〕 07국가9

16 공공조합의 설립행위도 공법상 계약이다. 07국가9

17 종래 다수설에 따르면 공법상 계약은 당사자의 자유로운 의사의 합치에 의하므로 원칙적으로 법률유보의 원칙이 적용되지 않는다고 본다. 17국가9(변형)
〔인〕
➕ 법률유보원칙이 적용되지 않는다는 것이 다수의 견해였으나, 행정기본법에 일반적 근거 규정이 마련되었으므로 더 이상 불필요한 논의이다.

18 공법상 계약에는 법률우위의 원칙이 적용된다. 〔을〕 07국가9
〔인〕

18 공법상 계약에는 법률우위의 원칙이 적용되지 않는다. 07국가9
〔인〕

19 (공법상 계약에는) 민법의 계약 해지 규정이 그대로 적용될 수 없다. 19서울7

20 공법상 계약의 한쪽 당사자가 다른 당사자를 상대로 효력을 다투거나 이행을 청구하는 소송은 분쟁의 실질이 공법상 권리·의무의 존부·범위에 관한 다툼이 아니라 손해배상액의 구체적인 산정방법·금액에 국한되는 등의 특별한 사정이 없는 한 공법상 당사자소송으로 제기하여야 한다. 21지방7

21 중앙행정기관인 방위사업청과 부품개발 협약을 체결한 기업이 협약을 이행하는 과정에서 환율 변동 및 물가상승 등 외부적 요인으로 발생한 초과비용 지급에 대한 소송은, 위 협약의 법률관계가 공법관계에 해당하므로 행정소송에 의한다. 〔을〕 23소간

21 중앙행정기관인 방위사업청과 부품개발 협약을 체결한 기업이 협약을 이행하는 과정에서 환율 변동 및 물가상승 등 외부적 요인으로 발생한 초과비용 지급에 대한 소송은 민사소송에 의한다. 23소간

22 공법상 계약의 체결·집행상의 불법행위로 인한 손해배상책임은 실무상 민사소송으로 본다. 07국가9

테마별 N지 모음

N1 공법상 계약의 장점이라 할 수 없는 것은? 13서울9 ②
〔Z〕
① 법의 흠결을 보충해 준다.
② 상대방의 의무불이행에 대한 강제적 실행이 용이하다.
③ 행정을 개별적·구체적 사정에 따라 탄력적으로 처리할 수 있다.
④ 법률지식이 없는 자에게도 교섭을 통하여 문제를 이해시킬 수 있다.
⑤ 사실관계·법률관계가 명확하지 않을 때에 해결을 용이하게 해 준다.

해설 ② 상대방의 의무불이행에 대한 강제적 실행이 용이하지 않다. 공법상 계약에는 행정행위와 달리 강제집행 등 우월적 강제력이 인정되지 않기 때문이다.

THEME 37 행정절차법(1) - 조문별 기출정리

○ 지문 / ✕ 지문

A-1 총칙 | 요플 p.138 |

01 「행정절차법」은 「행정심판법」, 「행정소송법」과 마찬가지로 처분의 개념을 정의하고 있고, 그 내용도 동일하다. 17서울7

02 행정청의 처분에 대하여 직접 그 상대가 되는 자가 행정절차법상 당사자에 해당한다. 17국회8
➕ 행정절차법상 "당사자"는 처분의 직접 상대방이다. 제3자의 경우, 행정청이 직권 또는 신청에 따라 행정절차에 참여하게 한 경우에 한해 당사자"등"에 해당할 수 있을 뿐이다.

02 행정처분의 직접 상대방이 아닌 제3자라도 법적 보호이익이 있는 자는 당연히 행정절차법상 당사자에 해당한다. 17국회8

03 행정청이 직권으로 행정절차에 참여하게 한 이해관계인은 당사자등에 해당한다. 18(2)서울7
➕ 신청에 따라 행정절차에 참여한 경우도 마찬가지이다.

03 행정청이 직권으로 행정절차에 참여하게 한 이해관계인은 당사자등에 해당하지 않는다. 18(2)서울7

04 「행정절차법」에는 신의성실 및 신뢰보호에 관한 규정이 있다. 13서울7

04 「행정절차법」에 신의성실에 대한 규정은 있으나 신뢰보호에 관한 규정은 없다. 13서울7

05 행정절차법은 절차규정뿐만 아니라 신의성실 및 신뢰보호의 원칙과 같은 실체법적 규정도 포함하고 있다. 11경행

05 행정절차법은 순수한 절차규정만으로 이루어져 있다. 11경행

06 행정절차법은 국세기본법과는 달리 행정청에 대해서만 신의성실의 원칙에 따를 것을 규정하고 있다. 17서울9

07 행정작용의 근거가 되는 법령 등의 내용이 명확하지 아니한 경우 상대방은 당해 행정청에 대하여 그 해석을 요청할 수 있다. 10국가7

08 행정청의 관할이 분명하지 아니한 경우에는 해당 행정청을 공통으로 하는 상급 행정청이 그 관할을 결정하며, 공통으로 감독하는 상급 행정청이 없는 경우에는 각 상급 행정청이 협의하여 그 관할을 결정한다. 17경행

08 행정청의 관할이 분명하지 아니한 경우에는 해당 행정청을 공통으로 감독하는 상급 행정청이 그 관할을 결정하며, 공통으로 감독하는 상급 행정청이 없는 경우에는 당해 행정청의 협의로 그 관할을 결정한다. 17경행

09 행정절차법은 행정청 간의 협조의무와 행정청 상호간의 행정응원에 대하여 규정하고 있다. 10국회9

10 행정응원을 위하여 파견된 직원은 당해 직원의 복무에 관하여 다른 법령 등에 특별한 규정이 없는 한, 응원을 요청한 행정청의 지휘·감독을 받는다. 21소방

11 행정응원에 소요되는 비용은 응원을 요청한 행정청이 부담하며, 그 부담금액 및 부담방법은 응원을 요청한 행정청과 응원을 행하는 행정청이 협의하여 결정한다. 21소방

11 행정응원에 소요되는 비용은 응원을 요청한 행정청이 부담하며, 그 부담금액 및 부담방법은 응원을 행하는 행정청의 결정에 의한다. 21소방

12 법인 뿐 아니라 법인 아닌 사단 역시 행정절차법상 절차의 당사자가 될 수 있다. 14행정사

12 법인은 행정절차법상 절차의 당사자가 될 수 있지만, 법인이 아닌 사단은 당사자가 될 수 없다. 14행정사

13 처분에 관한 권리 또는 이익을 사실상 양수한 자는 행정청의 승인을 받아 당사자 등의 지위를 승계할 수 있다. 14국가7

14 당사자등은 배우자, 직계존속·비속, 형제자매, 당사자등이 법인등인 경우 그 임원 또는 직원, 변호사, 행정청 또는 청문 주재자의 허가를 받은 자 등을 대리인으로 선임할 수 있다. 20소간

15 징계심의대상자가 선임한 변호사가 징계위원회에 출석하여 징계심의대상자를 위하여 필요한 의견을 진술하는 것은 방어권 행사의 본질적 내용에 해당하므로, 행정청은 특별한 사정이 없는 한 이를 거부할 수 없다. 19서울9

16 육군3사관학교의 사관생도에 대한 징계절차에서 징계심의대상자가 대리인으로 선임한 변호사가 징계위원회 심의에 출석하여 진술하려고 하였음에도, 징계권자나 그 소속 직원이 변호사가 징계위원회의 심의에 출석하는 것을 막은 후 내린 징계위원회의 징계의결에 따른 징계처분은 특별한 사정이 없는 한 위법하여 원칙적으로 취소되어야 한다. 24지방9

A-2 처분 | 요플 p.140 |

17 처분기준의 설정·공표의 규정은 침익적 처분뿐만 아니라 수익적 처분의 경우에도 적용된다. 23국가9

18 ⓒ 행정청은 필요한 **처분기준**을 당해 처분의 성질에 비추어 될 수 있는 한 **구체적으로** 정하여 **공표하여야** 하지만 처분기준을 공표하는 것이 당해 처분의 **성질상** 현저히 **곤란**하거나 **공공**의 **안전** 또는 **복리**를 현저히 해하는 때에는 **공표하지 아니할 수** 있다. 　　　12지방9

19 ⓒ 행정청은 필요한 **처분기준**을 해당 처분의 성질에 비추어 되도록 **구체적**으로 정하여 **공표하여야** 한다. 처분기준을 **변경**하는 경우**에**도 또한 같다. 　　　24소방

20 Z 「행정절차법」에 따라 행정처분의 **처분기준을 설정·공표**할 때 그 기준의 **구체성**은 처분의 공정성과 합리성을 보장하고 당사자등에게 **예측가능성**을 보장하는 정도의 것이어야 한다. 　　　15국회8

21 당사자 등은 공표된 **처분기준**이 명확하지 아니한 경우 해당 행정청에 그 **해석** 또는 **설명**을 요청할 수 있으며 이 경우 해당 **행정청**은 특별한 사정이 없으면 그 **요청에 따라야** 한다. 　　　15서울9

22 **처분**을 하는 **문서**에는 그 처분행정청 및 **담당자**의 소속·성명과 연락처를 **기재**하여야 한다. 　　　09지방9

23 인 행정청이 어떤 처분을 하였는지가 **분명함에도 불구하고** 처분경위나 처분 이후의 상대방의 태도 등 다른 사정을 고려하여 처분서의 **문언과는** 달리 **다른 처분**까지 포함되어있는 것으로 **확대해석**하여서는 **아니**된다. 　　　12경행

23 인 행정청이 어떤 처분을 하였는지가 **분명하더라도** 처분경위나 처분 이후의 상대방의 태도 등 다른 사정을 고려하여 처분서의 **문언과는** 달리 **다른 처분**까지 포함되어있는 것으로 **확대해석할 수** 있다. 　　　12경행

24 인 「행정절차법」상 문서주의 원칙에도 불구하고, 행정청의 **처분서의 문언**만으로는 행정청이 어떤 처분을 하였는지 **불분명**하다는 등 특별한 사정이 있는 때에는 처분 경위나 처분 이후의 상대방의 태도 등 다른 사정을 고려하여 처분서의 **문언과 달리** 그 **처분의 내용**을 해석할 수도 있다. 　　　22지방7

25 행정청은 처분에 **오기, 오산** 또는 그 밖에 이에 준하는 **명백한 잘못**이 있을 때에는 직권으로 또는 신청에 따라 지체 없이 **정정**하고 그 사실을 당사자에게 **통지**하여야 한다. 　　　14사복9

26 Ⓢ 신청인이 **신청에 앞서** 행정청의 허가업무 담당자에게 신청서의 내용에 대한 **검토를 요청한 것만으로는** 다른 특별한 사정이 없는 한 명시적이고 **확정적인 신청**의 의사표시가 있었다고 하기 **어렵**다. 　　　16국가7

27 Ⓢ 신청인이 신청서의 접수에 앞서 담당 공무원에게 신청서 및 구비서류의 내용검토를 부탁하였고, 공무원이 그 내용을 개략적으로 검토한 후 구비서류 내용을 보완하여야 한다는 취지로 말하자 신청인이 신청서를 접수시키지 않은 경우, 신청인이 **검토를 요청**한 것만으로는 다른 특별한 사정이 없는 한 명시적이고 **확정적인 신청**의 의사표시가 있었다고 하기 **어렵고**, 구비서류의 **보완**을 요청한 행위를 신청**거부로 볼 수도 없**다.(2003두13236) 　　　22변시

27 Ⓢ 신청인이 신청서의 접수에 앞서 담당 공무원에게 신청서 및 그 구비서류의 내용검토를 부탁하였고, 공무원이 그 내용을 개략적으로 검토한 후 구비서류 내용을 보완하여야 한다는 취지로 말하자 신청인이 신청서를 접수시키지 않은 경우, 신청인이 **검토를 부탁**한 행위는 명시적이고 **확정적인 신청**의 의사표시로 **볼 수 있고**, 구비서류의 **보완**을 요청한 행위를 신**청거부로 보아야** 한다. 　　　22변시

28 Ⓢ 신청인이 신청에 앞서 행정청의 허가업무 담당자에게 신청서의 내용에 대한 **검토의 요청**에 대해서는 「**행정절차법**」 소정의 절차가 **적용**되지 **않**는다. 　　　21소간
　　➕ 검토의 요청은 특별한 사정이 없는 한 신청의 의사표시로 볼 수 없고, 신청이 없었으므로 처분의 신청을 전제로 한 행정절차법 소정의 절차들은 그 적용이 없다.

28 Ⓢ 신청인이 **신청에 앞서** 행정청의 허가업무 담당자에게 신청서의 내용에 대한 **검토의 요청**에 대해서도 「**행정절차법**」 소정의 절차가 **적용**된다. 　　　21소간

29 인 행정청에 **처분을 구하는 신청**은 문서로 함이 원칙이며, **행정청**은 신청에 필요한 구비서류, 접수기관, 처리기간, 그 밖에 **필요한 사항을 게시**하거나 이에 대한 **편람**을 갖추어 두고 누구나 열람할 수 있도록 하여야 한다. 　　　17(상)지방9

30 소 행정청은 처분의 **신청을 받았을 때**에는 다른 법령등에 **특별한 규정이 있는 경우를 제외하고는** 그 접수를 **보류** 또는 **거부**하거나 부당하게 **되돌려** 보내서는 **아니 되며**, 신청을 접수한 경우에는 신청인에게 접수증을 주어야 한다. 　　　24소방

30 소 행정청은 처분의 **신청을 받았을 때**에는 **항상** 그 접수를 **처리하여야** 하며, 신청을 접수한 경우에는 신청인에게 **접수증**을 주어야 한다. 　　　24소방

31 Z 행정청은 **처리기간**이 "**즉시**"로 되어 있는 신청의 경우에는 **접수증**을 주지 **아니할 수** 있다. 　　　23국가9

32 Ⓑ 행정청은 신청에 **구비서류의 미비 등 흠**이 있는 경우에는 보완에 필요한 상당한 기간을 정하여 지체 없이 신청인에게 **보완**을 요구하여야 한다. 　　　15교행9

32 Ⓑ 행정청은 신청에 **구비서류의 미비 등 흠**이 있는 경우에는 지체 없이 그 신청을 **반려하여야** 한다. 　　　15교행9

33 Ⓑ 행정청은 신청에 **구비서류의 미비 등 흠**이 있는 경우에는 보완에 필요한 상당한 기간을 정하여 지체 없이 신청인에게 **보완**을 요구하여야 한다. 　　　16서울9
　　➕ 서류의 미비가 있는 경우에는 우선 보완요구를 하고 보완을 하지 않는 경우에 되돌려 보내는 것이지, 바로 되돌려 보낼 수는 없다.

33 Ⓑ 행정청은 신청에 **구비서류의 미비 등 흠**이 있는 경우에는 그 이유를 구체적으로 밝혀 접수된 신청을 **되돌려 보내야** 한다. 　　　16서울9

34 행정청은 사인의 신청에 구비서류의 미비와 같은 흠이 있는 경우 신청인에게 보완을 요구하여야 하는 바, 이때 보완의 대상이 되는 흠은 원칙상 형식적·절차적 요건 등과 같이 쉽게 보완이 가능한 사항을 의미하는 것이지, 신청의 내용이나 실체적 발급요건에 관한 사항까지 보완할 기회를 부여하여야 하는 것은 아니다.(2020두36007) 22지방7

35 (비교) (민원처리 관련하여) 흠결된 서류의 보완이 주요서류의 대부분을 새로 작성함이 불가피하게 되어 사실상 새로운 신청으로 보아야 할 경우, 접수를 거부하거나 반려할 수 있다. 18소방

36 (비교) 행정청은 신청에 구비서류의 미비 등 흠이 있는 경우 형식적·절차적인 요건만이 아니라 실질적인 요건에 관한 흠이더라도 그것이 민원인의 단순한 착오나 일시적인 사정 등에 기인한 경우에는 보완을 요구하여야 한다. 23지방9

37 甲은 건물 신축을 위해 A시 시장 乙에게「건축법」상 건축허가신청을 하였으나, 乙은 A시 소방서장 丙의 동의 거부를 이유로 건축불허가처분을 하였다.) 乙이 건축불허가처분을 하면서 丙의 건축부동의 의견을 들고 있으나 丙이 건축부동의로 삼은 사유가 보완이 가능한 것인 경우, 乙이 보완을 요구하지 아니한 채 곧바로 건축허가 신청을 거부한 것은 재량권의 범위를 벗어난 것이다. 24국회8

38 행정청은 신청인의 편의를 위하여 다른 행정청에 신청을 접수하게 할 수 있다. 이 경우 행정청은 다른 행정청에 접수할 수 있는 신청의 종류를 미리 정하여 공시하여야 한다. 20군무원9

39 처분의 신청인은 처분이 있기 전에는 그 신청의 내용을 보완·변경하거나 취하할 수 있다. 다만, 다른 법령등에 특별한 규정이 있거나 그 신청의 성질상 보완·변경하거나 취하할 수 없는 경우에는 그러하지 아니하다. 24소방

40 행정청은 다수의 행정청이 관여하는 처분을 구하는 신청을 접수한 경우에는 관계 행정청과의 신속한 협조를 통하여 그 처분이 지연되지 아니하도록 하여야 한다. 23국가9

41 행정청은 신청인의 편의를 위하여 처분의 처리기간을 종류별로 미리 정하여 공표하여야 한다. 14(2)경행

42 행정청은 부득이한 사유로 공표한 처리기간 내에 처분을 처리하기 곤란한 경우에는 해당 처분의 처리기간의 범위에서 한 번만 그 기간을 연장할 수 있다. 16지방9

43 행정청은 처분의 처리기간을 연장할 수 있는데, 이때 처분의 신청인에게 연장 사유와 처리 예정 기한을 지체 없이 통지하여야 한다. 24소방

44 행정청이 정당한 처리기간 내에 처분을 처리하지 아니하였을 때에는 신청인은 해당 행정청 또는 그 감독 행정청에 신속한 처리를 요청할 수 있다. 17(하)국가9

45 당사자 등이 정당한 이유 없이 의견제출기한까지 의견제출을 하지 아니한 경우에는 의견이 없는 것으로 본다. 15지방7

46 청문은 행정청이 어떠한 처분을 하기 전에 당사자등의 의견을 직접 듣고 증거를 조사하는 절차이다. 18지방7

47 행정청은 당사자가 제출한 증거나 당사자의 증거신청에 구속되지 아니한다. 17국회8
청문주재자는 직권으로 또는 당사자의 신청에 따라 필요한 조사를 할 수 있으며, 당사자등이 주장하지 아니한 사실에 대하여도 조사할 수 있다.

48 침익적 처분이라 하더라도 처분청이 반드시 사전에 청문을 실시하여야 하는 것은 아니다. 11사복9
모든 처분에 대하여 청문을 하는 것이 아니라, ① 법령에서 청문을 하도록 규정하고 있거나, ② 행정청이 필요하다고 인정하는 경우, ③ 인허가 등의 취소, ④ 신분·자격의 박탈, ⑤ 법인이나 조합 등의 설립허가의 취소를 하는 처분을 하는 경우에 청문을 한다.

49 행정절차법은 당사자의 신청이 있어야만 실시하는 청문을 별도로 규정하고 있지 않다. 15교행9(변형)
구법에서는 당사자의 신청이 있어야만 실시하는 청문에 대한 규정이 있으나, 현재는 삭제되었다. 즉, 위 지문은 과거에는 옳은 지문이었으나 현재는 틀린지문이다.

50 판례는 훈령이 정한 청문절차를 거치지 아니한 건축사사무소등록취소처분을 위법으로 판시하였다. 11지방9

51 행정청이 처분을 함에 있어서 필요하다고 인정하는 경우에는, 법령 등에서 청문을 실시하도록 규정하고 있지 않아도 청문을 실시할 수 있다. 09국회9

---

34 행정청은 사인의 신청에 구비서류의 미비와 같은 흠이 있는 경우 신청인에게 보완을 요구하여야 하는바, 이때 보완의 대상이 되는 흠은 원칙상 형식적·절차적 요건뿐만 아니라 실체적 발급요건상의 흠을 포함한다. 22지방7

36 (비교) 행정청은 신청에 구비서류의 미비 등 흠이 있는 경우 원칙상 형식적·절차적인 요건만을 보완요구하여야 하므로 실질적인 요건에 관한 흠이 민원인의 단순한 착오나 일시적인 사정 등에 기인한 경우에도 보완을 요구할 수 없다. 23지방9

43 행정청은 처분의 처리기간을 연장할 수 있는데, 이때 처분의 신청인에게 반드시 연장 사유와 처리 예정 기한을 통지할 필요는 없다. 24소방

46 청문은 행정청이 어떠한 처분을 하기 전에 당사자등의 의견을 직접 듣는 절차일 뿐, 증거를 조사하는 절차는 아니다. 18지방7

47 행정절차에는 당사자주의가 적용되므로 행정청은 당사자가 제출한 증거나 당사자의 증거신청에 구속된다. 17국회8

48 침익적 처분의 경우 처분청은 사전에 반드시 청문을 실시하여야 한다. 11사복9

49 행정절차법은 당사자의 신청이 있어야만 실시하는 청문을 별도로 규정하고 있다. 15교행9(변형)

52 행정청이 법인이나 조합 등의 **설립허가 취소**처분을 할 때에는 **청문을 해야** 한다. 　　18서울9

53 행정청이 **신분자격의 박탈처분**을 하는 경우에는, 당사자 등의 **신청이 없는 경우에도** 청문을 한다. 　　17(상)국가9(변형)

54 **인허가 등을 취소**하는 경우에는 개별 법령상 청문을 하도록 하는 근거 **규정이 없고** 당사자 등의 **신청이 없는 경우에도 청문을 하여야** 한다. 　　19서울9(변형)

55 청문주재자는 당사자의 **신청과 무관**하게 행정청이 **선정**한다. 　　16교행9

56 청문의 주재자는 대통령령으로 정하는 자격을 가지는 사람 중에서 선정한다. 이 때 **행정청의 소속 직원도 주재자가 될 수 있다.** 　　14(1)경행

57 행정청은 다수 국민의 이해가 상충되는 처분이나 다수 국민에게 불편이나 부담을 주는 처분을 하려는 경우에는 **청문주재자를 2명 이상으로 선정할 수** 있다. 　　23군무원7

58 다수 국민의 이해가 상충되는 처분과 관련하여 **청문주재자가 복수**로 선정된 경우, 선정된 청문주재자 중 **1명이 다른 주재자를 대표한다.** 　　미기출

59 행정절차법은 청문**주재자의 제척·기피·회피**에 관하여 **규정**하고 있다. 　　16교행9

60 청문주재자에게 공정한 청문 진행을 할 수 없는 사정이 있는 경우 **당사자 등**은 행정청에 청문주재자에 대한 **기피신청을 할 수** 있고, 이 경우 행정청은 **청문을 정지**하고 그 신청이 이유가 있다고 인정하는 때에는 당해 청문주재자를 지체 없이 **교체하여야** 한다. 　　09지방7

61 해당 처분업무를 직접처리한 자는 청문을 주재할 수 없다. 또한 해당 **처분업무를 처리하는 부서에 근무하는 자**도 청문을 **주재할 수 없다.** 　　미기출

62 **청문은** 당사자가 공개를 **신청**하거나 청문주재자가 필요하다고 인정하는 경우 **공개할 수** 있다. 　　13지방7

63 **청문 주재자**가 청문을 시작할 때에는 먼저 예정된 **처분의 내용**, 그 **원인**이 되는 **사실 및 법적 근거** 등을 **설명하여야** 한다. 　　21군무원9

64 청문절차의 당사자등은 **참고인**이나 **감정인** 등에게 **질문할 수** 있다. 　　15국회8

65 청문에서 당사자등이 **의견서**를 제출한 경우에는 그 내용을 **출석**하여 **진술한 것으로** 본다. 　　22국회8

66 행정청은 직권으로 또는 **당사자의 신청**에 따라 여러 개의 사안을 **병합**하거나 **분리**하여 청문을 할 수 있다. 이해관계인은 청문의 병합·분리의 신청을 할 수 **없다.** 　　17(상)국가9

67 당사자등은 **청문조서**의 내용을 열람·확인할 수 있으며, 이의가 있을 때에는 그 **정정을 요구**할 수 있다. 　　21지방9

68 행정청은 **청문을 마친 후** 처분을 할 때까지 **새로운 사정이 발견**되어 청문을 **재개(再開)할 필요**가 있다고 **인정**할 때에는 **청문조서** 등을 되돌려 보내고 청문의 **재개**를 명할 수 있다. 　　21군무원9

69 **공청회**는 다른 **법령** 등에서 공청회를 개최하도록 **규정**하고 있는 경우 또는 당해 처분의 영향이 **광범위**하여 널리 의견을 수렴할 **필요가 있다고 행정청이 인정**하는 경우에 개최된다. 　　21소방

70 행정청은 처분을 함에 있어 **국민생활에 큰 영향**을 미치는 처분으로서 대통령령으로 정하는 처분에 대하여 대통령령으로 정하는 **수 이상의 당사자 등**이 공청회 개최를 **요구**하는 경우 **공청회를 개최한다.** 　　20군무원7

71 행정청은 「행정절차법」 제38조에 따른 공청회와 **병행하여서만** 정보통신망을 이용한 공청회(**온라인 공청회**)를 실시할 수 있는 것이 원칙이다. 　　17(하)국가9(변형)

72 행정절차법은 통상적인 공청회를 **대신하여 온라인공청회**를 실시할 수 있는 경우를 **인정**하고 있다. 　　미기출

---

53 행정청이 **신분자격의 박탈처분**을 하는 경우라도, 미리 당사자 등에게 통지한 의견제출기한 내에 당사자 등의 **신청이 있는 경우에만** 청문을 한다. 　　17(상)국가9(변형)

55 청문주재자는 당사자의 **신청을 받아** 행정청이 **선정**한다. 　　16교행9

56 청문의 주재자는 대통령령으로 정하는 자격을 가지는 사람 중에서 선정하되, **행정청의 소속직원은 주재자가 될 수 없다.** 　　14(1)경행

58 다수 국민의 이해가 상충되는 처분과 관련하여 **청문주재자가 복수**로 선정된 경우, 어느 **한 주재자가** 다른 주재자를 **대표할 수는 없다.** 　　미기출

61 해당 처분업무를 직접처리한 자는 청문을 주재할 수 없으나, 단순히 해당 **처분업무를 처리하는 부서에 근무하는 자**는 청문을 **주재할 수 있다.** 　　미기출

62 **청문은** 당사자가 공개를 **신청**하거나 청문주재자가 필요하다고 인정하는 경우 **공개하여야** 한다. 　　13지방7

66 행정청은 직권으로 또는 **당사자 및 이해관계인의 신청**에 따라 여러 개의 사안을 **병합**하거나 **분리**하여 청문을 할 수 있다. 　　17(상)국가9

67 당사자등은 **청문조서**의 내용을 열람·확인할 수 있을 뿐, 그 청문조서에 이의가 있더라도 **정정을 요구**할 수는 **없다.** 　　21지방9

72 행정절차법은 통상적인 공청회를 **대신하여 온라인공청회**를 실시할 수 있는 경우를 **인정하지 않는다.** 　　미기출

73 행정청은 **국민의 안전** 또는 **권익보호**를 이유로 **단독**으로 **온라인 공청회**를 개최할 수 있다. 미기출

74 공청회가 개최는 되었으나 정상적으로 진행되지 못하고 **무산된 횟수**가 **3회** 이상인 경우 **온라인 공청회**를 단독으로 개최할 수 **있다**. 23국가9

75 **법령에** 의해서 **공청회를 개최하여야** 하는 경우에는, 행정청이 널리 의견을 수렴하기 위하여 **필요하다고 인정한다**는 이유로 단독으로 온라인공청회를 개최할 수 없다. 미기출
   ⊕ 국민생활에 큰 영향을 미치는 처분으로서 일정수 이상 당사자등의 요청에 의해서 열리는 공청회도 마찬가지이다. 즉, 행정청의 필요에 의하여 단독 온라인공청회를 개최할 수 있는 경우는 애초에 그 공청회가 행정청의 필요에 의해 열리는 경우에 한정된다.

76 행정청은 공청회의 발표자를 발표를 **신청한 사람 중**에서 **선정**한다. 다만, 발표를 신청한 사람이 **없거나** 공청회의 공정성을 확보하기 위하여 **필요하다고 인정하는 경우**에는 **관련전문가 중에서 지명하거나 위촉할** 수 있다. 10지방9
   ⊕ 신청자 중 선정하는 것이 원칙, 전문가 등을 지명·위촉하는 것은 예외에 해당한다. 지문은 반대로 되어 틀렸다.

77 행정청은 공청회의 **발표자 선정**에 있어 **공정성**이 확보될 수 있도록 하여야 한다. 07국가7

78 공청회의 주재자는 공청회를 **공정**하게 **진행**하여야 하며, 공청회의 원활한 진행을 위하여 **발표내용을 제한할 수** 있다. 07국가7

79 행정청은 **공청회를 마친 후** 처분을 할 때까지 **새로운 사정**이 발견되어 공청회를 다시 개최할 필요가 있다고 인정할 때에는 공청회를 **다시 개최할 수** 있다. 21국회8

80 묘지공원과 화장장의 후보지를 선정하는 과정에서 **추모공원건립추진협의회**가 후보지 주민들의 의견을 청취하기 위하여 그 명의로 **개최한 공청회**는 「**행정절차법**」에서 정한 절차를 준수하여야 하는 것은 **아니다**. 19지방9

81 행정절차법상 의견청취절차 가운데 **의견제출과 청문**의 경우에는 당사자에게 행정청에 대하여 당해 사안의 조사결과에 관한 문서 기타 당해 처분과 관련되는 문서의 **열람** 또는 **복사**를 요청할 수 있는 권리가 **인정**된다. 08국회8

82 당사자등은 **의견제출**의 경우에는 처분의 사전 통지가 있는 날부터 **의견제출기한까지**, **청문**의 경우에는 청문의 통지가 있는 날부터 **청문이 끝날 때까지** 해당 사안의 조사결과에 관한 문서와 그 밖에 해당 처분과 관련되는 문서의 **열람** 또는 **복사를 요청할 수** 있다. 미기출
   ⊕ 즉, "처분시까지" 부분이 틀린 것이다. 의견제출은 의견제출기한까지, 청문은 청문 종결시까지 열람·복사가 가능하다.

83 당사자 등은 **의견제출**의 경우에는 처분의 사전 통지가 있는 날부터 의견제출기한까지, **청문**의 경우에는 청문의 통지가 있는 날부터 청문이 끝날 때까지 행정청에 해당 사안의 조사결과에 관한 문서와 그 밖에 해당 처분과 관련되는 문서의 **열람 또는 복사**를 요청할 수 **있다**. 그러나 **공청회**와 관련해서는 관련 문서에 대한 **열람·복사요청권**이 규정되어 있지 **않다**. 07국가7

84 행정절차법은 **의견제출** 또는 청문을 통하여 알게 된 **비밀**의 **누설금지**를 **규정**하고 **있다**. 미기출

85 행정청은 처분 후 **1년 이내**에 당사자등이 **요청하는 경우**에는 청문·공청회 또는 의견제출을 위하여 제출받은 서류나 그 밖의 물건을 **반환하여야** 한다. 22국회8

74 공청회가 개최는 되었으나 정상적으로 진행되지 못하고 **무산된 횟수**가 **2회**인 경우 **온라인공청회**를 **단독**으로 개최할 수 있다. 23국가9

75 **법령에** 의해서 **공청회를 개최하여야** 하는 경우라 하더라도, **행정청이** 널리 의견을 수렴하기 위하여 **필요하다고 인정하는 경우**에는 **단독**으로 **온라인공청회를 개최할 수** 있다. 미기출

76 행정청은 공청회의 발표자를 관련**전문가** 중에서 **우선적으로 지명** 또는 **위촉하여야** 하며, 적절한 발표자를 선정하지 못하거나 **필요한 경우에만** 발표를 **신청한 자** 중에서 **지명할 수** 있다. 10지방9

81 행정절차법상 의견청취절차 가운데 **청문**의 경우에**만** 당사자에게 행정청에 대하여 당해 사안의 조사결과에 관한 문서 기타 당해 처분과 관련되는 문서의 **열람** 또는 **복사**를 요청할 수 있는 권리가 **인정**된다. 08국회8

82 당사자등은 청문은 물론, 의견제출의 경우에도 **처분시까지** 해당 사안의 조사결과에 관한 문서와 그 밖에 해당 처분과 관련되는 문서의 **열람** 또는 **복사**를 요청할 수 있다. 미기출

83 당사자 등은 **공청회**의 통지가 있는 날부터 공청회가 끝날 때까지 행정청에 대하여 당해 사안의 조사결과에 관한 문서 기타 공청회와 관련되는 문서의 **열람 또는 복사**를 요청할 수 **있다**. 07국가7

84 행정절차법은 청문을 통하여 알게 된 비밀의 누설금지를 규정하고 있으나, **의견제출**을 통해 알게 된 비밀의 **누설금지**에 대해서는 **규정**하고 있지 **않다**. 미기출

85 행정청은 처분 후 **2년 이내**에 당사자등이 **요청하는 경우**에는 청문·공청회 또는 의견제출을 위하여 제출받은 서류나 그 밖의 물건을 **반환하여야** 한다. 22국회8

A-3 신고, 확약 및 위반사실 등의 공표 등

86 **행정절차법**은 수리를 요하지 않는 신고를 규정하고 있으나, **수리를 요하는 신고**는 별도로 **규정**하고 있지 **않다**. 수리를 요하는 신고에 대해서는 **행정기본법**에 **규정**돼 있다. 15교행9

86 **행정절차법**은 **수리를 요하는 신고**와 수리를 요하지 않는 신고를 구분하여 별도로 **규정**하고 **있다**. 15교행9

A-4 행정상 입법예고

87 법제처장은 **입법예고를 하지 아니한 법령안**의 심사요청을 받은 경우에 입법예고를 하는 것이 적당하다고 판단하는 때에는 해당 **행정청**에 **입법예고를 권고**하거나 **직접 예고**할 수 있다. 15국회8

88 입법예고의 **기준·절차** 등에 관하여 필요한 사항은 **대통령령으로** 정한다. 15행정사

89 행정절차법에 따르면, **예고된 법령** 등의 제정·개정 또는 폐지의 **안**에 대하여 **누구든지 의견을 제출할 수** 있다. 18지방7

90 행정청은 **예고된 입법안**의 **전문**에 대한 **열람** 또는 **복사**를 요청받았을 때에는 특별한 사유가 없으면 그 **요청에 따라야** 한다. 15행정사

91 행정청은 **대통령령**을 입법예고하는 경우에는 이를 **국회소관 상임위원회**에 **제출**하여야 한다. 18국가9

A-5 행정예고

92 행정청은 **정책, 제도 및 계획**을 수립·시행하거나 변경하려는 경우에는 **원칙적으로** 이를 **예고하여야** 한다. 단, 국민의 일상생활과 관련이 없는 경우 등에 예고를 하지 않을 수 있다. 20군무원7
➕ 원칙과 예외가 반대로 되어 틀린 지문

92 행정청은 국민생활에 매우 큰 영향을 주는 사항, 많은 국민의 이해가 상충되는 사항, 많은 국민에게 불편이나 부담을 주는 사항, 그 밖에 널리 국민의 의견을 수렴할 필요가 있는 사항에 대한 **정책, 제도 및 계획**을 수립·시행하거나 변경 하려는 **경우에 한해** 이를 **예고할 의무**가 있다. 20군무원7

93 행정청은 **정책등안**의 취지, 주요 내용 등을 관보·공보나 인터넷·신문·방송 등을 통하여 **공고하여야** 한다. 그러나 이를 국회 소관 **상임위원회**에 **제출**하여야 하는 것**은 아니다**. 17(상)지방9(변형)
➕ 행정예고 시 입법예고의 규정을 준용하고 있으나, 그 중 국회 소관 상임위 제출규정은 준용대상에서 제외됐기 때문이다(제47조 제2항, 제42조 제2항).

93 행정청은 **정책등안**의 취지, 주요 내용을 관보·공보나 인터넷·신문·방송 등을 통하여 널리 **공고하여야** 하고 국회 소관 **상임위원회**에 이를 **제출**하여야 한다. 17(상)지방9(변형)

94 **긴급**한 사유로 예고가 현저히 곤란한 경우**에는** 행정청은 **정책등**의 예고를 하지 **아니할 수** 있다. 22소간

94 **긴급**한 사유로 예고가 현저히 곤란한 경우**에도** 행정청은 **정책등을 예고하여야** 한다. 22소간

95 행정청이 정책등을 수립·시행하거나 변경하려는 경우라도 법령의 **단순한 집행**을 위한 때에는 **예고를 하지 아니할 수** 있다. 22소간

A-6 행정지도

A-7 국민참여의 확대

96 행정청은 국민참여 수준에 대한 자체진단을 실시한 뒤, 그 결과를 행정안전부장관에 **제출하여야** 하고, 그 결과를 **공개할 수** 있다. 미기출
➕ 자체진단 결과를 행정안전부장관에게 제출하는 것은 의무이나, 결과를 공개하는 것은 의무가 아니다.

96 행정청은 국민참여 수준에 대한 자체진단을 실시한 뒤, 그 결과를 행정안전부장관에게 **제출하고 공개하여야** 한다. 미기출

97 **국회사무총장·법원행정처장·헌법재판소사무처장 및 중앙선거관리위원회사무총장을 제외한 행정청**은 정부시책이나 행정제도 및 그 운영의 개선에 관한 **국민**의 창의적인 **의견**이나 고안을 **접수·처리하여야** 한다. 24국회8

98 행정청은 국민에게 영향을 미치는 주요 정책 등에 대하여 국민의 다양하고 창의적인 의견을 널리 수렴하기 위하여 **정보통신망을 이용한** 정책토론을 **실시할 수** 있다.(절차법 53-①) 20소간

98 행정청은 국민에게 영향을 미치는 주요 정책 등에 대하여 국민의 다양하고 창의적인 의견을 널리 수렴하기 위하여 **정보통신망을 이용한 정책토론을 실시해야** 한다. 20소간

99 행정청은 효율적인 **온라인 정책토론**을 위하여 과제별로 한시적인 **토론 패널**을 구성하여 해당 토론에 참여시킬 수 있다. 21국회8(변형)

A-8 보칙

100 행정절차에 소요되는 **비용**은 원칙적으로 **행정청**이 **부담**하도록 규정되어 있다. 20소방

B-1 날짜 정리 | 요플 p.146 |

101 행정청은 당사자에게 사전통지를 하면서 **의견제출**에 필요한 **기간을 10일 이상**으로 고려하여 정하여 통지하여야 한다. 　22군무원7

102 행정청은 청문을 실시하고자 하는 경우에 **청문**이 **시작**되는 날부터 **10일 전까지** 당사자 등에게 **통지**를 하여야 한다. 　11지방7

102 행정청은 청문을 실시하고자 하는 경우에 **청문**이 **시작**되는 날부터 **14일 전까지** 당사자 등에게 **통지**를 하여야 한다. 　11지방7

103 청문 주재자는 당사자등이 **정당한 사유**로 청문기일에 **출석**하지 **못**하거나 **의견서**를 제출하지 **못**한 경우 **10일 이상의 기간**을 정하여 이들에게 의견진술 및 증거제출을 요구하여야 한다. 　미기출

103 청문 주재자는 당사자등이 **정당한 사유**로 청문기일에 **출석**하지 **못**하거나 **의견서**를 제출하지 **못**한 경우 **상당한 기간**을 정하여 이들에게 의견진술 및 증거제출을 요구하여야 한다. 　미기출

104 청문주재자는 당사자 등의 전부 또는 일부가 **정당한 사유 없이** 청문기일에 출석하지 **아니한 경우에는** 이들에게 **다시** 의견진술 및 증거제출의 **기회를 주지 아니하고** 청문을 **마칠 수 있다**. 　15국가9

104 청문주재자는 당사자 등의 전부 또는 일부가 **정당한 사유 없이** 청문기일에 출석하지 아니한 경우라도 이들에게 **다시** 의견진술 및 증거제출의 **기회를 주지 아니하고는** 청문을 마칠 수 없다. 　15국가9

105 **공청회**를 개최하고자 하는 경우에는 공청회 개최 **14일 전까지** 당사자 등에게 통지하여야 한다. 　09지방7

105 **공청회**를 개최하고자 하는 경우에는 공청회 개최 **10일전까지** 당사자 등에게 통지하여야 한다. 　09지방7

106 **공청회** 개최를 알린 후 예정대로 **개최**하지 **못하여** 새로 일시 및 장소 등을 정한 경우에는 공청회 개최 **7일 전까지** 알려야 한다. 　미기출
　+ 최초의 개최의 경우에는 14일 전까지 통지하여야 하며, 예정대로 개최하지 못한 일시 등이 변경된 경우에는 7일 전까지 알려야 한다.

106 **공청회** 개최를 알린 후 예정대로 **개최**하지 **못하여** 새로 일시 및 장소 등을 정한 경우에는 공청회 개최 **14일 전까지** 알려야 한다. 　미기출

107 행정청은 **의견제출을 거쳤을 때**에는 **신속히 처분**하여 해당 처분이 지연되지 아니하도록 하여야 한다. 　18소간

108 **행정예고기간**은 예고내용의 성격 등을 고려하여 정하되, **20일 이상**으로 한다. 　14국가9

108 **행정예고기간**은 예고내용의 성격 등을 고려하여 정하되, 특별한 사정이 없으면 **14일 이상**으로 한다. 　14국가9

109 **행정예고기간**은 20일 이상으로 하여야 하나, **긴급**한 필요가 있는 경우에는 예고기간을 **10일 이상으로 단축할 수 있다**. 　미기출

109 **행정예고기간**은 20일 이상으로 하여야 하나, **긴급**한 필요가 있는 경우에는 예고기간을 **7일 이상으로 단축할 수 있다**. 　미기출

110 **입법예고기간**은 예고할 때 정하되, 특별한 사정이 없으면 **40일(자치법규는 20일) 이상**으로 한다. 　17(하)지방9
　+ 입법예고는 원칙적으로 40일 이상으로 정하되, 자치법규는 20일 이상이다. 양자가 반대로 되어 틀린 지문

110 **입법예고기간**은 예고할 때 정하되, 특별한 사정이 없으면 **20일(자치법규는 40일) 이상**으로 한다. 　17(하)지방9

B-2 방식정리 | 요플 p.146 |

111 행정청에 대하여 **처분을 구하는 신청**은 **문서로 하여야** 한다. 민원처리에 관한 법률상 **일반민원의 신청**도 원칙적으로 **문서로 하여야** 하며, 기타민원의 경우에 한하여 구술 또는 전화로 할 수 있을 뿐이다. 　18소방

111 행정청에 대하여 **처분을 구하는 신청**은 **문서로 하여야** 하지만, **일반민원의 신청**은 **구술**이나 **전화로 할 수** 있다. 　18소방

112 행정청에 **처분을 구하는 신청**은 문서로 하여야 한다. 다만, 다른 법령등에 **특별한 규정**이 있는 경우와 행정청이 미리 **다른 방법을 정하여 공시**한 경우에는 **그러하지 아니하다**. 　16서울9

112 행정청에 **처분을 구하는 신청**은 문서로만 가능하다. 　16서울9

113 **처분**을 **신청**할 때 **전자문서로** 하는 경우에는 **행정청의 컴퓨터** 등에 **입력된 때**에 신청한 것으로 본다. 　16서울9

113 **처분**을 **신청**할 때 **전자문서로** 하는 경우에는 **신청인의 컴퓨터** 등에 **입력된 때**에 신청한 것으로 본다. 　16서울9

114 행정청에 대하여 **처분**을 구하는 **신청**을 함에 있어 **전자문서로** 하는 경우에는 행정청의 컴퓨터 등에 **입력된 때**에 신청한 것으로 본다. 　08국가7

114 행정청에 대하여 **처분**을 구하는 **신청**을 함에 있어 **전자문서로** 하는 경우에는 행정청의 컴퓨터 등에 **입력된 때의 익일**에 신청한 것으로 본다. 　08국가7

115 행정절차법상 당사자등은 **처분 전**에 그 처분의 관할 행정청에 서면이나 말로 또는 정보통신망을 이용하여 **의견을 제출할 수 있다**. 　18경행

115 행정절차법상 당사자등은 **처분 전**에 그 처분의 관할 행정청에 서면이나 정보통신망을 이용하여 **의견**을 제출할 수 있으나, **말로는 할 수 없다**. 　18경행

116 행정청은 당사자 등이 말로 의견제출을 하였을 때에는 **서면으로** 그 진술의 **요지**와 **진술자**를 **기록하여야** 한다. 　13지방7

117 당사자 등의 **동의가** 있거나 당사자가 **전자문서로 처분을 신청**한 경우 **전자문서로 처분**을 할 수 있다. 　　　　　　　　　　　　　　　　　　　　　　　　　　　　　17서울7(변형)
　　➕ 동의가 있는 경우에 한하는 것이 아니라 전자문서로 처분을 신청한 경우에도 전자문서로 처분을 할 수 있다.

118 행정절차법은 국민의 권익을 보호하기 위하여 **원칙적으로** 행정**처분을 문서로** 하도록 규정하고 있다. **그러나** 공공의 안전 또는 복리를 위하여 **긴급**히 처분을 할 필요가 있거나 사안이 **경미**한 경우에는, 말, 전화, 휴대전화를 이용한 문자전송, 팩스 또는 전자우편 등 **문서가 아닌 방법으로 처분을 할 수** 있다. 　　　　　　　　　　　　　　　14국가9

119 재외공관장이 재외동포의 **사증발급신청**을 법무부장관의 입국금지결정을 이유로 거부하면서 처분서를 작성해 주지 않은 채 신청인의 아버지에게 **전화로 불허사실을 통보**한 경우, 이는 **신속**히 처리할 필요가 있거나 사안이 **경미**한 경우에 해당한다고 볼 수 **없으므로** 처분서를 작성하지 않은 것은 **위법하다**. 　　　　　　　　　　　　　　　　미기출

120 행정청은 **긴급**히 처분할 필요가 있어 **말로 처분**을 하는 경우 **당사자가 요청**하면 해당 처분에 관한 **문서를 주어야** 한다. 　　　　　　　　　　　　　　　　　　　15교행9(변형)

---

117 당사자 등의 **동의가 있는 경우에 한하여 전자문서로 처분**할 수 있다. 　　　　　17서울7(변형)

118 행정절차법은 국민의 권익을 보호하기 위하여 **모든** 행정**처분을 문서로** 하도록 규정하고 있다. 　　　　　　　　　14국가9

119 재외공관장이 재외동포의 **사증발급신청**을 법무부장관의 입국금지결정을 이유로 거부하면서 처분서를 작성해 주지 않은 채 신청인의 아버지에게 **전화로 불허사실을 통보**한 경우, 이는 **신속**히 처리할 필요가 있거나 사안이 **경미**한 경우에 해당한다고 볼 수 **있으므로** 처분서를 작성하지 않은 것이 **위법**하다고 볼 수 **없다**. 　　　미기출

테마별 N지 모음

N1 다수의 당사자 등이 공동으로 행정절차에 관한 행위를 할 때에 정하는 **대표자**에 관한 행정절차법의 규정 내용으로 옳지 않은 것은? 　　　20군무원9 ④
　① 당사자 등은 대표자를 **변경**하거나 **해임할 수** 있다.
　② **대표자는** 각자 그를 대표자로 선정한 당사자 등을 위하여 행정절차에 관한 **모든 행위를 할 수** 있다. **다만, 행정절차를 끝맺는 행위**에 대하여는 당사자등의 **동의를 받아야** 한다.
　③ 대표자가 있는 경우에는 **당사자 등은** 그 **대표자를 통하여서만** 행정절차에 관한 행위를 할 수 있다.
　④ **다수의 대표자**가 있는 경우 그 중 **1인**에 대한 **행정청의** 행위는 **모든 당사자 등에게 효력**이 있다. **다만, 행정청의 통지는 대표자 1인에게 하여도** 그 효력이 있다.
　[해설] ④ **다수의 대표자**가 있는 경우 그 중 **1인**에 대한 행정청의 행위는 모든 당사자 등에게 효력이 있다. 다만, **행정청의 통지는 대표자 모두에게 하여야** 그 효력이 있다.

N2 「행정절차법」상 행정상 **입법예고**를 하지 **않아도** 되는 **사유**에 해당하지 않는 것은? 　　　18소방 ①
　① 법령 등을 **제정·개정** 또는 **폐지**하려는 경우
　② 상위 **법령** 등의 **단순한 집행**을 위한 경우
　③ 입법내용이 국민의 **권리·의무** 또는 일상생활과 **관련이 없는** 경우
　④ **신속**한 국민의 권리 보호 또는 예측 곤란한 특별한 사정의 발생 등으로 입법이 **긴급**을 요하는 경우
　[해설] ① 법령 등을 제정·개정 또는 폐지하려는 경우에는 해당 입법안을 마련한 행정청은 이를 예고하여야 한다. 이는 원칙에 관한 것이고, ②, ③, ④가 예고를 하지 않아도 되는 예외에 해당한다.

THEME 38 행정절차법(2) - 헌법적 근거 및 적용범위

○ 지문 / × 지문

01 헌법적 근거 | 요점 p.147 |

01 행정에서 적법절차원리의 헌법적 근거는 형사절차에서의 적법절차를 규정한 헌법 제12조제3항에 있다. 20국회8

02 헌법 제12조 제1항 후단의 적법절차주의는 절차의 적법성뿐만 아니라 절차의 적정성까지 보장되어야 한다는 뜻으로 이해된다. 07국가7

03 헌법 제12조의 적법절차의 원리는 형사절차에 국한하지 않고 모든 국가작용에 적용된다. 따라서 행정절차에도 적용된다. [옳] 08(하)지방7

03 [×] 헌법 제12조의 적법절차의 원리는 형사사법권에 대한 것이며 행정절차에 대하여는 적용되지 아니한다. 08(하)지방7

04 인 헌법 제12조제1항에서 규정하고 있는 적법절차의 원칙은 형사소송절차에 국한되지 않고 모든 국가작용 전반에 대하여 적용되는 원칙이므로 세무공무원의 세무조사권의 행사에서도 적법절차의 원칙은 준수되어야 한다. 18국가9

05 소 「행정절차법」상 규정이 없는 경우에도 행정권 행사가 적정한 절차에 따라 행해지지 아니하면 그 행정권 행사는 적법절차의 원칙에 반한다. 20소방

06 행정절차는 행정의 민주화, 행정의 능률화, 사전적 행정구제 등의 기능을 수행한다. [옳] 13서울7
　⊕ 사후적 행정구제의 기능을 하는 것은 행정쟁송수단들이고, 행정절차는 사전적 행정구제의 기능을 한다.

06 [×] 행정절차는 행정의 민주화, 행정의 능률화, 사후적 행정구제 등의 기능을 수행한다. 13서울7

07 행정청이 행하는 공권력의 행사의 절차를 정함으로써 행정의 공정성·투명성·신뢰성을 도모하고자 행정절차법을 제정하였다. [옳] 10국회9
　⊕ 행정절차는 행정의 신속성과는 거리가 멀다. 오히려 신속성을 다소 포기하더라도 공정·투명·신뢰성을 도모하고자 하는 것이다.

07 [×] 행정청이 행하는 공권력 행사의 절차를 정함으로써 행정의 신속성을 도모하고자 행정절차법을 제정하였다. 10국회9

02 행정절차법의 적용범위 | 요점 p.147 |

08 ◎ 처분, 신고, 확약, 위반사실 등의 공표, 행정계획, 행정상 입법예고, 행정예고 및 행정지도의 절차에 관하여 다른 법률에 특별한 규정이 있는 경우를 제외하고는 원칙적으로 「행정절차법」이 정하는 바에 의한다. 14국가7(변형)

09 인 행정절차법은 행정절차에 관한 일반법이지만, 국회 또는 지방의회의 의결을 거치거나 동의 또는 승인을 얻어 행하는 사항에 대하여는 행정절차법의 적용이 배제된다. 17서울9

10 인 헌법재판소의 심판을 거쳐 행하는 사항(은 「행정절차법」의 적용 대상이 되지 않는다.) 20지방7

11 인 각급 선거관리위원회의 의결을 거쳐 행하는 사항(은 행정절차법의 적용이 배제된다) 11국가9

12 인 감사원이 감사위원회의의 결정을 거쳐 행하는 사항(은 행정절차법의 적용이 배제된다) 11국가9

13 인 국가안전보장·국방·외교 또는 통일에 관한 사항 중 행정절차를 거칠 경우 국가의 중대한 이익을 현저히 해칠 우려가 있는 사항은 행정절차법의 적용대상에서 제외된다. 17소간

14 인 심사청구·해양안전심판·조세심판·특허심판·행정심판 기타 불복절차에 의한 사항(은 행정절차법의 적용이 배제된다) 11국가9

15 ◎ 난민인정·귀화 등과 같이 성질상 행정절차를 거치기 곤란하거나 불필요하다고 인정되는 처분이나 행정절차에 준하는 절차를 거치도록 하고 있는 경우에는 행정절차법의 적용이 배제되는 것으로 보아야 하고, 이러한 법리는 '공무원 인사 관계법령에 의한 처분'에 해당하는 별정직 공무원에 대한 직권면직처분의 경우에도 마찬가지로 적용된다. 16국회8
　⊕ 직권면직처분에 행정절차법이 배제된다는 취지가 아니라, '성질상 곤란·불필요하거나, 준하는 절차를 거치도록 하는 경우에만 행정절차법이 배제된다'는 "법리가" 직권면직처분에서도 동일하게 적용된다는 취지이다. 그런데 직권면직처분은 성질상 곤란·불필요한 경우도, 준하는 절차를 거치는 경우도 아니기에 행정절차법이 적용된다.

16 ◎ 행정절차법은 행정처분절차, 행정입법절차, 행정예고절차 뿐만 아니라, 행정지도절차 등에 관하여도 규정을 두고 있다. [옳] 10지방9

16 [×] 행정절차법에는 행정처분절차, 행정입법절차, 행정예고절차 등에 관하여 상세한 규정을 두고 있으나, 행정지도절차에 관한 규정은 없다. 10지방9

17 행정절차법에 명문으로 **확약**에 관한 **규정**을 두고 **있다**. 14사복(변형)

18 **행정절차법**은 **위반사실의 공표**에 대해서 명문의 **규정**을 두고 **있다**. 한편, 판례는 병역기피자의 명단공개 결정의 처분성을 인정하였으므로 이에 대해서는 처분에 관한 행정절차법 규정 역시 적용될 수 있다. 미기출

19 **행정절차법**은 행정예고의 일종으로 행정계획의 예고기간을 두고 있다(20일). 나아가 **행정계획을** 수립·변경·폐지할 때에 관련된 여러 이익을 정당하게 형량하도록 하는 **독립된 규정도 두고 있다**. 미기출

20 「**행정절차법**」은 **행정계획**과 관련하여 형량명령에 관한 규정은 두고 있으나, **관계 행정기관과의 협의나 주민·이해관계인의 참여** 등에 대한 **규정**은 두고 있지 **않다**. 17(하)국가9

21 「**행정절차법**」은 **행정조사**절차에 관한 명문의 **규정**을 두고 있지 **않다**. 다만, 「행정조사기본법」에서 이에 관한 규정을 두고 있다. 17국회8

22 행정청은 **공법상 계약**의 상대방을 선정하고 계약 내용을 정할 때 공법상 계약의 공공성과 제3자의 이해관계를 고려하여야 한다(는 것은 「**행정기본법**」에 규정된 내용이다). 반면, **행정절차법은 공법상 계약**에 관한 **규정**을 두고 있지 **않다**. 23국회8

23 행정절차법은 행정조사에 관한 명문의 규정을 두고 있지 않지만, **행정조사가 처분에 해당**하는 경우에는 **행정절차법상 처분절차**에 관한 규정이 적용**된다**. 16사복9

24 「**행정절차법**」은 공법관계에 적용될 뿐, **사법관계**에까지 적용되는 것은 **아니다**. 20지방9

17 **행정절차법**에 **확약**에 관한 **규정**을 두고 있지 **않으므로** 확약의 가능성에 대해서 학설이 대립한다. 14사복(변형)

18 **행정절차법**은 **위반사실의 공표**에 대해서 명문의 **규정**을 두고 있지 **않으나**, 판례는 병역기피자의 명단공개결정의 처분성을 인정하였으므로 처분에 관한 행정절차법 규정은 적용될 수 있다. 미기출

19 **행정절차법**은 행정예고의 일종으로 행정계획의 예고기간을 두고 있을 뿐, **행정계획**에 대해서 **독립적 규정**을 두고 있지 **않다**. 미기출

20 「**행정절차법**」은 **행정계획**의 절차상 통제 방법으로 **관계 행정기관과의 협의와 주민·이해관계인의 참여**에 관한 일반적인 **규정**을 두고 있다. 17(하)국가9

21 「**행정절차법**」은 **행정조사**절차에 관한 명문의 **규정**을 두고 **있다**. 17국회8

22 행정청은 **공법상 계약**의 상대방을 선정하고 계약 내용을 정할 때 공법상 계약의 공공성과 제3자의 이해관계를 고려하여야 한다(는 것은 「**행정절차법**」에 규정된 내용이다). 23국회8

23 행정절차법은 행정조사에 관한 명문의 규정을 두고 있지 않으므로 **행정조사가 처분에 해당**하는 경우에도 **행정절차법상의 처분절차**에 관한 규정이 적용되지 **않는다**. 16사복9

24 「**행정절차법**」은 공법관계는 물론 **사법관계**에 대해서도 적용된다. 20지방9

03 제3조 제2항 제9호에 따른 적용배제 | 요플 p.148 |

25 **외국인의 출입국**에 관한 사항일 경우 **행정절차**를 거칠 필요가 **당연히 부정**되는 것은 **아니다**. 그 중 성질상 거치기 곤란하거나 거칠 필요가 없다고 인정되는 사항이나 행정절차에 준하는 절차를 거친 사항에 한하여 행정절차법 적용이 배제된다. 미기출

26 행정절차법령이 '공무원 인사 관계법령에 의한 처분에 관한 사항'에 대하여 행정절차법의 적용이 배제되는 것으로 규정하고 있더라도, '**공무원 인사 관계법령에 의한 처분에 관한 사항' 전부**에 대해 **행정절차법**의 적용이 **배제**되는 것으로 볼 수는 **없다**. 16국가9
➕ 그 중 성질상 곤란하거나 거칠 필요가 없다고 인정되는 사항이나 행정절차에 준하는 절차를 거친 사항에 한하여 행정절차법 적용이 배제된다.

27 **외국인의 출입국**에 관한 사항이라고 하여 당연히 **행정절차법**이 적용되지 **않는 것은 아니다**. 이와 관련하여 판례는 미국국적을 가진 **교민**에 대한 **사증거부처분**에 대해서 **처분의 방식**에 관한 「**행정절차법**」 제24조는 **적용된다**고 보았다.(2017두38874) 20국회8

28 외국인의 사증발급 신청에 대한 **거부처분**은 행정절차법 상 처분의 **사전통지**와 **의견제출** 기회부여의 대상은 **아니다**. 20승진(5급)

29 **귀화**는 성질상 행정절차를 거치기 **곤란**하거나 거칠 **필요가 없다**고 볼 수 있으므로 **행정절차법**이 적용되지 **아니한다**.(2016두31616) 미기출

30 **별정직 공무원**인 대통령기록관장에 대한 **직권면직**처분에는 처분의 사전통지 및 의견청취 등에 관한 「**행정절차법**」 규정이 **적용된다**.(2011두30687) 22국가9

31 **공무원 인사**관계 법령에 따른 처분이라 하더라도 그 **전부**에 대하여 행정절차법의 적용이 배제되는 것이 **아니라** 성질상 행정절차를 거치기 곤란하거나 불필요하다고 인정되는 처분이나 행정절차에 **준하는** 절차를 거치도록 하고 있는 처분의 **경우에만** 「행정절차법」 적용이 **배제**된다. 그런데 군인사법령에 의한 진급선발취소는 이처럼 행정절차법이 배제되는 처분에 해당하지 아니한다. 따라서 군인사법령에 의하여 진급예정자명단에 포함된 자에 대하여 **의견제출**의 기회를 부여하지 **아니한 채 진급선발취소처분**을 한 것은 절차상 하자가 있어 **위법하다**. 24국가9

25 **외국인의 출입국**에 관한 사항일 경우 **행정절차**를 거칠 필요가 **당연히 부정**된다. 미기출

26 행정절차법령이 '공무원 인사 관계법령에 의한 처분에 관한 사항'에 대하여 행정절차법의 적용이 배제되는 것으로 규정하고 있는 이상, '**공무원 인사 관계법령에 의한 처분에 관한 사항' 전부**에 대해 **행정절차법**의 적용이 **배제**되는 것으로 보아야 한다. 16국가9

27 **외국인의 출입국**에 관한 사항은 「**행정절차법**」이 적용되지 **않으므로**, 미국국적을 가진 **교민**에 대한 **사증거부처분**에 대해서도 **처분의 방식**에 관한 「**행정절차법**」 제24조는 적용되지 **않는다**. 20국회8

29 **귀화**는 성질상 행정절차를 거치기 **곤란**하거나 거칠 **필요가 없**다고 볼 수 **없으므로 행정절차법**이 **적용**되어야 한다. 미기출

30 **별정직 공무원**인 대통령기록관장에 대한 **직권면직**처분에는 처분의 사전통지 및 의견청취 등에 관한 「**행정절차법**」 규정이 **적용되지 않는다**. 22국가9

31 **공무원 인사**관계 법령에 따른 처분에 관하여는 「**행정절차법**」 적용을 **배제**하고 있으므로, 군인사법령에 의하여 진급예정자명단에 포함된 자에 대하여 의견제출의 기회를 부여하지 **아니하고 진급선발취소**처분을 한 것이 절차상 하자가 있어 **위법하다고 할 수 없다**. 24국가9

32 임용권자가 형사기소를 당한 자에 대해「국가공무원법」에 따라 **직위해제처분**을 하려고 할 때에는 직위해제처분이 당사자에게 의무를 부과하거나 권익을 제한하는 처분이나 성질상 행정절차를 거치기 곤란하거나 불필요하다고 인정되는 사항 또는 행정절차에 준하는 절차를 거친 사항에 해당하므로「**행정절차법**」상 **사전통지·의견청취** 절차에 관한 규정이 **적용되지 않는다**.(2012두26180)   17서울7

33 **직위해제처분**은 당해 공무원에게 직위를 부여하지 아니함으로써 직무에 종사하지 못하도록 하는 **잠정적**이고 **가처분적**인 성격을 갖는 조치이므로, 징벌적 제재로서의 **징계** 등에서 요구되는 것과 **같은 동일한 절차적 보장을 요구할 수는 없다**.   15지방7

34 「군인사법」에 따라 당해 직무를 수행할 능력이 없다고 인정하여 장교를 **보직해임** 하는 경우, 당해 행정작용의 성질상 행정절차를 거치기 곤란하거나 불필요하다고 인정되는 사항 또는 행정절차에 준하는 절차를 거친 사항에 해당하므로, 처분의 근거와 이유제시 등에 관하여「**행정절차법**」의 규정이 **적용되지 않는다**. (2012두5756)   21국가7

35 한국방송공사의 설치·운영에 관한 사항을 정하고 있는 방송법은 제50조 제2항에서 "사장은 이사회의제청으로 대통령이 임명한다."고 규정하고 있을 뿐 **한국방송공사 사장에 대한 해임**에 관하여는 명시적 **규정**을 두고 **있지 아니하나**, 방송법의 입법 경과와 연혁, 다른 법률과의 관계, 입법 형식 등을 종합하면, 한국방송공사 사장의 임명권자인 **대통령에게 해임권한도 있다**고 봄이 타당하다.(2011두5001)   18국회8

36 **대통령**에 의한 **한국방송공사 사장의 해임**에는 **행정절차법**이 **적용된다**.   17사복9

37 **공기업** 사장에 대한 해임처분과정에서 처분 내용을 사전에 **통지**받지 **못했고** 해임처분시 법적 근거 및 구체적 해임**사유**를 **제시**받지 **못하였다면**, 그 해임처분은 **위법하지만** 당연 **무효는 아니다**.   17국가7

38 개별 세법에 납세고지에 관한 별도의 **규정**이 **없더라도**「국세징수법」이 정한 것과 같은 **납세고지의 요건을 갖추어야** 한다는 것은 적법절차의 원칙이 과세처분에도 적용됨에 따른 당연한 귀결이다.   13국회8

39 **하나의 납세고지서**에 의하여 복수의 과세처분을 함께 하는 경우에는 **과세처분별로** 그 세액과 **산출근거** 등을 **구분**하여 **기재**함으로써 납세의무자가 각 과세처분의 내용을 **알 수 있도록** 해야 한다.   16지방9

40 **하나의 납세고지서**에 의하여 **본세**와 **가산세**를 함께 부과할 때 납세고지서에 본세와 가산세 각각의 세액과 산출근거 등을 **구분**하여 **기재하여야** 한다.   20국가7

41 **하나의 납세고지서**로 본세와 **여러 종류의 가산세**를 함께 부과하는 경우에 납세고지서에 가산세의 종류와 세액의 산출근거 등을 따로 **구별하지 않고** 가산세의 **합계액만을 기재**하였다면 그 부과처분은 **위법하다**.   18국가7

42 대법원에 따르면 **행정절차법** 적용이 **제외되는 의결·결정**에 대해서는 **행정절차법**을 **적용하여 의견청취절차를 생략할 수는 없다**.   17서울9

43 **공정거래위원회**의 시정조치 및 과징금납부명령에「**행정절차법**」소정의 의견청취절차 생략사유가 존재한다고 하더라도, 공정거래위원회는「**행정절차법**」을 **적용**하여 **의견청취절차를 생략**할 수는 **없다**.   19지방9
　　⊕ 행정절차법 제3조 제2항, 같은법시행령 제2조 제6호에 의하면 공정거래위원회의 의결·결정을 거쳐 행하는 사항에는 행정절차법의 적용이 제외되게 되므로, 공정거래위원회는 행정절차법을 적용하여 의견청취절차를 생략할 수는 없다.

44 「독점규제 및 공정거래에 관한 법률」규정에 의한 처분의 상대방에게 부여된 **절차적 권리**의 범위와 한계를 확정하려면「**행정절차법**」이 당사자에게 부여한 **절차적 권리**의 범위와 한계 수준을 **고려하여야** 한다.   20국회8

45 「병역법」에 따른 **징집·소집**(은「**행정절차법**」의 적용 대상이 되지 **않는다**.)   20지방7

46 「병역법」에 따라 지방병무청장이 산업기능요원에 대하여 **산업기능요원 편입취소**처분을 할 때에는 **행정절차법**에 따라 처분의 **사전통지**를 하고 **의견제출**의 기회를 부여하여야 **한다**.   20국가7

47 「행정절차법 시행령」제2조 제8호는 '학교·연수원 등에서 교육·훈련의 목적을 달성하기 위하여 학생·연수생들을 대상으로 하는 사항'을「행정절차법」이 적용되지 않는 경우로 규정하고 있으나 **생도의 퇴학처분**과 같이 신분을 박탈하는 징계처분은 여기에 **해당**한다고 할 수 **없다**.   20국회8

48 **육군3사관학교**의 사관**생도**에 대한 **퇴학처분**(은 **행정절차법**의 적용이 **배제**되는 경우가 **아니다**).   19소방

THEME 39 행정절차법(3) – 사전통지·의견청취

○ 지문

01 의의 | 요플 p.150 |

01 사전통지의 내용은 **처분의 제목**, 당사자의 **성명** 또는 **명칭**과 **주소**, 처분하고자 하는 **원인**이 되는 **사실**과 **처분의 내용** 및 **법적근거**, **의견제출기관**의 **명칭**과 **주소**, 의견제출 **기한** 등이다. 11국회8

02 대상 | 요플 p.151 |

02 용도를 무단변경한 건물의 원상복구를 명하는 **시정명령** 및 계고처분을 하는 경우, **사전**에 **통지**를 하여야 **한다**. (2011두25555) 19국가9

03 행정청은 당사자에게 **의무**를 **부과**하거나 **권익**을 **제한**하는 **처분**을 하는 경우에는 **미리** 일정한 사항을 당사자 등에게 **통지하여야** 한다. 08(상)지방9
⊕ 반면, 수익적 처분이나 거부처분은 사전통지의 대상×

04 처분의 **상대방**에게 **이익**이 되며 **제3자**의 권익을 **침해**하는 이중효과적 행정행위는 「행정절차법」상 **사전통지·의견제출**의 대상이 되지 **아니**한다. 19지방7
⊕ 사전통지·의견제출의 대상이 되는 처분은 "당사자", 즉, 처분의 상대방에게 침해적인 처분이다. 상대방에게 수익적이라면, 설령 제3자에게는 침해적이더라도 사전통지·의견제출의 대상이 되지 않는다.

05 「행정절차법」상 사전통지 및 의견제출에 대한 권리를 부여하고 있는 '**당사자등**'에는 불이익처분의 직접 **상대방**인 당사자와 행정청이 **직권으로 또는 신청에 따라** 행정절차에 **참여하게 한 이해관계인**이 포함된다. 그러나 **그 밖에 제3자는 포함되지 않는다**. 23지방9

06 불이익처분의 직접 상대방인 **당사자 또는** 행정청이 **참여하게 한 이해관계인**이 **아닌 제3자**에 대하여는 **의견제출**에 관한 「행정절차법」의 규정이 적용되지 **아니**한다. 17지방7

07 행정절차법이 '**당사자등**'에서 **국가**를 제외하지 **않고** 있고, 행정절차법 제3조 제2항에서 **국가를 상대로 하는** 행정처분을 행정절차법이 **적용되지 않는** 사항으로 명시하고 있지도 **않으므로**, 국가에 대한 행정처분을 함에 있어서도 **사전통지, 의견청취, 이유제시**와 관련한 행정절차법이 그대로 **적용**된다. 미기출

08 행정청이 **침해적** 행정처분을 할 경우에는 원칙적으로 사전통지를 하여야 하나, **사전통지**의무가 면제되는 경우도 존재한다. 15국가7
⊕ ① 성질상 현저히 곤란하거나 명백히 불필요한 경우, ② 공공의 안전·복리를 위해 긴급히 처분을 할 필요가 있는 경우, ③ 처분의 전제사실이 재판 등으로 객관적으로 증명되거나, ④ 자격상실 시 일어나는 처분에서 자격상실이 재판으로 증명된 경우에는 사전통지 의무가 면제된다.

09 단순·반복적인 처분 또는 경미한 처분으로 당사자가 그 이유를 명백히 알 수 있는 경우에는 **이유제시**가 **생략**될 수 있다. 15서울9
⊕ 사전통지의 생략사유가 아니라 이유제시의 생략사유여서 틀린 지문

10 해당 처분의 성질상 의견청취가 현저히 **곤란**하거나 명백히 **불필요**하다고 인정될 만한 상당한 이유가 있는 경우(**사전통지**가 **생략**될 수 있다). 15서울9

11 행정청은 **공공의 안전** 또는 **복리**를 위하여 **긴급**히 처분을 할 필요가 있는 경우, 당사자에게 의무를 부과하거나 권익을 제한하는 처분의 **사전통지**를 하지 **아니할 수** 있다. 16경행

12 처분의 **전제**가 되는 **사실**이 법원의 **재판** 등에 의하여 객관적으로 **증명**된 경우에는 행정청이 당사자에게 의무를 부과하거나 권익을 제한하는 처분을 하는 경우에도 **사전통지를** 하지 **아니**할 수 있다. 18서울9

13 법령등에서 요구된 **자격**이 **없**거나 없어지게 되면 **반드시** 일정한 **처분**을 하여야 하는 경우에 그 **자격**이 **없**거나 없어지게 된 사실이 법원의 **재판**에 의하여 객관적으로 **증명**된 경우에는 **사전통지**를 **생략**할 수 있다. 22국가9

× 지문

02 용도를 무단변경한 건물의 원상복구를 명하는 **시정명령** 및 계고처분을 하는 경우, **사전**에 **통지**할 필요가 **없다**. 19국가9

03 행정청은 **모든 처분**을 함에 있어서 **미리** 일정한 사항을 당사자 등에게 **통지하여야** 한다. 08(상)지방9

04 처분의 **상대방**에게 **이익**이 되며 **제3자**의 권익을 **침해**하는 이중효과적 행정행위는 「행정절차법」상 **사전통지·의견제출**의 대상이 **된다**. 19지방7

05 「행정절차법」상 사전통지 및 의견제출에 대한 권리를 부여하고 있는 '**당사자등**'에는 불이익처분의 직접 **상대방**인 당사자와 행정청이 **직권으로 또는 신청에 따라** 행정절차에 **참여하게 한 이해관계인, 그 밖에 제3자가 포함된다**. 23지방9

07 행정절차법이 '**당사자등**'에서 **국가**를 제외하고 있는 것은 아니나, 행정절차법 제3조 제2항에서 **국가를 상대로 하는** 행정처분을 행정절차법이 **적용되지 않는** 사항으로 명시하고 있으므로, 국가에 대한 행정처분에는 **사전통지, 의견청취, 이유제시** 의무가 **없다**. 미기출

08 행정청이 **침해적** 행정처분을 할 경우에는 **사전통지**를 **반드시** 하여야 한다. 15국가7

09 단순·반복적인 처분 또는 **경미**한 처분으로서 당사자가 그 이유를 명백히 알 수 있는 경우(**사전통지**가 **생략**될 수 있다). 15서울9

14 법원의 재판에 따라 처분의 전제가 되는 사실이 객관적으로 증명되어 처분에 따른 의견청취가 불필요하다고 인정되는 경우에는 사전통지 및 의견청취를 하지 않을 수 있으나, 처분의 **전제**가 되는 **일부사실만 증명**된 경우라면 이에 해당하지 않기에 **사전통지 및 의견청취**를 하지 **않았다면** 처분은 **위법하다**고 보아야 한다. 율 미기출

15 **사전통지**의무가 **면제**되는 경우에는 **의견청취**의무도 **면제된다**. 율 10지방7
   ➕ 사전통지 면제사유는 모두 의견청취 면제사유가 된다. 반대로 의견청취 면제사유가 모두 사전통지 면제사유가 되는 것은 아니다. 즉, 의견청취 면제사유는 사전통지 면제사유를 포함한다.

16 행정청이 당사자에게 의무를 과하거나 권익을 제한하는 처분을 하는 경우라도 **당사자가 명백**히 의견진술의 기회를 **포기**한다는 뜻을 표시한 경우에는 **의견청취**를 하지 **않을 수** 있다. 18국가9

14 법원의 재판에 따라 처분의 전제가 되는 사실이 객관적으로 증명되어 처분에 따른 의견청취가 불필요하다고 인정되는 경우에는 사전통지 및 의견청취를 하지 않을 수 있는바, 처분의 **전제**가 되는 **일부사실이 증명**된 경우라면 **사전통지 및 의견청취**를 하지 **않더라도 위법**하다고 볼 수 **없다**. 미기출

15 **사전통지**의무가 **면제**되는 경우에도 **의견청취**의무가 **면제**되는 것은 **아니다**. 10지방7

03 의견청취의 종류 및 사유 | 요플 p.151 |

17 행정청이 당사자에게 의무를 과하거나 권익을 제한하는 처분을 하는 경우, 이에 대해 **청문**을 실시하거나 **공청회**를 **개최하는 경우**에는 당사자에게 별도의 **의견제출**의 기회를 주지 **않을 수도** 있다. 09회९

18 행정청이 당사자에게 **의무**를 부과하거나 **권익을 제한**하는 처분을 함에 있어 **청문**이나 **공청회**를 거치지 **않은 경우**에는 당사자에게 **의견제출**의 기회를 **주어야** 한다. 20소방

04 사안별 검토 | 요플 p.152 |

19 **상대방**의 **귀책사유로** 야기된 처분의 하자를 이유로 **수익적 행정행위를 취소**하는 경우에도 특별한 규정이 없는 한 행정절차법상 **사전통지**의 대상이 **된다**. 율 16국가9
   ➕ 수익적 행정행위를 취소하는 것은 침익적 처분에 해당한다. 침익적 처분의 경우에는 상대방의 귀책사유 유무와 무관하게 사전통지의 대상이 된다.

20 **의견제출제도**는 당사자에게 **의무**를 부과하거나 **권익**을 제한하는 경우에 **적용**되고 **수익적** 행위나 **수익적** 행위의 신청에 대한 **거부**에는 **적용**이 없으며, **일반처분**의 경우에도 **적용**이 **없다**. 19지방7

21 「**식품위생법**」상의 영업자**지위승계신고**를 수리하는 경우, **종전의 영업자**에 대하여 사전통지를 하고, 그에게 의견제출의 기회를 주어야 한다. (2001두7015) 율 21국가7

22 공매를 통하여 체육시설을 인수한 자의 체육시설업자 **지위승계신고를 수리**하는 경우, **종전 체육시설업자에게** 사전에 통지하여 의견제출 기회를 주어야 한다. 19국가9

(23~24) 甲은 乙로부터 유흥주점을 양도받고 영업자 지위승계신고를 식품위생법 규정에 따라 관할 행정청 A에게 하였다. 21군무원7

23 A의 유흥주점영업자**지위승계신고수리**는 **乙의 권익을 제한**하는 처분이다.

24 乙은 행정절차법상의 **당사자**의 **지위**에 있다.

25 구 「공중위생법」상 유기장허가취소처분을 함에 있어서 두 차례에 걸쳐 발송한 **청문통지서**가 모두 **반송**되어 온 경우, 청문통지서가 반송되었다거나 상대방이 청문일시에 **불출석**하였다는 이유만으로 **청문을 실시**하지 아니할 수는 없기에 청문을 거치지 않고 한 침해적 행정처분은 **위법**하다. (2000두3337) 율 19지방9

26 공사중지명령을 하기 전에 사전통지를 하게 되면 **많은 액수의 보상금을 기대**하여 **공사를 강행할 우려**가 있는 경우(에도 **사전통지** 혹은 **의견제출**의 기회를 부여**하여야** 한다). 18서울9

27 **고시**의 방법으로 불특정 다수인을 상대로 권익을 제한하는 처분을 하는 경우, 성질상 의견제출의 기회를 주어야 하는 상대방을 특정할 수 없으므로 상대방에게 **사전**에 **통지**하여 **의견제출** 기회를 주어야 하는 것은 **아니다**. (2012두7745) 율 19국가9

28 도로법상 **도로구역**의 **결정·변경 고시**는 행정처분으로서 행정절차법 제21조 제1항의 **사전통지**나 제22조 제3항의 **의견청취** 절차의 대상이 되는 처분은 **아니다**. (2007두1767) 율 17사복9

21 「**식품위생법**」상의 영업자**지위승계신고**를 **수리**하는 경우, 영업시설을 인수하여 영업자의 지위를 **승계한 자**에 대하여 사전통지를 하고, 그에게 의견제출의 기회를 주어야 한다. 21국가7

25 구 「공중위생법」상 유기장업허가취소처분을 함에 있어서 두 차례에 걸쳐 발송한 **청문통지서**가 모두 **반송**되어 온 경우, 처분의 상대방이 청문일시에 **불출석**하였다는 이유로 **청문을 거치지** 않고 한 침해적 행정처분은 **적법**하다. 19지방9

27 **고시**의 방법으로 불특정 다수인을 상대로 권익을 제한하는 처분을 하는 경우, 상대방에게 **사전**에 **통지**하여 **의견제출** 기회를 **주어야** 한다. 19국가9

28 도로법상 **도로구역**의 **결정·변경고시**는 행정처분으로서 행정절차법 제21조 제1항의 **사전통지**나 제22조 제3항의 **의견청취**의 절차를 **거쳐야** 한다. 17사복9

29 보건복지부장관의 국민건강보험법령상 **요양급여**의 상대가치점수 변경 **고시**처분의 경우 **상대방**을 **특정할 수 없으므로** 그 상대방에게 **의견제출**의 기회를 주어야 하는 것은 **아니다**. 24소간

30 처분상대방이 이미 행정청에 **위반사실을 시인**하였다는 사정은 **사전통지**의 **예외**가 적용되는 '**의견청취**가 현저히 곤란하거나 명백히 불필요하다고 인정할 만한 상당한 이유가 있는 경우'에 해당한다고 볼 수 **없다**.(2016두41811) 17국가7
➕ 사전통지 예외사유인 의견청취의 곤란·불필요 여부는 처분 자체의 성질을 기준으로 판단하는 것이지, 그 처분에 대한 당사자의 태도를 기준으로 판단하는 것이 아니다. 따라서 당사자가 위반사실을 시인했더라도, 그 처분 자체의 성실상 의견청취가 곤란한 것도 불필요한 것도 아니라면 사전통지의 예외가 되지 않는다.

31 행정청이 온천지구임을 간과하여 지하수 개발·이용신고를 수리하였다가 의견제출기회를 주지 아니한채 그 신고수리처분을 취소하고 원상복구명령의 처분을 한 경우, **행정지도방식에 의한 사전 고시**나 그에 따른 **당사자의 자진폐공의 약속** 등의 사유만으로 사전통지 등을 하지 않아도 되는 예외의 경우에 해당한다고 볼 수 없으므로 **위법하다**.(99두5870) 22소간

32 **법령상 확정된 의무**에 따른 불이익처분에 대해서는 **의견제출**의 기회를 부여하지 **않아도** 된다.(99두5443) 12(하)지방9
➕ 성질상 의견청취절차를 밟는 것이 불필요한 경우에 해당

33 **퇴직연금**의 **환수결정**은 당사자의 권익을 침해하는 처분이나 관련 법령에 따라 당연히 환수금액이 정해지는 것이므로 행정청은 환수결정에 앞서 당사자에게 **의견진술의 기회**를 부여하여야 하는 것은 **아니다**. 22변시

34 행정청이 당사자와 도시계획사업의 시행과 관련한 **협약**을 체결하면서 관계 법령 및「**행정절차법**」에 규정된 청문의 실시 등 **의견취취절차를 배제**하는 **조항을 두었다고 하더라도**, 청문의 실시에 관한 규정의 적용을 배제할 수 있다고 볼 만한 **법령상 규정이 없는 한**, **청문**의 실시에 관한 규정의 적용이 **배제**된다거나 청문을 실시하지 않아도 되는 예외적인 경우에 해당한다고 할 수 **없다**. 22국가7

35 무단으로 용도변경된 건물에 대해 건물주에게 **시정명령이 있을 것**과 불이행시 이행강제금이 부과될 것이라는 점을 **설명한 후, 다음 날 시정명령**을 한 경우(에도 **사전통지** 혹은 **의견제출의 기회**를 **부여하여야** 한다). 18서울9

05 시보임용 당시 결격사유가 원인이 된 정규임용의 취소

06 의견청취사항의 반영

36 행정청은 처분을 할 때에 당사자등이 **제출한 의견**이 **상당한 이유**가 있다고 인정하는 경우에는 이를 **반영하여야** 한다. 17경행

36 행정청은 처분을 할 때에 당사자등이 **제출한 의견**이 **상당한 이유**가 있다고 인정하는 경우에는 이를 **반영할 수** 있다. 17경행

37 행정청은 처분을 함에 있어서 청문조서, 청문주재자의 의견서, 그 밖의 관계서류 등을 충분히 검토하고 **상당한 이유**가 있다고 인정하는 경우에는 **청문결과를 반영하여야** 한다. 11사복9

38 행정청은 처분을 함에 있어서 **공청회**·온라인공청회 및 정보통신망 등을 **통하여 제시된 사실 및 의견**이 **상당한 이유**가 있다고 인정하는 경우에는 이를 **반영하여야** 한다. 08국가9(변형)

39 구「**광업법**」에 근거하여 처분청이 광업용 토지수용을 위한 사업인정을 하면서 토지소유자와 토지에 관한 권리를 가진 자의 **의견을 들은 경우** 처분청은 그 의견에 **기속되지 아니** 한다.(95누30) 19지방9
➕ 청취한 의견이 상당한 이유가 있다고 판단할 때 그를 반영할 의무가 있는 것이지, 청취한 의견에 무조건적으로 기속되는 것이 아님

39 구「**광업법**」에 근거하여 처분청이 광업용 토지수용을 위한 사업인정을 하면서 토지소유자와 토지에 관한 권리를 가진 자의 **의견을 들은 경우** 처분청은 그 의견에 **기속된다**. 19지방9

40 행정청은 당사자등이 **제출한 의견을 반영하지 않은 사유**에 대해서 당사자등이 그 이유의 **설명을 요청하는 경우**, 처분 시 **이유제시를 한 것과 별개**로 서면으로 그 이유를 알려야 한다. 다만, 당사자들이 동의하면 말, 정보통신망 또는 그 밖의 방법으로 알릴 수 있다. 미기출

40 행정청은 당사자등이 **제출한 의견을 반영하지 않은 사유**에 대해서 당사자등이 그 이유의 설명을 요청하더라도, 처분 시 **이유제시를 한 이상** 이러한 설명요청에 **응하지 않아도 된다**. 미기출

41 행정청은 당사자등이 제출한 의견을 반영하지 않은 이유의 설명을 요청할 경우, **원칙적으로 서면**으로 그 이유를 알려야 하나 당사자등이 동의하면 말, 정보통신망 또는 그 밖의 방법으로 알릴 수 있다. 미기출

41 행정청은 당사자등이 제출한 의견을 반영하지 않은 이유의 설명을 요청할 경우, **서면, 말, 정보통신망 중 하나**를 택하여 알릴 수 있다. 미기출

테마별 N지 모음

N1 다음 사례에 대한 갑, 을, 병, 정의 대화 중 옳은 것은?   16사복9 ①
ⓒ

> 임용권자는 정규공무원으로 임용된 A가 **정규임용시**에는 아무런 임용**결격사유가 없**었지만 그 이전에 **시보로 임용될 당시** 국가공무원법에서 정한 **임용결격사유가 있**었다는 사실을 알게 되었다. 이에 해당 임용권자는 이러한 사실을 이유로 A의 시보임용처분을 취소하고 그 후 정규임용처분도 취소하였다.

① 갑: **시보임용**처분은 **당연무효**이다.
② 을: 시보임용처분에 근거한 **정규임용처분**은 **무효**이다.
③ 병: **시보임용취소**처분과 **정규임용취소**처분은 별개의 처분이 아니라 단계적으로 이루어지는 **하나의 처분**이다.
④ 정: **정규임용취소**처분은 성질상 행정절차를 거치는 것이 불필요하여 **행정절차법**의 적용이 **배제**된다.

[해설] ② 시보임용처분에 근거한 **정규임용처분**은 **취소**사유에 해당한다.
   ⊕ 정규임용자체는 결격사유가 해소된 후에 이루어졌으므로 무효사유는 아님.
③ **시보임용취소**처분과 **정규임용취소**처분은 **별개의 처분**이다.
④ **정규임용취소**처분은 성질상 행정절차를 거치는 것이 불필요하다고 인정되는 처분이라고 할 수 없으므로 **행정절차법**이 **적용**된다.

THEME 40 행정절차법(4) - 이유제시

○ 지문 / ✕ 지문

01 사전통지·의견청취 vs 이유제시 | 요플 p.154 |

01 **이유제시**는 처분의 상대방의 불복제기의 편의를 위해 **처분 시에** 함이 원칙이다.   을 15국가7
ⓒ

01 **이유제시**는 처분의 상대방에게 제시된 이유에 대해 방어할 기회를 보장하기 위해 처분에 앞서 **사전에** 함이 원칙이다.   15국가7
ⓒ

02 **이유제시**는 처분의 결정과정을 보다 **투명**하게 하는데 기여한다.   15국가7
인

03 **이유제시**는 처분의 **상대방**에게 처분의 적법성을 보다 확신시켜 이를 **수용**하게 한다는 점에서 **법원의 부담**을 **경감**시켜 주는 기능을 한다.   15국가7
인

04 **당사자**에 대한 행정처분의 **이유제시**는 행정절차법상의 문제에 그치지 않고 **재량통제의 역할**도 수행한다.   을 08(상)지방9
Z
   ⊕ 이와 관련하여 판례는 합리적인 이유제시 없이 거부처분을 하는 경우 재량의 일탈·남용에 해당한다고 판시한 바 있다.

04 **이해관계인**에 대한 행정처분의 **이유제시**는 행정절차법상의 문제이고 **재량통제의 대상**은 아니다.   08(상)지방9
Z

02 대상 / 적용제외 / 요청에 따른 사후제시 | 요플 p.154 |

05 행정절차법은 당사자에게 처분을 할 때에 그 근거와 이유를 제시하도록 규정하고 있다. 즉, **의무를 부과**하거나 **권익을 제한**하는 처분에 한정하지 **않**는다.   을 18지방7
ⓒ

05 행정절차법은 당사자에게 **의무를 부과**하거나 당사자의 **권익을 제한**하는 처분을 하는 경우에 대해서만 그 근거와 이유를 제시하도록 규정하고 있다.   18지방7
ⓒ

06 단순·반복적인 처분 또는 **경미한** 처분이지만 당사자가 그 이유를 명백히 알 수 있는 경우 처분의 이유제시를 **생략**할 수 있다.   을 14서울7
ⓒ

06 단순·반복적인 처분 또는 **중대한** 처분이지만 당사자가 그 이유를 명백히 알 수 있는 경우 처분의 **이유제시**를 **생략**할 수 있다.   14서울7
ⓒ

07 **긴급**을 요하는 경우(는 행정절차법상 **이유제시**의무가 **면제**된다.)   09국가7
ⓒ

08 신청내용을 **모두 그대로 인정**하는 처분인 경우에는 **이유·근거를 제시**하여야 하는 **의무가 면제**된다.   을 18교행9
ⓒ

08 신청내용을 **모두 그대로 인정**하는 처분인 경우라 할지라도 **이유·근거**를 구체적으로 **제시**해야 할 행정청의 의무가 **완화**되는 것은 **아니**다.   18교행9
ⓒ

09 단순·반복적인 처분 또는 경미한 처분으로서 당사자가 그 이유를 명백히 알 수 있는 경우라 하더라도 처분후 당사자가 요청하는 경우에는 행정청은 그 근거와 이유를 제시하여야 한다. 18국가9

10 행정청은 긴급히 처분을 할 필요가 있는 경우 당사자에게 처분의 근거와 이유를 제시하지 않아도 되지만, 처분 후 당사자가 요청하는 경우에는 그 근거와 이유를 제시하여야 한다. 17서울7
  ➕ 사후제시는 당사자 요청이 있을 때 하는 것이지, 요청이 없어도 하는 것이 아니다.

11 신청내용을 모두 그대로 인정하는 처분인 경우 이유 제시 의무가 면제되고 처분 후 당사자가 요청하는 경우에도 그 근거와 이유를 제시하지 않아도 된다. 12국가9

10 행정청은 긴급히 처분을 할 필요가 있는 경우 당사자에게 처분의 근거와 이유를 제시하지 않아도 되지만, 처분 후에는 당사자의 요청이 없어도 그 근거와 이유를 제시하여야 한다. 17서울7

11 신청내용을 모두 그대로 인정하는 처분인 경우 이유 제시의무가 면제되지만 처분 후 당사자가 요청하는 경우에는 그 근거와 이유를 제시하여야 한다. 12국가9

03 구체성의 정도 | 요플 p.155 |

12 처분 당시 당사자가 어떠한 근거와 이유로 처분이 이루어진 것인지를 충분히 알 수 있어서 그에 불복하여 행정구제 절차로 나아가는 데에 별다른 지장이 없었던 것으로 인정되는 경우에는 처분서에 처분의 근거와 이유가 구체적으로 명시되어 있지 않았다고 하더라도 그로 말미암아 그 처분이 위법한 것으로 된다고 할 수는 없다.(2011두18571) 21지방9

13 행정청이 허가를 거부하는 처분을 하면서 처분의 근거와 이유를 구체적으로 명시하지 않았더라도, 당사자가 그 근거를 알 수 있을 정도로 이유를 제시한 경우에는 그 처분이 위법하다고 볼 수 없다. 21변시

14 세무서장이 주류도매업자에 대하여 일반주류도매업면허취소통지를 하면서 그 위반사실을 구체적으로 특정하지 아니한 것은 위법하다는 것이 판례의 입장이다. 12국가9

15 이유제시의 정도는 당사자가 처분사유를 이해할 수 있을 정도의 상당한 수준이면 된다. 따라서 인·허가 사항의 거부 등 신청 당시 당사자가 근거규정을 알 수 있을 정도의 상당한 이유를 제시한 경우에는 당해 처분의 근거 및 이유의 구체적 조항 및 내용을 명시하지 않았더라도 그 처분이 위법한 것이 된다고 할 수 없다.(2000두8912) 10국회8

16 행정청이 토지형질변경허가신청을 불허하는 근거규정으로 '도시계획법 시행령 제20조'를 명시하지 아니하고 '도시계획법'이라고만 기재하였으나, 신청인이 자신의 신청이 개발제한구역의 지정목적에 현저히 지장을 초래하는 것이라는 이유로 구 도시계획법 시행령 제20조제1항제2호에 따라 불허된 것임을 알 수 있었던 경우에는 그 불허처분이 위법하지 않다. 17지방7

17 시설 종목마다 각각 다른 공동시설세 세율 중 '소방시설에 요하는 공동시설세'의 세율은 납세고지서에 상세히 기재하였으나 시설 종목을 표시하는 세목은 기재하지 않은 경우에도 공동시설세 부과처분은 적법하다. 12경행(3)

18 부과처분에 앞서 보낸 과세예고통지서에 납세고지서의 필요적 기재사항이 제대로 기재되어 있었다면, 납세고지서에 그 기재사항의 일부가 누락되었더라도 납세고지서의 흠결이 보완되거나 하자가 치유될 수 있다.(92누13981) 14지방9

19 부과처분 전에 교부된 부담금예정통지서에 납부고지서의 필요적 기재사항이 제대로 기재되어 있다면, 이로써 납부고지서의 하자는 치유될 수 있다. 12지방7

20 변상금 부과처분을 하면서 그 납부고지서 또는 적어도 사전 통지서에 그 산출근거를 제시하지 아니하였다면 위법한 것이고 산출근거가 법령상 규정되어 있거나 부과통지서 등에 산출근거가 되는 법령을 명기함으로써 간접적으로 산출근거를 명시하였다고는 볼 수 없어 이유제시의 요건을 충족한 것으로 볼 수 없다.(2000두66) 16국회8

21 납세고지서에 세액산출근거 등의 기재사항이 누락되었거나 과세표준과 세액의 계산명세서가 첨부되지 않은 납세고지의 하자는 납세의무자가 그 나름대로 산출근거를 알고 있다거나 사실상 이를 알고서 쟁송에 이르렀다 하더라도 치유되지 않는다. 19국가7

12 처분 당시 당사자가 어떠한 근거와 이유로 처분이 이루어진 것인지를 충분히 알 수 있어서 그에 불복하여 행정구제절차로 나아가는 데에 별다른 지장이 없었던 것으로 인정되는 경우에도 처분서에 처분의 근거와 이유가 구체적으로 명시되어 있지 않았다면 그 처분은 위법하다. 21지방9

13 행정청이 허가를 거부하는 처분을 하면서 처분의 근거와 이유를 구체적으로 명시하지 않은 이상, 당사자가 그 근거를 알 수 있을 정도로 이유를 제시하였다 하더라도 그 처분은 위법하다. 21변시

15 판례에 의하면 이유제시의 정도는 당사자가 처분사유를 이해할 수 있을 정도로 구체적이어야 하므로 인·허가 사항의 거부 등 신청 당시 당사자가 근거규정을 알 수 있을 정도의 상당한 이유가 있더라도 당해 처분의 근거 및 이유의 구체적 조항 및 내용을 명시하여야 한다. 10국회8

18 부과처분에 앞서 보낸 과세예고통지서에 납세고지서의 필요적 기재사항이 제대로 기재되어 있었더라도, 납세고지서에 그 기재사항의 일부가 누락되었다면 이유제시의 하자는 치유의 대상이 될 수 없다. 14지방9

20 변상금 부과처분을 하면서 그 납부고지서 또는 적어도 사전 통지서에 그 산출근거를 제시하지 아니하였다면 위법이지만 그 산출근거가 법령상 규정되어 있거나 부과통지서 등에 산출근거가 되는 법령을 명기하였다면 이유제시의 요건을 충족한 것이다. 16국회8

22 면허의 취소처분에는 그 근거가 되는 법령이나 취소권 유보의 부관 등을 명시하여야 함은 물론 처분을 받은 자가 어떠한 위반사실에 대하여 당해 처분이 있었는지를 알 수 있을 정도로 사실을 적시할 것을 요하며 이와 같은 취소처분의 근거와 위반사실의 적시를 빠뜨린 하자는 피처분자가 처분 당시 그 취지를 알고 있었거나 그 후 알게 되었더라도 치유될 수 없다. 20지방7

23 교육부장관이 부적격사유가 없는 후보자들 사이에서 어떤 후보자를 상대적으로 더욱 적합하다고 판단하여 국립대학교의 총장으로 임용제청을 하였다면, 그러한 임용제청행위 자체로서 이유제시의무를 다한 것이다. 22지방9
　➕ 반면, 어떤 후보자를 부적격하다고 판단하여 배제하는 경우에는 부적격사유가 있다는 점을 구체적으로 제시할 의무가 있다.

24 교육부장관이 관련 법령에 따른 부적격사유가 없는 A와 B 총장후보자 구운데 A후보자가 상대적으로 더욱 적합하다고 판단하여 대통령에게 총장으로 A후보자를 임용제청한 경우, 교육부장관은 B후보자에게 개별 심사항목이나 총장 임용 적격성에 대한 정성적 평가결과를 구체적으로 밝힐 의무를 부담하지 않는다.(2016두57564) 21변시
　➕ 임용제청하는 행위 자체에 그가 총장으로 더욱 적합하다는 정성적 평가 결과가 당연히 포함되어 있는 것으로, 이로써 이유제시의무를 다한 것으로 보아야 하기 때문이다.

22 면허의 취소처분에는 그 근거가 되는 법령이나 취소권 유보의 부관 등을 명시하여야 함은 물론 처분을 받은 자가 어떠한 위반사실에 대하여 당해 처분이 있었는지를 알 수 있을 정도로 사실을 적시할 것을 요하지만, 이와 같은 취소처분의 근거와 위반사실의 적시를 빠뜨린 하자는 피처분자가 처분 당시 그 취지를 알고 있었거나 그 후 알게 되었다면 그 하자는 치유될 수 있다. 20지방7

24 교육부장관이 관련 법령에 따른 부적격사유가 없는 A와 B 총장 후보자 가운데 A후보자가 상대적으로 더욱 적합하다고 판단하여 대통령에게 총장으로 A후보자를 임용제청한 경우, 교육부장관은 B후보자에게 개별 심사항목이나 총장 임용 적격성에 대한 정성적 평가결과를 구체적으로 밝힐 의무가 있다. 21변시

THEME 41 행정절차법(5) - 절차의 하자

○ 지문 | × 지문

01 독자적 위법성 | 요플 p.156 |

01 행정절차법에는 절차상 하자 있는 행정행위의 효력에 관한 별도의 규정을 두고 있지 않다. 09국가9

02 절차상의 하자를 독자적 취소의 사유로 인정하지 않는 견해(소극설)에 따르면, 당해 행정행위가 취소되더라도 행정청은 다시 적법한 절차를 거쳐 동일한 행정행위를 반복할 것이므로 소송경제상 바람직하지 않다는 점을 논거로 한다. 09국가9

03 절차상의 하자를 독자적 취소의 사유로 인정하는 견해(적극설)에 따르면, 적법한 절차를 거쳐 다시 처분을 하는 경우 반드시 동일한 결정에 도달하는 것은 아니라는 점을 논거로 한다. 09국가9

04 판례는 기속행위와 재량행위의 구별없이 절차상 하자를 독립된 취소사유로 본다. 17(상)지방9

04 (판례에 따르면) 기속행위의 경우에는 절차상의 하자만으로 독립된 취소사유가 될 수 없으나, 재량행위의 경우에는 절차상의 하자만으로도 독립된 취소사유가 된다. 17(상)지방9

02 유형 및 효과 | 요플 p.157 |

05 과세관청이 과세예고 통지 후 과세전적부심사 청구나 그에 대한 결정이 있기 전에 과세처분을 한 경우, 특별한 사정이 없는 한 그 과세처분은 절차상 하자가 중대·명백하여 당연무효이다. 19국가7

06 법령상 환경영향평가를 거쳐야 할 대상사업에 대하여 환경영향평가를 거치지 않고 행하여진 승인처분은 그 하자가 법규의 중요한 부분을 위반한 중대한 것이고 객관적으로도 명백한 것이므로 당연무효이다.(2005두14363) 16서울7

06 법령상 환경영향평가를 거쳐야 할 대상사업에 대하여 환경영향평가를 거치지 않고 행하여진 승인처분은 위법하지만 당연무효는 아니며, 취소의 대상이 될 뿐이다. 16서울7

07 환경영향평가를 거쳐야 함에도 불구하고 환경영향평가를 거치지 않고 개발사업승인을 한 처분에 대해서는 처분이 있은 후 1년이 도과한 경우라도 불가쟁력이 발생하지 않는다. 20국회8

08 환경영향평가법령에서 요구하는 **환경영향평가절차**를 거쳤더라도 그 **내용이 부실**한 경우, 부실의 정도가 환경영향평가를 하지 아니한 것과 마찬가지인 정도가 아니라면 이는 당해 승인 처분에 재량권의 **일탈·남용**의 위법이 있는지 여부를 **판단하는** 하나의 **요소로 됨에 그칠 뿐**, 그 부실로 인하여 **당연히** 처분이 **위법**하게 되는 것은 **아니**다.(2006두330) 〔17국회8〕

09 **환경영향평가절차**가 **완료**되기 **전**에 공사시행을 하여 **사업자가 사전 공사시행 금지규정을 위반**한 경우, 승인기관의 장이 한 사업계획 등에 대한 **승인** 등의 **처분**이 위법하게 된다고 볼 수는 **없다**.(2012두1006) 〔20국회8〕
  ⊕ 사업자가 사전 공사시행 금지규정 위반으로 형사처벌의 대상이 될 뿐, 행정청이 한 승인처분이 위법하게 되는 것은 아님

10 환경영향평가의 결여는 중대한 하자에 해당하며, **사전환경성검토협의의 결의도 중대한 하자에 해당**한다.(2009두2825) 〔11국가7〕

11 행정청이 **사전환경성검토협의**를 거쳐야 할 대상사업에 관하여 **법의 해석을 잘못한 나머지** 세부용도지역이 지정되지 않은 개발사업 부지에 대하여 사전환경성검토협의를 할지 여부를 결정하는 절차를 **생략**한 채 승인 등의 처분을 하였다면, 그 행정처분은 **취소사유**에 해당한다. 〔22소방〕
  ⊕ 관련 대법원 판결이 있기 전 법해석을 잘못하여 사전환경성검토협의를 거치지 않은 경우에는 그 하자가 중대하나 객관적으로 명백한 것은 아니라고 한 사례이다.(2009두2825

12 구「환경정책기본법」제25조의2에 따라 사전환경성검토를 거쳐야 하는 행정계획이나 개발사업에 대하여 **사전환경성검토**를 거친 경우, 그 **부실**의 정도가 사전환경성검토 제도를 둔 입법 취지를 달성할 수 없을 정도가 아닌 이상, 그 부실은 당해 처분에 재량권 **일탈·남용**의 위법이 있는지 여부를 **판단하는** 하나의 **요소로 됨에 그칠 뿐**, 그 부실로 인하여 **당연히** 당해 처분이 **위법**하게 되는 것은 **아니**라고 할 것이다. 〔23소방〕

13 행정청이 사전에 **교통영향평가를 거치지 아니한** 채 '건축 허가 전까지 교통영향평가 심의필증을 교부받을 것'을 부관으로 붙여서 한 '실시계획변경 승인 및 공사시행변경 인가 처분'은 그 하자가 중대하고 명백하다고 할 수 없으므로 **무효로 보기는 어렵다**.(2009두102) 〔19지방9〕
  ⊕ 교통영향평가는 환경영향평가와 차이가 있고, 교통영향평가를 배제한 것이 아니라 건축허가 전까지 교통영향평가 심의필증을 교부받을 것을 부관으로 하고 있기에 무효에 해당하지 아니한다고 본 사례이다.

14 민원사무를 처리하는 행정기관이 민원 1회 방문처리제를 시행하는 절차의 일환으로 민원사항의 심의, 조정 등을 위한 **민원조정위원회**를 개최하면서 민원인에게 **회의일정** 등을 **사전**에 **통지**하지 **아니**하였다더라도 이러한 사정**만으로** 곧바로 **취소사유**에 해당한다고 볼 수는 **없다**.(2013두1560) 〔17국회8〕

15 민원사무를 처리하는 행정기관이 민원 1회방문 처리제를 시행하는 절차의 일환으로 민원사항의 심의·조정 등을 위한 **민원조정위원회**를 개최하면서 **사전통지의 흠결**로 민원인에게 의견진술의 기회를 주지 아니한 결과 민원조정위원회의 심의과정에서 **고려대상에 마땅히 포함시켜야 할 사항을 누락**하는 등 재량권의 불행사 또는 해태로 볼 수 있는 구체적 사정이 있다면, 그 거부처분은 재량권을 일탈·남용한 것으로서 **위법**하다. 〔18경행〕

16 행정청이 처분기준 사전공표 의무를 위반하여 미리 **공표하지 아니한 기준을 적용**하여 처분을 하였다고 하더라도, 그러한 사정만으로 곧바로 해당 처분에 **취소사유**에 이를 정도의 흠이 존재한다고 볼 수는 **없다**. 〔23국가7〕

17 사전에 **공표한 갱신기준을 심시대상기간**이 이미 경과하였거나 **상당**부분 **경과한 시점**에서 처분상대방의 갱신여부를 좌우할 정도로 **중대하게 변경**하는 것은 특별한 사정이 없는 한 **허용**되지 **않**는다. 〔23변시〕

18 '4대강 살리기 사업' 중 한강 부분에 관한 각 하천공사시행계획 및 각 실시계획승인처분에 보의 설치와 준설 등에 대한 **예비타당성조사를 실시하지 아니**한 하자는 원칙적으로 **예산 자체의 하자일 뿐**, 그로써 해당 하천 부분에 관한 각 하천공사시행계획 및 각 실시계획승인**처분의 하자**가 된다고 할 수 **없다**. 〔23소간〕

19 처분의 **처리기간에 관한 규정**은 **훈시규정**에 불과할 뿐 강행규정이라고 볼 수 없으므로 행정청이 처리기간이 지나 처분을 하였더라도 이를 처분을 취소할 절차상 하자로 볼 수 **없다**. 〔23국가7〕

---

08 환경영향평가법령에서 요구하는 **환경영향평가절차**를 거쳤더라도 그 **내용이 부실**한 경우, 부실의 정도가 환경영향평가를 하지 아니한 것과 마찬가지인 정도가 아니라면 이는 **취소사유**에 해당한다. 〔17국회8〕

09 **환경영향평가절차**가 **완료**되기 **전**에 공사시행을 하여 **사업자가 사전 공사시행 금지규정을 위반**한 경우, 승인기관의 장이 한 사업계획 등에 대한 **승인** 등의 **처분**은 **위법**하다. 〔20국회8〕

10 판례는 환경영향평가의 결여를 중대한 하자로 보지만 **사전환경성검토협의의 결여는 중대한 하자로 보지 않는다**. 〔11국가7〕

11 행정청이 **사전환경성검토협의**를 거쳐야 할 대상사업에 관하여 **법의 해석을 잘못한 나머지** 세부용도지역이 지정되지 않은 개발사업 부지에 대하여 사전환경성검토협의를 할지 여부를 결정하는 절차를 **생략**한 채 승인 등의 처분을 하였다면, 그 행정처분은 **당연무효**이다. 〔22소방〕

12 구「환경정책기본법」제25조의2에 따라 사전환경성검토를 거쳐야 하는 행정계획이나 개발사업에 대하여 **사전환경성검토**를 거친 경우, 그 **부실**의 정도가 사전환경성검토 제도를 둔 입법 취지를 달성할 수 없을 정도가 아니더라도 그 부실로 인하여 행정계획은 **위법**하게 된다. 〔23소방〕

13 행정청이 사전에 **교통영향평가를 거치지 아니한** 채 '건축허가 전까지 교통영향평가 심의필증을 교부받을 것'을 부관으로 붙여서 한 '실시계획변경 승인 및 공사시행변경 인가 처분'은 그 하자가 중대하고 객관적으로 명백하여 **당연무효**이다. 〔19지방9〕

14 판례는 민원사무를 처리하는 행정기관이 민원 1회 방문처리제를 시행하는 절차의 일환으로 민원사항의 심의, 조정 등을 위한 **민원조정위원회**를 개최하면서 민원인에게 **회의일정** 등을 **사전**에 **통지**하지 **아니**하였다면 **취소사유**가 존재한다는 입장이다. 〔17국회8〕

18 '4대강 살리기 사업' 중 한강 부분에 관한 각 하천공사시행계획 및 각 실시계획승인처분에 보의 설치와 준설 등에 대한 **예비타당성조사를 실시하지 아니**한 하자는 **예산 자체의 하자가 되며** 이에 따라 해당 하천 부분에 관한 각 하천공사시행계획 및 각 실시계획승인**처분의 하자도** 인정**된다**. 〔23소간〕

19 처분의 **처리기간에 관한 규정**은 **강행규정**이므로 행정청이 처리기간이 지나 처분을 하였다면 이는 처분을 **취소**할 절차상 하자로 볼 수 **있다**. 〔23국가7〕

03 세부유형별 검토 | 요플 p.158 |

20 주민등록법상 최고·공고절차가 생략된 주민등록말소처분은 취소사유인 행정처분에 해당한다.(94누3223) 14사복9

20 주민등록법상 최고·공고절차가 생략된 주민등록말소처분(은 무효인 행정처분에 해당한다) 14사복9

21 법률상 필요한 상대방의 신청 또는 동의가 결여된 행위(는 원칙적으로 행정행위의 무효사유에 해당한다) 10경북교행(변형)

22 행정청이 침해적 행정처분을 하면서 당사자에게 행정절차법상의 사전통지를 하지 않거나 의견제출의 기회를 주지 아니한 경우, 그 처분은 취소사유에 해당한다. 16사복9

22 행정청이 침해적 행정처분을 하면서 당사자에게 행정절차법상의 사전통지를 하지 않거나 의견제출의 기회를 주지 아니한 경우, 그 처분은 당연무효이다. 16사복9

23 침해적 행정처분을 할 때 처분의 근거법령 등에서 청문을 실시하도록 규정하고 있다면 행정절차법 등의 예외에 해당하지 않는 한 반드시 청문을 실시하여야 하며, 그러한 절차를 결여한 처분은 위법한 처분으로서 취소사유에 해당한다.(2005두15700) 12지방9

23 침해적 행정처분을 할 때 처분의 근거법령 등에서 청문을 실시하도록 규정하고 있다면 행정절차법 등의 예외에 해당하지 않는 한 반드시 청문을 실시하여야 하며, 그러한 절차를 결여한 처분은 위법한 처분으로서 당연무효이다. 12지방9

24 행정청이 청문서 도달기간을 다소 어겼다 하더라도 영업자가 이에 대하여 이의하지 아니한 채 스스로 청문일에 출석하여 그 의견을 진술하고 변명하는 등 방어의 기회를 충분히 가졌다면 청문서 도달기간을 준수하지 아니한 하자는 치유된다. 16국가7

25 이유제시를 하지 않은 행정행위는 취소사유이며, 절차상 하자로서 제소 전까지는 하자의 치유를 인정하는 것이 판례의 입장이다. 18국회8
  + 반면 학설은 이유제시를 불충분하게 한 것은 취소사유이나, 전혀 하지 않은 것은 무효라는 입장이 유력하다.

25 이유부기를 결한 행정행위는 무효이며 그 흠의 치유를 인정하지 아니하는 것이 판례의 입장이다. 18국회8

26 과세처분 시 납세고지서에 법으로 규정한 과세표준 등의 기재가 누락되면 그 과세처분 자체가 위법한 처분이 되어 취소의 대상이 된다. 22지방

27 세액산출근거가 기재되지 아니한 납세고지서에 의한 부과처분은 강행법규에 위반하여 취소대상이 된다고 할 것이므로 이와 같은 하자는 납세의무자가 전심절차에서 이를 주장하지 아니하였거나, 그 후 부과된 세금을 자진납부하였다거나, 또는 조세채권의 소멸시효기간이 만료되었다 하여 치유되는 것이라고는 할 수 없다. 23국가9

27 세액산출근거가 기재되지 아니한 납세고지서에 의한 부과처분은 강행법규에 위반하여 취소대상이 된다고 할 것이지만 이와 같은 하자는 납세의무자가 전심절차에서 이를 주장하지 아니하였거나, 그 후 부과된 세금을 자진납부하였다거나, 또는 조세채권의 소멸시효기간이 만료된 경우 치유된다. 23국가9

28 판례는 이유제시의 하자의 추완이나 보완은 처분에 대한 불복여부의 결정 및 불복신청에 편의를 줄 수 있는 상당한 기간 내에 하여야 한다는 입장이다. 10국회8

29 하자의 치유는 늦어도 행정처분에 대한 불복 여부의 결정 및 불복신청을 할 수 있는 상당한 기간 내에 해야 하므로, 소가 제기된 이후에는 하자의 치유가 인정될 수 없다. 14사복9

30 세액산출근거가 누락된 납세고지서에 의한 하자 있는 과세처분에 대하여 전심절차가 모두 끝나고 상고심의 계류중에 세액산출근거의 통지가 있었다고 하여 이로써 위 과세처분의 하자가 치유되었다고는 볼수 없다.(83누393) 12지방9

30 세액산출근거가 누락된 납세고지서에 의한 하자 있는 과세처분에 대하여 전심절차가 모두 끝나고 상고심의 계류중에 세액산출근거의 통지가 있었다면 위 과세처분의 하자가 치유되었다고 볼 수 있다. 12지방9

31 국방·군사시설 사업에 관한 법률 및 구 삼림법에서 보전임지를 다른 용도로 이용하기 위한 사업에 대하여 승인 등 처분을 하기 전에 미리 산림청장과 협의를 하라고 규정한 의미는 그의 자문을 구하라는 것이지 그의 의견을 따라 처분을 하라는 것이 아니므로, 이러한 협의를 거치지 아니하고 행해진 승인처분은 취소사유에 해당한다. 15지방7

31 국방·군사시설 사업에 관한 법률 및 구 삼림법에서 보전임지를 다른 용도로 이용하기 위한 사업에 대하여 승인 등 처분을 하기 전에 미리 산림청장과 협의를 하라고 규정한 의미는 그 의견에 따라 처분을 하라는 것이므로, 이러한 협의를 거치지 아니하고 행해진 승인처분은 당연무효이다. 15지방7

32 행정청이 구 학교보건법상 학교환경위생정화구역 내에서 금지행위 및 시설의 해제 여부에 관한 행정처분을 하면서 학교환경위생정화위원회의 심의를 누락한 흠이 있다면 행정처분의 효력에 아무런 영향을 주지 않는다고 볼 수는 없으므로 특별한 사정이 없는 한 이는 행정처분을 위법하게 하는 취소사유가 된다.(2006두15806) 16경행

32 행정청이 구 학교보건법상 학교환경위생정화구역 내에서 금지행위 및 시설의 해제 여부에 관한 행정처분을 하면서 학교환경위생정화위원회의 심의를 누락한 흠이 있더라도 행정처분의 효력에 아무런 영향을 주지 않는다. 16경행

33 구 학교보건법상 학교환경위생정화구역에서의 금지행위 및 시설의 해제 여부에 관한 행정처분을 함에 있어 학교환경위생정화위원회의 심의절차를 누락한 행정 처분은 취소사유에 해당한다. 17(하)지방9

33 구 학교보건법상 학교환경위생정화구역에서의 금지행위 및 시설의 해제 여부에 관한 행정처분을 함에 있어 학교환경위생정화위원회의 심의절차를 누락한 행정 처분은 무효이다. 17(하)지방9

34 필요한 이해관계인의 참여·협의를 결여한 행위(는 행정행위의 절차에 관한 하자에 해당한다) 10경북교행

35 교육감이 **자율형 사립고등학교**의 **지정취소**를 함에 있어서 초·중등교육법령상 규정된 **교육부장관**과의 **사전협의**를 거치지 **아니**한 경우 해당 지정취소는 **위법**하다. 〔Z인〕 20승진(5급)

36 **도지사**의 **인사교류안 작성**과 그에 따른 인사교류의 **권고**가 전혀 이루어지지 **않은 상태에서**, 관할 구역 내 A시의 **시장이** 인사**교류**로서 소속 지방공무원인 甲에게 B시 지방공무원으로 **전출**을 명한 처분은 **당연무효**이다. 〔인〕 20지방7

37 (구별) 지방자치단체의 장이 소속 공무원을 다른 지방자치단체로 전출하는 것은 임명권자를 달리하는 지방자치단체로의 이동인 점에 비추어 이 경우에는 반드시 당해 공무원의 동의를 전제로 하는 것이고, 당해 **공무원의 동의 없는 전출명령**은 위법하여 **취소**되어야 한다. 〔인〕 (을) 19지방7

37 (구별) 지방자치단체의 장이 소속 공무원을 다른 지방자치단체로 전출하는 것은 임명권자를 달리하는 지방자치단체로의 이동인 점에 비추어 이 경우에는 반드시 당해 공무원의 동의를 전제로 하므로, 당해 **공무원의 동의 없는 전출명령**은 **무효**이다. 〔인〕 19지방7

04 재처분과 기속력 | 요플 p.158 |

38 **절차상 하자**로 인하여 **무효인 행정처분**이 있은 후 행정청이 관계 법령에서 정한 **절차를 갖추어** 다시 **동일한 행정처분**을 하였다면 당해 행정처분은 종전의 무효인 행정처분과 관계없이 **새로운 행정처분**이라고 보아야 한다. 〔인〕 16국가7

THEME 42 실효성 확보수단(1) - 공통쟁점 정리

○ 지문

01 개관 | 요플 p.160 |

01 행정대집행은 「행정기본법」상 행정상 강제에 해당한다. 23국가9

02 행정상 강제집행의 수단에 이행강제금, 대집행, 직접강제, 강제징수 등이 있다. 공법상 계약은 이에 포함되지 않는다. 11경행
  ➕ 행정상 강제집행은 우월한 지위를 전제로 하는 것인데, 공법상 계약은 대등한 지위에서 하는 것이기에 강제집행 수단에 포함되지 않는다.

03 행정상 강제집행 수단으로는 대집행과 강제징수가 일반적으로 인정되고, 직접강제와 집행벌은 예외적으로만 인정된다. 09지방9

04 행정상 즉시강제는 직접강제와는 달리 행정상 강제집행에 해당하지 않는다. 21국가9

05 행정상 강제집행은 행정법상 개별·구체적인 의무의 불이행을 전제로 그 불이행한 의무를 장래에 향해 실현시키는 것을 목적으로 한다는 점에서 과거의 의무위반에 대한 제재로써 가하는 행정벌과 구별된다. 08국가7

06 행정의사의 강제력에는 제재력과 자력집행력이 있는바, 제재력과 관련하여 행정형벌과 질서벌 등이 있다. 14서울7(변형)

07 행정법관계에서는 강제력의 특질이 인정되더라도, 행정법상의 의무를 명하는 명령권의 근거규정이 동시에 그 의무 불이행에 대한 행정상 강제집행의 근거가 될 수는 없다. 17국가7
  ➕ 행정상 강제집행은 국민의 기본권에 대한 제한을 수반하므로 별도의 법적 근거가 필요하다.

08 이행강제금은 침익적 강제수단이므로 법적 근거를 요한다. 20지방9

09 「행정기본법」은 행정상 강제에 대해 규정하고 있으나, 이는 행정상 강제의 조치 근거가 될 수 없고, 그 조치에 나아가기 위해서는 별도로 법률에 근거가 있어야 한다. 미기출

10 행정청은 행정목적을 달성하기 위하여 필요한 경우에는 법률로 정하는 바에 따라 행정대집행, 이행강제금의 부과, 직접강제, 강제징수, 즉시강제 등의 조치를 취할 수 있으며, 이러한 조치는 필요한 최소 범위에서 취해야 한다. 24소방

11 외국인의 출입국에 관한 사항에 관하여는 「행정기본법」상 행정상 강제에 관한 규정을 적용하지 아니한다. 24소간

12 행정기본법은 제재처분과 행정상 강제를 구분하여 정의하고 있다. 다만, 일반적 제재처분과 행정상 강제 모두 처분의 재심사의 대상에서 제외되는 것은 동일하다. 미기출

02 처분성 정리 | 요플 p.162 |

13 대집행에 대하여는 행정심판을 제기할 수 있다. 21지방9

14 대집행의 절차인 '대집행의 계고'의 법적 성질은 준법률행위적 행정행위이므로 계고 그 자체가 독립하여 항고소송의 대상이나, 2차 계고는 새로운 철거의무를 부과하는 것이 아니고 대집행기한의 연기 통지에 불과하므로 행정처분으로 볼 수 없다는 판례가 있다. 21소방

15 계고는 행정처분으로서 항고소송의 대상이 된다. 15국가9

16 건물철거명령 및 철거대집행계고를 한 후에 이에 불응하자 다시 제2차, 제3차의 계고를 하였다면 철거의무는 처음에 한 건물철거명령 및 철거대집행계고로 이미 발생하였고 그 이후에 한 제2차, 제3차의 계고는 새로운 철거의무를 부과한 것이 아니라 대집행 기한을 연기하는 통지에 불과하다. 18국가9

× 지문

02 행정상 강제집행의 수단에 대집행, 직접강제, 공법상 계약 등이 있다. 11경행

07 행정법관계에서는 강제력의 특질이 인정되므로 행정법상의 의무를 명하는 명령권의 근거규정은 동시에 그 의무 불이행에 대한 행정상 강제집행의 근거가 될 수 있다. 17국가7

12 행정기본법은 제재처분의 일종으로 행정상 강제를 정의하고 있다. 다만, 일반적 제재처분은 처분이 재심사의 대상이 되지 않지만, 행정상 강제는 처분의 재심사가 허용되는 것으로 규정하고 있다. 미기출

17 제1차 계고처분 이후 고지된 제2차, 제3차의 계고처분은 처분이 아니나, 거부처분이 있은 후 동일한 내용의 신청에 대하여 다시 거절의 의사표시를 한 경우에는 새로운 처분으로 본다. 17(하)지방9

18 대집행영장의 통지는 대집행을 실행하겠다는 단순한 사실의 통지가 아니라 그 자체로서 법률효과를 발생시키는 준법률행위적 통지에 해당하여 처분성이 인정되므로 이에 대해서는 취소소송을 제기할 수 있다. 10국가9

19 (행정상 대집행과 관련하여) 대집행의 실행행위는 권력적사실행위로서의 성질을 갖는다. 13서울9

20 대집행비용의 납부명령은 독립하여 항고소송의 대상이 된다. 11국가7

21 이행강제금의 부과처분에 대한 불복방법에 관하여 아무런 규정을 두고 있지 않는 경우에는 이행강제금 부과처분은 행정행위이므로 행정심판 또는 행정소송을 제기할 수 있다. 15국가7

22 건축법상 이행강제금의 부과에 대해서는 항고소송을 제기할 수 있다(즉, 처분에 해당한다). 비송사건절차법에 따라 재판을 청구할 수 있다는 규정은 삭제되었기 때문이다. 17(상)지방9

23 「농지법」상 이행강제금 부과처분은 항고소송의 대상이 되는 처분에 해당하지 않으므로 이에 불복하는 경우 항고소송을 제기할 수 없다. 농지법에서 비송사건절차법에 따라 불복하도록 규정하고 있기 때문이다. 20국가7

24 관할청이 「농지법」상의 이행강제금 부과처분을 하면서 재결청에 행정심판을 청구하거나 관할 행정법원에 행정소송을 할 수 있다고 잘못 안내한 경우에도 행정법원의 항고소송 재판관할이 생기지는 아니한다.(2018두42955) 22국가9

25 농지처분의무통지는 단순한 관념의 통지에 불과하다고 볼 수 없고, 상대방인 농지소유자의 의무에 직접 관계되는 독립한 행정처분으로서 항고소송의 대상이 된다. 21소방

26 직접강제와 즉시강제는 권력적 사실행위로서의 성격을 가지고 있다. 19서울9

27 「건축법」상 이행강제금 납부의 최초 독촉은 징수처분으로서 항고소송의 대상이 되는 행정처분이 될 수 있다. 19지방9

28 납세의무자의 재산에 대하여 사실상·법률상의 처분을 금지시키는 강제보전행위인 압류는 권력적 사실행위로서 처분적 성격이다. 10국가7

29 과세관청이 체납처분으로서 행하는 공매는 우월한 공권력의 행사로서 행정소송의 대상이 되는 행정처분이다. 15국가9

30 과세관청이 체납처분으로서 행하는 공매는 우월한 공권력의 행사로서 행정소송의 대상이 되는 행정처분이며, 공매에 의하여 재산을 매수한 자는 그 공매처분이 취소된 경우에 그 취소처분의 위법을 주장하여 행정소송을 제기할 법률상 이익이 있다.(84누201) 16지방9

31 한국자산공사가 당해 부동산을 인터넷을 통하여 재공매하기로 한 결정 자체는 내부적인 의사결정에 불과하여 항고소송의 대상이 되는 행정처분이라고 볼 수 없고, 이에 관한 공매통지도 공매의 요건이 아니라 공매사실 자체를 체납자에게 알려주는 데 불과한 것으로서 통지의 상대방의 법적 지위나 권리·의무에 직접 영향을 주는 것이 아니므로 항고소송의 대상인 행정처분에 해당하지 않는다. 17지방7

32 행정상 즉시강제는 권력적 사실행위이므로, 항고소송의 대상이 되는 처분성이 인정된다. 19소방

33 통고처분에 대하여 이의가 있으면 통고내용을 이행하지 않음으로써 고발되어 형사재판절차에서 통고처분의 위법·부당함을 다툴 수 있으므로 행정소송의 대상으로서의 처분성이 인정되지 않는다. 23소방

34 통고처분은 상대방의 임의의 승복을 그 발효요건으로 하기 때문에 그 자체만으로는 통고이행을 강제하거나 상대방에게 아무런 권리·의무를 형성하지 않으므로 행정심판이나 행정소송의 대상으로서의 처분성을 인정할 수 없다. 23지방9

---

18 대집행영장의 통지는 대집행을 실행하겠다는 단순한 사실의 통지에 불과하여 행정처분이라고 보기 어려우므로 이에 대해서는 취소소송을 제기할 수 없다. 10국가9

22 건축법상 이행강제금의 부과에 대해서는 항고소송을 제기할 수 없고 비송사건절차법에 따라 재판을 청구할 수 있다. 17(상)지방9

23 「농지법」상 이행강제금 부과처분은 항고소송의 대상이 되는 처분에 해당하므로 이에 불복하는 경우 항고소송을 제기할 수 있다. 20국가7

24 관할청이 「농지법」상의 이행강제금 부과처분을 하면서 재결청에 행정심판을 청구하거나 관할 행정법원에 행정소송을 할 수 있다고 잘못 안내한 경우 행정법원의 항고소송 재판관할이 생긴다. 22국가9

28 납세의무자의 재산에 대하여 사실상·법률상의 처분을 금지시키는 강제보전행위인 압류는 사실행위로서 처분적 성격을 가지지 않는다. 10국가7

30 과세관청이 체납처분으로서 행하는 공매는 우월한 공권력의 행사로서 행정소송의 대상이 되는 행정처분이나, 공매에 의하여 재산을 매수한 자는 그 공매처분이 취소된 경우에 그 취소처분의 위법을 주장하여 행정소송을 제기할 법률상 이익이 없다. 16지방9

31 한국자산공사가 당해 부동산을 인터넷을 통하여 재공매하기로 한 결정 자체는 내부적인 의사결정에 불과하여 항고소송의 대상이 되는 행정처분이라고 볼 수 없지만, 이에 관한 공매통지는 공매사실 자체를 체납자에게 알려줌으로써 통지의 상대방의 법적 지위나 권리·의무에 직접 영향을 주게 되므로 항고소송의 대상인 행정처분에 해당한다. 17지방7

35 헌법재판소는 **통고처분**에 대해 행정**심판**이나 행정소송의 대상에서 **제외**하고 있는 관세법 제38조 제3항 제2호가 법관에 의해 **재판을 받을 권리**를 침해한다든가 **적법절차의 원칙을 위반**하지 않는다고 보았다. 08국가9

36 **과태료**의 부과 여부 및 그 **당부는** 최종적으로 「**질서위반행위규제법**」의 절차에 **의하여** 판단되어야 한다고 할 것이므로, 그 과태료 부과처분은 행정청을 피고로 하는 **항고소송**의 대상이 되는 처분이라고 볼 수 **없다**. 23소방

37 '수도조례' 및 '하수도사용조례'에 기한 과태료의 부과여부 및 그 당부는 최종적으로 질서위반행위규제법에 의한 절차에 의하여 판단되어야 하므로 그 **과태료부과처분**은 행정청을 피고로 하는 **행정소송의 대상**이 되는 **처분**이라고 할 수 **없다**. 16국회8

38 과징금 부과처분에 대해서는 **행정소송법**에 따라 **항고소송**을 제기할 수 있다. 11경북교행

38 과징금 부과처분에 대해서는 **비송사건절차법**에 따라 **즉시항고**할 수 있다. 11경북교행

39 세법에 규정된 **가산세 부과**처분(은 **처분**성이 인정된다) 08(하)지방7

40 병무청장이 「병역법」에 따라 **병역의무 기피자의 인적사항** 등을 인터넷 홈페이지에 게시하는 등의 방법으로 **공개**한 경우 병무청장의 공개결정은 항고소송의 대상이 되는 행정**처분**이다. 23국가9

41 **병무청장**이 하는 **병역의무 기피자의 인적사항 공개**는 특정인을 병역의무 기피자로 판단하여 그 사실을 일반 대중에게 공표함으로써 그의 명예를 훼손하고 그에게 수치심을 느끼게 하여 병역의무이행을 간접적으로 강제하려는 조치로서 **공권력의 행사**에 해당한다. 22국회8

42 **병무청장의 인적사항 공개**처분이 **취소되면** 병무청장은 취소판결의 기속력에 따라 위법한 결과를 **제거**하는 **조치**를 할 **의무**가 있다. 22국회8

43 병무청장이 병역의무 기피자의 인적사항 등을 공개하는 결정을 공개 **대상자에게 미리 통보하지 않**은 것이나 **처분서를 작성·교부하지 않**았다면 이는 대상적격의 유무와 관련한 **소송요건의 문제**가 **아닌 처분의 적법여부**와 관련한 **본안판단의 문제**가 된다.(2018두49130) 미기출

43 병무청장이 **병역의무 기피자의 인적사항 등을 공개**하는 결정을 공개 **대상자에게 미리 통보하지 않**은 것이나 **처분서를 작성·교부하지 않**았다면 이는 처분의 성립과 관련된 사유이므로 **처분의 적법여부**가 **아닌** 대상적격의 유무와 관련한 **소송요건의 문제**가 된다. 미기출

44 병무청장이 하는 **병역의무 기피자의 인적사항 등** 공개조치에서 **공개**라는 사실행위는 **행정결정의 집행행위**라고 보아야 한다. 미기출

45 관할 지방병무청장이 병역의무 기피를 이유로 그 인적사항 등을 공개할 대상자를 1차로 결정하고 그에 이어 병무청장의 최종결정이 있는 경우, **지방병무청장의 1차 공개결정**은 최종 공개결정과는 **별도로 다툴 소의 이익이 없어진다**. 20변시

45 관할 지방병무청장이 병역의무 기피를 이유로 그 인적사항 등을 공개할 대상자를 1차로 결정하고 그에 이어 병무청장의 최종 공개결정이 있는 경우, **지방병무청장의 1차 공개결정**은 병무청장의 최종 공개결정과는 **별도로 항고소송**의 대상이 **된다**. 20변시

03 고의·과실 요부 정리 | 요플 p.164 |

46 행정법규 위반에 대하여 가하는 **제재조치**로서의 행정처분은 특별한 사정이 없는 한 위반자에게 **고의나 과실이 없더라도** 부과할 수 **있다**.(2014두8773) 17서울7

46 대법원은 행정법규 위반에 대하여 가하는 **제재조치**로서의 행정처분에도 특별한 경우가 아닌 한 **고의 또는 과실을 그 요건으로 한다**고 판시하였다. 17서울7

47 행정상 의무위반행위자에 대하여 **과징금**을 부과하기 위해서는 원칙적으로 위반자의 **고의 또는 과실을 요하지 아니한다**. 21국가7

47 행정상 의무위반행위자에 대하여 **과징금**을 부과하기 위해서는 원칙적으로 위반자의 **고의 또는 과실이 있어야 한다**. 21국가7

48 구 법인세법 제76조 제9항에 근거하여 부과하는 **가산세**는 형벌이 아니므로 행위자의 **고의 또는 과실·책임능력·책임조건** 등을 **고려하지 아니하며**, 조세의 부과절차에 따라 과징할 수 있다. 20지방7

49 (甲은 주유소를 운영하던 중 가짜 석유제품을 저장·판매하여 「석유사업법」을 위반한 사실이 적발되었다.) **행정법규** 위반에 대한 **제재조치**는 행정목적의 달성을 위하여 행정법규 위반이라는 **객관적 사실**에 착안하여 가하는 제재이므로, 甲이 고용한 **직원이 위반행위를 한 경우라도** 법령상 **책임자**인 甲에게 이 사건 처분을 할 수 있다. 22변시

50 현실적 행위자가 아닌 **법령상 책임자**로 규정된 자에게 행정법규 위반에 대한 **제재조치**를 부과**한다**. 14지방7

➕ 행정법규 위반에 대한 제재조치는 행정목적을 달성을 위하여 행정법규 위반이라는 객관적 사실에 착안하여 가하는 제재이기 때문이다.

50 현실적 행위자가 아닌 **법령상 책임자**로 규정된 자에게는 행정법규 위반에 대한 **제재조치**를 부과할 수 **없다**. 14지방7

51 **과징금** 부과처분의 경우 원칙적으로 위반자의 **고의·과실**을 **요하지 아니하나**, 위반자의 의무 해태를 탓할 수 없는 **정당한 사유**가 있는 등의 특별한 사정이 있는 경우에는 이를 **부과**할 수 **없다**. 18국가7

52 세법상 **가산세**는 행정상 제재로서 납세자의 고의·과실은 고려되지 않으나 납세자에게 그 의무해태를 탓할 수 없는 **정당한 사유**가 있는 경우에는 이를 **부과**할 수 **없다**. 22소간

52 세법상 **가산세**는 행정상 제재로서 납세자의 고의·과실은 고려되지 않으므로 설령 납세자에게 그 의무해태를 탓할 수 없는 **정당한 사유**가 있는 경우라도 이를 **부과할 수 있다**. 22소간

53 세법상 **가산세**는 과세권 행사 및 조세채권 실현을 용이하게 하기 위하여 납세자가 정당한 이유 없이 법에 규정된 신고, 납세 등의 의무를 위반한 경우에 개별세법에 따라 부과하는 행정상 제재로서, 납세자의 **고의·과실**은 **고려되지 아니**하고 **법령의 부지·착오** 등은 그 의무위반을 탓할 수 없는 **정당한 사유**에 해당하지 **아니**한다. 19국가9

54 세법상 가산세는 납세자가 정당한 이유 없이 법에 규정된 신고·납세의무 등을 위반한 경우에 부과되는 행정상 제재이다. 납세의무자가 **세무공무원의 잘못된 설명**을 믿고 그 신고납부의무를 이행하지 아니하였다 하더라도 그것이 **관계 법령에 어긋나는 것이 명백**한 때에는 그러한 사유만으로는 **정당한 사유**가 있는 경우에 해당한다고 할 수 **없다**. 17지방7

54 세법상 가산세는 납세자가 정당한 이유 없이 법에 규정된 신고·납세의무 등을 위반한 경우에 부과되는 행정상 제재로서, 납세의무자가 **세무공무원의 잘못된 설명**을 믿고 그 신고납부의무를 이행하지 아니한 경우에는 그것이 **관계 법령에 어긋나는 것임이 명백**하다고 하더라도 **정당한 사유**가 있는 경우에 **해당**한다. 17지방7

55 관련 법령을 위반한 폐기물처리업자에 대한 영업정지처분 시 그에게 의무위반을 탓할 수 없는 **정당한 사유**가 있는지 여부는 폐기물 처리업자 **본인**이나 그 **대표자**의 주관적인 인식을 **기준으로 하는 것이 아니라**, 그의 가족, 대리인 등 **관계자 모두**를 기준으로 판단하여야 **한다**. 미기출

55 관련 법령을 위반한 폐기물처리업자에 대한 영업정지 처분 시 그에게 의무위반을 탓할 수 없는 **정당한 사유**가 있는지 여부는 폐기물 처리업자 **본인**이나 그 **대표자**의 인식을 **기준으로 하는 것**이지, 그의 가족, 대리인 등 **관계자**를 기준을 판단할 수는 **없다**. 미기출

56 행정상 제재는 행정법규 위반이라는 객관적 사실에 대하여 가하는 제재이므로, 고의·과실을 요하지 않음이 원칙이다. 그러나 **과태료** 부과의 경우 「질서위반행위규제법」에서 **고의·과실**을 **요하고 있다**. 17서울9

56 과태료는 행정질서유지를 위한 의무 위반이라는 객관적 사실에 대하여 과하는 제재이므로 **과태료** 부과에는 **고의·과실**을 요하지 않는다. 17서울9

57 질서위반행위를 한 자가 자신의 **책임 없는 사유**로 위반행위에 이르렀다고 주장하는 경우 법원은 그 내용을 살펴 행위자에게 **고의나 과실**이 있는지를 **따져보아야** 한다. 23국가7

58 자신의 행위가 **위법하지 아니한 것으로 오인**하고 행한 질서위반행위에 대해서는 그 **오인에 정당한 이유가 있는 때**에 한하여만 과태료를 부과하지 **아니**한다. 11지방7

58 자신의 행위가 **위법하지 아니한 것으로 오인**하고 행한 질서위반행위에 대해서는 **과태료**를 부과하지 **아니**한다. 11지방7

59 자신의 행위가 **위법하지 아니**한 것으로 **오인**하고 행한 질서위반행위는 그 오인에 정당한 이유가 **있는 때에 한하여** 과태료를 **부과하지 아니**한다. 23국가9

60 대여행위가 있기만 하고 **고의 또는 과실이 없는 자**는 **처벌의 대상**이 되지 **아니**한다. 12국가9
　⊕ 형벌은 원칙적으로 고의범에게 부과할 수 있고 예외적으로 규정이 있다면 과실범에게도 부과할 수 있으나, 고의 또는 과실조차 없는 경우에는 부과할 수 없다.

60 (의료법 제87조는 면허증을 대여한 자에 대하여 5년 이하의 **징역** 또는 2천만원 이하의 **벌금**에 처하는 것으로 규정하고 있다. 이는) 대여행위가 있기만 하면 **고의 또는 과실이 없는 자**도 **처벌의 대상**이 된다. 12국가9

61 **과실범**을 처벌한다는 **명문**의 규정이 **없더라도** 행정형벌법규의 **해석**에 의하여 과실행위도 **처벌**한다는 뜻이 **도출되는 경우**에는 과실범도 **처벌될 수** 있다. 19국가9

62 구 대기환경보전법에 따라 **배출허용기준**을 **초과**하는 배출가스를 배출하는 자동차를 운행하는 행위를 **처벌**하는 규정은 **과실범의 경우에도 적용된다**.(92도1136) 14국가9

62 구 대기환경보전법에 따라 **배출허용기준**을 **초과**하는 배출가스를 배출하는 자동차를 운행하는 행위를 **처벌**하는 **규정**은 **과실범의 경우에 적용**하지 **아니**한다. 14국가9

04 형사처벌과의 관계 요플 p.165

63 통고처분에 따른 **범칙금**을 납부한 후에 동일한 사건에 대하여 다시 **형사처벌**을 하는 것은 **일사부재리**의 원칙에 **반한다**. 19국가9
　⊕ 통고처분에 따라 범칙금을 납부한 경우 형사확정판결과 같은 효력이 발생하여 당해 형사절차가 종료되기에, 다시 형사절차를 진행하는 것은 일사부재리의 원칙에 반한다.

63 통고처분에 따른 **범칙금**을 납부한 후에 동일한 사건에 대하여 다시 **형사처벌**을 하는 것이 **일사부재리**의 원칙에 **반하는 것은 아니다**. 19국가9

64 구「**행형법**」에 의한 징벌을 받은 뒤에 **형사처벌**을 한다고 하여 **일사부재리**의 원칙에 반하는 것은 **아니다**. 22국가7

65 과징금은 행정상 제재금이고 범죄에 대한 국가 형벌권의 실행이 아니므로 행정법규 위반에 대해 **벌금** 이외에 **과징금**을 부과하는 것은 **이중처벌금지**의 원칙에 **위반**되지 **않는다**. 22국가9

66 「독점규제 및 공정거래에 관한 법률」상 부당지원행위에 대한 **과징금**의 경우 행정상 의무위반에 대한 금전적 제재라는 면에서 **벌금과 동일한 성격**에 가지는 것이 **아니**므로 동일한 의무위반행위에 대해 과징금을 부과한 경우 **벌금**을 **병과**할 수 **있다**. 10국회9

67 **이행강제금**은 **형벌**과 병과하더라도 **이중처벌금지**원칙에 **반하지 아니**한다. 15국가9

68 건축법에 의한 무허가건축행위에 대한 **형사처벌**과 건축법 관련조항에 따른 **이행강제금**의 부과는 그 처벌 내지 제재대상이 되는 기본적 사실관계로서의 행위를 달리하며 또한 그 보호법익과 목적에서도 차이가 있으므로 **이중처벌**에 해당한다고 할 수 **없다**. 15(2)경행

69 헌법재판소는 **청소년 성매수자**의 **신상공개**제도가 이중처벌금지원칙, 과잉금지원칙, 평등원칙, 적법절차원칙 등에 **위반**되지 **않는다**는 입장이다. 10지방9

70 행정법상의 질서벌인 과태료의 부과처분과 형사처벌은 그 성질이나 목적을 달리하는 별개의 것이므로 행정법상의 질서벌인 **과태료**를 납부한 후에 **형사처벌**을 한다고 하여 이를 **일사부재리**의 원칙에 **반**하는 것이라고 할 수는 **없다**. 23국가9

71 행정형벌과 행정질서벌은 목적·기능이 중복되는 면이 없지 않으므로 동일 법규위반행위에 대하여 **형벌**을 부과하면서 행정질서벌인 **과태료**까지 부과한다면 그것은 **이중처벌금지**의 기본정신에 **배치될 여지가 있다**.(헌재 92헌바38) 12경행(변형)
➕ 행정형벌과 행정질서벌을 병과하는 것이 이중처벌금지의 원칙에 배치될 여지 정도가 있다고 한 것일 뿐, 금지되는 이중처벌에 해당한다고 판시한 것은 아니다.

72 신규등록신청을 위한 **임시운행허가**를 받고 그 기간이 끝났음에도 **자동차등록원부에 등록하지 아니**한채 허가기간의 범위를 넘어 운행한 경우에 차량소유자(피고인)가 이미 관련 법조항에 의한 **과태료**를 부과 받아 납부하였더라도 다시 피고인에 대해 **형사처벌**을 하는 것은 **일사부재리**의 원칙에 **반하지 아니**한다.(96도158) 10지방7

73 이행강제금은 장래의 의무이행을 심리적으로 강제하기 위한 것으로서 의무이행이 있을 때까지 **반복**하여 **부과**할 수 있다. 19서울7

74 「건축법」상 **이행강제금**은 일정한 기한까지 의무를 이행하지 않을 때에는 일정한 금전적 부담을 과할 뜻을 미리 계고함으로써 의무자에게 **심리적 압박**을 주어 장래에 그 의무를 **이행**하게 하려는 행정상 **간접적**인 강제집행 **수단**의 하나로서 반복적으로 **부과되더라도** 헌법상 **이중처벌금지**의 원칙이 적용될 여지가 **없다**. 16지방9

75 효력기간이 정해져 있는 **제재적 행정처분**의 효력이 발생한 후에 별도의 처분으로 효력기간의 **시기와 종기를 다시** 정했다면, 이는 **당초**의 제재**처분**이 **유효**함을 전제로 그 구체적인 집행시기만을 변경하는 후속 **변경처분**에 불과하다. 24국회

76 효력기간이 정해져 있는 제재적 행정처분의 효력이 발생한 이후에도 행정청은 특별한 사정이 없는 한 상대방에 대한 별도의 처분으로써 효력기간의 시기와 종기를 다시 정할 수 있다. 그러나 당초의 제재처분에서 정한 **효력기간이 경과한 후에는** 동일한 사유로 **다시 제재처분**을 하는 것을 **위법한 이중처분**에 **해당**돼 허용될 수 없다. 미기출

77 일정한 법규위반 사실이 행정처분의 전제사실이자 형사법규의 위반사실이 되는 경우, **형사판결이 확정되기 전**에 그 위반사실을 이유로 **제재처분**을 하였더라도 **절차적 위반**에 해당하지 **않는다**. 22국가7

78 위반행위에 대한 **확정판결**을 받지 않고도 **과징금**을 강제징수하는 것은 **무죄추정의 원칙**에 **반하지 않는**다. 09국회8

---

66 「독점규제 및 공정거래에 관한 법률」상 부당지원행위에 대한 **과징금**의 경우 행정상 의무위반에 대한 금전적 제재라는 면에서 **벌금과 동일한 성격**을 가지므로 동일한 의무위반행위에 대해 과징금을 부과한 경우 **벌금**을 **병과**할 수 **없다**. 10국회9

67 **이행강제금**은 **형벌**과 병과될 경우 **이중처벌금지**원칙에 **반한다**. 15국가9

71 헌법재판소는 행정형벌과 행정질서벌은 서로 다른 성질의 행정벌이므로 동일 법규위반행위에 대하여 **형벌**을 부과하면서 행정질서벌인 **과태료**까지 부과하였다 하더라도 **이중처벌금지**의 기본정신에 **배치될 여지가 없다**고 보았다. 12경행(변형)

72 신규등록신청을 위한 **임시운행허가**를 받고 그 기간이 끝났음에도 **자동차등록원부에 등록하지 아니**한 채 허가기간의 범위를 넘어 운행한 경우에 차량소유자(피고인)가 이미 관련 법조항에 의한 **과태료**를 부과 받아 납부하였다면 다시 피고인에 대해 **형사처벌**을 하는 것은 **일사부재리**의 원칙에 **반하는 것**이다. 10지방7

75 효력기간이 정해져 있는 **제재적 행정처분**의 효력이 발생한 후에 별도의 처분으로 효력기간의 **시기와 종기를 다시** 정했다면, **당초**의 제재**처분은 실효**되고 **새로운 처분**이 있는 것으로 본다. 24국회

76 효력기간이 정해져 있는 제재적 행정처분의 효력이 발생한 이후에도 행정청은 특별한 사정이 없는 한 상대방에 대한 별도의 처분으로써 효력기간의 시기와 종기를 다시 정할 수 있다. 따라서 당초의 제재처분에서 정한 **효력기간이 경과한 후에도** 동일한 사유로 **다시 제재처분**을 하는 것을 **위법한 이중처분**이라고 할 수 **없다**. 미기출

77 일정한 법규위반 사실이 행정처분의 전제사실이자 형사법규의 위반사실이 되는 경우, **형사판결이 확정되기 전**에 그 위반사실을 이유로 **제재처분**을 하였다면 **절차적 위반**에 해당한다. 22국가7

05 일신전속성 여부 | 요륜 p.166 |

79 「부동산 실권리자명의 등기에 관한 법률」상 실권리자명의 등기의무에 위반하여 부과된 **과징금**채무는 대체적 급부가 가능한 의무이므로 과징금을 부과받은 자가 사망한 경우 그 **상속인에게 포괄승계**된다.
ⓒ
14사복9

80 구 「산림법」에 의해 형질변경허가를 받지 아니하고 산림을 **형질변경한 자가 사망**한 경우, 해당 통지의 소유권을 승계한 **상속인**은 그 **복구의무를 부담**하므로, 행정청은 그 **상속인**에 대하여 **복구명령을 할 수 있다**.(2003두9817)
ⓒ
21국가7

80 구 「산림법」에 의해 형질변경허가를 받지 아니하고 산림을 **형질변경한 자가 사망**한 경우, 해당 토지의 소유권을 승계한 **상속인**은 그 **복구의무를 부담하지 않으므로**, 행정청은 그 **상속인**에 대하여 **복구명령**을 할 수 **없다**.
ⓒ
21국가7

81 체납자가 **사망**한 후 체납자명의의 재산에 대하여 한 **압류**는 그 재산을 상속한 **상속인에** 대하여 한 것으로 본다.
10국가7

82 **과태료**는 당사자가 과태료 부과처분에 대하여 **이의를 제기하지 아니한** 채 이의제기 **기한이 종료한 후 사망**한 경우에는 상속재산에 대하여 **집행할 수 있다**.
Ⓑ
15국가7

82 **과태료**는 당사자가 과태료 부과처분에 대하여 **이의를 제기하지 아니한** 채 이의제기 **기한이 종료한 후 사망**한 경우에는 **집행할 수 없다**.
Ⓑ
15국가7

83 「건축법」상 이행강제금은 위반행위에 대하여 시정명령을 받은 후 시정기간 내에 해당 시정명령을 이행하지 아니한 건축주 등에 대하여 부과하는 것으로서 그 **이행강제금** 납부의무는 상속인 기타의 사람에게 **승계될 수 없는** 일신전속적인 성질의 것이므로 **이미 사망한 사람**에게 이행강제금을 **부과**하는 내용의 처분이나 결정은 **당연무효**이다.
Ⓢ
21지방7

84 구 건축법상 **이행강제금**을 **부과**받은 자의 이의에 의해 비송사건절차법에 의한 재판절차가 개시된 후에 그 이의한 자가 **사망**했다면 그 **재판절차는 종료**된다.
인
17사복9

85 「건축법」상 **이행강제금**을 **부과받은 사람**이 이행강제금사건의 제1심결정 후 항고심결정이 있기 **전에 사망**한 경우, 항고심**결정**은 **당연무효**이고, 이미 사망한 사람의 이름으로 제기된 **재항고는** 보정할 수 없는 흠결이 있는 것으로서 **부적법**하다.
인
24지방9

06 행정상 강제집행이 가능함에도 사법부에 소송을 제기하는 경우 | 요륜 p.166 |

86 **행정상 강제집행**이 법률에 규정되어 있는 경우에는 **민사상 강제집행**이 인정되지 **아니한다**.(2016다213916)
Ⓢ
15국가9
➕ 간이하고 특별한 구제절차를 마련해 두고 있는 경우에는 민사소송에 의한 소송은 소의 이익이 없어 부적법하다.

86 **행정상 강제집행**이 법률에 규정되어 있는 경우에도 **민사상 강제집행**은 **인정**된다.
Ⓢ
15국가9

87 구 대한주택공사가 대집행권한을 위탁받아 공무인 대집행을 실시하기 위하여 지출한 **비용**을 「행정대집행법」절차에 따라 「국세징수법」의 예에 의하여 **징수할 수 있음에도** 민사**소송**절차에 의하여 그 비용의 상환을 구하는 청구는 소의 이익이 없어 **부적법**하다.
Ⓢ
19지방9

88 보조금 관리에 관한 법률에 따라 중앙관서의 장이 보조사업자에게 보조금반환을 명하였음에도 보조사업자가 이를 반환하지 아니하는 경우, 보조금에 대한 징수권은 공법상 권리이므로 국세체납처분의 예에 의하여 **강제징수 할 수 있을 뿐**, **민사소송**의 방법으로 반환청구를 할 수는 **없다**.
Ⓢ
17국회8

88 보조금 관리에 관한 법률에 따라 중앙관서의 장이 보조사업자에게 보조금반환을 명하였음에도 보조사업자가 이를 반환하지 아니하는 경우, 중앙관서의 장은 **강제징수**의 방법과 **민사소송**의 방법을 합리적 재량에 의하여 **선택**적으로 활용할 수 있다.
Ⓢ
17국회8

89 관계 법령상 행정대집행의 절차가 인정되어 행정청이 행정**대집행**의 방법으로 건물의 철거 등 대체적 작위의무의 이행을 **실현할 수 있는 경우에는** 따로 민사**소송**의 방법으로 그 의무의 이행을 구할 수 **없다**.
Ⓢ
19서울9

89 관계 법령상 행정**대집행**의 절차가 인정되어 행정청이 행정대집행의 방법으로 건물의 철거 등 대체적 작위의무의 이행을 **실현할 수 있는 경우에도** 따로 **민사소송**의 방법으로 그 의무의 이행을 구할 **수 있다**.
Ⓢ
19서울9

90 권원 없이 국유재산에 설치한 시설물에 대하여 **관리청**이 행정**대집행**을 통해 철거를 하지 **않는 경우** 그 **국유재산**에 대하여 **사용청구권을 가진 자**는 **국가**를 대위하여 **민사소송**으로 그 시설물의 **철거**를 구할 수 있다.
ⓒ
22지방9

91 과세주체에게는 자력집행권이 있으나, **납세의무자가 무자력**이거나 **소재불명**이라는 등의 사정이 있는 경우에는, **과세주체가** 납세의무자를 상대로 **시효중단을 위한 소**를 제기하는 것은 허용**된다**.(2017두41771)
ⓒ
미기출
➕ 이 때 과세주체가 납세의무자를 상대로 시효중단을 위하여 제기하는 조세채권확인의 소는 공법상 당사자소송에 해당한다.

91 과세주체에게는 자력집행권이 있으므로, **납세의무자가 무자력**이거나 **소재불명**이라는 등의 사정이 있더라도, **과세주체가** 납세의무자를 상대로 **시효중단을 위한 소**를 제기하는 것은 허용될 수 없다.
ⓒ
미기출

THEME 42 | 실효성 확보수단(1) – 공통쟁점 정리

THEME 43 실효성 확보수단(2) - 대집행

○ 지문 / × 지문

01 조문 및 개관 | 요플 p.167 |

01 대집행의 근거법으로는 대집행에 관한 **일반법**인 「**행정대집행법**」과 대집행에 관한 개별법 규정이 있다. 21소방

02 항목별 검토 | 요플 p.168 |

02 대집행의 **주체**는 당사자에 의해 **불이행되고 있는 의무**를 부과한 **행정청**이다. 13국회9

03 당해 행정청은 의무자가 하여야 할 행위를 제3자로 하여금 행하게 할 수도 있다. 18(1)서울7

04 행정청의 **위임**을 받아 대집행을 실행하는 제3자는 대집행의 **주체**가 **아니다**. 13국가7

05 ⓒ **군수가** 군사무위임조례의 규정에 **따라** 무허가 건축물에 대한 철거**대집행사무**를 하부 행정기관인 **읍·면에 위임**한 경우라면, **읍·면장에게는** 관할구역 내의 무허가 건축물에 대하여 그 철거대집행을 위한 **계고처분**을 할 **권한**이 있다.(96누15428) 17(하)국가7
　⊕ 대집행의 위임·위탁이 법령에 근거하였다면 권한의 이전이 일어나는 것이기에 위임·위탁을 받은 기관이 대집행의 주체가 되어 대집행 절차를 진행할 권한을 갖는다.

05 ⓒ **군수가** 군사무위임조례의 규정에 **따라** 무허가 건축물에 대한 철거**대집행사무**를 하부 행정기관인 **읍·면에 위임**한 경우라도, **읍·면장에게는** 관할구역 내의 무허가 건축물에 대하여 그 철거대집행을 위한 **계고처분**을 할 **권한**이 **없다**. 17(하)국가7

06 행정대집행의 대상이 되는 의무는 **대체성이 있는 의무**이어야 한다. 14서울9

07 ⓢ 공유수면에 설치한 건물을 **철거**하여 공유수면을 **원상회복**하여야 할 의무는 **대체적 작위의무에** 해당하므로 행정**대집행**의 대상이 **된다**. 20국가9

08 ⓢ 토지·건물 등의 **인도의무**는 **비대체적** 작위의무이므로 행정대집행법상 **대집행** 대상이 될 수 **없다**. 21군무원9

09 ⓢ 구「토지수용법」상 피수용자가 기업자에 대하여 부담하는 수용대상 토지의 인도의무에는 명도도 포함되고, 이러한 **명도의무**는 그것을 강제적으로 실현하면서 직접적인 실력행사가 필요한 것이지 대체적 작위의무라고 볼 수 없으므로 특별한 사정이 없는 한 「행정대집행법」상 **대집행**의 대상이 될 수 있는 것이 **아니다**. 14지방9

09 ⓢ 구「토지수용법」상 피수용자가 기업자에 대하여 부담하는 수용대상 토지의 인도의무에는 명도도 포함되고, 이러한 **명도의무**는 특별한 사정이 없는 한 「행정대집행법」상 **대집행의 대상이 된다**. 14지방9

10 ⓢ 토지·건물의 **명도의무**는 대체적 작위의무가 아니므로 **대집행**의 대상이 **아니다**. 23지방7

11 ⓢ 도시공원시설인 매점의 관리청이 그 공동점유자 중의 1인에 대하여 소정의 기간 내에 매점으로부터 퇴거하고 그 시설물 및 상품을 반출하지 아니할 때에는 이를 대집행하겠다는 계고처분을 한 사건에서 판례는 도시공원시설 점유자의 **퇴거 및 명도의무**는 그것을 강제적으로 실현함에 있어 직접적인 실력행사가 필요한 것이지 대체적 작위의무에 해당하는 것은 아니어서 직접강제의 방법에 의하는 것은 별론으로 하고 「행정대집행법」에 의한 **대집행**의 대상이 되지 **않는** 것으로 보고 있다. 11국회8

11 ⓢ 도시공원시설인 매점의 관리청이 그 공동점유자 중의 1인에 대하여 소정의 기간 내에 매점으로부터 퇴거하고 그 시설물 및 상품을 반출하지 아니할 때에는 이를 대집행하겠다는 계고처분을 한 사건에서 판례는 도시공원시설 점유자의 **퇴거 및 명도의무**를 「행정대집행법」에 의한 **대집행**의 대상으로 보고 있다. 11국회8

12 (甲은 아파트를 건설하고자 乙시장에게 「주택법」상 사업계획승인신청을 하였는데, 乙시장은 아파트단지 인근에 개설되는 자동차전용도로의 부지로 사용할 목적으로 甲 소유 토지의 일부를 아파트 사용검사 시까지 **기부채납**하도록 하는 **부담**을 붙여 사업계획을 승인하였다.) 甲이 위 부담을 불이행하였다면 乙시장은 이를 이유로 사업계획승인을 철회할 수는 있으나, 위 **부담상의 의무 불이행**에 대해 행정**대집행**을 할 수는 **없다**. 22국회8
　⊕ 부담 불이행 시 주된 행정행위인 사업계획승인을 철회할 수 있다는 앞부분은 옳다. 그러나 부담 불이행에 대해 대집행할 수 있다는 뒷부분은 틀렸다. 기부채납(증여)은 대체적 작위의무가 아니기 때문이다.

12 (甲은 아파트를 건설하고자 乙시장에게 「주택법」상 사업계획승인신청을 하였는데, 乙시장은 아파트단지 인근에 개설되는 자동차전용도로의 부지로 사용할 목적으로 甲 소유 토지의 일부를 아파트 사용검사 시까지 **기부채납**하도록 하는 **부담**을 붙여 사업계획을 승인하였다.) 甲이 위 부담을 불이행하였다면 乙시장은 이를 이유로 사업계획승인을 철회하거나, 위 **부담상의 의무 불이행**에 대해 행정**대집행**을 할 수 **있다**. 22국회8

13 ⓢ 행정대집행의 방법으로 건물철거의무이행을 실현할 수 있는 경우, **철거의무자**인 건물 점유자의 **퇴거의무**를 실현하려면 퇴거를 명하는 별도의 **집행권원이 없어도** 되고, **철거 대집행 과정에서 부**수적으로 건물 점유자들에 대한 **퇴거조치**를 할 수 있다. 19국가9

13 ⓢ 행정대집행의 방법으로 건물철거의무이행을 실현할 수 있는 경우, **철거의무자**인 건물 점유자의 **퇴거의무**를 실현하려면 퇴거를 명하는 별도의 **집행권원이 있어야** 하고, **철거 대집행 과정에서 부수적으로** 건물 점유자들에 대한 **퇴거조치**를 할 수는 **없다**. 19국가9

14 행정청이 **건물 철거의무**를 행정**대집행**의 방법으로 실현하는 **과정에서**, 건물을 **점유하고 있는 철거의무자들**에 대하여 제기한 건물**퇴거**를 구하는 소송은 **부적법**하다. (2016다213916) 20국가9
  ⊕ 이 경우 별도로 퇴거를 명하는 집행권원은 필요하지 않기 때문이다.

15 적법한 행정**대집행**을 건물의 **점유자**들이 위력을 행사하여 **방해하는 경우**에 행정청은 「경찰관 직무집행법」에 근거한 위험발생 방지조치 또는 「형법」상 공무집행방해죄의 범행방지 내지 현행범 체포의 차원에서 **경찰의 도움을 받을 수도 있다.** 19서울9

16 행정**대집행**을 **실행할 때** 대집행 상대방이 저항하는 경우에 대집행 책임자가 **실력행사**를 하여 직접강제를 할 수 있는지에 대하여, **판례는** 경찰의 도움을 받을 수 있음을 인정하고 있을 뿐, 그 외 실력행사를 직접적으로 **인정**한 적은 **없다.** 14국가9
  ⊕ 학설의 경우 실력행사를 긍정하는 견해와 부정하는 견해가 모두 존재한다.

17 행정**대집행**은 **대체적 작위의무**의 이행을 확보하기 위하여 활용하는 대표적인 행정작용의 실효성 확보수단에 해당한다. 13국회9

18 **부작위의무 위반행위**에 대하여 **대체적 작위의무로 전환**하는 **규정**을 두고 있지 **아니하다면** 그 금지규정으로부터 그 위반결과의 시정을 명하는 **원상복구명령**을 할 수 있는 **권한**이 도출될 수 **없다.** (96누4374) 19서울7

19 대집행의 대상은 원칙적으로 대체적 작위의무에 한하며, **부작위의무위반**의 경우 대체적 작위의무로 **전환**하는 **규정**을 두고 있**지 아니**하는 한 **대집행**의 대상이 되지 않는다. 20지방9

20 행정대집행은 대체적 작위의무를 대상으로 하기 때문에 **부작위의무**는 그 의무를 위반함으로써 발생한 결과를 시정하기 위한 **작위의무로 전환시킨 후에 비로소 대집행의 대상이 될 수** 있다. 08국가7

21 **부작위의무 위반행위**에 대하여 **대체적 작위의무로 전환**하는 **규정이 없는 경우**, 부작위의무 위반 결과의 시정을 명하는 **원상복구명령**은 **무효**이고, 원상복구명령의 실효성 확보를 위한 **대집행의 계고처분** 역시 **무효**로 봄이 타당하다. 22국회8

22 법률상 **시설설치금지의무**를 위반하여 시설을 설치한 경우 별다른 **규정이 없다면 대집행**요건이 충족되지 **아니**한다. 시설설치금지의무는 부작위의무에 불과하기 때문이다. 16서울7

23 [甲은 관할 행정청에 토지의 형질변경행위가 수반되는 건축허가를 신청하였고, 관할 행정청은 甲에 대해 '건축기간 동안 자재 등을 도로에 **불법적치하지 말 것**'이라는 부관을 붙여 건축허가를 하였다.] 甲이 위 부관을 위반하여 도로에 자재 등을 불법적치한 경우, 관할 행정청은 바로 「**행정대집행법**」에 따라 불법적치된 자재 등을 **제거할 수 없다.** 19지방9
  ⊕ 적치금지의무는 부작위의무이기 때문이다. 따라서 이를 위반하여 적치된 자재를 제거하는 대집행을 하기 위해서는 적치금지의무위반상태에 대하여 제거명령 등을 내릴 수 있는 별도의 전환 규정이 있어야 한다.

24 관계법령에 위반하여 장례식장 영업을 한 사람이 행정청으로부터 **장례식장 사용중지명령**을 받고도 이에 **따르지 않는 경우**에 그의 사용중지의무불이행은 행정청의 명령에 의한 **부작위의무 불이행**에 해당하므로 **대집행**의 대상이 되지 **아니**한다. 17(하)국가9

25 용도위반 부분을 **장례식장**으로 **사용**하는 것을 **중지**하는 것과 이를 **불이행할 경우** 행정**대집행**을 하겠다는 내용의 **계고처분**은 대집행의 대상이 될 수 없는 비대체적 부작위의무에 대한 것으로 **부적법**하나. (2005두7464) 10국가9

26 대집행의 대상이 되는 행위는 **법률에서 직접 명령되었거나**, 법률에 의거한 행정청의 명령에 의한 행위를 말한다. 18서울9
  ⊕ 행정청의 명령뿐만 아니라 법률에서 직접 명령된 것도 대집행의 대상이 되는 의무에 포함된다.

27 대체적 작위의무가 법률의 위임을 받은 **조례에 의해 직접 부과**된 경우에도 **대집행**의 대상이 **된다.** 20국가7

28 **위법한 행정처분**에 의해 부과된 대체적 작위의무의 불이행에 대해서도 **대집행**을 할 수 **있다.** 12(하)지방9
  ⊕ 의무부과 처분이 위법하더라도 취소되기 전까지는 공정력에 의하여 유효하기 때문이다.

---

14 행정청이 **건물 철거의무**를 행정**대집행**의 방법으로 실현하는 **과정에서**, 건물을 점유하고 있는 철거의무자들에 대하여 제기한 건물**퇴거**를 구하는 소송은 **적법**하다. 20국가9

16 행정**대집행**을 **실행할 때** 대집행 상대방이 저항하는 경우에 대집행 책임자가 **실력행사**를 하여 직접강제를 할 수 **있다는 것이 판례**의 입장이다. 14국가9

17 (행정**대집행**은) **부작위의무**의 이행을 확보하기 위하여 활용하는 대표적인 행정작용의 실효성 확보수단에 해당한다. 13국회9

18 **부작위의무 위반행위**에 대하여 **대체적 작위의무로 전환**하는 **규정**을 두고 있지 **아니하더라도** 그 금지규정으로부터 그 위반결과의 시정을 명하는 **원상복구명령**을 할 수 있는 **권한**이 도출될 수 **있다.** 19서울7

22 법률상 **시설설치금지의무**를 위반하여 시설을 설치한 경우 별다른 **규정이 없어도 대집행**요건이 충족**된다.** 16서울7

23 [甲은 관할 행정청에 토지의 형질변경행위가 수반되는 건축허가를 신청하였고, 관할 행정청은 甲에 대해 '건축기간 동안 자재 등을 도로에 **불법적치하지 말 것**'이라는 부관을 붙여 건축허가를 하였다.] 甲이 위 부관을 **위반하여** 도로에 자재 등을 불법적치한 경우, 관할 행정청은 바로 「**행정대집행법**」에 따라 불법적치된 자재 등을 **제거할 수 있다.** 19지방9

24 관계법령에 위반하여 장례식장 영업을 한 사람이 행정청으로부터 **장례식장 사용중지명령**을 받고도 이에 **따르지 않은 경우**에 그의 사용중지의무불이행은 행정청의 명령에 의한 **대체적 작위의무의 불이행**에 해당하므로 **대집행**의 대상이 **된다.** 17(하)국가9

25 판례에 의하면 용도위반 부분을 **장례식장**으로 **사용**하는 것을 **중지**할 것과 이를 **불이행할 경우** 행정**대집행**을 하겠다는 내용의 **계고**처분은 **적법**하다고 본다. 10국가9

26 대집행의 대상이 되는 행위는 **법률에서 직접 명령된 것이 아니라**, 법률에 의거한 행정청의 명령에 의한 행위를 말한다. 18서울9

27 대체적 작위의무가 법률의 위임을 받은 **조례에 의해 직접 부과**된 경우에는 **대집행**의 대상이 되지 **아니**한다. 20국가7

28 **위법한 행정처분**에 의해 부과된 대체적 작위의무의 불이행에 대해서는 **대집행**을 할 수 **없다.** 12(하)지방9

29 의무를 명하는 행정행위가 불가쟁력이 발생하지 않은 경우에도 그 행정행위에 따른 의무의 불이행에 대하여 대집행을 할 수 있다. 17(상)국가9

30 대집행은 비금전적인 대체적 작위의무를 의무자가 이행하지 않는 경우 행정청이 스스로 의무자가 행하여야 할 행위를 하거나 제3자로 하여금 행하게 하는 것으로, 그 대집행의 대상은 공법상 의무에만 한정된다. 21소방

31 행정주체와 사인 사이의 건축도급계약에 있어서, 사인이 의무불이행을 하였다고 하여도 행정대집행은 허용되지 않는다. 15지방9

32 구 「공공용지의 취득 및 손실보상에 관한 특례법」에 따른 토지 등의 협의취득시 건물소유자가 철거의무를 부담하겠다는 약정을 한 경우, 그 철거의무는 행정대집행법상 대집행의 대상이 되는 대체적 작위의무에 해당하지 아니한다. 13국가7
  ➕ 협의취득은 사법상 계약이므로 약정한 철거의무는 공법상 의무에 해당하지 않기 때문이다.

33 공유재산 대부계약이 적법하게 해지되었음에도 불구하고 공유재산의 점유자가 그 지상물을 점유하고 있는 경우, 지방자치단체의 장은 원상회복을 위해 행정대집행의 방법으로 그 지상물을 철거시킬 수 있다. (2001두4078) 17지방7

34 대집행이 행해지기 위해서는 대체적 작위의무의 불이행을 방치함이 심히 공익을 해할 것으로 인정되어야 하며, 다른 수단으로써 그 이행을 확보하기 곤란할 필요가 있어야 한다. 15사복9

35 의무의 불이행만으로 대집행이 가능한 것은 아니며 의무의 불이행을 방치하는 것이 심히 공익을 해한다고 인정되는 경우에 비로소 대집행이 허용된다. 13지방9

36 도로관리청으로부터 도로점용허가를 받지 아니하고 광고물을 설치하였다는 점만으로는 심히 공익을 해치는 경우에 해당한다고 할 수 없으므로 대집행의 요건이 충족되지 아니한다. (74누122) 12(3)경행

37 무허가로 불법건축되어 철거할 의무가 있는 건축물을 도시미관, 주거환경, 교통소통에 지장이 없다는 사유만을 들어 그대로 방치한다면, 그것이 더 큰 공익을 해칠 우려가 있다. (87누930) 08국가9

38 무허가증축부분으로 인하여 건물의 미관이 나아지고 증축 부분을 철거하는 데 비용이 많이 소요된다고 하더라도 건물 철거대집행계고처분을 할 요건에 해당된다. 20지방7

39 행정대집행법 제2조에 따른 대집행의 실시 여부는 행정청의 재량에 속한다. 17(상)국가9

40 일반적으로 대집행의 절차는 계고, 대집행영장에 의한 통지, 대집행의 실행, 비용징수의 단계를 거치게 된다. 07국가7

41 원칙적으로 '의무의 불이행을 방치하는 것이 심히 공익을 해하는 것으로 인정되는 경우'의 요건은 계고를 할 때에 충족되어 있어야 한다. 17(상)국가9

42 위법한 건물의 공유자 1인에 대한 계고처분은 다른 공유자에 대하여는 그 효력이 없다. 16사복9

43 행정청이 대집행계고를 함에 있어서는 의무자가 스스로 이행하지 아니하는 경우에 대집행할 행위의 내용 및 범위가 구체적으로 특정되어야 한다. 13국가7

44 대집행할 행위의 내용과 범위는 특정되어야 하나 반드시 철거명령서와 대집행계고서에 의해서만 구체적으로 특정되어야 하는 것은 아니다. (96누8086) 17(하)국가9
  ➕ 계고처분 전후의 송달문서나 기타 사정을 종합해 특정될 수 있으면 충분

45 판례에 의하면 상당한 이행기간을 정하여 계고하지 않고 행한 행정대집행은 적법절차에 위반된 위법한 처분으로 본다. 10국가9

46 대집행계고처분을 함에 있어서 의무이행을 할 수 있는 상당한 기간을 부여하지 아니하였다면, 행정청이 대집행계고처분 후에 대집행영장으로써 대집행의 시기를 늦추었더라도 그 대집행계고처분은 위법하다. (90누2048) 17(하)지방9

---

29 의무를 명하는 행정행위가 불가쟁력이 발생하지 않은 경우에는 그 행정행위에 따른 의무의 불이행에 대하여 대집행을 할 수 없다. 17(상)국가9

30 대집행은 비금전적인 대체적 작위의무를 의무자가 이행하지 않는 경우 행정청이 스스로 의무자가 행하여야 할 행위를 하거나 제3자로 하여금 행하게 하는 것으로, 그 대집행의 대상은 공법상 의무에만 한정하지 않는다. 21소방

32 구 「공공용지의 취득 및 손실보상에 관한 특례법」에 따른 토지 등의 협의취득시 건물소유자가 철거의무를 부담하겠다는 약정을 한 경우, 그 철거의무는 행정대집행법상 대집행의 대상이 되는 대체적 작위의무이다. 13국가7

33 공유재산 대부계약이 적법하게 해지되었음에도 불구하고 공유재산의 점유자가 그 지상물을 점유하고 있는 경우, 지방자치단체의 장은 원상회복을 위해 행정대집행의 방법으로 그 지상물을 철거시킬 수는 없다. 17지방7

34 대집행이 행해지기 위해서는 대체적 작위의무의 불이행을 방치함이 심히 공익을 해할 것으로 인정될 때이어야 하나, 다른 수단으로써 그 이행을 확보하기 곤란할 필요까지는 요하지 않는다. 15사복9

36 도로관리청으로부터 도로점용허가를 받지 아니하고 광고물을 설치하였다는 점만으로도 심히 공익을 해치는 경우에 해당하므로 대집행 요건은 충족된다. 12(3)경행

37 무허가로 불법건축되어 철거할 의무가 있는 건축물의 경우라도 도시미관, 주거환경, 교통소통에 지장이 없는 경우에는 공익을 해칠 우려가 없다. 08국가9

39 행정대집행법 제2조에 따른 대집행의 실시 여부는 행정청의 재량에 속하지 않는다. 17(상)국가9

44 대집행할 행위의 내용과 범위는 반드시 철거명령서와 대집행계고서에 의해 구체적으로 특정되어야 한다. 17(하)국가9

46 대집행계고처분을 함에 있어서 의무이행을 할 수 있는 상당한 기간을 부여하지 아니하였다 하더라도, 행정청이 대집행계고처분 후에 대집행영장으로써 대집행의 시기를 늦추었다면 그 대집행계고처분은 적법한 처분이다. 17(하)지방9

47 대집행계고처분에서 정한 의무이행기간의 이행 종기인 날짜에 그 계고서를 수령하였고 행정청이 대집행영장으로써 대집행의 시기를 늦추었다고 하여도 대집행의 적법절차에 위배한 것으로 **위법**한 처분이다. 21군무원7

48 계고서는 명칭의 1장의 문서로서 일정기간 내에 위법건축물의 자진철거를 명함과 동시에 그 소정기한 내에 자진철거를 하지 아니할 때에는 대집행할 뜻을 미리 계고한 경우라도 건축법에 의한 철거명령과 행정대집행법에 의한 계고처분은 독립하여 있는 것으로서 각 그 요건이 충족되었다고 볼 것이다. 21군무원9

49 계고서는 명칭의 1장의 문서로 일정기간 내에 위법건축물의 자진철거를 명함과 동시에 그 소정기한 내에 자진철거를 하지 아니할 때에는 대집행할 뜻을 미리 계고한 경우, 철거 명령에서 주어진 일정기간이 자진철거에 필요한 상당한 기간이라면 그 기간 속에 계고 시에 필요한 '상당한 이행기간'이 포함된다고 볼 수 있다. 16지방7

49 계고서는 명칭의 1장의 문서로 일정기간 내에 위법건축물의 자진철거를 명함과 동시에 그 소정기한 내에 자진철거를 하지 아니할 때에는 대집행할 뜻을 미리 계고한 경우, 철거명령에서 주어진 일정기간이 자진철거에 필요한 상당한 기간이라도 그 기간 속에 계고 시에 필요한 '상당한 이행기간'이 포함된다고 볼 수 없다. 16지방7

50 대집행의 계고는 문서에 의한 것이어야 하고, 구두에 의한 계고는 무효가 된다. 12(하)지방9

51 해가 지기 전에 대집행에 착수한 경우라면 해가 진 후에도 대집행을 할 수 있다. 19서울9

51 해가 지기 전에 대집행에 착수한 경우라고 할지라도 해가 진 후에는 대집행을 할 수 없다. 19서울9

52 대집행계고처분 취소소송의 변론이 종결되기 전에 대집행의 실행이 완료된 경우라면 그 계고처분의 취소 또는 무효확인을 구할 법률상 이익이 없다.(95누2623) 10국가9

52 대집행계고처분 취소소송의 변론이 종결되기 전에 대집행의 실행이 완료된 경우라도 그 계고처분의 취소 또는 무효확인을 구할 법률상 이익이 있다. 10국가9

53 대집행이 완료되어 취소소송을 제기할 수 없는 경우에도 국가배상청구는 가능하다. 15국가9

54 대집행 비용은 원칙상 의무자가 부담하며 행정청은 그 비용액과 납기일을 정하여 의무자에게 문서로 납부를 명하여야 한다. 20지방9

55 대집행권한을 위탁받아 공무인 대집행을 실시하기 위하여 지출한 비용은 「행정대집행법」의 절차에 따라 「국세징수법」의 예에 의하여 징수할 수 있다. 17지방7

56 대집행에 요한 비용에 대하여서는 행정청은 사무비의 소속에 따라 국세에 다음가는 순위의 선취득권을 가지며, 대집행에 요한 비용을 징수하였을 때에는 그 징수금은 사무비의 소속에 따라 국고 또는 지방자치단체의 수입으로 한다. 23국가9
➕ 즉, 대집행비용의 취득순위에 대한 앞부분도 틀렸고, 징수금의 귀속주체에 대한 뒷부분도 틀렸다.

56 대집행에 요한 비용에 대하여서는 행정청은 사무비의 소속에 따라 국세와 동일한 순위의 선취득권을 가지며, 대집행에 요한 비용을 징수하였을 때에는 그 징수금은 국고의 수입으로 한다. 23국가9

57 「행정대집행법」상 건물철거 대집행은 다른 방법으로는 이행의 확보가 어렵고 불이행을 방치함이 심히 공익을 해하는 것으로 인정될 때에 한하여 허용되고 이러한 요건의 주장·입증책임은 처분 행정청에 있다. 19지방7

58 허가없이 신축·증축한 불법건축물의 철거의무를 대집행하기 위한 계고처분 요건의 주장·입증책임은 처분 행정청에 있다. 16국가7

59 비상시 또는 위험이 절박한 경우에 있어서 계고·대집행 영장의 통지규정에서 정하는 수속을 취할 여유가 없을 때에는 위의 두 수속을 모두를 거치지 아니하고 대집행을 할 수 있다. 19서울7

59 비상시 또는 위험이 절박한 경우에 있어서 계고·대집행영장의 통지규정에서 정하는 수속을 취할 여유가 없을 경우라도 위의 두 수속 모두를 거치지 아니하고는 대집행을 할 수 없다. 19서울7

테마별 N지 모음

N1 다음 중 행정대집행을 할 수 있는 경우는? (다툼이 있을 경우 판례에 의함) 13서울7 ①
① 산지전용허가 종료 후 산지복구명령의 불이행
② 군복무를 위한 징집소환영장에의 불응
③ 수용재결 후 수용의 대상이 된 토지 등 목적물의 인도의무 불이행
④ 도급계약에 의한 공공시설물 공사의 불완전한 이행
⑤ 영업정지 기간 중 영업의 계속

해설 ①은 대체적 작위의무 불이행으로 대집행이 가능하다. 반면, ②, ③은 비대체적 작위의무 불이행, ⑤는 부작위의무 불이행, ④는 사법상 의무 불이행에 해당하여 대집행이 불가하다.

THEME 44 실효성 확보수단(3) - 그 외 강제집행

○ 지문 / × 지문

01 이행강제금(= 집행벌) | 요플 p.171 |

01 (이행강제금은) **집행벌**이라 부르기도 한다. 14서울9

02 이행강제금의 부과에 관한 **일반법은** 존재하지 **않으며**, 건축법·농지법 등 **개별법**에서 인정되고 있다. 19소간

03 이행강제금은 일정한 금액의 부과라는 **심리적 압박**에 의하여 **장래**에 향하여 행정상 의무**이행**을 확보하려는 강제집행수단의 일종이다. 09국가9

04 이행강제금은 **행정벌과 같이** 심리적 압박을 통하여 간접적으로 의무이행을 확보하는 수단이다. 따라서 **직접강제**에 해당하지 **않는다**. 19국가9

04 이행강제금은 심리적 압박을 통하여 간접적으로 의무이행을 확보하는 수단인 **행정벌과는 달리** 의무이행의 강제를 직접적인 목적으로 하므로, 강학상 **직접강제에 해당한다**. 19국가9

05 이행강제금은 의무위반에 대하여 **장래**의 의무 **이행**을 확보하는 수단이라는 점에서 **과거**의 의무 위반에 대한 **제재**인 **행정벌**과 **구별**된다. 22군무원9

06 이행강제금은 부작위의무나 비대체적 작위의무는 물론, **대체적 작위의무**의 위반에 대하여도 부과될 수 있다. 24소방

06 이행강제금은 부작위의무나 비대체적 작위의무에 대한 강제집행수단이므로 **대체적 작위의무**의 위반에 대하여는 부과될 수 없다. 24소방

07 행정청은 개별사건에 있어서 위반내용, 위반자의 시정의지 등을 감안하여 **대집행**을 할 것인지 아니면 **이행강제금**을 부과할 것인지와 관련하여 양자의 **선택**에 있어서 **재량**을 갖는다. 17(하)국가7

08 행정청은 개별사건에 있어서 위반내용, 위반자의 시정의지 등을 감안하여 **대집행**과 **이행강제금**을 선택적으로 활용할 수 있으며, 이처럼 그 합리적인 재량에 의해 선택하여 활용하는 이상 **중첩적인 제재**에 해당한다고 볼 수 **없다**. 22국회8

09 건축법에 위반한 건축물의 철거를 명하였으나 불응하자 **이행강제금**을 부과·징수한 **후**, 이후에도 철거를 하지 아니하자 다시 행정**대집행계고처분**을 한 경우 그 계고처분은 **유효**하다. 16지방7

10 「건축법」상 시정명령을 받은 **의무자**가 그 시정명령의 취지에 부합하는 의무를 이행하기 위한 **정당한** 방법으로 행정청에 **신청 또는 신고**를 하였으나 **행정청이 위법하게** 이를 **거부 또는 반려**함으로써 결국 그 처분이 취소되기에 이르렀다면, 특별한 사정이 없는 한 그 **시정명령**의 불이행을 이유로 이행강제금을 부과할 수 **없다**.(2015두35116) 23국가9

10 「건축법」상 시정명령을 받은 **의무자**가 그 시정명령의 취지에 부합하는 의무를 이행하기 위한 **정당한** 방법으로 행정청에 **신청 또는 신고**를 하였으나 **행정청이 위법하게** 이를 **거부 또는 반려**함으로써 결국 그 처분이 취소되기에 이르렀더라도, 이행강제금 제도의 취지에 비추어 볼 때 그 **시정명령**의 불이행을 이유로 이행강제금을 부과할 수 있다. 23국가9

11 건축주 등이 장기간 건축철거를 명하는 시정명령을 이행하지 아니하였더라도, 그 기간 중에 시정명령의 이행 **기회가 제공되지 아니하였다가** 뒤늦게 시정명령의 이행 기회가 제공된 경우라면, 행정청은 시정명령의 이행 기회 제공을 전제로 한 1회분의 이행강제금만을 부과할 수 있고, 이행 **기회가 제공되지 아니한 과거의 기간**에 대한 이행강제금까지 한꺼번에 부과할 수는 **없다**. 17(하)지방9

11 건축주 등이 장기간 건축철거를 명하는 시정명령을 이행하지 아니하였다면, 비록 그 기간 중에 시정명령의 이행 **기회가 제공되지 아니하였다가** 뒤늦게 시정명령의 이행 기회가 제공된 경우라 하더라도, 행정청은 이행 기회가 제공되지 아니한 과거의 기간에 대한 이행강제금까지 한꺼번에 부과할 수 있다. 17(하)지방9

12 시정명령의 이행기회가 제공되지 아니한 과거의 기간에 대한 이행강제금까지 한꺼번에 부과할 수는 없고, 이를 위반하여 이루어진 이행강제금 부과처분은 이행강제금의 본질에 반하여 그 하자가 **중대**하고도 **명백**하여 **무효**이다. 17(하)국가7

12 시정명령의 이행기회가 제공되지 아니한 과거의 기간에 대한 이행강제금까지 한꺼번에 부과할 수는 없으나, 이를 위반하여 이루어진 이행강제금 부과처분이라 하여 **중대**하고도 **명백**한 하자라고는 할 수 없다. 17(하)국가7

13 「개발제한구역의 지정 및 관리에 관한 특별조치법」에 따르면, 이행강제금을 **부과·징수할 때마다** 그에 앞서 시정명령절차를 **다시 거쳐야** 할 필요는 **없다**.(2012두20397) 20군무원7

➕ 이행강제금 부과 시마다 시정명령의 이행기회(계고)는 다시 부여되어야 한다. 그러나 이행강제금 부과 시마다 시정명령 자체를 다시 거칠 필요는 없다.

13 「개발제한구역의 지정 및 관리에 관한 특별조치법」에 따르면, 이행강제금을 **부과·징수할 때마다** 그에 앞서 **시정명령절차**를 **다시 거쳐야** 한다. 20군무원7

14 행정기본법에 따르면 **이행강제금**의 **부과**는 물론, **계고** 역시 **문서**로 하여야 한다. 미기출

14 행정기본법에 따르면 이행강제금의 **부과**는 **문서**로 하여야 하나, 이행강제금의 **계고**는 **구두**로 하는 것도 가능하다. 미기출

15 「**건축법**」상 허가권자는 이행강제금을 **부과**하기 **전**에 이행강제금을 부과·징수한다는 뜻을 미리 **문서로써 계고**하여야 한다. 19지방9

16 「농지법」에 따른 이행강제금을 **부과**할 때에는 그**때마다** 이행강제금을 부과, 징수한다는 뜻을 **미리 문서로** 알려야 하고, 이와 같은 절차를 거치지 아니한 채 이행강제금을 부과하는 것은 이행강제금제도의 취지에 반하는 것으로써 위법하다. 21지방7

17 사용자가 이행하여야 할 행정**법상 의무**의 내용을 **초과**하는 것을 '**불이행 내용**'으로 **기재**한 이행강제금 부과예고서에 의하여 이행강제금 부과 예고를 한 다음 이를 이행하지 않았다는 이유로 이행강제금을 부과하였다면, 초과한 정도가 근소하다는 등의 특별한 사정이 없는 한 이행강제금 **부과예고**는 **위법**하며, 이에 터 잡은 이행강제금 **부과처분** 역시 **위법**하다. 19국가7

18 이행강제금의 부과는 침익적 처분에 해당하므로 행정절차상 **의견청취를 거쳐야** 한다. 15국가7

18 이행강제금의 부과는 의무불이행에 대한 집행벌로 가하는 것이기 때문에 행정절차상 **의견청취**를 거치지 **않아도** 된다. 15국가7

19 이행강제금은 **장래**의 이행을 **확보**하기 위한 심리적 압박수단이므로, 이행강제금이 **부과되기 전**에 의무를 이행한 경우에는 시정명령에서 정한 **기간을 지나서 이행한 경우라도** 이행강제금을 **부과할 수 없다**. 19지방9

19 이행강제금은 **과거**의 의무불이행에 대한 **제재**의 기능을 지니고 있으므로, 이행강제금이 부과되기 전에 의무를 **이행한 경우에도** 시정명령에서 정한 **기간을 지나서 이행한 경우라면** 이행강제금을 **부과할 수 있다**. 19지방9

20 「건축법」상 시정명령을 받은 의무자가 이행강제금이 **부과**되기 **전**에 그 의무를 **이행한 경우에는** 비록 시정명령에서 정한 **기간을 지나서 이행한 경우라도** 행정청은 이행강제금을 **부과할 수 없다**. 23국가7

20 「건축법」상 시정명령을 받은 의무자가 이행강제금이 **부과**되기 전에 그 의무를 **이행하였더라도** 그 시정명령에서 정한 **기간을 지나서 이행한 경우라면** 행정청은 이행강제금을 **부과할 수 있다**. 23국가7

21 「부동산 실권리자명의 등기에 관한 법률」상 장기미등기자가 이행강제금 **부과 전**에 등기신청의무를 **이행하였다면** 동법에 규정된 **기간이 지나서 이행한 경우라도** 이행강제금을 **부과할 수 없다**.(2015두36454) 21지방9

21 「부동산 실권리자명의 등기에 관한 법률」상 장기미등기자가 이행강제금 **부과 전**에 등기신청의무를 **이행하였더라도** 동법에 규정된 **기간이 지나서 등기신청의무를 이행하였다면** 이행강제금을 부과할 수 있다. 21지방9

22 「국토의 계획 및 이용에 관한 법률」 제124조의2 제5항의 **새로운 이행강제금**에는 이행명령 불이행에 따른 **최초의 이행강제금**도 포함되므로, 이행명령을 받은 의무자가 **최초의** 이행명령에서 정한 **기간**이 **경과한 후**에 그 명령을 **이행한 경우라도** 최초의 이행강제금 **부과**는 허용되지 **아니**한다. 15서울7

22 「국토의 계획 및 이용에 관한 법률」 제124조의2 제5항의 **새로운 이행강제금**에는 이행명령 불이행에 따른 **최초의 이행강제금**은 포함되지 않으므로, 이행명령을 받은 의무자가 **최초의** 이행명령에서 정한 **기간**이 **경과한 후**에 그 명령을 **이행한 경우라면** 최초의 이행강제금 **부과**는 **허용**된다. 15서울7

23 「독점규제 및 공정거래에 관한 법률」 제17조의3에 따른 이행강제금의 경우, 동 이행강제금이 **부과되기 전**에 시정조치를 **이행하거나** 부작위 의무를 명하는 시정조치불이행을 **중단한 경우에도** 과거의 시정조치 불이행기간에 대하여 이행강제금을 **부과할 수 있다**.(2018두63563) 미기출
➕ 공정거래법상 이행강제금의 경우, 과거 의무 위반에 대한 제재적 성격도 갖고 있으므로 이후 이행하거나 불이행을 중단하더라도 이행강제금을 부과할 수 있다고 한 사례이다.

23 「독점규제 및 공정거래에 관한 법률」 제17조의3에 따른 이행강제금의 경우, 동 이행강제금이 **부과되기 전**에 시정조치를 **이행하거나** 부작위 의무를 명하는 시정조치불이행을 **중단한 경우에는** 과거의 시정조치 불이행기간에 대하여 이행강제금을 **부과할 수 없다**. 미기출

24 이행강제금의 **법적 성질**은 각 **개별법률**의 규정 형식과 내용, 체계 등을 종합적으로 고려하여 **각각 판단하여야** 한다. 관련 법률을 불문하고 하나의 **통일된 성질**로 이해하여야 하는 것이 **아니다**. 미기출

24 이행강제금의 **법적 성질**은 각 **개별법률**의 규정 형식과 내용, 체계에 따라 **달리 판단해서는 안되고** 관련 법률을 불문하고 하나의 **통일된 성질**로 이해되어야 한다. 미기출

25 「독점규제 및 공정거래에 관한 법률」 제17조의3에 따른 이행강제금은 장래 의무 이행의 간접강제의 성질뿐 아니라, **과거의 의무위반행위에 대한 제재**의 성격도 갖고 **있다**. 미기출

25 「독점규제 및 공정거래에 관한 법률」 제17조의3에 따른 이행강제금은 장래 의무 이행의 간접강제의 성질을 가질 뿐, **과거의 의무위반행위에 대한 제재의 성격은 갖고 있지 않다**. 미기출

26 「행정기본법」에 따르면, 행정청은 의무자가 행정상 의무를 **이행할 때까지** 이행강제금을 **반복**하여 **부과**할 수 있다, 다만, 의무자가 의무를 **이행하면 새로운** 이행강제금의 부과를 즉시 **중지**하되, **이미 부과**한 이행강제금은 **징수**하여야 한다. 23국회8

27 행정청은 이행강제금을 부과받은 자가 납부기한까지 **이행강제금을 내지 아니하면 국세강제징수**의 예 또는 「**지방행정제재 · 부과금의 징수 등**에 관한 법률」에 **따라 징수**한다. 24지방9

02 직접강제 | 요론 p.173 |

28 **직접강제**는 행정법상의 의무불이행이 있는 경우에 **직접**의무자의 **신체**나 **재산**에 **실력**을 가하여 의무의 이행이 있었던 것과 같은 상태를 실현하는 작용이다. 09국가9

29 **직접강제**는 대체적 작위의무뿐만 아니라 비대체적 작위의무 · 부작위의무 · 수인의무 등 **일체의 의무의 불이행에** 대해 행할 수 있다. 20군무원7

30 「**식품위생법**」상 영업소 폐쇄명령을 받은 자가 영업을 계속할 경우 **강제폐쇄**하는 조치는 행정상 **직접강제**에 해당한다. 19소방
　➕ 영업소 폐쇄명령이라는 의무의 불이행을 전제로 하기 있기에 즉시강제가 아니라 직접강제

31 출입국관리법에 따른 **외국인 강제퇴거**(는 **직접강제**에 의한 실효성 확보수단에 해당한다.) 16소간

32 경찰관직무집행법은 **직접강제**에 관한 **일반적 근거**를 **규정**하고 있지 **않다**. 14국가9
　➕ 대집행의 경우, 행정대집행법에 일반적 근거규정을 두고 있으나, 이행강제금, 직접강제 등은 일반적 근거규정이 없다. 행정기본법에 이들에 대한 규정은 있으나, 이는 해당 작용의 근거규정이 아니라, 개별법령에 별도의 근거규정이 있음을 전제로 그 기본적이고 공통적인 요건이나 절차 등을 규정하고 있는데 불과하다.

33 **직접강제**는 보충성을 특징으로 삼기 때문에 행정**대집행**이나 **이행강제금** 부과의 방법**으로는** 행정상 의무이행을 확보할 수 없거나 그 실현이 **불가능한 경우**에 **실시**하여야 한다. 24소방

30 「**식품위생법**」상 영업소 폐쇄명령을 받은 자가 **영업**을 **계속**할 경우 **강제폐쇄**하는 조치는 행정상 **즉시강제**에 해당한다. 19소방

32 경찰관직무집행법은 **직접강제**에 관한 **일반적 근거**를 **규정**하고 있다. 14국가9

03 강제징수 | 요론 p.174 |

34 (행정상 **강제징수**는) 행정상의 **금전급부의무**를 이행하지 않는 경우를 대상으로 한다. 17사복(서울)9

35 **국세징수법**은 행정상 **강제징수**에 관한 **사실상 일반법**의 지위를 갖는다. 15사복9

36 국세징수법에 의한 강제징수절차는 **독촉**, 재산**압류**, 압류재산의 **매각**, **청산**의 단계로 이루어진다. 15사복9(변형)

37 (강제징수와 관련하여) **독촉**은 반드시 **문서(독촉장)**로 하여야 하며, 원칙적으로 납부기간경과 후 **10일** 내에 **발부**하여야 한다. 08(상)지방9

38 체납자는 **압류된 재산**에 대하여 법률상의 **처분**을 할 수 **없다**. 16교행9

39 압류재산은 **의무자**의 소유인 재산적인 가치가 있는 모든 재산을 말한다. 또한 의무자 및 동거인의 **생활필수품의 압류**는 동의와 무관하게 **금지된다**. 10국가7

40 체납자와 그 동거가족에게 필요한 3월간의 **식료**와 **연료**는 압류할 수 없다. 08(하)지방7

41 세무공무원이 국세의 징수를 위해 납세자의 재산을 **압류**하는 경우 그 재산의 **가액**이 징수할 **국세액을 초과**한다 하여 당해 압류처분이 **무효**라고 할 수는 **없다**. (86누479) 17(상)국가9

42 세무서장은 **한국자산관리공사**로 하여금 **공매**를 **대행**하게 할 수 있으며, 이 경우 공매는 **세무서장**이 한 것으로 본다. 15국가9

43 공매에 있어서 공매재산에 대한 감정평가나 매각예정가격의 결정이 잘못되어 공매재산이 **부당하게 저렴한 가격**으로 **공매된** 경우 그 공매처분은 당연무효라고는 볼 수 **없다**. (96다52915) 08지방7
　➕ 부당하게 저렴한 가격으로 인해 공매처분이 위법하다고 볼 수 있는 경우에 취소사유가 될 뿐

44 국세징수법상의 체납처분에서 압류재산의 **매각**은 공매에 의하는 것이 보통이나 **수의계약**으로 할 **수 있는 경우도** 있다. 15국가9
　➕ 수의계약을 하지 않으면 매각대금이 강제징수비 이하로 예상되는 경우, 부패 · 변질 등 재산가액 감소 우려가 있는 경우 등

37 (강제징수와 관련하여) **독촉**은 반드시 **문서(독촉장)**로 하여야 하며, 원칙적으로 납부기간경과 후 **15일** 내에 **발부**하여야 한다. 08(상)지방9

38 체납자는 **압류된 재산**에 대하여 법률상의 **처분**을 할 수 **있다**. 16교행9

39 압류대상 재산은 **의무자 및 동거인**의 소유인 재산적인 가치가 있는 모든 재산을 말하며, **생활필수품의 압류**에는 의무자의 **동의를 요한다**. 10국가7

41 세무공무원이 국세의 징수를 위해 납세자의 재산을 **압류**하는 경우 그 재산의 **가액**이 징수할 **국세액을 초과**한다면 당해 압류처분은 **무효**이다. 17(상)국가9

43 공매에 있어서 공매재산에 대한 감정평가나 매각예정가격의 결정이 잘못되어 공매재산이 **부당하게 저렴한 가격**으로 **공매**된 경우 그 공매처분은 당연**무효**가 된다. 08지방7

44 국세징수법상의 체납처분에서 압류재산의 **매각**은 공매를 통해서만 이루어지며 **수의계약**으로 해서는 **안 된다**. 15국가9

45 국세징수법상 체납자 등에 대한 **공매통지**는 체납자 등의 법적 지위나 권리·의무에 직접적인 영향을 주는 행정**처분**에 해당하지 **아니**하나 공매의 절차적 요건에 해당하므로 **공매통지가 적법하지 아니한 경우에는** 절차상의 흠이 있어 그에 따른 **공매처분은 위법**하게 **된다**. 〔*逾*〕 18지방9

46 과세관청의 체납자 등에 대한 **공매통지**는 국가의 강제력에 의하여 진행되는 **공매**절차에서 체납자 등의 권리 내지 재산상 이익을 보호하기 위하여 법률로 규정한 **절차적 요건**에 해당하지만, 그 **통지를 하지 아니한 채 공매처분**을 하였다 하여도 그 공매처분이 당연**무효**로 되는 것은 **아니**다. 16지방9

47 **공매통지**가 **적법**하지 **아니**하다면 특별한 사정이 없는 한, **공매통지를 직접** 항고소송의 **대상**으로 삼아 다툴 수 **없고 통지** 후에 이루어진 **공매처분**에 대하여 **다투어야** 한다. 17(상)국가9

48 체납자 등은 **자신에 대한 공매통지의 하자**만을 공매처분의 위법사유로 **주장할 수 있을** 뿐, **다른 권리자에 대한 공매통지의 하자**를 들어 공매처분의 위법사유로 **주장할 수 없다**. 〔*逾*〕 23군무원7

49 「국세징수법」상 체납액의 **징수 순위**는 **강제징수비, 국세, 가산세**의 순서에 따른다. 13(2)경행(변형)

50 **청산 후** 배분하거나 충당하고 **남은 금액**이 있으면 이를 **체납자에게 지급**하여야 한다. 16교행9

51 과세관청의 압류처분에 대해서는 **심사청구** 또는 **심판청구 중 하나**에 대한 결정을 **거친 후 행정소송**을 제기하여야 한다. 15국가9

45 국세징수법상 체납자 등에 대한 **공매통지**는 체납자 등의 법적 지위나 권리·의무에 직접적인 영향을 주는 행정**처분**에 해당하지 **아니**하므로 **공매통지가 적법하지 아니한 경우에도** 그에 따른 **공매처분이 위법**하게 되는 것은 **아니**다. 18지방9

48 체납자 등은 **다른 권리자에 대한 공매통지의 하자**를 들어 공매처분의 위법사유로 **주장할 수 있다**. 23군무원7

테마별 N지 모음

N1 다음은 「식품위생법」 조문의 일부이다. 이에 대한 설명으로 옳은 것은? 15서울9 ③

> 제79조(폐쇄조치 등) ① 식품의약품안전처장, 시·도지사 또는 시장·군수·구청장은 제37조 제1항, 제4항 또는 제5항을 위반하여 허가받지 아니하거나 신고 또는 등록하지 아니하고 영업을 하는 경우 또는 제75조 제1항 또는 제2항에 따라 허가 또는 등록이 취소되거나 영업소 **폐쇄명령**을 받은 **후에도 계속**하여 **영업**을 하는 경우에는 해당 **영업소**를 **폐쇄**하기 위하여 관계 공무원에게 다음 각호의 조치를 하게 **할 수** 있다.
> 1. 해당 영업소의 간판 등 영업 표지물의 제거나 삭제
> 2. 해당 영업소가 적법한 영업소가 아님을 알리는 게시문 등의 부착
> 3. 해당 영업소의 시설물과 영업에 사용하는 기구등을 사용할 수 없게 하는 봉인(封印)
> ④ 제1항에 따른 조치는 그 영업을 할 수 없게 하는 데에 **필요**한 **최소한**의 **범위**에 그쳐야 한다.

① 관계 공무원이 계고 등 사전조치 이후 행한 영업표지물의 제거나 삭제는 **즉시강제**에 해당한다.
② 공무원이 **적법**하게 영업소의 간판을 제거하더라도 영업주에게 간판에 대한 **손해배상**을 **해야** 한다.
③ 위 「식품위생법」제79조 제4항은 비례의 원칙 중에서 **필요성**의 **원칙**을 입법화한 것이다.

[해설] ① 관계 공무원이 계고 등 사전조치 이후 행한 영업표지물의 제거나 삭제는 **직접강제**에 해당한다.
　　➕ 의무불이행을 전제로 하기 때문이다.
② 공무원이 **적법**하게 영업소의 간판을 제거한 경우라면 영업주에게 간판에 대한 **손해배상**은 인정되지 **아니**한다.
　　➕ 손해배상은 위법한 행위에 대하여 인정되기 때문이다.

THEME 45 실효성 확보수단(4) - 즉시강제

01 내용 | 요룰 p.175 |

O 지문

01 즉시강제란 상대방의 **의무의 불이행을 전제함이 없이** 현재의 **급박한** 행정상의 **장해**를 제거할 필요가 있는 경우로서, ① 행정청이 미리 행정상 의무 이행을 명할 시간적 이유가 없거나 ② 그 성질상 행상상의 의무의 이행을 명하는 것만으로는 행적목적 달성이 곤란한 경우 행정청이 **곧바로** 국민의 신체 또는 재산에 **실력**을 행사하여 행적목적을 달성하는 것을 말한다. 19국가9
　➕ 즉시강제는 상대방의 의무불이행을 전제로 하지 않으므로 틀린 지문이다. 단, 해당 문구 외의 나머지 부분은 옳다.

02 **즉시강제**는 법치국가의 요청인 **예측가능성**과 **법적안정성**에 **반**하고 **기본권 침해의 소지**가 **큰** 권력작용이라는 비판이 존재한다. 19(2월)서울

03 행정강제는 행정상 **강제집행을 원칙**으로 하고, 행정상 **즉시강제**는 **예외적**으로 인정되는 강제수단이다. 17(하)국가9

04 행정상 **즉시강제**에 관한 **일반법**은 없고 개별법에서 행정상 즉시강제에 해당하는 수단을 규정하고 있다. 17(하)국가9

05 행정상 **즉시강제**에 대하여 목전에 급작한 장해를 예방하기 위한 경우더라도, **법률의 근거가 있어야** 발동될 수 있다는 것이 일반적인 견해이다. 22국가9

06 행정상 **즉시강제**는 **실정법의 근거를 필요**로 하고, 그 발동에 있어서는 법규의 범위 안에서도 행정상의 장해가 목전에 **급박**하고, **다른 수단**으로는 행정목적을 달성할 수 **없**는 경우이어야 하며, 이러한 경우에도 그 행사는 **필요 최소한도**에 그쳐야 함을 내용으로 하는 한계에 기속된다. 17(하)국가9

07 불법집회시위가 열릴 예정시간으로부터 약 **5시간 30분 전**에 그 예정 장소로부터 약 **150km 떨어진 곳에서 출발하려는 시위대를 제지**하는 것은 경찰관직무집행법 제6조 제1항에 근거한 행정상 즉시강제인 경찰관의 제지의 범위를 명백히 넘어서는 것이어서 **적법한 직무집행**에 해당하지 아니한다.(2009도 2114) 12(3)경행

08 (대법원 판례에 따르면) 행정상 **즉시강제**에서 그 목적을 달성할 수 없는 지극히 **예외적인 경우에만** 헌법상 **사전영장주의원칙의 예외**가 인정된다. 19소방(변형)

09 즉시강제에서 영장주의가 적용되는가의 여부에 대하여, **대법원** 판례는 **예외적으로 사전영장주의가 적용되지 않을** 수 있다고 본다. 나아가 **헌법재판소** 판례는 즉시강제에는 사전영장주의가 **적용되지 않는 것이 원칙**이라고 본다. 13경행
　➕ 따라서 위 지문은 대법원 판례, 헌재 판례 어디에 따르더라도 틀린 지문이 된다.

10 지방**의회 증인**에 대한 **동행명령장**을 지방의회 **의장이 발부**하도록 한 조례는 **영장주의원칙**을 규정한 헌법 제12조 제3항에 **위배**된다. 10국회8

11 재범의 위험성이 현저한 자를 상대로 긴급히 보호할 필요가 있는 경우에 단기간의 동행보호를 허용한 구 사회안전법상 **동행보호교정**은 **사전영장주의**를 규정한 헌법규정에 **반하지 아니**한다. (96다56115) 14지방9

12 **불법게임물**을 발견한 경우 관계공무원으로 하여금 영장없이 이를 수거하여 폐기하게 할 수 있도록 규정한 구 「음반·비디오물 및 게임물에 관한 법률」의 조항은 급박한 상황에 대처하기 위해 행정상 즉시강제를 행할 **불가피성과 정당성이 충분히 인정**되므로 헌법상 **영장주의**에 **위배되지 아니**한다. 17(하)국가9

13 권력적 사실행위인 **즉시강제**는 그 조치가 **계속 중**인 상태에 있는 경우에는 **취소소송**의 대상이 될 수 있다. 18교행9
　➕ 반면, 조치가 종료된 경우에는 소의 이익이 부정되어, 취소소송을 제기 시 각하될 것이다.

14 행정상 **즉시강제**가 **계속 되고 있는** 경우에는 이를 다툴 **소의 이익**이 있으므로 **항고소송**을 제기할 수 있다. 19해경승진

✗ 지문

01 **즉시강제**란 법령 또는 행정처분에 의한 선행의 구체적 **의무의 불이행으로 인한** 목전의 **급박한 장해**를 제거할 필요가 있는 경우에 행정기관이 **즉시** 국민의 신체 또는 재산에 **실력을 행사**하여 행정상의 필요한 상태를 실현하는 작용을 말한다. 19국가9

05 (행정상 **즉시강제**에 대하여) 목전에 급박한 장해를 예방하기 위한 경우에는 예외적으로 **법률의 근거가 없이도** 발동될 수 있다는 것이 일반적인 견해이다. 22국가9

07 불법집회시위가 열릴 예정시간으로부터 약 **5시간 30분 전**에 그 예정 장소로부터 약 **150km 떨어진 곳에서 출발하려는 시위대를 제지**한 것이라고 하더라도 경찰관직무집행법 제6조 제1항에 근거한 **적법한 직무집행**에 해당한다. 12(3)경행

09 즉시강제에서 영장주의가 적용되는가의 여부에 대하여 **판례**는 국민의 권익보호를 위하여 **예외 없이 영장주의가 적용**되어야 한다는 영장필요설의 입장을 취하고 있다. 13경행

11 재범의 위험성이 현저한 자를 상대로 긴급히 보호할 필요가 있는 경우에 단기간의 동행보호를 허용한 구 사회안전법상 **동행보호규정**은 **사전영장주의**를 규정한 헌법규정에 **반한다**. 14지방9

12 **불법게임물**을 발견한 경우 관계공무원으로 하여금 **영장없이** 이를 **수거**하여 **폐기**하게 할 수 있도록 규정한 구 「음반·비디오물 및 게임물에 관한 법률」의 조항은 급박한 상황에 대처하기 위해 행정상 즉시강제를 행할 **불가피성과 정당성이 인정되지 않으므로** 헌법상 **영장주의**에 **위배된다**. 17(하)국가9

13 권력적 사실행위인 **즉시강제**는 그 조치가 **계속 중**인 상태에 있는 경우에도 **취소소송**의 대상이 될 수는 **없다**. 18교행9

14 행정상 **즉시강제**는 **어떠한 경우에도** 이를 다툴 **소의 이익이 없으므로 항고소송**을 제기할 수 **없다**. 19해경승진

02 종류 | 요플 p.176 |

15 신체의 자유를 제한하는 즉시강제도 헌법상 기본권제한에 해당하여 법률의 규정이 있다면 허용될 수 있다. 　18교행9

　➕ 예컨대 강제입원

16 감염병의심자에 대한 격리조치는 즉시강제에 해당한다. 　21군무원7

17 (행정상 즉시강제와 관련하여) 강제 건강진단과 예방접종은 대인적 강제수단에 해당한다. 　22국가9

18 술에 취한 상태로 인하여 자기 또는 타인의 생명·신체와 재산에 위해를 미칠 우려가 있는 피구호자에 대한 보호조치는 경찰행정상 즉시강제에 해당한다. 　17지방7

19 도로교통법상의 위법인공구조물에 대한 제거(는 즉시강제에 해당한다) 　12(하)지방9

20 구「음반·비디오물 및 게임물에 관한 법률」상 불법게임물에 대한 수거 및 폐기조치는 행정상 즉시강제에 해당한다. 　23지방9

15 신체의 자유를 제한하는 즉시강제는 헌법상 기본권침해에 해당하여 법률의 규정에 의해서도 허용되지 아니한다. 　18교행9

16 감염병의심자에 대한 격리조치는 직접강제에 해당한다. 　21군무원7

03 행정기본법 조문 | 요플 p.176 |

21 즉시강제를 실시하기 위하여 현장에 파견되는 집행책임자는 그가 집행책임자임을 표시하는 증표를 보여 주어야 하며, 즉시강제의 이유와 내용을 고지하여야 한다. 　24소간

테마별 N지 모음

N1 행정상 즉시강제에 해당하지 않는 것은? 　11지방9 ①

① 행정대집행법에 의한 무허가 건물의 강제철거
② 소방기본법에 의한 강제처분
③ 경찰관직무집행법에 의한 범죄의 예방과 제지
④ 「재난 및 안전관리 기본법」에 의한 응급조치

[해설] ① 행정대집행법에 의한 무허가 건물의 강제철거는 의무의 불이행을 전제로 하기에 즉시강제가 아니라 행정상 강제집행(대집행)에 해당한다.

N2 직접강제와 즉시강제를 구분하는 전통적 견해에 의할 때 성질이 다른 하나는? 　13국가9 ①

① 「출입국관리법」상의 외국인 등록의무를 위반한 사람에 대한 강제퇴거
② 「소방기본법」상의 소방활동에 방해가 되는 물건 등에 대한 강제처분
③ 「식품위생법」상의 위해식품에 대한 압류
④ 「마약류 관리에 관한 법률」상의 승인을 받지 못한 마약류에 대한 폐기

[해설] ①만 직접강제에 해당하고, 나머지는 즉시강제에 해당한다.

N3 다음은 「감염병의 예방 및 관리에 관한 법률」의 다음 규정 중 일부이다. 이 규정에 대한 설명으로 옳은 것을 〈보기〉에서 모두 고르면? 18국회8 ④

> 제47조【감염병 유행에 대한 방역조치】보건복지부장관 ……은 감염병이 유행하면 감염병 전파를 막기 위하여 다음 각호에 해당하는 …… 조치를 하여야 한다.
> 1. 감염병환자등이 있는 장소나 감염병병원체에 오염되었다고 인정되는 장소에 대한 다음 각 목의 조치
>   가. 일시적 폐쇄
>   나. (이하 생략)
> 3. 감염병병원체에 감염되었다고 의심되는 사람을 적당한 장소에 일정한 기간 입원 또는 격리시키는 것
> 4. 〈이하 생략〉
> 제80조【벌칙】다음 각 호의 어느 하나에 해당하는 자는 300만원 이하의 벌금에 처한다.
> 1.~4. 〈생략〉
> 5. 제47조 …… 에 따른 조치에 위반한 자.
> 6. (이하 생략)

> ㉠ 제47조 제1호의 '일시적 폐쇄'는 의무의 불이행을 전제로 하지 않으므로 강학상 '직접강제'에 해당한다.
> ㉡ 제47조 제3호의 '입원 또는 격리'가 항고소송의 대상이 된다고 하더라도 입원 또는 격리가 이미 종료된 경우에는 권리보호의 필요성이 부정될 수 있다.
> ㉢ 제47조의 각 호 조치가 급박한 상황에 대처하기 위한 것으로서 그 불가피성과 정당성이 충분히 인정된다면 헌법상의 사전영장주의 원칙에 위배되는 것은 아니라 할 것이다.
> ㉣ 제80조의 벌금은 과실범 처벌에 관한 명문규정이 있거나 해석상 과실범도 벌할 뜻이 명확한 경우를 제외하고는 형법의 원칙에 따라 고의가 있어야 벌할 수 있다.
> ㉤ 법인의 종업원이 제80조의 위반행위를 하였음을 이유로 종업원과 함께 법인도 처벌하고자 한다면, 종업원의 행위의 결과에 대하여 법인에게 독자적인 책임이 있어야 한다.

① ㉠, ㉡, ㉢   ② ㉠, ㉣, ㉤   ③ ㉡, ㉢, ㉤
④ ㉡, ㉢, ㉣, ㉤   ⑤ ㉠, ㉡, ㉢, ㉣, ㉤

[해설] ㉠ 제47조 제1호의 '일시적 폐쇄'는 의무의 불이행을 전제로 하지 않으므로 강학상 '즉시강제'에 해당한다.

THEME 46 실효성 확보수단(5) - 행정형벌

○ 지문

01 개관

(01~02) 「의료법」 제87조는 **면허증**을 **대여**한 자에 대하여 5년 이하의 징역 또는 2천만원 이하의 **벌금**에 처하는 것으로 규정하고 있다. 12국가9

01 행정벌 가운데 **행정형벌**을 규정한 것이다.
기

02 행정행위의 실효성을 확보함에 있어서 **간접적인** 의무이행 확보**수단**이 된다.
기

03 헌법재판소는 **행정형벌**과 **행정질서벌**의 구별을 **기본적으로** 입법자가 제반사정을 고려하여 결정할 **입법재량**으로 본다. 12(하)지방7

04 **행정형벌**에는 특별한 규정이 있는 경우를 제외하고는 **형법총칙**이 적용된다. 09국가9
인

05 **죄형법정주의** 원칙 등 형벌법규의 해석 원리는 **행정형벌**에 관한 규정을 해석할 때**에도 적용**되어야 한다. 19서울9
인

06 **행정형벌**은 **형사소송법**이 정하는 절차에 따라 **법원이 과벌**하는 것이 원칙이다. 09국가9
인

07 구 「소방시설 설치·유지 및 안전관리에 관한 법률」 제9조에 의한 소방시설 등의 설치 또는 유지·관리에 대한 **명령이** 행정처분으로서 하자가 있어 **무효인 경우**에는 명령에 따른 의무위반이 생기지 아니하므로, **명령 위반을 이유로** 행정형벌을 부과할 수 **없다**. 19지방9
S

02 통고처분

08 **통고처분**은 현행법상 **조세범, 관세범, 출입국사범, 교통사범 등**에 대하여 **형사소송절차에 대신**하여 벌금 또는 과료에 상당하는 금액의 납부를 명하는 것이다. 09국가9
인

09 통고처분에 의해 부과된 금액(**범칙금**)은 **벌금**이 **아니다**. 18소방
기 + 통고처분에 의해 부과된 금액(범칙금)은 행정제재금이며 벌금이 아니다.(박균성)

10 **조세범처벌절차법**상 **통고처분**을 받은 자는 **15일** 이내에 통고된 내용을 **이행**하여야 한다. 11지방7
Z

11 경찰서장이 범칙행위에 대하여 「경범죄처벌법」상 통고처분을 하였다면, **통고처분에서 정한** 범칙금 **납부기간까지는** 원칙적으로 **경찰서장**은 **즉결심판**을 **청구할 수 없고 검사도** 동일한 범칙 행위에 대하여 **공소를 제기할 수 없다**.(2020도15194) 22소간
B

12 특별한 사정이 없는 이상 경찰서장은 범칙행위에 대한 **형사소추를 위하여** 이미 한 **통고처분**을 임의로 **취소할 수 없다**. 24소간
C

13 **통고처분**이 있는 경우에는 **공소시효**의 진행은 **중단**된다. 11지방7(변형)

14 행정법규 위반자가 **통고처분**에 의해 부과된 금액을 **납부**하면 **과벌절차가 종료**되며 동일한 사건에 대하여 **다시 처벌**받지 **아니**한다. 15지방9
C

15 판례는 통고처분에 의해 부과된 **범칙금**을 **납부**한 경우 **다시 처벌**받지 **아니**한다고 규정하고 있는 것은 범칙금의 납부에 **확정재판의 효력에 준하는 효력**을 인정하는 취지로 해석하고 있다. 18소방
소

16 **통고처분**에 의해 범칙금을 **납부**한 경우, 그 납부의 효력에 따라 **다시 벌 받지 아니**하게 되는 행위사실은 범칙금 통고의 이유에 기재된 **당해 범칙행위 자체뿐 아니라**, 그 범칙행위와 **동일성이 인정되는 범칙행위에도 미친다**.(2001도849) 17국가7
인

17 행정법규 위반자가 법정기간 내에 **통고처분**에 의해 부과된 금액을 **납부하지 않으면 통고처분**은 **효력을 상실**하고 행정청은 이를 **고발**하거나 **즉결심판**을 **청구**하여 형사소송절차로 이행시켜야 한다. **비송사건절차법**에 의하여 처리되는 것이 **아니다**. 15지방9
A

× 지문

09 통고처분에 의해 부과된 금액(**범칙금**)은 **벌금**이다. 18소방
기

10 **조세범처벌절차법**상 **통고처분**을 받은 자는 **30일** 이내에 통고된 내용을 **이행**하여야 한다. 11지방7
Z

11 경찰서장이 범칙행위에 대하여 「경범죄처벌법」상 통고처분을 하였다면, **통고처분에서 정한** 범칙금 **납부기간까지는** 원칙적으로 **경찰서장**은 **즉결심판**을 **청구할 수 없지만 검사는** 동일한 범칙 행위에 대하여 **공소를 제기할 수 있다**. 22소간
B

13 **통고처분**이 행하여지더라도 **공소시효**의 진행은 **정지되지 않는다**. 11지방7(변형)

16 **통고처분**에 의해 범칙금을 **납부**한 경우, 그 납부의 효력에 따라 **다시 벌 받지 아니**하게 되는 행위사실은 범칙금 통고의 이유에 기재된 **당해 범칙행위 자체에 한정될 뿐**, 그 범칙행위와 **동일성이 인정되는 범칙행위에는 미치지 않는다**. 17국가7
인

17 행정법규 위반자가 법정기간 내에 **통고처분**에 의해 부과된 금액을 **납부하지 않으면 비송사건절차법**에 의해 **처리**된다. 15지방9
A

18 「도로교통법」에 의한 경찰서장의 **통고처분**에 대한 항고소송은 부적법하고 이에 대하여 **이의가** 있는 경우에는 통고처분에 따른 범칙금을 **이행하지 아니함으로써** 경찰서장의 **즉결심판청구에 의하여 법원의 심판**을 받을 수 있게 된다. Ⓐ 19국회8

19 법률에 따라 **통고처분을 할 수 있더라도**, 행정청은 통고처분을 **하여야** 하는 것이 **아니라** 재량을 가지므로, 통고처분 **이외의 조치**를 취할 **재량도 있다**.(2006도1993) Ⓒ 을 15지방9

19 법률에 따라 **통고처분을 할 수 있으면** 행정청은 통고처분을 **하여야 하며**, 통고처분 **이외의 조치**를 취할 **재량은 없다**. Ⓒ 15지방9

20 법률의 규정에 의하여 **통고처분을 할 수 있음에도** 불구하고 법률이 정한 즉시고발사유의 존재를 이유로 통고처분을 하지 않고 **고발하였다는 것만으로는** 그 **고발** 및 이에 기한 **공소의 제기가 부적법**하게 되는 것은 **아니다**. Ⓒ 을 08국가9
　➕ 통고처분을 할 것인지의 여부는 재량이 인정되기 때문이다.

20 법률의 규정에 의하여 **통고처분을 할 수 있음에도** 불구하고 법률이 정한 즉시고발사유의 존재를 이유로 통고처분을 하지 않고 **고발하였다면** 그 **고발** 및 이에 기한 **공소의 제기는 부적법**한 것이다. Ⓒ 08국가9

21 지방국세청장 또는 세무서장이 「조세범 처벌절차법」에 따라 **통고처분**을 거치지 **아니하고 즉시 고발하였다면** 이로써 조세범칙사건에 대한 조사 및 처분 절차는 종료되고 형사사건 절차로 이행되어 지방국세청장 또는 세무서장으로서는 동일한 조세범칙행위에 대하여 **더 이상 통고처분**을 할 **권한**이 없다. Ⓑ 23국가7

22 지방국세청장이 조세범칙행위에 대하여 형사**고발을 한 후**에 동일한 조세범칙행위에 대하여 한 **통고처분**은 권한이 없는 행위에 해당하여 특별한 사정이 없는 한 **무효**이다. Ⓑ 을 18지방7

22 지방국세청장이 조세범칙행위에 대하여 형사**고발을 한 후**에 동일한 조세범칙행위에 대하여 한 **통고처분**은 특별한 사정이 없는 한 위법하지만 **무효**는 **아니다**. Ⓑ 18지방7

23 지방국세청장이 조세범칙행위에 대하여 **고발을 한 후**에 동일한 조세범칙행위에 대하여 **통고처분**을 하였더라도 이는 권한이 없는 행위에 해당하여 무효이므로, 조세**범칙행위자가** 이를 **이행하였더라도** 고발에 따른 **형사절차의 이행에는 일사부재리**의 원칙이 **적용되지 아니한다**(즉, **위법하지 않다**).(2014도 10748) Ⓒ 20군무원9
　➕ 고발을 하면 통고처분을 할 권한이 없어지므로 이 상태에서 행한 통고처분은 무효이다. 무효인 통고처분을 이행하였더라도 아무런 효력이 발생하지 않으므로 일사부재리의 원칙도 적용되지 않는다. 따라서 고발에 따른 형사절차 진행은 적법하다.

23 지방국세청장이 조세범칙행위에 대하여 **고발을 한 후**에 동일한 조세범칙행위에 대하여 **통고처분**을 하여 조세**범칙행위자가** 이를 이행하였다면 고발에 따른 형사절차의 이행은 **일사부재리**의 원칙에 **반하여 위법**하다. Ⓒ 20군무원9

03 양별규정 | 요론 p.179 |

24 행정범의 경우에는 법인의 대표자 또는 종업원 등의 **행위자뿐 아니라 법인도 아울러 처벌**하는 규정을 두는 경우가 **있다**. Ⓒ 12(상)지방9
　➕ 양벌규정에 대한 설명

25 **양벌규정**에 의한 **법인**의 **처벌**은 단순한 행정적 제재가 아니라, **형벌**에 **해당**한다. 기 을 22국가9

25 양벌규정에 의한 **법인**의 **처벌**은 어디까지나 행정적 제재처분일 뿐 **형벌**과는 성격을 달리한다. 기 22국가9

26 다단계판매원은 구 「방문판매 등에 관한 법률」의 양벌규정의 적용에 있어서 **다단계판매업자의 사용인의 지위**에 있다. Z 08국가9

27 종업원 등의 **범죄**에 대해 **법인**에게 어떠한 **잘못**이 있는지를 전혀 **묻지 않고**, 곧바로 그 종업원 등을 고용한 법인에게도 종업원 등에 대한 처벌조항에 규정된 **벌금형을 과**하도록 규정하는 것은 **책임주의**에 **반**한다. Ⓒ 17(상)국가9

28 종업원의 위반행위에 대해 사업주도 처벌하는 경우, **사업주**가 지는 책임은 **과실책임**이다. Ⓒ 을 12지방9
　➕ 종업원에 대한 선임·감독상 주의의무를 다하지 않은 경우에 부과되는 과실책임에 해당

28 종업원의 위반행위에 대해 사업주도 처벌하는 경우, **사업주**가 지는 책임은 **무과실책임**이다. Ⓒ 12지방9

29 법인은 기관을 통하여 행위하므로 법인이 대표자를 선임한 이상 그의 행위로 인한 법률효과는 법인에게 귀속되어야 하고, 법인 **대표자의 범죄행위**에 대하여는 법인이 **자신의 행위에 대한 책임**을 부담하는 것이다. 인 22군무원7

30 법인 **대표자의 법규위반행위**에 대한 **법인의 책임**은 법인 자신의 법규위반행위로 평가될 수 있는 행위에 대한 **법인의 직접책임**이다. 인 22국가9

31 양벌규정에 의해 **영업주가 처벌**되기 위해서는 **종업원의 범죄가 성립**하거나 **처벌**이 이루어져야 함이 **전제조건이 될 필요는 없다**.(2005도7673) Ⓢ 을 19서울9

31 양벌규정에 의해 **영업주가 처벌**되기 위해서는 **종업원의 범죄**가 **성립**하거나 **처벌**이 이루어져야 함이 **전제조건**이 되어야 한다. Ⓢ 19서울9

32 양벌규정에 의한 **영업주의 처벌**은 금지위반행위자인 **종업원의 처벌**에 종속되는 것이 **아니므로 영업주만** 따로 **처벌할 수도 있다**. Ⓢ 을 22지방9

32 양벌규정에 의한 **영업주의 처벌**은 금지위반행위자인 **종업원의 처벌**에 종속되는 것이므로 **영업주만** 따로 **처벌할 수는 없다**. Ⓢ 22지방9

O 지문	X 지문
33 행정형벌은 행정법상 의무위반에 대한 제재로 과하는 처벌로 법인이 법인으로서 행정법 의무자인 경우 그 의무위반에 대하여 형벌의 성질이 허용하는 한도 내에서 그 법인을 처벌하는 것이다. 행정범에 관한한 **법인의 범죄능력은 인정되지 아니**하며, 지방자치단체와 같은 공법인의 경우에는 범죄능력은 부정되나, **형벌능력**은 양벌규정이 있으면 **인정**될 수 있다. 21소방 ⊕ 범죄는 자연인이 저지를 수 있는 것이지, 법인이 저지를 수 있는 것이 아니므로, 법인에게는 범죄능력이 인정되지 않으나, 양벌규정이 존재한다면 형벌능력은 인정될 수 있다.	**33** 행정형벌은 행정법상 의무위반에 대한 제재로 과하는 처벌로 법인이 법인으로서 행정법 의무자인 경우 그 의무위반에 대하여 형벌의 성질이 허용하는 한도 내에서 그 법인을 처벌하는 것은 당연하며, 행정범에 관한 한 **법인의 범죄능력을 인정**함이 일반적이나, 지방자치단체와 같은 공법인의 경우는 범죄능력 및 **형벌능력** 모두 **부정**된다. 21소방
34 지방자치단체 소속 **공무원이** 지방자치단체 고유의 **자치사무**를 수행하던 중 「도로법」 규정에 의한 **위반행위**를 한 경우에는 **지방자치단체**는 「도로법」 소정의 **양벌규정에 따라 처벌**대상이 되는 법인에 해당**한다**. 24국가9	**34** 지방자치단체 소속 **공무원이** 지방자치단체 고유의 **자치사무**를 수행하던 중 「도로법」 규정에 의한 **위반행위**를 한 경우 **지방자치단체**는 「도로법」 소정의 **양벌규정에 따라 처벌**대상이 되는 법인에 해당하지 **않는다**. 24국가9
35 국가가 그의 사무의 일부를 지방자치단체의 장에게 위임하여 처리하게 하는 **기관위임사무**의 경우 **지방자치단체**는 **양벌규정에 의한 처벌**대상이 되는 법인에 해당한다고 볼 수 **없다**. 12국회8	
36 지방자치단체 소속 공무원이 **지정항만순찰** 등의 **업무**를 위해 관할관청의 승인 없이 개조한 승합차를 운행함으로써 구 자동차관리법을 위반한 경우, 해당 **지방자치단체**는 구 자동차관리법 제83조의 **양벌규정에 따른 처벌** 대상이 될 수 **없다**. 17(하)국가7 ⊕ 지정항만순찰업무는 기관위임사무이기 때문	

테마별 N지 모음

N1 이것이 설명하는 것은? 11국가9 ②

> 경미한 교통법규 위반자로 하여금 형사처벌절차에 수반되는 심리적 불안, 시간과 비용의 소모, 명예와 신용의 훼손 등의 여러 불이익을 당하지 않고 **범칙금 납부로써** 위반행위에 대한 **제재를 신속·간편하게 종결**할 수 있게 하여 주며, 교통법규 위반행위가 홍수를 이루고 있는 현실에서 **행정공무원에 의한** 전문적이고 신속한 **사건처리**를 가능하게 하고, 검찰 및 **법원의** 과중한 **업무부담을 덜어** 준다.

① 행정질서벌 ❷ 통고처분 ③ 과징금 ④ 즉결심판

THEME 47 실효성 확보수단(6) - 행정질서벌(과태료)

01 중요조문 정리 | 요륜 p.180 |

O 지문	X 지문
01 행정질서벌인 **과태료**의 과벌절차는 현행법상 특별한 규정이 없는 한 **질서위반행위규제법**이 정하는 바에 의한다. 09국가9	**01** 행정질서벌인 **과태료**의 과벌절차는 현행법상 특별한 규정이 없는 한 **비송사건절차법**이 정하는 바에 의한다. 09국가9
02 행정질서벌인 **과태료**에 관한 **일반법**으로는 **질서위반행위규제법**이 있으며, 형벌이 아니므로 **형법총칙**이 적용되지 **아니**한다. 12경행	**02** 행정질서벌인 **과태료**에 관한 **일반법**이 **없**으므로 **형법총칙**이 **적용**된다. 12경행
03 「부동산등기 특별조치법」에 따른 **과태료**의 부과(는 **행정벌**에 해당한다) 21국가9	
04 지방자치단체의 **조례상의 의무**를 위반하여 **과태료**를 부과하는 행위도 **질서위반행위**에 **포함**된다. 19지방9	**04** 지방자치단체의 **조례상의 의무**를 위반하여 **과태료**를 부과하는 행위는 **질서위반행위**에 해당되지 **않는다**. 19지방9
05 「지방자치법」 제27조 **조례위반**에 대한 **과태료**의 경우에도 「**질서위반행위규제법**」이 적용**되**므로 그에 불복이 있으면 과태료재판으로 불복해야 하고 **항고소송**을 제기할 수 **없다**. 16국회8	**05** 「지방자치법」 제27조 **조례위반**에 대한 **과태료**의 경우에는 「**질서위반행위규제법**」이 적용되지 **않으므로** 그에 대한 불복이 있으면 **항고소송**을 제기할 수 **있다**. 16국회8
06 행정질서벌의 부과는 국민의 권리·의무에 직접 효과를 가지며 법률에 근거가 있어야 한다. 이와 관련하여 지방자치단체는 **조례제정**을 통해 **과태료**를 부과할 수 **있는**데, 이는 지방자치법에 근거가 있기 때문이다. 10지방7	**06** 행정질서벌의 부과는 국민의 권리·의무에 직접 효과를 가지며 법률에 근거가 있어야 하기 때문에 지방자치단체는 **조례제정**을 통해 **과태료**를 부과할 수 **없다**. 10지방7

07 민법상의 의무를 위반하여 과태료를 부과하는 행위는 「질서위반행위규제법」상 질서위반행위에 해당하지 아니한다. 　19서울9
　➕ 민법상의 의무를 위반하여 과태료를 부과하는 경우에는 비송사건절차법 적용

08 질서위반행위란 '법률(조례를 포함한다)상의 의무를 위반하여 과태료를 부과하는 행위'를 말하고, 이에는 대통령령으로 정하는 법률에 따른 징계사유에 해당하여 과태료를 부과하는 행위는 포함되지 아니한다. 　09국가7

09 질서위반행위의 성립은 행위 시의 법률을 따르고 과태료처분 역시 행위 시의 법률에 따르는 것이 원칙이다. 　20소방
　➕ 단, 행위자에게 유리한 변경이 있다면 변경된 법률을 적용

10 질서위반행위 후 법률이 변경되어 그 행위가 질서위반행위에 해당하지 아니하게 되거나 과태료가 변경되기 전의 법률보다 가볍게 된 때에는 법률에 특별한 규정이 없는 한 변경된 법률을 적용하여야 한다. 　23지방9

11 과태료를 부과하는 근거 법령이 개정되어 행위 시의 법률에 의하면 과태료 부과대상이었지만 재판 시의 법률에 의하면 부과대상이 아니게 된 때에는 특별한 사정이 없는 한 과태료를 부과할 수 없다. 　19국가9

12 행정청의 과태료 처분이나 법원의 과태료 재판이 확정된 후 법률이 변경되어 그 행위가 질서위반행위에 해당하지 아니하게 된 때에는 변경된 법률에 특별한 규정이 없는 한 과태료의 징수 또는 집행을 면제한다. 　13국가9

13 질서위반행위는 행정질서벌이다. 대한민국 영역 밖에서 질서위반행위를 한 대한민국의 국민에게도 적용된다.(속인주의) 　10지방9

14 과태료의 부과·징수의 절차에 관해 「질서위반행위규제법」의 규정에 저촉되는 다른 법률의 규정이 있는 경우에는 「질서위반행위규제법」으로 정하는 바에 따른다. 　17국회8

15 법률에 따르지 아니하고는 어떤 행위도 질서위반행위로 과태료를 부과하지 아니한다. 　19서울7

16 과태료는 행정질서벌에 해당할 뿐 형벌이라고 할 수 없어 죄형법정주의의 규율대상에 해당하지 아니한다. 　19국가9

17 다른 법률에 특별한 규정이 없으면 14세가 되지 아니한 자의 질서위반행위는 과태료를 부과하지 아니한다. 　12국회9

18 심신(心神)장애로 인하여 행위의 옳고 그름을 판단할 능력이 없거나 그 판단에 따른 행위를 할 능력이 없는 자의 질서위반행위는 과태료를 부과하지 아니한다. 　23지방7

19 스스로 심신장애 상태를 일으켜 질서위반행위를 한 자에 대하여는 과태료를 감경하지 아니한다. 　19국가7

20 법인의 대표자, 법인 또는 개인의 대리인·사용인 및 그 밖의 종업원이 업무에 관하여 법인 또는 그 개인에게 부과된 법률상의 의무를 위반한 때에 법인 또는 그 개인에게 과태료를 부과한다. 　22국회8

21 행정질서벌은 현실적인 행위자가 아니더라도 법령상 책임자로 규정된 자에게 부과될 수 있다. 　08(상)지방9

22 2인 이상이 질서위반행위에 가담한 때에는 각자가 질서위반행위를 한 것으로 본다. 　17교행9

23 신분에 의하여 성립하는 질서위반행위에 신분이 없는 자가 가담한 때에는 신분이 없는 자에 대해서도 질서위반행위가 성립한다. 　15국가7

24 신분에 의하여 과태료를 감경 또는 가중하거나 과태료를 부과하지 아니하는 때에는 그 신분의 효과는 신분이 없는 자에게는 미치지 않는다. 　21국가7

---

07 민법상의 의무를 위반하여 과태료를 부과하는 행위는 「질서위반행위규제법」상 질서위반행위에 해당한다. 　19서울9

08 질서위반행위란 '법률(조례를 포함한다)상의 의무를 위반하여 과태료를 부과하는 행위'를 말하고, 이에는 대통령령으로 정하는 법률에 따른 징계사유에 해당하여 과태료를 부과하는 행위가 포함된다. 　09국가7

09 질서위반행위의 성립은 행위 시의 법률을 따르고 과태료처분은 판결 시의 법률에 따른다. 　20소방

12 행정청의 과태료 처분이나 법원의 과태료 재판이 확정된 후 법률이 변경되어 그 행위가 질서위반행위에 해당하지 아니하게 되더라도 변경된 법률에 특별한 규정이 없는 한 과태료의 징수 또는 집행은 면제되지 않는다. 　13국가9

13 질서위반행위는 행정질서벌이므로 대한민국 영역 밖에서 질서위반행위를 한 대한민국의 국민에게는 적용되지 않는다. 　10지방9

14 과태료의 부과·징수의 절차에 관해 「질서위반행위규제법」의 규정에 저촉되는 다른 법률의 규정이 있는 경우에는 그 다른 법률의 규정이 정하는 바에 따른다. 　17국회8

19 스스로 심신장애 상태를 일으켜 질서위반행위를 한 자에 대하여는 과태료를 감경한다. 　19국가7

20 법인의 대표자, 법인 또는 개인의 대리인·사용인 및 그 밖의 종업원이 업무에 관하여 법인 또는 그 개인에게 부과된 법률상의 의무를 위반한 때에 법인 또는 그 개인에게 과태료를 부과하는 것은 위법하다. 　22국회8

23 신분에 의하여 성립하는 질서위반행위에 신분이 없는 자가 가담한 때에는 신분이 없는 자에 대해서는 질서위반행위가 성립하지 않는다. 　15국가7

25 하나의 행위가 2 이상의 질서위반행위에 해당하는 경우에는 각 질서위반행위에 대하여 정한 과태료 중 **가장 중한 과태료**를 부과한다. 23국가9

26 하나의 행위가 2 이상의 질서위반행위에 해당하는 경우에는 **가장 중한** 과태료를 부과한다. 19서울9

27 하나의 행위가 둘 이상의 질서위반행위에 해당하는 경우에는 **가장 중한** 과태료를 부과한다. 16서울9

28 하나의 행위가 둘 이상의 질서위반행위에 해당하는 경우에는 **가장 중한** 과태료를 부과한다. 16지방7

29 행정청이 위반사실을 **적발하면** 사전통지 및 의견제출 과정을 거쳐 **행정청이** 직접 **과태료를 부과**한다(제16,17조). 이에 대해 당사자가 기간 내 서면으로 이의제기하는 경우 행정청은 과태료를 부과받을 자의 주소지를 관할하는 법원에 통보하여야 한다(제21,25조). 23국가9
　➕ 즉, 위 지문은 과태료 부과의 주체를 행정청이 아닌 법원이라 하여 틀린 것이다. 과태료 부과는 행정청이 하고, 다만 당사자가 이의를 제기한 경우에만 행정청이 법원에 이를 통보해 과태료 재판이 열리게 된다.

30 행정청이 질서위반행위에 대하여 **과태료를 부과**하고자 하는 때에는 **미리** 당사자에게 과태료 부과의 원인이 되는 사실, 과태료 금액 및 적용법령 등을 **통지**하고 **10일 이상**의 기간을 정하여 **의견을 제출할 기회**를 주어야 한다. 21소방

31 행정청은 당사자가 **의견제출기한** 이내에 과태료를 **자진납부**하고자 하는 경우에는 과태료를 **감경**할 수 있다. 12국회9

32 과태료의 **부과**는 **서면으로** 하여야 한다. 이때 **당사자가 동의**하는 경우에는 **전자문서도** 여기서의 서면에 포함된다. 17국회8

33 질서위반행위가 **종료된 날**부터 **5년이** 경과한 경우에는 해당 질서위반행위에 대하여 과태료를 **부과할 수 없는**바, **다수인**이 질서위반행위에 **가담**한 경우에는 질서위반행위가 종료된 날은 **최종행위가 종료된 날**을 말한다. 15서울9

34 과태료에는 **소멸시효**가 **존재**하므로 행정청이 과태료처분이나 법원의 과태료재판이 확정된 후 **5년간** 징수하지 아니하거나 집행하지 아니하면 시효로 인하여 **소멸한다**. 17서울9

35 (옳은지문①) 행정청은 **질서위반행위가 종료된 날**(다수인이 질서위반행위에 가담한 경우에는 최종행위가 종료된 날을 말한다)부터 **5년이** 경과한 경우에는 해당 질서위반행위에 대하여 과태료를 **부과할 수 없다**.
(옳은지문②) 과태료는 행정청의 과태료 부과처분이나 법원의 과태료 재판이 **확정된 후 5년** 간 징수하기 아니하거나 집행하지 아니하면 **시효로 소멸**한다. 20국가9
　➕ ① 질서위반행위 종료 후 5년이 지나면 부과할 수 없고, ② 과태료 확정 후 5년간 징수·집행하지 않으면 시효로 소멸한다. 그런데 위 지문은 이 둘을 반씩 섞어서 질서위반행위 종료 후 5년간 징수·집행하지 않으면 시효로 소멸한다고 하여 틀린 것이다. 따라서 위와 같이 2가지의 옳은 지문으로 변경이 가능하다.

36 과태료는 **행정청의** 과태료 **부과처분**이나 **법원의** 과태료 **재판이** 확정 된 후 **5년간** 징수하지 아니하거나 집행하지 아니하면 **시효로** 인하여 **소멸**한다. 19서울9

37 **과태료**처벌에 있어 **공소시효**나 **형의 시효** 및 국가재정법상의 국가의 금전채권에 관한 **소멸시효**의 규정은 준용되지 **아니**한다.(2000마1350) 10지방7
　➕ 질서위반행위규제법에서 과태료 부과의 제척기간과 확정된 과태료의 징수·집행시효를 별도로 규정하고 있다.

38 행정청의 과태료 부과에 **불복**하려는 당사자는 과태료 부과통지를 받은 날부터 **60일 이내**에 해당 행정청에 서면으로 **이의제기**를 할 수 있다. 19서울7

---

26 하나의 행위가 2 이상의 **질서위반행위**에 해당하는 경우에는 각 질서위반행위에 대하여 정한 과태료를 **합산**하여 부과한다. 19서울9

27 하나의 행위가 둘 이상의 **질서위반행위**에 해당하는 경우에는 각 질서위반행위에 대하여 정한 과태료를 **각각** 부과한다. 16서울9

28 하나의 행위가 **2 이상의 질서위반행위**에 해당하는 경우에는 각 질서위반행위에 대하여 정한 과태료를 **가중하여** 부과한다. 16지방7

29 행정청이 위반사실을 **적발하면** 과태료를 부과받을 자의 주소지를 관할하는 지방**법원에 통보**하여야 하고, 당해 **법원은** 「비송사건절차법」에 따라 결정으로써 **과태료를 부과**한다. 23국가9

34 과태료에는 **소멸시효**가 없으므로 행정청의 과태료처분이나 법원의 과태료재판이 확정된 이상 일정한 **시간이 지나더라도** 그 처벌을 면할 수는 **없다**. 17서울9

35 행정청에 의해 부과된 과태료는 **질서위반행위가 종료된 날**(다수인이 질서위반행위에 가담한 경우에는 최종행위가 종료된 날을 말한다)부터 **5년간** 징수하지 아니하거나 집행하지 아니하면 **시효로** 인하여 **소멸**한다. 20국가9

36 과태료는 **행정청의** 과태료 **부과처분**이나 **법원의** 과태료 **재판**이 **확정된 후 3년간** 징수하지 아니하거나 집행하지 아니하면 **시효로** 인하여 **소멸**한다. 19서울9

37 **과태료**처벌에 있어 **공소시효**나 **형의 시효** 및 국가재정법상의 국가의 금전채권에 관한 **소멸시효**의 규정이 적용된다. 10지방7

38 행정청의 과태료 부과에 **불복**하려는 당사자는 과태료 부과통지를 받은 날부터 **90일 이내**에 해당 행정청에 서면으로 이의제기를 할 수 있다. 19서울7

39 행정청의 과태료 부과에 불복하는 자는 서면으로 이의제기를 할 수 있으나, 이의제기가 있으면 과태료부과처분은 그 효력을 상실한다. 20지방9

40 「질서위반행위규제법」에는 행정청의 과태료부과에 대해 상대방의 이의를 제기하면 과태료부과처분은 효력을 상실한다고 규정하고 있다. 14(1)경행

41 질서위반행위규제법에 의한 과태료부과처분은 처분의 상대방이 이의제기하지 않은 채 납부기간까지 과태료를 납부하지 않으면 그 효력이 확정된다. 반면, 도로교통법상 통고처분의 경우 기간 내 납부하지 않으면 효력이 상실한다. 18국가7

42 이의제기를 받은 행정청은 이의제기를 받은 날부터 14일 이내에 이에 대한 의견 및 증빙서류를 첨부하여 관할 법원에 통보하여야 하는 것이 원칙이다. 15서울9

43 행정청은 질서위반행위가 발생하였다는 합리적 의심이 있어 그에 대한 조사가 필요하다고 인정하는 경우에 법정조사권을 행사할 수 있다. 20소방

44 「질서위반행위규제법」에 따르면, 행정청은 질서위반행위가 발생하였다는 합리적 의심이 있어 그에 대한 조사가 필요하다고 인정할 때에는 그 소속 직원으로 하여금 당사자의 사무소 또는 영업소에 출입하여 장부·서류 또는 그 밖의 물건을 검사하게 할 수 있고, 해당 검사를 거부·방해 또는 기피한 자에게는 500만 원 이하의 과태료를 부과한다. 24국회8

45 행정청은 당사자가 납부기한까지 과태료를 납부하지 아니한 때에는 납부기한을 경과한 날부터 체납된 과태료에 대하여 100분의 3에 상당하는 가산금을 징수한다. 19소간

46 「질서위반행위규제법」에 따르면, 행정청은 당사자가 「고용보험법」에 따른 실업급여수급자에 해당하여 과태료를 납부하기가 곤란하다고 인정되면 1년의 범위에서 대통령령으로 정하는 바에 따라 과태료의 분할납부나 납부기일의 연기를 결정할 수 있다. 24국회8

47 과태료 사건은 다른 법령에 특별한 규정이 있는 경우를 제외하고는 당사자의 주소지의 지방법원 또는 그 지원의 관할로 한다. 20국가9

48 과태료 재판의 경우 법원은 기록상 현출되어 있는 사항에 관하여 직권으로 증거조사를 하고 이를 기초로 하여 판단할 수 있으나, 행정청의 과태료 부과처분사유와 기본적 사실관계에 있어서 동일성이 인정되는 한도 내에서만 과태료를 부과할 수 있다. 14국가7

49 과태료 재판은 이유를 붙인 결정으로써 하며, 결정은 당사자와 검사에게 고지함으로써 효력이 발생하고, 당사자와 검사는 과태료 재판에 대하여 즉시항고할 수 있으며 이 경우 항고는 집행정지의 효력이 있다. 21소방

50 과태료의 재판은 검사의 명령으로 집행하며, 이 경우 그 명령은 집행력 있는 집행권원과 동일한 효력이 있다. 12지방9

51 법원이 심문 없이 과태료 재판을 하고자 하는 때에는 당사자와 검사는 특별한 사정이 없는 한 약식재판의 고지를 받은 날부터 7일 이내에 이의신청을 할 수 있다. 23지방9

52 과태료의 고액상습체납자에 대해서는 30일의 범위 이내에서 감치처분을 행할 수 있다. 11지방9

53 당사자가 과태료를 자진납부하고자 하는 경우 행정청은 과태료를 감경할 수 있고, 과태료를 체납할 경우 법원은 체납자를 감치에 처할 수 있으나, 강제노역에 처할 수는 없다. 12국가7

39 행정청의 과태료 부과에 불복하는 자는 서면으로 이의제기를 할 수 있으나, 이의제기가 있더라도 과태료 부과처분은 그 효력을 유지한다. 20지방9

40 「질서위반행위규제법」에는 행정청의 과태료부과에 대해 상대방이 이의를 제기하면 과태료부과 처분은 그 집행이 정지된다고 규정하고 있다. 14(1)경행

41 질서위반행위규제법에 의한 과태료부과처분은 처분의 상대방이 이의제기하지 않은 채 납부기간까지 과태료를 납부하지 않으면 도로교통법상 통고처분과 마찬가지로 그 효력을 상실한다. 18국가7

45 행정청은 당사자가 납부기한까지 과태료를 납부하지 아니한 때에는 납부기한을 경과한 날부터 체납된 과태료에 대하여 100분의 5에 상당하는 가산금을 징수한다. 19소간

46 「질서위반행위규제법」에 따르면, 행정청은 당사자가 「고용보험법」에 따른 실업급여수급자에 해당하여 과태료를 납부하기가 곤란하다고 인정되면 3년의 범위에서 대통령령으로 정하는 바에 따라 과태료의 분할납부나 납부기일의 연기를 결정할 수 있다. 24국회8

47 과태료 사건은 다른 법령에 특별한 규정이 있는 경우를 제외하고는 과태료 부과관청의 소재지의 지방법원 또는 그 지원의 관할로 한다. 20국가9

50 과태료의 재판은 판사의 명령으로 집행하며, 이 경우 그 명령은 집행력 있는 집행권원과 동일한 효력이 있다. 12지방9

52 과태료의 고액상습체납자에 대해서도 자유를 박탈하는 제재인 감치처분을 행할 수는 없다. 11지방9

53 당사자가 과태료를 자진납부하고자 하는 경우 행정청은 과태료를 감경할 수 있고, 과태료를 체납할 경우 법원은 검사의 청구에 따라 체납된 과태료액에 상당하는 강제노역에 처할 수 있다. 12국가7

02 기타

54 구 주택건설촉진법의 규정을 위반하여 주택을 공급한 자에게 과태료를 부과한다고 하여 그 사법적 효력까지 부인된다고 볼 수는 없다. 08(상)지방9

THEME 48 실효성 확보수단(7) - 새로운 실효성 확보수단

○ 지문 | **× 지문**

01 시정명령과 제재처분 | 요플 p.183 |

01 시정명령이란 행정법령의 위반행위로 초래된 위법상태의 제거 내지 시정을 명하는 행정행위를 말하는 것으로서, 그 **위법행위의 결과가 더 이상 존재하지 않는다면** 시정명령을 할 수 **없다**. 18지방7

02 행정청은 **시정명령**으로 과거의 위반행위에 대한 중지는 물론 가까운 **장래**에 반복될 **우려**가 있는 동일한 유형의 행위의 **반복금지**까지 명할 수 **있다**. 18교행9

03 건축법상 시정명령은 상대방의 고의·과실을 요하지 아니하며 대지 또는 건축물의 위법상태를 직접 초래하거나 또는 그에 관여한 바 없다고 하더라도 부과할 수 있다. 그러나 **시정명령의 이행을 기대할 수 없는 자**, 즉 대지 또는 건축물의 **위법상태를 시정할 수 있는 법률상 또는 사실상의 지위에 있지 않은 자**는 시정명령의 **상대방이 될 수 없다**. 미기출

04 **행정기본법**에 따르면, **제재처분**이란 의무위반 등에 대해 가해지는 침해적 처분이으로써 **행정상 강제**는 제외된다. 미기출

05 행정청은 법령등의 **위반행위**가 **종료**된 날부터 **5년**이 지나면 해당 위반행위에 대하여 **제재처분**(인허가의 정지·취소·철회, 등록 말소, 영업소 폐쇄와 정지를 갈음하는 과징금 부과를 말한다)을 할 수 **없다**. 24소방

06 다른 법률에서 정한 **제재처분**의 제척기간이 **행정기본법**에 따른 기간**보다 짧거나 긴** 기간을 규정하고 있으면 그 **다른 법률**에서 정하는 바에 **따른다**. 미기출
➕ 즉, 타법률상 기간이 행정기본법에 따른 기간보다 짧건, 길건 그 다른 법을 따른다.

03 건축법상 시정명령은 상대방의 고의·과실을 요하지 아니하며 대지 또는 건축물의 위법상태를 직접 초래하거나 또는 그에 관여한 바 없다고 하더라도 부과할 수 있다. 따라서 **시정명령의 이행을 기대할 수 없는 자**, 즉 대지 또는 건축물의 **위법상태를 시정할 수 있는 법률상 또는 사실상의 지위에 있지 않은 자** 역시 시정명령의 **상대방이 될 수 있다**. 미기출

04 **행정기본법**에 따르면, **제재처분**이란 의무위반 등에 대해 가해지는 침해적 처분으로써 **행정상 강제를 포함한다**. 미기출

05 행정청은 법령등의 **위반행위**가 **종료**된 날부터 **3년**이 지나면 해당 위반행위에 대하여 **제재처분**(인허가의 정지·취소·철회, 등록 말소, 영업소 폐쇄와 정지를 갈음하는 과징금 부과를 말한다)을 할 수 **없다**. 24소방

06 다른 법률에서 정한 **제재처분**의 제척기간이 **행정기본법**에 따른 기간보다 **짧으면** 그 **다른 법률**이 정하는 바에 **따르지만**, **더 긴 경우**에는 그렇지 않다. 미기출

02 과징금 | 요플 p.184 |

07 **전형적 과징금**은 원칙적으로 행정법상의 의무를 위반한 자에 대하여 당해 위반행위로 얻게 된 **경제적 이익을 박탈**하기 위한 목적으로 부과하는 금전적인 제재이다. 14국회8

08 **변형된 과징금**은 인·허가사업에 관한 법률상의 의무위반이 있음에도 불구하고 **공익상 필요**하여 그 **인·허가사업을 취소·정지시키지 않고** 사업을 계속하되, 이에 **갈음하여** 사업을 계속함으로써 얻은 **이익을 박탈**하는 행정제재금이다. 14국회8

09 **변형과징금**의 1차적 목적은 영업정지처분을 받는 자에 대한 최소침해의 수단을 찾는 것이 아니라 **공중의 편익** 등 공익에 있다. 09국회8

10 과징금에 대하여 규정하고 있는 대표적 법률로 「**독점규제 및 공정거래에 관한 법률**」이 있다. 12국가7

11 구 「독점규제 및 공정거래에 관한 법률」 제24조의2에 의한 **부당내부거래**행위에 대한 **과징금**은 부당내부거래 억지라는 행정목적을 실현하기 위하여 그 위반행위에 대한 행정상의 **제재금**으로서의 **기본적 성격에 부당이득환수적 요소도 부가**되어 있는 것으로, 이는 헌법 제13조제1항에서 금지하는 국가**형벌권**의 행사로서의 '처벌'에 해당하지 **아니한다**. 17지방7

12 **실정법**(ex. 독점규제 및 공정거래에 관한 법률)은 통상 '위반행위의 내용·정도 위반행위의 기간·횟수 이외에 위반행위로 인해 취득한 이익의 규모 등'을 과징금액의 고려요소로 규정하면서 매출액 등을 산정할 수 없거나 매출액 등이 없는 경우에도 과징금을 부과할 수 있도록 규정하고 있기에 법령위반으로 **취득한 이익이 없는 경우에도 부과할 수 있다**. 14국회8

13 「**행정기본법**」은 제28조와 제29에서 과징금에 대한 규정을 두고 있으나, 이는 일반적인 과징금 부과의 허용규정이 아니어서 **직접 이 규정에 근거하여 과징금을 부과할 수는 없다**. 22지방7

14 과징금의 **근거**가 되는 **법률**에는 과징금에 관한 **부과·징수 주체, 부과 사유, 상한액, 가산금**을 징수하려는 경우 그 사항, 과징금 또는 가산금 **체납 시 강제징수**를 하려는 경우 그 사항을 명확하게 **규정하여야** 한다. 24국가9

09 **변형과징금**의 1차적 목적은 **영업정지처분을 받는 자**에 대한 **최소침해의 수단**을 찾는 것이다. 09국회8

12 전형적 과징금의 경우 **실정법**에서 통상 '위반행위의 내용·정도, 위반행위의 기간·횟수 이외에 위반행위로 인해 취득한 이익의 규모 등'을 고려요소로 규정하기 때문에 법령위반으로 **취득한 이익이 없는 경우에는 부과할 수 없다**. 14국회8

13 「**행정기본법**」 제28조제1항에 과징금 부과의 법적 근거를 마련하였으므로 행정청은 **직접 이 규정에 근거하여 과징금을 부과할 수 있다**. 22지방7

15 공정거래위원회의 「독점규제 및 공정거래에 관한 법률」 위반행위자에 대한 **과징금** 부과처분은 **재량**행위의 성질을 갖는다. 09지방7

16 공정거래위원회가 행하는 **부당지원행위**에 대한 **과징금**납부명령은 **재량행위**이다.(2001두2881) 을 08(하)지방7

16 판례에 의하면 공정거래위원회가 행하는 **부당지원행위**에 대한 **과징금**납부명령은 **기속행위**이다. 08(하)지방7

17 「가맹사업거래의 공정화에 관한 법률」(이하 「가맹사업법」이라 함)에 따르면, 공정거래위원회는 **「가맹사업법」** 위반행위에 대하여 **과징금을 부과**할 것인지, 부과할 경우 과징금 **액수**를 구체적으로 얼마로 정할 것인지를 **재량**으로 판단할 수 있다. 23국회8

18 「부동산 실권리자명의 등기에 관한 법률」상 명의신탁자에 대한 **과징금**의 **부과 여부**는 행정청의 **기속행위**이다.(2005두17287) 을 22국가9
C
➕ 명의신탁자에 대한 과징금 부과여부(부과자체)는 기속행위에 해당하므로 전액 감면은 불가능하다. 단, 이를 감경할지에 대해서는 재량이 인정된다.

18 「부동산 실권리자명의 등기에 관한 법률」상 명의신탁자에 대한 **과징금**의 **부과 여부**는 행정청의 **재량**행위이다. 22국가9
C

19 「부동산 실권리자명의 등기에 관한 법률」 시행령,제3조의2 단서는 조세를 포탈하거나 법령에 의한 제한을 회피할 목적이 아닌 경우에 과징금의 100분의 50을 감경할 수 있다고 규정하고 있으므로 감경사유가 존재하더라도 과징금을 **감경할 것인지** 여부는 과징금 부과관청의 **재량**에 속한다. 21국회8
C

20 **영업정지처분**에 갈음하는 과징금이 규정되어 있는 경우 **과징금을 부과**할 것인지 **영업정지처분을** 내릴 것인지는 통상 행정청의 **재량**에 속한다. 22지방7
B

21 관할 행정청이 여객자동차운송사업자의 여러 가지 위반행위를 인지하였다면 전부에 대하여 일괄하여 최고한도 내에서 하나의 과징금 부과처분을 하는 것이 원칙이고, 인지한 위반행위 중 일부에 대해서만 우선 과징금 부과처분을 하고 나머지에 대해서는 차후에 별도의 과징금 부과처분을 하는 것은 다른 특별한 사정이 없는 한 허용되지 **않는다**. 24국가9
C

22 관할 행정청이 여객자동차운송사업자가 범한 여러 가지 위반행위 중 일부만 인지하여 과징금 부과처분을 하였는데 그 후 과징금 부과처분 시점 이전에 이루어진 다른 위반행위를 인지하여 이에 대하여 별도의 과징금 부과처분을 하게 되는 경우, 종전 과징금 부과처분의 대상이 된 위반행위와 추가 과징금 부과처분의 대상이 된 위반행위에 대하여 일괄하여 하나의 과징금 부과처분을 하는 경우와의 형평을 고려하여 추가 과징금 부과처분의 처분양정이 이루어져야 한다. 23국가9
C
➕ 즉, 일괄하여 하나의 과징금 부과처분을 하는 경우와의 형평을 고려하여 전체 위반행위에 대하여 하나의 과징금 부과처분을 할 경우에 산정되었을 정당한 과징금액에서 이미 부과된 과징금액을 뺀 나머지 금액을 한도로 하여서만 추가 과징금 부과처분을 할 수 있다.(2020두48390)

23 부과관청이 추후에 부과금 산정기준이 되는 새로운 자료가 나올 경우 **과징금액**이 **변경**될 수도 있다고 **유보**하며 과징금을 부과하였더라도, 새로운 자료가 나온 것을 이유로 **새로이 부과처분**을 할 수 **없다**.(99두1571) 을 18지방9
C

23 부과관청이 추후에 부과금 산정기준이 되는 새로운 자료가 나올 경우 **과징금액**이 **변경**될 수도 있다고 **유보**하며 과징금을 부과했다면, 새로운 자료가 나온 것을 이유로 **새로이 부과처분**을 할 수 **있다**. 18지방9
C

24 **과징금** 부과처분에는 원칙적으로 **행정절차법**이 **적용**된다. 19서울9

25 과징금은 **한꺼번에 납부**하는 것이 **원칙이나** 행정청은 과징금을 부과받은 자가 재해 등으로 재산에 현저한 손실을 입어 전액을 한꺼번에 내기 어렵다고 인정될 때에는 그 납부**기한을 연기**하거나 **분할납부**하게 **할 수** 있다. 23소간

26 행정기본법령에 따르면, 과징금 납부 의무자가 과징금을 **분할 납부**하려는 경우에는 납부기한 **10일 전까지** 과징금의 분할 납부를 신청하는 문서에 해당 사유를 증명하는 서류를 첨부하여 행정청에 **신청해야** 한다. 을 24국가9
인

26 행정기본법령에 따르면, 과징금 납부 의무자가 과징금을 **분할 납부**하려는 경우에는 납부기한 **7일 전까지** 과징금의 분할 납부를 신청하는 문서에 해당 사유를 증명하는 서류를 첨부하여 행정청에 **신청해야** 한다. 24국가9
인

03 가산세 · 가산금 | 요플 p.185 |

27 과세표준확정**신고의 불이행** · 불성실신고 등에 대하여 세법상 의무의 성실한 이행확보를 위하여 부과하는 **금전상 제재**는 **가산세**이다. 을 18교행9
➕ 반면, 가산금은 납부의무 불이행에 대한 금전상 제재로서, 법률에 따라 자동 발생된다.

27 **가산금**은 과세표준확정**신고의 불이행** · 불성실신고 등에 대하여 세법상 의무의 성실한 이행확보를 위하여 부과하는 **금전상 제재**이다. 18교행9

28 가산세는 세법에서 규정하는 의무의 성실한 이행을 확보하기 위하여 세법에 따라 산출한 본세액에 가산하여 징수하는 독립된 조세로서, **본세에 감면사유**가 인정된다고 하여 **가산세도 감면대상**에 포함되는 것이 **아니고**, 반면에 그 의무를 이행하지 아니한 데 대한 정당한 사유가 있는 경우에는 본세 납세의무가 있더라도 가산세는 부과하지 않는다. 을 23국가7
인

28 가산세는 세법에서 규정하는 의무의 성실한 이행을 확보하기 위하여 세법에 따라 산출한 본세액에 가산하여 징수하는 조세로서, **본세에 감면사유**가 인정된다면 **가산세도 감면대상**에 **포함된다**. 23국가7
인

29 가산금은 행정법상의 금전급부의무의 불이행에 대한 **제재**로서 가해지는 금전부담으로, 금전채무의 이행에 대한 **간접강제**의 효과를 갖는다. 17지방7

30 국세를 납부**기한까지** 납부하지 **아니하면** 과세권자의 가산금 확정절차 없이 「국세징수법」 제21조에 의하여 **가산금**이 당연히 **발생**하고 그 **액수도 확정**된다. 17(상)국가9

31 행정재산의 **사용·수익** 허가에 따른 **사용료**에 대하여는 국세징수법에 따라 **가산금**과 **중가산금**을 징수할 수 있고, 이는 미납분에 관한 **지연이자**의 의미로 부과되는 부대세의 일종이다. 12국가9

32 가산금과 중가산금은 기한의 경과로 **당연히 발생**하는 지연이자로서, 그 의무해태를 탓할 수 없는 **정당한 사유** 여부와 **무관**하다. 율 13국가7

32 가산금과 중가산금은 행정상의 제재로서, 그 의무해태를 탓할 수 없는 **정당한 사유**가 있는 경우에는 **부과할 수 없다**. 13국가7

33 구「국세징수법」상 가산금 또는 중가산금의 고지는 항고소송의 대상이 되는 **처분**이 **아니**다. 23지방9

34 「국세징수법」에 의한 **가산금**과 **중가산금**의 납부독촉에 절차상하자가 있는 경우 그 **징수처분**에 대하여 **취소소송**에 의한 불복이 **가능**하다. 19서울7

04 명단공표 | 요플 p.185 |

35 **행정상 공표**는 의무위반자의 명예나 신용의 침해를 위협함으로써 **간접적**으로 행정법상 의무이행을 확보하는 수단이다. 율 10지방9

35 **행정상 공표**는 의무위반자의 명예나 신용의 침해를 위협함으로써 **직접적**으로 행정법상 의무이행을 확보하는 수단이다. 10지방9

36 행정법상 의무위반자에 대한 **명단의 공표**는 법적인 **근거**가 **있어야** 허용된다. 율 15사복9

36 행정법상 의무위반자에 대한 **명단의 공표**는 법적인 **근거**가 **없더라도** 허용된다. 15사복9

37 국세징수법상에는 **고액체납자**의 **명단공개제도**에 대하여 **규정**하고 있다. 15국회8(변형)

38 **행정청**은 위반사실등의 공표를 할 때에는 특별한 사정이 없는 한 **미리** 당사자에게 그 사실을 **통지**하고 **의견제출**의 **기회**를 주어야 하며, 의견제출의 기회를 받은 **당사자는** 공표 전에 관할 행정청에 **서면**이나 말 또는 **정보통신망**을 **이용**하여 **의견**을 **제출할 수** 있다. 23국가7

39 행정청은 위반사실등의 공표를 하기 전에 **당사자**가 공표와 관련된 의무의 이행, 원상회복, 손해배상 등의 **조치를 마친 경우**에는 위반사실등의 **공표**를 하지 **아니할 수** 있다. 24소방

40 **행정상 공표**는 사생활의 비밀과 자유, **국민의 알권리** 등 다른 기본권과 충돌하는 경우에는 **이익형량**에 의하여 제한할 수 있다. 10지방9

41 행정청은 **공표**된 **내용이 사실과 다른 것**으로 밝혀지거나 **공표에 포함된 처분**이 **취소**된 경우라도 당사자가 **원하지 아니하면** 정정한 내용을 공표하지 **아니할 수** 있다. 24소방

42 **위법한 공표**에 의하여 명예·신용 등이 침해된 경우에는 행정상 손해배상청구소송을 제기하여 그 **손해배상**을 구할 수 **있다**. 율 10국회9

42 판례에 따르면, **위법한 공표**에 의하여 명예·신용 등이 침해된 경우에는 행정상 손해배상청구소송을 제기하여 그 **손해배상**을 구할 수 **없다**. 10국회9

43 대법원은 **국세청장이** 부동산**투기자**의 **명단**을 언론사에 **공표**함으로써 **명예**를 훼손한 사건에서 **손해배상책임**을 인정하였다. 10지방9

05 기타 | 요플 p.186 |

44 공급거부란 행정법상의 의무를 위반하거나 불이행한 자에 대해 일정한 **재화**나 **서비스의 공급을 거부**하는 행정작용을 말한다. 14(1)경행

45 **현행 건축법**에는 이법 또는 이 법의 규정에 의한 명령이나 처분에 위반하여 허가가 취소되거나 개축 등의 시정명령을 받고 이행하지 아니하면 건축물에 대하여 **전기·전화·수도**의 공급자 등에게 그 공급을 중지하도록 요청할 수 있다는 **규정**이 **없다**. 율 11국가9
　＋ 구 건축법에는 이러한 규정이 있었으나, 현재는 삭제됨

45 **현행 건축법**은 이 법 또는 이 법의 규정에 의한 명령이나 처분에 위반하여 허가가 취소되거나 개축 등의 시정명령을 받고 이행하지 아니한 건축물에 대하여 **전기·전화·수도**의 공급자 등에게 그 **공급을 중지**하도록 요청할 수 있다고 **규정**하고 **있다**. 11국가9

46 행정법상 의무를 위반하거나 불이행한 자에 대하여 **각종 인·허가를 거부**할 수 있게 함으로써 행정법상 의무의 준수 또는 이행을 확보하는 **간접적 강제수단**을 **관허사업**의 **제한**이라 한다. 율 10국가7

46 행정법상 의무를 위반하거나 불이행한 자에 대하여 **각종 인·허가를 거부**할 수 있게 함으로써 행정법상 의무의 준수 또는 이행을 확보하는 **직접적 강제수단**을 **관허사업**의 **제한**이라 한다. 10국가7

47 조세체납자의 **관허사업제한**을 명시하고 있는 **구 국세징수법** 관련 규정은 부당결부금지원칙에 반한다는 견해도 있으나, 위헌이라고 본 **판례는 없다**. 〖율〗14국가9(변형)

　➕ 최근 국세징수법이 개정되어 제한할 수 있는 관허사업의 범위가 체납 국세와 관련된 사업으로 한정되었고, 체납 국세의 세목도 소득세·법인세·부가가치세로 한정되어, 이러한 위헌논란을 입법적으로 해결하였다.

48 세무서장 등은 납세자가 **허가·인가·면허** 및 **등록**을 받은 **사업과 관련된** 소득세, 법인세 및 부가가치세를 대통령령으로 정하는 사유 없이 **체납하였을 때**에는 해당사업의 주무관서에 그 납세자에 대하여 **허가 등의 갱신**과 그 허가 등의 근거 법률에 따른 **신규 허가** 등을 하지 **아니할 것을 요구할 수** 있다. 20군무원9

47 조세체납자의 **관허사업제한**을 명시하고 있는 **구 국세징수법** 관련규정은 부당결부금지원칙에 반하여 **위헌**이라는 것이 **판례의 입장**이다. 14국가9(변형)

테마별 N지 모음

N1 「행정기본법」상 제재처분의 제척기간인 5년이 지나면 제재처분을 할 수 없는 경우는?   23국가9 ④
① 제재처분을 하지 아니하면 **국민의 안전·생명 또는 환경**을 심각하게 해치거나 해칠 우려가 있는 경우
② **거짓**이나 그 밖의 **부정**한 방법으로 인허가를 받거나 신고를 한 경우
③ 정당한 사유 없이 행정청의 **조사·출입·검사를 기피·방해·거부**하여 제척기간이 지난 경우
④ 당사자가 인허가나 신고의 위법성을 **경과실**로 알지 못한 경우

〖해설〗 제재처분의 제척기간은 5년이 원칙이나, ①②③은 5년이 지나도 제재처분을 할 수 있는 예외적 경우이다. ④의 경우 당사자에게 인허가나 신고의 위법성에 대한 고의나 중과실이 있는 경우에는 이러한 예외에 해당하나, 경과실에 불과한 경우는 원칙대로 5년이 지나면 제재처분을 할 수 없다.

THEME 49 행정조사기본법

○ 지문 | × 지문

01 개관 | 요플 p.187 |

01 **우편물 통관검사절차**에서 이루어지는 **우편물 개봉** 등의 검사는 **행정조사**의 성격을 가지는 것으로서 수사기관의 강제처분이라고 할 수 없으므로, **압수·수색영장 없이** 검사가 진행되었다 하더라도 특별한 사정이 없는 한 **위법**하다고 볼 수 **없다**. 16국가9

02 「마약류 불법거래 방지에 관한 특례법」에 따른 조치의 일환으로 특정한 **수출입물품을 개봉**하여 검사하고 그 내용물의 점유를 **취득**한 행위는 사전 또는 사후에 **영장을 받아야** 한다. 22소간

03 「지방세기본법」에 따르면, 지방자치단체의 장은 적절하고 공평한 과세의 실현을 위하여 **필요한 최소한의 범위에서 세무조사**를 하여야 하며, 다른 목적 등을 위하여 조사권을 **남용해서는 아니** 된다. 18지방7

04 조사대상자가 행정조사의 실시를 거부하거나 방해하는 경우 조사원은 조사대상자의 신체와 재산에 대해 **실력을 행사**할 수 있는지에 대하여 학설이 대립하고, 이에 대한 **행정조사기본법**상의 명문규정은 **없다**. 〖율〗18국가7

05 **위법한 행정조사**로 손해를 입은 국민은 **국가배상법**에 따른 손해배상을 청구할 수 있다. 16국가9

06 **위법**한 행정조사에 기초하여 내려진 행정처분은 **위법**한 **처분**이다. 12(하)지방9

07 세무조사가 과세자료의 수집 또는 신고내용의 정확성 검증이라는 본연의 목적이 아니라 **부정한 목적**을 위하여 행하여진 것이라면 이는 **세무조사**에 중대한 **위법**사유가 있는 경우에 해당하고, 이러한 세무조사에 의하여 수집된 과세자료를 기초로 한 **과세처분 역시 위법**하다. 22소방

04 조사대상자가 행정조사의 실시를 거부하거나 방해하는 경우 조사원은 **행정조사기본법상**의 **명문규정에 의하여** 조사대상자의 신체와 재산에 대해 **실력을 행사**할 수 있다. 18국가7

08 부가가치세부과처분이 종전의 부가가치세 경정조사와 같은 세목 및 같은 과세기간에 대하여 중복하여 실시한 위법한 세무조사에 기초하여 이루어진 경우 그 과세처분은 위법하다. 19지방7

09 금지되는 재조사를 거쳐 과세처분을 한 경우라면, 그러한 재조사로 얻은 과세자료를 과세처분의 근거로 삼지 않았다거나, 어차피 이를 배제하고서도 동일한 과세처분이 가능하더라도 해당 과세처분은 그 자체로 위법하다.(2015두7451) 22국회8

09 「국세기본법」상 금지되는 재조사에 기하여 과세처분을 하는 것은 과세관청이 그러한 재조사로 얻은 과세자료를 배제하고서도 동일한 과세처분이 가능한 경우라면 적법하다. 22국회8

10 법령상 서면조사에 의하도록 한 것을 실지조사를 행하여 과세처분을 하였다면 그 과세처분은 위법하다. 20국회8

11 과세관청 내지 그 상급관청이나 수사기관의 강요로 합리적이고 타당한 근거도 없이 작성된 과세자료에 터 잡은 과세처분의 하자는 중대하고 명백한 하자로 볼 수 있다. 18소간

12 음주운전 여부에 대한 조사 과정에서 운전자 본인의 동의를 받지 아니하고 법원의 영장도 없이 채혈 조사가 행해졌다면, 그 조사 결과를 근거로 한 운전면허취소처분은 특별한 사정이 없는 한 위법하다. 20국가7

13 「토양환경보전법」상 토양오염실태조사를 실시할 권한은 시·도지사에게 있으나 토양오염실태조사가 감사원 소속 감사관의 주도하에 실시되었다는 사정만으로 그에 기초하여 내려진 토양정밀조사명령이 위법하다고 할 수 없다. 20국회8

02 조문 | 요플 p.188 |

14 행정조사기본법은 행정의 공정성·투명성 및 효율성을 높이고 국민의 권익을 보호함을 목적으로 하고 있다. 17소간

15 행정조사에 현장조사, 문서열람, 시료채취, 보고요구, 자료제출요구, 진술요구는 물론 출석요구도 포함된다. 10지방9

15 행정조사에 현장조사, 문서열람, 시료채취, 보고요구, 자료제출요구, 진술요구는 포함되지만 출석요구는 포함되지 않는다. 10지방9

16 일반적으로 행정조사 그 자체는 법적 효과를 가져오지 않는 사실행위에 해당한다. 12(하)지방9
　단, 행정조사는 대체로 사실행위이다(문답, 출입, 시료채취 등). 단, 서류제출명령과 같이 법률행위(행정행위) 방식의 행정조사도 존재한다.

17 행정조사는 사실행위의 형식뿐만 아니라 행정행위(ex. 서류제출명령) 등 다른 형식으로도 가능하다. 17서울9

17 행정조사는 사실행위의 형식으로만 가능하다. 17서울9

18 행정조사를 행하는 행정기관에는 법령 및 조례·규칙에 따라 행정권한이 있는 기관뿐만 아니라 그 권한을 위임 또는 위탁받은 법인·단체 또는 그 기관이나 개인이 포함된다. 18지방9

19 근로기준법상 근로감독관의 직무에 관한 사항에 대하여는 원칙적으로 행정조사기본법이 적용되지 아니한다. 12지방9

19 근로기준법상 근로감독관의 직무에 관한 사항에 대하여는 행정조사기본법이 적용된다. 12지방9

20 조세에 관한 사항에 대하여는 원칙적으로 행정조사기본법을 적용하지 아니한다. 10지방9(변형)

20 조세에 관한 사항에도 원칙적으로 행정조사기본법이 적용된다. 10지방9(변형)

21 금융감독기관의 감독·검사·조사 및 감리에 관한 사항에는 행정조사기본법이 원칙적으로 적용되지 아니한다. 08(상)지방9

21 금융감독기관의 감독·검사·조사 및 감리에 관한 사항에는 행정조사기본법이 전면적으로 직접 적용된다. 08(상)지방9

22 금융감독기관의 감독·검사·조사에 대하여는 원칙적으로 행정조사기본법이 적용되지 아니하나, 일부 조항만큼은 적용된다. 08(하)지방7
　제4조(행정조사의 기본원칙), 제5조(행정조사의 근거) 및 제28조(정보통신수단을 통한 행정조사)이 적용되는 조항

22 금융감독기관의 감독·검사·조사에 대하여는 행정조사기본법이 적용될 여지가 없다. 08(하)지방7

23 「행정조사기본법」 제4조(행정조사의 기본원칙)는 조세·보안처분에 관한 사항에 대하여 적용한다. 22국가7

23 「행정조사기본법」 제4조(행정조사의 기본원칙)는 조세·보안처분에 관한 사항에 대하여 적용하지 아니한다. 22국가7

24 행정조사의 기본원칙은 군사시설·군사기밀보호 및 방위사업에 관한 사항에 대하여도 적용한다. 23국회8

25 행정조사는 조사목적을 달성하는데 필요한 최소한의 범위 안에서 실시하여야 하며, 다른 목적 등을 위하여 조사권을 남용하여서는 아니 된다. 21군무원9

26 행정기관은 조사목적에 적합하도록 조사대상자를 선정하여 행정조사를 실시하여야 한다. 14서울9

27 소	행정조사는 법령등의 위반에 대한 처벌보다는 법령등을 **준수**하도록 **유도**하는 데 **중점**을 두어야 한다. 21군무원9	27 소	행정조사는 법령등의 위반에 대한 **처벌**에 중점을 두되 법령 등을 준수하도록 유도하여야 한다. 21군무원9
28	다른 법률에 따르지 아니하고는 행정조사의 **대상자** 또는 **행정조사의 내용**을 **공표**하거나 직무상 알게 된 **비밀**을 **누설**하여서는 **아니**된다. 16경행		
29 C	행정기관은 행정조사를 통하여 알게 된 정보를 **다른 법률에 따라** 내부에서 이용하거나 **다른 기관에 제공**하는 경우를 제외하고는 원래의 조사목적 이외의 용도로 이용하거나 타인에게 제공하여서는 아니 된다. 08(상)지방9 ➕ 즉, 다른 국가기관에 제공하는 경우더라도 임의 제공은 불가하고 다른 법률에 근거가 있어야 한다.	29 C	행정기관은 행정조사를 통하여 알게 된 정보를 **임의로 다른 국가기관에 제공할 수** 있다. 08(상)지방9
30 z	행정기관의 장은 매년 12월말까지 **다음 연도**의 **행정조사운영계획**을 수립하여 국무조정실장에게 **제출**하여야 한다. 다만, 행정조사운영계획을 제출해야 하는 행정기관의 구체적인 **범위**는 **대통령령으로** 정한다. 17경행	30 z	행정기관의 장은 매년 12월말까지 **다음 연도의 행정조사운영계획**을 수립하여 국무조정실장에게 **제출하여야** 한다. 다만, 행정조사운영계획을 제출해야 하는 행정기관의 구체적인 **범위**는 **총리령으로** 정한다. 17경행
31 소	**행정조사**는 법령 등 행정조사운영계획으로 정하는 바에 따라 **정기**적으로 실시함을 **원칙**으로 한다. 21소방	31 소	**행정조사**는 그 실효성 확보를 위해 **수시조사**를 **원칙**으로 한다. 21소방
32	**행정조사**는 법령등 또는 행정조사운영계획으로 정하는 바에 따라 **정기**적으로 실시함을 **원칙**으로 하나, 법령등의 위반에 대한 **신고를 받거나 민원이 접수**된 경우에는 **수시조사**를 **할 수 있다.** 24국회8		
33 z	행정기관은 조사대상자의 법령위반행위의 예방 또는 확인을 위하여 **긴급하게 실시하는 것으로서** 일정한 주기 또는 시기를 정하여 **정기적으로 실시하여서는** 그 **목적**을 달성하기 **어려운 경우에 수시조사**를 **할 수** 있다. 20소간		
34	행정기관의 장은 행정조사의 목적, 법령준수의 실적, **자율적인 준수**를 위한 **노력**, **규모**와 **업종 등**을 **고려하여** 명백하고 객관적인 기준에 따라 행정조사의 **대상**을 **선정**하여야 한다. 14국회8		
35 인	조사대상자는 행정기관의 장에게 **조사대상 선정기준의 열람**을 신청할 수 있고, 이러한 열람신청에는 타 법령등에 **별도의 규정이 없더라도** 인정된다. 15지방9 ➕ 행정조사기본법 자체에서 열람신청권을 인정하고 있기 때문(제8조 제2항)	35 인	조사대상자는 법령 등에서 **규정하고 있는 경우에 한하여 조사대상 선정기준**에 대한 열람을 행정기관의 장에게 **신청할 수** 있다. 15지방9
36 인	행정기관의 장은 조사대상자가 **조사대상 선정기준**에 대한 **열람**을 **신청**한 경우에 이를 허용해야 한다. 단, ① 당해 행정조사업무를 수행할 수 없을 정도로 **조사활동에 지장을 초래**하는 경우나, ② 내부고발자 등 제3자의 보호가 필요한 경우에는 **거부할 수 있다.** 18지방9	36 인	조사대상자가 **조사대상 선정기준**에 대한 **열람**을 **신청**한 경우에 행정기관은 그 열람이 당해 행정조사업무를 수행할 수 없을 정도로 **조사활동에 지장을 초래**한다는 이유로 열람을 **거부할 수 없다.** 18지방9
37	행정기관의 장은 조사대상자에게 **장부ㆍ서류를 제출**하도록 **요구**하는 때에는 **자료제출요구서를 발송하여야** 한다. 21군무원7		
38	현장조사는 해가 뜨기 전이나 해가 진 뒤에는 할 수 없음이 원칙이다. 그러나 조사대상자가 **동의한 경우에는 해가 뜨기** 전이나 **해가 진 뒤**에도 **할 수** 있다. 09국가9	38	현장조사는 조사대상자가 **동의한 경우에도 해가 뜨기 전**이나 **해가 진 뒤에는** 할 수 **없다**. 09국가9
39	사무실 또는 사업장 등의 **업무시간**에 행정조사를 실시하는 경우**라면**, 예외적으로 **해가 뜨기 전**이나 **해가 진 뒤라도** 현장조사를 할 수 있다. 24국회8	39	사무실 또는 사업장 등의 **업무시간**에 행정조사를 실시하는 경우**에도** 현장조사는 **해가 뜨기 전**이나 **해가 진 뒤에는** 할 수 **없다**. 24국회8
40 인	세무공무원이 강제징수를 하기 위하여 **질문ㆍ검사** 또는 **수색**을 하거나 재산을 **압류**할 때에는 그 **신분**을 표시하는 **증표**를 지니고 이를 관계자에게 **보여 주어야** 한다. 19국가9(변형)		
41 C	조사원이 조사목적을 달성하기 위하여 **시료채취**를 하는 경우에는 그 시료의 소유자 및 관리자의 정상적인 경제 활동을 방해하지 아니하는 범위 안에서 **최소한도로** 하여야 한다. 20소방		
42 C	「행정조사기본법」에 의하면, 조사목적달성을 위한 **시료채취**로 조사대상자에게 **손실**이 **발생하였**다면 행정기관의 장은 이에 대한 **보상책임**을 **진다**. 19소방	42 C	「행정조사기본법」에 의하면, 조사목적달성을 위한 **시료채취**로 조사대상자에게 **손실이 발생**하였더라도 행정기관의 장은 이에 대한 **보상책임을 지지 않는다**. 19소방
43 인	조사원이 현장조사 중에 자료ㆍ서류ㆍ물건 등을 **영치하는 경우**에 조사대상자의 **생활**이나 **영업**이 사실상 **불가능**하게 될 **우려가 있는** 때에는 조사원은 증거인멸의 우려가 있는 경우가 아니라면 **사진촬영 등의 방법으로** 영치에 갈음할 수 있다. 18국가7		
44 C	행정기관은 **유사**하거나 **동일**한 사안에 대하여 **공동조사** 등을 실시함으로써 행정조사가 중복되지 아니하도록 **한다**. 16경행 ➕ 공동조사는 한 번의 조사로 끝내도록 하여 오히려 국민의 권익을 보호하는 것이다.	44 C	행정기관이 **유사**하거나 **동일**한 사안이라고 하여 **공동조사** 등을 실시하는 것은 국민의 권익을 침해할 수 있으므로 허용되지 **않는다**. 16경행

45 당해 행정기관 내의 2 이상의 부서가 동일하거나 유사한 업무분야에 대하여 동일한 조사대상자에게 행정조사를 실시하는 경우에는 **공동조사를 하여야** 한다. 21국회8
  ➕ 즉, 이 경우 공동조사 실시는 재량이 아니라 기속이다.

46 행정조사를 실시한 행정기관의 장은 이미 조사를 받은 조사대상자에 대하여 위법행위가 의심되는 **새로운 증거를 확보한 경우에는** 동일한 사안에 대하여 동일한 조사대상자를 **재조사 할 수** 있다. 23국회8

47 정기조사 또는 수시조사를 실시한 행정기관의 장은 동일한 사안에 대하여 동일한 조사대상자를 **재조사**하면 **안 된다.** 단, 당해 행정기관이 이미 조사를 받은 조사대상자에 대하여 위법행위가 의심되는 **새로운 증거를 확보**한 경우에는 동일한 사안에 대하여 동일한 조사대상자를 **재조사 할 수** 있다. 18지방9
  ➕ 즉, 재조사는 자발적인 협조를 얻었더라도 허용되지 않는 것이고, 새로운 증거를 확보한 경우에만 예외적으로 가능한 것이다. 지문은 자발적인 협조를 얻었다면 재조사가 가능한 것처럼 기재하여 틀린 것

48 세무조사가 **동일기간, 동일세목**에 관한 것인 한 **내용이 중첩**되지 **않아도 중복조사**에 해당한다. 20국회8

49 **다른 세목, 다른 과세기간**에 대한 세무조사 **도중 해당 세목** 및 **과세기간**에 대한 **조사가 부분적**으로 이루어진 경우 당초 세무조사를 한 항목을 제외한 나머지 항목에 대하여 추후 이루어진 재조사는 **위법**한 **중복조사**에 해당하지 **아니**한다.(2014두12062) 20국회8

50 「행정조사기본법」상 행정조사를 실시하기 전에 관련 사항을 **미리 통지하는 경우** 증거인멸 등으로 **행정조사의 목적을 달성할 수 없다고 판단되는 때**에는, 행정기관의 장은 **행정조사 개시와 동시**에 행정조사의 목적 등을 조사대상자에게 **구두로 통지할 수** 있다. 24지방9

51 행정조사를 실시하고자 하는 행정기관의 장은 「통계법」 제3조 제2호에 따른 **지정통계**의 작성을 **위하여 조사**하는 경우에는 **구두로도** 행정조사 목적 등을 조사대상자에게 **통지할 수** 있다. 23소간

52 행정기관은 조사목적에 적합하도록 조사대상자를 선정하여 행정조사를 실시하는 것을 원칙으로 하나 **필요한 경우 제3자**에 대하여도 **조사할 수** 있다. 20소간

53 조사대상자는 행정기관의 장의 **승인과 무관**하게 **조사원의 교체신청**을 할 수 **있다.** 10지방9
  ➕ 이처럼 교체신청은 자유이지만, 교체신청을 받아들일지는 행정기관의 장이 재량을 갖고 판단한다.

54 조사대상자에 의한 **조사원 교체신청**은 그 **이유를 명시**한 **서면으로** 행정기관의 장에게 하여야 한다. 15지방9

55 조사원은 **사전**에 **발송**된 **사항에 한**하여 조사하되, **사전통지**한 **사항과 관련**된 추가적인 행정조사가 필요할 경우에는 조사대상자에게 추가조사의 필요성과 조사내용 등을 서면이나 구두로 통보한 후 **추가조사**를 실시할 수 있다. 18소간

56 조사대상자는 법률·회계 등에 대하여 전문지식이 있는 관계 **전문가**로 하여금 행정**조사**를 받는 과정에 **입회**하게 하거나 **의견**을 **진술**하게 할 수 있다. 15서울7

57 조사대상자와 조사원은 조사과정을 방해하지 아니하는 범위 안에서 행정**조사**의 **과정**을 **녹음**하거나 **녹화할 수** 있다. 15서울7

58 행정기관의 장은 법령등에 특별한 규정이 있는 경우를 제외하고는 행정조사의 결과를 **확정한 날**부터 **7일** 이내에 그 **결과**를 조사대상자에게 **통지**하여야 한다. 17경행
  ➕ 확정한 다음 날부터가 아니라 확정한 날부터 7일 이내에 통지하여야 한다.

59 행정기관의 장은 법령 등에서 규정하고 있는 조사사항을 조사대상자로 하여금 **스스로 신고**하도록 하는 **제도를 운영할 수** 있다. 17국회8
  ➕ 즉, 자율신고제도 운영여부는 의무가 아니다.

---

45 당해 행정기관 내의 2 이상의 부서가 동일하거나 유사한 업무분야에 대하여 동일한 조사대상자에게 행정조사를 실시하는 경우에는 **공동조사를 할 수** 있다. 21국회8

46 행정조사를 실시한 행정기관의 장은 이미 조사를 받은 조사대상자에 대하여 위법행위가 의심되는 **새로운 증거를 확보한 경우에도** 동일한 사안에 대하여 동일한 조사대상자를 **재조사**하여서는 **아니** 된다. 23국회8

47 정기조사 또는 수시조사를 실시한 행정기관의 장은 조사대상자의 **자발적인 협조**를 얻어 실시하는 경우가 **아닌 한**, 동일한 사안에 대하여 동일한 조사대상자를 **재조사**하여서는 **아니** 된다. 18지방9

49 **다른 세목, 다른 과세기간**에 대한 세무조사 **도중 해당 세목** 및 **과세기간**에 대한 **조사가 부분적**으로 이루어진 경우 추후 이루어진 재조사는 **위법**한 **중복조사**에 해당한다. 20국회8

50 「행정조사기본법」상 행정조사를 실시하기 전에 관련 사항을 **미리 통지하는 경우** 증거인멸 등으로 **행정조사의 목적을 달성할 수 없다고 판단되는 때**에는, 행정기관의 장은 **행정조사 종료 후 지체 없이** 행정조사의 목적 등을 조사대상자에게 **구두로 통지할 수** 있다. 24지방9

51 행정조사를 실시하고자 하는 행정기관의 장은 「통계법」 제3조 제2호에 따른 **지정통계**의 작성을 **위하여 조사**하는 경우에 **반드시 서면으로** 조사대상자에게 행정조사 목적 등을 **통지하여야** 한다. 23소간

53 조사대상자는 행정기관의 장이 **승인하지 않는 한** 조사원의 **교체신청**을 할 수 **없다.** 10지방9

58 행정기관의 장은 법령등에 특별한 규정이 있는 경우를 제외하고는 행정조사의 결과를 **확정한 다음 날**부터 **7일** 이내에 그 **결과**를 조사대상자에게 **통지**하여야 한다. 17경행

59 행정기관의 장은 법령 등에서 규정하고 있는 조사사항을 조사대상자로 하여금 **스스로 신고**하도록 하는 **제도를 운영할 의무가 있다.** 17국회8

60 행정기관의 장은 조사대상자가 **신고한 내용**이 거짓의 신고라고 인정할 만한 근거가 있거나 신고내용을 신뢰할 수 없는 경우를 제외하고는 그 신고내용을 **행정조사에 갈음**할 수 있다. 12(하)지방9
  ➕ 자율신고의 내용을 행정신고에 갈음할 수 있는 것이지 갈음하여야 하는 것은 아니다.

61 행정기관의 장은 인터넷 등 **정보통신망을 통하여** 조사대상자로 하여금 **자료의 제출** 등을 하게 할 **수 있다**. 이 경우 조사대상자의 신상이나 사업비밀 등이 유출되지 않도록 제도적·기술적 보안조치를 강구하여야 한다. 23국가9

62 행정기관은 **다른 법령** 등에서 행정조사를 **규정**하고 **있는 경우에 한하여** 행정조사를 **실시할 수 있**다. 행정조사기본법만을 근거로 행정조사를 실시할 수는 없다. 18지방9
  ➕ 단, 임의조사(자발적 협조를 얻어서 하는 조사)는 다른 법령 등에 규정이 없어도 조사실시가 가능하다.

63 행정기관은 조사대상자의 **자발적인 협조**를 얻어 실시하는 행정조사의 경우를 **제외하고는** 법령 등에서 행정조사를 **규정하고 있는 경우에** 한하여 행정조사를 **실시할 수** 있다. 15지방9

64 행정기관이 조사대상자의 **자발적인 협조**를 얻어 실시하는 행정조사의 경우**에는** 법령 등에서 행정조사를 **규정**하고 있지 **아니한 경우에도 행정조사**를 실시할 수 **있다**. 15지방7

65 행정조사의 **실시는** 행정기관의 장이 출석요구서, 보고요구서·자료제출요구서 등을 조사개시 **7일 전까지** 조사대상자에게 **서면**으로 **통지**함으로써 이루어진다. 18소간

66 행정조사기본법에 따르면, 행정조사를 실시하는 경우 조사개시 7일 전까지 조사대상자에게 출석요구서, 보고요구서·자료제출요구서, 현장출입조사서를 서면으로 통지하여야 하나, 조사대상자의 **자발적인 협조를 얻어 행정조사를 실시하는** 경우에는 **미리 서면으로 통지**하지 **않고** 행정조사의 **개시와 동시에** 이를 조사대상자에게 **제시할** 수 있다. 18국가9

67 「행정조사기본법」에 따르면 조사대상자의 **자발적인 협조**를 얻어 행정조사를 실시하고자 하는 경우 조사대상자는 **문서·전화·구두 등의 방법으로** 당해 행정조사를 **거부할** 수 있다. 23지방9

68 **자발적인 협조**에 따라 실시하는 행정조사에 대하여 조사대상자가 조사에 응할 것인지에 대한 **응답을 하지 아니**하는 경우에는 법령 등에 특별한 규정이 없는 한 그 조사를 **거부한 것**으로 본다. 17서울9

---

60 행정기관의 장은 조사대상자가 **신고한 내용**이 거짓의 신고라고 인정할 만한 근거가 있거나 신고내용을 신뢰할 수 없는 경우를 제외하고는 그 신고내용을 **행정조사에 갈음**하여야 한다. 12(하)지방9

61 행정기관의 장은 조사대상자의 신상이나 사업비밀 등이 유출될 우려가 있으므로 인터넷 등 **정보통신망을 통하여** 조사대상자로 하여금 **자료의 제출** 등을 하게 할 **수 없다**. 23국가9

62 행정조사기본법은 행정조사 실시를 위한 일반적인 근거규범으로서 행정기관은 **다른 법령** 등에서 따로 행정조사를 **규정**하고 있지 **않더라도 행정조사기본법**을 근거로 행정조사를 **실시할 수 있다**. 18지방9

64 행정기관이 조사대상자의 **자발적인 협조**를 얻어 실시하는 행정조사의 경우**에도** 법령 등에서 행정조사를 **규정**하고 있지 **아니한 경우에는 행정조사**를 실시할 수 **없다**. 15지방7

68 **자발적인 협조**에 따라 실시하는 행정조사에 대하여 조사대상자가 조사에 응할 것인지에 대한 **응답을 하지 아니**하는 경우에는 법령 등에 특별한 규정이 없는 한 그 조사에 **동의한 것**으로 본다. 17서울9

THEME 50 행정소송의 개관

○ 지문

01 의의 · 근거 · 한계 | 요율 p.194 |

01 (행정소송은) 행정청의 위법한 **처분 등**으로 인한 국민의 권리 또는 이익의 침해를 구제하고 **공법상** 권리관계 또는 법률적용에 관한 **다툼**을 적정하게 해결함을 목적으로 한다. 17서울7

02 행정소송에 관하여 「행정소송법」에 특별한 규정이 없는 사항에 대하여는 「**법원조직법**」과 「**민사소송법**」 및 「**민사집행법**」의 규정을 준용한다. 21국가9

03 반사적 이익의 침해는 행정소송의 대상이 되지 **아니**한다. 09지방9

04 **단순**한 사실관계의 존부 등의 문제는 행정소송의 대상이 되지 **아니**한다. 10경행

05 재량행위에 대한 **법원의 심사**는 재량권의 일탈 또는 남용에 제한되고, **재량권의 한계 내**에서의 행정청의 판단, 즉 **합목적성 내지 공익성**의 판단은 법원의 통제대상이 되지 **않는다**. 이들은 '위법'이 아닌 '부당'의 문제가 되기 때문이다. 따라서 **행정심판**에 의한 통제의 대상은 **된다**. 23국가7

× 지문

05 재량행위에 대한 **법원의 심사**는 재량권의 일탈 또는 남용 및 **재량권의 한계 내**에서의 행정청의 판단, 즉 **합목적성 내지 공익성**의 판단 등을 대상으로 **한다**. 23국가7

02 행정소송의 종류 · 내용 / 행정소송의 구도 | 요율 p.194 |

THEME 51 대상적격(1) - 원처분주의와 재결주의

○ 지문

01 **취소소송**의 대상은 행정청의 '**처분 등**', 즉 처분과 재결이다. 13국회9

01 행정소송법은 원처분주의 채택 / 단, 개별법에서 재결주의 채택한 경우도 있음 | 요율 p.195 |

02 행정소송법상 **재결**에 대한 **취소소송**은 **재결 자체**에 **고유한 위법**이 있음을 이유로 하는 경우에 한한다. 10국회9

03 (재결 자체에 고유한 위법이 있는 경우와 관련하여) **권한이 없는 행정심판위원회**에 의한 재결의 경우가 그 예이다. 20군무원9

04 서면에 의하지 **않은** 재결의 경우 형식상 하자가 있으므로 **재결**에 대해서 **항고소송**을 제기할 수 있다. 15서울7

05 재결취소소송에 있어서 **재결 자체**의 **고유한 위법**은 재결의 주체, 절차, 형식 및 **내용상의 위법**을 **포함**한다.(96누14661) 16지방9
  ⊕ 내용상의 위법은 재결 자체의 고유한 위법에 포함되지 않는다는 견해도 있으나, 판례는 포함된다고 본다.

06 행정처분에 대한 **재결에 이유모순**의 위법이 있다는 사유는 재결 자체에 대한 고유한 하자로서 재결처분의 취소를 구하는 소송에서 이를 주장할 수 있고, **원처분의 취소를 구하는 소송에서는** 그 취소를 구할 위법사유로서 **주장할 수 없다**. 20소간
  ⊕ 원처분의 취소를 구하는 소송에서는 원처분의 위법사유를 주장하는 것이지, 원처분과 무관하게 재결에만 존재하는 위법을 주장할 수는 없다.

07 **재결 취소소송**의 경우 **재결 자체**에 **고유한 위법**이 **없는 경우**에는 **원처분의 당부와는 상관없이** 당해 재결취소소송은 이를 **기각**하여야 한다. 14국회8

× 지문

05 재결취소소송에 있어서 **재결 자체**의 **고유한 위법**은 재결의 주체, 절차 및 형식상의 위법만을 의미하고, **내용상의 위법**은 이에 **포함**되지 **않는다**. 16지방9

06 행정처분에 대한 **재결에 이유모순**의 위법이 있다는 사유는 재결 자체에 고유한 하자로서 재결처분의 취소를 구하는 소송에서 이를 주장할 수 있고, **원처분의 취소를 구하는 소송에서도** 그 취소를 구할 위법사유로서 **주장할 수 있다**. 20소간

07 **재결 취소소송**의 경우 **재결 자체**에 **고유한 위법**이 **없더라도** **원처분의 당부**에 따라 기각 여부의 판결을 하여야 한다. 14국회8

08 행정심판을 청구하여 기각재결을 받은 후 재결 자체에 고유한 위법이 있음을 주장하며 그 기각재결에 대하여 **취소소송**을 제기한 경우, 수소법원은 심리 결과 **재결 자체**에 **고유한 위법이 없**다면 **기각판결**을 하여야 한다.(93누16901) 19국가9
  ⊕ 재결취소소송에서 재결 자체에 고유한 위법이 없다면 각하판결을 해야 한다는 견해가 유력하나, 판례는 기각판결을 한다.

08 행정심판을 청구하여 기각재결을 받은 후 재결 자체에 고유한 위법이 있음을 주장하며 그 기각재결에 대하여 **취소소송**을 제기한 경우, 수소법원은 심리 결과 **재결 자체**에 **고유한 위법이 없**다면 **각하판결**을 하여야 한다. 19국가9

02 재결자체의 고유한 위법 여부 | 요플 p.195 |

09 행정심판청구가 부적법하지 않음에도 **각하**한 재결은 원처분에 없는 고유한 하자가 있는 경우에 해당하여 원처분주의에서도 **취소소송**의 대상이 **된다**. 15지방9

10 **제3자효**를 수반하는 **행정행위**에 대한 행정심판청구에 있어서 그 청구를 **인용**하는 내용의 **재결로** 인하여 비로소 권리이익을 **침해받게 되는 자**는 그 인용재결에 대하여 다툴 필요가 있고, 그 인용재결은 원처분과 내용을 달리하는 것이므로 **인용재결의 취소를 구하는** 것은 원처분에는 없는 재결에 고유한 하자를 주장하는셈이어서 당연히 **항고소송**의 대상이 **된다**. 21국가7

11 처분이 아닌 **자기완결적 신고의 수리에 대한 심판청구**는 행정심판의 대상이 되지 아니하여 부적법 **각하하여야 함에도 인용재결**한 경우 이는 **재결 자체에 고유한 위법이 있다**고 할 것이다. 20소간

12 **제3자효 행정행위**에 대하여 재결청이 직접 당해 사업계획승인처분을 **취소**하는 형성적 **재결**을 한 경우에는 그 재결 외에 그에 따른 행정청의 별도의 처분이 있지 않기 때문에 **재결 자체를 쟁송**의 대상으로 할 수 **있다**. 21국가7

13 **거부처분**이 행정심판의 **재결을 통해 취소**된 경우 재결에 따른 후속처분이 아니라 그 **재결의 취소**를 구하는 것은 분쟁해결의 유효적절한 수단이라고 할 수 없어 **소의 이익**이 **없다**. 20군무원7

14 **기각재결**에 대해서는 **원칙**적으로 재결에 고유한 하자가 인정되는 경우가 아니므로 **원처분**을 대상으로 **항고소송**을 제기해야 한다. 15서울7
  ⊕ 물론 기각재결의 고유한 하자가 인정되는 예외적 경우라면 기각재결도 항고소송의 대상이 될 수 있다. 예컨대, 기각재결을 내린 행정심판위원회의 구성이 잘못된 경우가 이에 해당한다.

09 행정심판청구가 부적법하지 않음에도 **각하**한 재결은 원처분주의에 의해서 **취소소송**의 대상이 되지 **않는다**. 15지방9

14 **기각재결**에 대해서는 **원칙**적으로 **재결 자체**의 위법을 이유로 **항고소송**을 제기해야 한다. 15서울7

03 개별법에서 재결주의를 규정한 경우 | 요플 p.196 |

15 **특허출원**에 대한 심사관의 **거절사정**에 대하여 **행정소송**을 제기할 수 **없**고, **특허심판원**에 **심판청구**를 한 후 그 심결을 소송대상으로 하여 **특허법원**에 **심결취소**를 요구하는 **소**를 제기하여야 한다. 13서울7

16 **감사원**의 **변상판정** 처분에 대하여 위법 또는 부당하다고 인정하는 본인 등은 이 처분에 대하여 **행정소송**을 제기할 수 **없**고, 재결에 해당하는 **재심의 판정**에 대하여서만 감사원을 피고로 **행정소송**을 제기할 수 **있다**. 20지방7

04 재결주의인지 문제되지만, 원처분주의인 것 | 요플 p.196 |

17 토지소유자 등이 **수용재결**에 대해 **이의신청**을 거친 후 **취소소송**을 제기하는 경우에 그 **대상**은 이의신청에 대한 재결 자체에 고유한 위법이 없는 한 **수용재결**이다. 22소간
  ⊕ 수용재결이 원처분이고, 이의신청에 대한 재결(이의재결)이 행정심판의 재결에 해당한다. 토지보상법상의 이의신청은 행정심판이기 때문이다. 따라서 원처분주의에 따라 이의재결 고유의 위법이 없는 한 원처분인 수용재결이 항고소송의 대상이 된다.(2008두1504)

18 **수용재결**에 불복하여 **이의신청을 거쳐 취소소송**을 제기하는 경우에도 **수용재결**을 **한 중앙토지수용위원회 또는 지방토지수용위원회를 피고**로 해야 한다. 17사복(서울)9
  ⊕ 취소소송의 대상이 수용재결이므로, 피고는 그 수용재결을 한 토지수용위원회가 되는 것

19 수용재결에 불복하여 취소소송을 제기하는 때에는 이의신청을 거친 경우에도 **수용재결**을 한 중앙토지수용위원회 또는 지방토지수용**위원회를 피고**로 하여 **수용재결의 취소**를 구하여야 하지만, 이의신청에 대한 **재결 자체에 고유한 위법이 있는 경우**에는 그 이의재결을 한 **중앙토지수용위원회를 피고**로 하여 **이의재결의 취소**를 구할 수 있다. 24지방9

20 **국·공립학교 교원**에 대한 징계처분의 경우에는 **원 징계처분** 자체가 **행정처분**이므로 그에 대하여 위원회에 소청심사를 청구하고 **위원회의 기각결정**이 있은 후 그에 **불복**하는 행정소송이 제기되더라도 그 심판**대상은 원 징계처분**이 되는 것이 원칙이다. 22변시

18 **수용재결**에 불복하여 **이의신청을 거쳐 취소소송**을 제기하는 때에는 **이의재결**을 **한 중앙토지수용위원회를 피고**로 해야 한다. 17사복(서울)9

21 사립학교 교원에 대한 학교법인의 해임처분을 취소소송의 대상이 되는 행정청의 처분으로 볼 수 없으므로 학교법인을 상대로 한 불복은 민사소송에 의한다.(2012두12297) 15국가9

22 사립학교 교원의 경우에는 소청심사위원회의 결정이 원처분이 된다. 18서울9

23 사립학교교원에 대한 징계는 사법관계이나 그에 대해 교원소청심사가 제기되어 그에 대한 결정이 있으면 그 결정은 공법의 문제가 된다. 20국회8

24 교원징계처분에 대해 취소소송을 제기하는 경우 사립학교 교원이나 국·공립학교 교원 모두 원처분주의가 적용된다. 18서울9

25 사립학교교원의 경우 교원소청심사위원회의 결정에 불복하는 경우 교원소청심사위원회를 피고로 하여 항고소송을 제기할 수 있다. 13국회8

26 사립학교법에 따른 학교법인 또는 사립학교 경영자가 사립학교 교원이 제기한 소청신청에 대한 교원소청심사위원회의 결정에 불복하고자 하는 경우, 그 결정서를 송달받은 날부터 30일 이내에 행정소송을 제기할 수 있다. 14국가7(변형)

21 사립학교 교원에 대한 학교법인의 해임처분을 취소소송의 대상이 되는 행정청의 처분으로 볼 수 있으므로 학교법인을 상대로 한 불복은 행정소송에 의한다. 15국가9

THEME 52 대상적격(2) – 처분성 등 일괄 정리(행정작용을 중심으로)

○ 지문

01 어떠한 처분에 법령상 근거가 있는지, 행정절차법에서 정한 처분절차를 준수하였는지는 본안에서 당해 처분이 적법한가를 판단하는 단계에서 고려할 요소이지, 소송요건 심사단계에서 고려할 요소가 아니다. 21국회8

02 어떠한 처분의 근거나 법적인 효과가 행정규칙에 규정되어 있더라도, 그 처분이 행정규칙의 내부적 구속력에 의하여 상대방의 권리 의무에 직접 영향을 미치는 행위라면 항고소송의 대상이 되는 행정처분으로 볼 수 있다.(2001두3532) 20국가9

03 행정청의 행위가 '처분'에 해당하는지가 불분명한 경우에는 그에 대한 불복방법 선택에 중대한 이해관계를 가지는 상대방의 인식가능성과 예측가능성을 중요하게 고려하여 규범적으로 판단하여야 한다. 23국가9

× 지문

02 어떠한 처분의 근거나 법적인 효과가 행정규칙에 규정되어 있다면, 그 처분이 행정규칙의 내부적 구속력에 의하여 상대방의 권리 의무에 직접 영향을 미치는 행위라도 항고소송의 대상이 되는 행정처분이라 볼 수 없다. 20국가9

01 행정입법

02 일반처분

04 구 「청소년보호법」에 따른 청소년유해매체물 결정 및 고시처분은 당해 유해매체물의 소유자 등 특정인만을 대상으로 한 행정처분이 아니라 일반 불특정 다수인을 상대방으로 하여 일률적으로 각종 의무를 발생시키는 행정처분이다. 18소방

05 코로나바이러스감염증-19의 예방을 위해 음식점 및 PC방 운영자 등에게 영업시간을 제한하거나 이용자 간 거리를 둘 의무를 부여하는 서울특별시고시에 대해 판례는 그 처분성을 인정하였다. 24국회8

03 사실행위

06 행정상 사실행위의 예로는 폐기물 수거, 행정지도, 대집행의 실행, 행정상 즉시강제 등이 있다. 23지방9
⊕ 폐기물 수거와 행정지도는 비권력적 사실행위, 대집행 실행과 행정상 즉시강제는 권력적 사실행위에 해당한다.

07 권력적 사실행위가 **행정처분의 준비**단계로서 행하여지거나 **행정처분과 결합**된 경우에는 행정처분에 흡수·통합되어 불가분의 관계에 있다 할 것이므로 행정처분만이 취소소송의 대상이 되고, **처분과 분리하여 따로 권력적 사실행위를 다툴** 실익은 **없다**.(헌재 2001헌마754) 　23소방

08 **비권력적 사실행위**는 **공권력의 행사**에 해당하지 **않지만**, 행정청이 우월적 지위에서 일방적으로 강제하는 **권력적 사실행위**는 헌법소원의 대상이 되는 **공권력의 행사**에 **해당**한다. 　23소방

09 일반적으로 어떤 행위가 **헌법소원의 대상**이 되는 **권력적 사실행위**에 해당하는지 여부는 당해 행정주체와 상대방과의 관계, 그 사실행위에 대한 상대방의 의사·관여 정도·태도, 그 사실행위의 목적·경위, 법령에 의한 명령·강제수단의 발동 가부 등 그 행위가 행하여질 당시의 구체적 사정을 **종합적**으로 **고려**하여 **개별적**으로 **판단**해야 한다. 　23소방

10 구속된 **피의자**가 수갑 및 포승을 사용한 상태로 피의자신문을 받도록 한 **수갑 및 포승** 사용행위 (는 **사실행위**에 해당한다) 　15사복9
➕ 권력적 사실행위이다.

11 [교도소장 X는 복역 중인 甲이 변호사에게 보내기 위하여 발송을 의뢰한 서신을 법령상 검열 사유에 해당하지 않음에도 불구하고 발송전에 이를 검열하였다.] 甲의 **서신**을 교도소장 X가 **검열**하는 행위는 이른바 **권력적 사실행위**로서 행정심판이나 행정소송의 대상이 되는 행정**처분**으로 볼 수 **있으나**, 이미 종료되어 되돌릴 수 없는 행위에 해당하여 다툴 이익이 없으므로 **보충성의 예외**에 해당하여 **헌법소원심판**의 대상이 될 수 **있다**.(헌재 2001헌마728) 　10국회8

12 교도소 내 마약류 관련 **수형자**에 대한 교도소장의 **소변강제채취**는 **권력적 사실행위**로서 공권력의 행사에 해당하나, 행정소송의 대상이 되는지는 명확하지 않고, 대상이 된다 하여도 소의 이익이 부정될 것이므로 **헌법소원**의 대상이 **된다**.(2005헌마277) 　23지방9

13 교도소장이 **수형자**를 '접견내용 **녹음·녹화** 및 접견 시 **교도관 참여대상자**'로 **지정**한 행위는 수형자의 구체적 권리의무에 직접적 변동을 가져오는 행정청의 공법상 행위로서 항고소송의 대상이 되는 **처분**에 **해당**한다. 　22지방7

14 **미결수용자**의 **이송**(은 **처분**성이 인정된다) 　08(하)지방7(변형)

15 지방자치단체의 장에 의한 **수도**의 **공급거부**는 권력적 사실행위이므로 **처분**성이 인정**된다**.(79누218) 　11지방7

16 행정청이 **위법 건축물**에 대한 시정명령을 하고 나서 위반자가 이를 이행하지 아니하여 전기·전화의 공급자에게 그 위법 건축물에 대한 **전기·전화공급**을 하지 **말아 줄 것을 요청**한 행위는 **권고**적 성격의 행위**에 불과**한 것으로서 전기·전화공급자나 특정인의 법률상 지위에 직접적인 변동을 가져오는 것은 아니므로 이를 항고소송의 대상이 되는 행정**처분**이라고 볼 수 **없다**. 　21국회8

17 무단 용도변경을 이유로 단전조치된 건물의 소유자로부터 새로이 전기공급신청을 받은 한국전력공사가 관할 구청장에게 전기공급의 적법 여부를 조회한 데 대하여, 관할 **구청장이 한국전력공사**에 대하여 「건축법」 규정에 의하여 해당 건물에 대한 **전기공급**이 **불가**하다는 내용의 **회신**을 하였다면, 그 회신은 **권고**적 성격의 행위에 **불과**한 것으로서 한국전력공사나 특정인의 법률상 지위에 직접적인 변동을 가져오는 것은 아니므로 항고소송의 대상이 되는 행정**처분**이라고 볼 수 **없다**. 　24국회8

18 「남녀차별금지 및 구제에 관한 법률」에 의한 국가인권위원회의 **성희롱결정**과 이에 따른 **시정조치**의 **권고**는 **처분**성이 인정**된다**.(2005두487) 　15국회8

19 공정거래위원회의 **표준약관 사용권장행위**는 비록 그 통지를 받은 해당사업자 등에게 표준약관을 사용할 경우 표준약관과 다르게 정한 주요 내용을 고객이 알기 쉽게 표시하여야 할 **의무를 부과**하고 그 **불이행**에 대해서는 **과태료**에 처하도록 되어 **있으므로**, 이는 사업자 등의 권리·의무에 직접 영향을 미치는 행정**처분**에 **해당**한다.(2008두23184) 　17국회8

---

07 권력적 사실행위가 **행정처분의 준비**단계로서 행하여지거나 **행정처분과 결합**된 경우에는 행정처분에 흡수·통합되어 불가분의 관계에 있다 할 것이지만, **처분과 분리하여 따로 권력적 사실행위를 다툴** 실익은 **있다**. 　23소방

11 [교도소장 X는 복역 중인 甲이 변호사에게 보내기 위하여 발송을 의뢰한 서신을 법령상 검열 사유에 해당하지 않음에도 불구하고 발송전에 이를 검열하였다.] 甲의 **서신**을 교도소장 X가 **검열**하는 행위는 이른바 **권력적 사실행위**로서 행정심판이나 행정소송의 대상이 되는 행정**처분**으로 볼 수 **있으므로 보충성의 원칙상** 헌법소원심판을 청구할 수 **없다**. 　10국회8

12 교도소 내 마약류 관련 **수형자**에 대한 교도소장의 **소변강제채취**는 **권력적 사실행위**이나 **헌법소원**의 대상은 **아니다**. 　23지방9

15 지방자치단체의 장에 의한 수도의 공급거부는 사실행위이므로 **처분**성이 인정되지 **않는다**. 　11지방7

17 무단 용도변경을 이유로 단전조치된 건물의 소유자로부터 새로이 전기공급신청을 받은 한국전력공사가 관할 구청장에게 전기공급의 적법 여부를 조회한 데 대하여, 관할 **구청장이 한국전력공사**에 대하여 「건축법」 규정에 의하여 해당 건물에 대한 **전기공급**이 **불가**하다는 내용의 **회신**(에 대해 판례는 그 **처분**성을 **인정**하였다) 　24국회8

18 「남녀차별금지 및 구제에 관한 법률」에 의한 국가인권위원회의 **성희롱결정**과 이에 따른 **시정조치**의 **권고**는 **처분**성이 인정되지 **않는다**. 　15국회8

19 공정거래위원회의 **표준약관 사용권장**행위는 비록 그 통지를 받은 해당 사업자 등에게 표준약관을 사용할 경우 표준약관과 다르게 정한 주요 내용을 고객이 알기 쉽게 표시하여야 할 **의무를 부과**하고 그 **불이행**에 대해서는 **과태료**에 처하도록 되어 있으나, 이는 어디까지나 구속력이 없는 행정지도에 불과하므로 행정**처분**에 해당되지 **아니**한다. 　17국회8

20 구청장이 **사회복지법인**에 **특별감사** 결과 지적사항에 대한 **시정지시**와 그 결과를 관계서류와 함께 보고하도록 지시한 경우, 그 시정지시는 항고소송의 대상이 되는 **처분**에 해당한다.
17(하)지방9(변형)

21 교육감이 학교법인에 대한 **감사** 실시 후 **처리지시**를 하고 그와 함께 그 시정조치에 대한 **결과**를 증빙서를 첨부한 문서로 **보고하도록** 한 것은, 의무의 부담을 명하거나 기타 법률상 효과를 발생하게 하는 것으로서 **항고소송**의 대상이 되는 행정**처분**에 해당**한다**.
(율) 24국회8

22 국민건강보험공단에 의한 '**직장가입자 자격상실 및 자격변동안내**' 통보 및 '**사업장 직권탈퇴에 따른 가입자 자격상실 안내**' 통보는 사실상 통지행위에 불과하여 가입자 **자격**이 **변동**되는 효력이 **발생**한다고 볼 수 **없으므로** 항고소송의 대상이 되는 **처분**에 해당하지 **아니**한다.(2016두41729)
20지방7
➕ 이들은 법령이 정하는 사유가 생기면 사유가 발생한 날부터 변동의 효력이 당연히 발생하는 것이고, 안내 통보는 위의 사실을 알리는 사실상 통지행위에 불과

23 공립학교 당국이 미납 **공납금**을 **완납**하지 **아니**할 경우 **졸업증**의 교부와 **증명서**를 발급하지 **않겠다**고 통고한 행위(는 **사실행위**에 해당한다)
15사복9
➕ 비권력적 사실행위에 불과

24 급수공사 신청자에 대한 수도사업자의 **급수공사비 납부통지**는 **처분**성이 인정되지 **아니**한다.(93누6331)
(율) 14사복9

25 지방자치단체의 장이 그 지방자치단체 소유의 밭에 측백**나무** 300그루를 **식재**하는 행위는 공법상 법률행위가 아니라 사실행위에 불과하므로 항고소송의 **대상**이 될 수 **없다**.(79누173)
(율) 18국회8

26 추첨방식에 의해 운수사업 면허대상자를 선정하는 경우에 있어서의 **추첨행위**(는 **사실행위**에 해당한다)
15사복9

27 농지법에 의하여 군수가 특정지역의 주민들을 대리 경작자로 지정한 행위는 그 주민들에게 유휴농지를 경작할 수 있는 권리를 부여하는 행정처분에 해당하나, 이에 따라 그 지역의 **읍장**과 **면장**이 영농할 세대를 선정한 행위는 위 행정처분의 통지를 대행한 사실행위에 불과하여 항고소송의 **대상**이 될 수 **없다**.(80누308)
(율) 18국회8

28 구 공원법에 의해 건설부장관이 행한 **국립공원지정 처분에 따라** 공원관리청이 행한 **경계측량 및 표지의 설치**는 이미 확정된 경계를 인식·파악하는 사실의 행위에 불과하여 항고소송의 **대상**이 되지 **아니**한다.(92누2325)
(율) 17(하)지방9

---

21 교육감이 학교법인에 대한 **감사** 실시 후 **처리지시**를 하고 그와 함께 그 시정조치에 대한 **결과**를 증빙서를 첨부한 문서로 **보고하도록** 한 것은, 단순히 권고적 효력만을 가지는 비권력적 사실행위인 행정지도에 불과하여 **항고소송**의 대상이 될 수 **없다**.
24국회8

22 국민건강보험공단에 의한 '**직장가입자 자격상실 및 자격변동안내**' 통보 및 '**사업장 직권탈퇴에 따른 가입자 자격상실안내**' 통보는 가입자 **자격**이 **변동**되는 효력을 가져오므로 항고소송의 대상이 되는 **처분**에 **해당**한다.
20지방7

24 급수공사 신청자에 대한 수도사업자의 **급수공사비 납부통지**(는 판례에 의할 경우 **처분**성이 **인정**된다)
14사복9

25 지방자치단체의 장이 그 지방자치단체 소유의 밭에 측백**나무** 300그루를 **식재**하는 행위(는 항고소송의 **대상**이 될 수 **있다**)
18국회8

27 농지법에 의하여 군수가 특정지역의 주민들을 대리 경작자로 지정한 행위에 따라 그 지역의 **읍장**과 **면장**이 **영농할** 세대를 **선정**하는 행위(는 항고소송의 **대상**이 될 수 **있다**)
18국회8

28 구 공원법에 의해 건설부장관이 행한 **국립공원지정 처분에 따라** 공원관리청이 행한 **경계측량 및 표지의 설치**(는 항고소송의 대상이 되는 **처분**에 **해당**하는 사실행위이다)
17(하)지방9

---

04 내부행위·중간행위(단계적 행정결정) | 요론 p.200 |

29 **상급행정기관**의 **하급행정기관**에 대한 **승인·동의·지시**등은 행정기관 상호 간의 **내부행위**로서 항고소송의 대상이 되는 행정**처분**이라 볼 수 **없다**.
17사복9

30 (구) 정부투자기관관리기본법에 따른 **경제기획원장관의 정부투자기관**에 대한 **예산편성 지침통보**는 정부투자기관의 경영합리화와 정부투자의 효율적 관리를 도모하기 위한 것으로서 그에 대한 **감독작용에 해당할 뿐** 그 자체만으로 국민의 권리·의무에 어떤 변동을 가져오는 것은 아니므로 행정**처분**이라 볼 수 **없다**.(93누9163)
(율) 08(하)지방9

31 甲 시장이 감사원으로부터 「감사원법」에 따라 乙에 대하여 징계의 종류를 정직으로 정한 징계 요구를 받게 되자 감사원에 징계 요구에 대한 재심의를 청구하였는데 감사원이 재심의청구를 기각한 사안에서, **감사원의 징계 요구**와 **재심의청구 기각결정**은 항고소송의 대상이 되는 행정**처분**이라 할 수 **없다**.(2014두5367)
(율) 21국회8
➕ 감사원의 징계요구는 이를 이행하지 않는 경우에 불이익을 주는 규정이 없고, 직접 징계를 하는 것이 아니라 징계를 요구하는 행정청 사이의 내부행위에 불과하여 처분성이 없다. 재심의기각결정도 마찬가지다. 대상자는 징계를 받으면 그 징계 자체를 대상으로 징계권자를 상대로 쟁송을 제기하면 된다.

---

30 (구) 정부투자기관관리기본법에 따른 **경제기획원장관의 정부투자기관**에 대한 **예산편성 지침통보**는 정부투자기관의 경영합리화와 정부투자의 효율적 관리를 도모하기 위한 것으로서 그에 대한 **감독작용에 해당하므로** 행정**처분**으로 보아야 **한다**.
08(하)지방9

31 甲 시장이 감사원으로부터 「감사원법」에 따라 乙에 대하여 징계의 종류를 정직으로 정한 징계 요구를 받게 되자 감사원에 징계 요구에 대한 재심의를 청구하였는데 감사원이 재심의청구를 기각한 사안에서, **감사원의 징계 요구**와 **재심의청구 기각결정**은 항고소송의 대상이 되는 행정**처분이다**.
21국회8

32 **공정거래위원회**의 **고발조치**는 「독점규제 및 공정거래에 관한 법률」제71조에서 위 기관의 고발을 동 법률위반죄의 소추요건으로 규정하고 있어 형벌권 행사를 요구하는 행정기관 상호간의 행위에 불과하고, **고발의결**은 행정청 내부의 의사결정에 불과하므로 항고소송의 대상이 되는 **처분**에 해당하지 **아니**한다.(94누13794) 10국회9

33 각 군 **참모총장**이 수당지급대상자 결정절차에서 **국방부장관에게** 수당지급대상자를 **추천**하는 행위는 행정기관 상호간의 **내부적인 의사결정과정의 하나일 뿐** 항고소송의 대상이 되는 처분이라고 할 수 없다.(2009두14231) 19국회8

34 C 여객자동차 **운송사업자**가 시내버스 환승할인 및 청소년할인 시행**에 따른** 손실을 **보전**해 달라며 경기도지사와 광명시장에게 **보조금 지급신청**을 하였으나, **경기도지사**가 위 회사와 광명시장에게 '甲회사의 **보조금** 지급신청을 받아들일 수 **없음**은 기존에 회신한 바와 같고, **광명시에서는 적의 조치**하여 주기 바란다.'는 취지로 **통보**한 경우, 이는 운송사업자의 권리의무에 직접적인 영향을 주는 것이라고 할 수 없어 항고소송의 대상이 되는 **처분**으로 볼 수 **없다**. 미기출

35 **운전면허** 행정처분처리대장상의 **벌점**의 배점은 자동차운전면허의 취소·정지처분의 기초자료로 제공되기 위한 것으로서 배점자체만으로는 국민의 권리·의무에 직접 영향을 미치는 것이 아니므로 **처분**성이 인정되지 **아니**한다.(94누2190) 을 14(1)경행

36 C 병역법에 따른 **군의관**의 **신체등위판정**은 **처분**이 **아니**지만 그에 따른 **지방병무청장**의 **병역처분**은 **처분**이다. 16사복9

37 **의료보조진료비심사결과통지**는 그 자체로서 국민의 법률상 지위에 직접적인 법률적 변동을 가져오는 것이 아니므로 항고소송의 **대상**이 될 수 **없다**. 14국회8

38 A **하도급**거래 공정화에 관한 **법률에 따른** 공정거래위원회의 **벌점부과**행위는 **처분**에 해당하지 **않**는다. 그러나 동법에 따른 **입찰참가자격제한 요청**은 처분에 **해당**한다. 을 미기출
　➕ 사업자로 하여금 후속 입찰참가자격제한처분에 대하여만 다툴 수 있도록 하는 것보다는 그에 앞서 직접 입찰참가자격제한 요청 결정의 적법성을 다툴 수 있도록 함으로써 분쟁을 조기에 근본적으로 해결하도록 하는 것이 법치행정의 원리에도 부합하기 때문이다.

39 B 산업재해보상보험법 상 장해보상금결정의 기준이 되는 **장애등급결정**(은 항고소송의 대상이 되는 행정**처분**으로 **인정**된다) 15지방9

40 C **근로복지공단**이 사업주에 대하여 하는 개별 사업장의 **사업종류변경결정**은 사업종류 결정의 주체, 내용과 결정기준을 고려할 때 확인적 행정행위로서 처분에 **해당**한다. 21국회8

41 C **내부행위**나 **중간처분**이라도 그로써 실질적으로 국민의 **권리**가 **제한**되거나 **의무**가 **부과**되면 항고소송의 대상이 되는 **처분**이다. 따라서 **개별공시지가결정**은 **처분**이다. 16국회8

---

32 **공정거래위원회**의 **고발조치**나 **고발의결**은 「독점규제 및 공정거래에 관한 법률」제71조에서 위 기관의 고발을 동 법률위반죄의 소추요건으로 규정하고 있으므로 항고소송의 대상이 되는 **처분**에 **해당**한다. 10국회9

33 각 군 **참모총장**이 군인 명예전역수당 지급대상자 결정절차에서 **국방부장관에게** 수당지급대상자를 **추천**하는 행위(는 항고소송의 대상이 되는 행정**처분이다**.) 19국회8

34 C 여객자동차 **운송사업자**가 시내버스 환승할인 및 청소년할인 시행**에 따른** 손실을 **보전**해 달라며 경기도지사와 광명시장에게 **보조금 지급신청**을 하였으나, **경기도지사**가 위 회사와 광명시장에게 '甲회사의 **보조금** 지급신청을 받아들일 수 **없음**은 기존에 회신한 바와 같고, **광명시에서는 적의 조치**하여 주기 바란다.'는 취지로 **통보**한 경우, 이는 운송사업자의 권리의무에 직접적인 영향을 주는 것이어서 **처분**에 **해당**한다. 미기출

35 **운전면허** 행정처분처리대장상의 **벌점**의 배점(은 판례가 **처분**성을 **인정**한다) 14(1)경행

37 **의료보호진료비심사결과통지**(는 항고소송의 **대상**이 될 수 **있다**) 14국회8

38 A **하도급**거래 공정화에 관한 **법률에 따른** 공정거래위원회의 **벌점부과**행위와 **입찰참가자격제한 요청**은 **처분**에 해당하지 **않**는다. 미기출

---

05 동일 내용의 반복 요론 p.201

42 지방병무청장이 복무기관을 정하여 **공익근무요원 소집통지**를 한 후 소집대상자의 원에 의하여 그 **기일**을 **연기**한 **다음 다시 한** 공익근무요원 **소집통지**는 항고소송의 대상이 되는 독립된 행정**처분이 아니다**. 17소간

43 C 유치원에 대하여 **공공감사법**에 따른 **감사결과 및 조치사항 통보** 후 이에 불응하자 유아교육법에 따라 **시정명령**을 내린 경우 시정명령에서 부과하는 의무의 내용이 당초의 감사결과 통보와 **같은 내용일지라도**, 동 시정명령을 감사결과 통보와 **별도**로 항고소송의 대상이 되는 **처분**이라고 할 수 있다. 을 미기출

43 C 유치원에 대하여 **공공감사법**에 따른 **감사결과 및 조치사항 통보** 후 이에 불응하자 유아교육법에 따라 **시정명령**을 내린 경우 시정명령에서 부과하는 의무의 내용이 당초의 감사결과 통보와 **같은 내용이라면**, 동 시정명령을 감사결과 통보와 **별도**로 항고소송의 대상이 되는 **처분**이라고 할 수 **없다**. 미기출

---

06 거부행위 요론 p.201

07 신고의 수리·수리거부 요론 p.201

08 부관 요론 p.201

09 행정계획 요론 p.202

10 공법상 계약의 해지 등 | 요플 p.202 |

44 구 「중소기업 기술혁신촉진법」상 **중소기업 정보화지원사업**에 따른 지원금 출연을 위하여 중소기업청장이 체결하는 **협약은** 공법상 대등한 당사자 사이의 의사표시의 합치로 성립하는 **공법상 계약**에 해당한다. 21지방7

45 중소기업기술정보진흥원장이 甲주식회사와 체결한 **중소기업 정보화지원사업** 지원대상인 사업의 지원협약을 甲의 책임 있는 사유로 **해지**하고 **협약에서 정한 대로** 지급받은 정부지원금을 **반환**할 것을 **통보**한 경우, 협약은 공법상 대등한 당사자 사이의 의사표시의 합치로 성립하는 공법상 계약에 해당하고, 지원금 환수에 관한 구체적인 법령상 근거가 없기에 협약의 해지 및 그에 따른 환수통보는 행정**처분**이 아니라 공법상 계약에 따라 행정청이 **대등한 당사자의 지위**에서 하는 **의사표시에 해당**한다. (2015두41449) 17(상)지방9

45 중소기업기술정보진흥원장이 甲주식회사와 체결한 **중소기업 정보화지원사업** 지원대상인 사업의 지원협약을 甲의 책임 있는 사유로 **해지**하고 **협약에서 정한 대로** 지급받은 정부지원금을 **반환**할 것을 **통보**한 경우, 협약의 해지 및 그에 따른 환수통보는 행정청이 우월한 지위에서 행하는 공권력의 행사로서 행정**처분**에 해당한다. 17(상)지방9

46 재단법인 한국연구재단이 A대학교 총장에게 연구개발비의 부당집행을 이유로 과학기술기본법령에 따라 '**두뇌한국(BK)21 사업**' 협약의 **해지를 통보**한 것은 공법상 계약을 계약당사자의 지위에서 종료시키는 의사표시에 불과한 것이 아니라 행정청이 **우월적 지위**에서 행하는 행정**처분에 해당**한다. 19국가7

46 재단법인 한국연구재단이 A대학교 총장에게 연구개발비의 부당집행을 이유로 과학기술기본법령에 따라 '**두뇌한국(BK)21 사업**' 협약의 **해지**를 통보한 것은 공법상 계약을 계약 **당사자의 지위**에서 종료시키는 **의사표시**에 해당한다. 19국가7

47 대학에 대한 **국가연구개발사업**의 **협약해지통보**에 불복하여 협약해지통보의 효력을 다투는 그 연구개발사업의 **연구팀장인 교수**(는 항고소송의 **원고적격**이 **인정**된다) 22국회8

48 재단법인 한국연구재단이 甲대학교 총장에게 연구개발비의 부당집행을 이유로 두뇌한국(BK)21 사업 협약을 해지하고 **연구팀장 乙**에 대한 **국가연구개발사업**의 3년간 **참여제한**을 **통보**한 경우, **乙은** 이에 대해 **항고소송**을 제기할 수 **있다**. (2012두28704) 미기출
➕ 乙에 대한 국가연구개발사업 참여제한은 처분에 해당하고, 乙에게 협약의 해지통보의 효력을 다툴 법률상 이익도 인정되기 때문이다.

48 재단법인 한국연구재단이 甲대학교 총장에게 연구개발비의 부당집행을 이유로 두뇌한국(BK)21 사업 협약을 해지하고 **연구팀장 乙**에 대한 **국가연구개발사업**의 3년간 **참여제한**을 **통보**한 경우, **乙이** 이에 대해 **항고소송**을 제기하더라도 소송요건을 충족하지 못하여 **각하**대상이다. 미기출

49 재단법인 한국연구재단이 甲대학교 총장에게 연구개발비의 부당집행을 이유로 두뇌한국(BK)21 사업 협약을 해지하고 **연구팀장 乙**에 대한 대학 자체**징계**를 **요구**한 것은 항고소송의 대상인 행정**처분**에 해당하지 **않는다**. 17(상)지방9

50 (유사) **한국환경산업기술원장**이 환경기술개발사업 **협약**을 체결한 **甲주식회사 등**에게 연차평가실시 결과 절대평가 60점 미만으로 평가되었다는 이유로 **연구개발 중단 조치** 및 **연구비 집행중지** 조치를 한 사안에서, 연구개발 중단 조치 및 연구비 집행중지조치는 항고소송의 대상이 되는 행정**처분에 해당**한다. 20국회8

51 구 「사회간접자본시설에 대한 민간투자법」에 근거한 서울-춘천간 고속도로 **민간투자시설사업**의 **사업시행자 지정**은 행정**처분**에 해당한다. (서울고법 2003누6483) 20지방7

51 구 「사회간접자본시설에 대한 민간투자법」에 근거한 서울-춘천간 고속도로 **민간투자시설사업**의 **사업시행자 지정**은 **공법상 계약**에 해당한다. 20지방7

52 구 「사회간접자본시설에 대한 민간투자법」상 **민간투자**에 관한 **협약**은 **공법상 계약**이라고 할 수 있을지라도 **사업시행자 지정**행위는 행정**처분**이다. 10국회8

53 「공유재산 및 물품 관리법」에 근거하여 공모제안을 받아 이루어지는 **민간투자사업 '우선협상대상자 선정행위**'와 이미 선정된 우선협상대상자를 그 지위에서 배제하는 '**우선협상대상자 지위배제행위**'는 **모두** 항고소송의 대상이 되는 **처분**에 해당한다. (2017두31064) 22국가9

53 「공유재산 및 물품 관리법」에 근거하여 공모제안을 받아 이루어지는 **민간투자사업 '우선협상대상자 선정행위**'나 '우선협상대상자 지위**배제행위**'에서 '우선협상대상자 지위배제행위'**만**이 항고소송의 대상인 **처분**에 해당한다. 22국가9

54 구 「산업집적활성화 및 공장설립에 관한 **법률**」에 따른 **산업단지입주계약**의 **해지통보**는 행정청인 관리권자로부터 관리업무를 위탁받은 한국산업단지공단이 **우월적 지위**에서 그 상대방에게 일정한 법률상 효과를 발생하게 하는 것으로서 항고소송의 대상이 되는 행정**처분에 해당**한다. 17지방7

55 행정청인 관리권자로부터 관리업무를 위탁받은 공단이 **우월적 지위**에서 일정한 법률상 효과를 발생하게 하는 **공단입주변경계약의 취소**는 항고소송의 대상이 되는 행정**처분에 해당**하여 **항고소송**의 대상이다. (2014두46843) 20군무원7

55 행정청인 관리권자로부터 관리업무를 위탁받은 공단이 **우월적 지위**에서 일정한 법률상 효과를 발생하게 하는 **공단입주변경계약**은 공법계약으로 이의 **취소**는 **공법상 당사자소송**으로 해야 한다. 20군무원7

56 택시회사들의 자발적 감차와 그에 따른 감차보상금의 지급 및 자발적 감차조치의 불이행에 따른 행정청의 직권감차명령을 내용으로 하는 **택시회사들과 행정청 간의 합의**는 행정청으로서 감차명령을 할 수 있음을 전제로 관련법령에서 정한 **면허조건을 상대방의 동의하에 사후적으로 붙인 것**으로서 감차의 시기와 범위 등 감차계획의 구체적 사항을 정한 것이다. 그리고 이에 따른 **감차명령**은 행정청이 우월한 지위에서 행하는 **공권력에 행사**에 해당하여 **처분**으로 볼 수 있다. (2016두45028) 17국가7

56 택시회사들의 자발적 감차와 그에 따른 감차보상금의 지급 및 자발적 감차조치의 불이행에 따른 행정청의 직권감차명령을 내용으로 하는 **택시회사들과 행정청 간의 합의**는 대등한 당사자 사이에서 체결한 **공법상 계약에 해당**하므로, 그에 따른 **감차명령**은 행정청이 우월한 지위에서 행하는 **공권력의 행사로 볼 수 없다**. 17국가7

57 음식물류 폐기물의 수집·운반 업무를 대행을 위탁하고 그에 대한 대행료를 지급하는 것을 내용으로 하는 지방자치단체와 사인간의 계약은 민사소송의 대상이다. 20국회9

58 지방자치단체가 사인과 체결한 자원회수시설에 대한 위탁운영협약은 사법상 계약에 해당하므로 그에 관한 다툼은 민사소송의 대상이 된다. 20지방7

59 「국유림의 경영 및 관리에 관한 법률」에 따른 국유임산물 매각계약은 공법상 계약이 아니라 사법상 계약에 해당한다. 24국회8

60 전화가입 계약은 사법상 법률관계이다.(82누441) 10(1)경행

60 전화가입 계약(은 공법상 법률관계이다.) 10(1)경행

11 실효성 확보수단 | 요플 p.203 |

12 변경처분 | 요플 p.204 |

61 증액경정처분이 있는 경우 당초 신고나 결정은 증액경정 처분에 흡수됨으로써 독립된 존재가치를 잃게 된다고 보아야 할 것이므로, 원칙적으로는 당초 신고나 결정에 대한 불복 기간의 경과 여부 등에 관계없이 증액경정처분만이 항고소송의 심판대상이 된다. 18(1)서울7

62 부가가치세 증액경정처분의 취소를 구하는 항고소송에서 납세의무자는 증액경정사유뿐만 아니라 당초 신고에 관한 과다신고 사유도 함께 주장하여 다툴 수 있다.(2010두11733) 18지방9

62 부가가치세 증액경정처분의 취소를 구하는 항고소송에서 납세의무자는 과세관청의 증액 경정사유만 다툴 수 있을 뿐이지 당초신고에 관한 과다신고사유는 함께 주장하여 다툴 수 없다. 18지방9

63 과세처분에 대한 증액경정처분이 있는 경우 당초의 과세처분은 증액경정처분에 흡수되어 소멸하고, 소멸한 당초 과세처분의 절차적 하자는 증액경정처분에 승계되지 아니한다. 23국7

64 행정청이 금전부과처분을 한 후 감액처분을 한 경우에 감액되고 남은 부분이 위법하다고 다투고자 할 때에는 당초 부과처분 중 감액되지 않고 남은 부분을 항고소송의 대상으로 삼아야 한다. 17(하)국가7

64 행정청이 금전부과처분을 한 후 감액처분을 한 경우에 감액되고 남은 부분이 위법하다고 다투고자 할 때에는 감액처분 자체를 항고소송의 대상으로 삼아야 한다. 17(하)국가7

65 행정심판위원회가 1,000만원의 과징금 부과처분에 대한 취소심판에서 500만원의 과징금 부과처분으로 변경하는 내용의 재결을 하였고 청구인인 처분의 상대방이 관할법원에 취소소송을 제기하였다면 500만원으로 변경된 원처분을 항고소송의 대상으로 하여야 한다. 16서울7

65 행정심판위원회가 1,000만원의 과징금 부과처분에 대한 취소심판에서 500만원의 과징금 부과처분으로 변경하는 내용의 재결을 하였고 청구인인 처분의 상대방이 관할법원에 취소소송을 제기하였다면 재결에 의한 감액처분을 항고소송의 대상으로 하여야 한다. 16서울7

66 산업재해보상보험법상 보험급여의 부당이득 징수결정의 하자를 이유로 징수금을 감액하는 경우 감액처분으로도 아직 취소되지 않고 남아 있는 부분이 위법하다 다툴 때에는, 처음의 부과처분 중 감액처분에 의하여 취소되지 않고 남은 부분이 항고소송의 대상이 되므로, 제소기간의 준수 여부도 감액처분이 아닌 당초처분을 기준으로 판단해야 한다.(2011두27247) 17(상)지방9

66 산업재해보상보험법상 보험급여의 부당이득 징수결정의 하자를 이유로 징수금을 감액하는 경우 감액처분으로도 아직 취소되지 않고 남아 있는 부분이 위법하다 하여 다툴 때에는, 제소기간의 준수 여부는 감액처분을 기준으로 판단해야 한다. 17(상)지방9

67 감액경정처분이 있는 경우, 항고소송의 대상은 당초의 부과처분 중 경정처분에 의하여 아직 취소되지 않고 남은 부분이고, 적법한 전심절차를 거쳤는지 여부도 당초 처분을 기준으로 판단하여야 한다. 19지방7

68 소청심사위원회가 정직 3개월의 처분을 정직 2개월로 변경하라는 재결을 하여 A부 장관이 정직 2개월의 처분을 한 경우, 甲이 이에 불복하여 제기하는 취소소송의 제소기간은 甲이 재결서를 송달받은 날부터 기산한다. 17지방7

➕ 항고소송의 대상은 변경된 원처분이다. 단, 甲이 재결을 거친 경우에 해당하므로, 원처분을 안 날이 아닌 재결서 정본을 송달받은 날이 제소기간의 기산점이 된다. 지문은 변경재결 〈송달일〉이 아닌 변경재결을 〈안 날〉이라고 해서 틀린 것

68 소청심사위원회가 정직 3개월의 처분을 정직 2개월로 변경하라는 재결을 하여 A부 장관이 정직 2개월의 처분을 한 경우, 甲이 이에 불복하여 제기하는 취소소송의 제소기간은 정직 2개월 처분이 있음을 甲이 현실적·구체적으로 안 날로부터 기산한다. 17지방7

69 과세처분이 있은 후 이를 증액하는 경정처분이 있으면 당초 처분은 경정처분에 흡수되어 효력을 상실하고, 그 후 다시 이를 감액하는 재경정처분이 있으면 재경정처분은 위 증액경정처분과 별개인 독립의 과세처분이 아니라 그 실질은 위 증액경정처분의 변경이고 그에 의하여 세액의 일부취소라는 납세의무자에게 유리한 효과를 가져오는 처분이라 할 것이므로, 증액경정처분 중 감액재경정결정에 의하여 취소되지 않고 남은 부분이 항고소송의 대상이 된다. 감액재경정결정이 항고소송의 대상이 되는 것은 아니다.(95누6328) 18(1)서울7

➕ 증액 후 감액처분이 있는 경우, 당초 처분은 증액처분에 흡수되고, 감액처분은 증액처분과 독립한 처분이 아니므로, 증액처분 중 감액되고 남은 부분이 항고소송의 대상이 된다.

69 과세처분이 있은 후 이를 증액하는 경정처분이 있고, 다시 이를 감액하는 재경정처분이 있으면 재경정처분은 위 증액 경정처분과는 별개인 독립의 과세처분으로서 그 실질은 위 증액경정처분의 변경이고 그에 의하여 세액의 일부 취소라는 납세의무자에게 유리한 효과를 가져오는 처분이라 할 것이므로, 감액재경정결정이 항고소송의 대상이 된다. 18(1)서울7

70 공정거래위원회가 부당한 공동행위를 한 사업자들 중 자진신고에 대하여 구 독점규제 및 공정거래에 관한 법령에 따라 **과징금 부과처분(선행처분)**을 한 뒤, 다시 자진신고자에 대한 사건을 분리하여 **자진신고를 이유로 과징금 감면처분(후행처분)**을 하였다면 후행처분은 과징금액을 결정하는 종국적 처분이고 선행처분은 후행처분에 흡수되어 소멸하므로 **선행처분의 취소를 구하는 소는 부적법**하다. 21국가9
  ➕ 감액사례지만 후행처분이 소송의 대상이 된다. 애초에 당초 처분이 잠정적 처분에 불과했기 때문이다.

71 원천징수의무자에 대하여 **납세의무의 단위를 달리하여** 순차 **이루어진 2개의 징수처분은 별개의 처분**으로서 당초 처분과 증액경정처분에 관한 법리가 적용되지 아니하므로, **당초 처분이 후행 처분에 흡수**되어 독립한 존재가치를 잃는다고 볼 수 **없고, 후행 처분만이** 항고소송의 **대상**이 되는 것도 **아니다**. 18(1)서울7

72 영업정지처분을 영업자에게 **유리하게 변경**하는 처분을 한 경우 **당초**의 영업정지**처분은 소멸**하는 것이 **아니고** 당초부터 유리하게 **변경된 내용의 처분으로 존재**하는 것이다. 24변시

73 행정청이 식품위생법령에 따라 영업자에게 행정제재처분을 한 후 **당초 처분**을 영업자에게 **유리하게 변경**하는 처분을 한 경우, 취소소송의 대상 및 제소기간 판단기준이 되는 처분은 **변경된 내용의 당초처분**이다. 16사복9(변형)
  ➕ 감액처분의 논리가 그대로 적용된다.

74 **해임처분**을 소청심사위원회가 **정직 2월로 변경**하였는데도 불구하고 여전히 징계가 불합리하다 여겨 이에 불복하려는 경우, 소청심사위원회가 아닌 **원처분청을 상대**로 정직 2월로 **변경된 원처분**에 대한 취소소송을 제기하여야 한다. 22국회8

75 징계혐의자에 대한 **감봉 1월의 징계처분을 견책으로 변경**한 소청 결정 중 그를 견책에 처한 **조치가 재량권의 남용 또는 일탈로서 위법하다는 사유**는 소청 결정 자체에 **고유한 위법**을 주장하는 것으로 볼 수 **없어** 소청 결정의 **취소사유가 될 수 없다**. 19(2)경행9

76 집단에너지사업허가의 **주요 부분을 실질적으로 변경**하는 내용으로 사업변경허가를 한 경우에 **본래의 집단에너지사업허가**는 특별한 사정이 없는 한 그 **효력을 상실**한다. 24변시

77 정부출연금 전액환수 및 참여제한에 관한 **1차 통지 후**, 당사자의 이의신청에 따른 재심의를 거쳐 1차 통지의 **참여제한 기간과 납부기간을 변경**한 경우, 이러한 2차 통지는 1차 통지의 **주요부분을 실질적으로 변경**하는 것이어서 이로 인해 선행처분인 **1차 통지는 소멸**하였고, **2차 통지를 항고소송의 대상이 되는 처분**이라고 볼 수 **있다**. 미기출

78 기존의 행정처분을 변경하는 후속처분의 내용이 종전처분의 유효를 전제로 내용 중 **일부만을 추가·철회·변경**하는 것이고 그 부분이 내용과 성질상 나머지 부분과 **불가분적인 것이 아닌** 경우, **종전처분**이 항고소송의 대상이 **된다**. 17소간

79 **선행처분**이 후행처분에 의하여 변경되지 아니한 범위 내에서 **존속**하고 **후행처분**은 선행처분의 내용 중 일부를 **변경**하는 범위 내에서 효력을 가지는 경우에, **선행처분에만 존재하는 취소사유를** 이유로 **후행처분의 취소를 청구할 수는 없다**. 24변시

70 공정거래위원회가 부당한 공동행위를 한 사업자들 중 자진신고자에 대하여 구 독점규제 및 공정거래에 관한 법령에 따라 **과징금 부과처분(선행처분)**을 한 뒤, 다시 자진신고자에 대한 사건을 분리하여 **자진신고를 이유로 과징금 감면처분(후행처분)**을 한 경우라도 선행처분의 취소를 구하는 소는 **적법**하다. 21국가9

72 영업정지처분을 영업자에게 **유리하게 변경**하는 처분을 한 경우 **당초**의 영업정지**처분은 변경처분에 흡수**되어 독립한 존재가치를 **잃게** 된다. 24변시

73 행정청이 식품위생법령에 따라 영업자에게 행정제재처분을 한 후 **당초 처분**을 영업자에게 **유리하게 변경**하는 처분을 한 경우, 취소소송의 대상 및 제소기간 판단기준이 되는 처분은 **유리하게 변경한 변경처분**이다. 16사복9(변형)

74 **해임처분**을 소청심사위원회가 **정직 2월로 변경**하였는데도 불구하고 여전히 징계가 불합리하다 여겨 이에 불복하려는 경우, 원처분청이 아닌 **소청심사위원회를 상대**로 정직 2월로 **변경된 원처분**에 대한 취소소송을 제기하여야 한다. 22국회8

77 정부출연금 전액환수 및 참여제한에 관한 **1차 통지 후**, 당사자의 이의신청에 따른 재심의를 거쳐 1차 통지의 **참여제한 기간과 납부기간을 변경**한 경우, 이러한 **2차 통지**를 1차 통지와 별도로 **항고소송의 대상이 되는 처분**이라고 볼 수는 **없다**. 미기출

79 **선행처분**이 후행처분에 의하여 변경되지 아니한 범위 내에서 **존속**하고 **후행처분**은 선행처분의 내용 중 일부를 **변경**하는 범위 내에서 효력을 가지는 경우에, **선행처분에만 존재하는 취소사유**를 이유로 **후행처분의 취소를 청구할 수 있다**. 24변시

13 별도의 불복절차가 있는 경우 | 요플 p.206 |

80 「행정소송법」 제2조 소정의 행정처분이라고 하더라도 그 처분의 근거 법률에서 행정소송 이외의 **다른 절차**에 의하여 **불복할 것을 예정**하고 있는 처분은 **항고소송의 대상이 될 수 없다**. 18소간

81 **검사의 공소제기**가 적법절차에 따라 정당하게 이루어진 것인지 여부에 관계없이 검사의 공소에 대하여는 **형사소송절차에 의하여서만** 다툴 수 **있고**, 행정소송의 방법으로 공소의 취소를 구할 수 **없다**. 20국회8

82 **검사의 불기소결정**에 대해서는 검찰청법에 의한 항고와 재항고, 형사소송법에 의한 재정신청에 의해서만 불복할 수 있는 것이므로, 이에 대해서는 행정소송법상 항고소송을 제기할 수 없다(**처분에 해당하지 않는다**).(2017두47465) 19국가9

82 **검사의 불기소결정**은 공권력의 행사에 포함되므로, 검사의 자의적인 수사에 의하여 불기소결정이 이루어진 경우 그 불기소결정은 **처분에 해당**한다. 19국가9

83 검사가 **불기소결정**을 하면서도 **고소인에게** 「형사소송법」에 의한 처분**결과를 통지**하지 **않았더라도**, 고소인은 **부작위법확인소송**을 제기하는 방식으로 불복할 수 **없고**, **거부처분취소소송**을 제기하는 방식으로도 불복할 수도 **없다**.(2017두47465) 22변시(변형)
   ➕ 형사소송법상 처분결과 통지는 불기소결정에 대한 항고기간의 기산점이 되며, 공소불제기 이유고지제도는 고소인에게 항고 등으로 불복할지 여부를 결정하는 데 도움을 주도록 하기 위한 절차일 뿐 별도의 독립한 처분에 해당하지 아니한다. 따라서 처분결과 통지를 하지 아니하였으면 항고기간이 진행하지 아니하게 되며, 공소불제기 이유고지를 하지 않은 경우에는 고소인 자신에게 책임이 없는 사유로 정하여진 기간 내에 항고를 제기하지 못한 경우에 해당하여 그 사유가 해소된 때부터 항고기간이 진행되게 될 뿐, 검사의 부작위나 거부처분에 해당하여 항고소송의 대상이 되는 것은 아니다.

84 구 「금융산업의 구조개선에 관한 법률」 및 구 상호저축은행법상 금융위원회의 **파산신청**은 행정**처분**이라고 할 수 **없다**.(2004두13219) 13지방9
   ➕ 파산법원이 관할하는 파산절차 내에서 관련 문제들을 다룰 수 있기 때문이다.

83 검사가 **불기소결정**을 하면서도 **고소인에게** 「형사소송법」에 의한 처분**결과**를 **통지**하지 **않았다면**, 행정청의 의사가 외부에 표시되지 아니하여 아직 거부처분이 성립하였다고 볼 수 없으므로, 고소인은 **부작위법확인소송**을 제기하는 방식으로 불복할 수 **있다**. 22변시(변형)

84 구 「금융산업의 구조개선에 관한 법률」및 구 상호저축은행법상 금융감독위원회의 **파산신청**(은 행정**처분이다**) 13지방9

14 취소소송 외 행정소송의 경우 | 요플 p.206 |

85 행정소송법상 취소소송에 대한 사항으로 **무효등확인소송**의 경우에 **준용**되는 것은?(① 행정심판전치주의의 적용, ② **취소소송의 대상**, ③ 제소기간, ④ 사정판결) 16사복9
   ➕ 무효등확인소송에는 **사정판결**(④), 행정심판**전**치주의(①), 제소**기간**(③), 간접강제에 관한 규정이 준용되지 않는다.

86 (A구 의회 의원인 甲은 공무원을 폭행하는 등 의원으로서 품위를 손상시키는 행위를 하였다. 이러한 사유를 들어 A구 의회는 甲을 의원직에서 제명하는 의결을 하였다. 이에 甲은 위 제명의결을 행정소송의 방법으로 다투고자 한다.) 甲이 **제명의결**을 행정소송으로 다투는 경우 소송의 유형은 하자의 정도에 따라 **무효확인소송**과 **취소소송**이 **모두 가능**하다. 23국가9

86 (A구 의회 의원인 甲은 공무원을 폭행하는 등 의원으로서 품위를 손상시키는 행위를 하였다. 이러한 사유를 들어 A구 의회는 甲을 의원직에서 제명하는 의결을 하였다. 이에 甲은 위 제명의결을 행정소송의 방법으로 다투고자 한다.) 甲이 **제명의결**을 행정소송으로 다투는 경우 소송의 유형은 **무효확인소송으로 하여야** 하며 **취소소송**으로는 할 수 **없다**. 23국가9

테마별 N지 모음

N1 상급행정청 X로부터 권한을 내부 위임받은 하급행정청 Y는 2017. 1. 10. Y의 명의로 甲에 대하여 2,000만원의 부담금 부과처분을 하였다가, 같은 해 2. 3. 부과금액의 과다를 이유로 위 부담금을 1,000만원으로 감액하는 처분을 하였다. 甲이 이에 대해 취소소송을 제기하는 경우, ㉠소의 대상과 ㉡피고적격을 바르게 연결한 것은? (다툼이 있는 경우 판례에 의함) 17(하)지방9 ②

	㉠	㉡
①	1,000만원으로 감액된 1. 10.자 부담금 부과처분	X
②	**1,000만원으로 감액된 1. 10.자** 부담금 부과처분	**Y**
③	2. 3.자 1,000만원의 부담금 부과처분	X
④	2. 3.자 1,000만원의 부담금 부과처분	Y

[해설] 감액처분 사례이므로, 항고소송의 대상은 1,000만원으로 감액된 1.10.자 당초처분이다. 내부위임의 경우 위임청이 피고가 되는 것이 원칙이나, 사례의 경우에는 예외적으로 수임청인 Y가 자신의 명의로 처분을 하였기에 Y가 피고적격을 갖는다.

N2 甲은 관할 A행정청으로부터 2011년 **10월 1일** 300만원의 **과징금 부과처분**을 받았고, 동년 **10월 15일** 200만원으로 **감액**되었다. 이후 동년 10월 20일 甲에 대한 과징금부과권한이 A행정청에서 B행정청으로 승계가 되었고, 甲은 과징금 부과처분에 대하여 동년 10월 30일에 취소소송을 제기하려 한다. 판례에 의할 때, 취소소송의 대상과 피고는? 11국회9 ③

① 10월 1일 자 과징금 300만원 처분에 대하여 A행정청을 피고로
② 10월 15일 자 과징금 200만원 처분에 대하여 A행정청을 피고로
③ **10월 1일 자** 과징금 200만원 **처분**에 대하여 **B행정청**을 피고로
④ 10월 15일 자 과징금 200만원 처분에 대하여 B행정청을 피고로
⑤ 10월 15일 자 100만원 감액처분에 대하여 B행정청을 피고로

[해설] 감액처분 사례에 해당하며, 취소소송의 대상은 변경된 당초처분이므로 10. 1.자 300만원 부과처분 중 남아 있는 200만원이다. 피고적격은 A의 권한을 승계한 B행정청에게 있다.

테마별 N지 모음

N3 판례에 따를 경우 甲이 제기하는 소송이 적법하게 되기 위한 설명으로 옳은 것은? 18국가9 ③

> A시장은 2016. 12. 23. 식품위생법 위반을 이유로 甲에 대하여 3월의 **영업정지처분**을 하였고, 甲은 2016. 12. 26. 처분서를 송달받았다. 甲은 이에 대해 행정심판을 청구하였고, 행정심판위원회는 2017. 3. 6. "A시장은 甲에 대하여 한 3월의 영업정지처분을 2월의 영업정지에 갈음하는 **과징금 부과처분으로 변경하라.**"라는 일부인용의 재결을 하였으며, 그 재결서 정본은 2017. 3. 10. 甲에게 송달되었다. A시장은 재결취지에 따라 2017. 3. 13. 甲에 대하여 **과징금 부과처분**을 하였다. 甲은 여전히 자신이 식품위생법 위반을 이유로 한 제재를 받을 이유가 없다고 생각하여 취소소송을 제기하려고 한다.

① **행정심판위원회**를 **피고**로 하여 2016. 12. 23.자 영업정지처분을 대상으로 취소소송을 제기하여야 한다.
② **행정심판위원회**를 **피고**로 하여 **2017. 3. 13.자 과징금 부과처분**을 대상으로 취소소송을 제기하여야 한다.
③ 과징금 부과처분으로 변경된 2016. 12. 23.자 원처분을 대상으로 **2017. 3. 10.부터 90일** 이내에 제기하여야 한다.
④ **2017. 3. 13.자 과징금 부과처분**을 대상으로 **2017. 3. 6.부터 90일 이내**에 제기하여야 한다.

[해설] ① **A시장을 피고**로 하여 과징금으로 변경된 2016. 12. 23.자 영업정지처분을 대상으로 취소소송을 제기하여야 한다.
② **A시장을 피고**로 하여 **과징금으로 변경된 2016. 12. 23.자 영업정지처분**을 대상으로 취소소송을 제기하여야 한다.
④ **과징금으로 변경된 2016. 12. 23.자 영업정지처분**을 대상으로 재결서 정본을 송달받은 날인 **2017. 3. 10.부터 90일 이내** 재결이 있은 날부터 1년 이내에 제기하여야 한다.

➕ 변경명령재결에 의하여 유리하게 변경된 사례에 해당한다. 따라서, A. 취소소송의 대상은 변경된 당초처분, 즉, 과징금으로 변경된 2016.12.23.자 원처분이다(따라서 ②,④는 틀림). B. 따라서 피고는 원처분을 한 A시장이 된다(따라서 ①,②는 틀림). C. 단, 재결을 거친 사안이므로 제소기간은 원처분을 송달받아 알게된 2016.12.26.부터가 아닌, 재결서를 송달받은 2017.3.10.부터 90일이 된다(따라서 ④는 틀림).

THEME 53 대상적격(3) - 처분성 등 일괄 정리(법률관계를 중심으로)

○ 지문 | **✕ 지문**

01 공공계약 | 요플 p.208 |

01 **지방자치단체를 당사자**로 하는 **계약**에 관하여는 그 계약의 성질이 **사법상** 계약인지 **공법상** 계약인지와 상관없이 원칙적으로 「**지방자치단체를 당사자로 하는 계약에 관한 법률**」의 규율이 적용된다고 보아야 한다. 23국회8

02 「국가를 당사자로 하는 계약에 관한 법률」에 따라 **국가**가 **당사자**가 되는 이른바 **공공계약**은 **사법상 계약**에 해당한다. (옳) 13국회8

02 「국가를 당사자로 하는 계약에 관한 법률」에 따라 **국가**가 **당사자**가 되는 이른바 **공공계약**은 **공법상 계약**에 해당한다. 13국회8

03 「지방자치단체를 당사자로 하는 계약에 관한 법률」에 따라, **지방자치단체**가 **당사자**가 되는 이른바 **공공계약**은 본질적인 내용이 **사인 간의 계약과 다를 바가 없다.** 17국가7

04 「공공기관의 운영에 관한 법률」의 적용 대상인 **공기업**이 일방 **당사자**가 되는 계약은 **사법상 계약**에 해당한다. (옳) 21소간

04 「공공기관의 운영에 관한 법률」의 적용 대상인 **공기업**이 일방 **당사자**가 되는 계약(은 **공법상 계약**에 해당한다.) 21소간

05 「국가를 당사자로 하는 계약에 관한 법률」에 따라 국가가 당사자가 되는 이른바 **공공계약**에 관한 법적분쟁은 원칙적으로 **민사법원**의 관할 사항이다. (옳) 22국가9
➕ 국가가 당사자가 되는 공공계약은 사법상 계약에 해당하기 때문

05 「국가를 당사자로 하는 계약에 관한 법률」에 따라 국가가 당사자가 되는 이른바 **공공계약**에 관한 법적 분쟁은 원칙적으로 **행정법원**의 관할 사항이다. 22국가9

06 지방자치단체가 체결하는 이른바 '**공공계약**'이 사경제의 주체로서 상대방과 대등한 위치에서 체결하는 **사법상 계약**에 해당하는 경우, 그 계약에는 법령에 특별한 정함이 있는 경우 외에는 사적 자치와 계약자유의 원칙 등 **사법의 원리가 그대로 적용**된다. 19지방7

07 **낙찰자결정**의 법적 성질은 본계약을 따로 체결한다는 취지로서 **계약의 편무예약**에 해당한다. 11국가7

08 구 「예산회계법」상 입찰보증금의 국고귀속조치는 국가가 사법상의 재산권의 주체로서 행위하는 것이라는 점에서, 이를 다투는 소송은 민사소송에 해당한다.(81누366) 〔율〕 19국가9

09 「지방재정법」에 따라 지방자치단체가 당사자가 되어 체결하는 계약에 있어 계약보증금의 귀속조치는 민사소송의 대상이 된다. 〔율〕 19서울9

10 「국가를 당사자로 하는 계약에 관한 법률」에 의하여 국가기관이 특정기업의 입찰참가자격을 제한하는 경우 이것은 제재적 성격의 권력적 행위로서 처분에 해당하여 항고소송으로 다투어야 한다. 〔율〕 16국회8

11 조달청장이 법령에 근거하여 입찰참가자격을 제한하는 것은 공법상의 처분에 해당한다. 〔율〕 23국가9

12 지방자치단체가 공공조달계약 입찰을 일정기간 동안 제한하는 부정당업자제재는 지방계약법 등 법령에 근거를 둔 처분에 해당한다.(91누551) 〔율〕 17국회8

13 한국전력공사가 정부투자기관 회계규정에 의하여 행한 입찰참가자격을 제한하는 내용의 부정당업자 제재처분은 법령의 근거가 없는 것으로 행정청이 행하는 공권력의 행사가 될 수 없어 행정처분에 해당하지 아니한다.(99부3) 〔율〕 11국회9

14 「공공기관의 운영에 관한 법률」에 따른 입찰참가자격제한 조치는 행정처분에 해당한다. 23소방
➕ 공공기관에 대한 입찰참가자격제한조치는 ① 구법하에서 법률에 근거 없이 정부투자기관 회계규정에 의해 이루어진 것으로서 처분이 아니나, ② 현행법하에서는 공공기관운영법에 근거해 이루어지는 처분이 될 수 있다는 것이 판례

15 공기업이나 준정부기관의 입찰참가자격제한은 계약에 근거할 수도 있고, 행정처분에 해당할 수도 있다. 21국회8

16 공기업·준정부기관이 법령 또는 계약에 근거하여 선택적으로 입찰참가자격 제한 조치를 할 수 있는 경우, 계약상대방에 대한 입찰참가자격 제한 조치가 법령에 근거한 행정처분인지 아니면 계약에 근거한 권리행사인지는 원칙적으로 의사표시 해석의 문제이다. 23변시

17 공공기관인 수도권매립지관리공사가 한 부정당업자제재처분은 행정처분에 해당하지 아니한다.(2010무137) 〔율〕 미기출
➕ 현행법상 기타 공공기관은 입찰참가자격제한을 할 법적 근거가 없어 처분으로 볼 수 없다는 것이 판례의 입장이다. 수도권매립지관리공사가 이러한 기타 공공기관에 해당한다.

18 「국가를 당사자로 하는 계약에 관한 법률」 및 그 시행령상의 입찰절차나 낙찰자 결정기준에 관한 규정은 국가의 내부규정에 불과하므로, 이 기준에 어긋나게 적격심사를 하였더라도 그 사유만으로 당연히 낙찰자결정이나 그에 기한 계약이 무효가 되는 것은 아니다. 〔율〕 11국가7
➕ 해당 기준은 국가가 사인과의 계약관계를 공정하고 합리적·효율적으로 처리할 수 있도록 관계 공무원이 지켜야 할 계약사무처리에 관한 필요한 사항을 규정한 것이므로 내부규정에 불과

19 한국철도시설공단(현 국가철도공단)이 공사낙찰적격심사 감점처분의 근거로 내세운 규정은 공사 낙찰적격심사세부기준이고, 이러한 규정은 공공기관이 사인과의 계약관계를 공정하고 합리적·효율적으로 처리할 수 있도록 관계 공무원이 지켜야 할 계약사무처리에 관한 필요한 사항을 규정한 것으로서 공공기관의 내부규정에 불과하여 대외적 구속력이 없다. 24국가9

20 공공기관 입찰의 낙찰적격 심시기준인 점수를 감점한 조치는 항고소송의 대상이 되지 아니한다.(2010두6700) 〔율〕 19소간

21 「공공기관의 운영에 관한 법률」규정에 따른 입찰참가자격의 제한기준 등에 관하여 필요한 사항은 기획재정부령으로 정한다'는 부분은 의회유보원칙에 위배되지 않는다. 19국회8

22 「공공기관의 운영에 관한 법률」에 따라 입찰참가자격 제한기준을 정하고 있는 구 「공기업·준정부기관 계약사무규칙」, 「국가를 당사자로 하는 계약에 관한 법률 시행규칙」은 대외적으로 국민이나 법원을 기속하는 효력이 없다. 17서울9
➕ 제재기준을 정한 법규명령형식의 행정규칙에 불과해 대외효 없음

---

08 구 「예산회계법」상 입찰보증금의 국고귀속조치는 국가가 공권력을 행사하는 것이라는 점에서, 이를 다투는 소송은 행정소송에 해당한다. 19국가9

09 「지방재정법」에 따라 지방자치단체가 당사자가 되어 체결하는 계약에 있어 계약보증금의 귀속조치(은 행정소송의 대상이 된다) 19서울9

10 「국가를 당사자로 하는 계약에 관한 법률」에 의하여 국가기관이 특정기업의 입찰참가자격을 제한하는 경우 이것은 사법관계이므로 이에 대해 다투기 위하여서는 민사소송을 제기하여야 한다. 16국회8

11 조달청장이 법령에 근거하여 입찰참가자격을 제한하는 것은 사법관계에 해당한다. 23국가9

12 대법원은 지방자치단체가 공공조달계약 입찰을 일정기간 동안 제한하는 부정당업자제재는 사법상의 통지 행위에 불과하다고 본다. 17국회8

13 한국전력공사가 정부투자기관 회계규정에 의하여 행한 입찰참가자격을 제한하는 내용의 부정당업자 제재처분을 행정소송의 대상이 되는 행정처분으로 보았다. 11국회9

17 공공기관인 수도권매립지관리공사가 한 부정당업자제재처분은 행정처분에 해당한다. 미기출

18 「국가를 당사자로 하는 계약에 관한 법률」 및 그 시행령상의 입찰절차나 낙찰자 결정기준에 관한 규정은 법규로서의 성질을 갖기에, 이 기준에 어긋나게 적격심사를 하였다면 그 사유만으로 당연히 낙찰자결정이나 그에 기한 계약은 무효가 된다. 11국가7

20 공공기관 입찰의 낙찰적격 심사기준인 점수를 감점한 조치(는 항고소송의 대상이 된다.) 19소간

23 공기업·준정부기관이 입찰을 거쳐 계약을 체결한 상대방에 대해 「공공기관의 운영에 관한 법률」 등에 따라 **계약조건 위반을 이유로 입찰참가자격제한처분을 하기 위해서는 입찰공고와 계약서에** 미리 계약조건과 그 계약조건을 **위반할 경우** 입찰참가자격 **제한을 받을 수 있다는 사실을** 모두 **명시해야** 한다. 24국회8

24 **한국수력원자력** 주식회사가 조달하는 기자재, 용역 및 정비공사, 기기수리의 공급자에 대한 관리 업무 절차를 규정함을 목적으로 제정·운용하고 있는 '**공급자관리지침**' 중 등록취소 및 그에 따른 일정 기간의 거래제한조치에 관한 **규정들**은 상위 법령의 구체적 위임 없이 정한 것이어서 **대외적 구속력이 없는** 행정규칙이다. 22국가9

25 **한국수력원자력** 주식회사가 자신의 '**공급자관리지침**'에 근거하여 등록된 공급업체에 대하여 하는 '**등록취소 및** 그에 따른 일정 기간의 **거래제한조치**'는 상위법령의 구체적 위임 없이 제정된 **행정규칙에 근거한 것임에도** 불구하고 행정청이 행하는 구체적 사실에 관한 법집행으로서의 공권력의 행사인 **처분에 해당**한다. 2017두66541)

25 **한국수력원자력** 주식회사가 자신의 '**공급자관리지침**'에 근거하여 등록된 공급업체에 대하여 하는 '**등록취소 및** 그에 따른 일정 기간의 **거래제한조치**'는 상위법령의 구체적 위임 없이 제정된 **행정규칙에 근거한 것으로서 처분에 해당하지 않는다.** 미기출

26 국가가 수익자인 수요기관을 위하여 국민을 계약상대자로 하여 체결하는 **요청조달계약**에는 다른 법률에 특별한 규정이 없는 한 당연히 「**국가를 당사자로 하는 계약에 관한 법률**」이 적용된다. 23소방

27 **요청조달계약에 적용**되는 「**국가를 당사자로 하는 계약에 관한 법률**」 조항은 국가가 사경제 주체로서 국민과 대등한 관계에 있음을 전제로 한 **사법관계에 대한 규정에 한정되고**, 고권적 지위에서 국민에게 침익적 효과를 발생시키는 행정**처분에 대한 규정**까지 **당연히 적용**된다고 할 수 **없다.** 23소방
따라서 조달청장이 수요기관을 대신하여 국가계약법상의 입찰참가자격제한 처분을 하려면 별도로 그에 대한 수권규정이 있어야 한다. 그런데 수요기관이 공기업·준정부기관인 경우는 이러한 수권규정이 있으나, 수요기관이 기타 공공기관인 경우는 이러한 규정이 없다. 따라서 수요기관이 공기업·준정부기관인 경우는 조달청이 국가계약법상의 입찰참가자격 제한을 할 수 있으나, (2017두39433) 기타 공공기관인 경우는 할 수 없다.(2014두14389)

27 **요청조달계약에 적용**되는 「**국가를 당사자로 하는 계약에 관한 법률**」 조항은 국가가 사경제 주체로서 국민과 대등한 관계에 있음을 전제로 한 **사법관계에 대한 규정뿐만 아니라**, 고권적 지위에서 국민에게 침익적 효과를 발생시키는 행정**처분에 대한 규정**까지 **적용**된다. 23소방

28 **준정부기관으로부터** 공공기관의 운영에 관한 법률에 따라 **계약 체결** 업무를 **위탁받은 조달청장은** 국가를 당사자로 하는 계약에 관한 법률에 따라 계약상대방에 대하여 **입찰참가자격제한 처분을 할 수 있다.**(2017두39433) 미기출

28 **준정부기관으로부터** 공공기관의 운영에 관한 법률에 따라 **계약 체결** 업무를 **위탁받은 조달청장은** 국가를 당사자로 하는 계약에 관한 법률에 따라 계약상대방에 대하여 **입찰참가자격제한 처분을 할 수 없다.** 미기출

29 수요기관인 **기타공공기관**인 **요청조달계약**의 경우에 관하여 입찰참가자격 제한 처분의 수권 등에 관한 법령상 근거가 없다면, **조달청장은** 국가계약법에 의하여 계약상대방에 대한 **입찰참가자격 제한 처분을 할 수 없다.** 미기출
요청조달계약의 경우, 수요기관이 공기업·준정부기관이라면 입찰참가자격 제한을 할 수 있으나, 기타 공공기관에 해당한다면 입찰참가자격 제한을 할 수 없다. 전자의 경우에는 수권 규정이 있으나, 후자의 경우에는 수권 규정이 존재하지 않기 때문이다.

29 수요기관이 **기타공공기관**인 **요청조달계약**의 경우에 관하여는 입찰참가자격 제한 처분의 수권 등에 관한 법령상 근거가 없더라도, **조달청장은** 국가계약법에 의하여 계약상대방에 대한 **입찰참가자격 제한 처분을 할 수 있다.** 미기출

30 지방자치단체의 장이 **조달청장에게** 수요물자 구매에 관한 **계약 체결을 요청**한 경우 그 **계약의 이행** 등과 **관련**한 **입찰참가자격제한**에 관한 권한은 지방자치단체를 당사자로 하는 계약에 관한 법률 제31조 제1항에 따라 **지방자치단체의장에게** 있다. 미기출

31 조달청장의 **나라장터 종합쇼핑몰 거래정지조치는 사법상 계약**에 해당하는 물품구매계약 추가특수조건에 **근거**하여 내려진 것이**지만**, 이는 구체적 사실에 관한 법집행으로서의 공권력의 행사로서 상대방의 권리·의무에 직접 영향을 미치므로 **행정처분에 해당**한다.(2015두52395) 19년5급승진

31 조달청장의 **나라장터 종합쇼핑몰 거래정지조치는 사법상 계약**에 해당하는 물품구매계약 추가특수조건에 **근거**하여 내려진 것이**므로**, 이는 구체적 사실에 관한 법집행으로서의 공권력으로서의 공권력의 행사로서 상대방의 권리·의무에 직접 영향을 미친다 하더라도 행정처분에 해당하지 않는다. 19년5급승진

32 「국가를 당사자로 하는 계약에 관한 법률」에 따르면 **계약은** 상호 **대등한 입장**에서 당사자의 **합의에 따라** 체결되어야 하며, 당사자는 계약의 내용을 **신의성실의 원칙에 따라** 이를 **이행**하여야 한다. 12지방9

33 국가가 사인과 계약을 체결할 때에는 「**국가를 당사자로 하는 계약에 관한 법률**」에 따른 **계약서를** 따로 **작성**하는 등 그 요건과 절차를 이행**하여야** 한다. 19서울9

34 「**국가를 당사자로 하는 계약에 관한 법률**」에 따른 계약서를 따로 작성하는 등 그 **요건과 절차를 거치지 않고** 체결된 계약은 **무효이다.**(2013다215133) 19서울9

34 「**국가를 당사자로 하는 계약에 관한 법률**」에 따른 계약서를 따로 작성하는 등 그 **요건과 절차를 거치지 않고** 체결된 계약이라고 해서 **무효**가 되는 것은 **아니다.** 19서울9

02 국·공유재산의 사용·수익·처분 등 | 요플 p.210 |

35 행정재산의 사용·수익 허가는 강학상 특허로서 공법관계의 일종에 해당한다. 21국회8

36 국·공유 행정재산의 사용·수익에 대한 허가 신청의 거부는 특허의 거부로서 공법관계인 행정처분에 해당한다. 13서울9

37 행정재산의 목적외 사용에 대한 허가는 강학상 특허에 해당한다. 19서울7

38 국유재산 중 행정재산의 사용허가는 공법관계이나, 한국공항공단이 무상사용허가를 받은 행정재산에 대하여 하는 전대행위는 사법관계이다. 23국가9

39 국유재산의 관리청이 행정재산의 사용·수익을 허가한 다음 그 사용·수익하는 자에 대하여 하는 사용료 부과는 관리청이 우월적 지위에서 행한 것으로서 항고소송의 대상이 되는 행정처분이다.(95누11023) 15국회8

40 행정재산의 사용·수익허가에 따른 사용료를 미납한 경우에 부과된 가산금의 징수를 다투는 소송(은 행정소송법상 행정소송에 해당한다) 18지방9

41 잡종재산(일반재산)의 대부행위는 사법상 계약이며 그에 의해 형성되는 이용관계는 사법관계이다.(99다61675) 12국가7

42 국유 일반재산 임대계약의 취소는 사법상 계약의 취소에 해당한다. 19소간

43 지방자치단체가 일반재산인 부동산을 무상으로 기부자에게 사용을 허용하는 행위는 사경제주체로서 상대방과 대등한 입장에서 하는 사법상 행위이고 기부자가 그 부동산을 일정기간 무상사용한 후에 한 사용허가기간 연장신청을 지방자치단체가 거부한 경우, 당해 거부행위도 단순한 사법상의 행위일 뿐 행정처분에 해당하지 아니한다.(93누7365) 21국회8

44 국유일반재산에 관한 대부료의 납부고지는 사법관계에 해당한다. 17교행9

45 행정편의를 위하여 사법상의 금전급부의무의 불이행에 대하여 국세징수법상 체납처분에 관한 규정을 준용하는 경우에 체납처분을 다투는 소송(은 행정소송법상 행정소송에 해당한다) 18지방9

46 일반재산은 사경제적 거래의 대상으로 사적 자치의 원칙이 기본적으로 적용되나 그의 운용, 관리 등에 관하여는 공법적 규율이 준용되기도 한다. 15지방7
　예컨대 일반재산의 대부료 미납시 공법적 규율인 강제징수규정을 준용한다.

47 국유 일반재산의 대부료 등의 징수에 관하여 국세징수법 규정을 준용한 간이하고 경제적인 특별구제절차가 마련되어 있으므로, 특별한 사정이 없는 한 민사소송의 방법으로 대부료 등의 지급을 구하는 것은 허용되지 아니한다. 16지방7

48 국유재산의 관리청이 그 무단점유자에 대하여 하는 변상금 부과처분은 관리청이 공권력을 가진 우월적 지위로 행한 것으로서 행정소송의 대상이 되는 행정처분이라고 보아야 한다. 16지방7

49 국가는 국유재산의 무단점유자에 대하여 변상금 부과·징수권의 행사와는 별도로 국유재산의 소유자로서 민사상 부당이득반환 청구의 소를 제기할 수 있다. 16서울7
　국유재산법상 변상금 부과·징수권은 민법상 부당이득반환청구권과 법적성질과 요건을 달리하기 때문이다.

50 국유재산의 무단점유자에 대하여 국가가 변상금 부과·징수권을 행사한 경우에도 별개의 권리인 민사상 부당이득반환청구권의 소멸시효가 중단되지는 아니한다. 15국가7

51 하천의 점용허가를 받은 사람은 그 하천부지를 권원 없이 점유·사용하는 자에 대하여 직접부당이득의 반환 등을 구할 수도 있다. 20군무원7

52 행정재산은 공용폐지가 되지 아니하는 한 사법상 거래의 대상이 될 수 없다. 08국가9

---

36 국·공유 행정재산의 사용·수익에 대한 허가 신청의 거부(는 판례에 의할 때 사법관계에 해당한다.) 13서울9

37 행정재산의 목적외 사용에 대한 허가는 강학상 인가에 해당한다. 19서울7

39 국유재산의 관리청이 행정재산의 사용·수익을 허가한 다음 그 사용·수익하는 자에 대하여 하는 사용료 부과는 사경제주체로서 행하는 사법상의 이행청구이다. 15국회8

41 판례는 잡종재산(일반재산)의 대부행위는 공법상 계약이며 그에 의해 형성되는 이용관계는 공법관계로 보았다. 12국가7

42 국유 일반재산 임대계약의 취소는 강학상 행정행위의 철회에 해당한다. 19소간

43 지방자치단체가 일반재산인 부동산을 무상으로 기부자에게 사용을 허용하는 행위는 사경제주체로서 상대방과 대등한 입장에서 하는 사법상 행위이지만 기부자가 그 부동산을 일정기간 무상사용한 후에 한 사용허가기간 연장신청을 지방자치단체가 거부한 경우, 당해 거부행위는 단순한 사법상의 행위가 아니라 행정처분에 해당한다. 21국회8

44 국유일반재산에 관한 대부료의 납부고지(는 공법관계에 해당한다) 17교행9

46 일반재산은 사경제적 거래의 대상으로 사적 자치의 원칙이 지배하므로 그의 운용, 관리 등에 관하여는 공법적 규율이 전적으로 배제된다. 15지방7

49 국가는 국유재산의 무단점유자에 대하여 변상금 부과·징수권의 행사와는 별도로 민사상 부당이득반환 청구의 소를 제기할 수 없다. 16서울7

50 국유재산의 무단점유자에 대하여 국가가 변상금 부과·징수권을 행사한 경우에는 민사상 부당이득반환청구권의 소멸시효가 중단된다. 15국가7

52 행정재산은 공용폐지가 되지 않더라도 사법상 거래의 대상이 될 수 있다. 08국가9

53 한국자산관리공사가 국유재산 중 **일반재산**에 관하여 그 처분을 위임받아 **매도**하는 것은 행정청이 공권력의 주체라는 우월적 지위에서 행하는 공법상의 행정처분이 아니라 사경제 주체로서 행하는 **사법상의 법률행위**에 해당하여 헌법소원심판의 대상이 되는 공권력의 행사에 해당하지 않는다. 〈23소방〉

54 산림청장의 **국유임야** 무상**양여거부**행위(는 **사법관계**에 해당한다) 〈14서울7〉

55 (구별) 귀속재산처리법에 의한 **귀속재산**의 **매각**행위는 **공법관계**(에 해당한다) 〈17(하)국가7〉

56 **국립의료원 부설주차장**에 관한 **위탁관리용역운영계약**의 실질은 국립의료원이 원고의 신청에 의하여 공권력을 가진 우월적 지위에서 행한 행정**처분으로서 사법상의 계약**으로 보기 **어렵다**고 할 것이다. 〈16경행〉

57 **국립의료원 부설 주차장** 위탁관리용역운영계약은 강학상 **특허**에 해당한다. 〈율 22지방9〉

57 **국립의료원 부설 주차장** 위탁관리용역운영계약은 **공법상 계약**에 해당한다. 〈22지방9〉

58 **국립의료원 부설주차장**에 관한 **위탁관리용역운영계약**은 공법관계로서 이와 관련한 **가산금**지급 채무부존재에 대한 소송은 **행정소송**에 의해야 한다. 〈15국회8〉

59 구 지방재정법 시행령 제71조의 규정에 따라 **기부채납받은 공유재산**을 **무상**으로 기부자에게 **사용**을 **허용**하는 행위(는 **사법관계**에 해당한다) 〈15서울9〉

60 사인이 공공시설을 건설한 후, 국가 등에 **기부채납**하여 공물로 지정하고 그 대신 그 자가 일정한 이윤을 회수할 수 있도록 일정 기간 동안 **무상**으로 **사용**하도록 **허가**하는 것은 **행정처분**에 해당한다.(99두509) 〈율 17국가7〉

60 사인이 공공시설을 건설한 후, 국가 등에 **기부채납**하여 공물로 지정하고 그 대신 그 자가 일정한 이윤을 회수할 수 있도록 일정 기간 동안 **무상**으로 **사용**하도록 허가하는 것은 **사법상 계약**에 해당한다. 〈17국가7〉

61 구 지방재정법 제75조의 규정에 따라 **기부채납받은 행정재산**에 대한 공유재산 관리청의 **사용·수익허가**의 법적 성질은 **행정처분**이다. 〈미기출〉

03 토지 등의 협의취득·수용·환매 │요플 p.212│

62 환매권의 행사(는 **사법**관계에 해당한다) 〈15서울9〉

63 「공익사업을 위한 토지 등의 취득 및 보상에 관한 법률」상 환매권의 **존부**에 관한 확인 및 환매금**액**의 **증감**을 구하는 소송은 **민사소송**으로 청구할 수 있다. 〈율 17국가7〉

63 「공익사업을 위한 토지 등의 취득 및 보상에 관한 법률」상 **환매권의 존부**에 관한 확인 및 **환매금액**의 **증감**을 구하는 소송(은 **행정소송**으로 청구할 수 있다) 〈17국가7〉

04 공무원 등의 신분·징계 등 │요플 p.212│

64 판례는 공무원의 근무관계를 공법관계로 보면서도 **공무원**에 대한 「**근로기준법**」의 **적용가능성**을 **인정**하고 있다. 〈13지방7〉

65 **고충심사위원회의 결정**에는 **기속력**이 **인정**되지 **않**으며, 고충심사의 결정은 항고소송의 대상인 행정**처분**에 해당하지 **아니**한다. 〈율 16국회8〉

65 **고충심사위원회의 결정**에는 **기속력**이 **인정**되며, 고충심사의 결정은 항고소송의 대상인 행정**처분**에 **해당**한다. 〈16국회8〉

66 국·공립대학 **교원 임용지원자**가 임용권자로부터 **임용거부**를 당하였더라도 임용지원자에게는 임용 여부에 대한 응답을 신청할 법규상 또는 조리상 **신청권**이 **없기에** 이는 항고소송의 대상이 되는 거부**처분**에 해당하지 **아니**한다.(2002두12489) 〈율 16국회8〉

66 국·공립대학 **교원 임용지원자**가 임용권자로부터 **임용거부**를 당하였다면 이는 거부**처분**으로서 항고소송의 대상이 **된다**. 〈16국회8〉

67 **임용지원자**가 특별채용 **대상자**로서 **자격**을 **갖추**고 있고 **유사**한 지위에 있는 자에 대하여 **징규**교사로 특별**채용**한 **전례**가 있다 하더라도, 교사로의 특별채용을 **요구**할 법규상 또는 조리상의 **권리**가 있다고 할 수 **없다**. 〈22국가9〉

68 **유일한 면접대상자**로 선정된 임용지원자에 대하여 국립대학교 총장이 교원신규**채용**업무를 **중단**하는 조치는 항고소송의 **대상이다**.(2001두7063) 〈율 12국가7〉

68 **유일한 면접대상자**로 선정된 임용지원자에 대하여 국립대학교 총장이 교원신규**채용**업무를 **중단**하는 조치는 항고소송의 **대상**이 **아니다**. 〈12국가7〉

69 **기간제**로 임용된 국·공립대학의 **조교수**에 대해 임용기간 만료로 한 **재임용거부**에 대하여 제기된 취소소송은 **소송요건**을 **충족**한 경우에 해당한다. 〈율 18지방7〉
　➕ 기간제로 임용된 조교수는 재임용 여부에 대하여 공정할 심사를 요구할 법규상 또는 조리상 신청권을 가지고 있다.

69 **기간제**로 임용된 국·공립대학의 **조교수**에 대해 임용기간만료로 한 **재임용거부**에 대하여 제기된 거부처분 취소소송(은 **소송요건**을 충족하지 **않**은 경우에 해당한다) 〈18지방7〉

70 교육부장관이 대통령에게 임용제청을 하면서 대학에서 추천한 복수의 총장 후보자들 중 일부를 임용제청에서 제외한 행위는 제외된 후보자들에 대한 불이익한 처분으로서 처분에 해당한다.(2016두57564) 19국가9
  ➕ 다만, 대통령이 다른 후보자를 총장으로 임용해 버린 경우에는 제외된 후보자는 대통령의 총장 임용제외처분을 한 것으로 보아 이를 다투어야 하고, 교육부장관의 임용제청 제외처분은 별도로 다툴 소의이익이 없어진다.

71 다수의 검사 임용신청자 중 일부만을 검사로 임용하는 결정을 함에 있어, 임용권자에게는 임용신청자들에게 전형의 결과인 임용 여부의 응답을 해줄 조리상 의무가 있다고 할 것이며, 응답을 할 것인지 여부조차도 임용권자의 편의재량사항이라고는 할 수 없다. 15국가9

72 공법상 근무관계의 형성을 목적으로 하는 채용계약의 체결 과정에서 행정청의 일방적인 의사표시로 계약이 성립하지 아니한 경우, 관계 법령이 상대방의 법률관계에 관하여 구체적으로 어떻게 규정하고 있는지에 따라 의사표시가 항고소송의 대상이 되는 처분에 해당하는지 아니면 공법상 계약관계의 일방 당사자로서 대등한 지위에서 행하는 의사표시인지를 개별적으로 판단하여야 한다. 19국가7

73 공무원시험 승진후보자명부에 등재된 자에 대하여 이전의 징계처분을 이유로 시험승진후보자명부에서 삭제하는 행위는 승진 여부를 결정하기 위한 행정청 내부의 준비과정에 불과하여 행정소송의 대상인 행정처분에 해당하지 아니한다.(97누7325) 17(하)국가9

74 「교육공무원법」상 승진후보자 명부에 의한 승진심사방식으로 행해지는 승진임용에서 승진후보자 명부에 포함되어 있던 후보자를 승진임용인사발령에서 제외하는 행위는 항고소송의 대상인 처분에 해당한다.(2015두47492) 19지방9

75 승진대상자로 결정되어 대내외에 그 사실이 공표된 공무원이 실제 발령일에 승진하지 못한 경우, 그 공무원은 임용권자에 대하여 승진임용을 신청할 조리상 권리를 가진다. 15국가7

76 행정규칙에 의한 불문경고조치는 비록 법률상의 징계처분은 아니지만 차후 징계감경사유로 작용할 수 있는 표창대상자에서 제외되는 등의 인사상 불이익을 줄 수 있으므로 항고소송의 대상인 행정처분에 해당한다.(2001두3532) 18(1)서울7

(77~78) 검찰총장은 丙이 직무를 태만히 하여 고소인 甲에게 「형사소송법」에 의한 불기소결정 처분결과를 통지하지 아니한 잘못이 있으나 그 정도가 중하지 않으므로 「검사징계법」상 징계사유에는 해당하지 않는다고 판단하였다. 그러나 장래에 동일한 잘못을 되풀이하지 않도록 엄중히 경고할 필요가 있다고 판단하여, 丙에 대하여 대검찰청 내부규정에 근거하여 경고조치를 하였다. 22변시

77 대검찰청 내부규정에서 검찰총장의 경고조치를 받은 검사에 대하여 직무성과급 지급이나 승진·전보인사에서 불이익을 주도록 규정하고 있다면, 丙은 검찰총장의 경고조치에 대하여 취소소송을 제기하는 방식으로 불복할 수 있다.

78 丙의 직무상 의무 위반의 정도가 중하지 않아 「검사징계법」상 징계사유에 해당하지 않는데도 검찰총장이 대검찰청 내부규정에 근거하여 경고조치를 한 것은 법률유보원칙에 반하지 아니하여 허용될 수 있다.(2020두47564)
  ➕ 검사징계법상 징계사유에는 해당하지 않더라도, 검찰청법에 근거한 직무감독권의 일환으로 경고조치가 허용된다고 본 사례

79 금융기관임원에 대한 금융감독원장의 문책경고는 그 상대방에 대한 직업선택의 자유를 직접 제한하는 효과를 발생하는 등 상대방의 권리·의무에 직접 영향을 미치므로 행정소송의 대상이 되는 처분에 해당한다.(2003두14765) 18지방9

80 금융감독원장이 종합금융주식회사의 전 대표이사에게 재직 중 위법·부당행위 사례를 첨부하여 금융 관련 법규를 위반하고 신용질서를 심히 문란하게 한 사실이 있다는 내용으로 '문책경고장(상당)'을 보낸 행위에 대해 판례는 항고소송의 대상이 되는 행정처분에 해당하지 아니한다고 보았다. 24국회8

---

70 국립대학교 총장의 임용권한은 대통령에게 있으므로, 교육부장관이 대통령에게 임용제청을 하면서 대학에서 추천한 복수의 총장 후보자들 중 일부를 임용제청에서 제외한 행위는 처분에 해당하지 않는다. 19국가9

71 다수의 검사 임용신청자 중 일부만을 검사로 임용하는 결정을 함에 있어, 임용신청자들에게 전형의 결과인 임용 여부의 응답을 할 것인지는 임용권자의 편의재량사항이다. 15국가9

73 공무원시험 승진후보자명부에 등재된 자에 대하여 이전의 징계처분을 이유로 시험승진후보자명부에서 삭제하는 행위(는 행정소송의 대상인 행정처분에 해당한다) 17(하)국가9

74 「교육공무원법」상 승진후보자 명부에 의한 승진심사방식으로 행해지는 승진임용에서 승진후보자 명부에 포함되어 있던 후보자를 승진임용인사발령에서 제외하는 행위는 항고소송의 대상인 처분에 해당하지 않는다. 19지방9

76 판례에 의하면, 행정규칙에 의한 불문경고조치는 차후 징계감경사유로 작용할 수 있는 표창대상자에서 제외되는 등의 인사상 불이익을 줄 수 있다 하여도 이는 간접적 효과에 불과하므로 항고소송의 대상인 행정처분에 해당하지 않는다. 18(1)서울7

(77~78) 검찰총장은 丙이 직무를 태만히 하여 고소인 甲에게 「형사소송법」에 의한 불기소결정 처분결과를 통지하지 아니한 잘못이 있으나 그 정도가 중하지 않으므로 「검사징계법」상 징계사유에는 해당하지 않는다고 판단하였다. 그러나 장래에 동일한 잘못을 되풀이하지 않도록 엄중히 경고할 필요가 있다고 판단하여, 丙에 대하여 대검찰청 내부규정에 근거하여 경고조치를 하였다. 22변시

78 丙의 직무상 의무 위반의 정도가 중하지 않아 「검사징계법」상 징계사유에 해당하지 않는데도 검찰총장이 대검찰청 내부규정에 근거하여 경고조치를 한 것은 법률유보원칙에 반하므로 허용될 수 없다.

79 금융기관임원에 대한 금융감독원장의 문책경고는 상대방의 권리·의무에 직접 영향을 미치지 않으므로 행정소송의 대상이 되는 처분에 해당하지 않는다. 18지방9

80 금융감독원장이 종합금융주식회사의 전 대표이사에게 재직 중 위법·부당행위 사례를 첨부하여 금융 관련 법규를 위반하고 신용질서를 심히 문란하게 한 사실이 있다는 내용으로 '문책경고장(상당)'을 보낸 행위(에 대해 판례는 그 처분성을 인정하였다) 24국회8

81 구 「표시·광고의 공정화에 관한 법률」 위반을 이유로 한 **공정거래위원회의 경고의결**은 당해 표시·광고의 위법을 확인하되 구체적인 조치까지는 명하지 않은 것이나 장래 위반행위에 대한 과징금 부과여부나 그 정도에 영향을 주는 고려사항이 되어 상대방의 자유와 권리를 제한하는 행정**처분**에 해당한다. 〈16국회8〉

82 국가공무원법상 **직위해제**는 잠정적인 조치로서 보직의 해제를 의미하므로 징벌적 제재로서 징계와는 성격을 달리하나, 이 역시 행정**처분**에 **해당**하여 항고소송의 대상의 적법한 대상이 될 수 있다.(95누15926) 〈13지방7〉

83 채용계약상 특별한 약정이 없는 한, 지방**계약직공무원**에 대하여 「지방공무원법」, 「지방공무원 징계 및 소청규정」에 정한 징계절차에 의하지 **않고서는** 보수를 **삭감할 수 없다**. 〈21국가9〉

84 지방**계약직 공무원**의 **보수삭감**행위는 이를 당하는 공무원의 입장에서는 징계처분의 일종인 감봉과 다를 바 없으므로 **처분**성이 인정되며, **항고소송의 대상**이 된다. 〈17국회8〉

85 국가공무원법상 **당연퇴직**의 **인사발령**은 법률상 당연히 발생하는 퇴직사유를 공적으로 확인하여 알려주는 이른바 **관념의 통지**에 불과하므로 행정소송의 대상이 되는 독립한 행정**처분**이라고 할 수 **없다**. 〈16국가9〉

86 정년에 달한 공무원에 대한 **정년퇴직발령**은 정년퇴직사실을 알리는 이른바 **관념의 통지**에 불과하여 행정소송의 **대상**이 될 수 **없다**. 〈18교행9〉

87 법률에 의하여 **당연 퇴직된 공무원**의 **복직** 또는 **재임용신청**에 대한 행정청의 **거부행위**는 당연 퇴직의 효과가 계속하여 존재한다는 것을 알려주는 것에 불과하므로 항고소송의 대상이 되는 행정**처분**에 해당하지 **아니**한다. 〈15국회8〉

88 공무원이나 공립학교 학생의 신분확인을 구하는 **공법상 신분·지위 확인소송**(은 판례가 **당사자소송**으로 다루어야 한다고 본다) 〈14국회8〉

89 **행정청**이 자신과 상대방 사이의 법률관계를 **일방적인 의사표시로 종료시켰다고** 하더라도 곧바로 의사표시가 행정청으로서 공권력을 행사하여 행하는 행정**처분**이라고 **단정할 수는 없다**. (2015두41449) 〈21지방7〉

90 **계약직 공무원**에 대한 **채용계약 해지**의 의사표시는 국가 또는 지방자치단체가 **대등한 지위**에서 행하는 **의사표시**로 이해된다. 〈19서울9〉

91 구 「농어촌 등 보건의료를 위한 특별조치법」 및 관계법령에 따른 전문직 공무원인 **공중보건의사**의 **채용계약해지**의 의사표시는 일반공무원에 대한 **징계처분과는 다른** 성격을 가지며, 따라서 항고소송의 **대상**이 되지 **아니**한다.(95누10617) 〈17(상)국가9〉

92 **계약직공무원**의 **채용계약해지**의 의사표시가 항고소송의 대상이 되는 **처분** 등의 성격을 가진 것은 **아니므로** 행정처분과 같이 「**행정절차법**」에 의한 근거와 **이유**를 제시하여야 하는 것은 **아니다**. 〈13국회8〉

93 **지방전문직 공무원 채용계약의 해지**에 대한 불복은 항고소송이 아니라 **당사자소송**으로 하여야 한다.(92누4611) 〈14행정사〉

94 지방공무원법상 **지방전문직공무원** 채용계약에서 정한 채용기간이 만료한 경우에는 **채용계약**의 **갱신**이나 기간 **연장**여부는 기본적으로 지방자치단체장의 **재량**이다. 〈10기9〉

95 **공립유치원 전임강사**에 대한 **해임처분**의 시정 및 수령지체된 **보수**의 지급을 구하는 소송은 **행정소송**이다.(90다10766) 〈18서울9〉
　　⊕ 공립유치원 전임강사는 교육공무원에 준하므로, 그에 관한 법률관계는 공법관계에 해당하여 다툼이 있는 경우 민사소송이 아니라 행정소송의 대상이 된다.

96 일정한 자격을 갖추고 소정의 절차에 따라 **국립대학**의 장에 의하여 임용된 **조교**는 법정된 근무기간 동안 신분이 보장되는 교육공무원법상의 교육공무원 내지 「국가공무원법」상의 특정직 **공무원 지위가 부여되고**, 근무관계는 사법상의 근로계약관계가 아닌 **공법상의 근무관계**에 해당한다.(2015두52531) 〈20군무원9〉

---

81 구 「표시·광고의 공정화에 관한 법률」 위반을 이유로 한 **공정거래위원회의 경고의결**은 당해 표시·광고의 위법을 확인하되 구체적인 조치까지는 명하지 않은 것이므로 행정**처분**에 해당하지 **않는다**. 〈16국회8〉

82 국가공무원법상 **직위해제**는 잠정적인 조치로서 보직의 해제를 의미할 뿐이고 징벌적 제재로서 징계와는 성격을 달리하므로 **항고소송의** 적법한 **대상**이 될 수 **없다**. 〈13지방7〉

84 지방**계약직 공무원**의 **보수삭감**행위는 대등한 당사자 간의 계약관계와 관련된 것이므로 **처분**성은 인정되지 **아니**하며, 공법상 **당사자소송의 대상**이 된다. 〈17국회8〉

87 법률에 의하여 **당연 퇴직된 공무원**의 **복직** 또는 **재임용신청**에 대한 행정청의 **거부행위**는 항고소송의 대상이 되는 행정**처분**에 해당한다. 〈15국회8〉

89 **행정청**이 자신과 상대방 사이의 법률관계를 **일방적인 의사표시로 종료시켰다면** 그 의사표시는 공법상 계약관계의 일방 당사자로서 **대등한 지위**에서 행하는 **의사표시**가 **아니라** 공권력행사로서 행정**처분**에 **해당**한다. 〈21지방7〉

91 대법원은 구 「농어촌 등 보건의료를 위한 특별조치법」 및 관계법령에 따른 전문직 공무원인 **공중보건의사**의 **채용계약해지**의 의사표시는 일반공무원에 대한 **징계처분과 같은** 성격을 가지며, 따라서 항고소송의 **대상**이 **된다**고 본다. 〈17(상)국가9〉

92 **계약직공무원**의 **채용계약해지**의 의사표시가 항고소송의 대상이 되는 **처분** 등의 성격을 가진 것으로 인정되지 **않는**다고 하더라도 「**행정절차법**」에 의한 근거와 **이유**는 **제시되어야 한다**. 〈13국회8〉

93 **지방전문직 공무원 채용계약의 해지**에 대한 불복은 당사자소송이 아니라 **항고소송**으로 하여야 한다. 〈14행정사〉

95 **공립유치원 전임강사**에 대한 **해임처분**의 시정 및 수령지체된 **보수**의 지급을 구하는 소송(은 **민사소송**이다) 〈18서울9〉

96 일정한 자격을 갖추고 소정의 절차에 따라 **국립대학**의 장에 의하여 임용된 **조교**는 법정된 근무기간 동안 신분이 보장되는 교육공무원법상의 교육공무원 내지 「국가공무원법」상의 특정직 **공무원 지위가 부여되지만**, 근무관계는 공법상 근무관계가 아닌 **사법상의 근로계약관계**에 해당한다. 〈20군무원9〉

97 지방자치단체의 관할구역 내에 있는 각급 학교에서 **학교회계직원**으로 근무하는 것을 내용으로 하는 근로계약은 **사법상 계약**에 해당한다.(2015다237748) 〔을〕 21군무원7
  ＋ 회계직원이 지방자치단체를 상대로 임금지급을 민사소송으로 제기한 사례이다.

98 판례에 의하면 **국립교육대학** 학생에 대한 **퇴학**처분은 사법심사의 대상이 되는 행정처분이다. 13지방7

99 대법원은 **농지개량조합**(현 한국농어촌공사)과 그 **직원**과의 관계는 **사법**상의 근로계약관계가 **아닌** 공법상의 특별권력관계이고, 그 조합의 직원에 대한 **징계처분**의 취소를 구하는 소송은 **행정소송** 사항에 속한다고 본다. 16지방7

100 지방자치단체에 근무하는 **청원경찰**에 대한 **징계**처분에 관한 소(는 **행정소송**으로 다툴 사안이다) 12국가7

101 광주광역시문화예술회관장의 **단원 위촉**은 행정청으로서 공권력을 행사하여 행하는 행정처분이 아니라 대등한 지위에서 의사가 합치되어 성립하는 **공법상 근로계약**에 해당한다. 〔을〕 19서울9

102 A광역**시립합창단원**으로서 위촉기간이 만료되는 자들의 재위촉 신청에 대하여 A광역시문화예술회관장이 실기와 근무성적에 대한 평정을 실시하여 **재위촉**을 하지 **아니**한 것은 항고소송의 대상이 되는 불합격 **처분**이라고 할 수 **없다**.(2001두7794) 〔을〕 20지방7

103 서울특별**시립무용단원**의 **위촉**은 **공법상 계약**에 해당하며, 따라서 그 단원의 **해촉**에 대하여는 공법상의 **당사자소송**으로 무효확인을 청구할 수 있다. 15지방7

104 읍·면장에 의한 **이장**의 **임명 및 면직**은 행정처분이 아니라 **공법상 계약 및** 그 계약을 해지하는 **대등 지위에서의 의사표시**에 해당한다. 〔을〕 20소간

105 **한국마사회**가 조교사 또는 기수의 **면허**를 취소하는 것은 국가 기타 행정기관으로부터 위탁받은 행정권한의 행사가 아니라 일반 **사법상의 법률관계**에서 이루어지는 단체 내부에서의 징계 내지 제재처분이다. 22국가7

106 서울특별시지하철공사의 임원과 **직원**의 근무관계의 성질은 **사법관계**에 해당한다.(89누2103) 〔을〕 13지방7

107 한국조폐공사가 행한 소속 **직원** 파면행위(는 **사법관계**에 해당한다) 14서울7

108 헌법재판소는 **한국방송공사**의 **직원 채용**관계는 특별한 공법적 규제 없이 한국방송공사의 자율에 맡겨진 셈이 되므로 이는 **사법적인** 관계에 해당한다고 봄이 상당하고, 직원 채용관계가 사법적인 것이라면 그러한 채용에 필수적으로 따르는 사전절차인 **채용시험의 응시자격**을 정한 **공고 또한 사법적인** 성격을 지닌다고 할 것이므로, 이러한 채용시험공고는 **헌법소원**으로 다툴 수 있는 공권력의 행사에 해당하지 **않는**다고 한다. 16지방7

109 헌법재판소는 정부투자기관(한국토지공사)의 출자로 설립된 회사(**한국토지신탁**) 내부의 **근무관계**(인사상의 차별 및 해고)에 관한 사항은 이를 규율하는 특별한 **공법적 규정**이 **존재하지 않는** 한, 원칙적으로 **사법관계**에 속하는 것이라고 본다. 〔을〕 16지방7

110 구 종합유선방송법상 **종합유선방송위원회** 직원의 근무관계는 **사법관계**로 인정된다.(2001다54038) 〔을〕 16(2)경행8

111 공무원 및 사립학교 **교직원 의료보험관리공단 직원**의 근무관계(는 **사법관계**에 해당한다) 09지방7

112 **주한미군 한국인 직원의료보험조합**이 행한 소속**직원** 징계면직행위(는 **사법관계**에 해당한다) 14서울7

113 **고궁안내원**의 채용계약은 **사법상 계약**에 해당한다.(95다184) 〔을〕 07국가9
  ＋ 민사소송으로 제기된 창덕궁 안내원의 해고무효확인소송에 대하여 본안판단을 한 사례이다.

---

97 지방자치단체의 관할구역 내에 있는 각급 학교에서 **학교회계직원**으로 근무하는 것을 내용으로 하는 근로계약(은 **공법상 계약**에 해당한다.) 21군무원7

101 광주광역시문화예술회관장의 **단원 위촉**은 공법상 근로계약이 아니라 행정청으로서 공권력을 행사하여 행하는 행정**처분**이다. 19서울9

102 A광역**시립합창단원**으로서 위촉기간이 만료되는 자들의 재위촉 신청에 대하여 A광역시문화예술회관장이 실기와 근무성적에 대한 평정을 실시하여 **재위촉**을 하지 **아니**한 것은 항고소송의 대상이 되는 불합격 **처분**에 해당한다. 20지방7

104 읍·면장에 의한 **이장**의 **임명 및 면직**은 행정처분이다. 20소간

106 판례에 의하면 **서울특별시지하철공사**의 임원과 **직원**의 근무관계의 성질은 **공법상 특별권력관계**에 해당한다. 13지방7

109 헌법재판소는 정부투자기관(한국토지공사)의 출자로 설립된 회사(**한국토지신탁**) 내부의 **근무관계**(인사상의 차별 및 해고)에 관한 사항은 특별한 **공법적 규정**이 **존재하는 경우라도 사법관계**에 속하는 것이라고 본다. 16지방7

110 구 종합유선방송법상 **종합유선방송위원회 직원**의 근무관계(는 **공법관계**로 인정된다) 16(2)경행8

113 판례는 **고궁안내원**의 채용계약을 **공법상 계약**이라고 본다. 07국가9

05 행정주체의 금전지급 거절 | 요론 p.216 |

114 공무원연금법령상 급여를 받으려고 하는 자는 우선 급여지급을 신청하여 공무원연금공단이 이를 **거부**하거나 **일부 금액만 인정**하는 급여지급**결정**을 하는 경우 **그 결정을 대상**으로 **항고소송**을 제기하는 등**으로 구체적 권리**를 **인정받아야** 한다. 19지방7

115 **군인연금**법령상 급여를 받으려고 하는 사람이 국방부장관에게 급여지급을 청구하였으나 **거부된 경우**, **곧바로** 국가를 상대로 한 **당사자소송**으로 급여의 지급을 청구할 수 **없고**, 급여지급 결정을 대상으로 항고소송을 제기하여 구체적인 권리를 인정받은 다음 비로소 당사자소송으로 그 급여의 지급을 청구할 수 있다. (2019두45944) 22국가9

116 **공무원연금**관리공단이 퇴직연금의 수급자에 대하여 공무원연금**법령의 개정으로** 퇴직연금 중 **일부 금액**의 **지급정지**대상자가 되었음을 **통보**하는 행위는 단지 위와 같이 법령에서 정한 사유의 발생으로 퇴직연금 중 일부 금액의 지급이 정지된다는 점을 알려주는 **관념의 통지에 불과**하고, 그로 인하여 비로소 지급이 정지되는 것은 아니므로 항고소송의 대상이 되는 행정**처분**으로 볼 수 **없다**. 17(하)국가9

117 **공무원연금**공단의 인정에 의해 **퇴직연금을 지급받아 오던 중** 공무원연금**법령 개정 등으로** 퇴직연금 중 **일부 금액**에 대해 **지급**이 **정지**된 경우, 미지급퇴직연금에 대한 지급청구권은 공법상 권리로서 그의 지급을 구하는 소송은 **당사자소송**이다. (2004두244) 21지방7

118 乙이 **군인연금**법령에 따라 국방부장관의 인정을 받아 **퇴역연금을 지급받아 오던 중** 군인보수**법** 및 공무원보수**규정**에 의한 호봉이나 봉급액의 **개정 등으로 퇴역연금액이** 변경되어 국방부장관이 乙에게 법령의 개정에 따른 퇴역연금액 **감액조치**를 한 경우 甲이 적법하게 제기할 수 있는 소송의 종류는? (① 퇴직연금**차액지급**을 구하는 **당사자소송** ② 국방부장관의 퇴역연금감액처분에 대한 취소소송) 18국가9 ①

119 **법관** 甲이 이미 수령한 **명예퇴직수당액**이 구 「법관 및 법원공무원 명예퇴직수당 등 지급규칙」에서 정한 정당한 명예퇴직수당액에 미치지 못한다고 주장하며 **차액**의 **지급**을 신청하였으나 법원행정처장이 이를 **거부**한 경우] 甲이 적법하게 제기할 수 있는 소송의 종류는? (① **미지급**명예퇴직수당액**지급**을 구하는 **당사자소송** ② 법원행정처장의 거부처분에 대한 취소소송) 18국가9 ①

120 (구별) **퇴직연금**이 잘못 지급되어 급여가 **과오급**된 경우 과다하게 지급된 급여의 환수를 위한 행정청의 **환수통지**는 행정소송법상 항고소송의 대상인 **처분**이다. 10국회8

121 지방소방공무원이 자신이 소속된 지방자치단체를 상대로 **초과근무수당**의 지급을 구하는 청구에 관한 소송은 **당사자 소송**의 절차에 따라야 한다. 14지방7

122 행정청이 공무원에게 국가공무원법령상 **연가보상비**를 **지급**하지 **아니**한 행위는 이로써 공무원의 연가보상비청구권을 제한되는 것이 아니므로 항고소송의 대상이 되는 **처분**이 **아니다**. (97누10857) 19지방7
  ➕ 연가보상비청구권은 법령상 정해진 요건이 충족되면 그 자체만으로 발생하는 것이지 행정청의 지급결정에 의하여 비로소 발생하는 것이 아니기 때문이다.

123 도서관법상 **납본보상금**을 받을 권리는 국립중앙도서관장의 **결정에 의하여 발생**하므로, 국립중앙도서관장이 납본보상금 지급을 거부하는 경우 그 결정을 대상으로 **항고소송**을 제기**하여야 하고**, 곧바로 대한민국을 상대로 한 **당사자소송**으로 지급을 구할 수는 **없다**. 미기출

124 요양기관의 국민건강보험공단에 대한 **요양급여비용청구권**은 요양기관의 청구에 따라 **공단이 지급결정**을 함으로써 구체적인 권리가 **발생**하는 것**이지**, 공단의 결정과 무관하게 국민건강보험**법령에 의하여 곧바로** 발생한다고 볼 수 **없다**. 미기출

125 **민주화운동** 관련자 명예회복 및 보상심의위원회의 보상금 등의 **지급대상자**에 관한 **결정**은 국민의 권리·의무에 직접 영향을 미치는 행정**처분에 해당**한다. 09국회8

126 「**민주화운동** 관련자 명예회복 및 보상 등에 관한 법률」에 따른 보상심의위원회의 결정을 다투는 소송은 **항고소송**에 해당한다. (2005두16185) 15지방7
  ➕ 보상심의위원회의 결정으로 보상금 등이 확정되기에 이는 처분에 해당한다. 처분에 해당하지 아니하는 광주민주화운동 관련 결정과 구분이 필요하다.

---

115 **군인연금**법령상 급여를 받으려고 하는 사람이 국방부장관에게 급여지급을 청구하였으나 **거부된 경우**, **곧바로** 국가를 상대로 한 **당사자소송**으로 급여의 지급을 청구할 수 **있다**. 22국가9

116 **공무원연금**관리공단이 퇴직연금의 수급자에 대하여 공무원연금**법령의 개정으로** 퇴직연금 중 **일부금액**의 **지급정지**대상자가 되었음을 **통보**하는 행위(는 행정소송의 대상인 행정**처분에 해당**한다) 17(하)국가9

117 **공무원연금**공단의 인정에 의해 **퇴직연금을 지급받아 오던 중** 공무원연금**법령 개정 등으로** 퇴직연금 중 **일부 금액**에 대해 **지급**이 정지된 경우, 미지급퇴직연금에 대한 지급청구권은 공법상 권리로서 그의 지급을 구하는 소송은 **항고소송**이다. 21지방7

122 행정청이 공무원에게 국가공무원법령상 **연가보상비**를 **지급**하지 **아니**한 행위는 공무원의 연가보상비청구권을 제한하는 행위로서 항고소송의 대상이 되는 **처분**이다. 19지방7

123 도서관법상 **납본보상금**을 받을 권리는 **법령의 규정에 의하여 직접 발생**되므로, 국립중앙도서관장이 납본보상금 지급을 거부하는 경우 곧바로 대한민국을 상대로 한 **당사자소송**으로 지급을 구할 수 **있다**. 미기출

124 요양기관의 국민건강보험공단에 대한 **요양급여비용청구권**은 국민건강보험**법령에 의하여 곧바로** 그 구체적 권리가 **발생**한다. 미기출

125 **민주화운동** 관련자 명예회복 및 보상심의위원회의 보상금 등의 **지급대상자**에 관한 **결정**은 국민의 권리·의무에 직접 영향을 미치는 행정**처분**에 해당하지 **않는다**. 09국회8

126 「**민주화운동** 관련자 명예회복 및 보상 등에 관한 법률」에 따른 보상심의위원회의 결정을 다투는 소송(은 공법상 **당사자소송**에 해당한다) 15지방7

127 광주민주화운동 관련 보상금 지급에 관한 소송(은 **당사자소송**에 해당한다) 15국회8

128 대법원은 **석탄가격안정지원금** 지급청구권은 석탄산업**법령에 의하여** 정책적으로 **당연히 부여**되는 공법상 권리이므로, 지원금의 지급을 구하는 소송은 공법상 **당사자소송**의 대상이 된다고 본다. 17국회8

129 「석탄산업법」과 관련하여 피재근로자는 석탄산업합리화 사업단이 한 **재해위로금** 지급거부의 의사표시에 불복이 있는 경우 공법상의 **당사자소송**을 제기하여야 한다. 20지방7

130 각종 사회보험, 연금관련법 등에 따른 **사회보장급부청구권** 등은 공권으로 본다. 다만 이러한 공권을 행사한 경우 당해 행정청이 이를 **거부**하였다면 **항고소송**의 대상성이 인정되고 **법령에 의해 바로 급부청구권이 발생**하는 경우에는 **당사자소송**의 대상이 된다. 16국회8

06 행정주체의 금전지급 요청(1) | 요플 p.217 |

131 「수도법」에 의하여 지방자치단체인 수도사업자가 그 수돗물의 공급을 받는 자에게 하는 **수도료 부과·징수**와 이에 따른 **수도료 납부관계**는 **공법**상의 권리의무 관계이므로, 이에 관한 분쟁은 **행정소송**의 대상이다. 19국가9

132 **공공하수도**의 이용관계는 **공법**관계에 해당한다.(76다2517) 09지방7

132 **공공하수도**의 이용관계(는 **사법**관계에 해당한다) 09지방7

133 한국전력공사가 **텔레비전방송수신료 징수권한**이 있는지 여부를 다투는 소송(은 **당사자 소송**에 해당한다) 15국회8

134 TV**방송수신료 통합징수권한**의 부존재확인은 **당사자소송**으로 다툴 수 있다. 16교행9

135 교통안전공단이 구 교통안전공단법에 의거하여 **교통안전분담금** 납부의무자에게 한 분담금**납부통지**는 행정**처분**에 해당한다. (2000다12716) 14국가9

135 교통안전공단이 구 교통안전공단법에 의거하여 **교통안전분담금** 납부의무자에게 한 분담금**납부통지**는 행정**처분**이 **아니다**. 14국가9

136 「총포·도검·화약류 등의 안전관리에 관한 법률」에 따른 **총포·화약안전기술협회**가 회비납부의무자에 대하여 한 **회비납부통지**는 항고소송의 대상이 되는 **처분**에 해당한다. 23소방

136 「총포·도검·화약류 등의 안전관리에 관한 법률」에 따른 **총포·화약안전기술협회**가 회비납부의무자에 대하여 한 **회비납부통지**는 항고소송의 대상이 되는 **처분**에 해당하지 **않는다**. 23소방

137 총포·화약안전기술협회가 **회비를 산정·고지**하는 처분을 하기 **전에 회비납부의무의 부존재확인**을 구하는 것은 실질적으로 협회로 하여금 특정 내용으로 회비를 산정·고지할 의무가 있음의 확인을 구하는 것과 마찬가지이므로 현행법상 **허용되지 않는다**. 협회가 구체적인 회비를 산정·고지하면 그 처분에 대해 항고소송으로 다퉈야 한다. 미기출

137 총포·화약안전기술협회가 **회비를 산정·고지**하는 처분을 하기 **전에 회비납부의무의 부존재확인**을 구하는 소송은 현행법상 행정소송의 방식으로 **가능**하다. 미기출

138 지방자치단체가 보조금 지급결정을 하면서 일정기한 내에 보조금을 반환하도록 하는 교부조건을 부가한 경우, 보조금을 교부 받은 **사업자에 대한 지방자치단체의 보조금 반환청구소송**은 **당사자소송**에 해당한다.(2011다2951) 15국가9

➕ 보조사업자의 지방자치단체에 대한 보조금 반환의무는 행정처분인 보조금 지급결정에 부가된 부관상 의무로서 공법상 의무에 해당하므로, 이에 대한 반환청구는 당사자소송의 대상이 된다고 한 사례이다.

138 지방자치단체가 보조금 지급결정을 하면서 일정기한 내에 보조금을 반환하도록 하는 교부조건을 부가한 경우, 보조금을 교부 받은 **사업자에 대한 지방자치단체의 보조금 반환청구소송**(은 당사자소송에 해당하지 **않는다**) 15국가9

07 행정주체의 금전지급 요청(2) | 요플 p.218 |

139 조세부과처분을 위한 과세관청의 **세무조사결정**은 납세자의 권리·의무에 직접 영향을 미치는 공권력의 행사에 따른 행정작용으로서 항고소송의 **대상**이 **된다**.(2009두23617) 19지방7

139 조세부과처분을 위한 과세관청의 **세무조사결정**은 사실행위로서 납세의무자의 권리·의무에 직접 영향을 미치는 것은 아니므로 항고소송의 **대상**이 되지 **아니한다**. 19지방7

140 **친일반민족행위자** 재산조사위원회의 **재산조사개시결정**은 **처분**에 해당한다.(2009두6513) 13지방9

140 (유사) **친일반민족행위자** 재산조사위원회의 **재산조사개시결정**(은 **처분**에 해당하지 **않는다**) 13지방9

141 세무서장의 법인세 **과세표준결정행위**는 조세부과처분에 앞선 결정에 불과하여 항고소송의 대상이 되는 행정**처분**이라고 할 수 **없다**.(82누236) 14지방7

141 세무서장의 법인세 **과세표준결정행위**(는 판례에 의해 항고소송의 **대상으로 인정된다**) 14지방7

142 조세부과처분의 **당연무효**를 전제로 하여 이미 납부한 세금의 **반환청구**는 민사상의 부당이득반환청구로서 **민사소송절차**에 따라야 한다. 〈율〉22군무원9

142 조세부과처분의 **당연무효**를 전제로 하여 이미 납부한 세금의 **반환청구**(는 공법상 **당사자소송**에 해당한다) 22군무원9

143 제3자가 국세징수법에 따라 **체납자 명의**로 체납액을 **완납**한 경우 원칙적으로 **유효**한 이행이 되므로 법률상 원인이 없다고 할 수 없어 국가에 대하여 **부당이득반환**을 청구할 수 **없다**.(2013다215263) 〈율〉16서7

143 제3자가 국세징수법에 따라 **체납자의 명의**로 체납액을 **완납**한 경우 국가에 대하여 **부당이득반환**을 청구할 수 **있다**. 16서7

144 납세의무자에 대한 국가의 **부가가치세 환급세액 지급의무**는 그 납세의무자로부터 어느 과세기간에 과다하게 거래징수된 세액 상당을 국가가 실제로 납부받았는지와 관계없이 부가가치세법령의 규정에 의하여 직접 발생하는 것으로서, 그 법적 성질은 **부당이득 반환의무**가 **아니**다. 22국가7

145 납세의무자에 대한 국가의 **부가가치세 환급세액지급의무**는 부가가치세법령에 의하여 그 존부나 범위가 구체적으로 확정되고 조세 정책적 관점에서 특별히 인정되는 **공법상 의무**라고 봄이 타당하다. 24소간

146 납세의무자에 대한 국가의 부가가치세 환급세액 지급의무에 대응하는 국가에 대한 납세의무자의 **부가가치세 환급세액 지급청구**는 민사소송이 아니라 **당사자소송**의 절차에 따라야 한다. 17(하)국가9

147 무효인 **조세부과처분**에 대해 **무효확인소송**을 제기하는 경우(는 **적법**한 소이다) 12국회8

148 **납세의무부존재확인의 소**는 항고소송이 아닌 **당사자소송**이므로 그 법률관계의 한쪽 당사자인 국가·공공단체 그 밖의 **권리주체가 피고**가 된다. 〈율〉19서7

148 **납세의무부존재확인의 소**는 당사자소송이고 **항고소송의 성격**을 가지므로 해당 과세처분 관할 **행정청이 피고**가 된다. 19서7

149 사업주가 당연가입자가 되는 고용보험 및 산재보험에서 **보험료 납부의무부존재확인의 소**(는 행정청의 처분 등을 원인으로 하는 법률관계에 관한 소송, 그 밖에 공법상의 법률관계에 관한 소송으로서 그 법률관계의 한쪽 **당사자**를 피고로 하는 **소송**이다.) 23국회8

150 「개발이익환수에 관한 법률」상 개발부담금 **부과처분이 취소**된 경우 그 **과오납금의 반환**을 청구하는 소송은 **민사소송**에 해당한다.(94다51253) 〈율〉18지방9

150 「개발이익환수에 관한 법률」상 개발부담금 **부과처분이 취소**된 경우 그 **과오납금의 반환**을 청구하는 소송(은 **행정소송**법상 행정소송에 해당한다) 18지9

151 「국세기본법」에 따른 과세관청의 **국세환급금결정**은 항고소송의 대상이 되는 **처분에 해당하지 아니**한다.(88누6436) 〈율〉19서9
  ➕ 국세기본법에 의하여 납세의무자의 환급청구권이 확정되는 것이지 과세관청의 결정에 의하여 환급청구권이 확정되는 것이 아니기 때문이다.

151 「국세기본법」에 따른 과세관청의 **국세환급금결정**(은 항고소송의 대상이 되는 **처분에 해당**한다) 19서9

152 국세환급금결정신청에 대한 **환급거부결정**은 항고소송의 대상이 되는 행정**처분이 아니다**.(88누6436) 〈율〉16국9

152 국세환급금결정신청에 대한 **환급거부결정**(은 항고소송의 대상이 되는 행정**처분이다**) 16서9

153 국세환급금 충당의 법적 성격과 관련하여 **국세환급금의 충당**은 납세의무자가 갖는 환급청구권의 존부나 범위 또는 소멸에 구체적이고 직접적인 영향을 미치는 **처분**이라기**보다는** 국가의 환급금 채무와 조세채권이 대등액에서 소멸되는 점에서 오히려 민법상의 **상계**와 **비슷**한 것이다. 20지방7

154 (구별) 기반시설부담금의 납부를 지체하여 발생한 **지체가산금**이 환급대상에서 제외된다는 취지의 **환급거부결정**은 원고의 환급신청중 일부를 거부하는 **처분**으로서 항고소송의 대상이 **된다**. 21국회9

155 **신고납세방식**의 관세에 있어서 **과세관청**이 납세의무자의 신고에 따라 세액을 **수령**하는 경우 이는 신고에 따라 세액을 수령하는 **사실행위에 불과**할 뿐 이를 부과**처분으로 볼 수는 없다**.(96누8321) 〈율〉16지방7

155 판례에 따르면 **신고납세방식**의 관세에 있어서 **과세관청**이 납세의무자의 신고에 따라 세액을 **수령**하는 경우 이를 부과**처분으로 볼 수 있다**고 한다. 16지7

156 법령에 의해서 **자동적으로 확정**되는 소득세에 있어서는 **원천징수의무자**가 비록 **과세관청**과 같은 행정청**이더라도** 그의 **원천징수행위**는 법령에서 규정된 징수 및 납부의무를 이행하기 위한 것에 불과한 것이지 공권력의 행사로서의 행정**처분**을 한 경우에 해당 되지 **아니**한다. 19국회8

157 **원천징수의무자**가 원천납세의무자로부터 징수하여야 할 세액을 **초과**하여 **징수·납부한 경우**, 초과한 세액에 대한 **환급청구권**은 원천납세의무자가 아니라 원천**징수의무자**에게 귀속된다. 〈율〉23국가7

157 **원천징수**의무자가 원천납세의무자로부터 징수하여야 할 세액을 **초과**하여 **징수·납부한 경우**, 초과한 세액에 대한 **환급청구권**은 원천징수의무자가 아니라 원천**납세의무자**에게 귀속된다. 23국가7

158 원천징수의무자인 **법인**에 대한 **소득금액변동통지**는 법인의 납세의무에 직접 영향을 미치므로 항고소송의 대상이 되는 **처분**이다. 20국회8

159 구 「소득세법」 시행령에 따른 소득 귀속자에 대한 소득금액변동통지는 원천납세의무자인 소득 귀속자의 법률상 지위에 직접적인 법률적 변동을 가져오는 것이 아니므로, 항고소송의 대상이 되는 행정처분이라고 볼 수 없다. 17국회8

160 법인세 과세표준과 관련하여 과세관청이 법인의 소득처분 상대방에 대한 소득처분을 경정하면서 증액과 감액을 동시에 한 결과 전체로서 소득처분금액이 감소된 경우, 법인이 소득금액변동통지의 취소를 구할 소의 이익이 없다. 17(상)지방9

161 원천징수의무자에 대한 소득금액 변동통지는 원천납세의무의 존부나 범위와 같은 원천납세의무자의 권리나 법률상 지위에 어떠한 영향을 준다고 할 수 없으므로 소득처분에 따른 소득의 귀속자는 법인에 대한 소득금액변동통지의 취소를 구할 법률상 이익이 없다. 17(하)국가7

08 공부 등의 작성·변경·삭제 |요론 p.219|

162 사업자등록증에 대한 검열은 과세관청이 등록된 사업을 계속을 계속하고 있는 사업자의 신고사실을 증명하는 사실행위에 지나지 않는다. 23소방

163 과세관청의 부가가치세법상 사업자등록의 직권말소행위는 항고소송의 대상이 되는 처분에 해당하지 아니한다.(2008두2200) 14행정사
  ➕ 과세관청의 사업자등록 직권말소 행위는 폐업사실의 기재에 불과하고, 이로써 사업자의 지위에 변동을 가져오는 것이 아니기 때문

164 과세관청이 사업자등록을 관리하는 과정에서 위장사업자의 사업자명의를 직권으로 실사업자의 명의로 정정하는 행위는 항고소송의 대상이 되지 아니한다.(2008두2200) 12국회8
  ➕ 사업사실 중 주체에 관한 기재를 정정하는 것이지, 이로써 사업자의 지위에 변동을 가져오는 것이 아니기 때문

165 상표권자인 법인에 대한 청산종결등기가 되었음을 이유로 특허청장이 행한 상표권 말소등록 행위는 사실적·확인적 행위에 불과하여 항고소송의 대상으로 인정되지 아니한다.(2014두2362) 20지방9

166 자동차운전면허대장에 일정한 사항을 등재하는 행위와 운전경력증명서상의 기재행위는 행정소송의 대상이 되는 독립한 행정처분으로 볼 수 없다. 22국가7

167 인감증명행위는 출원자의 현재 사용하는 인감에 대하여 구체적인 사실을 증명하는 것일 뿐이므로 무효확인을 구할 법률상 이익이 없다. 23소방

168 지목은 토지소유권을 제대로 행사하기 위한 전제요건이므로 지적공부 소관청의 지목변경신청 반려행위는 항고소송의 대상이 되는 행정처분에 해당한다. 19지방7

169 지적공부 소관청이 토지대장을 직권으로 말소하는 행위는 항고소송의 대상이 되는 행정처분에 해당한다. 19지방7

170 지적 소관청의 토지분할신청 거부행위(는 항고소송의 대상이 되는 행정처분으로 인정된다) 15지방9

171 사업시행자인 한국도로공사가 구「지적법」에 따라 고속도로 건설공사에 편입되는 토지소유자들을 대위하여 토지면적등록 정정신청을 하였으나 관할 행정청이 이를 반려하였다면, 이러한 반려행위는 항고소송 대상이 되는 행정처분에 해당한다. 19지방9

172 (乙은 甲의 토지가 사실은 자신 소유라고 주장하면서 토지대장상의 소유자명의변경을 신청하였으나 거부되었다.) 乙에 대한 토지대장상의 소유자명의변경신청 거부는 처분성이 인정되지 아니한다.(2010두12354) 21국가9

173 건축물대장의 용도는 건축물의 소유권을 제대로 행사하기 위한 전제요건으로서 건축물 소유자의 실체적 권리관계에 밀접하게 관련되어 있으므로, 건축물대장 소관청의 용도변경신청 거부행위는 국민의 권리관계에 영향을 미치는 것으로서 항고소송의 대상이 되는 행정처분에 해당한다. 24국가9

174 건축물대장 소관 행정청이 건축물에 관한 건축물대장을 직권말소한 행위(는 항고소송의 대상이 된다) 12국회8

175 건축물대장 소관청의 건축물대장 작성신청 반려행위는 항고소송의 대상이 된다. 19소방

---

159 구 「소득세법」 시행령에 따른 소득 귀속자에 대한 소득금액변동통지는 원천납세의무자인 소득 귀속자의 법률상 지위에 직접적인 법률적 변동을 가져오므로 행정처분이다. 17국회8

162 사업자등록증에 대한 검열은 납세의무자임을 확인하는 준법률행위적 행정행위로서의 확인에 해당한다. 23소방

163 과세관청의 부가가치세법상 사업자등록의 직권말소행위(는 항고소송의 대상이 되는 처분에 해당한다) 14행정사

164 과세관청이 사업자등록을 관리하는 과정에서 위장사업자의 사업자명의를 직권으로 실사업자의 명의로 정정하는 행위(는 항고소송의 대상이 된다) 12국회8

165 상표권자인 법인에 대한 청산종결등기가 되었음을 이유로 특허청장이 행한 상표권 말소등록 행위(는 항고소송의 대상으로 인정된다) 20지방9

172 (乙은 甲의 토지가 사실은 자신 소유라고 주장하면서 토지대장상의 소유자명의변경을 신청하였으나 거부되었다.) 乙에 대한 토지대장상의 소유자명의변경신청 거부는 처분성이 인정된다. 21국가9

176 구분소유 건축물에 대한 건축물대장을 합병하더라도 실체상 소유권이 변동되는 것은 아니지만 건축물대장의 합병행위는 처분성이 인정된다.(2007두19775) 미기출

177 무허가건물을 무허가건물관리대장에서 삭제하는 행위는 다른 특별한 사정이 없는 한 항고소송의 대상이 되는 행정처분에 해당하지 아니한다.(2008두11525) 19지방7
　소유권 행사와 직결되어 처분성이 인정되는 허가 받은 건물 대장의 용도변경, 직권말소 등의 행위와 구분이 필요

176 구분소유 건축물에 대한 건축물대장을 합병하더라도 실체상 소유권이 변동되는 것은 아니므로 건축물대장의 합병행위는 처분성이 부정된다. 미기출

177 무허가건물을 무허가건물관리대장에서 삭제하는 행위는 다른 특별한 사정이 없는 한 항고소송의 대상이 되는 행정처분에 해당한다. 19지방7

09 기타 | 요플 p.220 |

178 국립대학교 학칙의 별표[2]모집단위별 입학정원을 개정한 학칙개정행위(는 항고소송의 대상이 된다.) 19소간

179 상훈대상자를 결정할 권한이 없는 국가보훈처장이 기포상자에게 훈격재심사계획이 없다고 한 회신은 단순한 사실행위에 불과하여 항고소송의 대상이 되지 아니한다.(88누3116) 18국회8

180 국가보훈처장 발행 서적의 독립투쟁에 관한 내용을 시정하여 관보에 그 뜻을 표명해야 할 의무의 확인을 구하는 청구는 항고소송의 대상이 되지 아니한다. 10국회9
　작위의무의 확인을 구하는 항고소송은 존재하지 않는다.

181 국가보훈처장 등이 발행한 책자 등에서 독립운동가 등의 활동상을 잘못 기술하였다는 등의 이유로 그 사실관계의 확인을 구하거나, 국가보훈처장의 서훈추천서의 행사·불행사가 당연무효 또는 위법임의 확인을 구하는 것은 항고소송의 대상이 될 수 없다. 24회8
　이들은 과거의 역사적 사실관계의 존부나 공법상의 구체적인 법률관계가 아닌 사실관계에 관한 것들을 확인으로 하는 것이거나 행정청의 단순한 부작위를 대상으로 하는 것이기 때문이다.

182 국가보훈처장이 서훈추천 신청자에 대한 서훈추천을 거부한 것은 항고소송의 대상으로 볼 수는 없어 항고소송을 제기할 수는 없고, 국가보훈처장에게 작위의무가 있다고 할 수도 없으므로 행정권력의 부작위에 대한 헌법소원으로서 다툴 수도 없다. 23국가9

183 「진실·화해를 위한 과거사정리 기본법」에 따른 과거사정리위원회의 진실규명결정은 피해자 등에게 진실규명 신청권 및 그 결정에 대한 이의신청권 등이 부여되고, 그 결정에서 규명된 진실에 따라 국가가 법률상 의무를 부담하게 된다는 점 등에서 항고소송의 대상이 된다. 22소간

184 노동조합규약의 변경보완시정명령은 노동행정에 관한 행정관청의 의사를 조합에 직접 표시한 것이므로 행정소송법 제2조 제1항에서 규정하고 있는 행정처분이라고 할 수 있다.(91누10787) 09국회8

185 부당한 공동행위의 자진신고자가 한 감면신청에 대해 공정거래위원회가 감면불인정 통지를 한 것은 항고소송의 대상인 행정처분으로 볼 수 있다.(2010두3541) 14국가9

186 헌법재판소는 시험에 실무형 문제도 출제된다는 내용의 변리사시험계획공고에 대해서 헌법소원 대상이 되는 공권력의 행사로 인정하였다. 20국회8(변형)

187 「초·중등교육법」상 사립중학교에 대한 중학교 의무교육의 위탁관계는 공법관계에 해당한다.(2012두7387) 18교행9

188 지방자치단체가 학교법인이 설립한 사립중학교에 의무교육대상자에 대한 교육을 위탁한 때에 그 학교법인과 해당 사립중학교에 재학 중인 학생의 재학관계는 기본적으로 사법상 계약에 따른 법률관계이다.(2016다33196) 21군무원7
　중학교 의무교육 위탁관계가 공법관계에 해당한다는 판례와 구분이 필요하다.

179 상훈대상자를 결정할 권한이 없는 국가보훈처장이 기포상자에게 훈격재심사계획이 없다고 한 회신(은 항고소송의 대상이 될 수 있다) 18국회8

182 국가보훈처장이 서훈추천 신청자에 대한 서훈추천을 거부한 것은 항고소송의 대상으로 볼 수는 없어 항고소송을 제기할 수는 없으나 행정권력의 부작위에 대한 헌법소원으로서 다툴 수 있다. 23국가9

184 노동조합규약의 변경보완시정명령은 노동행정에 관한 행정관청의 의사를 조합에 직접 표시한 것이고 행정소송법 제2조 제1항에서 규정하고 있는 행정처분이라고 할 수 없다. 09국회8

185 부당한 공동행위의 자진신고자가 한 감면신청에 대해 공정거래위원회가 감면불인정 통지를 한 것은 항고소송의 대상인 행정처분으로 볼 수 없다. 14국가9

186 변리사시험을 준비하던 甲은 '2019년도 제56회 변리사 국가자격시험 시행계획 공고'를 보고 큰 혼란에 빠졌다. 제56회 변리사 국가자격시험 「상표법」과목에 실무형 문제가 출제될 것을 예상하지 못했기 때문이다. 헌법재판소는 공고에 의하여 비로소 응시자격이 획정되는 경우에는 공고에 대한 헌법소원을 인정하였으나 위와 같은 경우에는 헌법소원을 인정하지 않았다. 20국회8(변형)

187 「초·중등교육법」상 사립중학교에 대한 중학교 의무교육의 위탁관계는 사법관계에 속한다. 18교행9

188 지방자치단체가 학교법인이 설립한 사립중학교에 의무교육대상자에 대한 교육을 위탁한 때에 그 학교법인과 해당 사립중학교에 재학 중인 학생의 재학관계는 기본적으로 공법상 계약에 따른 법률관계이다. 21군무원7

테마별 N지 모음

N1 다음 사례에 대한 설명으로 옳은 것은? (다툼이 있는 경우 판례에 의함) 20국회8 ③

> 甲은 새롭게 개발된 A시 외곽에서 대형마트를 신축 개점하여 운영하고 있다. 甲은 신도시 입주가 완료되면서 마트 이용객들이 늘어나자 마트 인근 부지에 주차장을 추가로 확보하기 위해 토지를 매입하기로 하였다. 乙은 마트 인근 토지에서 작물농사를 하고 있다. 甲은 乙로부터 매매를 통해 토지를 취득 후 고객용 임시주차장으로 사용 중이다.
> 그런데 A시장은 甲에 대하여 해당 부지는 도로인 공공용물이며, 이를 무단으로 점유·사용하였으므로 주차시설 철거명령 및 변상금부과처분을 하였다. 해당부지는 **공공용물이나**, A시에서 제대로 관리하지 않은 지난 **25년 동안 乙이** 계속해서 **농사**를 지어온 것으로 밝혀졌다.

① 乙이 25년 동안 평온·공연하게 해당 부지를 사용해왔으므로 **점유취득시효의 완성**으로 **乙의 소유권이 인정**되어, A시는 철거명령 및 변상금부과처분을 할 수 없다.
② **공공용물**인 해당 부지를 사용하기 위해서는 별도로 점용허가를 받아야 하며 해당 **점용허가**의 법적성질은 **허가**이다.
③ 甲은 정당한 사유 없이 공유재산을 점유하고 시설물을 설치하였으므로 A시장은 **원상복구를 명할 수 있으며**, 이를 이행하지 않을 경우 「행정**대집행법**」에 따라 시설물을 철거하고 그 비용을 징수**할 수 있다**.
④ **변상금부과처분**은 행정청이 사경제주체로서 행하는 **사법상**의 행위이다.
⑤ 만약 해당 부지가 **일반재산이라면** 甲과 A시장은 **대부계약**을 체결할 수 있으며, 이 계약은 지방자치단체가 상대방과 대등한 지위에서 행하는 **공법상 계약**으로 이를 다투는 소송은 **당사자소송**이다.

[해설] ① 乙이 25년 동안 평온·공연하게 해당 부지를 사용해왔더라도 **점유취득시효의 완성**으로 **乙의 소유권**이 인정된다고 할 수 **없다**. 해당 부지는 공공용물로서 **행정재산**이므로 **취득시효**의 대상이 되지 **않기** 때문이다.
② **공공용물**인 해당 부지를 사용하기 위해서는 별도로 점용허가를 받아야 하며 해당 **점용허가**의 법적성질은 **특허**이다.
④ **변상금부과처분**은 행정청이 공권력의 주체로서 행하는 **공법상**의 행위로서 **처분**이다.
⑤ 만약 해당 부지가 **일반재산이라면** 甲과 A시장은 **대부계약**을 해결할 수 있으며, 이 계약은 지방자치단체가 상대방과 대등한 지위에서 행하는 **사법상 계약**으로 이를 다투는 소송은 **민사소송**이다.

N2 다음 각 사례에 대한 설명으로 옳은 것만을 모두 고르면? 23지방9 ①

> ○ 행정청 甲은 국유 **일반재산**인 건물 1층을 5년간 **대부**하는 **계약**을 乙과 체결하면서 대부료는 1년에 1억으로 정하였고 6회에 걸쳐 분납하기로 하였다. 甲은 乙이 1년간 대부료를 납부하지 않자, **체납한 대부료를 납부**할 것을 **통지**하였다. 「국유재산법」에 따르면 국유재산의 대부료 등이 납부기한까지 납부되지 아니한 경우에는 「국세징수법」상의 **강제징수**에 관한 규정을 **준용**하고 있다.
> ○ 행정청 甲은 국가 소유의 땅을 **무단점유**하여 사용하고 있는 丙에게 **변상금** 100만 원 **부과**처분을 하였다.

ㄱ. 甲이 乙에게 **대부**하는 행위는 공권력의 주체로서 상대방의 의사 여하에 불구하고 일방적으로 행하는 행정**처분**이 **아니**다.
ㄴ. 甲은 대부료를 납부하지 않은 乙을 상대로 **민사소송**을 제기하여 **대부료 지급**을 구해야 한다.
ㄷ. 변상금 부과처분은 순전히 사경제 주체로서 행하는 **사법상**의 법률행위이므로, 丙은 그 처분에 대해 **민사소송**을 제기하여 다툴 수 있다.

① ㄱ　　② ㄴ　　③ ㄱ, ㄷ　　④ ㄱ, ㄴ, ㄷ

[해설] ㄴ. 甲은 대부료를 납부하지 않은 乙을 상대로 직접 **강제징수**를 **할 수 있으므로**, **민사소송**을 제기하여 **대부료 지급**을 구하는 것은 허용되지 **않는다**.
ㄷ. **변상금 부과**처분은 우월적 지위에서 행하는 공법상의 **처분**이므로, 丙은 그 처분에 대해 **항고소송**을 제기하여 다툴 수 있다.

THEME 54　거부처분 관련 쟁점

○ 지문 | **× 지문**

01 개관 | 요플 p.222 |

01 행정청이 당사자에게 의무를 과하거나 권익을 제한하는 처분을 하는 경우에는 **처분의 사전통지**를 하여야 하는데, 이때의 처분에 신청에 대한 **거부처분은 포함되지 않는다**. 　20지방9

02 건축허가청은 건축허가신청에 대하여 건축**불허가처분**을 하는 경우 **미리** 처분의 제목과 처분하려는 원인이 되는 사실과 처분의 내용 및 법적 근거를 당사자등에게 **통지**하여야 하는 것은 **아니다**. 　17(하)국가7

03 당사자의 신청에 대한 행정청의 **거부처분**은 행정청의 작위(거부라는 응답)에 해당하는 것이지, 부작위(무응답)에 해당하는 것이 아니므로 **부작위법확인소송**은 허용되지 **아니**한다. 　16서울7

04 개인택시운송사업면허가 거부된 경우, **거부처분**에 대해 취소소송과 함께 제기한 갑의 **집행정지** 신청은 법원에 의해 **허용되지 아니**한다. 　17(상)지방9
　➕ 행정소송법은 재처분의무규정을 집행정지결정에 준용하지 않는다(제23조 제6항, 제30조 제2항). 따라서 거부처분의 효력을 정지하더라도 거부처분이 없었던 것과 같은 상태로 되돌아가는 것에 불과하고 행정청에게 신청에 따른 처분을 하여야 할 의무가 생기는 것이 아니다. 따라서 거부처분에 대해서는 집행정지를 구할 이익이 인정되지 아니한다.

02 거부처분의 인정요건 | 요플 p.223 |

05 서울대공원 시설을 기부채납한 자가 무상사용기간 만료 후 확약 사실에 근거하여 **10년의 유상사용허가**를 신청하였으나 서울대공원 관리사업소장이 **신청서를 반려**하고 대신에 **1년의 임시사용허가처분**을 통보하였다면, 이는 부작위가 아니라 10년의 유상사용 허가신청에 대한 **거부처분으로 보아야** 한다.(2007두6212) 　22변시
　➕ 고등법원은 부작위로 보았으나, 대법원은 거부처분으로 보았다. 지문은 고등법원의 태도이기에 틀렸다.

06 거부처분의 취소소송은 신청인의 **법률관계에 영향을 미치는 거부이어야** 제기할 수 있다. 　08국회8

07 거부행위가 항고소송의 대상인 처분이 되기 위해서는 그 **거부행위가** 신청인의 실체상의 권리관계에 직접적인 변동을 일으키는 것은 물론, 신청인의 실체상의 권리자로서 권리를 행사함에 **중대한 지장을 초래**하는 것도 **포함**한다.(2007두1316) 　22지방9

08 행정청의 **거부행위가 거부처분이 되려면** 국민에게 법규상의 신청권이 있어야 하며, **조리상의 신청권**으로도 될 수 **있다**. 　15교행9

09 거부행위의 처분성을 인정하기 위한 전제요건이 되는 **신청권**의 존부는 **구체적 사건에서 신청인이 누구인가**를 고려하지 말고 관계 법규에서 **일반 국민**에게 그러한 신청권을 **인정하고 있는가**를 살펴 **추상적으로 결정**하여야 한다. 　19서울9

10 취소소송을 제기하기 위해서는 처분 등이 존재하여야 하며, 거부처분이 성립하기 위해서는 개인의 신청권이 존재하여야 하고, 여기서 **신청권**이란 신청인이 그 신청에 따른 단순한 **응답을 받을 권리**를 의미하는 것이다.(2007두20638) 　17사복9

11 국민이 어떤 신청을 한 경우에 그 신청의 근거가 된 조항의 해석상 행정발동에 대한 개인의 **신청권을 인정**하고 있다고 보이면 그 거부행위는 항고소송의 대상이 되는 **처분으로 보아야** 하고, 구체적으로 그 **신청이 인용될 수 있는가** 하는 점은 **본안**에서 판단하여야 할 **사항**이다. 　21군무원9

---

01 행정청이 당사자에게 의무를 과하거나 권익을 제한하는 처분을 하는 경우에는 **처분의 사전통지**를 하여야 하는데, 이때의 처분에는 신청에 대한 **거부처분도 포함된다**. 　20지방9

02 건축허가청은 건축허가신청에 대하여 건축**불허가처분**을 하는 경우 **미리** 처분의 제목과 처분하려는 원인이 되는 사실과 처분의 내용 및 법적 근거를 당사자등에게 **통지하여야** 한다. 　17(하)국가7

03 당사자의 신청에 대한 행정청의 **거부처분**이 있는 경우에는 행정청이 당사자의 신청에 대하여 일정한 처분을 이행하지 아니함으로써 위법상태가 야기된 것이므로 이를 제거하기 위하여 **부작위법확인소송도 허용**된다. 　16서울7

04 개인택시운송사업면허가 거부된 경우, **거부처분**에 대해 취소소송과 함께 제기한 갑의 **집행정지** 신청은 법원에 의해 **허용된다**. 　17(상)지방9

05 서울대공원 시설을 기부채납한 자가 무상사용기간 만료 후 확약 사실에 근거하여 **10년의 유상사용허가**를 신청하였으나 서울대공원 관리사업소장이 **신청서를 반려**하고 대신에 **1년의 임시사용허가처분**을 통보하였다면, 이는 10년의 유상사용허가신청에 대한 거부처분이 아니라 **부작위로 보아야** 한다. 　22변시

07 거부행위가 항고소송의 대상인 처분이 되기 위해서는 그 **거부행위가** 신청인의 실체상의 권리관계에 직접적인 변동을 일으키는 것이어야 하며, 신청인이 실체상의 권리자로서 권리를 행사함에 중대한 지장을 초래하는 것만으로는 **부족**하다. 　22지방9

08 행정청의 **거부행위가 거부처분이 되려면** 국민에게 법규상의 신청권이 있어야 하며, **조리상의 신청권**으로는 될 수 **없다**. 　15교행9

10 취소소송을 제기하기 위해서는 처분 등이 존재하여야 하며, 거부처분이 성립하기 위해서는 개인의 신청권이 존재하여야 하고, 여기서 **신청권**이란 신청인이 **신청의 인용**이라는 만족적 결과를 얻을 권리를 의미하는 것이다. 　17사복9

12 거부의 처분성이 인정되기 위해서는 신청권이 인정되어야 한다. **신청기간을 도과하여 재신청**이 이루어진 경우에도 이를 거부하는 것은 **처분성이 인정될 수 있다**. 미기출
   ➕ 재신청이 신청기간을 도과하였는지는 본안에서 거부처분의 적법성을 판단하는 단계에서 고려할 요소이지, 소송요건 심사단계에서 고려할 요소가 아니기 때문이다.(2020두50324)

13 **신청권이 없는** 신청에 대한 거부행위에 대하여 제기된 거부처분 취소소송(은 **각하**되는 경우에 해당한다) 17국가7

14 행정처분이 甲의 신청을 거부하여 그 거부처분이 불가쟁력이 발생하였더라도, 甲은 다시 동일한 내용의 신청을 한 뒤 A행정청이 이를 거부한 경우, 이러한 **반복된 거부처분**에 대하여 **취소소송**을 제기할 수 **있다**.(96누15251) 22변시
   ➕ 1차 거부에 불가쟁력이 발생하였더라도 2차 거부에 대하여 불가쟁력이 발생하지 않았다면 2차 거부에 대하여 취소소송을 제기할 수 있다고 한 사례이다.

15 행정행위 중 신청에 의한 처분의 경우에는 신청에 대하여 일단 **거부처분**이 행하여지면 그 거부처분이 적법한 절차에 의하여 **취소되지 않는 한** 사유를 추가하여 **거부처분을 반복**하는 것은 존재하지도 않는 신청에 대한 거부처분으로서 **당연무효**이다.(98두1895) 19국회8

16 부작위위법확인소송에서 '**부작위**'라 함은 행정청이 당사자의 신청에 대하여 상당한 기간 내에 일정한 처분을 하여야 할 법률상 의무가 있음에도 불구하고 **아무런 응답을 하지 않는 것**을 말한다. 처분을 하지 않는다는 의사를 통지하는 것은 부작위가 아니라 작위(거부처분)에 해당한다. 13서울9

17 어떠한 처분에 대하여 그 근거 법률에서 행정소송 이외의 **다른 절차**에 의하여 **불복**할 것을 **예정**하고 있는 경우, 그 처분이 「행정소송법」상 처분의 개념에 해당한다고 하더라도 그 처분의 부작위는 **부작위위법확인소송**의 대상이 **될 수 없다**. 20국가9

18 부작위위법확인소송의 대상이 되는 **부작위**는 당사자의 **신청이 있어야** 성립할 수 있다. 15교행9

19 **압수**가 **해제**된 것으로 **간주된 물건**에 대한 피압수자의 **환부신청**에 대하여 검사가 아무런 결정이나 통지를 하지 않았다고 하더라도 그와 같은 **부작위**는 부작위위법확인소송의 **대상**이 되지 **않는다**. 10국9

20 **부작위위법확인소송**과 관련하여 행정청에게 일정한 **처분**을 하여야 할 **법률상 의무**가 있어야 하는데, 이때 법률상 의무란 명문**규정**에 의해 인정되는 경우**뿐만 아니라 조리상** 인정되는 경우도 **포함**된다. 10국회9

21 (부작위위법확인소송은) 행정청에 대하여 어떠한 행정처분을 하여 줄 것을 요청할 수 있는 **법규상** 또는 **조리상의** 권리를 갖는 자만이 제기할 수 있다. 18국회8

22 **부작위위법확인소송**에서 사인의 **신청권**의 존재 여부는 **부작위의 성립**과 관련될 **뿐만 아니라, 원고적격**의 문제와**도 관련이 있다**. 18지방9

23 거부처분이 있은 후 당사자가 "이의신청"이라는 제목으로 재신청을 한 경우에는 **신청의 제목 여하에 불구하고** 그 내용이 **새로운 신청을 하는 취지**라면 행정청이 이를 다시 거절하는 것은 새로운 거부처분에 해당하므로, **신청의 제목이** "처분의 신청"이 아닌 "**이의신청**"이더라도 이에 대한 행정청의 거절을 **거부처분으로 볼 수 있다**.(2020두50324) 미기출

24 한국토지주택공사가 택지개발사업의 시행자로서 손실보상대상자들에 대한 생활대책의 수립·시행에 있어 **생활대책대상자에 해당하지 않는다는 결정**을 하고 그 결정에 대한 당사자들의 **이의신청에** 따른 재심사 결과로도 선정되지 않았다는 **동일한 결론의 재심사통보**를 받았더라도, 그 재심사통보는 단순히 업무 처리의 적정 및 편의를 위한 조치에 불과한 것이 아니라 별도의 의사결정과 절차를 거쳐 이루어진 독립한 행정처분으로서 **항고소송의 대상이 된다**.(2015두58645) 22소간

25 어떠한 처분이 수익적 처분을 구하는 신청에 대한 **거부처분이 아니라도**, 해당 처분에 대한 이의신청을 새로운 신청을 하는 취지로 볼 수 있는 경우에는, **그 이의신청에 대한** 당초 처분과 **같은 내용의 결정 통보**를 새로운 **처분으로 볼 수 있다**. 미기출

03 법령상 신청권 | 요플 p.225 |

26 인 「국세기본법」에 정한 경정청구기간이 도과한 후 제기된 경정청구에 대하여는 과세관청이 과세표준 및 세액을 결정 또는 경정하거나 거부처분을 할 의무가 없으므로, 과세관청의 경정 거절에 대하여 항고소송을 제기할 수 없다. 19지방7

27 C 국가인권위원회의 각하 및 기각결정은 항고소송의 대상이 되는 처분에 해당하므로 헌법소원의 보충성요건을 충족하지 못하여 헌법소원의 대상이 되지 아니한다.(헌재 2013헌마214) 17국회8

27 C 국가인권위원회의 각하 및 기각결정은 항고소송의 대상이 되는 처분에 해당하지 아니하므로 헌법소원의 보충성 요건을 충족하여 헌법소원의 대상이 된다. 17국회8

28 도시·군계획시설 부지 소유자의 매수 청구에 대한 관할 행정청의 매수 거부 결정은 항고소송의 대상인 처분에 해당한다. 21국회8

04 조리상 신청권 | 요플 p.225 |

29 S 행정처분을 한 처분청은 그 처분에 하자가 있는 경우에는 원칙적으로 별도의 법적 근거가 없더라도 스스로 이를 직권으로 취소할 수 있지만, 그와 같이 직권취소를 할 수 있다는 사정만으로 이해관계인에게 처분청에 대하여 그 취소를 요구할 신청권이 부여된 것으로 볼 수는 없다.(2004두701) 17(상)국가9

29 S 행정처분을 한 처분청은 그 처분에 하자가 있는 경우에는 원칙적으로 별도의 법적 근거가 없더라도 스스로 이를 직권으로 취소할 수 있고, 이러한 경우 이해관계인에게는 처분청에 대하여 그 취소를 요구할 신청권이 부여된 것으로 볼 수 있다. 17(상)국가9

30 S 처분청이 처분 후에 원래의 처분을 그대로 존속시킬 필요가 없게 된 사정변경이 생겼거나 중대한 공익상의 필요가 발생한 경우에는 별도의 법적 근거가 없어도 별개의 행정행위로 이를 철회할 수 있다고 하여 상대방 등에게 그 철회·변경을 요구할 신청권까지를 부여하는 것은 아니다. 22소간

31 S 법률에서 직권취소에 대한 근거를 두고 있는 경우라도 이해관계인이 처분청에 대하여 위법을 이유로 행정행위의 취소를 요구할 신청권을 갖지 아니한다고 보아야 한다. 19국가7

31 S 법률에서 직권취소에 대한 근거를 두고 있는 경우에는 이해관계인이 처분청에 대하여 위법을 이유로 행정행위의 취소를 요구할 신청권을 갖는다고 보아야 한다. 19국가7

32 개별토지가격합동조사지침에 따른 개별공시지가 경정결정신청에 대한 행정청의 정정불가결정통지는 항고소송의 대상이 되지 아니한다.(2000두5043) 19소간
  ➕ 당해 지침은 행정청이 직권으로 경정하도록 한 규정이지 이해관계인에게 신청권을 인정하는 것이 아니므로, 정정불가결정통지를 한 것은 관념의 통지에 불과하여 항고소송의 대상이 되지 아니한다고 한 사례

32 개별토지가격합동조사지침에 따른 개별공시지가 경정결정신청에 대한 행정청의 정정불가결정 통지(는 항고소송의 대상이 된다) 19소간

33 S 제소기간이 이미 도과하여 불가쟁력이 생긴 행정처분에 대하여는 개별법규에서 그 변경을 요구할 신청권을 규정하고 있거나 관계법령의 해석상 그러한 신청권이 인정될 수 있는 등 특별한 사정이 없는 한 국민에게 그 행정처분의 변경을 구할 신청권이 없다. 17(하)국가7

34 S 불가쟁력이 발생한 행정행위라도 관계법령에서 해석상 그러한 신청권이 인정될 수 있는 경우에는 해당 처분의 변경에 대한 신청권이 인정된다고 볼 수 있다. 08지방7

35 B 건축주가 토지소유자로부터 토지사용승낙서를 받아 그 토지 위에 건축물을 건축하는 건축허가를 받았다가 착공에 앞서 건축주의 귀책사유로 해당 토지를 사용할 권리를 상실한 경우, 토지소유자의 건축허가 철회신청을 거부한 행위는 항고소송의 대상이 된다. 19지방9

36 B 행정청이 행한 공사중지명령의 상대방은 그 명령 이후에 그 원인사유가 소멸하였음을 들어 행정청에게 공사중지명령의 철회를 요구할 수 있는 조리상의 신청권이 있다.(2014두41190) 18국회8

36 B 행정청이 행한 공사중지명령의 상대방은 그 명령 이후에 그 원인사유가 소멸하였음을 들어 행정청에게 공사중지명령의 철회를 요구할 수 있는 조리상의 신청권이 없다. 18국회8

37 행정청이 행한 공사중지명령의 상대방이 그 명령 이후에 그 원인사유가 소멸하였음을 들어 공사중지명령의 철회를 신청하였으나 행정청이 아무런 응답을 하지 않고 있는 경우 행정청의 부작위는 그 자체로 위법하다. 13국회8

38 A 피해자의 의사와 무관하게 주민등록번호가 유출된 경우, 조리상 주민등록번호의 변경을 요구할 신청권을 인정함이 타당하다. 22국가9

39 A 인터넷 포털사이트의 개인정보 유출사고로 주민등록번호가 불법 유출되었음을 이유로 주민등록번호 변경신청을 하였으나 관할 구청장이 이를 거부한 경우, 그 거부행위는 처분에 해당한다. 19국가9

39 A 인터넷 포털사이트의 개인정보 유출사고로 주민등록번호가 불법 유출되었음을 이유로 주민등록번호 변경신청을 하였으나 관할 구청장이 이를 거부한 경우, 그 거부행위는 처분에 해당하지 않는다. 19국가9

40 인 건축계획심의신청에 대한 반려처분(은 항고소송의 대상이 되는 행정처분으로 인정된다) 15지방9

05 거부처분의 위법성 판단의 기준 시 | 요플 p.226 |

06 재처분 의무 | 요플 p.226 |

41 (옳은지문①) 판결에 의하여 **취소되는 처분**이 당사자의 **신청을 거부하는 것**을 내용으로 하는 경우에는 그 처분을 행한 **행정청**은 판결의 취지에 따라 **다시** 이전의 신청에 대한 **처분**을 **하여야** 한다.
(옳은지문②) 판결에 의하여 **취소되는 처분**이 당사자의 **신청을 인용하는 것**을 내용으로 하는 경우에는 그 취소사유가 **절차의 위법**을 이유로 한 경우에**한하여**, 그 처분을 행한 **행정청**은 판결의 취지에 따라 **다시** 이전의 신청에 대한 **처분을 하여야** 한다. (옳 09지방9)
➕ 재처분의무는 원칙적으로 당사자의 신청을 거부한(→인용한×) 처분이 취소된 때 인정된다(옳은지문①). 단, 당사자의 신청을 인용한 처분에서도 그 취소사유가 절차적 위법인 경우에는 재처분의무가 인정된다(옳은지문①). 따라서 위와 같이 2가지 형태의 옳은지문으로 고칠 수 있다.

42 원고의 신청을 **거부**하는 **처분**에 대해 **취소판결**이 **확정되면** 기속력의 결과 행정청은 **판결의 취지에 따라 다시** 이전의 **신청에 대한 처분을 하여야** 한다. (옳 16국회8)
기
➕ 거부처분에 대한 취소판결이 확정되면 행정청은 재처분의무를 진다. 여기서 재처분이란, "판결의 취지에 부합하는" 처분이면 족한 것이지, 당사자의 "신청을 들어주는" 처분일 필요는 없다.

43 판결에 의하여 **취소되는 처분**이 당사자의 **신청을 거부하는 것**을 내용으로 하는 경우에는 그 처분을 행한 **행정청**은 판결의 취지에 따라 **다시** 이전의 **신청에 대한 처분을 하여야** 한다. (옳 15(1)경행)
기
➕ 거부처분이 판결로 취소되는 경우, 행정청은 재처분을 "하여야" 할 의무를 지는 것이지, "할 수" 있는 재량을 갖는 것이 아니다.

44 [甲은 A행정청에 허가신청을 하였으나 거부되었고, 이에 대해 **거부처분취소소송**을 제기하여 인용판결이 확정되었다] 위 거부처분이 **절차의 위법**을 이유로 **취소된 경우**에는 A행정청은 **적법한 절차를 거쳐 다시 거부처분을 할 수 있다**. 16서울9
S

45 취소소송에서 소송의 대상이 된 **거부처분**을 **실체법상의 위법**사유에 기하여 **취소**하는 **판결**이 **확정된 경우**에는 당해 거부처분을 한 **행정청**은 원칙적으로 **신청을 인용**하는 처분을 **하여야** 한다. 17서울7

46 [甲은 A행정청에 허가신청을 하였으나 거부되었고, 이에 대해 **거부처분취소소송**을 제기하여 인용판결이 확정되었다] 위 거부처분이 **실체적 위법**을 이유로 취소된 경우, A행정청은 취소판결의 기속력에 의해 신청을 인용하는 **허가처분을 하여야 함이 원칙이나**(99두5238), **새로운 사유가 있다면** 이를 내세워 **다시 거부처분을 할 수도** 있다(2011두14401). (옳 16서울9)
A
➕ 거부처분이 실체적 위법을 이유로 취소된 경우, "원칙적으로" 신청을 인용하는 재처분을 하여야 할 것이다. 그러나 새로운 거부사유가 발생하거나 존재한다는 등의 사정이 있다면 행정청은 그러한 새로운 사유를 내세워 다시 거부처분을 할 수도 있다.

47 (취소소송 판결의 기속력과 관련하여) **거부처분**의 **취소판결 후** 당초의 거부사유 외에 **새로운 사유**를 들어 **다시 거부처분**을 할 경우 그러한 처분도 **재처분**에 **해당**한다. 12국회8
A

48 취소소송에서 소송의 대상이 된 **거부처분**을 **실체법상의 위법**사유에 기초하여 **취소**하는 **확정판결**이 있는 경우에는 당해 거부처분을 한 행정청은 원칙적으로 신청을 인용하는 처분을 하여야 하고, **사실심 변론 종결 이전의 사유**를 내세워 **다시 거부처분을 하는 것은 기속력에 반하여 허용되지 아니**한다. 17국회8

49 **거부처분 취소판결**이 **확정**된 후, **사실심 변론종결 이후에 발생한 새로운 사유**를 근거로 **다시 거부처분**을 하는 것은 기속력에 **위반**되지 **아니**한다. (옳 15국가7)
B

50 **거부처분**의 **취소판결**이 **확정**된 경우에 그 처분을 행한 행정청은 종전 **처분 후에 발생한 새로운 사유**를 내세워 **다시 거부처분을 할 수 있다**. 16국가7
B

51 **거부처분**의 **취소판결**이 **확정되었더라도** 그 거부처분 후에 법령이 개정·시행되었다면 처분청은 그 **개정된 법령** 및 허가기준을 새로운 사유로 들어 **다시** 이전 신청에 대하여 **거부처분을 할 수 있다**. 18국회8
B

52 갑 시장이 A 주식회사의 공동주택 건립을 위한 주택건설사업계획승인 신청에 대하여 미디어밸리 조성을 위한 **시가화 예정 지역이라는 이유로** 거부하자 A 주식회사가 **거부처분취소소송**을 제기하여 승소**확정판결**을 받았고 이후 갑 시장이 해당 토지 일대가 **개발행위허가 제한지역으로 지정되었다는 이유로 다시 거부**하는 처분을 한 사안에서 재거부처분은 종전거부처분을 취소한 확정판결의 **기속력에 반**하는 것은 **아니다**. 19국회8

---

41 판결에 의하여 **취소되는 처분**이 당사자의 **신청을 인용하는 것**을 내용으로 하는 경우에는 그 처분을 행한 **행정청**은 판결의 취지에 따라 **다시** 이전의 신청에 대한 **처분**을 **하여야** 한다. 09지방9

42 원고의 신청을 **거부**하는 **처분**에 대해 **취소판결**이 **확정되면** 기속력의 결과 **행정청**은 원고의 신청을 **인용하는 처분**을 하여야 한다. 16국회8
기

43 판결에 의하여 **취소되는 처분**이 당사자의 **신청을 거부하는 것**을 내용으로 하는 경우에는 그 처분을 행한 **행정청**은 판결의 취지에 따라 **다시** 이전의 신청에 대한 **처분을 할 수 있다**. 15(1)경행
기

46 [甲은 A행정청에 허가신청을 하였으나 거부되었고, 이에 대해 **거부처분취소소송**을 제기하여 인용판결이 확정되었다] 위 거부처분이 **실체적 위법**을 이유로 취소된 경우에는 A행정청은 취소판결의 기속력에 의해 **다시 거부** 처분을 **할 수 없고**, 甲에게 **허가처분을 하여야** 한다. 16서울9
A

49 **거부처분 취소판결**이 **확정**된 후, **사실심 변론종결 이후에 발생한 새로운 사유**를 근거로 **다시 거부처분**을 하는 것은 기속력에 **위반**된다. 15국가7
B

53 (취소판결의 기속력과 관련하여) 종전 확정판결의 행정소송과정에서 한 주장 중 **처분사유**가 되지 **아니**하여 판결의 **판단대상에서 제외된 부분**을 행정청이 그 후 **새로** 이행한 **처분**의 적법성과 관련하여 새로운 소송**에서** 다시 **주장하는 것**은 확정판결의 기판력(편저자: 기속력)에 **저촉되지 아니**한다.(90누7326) 17서울9
  ➕ 기본적 사실관계의 동일성이 인정되지 아니하여 종전 확정판결의 판단대상에서 제외 되었던 사유로 다시 거부하는 것은 기속력에 반하지 아니한다. 기속력은 당초 거부사유와 기본적 사실관계의 동일성이 있는 범위 내에만 미치기 때문이다. 지문에서 기판력이라고 되어 있으나, 기판력과 기속력의 개념을 종종 혼용하는 판례의 내용을 그래도 출제한 것이며, 강학상으로는 기속력의 문제에 해당한다.

54 위법판단의 기준시에 관하여 **판결시설**을 취하면 **사실심 변론종결시 이전의 사유**를 내세워 **다시 거부처분**을 할 수 **없다**. 19서울9
  ➕ 판례는 처분시설을 취하나 판결시설을 취하는 학자도 있다. 판결시에 따르면 처분 후 발생한 사유더라도 사실심 변론종결 이전까지 주장가능했던 사유는 당해 소송과정에서 판단되어야 하고, 판결 후에는 재거부사유로 삼을 수 없다. 반면 판례와 같이 처분시설에 의하면 처분 후 발생한 사유라면 애초에 당해 소송과정에서 주장할 수가 없고, 판결 후 재거부사유로 삼을 수 있을 뿐이다.

55 주민 등의 도시관리계획의 **입안 제안을 거부**하는 처분에 대하여 **이익형량의 하자**를 이유로 **취소판결이 확정**된 후에 행정청이 **다시 이익형량을 하여** 주민 등이 제안한 것과는 **다른 내용**의 계획을 **수립한다면** 이는 **재처분의무를 이행**한 것으로 볼 수 **있다**. 23국가7
  ➕ 입안제안거부처분을 취소하는 판결이 확정되었다고 하여, 행정청에 그 입안제안을 그대로 수용하는 내용의 도시관리계획을 수립할 재처분의무가 있다고는 볼 수 없기 때문이다.

56 주민 등의 도시계획 **입안제안을 거부**한 처분에 대하여 이익형량에 하자가 있어 위법하다는 이유로 **취소판결**이 **확정**된 경우, 행정청이 다시 **새로운 이익형량**을 하여 적극적으로 도시관리계획을 수립하였다면 이는 취소판결의 기속력에 위배되지 않는다고 하더라도 **계획재량의 한계를 일탈**한 것인지는 **별도로 심리·판단하여야** 한다. 미기출

53 (취소판결의 기속력과 관련하여) 종전 확정판결의 행정소송과정에서 한 주장 중 **처분사유**가 되지 **아니**하여 판결의 **판단대상에서 제외된 부분**을 행정청이 그 후 **새로** 이행한 **처분**의 적법성과 관련하여 새로운 소송**에서** 다시 **주장하는 것**은 확정판결의 기판력에 **저촉**된다. 17서울9

54 위법판단의 기준시에 관하여 **판결시설**을 취하면 **사실심 변론종결시 이전의 사유**를 내세워 **다시 거부처분**을 할 수 **있다**. 19서울9

55 주민 등의 도시관리계획의 **입안 제안을 거부**하는 처분에 대하여 **이익형량의 하자**를 이유로 **취소판결**이 **확정**된 후에 행정청이 **다시 이익형량을 하여** 주민 등이 제안한 것과는 **다른 내용**의 계획을 **수립한다면** 이는 **재처분의무를 이행**한 것으로 볼 수 **없다**. 23국가7

56 주민 등의 도시계획 **입안제안을 거부**한 처분에 대하여 이익형량에 하자가 있어 위법하다는 이유로 **취소판결**이 확정된 경우, 행정청이 다시 **새로운 이익형량**을 하여 적극적으로 도시관리계획을 수립하였다면 이는 취소판결의 기속력에 위배되지 않으므로 계획재량의 한계를 일탈한 것인지 별도로 심리할 필요는 **없다**. 미기출

07 간접강제 | 요플 p.227 |

57 행정청이 판결확정 이후 상대방에 대해 **재처분**을 하였더라도 그 처분이 **기속력에 위반**되는 경우라면 **간접강제의 대상이 된다**. (2002무22) 15국가7
  ➕ 재처분을 하였더라도 기속력에 위반한다면 당연무효이고, 이는 아무런 재처분을 하지 아니한 것과 같기에 간접강제의 대상이 된다.

58 (甲은 A행정청에 허가신청을 하였으나 거부되었고, 이에 대해 거부처분취소소송을 제기하여 인용판결이 확정되었다.) A행정청이 **기속력에 반**하는 **재처분**을 한 경우, 그 처분은 **당연무효**이다. 16서울9

59 (甲은 공동주택 및 근린생활시설을 건축하는 내용의 주택건설사업계획승인신청을 하였으나 행정청 乙은 거부처분을 행하였고, 당해 거부처분에 대해 甲은 행정소송을 제기하여 거부처분취소판결이 확정되었다.) 乙이 판결의 취지에 따른 **재처분의무**를 이행하지 **않는 경우** 甲은 제1심 수소법원에 **간접강제결정을 신청할 수** 있다. 11지방7

60 **간접강제**결정에 기한 **배상금**은 확정판결에 따른 재처분의 지연에 대한 **제재 또는 손해배상이 아니고 재처분의 이행에 관한 심리적 강제수단**에 불과하다.(2009다37725) 13국가7

61 간접강제결정에서 정한 의무이행**기한**이 **경과한 후에라도** 확정판결의 취지에 따른 **재처분**의 이행이 **있으면** 처분상대방이 더 이상 배상금을 **추심**하는 것은 특별한 사정이 없는 한 허용되지 **않는다**. 16국가7

62 취소 확정판결의 기속력에 대한 규정은 무효확인판결에도 준용되나, 간접강제에 관한 규정이 준용되지 않으므로, **무효확인판결의 취지에 따른 처분을 하지 아니할** 때에는 1심 수소법원은 **간접강제** 결정을 할 수 **없다**. 21국가7

63 무효확인판결에 간접강제가 인정되지 않는 것은 입법의 불비라는 비판이 있다. 20군무원9

57 행정청이 판결확정 이후 상대방에 대해 **재처분**을 하였다면 그 처분이 **기속력에 위반**되는 경우라도 간접강제의 대상은 되지 **않는다**. 15국가7

60 **간접강제**결정에 기한 **배상금**은 확정판결에 따른 재처분의 지연에 대한 **제재 또는 손해배상**이라는 것이 판례의 입장이다. 13국가7

62 취소 확정판결의 기속력에 대한 규정은 무효확인판결에도 준용되므로, **무효확인판결의 취지에 따른 처분을 하지 아니할** 때에는 1심 수소법원은 **간접강제결정을 할 수 있다**. 21국가7

테마별 N지 모음

N1 甲은 자신이 운영하는 사회복지시설의 재정이 어려워지자 관할행정청에 보조금을 신청하였으나 거부되었다. 이와 관련한 법률관계에 대한 설명으로 옳은 것은? (다툼이 있는 경우 판례에 의함) 14국가9 ③

① 위 거부행위는 불이익처분이므로 관할행정청이 甲의 신청을 거부하는 경우에는 행정절차법상 사전통지 절차를 거쳐야 한다.
② 위 거부행위가 있은 후에 甲은 보조금지급을 요구하는 의무이행소송을 제기할 수 있다.
③ 甲이 위 거부행위에 대하여 취소소송을 제기하여 다투는 경우에 집행정지를 통한 권리구제는 허용되지 않는다.
④ 甲이 위 거부행위에 대해 취소소송으로 다투기 위해서는 甲에게 보조금을 신청할 수 있는 권리가 성문 법령에 규정되어 있어야만 한다.

[해설] ① 위 거부행위는 국민의 권익을 제한하는 것이 아니므로 관할행정청이 甲의 신청을 거부하는 경우에는 행정절차법상 사전통지 절차를 거쳐야 하는 것은 아니다.
② 위 거부행위가 있은 후에 甲은 보조금지급을 요구하는 의무이행소송을 제기할 수 없다. 현행법상 의무이행소송은 허용되지 아니하기 때문이다.
④ 甲이 위 거부행위에 대해 취소소송으로 다투기 위해서는 甲에게 보조금을 신청할 수 있는 권리가 성문 법령에 규정되어 있거나 조리상 인정되면 된다.

N2 다음 사례에 대한 설명으로 옳지 않은 것을 고르시오. (다툼이 있는 경우 판례에 의함) 22국가9 ③

> 건축주 甲은 토지소유자 乙과 매매계약을 체결하고 乙로부터 토지사용승낙서를 받아 乙의 토지 위에 건축물을 건축하는 건축허가를 관할행정청인 A시장으로부터 받았다. 매매계약서에 의하면 甲이 잔금을 기일 내에 지급하지 못하면 즉시 매매계약이 해제될 수 있고 이 경우 토지사용승낙서는 효력을 잃으며 甲은 건축허가를 포기·철회하기로 甲과 乙이 약정하였다. 乙은 甲이 잔금을 기일 내에 지급하지 않자 甲과의 매매계약을 해제하였다.

① 착공에 앞서 甲의 귀책사유로 해당 토지를 사용할 권리를 상실한 경우, 乙은 A시장에 대하여 건축허가의 철회를 신청할 수 있다.
② 건축허가는 대물적 성질을 갖는 것이어서 행정청으로서는 그 허가를 할 때에 건축주 또는 토지소유자가 누구인지 등 인적 요소에 관하여는 형식적 심사만 한다.
③ A시장은 건축허가 당시 별다른 하자가 없었고 철회의 법적근거가 없으므로 건축허가를 철회할 수 없다.
④ 철회권의 행사는 기득권의 침해를 정당화할 만한 중대한 공익상의 필요 또는 제3자의 이익을 보호할 필요가 있고, 공익상의 필요 등이 상대방이 입을 불이익을 정당화할 만큼 강한 경우에 한해 허용될 수 있다.

[해설] ③ A시장은 건축허가 당시 별다른 하자가 없었고 철회의 법적근거가 없더라도 건축허가를 철회할 수 있다

N3 甲은 관할 A행정청에 토지형질변경허가를 신청하였으나 A행정청은 허가를 거부하였다. 이에 甲은 거부처분취소소송을 제기하여 재량의 일탈·남용을 이유로 취소판결을 받았고, 그 판결은 확정되었다. 이에 대한 설명으로 옳은 것은? (다툼이 있는 경우 판례에 의함) 19국가9 ②

① A행정청이 거부처분 이전에 이미 존재하였던 사유 중 거부처분 사유와 기본적 사실관계의 동일성이 없는 사유를 근거로 다시 거부처분을 하는 것은 허용되지 않는다.
② A행정청이 재처분을 하였더라도 취소판결의 기속력에 저촉되는 경우에는 甲은 간접강제를 신청할 수 있다.
③ A행정청의 재처분이 취소판결의 기속력에 저촉되더라도 당연무효는 아니고 취소사유가 될 뿐이다.
④ A행정청이 간접강제결정에서 정한 의무이행 기한 내에 재처분을 이행하지 않아 배상금이 이미 발생한 경우에는 그 이후에 재처분을 이행하더라도 甲은 배상금을 추심할 수 있다.

[해설] ① 거부처분 이전에 이미 존재하였던 사유더라도 거부처분 사유와 기본적 사실관계의 동일성이 없는 사유를 근거로 다시 거부처분을 하는 것은 허용된다.
③ A행정청의 재처분이 취소판결의 기속력에 저촉된다면 당연무효이다.
④ A행정청이 간접강제결정에서 정한 의무이행 기한 내에 재처분을 이행하지 않아 배상금이 이미 발생한 경우에도 그 이후에나마 재처분을 이행하였다면 甲은 배상금을 추심할 수 없다.

THEME 55 공권과 원고적격

○ 지문 / × 지문

01 기본구조

01 자연물인 도롱뇽 또는 그를 포함한 자연 그 자체로서는 소송을 수행할 당사자능력을 인정할 수 없다. 　15국가9

02 인정요건

02 개인적 공권은 강행적인 행정법규에 의하여 행정청을 기속함으로써 성립하는 것일 뿐만 아니라 개인의 사익보호성도 성립요건이라는 것이 일반적인 견해이다. 　12국가9

02 개인적 공권은 강행적인 행정법규에 의하여 행정청을 기속함으로써 비로소 성립하는 것일 뿐 개인의 사익보호성은 성립요건이 아니라는 것이 일반적인 견해이다. 　12국가9

03 공권의 성립요건 가운데 '의사력(법상의 힘)의 존재'를 요구하는 것은 종래의 견해이다. 오늘날에는 헌법상 재판을 받을 권리가 일반적으로 보장되고, 행정소송법에서 개괄주의를 취하고 있기에 더 이상 의사력을 공권의 성립요건으로 보지 않고 있다. 　13국가7

03 오늘날 공권의 성립요건 가운데 '의사력(법상의 힘)의 존재'를 요구하는 것이 새로운 경향이다. 　13국가7

04 처분 등의 취소를 구할 법률상 이익이 있는 자가 취소소송을 제기할 수 있다. 　12(하)지방9

04 처분 등의 취소를 구할 정당한 이익이 있는 자가 취소소송을 제기할 수 있다. 　12(하)지방9

05 행정소송법 제12조 전단의 '법률상 이익'의 개념과 관련하여서는 권리구제설, 법률상 보호된 이익구제설, 보호가치 있는 이익구제설, 적법성 보장설 등으로 나누어지며, 이 중에서 법률상 보호된 이익구제설이 통설·판례의 입장이다. 　17국회8

05 행정소송법 제12조 전단의 '법률상 이익'의 개념과 관련하여서는 권리구제설, 법률상 보호된 이익구제설, 보호가치 있는 이익구제설, 적법성 보장설 등으로 나누어지며, 이 중에서 보호가치 있는 이익구제설이 통설·판례의 입장이다. 　17국회8

06 법률상 이익의 의미에 관하여 법률상 보호이익설(법률상 이익구제설)은 위법한 처분에 의하여 침해되고 있는 이익이 근거법률에 의하여 보호되고 있는 이익인 경우에는 그러한 이익이 침해된 자에게 당해 처분의 취소를 구할 원고적격이 인정된다고 한다. 　11국가9

07 법률상 보호되는 이익이라 함은 당해 처분의 근거법규에 의하여 보호되는 개별적·구체적 이익뿐 아니라, 관련법규에 의하여 보호되는 개별적·구체적 이익까지 포함한다.(2011두33044) 　17국회8

07 법률상 보호되는 이익이라 함은 당해 처분의 근거법규에 의하여 보호되는 개별적·구체적 이익을 의미하며, 관련법규에 의하여 보호되는 개별적·구체적 이익까지 포함하는 것은 아니라는 것이 판례의 입장이다. 　17국회8

08 원고적격의 요건으로서 법률상 이익에는 당해 처분의 근거 법률에 의하여 보호되는 직접적이고 구체적인 이익을 말하고, 당해 행정처분과 관련하여 간접적이거나 사실적·경제적 이해관계를 가지는 데 불과한 경우는 여기에 포함되지 않는다. 　24국가9

08 원고적격의 요건으로서 법률상 이익에는 당해 처분의 근거 법률에 의하여 보호되는 직접적이고 구체적인 이익뿐만 아니라 간접적이거나 사실적·경제적 이해관계를 가지는 경우도 여기에 포함된다. 　24국가9

09 헌법상의 기본권 규정으로부터도 개인적 공권이 바로 도출될 수 있다. 단, 모든 기본권으로부터 공권이 도출되는 것은 아니다. 　17교행9

09 헌법상의 기본권 규정으로부터는 개인적 공권이 바로 도출될 수 없다. 　17교행9

10 소극적 방어권인 헌법상의 자유권적 기본권은 법률의 규정이 없다고 하더라도 직접 공권이 성립될 수도 있다. 　17(상)지방9

11 헌법상 변호인접견권(은 개인적 공권으로 성립할 수 있다) 　10국가9

12 자유권적 기본권은 법률에 의해 구체화되지 않더라도 그 자체가 구체적 공권으로서 재판상 주장될 수 있으나, 사회권적 기본권은 그렇지 않다. 즉, 모든 기본권이 바로 구체적 공권이 되는 것은 아니다. 　15교행9

12 헌법상의 모든 기본권은 법률에 의해 구체화되지 않더라도 재판상 주장될 수 있는 구체적 공권이다. 　15교행9

13 사회적 기본권의 성격을 가지는 연금수급권은 헌법에 근거한 것이나 헌법 규정만으로는 실현할 수 없다.(헌재 2011헌바272) 　17(상)지방9

13 사회권적 기본권의 성격을 가지는 연금수급권은 헌법에 근거한 개인적 공권이므로 헌법 규정만으로도 실현할 수 있다. 　17(상)지방9

14 근로자가 퇴직급여를 청구할 수 있는 권리와 같은 이른바 사회적 기본권은 헌법 규정에 의하여 바로 도출되는 개인적 공권이라 할 수 없다. 　12국가9

15 헌법 제32조 제1항이 규정하는 근로의 권리는 사회적 기본권으로서 국가에 대하여 직접 일자리를 청구하거나 일자리에 갈음하는 생계비의 지급청구권을 의미하는 것이 아니라 고용증진을 위한 사회적·경제적 정책을 요구할 수 있는 권리에 그치며, 근로의 권리로부터 국가에 대한 직접적인 직장존속청구권이 도출되는 것도 아니다. 　17경행

16 「의료급여법」에 의하여 인정되는 **의료급여수급권**은 **사회권적 기본권**의 일종으로서 **법률**을 통하여 **구체화할 때**에 비로소 **인정**되는 **법률적 권리**에 해당한다. 23지방7

17 **개인적 공권**은 **성문법**에 근거하지 **않더라도** 불문법에 의하여 성립할 수 **있다**. 12국가9

18 구 수산업법 제40조 소정의 **관행어업권**(은 **개인적공권**으로 성립할 수 있다) 10국가9

19 서울특별시의 '철거민에 대한 **시영아파트특별분양개선지침**'에 의한 무허가 건물 소유자의 시영아파트 특별분양신청권은 **개인적 공권**으로 성립할 수 **없다**.(87누1214) 10국가9
  ➕ 시영아파트특별분양개선지침은 행정규칙에 불과하여 이로부터 개인적 공권은 도출될 수 없는 것이 원칙이다.

20 개인적 공권은 **공법상 계약**을 통해서도 성립할 수 **있다**. 12국가9
  ➕ 공법상 계약을 체결하면 개인은 행정주체에 대한 공법적 권리를 갖게 된다.

16 「의료급여법」에 의하여 인정되는 **의료급여수급권**은 **사회권적 기본권**의 일종으로서 **헌법**을 통하여 **직접 인정**되는 **헌법적 권리**에 해당한다. 23지방7

17 **개인적 공권**은 명확한 법규의 존재를 전제로 하는 것이므로 **성문법**에 근거하지 **않으면** 성립할 수 **없다**. 12국가9

19 서울특별시의 '철거민에 대한 **시영아파트특별분양개선지침**'에 의한 무허가 건물 소유자의 시영아파트 특별분양신청권(은 **개인적 공권**으로 성립할 수 **있다**) 10국가9

20 개인적 공권은 **공법상 계약**을 통해서는 성립할 수 **없다**. 12국가9

03 확대 | 요플 p.229 |

21 행정청에게 부여된 공권력 발동권한이 **재량행위인 경우**, 행정청의 권한행사에 이해관계가 있는 개인은 행정청에 대하여 **무하자재량행사청구권**을 가진다. 23군무원9

22 개인적 공권이 성립하려면 공법상 강행법규가 국가 기타 **행정주체에게 행위의무**를 부과해야 한다. 과거에는 그 의무가 **기속행위**의 경우에**만** 인정되었으나, 오늘날에는 **재량행위에도** 인정된다고 보는 것이 일반적이다. 17(상)국가9

23 통상 **행정계획변경청구권**은 **무하자재량행사청구권의 성질**을 갖는다. 20국회9

24 **무하자재량행사청구권**은 위법한 처분의 배제를 구하는 **형식적 권리**이다. 09국가9(변형)

25 **무하자재량행사청구권**은 수익적 행정행위뿐만 아니라 **부담적 행정행위에도** 적용될 수 있다. 18교행9

26 행정개입청구권은 현행법상 **의무이행소송**을 통하여 행사될 수 **없다**. 현행 행정소송법상 의무이행소송은 허용되지 아니하기 때문이다. 15교행9

27 개인의 신체, 생명 등 **중요**한 **법익**에 **급박**하고 현저한 **침해**의 우려가 있는 경우 **재량권이 영으로 수축**된다. 15국가9

28 재량권이 영으로 수축하는 경우 **무하자재량행사청구권**이 행정개입청구권으로 **전환**된다. 11사복9
  ➕ 재량이 영으로 수축하면 무하자재량행사청구권이 행정개입청구권으로 전환되는 것이지, 행정개입청구권이 무하자재량행사청구권으로 전환되는 것이 아니다.

29 **재량권의 영으로의 수축**이론은 개인적 **공권**을 **확대**하는 이론이다. 17교행9

30 일반적인 개인적 공권의 성립요건인 사익보호성은 **무하자재량행사청구권**이나 **행정개입청구권에도 적용된다**. 15교행9
  ➕ 무하자재량행사청구권 및 행정개입청구권 역시 공권이므로 공권의 성립요건인 사익보호성이 당연히 요구된다.

31 반사적 이익의 공권화 경향에 따라 **행정개입청구권**의 성립**요건**이 그만큼 **완화**되고 있다. 11사복9

24 **무하자재량행사청구권**은 위법한 처분의 배제를 구하는 **실질적 권리**이다. 09국가9(변형)

26 행정개입청구권은 현행법상 **의무이행소송**을 통하여 행사될 수 **있다**. 15교행9

28 **재량권이 영으로 수축**하는 경우 **행정개입청구권**은 무하자재량행사청구권으로 **전환**된다. 11사복9

30 일반적인 개인적 공권의 성립요건인 **사익보호성**은 **무하자재량행사청구권**이나 **행정개입청구권에는** 적용되지 **않는다**. 15국가9

04 공권의 특성 | 요플 p.229 |

32 **개인적 공권**은 사권과 달리 **자유롭게 포기**할 수 **없는** 것이 원칙이다. 17교행9

33 구 「석탄산업법 시행령」상 **재해위로금 청구권**은 개인의 공권으로서 그 공익적 성격에 비추어 당사자 합의에 의해 이를 **미리 포기**할 수 **없다**. 20소간

34 행정소송에 있어서의 **소권**은 개인의 국가에 대한 공권이므로 당사자의 **합의**로써 이를 **포기**할 수 **없**다. 17경행

32 **개인적 공권**은 사권처럼 **자유롭게 포기**할 수 **있는** 것이 원칙이다. 17교행9

35 제3자와 **소권(訴權)의 포기**에 관한 계약을 체결하더라도 그 계약은 **무효**이다. 11사복9
Ⓒ

36 **개인적 공권**은 일반적으로 **일신전속적** 성질을 가지므로 **대행**이나 **위임**이 **제한**되는 경우가 많다. 09국가9

37 개인적 공권으로서의 **경찰권**은 주민에 의한 **자치경찰제의 도입**까지 의미하는 것은 **아니다**. (옳) 18교행9
Z

37 개인적 공권으로서의 **경찰권**은 주민에 의한 **자치경찰제의 도입**까지 **의미**하는 것으로 이해된다. 18교행9
Z

05 원고적격 인정여부 | 요플 p.230 |

38 (A구 의회 의원인 甲은 공무원을 폭행하는 등 의원으로서 품위를 손상시키는 행위를 하였다. 이
Ⓒ 러한 사유를 들어 A구 의회는 甲을 의원직에서 **제명**하는 **의결**을 하였다. 이에 甲은 위 제명의결을 행정소송의 방법으로 다투고자 한다.) 「행정소송법」제12조의 '법률상 이익' 개념에 관하여 법률상 이익구제설에 따르는 판례에 의하면 **甲은** 침해적 처분인 제명의결의 **직접 상대방**으로서 동 처분을 다툴 **원고적격을 갖는**다. (옳) 23국가9

38 (A구 의회 의원인 甲은 공무원을 폭행하는 등 의원으로서 품위를 손상시키는 행위를 하였다. 이러한 사유를 들어 A구 의
Ⓒ 회는 甲을 의원직에서 **제명**하는 **의결**을 하였다. 이에 甲은 위 제명의결을 행정소송의 방법으로 다투고자 한다.) 「행정소송법」 제12조의 '법률상 이익' 개념에 관하여 법률상 이익구제설에 따르는 판례에 의하면 **甲은** 제명의결을 다툴 **원고적격을 갖지 못**한다. 23국가9

39 행정처분에 있어서 **불이익처분의 상대방**은 직접 개인적 이익의 침해를 받은 자로서 취소소송의
Ⓑ **원고적격**이 인정되지만 **수익처분의 상대방**은 그의 권리나 법률상 보호되는 이익이 침해되었다고 볼 수 없으므로 달리 특별한 사정이 없는 한 **취소를 구할 이익**이 **없다**. 17(상)국가9

40 **수익처분의 상대방**에게도 당해 처분의 **취소를 구할 이익**이 인정될 수 있다. 18국회8

41 「건강보험요양급여행위 및 그 상대가치점수 개정」고시의 취소소송에서 사단법인 **대한의사협회**는
인 **원고적격**이 **없다**. (2003두11988) (옳) 12국회8

41 「건강보험요양급여행위 및 그 상대가치점수 개정」고시의 취소소송에서 사단법인 **대한의사협회**(는 **원고적격**이 있다) 12국회8
인

42 약제를 제조·공급하는 **제약회사**는 보건복지부 고시인 「약제급여·비급여 목록 및 급여 상한금
인 **액표**」중 약제의 상한 금액 인하 부분에 대하여 그 취소를 구할 **원고적격**이 있다. 19지방9

43 교육부장관이 사학분쟁조정위원회의 심의를 거쳐 **학교법인**의 **이사**와 **임시이사**를 선임한 데 대하
Ⓑ 여 그 대학교의 **교수협의회와 총학생회**는 이사선임처분을 다툴 **법률상 이익**을 가지지만, 직원으로 구성된 **노동조합**은 **법률상 이익**을 가지지 않는다. 17(하)국가7

44 재단법인인 **수녀원** D는 소속된 수녀 등이 쾌적한 환경에서 생활할 수 있는 **환경상 이익**을 침해받
Ⓒ 는다고 하더라도 수녀원의 법률상 이익이 침해된다고 볼 수는 없기에 매립 목적을 택지조성에서 조선시설용지로 변경하는 내용의 공유수면매립목적 변경승인처분의 무효확인을 구할 **원고적격**이 **없다**. (2010두2005) (옳) 16지방9
　➕ 자연인 수녀가 아닌 재단법인 수녀원은 쾌적한 환경에서 생활할 수 있는 이익을 향유할 수 있는 주체가 아니므로 원고적격이 인정되지 아니한다고 한 사례이다.

44 재단법인인 **수녀원** D는 소속된 수녀 등이 쾌적한 환경에서
Ⓒ 생활할 수 있는 **환경상 이익**을 **침해**받는다면 매립 목적을 택지조성에서 조선시설용지로 변경하는 내용의 공유수면매립 목적 변경승인처분의 무효확인을 구할 **원고적격**이 **있다**. 16지방9

45 운수회사에 대한 과징금 부과처분에 대한 취소소송에서 그 부과처분이 자신의 잘못으로 인한 것으로 사후 사실상 변상하여 줄 관계에 있는 **운전기사**는 **원고적격**이 **없다**. (93누24247) (옳) 12국회8
　➕ 운전기사는 사실적, 경제적 이해관계를 갖는 것에 불과하여 취소를 구할 직접적이고 구체적인 이익이 있다고 볼 수 없어 원고적격을 부인한 사례이다.

45 **운수회사**에 대한 **과징금 부과처분**에 대한 취소소송에서 그 부과처분이 자신의 잘못으로 인한 것으로 사후 사실상 변상하여 줄 관계에 있는 **운전기사**(는 **원고적격**이 **있다**) 12국회8

46 **학교법인**에 의하여 **임원으**로 선임된 B는 **자신**에 대한 관할청의 **임원취임승인신청** 반려처분 취소
인 **소송**의 **원고적격**이 있다. 16지방9

47 **지방법무사**회가 법무사의 **사무원 채용승인** 신청을 **거부**하거나 채용승인을 얻어 채용 중인 사람에
Ⓑ 대한 채용승인을 **취소**하는 것은 **처분**에 해당하고, 이러한 처분에 대해서는 처분 **상대방인 법무사뿐 아니라** 그 때문에 **사무원**이 될 수 없게 된 사람도 이를 다툴 **원고적격**이 인정된다. 21국회8

48 학교법인 측에 대한 **사무직원 호봉정정** 및 이에 따른 **급여환수명령** 등 처분에 대하여 처분의 상
Ⓒ 대방이 아닌 **사무직원에게도** 이를 다툴 **법률상 이익**이 있다. 미기출

49 교도소장의 **접견허가거부처분**에 대하여 그 접견신청의 **대상자였던 미결수**는 그 취소를 구할 **원**
소 **고적격을 가진**다. (91누7552) (옳) 18소방

49 교도소장의 **접견허가거부처분**에 대하여 그 접견신청의 **대상자였던 미결수**(는 판례가 취소소송의 **원고적격**을 부정하였다.) 18소방
소

50 법인의 주주가 그 **처분으로** 인하여 궁극적으로 주식이 소각되거나 주주의 법인에 대한 권리가 소멸하는 등 **주주의 지위에 중대한 영향**을 초래하게 되는데도 그 처분의 성질상 당해 **법인이 이를 다툴 것을 기대할 수 없고** 달리 주주의 지위를 보전할 구제방법이 없는 경우에는 **주주도** 그 처분에 관하여 직접적이고 구체적인 법률상 이해관계를 가진다고 보이므로 그 취소를 구할 **원고적격**이 있다. 21군무원9

51 **국가가** 국토이용계획과 관련한 지방자치단체의 장의 **기관위임사무**의 처리에 관하여 지방자치단체의 장을 상대로 **취소소송**을 제기하는 것은 **허용**되지 **않는다**. 22지방7

52 지방자치단체 등이 건축물을 건축하기 위해 건축물 소재지 관할 허가권자인 지방자치단체의 장과 건축협의를 하였는데 허가권자인 **지방자치단체의 장이** 그 협의를 취소한 경우, **건축협의 취소**는 항고소송의 대상인 **행정처분**에 해당한다. 17(상)지방9

53 지방자치단체가 건축물 소재지 관할 허가권자인 지방자치단체의 장을 상대로 **건축협의 취소**의 취소를 구하는 사안에서의 **지방자치단체(는 원고적격을 갖는다)** 19국회8

54 (「유료도로법」에 의하여 국토해양부장관은 고속도로 통행료를 결정하였고, 통행료 징수구간, 징수기간 및 통행료의 액수 등에 관한 구체적인 사항을 공고한 후 통행료를 부과하였다.) 단체소송은 명문의 규정이 있을 때에만 허용된다. 그런데 「행정소송법」상 단체소송에 관한 명문규정은 없다. 따라서 인근 주민들은 별도의 **개별법**에 규정이 **없는 한 단체소송**을 제기할 수 **없다**. 12지방7

54 (「유료도로법」에 의하여 국토해양부장관은 고속도로 통행료를 결정하였고, 통행료 징수구간, 징수기간 및 통행료의 액수 등에 관한 구체적인 사항을 공고한 후 통행료를 부과하였다.) 「행정소송법」상 명문의 규정은 없지만, 인근 주민들은 **판례에 의해** 인정되고 있는 **단체소송**을 제기할 수 **있다**. 12지방7

55 본래 행정기관에는 당사자능력이 인정될 수 없다. 다만, 행정소송법은 항고소송에 있어서만큼은 행정기관인 행정청에게 피고적격을 인정하고 있다. 그러나 원고적격은 원칙적으로 행정기관에게는 인정될 수 없다. 따라서 **충북대학교 총장**은 **원고가 될 수 없다**. 단, 판례는 예외적으로 국가기관인 **시·도 선거관리위원회 위원장**의 원고적격을 인정한 바는 **있다**. 18소방(변형)
➕ 지문은 충북대학교 총장도 원고가 될 수 있다고 하여서 틀린 것

55 판례는 항고소송에 있어서 행정청은 피고적격이 인정되며, 국가기관인 **시·도 선거관리위원회 위원장**과 **충북대학교 총장**의 **원고가 될 수** 있는 당사자 능력도 인정하였다. 18소방(변형)

56 법령이 특정한 행정기관으로 하여금 다른 **행정기관**에 **제재적 조치**를 취할 수 있도록 하면서, 그에 **따르지 않으면** 그 행정기관에 **과태료** 등을 과할 수 있도록 정하는 경우, 권리구제나 권리보호의 필요성이 인정된다면 예외적으로 그 제재적조치의 상대방인 **행정기관에게 항고소송의 원고적격을 인정**할 수 있다. 19국가7

57 국민권익위원회가 소방청장에게 인사와 관련하여 부당한 지시를 한 사실이 인정된다며 이를 취소할 것을 요구하기로 의결하고 내용을 통지하자 그 **국민권익위원회 조치요구**의 취소를 구하는 사안에서의 **소방청장(은 원고적격을 갖는다)** 19국회8

58 국가기관인 **시·도관리위원회 위원장**은 **국민위원회**가 그에게 소속 직원에 대한 중징계요구를 취소하라는 등의 **조치요구**를 한 것에 대해서 취소소송을 제기할 **원고적격**을 가진다고 볼 수 **있다**. (2011두1214) 16국가9

58 국가기관인 **시·도선거관리위원회 위원장**은 **국민권익위원회**가 그에게 소속 직원에 대한 중징계요구를 취소하라는 등의 **조치요구**를 한 것에 대해서 취소소송을 제기할 **원고적격**을 가진다고 볼 수 **없다**. 16국가9

59 중국 국적자인 **외국인**이 **사증발급 거부처분**의 취소를 구하는 경우에는 항고소송의 **원고적격**이 인정되지 **아니**한다.(2014두42506) 21국가9

59 중국 국적자인 **외국인**이 **사증발급 거부처분**의 취소를 구하는 경우(에는 판례상 항고소송의 **원고적격**이 **인정**된다) 21국가9

60 **외국인**이라고 하더라도 **대한민국과**의 실질적 **관련성** 내지 법적으로 보호가치가 있는 **이해관계를 형성**한 경우에는 **사증발급 거부처분의 취소**를 구할 **원고적격**이 **인정**된다. 21국회8

61 대한민국에서 출생하여 오랜 기간 대한민국 국적을 보유하면서 거주한 **재외동포**는 사증발급 거부처분의 취소를 구할 법률상 이익이 **있다**. 22국가9

62 「출입국관리법」상의 체류자격 및 사증발급의 기준과 절차에 관한 규정들은 대한민국의 출입국 질서와 국경관리라는 공익을 보호하려는 취지로 해석되나, 동법상 **체류자격변경 불허가처분, 강제퇴거명령** 등을 다투는 **외국인**은 적법하게 입국하여 상당한 기간을 체류한 사람이므로 법적으로 보호가치 있는 이해관계를 형성한 경우이어서 해당 처분의 취소를 구할 **법률상 이익**이 **인정**된다.(2014두42506) 19국가7

62 「출입국관리법」상의 체류자격 및 사증발급의 기준과 절차에 관한 규정들은 대한민국의 출입국 질서와 국경관리라는 공익을 보호하려는 취지로 해석될 뿐이므로, 동법상 **체류자격변경 불허가처분, 강제퇴거명령** 등을 다투는 **외국인**에게는 해당 처분의 취소를 구할 **법률상 이익**이 인정되지 **않는다**. 19국가7

63 미얀마 국적의 甲이 **위명(僞名)**인 乙 명의의 여권으로 대한민국에 입국한 뒤 乙 명의로 **난민 신청**을 하였으나 법무부장관이 乙 명의를 사용한 甲을 직접 면담하여 조사한 후 甲에 대하여 **난민 불인정 처분**을 한 사안에서의 그 처분의 취소를 구하는 甲(은 **원고적격을 갖는다**) 19국회8

64 예탁금회원제 골프장에 가입되어 있는 **기존회원** C는 그 골프장운영자가 당초 승인을 받을 때 정한 **예정 인원**을 **초과**하여 회원을 모집하는 내용의 **회원모집계획서에 대한** 시·도지사의 **검토결과 통보의 취소를 구할 법률상 이익이 있다.** 16지방9

65 학과에 재학 중인 **대학생**이 **전공이 다른 교수의 임용**으로 인해 학습권을 침해당하였다는 주장은 간접적이거나 사실적인 불이익에 지나지 아니하므로 이를 들어 교수임용처분의 취소를 구하는 경우 **원고적격**이 인정되지 **아니**한다. (93누8139) 15(1)경행

66 부교수임용처분에 대하여 같은 학과의 **기존교수**(는 판례가 취소소송의 **원고적격**을 **부정**하였다.) 18소방

67 영어 과목의 2종 교과용 도서에 대하여 **검정신청**을 하였다가 **불합격결정처분을 받은 자**는 자신들이 검정신청한 교과서의 과목과 전혀 **관계**가 **없는** 수학 **과목**의 교과용 도서에 대한 **합격결정처분**에 대하여 그 취소를 구할 **법률상 이익**이 **없다.** 24국가9

06 기타 행정소송 | 요플 p.231 |

68 **무효등확인소송**은 처분 등의 **효력** 유무 또는 **존재**여부의 **확인**을 **구할 법률상 이익**이 있는 자가 제기할 수 있다. 14(2)경행

69 **부작위위법확인소송**은 처분의 **신청**을 **한 자**로서 부작위의 위법의 **확인을 구할 법률상의 이익**이 있는 자만이 제기할 수 있다. 22국가7

70 행정소송법은 **당사자소송의 원고적격**에 대해 별도로 **규정**하고 있지 **않고**, 취소소송의 규정을 준용하고 있지도 않다. 16교행9
  ➕ 이처럼 아무런 규정이 없기에 민사소송의 원리에 따라 공법상 법률관계의 주체로 주장하는 자가 원고적격을 갖는다.

65 학과에 재학 중인 **대학생**들이 **전공이 다른 교수의 임용**으로 인해 학습권을 침해당하였다는 이유를 들어 교수 임용처분의 취소를 구할 때(**원고적격**이 **인정**된다) 15(1)경행

70 행정소송법은 **당사자소송의 원고적격**을 당사자소송을 제기할 법률상 이익이 있는 자로 **규정**하고 **있다.** 16교행9

테마별 N지 모음

N1 「대기환경보전법」상 개선명령에 관한 다음 조문에 대한 설명으로 옳지 않은 것은? (다툼이 있는 경우 판례에 의함) 22지방7 ④

> **제1조(목적)** 이 법은 대기오염으로 인한 국민건강이나 환경에 관한 위해를 예방하고 대기환경을 적정하고 지속가능하게 관리·보전하여 모든 국민이 건강하고 쾌적한 환경에서 생활할 수 있게 하는 것을 목적으로 한다.
> **제33조(개선명령) 환경부장관**은 제30조에 따른 신고를 한 후 조업 중인 배출시설에서 나오는 오염물질의 정도가 제16조나 제29조제3항에 따른 배출허용기준을 초과한다고 인정하면 대통령령으로 정하는 바에 따라 기간을 정하여 사업자(제29조제2항에 따른 공동 방지시설의 대표자를 포함한다)에게 그 오염물질의 정도가 배출허용기준 이하로 내려가도록 필요한 조치를 취할 것(이하 "**개선명령**"이라 한다)을 **명할 수** 있다.

① 환경부장관은 위 법률 제33조에서 위임한 사항을 규정한 **대통령령**을 **입법예고**를 할 때와 **개정**하였을 때에는 **10일 이내**에 이를 국회 **소관 상임위원회**에 제출하여야 한다.

② 환경부장관이 인근 주민의 **개선명령 신청**에 대해 **거부**한 행위가 항고소송의 대상이 되는 **처분이 되기 위해서**는 인근 주민에게 개선명령을 발할 것을 요구할 수 있는 **신청권이 있어야** 한다.

③ **인근 주민**이 배출시설에서 나오는 대기오염물질로 인하여 **생명과 건강에 심각한 위협**을 받고 있다면, 환경부장관의 개선명령에 대한 **재량권**은 **축소**될 수 있다.

④ 환경부장관에게는 하자 없는 재량행사를 할 의무가 인정되므로, 위 개선명령의 근거 및 관련 조항의 **사익보호성 여부를 따질 필요 없이** 인근 주민에게는 소위 **무하자재량행사청구권**이 **인정**된다.

[해설] ④ 환경부장관에게는 하자 없는 재량행사를 할 의무가 인정되더라도, 위 개선명령의 근거 및 관련 조항의 **사익보호성**이 **인정되어야** 인근 주민에게 **무하자재량행사청구권**이 인정된다.
  ➕ 공권은 사익보호성이 있어야 성립하고, 무하자재량행사청구권은 공권이기 때문

THEME 56 제3자의 지위(1) - 경업자·경원자·인근주민 소송 등 일괄정리

○ 지문

01 개관 | 요플 p.233 |

01 취소소송의 **원고적격**은 처분 등의 취소를 구할 법률상 이익이 있는 자에게 인정될 뿐 처분의 상대방일 것을 요구하지 않으므로, 직접처분 또는 재결을 받은 **상대방 이외의 자**에게도 **인정될 수 있다**. 12지방9

02 (제3자의 원고적격과 관련하여) 처분 등에 의해 법률상 이익이 현저히 **침해되는 경우뿐만 아니라 침해가 우려되는 경우에도 원고적격**이 **인정**된다. 23군무원9

02 경업자 | 요플 p.233 |

03 면허나 인·허가 등의 수익적 행정처분의 **근거**가 되는 **법률이** 해당 업자들 사이의 **과당경쟁**으로 인한 **경영의 불합리**를 방지하는 것도 그 **목적**으로 하고 있는 경우 **기존의 업자**는 경업자에 대하여 이루어진 면허나 인·허가 등 행정처분의 상대방이 아니라 하더라도 당해 행정처분의 취소를 구할 **원고적격이 있다**. 13국회8

04 수익적 행정처분의 근거가 되는 법률이 해당 업자들 사이의 과당경쟁으로 인한 경영의 불합리를 방지하는 것도 목적으로 하고 있는 경우더라도, 애초에 행정처분의 **경업자에게 불리한 내용**이라면 그와 경쟁관계에 있는 기존의 업자에게는 유리할 것이므로 **기존의 업자**가 그 행정처분의 무효확인 또는 취소를 구할 **법률상 이익이 없다**.(2019두49953) 23국8

05 기존업자가 특허기업인 경우에는 그 **특허**로 인하여 받는 영업상의 이익은 **법률상 이익**으로 보는 것이 일반적이나, 허가기업인 경우에는 기존업자가 그 **허가**로 인하여 받은 영업상 이익은 **반사적** 이익 내지 **사실상 이익**에 불과한 것으로 본다. 17국회8

06 **허가**를 받은 경업자에게는 **원고적격**이 **부정**되나, **특허사업**의 경업자는 특별한 사정이 없는 한 **원고적격**이 **인정**된다. 15국가9

07 한의사 면허는 **허가**에 해당하고, 한약조제 시험을 통해 **약사에게 한약조제권을 인정**함으로써 **한의사**들의 영업이익이 감소되었다고 하더라도 이는 **법률상 이익** 침해라고 할 수 **없다**. 22군무원9

08 약사들에 대한 **한약조제시험 합격처분**의 무효확인을 구하는 **한의사**(에게는 판례상 **원고적격이 부정**되었다.) 22세무사

09 당초 병원설치가 불가능한 용도에서 병원설치가 가능한 용도로 **건축물 용도를 변경**하여 준 처분에 대하여 인근의 **기존 병원경영자**(는 판례가 취소소송의 원고적격을 부정하였다.) 18소방

10 구「석탄수급조정에 관한 임시조치법」소정의 **석탄가공업에 관한 허가**는 사업경영의 권리를 설정하는 형성적 행정행위(편저자: 강학상 특허)가 아니라 **명령적** 행정행위(편저자: 강학상 허가)이므로 기존에 허가를 받은 원고들이 신규허가로 인하여 영업상 이익이 감소될 수 있다는 이유로 **기존의 업자**에 대해 처분의 취소를 구할 **법률상 이익이 없다**.(80누33) 13국회8

11 기존 **목욕장**영업장 부근에 신설 영업장 허가처분에 따른 수입감소를 이유로 한 **기존업자**의 취소청구소송에서 법률상 이익이 **인정되지 아니한다**.(63누101) 08(상)지방9

× 지문

01 취소소송의 **원고적격**은 처분 등의 취소를 구할 법률상 이익이 있는 자에게 인정되기 때문에, 직접처분 또는 재결을 받은 **상대방 이외의 자**에게는 **인정되지 아니한다**. 12지방9

04 경업자에 대한 행정처분이 **경업자**에게 **불리한 내용**이라면 그와 경쟁관계에 있는 **기존의 업자**에게는 특별한 사정이 없는 한 유리할 것이지만 기존의 업자는 그 행정처분의 무효확인 또는 취소를 구할 **법률상 이익이 있다**. 23국회8

05 기존업자가 특허기업인 경우에는 그 **특허**로 인하여 받는 영업상 이익은 **반사적** 이익 내지 **사실상 이익**에 불과한 것으로 보는 것이 일반적이나, 허가기업인 경우에는 기존업자가 그 **허가**로 인하여 받은 영업상 이익은 **법률상 이익**으로 본다. 17국회8

06 **허가**를 받은 경업자에게는 **원고적격**이 **인정**되나, **특허사업**의 경업자는 특별한 사정이 없는 한 **원고적격**이 **부인**된다. 15국가9

10 구「석탄수급조정에 관한 임시조치법」소정의 **석탄가공업에 관한 허가**는 사업경영의 권리를 설정하는 **형성적** 행정행위이므로 기존에 허가를 받은 원고들이 신규허가로 인하여 영업상 이익이 감소될 수 있다는 이유로 **기존의 업자**에 대해 처분의 취소를 구할 **법률상 이익이 있다**. 13국회8

11 기존 **목욕장**영업장 부근에 신설 영업장 허가처분에 따른 수입감소를 이유로 한 **기존업자**의 취소청구소송(에서 판례는 제3자에게 **법률상의 이익**을 인정하였다) 08(상)지방9

(12~14) 甲이 종래부터 5층 건물에 **숙박업허가**를 받아 영업하고 있는 지점으로부터 불과 500미터 정도의 거리에 **乙이** 15층의 건물을 신축하여 같은 구청장인 A로부터 **숙박업허가**를 받아 현재 영업 중이다. 그러자 甲은 자신의 숙박업건물을 乙의 건물과 동일한 높이로 증축을 결심하고 A에게 숙박업구조변경허가를 신청하였다. 09국가7

12 위 사안에서 甲과 乙의 관계는 **경업자관계**이다.

13 A가 甲의 신청에 대해 **허가**를 발급하는 것은 일반적으로 **금지**의 **해제**에 해당한다.

14 전통적 견해에 의하면 A가 甲에 대한 허가를 발급함으로 인한 乙의 영업상 이익의 침해는 **사실상의 불이익**이 된다.
⊕ 숙박업허가는 강학상 허가이고, 허가로 인한 영업상 이익은 사실상 이익에 불과하기 때문이다.

15 **숙박업구조변경허가**처분에 대한 **주변 숙박업자**는 **원고적격**이 인정되지 **아니**한다. 20세무사

16 (구별) 면허받은 장의자동차운송**사업구역**을 **위반**하였음을 이유로 한 행정청의 과징금 부과처분에 의하여 동종업자의 영업이 보호되는 결과는 사업구역제도의 반사적 이익에 불과하기 때문에 그 **과징금 부과처분을 취소한 재결**에 대하여 처분의 상대방이 아닌 **제3자**는 그 취소를 구할 **법률상 이익**이 **없다**. 13국회8

17 담배 **일반소매인**으로 지정되어 있는 기존업자가 신규 담배 **구내소매인** 지정처분을 다투는 경우는 거리 제한 규정이 없어 **원고적격**이 인정되지 **아니**한다.(2008두402) 14서울9

18 **일반소매인**으로 지정되어 영업을 하고 있는 기존업자의 신규 **일반소매인**에 대한 이익은 **법률상 보호**되는 **이익**이다. 16사복9

19 **한정면허**를 받은 **시외버스운송사업자**는 **일반면허**를 받은 **시외버스운송사업자**에 대한 사업계획변경 인가처분으로 수익감소가 예상되는 경우, 일반면허 시외버스운송사업자에 대한 사업계획변경 인가처분의 취소를 구할 **법률상의 이익**이 인정된다.(2015두53824) 21국회8
⊕ 한정면허와 일반면허는 그 내용에 있어 본질적인 차이가 없어 한정면허를 받은 시외버스운송사업자에게 법률상 이익을 인정한 사례이다.

20 **직행형 시외버스운송사업자**에 대한 사업계획변경인가처분으로 인하여 기존의 **고속형 시외버스운송사업자**의 노선 및 운행계통과 일부 중복되고 기존업자의 수익감소가 예상된다면, 기존의 고속형 시외버스운송사업자는 직행형 시외버스운송 사업자에 대한 사업계획변경인가처분의 취소를 구할 법률상의 **이익**이 있다. 22소간

21 시외버스운송사업계획변경인가처분으로 **시외버스** 운행노선 중 일부가 기존의 시내버스 운행노선과 중복하게 되어 기존 **시내버스**사업자의 수익감소가 예상되는 경우, 기존의 시내버스운송사업자에게 위 처분의 취소를 구할 **법률상의 이익**이 있다. 21소간

22 구 해상운송사업법에 근거한 신규**선박운항사업** 면허허가처분에 대한 당해 항로에 취항하고 있는 **기존업자**의 취소 청구소송(에서 판례는 제3자에게 **법률상의 이익**을 인정하였다) 08(상)지방9

23 **분뇨관련영업허가**를 받은 **기존업자**가 다른 업자에 대한 영업허가처분을 다투는 경우(는 판례상 **원고적격**이 인정된다) 14서울9

24 (유사) **점용허가**를 받음이 **없이** 도로부지를 **점유하여 온 자**는 행정청이 제3자에 대하여 한 같은 도로부지의 점용허가처분으로 인하여 어떠한 불이익을 입게 되었다고 하더라도 위 처분의 취소를 구할 **원고적격**이 없다. 09지방7

25 동일한 사업구역 내의 동종의 사업용 **화물자동차면허대수를** 늘리는 보충인가처분에 대하여 **기존업자**는 그 취소를 구할 **법률상 이익**이 있다.(91누9107) 10(1)경행
⊕ 과당경쟁으로 인한 경영의 불합리를 미리 방지하는 것도 자동차운수사업법상의 목적으로 인정되기에 기존업자에게 법률상 이익을 인정한 사례이다.

(12~14) 甲이 종래부터 5층 건물에 **숙박업허가**를 받아 영업하고 있는 지점으로부터 불과 500미터 정도의 거리에 **乙이** 15층의 건물을 신축하여 같은 구청장인 A로부터 **숙박업허가**를 받아 현재 영업 중이다. 그러자 甲은 자신의 숙박업건물을 乙의 건물과 동일한 높이로 증축을 결심하고 A에게 숙박업구조변경허가를 신청하였다. 09국가7

14 전통적 견해에 의하면 A가 甲에 대한 허가를 발급함으로 인한 乙의 영업상 이익의 침해는 **권리침해**로 된다.

15 **숙박업구조변경허가**처분에 대하여 **인근의 기존 숙박업자**가 그 취소를 구하는 경우는 (판례상 항고소송의 **원고적격**이 **인정**된다) 20세무사

17 담배 **일반소매인**으로 지정되어 있는 기존업자가 신규 담배 **구내소매인** 지정처분을 다투는 경우(는 판례상 **원고적격**이 인정된다) 14서울9

19 **한정면허**를 받은 **시외버스운송사업자**는 일반면허를 받은 시외버스운송사업자에 대한 사업계획변경 인가처분으로 수익감소가 예상되는 경우라 하더라도, **일반면허 시외버스운송사업자**에 대한 사업계획변경 인가처분의 취소를 구할 **법률상의 이익**이 인정되지 **않는다**. 21국회8

25 동일한 사업구역 내의 동종의 사업용 **화물자동차면허대수를** 늘리는 보충인가처분에 대하여 **기존업자**는 그 취소를 구할 **법률상 이익**이 없다. 10(1)경행

03 경원자

26 인·허가 등의 수익적 행정처분을 신청한 수인이 서로 경쟁관계에 있어서 **일방에 대한 허가** 등의 처분이 **타방에 대한 불허가** 등으로 귀결될 수밖에 없는 때 허가 등의 처분을 받지 못한 자는 비록 **경원자에 대하여 이루어진 허가** 등 처분의 상대방이 아니라 하더라도 당해 처분의 취소를 구할 **원고적격**이 있다. 다만, 명백한 법적 장애로 인하여 원고 **자신의 신청이 인용될 가능성이 처음부터 배제되어 있는 경우**에는 법률상 보호되는 이익이 인정되지 **않는다**. 〈17국회8〉

27 법학전문대학원 **설치인가신청을 하였으나 인가 처분을 받지 못한 대학은** 처분의 상대방이 아니더라도 **다른 대학에 대하여 이루어진 설치인가처분의 취소**를 구할 법률상 이익이 **있다**. 〈22소간〉

28 인·허가 등 수익적 행정처분을 신청한 여러 사람이 서로 경원관계에 있어서 **한 사람에 대한 허가** 등 처분이 **다른 사람에 대한 불허가** 등으로 귀결될 수밖에 없을 때 허가 등 처분을 받지 못한 사람은 신청에 대한 거부처분의 직접 상대방으로서 원칙적으로 **자신에 대한 거부처분의 취소**를 구할 **원고적격**이 있고 특별한 사정이 없는 한 자신에 대한 거부처분의 취소를 구할 **소의 이익**이 **있다**. 〈18국회8〉

29 관할 행정청이 보조금 집행을 원활하게 하기 위해 **보조사업자의 계약상대방이 될 수 있는 시공업체를 공모**를 통해 선정한 경우, 선정에서 **제외된 업체는** 자신에 대한 제외결정에 대해서는 취소를 구할 원고적격이 인정되지만 **타 업체에 대한 선정결정**에 대해서는 취소를 구할 **원고적격**이 인정되지 **않는다**. (2020두48772) 〈미기출〉
⊕ 자신에 대한 제외결정에는 당연히 원고적격이 인정되나, 공모에 응모한 업체들은 상호간에 경업자나 경원자 관계에 있는 것이 아니라서(절대평가) 다른 업체에 대한 선정결정에 대해서는 취소를 구할 원고적격이 인정되지 아니한다고 한 사례

29 관할 행정청이 보조금 집행을 원활하게 하기 위해 **보조사업자의 계약상대방이 될 수 있는 시공업체를 공모**를 통해 선정한 경우, 선정에서 **제외된 업체는** 자신에 대한 제외결정은 물론, **타 업체에 대한 선정결정**에 대해서도 취소를 구할 **원고적격이 있다**. 〈미기출〉

04 인근 주민

30 대법원은 속리산국립공원 용화집단시설지구의 개발을 위한 **공원 사업시행 허가**에 대한 취소소송 사건에서 **자연공원법령뿐만 아니라** 허가와 불가분적으로 관계가 있는 **환경영향평가 법령도** 공원사업시행 허가 처분의 근거법령이 된다고 판시하여 근거법률의 범위를 확대하였다. 〈11국가9〉

31 환경정책기본법 제6조의 규정 내용 등에 비추어 국민에게 구체적인 권리를 부여한 것으로 볼 수 없으므로 **환경영향평가대상지역 밖에 거주하는 주민에게 헌법상의 환경권 또는 환경정책기본법에 근거**하여 공유수면매립면허처분과 농지개량사업 시행인가처분의 무효확인을 구할 **원고적격이 없다**. (2006두330) 〈17(상)지방9〉
⊕ 환경영향평가대상지역 밖에 거주하는 주민은 환경상 이익 침해가 있음을 적극적으로 입증하면 원고적격이 인정될 수 있으나, 헌법상 환경권이나 환경정책기본법만으로는 원고적격을 인정받을 수 없다.

31 환경정책기본법 제6조의 규정 내용 등에 비추어 국민에게 구체적인 권리를 부여한 것으로 볼 수 없더라도 **환경영향평가대상지역 밖에 거주하는 주민에게 헌법상의 환경권 또는 환경정책기본법에 근거**하여 공유수면매립면허처분과 농지개량사업 시행인가처분의 무효확인을 구할 **원고적격이 있다**. 〈17(상)지방9〉

32 환경영향평가에 관한 자연공원법령 및 **환경영향평가법령**들의 취지는 환경공익을 보호하려는 데에 그치는 것이 아니라 그 사업으로 인하여 직접적이고 중대한 환경피해를 입으리라고 예상되는 환경영향평가 **대상지역 안의 주민**들이 개발 전과 비교하여 수인한도를 넘는 환경침해를 받지 아니하고 쾌적한 환경에서 생활할 수 있는 **개별적 이익**까지 보호하려는 데에 **있다**. 〈17(상)국가9〉

32 환경영향평가에 관한 자연공원법령 및 **환경영향평가법령**들의 취지는 환경공익을 보호하려는 데 있으므로 환경영향평가 **대상지역 안의 주민**들이 수인한도를 넘는 환경침해를 받지 아니하고 쾌적한 환경에서 생활할 수 있는 **개별적 이익**까지 보호하는 데 있다고 볼 수는 **없다**. 〈17(상)국가9〉

33 행정처분의 근거 법규 또는 관련 법규에 그 처분으로써 이루어지는 행위 등 사업으로 인하여 환경상 침해를 받으리라고 예상되는 영향권의 범위가 구체적으로 규정되어 있는 경우에는, 그 **영향권 내의 주민**들에 대하여는 특단의 사정이 없는 한 **환경상 이익**에 대한 **침해** 또는 침해 우려가 있는 것으로 **사실상 추정**되어 **원고적격이 인정**된다. 〈23변시〉

34 환경상 이익에 대한 침해 또는 침해의 우려가 있는 것으로 사실상 추정되어 원고적격이 인정되는 자는 환경상 침해를 받으리라고 예상되는 영향권 내의 주민들을 비롯하여 그 **영향권 내**에서 **농작물을 경작**하는 등 현실적으로 환경상 이익을 향유하는 자도 포함된다고 할 것이나, 단지 그 영향권 내의 **건물·토지**를 **소유**하거나 환경상 이익을 **일시적**으로 **향유**하는 데 그치는 자는 포함되지 **않는다**고 할 것이다. 〈12경행〉

35 환경영향평가대상지역 **밖의 주민**은 자신에 대한 수인한도를 넘는 환경피해를 **입증한다면 원고적격이 인정될 수** 있다. 〈15교행9〉

35 환경영향평가대상지역 **밖의 주민**은 자신에 대한 수인한도를 넘는 환경피해를 **입증하더라도 원고적격이 인정될 수 없다**. 〈15교행9〉

36 1일 50t의 쓰레기를 소각하는 시설의 부지경계선으로부터 300m 안의 주민들이 폐기물소각시설의 입지 지역을 결정·고시한 처분의 무효확인을 구하는 경우(는 판례상 원고적격이 인정된다)
14서울9

37 ⓒ 상수원보호구역 설정의 근거가 되는 「수도법」이 보호하고자 하는 것은 상수원의 확보와 수질보전일 뿐이고, 그 상수원에서 급수를 받고 있는 지역주민들이 가지는 상수원의 오염을 막아 양질의 급수를 받을 이익은 반사적 이익에 불과하므로 지역주민들에게는 상수원보호구역변경처분의 취소를 구할 법률상 이익이 없다.
23국회8

38 주거지역 등에의 공설화장장 설치를 금지함에 의하여 보호되는 부근 주민들의 이익은 도시계획결정처분의 근거법률에 의하여 보호되는 법률상 이익이라 할 것이다.
12국회9

39 ⓒ 납골당설치 신고가 구 장사법 관련 규정의 모든 요건에 맞는 신고라 하더라도 신고인은 곧바로 납골당을 설치할 수는 없고, 이에 대한 행정청의 수리처분이 있어야만 신고한 대로 납골당을 설치할 수 있다.
19서울9

40 이행통지는 납골당 설치신고에 대하여 납골당 설치요건을 구비하였음을 확인하고, 구 장사법령상의 납골당 설치기준, 관계법령상의 허가 또는 신고 내용을 고지하면서 신고한대로 납골당 시설을 설치하도록 한 것이므로, 이 사건 이행통지를 함으로써 납골당 설치신고에 대한 수리를 하였다고 봄이 타당하다.
12지방7

41 이행통지가 새로이 갑 교회 또는 관계자들의 법률상 지위에 변동을 일으키지는 않으므로 이를 수리처분과 별도로 항고소송 대상이 되는 다른 처분으로 볼 수 없다.(2009두6766) 〔을〕 12지방7

41 이행통지는 납골당 설치신고에 대하여 납골당을 설치하는 데 필요한 각종 인·허가사항, 향후 절차 등에 관한 사항을 알려주게 되어 새로이 참가인 또는 관계자들의 법률상 지위에 변동을 일으키므로, 수리처분과는 별도로 이행통지를 항고소송의 대상이 되는 다른 처분으로 볼 수 있다.
12지방7

42 납골당 설치장소로부터 500m 내에 20호 이상의 인가가 밀집하는 지역에 거주하는 주민들의 경우, 납골당이 누구에 의하여 설치되는지와 관계없이 납골당 설치에 대하여 환경이익침해 또는 침해우려가 있는 것으로 사실상 추정되어 원고적격이 인정된다.
12지방7

43 공장설립승인처분의 근거법규 및 관련법규인 구 「산업집적활성화 및 공장설립에 관한 법률」등은 공장설립승인처분과 그 후속절차에 따라 공장이 설립되어 가동됨으로써 그 배출수 등으로 인한 수질오염 등으로 직접적이고도 중대한 환경상 피해를 입을 것으로 예상되는 주민들이 환경상 침해를 받지 아니한 채 물을 마시거나 용수를 이용하며 쾌적하고 안전하게 생활할 수 있는 개별적 이익까지도 구체적·직접적으로 보호하려는 데 있다. 따라서 수돗물을 공급받아 이를 마시거나 이용하는 주민들로서는 위 근거법규 및 관련법규가 환경상 이익의 침해를 받지 않은 채 깨끗한 수돗물을 마시거나 이용할 수 있는 자신들의 생활환경상의 개별적 이익을 직접적·구체적으로 보호하고 있음을 증명하여 원고적격을 인정받을 수 있다.
13국회8

44 김해시장이 낙동강에 합류하는 하천수 주변의 토지에 구 「산업집적활성화 및 공장설립에 관한 법률」 제13조에 따라 공장설립을 승인하는 처분을 한 경우, 공장설립으로 수질오염 등이 발생할 우려가 있는 취수장에서 물을 공급받는 부산광역시 또는 양산시에 거주하는 주민들도 원고적격이 인정된다.
21소간

45 원자로 시설부지 인근주민들이 방사성물질 등에 의한 생명·신체의 안전침해를 이유로 부지 사전승인처분의 취소를 구하는 경우(는 판례상 원고적격이 인정된다)
14서울9

46 주거지역 내에서 법령상의 제한면적을 초과하는 연탄공장의 건축허가처분으로 불이익을 받고 있는 인근주민은 당해 처분의 취소를 소구할 법률상 자격이 있다.(73누96) 〔을〕 18교행9

46 주거지역 내에서 법령상의 제한면적을 초과하는 연탄공장의 건축허가처분으로 불이익을 받고 있는 인근주민은 당해 처분의 취소를 소구할 법률상 자격이 없다.
18교행9

47 광업권설정허가처분과 그에 따른 광산 개발로 인하여 재산상·환경상 이익의 침해를 받거나 받을 우려가 있는 토지나 건축물의 소유자와 점유자 또는 이해관계인 및 주민들은 그 처분 전과 비교하여 수인한도를 넘는 재산상·환경상 이익의 침해를 받거나 받을 우려가 있다는 것을 증명함으로써 원고적격을 인정받을 수 있다. 〔을〕 21군무원9

47 광업권설정허가처분과 그에 따른 광산 개발로 인하여 재산상·환경상 이익의 침해를 받거나 받을 우려가 있는 토지나 건축물의 소유자와 점유자 또는 이해관계인 및 주민들은 그 처분 전과 비교하여 수인한도를 넘는 재산상·환경상 이익의 침해를 받거나 받을 우려가 있다는 것을 증명하더라도 원고적격을 인정받을 수 없다.
21군무원9

48 토사채취로 인하여 생활환경의 피해를 입으리라고 예상되는 인근 지역 주민들의 주거·생활환경상의 이익은 토사채취허가의 근거법률에 의하여 보호되는 직접적이고 구체적인 법률상 이익이라고 할 수 있다.
22소간

49 임대사업자에 대한 분양전환승인처분 중 **가격승인부분은** 강학상 **인가**에 해당한다고 볼 수 **없고**, 분양전환승인 중 분양전환가격에 대한 부분은 임대사업자뿐만 아니라 임차인의 법률적 지위에도 구체적이고 직접적인 영향을 미치므로 **임차인들은 해당 처분**의 가격산정에 위법이 있음을 들어 **다툴 법률상 이익**(원고적격)이 **있다**. 〈미기출〉

49 임대사업자에 대한 분양전환승인처분 중 **가격승인부분은** 강학상 **인가**에 불과하고, 임차인들은 해당 처분의 제3자에 불과하므로 **임차인들은 해당 처분**의 가격산정에 위법이 있음을 들어 **다툴 법률상 이익**이 **없다**. 〈미기출〉

50 **생태·자연도** 1등급으로 지정되었던 지역을 2등급 또는 **3등급**으로 **변경**하는 내용의 환경부장관의 결정에 대해 해당 1등급 권역의 **인근주민**은 취소소송을 제기할 **원고적격**이 **없다**.(2011두29052) 〈16국가9〉

50 **생태·자연도** 1등급으로 지정되었던 지역을 2등급 또는 3**등급**으로 **변경**하는 내용의 환경부장관의 결정에 대해 해당 1등급 권역의 **인근주민**은 취소소송을 제기할 **원고적격**이 **인정**된다. 〈16국가9〉

51 **절대보전지역 변경처분**에 대해 지역주민회와 주민들이 항고소송을 제기한 경우에는 절대보전지역 유지로 **지역주민회·주민**들이 가지는 주거 및 생활환경상의 이익은 지역의 경관 등이 보호됨으로써 누리는 **반사적 이익이다**. 따라서 지역주민회 등은 원고적격이 없다.(2011두13187) 〈17서울7〉

51 **절대보전지역 변경처분**에 대해 지역주민회와 주민들이 항고소송을 제기한 경우에는 절대보전지역 유지로 **지역주민회·주민**들이 가지는 주거 및 생활환경상 이익은 지역의 경관 등이 보호됨으로써 누리는 **법률상 이익이다**. 〈17서울7〉

52 **문화재**나 문화재**보호구역 지정**으로 인하여 **인근주민**이 문화재를 향유할 이익은 구체적이고도 **법률적인 이익**이라고 할 수는 **없다**. 〈13지방7〉

52 **문화재**나 문화재보호구역 지정으로 인하여 **인근주민**이 문화재를 향유할 이익은 구체적인 **법률상 이익**에 해당한다. 〈13지방7〉

53 콘크리트제조업종의 **공장입지지정승인처분**이 취소됨으로 인하여 **다른 지역에 거주**하면서 그 공장설립예정지에 인접한 토지를 소유하고 있거나 **그 지상에 묘소**를 두고 있는 자가 분진, 소음, 수질오염 등의 피해를 입을 우려에서 벗어나는 이익은 그 입지지정승인처분의 근거법률에 의하여 보호되는 직접적이고 구체적인 **법률상 이익**이라고 할 수 **없다**. 〈22소간〉

54 **다른 도로의 이용이 가능**해진 주민에게는 종전에 이용하던 **사도의 폐지**허가처분의 취소를 구할 **법률상 이익**이 인정되지 **않는다**. 〈미기출〉

테마별 N지 모음

N1 다음 사례에 대한 설명으로 옳은 것은? (다툼이 있는 경우 판례에 의함) 〈17(하)국가9 ③〉

> 국토교통부장관은 몰디브 직항 항공노선 **1개의 면허**를 국내항공사에 발급하기로 결정하고, 이 사실을 공고하였다. 이에 따라 A항공사와 B항공사는 **각각** 노선면허취득을 위한 **신청**을 하였는데, 국토교통부장관은 심사를 거쳐 A항공사에게 노선면허를 발급(이하 '이 사건 노선면허 발급처분'이라 한다)하였다.

① B항공사가 자신에 대한 노선면허발급거부처분에 대해 취소소송을 제기하여 인용판결을 받더라도 이 사건 노선면허발급처분이 취소되지 않는 이상 자신이 노선면허를 발급받을 수는 없으므로 B항공사에게는 **자신에 대한 노선면허발급거부처분의 취소**를 구할 **소의 이익**이 인정되지 **않는다**.

② B항공사는 이 사건 **노선면허발급처분**에 대해 취소소송을 제기할 **원고적격**이 인정되지 **않는다**.

③ 만약 B항공사가 이 사건 **노선면허발급**처분에 대한 행정심판을 청구하여 **인용재결**을 받는다면, A항공사는 그 **인용재결의 취소**를 구하는 **소송**을 제기할 수 **있다**.

④ 만약 위 사례와 달리 C항공사가 몰디브 직항 항공노선에 관하여 **이미 노선면허**를 가지고 있었는데, A항공사가 국토교통부장관에게 몰디브 직항 항공노선면허를 신청하였고 이에 대해 국토교통부장관이 A항공사에게도 **신규로 노선면허**를 발급한 것이라면, **C**항공사는 A항공사에 대한 노선면허발급처분에 대해 취소소송을 제기할 **원고적격**이 **없다**.

[해설] ① B항공사가 자신에 대한 노선면허발급거부처분에 대해 취소소송을 제기하여 인용판결을 받으면 이 사건 노선면허발급처분이 취소되지 않더라도 행정청은 취소판결의 기속력에 따라 재심사할 의무를 부담하므로 이에 따라 B항공사가 노선면허를 발급받을 가능성이 인정된다. 따라서 B항공사에게는 **자신에 대한 노선면허발급거부처분의 취소**를 구할 **소의 이익**은 **인정**된다.(2013두27517)

② B항공사는 경원자로서 이 사건 **노선면허발급처분**에 대해 취소소송을 제기할 **원고적격**이 **인정**된다.(2009두8359)

④ 만약 위 사례와 달리 C항공사가 몰디브 직항 항공노선에 관하여 **이미 노선면허**를 가지고 있었는데, A항공사가 국토교통부장관에게 몰디브 직항 항공노선면허를 신청하였고 이에 대해 국토교통부장관이 A항공사에게도 **신규로 노선면허**를 발급한 것이라면, 항공노선면허는 특허에 해당하고 C항공사는 A항공사와 경업관계에 있으므로 A항공사에 대한 노선면허발급처분에 대해 취소소송을 제기할 **원고적격**이 **있다**.

THEME 57 (협의의) 소의 이익

○ 지문 / × 지문

01 기본구조 | 요플 p.238 |

02 처분의 효력소멸이 문제되는 경우 | 요플 p.238 |

01 행정처분이 취소되면 그 처분은 효력을 상실하여 더 이상 존재하지 않는 것이고, 존재하지 않는 행정처분을 대상으로 한 취소소송은 소의 이익이 없어 부적법하다. 13서울7

02 행정처분에 그 효력기간이 부관으로 정하여져 있는 경우, 그 처분의 효력 또는 집행이 정지된 바 없다면 위 기간의 경과로 그 행정처분의 효력은 상실되므로 그 기간 경과 후에는 그 처분이 외형상 잔존함으로 인하여 어떠한 법률상 이익이 침해되고 있다고 볼 만한 별다른 사정이 없는 한 그 처분의 취소를 구할 법률상의 이익이 없다. 18국회8

03 소송 계속 중 처분청이 행정처분을 직권으로 취소하면 그 처분은 더 이상 존재하지 않게 되어 소의 이익이 없지만, 예외적으로 취소를 통해 회복되는 권리나 이익이 남아 있는 경우에는 그 처분의 취소를 구할 소의 이익이 인정된다. 23소간

04 처분의 효과가 기간의 경과로 인하여 소멸된 뒤에도 그 처분의 취소로 인하여 회복되는 법률상 이익이 있는 자의 경우에는 취소소송을 제기할 수 있다. 16행정사

05 취소소송 계속 중에 처분청이 계쟁 처분을 직권으로 취소하더라도, 동일한 소송 당사자 사이에서 그 처분과 동일한 사유로 위법한 처분이 반복될 위험성이 있어 그 처분에 대한 위법성의 확인이 필요한 경우에는 그 처분의 취소를 구할 소의 이익이 있다. 23국가7

06 제소 후 취소 대상 행정처분이 기간의 경과 등으로 그 효과가 소멸하더라도, 동일한 소송 당사자 사이에서 동일한 사유로 위법한 처분이 반복될 위험성이 있어 행정처분의 위법성 확인 내지 불분명한 법률문제에 대한 해명이 필요한 경우에는 그 처분의 취소를 구할 법률상 이익이 있다. 21소간

07 소송계속 중 해당 처분이 기간의 경과로 그 효과가 소멸하더라도 예외적으로 그 처분의 취소를 구할 소의 이익을 인정할 수 있는 '행정처분과 동일한 사유로 위법한 처분이 반복될 위험성이 있는 경우'란 불분명한 법률문제에 대한 해명이 필요한 상황에 대한 대표적인 예시일 뿐이며, 반드시 해당 사건의 동일한 소송 당사자 사이에서 반복될 위험이 있는 경우만을 의미하는 것은 아니다. 22군무원9

08 개발제한구역 안에서의 공장설립을 승인한 처분이 위법하다는 이유로 쟁송취소 되었다고 하더라도, 그 승인처분에 기초한 공장건축허가처분이 잔존하는 이상 인근주민들은 여전히 공장허가처분의 취소를 구할 법률상 이익이 있다.(2015두3485) 19지방9

09 처분청이 당초의 운전면허 취소처분을 철회하고 정지처분을 하였다면, 당초의 처분인 운전면허 취소처분은 철회로 인하여 그 효력이 상실되어 더 이상 존재하지 않는 것이고 그 후의 운전면허 정지처분만이 남아 있는 것이라 할 것이며, 존재하지 않는 행정처분을 대상으로 한 취소소송은 소의 이익이 없어 부적법하다. 18(1)서울7

10 행정청이 공무원에 대하여 새로운 사유에 기한 직위해제처분을 한 경우에는 이전에 한 직위해제처분은 이를 묵시적으로 철회하였다고 봄이 상당하므로, 이전에 한 직위해제처분의 취소를 구할 소의 이익이 없다.(2003두5945) 12국가7

11 어떤 사유에 기하여 공무원을 직위해제한 후 그 직위해제 사유와 동일한 사유를 이유로 징계처분을 하였다면 뒤에 이루어진 징계처분에 의하여 그 전에 있었던 직위해제처분은 그 효력을 상실한다. 17(하)국가7

12 절차상 또는 형식상 하자로 무효인 행정처분에 대하여 행정청이 적법한 절차 또는 형식을 갖추어 동일한 행정처분을 한 경우 종전의 무효인 행정처분에 대하여 무효확인을 구할 법률상 이익이 없다.(2009두16879) 19소간
⊞ 종전의 무효인 행정처분에 대한 무효확인 청구는 과거의 법률관계의 효력을 다투는 것에 불과하므로 법률상 이익이 인정되지 아니한다고 한 사례이다. 종전처분에 대해 무효확인을 받아도 같은 내용의 후행처분이 그대로 존재하므로 무효확인을 받을 실익이 없다.

07 소송계속 중 해당 처분이 기간의 경과로 그 효과가 소멸하더라도 예외적으로 그 처분의 취소를 구할 소의 이익을 인정할 수 있는 '행정처분과 동일한 사유로 위법한 처분이 반복될 위험성이 있는 경우'란 해당 사건의 동일한 소송 당사자 사이에서 반복될 위험이 있는 경우만을 의미한다. 22군무원9

08 개발제한구역 안에서의 공장설립을 승인한 처분이 위법하다는 이유로 쟁송취소 되었다면, 설령 그 승인처분에 기초한 공장건축허가처분이 잔존하는 경우에도 인근 주민들에게는 공장건축허가처분의 취소를 구할 법률상 이익이 없다. 19지방9

10 행정청이 공무원에 대하여 새로운 사유에 기한 직위해제처분을 한 경우에도 그 이전에 한 직위해제처분의 취소를 구할 소의 이익이 있다. 12국가7

12 절차상 또는 형식상 하자로 무효인 행정처분에 대하여 행정청이 적법한 절차 또는 형식을 갖추어 동일한 행정처분을 한 경우 종전의 무효인 행정처분에 대하여 무효확인을 구할 법률상 이익이 있다. 19소간

13 교원소청심사위원회의 파면처분 취소결정에 대한 취소소송 계속 중 학교법인이 교원에 대한 징계처분을 해임으로 변경한 경우는 행정소송에서의 법률상 이익이 인정되지 아니한다.(2008두20765) 21군무원7

➕ 학교법인이 파면에서 해임으로 변경하면 종전의 파면처분은 소급하여 실효되므로, 소급하여 효력을 잃은 파면처분을 취소한다는 내용의 교원소청심사결정의 취소를 구하는 것은 법률상 이익이 없다고 한 사례

14 행정청이 영업허가신청 반려처분의 취소를 구하는 소의 계속 중 사정변경을 이유로 위 반려처분을 직권취소함과 동시에 위 신청을 재반려하는 내용의 재처분을 한 경우 당초의 반려처분의 취소를 구하는 경우 협의의 소의 이익이 인정되지 아니한다.(2004두5317) 17서울9

15 선행 거부처분 후 동일한 내용의 후행 거부처분이 이루어진 경우 후행 거부처분은 소극적 행정행위로서 현존하는 법률관계에 아무런 변동도 가져오는 것이 아니므로 후행 거부처분이 취소되지 아니하였다고 하더라도, 동일한 내용의 후행거부처분 때문에 선행 거부처분의 취소를 구할 법률상 이익이 있다.(93누21088) 미기출

16 행정청이 토지형질변경허가거부처분을 할 당시는 광업권의 존속기간이 만료되지 아니하였을 뿐만 아니라, 광업권자는 상공자원부장관의 허가를 받아 광업권의 존속기간을 연장할 수도 있는 것이므로, 행정청이 위 거부처분을 한 뒤에 광업권의 존속기간이 만료되었다고 하여 위 거부처분의 취소를 구할 법률상 이익이 없다고 할 수 없다. 17경행

➕ 즉, 토지형질변경허가거부 당시 광업권 유효했고 연장할 수도 있었다면, 이후 광업권 만료됐어도 토지형질변경허가거부처분을 다툴 수 있다는 뜻

17 제재적 행정처분의 효력이 제재기간 경과로 소멸하였더라도 관련 법규에서 제재적 행정처분을 받은 사실을 가중사유나 전제요건으로 삼아 장래의 제재적 행정처분을 하도록 정하고 있다면, 선행처분의 취소를 구할 법률상 이익이 있다. 22군무원9

(18~20) 17지방7

> 甲은 값싼 외국산 수입재료를 국내산 유기농 재료로 속여 상품을 제조·판매하였음을 이유로 식품위생법령에 따라 관할행정청으로부터 영업정지 3개월 처분을 받았다. 한편, 위 영업정지의 처분기준에는 **1차 위반**의 경우 영업정지 **3개월**, **2차 위반**의 경우 영업정지 **6개월**, **3차 위반**의 경우 영업허가취소처분을 하도록 규정되어 있다. 甲은 영업정지 3개월 처분의 취소를 구하는 소송을 제기하였다.

18 위와 같은 처분기준이 없는 경우라면, 영업정지처분에 정하여진 기간이 경과되어 효력이 소멸한 경우에는 그 영업정지처분의 취소를 구할 법률상 이익은 부정된다.

19 위 처분기준이 식품위생법이나 동법 시행령에 규정되어 있는 경우에는 대외적 구속력이 인정되나, 동법 시행규칙에 규정되어 있는 경우에는 대외적 구속력은 부정된다.

20 甲에 대한 영업정지 3개월의 기간이 경과되어 효력이 소멸한 경우에 위 처분기준이 식품위생법이나 동법 시행령에 규정되어 있다면 甲은 영업정지 3개월 처분의 취소를 구할 소의 이익이 있고, 동법 시행규칙에 규정되어 있더라도 소의 이익이 인정된다.

➕ 판례는 선행처분의 전력을 가중요건으로 정한 제재처분의 기준이 법규성이 인정되는지와 무관하게 효력이 소멸한 선행처분의 취소를 구할 소의 이익을 인정하고 있으므로, 시행규칙에 규정되어 있더라도 소의 이익이 인정된다.(2003두1684)

21 제재적 행정처분이 제재기간의 경과로 인하여 그 효과가 소멸되었고, 제재적 행정처분을 받은 것을 가중사유로 삼아 장래의 제재적 행정처분을 하도록 정한 처분기준이 부령인 시행규칙이라도, 처분의 취소를 구할 이익이 있다. 15국가9

22 가중처벌에 관한 제재적 처분기준이 행정규칙의 형식으로 되어 있는 경우, 실효된 제재처분의 취소를 구하는 소송은 판례상 행정소송에서의 법률상 이익을 인정한 경우이다.) 21군무원7

23 제재적 행정처분의 가중사유나 전제요건에 관한 규정이 법령이 아닌 **행정규칙의 형식**으로 되어 있다고 하더라도, 그러한 규칙이 법령에 근거를 두고 있는 이상 그 법적 성질이 대외적·일반적 구속력을 갖는 법규명령인지 여부와는 상관없이 관할행정청이나 담당**공무원은 이를 준수할 의무가 있다.** 16국가7

24 가중요건이 법령에 규정되어 있는 경우, 업무정지처분을 받은 후 새로운 제재처분을 받음이 없이 법률이 정한 **기간이 경과하여** 실제로 **가중**된 제재처분을 받을 **우려가 없어졌다면** 특별한 사정이 없는 한 업무정지처분의 취소를 구할 **법률상 이익**이 인정되지 **않는다.** 19국가9

23 제재적 행정처분의 가중사유나 전제요건에 관한 규정이 법령이 아닌 **행정규칙의 형식**으로 되어 있다면 이는 행정청 내부의 재량준칙을 규정한 것에 불과하므로 관할행정청이나 담당**공무원은 이를 준수할 의무가 없다.** 16국가7

03 사정변경 등에 권익침해 해소가 문제되는 경우 | 요플 p.239 |

25 **사법시험** 제2차 시험 **불합격처분 이후** 새로 실시된 제2차 및 제3차 시험에 **합격**한 자는 불합격처분의 취소를 구할 협의의 **소익**이 **없다.** 15국가9

26 고등학교에서 **퇴학처분**을 받은 자가 고등학교 졸업 학력 **검정고시에 합격하였더라도** 고등학교 학생으로서의 신분과 명예가 회복될 수는 없기에 퇴학처분의 취소를 구할 **소의 이익이 있다.** (91누4737) 13지방7

27 **공익근무요원 소집해제신청을 거부**한 후에 원고가 계속하여 공익근무요원으로 복무함에 따라 **복무기간만료를 이유로 소집해제처분**을 한 경우, 원고가 입게 되는 권리와 이익의 침해는 소집해제처분으로 해소되었으므로 원고는 거부처분의 취소를 구할 **소의 이익이 없다.**(2004두5369) 21지방9

28 **직위해제처분**을 받았다가 다른 **직위를 부여**받은 경우에는 그 직위해제처분의 무효를 구할 **소의 이익은 없다.** 21소간

29 현역병입영대상자로 병역처분을 받은 자가 그 취소소송 도중에 **모병에 응하여** 현역병으로 **자진 입대한 경우**에는 권리 보호의 필요가 없는 경우로서 **소의 이익**을 인정할 수 없다. 18경행

30 (구별) 현역입영대상자가 **현역병입영통지처분에 따라** 현실적으로 **입영을 한 후**에는 입영으로 그 처분의 집행이 종료되지만 입영 이후의 법률관계에 여전히 영향을 미치고 있으므로 입영통지처분을 다툴 **법률상 이익**이 **인정**된다.(2003두1875) 19국가9

26 고등학교에서 **퇴학처분**을 받은 자가 고등학교 졸업 학력 검정고시에 합격하였다면 퇴학처분의 취소를 구할 **소의 이익이 없다.** 13지방7

27 **공익근무요원 소집해제신청을 거부**한 후에 원고가 계속하여 공익근무요원으로 복무함에 따라 복무기간만료를 이유로 **집해제처분**을 한 경우, 원고는 거부처분의 취소를 구할 **소의 이익이 있다.** 21지방9

30 (구별) 현역입영대상자가 **현역병입영통지처분에 따라** 현실적으로 **입영을 한 후**에는 처분의 집행이 종료되었고 입영으로 처분의 목적이 달성되어 실효되었으므로 입영통지처분을 다툴 **법률상 이익**이 인정되지 **않는다.** 19국가9

04 원상회복 불가능이 문제되는 경우 | 요플 p.240 |

31 취소판결을 받더라도 해당 처분으로 발생한 위법상태를 **원상으로 회복시킬 수 없는 경우**에는 그 취소를 구할 **소의 이익**이 인정되지 **않는 것이 원칙**이나, 그 취소로써 **회복할 수 있는 다른 이익**이 남아 있거나 또는 불분명한 **법률문제의 해명이 필요**한 경우에는 예외적으로 **소의 이익**을 인정할 수 있다. 22변시

32 위법한 대집행이라 하더라도 그 **대집행이 완료**되면 그것의 무효확인 또는 취소를 구할 **소의 이익은 없다.** 07국가9

33 도지사가 도에서 설치·운영하는 **지방의료원**을 폐업하겠다는 결정을 발표하고 그에 따라 폐업을 위한 일련의 조치를 한 경우, **폐업결정**은 공권력의 행사로서 행정**처분에 해당**한다. 23소방

34 관할 지방자치단체로부터 위탁을 받아 공립어린이집을 운영하는 **공립어린이집 원장**이 조례상 정년이 도래해 원장지위를 유지할 수 없게 되자 **원장지위의 확인**을 구하는 행정소송을 제기한 경우, 동 **소송 계속 중 위탁운영기간이 만료**되었다면 공립어린이집 원장으로서의 지위를 회복하는 것은 불가능하고 **소의 이익이 없어** 부적법하다.(2006두16328) 미기출

35 파면처분 취소**소송의 사실심 변론종결 전**에 금고 이상의 형을 선고받아 **당연퇴직된 경우에도** 해당 공무원은 **파면처분의 취소**를 구할 이익이 있다. 21지방9

36 **한국방송공사 사장**은 **해임처분** 무효확인 또는 취소**소송** 계속 중 **임기가 만료**되어 해임처분의 무효확인 또는 취소로 지위를 회복할 수 없다고 할지라도, 그 무효확인 또는 취소로 해임처분일부터 임기만료일까지의 기간에 대한 **보수지급을 구할 수** 있는 경우에는 해임처분의 무효확인 또는 취소를 구할 **법률상 이익이 있다.** 16지방9

37 지방의회의원이 **제명의결** 취소소송계속 중 **임기가 만료**되어 제명의결의 취소로 의원 지위를 회복할 수 없다고 할지라도 제명의결시부터 임기만료일까지의 기간에 대한 **월정수당의 지급을 구할 수** 있으므로 그 제명의결의 취소를 구할 **법률상 이익**이 **인정**된다. 16국가9

34 관할 지방자치단체로부터 위탁을 받아 공립어린이집을 운영하는 **공립어린이집 원장**이 조례상 정년이 도래해 원장지위를 유지할 수 없게 되자 **원장지위의 확인**을 구하는 행정소송을 제기한 경우, 동 **소송 계속 중 위탁운영기간이 만료**되었더라도 **소의 이익**이 존재한다. 미기출

38 (구별) 근로자가 부당해고 구제신청을 할 당시 이미 정년에 이르거나 근로계약기간 만료, 폐업 등의 사유로 근로계약관계가 종료하여 근로자의 지위에서 벗어난 경우에는 노동위원회의 구제명령을 받을 이익은 소멸하였다. 미기출

39 근로자가 부당해고 구제신청을 하여 해고의 효력을 다투던 중 정년에 이르거나 근로계약기간이 만료하는 경우, 원직에 복직하는 것이 불가능하게 된 경우에도 해고기간 중의 임금상당액을 지급받을 필요가 있다면 임금 상당액 지급의 구제명령을 받을 이익이 유지되므로, 구제신청을 기각한 중앙노동위원회의 재심판정을 다툴 소의 이익이 있다. 임금 상당액을 지급받기 위하여 민사소송을 제기할 수 있다고 하여 소의 이익이 부정되는 것도 아니다.(2019두52386) 미기출

40 (구별) 배출시설에 대한 설치허가가 취소된 후 그 배출시설이 철거되어 다시 가동할 수 없는 상태라면 이는 배출시설 설치허가의 대상이 되지 아니하므로 그 취소 처분이 위법하다는 판결을 받아 손해배상청구소송에서 이를 원용할 수 있더라도 배출시설의 소유자는 당해 처분의 취소를 구할 법률상 이익이 없다.(2000두2457) 18지방9

41 공장등록이 취소된 후 그 공장시설물이 철거되었고 다시 복구를 통하여 공장을 운영할 수 없는 상태라 하더라도 대도시 안의 공장을 지방으로 이전할 경우 조세감면 및 우선입주 등의 혜택이 관계 법률에 보장되어 있다면, 공장등록취소처분의 취소를 구할 법률상 이익이 인정된다. 19국가9

42 서울대학교 불합격처분의 취소를 구하는 소송계속 중 당해 연도의 입학시기가 지난 경우에도 불합격처분의 취소를 구할 법률상의 이익이 있다. 14지방7

05 기타 | 요플 p.241 |

43 학교법인 임원취임승인의 취소처분 후 그 임원의 임기가 만료되고 구 사립학교법 소정의 임원결격사유 기간마저 경과하였다 하더라도 취임승인이 취소된 임원은 취임승인 취소처분의 취소를 구할 소의 이익이 있다.(2006두19297) 18지방9
  ⊕ 취임승인취소처분이 위법한 것으로 판명되면, 기존의 정식이사들이 긴급처리권을 가지게 될 수도 있기에 소의 이익이 인정될 수 있다고 한 사례

44 임원취임승인의 취소처분과 임시이사선임처분의 취소소송을 동시에 제기하여 소송계속 중 임시이사의 임기가 만료되고 새로운 임시이사가 선임된 경우(에도 계속 적법한 소에 해당한다) 12국회8

45 건축허가가 「건축법」 소정의 이격거리를 두지 아니하고 건축하도록 되어 있어 위법하다 하더라도 그 건축허가에 기하여 건축공사가 완료되었다면 인접한 대지의 소유자는 그 건축허가처분의 취소를 구할 소의 이익이 없다. 13지방7

46 건축공사 완료 후에는 건물준공처분의 취소를 구할 협의의 소익이 없다. 14서울7

47 규제권한발동에 관해 행정청의 재량을 인정하는 건축법의 규정은 소정의 사유가 있는 경우에 행정청에 건축물의 철거 등을 명할 수 있는 권한을 부여한 것일 뿐, 행정청에 그러한 의무가 있음을 규정한 것이 아니다.(97누17568) 15국가9

48 국민이 행정청에 대하여 제3자에 대한 건축허가와 준공검사의 취소 및 제3자 소유의 건축물에 대한 철거명령을 요구할 수 있는 법규상 또는 조리상 권리는 인정되지 않는다. 08(하)지방7

49 건축물에 대한 사용검사처분이 취소되더라도 사용검사 전의 상태로 돌아가 건축물을 사용할 수 없게 될 뿐 그 하자 등이 제기되거나 보완되는 것은 아니므로 구주택법상 입주자나 입주예정자가 사용검사처분의 무효확인 또는 취소를 구할 법률상 이익은 없다. 18지방9

50 행정청이 한 처분등의 취소를 구하는 것보다 실효적이고 직접적인 구제수단이 있음에도 처분등의 취소를 구하는 것은 특별한 사정이 없는 한 분쟁해결의 유효적절한 수단이라고 할 수 없어 법률상 이익이 없다. 23소방

51 주택건설사업계획 사전결정반려 처분 취소청구소송의 계속 중 구 주택건설촉진법의 개정으로 주택건설사업계획 사전결정제도가 폐지된 경우 소의 이익이 없다. 18(1)서울7

---

38 (구별) 근로자가 부당해고 구제신청을 할 당시 이미 정년에 이르거나 근로계약기간 만료, 폐업 등의 사유로 근로계약관계가 종료하여 근로자의 지위에서 벗어난 경우에는 노동위원회의 구제명령을 받을 이익이 존재한다. 미기출

39 근로자가 부당해고 구제신청을 하여 해고의 효력을 다투던 중 정년에 이르거나 근로계약기간이 만료하는 경우, 원직에 복직하는 것이 불가능하고, 해고기간 중 받지 못한 임금 역시 민사소송을 통해 지급받을 수 있으므로, 구제신청을 기각한 중앙노동위원회의 재심판정을 다툴 소의 이익이 없다. 미기출

40 (구별) 배출시설에 대한 설치허가가 취소된 후 그 배출시설이 철거되어 다시 가동할 수 없는 상태라도 그 취소 처분이 위법하다는 판결을 받아 손해배상청구소송에서 이를 원용할 수 있다면 배출시설의 소유자는 당해 처분의 취소를 구할 법률상 이익이 있다. 18지방9

43 학교법인 임원취임승인의 취소처분 후 그 임원의 임기가 만료되고 구 사립학교법 소정의 임원결격사유 기간마저 경과한 경우에 취임승인이 취소된 임원은 취임승인 취소처분의 취소를 구할 소의 이익이 없다. 18지방9

47 규제권한발동에 관해 행정청의 재량을 인정하는 건축법의 규정은 소정의 사유가 있는 경우 행정청에 건축물의 철거 등을 명할 수 있는 권한을 부여한 것뿐만 아니라, 행정청에 그러한 의무가 있음을 규정한 것이다. 15국가9

49 건축물에 대한 사용검사처분이 취소되면 사용검사 전의 상태로 돌아가 건축물을 사용할 수 없게 되므로 구 주택법상 입주자나 입주예정자가 사용검사처분의 무효확인 또는 취소를 구할 법률상 이익이 있다. 18지방9

52 상등병에서 병장으로의 진급요건을 갖춘 자에 대하여 그 진급처분을 행하지 아니한 상태에서 예비역으로 편입하는 처분을 한 경우, **진급처분 부작위법을 이유로 예비역편입처분취소를** 구할 **소의 이익**이 있다고 할 수 **없다**. 09국가9

53 Ⓒ 교도소장이 **영치품**인 티셔츠 사용을 재소자에게 **불허**한 행위는 항고소송의 대상이 되는 **행정처분**에 해당한다. 23지방9

54 Ⓒ 수형자의 **영치품**에 대한 사용신청 **불허처분 후** 수형자가 **다른 교도소로 이송**된 경우 원래 교도소로의 재이송 가능성이 소멸하였다고 단정하기 어렵고 수형자의 권리와 이익의 침해 등이 해소되지 않았기에 그 불허처분의 취소를 구할 **소의 이익**이 **있다**. (2007두13203) 17(상)지방9

54 Ⓒ 수형자의 **영치품**에 대한 사용신청 **불허처분 후** 수형자가 **다른 교도소로 이송**된 경우 원래 교도소로의 재이송 가능성이 소멸되었으므로 그 불허처분의 취소를 구할 **소의 이익**이 **없다**. 17(상)지방9

06 기타 행정소송 | 요론 p.242 |

55 Ⓒ 행정**처분**의 근거 법률에 의하여 보호되는 직접적이고 구체적인 이익이 있는 경우에는 행정소송법 제35조에 규정된 '무효확인을 구할 법률상 이익'이 있다고 보아야 하고, 이와 별도로 **무효확인소송의 보충성**이 요구되는 것은 **아니**라는 것이 판례의 입장이다. 10국가7

56 (甲은 중대명백한 하자가 있어 무효인 A 처분에 대해 소송을 제기하려고 한다.) 甲이 A **처분에** 대해 **무효확인소송**을 제기하는 경우, 일반적인 확인소송과는 달리 **즉시확정의 이익** 등이 요구되지 **않**는다. 21국회8

56 (甲은 중대명백한 하자가 있어 무효인 A **처분에** 대해 소송을 제기하려고 한다.) 甲이 A 처분에 대해 **무효확인소송**을 제기하려면 확인소송의 일반적 요건인 **즉시확정의 이익**이 **있어야** 한다. 21국회8

57 Ⓐ 행정소송법 제35조에 규정된 '무효확인을 구할 법률상 이익'이 있다고 보기 위하여는 행정처분의 근거 법률에 의하여 보호되는 직접적이고 구체적인 이익이 있어야 하며 이와는 별도로 **무효확인소송의 보충성**이 **요구되지 않으므로** 행정처분의 무효를 전제로 한 이행소송 등과 같은 **직접적인 구제수단이 있는지** 여부를 **따질 필요가 없다**.(2007두6342) 13국가9

57 Ⓐ 행정소송법 제35조에 규정된 '무효확인을 구할 법률상 이익'이 있다고 보기 위하여는 행정처분의 근거법률에 의하여 보호되는 직접적이고 구체적인 이익이 있어야 하며 이와는 별도로 **무효확인소송의 보충성이 요구되므로** 행정처분의 무효를 전제로 한 이행소송 등과 같은 **직접적인 구제수단이 있는지** 여부를 **따질 필요가 있다**. 13국가9

58 Ⓐ 무효인 과세처분에 의해 조세를 납부한 자가 **부당이득반환청구소송을 제기할 수 있는 경우에도 과세처분**에 대한 **무효확인소송을 제기할 수** 있다. 16지방9

59 (폐기물처리업의 허가를 받은 甲은 A시 시장 乙과 「지방자치단체를 당사자로 하는 계약에 관한 법률」에 따라 **재활용품**의 **수집 · 운반** 업무를 **대행**하는 **계약**을 체결하였다.) 甲이 乙과 체결한 계약의 효력에 대해 **무효확인**을 구하는 **소송**을 제기하는 경우에는 **즉시확정의 이익** 내지 확인의 이익이 **요구**된다. 23변시
　➕ 위 계약은 사법상 계약에 해당하여 민사소송의 대상이 되고, 민사소송에서의 확인소송은 처분에 대한 무효확인소송(항고소송)과 달리 즉시확정의 이익 등이 요구된다.

59 (폐기물처리업의 허가를 받은 甲은 A시 시장 乙과 「지방자치단체를 당사자로 하는 계약에 관한 법률」에 따라 **재활용품**의 **수집 · 운반** 업무를 **대행**하는 **계약**을 체결하였다.) 甲이 乙과 체결한 계약의 효력에 대해 **무효확인**을 구하는 **소송**을 제기하는 경우에는 **즉시확정의 이익** 내지 확인의 이익이 **요구**되지 **않**는다. 23변시

60 인 공법상 계약의 **무효확인**을 구하는 **당사자소송**의 청구는 당해 소송에서 추구하는 권리구제를 위한 **다른 직접적인 구제방법이 있는 이상 소송요건을 구비**하지 **못**한 위법한 청구이다. 17국가7

61 인 **계약직 공무원 채용계약 해지**의 의사표시의 **무효확인**을 구하는 당사자소송의 경우 **즉시확정의 이익**이 요구된다. 22소간

62 인 공법상 **당사자소송**에서는 이행소송이라는 **직접적인** 권리**구제방법이 있다면 확인소송**은 허용되지 **않**는다. 22변시

63 Ⓒ 허가처분 신청에 대한 부작위를 다투는 **부작위법확인소송**을 제기하여 제1심에서 승소판결을 받았는데 **제2심** 단계에서 피고행정청이 **허가처분**을 한 경우, 제2심 수소법원은 **각하판결**을 하여야 한다. 19국가9

64 Ⓒ **부작위법확인소송**에서는 사실심 변론종결시를 기준으로 부작위의 위법 여부를 판단하여야 하고, **사실심변론종결 전에 거부처분**이 이루어져 부작위 상태가 해소된 경우에는 **소의 이익**이 **소멸**하므로 원고가 거부처분**취소소송으로 소변경을 하지 않는 이상** 법원은 소를 **각하**하여야 한다. 22변시

65 Ⓒ 처분의 신청 후에 원고에게 생긴 **사정의 변화**로 인하여, 그 처분에 대한 부작위가 위법하다는 확인을 받아도 종국적으로 침해되거나 방해받은 원고의 권리 · 이익을 **보호 · 구제받는 것이 불가능**하게 되었다면, 법원은 **각하판결**을 내려야 한다. 20국가9

66 조례를 통하여 노동운동이 허용되는 사실상의 노무에 종사하는 공무원의 구체적 범위를 **규정하지 않고 있는** 것에 대하여 **부작위법확인의 소**를 제기하였으나 상고심 계속 **중에 정년퇴직한** 경우에 **소의 이익**은 인정되지 **않는다.** 22소간

THEME 58 피고적격

○ 지문 / ✕ 지문

01 개관 | 요플 p.243 |

01 **취소소송**은 다른 법률에 특별한 규정이 없는 한 그 **처분 등을 행한 행정청**을 피고로 하며, **당사자소송**은 국가·공공단체 그 밖의 **권리주체**를 피고로 한다. 18서울9

02 **항고소송**은 원칙적으로 소송의 대상인 처분등을 외부적으로 그의 **명의**로 행한 **행정청을 피고로** 하여야 하는 것이다. 23소방

03 **세무서**는 행정조직 내에서 사무분담기구일 뿐이고 대외적으로 의사를 결정, 표시할 권한을 가진 행정청이 **아니므로** 피고는 행정청인 **세무서장**이 **된다.** 08국회8

04 처분등이 있은 뒤에 그 **처분**등에 관계되는 **권한이** 다른 행정청에 **승계된 때**에는 이를 **승계한 행정청**을 피고로 한다. 23소방

05 원고가 사망하거나 소송물인 권리관계의 성질상 이를 승계할 자가 없는 경우에 소송은 **종료**되나, 피고인 **행정청이 없게** 된 경우에 해당사무가 귀속되는 **행정주체가** 피고가 되고 **소송은 종료**되지 **아니한다.** 08(상)지방9

04 처분등이 있은 뒤에 그 **처분**등에 관계되는 **권한이** 다른 행정청에 **승계된 때**에는 이 처분등에 대한 사무가 귀속되는 **국가 또는 지방자치단체**를 피고로 한다. 23소방

05 원고가 사망하거나 소송물인 권리관계의 성질상 이를 승계할 자가 없는 경우와 피고인 **행정청이 없게** 된 경우에 **소송은 종료**된다. 08(상)지방9

02 사례별 검토(1) | 요플 p.243 |

06 처분청과 통지한 자가 다른 경우에는 **처분청**이 **피고**가 된다.(90누233) 08국가9

07 건국훈장 독립장이 수여된 망인에 대하여 사후적으로 친일 행적이 확인되었다는 이유로 **대통령**에 의하여 망인에 대한 독립유공자**서훈취소**가 **결정**되고, 그 서훈취소에 따라 훈장 등을 환수조치하여 달라는 당시 행정안전부장관의요청에 의하여 **국가보훈처장**이 망인의 유족에게 독립유공자 서훈 취소결정을 통보한 사안에서, 독립유공자**서훈취소**결정에 대한 취소소송에서의 **피고적격**이 있는 자는 **대통령**이다.(2013두2518) 16지방9

08 독립유공자 甲의 서훈이 취소되고 이를 **국가보훈처장이** 甲의 유족에게 **서훈취소** 결정**통지**를 한 것은 통지의 주체나 형식에 **하자**가 있다고 보기는 **어렵다.** 21군무원7

09 행정청의 **권한의 위임**이 있는 경우 **위임청**은 그 사무를 처리할 **권한을 상실**하고 그 사항은 **수임청의 권한**으로 되고 항고소송에서 **수임청이 피고**가 된다. 22소간

10 행정**권한을 위탁받은** 공공단체 또는 사인이 자신의 이름으로 처분을 한 경우에는 **그 공공단체 또는 사인**이 항고소송의 **피고**가 된다. 17(하)국가9

11 환경부장관의 권한을 **위임받은** 서울특별시장이 **내린 처분**에 대한 취소소송(의 **피고는)**서울특별**시장**(이다). 18지방9

12 「국세징수법」에 근거하여 **한국자산관리공사**가 행하는 **공매의 대행**은 세무서장의 공매**권한의 위임**에 해당하므로 한국자산관리공사의 **공매처분**에 대한 취소소송에서 **피고는 한국자산관리공사**이다. 23국가7

06 대법원은 처분청과 통지한 자가 다른 경우에는 **통지한 자가 피고**가 된다고 보았다. 08국가9

07 건국훈장 독립장이 수여된 망인에 대하여 사후적으로 친일 행적이 확인되었다는 이유로 **대통령**에 의하여 망인에 대한 독립유공자**서훈취소**가 **결정**되고, 그 서훈취소에 따라 훈장 등을 환수조치하여 달라는 당시 행정안전부장관의 요청에 의하여 **국가보훈처장**이 망인의 유족에게 독립유공자 서훈 취소결정을 **통보**한 사안에서, 독립유공자**서훈취소**결정에 대한 취소소송에서의 **피고적격**이 있는 자는 **국가보훈처장**이다. 16지방9

13 대외적으로 의사를 표시할 수 없는 **내부기관이라면** 행정처분의 실질적인 **의사가 그 기관에 의하여 결정**되더라도 그 내부기관에게 항고소송의 **피고적격**이 인정되지 **아니**한다. 　17(하)국가9

14 행정처분을 행할 적법한 권한 있는 상급행정청으로부터 **내부위임을 받은** 데 불과한 **하급행정청이 권한 없이 행정처분**을 한 경우 실제로 그 처분을 행한 **하급행정청을 피고**로 하여야 할 것이지 그 처분을 행할 적법한 권한 있는 상급행정청을 피고로 할 것은 아니다. 　24지방9

15 **내부위임을 받은 행정기관**이 **자신의 이름**으로 **행정처분**을 한 경우, 그 **처분은 무효**이므로 처분의 상대방은 **내부위임을 받은 행정기관을 피고**로 하여 항고소송을 제기할 수 있다. 　17지방7

16 **상급행정청의 지시**에 의해 **하급행정청**이 **자신의 명의**로 처분을 하였더라도, 당해 처분에 대한 취소소송에서는 외부적으로 그의 명의로 행한 행정청을 피고로 하여야 하므로 **하급행정청**이 피고가 된다. (95누14688) 　20국가9

17 대리권행사의 **법적 효과**는 **피대리행정청**이 속한 행정주체에게 귀속되며, 대리행위에 대한 항고소송은 **피대리행정청을 피고**로 제기하여야 한다. 　20소간

18 대리기관이 **대리관계를 표시**하고 피대리 행정청을 대리하여 행정처분을 한 때에는 **피대리 행정청이 피고**로 되어야 한다. 　19지방9

19 관할청인 농림축산식품부장관으로부터 농지보전부담금 수납업무의 대행을 위탁받은 **한국농어촌공사**가 농지보전부담금 납부통지서에 관할청의 **대행자임을 기재**하고 납부통지서를 보낸 경우 농지보전부담금 부과처분에 대한 취소소송의 **피고**는 **관할청**이 된다. 　22국회8
　즉, 농림축산식품부장관이 피고가 된다.

20 대리권을 수여받은 데 불과하여 그 자신의 명의로는 행정처분을 할 권한이 없는 행정청의 경우 **대리관계를 밝힘이 없이** 그 **자신의 명의**로 행정**처분**을 하였다면 그에 대하여는 처분**명의자인 당해 행정청**이 항고소송의 **피고**가 되어야 하는 것이 원칙이다. 　18서울9
　즉, 대리청이 피고가 된다.

21 대리권을 수여받은 행정기관이 **대리관계**를 명시적으로 **밝히지 않고 자신의 명의**로 **처분**을 하였더라도, **처분명의자**가 피대리 행정청 산하의 행정기관으로서 실제로 피대리 행정청으로부터 대리권한을 수여받아 피대리 행정청을 **대리한다는** 의사로 행정처분을 하였고 처분명의자는 물론 그 **상대방**도 그 행정처분이 피대리 행정청을 **대리하여 한 것임**을 알고서 이를 받아들인 예외적인 경우라면 피고는 **피대리 행정청**이 된다. 　22지방7

03 사례별 검토(2)　| 요플 p.244 |

22 개별법령에 합의제 행정청의 장을 피고로 한다는 명문의 규정이 없는 한 **합의제 행정청 명의**로 한 행정**처분**의 취소소송의 **피고적격**자는 합의제 행정청의 장이 아닌 당해 **합의제 행정청**이다. 　21군무원9

23 구 저작권법상 **저작권등록처분**에 대한 무효확인소송에서 **저작권심의조정위원회**가 피고가 된다. 　14지방7

24 합의제행정청의 처분에 대하여는 합의제행정청이 피고가 되는 것이 원칙이나, 부당노동행위에 대한 구제명령 등 **중앙노동위원회의 처분**에 대한 소송에서는 **중앙노동위원회 위원장**이 피고가 된다. 노동위원회법에서 그렇게 규정하고 있기 때문이다. 　20국가7

25 **조례**가 집행행위의 개입 없이도 그 자체로서 직접 국민의 구체적인 권리·의무나 법적 이익에 영향을 미치는 등의 법률상 효과를 발생하는 경우 **무효확인소송의 피고**는 당해 조례를 통과시킨 지방의회가 아니라, 조례로서의 효력을 발생시키는 공포권이 있는 **지방자치단체의 장**이 된다. 　24지방9

26 시·도의 **교육·학예에 관한 조례**가 항고소송의 대상이 되는 경우에는 시·도 **교육감**이 피고가 된다. 　14지방7

---

13 대외적으로 의사를 표시할 수 없는 **내부기관이라도** 행정처분의 실질적인 **의사가 그 기관에 의하여 결정**되는 경우에는 그 내부기관에게 항고소송의 **피고적격**이 있다. 　17(하)국가9

16 **상급행정청의 지시**에 의해 **하급행정청**이 **자신의 명의**로 **처분**을 하였다면, 당해 처분에 대한 취소소송에서는 지시를 내린 **상급행정청**이 **피고**가 된다. 　20국가9

21 대리권을 수여받은 행정기관이 **대리관계**를 명시적으로 **밝히지 않고 자신의 명의**로 **처분**을 하였다면, 비록 **처분명의자**가 피대리 행정청 산하의 행정기관으로서 실제로 피대리 행정청으로부터 대리권한을 수여받아 피대리 행정청을 **대리한다는 의사**로 행정처분을 하였고 처분명의자는 물론 그 **상대방**도 그 행정처분이 피대리 행정청을 **대리하여 한 것임**을 알고서 이를 받아들였다 하더라도 그 처분의 취소소송에서의 **피고**는 처분명의자인 **대리 행정기관**이 되어야 한다. 　22지방7

22 개별법령에 합의제 행정청의 장을 피고로 한다는 명문규정이 없는 한 **합의제 행정청 명의**로 한 행정**처분**의 취소소송의 **피고적격**자는 당해 합의제 행정청이 아닌 **합의제 행정청의 장**이다. 　21군무원9

23 구 저작권법상 **저작권등록처분**에 대한 무효확인소송에서 **저작권심의조정위원회 위원장**이 피고가 된다. 　14지방7

24 합의제행정청의 처분에 대하여는 합의제행정청이 피고가 되므로 부당노동행위에 대한 구제명령 등 **중앙노동위원회 처분**에 대한 소송에서는 **중앙노동위원회**가 피고가 된다. 　20국가7

25 **조례**가 집행행위의 개입 없이도 그 자체로서 직접 국민의 구체적인 권리·의무나 법적 이익에 영향을 미치는 등의 법률상 효과를 발생하는 경우 **무효확인소송의 피고**는 당해 조례를 통과시킨 **지방의회**가 된다. 　24지방9

26 시·도의 **교육·학예에 관한 조례**가 항고소송의 대상이 되는 경우에는 **지방자치단체장**이 피고가 된다. 　14지방7

27 초등학교의 공용폐지를 내용으로 하는 **조례**를 대상으로 관할법원에 취소소송을 제기하였다면, 피고는 집행기관인 시·도 **교육감**이 되어야 한다.(95누8003) 16서울7
Ⓑ

28 지방의회 의장의 불신임의결과 지방의회 의원의 징계는 **취소소송** 등의 **대상**이 되며, 이 때 소송의 피고는 **지방의회**가 된다. 12국회8
Ⓑ

29 지방의회 의장선거(은 항고소송의 대상이 된다.) 14국회8

30 공무원에 대한 징계·면직 기타 본인의 의사에 반하는 **불이익처분**에 있어서 그 **처분청이 대통령**인 때에는 **소속장관**을 피고로 하여야 한다. 08국회8
Ⓑ

31 대통령의 검사임용처분에 대한 취소소송(의 피고는) **법무부장관**(이다) 18지방9
Ⓑ

32 국회의장이 행한 처분에 대한 행정소송의 피고는 **국회사무총장**이 된다. 17경행
Ⓒ

33 대법원장이 한 처분에 대한 행정소송의 피고는 **법원행정처장**이다. 17경행
Ⓒ

34 헌법재판소장이 소속 직원에게 내린 **징계처분**에 대한 취소소송(의 피고는) **헌법재판소사무처장**(이다) 18지방9
Ⓒ

27 초등학교의 **공용폐지**를 내용으로 하는 **조례**를 대상으로 관할법원에 취소소송을 제기하였다면, 피고는 조례안을 의결한 **지방의회**가 되어야 한다. 16서울7
Ⓑ

30 공무원에 대한 징계·면직 기타 본인의 의사에 반하는 **불이익처분**에 있어서 그 **처분청이 대통령**인 때에는 **법무부장관**을 피고로 하여야 한다. 08국회8
Ⓑ

32 **국회의장이 행한 처분**에 대한 행정소송의 피고는 **국회부의장**이 된다. 17경행
Ⓒ

33 **대법원장이 한 처분**에 대한 행정소송의 피고는 **대법원장**이다. 17경행
Ⓒ

04 기타 행정소송 | 요플 p.244 |

35 **무효등확인소송**에 있어서의 피고는 효력 유무나 존재 여부의 확인대상이 되는 **처분 등을 한 행정청**이다. 08국회8

36 **당사자소송**의 피고는 원칙적으로 국가·공공단체 그 밖의 **권리주체**가 된다. 15교행9
Ⓑ

37 공무수탁사인은 당사자소송의 피고가 될 수 있다. 08국가9
Ⓑ

38 행정소송법 제39조는 **당사자소송의 피고적격을 권리주체에게 부여**하고 있을 뿐 행정주체로 한정하는 것은 아니므로, **사인**은 공무수탁사인에 해당한다는 등의 특별한 사정이 없는 경우에도 **피고가 될 수 있다**.(2016다262550) 미기출
Ⓒ

39 국토의 계획 및 이용에 관한 법률 상 토지소유자 등이 도시·군계획시설 사업시행자의 토지의 일시 사용에 대하여 정당한 사유 없이 동의를 거부한 경우, 사업시행자가 **토지 소유자를 상대로** 동의의 의사표시를 구하는 소송은 당사자 소송으로 보아야 한다. 20국가7
Ⓒ

40 **국가를 당사자** 또는 참가인으로 하는 소송에서는 **법무부장관이** 국가를 대표하고, **지방자치단체**를 당사자로 하는 소송에서는 **지방자치단체의 장이** 해당 지방자치단체를 **대표**한다. 17서울7

36 **당사자소송**의 피고는 원칙적으로 당해 처분을 행한 **처분청**이 된다. 15교행9
Ⓑ

38 행정소송법 제39조는 **당사자소송의 피고적격을 행정주체에게 부여**하고 있으므로, **사인**은 공무수탁사인에 해당한다는 등의 특별한 사정이 없는 한 **피고가 될 수 없다**. 미기출
Ⓒ

테마별 N지 모음

N1 다음 중 항고소송이 제기될 경우에 적절한 피고를 명시한 것은? 14국회8 ④
① 행정안전부장관의 **위임**을 받아 전자정부국장이 행한 행위에 대한 소송에서 행정안전부**장관**
② 행정안전부장관이 경기도지사에게 **내부위임**하여 행한 행위에 대한 소송에서 경기도**지사**
③ 행정안전부장관이 해외**출장** 중 행정안전부차관이 행한 행위에 대한 소송에서 행정안전부**차관**
④ 행정안전부 **위임전결**규정에 따라 전자정부국장이 행한 행위에 대한 소송에서 행정안전부**장관**
⑤ 행정안전부장관을 **대리**하여 전자정부국장이 행한 행위에 대한 소송에서 전자정부**국장**

해설 항고소송이 제기될 경우에 적절한 피고는 다음과 같다.
① 행정안전부장관의 **위임**을 받아 전자정부국장이 행한 행위에 대한 소송에서 전자정부**국장**(수임청)
② 행정안전부장관이 경기도지사에게 **내부위임**하여 행한 행위에 대한 소송에서 행정안전부**장관**(상급청)
③ 행정안전부장관이 해외**출장** 중 행정안전부차관이 행한 행위에 대한 소송에서 행정안전부**장관**(상급청)
④ 행정안전부 **위임전결**규정에 따라 전자정부국장이 행한 행위에 대한 소송에서 행정안전부**장관**(상급청)
⑤ 행정안전부장관을 **대리**하여 전자정부국장이 행한 행위에 대한 소송에서 행정안전부**장관**(피대리청)

테마별 N지 모음

N2 항고소송에서 처분과 피고가 옳게 연결된 것은? 15국가9 ④
① 교육·학예에 관한 도의회의 조례 – 도의회
② 지방의회의 지방의회의원에 대한 징계의결 – 지방의회의장
③ 내부위임을 받은 경찰서장의 권한 없는 자동차운전면허정지처분 – 지방경찰청장
④ 중앙노동위원회의 처분 – 중앙노동위원회 위원장

[해설] 항고소송에서 처분과 피고가 옳게 연결된 것은 다음과 같다.
① 교육·학예에 관한 도의회의 조례–도교육감
② 지방의회의 지방의회의원에 대한 징계의결–지방의회
③ 내부위임을 받은 경찰서장의 권한 없는 자동차운전면허정지처분–지방경찰서장
④ 중앙노동위원회의 처분–중앙노동위원회 위원장

THEME 59 관할법원

○ 지문

01 취소소송 | 요플 p.245 |

01 당사자소송으로 서울행정법원에 제기할 것을 민사소송으로 지방법원에 제기하여 판결이 내려진 경우, 그 판결은 관할위반에 해당한다. 23국가9

02 원고가 고의 또는 중대한 과실 없이 행정소송으로 제기하여야 할 사건을 민사소송으로 잘못 제기한 경우, 수소법원으로서는 만약 그 행정소송에 대한 관할도 동시에 가지고 있다면 이를 행정소송으로 심리·판단하여야 하고, 그 행정소송에 대한 관할을 가지고 있지 아니하다면 관할법원에 이송하여야 한다. 21군무원9

03 원고가 고의 또는 중대한 과실 없이 행정소송으로 제기하여야 할 사건을 민사소송으로 잘못 제기한 경우, 행정소송에 대한 관할을 가지고 있지 아니한 수소법원은 관할법원에 이송하여야 함이 원칙이다. 다만, 당해 소송이 행정소송으로서의 전심절차와 제소기간을 도과하였거나 행정소송의 대상이 되는 처분 등이 존재하지 않는 등 행정소송으로서 소송요건을 결하고 있음이 명백한 경우 이를 이송함이 없이 각하할 수 있다.(2015다221569) 22지방7

04 행정사건의 심리절차는 행정소송의 특수성을 감안하여 행정소송법이 정하고 있는 특칙이 적용될 수 있는 점을 제외하면 민사소송의 절차와 큰 차이가 없으므로, 민사소송을 행정소송 절차로 진행한 경우 그 자체가 위법하다고 볼 수 없다.(2014두11328) 미기출

05 민사소송인 소가 서울행정법원에 제기되었는데도 피고가 제1심법원에서 관할위반이라고 항변하지 않고 본안에서 변론을 한 경우에는 제1심법원에 변론관할이 생긴다. 23국가9

06 환매권의 존부 및 환매금액의 증감을 구하는 소송은 민사소송이다. 이를 행정소송으로 오인해 행정법원에 잘못 제기한 경우에도 피고가 항변하지 아니하고 본안에 대하여 변론하였다면 변론관할이 생겼기에 민사법원으로 이송하지 않고 행정법원에서 판결할 수 있다.(2010두22368) 미기출

07 원고의 고의 또는 중대한 과실 없이 행정소송이 심급을 달리하는 법원에 잘못 제기된 경우에 수소법원은 관할법원에 이송한다. 10국가7

08 특허청의 심결에 대한 취소소송은 고등법원에 해당하는 특허법원과 대법원으로 연결되는 2심제를 취하고 있다. 08국회8

× 지문

03 원고가 고의 또는 중대한 과실 없이 행정소송으로 제기하여야 할 사건을 민사소송으로 잘못 제기한 경우, 행정소송에 대한 관할을 가지고 있지 아니한 수소법원은 당해 소송이 행정소송으로서의 제소기간을 도과한 것이 명백하더라도 관할법원에 이송하여야 한다. 22지방7

04 행정사건의 심리절차는 민사소송의 절차와 큰 차이가 있으므로, 민사소송을 행정소송 절차로 진행한 경우 그 자체가 위법하다. 미기출

06 환매권의 존부 및 환매금액의 증감을 구하는 소송을 행정소송으로 오인해 행정법원에 잘못 제기한 경우에는 설령 피고가 항변하지 아니하고 본안에 대하여 변론하였더라도 관할법원에 이송하여야 한다. 미기출

09 취소소송의 제1심 관할법원은 **피고의 소재지를** 관할하는 행정법원으로 한다. ⓞ 15서울7
Ⓒ

10 식품위생법에 따른 서울특별시 **서초구청장의** 음식점 영업허가취소**처분**에 대한 취소소송은 **서울**
Ⓒ **행정법원에** 제기한다. 16지방7

11 세종특별자치시에 위치한 해양수산부의 **장관이 한** 처분에 대한 취소소송은 **서울행정법원에** 제기
Ⓒ 할 수 있다. 16지방7

12 **국가의 사무를 위임 또는 위탁**받은 공공단체 또는 그 장에 대하여 취소소송을 제기하는 경우에는
Ⓒ **대법원 소재지를 관할**하는 **행정법원에** 제기할 수 있다. 15서울7

13 경상북도 김천시에 위치한 한국도로공사가 국토교통부장관의 **국가사무의 위임**을 받아 한 **처분**에
Ⓒ 대한 취소소송은 **서울행정법원에 제기할 수 있다.** ⓞ 16지방7
  ⊕ 피고 소재지인 대구지방법원 본원에 소를 제기할 수도 있고, 국가사무를 위임받은 경우에 해
  당하므로 대법원 소재지인 서울행정법원에 소를 제기할 수도 있다.

14 토지의 수용 기타 **부동산** 또는 특정의 **장소에 관계되는 처분** 등에 대한 취소소송은 그 부동산 또
Ⓒ 는 장소의 **소재지를 관할**하는 **행정법원에** 이를 제기할 수 있다. 15서울7

15 경기도 토지수용위원회가 **수원시 소재 부동산**을 수용하는 재결**처분**을 한 경우 이에 대한 취소소
Ⓒ 송은 **수원지방법원 본원에** 제기할 수 있다. 16지방7

16 취소소송의 제1심 관할 법원은 피고의 소재지를 관할하는 행정법원으로 한다. 다만, **중앙행정기관**
Ⓒ **또는 그 장이 피고인 경우 관할법원은 대법원 소재지의 행정법원으로도 할 수** 있다. ⓞ 14국회8
  ⊕ 중앙행정기관 또는 그 장이 피고인 경우에는 대법원 소재지의 행정법원이 관할 법원으로 변경
  되는 것이 아니라 추가되는 것이다. 즉, 여전히 피고 소재지 관할 행정법원에도 관할이 인정된다.

17 [서울지방국토관리청이 **기획재정부장관으로부터** 관할행정재산 관리사무를 법률에 따라 **위임 받아**
Ⓒ 특정 **행정재산**의 사용허가를 한 경우] 서울지방국토관리청의 그 효력을 제한한 사용허가로 인하여
사용허가의 일부거부를 취소하는 소송을 제기할 때 그 소송의 제1심 관할법원은 ① **피고의 소재지를**
관할하는 행정법원과 ② 해당 행정재산의 소재지를 관할하는 행정법원이 모두 가능하다. ③ 또한 국가
사무를 위임받아 처리하는 경우이므로 대법원 소재지 관할 행정법원에도 가능하다. ⓞ 16서울7

18 토지의 수용 기타 **부동산** 또는 특정의 **장소에 관계되는 처분** 등에 대한 취소소송은 그 부동산 또
Ⓒ 는 장소의 **소재지를 관할**하는 **행정법원에** 제기할 수 있다. 이는 임의관할이므로 민사소송법상의
합의관할 및 변론관할에 관한 규정은 **적용된다.** 따라서 당사자의 합의나 변론에서의 무항변으로
다른 법원에 관할이 생길 수도 있다. ⓞ 10국가7
  ⊕ 부동산 또는 장소의 소재지를 관할하는 행정법원에 제기"할 수" 있는 것이므로 제기"해야" 한
  다는 앞 부분이 틀렸고, 합의관할 및 변론관할이 적용되지 않는다는 뒷 부분도 틀렸다.

02 기타 행정소송 | 요론 p.246 |

19 **국가 또는 공공단체가 당사자소송의 피고**인 경우에는 관계 행정청의 소재지를 피고의 소재지로
Ⓒ 본다. 10국가7

---

09 취소소송의 제1심 관할법원은 **원고의 소재지를** 관할하는 행정법원으로 한다. 15서울7
Ⓒ

13 경상북도 김천시에 위치한 한국도로공사가 국토교통부장관의 **국가사무의 위임**을 받아 한 **처분**에 대한 취소소송은 **서울행정법원에** 제기할 수 **없다.** 16지방7
Ⓒ

16 취소소송의 제1심 관할법원은 피고의 소재지를 관할하는 행정법원으로 한다. 다만, **중앙행정기관 또는 그 장이 피고인 경우** 관할법원은 **대법원 소재지의 행정법원으로 한다.** 14국회8
Ⓒ

17 [서울지방국토관리청이 **기획재정부장관으로부터** 관할행정재산 관리사무를 법률에 따라 **위임 받아** 특정 **행정재산**의 사용허가를 한 경우] 서울지방국토관리청의 그 효력을 제한한 사용허가로 인하여 **사용허가의 일부거부를** 취소하는 소송을 제기할 때 그 소송의 제1심 관할법원은 **피고의 소재지를 관할하는 행정법원이 아니라** 해당 행정재산의 소재지를 관할하는 행정법원이다. 16서울7
Ⓒ

18 토지의 수용 기타 **부동산** 또는 특정의 **장소에 관계되는 처분** 등에 대한 취소소송은 그 부동산 또는 장소의 **소재지를 관할**하는 **행정법원에 제기해야** 하므로, 민사소송법상의 **합의관할 및 변론관할에** 관한 규정은 **적용되지 않는다.** 10국가7
Ⓒ

THEME 60 행정심판 임의주의 - 예외적 전치주의

○ 지문 / × 지문

01 기본기 | 요플 p.248 |

01 (B군수는 甲에게 2개월의 **영업정지처분**을 하였다.) 甲은 행정**심판**을 청구하지 **않고** 영업정지처분에 대한 취소**소송**을 제기할 수 **있다**. 21국가9

02 취소소송은 법령의 규정에 의하여 당해 처분에 대한 **행정심판**을 제기할 수 있는 경우에도 이를 **거치지 아니**하고 제기할 수 있다. 다만, **다른 법률**에 당해 처분에 대한 행정심판의 재결을 거치지 아니하면 취소소송을 제기할 수 없다는 **규정이 있는 때에는** 그러하지 아니하다. 16경행

03 (「국가공무원법」상) 징계처분 또는 그 밖에 본인의 의사에 반한 **불리한 처분**이나 부작위에 관한 행정**소송은** 소청심사위원회의 심사·결정을 거치지 **아니하면** 제기할 수 **없다**. 14국가7

04 (식품의약품안전처 소속 **공무원** 甲에 대하여 정직 3개월의 **징계처분**이 내려졌다.) 甲은 징계처분에 대하여 **소청**심사위원회의 심사·결정을 거치지 **아니하고** 행정소송을 바로 제기할 수 **없다**. 14국가9

04 (식품의약품안전처 소속 **공무원** 甲에 대하여 정직 3개월의 **징계처분**이 내려졌다.) 甲은 징계처분에 대하여 **소청**심사위원회의 심사·결정을 거치지 **아니하고** 행정소송을 바로 제기할 수 **있다**. 14국가9

05 「**도로교통법**」에 따른 처분에 대해서는 행정**심판**의 재결을 거치지 **아니하면** 취소소송을 제기할 수 **없다**. 13국가7

06 (A광역시 지방경찰청장은 혈중알코올농도 0.13%의 주취상태에서 차량을 운전하다가 적발된 甲에게 **도로교통법**에 의거 **운전면허취소처분**을 하였고, 甲은 이 처분을 다투고자 한다.) 甲은 행정심판을 거치지 않고 **바로 행정소송**을 제기할 수도 **없다**. 13경행
  + 도로교통법에 따른 처분에 대해서는 행정심판전치주의가 적용되기 때문이다.

06 (A광역시 지방경찰청장은 혈중알코올농도 0.13%의 주취상태에서 차량을 운전하다가 적발된 甲에게 **도로교통법**에 의거 **운전면허취소처분**을 하였고, 甲은 이 처분을 다투고자 한다.) 甲은 행정심판을 거치지 않고 **바로 행정소송**을 제기할 수도 **있다**. 13경행

07 행정처분의 상대방에게 행정심판전치주의가 적용되는 경우, **제3자**가 제기하는 행정소송의 경우에도 **행정심판 전치주의**가 **적용**된다.(88누5150) 14국회8

07 행정처분의 상대방에게 행정심판전치주의가 적용되는 경우라도, **제3자**가 제기하는 행정소송의 경우 제3자는 행정처분의 존재를 알지 못하고 행정심판에 대한 고지도 받지 못하게 되므로 **행정심판 전치주의**가 적용되지 **않는다**. 14국회8

08 기간경과 등의 **부적법한 심판제기**가 있었다면, 행정심판위원회가 각하하지 않고 기각재결을 한 경우더라도 **심판전치의 요건**이 구비된 것으로 볼 수 **없다**.(90누8091) 15국회8

08 기간경과 등의 **부적법한 심판제기**가 있었고, 행정심판위원회가 각하하지 않고 기각재결을 한 경우는 **심판전치의 요건**이 구비된 것으로 볼 수 **있다**. 15국회8

09 처분을 행한 행정청이 행정심판을 **거칠 필요가 없다고 잘못 알린 경우**는 필요적 전치주의가 적용되는 사안이더라도, **행정심판을 제기함이 없이** 취소소송을 제기할 수 있는 경우에 해당한다. 17(상)지방9
  + 행정심판을 청구는 하되 재결을 거치지 아니하여도 행정소송을 제기할 수 있는 경우와 행정심판 자체를 청구하지 않아도 되는 경우를 구분하여야 한다. 위 경우는 후자에 속한다.

09 처분을 행한 행정청이 행정심판을 **거칠 필요가 없다고 잘못 알린 경우**(는 필요적 전치주의가 적용되는 사안에서, **행정심판을 청구하여야** 하나 당해 처분에 대한 행정심판의 **재결을 거치지 아니**하고 취소소송을 제기할 수 있는 경우에 해당한다) 17(상)지방9

10 서로 내용상 **관련**되는 처분 또는 같은 목적을 위하여 **단계적으로 진행되는 처분 중 어느 하나가** 이미 **행정심판의 재결을 거친 경우**는 필요적 전치주의가 적용되는 사안이더라도, **행정심판을 제기함이 없이** 취소소송을 제기할 수 있는 경우에 해당한다. 17(상)지방9

10 서로 내용상 **관련**되는 처분 또는 같은 목적을 위하여 **단계적으로 진행되는 처분 중 어느 하나가** 이미 **행정심판의 재결을 거친 경우**(는 필요적 전치주의가 적용되는 사안에서, **행정심판을 청구하여야** 하나 당해 처분에 대한 행정심판의 **재결을 거치지 아니**하고 취소소송을 제기할 수 **있는** 경우에 해당한다) 17(상)지방9

11 하천구역의 무단 점용을 이유로 부당이득금 부과처분과 그 부당이득금 미납으로 인한 가산금 징수처분을 받은 사람이 **가산금 징수처분**에 대하여 행정청이 안내한 **전심절차를 밟지 않았다** 하더라도 부당이득금 부과처분에 대하여 **전심절차를 거친 이상** 가산금 징수처분에 대하여도 부당이득금부과처분과 함께 행정소송으로 다툴 수 **있다**.(2004두947) 18국회8
  + 서로 내용상 관련되는 처분 또는 같은 목적을 위하여 단계적으로 진행되는 처분 중 어느 하나가 이미 행정심판의 재결을 거친 때에 해당하여 행정심판을 제기함이 없이 취소소송을 제기할 수 있는 경우에 해당한다.

11 하천구역의 무단 점용을 이유로 부당이득금 부과처분과 그 부당이득금 미납으로 인한 가산금 징수처분을 받은 사람이 **가산금 징수처분**에 대하여 행정청이 안내한 **전심절차를 밟지 않았다면** 부당이득금 부과처분에 대하여 **전심절차를 거쳤다** 하더라도 가산금 징수처분에 대하여는 부당이득금부과처분과 함께 **행정소송**으로 다툴 수 **없다**. 18국회8

12 행정청이 사실심의 **변론종결 후** 소송의 대상인 **처분을 변경**하여 당해 **변경된 처분에 관하여 소를**
Ⓐ 제기하는 때(는 행정소송법 제18조 제3항에서 규정하고 있는 '**행정심판을 거칠 필요가 없는** 경우에 해당한다.) 16서울9

13 행정청의 **처분의 변경으로 인한 소(訴)의 변경**의 경우 변경된 처분이 필요적 행정심판전치의 대상이더라도 **행정심판을 거칠 필요가 없**다. 08국회8

14 **동종사건**에 관하여 **이미** 행정심판의 **기각재결**이 있는 경우는 필요적 전치주의가 적용되는 사안
Ⓐ 이더라도, **행정심판을 제기함이 없이 취소소송을 제기할 수 있는 경우에 해당**한다. 17(상)지방9

14 **동종사건**에 관하여 **이미** 행정심판의 **기각재결**이 있는 경우
Ⓐ (는 필요적 전치주의가 적용되는 사안에서, **행정심판을 청구하여야** 하나 당해 처분에 대한 행정심판의 재결을 거치지 아니하고 취소소송을 제기할 수 있는 경우에 해당한다) 17(상)지방9

15 「행정소송법」 이외의 법률에 당해 처분에 대한 행정심판의 재결을 거치지 아니하면 취소소송을
Ⓒ 제기할 수 없다는 규정이 있는 경우에도, 처분의 집행 또는 절차의 속행으로 생길 **중대한 손해를 예방하여야 할 긴급한 필요**가 있는 때에는 행정심판의 **재결을 거치지 아니하고 취소소송을 제기할 수** 있다. 15국회8

16 법령의 규정에 의한 **행정심판기관이** 의결 또는 **재결을 하지 못할 사유**가 있는 때는 다른 법률에
Ⓒ 서 행정심판을 필요적 전치절차로 규정하고 있음에도 불구하고 행정심판의 **재결을 거치지 않고도** 행정소송을 제기할 수 있는 경우이다. 09국가7

16 법령의 규정에 의한 **행정심판기관이** 의결 또는 **재결을 하지**
Ⓒ **못할 사유**가 있는 때(는 다른 법률에서 행정심판을 필요적 전치절차로 규정하고 있음에도 불구하고 행정**심판을 제기하지 않고도 행정소송을 제기할 수** 있는 경우이다.) 09국가7

17 기타 **정당한 사유**가 있는 때는 다른 법률에서 행정심판을 필요적 전치절차로 규정하고 있음에도
Ⓒ 불구하고 행정심판의 **재결을 거치지 않고도 행정소송을 제기할 수** 있는 경우이다. 09국가7

17 기타 **정당한 사유**가 있는 때(는 다른 법률에서 행정심판을
Ⓒ 필요적 전치절차로 규정하고 있음에도 불구하고 행정**심판을 제기하지 않고도 행정소송을 제기할 수** 있는 경우이다.) 09국가7

18 **국세**부과처분 취소소송에는 **필요적** 행정심판**전치주의**가 적용된다. 17교행9
✕

18 **국세**부과처분 취소소송에는 **임의적** 행정심판**전치주의**가 적
✕ 용된다. 17교행9

19 「**국세징수법**」상의 독촉, 압류, 압류해제거부 및 공매처분에 대하여는 이의신청을 제기할 수 있고,
✕ **심사청구와 심판청구 결정 중 하나를 거친 후에** 행정소송을 제기할 수 있다. 18소방

19 「**국세징수법**」상의 독촉, 압류, 압류해제거부 및 공매처분에 대
✕ 하여는 이의신청을 제기할 수 있고, **심사청구와 심판청구의 결정을 모두 거친 후에** 행정소송을 제기할 수 있다. 18소방

20 **감사원**의 **심사청구**를 거친 경우에는 **다른 행정심판절차를 거칠 필요없**이 바로 행정소송을 제기할 수 있다. 14국회8

02 기타 행정소송 | 요플 p.249 |

21 행정소송법 제18조 제1항에 단서에 따라 **행정심판전치주의**가 적용되는 경우**에도 무효확인의 소**
Ⓒ 를 제기함에 있어서는 **행정심판을 거쳐야 하는 것은 아니다**. 16국회8

22 (갑에 대한 과세처분 이후 조세부과의 근거가 되었던 법률에 대해 헌법재판소의 위헌결정이 있었
Ⓒ 고, 위헌결정 이후에 그 **조세채권의 집행을 위해** 갑의 재산에 대해 **압류처분**이 있었다.) 갑은 압류처분에 대해 **무효확인소송**을 제기할 경우 무효확인**심판을 거칠 필요없이** 곧바로 무효확인소송을 할 수 있다. 19국가7
➕ 무효등확인소송은 취소소송의 행정심판전치주의 규정을 준용하지 않고 있다. 따라서 무효확인소송의 경우 필요적 전치주의 대상 처분이더라도 행정심판을 거치지 않고 제기할 수 있다.

22 (갑에 대한 과세처분 이후 조세부과의 근거가 되었던 법률에
Ⓒ 대해 헌법재판소의 위헌결정이 있었고, 위헌결정 이후에 그 **조세채권의 집행을 위해** 갑의 재산에 대해 **압류처분**이 있었다.) 갑은 압류처분에 대해 **무효확인소송**을 제기하려면 무효확인**심판을 거쳐야** 한다. 19국가7

23 **부작위법확인소송**에 대해서도 행정심판과 **취소소송의 관계를 준용**하여 **임의적 전치**가 원칙이며, 다른 법률이 정한 경우에만 **예외적으로 행정심판전치주의**가 적용된다. 22소간

24 **당사자소송**에는 취소소송의 행정심판에 관한 규정이 **준용**되지 **않**는다. 20군무원7

테마별 N지 모음

N1 국가공무원 甲은 음주 후 운전을 하다가 경찰관에게 적발되었는데 음주측정 결과 혈중알코올 농도가 0.1%에 이르렀고, 이에 A지방경찰청장은 「도로교통법」,제93조 및 동법 시행규칙 제91조 제1항 [별표 28] 운전면허 취소 · 정지처분 기준에 따라 甲의 운전면허를 취소하였다. 이와 별도로 甲은 「도로교통법」,위반죄로 기소되어 재판 중이고, 소속기관에서는 징계위원회에 회부되었다. 이 사안에 관한 설명으로 옳지 않은 것은? (다툼이 있으면 판례에 의함) 20소간(변형) ②

① 위 「도로교통법 시행규칙」의 운전면허 취소 · 정지처분 기준은 행정청 내부의 사무처리준칙에 불과하여 재량권 일탈 · 남용 여부에 따라 위법 여부가 결정된다.
② 甲은 운전면허취소처분에 대하여 행정심판과 행정소송을 선택적으로 행사하여 불복할 수 있다.
③ 甲이 징계처분을 받은 경우에는 소청심사를 거쳐야 행정소송을 제기할 수 있다.
④ 음주운전에 대한 「도로교통법」,위반죄로 형사판결이 선고되어 확정되었다면 면허취소처분 또는 징계처분에 대한 행정쟁송에서 특별한 사정이 없는 한 형사판결의 사실판단과 배치되는 사실을 인정할 수 없다.
⑤ 甲에 대한 운전면허취소처분, 징계처분 및 형벌 사이에는 일사부재리원칙이 적용되지 않는다.

[해설] ② 甲은 운전면허취소처분에 대하여 행정심판을 거친 후 행정소송을 제기하는 방법으로만 불복할 수 있다.

THEME 61 제소기간

○ 지문

01 취소소송은 처분등이 있음을 **안 날**부터 **90일** 이내에, 처분등이 **있은 날**부터 **1년** 이내에 제기할 수 있고, 다만 처분등이 있은 날부터 **1년이 경과하여도 정당한 사유가 있다면** 취소소송을 제기할 수 있다. 20소방

02 처분 상대방이 2023년 3월 2일 처분이 있음을 알았다면, 같은 해 **5월 31일 24시까지** 취소소송을 제기할 수 있다. 미기출
⊕ 초일불산입 원칙에 따라 제소기간의 기산점은 3월 2일이 아니라 3월 3일 0시이므로 5월 31일 24시가 제소기간의 종료일이 된다.

01 행정심판을 거치지 않는 경우 | 요플 p.250 |

03 제소기간의 적용에 있어 '처분이 있음을 **안 날**'이란 처분의 **위법 여부를 인식한 날**을 의미하는 것이 아니라 처분의 **존재를 현실적으로 안 날**을 말한다.(90누6521) 15사복9

04 '처분이 있음을 **안 날**'은 처분이 있었다는 사실을 현실적으로 안 날을 의미한다. 이 때 처분은 상대방에게 고지되어 유효하게 효력이 발생한 것이어야 하므로, **처분서를 송달받기 전 정보공개청구를 통하여** 처분을 하는 내용의 일체의 서류를 **교부받았더라도** 그 서류를 교부받은 날부터 제소기간이 **기산된다고 볼 수는 없다**.(2014두8254) 21국가9

05 처분이 있음을 **안 날**이라 함은 처분에 관한 서류가 당사자의 주소에 송달되는 등 사회통념상 처분이 있음을 당사자가 **알 수 있는 상태**에 놓여진 때에는 반증이 없는 한 그 처분이 있음을 **알았다**고 추정할 수 있다. 13국회9

06 취소소송의 제소기간인 '**안 날로부터 90일**'은 **불변기간**이다. 13지방9(변형)

07 법원은 취소소송의 제소기간을 확장하거나 단축할 수 없으나 **주소 또는 거소가 멀리 떨어진 곳에** 있는 자를 위하여 **부가기간**을 정할 수 있다. 13지방9
⊕ 이 지문에서의 "제소기간"이란, 불변기간인 "안 날로부터 90일"을 전제하는 것이다. "있은날부터 1년"은 불변기간이 아니고, 따라서 정당한 사유가 있으면 연장할 수 있다.

08 처분등이 있음을 안 날로부터 90일 이내에 제기하여야 한다는 제소기간은 불변기간에 해당하나, **소송행위의 보완**은 **허용**된다. 17교행9
⊕ 처분등이 있은 날부터 1년의 제소기간은 불변기간이 아니다.

× 지문

02 처분 상대방이 2023년 3월 2일 처분이 있음을 알았다면, 같은 해 **5월 30일 24시까지** 취소소송을 제기할 수 있다. 미기출

03 제소기간의 적용에 있어 '처분이 있음을 **안 날**'이란 처분의 **존재를 현실적으로 안 날**을 의미하는 것이 아니라 처분의 **위법 여부를 인식한 날**을 말한다. 15사복9

04 '처분이 있음을 **안 날**'은 처분이 있었다는 사실을 현실적으로 안 날을 의미하므로, **처분서를 송달받기 전 정보공개청구를 통하여** 처분을 하는 내용의 일체의 서류를 **교부받았다면** 그 서류를 교부받은 날부터 제소기간이 **기산된다**. 21국가9

08 제소기간은 불변기간이므로 **소송행위의 보완**은 **허용되지 않는다**. 17교행9

09 취소소송의 제소기간 기산점으로 행정소송법 제20조 제2항이 정한 '처분 등이 있은 날'은 그 행정처분의 효력이 발생한 날을 의미하고, 이러한 법리는 행정심판의 청구기간에 관해서도 마찬가지로 적용된다.(2019두38656) ㅇ 미기출

09 취소소송의 제소기간 기산점으로 행정소송법 제20조 제2항이 정한 '처분 등이 있은 날'은 그 행정처분이 성립된 날을 의미하고, 이러한 법리는 행정심판의 청구기간에 관해서도 마찬가지로 적용된다. 미기출

10 처분 등이 있은 날이란 당해 처분이 그 효력을 발생한 날을 말하며, 상대방이 있는 처분의 경우에는 상대방에게 도달되어야 한다. 10국회9

11 행정소송법 제20조(제소기간) 제2항의 규정상 소정의 '정당한 사유'란 민사소송법 제173조(소송행위의 추후보완)의 '당사자가 책임질 수 없는 사유'나 행정심판법 제27조(심판청구의 기간) 제2항의 '불가항력적인 사유'보다는 넓은 개념이다. 16국회8

12 처분이 있음을 알고 90일이 경과하였다면 처분이 있은 지 1년이 경과하지 않았더라도 취소소송을 제기할 수 없다. 15교행9
- 안 날로부터 90일, 있은 날로부터 1년 중 하나라도 도과하면 제소기간이 종료된다.

12 처분이 있음을 알고 90일이 경과하였더라도 처분이 있은지 1년이 경과하지 않은 경우에는 취소소송을 제기할 수 있다. 15교행9

13 특정인에 대한 행정처분을 주소불명 등의 이유로 송달할 수 없어 관보·공보·게시판·일간신문 등에 공고한 경우에는, 공고가 효력을 발생하는 날에 상대방이 그 행정처분이 있음을 알았다고 볼 수는 없고, 상대방이 당해 처분이 있었다는 사실을 현실적으로 안 날에 그 처분이 있음을 알았다고 보아야 한다. 23변시

13 특정인에 대한 행정처분을 주소불명 등의 이유로 송달할 수 없어 관보·공보·게시판·일간신문 등에 공고한 경우에는, 공고가 효력을 발생하는 날에 상대방이 그 행정처분이 있음을 알았다고 보아야 한다. 23변시

14 불특정 다수인에 대한 행정처분을 고시 또는 공고에 의하여 하는 경우에는 그 행정처분에 이해관계를 갖는 사람이 고시 또는 공고가 있었다는 사실을 현실적으로 알았는지 여부에 관계없이 고시 또는 공고가 효력을 발생한 날에 행정처분이 있음을 알았다고 보아야 한다. 17(하)지방9

15 고시에 의한 행정처분의 상대방이 불특정 다수인인 경우, 그 행정처분에 이해관계를 갖는 자는 고시가 있었다는 사실을 현실적으로 알았는지 여부에 관계없이 고시가 효력을 발생하는 날부터 90일 이내에 취소소송을 제기하여야 한다. 16지방9

02 행정심판을 거치는 경우 | 요플 p.251 |

16 행정심판을 거친 후에 원처분에 대하여 취소소송을 제기할 경우 재결서의 정본을 송달받은 날부터 90일 이내에 제기하여야 한다. 21군무원7

16 행정심판을 거친 후에 원처분에 대하여 취소소송을 제기할 경우 재결서의 정본을 송달받은 날부터 60일 이내에 제기하여야 한다. 21군무원7

17 (A시장으로부터 3월의 영업정지처분을 받은 숙박업자 甲은 이에 불복하여 행정쟁송을 제기하고자 한다.) 甲이 2022. 1. 5. 영업정지처분을 통지받았고, 행정심판을 제기하여 2022. 3. 29. 1월의 영업정지처분으로 변경하는 재결이 있었고 그 재결서 정본을 2022. 4. 2. 송달받은 경우 취소소송의 기산점은 2022. 4. 2.이다. 22지방9
- 행정심판을 거친 경우이므로 재결서 정본을 송달받은 날이 제소기간의 기산점이다.

17 (A시장으로부터 3월의 영업정지처분을 받은 숙박업자 甲은 이에 불복하여 행정쟁송을 제기하고자 한다.) 甲이 2022. 1. 5. 영업정지처분을 통지받았고, 행정심판을 제기하여 2022. 3. 29. 1월의 영업정지처분으로 변경하는 재결이 있었고 그 재결서 정본을 2022. 4. 2. 송달받은 경우 취소소송의 기산점은 2022. 1. 5.이다. 22지방9

18 행정심판을 청구하였으나 심판청구기간을 도과하여 각하된 후 제기하는 취소소송은 부적법하여 허용될 수 없다.(2011두18786) 21국가9
- 부적법한 행정심판청구에 대한 각하 재결이 있은 후에 재결서를 송달받은 날부터 90일 이내에 취소소송을 제기하였다고 하여 제소기간을 준수한 것으로 볼 수 없다고 한 사례이다.

18 행정심판을 청구하였으나 심판청구기간을 도과하여 각하된 후 제기하는 취소소송은 재결서를 송달받은 날부터 90일 이내에 제기하면 된다. 21국가9

19 행정청이 행정심판청구를 할 수 있다고 잘못 알려 행정심판을 청구한 경우에는 처분이 있음을 안 날이 아닌 재결서 정본을 송달받은 날부터 제소기간이 기산된다. 21국가9
- 행정심판청구가 부적법했지만 청구인의 잘못이라고 할 수 없기에 적법한 행정심판을 거친 경우처럼 재결서 정본을 송달 받은 날부터 제소기간이 기산된다.

19 행정청이 행정심판청구를 할 수 있다고 잘못 알려 행정심판을 청구한 경우에는 재결서 정본을 송달받은 날이 아닌 처분이 있음을 안 날로부터 제소기간이 기산된다. 21국가9

20 처분의 불가쟁력이 발생하였고 그 이후에 행정청이 당해 처분에 대해 행정심판청구를 할 수 있다고 잘못 알렸다면, 그 처분의 취소소송의 제소기간은 행정심판서의 재결서를 받은 날부터 다시 기산되지 않는다.(2011두27247) 17(상)지방9
- 이미 처분에 불가쟁력이 발생하였다면 기간을 준수하지 못한 당사자의 잘못이기에 구제 필요성이 인정되지 않는다.

20 처분의 불가쟁력이 발생하였고 그 이후에 행정청이 당해 처분에 대해 행정심판청구를 할 수 있다고 잘못 알렸다면, 그 처분의 취소소송의 제소기간은 행정심판의 재결서를 받은 날부터 기산한다. 17(상)지방9

03 기산점 관련 문제 | 요플 p.252 |

21 납세자의 이의신청에 의한 재조사결정에 따른 행정소송의 제소기간은 이의신청인 등이 후속처분의 통지를 받은 날부터 기산한다.(2007두12514) 〇 17(상)지방9

22 처분 당시에는 취소소송의 제기가 법제상 허용되지 않아 소송을 제기할 수 없다가 위헌결정으로 인하여 비로소 취소소송을 제기할 수 있게 된 경우 객관적으로는 위헌결정이 있은 날, 주관적으로는 위헌결정이 있음을 안 날을 제소기간의 기산점으로 삼아야 한다. 15국회8

21 납세자의 이의신청에 의한 재조사결정에 따른 행정소송의 제소기간은 이의신청인 등이 재결청으로부터 재조사결정의 통지를 받은 날부터 기산한다. 17(상)지방9

04 제소기간 준수 관련 문제 | 요플 p.252 |

05 기타 행정소송 | 요플 p.252 |

23 무효등확인소송에는 취소소송의 제소기간에 관한 규정이 준용되지 않는다. 13국가7

24 취소소송의 제소기간에 관한 규정은 무효등확인소송에는 준용되지 않는다. 그러나 부작위위법확인소송에는 준용되고 있다. 다만, 행정심판 등 전심절차를 거친 경우에 한정된다. 〇 13서울9

25 부작위위법확인의 소는 부작위상태가 계속되는 한 그 위법의 확인을 구할 이익이 있다고 보아야 하므로 원칙적으로 제소기간의 제한을 받지 않는다. 20군무원7

26 부작위위법확인소송은 행정심판 등 전심절차를 거친 경우에는 「행정소송법」 제20조가 정한 제소기간의 제한을 받는다.(2008두10560) 〇 22국가7

27 당사자소송의 제소기간에 대해서는 취소소송의 제소기간에 관한 규정이 준용되지 않는다. 〇 14행정사

28 당사자소송에 관하여 법령에 제소기간이 정하여져 있는 경우 그 기간은 불변기간으로 한다. 19소방

24 취소소송의 제소기간에 관한 규정은 무효등확인소송과 부작위위법확인소송에서는 준용되지 않는다. 13서울9

26 부작위위법확인소송은 행정심판 등 전심절차를 거친 경우라 하더라도 「행정소송법」 제20조가 정한 제소기간 내에 제기해야 하는 것은 아니다. 22국가7

27 당사자소송의 제소기간에 대해서는 취소소송의 제소기간에 관한 규정이 준용된다. 14행정사

테마별 N지 모음

N1 다음은 「행정소송법」상 제소 기간에 대한 설명이다. ㉠~㉤에 들어갈 내용은? 20지방9 ②

취소소송은 처분등이 (㉠)부터 (㉡) 이내에 제기하여야 한다. 다만, 행정심판청구를 할 수 있는 경우 또는 행정청이 행정심판청구를 할 수 있다고 잘못 알린 경우에 행정심판청구가 있은 때의 기간은 (㉢)을 (㉣)부터 기산한다. 한편 취소소송은 처분등이 있은 날부터 (㉤)을 경과하면 이를 제기하지 못한다. 다만, 정당한 사유가 있는 때에는 그러하지 아니하다.

	㉠	㉡	㉢	㉣	㉤
①	있은 날	30일	결정서의 정본	통지받은 날	180일
②	있음을 안 날	90일	재결서의 정본	송달받은 날	1년
③	있은 날	1년	결정서의 부본	통지받은 날	2년
④	있음을 안 날	1년	재결서의 부본	송달받은 날	3년

THEME 62 가구제 - 집행정지(항고소송)/가처분(당사자소송)

○ 지문 | × 지문

01 기본구조 및 입법례

01 **취소소송의 제기**는 처분 등의 **효력**이나 그 **집행** 또는 절차의 **속행에 영향**을 주지 **아니**한다. 13경행

02 「행정소송법」은 **집행부정지원칙**을 택하면서도 **집행정지**의 길을 **열어** 개인(원고)의 **권리보호**를 목적으로 하고 있다. 11국가9

03 (택배업을 하는 갑(甲)이 관련 법규에 대한 이해가 부족한 경찰관의 법리오인으로 인하여 30일의 **운전면허정지처분**을 받아 생업에 상당한 지장을 받게 되었다.) 갑(甲)이 면허정지기간 중에 생업유지를 위해 계속하여 **운전하고자 한다면**, 면허정지처분에 대한 취소소송의 제기와 함께 그 처분에 대한 **효력정지를 구하여야** 한다. 11국가7

02 인정요건

04 집행정지는 **본안**사건이 법원에 **계속**되어 있을 것을 **요건**으로 한다. 16서울9

05 집행정지는 행정처분의 집행부정지원칙의 예외로 인정되는 것이다. 또한 처분의 적법과는 상관이 없으나, 적어도 **본안 청구** 자체는 **적법하여야** 하므로 **적법한 본안 소송의 계속**을 요건으로 한다. 18경행
  ⊕ 본안 청구가 적법 = 본안 소송이 적법 = 본안 소송이 소송요건을 갖춰 본안판단을 받을 자격이 있음

05 집행정지는 행정처분의 집행부정지원칙의 예외로 인정되는 것이므로 **본안청구의 적법과는 상관이 없기** 때문에 **적법한 본안소송의 계속**을 요건으로 하지 **않는다**. 18경행

06 영업정지처분을 받은 甲이 취소소송을 제기하면서 집행정지신청을 한 경우 법원이 집행정지결정을 하는 데 있어 甲의 **본안청구의 적법** 여부는 집행정지의 **요건에 포함**된다. 22지방9

06 (영업정지처분을 받은 甲이) 취소소송을 제기하면서 집행정지신청을 한 경우 법원이 집행정지결정을 하는 데 있어 甲의 **본안청구의 적법** 여부는 집행정지의 **요건에 포함되지 않는다**. 22지방9

07 본안문제인 **행정처분 자체의 적법** 여부는 집행정지신청의 **요건**이 되지 **아니**하는 것이 원칙이지만, **본안소송의 제기** 자체는 **적법한 것이어야** 한다. 14국가9

08 (집행정지는) 적법한 본안소송이 법원에 계속되어 있을 것을 요하지만, **본안소송의 제기**와 **집행정지신청**이 **동시**에 행하여지는 경우도 **허용**된다. 15사복9

09 집행정지를 결정하기 위해서는 본안으로 취소소송·무효등확인소송이 계속 중이어야 한다. 그러나 **부작위법확인소송**에서는 집행정지가 **허용되지 아니**한다. 19(2)경행
  ⊕ 집행정지는 행정작용을 정지시키는 것인데, 부작위는 아무 작용도 하지 않은 것이기 때문이다.

09 집행정지를 결정하기 위해서는 본안으로 취소소송·무효등확인소송·**부작위법확인소송**이 **계속** 중이어야 한다. 19(2)경행

10 (행정소송법상 가구제제도와 관련하여) 집행정지요건인 '**회복하기 어려운 손해**'라 함은 금전배상이 불가능한 경우와 사회통념상 원상회복이나 금전배상이 가능하더라도 금전배상만으로 수인할 수 없거나 수인하기 어려운 유·무형의 손해를 의미한다. **손해의 규모가 현저하게 클 것**이 따로 **요구**되는 것은 **아니**지만, 수인성과의 관계에서 볼 때 적은 손해는 포함되지 않는다. 10국회8

10 (행정소송법상 가구제제도와 관련하여) 집행정지요건인 '**회복하기 어려운 손해**'라 함은 금전배상이 불가능한 경우와 사회통념상 원상회복이나 금전배상이 가능하더라도 금전배상만으로 수인할 수 없거나 수인하기 어려운 유·무형의 손해를 의미하고 **손해의 규모**가 **현저하게 큰 것임**을 요한다. 10국회8

11 **과징금을 납부**하기 위하여 무리하게 외부자금을 차입할 경우 자금사정이 악화되어 회사의 존립 자체가 위태롭게 될 정도의 **중대한 경영상의 위기**를 맞게 될 우려가 있다는 사정은 집행정지 요건인 **회복하기 어려운 손해**에 해당한다. 22소간

12 (행정소송의 가구제와 관련하여) **유흥접객영업허가의 취소처분**으로 5,000여 만원의 **시설비를 회수하지 못하게 된다면 생계까지 위협**받을 수 있다는 등의 사정이 집행정지를 인정하기 위한 **회복하기 어려운 손해**가 생길 우려가 있는 경우에 해당하지 **아니**한다. 14국가9

13 집행정지요건으로 **긴급한 필요**란 회복하기 어려운 손해발생 가능성이 **절박**하여 본안판단을 기다릴 만한 시간적 **여유가 없음**을 말한다. 08(하)지방9

14 (행정소송법상 가구제제도와 관련하여) 행정처분에 대한 효력정지신청을 구함에 있어서 이를 구할 **법률상 이익**이 **있어야** 한다.(2000무17) 10국회8

14 (행정소송법상 가구제제도와 관련하여) 행정처분에 대한 효력정지신청을 구함에 있어서 이를 구할 **법률상 이익**이 있어야 하는 것은 아니다. 10국회8

15 (행정소송법상 집행정지와 관련하여) 항공회사는 경쟁 항공회사에 대한 국제항공노선면허처분에 따른 노선점유율 하락에 따른 막대한 영업상 손해를 이유로 위 면허처분의 효력정지를 구할 법률상 이익이 없다.(2000무17) 12국회9
   ⊕ 집행정지를 신청한 항공회사가 해당 노선에 관한 종전에 노선면허를 받은 경업자 자체가 아니었던 사안이다. 만약 경업관계였다면 법률상 이익이 인정됐을 것이다.

16 경쟁항공회사에 대한 국제항공노선면허처분이 효력정지되면 행정청으로부터 항공법상의 전세운항계획에 관한 인가를 받아 취항할 수 있게 되는 지위를 가지게 된다고 하더라도 행정청이 위 인가를 하여 줄 법률상 의무가 발생하는 것도 아니고, 다만 경쟁 항공회사와 함께 인가를 신청할 수 있음에 그치는 것이며, 그 인가 여부는 다시 행정청의 별도의 처분에 맡겨져 있으므로 위와 같은 이익은 면허처분의 효력정지를 구할 수 있는 법률상 이익이라고 할 수 없다.(2000무17) 미기출

17 집행정지는 공공복리에 중대한 영향을 미칠 우려가 있을 때에는 허용되지 아니한다. 19서울9

18 집행정지의 요건으로 규정하고 있는 '공공복리에 중대한 영향을 미칠 우려'가 없을 것이라고 할 때의 '공공복리'는 그 처분의 집행과 관련된 구체적이고 개별적인 공익을 말한다. 18경행

19 행정처분의 효력정지나 집행정지를 구하는 신청사건에 있어서는 행정소송법 제23조 제2항, 제3항 소정의 요건의 존부만이 판단의 대상이 되는 것이고, 행정처분자체의 적법 여부는 궁극적으로 본안재판에서 심리를 거쳐 판단할 성질의 것이어서 신청사건에서는 판단의 대상이 되는 것은 아니다. 10국회8

20 본안에 관한 이유 유무는 원칙적으로 집행정지 결정단계에서 판단할 것은 아니나, 본안소송에서 처분의 취소될 가능성이 전혀 없는 경우에까지 집행정지를 인정한다는 것은 제도의 취지에 반하므로 집행정지 사건 자체에 의하여 신청인의 본안청구가 이유 없음이 명백한 때에는 집행정지를 명할 수 없다.(92두30) 15사복9

21 집행정지의 결정을 신청함에 있어서는 그 이유에 대한 소명이 있어야 한다. 19행정사

22 '처분등이나 그 집행 또는 절차의 속행으로 인한 손해발생의 우려' 등 적극적 요건에 관한 주장·소명 책임은 원칙적으로 신청인 측에 있고, 이 요건을 결여하였다는 이유로 효력정지 신청을 기각한 결정에 대하여 행정처분 자체의 적법 여부를 가지고 불복사유로 삼을 수 없다. 24소방

23 집행정지의 요건으로 규정하고 있는 '공공복리에 중대한 영향을 미칠 우려'가 없을 것이라고 할 때의 '공공복리'는 그 처분의 집행과 관련된 구체적이고도 개별적인 공익을 말하는 것으로서 이러한 집행정지의 소극적 요건에 대한 주장·소명책임은 행정청에게 있다. 23국가9

03 결정과 결정의 소멸 | 요플 p.255 |

24 집행정지는 본안이 계속되어 있는 법원이 당사자의 신청 또는 직권에 의하여 한다. 18(1)서울7

25 집행정지의 결정이 확정된 후 집행정지가 공공복리에 중대한 영향을 미치거나 그 정지사유가 없어진 때에는 당사자의 신청 또는 직권에 의하여 결정으로써 집행정지의 결정을 취소할 수 있다. 18국가7

26 집행정지결정의 취소사유는 특별한 사정이 없는 한 집행정지결정이 확정된 이후에 발생한 것이어야 한다. 24변시

27 (행정소송법상 집행정지와 관련하여) 집행정지결정을 한 후에라도 본안소송이 취하되어 소송이 계속하지 아니한 것으로 되면 그 집행정지결정의 효력이 당연히 소멸되는 것이고, 별도의 취소조치를 필요로 하는 것은 아니다.(2005무75) 16서울9

28 집행정지결정을 하려면 이에 대한 본안소송이 법원에 제기되어 계속 중임을 요하고, 집행정지신청 기각결정 후 본안소송이 취하되었다면, 그 기각결정에 대한 재항고는 그 실익이 없어 각하될 수밖에 없다. 24소방

---

15 (행정소송법상 집행정지와 관련하여) 항공회사는 경쟁 항공회사에 대한 국제항공노선면허처분에 따른 노선점유율 하락에 따른 막대한 영업상 손해를 이유로 위 면허처분의 효력정지를 구할 법률상 이익이 있다. 12국회9

16 경쟁 항공회사에 대한 국제항공노선면허처분이 효력정지되면 행정청으로부터 항공법상의 전세운항계획에 관한 인가를 받아 취항할 수 있게 되는 지위를 가지게 된다는 점에서 위 면허처분의 효력정지를 구할 수 있는 법률상 이익이 있다. 미기출

20 본안에 관한 이유 유무는 원칙적으로 집행정지 결정단계에서 판단할 것은 아니므로 집행정지사건 자체에 의하여 신청인의 본안청구가 이유 없음이 명백한 때에도 집행정지를 명할 수 있다. 15사복9

24 집행정지는 본안이 계속되어 있는 법원이 당사자의 신청에 의하여 한다. 처분권주의가 적용되므로 당사자의 신청 없이 직권으로 하지 못한다. 18(1)서울7

27 (행정소송법상 집행정지와 관련하여) 집행정지결정을 한 후에 본안소송이 취하되더라도 그 집행정지결정의 효력이 당연히 소멸하는 것은 아니고, 별도의 취소조치를 필요로 한다. 16서울9

04 집행정지 결정의 내용 | 요플 p.255 |

29 행정소송법은 처분의 **일부**에 대한 **집행정지**도 **가능**하다고 **규정**하고 있다. 　　　　12국가9

30 집행정지의 대상은 처분 등의 **효력**, 그 **집행** 또는 절차의 **속행**이다. 　　　　15사복9

31 처분의 **효력정지**는 처분의 **집행** 또는 절차의 **속행**을 정지함으로써 목적을 달성할 수 있는 경우에는 **허용**되지 **아니**한다. 　　　　21지방9
Ⓑ

05 집행정지 결정의 효력 | 요플 p.255 |

32 집행정지결정이 있으면 당사자의 **행정청과 그 밖의 관계행정청**에 대하여 법적 **구속력**이 **발생**한다. 　　　　옳 15교행9
Ⓒ
　　⊕ 취소판결의 기속력에 관한 규정이 집행정지에도 준용되기 때문이다.

33 처분의 효력을 정지하는 집행정지결정이 이루어지면 결정 주문에서 정한 **정지기간 중**에는 처분이 없었던 원래의 상태와 같은 상태가 되며 처분청이 **처분을 실현하기 위한 조치를 할 수 없다.** 　　　　22변시

34 행정소송법상 집행정지결정의 경우 취소판결의 기속력에 관한 원칙규정을 준용하고 있으나, **재처분의무**의 규정은 준용하지 **않는다.** 　　　　옳 14국회8
Ⓒ

35 [행정소송법상 집행정지와 관련하여] **집행정지결정에 의하여** 효력이 **정지되는 처분이** 당사자의 신청을 **거부**하는 것을 내용으로 하는 경우에는 그 처분을 행한 행정청은 집행정지결정의 취지에 따라 **다시** 이전의 신청에 대한 **처분을 하여야 하는 것은 아니다.** 　　　　옳 18국가7
Ⓒ
　　⊕ 집행정지 결정에는 기속력에 관한 재처분 의무를 규정한 행정소송법 제30조 제2항이 준용되지 않기 때문이다.

36 **거부처분의 효력정지**는 그 거부처분으로 인하여 신청인에게 생길 손해를 방지하는 데 아무런 **보탬이 되지 아니하므로** 신청인에게는 그 효력정지를 **구할 이익이 없다.**(95두26) 　　　　옳 21지방9
Ⓢ

37 허가에 붙은 기한의 종기 도래로 허가의 효력이 상실된 경우, 기한연장신청 **거부**에 대한 집행정지로 인해 그 효력이 회복되거나 또는 행정청에게 허가를 갱신할 의무가 생기는 것은 아니라 할 것이니 **집행정지신청**은 그 **이익이 없어** 부적합하다. 　　　　옳 24국회8
Ⓢ

38 (행정소송법상 집행정지와 관련하여) 집행정지결정의 효력은 **집행정지가 결정된 시점부터 장래**를 향하여 발생하는 것이 원칙이다. 　　　　옳 18(2)서울7

39 **집행정지결정**의 효력은 결정주문에서 **정한 기간**까지 존속하다가 그 기간의 **만료와 동시에 당연히 소멸**한다. 　　　　22변시

40 **효력기간**이 **정**해져 있는 **제재적 행정처분**에 대한 취소소송에서 법원이 본안소송의 **판결 선고 시까지 집행정지결정**을 하면, 처분에서 정해 둔 **효력기간은 판결 선고 시까지 진행하지 않**다가 판결이 선고되면 그때 집행정지결정의 효력이 소멸함과 동시에 처분의 효력이 당연히 부활하여 처분에서 정한 효력기간이 **다시 진행**한다. 　　　　24소방
소

41 일정한 납부기한을 정한 **과징금부과처분**에 대하여 **집행정지**결정이 내려졌다면 과징금부과처분에서 정한 과징금의 **납부기간**은 더 이상 **진행**되지 **아니**하고 집행정지결정의 주문에 표시된 종기의 도래로 인하여 집행정지가 실효된 때부터 다시 진행된다. 　　　　22지방7
Ⓒ

42 법원이 "**과징금부과처분의 집행**을 본안소송의 판결선고시까지 **정지**한다"는 내용의 집행정지를 한 경우, 행정청에 의하여 과징금부과처분이 집행되거나 행정청·관계 행정청 또는 제3자에 의하여 과징금부과 처분의 실현을 위한 조치가 행하여져서는 아니되며, 따라서 부수적인 결과인 **가산금** 등은 **발생**되지 **아니**한다. (2002다48023) 　　　　옳 미기출
Ⓒ

43 보조금 교부결정 취소처분에 대하여 법원이 **효력정지결정**을 하면서 **주문에서** 그 법원에 계속 중인 **본안소송의 판결선고시까지** 처분의 **효력을 정지**한다고 선언하였을 경우, **본안소송의 판결선고에 의하여** 정지결정의 효력은 **소멸**하고 이와 동시에 당초의 보조금 교부결정취소**처분의 효력이 당연히 되살아**난다. 　　　　18국가7
Ⓒ

---

32 집행정지결정이 있더라도 당사자인 **행정청과 그 밖의 관계행정청**에 대하여 법적 **구속력**은 발생하지 **않는다.** 　　　　15교행9
Ⓒ

34 행정소송법상 집행정지결정의 경우 취소판결의 기속력에 관한 원칙규정과 **재처분의무**의 규정을 준용하고 있다. 　　　　14국회8
Ⓒ

35 [행정소송법상 집행정지와 관련하여] **집행정지결정에 의하여** 효력이 **정지되는 처분이** 당사자의 신청을 **거부**하는 것을 내용으로 하는 경우에는 그 처분을 행한 행정청은 집행정지결정의 취지에 따라 **다시** 이전의 신청에 대한 **처분을 하여야** 한다. 　　　　18국가7
Ⓒ

36 **거부처분의 효력정지**는 그 거부처분으로 인하여 신청인에게 생길 손해를 방지하는 데 **필요하므로** 신청인에게는 그 효력정지를 **구할 이익이 있다.** 　　　　21지방9
Ⓢ

37 허가에 붙은 기한의 종기 도래로 허가의 효력이 상실된 경우, 기한연장신청 **거부**에 대한 집행정지로 인해 그 효력이 회복되므로 **집행정지신청**의 이익이 있다. 　　　　24국회8
Ⓢ

38 (행정소송법상 집행정지와 관련하여) 집행정지결정의 효력은 정지결정의 대상인 **처분의 발령시점에 소급**하는 것이 원칙이다. 　　　　18(2)서울7

42 법원이 "**과징금부과처분의 집행**을 본안소송의 판결선고시까지 **정지**한다"는 내용의 집행정지결정을 한 경우, 이는 집행을 정지하는 것이지 효력을 정지하는 것은 아니므로 과징금에 대한 가산금은 **발생**한다. 　　　　미기출
Ⓒ

44 보조금 교부결정 취소처분에 대한 법원의 **효력정지결정이 본안소송의 판결선고로 소멸**한 경우에는, 효력정지결정의 효력은 소멸하고 보조금 교부결정 취소처분의 효력이 되살아나므로, 위 효력정지결정의 **유효기간 동안 교부된 보조금의 반환을 명하여야** 한다.(2013두25498)   〔을〕 미기출

44 보조금 교부결정 취소처분에 대한 법원의 **효력정지결정이 본안소송의 판결선고로 소멸**한 경우라도, 위 효력정지결정의 **유효기간 동안 교부한 보조금에 대해서는 반환을 명할 수 없다.**   미기출

45 **본안 확정판결**로 제재**처분이 적법**하다는 점이 확인되었다면 제재처분의 상대방이 잠정적 집행정지를 통해 **집행정지**가 이루어지지 **않은 경우와 비교**하여 **제재를 덜 받게 되는 결과**가 초래되도록 해서는 **안 된다.**   24변시

06 불복 | 요플 p.257 |

46 (행정소송법상 집행정지와 관련하여) 집행정지의 결정 또는 기각의 결정에 대하여는 **즉시 항고할 수** 있다.   19서울9

47 (행정소송법상 집행정지와 관련하여) 집행정지의 결정에 대한 **즉시항고**에는 **결정의 집행을 정지하는 효력**이 **없다.**   〔을〕 18(2)서울7

47 (행정소송법상 집행정지와 관련하여) 집행정지의 결정에 대한 즉시항고에는 결정의 집행을 정지하는 효력이 있다.   18(2)서울7

07 민사상 제도 인정가부 | 요플 p.257 |

48 (행정소송법 제8조 제2항은 "행정소송에 관하여 이법에 특별한 규정이 없는 사항에 대하여는 법원조직법과 민사소송법 및 민사집행법의 규정을 준용한다."고 규정한 것과 관련하여) 행정소송법은 항고소송에 대하여 가처분의 일종인 집행정지를 규정하고 있는데, 이는 행정소송법에 특별한 규정이 있는 경우에 해당하므로 민사소송법상 **가처분**은 **항고소송**에서 허용되지 **아니**한다. (2009마596)   〔을〕 17사복9

48 (행정소송법 제8조 제2항은 "행정소송에 관하여 이법에 특별한 규정이 없는 사항에 대하여는 법원조직법과 민사소송법 및 민사집행법의 규정을 준용한다."고 규정한 것과 관련하여) 민사소송법상 **가처분**은 **항고소송**에서 **허용된다.**   17사복9

49 **당사자소송**에 대하여는 「행정소송법」의 집행정지에 관한 규정이 준용되지 아니하므로, 「민사집행법」상 **가처분**에 관한 규정이 **준용되어야** 한다.(2015무26)   〔을〕 18지방7

49 **당사자소송**에 대하여는 「행정소송법」의 집행정지에 관한 규정이 준용되지 아니하므로, 「민사집행법」상 **가처분**에 관한 규정 역시 **준용되지 아니**한다.   18지방7

50 공법상 **당사자소송**에서 재산권의 청구를 인용하는 판결을 하는 경우에는 **가집행**선고를 할 수 **있다.**(99두3416)   〔을〕 08국가9

50 공법상 **당사자소송**에서 재산권의 청구를 인용하는 판결을 하는 경우에는 **가집행**선고를 할 수 **없다.**   08국가9

51 재산권의 청구가 국가를 상대로 하는 경우와 그 밖의 권리주체를 상대로 하는 경우는 **집행가능성** 등에서 **실질적인 차이**가 있다고 볼 수 **없으므로**, 당사자소송의 피고가 국가인 경우와 국가가 아닌 공공단체 등인 경우의 가집행 가능성을 달리한 것은 **합리적 이유 없는 차별**에 해당하고, **국가를 상대**로 하는 당사자소송에서도 **가집행선고를 할 수 있는** 것이다.   〔을〕 미기출

51 재산권의 청구가 국가를 상대로 하는 경우와 그 밖의 권리주체를 상대로 하는 경우는 **집행가능성** 등에서 **실질적인 차이**가 **있다**고 볼 수 있으므로, 당사자소송의 피고가 국가인 경우와 국가가 아닌 공공단체 등인 경우의 가집행 가능성을 달리한 것은 **합리적 차별**에 해당하고, **국가**를 **상대**로 하는 당사자소송에서는 **가집행선고를 할 수 없는** 것이다.   미기출

08 기타 행정소송 | 요플 p.257 |

52 취소소송에서 인정되는 **집행정지**에 관한 행정소송법 규정은 **무효등확인소송**에 대하여도 **준용**된다.   10국가7

53 **무효확인소송**의 제기는 처분의 **효력**이나 그 **집행** 또는 절차의 속행에 **영향**을 주지 **아니**한다.   17지방7

54 본안소송이 **무효확인소송**인 경우에도 **집행정지**가 **가능**하다.   18(2)서울7

테마별 N지 모음

N1 다음 사례에 대한 설명으로 옳지 않은 것을 모두 고르면? (다툼이 있는 경우 판례에 의함) 　　　　미기출 ④

> 직접생산확인을 받은 중소기업자 甲은 공공기관의 장과 납품 계약을 체결한 후 직접생산하지 않은 제품을 납품하였다. 이에 관할 행정청 A는 「중소기업제품 구매촉진 및 판로지원에 관한 법률」에 따라 당시 유효기간이 남아 있는 甲의 모든 제품에 대한 **직접 생산확인**을 취소하는 **취소처분**을 하였다. 甲은 취소처분에 대하여 **취소소송을 제기**하였고, **집행정지결정**이 이루어졌다. 그러나 결국 甲의 **패소판결이 확정**되어 **집행정지가 실효**되고, 취소처분을 집행할 수 있게 되었다.
>
> 그런데 취소처분 당시 유효 기간이 남아 있었던 **직접생산확인의 일부**는 **집행정지기간 중** 유효기간이 모두 **만료**되었고, 취소처분 당시 유효기간이 남아 있었던 직접생산확인 제품 목록과 **취소처분을 집행**할 수 있게 된 **시점**에 유효기간이 **남아** 있는 직접생산확인 제품 **목록은 다르다.**

> ㄱ. 집행정지결정의 효력은 결정 주문에서 정한 기간이 만료되면 장래에 향하여 소멸함이 원칙이나, 사안과 같이 항고소송을 제기한 원고가 **본안소송**에서 패소확정판결을 받은 경우**에는** 집행정지결정의 효력이 소급하여 **소멸**하게 된다.
> ㄴ. A는 **취소처분 당시** 유효기간이 남아 있었던 직접생산확인에 대해서만 취소처분을 집행할 수 있을 뿐, **취소처분을 집행할 수 있게 된 시점** 또는 그와 가까운 시점을 기준으로 유효기간이 남아 있는 모든 제품**으로 취소 대상을 변경**하는 것은 甲에게 불측의 제재를 가하는 것이어서 **허용될 수 없다.**
> ㄷ. 만일 사안과 반대로, 甲이 집행정지결정을 받지 못했으나 **본안소송**에서 **취소처분이 위법하다는 것이 확인**되어 인용판결이 확정된 경우라면, A는 취소처분으로 甲에게 초래된 **불이익**한 결과를 **제거**하기 위하여 필요한 **조치를 취하여야** 한다.

① ㄱ　　② ㄴ　　③ ㄷ　　④ ㄱ, ㄴ

해설 ㄱ. 집행정지결정의 효력은 결정 주문에서 정한 기간이 만료되면 장래에 향하여 소멸함이 원칙이다. 사안과 같이 항고소송을 제기한 원고가 **본안소송**에서 **패소확정판결**을 받은 경우**에도** 마찬가지이다. 즉, 이때에도 **집행정지결정**의 효력은 **장래**를 향하여 **소멸**한다.
ㄴ. A는 직접생산확인 취소 대상을 **취소처분 당시** 유효기간이 남아있었던 모든 제품**에서 취소처분을 집행할 수 있게 된 시점** 또는 그와 가까운 시점을 기준으로 유효기간이 남아 있는 모든 제품**으로 변경할 수 있다.** (2020두34070)
➕ 직접생산확인 취소처분에 대하여 집행정지 결정을 받았던 원고가 본안에서 패소확정판결을 받았다면 집행정지결정이 없었던 경우와 동등 수준의 제재를 받아야 하므로, 취소처분을 집행할 수 있게 된 시점을 기준으로 유효기간이 남은 모든 제품으로 취소대상을 변경할 수 있다고 한 사례이다.

N2 행정소송법상 취소소송에 관한 규정 중 **부작위위법확인소송에 준용되는 것**을 모두 고르면? 　　　　13국가9 ②

| ㄱ. 행정심판과의 관계 | ㄴ. 제소기간 | ㄷ. 집행정지 |
| ㄹ. 사정판결 | ㅁ. 거부처분취소판결의 간접강제 | |

① ㄱ, ㄹ　　② ㄱ, ㄴ, ㅁ　　③ ㄱ, ㄴ, ㄷ, ㄹ　　④ ㄱ, ㄴ, ㄷ, ㅁ

해설 부작위위법확인소송에는 **처분변**경으로 인한 소의 변경, **집행정지**, **사**정판결에 관한 규정이 준용되지 아니한다.

THEME 63 행정소송의 심리(1) - 심리의 원칙·종류·내용

○ 지문 | × 지문

01 기본기 | 요플 p.258 |

02 심리의 종류·내용 | 요플 p.258 |

01 **소송요건**의 구비 여부는 법원에 의한 **직권조사사항**으로 당사자의 주장에 구속되지 않는다. 15교행9

02 행정소송에 쟁송의 대상이 되는 **행정처분의 존부**는 소송요건으로서 **자백의 대상이 될 수 없는** 직권조사사항에 하므로, 그 존재를 당사자들이 다투지 아니하더라도 의심이 있는 경우 그 존부에 대해 법원이 **직권**으로 **조사할 권한**이 있다.(2003두15195) 13서울7

02 행정소송에서 쟁송의 대상이 되는 **행정처분의 존부**는 **자백의 대상**이므로 그 존재를 당사자들이 다투지 아니하는 경우, 의심이 있어도 그 존부에 대해 법원이 **직권**으로 **조사할 권한**이 **없다**. 13서울7

03 필요적 행정심판**전치주의**가 적용되는 경우 그 **요건을 구비**하였는지 여부는 법원의 **직권조사사항**이다. 15국회8

04 **제소기간**이 **도과**한 후에 소를 제기한 경우에 있어서 피고 **행정청**이 이를 **다투지 않**고 변론에 응하더라도 **제소기간**에 대한 요건의 **흠결**은 **치유되지 않는다.** 23변시

05 사실심에서 변론종결시까지 당사자가 주장하지 않던 **직권조사사항**에 해당하는 사항을 **상고심에서 비로소 주장**하는 경우라도, 그 직권조사사항에 해당하는 사항은 **상고심의 심판범위에 해당**한다. (2003두15195) 15지방7

05 사실심에서 변론종결시까지 당사자가 주장하지 않던 **직권조사사항**에 해당하는 사항을 **상고심에서 비로소 주장**하는 경우 그 직권조사사항에 해당하는 사항은 **상고심의 심판범위**에 해당하지 **않는다.** 15지방7

06 해당 처분을 다툴 **법률상 이익**이 있는지 여부는 **직권조사사항**으로 이에 관한 당사자의 주장은 직권발동을 촉구하는 의미밖에 없으므로, 원심법원이 이에 관하여 **판단하지 않았다고** 하여 **판단유탈의 상고이유**로 삼을 수 **없다.** 24지방9

07 취소소송에서 **처분의 위법성**은 **소송요건**이 아니다. 16사복9
  ➕ 취소소송에서 처분의 위법성은 본안요건이다.

08 행정**소송**의 제기요건은 법원의 **직권조사사항**이나, 행정소송에 있어서 처분청의 **처분권한** 유무는 처분의 위법성과 관련되는 사항, 즉, 본안요건이므로 **직권조사사항**이 **아니다.**(95누8669) 17서울7

08 행정**소송**의 제기**요건**은 법원의 **직권조사사항**이므로 행정소송에 있어서 처분청의 **처분권한** 유무는 **직권조사사항**이다. 17서울7

03 심리의 원칙 | 1요플 p.259 |

09 행정소송법 제26조는 행정소송에서 직권심리주의가 적용되도록 하고 있지만, **행정소송에서도 당사자주의**나 **변론주의의 기본구도**는 여전히 **유지**된다. 17(상)국가9

10 행정소송에도 원칙적으로 당사자주의가 적용되므로, 당사자주의의 한 내용인 **처분권주의**는 **취소소송에도 적용된다.** 18지방9

10 소송에 있어서 **처분권주의**는 사적 자치에 근거를 둔 법질서에 뿌리를 두고 있으므로 **취소소송에는 적용되지 않는다.** 18지방9

11 법원은 **소송제기가 없는** 사건에 대하여 **심리·재판할 수 없다.** 14국가9

12 취소소송의 직권심리주의를 규정하고 있는 행정소송법 제26조의 규정을 고려하더라도, 행정소송에 있어서 법원은 원고의 **청구범위를 초월하여** 그 이상의 청구를 **인용할 수 없다.** 15지방7
  ➕ 직권심리주의 규정은 당사자가 청구한 사항을 심리하는 과정에서 필요시 당사자가 주장하지 아니한 사실이나 제출하지 않은 증거에 대해서도 판단 및 조사가 가능하다는 것이지, 당사자가 청구 지제를 하지 않은 사항을 인용할 수 있다는 것이 아니다.

12 취소소송의 직권심리주의를 규정하고 있는 행정소송법 제26조의 규정을 고려할 때, 행정소송에 있어서 법원은 원고의 **청구범위를 초월하여** 그 이상의 청구를 **인용할 수 있다.** 15지방7

13 「행정소송법」에 따르면 법원은 **필요하다고 인정**할 때에는 **직권**으로 **증거조사**를 할 수 있고, 당사자가 **주장하지 아니한 사실**에 대하여도 **판단할 수 있다.** 23지방9

13 「행정소송법」에 따르면 법원은 **필요하다고 인정**할 때에는 **직권으로 증거조사**를 할 수 있으나, 당사자가 **주장하지 아니한 사실**에 대하여는 **판단할 수 없다.** 23지방9

14 행정소송에서 기록상 자료가 나타나 있다면 당사자가 **주장하지 않았더라도** 행정소송의 특수성에 비추어 법원이 이를 **판단할 수 있다.**(2009두18035) 15지방7
  ➕ 행정소송에는 원칙적으로 당사자주의가 적용되나 공익적 성격을 고려하여 직권심리주의도 적용되기에, 기록상 나타난 사항까지는 당사자가 주장하지 않아도 판단할 수 있다.

14 행정소송에서 기록상 자료가 나타나 있다하더라도 당사자가 **주장하지 않았다면** 행정소송의 특수성에 비추어 법원은 이를 **판단할 수 없다.** 15지방7

15 취소소송의 심리에 있어서 **주장책임은 직권탐지주의**를 보충적으로 **인정**하고 있는 **한도 내에서** 그 **의미**가 **완화**된다. 18지방9

16 행정소송법 제26조에 따르면 법원은 필요하다고 인정시 직권으로 증거조사를 할 수 있으나, **기록에 현출되지 않은 사항**에 관하여는 실체 진실 발견을 위해 필요하더라도 **직권으로 증거조사**를 하여 이를 기초로 삼아 판단**할 수는 없는** 것이다.(94누4820)
  미기출

17 법원이 어느 하나의 사유에 의한 과징금부과처분에 대하여 그 사유와 **기본적 사실관계의 동일성**이 인정되지 **아니하는 다른 처분사유**가 존재한다는 이유로 적법하다고 판단하는 것은 특별한 사정이 없는 한 **직권심사주의의 한계를 넘는 것이다**.
  22지방7

18 **당사자소송**은 본질상 **행정소송**이므로, 행정소송법상 **직권증거조사규정**이 준용된다.
  12지방7

19 민간투자사업 실시협약을 체결한 당사자가 공법상 **당사자소송**에 의하여 그 실시협약에 따른 재정지원금의 지급을 구하는 경우에, 수소법원은 단순히 주무관청이 재정지원금액을 산정한 절차 등에 **위법이 있는지** 여부를 심사하는 데 **그쳐서는 아니** 되고, 실시협약에 따른 적정한 재정지원금액이 얼마인지를 구체적으로 **심리·판단하여야** 한다.(2017두46455)
  22국가7

20 「행정소송법」에 따르면 **법원은** 당사자의 **신청이 있는 때**에는 결정으로써 **재결을 행한 행정청에** 대하여 **행정심판에 관한 기록의 제출을 명할 수** 있고, 제출명령을 받은 **행정청은 지체없이** 당해 행정심판에 관한 기록을 법원에 **제출하여야** 한다.
  23지방9

21 행정소송법은 법원이 **당사자의 신청**이 있는 때에는 재결을 행한 행정청에 대하여 **행정심판에 관한 기록의 제출을 명할 수** 있도록 규정하고 있다.
  14국가9

  ➕ 현행법상 관계행정청에 자료 제출을 요구할 수 있는 규정은 존재하지 않는다. 행정심판기록 제출명령제도는 인정되는데, 이때에도 직권이 아니라 당사자의 신청에 의하여 가능하다.

22 「민사소송법」 규정이 준용되는 행정소송에서 증명책임은 원칙적으로 민사소송 일반원칙에 따라 당사자 사이에 분배되고, 항고소송의 경우에는 그 특성에 따라 **처분의 적법성**을 주장하는 **피고에게** 그 적법사유에 대한 **증명책임**이 있다.
  18지방7

23 **결혼이민**[F-6 (다)목] **체류자격**을 신청한 외국인에 대하여 행정청이 그 요건을 충족하지 못하였다는 이유로 **거부처분**을 하는 경우 '**그 요건을 갖추지 못하였다는 판단**', 즉 '**혼인파탄의 주된 귀책사유가 국민인 배우자에게 있지 않다는 판단**' 자체가 **처분사유**가 되는바, 결혼이민[F-6 (다)목] 체류자격 거부처분 취소소송에서 그 처분사유에 관한 **증명책임은 피고 행정청**에 있다.
  23지방9

24 **재량**에 의한 행정**처분이** 그 재량권의 한계를 벗어난 것이어서 **위법하다는 점**은 그 행정처분의 **효력을 다투는 자**가 이를 **주장·입증하여야** 하고, 처분청이 그 재량권의 행사가 정당한 것이었다는 점까지 주장·입증할 필요는 없다.
  22소방

25 행정처분의 당연무효를 주장하여 그 **무효확인**을 구하는 행정소송에 있어서는 **원고가** 그 행정처분에 **중대·명백한 하자가 있음을 주장·입증**할 책임이 있다.(2009두3460)
  16지방9

---

16 행정소송법 제26조에 따르면 법원은 필요하다고 인정시 직권으로 증거조사를 할 수 있으므로, **기록에 현출되지 않은 사항**에 관하여도 실체 진실 발견을 위하여 **직권으로 증거조사**를 하고 이를 기초로 삼아 판단**할 수 있는** 것이다.
  미기출

17 법원이 어느 하나의 사유에 의한 과징금부과처분에 대하여 그 사유와 **기본적 사실관계의 동일성**이 인정되지 **아니하는 다른 처분사유**가 존재한다는 이유로 적법하다고 판단하는 것은 특별한 사정이 없는 한 **직권심사주의의 한계를 넘는 것이 아니다**.
  22지방7

18 **당사자소송**은 본질상 **민사소송**이므로 행정소송법상 **직권증거조사규정**이 적용될 수 없다.
  12지방7

19 민간투자사업 실시협약을 체결한 당사자가 공법상 **당사자소송**에 의하여 그 실시협약에 따른 재정지원금의 지급을 구하는 경우에, 수소법원은 주무관청이 재정지원금액을 산정한 절차 등에 **위법이 있는지** 여부를 심사할 수는 있지만 실시협약에 따른 적정한 재정지원금액이 얼마인지를 구체적으로 **심리·판단할 수 없다**.
  22국가7

21 행정소송법은 **법원이 직권으로 관계행정청에 자료 제출을 요구할 수 있음**을 규정하고 있다.
  14국가9

25 행정처분의 당연무효를 주장하여 그 **무효확인**을 구하는 행정소송에 있어서는 피고 **행정청이** 그 행정처분에 **중대·명백한 하자가 없음을 주장·입증**할 책임이 있다.
  16지방9

---

04 입증책임 | 요플 p.260 |

26 항고소송은 피고에게 적법사유에 대한 증명책임이 있으나, 무효확인소송에서의 무효사유 증명책임은 원고에게 있다. 따라서, 취소형식을 취하고 있는 **무효확인을 구하는 취소소송**에서도 마찬가지로 **원고에게 무효사유가 있다**는 것에 대한 **증명책임**이 있다.
  미기출

27 부작위위법확인소송에 있어서 일정한 **처분을 신청한 사실**의 입증책임은 **원고가** 지며, 상당한 기간의 경과를 **정당화할 특별한 사유**가 있었다는 것의 입증책임은 피고인 **행정청**이 진다.
  05국회8(변형)

28 징계사유인 성희롱 관련 **형사재판에서** 성희롱 행위가 있었다는 점을 합리적 의심을 배제할 정도로 확신하기 어렵다는 이유로 공소사실에 관하여 **무죄가 선고되었다고** 하여 그러한 사정만으로 **행정소송에서 징계사유의 존재를 부정**할 것은 **아니다**.
  22국회8

---

26 항고소송은 피고에게 적법사유에 대한 증명책임이 있으나, 무효확인소송에서의 무효사유 증명책임은 원고에게 있다. 따라서, 취소형식을 취하고 있는 **무효확인을 구하는 취소소송**에서는 원칙대로 **피고에게 무효사유가 없다**는 것에 대한 **증명책임**이 있다.
  미기출

THEME 64 행정소송의 심리(2) - 소송 중 각종 변동제도 일괄정리

○ 지문 / × 지문

01 개관 | 요롬 p.261 |

02 절차 | 요롬 p.262 |

○ 지문

01 기 행정소송에 있어서도 소송절차에 관한 신청을 기각한 결정이나 명령에 대하여 불복이 있으면 항고할 수 있다. 08지방9
  ➕ 법원의 결정이나 명령에 대한 불복수단은 항소가 아니라 항고이다.

02 인 「행정소송법」상 원고가 피고를 잘못 지정한 때에는 법원은 원고의 신청에 의하여 결정으로써 피고의 경정을 허가할 수 있다. 24지방9

03 법원은 소의 변경의 필요가 있다고 판단될 때에는 원고의 신청에 의하여 사실심의 변론종결시까지 결정으로써 소의 변경을 허가할 수 있다. 그러나 법원의 직권으로는 소의 변경을 할 수 없다. 08(하)지방9

04 기 법원은 소송의 결과에 따라 권리 또는 이익의 침해를 받을 제3자가 있는 경우에는 당사자 또는 제3자의 신청 또는 직권에 의하여 결정으로써 그 제3자를 소송에 참가시킬 수 있다. 24소간

05 인 법원은 다른 행정청을 취소소송에 참가시킬 필요가 있다고 인정할 때에는 당사자 또는 당해 행정청의 신청 또는 직권에 의하여 결정으로써 그 행정청을 소송에 참가시킬 수 있다. 18국가7

06 관련청구소송의 이송은 그 소송이 계속되어 있는 법원이 당해 소송을 취소소송이 계속되어 있는 법원에 이송하는 것이 상당하다고 인정하는 때에 당사자의 신청 또는 직권에 의하여 할 수 있다. 09지방7

07 취소소송과 이와 관련된 부당이득반환청구소송이 각각 다른 법원에 계속되고 있는 경우에는 당사자의 신청 또는 직권으로 취소소송이 계속된 법원에 관련청구소송을 이송할 수 있다. 08국회8

× 지문

01 기 행정소송에 있어서도 소송절차에 관한 신청을 기각한 결정이나 명령에 대하여 불복이 있으면 항소할 수 있다. 08지방9

03 법원은 소의 변경의 필요가 있다고 판단될 때에는 원고의 신청이 없더라도 사실심의 변론종결시까지 직권으로 소를 변경할 수 있다. 08(하)지방9

07 취소소송과 이와 관련된 부당이득반환청구소송이 각각 다른 법원에 계속되고 있는 경우에는 당사자의 신청이 있는 경우에 한하여 취소소송이 계속된 법원에 관련청구소송을 이송할 수 있다. 08국회8

03 피고경정 | 요롬 p.263 |

08 인 취소소송에서 원고가 처분청 아닌 행정관청을 피고로 잘못 지정한 경우, 법원은 석명권을 행사하여 원고로 하여금 피고를 경정하게 하여 소송을 진행케 하여야 하며 이러한 조치를 취하지 아니한 채 소송요건의 불비를 이유로 소를 각하하는 것은 위법하다.(2002두7852) 20국가9

09 피고경정의 신청을 각하한 결정에 대하여는 즉시항고로 불복할 수 있다. 08(하)지방7

10 C 원고가 피고를 잘못 지정한 경우 피고경정은 취소소송과 당사자소송 모두에서 사실심 변론 종결에 이르기까지 허용된다. 21군무원9

11 C 취소소송이 제기된 후에 피고를 경정하는 경우 제소기간의 준수여부는 처음에 소를 제기한 때에 제기된 것으로 본다. 17(하)지방9

12 인 소의 종류의 변경에 따른 피고의 변경은 교환적 변경에 한한다고 봄이 상당하므로 예비적 청구만이 있는 피고의 추가경정신청은 예외적 규정이 있는 경우를 제외하고는 원칙적으로 허용되지 않는다. 20국가9

08 인 취소소송에서 원고가 처분청 아닌 행정관청을 피고로 잘못 지정한 경우, 법원은 석명권의 행사 없이 소송요건의 불비를 이유로 소를 각하할 수 있다. 20국가9

09 피고경정의 신청을 각하한 결정에 대하여는 불복할 수 없다. 08(하)지방7

11 C 취소소송이 제기된 후에 피고를 경정하는 경우 제소기간의 준수 여부는 피고를 경정한 때를 기준으로 판단한다. 17(하)지방9

04 참가 | 요롬 p.263 |

13 소송참가를 한 행정청은 보조참가인에 준하는 지위를 가지므로 피참가인의 소송행위에 저촉되는 소송행위를 할 수 없다. 미기출

14 인 소송참가할 수 있는 행정청이 자기에게 책임 없는 사유로 소송에 참가하지 못함으로써 판결의 결과에 영향을 미칠 공격·방어방법을 제출하지 못한 때에도, 이를 이유로 확정된 종국판결에 대하여 재심을 청구할 수는 없다. 18국가7
  ➕ 제3자가 책임 없는 사유로 참가하지 못한 경우에 재심청구권이 인정되나, 행정청이 책임 없는 사유로 참가하지 못한 경우에는 재심청구권이 인정되지 아니한다.

13 소송참가를 한 행정청은 공동소송적 보조참가인에 준하는 지위를 가지므로 피참가인의 소송행위에 저촉되는 소송행위도 할 수 있다. 미기출

14 인 소송참가할 수 있는 행정청이 자기에게 책임 없는 사유로 소송에 참가하지 못함으로써 판결의 결과에 영향을 미칠 공격·방어방법을 제출하지 못한 때에는 이를 이유로 확정된 종국판결에 대하여 재심을 청구할 수 있다. 18국가7

15 행정청의 소송참가는 처분의 효력 유무가 민사소송의 선결문제가 되어 당해 민사소송의 수소법
인 원이 이를 심리·판단하는 경우에도 허용된다. 18국가7

16 제3자가 행정소송법에 따라 소송참가한 경우는 공동소송적 보조참가인의 지위를 가지며, 민사소
z 송법에 따라 소송참가한 경우에도 마찬가지이다.(2011두13729) 미기출

16 제3자가 행정소송법에 따라 소송참가한 경우는 공동소송적 보조참가인의 지위를 가지나, 민사소송법에 따라 소송참가한 경우는 그렇지 아니하다. 미기출

17 「행정소송법」상 제3자 소송참가의 경우 참가인이 상소를 한 경우, 소송당사자 본인인 피참가인은
인 참가인의 의사에 반하여 상소취하나 상소포기를 할 수 없다. 20지방9

17 「행정소송법」상 제3자 소송참가의 경우 참가인이 상소를 하였더라도, 소송당사자 본인인 피참가인은 참가인의 의사에 반하여 상소취하나 상소포기를 할 수 있다. 20지방9

18 [행정소송법 제8조 제2항은 "행정소송에 관하여 이법에 특별한 규정이 없는 사항에 대하여는 법원조직법과 민사소송법 및 민사집행법의 규정을 준용한다."고 규정한 것과 관련하여] 행정소송사건에서 민사소송법상 보조참가가 허용된다. 17사복9

19 특정 소송사건에서 당사자 일방을 보조하기 위하여 보조참가를 하려면 당해 소송의 결과에 대하
기 여 사실상, 경제상 또는 감정상의 이해관계가 아니라 법률상의 이해관계가 있어야 한다.(2011두17899) 15국가9

19 특정 소송사건에서 당사자 일방을 보조하기 위하여 보조 참가를 하려면 당해 소송의 결과에 대하여 사실상, 경제상 또는 감정상의 이해관계가 있으면 충분하며 법률상의 이해관계가 요구되는 것은 아니다. 15국가9

20 행정청은 권리주체가 아닌 기관에 불과하여 당사자능력 및 소송능력이 없기 때문에 「민사소송법」
C 상의 보조참가를 할 수는 없고, 「행정소송법」 규정에 의해 특별히 인정되는 행정청의 소송참가를 할 수 있을 뿐이다. 같은 이유로 공법상 당사자소송의 원고가 될 수도 없다. 24지방9

20 행정청은 「민사소송법」상의 보조참가를 할 수 있을 뿐만 아니라 「행정소송법」에 의한 소송참가를 할 수 있고 공법상 당사자소송의 원고가 된다. 24지방9

21 법원이 제3자의 소송참가에 관한 결정을 하는 경우에는 당사자 및 제3자의 의견을 들어야 한다. 22군무원9(변형)

22 법원이 행정청의 소송참가에 관한 결정을 하는 경우에는 당사자 및 당해 행정청의 의견을 들어야 한다. 22군무원9(변형)

05 관련청구사건의 병합·이송 | 요플 p.264 |

23 취소소송에 병합할 수 있는 당해 처분과 관련된 부당이득반환소송은 당해 처분의 취소를 선결문제로 하는 부당이득반환청구가 포함된다. 14국회8

24 관련청구소송의 병합에 있어서는 취소소송의 적법성이 전제되어야 하며, 사실심 변론종결 전에 관련청구가 병합되어야 한다. 10국회8

25 관련청구소송의 병합은 본래의 항고소송이 적법할 것을 요건으로 하는 것이어서 본래의 항고소송이 부적법하여 각하되면 그에 병합된 관련청구도 소송요건을 흠결한 부적합한 것으로 각하되어야 한다. 09지방7

26 취소소송에 당사자소송을 병합한 경우, 취소소송이 부적법하여 각하되었더라도 그에 병합된 당
z 사자소송까지 각하되어야 하는 것은 아니다.(92누3335) 미기출
➕ 주된 소송과 관련청구소송이 모두 행정소송으로서 상호 간 소의 종류 변경이 가능한 경우에는 각하하는 것이 아니라 주된 소송에서 관련청구소송으로 소의 종류 변경청구가 있었던 것으로 받아들여 허가하여야 한다고 한 사례

26 취소소송에 당사자소송을 병합한 경우, 취소소송이 부적법하여 각하되면 그에 병합된 당사자소송 역시 각하되어야 한다. 미기출

27 甲이 무효확인소송의 제기 전에 이미 A처분의 위법을 이유로 국가배상청구소송을 제기하였더라
C 도, 무효확인소송의 수소법원은 甲의 무효확인소송을 국가배상청구소송이 계속된 법원으로 이송·병합할 수는 없다. 19지방7
➕ 소제기의 선후를 불문하고 행정소송의 계속된 법원으로 민사소송을 이송·병합하여야 한다. 따라서 민사소송인 국가배상소송을 행정소송인 무효확인소송이 계속된 법원으로 이송·병합하여야 한다.

27 甲이 무효확인소송의 제기 전에 이미 A처분의 위법을 이유로 국가배상청구소송을 제기하였다면, 무효확인소송의 수소법원은 甲의 무효확인소송을 국가배상청구소송이 계속된 법원으로 이송·병합할 수 있다. 19지방7

28 당해 처분이 원인이 되어 발생한 손해배상청구소송을 당해 처분의 취소소송이 계속된 법원으로 이송할 수 있다. 09지방7

28 당해 처분의 취소소송을 당해 처분이 원인이 되어 발생한 손해배상청구소송이 계속된 법원으로 이송할 수 있다. 09지방7

29 무효확인과 취소청구는 서로 양립할 수 없는 청구이므로 주위적·예비적 병합만이 가능하고, 단
C 순병합이나 선택적 병합은 허용되지 아니한다.(97누6889) 12국회8

29 무효확인과 취소청구는 서로 양립할 수 없는 청구이므로 예비적 병합은 허용되지 아니하고, 단순병합이나 선택적 병합만이 가능하다. 12국회8

30 취소소송에 당해 처분의 취소를 선결문제로 하는 **부당이득반환청구**가 **병합된 경우** 그 청구가 **인용되려면** 그 소송절차에서 판결에 의해 당해 처분이 취소되면 충분하고 그 **처분의 취소가 확정되어야 하는 것은 아니다.**(2009두10963) 15국가9

30 취소소송에 당해 처분의 취소를 선결문제로 하는 **부당이득반환청구**가 **병합된 경우** 그 청구가 **인용되려면** 소송절차에서 당해 **처분의 취소가 확정되어야** 한다. 15국가9

06 소의 변경 | 요플 p.264 |

31 **소의 종류의 변경**은 **소송경제** 및 **권리보호**의 관점에서 인정된다. 08(하)지방9

32 **당사자소송**을 **항고소송으로** 변경하는 것은 **허용**된다. 18서울9
   ⊕ 소 종류의 변경에 관한 규정이 당사자소송에도 준용되기 때문이다.

32 **당사자소송**을 **항고소송으로** 변경하는 것은 허용되지 **않는다**. 18서울9

33 취소소송과 취소소송 외의 **항고소송 간**의 소의 변경은 물론, **취소소송과 당사자소송 간의 변경**도 **가능**하다. 14서울9

34 소의 종류의 변경의 요건을 갖춘 경우 **면직처분취소소송을 공무원보수지급청구소송으로** 변경하는 것은 **가능**하다. 18서울9

35 원고가 고의 또는 중대한 과실 없이 **당사자소송**으로 제기하여야 할 것을 **항고소송으로 잘못 제기**한 경우에, 당사자소송으로서의 소송요건을 결하고 있음이 명백하여 당사자소송으로 제기되었더라도 **어차피 부적법**하게 되는 경우가 **아닌 이상**, 법원으로서는 원고가 **당사자소송**으로 소변경을 **하도록 하여 심리·판단**하여야 한다. 21변시

36 원고가 고의 또는 중대한 과실 없이 **항고소송으로 제기해야 할 것을 당사자소송으로 잘못 제기**한 경우에, 항고소송의 소송요건을 갖추지 못했음이 명백하여 **항고소송으로 제기되었더라도 어차피 부적법하게 되는 경우가 아닌 이상**, 법원으로서는 원고가 항고소송으로 **소 변경**을 하도록 석명권을 행사하여 행정청의 처분이나 부작위가 적법한지 여부를 심리·판단해야 한다. 미기출
   ⊕ 즉, 지문과 같이 어차피 항고소송으로서의 소송요건을 갖추지 못하였음이 명백하다면 소 변경을 하도록 석명권을 행사할 의무가 없다.

36 원고가 고의 또는 중대한 과실 없이 **항고소송으로 제기해야 할 것을 당사자소송으로 잘못 제기한 경우라면, 항고소송의 소송요건을 갖추지 못함이 명백하더라도**, 법원으로서는 원고가 항고소송으로 **소 변경**을 하도록 석명권을 행사하여 항고소송으로서 심리·판단해야 한다. 미기출

37 법원이 소의 종류의 변경을 허가함으로써 피고를 달리하게 될 때에는 **새로이 피고가 될 자의 의견을 반드시 들어야** 한다. 08(하)지방9

38 소의 종류 변경의 허가결정이 있으면 **신소는 구소가 제기된 때에 제기된 것으로 보며, 구소는 취하된 것**으로 본다. 09국회8(변형)

39 법원은 행정청이 소송의 대상인 **처분**을 소가 제기된 후 **변경한 때에**는 **원고의 신청**에 의하여 결정으로써 **청구의 취지 또는 원인의 변경**을 허가할 수 있다. 14국회8

40 "행정청이 소송의 대상인 **처분**을 소가 제기된 후 **변경한 때에**는 **원고의 신청**에 의하여 법원의 결정으로써 **청구의 취지 또는 원인의 변경**을 허가할 수 있다."는 행정소송법 제22조는 소의 각하나 새로운 소의 제기라는 **무용한 절차의 반복을 배제**하여 간편하고도 신속하게 **개인의 권익구제를 확보**할 수 있다. 10국회8

41 **민사소송에서 항고소송으로 소변경**하는 것이 민사소송법 제262조에 따라 **가능**하듯, **당사자소송을 민사소송으로 변경**하는 것 역시 행정소송법에 직접 규정을 두고 있지 않으나 행정소송법 제8조 제2항에 의하여 민사소송법 제262조가 준용되는 결과 **가능**하다. 미기출

41 **민사소송에서 항고소송**으로 소변경하는 것은 **가능**하나, **당사자소송을 민사소송으로 변경**하는 것은 행정소송법에 규정이 없으므로 **불가**하다. 미기출

42 원고가 「행정소송법」상 **항고소송으로 제기해야 할 사건을 민사소송으로 잘못 제기**한 경우에 수소법원이 그 항고소송에 대한 관할을 가지고 있지 아니하여 관할법원에 이송하는 결정을 하였고, 그 이송결정이 확정된 후 원고가 **항고소송으로 소 변경**을 하였다면, 그 항고소송에 대한 **제소기간**이 준수 여부는 원칙적으로 **처음에 소를 제기한 때를 기준**으로 판단하여야 한다. 23군무원9

43 청구취지를 변경하여 종전의 소가 취하되고 **새로운 소가 제기**된 것으로 변경되었다면 새로운 소에 대한 **제소기간 준수 여부는 원칙적으로 소의 변경이 있은 때**를 기준으로 한다. 17(상)지방9

44 어느 하나의 처분의 취소를 구하는 소에 당해 처분과 관련되는 처분의 취소를 구하는 청구를 추가적으로 병합한 경우, **추가적으로 병합된 소의 소제기 기간의 준수** 여부는 그 청구취지의 **추가 신청이 있은 때**를 기준으로 한다. 22지방7

45 공정거래위원회의 처분에 대하여 불복의 소를 제기하였다가 청구취지를 추가하는 경우, **추가된 청구취지에 대한 제소기간의 준수** 등은 원칙적으로 청구취지의 **추가·변경 신청이 있는 때**를 기준으로 판단하여야 한다. 20국회8

46 갑이 압류처분에 대해 **무효확인소송**을 제기하였다가 **취소소송**으로 **소의 종류를 변경**하는 경우, 제소기간의 준수여부는 **처음**에 무효확인소송을 **제기한 때**를 기준으로 한다. 19국가7

47 갑이 압류처분에 대해 **무효확인소송**을 제기하였다가 압류처분에 대한 **취소소송을 추가로** 병합하는 경우, 무효확인의 소가 취소소송 제기기간 내에 제기되었다면 취소청구의 소의 **추가 병합이 제소기간을 도과하였더라도** 병합된 취소청구의 소는 **적법**하다. (2005두3554) 19국가7
➕ 무효확인소송을 취소소송으로 소 종류 변경을 한 경우에는 조문에 의하여 최초 소제기 시점을 기준으로 제소기간의 준수여부가 판단된다. 반면, 무효확인소송에 취소소송을 추가병합하는 경우에는 이러한 특례 규정이 없다. 그러나 판례는 이 때에도 소 종류 변경의 경우와 같이 무효확인소송의 제기 시점을 기준으로 취소소송의 제소기간 준수여부를 판단해준다.

48 **선행처분의 취소**를 구하는 소가 그 **후속처분의 취소**를 구하는 소로 교환적으로 변경되었다가 **다시 선행처분의 취소**를 구하는 소로 변경된 경우로서, 후속처분의 취소를 구하는 소에 선행처분의 취소를 구하는 취지가 그대로 남아 있었던 것으로 볼 수 있다면, 제소기간의 준수여부는 재 변경 시점이 아닌 **최초의 소 제기시점을 기준**으로 정하여야 한다.(2011두27544) 미기출

49 당사자가 적법한 제소기간 내에 **부작위위법확인의 소**를 제기한 후 동일한 신청에 대하여 소극적 처분이 있다고 보아 처분**취소소송으로** 소를 교환적으로 **변경**한 후 **부작위위법확인**의 소를 **추가**적으로 병합한 경우 **제소기간을 준수한 것**으로 볼 수 있다. 19국회8

50 **선행 처분**이 종국적 처분을 예정하고 있는 일종의 **잠정적 처분**으로서, 후행처분이 있을 경우 선행 처분은 **후행처분에 흡수되어 소멸되는 관계**에 있고, 후행 처분의 취소를 구하는 소에 후행 처분의 취소를 구하는 취지도 포함되어 있다고 볼 수 있는 경우라면, **후행처분의 취소를 구하는 소의 제소기간**은 선행 처분의 취소를 구하는 **최초의 소가 제기 된 때**를 기준으로 판단하여야 한다.(2016두48737) 미기출

46 갑이 압류처분에 대해 **무효확인소송**을 제기하였다가 **취소소송**으로 **소의 종류를 변경**하는 경우, 제소기간의 준수 여부는 취소소송으로 **변경되는 때**를 기준으로 한다. 19국가7

47 갑이 압류처분에 대해 **무효확인소송**을 제기하였다가 압류처분에 대한 **취소소송을 추가로 병합**하는 경우, 무효확인의 소가 취소소송 제기기간 내에 제기됐더라도 취소청구의 소의 **추가 병합이 제소기간을 도과했다면** 병합된 취소청구의 소는 **부적법**하다. 19국가7

48 **선행처분의 취소**를 구하는 소가 그 **후속처분의 취소**를 구하는 소로 교환적으로 변경되었다가 **다시 선행처분의 취소**를 구하는 소로 변경된 경우로서, 후속처분의 취소를 구하는 소에 선행처분의 취소를 구하는 취지가 그대로 남아 있었던 것으로 볼 수 있는 경우라 하더라도, 제소기간 준수여부는 최초의 소 제기시점이 아닌 **재 변경 시점을 기준**으로 정하여야 한다. 미기출

50 **선행 처분**이 종국적 처분을 예정하고 있는 일종의 **잠정적 처분**으로서, 후행 처분이 있을 경우 선행 처분은 **후행 처분에 흡수되어 소멸되는 관계**에 있고, 선행 처분의 취소를 구하는 소에 후행 처분의 취소를 구하는 취지도 포함되어 있다고 볼 수 있는 경우라 하더라도, **후행처분의 취소를 구하는 소의 제소기간**은 동 처분의 취소를 구하는 **청구취지가 추가ㆍ변경 신청된 때**를 기준으로 판단하여야 한다. 미기출

07 처분사유 추가ㆍ변경 | 요론 p.266 |

51 **처분사유의 추가ㆍ변경**을 널리 허용한다면 처분의 상대방에게 **예기치 못한 불이익**이 발생할 가능성이 있다. 15사복9

52 **처분사유의 추가ㆍ변경**이 실체법상의 적법성을 확보하기 위한 것인데 반해, **처분이유의 사후제시는 절차적** 위법성을 치유하기 위한 것이다. 17(상)국가9

53 [관할행정청은 甲에게 A를 사유로 면허취소처분을 내렸다가 甲이 이를 다투자 소송계속 중에 당해 면허취소처분의 새로운 사유로 B를 주장하였다.] **처분사유를 B로 추가ㆍ변경**한다는 관할행정청의 주장이 법원에서 받아들여진 경우에도, 甲이 처분변경으로 인한 **소의 변경**을 신청할 필요가 없다. 15사복9
➕ 처분사유의 추가ㆍ변경은 처분의 동일성은 유지하면서 그 사유만 추가ㆍ변경하는 것이다. 따라서 처분변경으로 소의 변경을 할 필요가 없다. 처분변경으로 소의 변경은 행정청이 처분 자체를 변경했을 때 필요한 것이다.

54 위법판단의 기준시점을 처분시로 볼 경우, 처분 이후에 발생한 **새로운** 사실적ㆍ법적 **사유를 추가ㆍ변경**하고자 하는 것은 **허용될 수 없고** 이러한 경우에는 **계쟁처분을 직권취소**하고 이를 대체하는 **새로운 처분을 할 수** 있다. 17국가7

55 원고를 불측의 불이익으로부터 보호하기 위해 **기본적 사실관계의 동일성이 있어야** 처분사유의 추가ㆍ변경을 인정한다. 13국가7

56 처분사유의 변경으로 **소송물이 변경**된다면, 이는 처분사유의 추가ㆍ변경의 **한계를 벗어나** 소의 변경에 해당한다. 17국가7

57 처분청은 원고의 권리방어가 침해되지 않는 한도 내에서 당해 취소소송의 **사실심 변론종결시까지** 처분사유의 추가ㆍ변경을 할 수 있다.(98두17043) 17(상)국가9

52 **처분사유의 추가ㆍ변경**이 **절차적** 위법성을 치유하는 것인데 반해, **처분이유의 사후제시**는 처분의 실체법상의 적법성을 확보하기 위한 것이다. 17(상)국가9

53 [관할행정청은 甲에게 A를 사유로 면허취소처분을 내렸다가 甲이 이를 다투자 소송계속 중에 당해 면허취소처분의 새로운 사유로 B를 주장하였다.] **처분사유를 B로 추가ㆍ변경**한다는 관할행정청의 주장이 법원에서 받아들여진 경우, 甲은 처분변경으로 인한 **소의 변경**을 신청**하여야** 한다. 15사복9

55 피고의 방어권 보장을 위해 **기본적 사실관계의 동일성이 없더라도** 처분사유의 추가ㆍ변경을 인정한다. 13국가7

56 처분사유의 변경으로 **소송물이 변경**되는 경우, 반드시 청구가 변경되는 것은 아니므로 처분사유의 추가ㆍ변경은 **허용**될 수 있다. 17국가7

57 처분청은 원고의 권리방어가 침해되지 않는 한도 내에서 당해 취소소송의 **대법원 확정판결이 있기 전까지** 처분사유의 추가ㆍ변경을 할 수 있다. 17(상)국가9

58 처분사유의 추가·변경은 원칙적으로 **행정소송의 제기** 이후부터 **사실심 변론종결시 이전** 사이에 문제된다. 13국가7

59 처분사유의 추가·변경이 인정되기 위한 요건으로서의 **기본적 사실관계의 동일성** 유무는, 처분사유를 **법률적**으로 **평가하기 이전**의 구체적인 사실에 착안하여 그 **기초적인 사회적 사실관계**가 **기본적**인 점에서 **동일한지** 여부에 따라 결정된다. 17(상)국가9

60 추가 또는 변경된 사유가 당초의 처분시 그 사유를 명기하지 않았을 뿐 **처분시에 이미 존재**하고 있었고 당사자도 그 사실을 **알고 있었더라도** 당초의 처분사유와 **동일성**이 인정되지 **아니한다**. (2001두8827) 17(상)국가9
　➕ 기본적 사실관계의 동일성 인정 여부에 관한 판단은 당사자가 알고 있었다는 주관적 사정과는 무관하다.

60 추가 또는 변경된 사유가 당초의 처분시 그 사유를 명기하지 않았을 뿐 **처분시에 이미 존재**하고 있었고 당사자도 그 사실을 **알고 있었다면** 당초의 처분사유와 **동일성이 인정**된다. 17(상)국가9

61 처분사유의 추가·변경허용여부는 기본적 사실관계의 동일성 유무에 달린 것이지, 그것이 기속행위인지 재량행위인지와는 무관하다. 즉, **기속행위와 재량행위 모두에 허용**될 수 있다. 17(상)지방9

61 기속행위의 경우에는 소송의 계속 중에 처분사유를 추가·변경할 수 있으나, **재량행위의 경우에는 처분 사유의 추가·변경이 허용되지 않는다**. 17(상)지방9

62 **당초** 행정처분의 근거로 제시한 **이유가 실질적인 내용이 없었다면** 기본적 사실 관계가 동일한지 여부를 판단할 대상조차 없는 것이므로 행정소송의 단계에서 행정**처분의 사유를 추가할 수 없다**. (2016두44186) 18지방9

62 **당초** 행정처분의 근거로 제시한 **이유가 실질적인 내용이 없는 경우**에도 행정소송의 단계에서 행정**처분의 사유를 추가할 수 있다**. 18지방9

63 이동통신요금 원가 관련 정보공개청구에 대해 행정청이 **별다른 이유를 제시하지 아니한 채** 통신요금과 관련한 **총괄원가액수만을 공개한 후**, 정보공개거부처분 취소소송에서 원가관련 정보가 법인의 **영업상 비밀에 해당한다는 비공개 사유를 주장**하는 것은, 그 **기본적 사실관계가 동일하다고 볼 수 없는** 사유를 추가한 것이어서 허용될 수 없다. (2015두5477) 19서울7
　➕ 당초 처분사유에 실질적 내용이 없었던 경우에 해당하여 처분의 이유를 제시하지 않은 하자가 있는 경우에 해당하며, 처분사유의 추가·변경 역시 허용되지 않는다고 한 사례이다.

63 이동통신요금 원가 관련 정보공개청구에 대해 행정청이 **별다른 이유를 제시하지 아니한 채** 통신요금과 관련한 **총괄원가액수만을 공개한 후**, 정보공개거부처분 취소소송에서 원가관련 정보가 법인의 **영업상 비밀에 해당한다는 비공개사유를 주장**하는 것은, 그 **기본적 사실관계가 동일하다고 볼 수 있는** 사유를 추가하는 것이다. 19서울7

64 처분청이 처분 당시에 적시한 구체적 사실을 변경하지 아니하는 범위 내에서 단지 그 **처분의 근거 법령만을 추가·변경**하는 것에 불과한 경우에는 **새로운 처분사유의 추가라고 볼 수 없**으므로 행정청이 처분 당시에 적시한 구체적 사실에 대하여 처분 후에 **추가·변경한 법령을 적용**하여 그 처분의 적법 여부를 판단**할 수 있다**. 24소방

65 (甲은 **청소년을 고용하였다는** 사유로 과징금부과처분을 받았다.) 甲이 자신은 청소년을 고용한 적이 없다고 주장하면서 제기한 과징금부과처분의 취소소송 계속 중에 A시 시장은 **甲이 유통기한이 경과한 식품을 판매**한 사실을 처분사유로 **추가·변경할 수 없다**. 22국가9

65 (甲은 **청소년을 고용하였다는** 사유로 과징금부과처분을 받았다.) 甲이 자신은 청소년을 고용한 적이 없다고 주장하면서 제기한 과징금부과처분의 취소소송 계속 중에 A시 시장은 甲이 **유통기한이 경과한 식품을 판매**한 사실을 처분사유로 추가·변경할 수 있다. 22국가9

66 담합을 주도하거나 **담합하여 입찰을 방해**하였다는 것과 특정인의 낙찰을 위하여 **담합한 자**라는 주장(은 처분사유의 추가·변경과 관련하여 판례가 기본적 사실관계의 **동일성**을 **인정**한 것이다) 10경행

67 주류면허 지정조건 중 제6호 **무자료 주류판매 및 위장거래** 항목을 근거로 한 면허취소처분에 대한 항고소송에서, 지정조건 제2호 **무면허판매업자에 대한 주류판매**를 새로이 그 취소사유로 주장하는 것은 기본적 사실관계의 **동일성**이 **인정되지 아니**한다. (96누7427) 17서울9

67 주류면허 지정조건 중 제6호 **무자료 주류판매 및 위장거래** 항목을 근거로 한 면허취소처분에 대한 항고소송에서, 지정조건 제2호 **무면허판매업자에 대한 주류판매**를 새로이 그 취소사유로 주장하는 것은 기본적 사실관계의 **동일성이 인정**된다. 17서울9

68 외국인 갑(甲)이 법무부장관에게 귀화신청을 하였으나 법무부장관이 '품행 미단정'을 불허사유로 「국적법」상의 요건을 갖추지 못하였다며 신청을 받아들이지 않는 처분을 하였는데, 법무부장관이 갑을 '**품행 미단정**'이라고 **판단한 이유**에 대하여 제1심 변론절차에서 「자동차관리법」위반죄로 **기소유예를 받은 전력** 등을 고려하였다고 **주장**한 후, 제2심 변론절차에서 **불법 체류전력** 등의 제반사정을 **추가로 주장할 수 있다**. 19서울7

69 의료보험요양기관 지정취소처분의 당초의 처분사유인 구의료보험법 제33조 제1항이 정하는 **본인부담금 수납대장을 비치하지 아니한** 사실과 항고소송에서 새로 주장한 처분사유인 같은 법 제33조 제2항이 정하는 보건복지부장관의 **관계서류 제출명령에 위반**하였다는 사실은 기본적 사실관계에 있어서 **동일성**이 인정되지 **않**는다. 11사복9

70 **허가기준에 맞지 않**는다는 이유로 허가신청을 반려하였다가 소송계속 중 **이격거리 기준위배**를 반려사유로 주장한 경우(는 처분사유의 추가·변경과 관련하여 판례가 기본적 사실관계의 **동일성을 인정**한 것이다) 10경행

71 행정청이 당초 처분사유인 기존 공동사업장과의 거래제한 규정에 저촉된다는 사실과 피고 주장의 최소주차용지에 미달한다는 사실은 기본적 사실관계에 있어서 동일성이 인정되지 아니한다.(95누10952) 11사복9

72 석유판매업허가신청에 대하여, 주유소 건축 예정 토지에 관하여 도시계획법령에 의거하여 행위제한을 추진하고 있다는 당초의 불허가 처분 사유와, 항고소송에서 주장한 위 신청이 토지형질변경허가의 요건 불비 및 도심의 환경 보전의 공익상 필요라는 사유(는 판례에 따르면, 처분사유의 추가·변경 시 기본적사실관계 동일성을 긍정한 사례이다) 22군무원9

73 군사시설보호구역 밖의 토지에 주유소를 설치·경영하도록 하기 위한 석유판매업 허가를 함에 있어서 관할 부대장의 동의를 얻어야 할 법령상의 근거가 없음에도 그 동의가 없다는 이유로 한 불허가처분에 대한 소송에서, 당해 토지가 탄약창에 근접한 지점에 위치하고 있다는 사실을 불허가사유로 추가하는 것은 허용되지 않는다. 13국가7

74 주택신축을 위한 산림형질변경 허가신청에 대한 거부처분의 근거로 제시된 준농림지역에서의 행위제한이라는 사유와 나중에 거부처분의 근거로 추가한 자연경관 및 생태계의 교란, 국토 및 자연의 유지와 환경 보전 등 중대한 공익상의 필요라는 사유는 기본적 사실관계의 동일성이 인정된다.(2004두4482) 13국가7

75 온천으로서의 이용가치, 기존의 도시계획 및 공공사업에의 지장 여부 등을 고려하여 온천발견신고수리를 거부한 것은 적법하다는 사유와, 규정온도가 미달되어 온천에 해당 하지 않는다는 사유는 판례에 따르면, 처분사유의 추가·변경 시 기본적사실관계 동일성을 부정한 사례이다. 22군무원9

76 토지형질변경 불허가처분의 당초의 처분사유인 국립공원에 인접한 미개발지의 합리적인 이용대책 수립시까지 그 허가를 유보한다는 사유와 그 처분의 취소소송에서 추가하여 주장한 처분사유인 국립공원 주변의 환경·풍치·미관 등을 크게 손상시킬 우려가 있으므로 공공목적상 원형유지의 필요가 있는 곳으로서 형질 변경허가 금지대상이라는 사유는 기본적 사실관계에 있어서 동일성이 인정된다. 11사복9

77 이주대책신청기간이나 소정의 이주대책실시 (시행)기간을 모두 도과하여 이주대책을 신청할 권리가 없고, 사업시행자가 이를 받아들여 택지나 아파트공급을 해 줄 법률상 의무를 부담한다고 볼 수 없다는 사유와, 사업지구 내 가옥 소유자가 아니라는 사유는 판례에 따르면, 처분사유의 추가·변경 시 기본적사실관계 동일성을 부정한 사례이다. 22군무원9

78 ⓒ 건축신고수리 거부처분의 당초 처분사유인 '토지가 건축법상 도로에 해당하여 건축을 허용할 수 없다'는 사유와 그 처분의 취소소송의 항소심에서야 추가한 '토지가 인근 주민들의 통행에 제공된 사실상의 도로여서 건축을 허용할 수 없다'는 사유는 토지에 대한 평가를 다소 달리하는 것일 뿐 모두 토지의 이용현황이 '도로'이므로 거기에 주택을 신축하는 것은 허용될 수 없다는 것이므로 기본적 사실관계의 동일성이 있어 처분사유로 추가될 수 있다.(2017두74320) 미기출

79 ⓒ (甲은 토지 위에 컨테이너를 설치하여 사무실로 사용하였다. 관할 행정청인 乙은 甲에게 이 컨테이너는 「건축법」상 건축허가를 받아야 하는 건축물인데 건축허가를 받지 않고 건축하였다는 이유로 甲에게 원상복구명령을 하면서, 만약 기한 내에 원상복구를 하지 않을 경우에는 행정대집행을 통하여 컨테이너를 철거할 것임을 계고하였다. 이후 甲은 乙에게 이 컨테이너에 대하여 가설건축물 축조신고를 하였으나 乙은 이 컨테이너는 건축허가대상이라는 이유로 가설건축물 축조신고를 반려하였다.) 甲이 제기한 원상복구명령 및 계고처분에 대한 취소소송에서, 乙은 처분 시에 제시한 '甲의 건축물은 건축허가를 받지 않은 건축물'이라는 처분사유에 '甲의 건축물은 신고를 하지 않은 가설건축물'이라는 처분사유를 추가하는 것은 당초의 처분사유와 기본적 사실관계가 동일하지 아니한 새로운 처분사유를 추가하는 것으로서 허용되지 않는다. 23국가7

---

71 행정청의 당초 처분사유인 기존 공동사업장과의 거리제한 규정에 저촉된다는 사실과 피고 주장의 최소 주차용지에 미달한다는 사실은 기본적 사실관계에 있어서 동일성이 인정된다. 11사복9

74 주택신축을 위한 산림형질변경 허가신청에 대한 거부처분의 근거로 제시된 준농림지역에서의 행위제한이라는 사유와 나중에 거부처분의 근거로 추가한 자연경관 및 생태계의 교란, 국토 및 자연의 유지와 환경 보전 등 중대한 공익상의 필요라는 사유는 기본적 사실관계의 동일성이 없다. 13국가7

75 온천으로서의 이용가치, 기존의 도시계획 및 공공사업에의 지장 여부 등을 고려하여 온천발견신고수리를 거부한 것은 적법하다는 사유와, 규정온도가 미달되어 온천에 해당 하지 않는다는 사유(는 판례에 따르면, 처분사유의 추가·변경 시 기본적사실관계 동일성을 긍정한 사례이다) 22군무원9

77 이주대책신청기간이나 소정의 이주대책실시 (시행)기간을 모두 도과하여 이주대책을 신청할 권리가 없고, 사업시행자가 이를 받아들여 택지나 아파트공급을 해 줄 법률상 의무를 부담한다고 볼 수 없다는 사유와, 사업지구 내 가옥 소유자가 아니라는 사유(는 판례에 따르면, 처분사유의 추가·변경 시 기본적사실관계 동일성을 긍정한 사례이다) 22군무원9

78 ⓒ 건축신고수리 거부처분의 당초 처분사유인 '토지가 건축법상 도로에 해당하여 건축을 허용할 수 없다'는 사유와 그 처분의 취소소송의 항소심에서야 추가한 '토지가 인근 주민들의 통행에 제공된 사실상의 도로여서 건축을 허용할 수 없다'는 사유는 토지에 대한 평가를 전혀 달리하는 것이므로 기본적 사실관계의 동일성이 없어 처분사유로 추가될 수 없다. 미기출

79 ⓒ (甲은 토지 위에 컨테이너를 설치하여 사무실로 사용하였다. 관할 행정청인 乙은 甲에게 이 컨테이너는 「건축법」상 건축허가를 받아야 하는 건축물인데 건축허가를 받지 않고 건축하였다는 이유로 甲에게 원상복구명령을 하면서, 만약 기한 내에 원상복구를 하지 않을 경우에는 행정대집행을 통하여 컨테이너를 철거할 것임을 계고하였다. 이후 甲은 乙에게 이 컨테이너에 대하여 가설건축물 축조신고를 하였으나 乙은 이 컨테이너는 건축허가대상이라는 이유로 가설건축물 축조신고를 반려하였다.) 甲이 제기한 원상복구명령 및 계고처분에 대한 취소소송에서, 乙은 처분 시에 제시한 '甲의 건축물은 건축허가를 받지 않은 건축물'이라는 처분사유에 '甲의 건축물은 신고를 하지 않은 가설건축물'이라는 처분사유를 추가할 수 있다. 23국가7

80 **불법단체의 약칭**이 제호에 사용되었다는 사유와 다른 법령에 의하여 **금지·처벌되는 명칭**이 제호에 사용되어 있다는 주장은 기본적 사실관계의 **동일성**이 **인정**된다. 미기출

81 **발행주체가 불법단체**라는 사유와 소정의 **첨부서류가 제출되지 아니**하였다는 주장(은 처분사유의 추가·변경과 관련하여 판례가 기본적 사실관계의 **동일성을 인정**한 것이다) 10경행

82 당초의 처분사유인 **중기취득세의 체납**과 그 후 추가된 처분사유인 **자동차세의 체납**은 기본적 사실관계의 **동일성**이 **부정**된다. 17서울9

08 기타 행정소송 | 요플 p.268 |

83 **당사자소송**의 원고가 피고를 잘못 지정하여 **피고경정신청**을 한 경우 법원은 **결정으로써** 피고의 경정을 **허가**할 수 있다. 21군무원9

84 취소소송의 **제3자 소송참가**에 관한 규정은 **무효**등확인소송, **부작위법확인소송**, **당사자소송**에도 **준용**된다. 12국가9

85 **행정청의 소송참가**는 당사자소송에서도 허용된다. 18국가7

테마별 N지 모음

N1 다음 〈보기〉에 「행정소송법」상 법원이 **직권으로 할 수 있는** 사항을 있는 대로 고른 것은? 21소간 ④

> ㄱ. **처분변경**으로 인한 **소의 변경**
> ㄴ. 관련청구소송의 **이송**
> ㄷ. 행정청의 소송**참가**
> ㄹ. **집행정지**
> ㅁ. 처분 등에 관계되는 **권한**이 다른 행정청에 **승계된 경우**에 있어서 **피고의 경정**

① ㄱ   ② ㄴ, ㄷ   ③ ㄴ, ㄷ, ㄹ
④ ㄴ, ㄷ, ㄹ, ㅁ   ⑤ ㄱ, ㄴ, ㄷ, ㄹ, ㅁ

[해설] 처분변경으로 인한 소의 변경은 원고의 신청이 있어야 한다(ㄱ). 나머지는 모두 직권으로 가능

N2 「행정소송법」상 취소소송의 변경에 관한 설명으로 **옳지 않은** 것은? 14서울9(변형) ②

① 취소소송이 **계속**되고 있을 것
② **1심** 법원의 **판결 시까지** 원고의 **신청**이 있을 것
③ 청구의 **기초**에 **변경이 없을** 것
④ 법원이 상당하다고 인정하여 **허가결정**을 할 것

[해설] ② **사실심**의 **변론종결시까지** 원고의 **신청**이 있을 것
행정소송법 제21조(소의 변경) ① 법원은 취소소송을(①관련) 당해 처분등에 관계되는 사무가 귀속하는 국가 또는 공공단체에 대한 당사자소송 또는 취소소송외의 항고소송으로 변경하는 것이 상당하다고 인정할 때에는 **청구의 기초**에 **변경이 없는** 한(③관련) **사실심**의 **변론종결시까지**(②관련) 원고의 **신청에 의하여** 결정으로써 소의 변경을 **허가할 수**(④관련) 있다.

N3 행정소송법상 취소소송의 규정이 **무효확인소송에는 준용**되나 **부작위법확인소송에는 준용되지 않는** 것은? 14서울7 ③

① 제3자에 의한 재심청구
② 행정심판기록의 제출명령
③ **처분변경으로 인한 소의 변경**
④ 거부처분취소판결의 간접강제
⑤ 관련청구소송의 이송 및 병합

[해설] 제3자에 의한 재심청구(①), 행정심판기록의 제출명령(②), 관련청구소송의 이송 및 병합(⑤)은 무효확인소송과 부작위법확인소송 **모두에 준용**된다. 간접강제(④)는 부작위법확인소송에는 준용되나 무효확인소송에는 준용되지 않는다. 반면, 처분변경으로 인한 소의 변경(③)은 무효확인소송에는 준용되나 **부작위법확인소송에는 준용**되지 **않**는다.

THEME 65 행정소송의 판결(1) - 판단의 기준 시와 판결의 종류

○ 지문 | × 지문

01 개관 | 요플 p.269 |

01 [행정소송의 심리와 관련하여] 소송요건의 존부는 사실심 변론종결시를 기준으로 판단한다. 14국가9

02 행정심판전치주의가 적용되는 경우에 행정심판을 거치지 않고 소제기를 하였더라도 사실심 변론종결 전까지 행정심판을 거친 경우 하자는 치유된 것으로 볼 수 있다. 15국회8

03 건축허가처분의 취소를 구하는 소를 제기하기 전에 건축공사가 완료된 경우에는 소의 이익이 없다. 나아가, 소를 제기한 후 사실심변론종결일 전에 건축공사가 완료된 경우에도 소의 이익이 없다. 소송요건의 존부는 사실심 변론종결시를 기준으로 판단하기 때문이다.(2006두18409) 율 18(1)서울7

03 건축허가처분의 취소를 구하는 소를 제기하기 전에 건축공사가 완료된 경우에는 소의 이익이 없으나, 소를 제기한 후 사실심변론종결일 전에 건축공사가 완료된 경우에는 소의 이익이 있다. 18(1)서울7

04 사실심 단계에서는 원고적격을 구비하였으나 상고심에서 원고적격이 흠결된 취소소송(은 각하되는 경우에 해당한다) 17국가7

05 당사자적격, 권리보호이익 등 소송요건은 직권조사사항으로서 당사자가 주장하지 아니하더라도 법원이 직권으로 조사하여 판단하여야 하고, 사실심 변론종결 이후에 소송요건이 흠결되거나 그 흠결이 치유된 경우 상고심에서도 이를 참작하여야 한다. 23군무원9

06 행정소송에서 행정처분의 위법 여부는 행정처분이 있을 때의 법령과 사실상태를 기준으로 하여 판단하여야 하고 처분 후 법령의 개폐나 사실상태의 변동에 의하여 영향을 받지 않는다. 따라서 처분 시를 기준으로 위법했던 처분이 처분 후 법령의 개폐나 사실상태의 변동에 의하여 그 위법성이 치유될 수는 없다. 율 20소방

06 행정소송에서 행정처분의 위법 여부는 행정처분이 있을 때의 법령과 사실상태를 기준으로 하여 판단하여야 하고 처분 후 법령의 개폐나 사실상태의 변동이 있다면 그러한 법령의 개폐나 사실상태의 변동에 의하여 처분의 위법성이 치유될 수 있다. 20소방

07 처분에 하자가 있는 경우 처분청이 처분 이후에 새로운 사유를 추가하더라도, 처분 당시의 하자는 치유되지 아니한다.(96누9799) 율 16지방9

07 처분에 하자가 있더라도 처분청이 처분 이후에 새로운 사유를 추가하였다면, 처분 당시의 하자는 치유된다. 16지방9

08 공정거래위원회의 과징금 납부명령이 재량권 일탈 · 남용으로 위법한지는 다른 특별한 사정이 없는 한 과징금 납부명령이 행하여진 '의결일' 당시의 사실상태를 기준으로 판단하여야 한다. 18국회8

09 부당해고 구제신청에 관한 중앙노동위원회의 결정에 대하여 취소소송을 제기하는 경우, 법원은 중앙노동위원회의 결정 후에 생긴 사유를 들어 그 결정의 적법 여부를 판단할 수는 없다. 율 23국가7

09 부당해고 구제신청에 관한 중앙노동위원회의 결정에 대하여 취소소송을 제기하는 경우, 법원은 중앙노동위원회의 결정 후에 생긴 사유를 들어 그 결정의 적법 여부를 판단할 수 있다. 23국가7

10 영업정지처분 이후에야 법령상 영업정지 예외사유가 발생하였다면, 영업정지처분은 그 처분 당시의 법령과 사실상태를 기준으로 판단할 때 영업정지처분은 적법하다고 할 것이고, 영업정지처분 이후 사정으로 인하여 처분 당시 적법하였던 영업정지처분이 다시 위법하게 된다고 볼 수는 없다. 율 미기출

10 영업정지처분 후 사실심변론종결 전 법령상 영업정지 예외사유가 발생하였다면, 법원은 영업정지처분을 위법하다고 보아 취소판결을 할 수 있다. 미기출

11 부작위위법확인소송에서의 위법 판단의 기준시는 판결(사실심의 구두변론 종결)시이다.(89누4758) 율 13서울9

11 부작위위법확인소송에서의 위법 판단의 기준시는 처분시이다. 13서울9

12 처분의 위법 여부는 처분 당시의 법령과 사실 상태를 기준으로 판단하여야 하는바, 법원은 처분 당시에 행정청이 알고 있었던 자료뿐만 아니라 사실심 변론종결 당시까지 제출된 모든 자료를 종합하여 처분 당시 존재하였던 객관적 사실을 확정하여 처분의 위법 여부를 판단하여야 한다. 율 22변시

12 처분의 위법 여부는 처분 당시의 법령과 사실 상태를 기준으로 판단하여야 하므로, 법원은 처분 당시에 행정청이 알고 있었던 자료만을 기초로 처분 당시 존재하였던 객관적 사실을 확정하여 처분의 위법 여부를 판단하여야 한다. 22변시

13 근로복지공단이 처분 당시에 시행되고 있던 '개정 전 고시'를 적용하여 유족급여 부지급처분을 한 경우라도 이에 대한 취소소송에서 법원은 처분 후 개정된 고시의 규정 내용과 개정 취지를 참작하여 상당인과관계의 존부를 판단할 수 있다. 미기출

14 각하판결은 소송요건의 불비를 이유로 본안의 심리를 거부하는 판결이다. 반면, 기각판결은 소송요건은 구비하여 본안심리를 한 결과 본안요건을 갖추지 못한 경우에 하는 판결이다. 율 13서울7

14 기각판결은 소송요건의 불비를 이유로 본안의 심리를 거부하는 판결이다. 13서울7

15 재량행위가 위법하다는 이유로 소송이 제기된 경우에 법원은 각하할 것이 아니라 그 일탈 · 남용 여부를 심사하여 그에 해당하지 않으면 청구를 기각하여야 한다. 14서울9

　➕ 처분이 위법한지는 소송요건이 아니라 본안요건이다. 따라서 미충족 시 각하가 아니라 기각한다.

02 특수한 인용판결 | 요플 p.270 |

16 「행정소송법」 제4조제1호에서 **취소소송**을 행정청의 위법한 처분 등을 취소 또는 변경하는 소송으로 정의하고 있는데, 여기에서 '변경'은 **소극적 변경만**을 뜻하고 적극적 변경까지 포함하는 의미로 보지 않는다. 〔을〕 21국회8

16 「행정소송법」 제4조제1호에서 **취소소송**을 행정청의 위법한 처분 등을 취소 또는 변경하는 소송으로 정의하고 있는데, 여기에서 '변경'은 소극적 변경뿐만 아니라 **적극적 변경까지** 포함하는 의미로 본다. 21국회8

17 「독점규제 및 공정거래에 관한 법률」을 위반한 광고행위와 표시행위를 하였다는 이유로 공정거래위원회가 사업자에 대하여 법위반사실공표명령을 행한 경우, **표시행위**에 대한 법위반사실이 **인정되지 아니한다면** 법원으로서는 **그 부분**에 대한 공표명령의 효력**만을 취소할 수** 있을 뿐, 공표명령 **전부를 취소할 수 있는 것은 아니다.** 19서울9

18 「국가유공자 등 예우 및 지원에 관한 법률」에 따른 여러 개의 상이에 대한 국가유공자요건비해당처분
인 에 대한 취소소송에서 그 중 **일부 상이만이 국가유공자요건이 인정**되는 상이에 해당하는 경우, 국가유공자요건**비해당** 처분 중 그 요건이 인정되는 상이에 대한 **부분만을 취소**하여야 한다. 18지방9

19 개발부담금부과처분에 대한 취소소송에서 당사자가 **제출한 자료에 의하여 정당한 부과금액을 산출할 수 없는 경우**에는 **전부를 취소하여야** 하고, 이 경우에도 **법원이 증거조사를 통하여 정당한 부과금액을 산출한 후** 정당한 부과금액을 **초과하는 부분만을 취소**하여야 하는 것은 **아니다.**(2015두4167) 〔을〕 19서울9

19 개발부담금부과처분에 대한 취소소송에서 당사자가 **제출한 자료에 의하여 정당한 부과금액을 산출할 수 없는 경우**에도 법원은 증거조사를 통하여 정당한 부과금액을 산출한 후 정당한 부과금액을 **초과하는 부분만을 취소**하여야 한다. 19서울9

20 과징금부과처분이 **재량행위**인 이상, 동 처분이 법이 정한 **한도액을 초과**하여 **위법**한 경우에는 부과처분의 **전부를 취소**할 수밖에 없고, 한도액을 초과한 부분만을 취소할 수 없다. 〔을〕 14지방9
S

20 과징금부과처분이 **재량행위**라고 하더라도 법이 정한 **한도액을 초과**하여 **위법**한 경우에는 부과처분의 전부를 취소할 것이 아니라 한도액을 **초과한 부분만 취소**하여야 한다. 14지방9
S

21 대법원은 처분을 할 것인지 여부와 처분의 정도에 관하여 재량이 인정되는 **과징금 납부명령**에 대하
S 여 그 명령이 **재량권을 일탈**하였을 경우, 법원으로서는 재량권의 일탈 여부만 판단할 수 있을 뿐이지 재량권의 범위 내에서 어느 정도가 적정한 것인지에 관하여는 판단할 수 없어 그 **전부를 취소할 수밖에 없고**, 법원이 적정하다고 인정하는 부분을 초과한 **부분만 취소할 수는 없다**고 한다. 17(상)국가9

22 「독점규제 및 공정거래에 관한 법률」을 위반한 **수개의 행위**에 대하여 공정거래위원회가 **하나의**
C **과징금부과처분**을 하였으나 수개의 위반행위 중 **일부의 위반행위에 대한 과징금 부과만이 위법**하고, 그 일부의 위반행위를 기초로 한 **과징금액을 산정할 수 있는 자료가 있는** 경우에는 하나의 과징금 납부명령일지라도 그 일부의 위반행위에 대한 과징금액에 해당하는 **부분만을 취소하여야** 한다.(2013두14726) 〔을〕 19서울9

22 「독점규제 및 공정거래에 관한 법률」을 위반한 **수개의 행위**에 대하여 공정거래위원회가 **하나의 과징금부과처분**을 하였으나 수개의 위반행위 중 **일부의 위반행위에 대한 과징금부과만이 위법**하고, 그 일부의 위반행위를 기초로 한 **과징금액을 산정할 수 있는 자료가 있는** 경우에도 법원은 과징금부과처분 **전부를 취소하여야** 한다. 19서울9
C

03 특수한 기각판결 | 요플 p.271 |

23 원고의 청구가 이유가 있다고 인정하는 경우에도, 즉 **처분 등이 위법**한 경우에도 처분 등을 **취소**
A **하는 것이 현저히 공공복리에 적합하지 아니**하다고 인정하는 때에는 법원은 원고의 청구를 **기각할 수** 있다. 이를 사정판결이라 한다. 〔을〕 14서울7

23 원고의 청구가 이유가 있다고 인정하는 경우에도, 즉 **처분 등이 위법**한 경우에도 처분 등을 취소하는 것이 현저히 공공복리에 적합하지 아니하다고 인정하는 때에는 법원은 원고의 청구를 **각하할 수** 있다. 14서울7
A

24 사정판결은 행정의 **법률적합성 원칙의 예외적 현상**이다. 13지방7

25 (사정판결을 하려면) **처분이 위법**하여 **청구가 이유** 있는 경우이어야 한다. 15국가9
A

26 (사정판결을 하려면) 청구의 인용판결이 **현저히 공공복리**에 적합하지 아니하여야 한다. 15국가9
A

27 사정판결의 요건인 **처분의 위법성**은 **처분시**를 기준으로 판단하고, 공공복리를 위한 **사정판결의**
A **필요성**은 **변론 종결시**를 기준으로 판단하여야 한다. 〔을〕 23국가9

27 사정판결의 요건인 **처분의 위법성**은 **변론 종결시**를 기준으로 판단하고, 공공복리를 위한 **사정판결의 필요성**은 **처분시**를 기준으로 판단하여야 한다. 23국가9
A

28 **사정판결을 할 사정에 관한 주장 · 입증책임은 피고 처분청**에 있지만 처분청의 명백한 주장이 없
B 는 경우에도 사건 기록에 나타난 사실을 기초로 **법원이 직권으로** 석명권을 행사하거나 증거조사를 통해 **사정판결을 할 수도** 있다. 17국회8

29 (사정판결과 관련하여) **원고**는 피고인 행정청이 속하는 **국가 또는 공공단체**를 상대로 손해배상,
B 재해시설의 설치 그 밖에 적당한 **구제방법의 청구**를 당해 취소소송이 계속된 법원에 **병합**하여 제기할 수 있다. 〔을〕 16국가7

29 (사정판결과 관련하여) **원고**는 처분을 한 **행정청을 상대로** 손해배상, 재해시설의 설치 그 밖에 적당한 **구제방법의 청구**를 당해 취소소송이 계속된 법원에 **병합**하여 제기할 수 있다. 16국가7
B

30	법원이 사정판결을 함에 있어서는 미리 원고가 그로 인하여 입게 될 **손해의 정도와 배상방법** 그 밖의 사정을 **조사하여야** 한다. 21지방9	
31	사정판결을 하는 경우 법원은 **주문에** 그 처분이 **위법함을 명시**하여야 하는데 그 위법성에 대하여 **기판력이 발생**한다. 08국행8	
32	사정판결은 처분이 위법함에도 청구를 기각하는 것이나, 주문에 그 처분이 위법함을 명시하도록 하여 처분의 위법성에 기판력을 부여하고 있다. 즉, 사정판결은 기각판결이지만 **처분의 위법성만큼은** 확정시키는 것이지, 위법성을 치유시키는 것이 아니다. 13서울7	32	사정판결은 처분이 위법함에도 청구가 기각되는 것으로, 이로 인하여 당해 처분은 **위법성이 치유되어 적법하게 된다.** 13서울7
33	사정판결에서의 **소송비용**은 승소한 피고 **행정청이** 부담한다. 13서울7	33	사정판결에서의 **소송비용**은 패소한 **원고가** 부담한다. 13서울7
34	사정판결은 항고소송 중 **취소소송에서만 인정**되는 판결의 종류이다. 21지방9	34	사정판결은 항고소송 중 **취소소송 및 무효등확인소송에서 인정**되는 판결의 종류이다. 21지방9
35	(사정판결과 관련하여) 판례는 **당연무효**의 처분은 존치시킬 효력이 있는 행정행위가 없기 때문에 **사정판결을 할 수 없다**고 하여 부정적이다. 14서울7		
36	무효확인소송에서는 원고의 청구가 이유 있다고 인정하는 경우에는 그 **무효를 확인하는 것이 현저히 공공복리**에 적합하지 아니하다고 인정하는 때에도 법원은 청구를 **인용하여야** 한다. 무효확인소송에서는 사정판결이 인정되지 않기 때문이다. 17지방7	36	원고의 청구가 이유 있다고 인정하는 경우에도 처분의 **무효를 확인하는 것이 현저히 공공복리**에 적합하지 아니하다고 인정하는 때에는 법원은 청구를 **기각할 수** 있다. 17지방7
37	**부작위위법확인소송**에 있어서는 사정판결이 적용되지 **아니**한다. 13경행		
38	**법학전문대학원** 설치예비인가 **취소소송**이 인용될 경우 **이미 입학한 재학생의 불이익이 예상**되고 총정원제로 운영되는 법학전문대학원의 시행에 중대한 지장을 초래할 우려가 있는 경우(판례에 의하면 **사정판결이 허용**된다.) 12국회8		
39	위법하게 징계면직된 검사의 복직이 상명하복의 검찰조직의 안정과 인화를 저해할 우려가 있다는 사정은 **사정판결을 할 경우에 해당하지 않는다.**(2000두7704) 12국회8	39	위법하게 징계면직된 검사의 복직이 상명하복의 **검찰조직의 안정과 인화를 저해할 우려**가 있는 경우(판례에 의하면 **사정판결이 허용**된다.) 12국회8
40	신뢰보호의 원칙과 비례의 원칙에 반하는 **위법한 생활폐기물 처리업허가의 거부처분이 취소될** 경우 기존의 동종업체에게 경쟁상대를 추가시킴으로써 일시적인 공급시설의 과잉현상이 나타나 어느 정도의 손해가 발생할 것임은 예상되지만, **업체의 난립 및 과당경쟁**으로 인한 부작용으로 기존 청소질서가 파괴되어 청소에 관한 안정적이고 효율적인 책임행정의 이행이 불가능하게 된다고 보이지 않으므로 **사정판결을 할 경우에 해당하지 않는다.** (98두4061) 12국회8	40	신뢰보호의 원칙과 비례의 원칙에 반하는 **위법한 생활폐기물 처리업허가의 거부처분이 취소될** 경우 기존의 동종업체에게 경쟁상대를 추가시킴으로써 일시적인 공급시설의 과잉현상이 나타나 **업체의 난립 및 과당경쟁**으로 인한 부작용이 예상되는 경우(판례에 의하면 **사정판결이 허용**된다.) 12국회8

04 하자의 정도와 쟁송형태의 불일치 | 요플 p.272 |

41	**무효인 행정행위**는 당연무효를 선언하는 의미에서 그 **취소를 구하는 형식의 소를 제기할 수 있다.** 18교행9	41	**무효인 행정행위**는 당연무효를 선언하는 의미에서 그 **취소를 구하는 형식의 소를 제기할 수 없다.** 18교행9
42	무효인 행정행위에 대하여는 **무효선언**을 구하는 **의미에서의 취소소송**이 판례상 인정되고 있으며, 이 경우에도 **취소소송의 적법요건을 갖추어야** 한다. 10지방7	42	무효인 행정행위에 대하여는 **무효선언**을 구하는 **의미에서의 취소소송**이 판례상 인정되고 있으며, 이 경우 **취소소송의 적법요건을 갖출 필요는 없다.** 10지방7
43	**행정심판전치주의가 적용**되도록 하는 규정이 있는 경우일지라도 처분의 무효확인을 구하는 소송에는 행정심판전치주의가 적용되지 않는다. 따라서 **무효확인소송**을 제기한 경우에는 **행정심판을 거칠 필요가 없다.** 그러나 **무효사유의 하자를 취소소송으로** 다투는 경우에는, 그 형식이 취소소송인 이상 취소소송으로서의 요건을 갖춰야 한다. 따라서 **행정심판을 거쳐야** 한다. 14국8	43	**행정심판전치주의가 적용**되도록 하는 규정이 있는 경우일지라도 처분의 무효를 구하는 소송에는 행정심판전치주의가 적용되지 않으므로 **무효사유의 하자를 취소소송으로** 다투는 경우에도 **행정심판을 거칠 필요가 없다.** 14국8
44	부가가치세법상 과세처분에는 행정심판전치주의가 적용된다. 따라서 이에 대해 **무효선언을 구하는 의미에서 그 취소를 구하는 소송**을 제기한다면 먼저 **전심절차를 거쳐야** 한다. 반면, 무효확인소송을 제기한다면 애초에 행정심판전치주의가 적용되지 않으므로 행정심판을 거칠 필요가 없다. 14사복9	44	부가가치세법상 과세처분의 **무효선언을 구하는 의미에서 그 취소를 구하는 소송**은 **전심절차를 거칠 필요가 없다.** 14사복9

(45~46) 甲은 중대명백한 하자가 있어 **무효인 A 처분에 대해 소송**을 제기하려고 한다. 21국회8

45	甲이 A 처분에 대해 **취소소송**을 제기하는 경우 **제소기간의 제한을 받는다.**	45	甲이 A 처분에 대해 **취소소송**을 제기하는 경우 **제소기간의 제한을 받지 않는다.**
46	甲이 **취소소송을 제기**하였는데 A 처분에 **중대명백한 하자**가 있다면 법원은 **무효를 선언하는 의미의 취소판결**을 하여야 한다.	46	甲이 **취소소송을 제기**하였더라도 A 처분에 **중대명백한 하자**가 있다면 법원은 **무효확인판결**을 하여야 한다.

47 행정처분의 **무효확인을 구하는 소**에는 원고가 그 처분의 취소를 구하지 아니한다고 밝히지 아니한 이상 그 처분이 만약 당연무효가 아니라면 그 **취소를 구하는 취지도 포함**되어 있는 것으로 보아야 한다. 12국회8

48 행정처분의 **무효확인을 구하는 소**에는 원고가 그 처분의 취소를 구하지 아니한다고 밝히지 아니한 이상 그 처분이 당연무효가 아니라면·그 **취소를 구하는 취지도 포함**되어 있는 것으로 보아야 하고, 그와 같은 경우에 **취소청구를 인용**하려면 먼저 **취소**를 구하는 항고**소송으로서의 제소요건**을 **구비하여야** 한다. 23국회8

49 무효확인소송을 제기하였는데 해당 사건에서의 위법이 **취소사유에 불과**한 때, 법원은 **취소소송**의 요건을 충족한 경우 취소판결을 내린다. 17(하)국가7

05 화해와 조정 | 요플 p.272 |

50 항고소송에서의 **화해권고**결정에 관해 현행 「**행정소송법**」은 **규정**을 두고 있지 **않**다. 24소간

50 항고소송에서의 **화해권고**결정(에 관해 현행 「**행정소송법**」이 **규정**하고 **있다.**) 24소간

테마별 N지 모음

N1 구 「과징금부과 세부기준 등에 관한 고시」의 위반행위에 대한 **시정조치 횟수를 근거로** 공정거래위원회가 부과한 **과징금부과처분**에 대한 취소소송의 계속 중 위반행위 자체가 존재하지 않는다는 이유로 **시정조치의 취소판결**이 확정되었다. 이에 대한 설명으로 옳지 않은 것은? (다툼이 있는 경우 판례에 의함) 22국회8 ②

① 과징금부과처분 취소소송의 수소법원은 행정**처분의 위법 여부**를 행정**처분이 있을 때**의 법령과 사실상태를 **기준**으로 판단하여야 하므로 **처분 후** 법령의 개폐나 사실상태의 **변동에 영향을 받지 않**는다.
② 위반행위에 대한 **시정조치를 취소**하는 확정판결은 과징금부과**처분 후** 사실상태의 **변동에 해당**하므로 과징금부과처분 취소소송의 수소법원의 **위법 여부 판단에 영향을 주지 않는다.**
③ 법원은 행정처분 당시 행정청이 알고 있었던 자료뿐만 아니라 **사실심 변론종결 당시까지 제출된 모든 자료**를 종합하여 처분 당시 존재하였던 객관적 사실을 확정하고 그 사실에 기초하여 처분의 위법 여부를 판단할 수 있다.
④ 위반행위에 대한 시정조치의 **취소판결이 확정**되었다면 그 행정처분은 처분시에 **소급하여 효력을 잃은** 것으로 본다.
⑤ 시정조치에 대한 취소판결의 확정으로 해당 위반행위가 위반 횟수 가중을 위한 **횟수 산정에서 제외되더라도** 그 사유가 과징금부과처분에 영향을 미치지 아니하여 **처분의 정당성이 인정되는 경우**에는 그 처분을 위법하다고 할 수 **없**다.

[해설] ② 위반행위에 대한 **시정조치를 취소**하는 확정판결은 과징금 부과**처분 후** 사실상태의 **변동에 해당하지 아니**한다. 오히려 위 확정판결에 의하여 처분 당시의 진실한 사실상태가 밝혀지기에 과징금부과처분 취소소송의 수소법원의 **위법 여부 판단에 영향을 준다**.(2017두55077)
⊕ 시정조치를 5차례 받았다는 이유로 가중된 과징금 부과처분을 받았으나, 시정조치를 취소하는 확정판결이 있으면 소급하여 시정조치를 받은 적이 없던 것으로 되기에, 5번이 아니라 4번 시정조치를 받은 것을 전제로 처분의 수위를 정하여야 하므로, 과징금부과처분 취소소송의 수소법원의 위법 여부 판단에 영향을 주게 된다. 이는 처분 후 사실 상태의 변동이 아니라, 처분 당시의 진실한 사실관계가 밝혀진 경우에 해당한다.

N2 **행정행위가 있은 후** 그 **근거가 된 법률**이 헌법재판소에 의해 **위헌**으로 결정된 경우, ㉠ 당해 행정행위의 **하자의 유형**과 ㉡ 취소소송의 **제소기간이 도과한 후** 원고가 **무효확인소송**으로 이 사안을 다툰다고 할 때 법원은 어떻게 판단해야 하는지 바르게 연결한 것은? 13지방9 ④

① ㉠ 무효 ㉡ 각하
② ㉠ 무효 ㉡ 기각
③ ㉠ 취소 ㉡ 각하
④ ㉠ **취소** ㉡ **기각**

THEME 66 행정소송의 판결(2) - 판결의 효력

○ 지문 / × 지문

01 개관 | 요플 p.273 |

02 형성력 | 요플 p.273 |

01 확정된 청구**인용판결**의 형성력은 소송당사자인 원고와 피고행정청 사이에 발생할 뿐 아니라 제3자에게도 미친다. 08국가9
　+ 형성력은 인용판결에 인정되는 것이므로, 청구기각판결이라고 한 부분이 틀림

01 확정된 청구**기각판결**의 형성력은 소송당사자인 원고와 피고행정청 사이에 발생할 뿐 아니라 제3자에게도 미친다. 08국가9

02 영업정지처분에 대한 취소소송에서 **취소판결이 확정되면** 영업정지**처분이 판결 그 자체에 의하여 소멸**하기 때문에 처분청이 영업정지처분의 효력을 소멸시키기 위하여 별도로 취소하는 처분을 하여야 할 의무를 지는 것은 아니다. 22지방9

02 영업정지처분에 대한 취소소송에서 **취소판결이 확정되면** 처**분청은** 영업정지처분의 효력을 소멸시키기 위하여 영업정지**처분을 취소하는 처분을 하여야** 할 의무를 진다. 22지방9

03 영업허가취소처분 취소소송을 제기하여 **인용판결이 확정되면** 판결의 **형성력에 따라** 영업허가취소처분의 효력이 **바로 소멸하는 것**이지 그 판결의 기속력에 따라 영업허가취소처분이 관할 행정청에 의해 취소되면 비로소 영업허가취소처분의 효력이 소멸하는 것이 아니다. 17(하)국가9(변형)

03 영업허가취소처분 취소소송을 제기하여 **인용판결이 확정되어도** 영업허가취소처분의 효력이 바로 소멸하는 것이 아니고 그 판결의 **기속력에 따라** 영업허가취소처분이 관할 **행정청에 의해 취소되면 비로소** 영업허가취소처분의 효력이 **소멸**한다. 17(하)국가9(변형)

04 위반행위에 대한 시정조치의 **취소판결이 확정**되었다면 그 행정처분은 처분시에 **소급**하여 효력을 잃은 것으로 본다. 22국회8

05 처분을 취소하는 확정판결은 **제3자**에 대하여도 **효력이 있다**. 14(2)경행

05 처분을 취소하는 확정판결은 **제3자**에 대하여는 **효력이 없다**. 14(2)경행

06 취소된 행정처분을 기초로 하여 새로 형성된 **제3자의 권리**가 **취소판결 자체의 효력에 의해 당연히** 그 행정처분 전의 상태로 **환원되는 것은 아니다**. 20국가9

07 취소판결 후에 **취소된 처분을 대상**으로 하는 처분은 당연히 **무효**이다. 12지방7

08 **취소판결이 확정된 과세처분**을 과세관청이 **경정하는 처분**을 하였다면 이미 존재하지 않는 것을 대상으로 한 것으로서 **당연무효**의 처분이라고 할 수 있다.(88다카16096) 21군무원7

08 **취소판결이 확정된 과세처분**을 과세관청이 **경정하는 처분**을 하였다면 당연무효의 처분 이라고 할 수 없고 단순위법인 **취소사유**를 가진 처분이 될 뿐이다. 21군무원7

03 기속력 vs 기판력 | 요플 p.274 |

09 행정소송법상 **기속력의 성질**에 관하여 통설과 판례 모두 **특수효력설**을 취하고 있다. 08(하)지방9

09 행정소송법상 **기속력의 성질**에 관한 판례의 입장은 특수 효력설을 취한 경우도 있으나 대부분 기판력설을 취하고 있으며, 통설도 **기판력설**을 취하고 있다. 08(하)지방9

10 **기속력**은 청구인용판결에서만 인정된다. 19서울9

10 **기속력**은 청구인용판결뿐만 아니라 청구**기각판결에도** 미친다. 19서울9

11 취소소송이 **기각되어** 처분의 **적법성이 확정**된 이후에도 **처분청은** 당해 처분이 **위법함을 이유로 직권취소할 수** 있다. 15국가7

12 (취소소송 판결의 기속력은) 당사자인 **행정청**과 그 밖의 **관계행정청**이 확정판결에 따라 행동해야 하는 의무를 발생시키는 효력이다. 12국회8

13 **기속력**은 당해 취소소송의 당사자인 행정청과 **그 밖의 관계 행정청**을 **기속**한다. 15국가7

13 **기속력**은 당해 취소소송의 당사자인 행정청에 대해서만 효력을 미치며, **그 밖의 다른 행정청은 기속하지 않는다**. 15국가7

14 (甲은 건물 신축을 위해 A시 **시장 乙**에게 「건축법」상 건축허가신청을 하였으나, 乙은 A시 **소방서장 丙**의 동의 거부를 이유로 건축불허가처분을 하였다.) 乙의 건축불허가처분에 불복하여 甲이 제기한 취소소송에서 인용판결이 확정되면 **丙에게도** 판결의 **기속력**이 발생한다. 24국회8

15 **기속력**은 피고, 나아가 관계행정청에 미치고 **원고에 대해서는 미치지 않는다**. 14국회8

15 **기속력**은 **원고**와 피고, 나아가 관계행정청에 **미친다**. 14국회8

16 취소판결의 기속력은 확정판결의 **주문뿐만 아니라** 그 전제가 되는 처분 등의 구체적 위법사유에 관한 **이유 중의 판단**에 대하여도 **인정된다**.(99두5238)   15서울7

17 기속력의 객관적 범위는 판결의 주문과 판결이유 중에 설시된 개개의 위법사유이다. 그러나, 판결의 결론과 직접 관련이 없는 방론이나 **간접사실**은 기속력의 객관적 범위에 **포함되지 않는다**.   20국회8

18 취소판결의 **기속력에 위반**하여 행정청이 행한 처분은 그 하자가 중대하고도 명백한 것이어서 **당연무효**이다.(90누3560)   09지방9

19 행정소송법은 **기판력**에 관한 **명문의 규정**을 두고 있지 **않다**.   11지방9
　行정소송법은 기판력에 관한 규정을 두고 있지 않다. 다만 민사소송법의 기판력에 관한 규정이 행정소송에도 준용되고, 소송의 본질상 당연히 인정된다는 것이 통설, 판례의 입장이다.

20 처분의 취소를 구하는 청구에 대한 **기각판결**은 **기판력**이 발생하나 기속력은 발생하지 않는다.   22군무원9

21 어떠한 판결이 확정된 때에는 동일한 사항이 다시 소송상 문제되었을 때 **당사자와 법원**은 이에 저촉되는 주장이나 판단을 할 수 없는 **효력**은 기속력이 아니라 **기판력**이다. 이와 달리 **기속력**은 인용판결이 확정되었을 때 **처분청과 관계 행정청**에게 그 판결의 취지에 따라 행동하도록 하는 효력이다.   10국가9

22 취소소송의 피고는 처분청이므로 행정청을 피고로 하는 취소소송에 있어서의 **기판력**은 당해 처분이 귀속하는 **국가 또는 공공단체에** 미친다.   10국가9

23 기판력의 객관적 범위는 소송물로 주장된 법률관계의 존부에 관한 **판단의 결론 그 자체에만** 미치는 것이다.   15(1)경행

24 취소판결의 기판력은 **판결의 대상이 된 처분에 한**하여 미치고 **새로운 처분에 대해서는 미치지 아니**한다.   18국회8

25 취소판결의 기판력은 소송물로 된 행정처분의 **위법성 존부**에 관한 판단 그 자체에만 미친다.   16국회8

26 취소판결의 **기판력**은 판결의 **주문에만 미친다**. 판결 이유 중에 설시된 개개의 위법사유에는 미치지 아니한다.   16국가7
　반면, 기속력은 판결의 주문과 판결 이유 중에 설시된 개개의 위법사유에까지 미친다.

27 기판력은 **사실심 변론의 종결시를 기준**으로 발생한다.   17서울7(변형)

04 기속력 | 요론 p.275 |

28 처분행정청은 **기속력의 소극적 효력에 의하여** 확정판결에 저촉되는 처분을 할 수 없다는 의미에서 **동일처분**의 반복금지의무를 진다.   08(하)지방9

29 취소확정판결의 기판력은 판결에 적시된 위법사유에 한하여 미치므로 행정청이 그 **확정판결에 적시된 위법사유를 보완**하여 행한 새로운 행정처분은 확정판결에 의하여 취소된 종전 처분과는 **별개의 처분으로서 확정판결의 기판력에 저촉되지 않는다**.   17회8
　판례의 문구로서 옳은 지문이다. 다만, 이 문구에 대해서는 "기속력"을 "기판력"이라고 잘못 표현했다는 비판이 있다. 수험적으로는 저촉여부에 대한 판단을 하여 정오판단을 하면 충분하다.

30 행정처분이 **절차의 하자를 이유로 취소판결**이 확정된 경우, **적법한 절차를 갖추어** 이전의 처분과 **동일한 내용의 처분**을 다시하는 것은 기속력에 반하지 않으므로 **허용**된다.(85누231)   17국회8

31 과세의 **절차** 내지 형식에 **위법**이 있어 과세처분을 **취소**하는 **판결이 확정**되었을 경우 과세관청은 그 **위법사유를 보완**하여 **다시** 새로운 과세**처분**을 할 수 있고, **그 새로운** 과세**처분**은 확정판결에 의하여 취소된 종전의 과세**처분**과는 **별개의 처분**이다.   23지방9

---

16 취소판결의 기속력은 확정판결의 **주문**에 포함된 것에 한하여 **발생하고**, 그 전제가 되는 처분 등의 구체적 위법사유에 관한 **이유 중의 판단**에 대하여는 **인정되지 않는다**.   15서울7

17 기속력의 객관적 범위는 판결의 주문과 판결이유 중에 설시된 개개의 위법사유 및 **간접사실**이다.   20국회8

18 취소판결의 **기속력에 위반**하여 행정청이 행한 처분은 **취소의 대상이 될 뿐이고 무효는 아니라는 것**이 판례의 입장이다.   09지방9

19 행정소송법은 **기판력**에 관한 **명문의 규정**을 두고 **있다**는 것이 통설, 판례의 입장이다.   11지방9

20 처분의 취소를 구하는 청구에 대한 **기각판결**은 **기판력**이 발생하지 **않는다**.   22군무원9

21 **기속력**은 일단 판결이 확정된 때에는 동일한 사항이 다시 소송상 문제되었을 때 **당사자와 법원**은 이에 저촉되는 주장이나 판단을 할 수 없는 **효력**을 의미한다.   10국가9

26 취소판결의 **기판력**과 기속력은 판결의 주문과 판결 **이유** 중에 설시된 개개의 위법사유에**까지 미친다**.   16국가7

30 행정처분이 **절차의 하자**를 이유로 **취소**된 경우, **적법한 절차를 갖추더라도** 이전의 처분과 동일한 내용의 처분을 다시하는 것은 **기속력에 위반**되어 허용되지 않는다.   17국회8

32 취소 확정판결의 기속력은 판결의 주문 및 전제가 되는 처분등의 구체적 위법사유에 관한 판단에도 미친다. 따라서 종전 처분이 판결에 의하여 취소되었는데 종전 처분의 처분사유와 기본적 사실관계가 **동일한 사유**를 들어 **동일한 내용**의 처분을 하는 것은 기속력에 **저촉**되어 금지된다. 그러나 종전 처분의 처분사유와 기본적 사실관계에서 동일하지 않은 **다른 사유**를 들어서 새로이 **동일한 내용**을 처분하는 것은 종전 처분과 별개의 처분을 하는 것으로서 기속력에 **저촉되지 않는다**. 　23지방9

33 [취소소송에 있어서 판결의 기속력과 관련하여] 위법성 판단기준시점인 **처분시 이후에 생긴** 새로운 **사실관계**나 개정된 법령과 같이 **새로운 처분사유**를 들어 **동일한 내용**의 처분을 하는 것은 **가능**하다. 　14국회8

34 어떤 처분의 당초 처분사유와 **기본적 사실관계**의 동일성이 인정되지 **않는 다른 사유**가 있다면, 그 처분에 대한 취소소송에서 **처분사유 추가·변경**은 허용되지 **않지만**, 처분청이 그 처분에 대한 취소판결 확정 후 **그 다른 사유**를 근거로 별도의 처분을 하는 것은 허용**된다**. 　24소방

35 새로운 처분의 처분사유가 종전 처분의 처분사유와 **기본적 사실관계**에서 동일하지 **않은 다른 사유에 해당하는 이상**, 처분사유가 **종전 처분 당시 이미 존재**하고 있었고 **당사자가 이를 알고 있었더라도** 이를 내세워 새로이 처분을 하는 것은 확정판결의 기속력에 **저촉되지 않는다**. 　21변시

36 소송에서 처분사유와 **기본적 사실관계**가 **동일하여** 추가·변경할 수 있는 **다른 사유가 있었음에도** 처분청이 이를 적절하게 주장·증명하지 **못하여** 법원이 그 처분을 위법하다고 판단하여 취소하는 판결이 확정되면, 처분청이 **그 다른 사유**를 근거로 다시 **종전과 같은 내용**의 **처분**을 하는 것은 허용되지 **않는다**. 　24소방

37 어떠한 행정처분을 취소하는 판결이 선고되어 확정된 경우에 처분행정청이 그 행정소송의 **사실심 변론 종결 이전의 사유**를 내세워 다시 확정판결에 저촉되는 행정처분을 하는 것은 확정판결의 기판력에 **저촉된다**. 　14지방9
　➕ 기속력을 기판력으로 표현했다고 비판받는 판례 문구. 수험적으로는 저촉여부에 대한 판단만 하면 된다.

38 행정처분의 **취소판결이 확정**되면 그 판결에서 확인된 **위법사유**를 배제한 상태에서 다시 **처분**을 하거나 그 밖에 **위법한 결과를 제거**하는 조치를 할 의무가 있다. 　21군무원7

39 (취소판결의 기속력과 관련하여) **파면처분**에 대한 **취소판결이 확정**되면 파면되었던 원고를 **복직시켜야** 한다. 　17서울9

40 (취소소송 판결의 기속력과 관련하여) 자동차의 **압류처분이 취소**되면 행정청은 그 자동차를 원고에게 **반환해야** 한다. 　12국회8

41 처분행정청은 기속력의 적극적 효력에 의하여 판결의 취지에 따른 처분을 하여야 하는 **재처분의무**를 진다. 　08(하)지방9

42 징계처분의 취소를 구하는 소에서 징계사유가 될 수 없다고 취소확정판결을 한 사유와 **동일한 사유**를 내세워 **다시 징계처분**을 하는 것은 **확정판결에 저촉**되는 행정처분으로 허용될 수 없다. 　17국회8

43 법규위반을 이유로 내린 영업허가**취소처분**이 비례의 원칙 위반으로 **취소**된 경우에 동일한 법규 위반을 이유로 영업**정지처분**을 내리는 것은 **기속력에 반하지 않는다**. 　17서울9

44 여러 법규위반을 이유로 한 영업허가취소처분이 처분의 이유로 된 법규위반 중 일부가 인정되지 않고 나머지법규위반으로는 영업허가취소처분이 비례의 원칙에 위반된다고 취소된 경우에 판결에서 **인정되지 않은 법규 위반사실을 포함**하여 다시 영업정지처분을 내리는 것은 동일한 행위의 반복은 아니지만 **판결의 취지에 반한다**. 　17서울9

45 **부작위위법확인소송**의 경우, 법원은 단순히 행정청의 방치행위의 적부에 관한 **절차적 심리만 하면 되며**, 신청의 **실체적 내용**이 이유 있는 지와 그에 대한 **적정한 처리방향**에 관한 법률적 판단을 하여야 하는 것은 **아니다**. 　18국회8
　➕ 부작위위법확인소송에서의 심판의 범위는 부작위의 위법 여부만이 포함된다는 절차적 심리설이 통설·판례

46 (부작위법확인소송과 관련하여) **절차적 심리설**(응답의무설)에 의하면, 신청의 대상이 기속행위인 경우에 행정청이 **거부처분을 하여도 재처분의무를 이행한 것**이 된다. 15국가7

47 통설과 판례인 **절차적 심리설**(응답의무설)에 의하면, 부작위법확인소송의 인용판결에 **실질적 기속력**은 부인된다. 반면, **실체적 심리설**(특정처분의무설)에 의하면 인용판결에 **실질적 기속력**이 인정되게 된다. 을 15국가7

47 (부작위법확인소송과 관련하여) **실체적 심리설**(특정처분의무설)에 의하면, 부작위법확인소송의 인용판결에 **실질적 기속력**이 부인되게 된다. 15국가7

05 기판력 | 요론 p.276 |

48 **항고소송**은 **주관소송**으로 보는 것이 통설이며, 취소소송의 **소송물**은 당해 처분의 **위법성 일반**이다. 을 16국회8

48 (판례에 따르면) **항고소송**은 **주관소송**으로 보는 것이 통설이며, 취소소송의 **소송물**은 당해 처분의 **개개의 위법사유**이다. 16국회8

49 **판례**는 취소소송의 **소송물**을 **처분의 위법성** 일반으로 본다. 한편, 계쟁처분으로 인해 원고의 권리가 침해되었다는 원고의 **'법적 주장'**이 소송물이 된다는 견해도 있으나, 이는 판례가 아닌 **소수견해**이다. 을 11지방9

49 **판례**는 취소소송의 **소송물**을 **처분의 위법성**과 그로 인해 원고의 권리가 침해되었다는 **원고의 '법적 주장'**이라고 보고 있다. 11지방9

50 **업무정지처분 취소소송**과 이를 직권변경한 **업무정지처분에 갈음한 과징금 부과처분의 취소소송**은 **소송물**이 다르다. 을 미기출

50 **업무정지처분 취소소송**과 이를 직권변경한 **업무정지처분에 갈음한 과징금 부과처분의 취소소송**은 소송물이 동일하다. 미기출

51 취소소송의 **소송물**을 처분의 위법성 일반으로 보게 되면, 어떠한 처분에 대한 **청구기각의 확정판결**이 있으면 해당 처분이 일반적으로 적법하다는 데에 기판력이 발생하므로 **후에** 제기되는 취소소송에서 **그 처분의 위법성을 주장할 수 없다.** 을 18지방9

51 취소소송의 **소송물**을 처분의 위법성 일반으로 보게 되면, 어떠한 처분에 대한 **청구기각의 확정판결**이 있는 경우에도 **후에** 제기되는 취소소송에서 **그 처분의 위법성을 주장할 수 있다.** 18지방9

52 **취소소송**에서 **기각판결이 확정**된 경우에는 처분이 적법하다는 점에 기판력이 발생하므로, 패소한 당사자는 해당 처분에 관한 **무효확인소송에서 그 처분이 위법**하다고 **주장**할 수 없다. 21변시

53 과세처분의 **취소소송**에서 청구가 기각된 확정판결의 기판력은 그 과세처분의 **무효확인**을 구하는 소송에도 **미친다.** (95누1880) 14지방9

53 과세처분의 **취소소송**에서 청구가 기각된 확정판결의 기판력은 그 과세처분의 **무효확인**을 구하는 소송에는 **미치지 아니**한다. 14지방9

➕ 취소소송에서 기각판결이 확정되어 처분의 적법성에 기판력이 발생하였는데, 다시 처분이 위법하다며 무효확인소송을 제기하는 것은 확정된 판결과 모순되는 주장을 하는 것으로, 기판력이 작용하게 된다.

54 공사중지명령의 상대방이 **공사중지명령**의 취소를 구한 **소송**에서 **패소**함으로써 그 명령이 적법한 것으로 이미 **확정**되었다면, 이후 이러한 공사중지명령의 상대방은 그 **공사중지명령**의 **해제신청을 거부**한 **처분의 취소**를 구하는 **소송**에서 그 **명령의 적법성을 다툴 수 없다.** (2014두37665) 22지방9

54 공사중지명령의 상대방이 제기한 **공사중지명령취소소송**에서 **기각판결이 확정**된 경우 특별한 사정변경이 없더라도 그 후 상대방이 제기한 **공사중지명령해제신청 거부처분취소소송**에서는 그 **공사중지명령의 적법성**을 다시 **다툴 수 있다.** 22지방9

➕ 그와 같은 공사중지명령에 대하여 그 명령의 상대방이 해제를 구하기 위해서는 명령의 내용 자체로 또는 성질상으로 명령 이후에 원인사유가 해소되었음이 인정되어야 한다.

55 전소와 후소의 소송물이 동일하지 않다고 하더라도 **전소의 기판력 있는 법률관계가 후소의 선결적 법률관계**가 되는 때에는 **전소의 판결의 기판력이 후소에 미쳐** 후소의 법원은 전에 한 판단과 모순되는 판단을 할 수 없다. 15(1)경행

56 세무서장을 피고로 하는 **과세처분취소소송**에서 **패소**하여 그 **판결이 확정**된 자가 국가를 피고로 하여 과세처분의 무효를 주장하여 **과오납금반환청구소송**을 제기하는 것은 취소소송의 **기판력에 반한다.** 을 19서울9

56 세무서장을 피고로 하는 **과세처분취소소송**에서 **패소**하여 그 **판결이 확정**된 자가 국가를 피고로 하여 과세처분의 무효를 주장하여 **과오납금반환청구소송**을 제기하더라도 취소소송의 **기판력에 반하는 것은 아니다.** 19서울9

➕ 후소인 과오납금반환청구소송은 과세처분의 무효임을 전제로 하는데, 이는 전소의 소송물에 관한 판단이 후소의 선결문제에 있는 경우로서 기판력이 미친다.

57 취소판결의 기판력은 국가배상청구소송에도 미친다. 그러나 어떠한 행정처분이 후에 **항고소송에서 취소**되었다고 할지라고 그 기판력에 의하여 당해 행정처분이 **곧바로** 공무원의 고의 또는 과실에 의한 것으로서 **불법행위를 구성**한다고 단정할 수는 없다. (99다70600) 을 19지방9

57 취소판결의 기판력은 국가배상청구소송에도 미치므로, 행정처분이 후에 **항고소송에서 위법을 이유로 취소**된 경우에는 그 기판력에 의하여 당해 행정처분이 **곧바로** 공무원의 고의 또는 과실에 의한 **불법행위를 구성한다**고 보아야 한다. 19지방9

➕ 취소판결의 기판력은 당해 처분의 위법하다는 데 미치는 것이지, 그 처분을 한 공무원에게 고의나 과실이 있다는 점에 미치는 것이 아니다. 따라서 취소판결이 확정되었더라도 이는 국가배상의 요건 중 하나(위법한 행정작용)가 확정된 것일뿐, 나머지 요건(공무원의 고의나 과실 등)을 결정되지 않은 것이므로 아직 불법행위가 성립된다고 단정할 수 없다.

58 행정처분이나 행정심판 재결이 **불복기간의 경과로 인하여 확정**될 경우 확정력은 처분으로 인하여 법률상 이익을 침해받은 자가 처분이나 재결의 효력을 다툴 수 없다는 의미일 뿐, 더 나아가 판결에 있어서와 같은 **기판력이 인정되는 것은 아니**다.(92누17181) 18지방7

　즉, 불가쟁력은 그 처분이 적법여부는 모르겠으나 여하튼 시간이 지나서 못 다툰다는 것이고, 기판력은 그 처분의 적법여부를 판단했으니 더 이상 그에 대해서 못 다툰다는 것이다. 전자의 경우 아무런 판단이 확정된 바 없어 관련 소송에서 해당 처분의 위법을 주장할 수 있으나, 후자의 경우 적법여부에 대한 판단이 확정되었으므로 관련 소송에서 더 이상 그 처분의 적법여부에 대해 다툴 수 없다.

59 행정처분에 대해 **불가쟁력이 발생**한 경우 이로 인해 그 처분의 기초가 된 사실관계나 법률적 **판단이 확정되는 것이 아니**므로 처분의 당사자는 당초 처분의 기초가 된 사실관계나 법률관계와 **모순되는 주장을 할 수 있다.**(92누17181) 19지방7

60 피재해자에게 이루어진 **요양승인처분**이 **불복기간의 경과**로 확정되었다 하더라도 사업주는 피재해자가 재해발생 당시 자신의 근로자가 아니라는 사정을 들어 **보험급여액징수처분**의 **위법성을 주장할 수** 있다. 미기출

61 산업재해요양보상급여취소처분이 **불복기간의 경과**로 인해 확정되었더라도, 이는 당해 요양급여취소처분에 대해서 더 이상 쟁송을 제기할 수 없다는 의미일 뿐, **요양급여청구권이 없음이 확정된 것은 아니**므로 다시 **요양급여를 청구할 수 있다.**(92누17181) 17(하)국가7

58 행정처분이나 행정심판 재결이 **불복기간의 경과로 인하여 확정**될 경우 확정력은 처분으로 인하여 법률상 이익을 침해받은 자가 처분이나 재결의 효력을 더 이상 다툴 수 없다는 의미에서 판결에 있어서와 같은 **기판력이 인정된다.** 18지방7

59 행정처분에 대해 **불가쟁력이 발생**한 경우 이로 인해 그 처분의 기초가 된 사실관계나 법률적 **판단이 확정되는 것**이므로 처분의 당사자는 당초 처분의 기초가 된 사실관계나 법률관계와 **모순되는 주장을 할 수 없다.** 19지방7

61 산업재해요양보상급여취소처분이 **불복기간의 경과**로 인해 확정되면 요양급여청구권 없음이 확정되므로 **다시 요양급여를 청구할 수 없다.** 17(하)국가7

06 취소소송 외 행정소송 | 요플 p.277 |

62 처분 등의 **무효를 확인하는 확정판결**은 소송당사자 이외의 **제3자**에 대하여도 효력이 **미친다.** 취소소송의 제3자효에 대한 규정이 무효등확인소송에 준용되기 때문이다. 19서울9

63 현행 행정소송법은 취소판결에 대하여 **기속력** 있음을 규정하고, **무효등확인소송**과 **부작위위법확인소송** 및 **당사자 소송**에 이를 **준용**하고 있다. 10국가9

64 처분 등을 취소하는 확정판결의 **기속력** 및 행정청의 **재처분의무**에 관한 행정소송법 제30조가 **무효확인소송에도 준용**되므로 **무효확인판결** 자체만으로도 **실효성**이 확보될 수 있다. 17국회8

65 **간접강제**는 거부처분취소판결은 물론 부작위 위법확인판결에서도 인정되나 거부처분에 대한 **무효등확인판결**에서는 **인정되지 않는다.** 17서울7

66 **부작위법확인소송**에는 취소판결의 **사정판결규정**은 준용되지 않지만 **제3자효, 기속력, 간접강제**에 관한 규정은 **준용된다.** 18국회8

67 취소소송에는 **대세효(제3자효)**가 있으나 **당사자소송**에는 인정되지 **않**는다. 17교행9

62 처분 등의 **무효를 확인하는 확정판결**은 소송당사자 이외의 **제3자에 대하여는** 효력이 **미치지 않는다.** 19서울9

65 **간접강제**는 거부처분취소판결은 물론 부작위 위법확인판결과 거부처분에 대한 **무효등확인판결**에서도 **인정된다.** 17서울7

07 기타 | 요플 p.277 |

68 행정청이 **처분 등을 취소 또는 변경**함으로 인하여 취소청구가 각하 또는 기각된 경우, **소송비용**은 **피고의 부담**이 된다. 13국가7

테마별 N지 모음

N1 甲이 관할행정청으로부터 영업허가취소처분을 받았고, 이에 대해 취소소송을 제기하여 **취소판결이 확정**된 경우, 이에 대한 설명으로 옳은 것은? (다툼이 있는 경우 판례에 의함)
16국회8 ③

① 위 영업허가취소처분에 대한 취소판결은 **사실심변론종결시**까지의 법령의 개폐 및 사실상태의 변동을 **고려하여** 내려진 것이다.
② 위 취소판결에는 기판력은 발생하지만 **형성력**은 발생하지 **않는다**.
③ 甲이 영업허가취소처분이 있은 후 **취소판결 이전에 영업행위**를 하였더라도 이는 **무허가영업**에 해당하지 **않는다**.
④ 취소판결이 확정된 이후에는 **다른 사유를 근거로** 하더라도 **다시 영업허가를 취소**하는 처분을 할 수 없다.
⑤ **취소판결을 통해** 위 영업허가취소처분은 국가배상법상 공무원의 **고의 또는 과실**에 의한 불법행위로 **인정**된다.

[해설] ① 위 영업허가취소처분에 대한 취소판결은 **처분 시**의 법령의 개폐 및 사실상태의 변동을 **고려하여** 내려진 것이다.
② 위 취소판결에는 기판력과 **형성력**이 **발생**한다.
④ 취소판결이 확정된 이후에도 기본적 사실관계의 동일성이 인정되지 않는 **다른 사유를 근거**로 하여 **다시 영업허가를 취소**하는 처분을 **할 수 있다**.
⑤ **취소판결이 확정되었다는 것만으로** 위 영업허가취소처분이 국가배상법상 공무원의 **고의 또는 과실**에 의한 불법행위로 인정되는 것은 **아니다**.
　➕ 취소판결의 확정으로 영업허가취소처분이 위법하다는 점에 대해서는 기판력이 발생하여 확정된다. 그러나 어떠한 처분이 위법하다는 것과 그 처분을 한 공무원에게 고의나 과실이 있었다는 것은 별개이다. 즉, 처분의 위법성이 확정됐더라도 그것만으로 공무원의 고의나 과실에 의한 불법행위로 인정되는 것은 아니다.

N2 다음 사례에 대한 설명으로 옳지 않은 것은?
17국가9 ①

> 유흥주점영업허가를 받아 주점을 운영하는 甲은 A시장으로부터 **연령을 확인하지 않고 청소년을 주점에 출입**시켜 청소년보호법을 위반하였다는 사실을 이유로 한 **영업허가취소처분**을 받았다. 甲은 이에 불복하여 취소소송을 제기하였고 취소확정판결을 받았다.

① **청문절차를 거치지 않았다는 이유로 취소확정판결**이 내려졌다면, A시장은 **적법한 청문절차를 거치더라도** 甲에게 연령을 확인하지 않고 청소년을 출입시켰다는 이유로 영업허가취소처분을 **할 수는 없다**.
② **청소년들을 주점에 출입시킨 사실이 없다는 이유로 취소확정판결**이 내려졌다면, A시장은 甲에게 연령을 확인하지 않고 **청소년을 출입시켰다는 이유**로 영업허가취소처분을 **할 수는 없다**.
③ A시장은 甲이 **청소년을 유흥접객원으로 고용**하여 유흥행위를 하게 **하였다는 이유**로 다시 영업허가취소 처분을 **할 수는 있다**.
④ 영업허가**취소처분은 지나치게 가혹하다는 이유로 취소확정판결**이 내려졌다면, A시장은 甲에게 연령을 확인하지 않고 청소년을 출입시켰다는 이유로 영업허가**정지처분을 할 수는 있다**.

[해설] ① **청문절차를 거치지 않았다는 이유로 취소확정판결**이 내려진 경우, A시장은 **적법한 청문절차를 거친 후에** 甲에게 연령을 확인하지 않고 청소년을 출입시켰다는 이유로 영업허가취소처분을 **할 수 있다**.

THEME 67 제3자의 지위(2) - 절차순 일괄정리

○ 지문 / ✗ 지문

01 제3자의 보호 | 요플 p.278 |

01 행정절차법 소정의 사전통지의 대상에서 규정하는 '**당사자 등**'에는 행정청이 **직권으로 또는 신청에 따라** 행정절차에 **참여하게 된 이해관계인**이 포함된다. 16서울7

02 이해관계가 있는 **제3자**는 자신의 **신청 또는** 행정청의 **직권에 의하여** 행정절차에 참여하여 처분 전에 그 처분의 관할행정청에 서면이나 말로 또는 정보통신망을 이용하여 **의견 제출을 할 수** 있다. 18지방9

03 행정행위는 상대방에 대한 통지(도달)로서 효력이 발생하며, 행정청은 개별법에서 달리 정하지 않는 한 제3자인 이해관계인에 대한 **행정행위 통지의무**를 부담하지 **않는다**. 19서울9

04 제3자인 이해관계인은 **행정청**이 직권 또는 신청에 따라 행정절차에 **참여하게 하여야만** 관계 처분에 의하여 자신의 법률상 이익이 침해되는 경우 청문이나 공청회 등 **의견청취절차에 참가할 수** 있다. 19서울9

⊕ 이해관계인은 '행정청'이 직권 또는 신청에 따라 '참여하게 한 경우에만' 의견청취절차에 참가할 수 있다.

04 제3자인 이해관계인은 **법원의 참가결정이 없어도** 관계 처분에 의하여 자신의 법률상 이익이 침해되는 한 청문이나 공청회 등 **의견청취절차에 참가할 수** 있다. 19서울9

05 부작위의 직접 상대방이 아닌 **제3자**는 당해 행정처분의 **부작위법확인**을 구할 법률상의 이익이 있는 경우 **원고적격**이 **인정**된다. 13국회8

06 행정소송법은 제3자효 행정행위에 있어서 **제3자도 집행정지를 신청**할 수 있는지에 대해서는 **규정**하고 있지 **않다**. 15국회8

07 갑(甲)에 대한 건축허가에 의하여 법률상 이익을 침해받은 **인근주민 을(乙)**이 취소소송을 제기한 경우 을은 소송당사자로서 행정소송법 소정의 요건을 충족하는 한 그가 다투는 행정처분의 **집행정지를 신청할 수** 있다. 19서울9

08 제소기간의 요건은 처분의 상대방이 소송을 제기하는 경우는 물론이고 법률상 이익이 침해된 **제3자가** 소송을 **제기하는 경우에도** 적용된다. 19국회8

09 행정처분의 직접 상대방이 아닌 **제3자**는 행정심판법 제27조 제3항 소정의 심판청구의 제척기간 내에 처분이 있었음을 알았다는 특별한 사정이 없는 한 그 **제척기간의 적용을 배제할** 같은 조항 단서 소정의 **정당한 사유가 있는** 때에 해당한다. 16서울7

10 제3자가 어떠한 방법에 의하든지 행정처분이 있었음을 **안 경우에는** 안 날로부터 **90일 이내**에 행정심판이나 행정소송을 제기하여야 한다. 19서울9

11 제3자에 의해 **항고소송**이 **제기**된 경우에 제3자효 **행정행위의 상대방**은 **소송참가를 할 수** 있다. 14국가7

12 (제3자의 소송참가와 관련하여) 소송참가를 할 수 있는 제3자란 판결의 효력에 의해 권리 또는 이익의 침해를 받을 자를 말하며, 이는 판결의 **형성력뿐 아니라** 판결의 **기속력**에 의해 권리 또는 이익의 침해를 받는 경우도 **포함된다**. 12국가9

12 (제3자의 소송참가와 관련하여) 제3자는 판결의 **형성력**에 의해 권리 또는 이익의 침해를 받을 자를 말하며, 판결의 **기속력**에 의해 권리 또는 이익의 침해를 받는 경우는 포함되지 않는다. 12국가9

13 (행정소송상) 소송참가인의 지위의 성질에 대해서는 **공동소송적 보조참가**와 비슷하다는 것이 통설이다. 10국회8

14 행정소송의 결과에 따라 권리 또는 이익의 침해우려가 있는 제3자는 당해 행정소송에 참가할 수 있으며, 이때 **참가인인 제3자**는 실제로 소송에 참가하여 **소송행위를 하였는지 여부를 불문**하고 **판결의 효력**을 받는다. 18지방9

15 제3자효 행정행위를 **취소**하거나 **무효**를 확인하는 **확정판결**은 **제3자**에 대해서도 효력을 **미친다**. 14국가7

15 제3자효 행정행위를 **취소**하거나 **무효**를 확인하는 **확정판결**은 제3자에 대해서 효력을 **미치지 않는다**. 14국가7

16 처분등을 취소하는 판결에 의하여 권리 또는 이익의 침해를 받은 **제3자**는 자기에게 **책임없는 사유로** 소송에 참가하지 못함으로써 판결의 결과에 영향을 미칠 공격 또는 방어방법을 제출하지 못한 때에는 이를 이유로 확정된 종국판결에 대하여 **재심의 청구를 할 수** 있다. 15국회8

⊕ 즉, 소송에 참가하지 못한 데 자신의 책임이 없는 제3자만 재심청구를 할 수 있다.

16 처분 등을 취소하는 판결에 의하여 권리 또는 이익을 침해 받은 **제3자**는 소송에 **참가하지 못함**으로써 판결의 결과에 영향을 미칠 공격 또는 방어 방법을 제출하지 못한 때에는 그 **귀책사유 여부와 관계없이** 확정된 종국판결에 대하여 **재심의 청구를 할 수** 있다. 15국회8

17 제3자에 의한 **재심청구**는 제3자가 항고소송의 확정판결이 있음을 **안** 날로부터 **30일** 이내, 판결이 **확정된** 날로부터 **1년** 이내에 제기하여야 한다. 24소간

17 제3자에 의한 **재심청구**는 제3자가 항고소송의 확정판결이 있음을 **안** 날로부터 **90일** 이내, 판결이 **확정된** 날로부터 **1년** 이내에 제기하여야 한다. 24소간

02 제3자의 쟁송으로 수익처분이 취소된 경우 | 요플 p.278 |

18 제3자효 행정처분의 취소소송에서 **절차의 하자로 취소의 확정판결**이 있은 경우 당해 행정청은 **재처분의무**가 있다. 19국회8

THEME 68 행정심판(1) - 조문별 쟁점·기출정리

○ 지문   × 지문

01 행정심판 vs 항고소송 | 요플 p.279 |

02 조문 | 요플 p.280 |

01 행정청의 **처분** 또는 **부작위**에 대하여 다른 법률에 특별한 규정이 있는 경우 외에는 **행정심판법에 따라 행정심판**을 청구할 수 있다. 17경행

02 행정심판사항에 대해 **개괄주의**가 채택되고 있다. 09지방7

03 **대통령의 처분** 또는 **부작위**에 대하여는 다른 법률에서 행정심판을 청구할 수 있도록 정한 경우 외에는 **행정심판**을 청구할 수 **없다**. 19국가9

04 사안의 **전문성과 특수성**을 살리기 위하여 특히 필요한 경우 **외에는** 행정심판법에 따른 행정심판을 갈음하는 **특별한 행정불복절차**나 행정심판법에 따른 행정심판 절차에 대한 **특례**를 다른 **법률**로 정할 수 **없다**. 13국회8

05 다른 법률에서 **특별행정심판**이나 「행정심판법」에 따른 행정심판 절차에 대한 **특례**를 정한 경우에도 그 **법률에서 규정하지 아니한** 사항에 대해서는 「**행정심판법**」에서 정하는 바**에 따른다**. 13국회8

06 관계 행정기관의 장이 **특별행정심판** 또는 행정심판에 따른 행정심판 절차에 대한 **특례**를 신설하거나 변경하는 법령을 제정·개정할 때에는 미리 **중앙행정심판위원회와 협의**하여야 한다. 20군무원9

07 관계행정기관의 장이 **특별행정심판** 또는 이 법에 따른 행정심판절차에 대한 특례를 신설하거나 변경하는 법령을 제정·개정할 때에는 미리 **중앙행정심판위원회와 협의**하여야 한다. 17경행

08 「**공무원연금법**」상 **공무원연금급여 재심위원회**에 대한 **심사청구** 제도는 사안의 전문성과 특수성을 살리기 위하여 특히 필요하여 행정심판법에 따른 일반행정심판을 갈음하는 특별한 행정 불복절차, 즉 **특별행정심판에 해당**한다. 23군무원9

09 행정심판법에서 규정한 행정심판의 종류로는 행정소송법상 항고소송에 대응하는 취소심판, 무효등 확인심판, 의무이행심판이 있다. 그러나 **당사자심판**에 관한 규정은 **없다**. 개별법에서 행정상 법률관계의 형성 또는 존부에 관한 다툼에 재정 등 분쟁해결절차를 두는 경우가 있을 뿐이다. 17(하)국가9

10 (행정심판과 관련하여) 처분 또는 부작위의 **위법성**뿐만 아니라 **부당성**도 심사의 대상이다. 09지방7

---

06 관계 행정기관의 장이 **특별행정심판** 또는 행정심판법에 따른 행정심판 절차에 대한 **특례**를 신설하거나 변경하는 법령을 제정·개정할 때에는 미리 **법무부장관**과 **협의**하여야 한다. 20군무원9

07 관계행정기관의 장이 **특별행정심판** 또는 이 법에 따른 행정심판절차에 대한 **특례**를 신설하거나 변경하는 법령을 제정·개정할 때에는 미리 **중앙행정심판위원회**의 **동의**를 구하여야 한다. 17경행

09 행정심판법에서 규정한 행정심판의 종류로는 행정소송법상 항고소송에 대응하는 취소심판, 무효등 확인심판, 의무이행심판과 당사자소송에 대응하는 **당사자심판**이 **있다**. 17(하)국가9

11 **의무이행심판**은 행정청의 **소극적인** 행위, 즉, 신청에 대한 **거부**나 **부작위**로부터 권익을 보호하는 기능을 한다.　　　　　　　　　　　　　　　14서울9

12 행정청의 위법·부당한 **거부**처분이나 **부작위**에 대하여 일정한 처분을 하도록 하는 **의무이행심판**은 현행법상 **인정**된다.　　　　16국가9

13 당사자의 신청에 대한 행정청의 위법한 부작위에 대하여 행정청의 **부작위**가 **위법**하다는 것을 **확인**하는 행정**심판**은 현행법상 허용되지 **않는다**.　　　　20지방9

14 **거부처분**에 대해서는 **의무이행심판**을 제기할 수 있을 뿐 아니라 **취소심판도** 제기할 수 있다.　　　　　　　　　　　　17국회8

15 **의무이행심판**의 청구가 이유가 있다고 인정되는 경우에는 행정심판위원회는 **직접** 신청에 따른 **처분**을 할 수도 있고, 피청구인에게 **처분**을 할 것을 명하는 **재결**만 할 수도 있다.　　21군무원7

16 의무이행심판의 재결에서 **처분재결**은 **형성재결**의 성질을 **처분명령재결**은 **이행재결**의 성격을 가지고 있다.　　　　　　　　　　16서울7

17 취소심판의 인용재결에는 취소재결, 변경재결, 변경명령재결이 있다. **취소명령재결**은 현행법상 인정되지 **않는다**.　　14지방9

18 행정청의 부당한 **처분**을 **변경**하는 행정심판은 현행법상 **허용**된다.　　　　　　　20지방9

19 재량행위인 영업**정지처분기간**을 **1년에서 6개월로 변경**하는 **일부취소**의 재결도 **가능**하다.　　　　　　　12교행9

20 처분의 취소 또는 변경을 구하는 **취소심판**의 경우에 변경의 의미는 **소극적 변경**뿐만 **아니라 적극적 변경까지 포함**한다.　　　15국회8

21 취소심판의 심리 후 행정심판위원회는 영업허가 **취소처분을** 영업**정지** 처분으로 **적극적으로 변경**하는 변경재결 또는 변경명령재결을 **할 수** 있다.　　21군무원7

22 행정심판법은 **행정심판위원회**에게 **심리의결**기능과 **재결**기능을 모두 부여하고 있다.　　09국가9
　　구법에서는 행정심판위원회가 심리·의결을 하고, 재결청이 재결을 담당하도록 규정했으나, 현재에는 행정심판위원회로 일원화하였다.

23 **시·도행정심판위원회**와 **중앙행정심판위원회**는 모두 행정심판의 **심리권한**과 **재결권한**을 가진다.　　18교행9

24 **해양경찰청장**의 행정처분(은 **국민권익위원회**에 두는 **중앙행정심판위원회**가 심리·재결한다)　　14국가9

25 (A광역시 **지방경찰청장**은 혈중알코올농도 0.13%의 주취상태에서 차량을 운전하다가 적발된 甲에게 도로교통법에 의거 운전면허취소처분을 하였고, 甲은 이 처분을 다투고자 한다.) 甲이 행정심판을 청구하면 **국민권익위원회에** 소속된 **중앙행정심판위원회**가 심리·재결한다.　　13경행

26 서울**특별시장**의 식품위생업무에 관련된 처분에 대하여 행정심판이 제기된 경우에는 **국민권익위원회**에 두는 **중앙행정심판위원회**가 재결을 행한다.　　09지방9

27 대구광역시 **교육감**의 행정처분(은 **국민권익위원회**에 두는 **중앙행정심판위원회**가 심리·재결한다)　　14국가9

28 **서울특별시 의회**의 행정처분(은 **국민권익위원회**에 두는 **중앙행정심판위원회**가 심리·재결한다)　　14국가9

29 (A도(道) B군(郡)에서 식품접객업을 하는 甲은 청소년에게 술을 팔다가 적발되었다. B**군수**는 甲에게 2개월의 영업정지처분을 하였다.) 甲은 영업정지처분에 불복하여 A도 **행정심판위원회**에 행정심판을 청구할 수 있다.　　21국가9

30 종로**구청장**의 처분이나 부작위에 대한 행정심판청구는 서울**특별시 행정심판위원회**에서 심리·재결하여야 한다.　　19서울9

---

11 (**의무이행심판**은) 행정청의 **적극적인** 행위로 인한 **침해**로부터 권익을 보호하는 기능을 한다.　　14서울9

14 **거부처분**에 대하여는 **의무이행심판**을 제기**하여야** 하며, **취소심판**을 제기할 수 **없다**.　　17국회8

15 **의무이행심판**의 청구가 이유있다고 인정되는 경우에는 행정심판위원회는 **직접** 신청에 따른 **처분**을 할 수 **없고**, 피청구인에게 **처분**을 할 것을 **명하는 재결**을 할 수 있을 뿐이다.　　21군무원7

17 취소심판의 인용재결에는 취소재결, **취소명령재결**, 변경재결, 변경명령재결이 **있다**.　　14지방9

22 행정심판법은 권리구제의 실효성을 확보하기 위해서 **심리의결**기능과 **재결**기능을 **분리**시키고 있다.　　09국가9

26 서울**특별시장**의 식품위생업무에 관련된 처분에 대하여 행정심판이 제기된 경우에는 **보건복지가족부장관**소속 **행정심판위원회**가 재결을 행한다.　　09지방9

31 시·도의 관할구역에 있는 둘 이상의 **시·군·자치구** 등이 **공동**으로 **설립**한 행정청의 **처분**에 대하여는 **시·도지사 소속 행정심판위원회**에서 심리·재결한다. 15지방9

32 **국가정보원장**의 행정처분은 **국가정보원**에 두는 **행정심판위원회**에서 심리·재결한다. 14국가9

33 **국회사무총장**의 처분에 대한 행정심판의 청구에 대해서는 **국회**에 두는 **행정심판위원회**에서 심리·재결한다. 21국회8

34 **법원행정처장**의 부당한 처분에 대해서는 **법원행정처**에 두는 **행정심판위원회**에 행정심판을 제기할 수 있다. 15서울7

35 **국가인권위원회**의 처분 또는 부작위에 대한 행정심판의 청구는 **국가인권위원회**에 두는 **행정심판위원회**에서 심리·재결한다. 18국회8

36 **중앙행정심판위원회**는 심판청구의 심리·재결시 처분 또는 부작위의 근거가 되는 **명령 등이 크게 불합리**한 경우 관계행정기관에 그 개정·폐지 등 적절한 **시정 조치를 요청할 수** 있다. 13국회9

37 행정심판위원회는 제기된 행정심판을 심리·재결하는 기능을 하는 합의제 행정기관이며 국민권익위원회에 설치되는 중앙행정심판위원회는 **위원장 1명을 포함**한 **70명 이내의 위원**으로 구성하되 위원 중 **상임위원은 4명 이내**로 한다. 10회8(변형)

38 중앙행정심판위원회의 위원장은 **국민권익위원회의 부위원장 중 1명**이 되고 유고시에는 **상임위원**이 그 직무를 **대행**한다. 18교행9

39 중앙행정심판위원회의 **상임위원**은 **일반직** 국가공무원으로 임명하여, 중앙행정심판위원회 **위원장의 제청**으로 **국무총리를 거쳐 대통령이 임명**한다. 16국회8

40 중앙행정심판위원회의 **상임위원**은 **위원장의 제청**으로 **국무총리를 거쳐 대통령이 임명**하고, 상임위원의 임기는 **3년**으로 하되 **1차**에 한하여 **연임할 수** 있다. 24국8

41 중앙행정심판위원회의 **비상임위원**은 일정한 요건을 갖춘 사람 중에서 중앙행정심판위원회 **위원장의 제청**으로 **국무총리가** 성별을 고려하여 **위촉**한다. 21소방

42 중앙행정심판위원회의 **비상임위원**은 **변호사 자격을 취득한 후 5년** 이상의 실무 경험이 있는 사람 중에서 중앙행정심판위원회 위원장의 제청으로 국무총리가 성별을 고려하여 위촉할 수 있다. 19국회8

43 중앙행정심판위원회의 회의는 **위원장, 상임위원** 및 위원장이 **회의마다 지정하는 비상임위원**을 포함하여 총 **9명**으로 구성한다. 21소방

44 예외적으로 당해 지방자치단체의 조례에서 **시·도 행정심판위원회의 위원장을 공무원 아닌 위원으로 정한 경우**에 그는 **비상임**으로 직무를 수행한다. 18교행9

45 행정심판위원회의 위원에 대한 **기피신청**은 그 사유를 소명한 **문서로** 하여야 한다. 15서울7

46 행정심판 당사자는 행정심판위원회의 위원에 대한 **기피신청**을 할 수 있고 이러한 신청에 대해 **위원장**은 기피여부를 **결정**한다. 즉, **위원회의 의결**을 거칠 필요가 **없다**. 10국8
➕ 위원장이 기피 여부에 대해 결정을 하는 것이지 위원회의 의결을 거칠 필요는 없다. 위원회의 의결을 거쳐 기피여부를 결정한다는 부분이 틀렸다.

47 **행정심판**에 있어서 사건의 심리·의결에 관한 **사무에 관여**하는 **직원**에게도 행정심판법 제10조의 위원의 **제척·기피·회피**가 적용된다. 15지방9

48 종중이나 교회와 같은 **비법인사단**은 대표자나 관리인이 정하여져 있는 경우에는 사단 **자체의 명의**로 행정심판을 청구할 수 있다. 18국가9

---

32 **국가정보원장**의 행정처분(은 국민권익위원회에 두는 **중앙행정심판위원회**가 심리·재결한다) 14국가9

33 **국회사무총장**의 처분에 대한 행정심판의 청구에 대해서는 국민권익위원회에 두는 **중앙행정심판위원회**에서 심리·재결한다. 21국회8

34 **법원행정처장**의 부당한 처분에 대해서는 **중앙행정심판위원회**에 행정심판을 제기할 수 있다. 15서울7

35 **국가인권위원회**의 처분 또는 부작위에 대한 행정심판의 청구는 국민권익위원회에 두는 **중앙행정심판위원회**에서 심리·재결한다. 18국회8

38 중앙행정심판위원회의 **위원장**은 **법제처장**이 되고 유고시에는 **법제처 차장**이 그 직무를 대행한다. 18교행9

39 중앙행정심판위원회의 **상임위원**은 **별정직** 국가공무원으로 임명하여, 중앙행정심판위원회 **위원장의 제청**으로 **국무총리를 거쳐 대통령이 임명**한다. 16국8

40 중앙행정심판위원회의 **상임위원**은 **위원장의 제청**으로 **국무총리를 거쳐 대통령이 임명**하고, 상임위원의 임기는 **2년**으로 하되 **1차**에 한하여 **연임할 수** 있다. 24국8

42 중앙행정심판위원회의 **비상임위원**은 **변호사 자격을 취득한 후 3년** 이상의 실무 경험이 있는 사람 중에서 중앙행정심판위원회 위원장의 제청으로 국무총리가 성별을 고려하여 위촉할 수 있다. 19국회8

43 중앙행정심판위원회의 회의는 **위원장, 상임위원** 및 위원장이 **회의마다 지정하는 비상임위원**을 포함하여 총 **15명**으로 구성한다. 21소방

44 예외적으로 당해 지방자치단체의 조례에서 **시·도 행정심판위원회의 위원장을 공무원이 아닌 위원으로 정한 경우**에 그는 **상임**으로 직무를 수행한다. 18교행9

46 행정심판 당사자는 행정심판위원회의 위원에 대한 **기피신청**을 할 수 있고 이러한 신청에 대해 위원장은 **위원회의 의결을 거쳐** 기피여부를 **결정**한다. 10국8

47 **행정심판**에 있어서 사건의 심리·의결에 관한 **사무에 관여**하는 직원에게는 행정심판법 제10조의 위원의 **제척·기피·회피**가 적용되지 **않는다**. 15지방9

48 종중이나 교회와 같은 **비법인사단**은 사단 **자체의 명의로** 행정심판을 청구할 수 없고 대표자가 청구인이 되어 행정심판을 청구하여야 한다. 18국가9

49 처분의 효과가 기간의 경과, 처분의 집행, 그 밖의 사유로 **소멸된 뒤에도** 그 처분의 **취소로 회복되는 법률상 이익**이 있는 자는 **취소심판**을 청구할 수 있다. 19서울7

50 **의무이행심판**은 처분을 신청한 자로서 행정청의 **거부** 처분 또는 **부작위**에 대하여 일정한 **처분을 구할 법률상 이익**이 있는 자가 청구할 수 있다. 10국회8

51 행정심판의 경우 **여러 명의 청구인**이 공동으로 심판청구를 할 때에는 **청구인들 중에서 3명 이하의 선정대표자**를 선정할 수 있다. 〔율〕 12(하)지방9

51 행정심판의 경우 **여러 명의 청구인**이 공동으로 심판청구를 할 때에는 **청구인들 중에서 3명 이하의 선정대표자**를 선정할 수 **없다**. 12(하)지방9

52 행정심판절차에서 청구인들이 '**당사자 아닌 자**'를 **선정대표자로 선정**한 행위는 **무효**이다. 08국회8
   ✚ 선정대표자는 청구인들 중에서 선정한다. 만약, 청구인이 아닌 자를 선정하면 무효이다.(90누7791)

53 **행정심판의 대상**과 **관련**되는 권리나 이익을 양수한 **특정 승계인**은 행정심판위원회의 **허가를 받아** 청구인의 지위를 승계할 수 있다. 18국가9

54 행정심판에 있어 **피청구인**은 **처분을 한 행정청**이 된다. 〔율〕 13서울(변형)9

54 행정심판에 있어 **피청구인**은 처분행정청의 **직근 상급 행정청**이 된다. 13서울(변형)9

55 **의무이행심판**의 경우에는 청구인의 **신청을 받은 행정청**을 **피청구인**으로 하여 행정심판을 청구하여야 한다. 15(1)경행

56 심판청구의 대상과 관계되는 **권한이 다른 행정청에 승계**된 경우에는 **권한을 승계한 행정청**을 피청구인으로 하여야 한다. 15(1)경행

57 **피청구인의 경정**은 행정심판위원회에서 **직권 또는 당사자의 신청**에 의하여 결정한다. 〔율〕 20지방7

57 **피청구인의 경정**은 행정심판위원회에서 결정하며 언제나 **당사자의 신청**을 전제로 한다. 20지방7

58 행정심판위원회는 **피청구인을 경정**하는 결정을 하면 **결정서 정본**을 당사자(종전의 피청구인과 새로운 피청구인을 포함한다)에게 **송달**하여야 한다. 〔율〕 15(1)경행

58 행정심판위원회는 **피청구인을 경정**하는 결정을 하면 **결정서 부본**을 당사자(종전의 피청구인과 새로운 피청구인을 포함한다)에게 **송달**하여야 한다. 15(1)경행

59 **피청구인의 경정**이 있으면 심판청구는 종전의 피청구인에 대한 **행정심판이 청구된 때에** 제기된 것으로 본다. 〔율〕 18(1)서울7

59 **피청구인의 경정**이 있으면 심판청구는 피청구인의 **경정시에** 제기된 것으로 본다. 18(1)서울7

60 행정심판 청구인이 경제적 능력으로 인해 대리인을 선임할 수 없는 경우에는 행정심판위원회에 **국선대리인**을 선임하여줄 것을 **신청**할 수 있다. 19국가9

61 행정심판의 결과에 이해관계가 있는 **제3자** 또는 **행정청**은 행정심판위원회의 **허가를 받아** 그 사건에 **참가할 수** 있다. 15사복9

62 행정심판의 결과에 이해관계가 있는 **제3자**나 **행정청**은 해당심판청구에 대한 위원회나 소위원회의 **의결**이 있기 **전까지** 그 사건에 대하여 심판**참가**를 **할 수** 있다. 10국회8

63 행정심판결과에 이해관계가 있는 제3자나 행정청은 **신청**에 의하여 행정심판에 **참가**할 수 **있고**, 행정심판위원회가 **직권**으로 심판에 **참가**할 것을 요구할 수도 있다. 〔율〕 18국회8

63 행정심판결과에 이해관계가 있는 제3자나 행정청은 **신청**에 의하여 행정심판에 **참가**할 수 **있으나**, 행정심판위원회가 **직권**으로 심판에 **참가**할 것을 요구할 수는 **없다**. 18국회8

64 행정심판위원회는 필요하다고 인정하면 그 심판결과에 이해관계가 있는 제3자에게 그 사건 심판에 **참가**할 것을 요구할 수 있으며, 이 요구를 받은 제3자는 지체 없이 **참가여부**를 위원회에 **통지하여야** 한다. 15국회8

65 **참가인**은 행정심판절차에서 **당사자가 할 수 있는** 심판절차상의 **행위**를 **할 수** 있다. 18국회8

66 행정**심판**을 청구하려는 자는 행정심판위원회뿐만 아니라 **피청구인**인 행정청**에도** 행정심판**청구서**를 제출할 수 있으나 행정소송을 제기하려는 자는 법원에 소장을 제출하여야 한다. 18국가9

67 행정심판**청구서**는 피청구인이나 위원회에 제출하여야 한다. 〔율〕 17국회8
   ✚ 구법에서는 지문과 같이 행정청을 거쳐서만(경유해서만) 제출하도록 하였다. 그러나 현행법은 행정심판위원회에 직접 제출도 허용하고 있다. 물론 과거와 같이 행정청을 거쳐서 제출하는 것도 여전히 가능하다.

67 행정심판**청구서**는 피청구인인 **행정청을 거쳐** 행정심판위원회에 **제출**하여야 한다. 17국회8

68 피청구인은 심판청구가 그 내용이 **특정되지 않아** 명백히 부적법하다는 이유를 들어 **답변서** 제출을 **생략할 수 있다**. 다만, 위원장이 답변서 제출을 요구하면 피청구인은 답변서 제출을 요구받은 날부터 10일 이내에 답변서를 제출하여야 한다. 〔율〕 미기출

68 피청구인은 심판청구가 그 내용이 **특정되지 않아** 명백히 부적법하다는 이유를 들어 **답변서** 제출을 생략할 수는 **없다**. 미기출

69 심판청구서를 받은 **행정청은** 그 심판청구가 이유있다고 인정할 때에는 **심판청구의 취지에 따라** 처분을 **취소·변경** 또는 **확인**을 하거나 **신청에 따른 처분을 할 수** 있고, 이를 **청구인에게** 알리고 **행정심판위원회에** 그 **증명서류를 제출**하여야 한다. 〈11지방9〉

70 행정심판은 처분이 있음을 **알게 된 날**부터 **(90)일** 이내에 청구하여야 한다. 〈16경행〉
기

71 심판청구기간의 기산점인 '처분이 있음을 **안 날**'이라 함은 당사자가 통지·공고 기타의 방법에 의
Ⓒ 하여 당해 처분이 있었다는 사실을 **현실적으로 안 날**을 의미한다. 〈21지방9〉

72 (학교폭력예방 및 대책에 관한 법률에 따라 출석정지 5일의 처분을 받고 행정심판으로 다투고자 하는 경우) 원칙적으로 처분을 **송달받은 날이** 처분을 **안 날로 추정**되므로, 행정심판의 제기기간 은 특별한 사정이 없는 한 처분통지서를 받은 날부터 90일 이내이다. 〈18(1)서울7(변형)〉

73 청구인이 천재지변, 전쟁, 사변, 그 밖의 **불가항력**으로 인하여 위의 법정기간내에 **심판청구를 할 수** 없었을 때에는 그 **사유가 소멸한 날부터 (14)일** 이내에 행정심판을 청구할 수 있다. 다만, **국 외**에서 행정심판을 청구하는 경우에는 그 기간을 **(30)일**로 한다. 〈16경행(변형)〉

74 행정심판은 처분이 **있었던 날**부터 **180일**이 지나면 청구하지 못한다. **다만, 정당한 사유**가 있는
기 경우에는 그러하지 아니하다. 〈14(1)경행〉

75 **고시 또는 공고에 의하여** 행정**처분**을 하는 경우에는 고시 또는 공고의 **효력발생일을** 처분이 있는
Ⓐ 날이자 동시에 처분이 있음을 **안 날**로 보아 그날로부터 **90일** 이내에 행정심판을 청구할 수 있다. 〈18(1)서울7〉

75 **고시 또는 공고에 의하여** 행정**처분**을 하는 경우에는 고시 또 Ⓐ 는 공고의 **효력발생일을** 처분이 **있는** 날로 보아 그날로부터 **180일** 이내에 행정심판을 청구할 수 있다. 〈18(1)서울7〉

76 **무효등확인심판**에는 심판**청구기간**의 제한이 **없다**. 〈13서울7〉
Ⓒ

77 **부작위**에 대한 **의무이행심판**에는 심판청구에 **기간상의 제한이 없다**. 〈13서울7〉
소

77 **부작위**에 대한 **의무이행심판**에는 심판청구에 **기간상의 제한** 소 **이 있다**. 〈13서울7〉

78 **거부**처분에 대한 **의무이행심판**에는 심판청구에 **기간상의 제한이 있다**. 〈13서울7〉
소

78 **거부**처분에 대한 **의무이행심판**에는 심판청구에 **기간상의 제** 소 **한이 없다**. 〈13서울7〉

79 행정심판의 청구는 서면으로 하여야 하며, **구술에 의한 청구**는 허용되지 **아니**한다. 〈09지방9〉

80 **행정심판청구는** 엄격한 형식을 요하지 아니하는 **서면** 행위이다. 〈15서울9〉

81 **진정이라는 표현을 사용**하였더라도 그것이 실제로 행정심판의 실체를 가진다면 **행정심판으로 다**
Ⓒ **툴 수 있다**.(98두2621) 〈16국회8〉

81 **진정이라는 표현을 사용**하면 그것이 실제로 행정심판의 실체 Ⓒ 를 가지더라도 **행정심판으로 다툴 수 없다**. 〈16국회8〉

82 행정심판청구서의 **형식을 다 갖추지 못하였더라도** 그 문서내용이 **행정심판의 청구를 구하는 것을**
Ⓒ **내용**으로 한다면 **행정심판청구로 볼 수 있다**.(98두2621) 〈12(하)지방9〉
➕ 행정심판의 일부 형식적 요건을 갖추지 못한 경우에도, 행정심판의 청구를 구하는 것을 내용 으로 하는 경우에는 보정을 통해 미비된 요건을 갖출 수 있으므로, 행정심판 청구로 볼 수 있다고 한 사례이다.

82 행정심판청구서의 **형식을 다 갖추지 않았다면** 비록 그 문서 Ⓒ 내용이 **행정심판의 청구를 구하는 것을 내용**으로 하더라도 **부적법**하다. 〈12(하)지방9〉

83 법률상 이의신청을 제기해야 할 사람이 처분청에 **표제를 '행정심판청구서'**로 한 서류를 제출한 경
Ⓒ 우에도, 서류의 내용에 이의신청요건에 맞는 불복취지와 사유가 충분히 기재되어 있다면 이를 처 분에 대한 **이의신청으로 볼 수 있다**.(2011두26886) 〈15지방9〉

83 법률상 이의신청을 제기해야 할 사람이 처분청에 **표제를 '행정** Ⓒ **심판청구서'**로 한 서류를 제출하였다면, 서류의 내용에 이의신 청요건에 맞는 불복취지와 사유가 충분히 기재되어 있다고 하 여도 이를 처분에 대한 **이의신청으로 볼 수 없다**. 〈15지방9〉

84 **행정심판청구 후** 피청구인인 행정청이 **새로운 처분**을 하거나 대상인 **처분을 변경**한 때에는 청구
인 인은 새로운 처분이나 변경된 처분에 **맞추어 청구**의 취지 또는 이유를 **변경할 수** 있다. 〈15지방9〉

85 **청구의 변경결정**이 있으면 **처음** 행정심판이 청구되었을 때**부터** 변경된 청구나 이유로 행정심판
이 **청구된 것으로** 본다. 〈11국회9〉

85 **청구의 변경결정**이 있으면 **그때부터** 변경된 청구나 이유로 행정심판이 **청구된 것으로** 본다. 〈11국회9〉

86 행정청은 당초 처분사유와 **기본적 사실관계가 동일하지 아니한** 처분사유를 행정소송 계속 중에는
Ⓐ 추가·변경할 수 없으며, **행정심판단계에서도** 마찬가지로 **추가·변경할 수 없다**.(2013두26118) 〈17지방7〉

86 행정청은 당초 처분사유와 **기본적 사실관계가 동일하지 아니** Ⓐ **한 처분사유**를 행정소송 계속 중에는 추가·변경할 수 없으 나 **행정심판단계에서는 추가·변경할 수 있다**. 〈17지방7〉

87 **행정심판청구와 취소소송의 제기는 모두** 처분의 **효력**이나 그 **집행** 또는 절차의 **속행에 영향**을 주
Ⓒ 지 **아니**한다. 〈17국회8〉

88 **행정소송법**이 집행정지의 요건 중 하나로 '**회복하기 어려운 손해**'가 생기는 것을 예방할 필요성에 관하여 규정하고 있는 반면, **행정심판법**은 집행정지의 요건 중 하나로 '**중대한 손해**'를 예방할 필요성에 관하여 규정하고 있다. 〈O〉 17국회8

88 **행정소송법**이 집행정지의 요건 중 하나로 '**중대한 손해**'가 생기는 것을 예방할 필요성에 관하여 규정하고 있는 반면, **행정심판법**은 집행정지의 요건 중 하나로 '**회복하기 어려운 손해**'를 예방할 필요성에 관하여 규정하고 있다. 17국회8

89 **공공복리에 중대한 영향을 미칠 우려**가 있을 때에는 행정심판법 및 행정소송법상의 **집행정지**가 모두 허용되지 **아니**한다. 17국회8

90 행정심판위원회는 당사자의 **신청** 또는 **직권**에 의하여 **집행정지결정**을 할 수 있다. 13국회9
Ⓒ

91 (행정심판법 및 행정소송법상의 집행정지와 관련하여) **행정심판법**은 위원회의 심리·결정을 갈음하는 **위원장**의 **직권결정**에 관한 규정을 두고 **있는** 반면, **행정소송법**은 법원의 결정에 갈음하는 **재판장**의 **직권결정**에 관한 규정을 두고 있지 **아니**하다. 17국회8

92 행정심판위원회는 **집행정지** 또는 **집행정지의 취소**에 관하여 심리·결정한 때에는 지체 없이 **결정서를 당사자에게 송달**하여야 한다. 08국가7(변형)

93 효력기간이 정해져 있는 **제재처분**에 대하여 **법원이** 판결 선고 시까지 **집행정지결정**을 하면, 그 효력기간은 판결 선고 시까지 진행되지 않다가 판결이 선고되면 그 때부터 다시 효력기간이 진행한다. 이러한 **법리는** 행정심판위원회가 행정심판법에 따라 하는 **집행정지 결정**에도 그대로 적용된다. 따라서 행정심판위원회가 행정심판 청구 사건의 **재결이 있을 때까지** 처분의 **집행을 정지**한다고 결정한 경우에는, **재결서 정본이 청구인에게 송달된 때** 재결의 효력이 발생하므로 그때 **집행정지결정의 효력이 소멸**함과 동시에 **처분의 효력이 부활**한다. 미기출

94 **행정소송법**은 **집행정지결정에** 대한 **즉시항고**에 관하여 규정하고 **있는** 반면, **행정심판법**에는 집행정지결정에 대한 **즉시항고**에 관하여 규정하고 있지 **아니**하다. 17국회8

95 (행정소송법상 가구제와 관련하여) **행정심판법**에서 **인정**되는 **임시처분**제도가 **행정소송법**에는 **없다**. 19행정사
Ⓑ

96 **집행정지로 목적을 달성**할 수 있는 **경우에는 임시처분**이 허용되지 **아니**한다. 〈O〉 22국회8
Ⓑ

96 당사자의 임시지위를 정하여야 할 필요성이 인정된다면, **집행정지로 목적을 달성**할 수 있는 **경우에도 임시처분**은 선택적으로 사용될 수 **있다**. 22국회8
Ⓑ

97 행정심판위원회가 **임시처분결정**을 하기 위해서 행정**심판청구의 계속**이 **요구**된다. 22국회8

98 행정심판위원회는 심판청구된 행정청의 부작위가 위법·부당하다고 상당히 의심되는 경우로서 당사자가 받을 우려가 있는 중대한 불이익이나 당사자에게 생길 급박한 위험을 막기 위하여 **임시지위를 정할 필요**가 있는 경우 직권 또는 당사자의 신청에 의하여 **임시처분**을 결정할 수 **있다**. 18국가7
Ⓑ

99 **임시처분**결정절차에는 **집행정지**결정의 절차에 관한 규정이 **준용**된다. 22국회8

100 행정심판위원회의 **임시처분** 결정은 **직권**으로 또는 당사자의 신청에 의하여 할 수 **있다**. 〈O〉 21국회8
Ⓒ

100 행정심판위원회의 **임시처분** 결정은 당사자의 신청이 있어야 하며 **직권**으로 할 수는 **없다**. 21국회8
Ⓒ

101 행정심판위원회는 **임시처분을 결정한** 후에 임시처분이 **공공복리에 중대한 영향**을 미치는 경우에는 **직권**으로 또는 당사자의 **신청**에 의하여 이 결정을 **취소할 수** 있다. 19지방9
Ⓒ

102 행정심판위원회는 심판청구서에 타인을 **비방**하거나 **모욕**하는 내용 등이 기재되어 청구 내용을 **특정할 수 없고** 그 흠을 **보정할 수도 없**다고 인정되는 **경우라면** 보정기회를 부여하지 **않고** 심판청구를 **각하할 수** 있다. 〈O〉 미기출

102 행정심판위원회는 심판청구서에 타인을 **비방**하거나 **모욕**하는 내용 등이 기재되어 청구 내용을 **특정할 수 없고** 그 흠을 **보정할 수도 없**다고 인정되는 **경우라도** 청구인의 방어권 보장을 위해 **보정기회를 부여하여야** 한다. 미기출

103 행정심판의 심리에는 당사자의 **처분권주의**가 **원칙적**으로 적용된다. 〈O〉 13지방7

103 행정심판의 심리는 원칙적으로 행정심판위원회가 주도하며, 당사자의 **처분권주의는 예외적**으로 인정된다. 13지방7

104 행정심판위원회는 필요하면 당사자가 **주장하지 아니한 사실**에 대하여도 **심리**할 수 **있다**. 〈O〉 16지방9
Ⓑ

104 행정심판위원회는 당사자가 **주장하지 아니한 사실**에 대하여 **심리할 수 없다**. 16지방9
Ⓑ

105 행정심판의 심리는 **구술심리**나 **서면심리**로 한다. 다만, 당사자가 구술심리를 신청한 경우에는 서면심리만으로 결정할 수 있다고 인정되는 경우 외에는 **구술심리**를 하여야 한다. 〈O〉 13지방7
✚ 행정심판법은 구술심리와 서면심리를 동등하게 규정하고 있기에 구술심리를 원칙으로 한다는 부분이 틀렸다. 신청이 있는 때에 서면심리로 할 것으로 규정하고 있지도 않다.

105 행정심판법은 **구술심리**를 원칙으로 하며, 당사자의 **신청이 있는 때**에는 **서면심리**로 할 것을 규정하고 있다. 13지방7

106 당사자가 **구술심리를 신청해도** 원칙적으로 구술심리를 하여야 하나, 서면심리만으로 결정할 수 있다고 인정되는 경우에는 **서면심리**를 할 수 **있다**. 08(상)지방9

107 행정심판법은 서면심리도 심리의 원칙으로 규정하고 있는 바 **공개심리주의**를 **채택**했다고 볼 수 **없다**. 13지방7

108 심판청구에 대하여 의결이 있을 때까지 **서면으로** 심판청구를 **취하할 수** 있다. 24소간(변형)

109 요건심리의 결과 **심판청구의 제기요건**을 갖추고 있지 **못한 것**으로 판단되는 경우에는 **각하재결**을 한다. 09지방9

110 행정심판에 있어서 행정처분의 위법·부당 여부는 원칙적으로 **처분시**를 **기준으로** 판단하여야 할 것이나, **재결 당시**까지 제출된 **모든 자료**를 종합하여 처분 당시 존재하였던 객관적 사실을 확정하고 그 사실에 기초하여 처분의 위법·부당 여부를 판단할 수 있다. 15지방9

111 행정심판위원회는 당사자의 권리 및 권한의 범위에서 **당사자의 동의를 받아** 심판청구의 신속하고 공정한 해결을 위하여 **조정을 할 수** 있지만, 그 조정이 **공공복리**에 적합하지 아니하거나 해당 **처분의 성질에 반**하는 경우에는 그러하지 **아니**하다. 21국회8
  ➕ 행정심판법상 조정은 당사자의 동의를 받은 경우에 인정된다. 직권으로 조정을 할 수 있다는 부분이 틀렸다.

112 위원회는 당사자의 권리 및 권한의 범위에서 **당사자의 동의**를 받아 심판청구의 신속하고 공정한 해결을 위하여 **조정을 할 수** 있고, 조정은 당사자가 합의한 사항을 조정서에 기재한 후 **당사자**가 **서명 또는 날인**하고 **위원회가** 이를 **확인**함으로써 성립하며, 성립한 조정에는 「행정심판법」 제50조(위원회의 **직접처분**)의 규정을 **준용**한다. 24국회8

113 조정은 당사자가 합의한 사항을 **조정서에** 기재한 후 당사자가 **서명 또는 날인**하고 **위원회가 이를 확인**함으로써 **완성**된다. 20지방7

114 행정심판위원회는 **무효확인심판**의 청구가 **이유가 있더라도** 이를 인용하는 것이 공공복리에 크게 위배된다고 인정하면 그 청구를 **기각하는 사정재결**을 할 수 **없다**. 18국회8

115 행정심판위원회는 취소심판**청구가 이유 있다**고 인정하**는 경우에도** 이를 인용하는 것이 **공공복리**에 크게 **위배**된다고 인정하면 그 심판청구를 **기각**하는 **재결**을 할 수 있다. 17(하)국가9

116 **거부**에 대한 **의무이행심판**에는 **사정재결** 규정이 적용**된다**. 19서울(변형)7

117 행정청의 **부작위**에 대한 **의무이행심판**은 심판청구기간규정의 적용을 받지 않으나, **사정재결은 인정**된다. 21지방9

118 **사정재결**을 할 경우 당해 처분 또는 부작위가 **위법**하거나 **부당**하다는 것은 재결의 **주문에서** 구체적으로 밝혀야 한다. 12교행9

119 **사정재결**을 함에 있어서 **위원회는** 청구인에 대하여 상당한 **구제방법을 취하거나** 상당한 구제방법을 취할 것을 피청구인에게 명할 수 있다. 08국회8
  ➕ 사정판결의 경우, 법원은 사정판결로 인해 원고가 입게 될 손해에 대해 조사하고, 원고는 구제방법의 청구를 취소소송에 병합하여 제기할 수 있을 뿐이다. 지문은 사정'재결'에 관한 것인데 사정'판결'의 내용으로 서술되었기에 틀렸다.

120 **재결**은 행정심판법 제23조에 따라 피청구인 또는 위원회가 심판청구서를 받은 날부터 **(60)일 이내**에 하여야 한다. 다만, 부득이한 사정이 있는 경우에는 위원장이 직권으로 **(30)일을 연장**할 수 있다. 16(2)경행

121 재결은 **서면으로** 하며 재결서에 적는 **이유**에는 주문 내용이 정당하다는 것을 인정할 수 있는 정도의 판단을 **표시하여야** 한다. 19국회8

122 (**행정심판에는**) **불고불리**의 원칙이 **적용**된다. 09지방7

---

106 당사자가 **구술심리를 신청하면** 당사자주의에 의하여 구술심리를 하여야 하고 **서면심리를 할 수는 없다**. 08(상)지방9

107 행정심판법은 원칙적으로 **공개심리주의**를 **채택**하고 있다. 13지방7

108 심판청구에 대하여 **구두로** 심판청구를 **취하할 수** 있다. 24소간(변형)

109 요건심리의 결과 **심판청구의 제기요건**을 갖추고 있지 **못한 것**으로 판단되는 경우에는 **기각**재결을 한다. 09지방9

111 행정심판위원회는 당사자의 권리 및 권한의 범위에서 **직권으로** 심판청구의 신속하고 공정한 해결을 위하여 **조정을 할 수** 있지만, 그 조정이 **공공복리**에 적합하지 아니하거나 해당 **처분의 성질에 반**하는 경우에는 그러하지 **아니**하다. 21국회8

113 조정은 당사자가 합의한 사항을 **조정서에** 기재한 후 당사자가 **서명 또는 날인**함으로써 **완성**된다. 20지방7

114 행정심판위원회는 **무효확인심판**의 청구가 **이유가 있더라도** 이를 인용하는 것이 공공복리에 크게 위배된다고 인정하면 그 청구를 **기각하는 재결**을 할 수 **있다**. 18국회8

116 **거부**에 대한 **의무이행심판**에는 청구기간의 제한과 **사정재결** 규정이 적용되지 **않는다**. 19서울(변형)7

117 행정청의 **부작위**에 대한 **의무이행심판**은 심판청구기간 규정의 적용을 받지 않고, **사정재결**이 인정되지 **아니한다**. 21지방9

118 **사정재결**을 할 경우 당해 처분 또는 부작위가 **위법**하거나 **부당**하다는 것은 재결의 **이유에서** 밝히면 충분하다. 12교행9

119 **사정판결**을 함에 있어서 **법원은** 원고에 대하여 상당한 **구제방법을 취하거나** 피고행정청에 상당한 구제 방법을 취할 것을 **명하여야 한다**. 08국회8

123 행정심판과 행정소송은 양자는 행정권에 대한 국민의 권리구제 기능을 한다는 점에서는 공통된다. 또한 양자에 모두 불고불리의 원칙이 적용된다. 따라서 행정소송에서 당사자가 청구한 범위 내에서만 심리·판단하듯이, 행정심판에서도 심판청구의 대상이 되는 처분 또는 부작위 외의 사항에 대하여는 재결할 수 없다. 〔을〕 15서울9

123 (행정심판과 행정소송은) 양자는 행정권에 대한 국민의 권리구제 기능을 한다는 점에서는 공통되지만, 행정소송이 제3자 기관인 법원에 의해 심판되므로 당사자가 청구한 범위 내에서만 심리·판단하는 데 대하여, 행정심판은 행정조직 내에서 자기통제 기능을 겸하기 때문에 심판청구의 대상이 되는 처분 또는 부작위 외의 사항에 대하여도 재결할 수 있다. 15서울9

124 행정심판에도 행정소송처럼 불이익변경금지원칙이 적용된다. 따라서 행정의 자기통제절차라는 이유를 들어 심판청구의 대상이 되는 처분보다 청구인에게 불리한 재결을 하는 것이 허용되는 것은 아니다. 〔을〕 13지방9

124 행정심판은 행정의 자기통제절차이므로 심판청구의 대상이 되는 처분보다 청구인에게 불리한 재결을 하는 것도 가능하다. 13지방9

125 행정심판위원회는 지체 없이 당사자에게 재결서의 정본을 송달하여야 하며, 참가인에게는 재결서의 등본을 지체없이 송달하여야 한다. 〔을〕 11지방9
➕ 행정심판위원회가 직접 당사자(청구인, 행정청) 및 참가인 모두에게 재결서를 송달한다. 단, 당사자에게는 정본을 참가인에게는 등본을 송달할 뿐이다. 지문의 경우 위원회는 행정청에게만 재결서를 송달하고, 이를 받은 행정청이 청구인과 참가인에게 송달한다고 했기에 틀린 것이다. 청구인에게 등본이 송달된다는 부분도 틀렸다.

125 행정심판위원회로부터 재결서의 정본을 송달받은 행정청은 청구인 및 참가인에게 재결서의 등본을 송달하여야 한다. 11지방9

126 처분의 상대방이 아닌 제3자가 심판청구를 한 경우 위원회는 재결서의 등본을 지체없이 피청구인을 거쳐 처분의 상대방에게 송달하여야 한다. 19국회8

127 (甲은 단란주점영업을 하던 중 관할 행정청으로부터 「식품위생법」 위반을 이유로 1개월의 영업정지처분을 받게 되었다. 이에 甲이 관할 행정청을 피청구인으로 하여 취소심판을 제기하였다.) 행정심판위원회가 1개월의 영업정지처분 취소재결을 내린 경우, 관할 행정청은 취소재결 취소소송을 제기할 수 없다. 〔을〕 24소간
➕ 행정청은 인용재결에 기속되므로 취소재결에 불복하여 소송을 제기할 수 없다.

127 (甲은 단란주점영업을 하던 중 관할 행정청으로부터 「식품위생법」 위반을 이유로 1개월의 영업정지처분을 받게 되었다. 이에 甲이 관할 행정청을 피청구인으로 하여 취소심판을 제기하였다.) 행정심판위원회가 1개월의 영업정지처분 취소재결을 내린 경우, 관할 행정청은 취소재결 취소소송을 제기할 수 있다. 24소간

128 위원회가 사립학교 교원의 심사청구를 인용하거나 원 징계처분을 변경하는 결정을 한 때에는 징계권자는 이에 불복하여 법원에 행정소송을 제기할 수는 있다. 〔을〕 22변시
➕ 반면, 원 징계처분이 국·공립학교 교원에 대한 것이면 처분청은 불복할 수 없다.

128 위원회가 사립학교 교원의 심사청구를 인용하거나 원 징계처분을 변경하는 결정을 한 때에는 징계권자는 이에 기속되고 위원회의 결정에 불복할 수 없다. 22변시

129 피청구인 또는 행정심판위원회는 전자정보처리조직을 통하여 행정심판을 청구하거나 심판참가를 한 자가 동의한 경우에 전자정보처리조직과 그와 연계된 정보통신망을 이용하여 재결서나 「행정심판법」에 따른 각종 서류를 청구인 또는 참가인에게 송달할 수 있다. 23지방7

130 행정심판위원회는 재결을 한 후 증거서류 등의 반환 신청을 받으면 청구인이 제출한 문서·장부·물건이나 그 밖의 증거자료의 원본을 지체 없이 제출자에게 반환하여야 한다. 12지방7

131 「행정심판법」에 따른 서류의 송달에 관하여는 「민사소송법」 중 송달에 관한 규정을 준용한다. 〔을〕 19국가9

131 「행정심판법」에 따른 서류의 송달에 관하여는 「행정절차법」 중 송달에 관한 규정을 준용한다. 19국가9

132 행정심판 재결의 기속력은 인용재결에서만 인정되는 효력이다. 18서울9

132 행정심판 재결의 기속력은 인용재결뿐만 아니라 각하재결과 기각재결에도 인정되는 효력이다. 18서울9

133 행정심판위원회의 기각재결이 있은 후에도 행정청은 원처분을 직권으로 취소할 수 있다. 기각재결에는 기속력이 인정되지 않기 때문이다. 〔을〕 22지방9

133 행정심판위원회의 기각재결이 있은 후에는 행정청은 원처분을 직권으로 취소할 수 없다. 22지방9

134 재결의 기속력에는 반복금지효와 원상회복의무가 포함된다. 21군무원9

135 심판청구를 인용하는 재결은 피청구인과 그 밖의 관계 행정청을 기속한다. 그러나 청구인에게는 기속력이 미치지 않는다. 〔을〕 19국회8

135 심판청구를 인용하는 재결은 청구인과 피청구인, 그 밖의 관계 행정청을 기속한다. 19국회8

136 기속력은 재결의 주문 및 이유 중 주문의 전제가 된 요건사실에 미치므로, 처분 등의 구체적 위법사유에 관한 판단에도 미친다 〔을〕 21지방9

136 기속력은 재결의 주문에만 미치고, 처분 등의 구체적 위법사유에 관한 판단에는 미치지 않는다. 21지방9

137 재결의 기속력은 재결의 주문 및 그 전제가 된 요건 사실의 인정과 판단, 즉 처분 등의 구체적 위법사유에 관한 판단에만 미친다. 15지방9

138 처분의 절차적 위법사유로 인용재결이 있었으나 행정청이 절차적 위법사유를 시정한 후 행정청이 종전과 같은 처분을 하는 것은 재결의 기속력에 반하지 아니한다. 〔을〕 17사복9

138 판례에 따르면, 처분의 절차적 위법사유로 인용재결이 있었으나 행정청이 절차적 위법사유를 시정한 후 행정청이 종전과 같은 처분을 하는 것은 재결의 기속력에 반한다. 17사복9

139 재결의 기속력은 재결의 주문 및 그 전제가 된 요건사실의 인정과 판단에 미치므로, 종전 처분이 재결에 의하여 취소되면 종전 처분시와는 **다른 사유**를 들어서 처분을 하는 것은 **기속력에 저촉**되지 **아니한다**. (2003두7705) ⓐ 09국회8

140 당해 처분에 관하여 **위법**한 것으로 재결에서 **판단된 사유**와 기본적 사실관계에 있어 **동일성**이 인정되는 **사유**를 내세워 **다시 동일**한 내용의 **처분**을 하는 것은 허용되지 **않는다**. 23군무원9

141 양도소득세부과처분에 대한 불복심사청구에서 이유있다고 인정 되어 취소되었음에도 처분청이 **동일한 사실에 관하여 부과처분을 되풀이**한다면 설령 그 부과처분이 **감사원의 시정요구에 의한 것**이라 하더라도 위법하다. 12국회8

142 교원소청심사위원회의 결정은 처분청에 대하여 **기속력**을 가지고 이는 그 결정의 **주문**에 포함된 사항뿐 아니라 처분 등의 **구체적 위법사유**에 관한 **판단**에까지 **미친다**. 24국가9

143 교원소청심사위원회의 결정은 **학교법인**에 대하여 **기속력**을 가지고, 이러한 기속력은 그 결정의 **주문**에 포함된 사항뿐 아니라 그 전제가 된 요건사실의 인정과 불리한 처분 등의 **구체적 위법사유**에 관한 **판단**에까지 **미친다**. ⓐ 24지방9

144 불리한 처분을 받은 사립학교 교원 갑의 소청심사청구에 대하여 **교원소청심사위원회**가 그 **사유** 자체가 인정되지 않는다는 이유로 **처분을 취소**하는 결정을 하고 이에 대하여 을 학교 법인이 제기한 행정소송 절차에서 심리한 결과 처분사유 중 **일부 사유는 인정**된다고 판단되는 경우 법원은 **교원소청심사위원회의 결정을 취소하여야** 한다. 19국회8

145 재결에 의하여 취소되거나 무효 또는 부존재로 확인**되는 처분**이 당사자의 **신청을 거부**하는 것을 내용으로 하는 경우에는 그 처분을 한 **행정청**은 재결의 취지에 따라 **다시** 이전의 신청에 대한 **처분을 하여야** 한다. 21지방9
➕ 거부처분에 대한 인용재결 시의 재처분의무에 대한 규정이다.

146 당사자의 신청을 거부하거나 부작위로 방치한 처분의 **이행을 명하는 재결**이 있으면 행정청은 지체 없이 이전의 신청에 대하여 **재결의 취지에 따라 처분을 하여야** 한다. 17사복9

147 신청에 따른 처분이 절차의 위법 또는 부당을 이유로 **재결로써 취소**된 경우 적법한 **절차에 따라** 신청에 따른 처분을 하거나 신청을 기각하는 **처분을 하여야** 한다. 18소간
➕ 신청에 따른 처분에 대한 취소재결 시의 재처분의무는 절차적 하자로 취소된 경우에 한하여 인정된다. 반면, 거부처분에 대한 취소재결 시의 재처분의무는 절차적 하자로 취소된 경우는 물론, 실체적 하자로 취소된 경우에도 인정된다.

148 거부처분취소재결이 있는 경우에는 행정청은 그 재결의 취지에 따라 이전의 신청에 대한 처분을 하여야 하는 것이므로 행정청이 그 **재결의 취지에 따른 처분을 하지 아니하고** 그 처분과는 양립할 수 없는 **다른 처분**을 하는 것은 재결의 **기속력에 반하여 위법**하다. 17서울9

149 당사자의 신청을 받아들이지 않은 **거부처분**이 재결에서 **취소**된 경우, 그 재결의 취지에 따라 이전의 신청에 대하여 다시 어떠한 처분을 하여야 할지는 처분을 할 때의 법령과 사실을 기준으로 판단하여야 하므로, 행정청은 종전 거부처분 또는 재결 후에 발생한 새로운 사유를 내세워 **다시 거부처분을 할 수 있다**. 19국가7

150 간접강제는 청구인의 신청에 의해서만 인정된다. 즉, 행정심판 인용재결에 따른 행정청의 **재처분 의무**에도 불구하고 행정청이 인용재결에 따른 처분을 **하지 아니하는 경우**에, 행정심판위원회는 청구인의 **신청에 의하여** 결정으로 일정한 **배상**을 하도록 **명할 수 있다**. ⓐ 21지방9

151 행정심판위원회는 **재처분의무**가 있는 피청구인이 재처분의무를 이행**하지 아니하면 지연기간에 따라** 일정한 배상을 하도록 명할 **수도 있고**, 즉시 배상을 할 것을 명할 수도 있다. ⓐ 18(2)서울7

152 행정심판위원회는 피청구인이 **의무이행재결의 취지에 따른 처분을 하지 아니하면** 청구인의 **신청에 의하여** 결정으로 상당한 기간을 정하고 피청구인이 그 기간 내에 이행하지 아니하는 경우에는 그 **지연기간에 따라** 일정한 배상을 하도록 명하거나 **즉시 배상**을 할 것을 명할 수 있다. 18국가7

---

139 재결의 기속력은 재결의 주문 및 그 전제가 된 요건사실의 인정과 판단에 미치므로, 종전 처분이 재결에 의하여 취소되면 종전 처분시와는 **다른 사유**를 들어서 처분을 하는 것은 **기속력에 저촉**된다. 09국회8

143 교원소청심사위원회의 결정은 **학교법인**에 대하여 **기속력**을 가지지만 기속력은 그 결정의 주문에 포함된 사항에 미치는 것**이지** 그 전제가 된 요건사실의 인정과 불리한 처분 등의 **구체적 위법사유에 관한 판단**에까지 미치는 것은 **아니다**. 24지방9

150 행정심판 인용재결에 따른 행정청의 **재처분 의무**에도 불구하고 행정청이 인용재결에 따른 처분을 **하지 아니하는 경우**에, 행정심판위원회는 청구인의 **신청이 없어도** 결정으로 일정한 **배상**을 하도록 **명할 수 있다**. 21지방9

151 행정심판위원회는 재처분의무가 있는 피청구인이 **재처분의무를 이행하지 아니하면** 지연기간에 따라 일정한 배상을 하도록 명할 **수는 있으나** 즉시 배상을 할 것을 명할 **수는 없다**. 18(2)서울7

153 행정심판위원회는 사정의 변경이 있는 경우에는 당사자의 신청에 의하여 간접강제결정의 내용을 변경할 수 있으며, 변경결정을 하기 전에 신청 상대방의 의견을 들어야 한다. 22국회8

154 행정심판청구인은 행정심판위원회의 간접강제 결정에 불복하는 경우 그 결정에 대하여 행정소송을 제기할 수 있다. 율 18(2)서울7

154 행정심판청구인은 행정심판위원회의 간접강제 결정에 불복하는 경우 그 결정에 대하여 행정소송을 제기할 수 없다. 18(2)서울7

155 인용재결의 기속력은 피청구인과 그 밖의 관계 행정청에 미치고, 행정심판위원회의 간접강제 결정의 효력은 피청구인인 행정청이 소속된 국가·지방자치단체 또는 공공단체에 미친다. 21국가7

156 간접강제의 결정서 정본은 「민사집행법」에 따른 강제집행에 관하여는 집행권원과 같은 효력을 가진다. 이러한 효력은 청구인이 해당 결정에 불복하는 소송을 제기하였는지와 관계없이 인정된다. 율 22국회8

156 간접강제의 결정서 정본은 「민사집행법」에 따른 강제집행에 관하여는 집행권원과 같은 효력을 가진다. 다만, 청구인이 해당 결정에 불복하는 소송을 제기한 경우에는 이러한 효력이 인정될 수 없다. 22국회8

157 행정심판에서 행정심판위원회는 행정청의 부작위가 위법·부당하다고 판단되면 직접처분을 할 수 있다. 그러나 행정소송에서는 행정청의 부작위가 위법하더라도 직접처분이 인정되지 않는다. 부작위의 위법을 확인하는 것만 가능할 뿐이다. 율 18국가9

157 행정심판에서 행정심판위원회는 행정청의 부작위가 위법·부당하다고 판단되면 직접처분을 할 수 있으나 행정소송에서 법원은 행정청의 부작위가 위법한 경우에만 직접처분을 할 수 있다. 18국가9

158 직접처분은 당사자의 신청을 거부하거나 부작위로 방치한 처분의 이행을 명하는 재결, 즉, 처분명령재결에서만 인정된다. 따라서 거부처분에 대해 취소재결을 받은 경우에는 직접 처분이 있을 수 없다. 율 18지방7

158 행정심판위원회는 피청구인이 거부처분의 취소재결에도 불구하고 처분을 하지 아니하는 경우에는 당사자가 신청하면 기간을 정하여 서면으로 시정을 명하고, 그 기간에 이행하지 아니하면 직접 처분을 할 수 있다. 18지방7

159 정보공개명령재결은 그 성질상 행정심판위원회에 의한 직접처분의 대상이 되지 않는다. 21국가7

159 정보공개명령재결은 행정심판위원회에 의한 직접 처분의 대상이 된다. 21국가7

160 행정심판위원회는 처분의 이행을 명하는 재결에도 불구하고 피청구인이 처분을 하지 않는 경우에는 당사자가 신청하면 기간을 정하여 서면으로 시정을 명하고 그 기간에도 이행하지 않으면 직접 처분을 할 수 있다. 율 13국회9
  ⊕ 당사자가 신청한 경우에만 시정명령 및 직접 처분에 돌입할 수 있다. 직권으로는 안 된다.

160 행정심판위원회는 처분의 이행을 명하는 재결에도 불구하고 피청구인이 처분을 하지 않는 경우에는 당사자의 신청 또는 직권으로 기간을 정하여 서면으로 시정을 명하고 그 기간에도 이행하지 않으면 직접 처분을 할 수 있다. 13국회9

161 행정심판위원회는 직접 처분을 하였을 때에는 그 사실을 해당 행정청에 통보하여야 하며, 그 통보를 받은 행정청은 행정심판위원회가 한 처분을 자기가 한 처분으로 보아 관계 법령에 따라 관리·감독 등 필요한 조치를 하여야 한다. 14지방9

162 법령의 규정에 따라 공고하거나 고시한 처분이 재결로써 취소되거나 변경되면 처분을 한 행정청은 지체없이 그 처분이 취소 또는 변경되었다는 것을 공고하거나 고시하여야 한다. 20지방7

163 행정심판의 재결에는 확정판결과 같은 기판력은 없다. 따라서 재결이 확정되더라도 그 처분의 기초가 된 사실관계나 법률적 판단이 확정되는 것은 아니므로 이후 당사자 및 법원은 이에 모순되는 주장이나 판단을 할 수 있다.(2013다6759) 율 18국가9

163 행정심판의 재결이 확정되면 피청구인인 행정청을 기속하는 효력이 있고 그 처분의 기초가 된 사실관계나 법률적 판단이 확정되므로 이후 당사자 및 법원은 이에 모순되는 주장이나 판단을 할 수 없다. 18국가9

164 행정심판위원회가 처분을 취소하거나 변경하는 재결을 하면, 그 자체의 형성력에 의하여 당해 처분은 처분시로 소급하여 소멸되거나 변경된다. 행정청의 별도의 취소 또는 변경하는 처분을 통하여 소멸·변경되는 것이 아니다. 율 17서울9

164 행정심판위원회가 처분을 취소하거나 변경하는 재결을 하면, 행정청은 재결의 기속력에 따라 처분을 취소 또는 변경하는 처분을 하여야 하고, 이를 통하여 당해 처분은 처분시에 소급하여 소멸되거나 변경된다. 17서울9

165 재결의 효력으로서 행정청에 대한 불가변력이 인정되고, 불가쟁력 역시 인정된다. 율 08(상)지방9

165 재결의 효력으로서 행정청에 대한 불가변력이 인정되나, 불가쟁력은 인정되지 않는다. 08(상)지방9

166 심판청구에 대한 재결이 있으면 그 재결 및 같은 처분 또는 부작위에 대하여 다시 행정심판을 청구할 수 없다. 따라서 시·도 행정심판위원회의 기각재결이 내려진 경우 청구인은 중앙행정심판위원회에 그 재결에 대하여 다시 행정심판을 청구할 수 없다. 율 16지방9

166 시·도 행정심판위원회의 기각재결이 내려진 경우 청구인은 중앙행정심판위원회에 그 재결에 대하여 다시 행정심판을 청구할 수 있다. 16지방9

167 심판청구에 대한 재결이 있으면 그 재결 및 같은 처분 또는 부작위에 대하여 다시 행정심판을 청구할 수 없다. 따라서 행정심판의 재결에 대해서는 재결 자체에 고유한 위법이 있음을 이유로 하는 경우에도 다시 행정심판을 청구할 수 없다. 율 16국가9
  ⊕ 재결 고유의 위법이 있다면, 재결에 대한 항고'소송'은 가능하다. 그러나 재결에 대해 다시 행정'심판'을 하는 것은 불가하다.

167 행정심판의 재결에 대해서는 재결 자체에 고유한 위법이 있음을 이유로 하는 경우에 한하여 다시 행정심판을 청구할 수 있다. 16국가9

테마별 N지 모음

N1 아래 사례들에 있어서 행정심판청구에 관한 다음 설명 중 옳지 않은 것은?

10국회8 ③

> (가) 서울특별시 A구청장은 甲에게 OO처분의 통지서를 등기우편으로 발송하였고, 부재시 **등기우편물을 수령하여 甲에게 전달해 온 주거지 아파트 경비원**이 2010년 **2월 8일**에 이를 **수령**하였다. 그런데 당시 甲은 미국에 있는 자신의 아들 집에 가 있는 상태였고, 甲의 주거지에는 그동안 아무도 살지 아니하였다. 이에 아파트 경비원은 甲이 집으로 돌아온 같은 해 **2월 16일**에 위 등기우편물을 **甲에게 전달**하였고, 甲은 같은 해 **5월 11일**에 행정**심판을 청구**하였다.
>
> (나) 乙은 2009년 8월 11일에 B시장으로부터 **건축허가**를 받았다. 乙에 이웃하여 주택을 가지고 있는 **丙은** 그동안 미국에 머무르다가 같은 해 **12월 3일** 돌아와 이러한 사실을 **알게** 되었다. 丙은 乙에 대한 건축허가로 자신의 일조권·환경권이 침해된다고 보아 2010년 **2월 18일**에 乙에 대한 건축허가의 취소를 구하는 **행정심판**을 청구하였다.

> 행정심판법 제27조 [심판청구의 기간] ① 행정심판은 처분이 있음을 **알게 된 날**부터 **90일** 이내에 청구하여야 한다.
> ③ 행정심판은 처분이 **있었던 날**부터 **180일**이 지나면 청구하지 못한다. 다만, 정당한 사유가 있는 경우에는 그러하지 아니하다.

① 제1항과 제3항의 기간 **중 어느 하나가 경과**되면 행정심판을 **청구**할 수 **없게** 된다.
② (가)의 경우, 부재시 등기**우편물을 수령**하여 **전달해 온** 주거지 아파트 **경비원은 수령권한을 위임받은 것**으로 볼 수 있으므로, 경비원이 처분서를 수령하였다면 **적법한 송달**이 있는 것으로 보게 된다.
③ (가)의 경우, **경비원**이 **처분서를 수령한** 날인 2010년 **2월 8일부터** 제1항의 심판청구기간이 **진행**되므로, 甲이 제기한 행정심판은 제1항의 심판청구 **기간이 경과**된 뒤에 제기된 것이다.
④ (나)의 경우, 乙에 대한 건축허가처분이 있은 날인 2009년 8월 11일부터 제3항의 심판청구 기간이 진행되므로, 丙이 제기한 행정심판은 **제3항 본문**의 심판청구**기간이 경과**된 뒤에 제기된 것이다.
⑤ (나)와 관련하여, 행정처분의 직접상대방이 아닌 **제3자는** 특별한 사정이 없는 한 제3항 본문의 적용을 배제할 **정당한 사유**가 있는 경우에 해당한다고 보아 **제3항의 청구기간이 경과한 뒤에도 심판청구를 제기할 수 있다**고 함이 대법원 판례의 태도이다.

[해설] ③ (가)의 경우, **甲이** 집에 돌아와 **우편물을 전달받은** 날인 2010년 **2월 16일부터** 제1항의 심판청구기간이 진행되므로, 甲이 제기한 행정심판은 제1항의 심판청구**기간 내**에 제기된 것이다.

➕ 경비원에게는 수령권한 있으므로 그가 송달받은 2월 8일은 처분이 있은 날이 된다(제3항의 기산점). 그러나 제1항의 기산점인 처분이 있음을 "안 날"은 갑이 처분이 있음을 현실적으로 알게 된 날인 2월 16일이 된다.

N2 「행정심판법」에 따른 행정심판기관이 아닌 특별행정심판기관에 의하여 처리되는 **특별행정심판**에 해당하는 것만을 모두 고르면? (다툼이 있는 경우 판례에 의함)

22국가7 ②

> ㄱ. 「국세기본법」상 **조세심판**
> ㄴ. 「도로교통법」상 행정심판
> ㄷ. 「국가공무원법」상 **소청심사**
> ㄹ. 「공익사업을 위한 토지 등의 취득 및 보상에 관한 법률」상 **토지수용재결에 대한 이의신청**

① ㄱ, ㄴ ② ㄱ, ㄷ, ㄹ ③ ㄱ, ㄷ, ㄹ ④ ㄱ, ㄴ, ㄷ, ㄹ

테마별 N지 모음

N3 ⓐ 「행정심판법」상 행정심판위원회가 취소심판의 청구가 이유가 있다고 인정하는 경우에 행할 수 있는 재결에 해당하지 않는 것은? 21국가9 ②

① 처분을 취소하는 재결
② 처분을 할 것을 명하는 재결
③ 처분을 다른 처분으로 변경하는 재결
④ 처분을 다른 처분으로 변경할 것을 명하는 재결

[해설] ② 처분을 명하는 재결은 의무이행심판에서 인정되는 것이다.

N4 ⓒ 「행정심판법」상 중앙행정심판위원회에만 인정되는 고유한 권한인 것은? 20국회8 ②

① 심리·재결권
② 불합리한 법령 등의 개선을 위한 시정조치요청권
③ 청구인지위의 승계허가권
④ 대리인 선임허가권
⑤ 피청구인경정결정권

N5 다음 사례에 대한 설명으로 옳은 것은? 23지방9 ③

> 식품접객업을 하는 甲은 청소년의 연령을 확인하지 않고 주류를 판매한 사실이 적발되어 관할 행정청 乙로부터 식품위생법 위반을 이유로 영업정지 2개월을 부과받자 관할 행정심판위원회 丙에 행정심판을 청구하였다.

① 丙은 영업정지 2개월에 갈음하여 식품위생법 소정의 과징금으로 변경할 수 없다.
② 甲이 丙의 기각재결을 받은 후 재결 자체에 고유한 하자가 있음을 주장하며 그 기각재결에 대하여 취소소송을 제기한 경우, 수소법원은 심리 결과 재결 자체에 고유한 위법이 없다면 각하판결을 하여야 한다.
③ 丙이 영업정지처분을 취소하는 재결을 할 경우, 乙은 이 인용재결의 취소를 구하는 행정소송을 제기할 수 없다.
④ 丙은 행정심판의 심리과정에서 甲의 식품위생법 상의 또 다른 위반 사실을 인지한 경우, 乙의 2개월 영업정지와는 별도로 1개월 영업정지를 추가하여 부과하는 재결을 할 수 있다.

[해설] ① 행정심판에서는 처분을 질적으로 변경하는 적극 변경이 가능하다. 따라서 영업정지처분을 과징금처분으로 변경하는 재결도 할 수 있다.
② 재결 고유의 위법이 없음에도 불구하고 재결 취소소송을 제기한 경우 기각판결을 한다는 것이 판례의 태도이다.
③ 인용재결의 기속력으로 인해 처분청은 인용재결에 불복하여 소송을 제기할 수 없다. 반면, 청구인은 기각재결이나 각하재결에 불복해 소송을 제기할 수 있다.
④ 불이익금지의 원칙상 당초 처분보다 불이익한 내용의 재결은 할 수 없다.

N6 행정심판의 재결의 효력과 관련하여 행정심판법이 명문의 규정을 두고 있는 것은? 13서울9 ④

① 불가변력
② 확정력
③ 공정력
④ 기속력
⑤ 기판력

THEME 69 행정심판(2) - 이의신청·재심사청구 등

○ 지문 | ✕ 지문

01 개별법상 이의신청 | 요플 p.291 |

01 이의신청이 「민원처리에 관한 법률」의 민원 이의신청과 같이 별도의 행정심판절차가 존재하고 행정심판과는 성질을 달리하는 경우에는 그 이의신청은 행정심판과는 다른 것으로 본다. 16국회8

02 [갑은 재산세 부과의 근거가 되는 개별공시지가와 그 산정의 기초가 되는 표준지공시지가가 위법하게 산정되었다고 주장한다.] 갑은 개별공시지가결정에 대하여 곧바로 행정소송을 제기하거나 「부동산 가격공시에 관한 법률」에 따른 이의신청과 「행정심판법」에 따른 행정심판청구 중 어느 하나 만을 거쳐 행정소송을 제기할 수 있을뿐만 아니라, 이의신청을 하여 그 결과 통지를 받은 후 다시 행정심판을 거쳐 행정소송을 제기할 수도 있다. 19국가7

03 개별공시지가의 결정에 이의가 있는 자가 행정심판을 거쳐 취소소송을 제기하는 경우 취소소송의 제소기간은 그 행정심판 재결서 정본을 송달받은 날부터 또는 재결이 있은 날부터 기산한다. 18지방7

04 개별법률에 이의신청제도를 두면서 행정심판에 대한 명시적인 규정이 없는 경우에도 행정심판이 아닌 이의신청으로 해석되는 경우에는 이의신청과 별도로 행정심판을 제기할 수 있다. 16국회8

04 개별법률에 이의신청제도를 두면서 행정심판에 대한 명시적인 규정이 없는 경우, 이의신청과는 별도로 행정심판을 제기할 수 없다. 16국회8

05 이의신청은 그것이 준사법적 절차의 성격을 띠어 실질적으로 행정심판의 성질을 가진다면 이를 행정심판으로 볼 수 있다. 16국회8

05 이의신청은 그것이 준사법적 절차의 성격을 띠어 실질적으로 행정심판의 성질을 가지더라도 이를 행정심판으로 볼 수 없다. 16국회8

06 「감염병의 예방 및 관리에 관한 법률」상 예방접종 피해보상 거부처분에 대하여 법령의 규정 없이 제기한 이의신청은 행정심판으로 볼 수 없으므로, 그 거부처분에 대한 신청인의 이의신청에 대해 기각결정이 내려진 경우에는 그 기각결정을 새로운 거부처분으로 본다. 20변시

➕ 행정심판은 행정심판법에 의하거나 다른 법률에 근거해야 한다. 따라서 법률의 규정 없이 행정기관에서 자체적으로 운용하는 이의신청은 행정심판으로 볼 수 없다. 따라서 이 때의 이의신청은 결국 신청에 대한 재신청이고, 이의신청에 대한 기각은 재거부처분이라는 판례이다.

02 행정기본법상 이의신청과 재심사청구 | 요플 p.292 |

07 행정청의 처분에 이의가 있는 당사자는 처분을 받은 날부터 30일 이내에 해당 행정청에 이의신청을 할 수 있다. 24소간

08 행정청은 이의신청을 받으면 부득이한 사유가 아니라면 그 신청을 받은 날부터 14일 이내에 그 이의신청에 대한 결과를 신청인에게 통지하여야 한다. 24소간

09 처분에 대한 이의신청을 한 경우에도 그 이의신청과 관계없이 「행정심판법」에 따른 행정심판 또는 「행정소송법」에 따른 행정소송을 제기할 수 있다. 24소간

09 처분에 대한 이의신청을 한 경우에는 「행정심판법」에 따른 행정심판을 제기할 수 없다. 24소간

10 이의신청에 대한 결과를 통지받은 후 행정심판 또는 행정소송을 제기하려는 자는 그 결과를 통지받은 날부터 90일 이내에 행정심판 또는 행정소송을 제기할 수 있다. 23군무원7

11 다른 법률에서 이의신청과 이에 준하는 절차에 대하여 정하고 있는 경우에도 그 법률에서 규정하지 아니한 사항에 관하여는 「행정기본법」에서 정하는 바에 따른다. 24소간

12 공무원 인사관계 법령에 의한 징계 등 처분에 관한 사항에 대하여는 「행정기본법」상의 이의신청 규정을 적용하지 아니한다. 23군무원7

12 공무원 인사관계 법령에 의한 징계 등 처분에 관한 사항에 대하여도 「행정기본법」상의 이의신청 규정이 적용된다. 23군무원7

13 과태료 부과 및 징수에 관한 사항은 「행정기본법」에 따른 이의신청이 인정되지 아니한다. 24소간

14 제재처분이나 행정상 강제는 처분의 재심사 대상에서 제외된다. 따라서 이들 처분에서 당사자에게 유리한 결정을 가져다 주었을 새로운 증거가 있는 등 재심사 사유가 발생하였더라도 해당 처분에 대한 취소·철회나 변경을 신청할 수 없다. 한편 재심사 신청이 가능한 경우더라도 이는 처분청에 하는 것이지 그 상급 행정청에 하는 것이 아니다. 미기출

➕ 지문의 경우 제재처분이나 행정상 강제에 재심사 신청이 된다는 부분과, 상급 행정청도 재심사 신청상대가 될 수 있다는 부분이 모두 틀렸다.

14 당사자는 제재처분이나 행정상 강제가 쟁송을 통하여 다툴 수 없게 된 경우라도 당사자에게 유리한 결정을 가져다 주었을 새로운 증거가 있는 경우에는 해당 처분을 한 행정청이나 상급 행정청에 처분을 취소·철회하거나 변경하여 줄 것을 신청할 수 있다. 미기출

15 당사자는 처분에 대하여 **법원의 확정판결이 있는 경우**에는 처분의 근거가 된 사실관계 또는 법률관계가 추후에 당사자에게 유리하게 바뀐 경우에도 해당 처분을 한 행정청에 **처분을 취소·철회**하거나 **변경**하여 줄 것을 **신청할 수는 없다**. 23군무원7

16 처분의 재심사 신청은 당사자가 그 **사유를 안 날로부터 60일** 이내에 하여야 하나, **처분이 있은 날부터 5년**이 지나면 신청할 수 없다. 미기출

➕ 지문은 기간인 "90일", "3년"과 기산점인 "사유가 발생한 날"이 모두 틀렸다. 이런 종류의 문제는 기간과 기산점 모두에 변경이 가능하니 양자 모두를 정확히 기억해야 한다.

17 처분을 **유지하는 재심사 결과**에 대하여는 행정심판, 행정소송 및 그밖의 쟁송수단을 통하여 **불복할 수 없다**. 23군무원7

16 처분의 재심사 신청은 당사자가 그 **사유를 안 날부터 90일** 이내에 하여야 하나, **사유가 발생한 날부터 3년**이 지나면 신청할 수 없다. 미기출

03 행정심판과 행정소송의 관계 | 요플 p.273

18 원고가 **전심절차에서 주장하지 아니한 처분의 위법사유를 소송절차에서 새로이 주장**한 경우 다시 그 처분에 대하여 **별도의 전심절차를 거쳐야 하는 것은 아니다**.(96누754) 13국가9

19 **소청심사결정의 취소**를 구하는 **소송**에서 소청심사단계에서 이미 주장된 사유만을 행정소송에서 판단대상으로 삼을 것이 아니고 소청심사결정 후에 생긴 사유가 아닌 이상 **소청심사단계에서 주장하지 않은 사유**도 행정소송에서 **주장**하는 것이 **가능**하다. 21국회8

20 **행정심판**과 **행정소송**이 **동시**에 제기되어 **진행** 중 행정심판의 **인용재결**이 행해지면 행정소송은 **소의 이익**을 **상실**하지만, **기각재결**이 있으면 동일한 처분 등을 다투는 행정소송에 **영향이 없다**. 15서울9

18 원고가 **전심절차에서 주장하지 아니한 처분의 위법사유**를 **소송절차에서 새로이 주장**한 경우 다시 그 처분에 대하여 **별도의 전심절차를 거쳐야** 한다. 13국가9

20 **행정심판**과 **행정소송**이 **동시**에 제기되어 **진행** 중 행정심판의 **인용재결**이 행해지면 동일한 처분 등을 다투는 행정소송에 **영향이 없지만**, **기각재결**이 있으면 행정소송은 **소의 이익**을 **상실**한다. 15서울9

테마별 N지 모음

N1 다음 중 「행정심판법」에 따른 **행정심판을 제기할 수 없는 경우**만을 모두 고르면?(다툼이 있는 경우 판례에 의함) 22국가9 ③

ㄱ. 「공공기관의 정보공개에 관한 법률」상 정보공개와 관련한 **공공기관의 비공개결정**에 대하여 **이의신청**을 한 경우
ㄴ. 「공익사업을 위한 토지 등의 취득 및 보상에 관한 법률」상 토지수용위원회의 **수용재결**에 이의가 있어 중앙토지수용위원회에 **이의를 신청**한 경우
ㄷ. 「난민법」상 **난민불인정결정**에 대해 법무부장관에게 **이의신청**을 한 경우
ㄹ. 「민원 처리에 관한 법률」상 법정**민원**에 대한 행정기관의 장의 **거부처분**에 대해 그 행정기관의 장에게 **이의신청**을 한 경우

① ㄱ, ㄴ   ② ㄱ, ㄹ   ③ ㄴ, ㄷ   ④ ㄷ, ㄹ

[해설] 어떠한 이의신청이 **행정심판과 별개의 것**이라면, 이의신청을 거친 후 **행정심판을 제기할 수 있다**. 그러나 해당 이의신청의 **실질이 행정심판**이라면 이를 거친 후 또 다시 **행정심판을 제기할 수는 없다**. 행정심판은 한 번 거치면 재청구가 불가하기 때문이다(재청구금지의 원칙). 따라서 제시문에서 말하는 이의신청을 거치면 "행정심판을 제기할 수 없는 경우"란, 결국 행정심판의 실질을 갖는 이의신청을 묻는 것이다. 판례는 **토지수용위원회의 수용재결에 대한 이의신청**의 실질을 행정심판으로 보고 있어 이에 해당한다(ㄴ).(92누565) 또한 **난민법상 이의신청**은 아예 명문에서 이의신청을 거치면 행정심판을 거칠 수 없도록 규정하고 있으므로 이 역시 해당한다(ㄷ). 반면, **정보공개법상 이의신청**과(ㄱ) **민원처리법상 이의신청**은(ㄹ) 행정심판과 별개의 것으로 해당 이의신청을 거친 후에도 행정심판을 제기할 수 있으므로 해당하지 않는다.

테마별 N지 모음

N2 공익신고자 丙은 甲이 「국민기초생활 보장법」상의 복지급여를 부정수급하고 있다고 관할 乙행정청에 신고하였다. 이에 대하여 甲은 乙에게 부정수급 신고를 한 자와 그 내용에 대해 **정보공개청구**를 하였다. 이후 甲은 乙의 **비공개결정통지**를 받았고(2022. 8. 26.) 이에 대해 국민권익위원회에 **고충민원**을 제기하였으나(2022. 9. 16.), 국민권익위원회로부터 乙의 결정은 문제가 없다는 안내를 받았다(2022. 10. 26.). 그리고 甲은 乙의 **비공개결정의 취소를 구하는 행정심판을 제기**하게 되었다(2022. 12. 27.). 이에 대한 설명으로 옳은 것만을 모두 고르면? 23국가9 ②

> ㄱ. 「개인정보 보호법」상 정보주체에게 열람청구권이 보장되어 있더라도, 甲은 이에 근거하여 乙에게 **신고자에 대한 정보공개**를 요구하여 그 정보를 받을 수 **없다**.
> ㄴ. 甲의 **행정심판청구**는 행정심판 제기기간 내에 이루어졌으므로 **적법**하다.
> ㄷ. 甲의 국민권익위원회에 대한 **고충민원** 제기는 **이의신청**에 **해당**하므로, 고충민원에 대한 **답변을 받은 날**이 행정심판 제기기간의 **기산점**이 된다.
> ㄹ. **학술·연구**를 위하여 **일시적**으로 **체류**하는 **외국인** 丙은 「국민기초생활 보장법」상의 복지급여 지급기준에 대해 **정보공개**를 청구할 권리가 **인정**된다.

① ㄱ, ㄴ ② ㄱ, ㄹ ③ ㄴ, ㄷ ④ ㄱ, ㄷ, ㄹ

해설 ㄱ. 개인정보보호법상 정보주체에게 인정되는 열람청구권은 자신의 개인정보일 뿐, 타인에 대한 정보는 이에 포함되지 않는다. 따라서 甲은 동법에 근거에 타인인 丙에 대한 정보를 요청할 수는 없다.

ㄷ. **고충민원**의 제기는 **이의신청**에 해당하지 **않**으므로(95누5332), **그 답변을 받은 날**이 행정심판 제기기간의 **기산점**이 될 가능성은 **없다**.
　⊕ 한편, 2023. 3. 24.부터 시행된 행정기본법 제36조 제4항은 이의신청 결과통지일(혹은 법정 통지기간 만료일의 다음날)을 행정심판이나 행정소송의 기산점으로 하도록 규정하고 있는바, 만약 비공개결정이 2023. 3. 24.이후에 이루어진 것이고, 고충민원이 이의신청에 해당한다면(실제로는 그렇지 않지만) 그 결과통지일 등으로 행정심판 제기기간의 기산점이 정해질 수 있다.

ㄴ. 따라서 행정심판 제기기간은 원칙대로 비공개결정통지가 있음을 안 날로부터 90일이 되는바 "안 날"은 甲이 비공개결정통지를 받은 날인 22. 8. 26.로 추정되고, 늦어도 甲이 고충민원을 제기한 22. 9. 16.이 될 것이다. 어느 경우이건 甲이 **행정심판**을 제기한 22. 12. 27.은 **제기기간**인 안 날로부터 90일을 **도과**하여 **위법**한 것이다.

ㄹ. 학술·연구를 위하여 일시적으로 체류하는 외국인에게는 정보공개청구권이 인정된다.

THEME 70 고지제도 일괄 정리 - 행정절차법·행정심판법·행정소송법

○ 지문

01 행정청이 처분을 할 때에는 처분의 **상대방에게** 행정심판을 청구할 수 있는지 여부와 청구하는 경우의 심판절차 및 청구기간을 **직접 알려야** 한다. 그러나 **이해관계인인 제3자**의 경우에는 이해관계인이 **요구하면** 위의 내용을 **알려 주어야** 하고, 처음부터 알려줄 의무는 없다.(행심법 제58조 제1항) 18지방9

02 **행정절차법**은 행정청이 처분을 하는 때에는 당사자에게 **제소기간을 알려야 한다고 규정하고 있**으나 제소기간을 알리지 아니하거나, 알렸지만 **잘못 알린** 경우에 관하여는 아무런 **규정**이 **없다**. 10국회9

03 취소심판이 제기된 경우, 행정청이 처분시에 **심판청구기간을 알리지 아니하였다면** 당사자가 처분이 있음을 **알게 된 날부터 90일이 경과하더라도** 처분이 있었던 날부터 180일이 경과하기 전까지는 청구가 **적법한 것이어서 본안** 판단을 한다. 16지방9

04 **개별법률에서 정한** 심판청구기간이 행정심판법이 정한 심판청구기간보다 **짧은** 경우, 행정청이 행정처분을 하면서 그 개별법률상 **심판청구기간을 고지하지 아니하였다면** 그 처분이 **있었던 날부터 180일** 이내에 심판청구가 가능하다. 15서울9
　⊕ 개별법률이 행정심판법보다 짧은 청구기간을 정하고 있더라도 그 심판청구기간을 고지하지 아니하였다면 행정심판법상 불고지에 관한 규정이 적용되므로 처분이 있었던 날 부터 180일 이내에 행정심판을 제기하여야 한다.

× 지문

01 행정청이 처분을 서면으로 하는 경우 **상대방과 제3자에게** 행정심판을 제기할 수 있는지 여부와 제기하는 경우의 행정심판절차 및 청구기간을 **직접 알려야** 한다. 18지방9

03 취소심판이 제기된 경우, 행정청이 처분시에 **심판청구기간을 알리지 아니하였다** 할지라도 당사자가 처분이 있음을 **알게 된 날부터 90일이 경과하면** 행정심판위원회는 **부적법 각하재결**을 하여야 한다. 16지방9

04 **개별법률에서 정한** 심판청구기간이 행정심판법이 정한 심판청구기간보다 **짧은** 경우, 행정청이 행정처분을 하면서 그 개별법률상 심판청구기간을 **고지하지 아니하였다면** 그 **개별법률**에서 정한 청구**기간 내에 한하여** 심판청구가 **가능**하다. 15서울9

05 「행정소송법」에서는 행정소송 제기기간을 법령보다 긴 기간으로 잘못 알린 경우에 대해 이를 구제할
B 수 있는 규정을 두고 있지 않고, 「행정심판법」이 준용되지도 아니한다. (2000두6916) 21국회8

06 행정심판에서는 행정청이 상대방에게 심판청구기간을 법정심판청구기간보다 긴 기간으로 잘못
B 알린 경우에 그 잘못 알린 기간 내에 심판청구가 있으면 그 심판청구는 법정심판청구기간 내에
제기된 것으로 보나 행정소송에서는 그렇지 않다. 18국가9

07 처분시에 행정청으로부터 행정심판 제기기간에 관하여 법정 심판청구기간보다 긴 기간으로 잘못
B 통지받은 경우에 보호할 신뢰 이익은 그 통지받은 기간 내에 행정소송을 제기한 경우에까지 확대
되지 않는다. 22지방9

08 행정청이 행정처분을 하면서 상대방에게 불복절차에 관한 고지의무를 이행하지 아니하였더라도
B 경우에따라 행정심판청구기간이 연장될 수 있을 뿐, 이로 인하여 심판의 대상이 되는 행정처분에
어떤 하자가 수반된다고 할 수 없다. (87누529) 22지방9

05 「행정소송법」에서는 행정소송 제기기간을 법령보다 긴 기간으로
B 잘못 알린 경우에 대해 이를 구제할 수 있는 규정을 두고 있지 않으
나 「행정심판법」의 준용을 통해 구제가 가능하다. 21국회8

08 행정청이 행정처분을 하면서 상대방에게 불복절차에 관한 고
B 지의무를 이행하지 않았다면 이는 절차적 하자로서 그 행정
처분은 위법하게 된다. 22지방9

테마별 N지 모음

N1 〈보기〉에서 「행정심판법」상의 고지제도에 관한 설명으로 옳은 것을 모두 고르면? (다툼이 있는 경우 판례에 따름) 11국회8 ④

> ㄱ. 직권에 의한 고지와 신청에 의한 고지가 있다.
> ㄴ. 고지는 불복제기의 가능성 여부 및 불복청구의 요건 등 불복청구에 필요한 사항을 알려 주는 권력적 사실행위로서 처분성이 인정된다.
> ㄷ. 직권에 의하여 고지하는 경우 처분의 상대방에 대해서만 고지하면 된다.
> ㄹ. 불고지나 오고지는 처분 자체의 효력에 직접 영향을 미치지 않는다.
> ㅁ. 신청에 의하여 고지하는 경우 해당 처분이 행정심판의 대상이 되는 처분인지에 대하여 고지하여야 한다.

① ㄱ, ㄷ ② ㄱ, ㄷ, ㅁ ③ ㄱ, ㄹ, ㅁ
④ ㄱ, ㄷ, ㄹ, ㅁ ⑤ ㄱ, ㄴ, ㄷ, ㄹ, ㅁ

해설 처분의 상대방에게는 직권에 의한 고지를 하고(ㄷ), 이해관계인에 대해서는 신청이 있을 때만 고지를 한다(ㄱ). 이들 모두 해당 처분이 심판의 대상이
되는 처분인지와 청구기간 등을 고지하는 것으로서(ㅁ) 비권력적 사실행위에 불과해 처분성이 인정되지 아니하고(ㄴ), 고지의무의 위반인 불고지나
오고지는 청구기간을 연장시키는 효과가 있을 수 있을 뿐 처분 자체의 효력에는 영향을 주지 못한다(ㄹ).

THEME 71 국가배상법(1) - 공무원의 위법행위에 대한 국가배상책임(제2조)

○ 지문   × 지문

01 관련 조문 개관 | 요플 p.296 |

02 국가배상의 필요성 | 요플 p.297 |

01 위법한 하명으로 권리가 침해된 자는 취소소송이나 무효등확인소송을 제기하여 위법상태를 제거
기 할 수 있고 손해배상청구소송을 제기하여 손해를 배상받을 수 있다. 13국회8

02 행정상 손해배상에 관하여는 국가배상법이 일반법적 지위를 갖는다고 본다. 15서울9
기

03 자기책임설은 공무원의 직무상 행위의 위법여부와 상관없이 국가가 자기의 행위에 대한 배상책
Z 임을 지는 것으로 보는 견해이다. 20군무원7

03 국가나 지방자치단체의 배상책임 [요플 p.297]

04 법관이나 헌법재판소 재판관은 국가배상법 제2조에서 말하는 공무원에 **해당한다**. 12경행

05 공무원에는 **조직법상 의미**의 공무원뿐만 아니라 **기능적 의미**의 공무원이 **포함**된다. 19서울9

06 '공무원'이라 함은 국가공무원법과 지방공무원법상의 공무원에 한정되지 않고 **공무를 위탁받은 사인도 포함**한다. 13지방7

07 「국가배상법」 제2조 소정의 '공무원'이라 함은 「국가공무원법」이나 「지방공무원법」에 의하여 공무원으로서의 신분을 가진 자에 한하지 않고 널리 공무를 위탁받아 실질적으로 공무에 종사하고 있는 일체의 자를 가리키는 것으로서, **공무의 위탁이 일시적이고 한정적**인 사항에 관한 활동을 위한 것인 경우도 이에 **포함된다**.(98다39060) 22변시

08 지방자치단체로부터 어린이보호 등의 공무를 위탁받아 집행하는 **교통할아버지**는 「국가배상법」 제2조에서 규정하는 '**공무원**'으로 볼 수 있다. 19소방

09 '**교통할아버지**'로 선정된 노인이 위탁받은 공무범위를 넘어 교차로 중앙에서 교통정리를 하다가 교통사고를 발생시킨 경우, **지방자치단체가** 국가배상법 제2조 소정의 **배상책임**을 부담한다. 11경행

10 시 청소차 운전수나 전입신고서에 확인인을 찍는 **통장**은 국가배상법 제2조의 **공무원**에 **해당**한다. 10국가9

11 **지방자치단체**에 근무하는 **청원경찰**은 「국가배상법」 제2조에서 규정하는 '**공무원**'으로 볼 수 있다. 19소방

12 향토예비군도 그 **동원기간 중**에는 국가배상법 제2조 소정의 **공무원** 중에 **포함**된다. 16경행

13 「의용소방대 설치 및 운영에 관한 법률」에 따라 소방 서장이 임명한 **의용소방대원**은 「국가배상법」 제2조에서 규정하는 '공무원'으로 볼 수 **없다**. 19소방

14 구 **부동산소유권 이전등기** 등에 관한 **특별조치법상 보증인**은 공무를 위탁받아 실질적으로 **공무를 수행하는 자로 보기 어려우므로** 국가배상법 제2조제1항에 따른 **공무원에 해당하지 않는다**.(2013다14217) 미기출

15 구 수산청장으로부터 뱀장어에 대한 **수출추천 업무를 위탁**받은 **수산업협동조합**은 「국가배상법」 제2조에 따른 **공무원에 해당**한다. 20소간

16 법령의 위탁에 의해 지방자치단체로부터 **대집행을 수권** 받은 구 **한국토지공사**는 공무인 대집행을 실시함에 따르는 권리·의무 및 책임이 귀속되는 **행정주체의 지위에 있다**고 볼 것이지, 지방자치단체의 기관으로서 「국가배상법」 제2조 소정의 **공무원에 해당한다고 볼 것은 아니다**.(2007다82950) 19지방9

17 국가로부터 변호사등록업무를 위탁받은 대한변호사협회가 임의로 회원의 등록을 지연시킨 경우, **대한변호사협회**는 행정주체의 지위에서 **배상책임을 부담**하여야 하고, 대한변호사협회장은 공무원에 해당하므로 경과실 공무원의 면책 법리에 따라 해당 회원에 대한 **배상책임을 부담하지 않는다**.(2019다260197) 미기출
⊕ 대한변호사협회는 공무원이 아니라 행정주체로서 손해배상책임을 부담하므로, 공무원 개인과 달리 경과실에 해당하는 경우에도 면책되지 않는다.

18 (행정상 즉시강제에 대하여) **위법한 즉시강제**작용으로 손해를 입은 자는 국가나 지방자치단체를 상대로 「국가배상법」이 정한 바에 따라 손해배상을 청구할 수 있다. 22국가9

19 국가배상법이 정한 배상청구의 요건인 '공무원의 직무'에는 권력적 작용만이 아니라 **행정지도와 같은 비권력적 작용도 포함**된다. 17(상)국가9

20 강남구청이 도시계획사업의 주무관청으로서 그 사업을 적극적으로 대행·지원하는 과정에서 토지소유권 이전에 필요한 일체의 서류를 반대급부로 제공할 것을 조건으로 토지수용보상금을 공탁한 경우, 이는 **행정지도의 일환**으로 직무수행으로서 행하였다고 할 것이므로, **비권력적 작용인 공탁으로 인한 손해배상책임**은 **성립**할 수 있다. 16지방7

---

04 법관이나 헌법재판소 재판관은 국가배상법 제2조에서 말하는 공무원에 **해당하지 않는다**. 12경행

07 「국가배상법」 제2조 소정의 '공무원'이라 함은 「국가공무원법」이나 「지방공무원법」에 의하여 공무원으로서의 신분을 가진 자에 한하지 않고 널리 공무를 위탁받아 실질적으로 공무에 종사하고 있는 일체의 자를 가리키나, **공무의 위탁이 일시적이고 한정적**인 사항에 관한 활동을 위한 것인 경우는 이에 **포함되지 않는다**. 22변시

08 지방자치단체로부터 어린이보호 등의 공무를 위탁받아 집행하는 **교통할아버지**는 「국가배상법」 제2조에서 규정하는 '**공무원**'으로 볼 수 **없다**. 19소방

11 **지방자치단체**에 근무하는 **청원경찰**은 「국가배상법」 제2조에서 규정하는 '**공무원**'으로 볼 수 **없다**. 19소방

14 구 **부동산소유권 이전등기** 등에 관한 **특별조치법상 보증인**은 공무를 위탁받아 실질적으로 **공무를 수행하는 자**이므로 국가배상법 제2조제1항에 따른 **공무원에 해당**한다. 미기출

16 법령의 위탁에 의해 지방자치단체로부터 **대집행을 수권** 받은 구 **한국토지공사**는 지방자치단체의 기관으로서 「국가배상법」 제2조 소정의 **공무원에 해당**한다. 19지방9

17 국가로부터 변호사등록업무를 위탁받은 대한변호사협회가 임의로 회원의 등록을 지연시킨 경우, **대한변호사협회와 대한변호사협회장은 모두 공무원**에 해당하므로 경과실 공무원의 면책 법리에 따라 해당 회원에 대한 **배상책임을 부담하지 않는다**. 미기출

21 공무원의 직무에는 국가나 지방자치단체의 권력적 작용, 비권력적 작용이 포함되나, 단순한 사경제의 주체로서 하는 작용은 포함되지 아니한다.(99다7008) 　율 19서울9
A

21 공무원의 직무에는 국가나 지방자치단체의 권력적 작용, 단순한 사경제의 주체로서 하는 작용이 포함된다. 　19서울9
A

22 국가 또는 공공단체라 할지라도 사경제의 주체로 활동하였을 경우에는 그 손해배상의 책임에 국가배상법의 규정이 적용될 수 없고 민법이 적용된다. 　12지방9
A

23 서울특별시장의 대행자인 도봉구청장이 서울지하철 도봉차량기지 건설사업의 부지로 예정된 원고 소유의 토지를 구「공공용지의 취득 및 손실보상에 관한 특례법」에 따라 매수하기로 하는 내용의 매매계약을 체결한 경우, 이 매매계약은 공공기관이 사경제주체로서 행한 사법상매매이므로 이에 대하여는 국가배상법을 적용하기는 어렵고 일반 민법의 규정을 적용할 수 있을 뿐이다. 　16지방7
인

24 '국가의 철도운행사업'은 국가가 공권력의 행사로 하는 것이 아니고 사경제적 작용이라 할 것이므로 그로 인한 사고에 공무원이 간여하였다고 하더라도 국가배상법에 따라 배상청구를 하는 배상절차를 거칠 것이 아니라 민법에 따라야 한다.(99다7008) 　율 14(2)경행
C

24 '국가의 철도운행사업'은 국가가 공권력의 행사로 하는 것이 아니고 사경제적 작용이라 하여도 그로 인한 사고에 공무원이 간여하였을 경우 국가배상법에 따라 배상청구를 하는 배상절차를 거쳐야 한다. 　14(2)경행
C

25 도로개설 등 공사로 인한 무허가건물의 강제철거와 관련하여 이루어지는 지방자치단체의 그 철거건물 소유자에 대한 시영아파트 분양권부여 등의 업무는, 지방자치단체의 공권력행사 기타 공행정 작용과 관련된 활동으로 볼 것이지 이를 지방자치단체가 단순한 사경제주체로서 하는 활동이라고 볼 수는 없다.(91다14819) 　율 16지방7
인
　⊕ 따라서 국가배상책임이 성립될 수 있다.

25 도로개설 등 공사로 인한 무허가건물의 강제철거와 관련하여 이루어지는 지방자치단체의 그 철거건물 소유자에 대한 시영아파트 분양권부여 등의 업무는, 사경제주체로서의 활동이므로 지방자치단체의 공권력행사로 보기 어렵다고 할 것이다. 　16지방7
인

26 고시가 위법하게 제정된 경우라면 일반·추상적인 규범의 정립행위인 고시의 제정행위도 국가배상책임의 대상이 되는 직무행위에 해당한다고 볼 수 있다. 　율 21국회8

26 고시가 위법하게 제정된 경우라도 고시의 제정행위는 일반·추상적인 규범의 정립행위이므로 국가배상책임의 대상이 되는 직무행위에 해당한다고 볼 수 없다. 　21국회8

27 입법자가 법률로써 특정한 사항을 시행령으로 정하도록 위임했음에도 불구하고 행정부가 정당한 이유 없이 이를 이행하지 않는다면 권력분립의 원칙과 법치국가 내지 법치행정의 원칙에 위배되는 것으로서 위법함과 동시에 위헌적인 것이므로 이는 헌법소원을 통한 구제의 대상이 되고 국가배상의 대상이 된다.(2006다3561) 　율 21국회8
C
　⊕ 행정입법부작위에 대해서는 부작위위법확인소송은 불가하나, 헌법소원은 가능하다. 또한 국가배상도 된다.

27 입법자가 법률로써 특정한 사항을 시행령으로 정하도록 위임했음에도 불구하고 행정부가 정당한 이유 없이 이를 이행하지 않는다면 권력분립의 원칙과 법치국가 내지 법치행정의 원칙에 위배되는 것으로서 위헌성이 인정되나 이는 헌법소원을 통한 구제의 대상이 될 뿐이고 국가배상의 대상이 되는 것은 아니다. 　21국회8
C

28 법률에서 군법무관의 보수의 구체적 내용을 시행령에 위임했음에도 불구하고 행정부가 정당한 이유 없이 시행령을 제정하지 않은 것은 불법행위이므로 이에 대하여 국가배상청구를 할 수 있다. 　22소방
C

29 법령의 위임에도 불구하고 보건복지부장관이 치과전문의제도의 실시를 위하여 필요한 시행규칙의 개정 등 절차를 마련하지 않은 입법부작위가 위헌이라는 헌법재판소 결정은 사실상 전공의 수련과정을 수료한 치과의사들에게 그 수련경력에 대한 기득권을 인정하는 경과조치를 행정입법으로 제정하지 아니한 보건복지부장관의 행정입법부작위가 위헌·위법하다고 판시한 것이 아니므로, 위 위헌결정의 기속력에 의하여 입법부작위에 의한 국가배상책임이 성립한다고 할 수 없다.(2017다249769) 　율 22국회8
Z

29 법령의 위임에도 불구하고 보건복지부장관이 치과전문의제도의 실시를 위하여 필요한 시행규칙의 개정 등 절차를 마련하지 않은 입법부작위가 위헌이라는 헌법재판소 결정의 기속력에 따라, 보건복지부장관이 사실상 전공의 수련과정을 수료한 치과의사들에게 그 수련경력에 대한 기득권을 인정하는 경과조치를 행정입법으로 제정하지 않았다면 입법부작위에 의한 국가배상책임이 성립한다. 　22국회8
Z

30 국가배상책임의 요건으로서 직무행위에는 국회의 입법작용도 포함된다. 　15교행9
기

31 국회의원의 입법행위는 그 입법 내용이 헌법에 명백히 위배됨에도 국회가 굳이 당해 입법을 한 것과 같은 특수한 경우가 아닌 한 국가배상법 소정의 위법행위에 해당한다고 볼 수 없다. 　율 16교행9
C

31 국회가 제정한 법률이 헌법재판소에 의해 위헌결정을 받은 경우 국회는 그에 대해 국가배상책임을 진다. 　16교행9
C

32 국회의원의 입법행위는 그 입법 내용이 헌법의 문언에 명백히 위배됨에도 불구하고 국회가 굳이 당해 입법을 한 것과 같은 특수한 경우가 아닌 한 「국가배상법」 제2조제1항 소정의 위법행위에 해당된다고 볼 수 없다. 　16지방9
C

33 헌법에 의하여 구체적으로 부과된 의무가 있음에도 불구하고 국회가 그 입법을 하지 않고 있다면 그 입법에 필요한 상당한 기간이 경과하도록 고의 또는 과실로 이러한 입법의무를 이행하지 아니하는 등 극히 예외적인 사정이 인정된 경우에 한정하여 국가배상법상 배상책임이 인정될 수 있다.(2004다33469) 　율 17국가7
B
　⊕ 일반적인 입법의무가 아니라 구체적 입법의무가 인정되는 경우에도 극히 예외적으로 배상책임이 인정될 수 있다.

33 헌법에 의하여 일반적으로 부과된 의무가 있음에도 불구하고 국회가 그 입법을 하지 않고 있다면 국가배상법상 배상책임이 인정된다. 　17국가7
B

34 **국회의원**은 원칙적으로 정치적 책임을 질뿐이지만, 헌법에 따른 **구체적 입법의무**를 부담하고 있음에도 그 입법에 필요한 상당한 기간이 경과하도록 고의 또는 과실로 그 **입법**의무를 이행하지 **아니**하는 등 극히 예외적인 사정이 인정되는 경우에는 국가배상법 소정의 **배상책임**이 인정될 수 있다. 〔율〕22소방

35 판례는 기판력이 **재판행위로 인한 국가배상책임의 인정**을 배제하지 않는다고 본다. 18소방

36 **재판**에 대하여 따로 **불복절차** 또는 **시정절차가 마련**되어 있는 경우에는, 불복에 의한 시정을 구할 수 없었던 것 자체가 공무원의 귀책사유로 인한 것이라는 등의 특별한 사정이 없는 한, 스스로 시정을 구하지 아니한 결과 권리 내지 이익을 회복하지 못한 사람은 원칙적으로 **국가배상**에 의한 권리구제를 받을 수 **없다**. 23변시

37 재판에 대하여 **불복절차 내지 시정절차 자체가 없는 경우**, 부당한 **재판**으로 인하여 불이익 내지 손해를 입은 사람에게는 배상책임의 요건이 충족되는 한 **국가배상책임**이 인정될 수 있다. 19국가9

38 **법령의 규정을 따르지 아니한** 법관의 **재판**상 직무행위라고 **곧바로** 국가배상법 제2조제1항에서 규정하고 있는 위법행위가 되어 국가의 손해배상책임이 **발생하는 것은 아니다**.(99다24218) 〔율〕16지방9
➕ 법관의 재판에 의해 국가배상책임이 성립하려면, 법관이 위법 또는 부당한 목적을 가지고 재판을 하였거나 법이 법관의 직무수행상 준수할 것을 요구하고 있는 기준을 현저하게 위반하는 등 법관이 그에게 부여된 권한의 취지에 명백히 어긋나게 이를 행사하였다고 인정할 만한 특별한 사정이 추가로 인정되어야 한다.

39 헌법재판소 재판관이 청구기간을 오인하여 청구기간 내에 제기된 **헌법소원심판** 청구를 **위법하게 각하**한 경우, 설령 본안판단을 하였더라도 어차피 청구가 **기각되었을 것**이라는 사정이 있다고 하더라도 국가**배상책임**이 인정될 수 **있다**. 〔율〕17국가7

40 **검사가** 공판과정에서 피고인의 **무죄를 입증**할 수 있는 결정적인 **증거를** 입수하였으나 이를 법원에 제출하지 아니하여 유죄판결을 받았다면 **국가배상**이 인정된다. 08국회8

41 **실질적**으로 직무행위가 **아니**거나 또는 직무행위를 수행한다는 행위자의 **주관적** 의사가 **없는** 공무원의 **행위도** 국가배상법상 공무원의 **직무행위가 될 수 있다**.(66다781) 〔율〕12국가9

42 공무원의 행위가 실질적으로 공무집행행위가 아니라는 사정을 피해자가 알았더라도 그것만으로 **국가배상책임을 부인할 수 없다**.(66다781) 〔율〕20국회9

43 직무행위인지 여부는 당해 행위가 현실적으로 **정당한 권한** 내의 것인지를 **묻지 않는다**. 16사복9

44 상급자가 전입사병인 하급자에게 암기사항에 관하여 교육하던 중 **훈계하다가** 도가 지나쳐 **폭행**한 경우에 그 폭행은 국가배상법상의 **직무 집행에 해당**한다. 11국회8

45 인사업무담당 공무원이 다른 공무원의 공무원증 등을 위조하여 대출받은 경우, **인사업무담당 공무원의 공무원증 위조**행위는 **실질적**으로 **직무행위**에 속하지 **아니한다** 할지라도 **외관상**으로는 **직무집행으로 보여지므로** 대출은행은 국가**배상청구**를 할 수 **있다**. 〔율〕14지방9

46 **사고차량이 군용차량이고 운전사가 군인임이 외관상 뚜렷한 이상**, 실제는 공무집행에 속하는 것이 **아니라** 하여도 이는 공무원이 그 **직무를 수행**함에 당하여 저지른 것**으로 해석**하여야 한다. 17소간

47 (국가배상과 관련하여) 구청 **세무과 소속 공무원** 甲이 乙에게 무허가 건물 세입자들에 대한 시영아파트 **입주권 매매행위**를 한 경우 **외형상 직무범위** 내의 행위**라고 볼 수 없다**. 11경행

48 (국가배상법 제2조의 배상책임은) **고의 · 과실**을 요건으로 하며, 과실에는 중과실은 물론 **경과실**도 포함된다. 09지방9

49 (국가배상청구권과 관련하여) 과실개념의 **객관화(客觀化)** 경향이 나타나고 있다. 〔율〕14서울9

50 과실개념을 객관화하려는 태도는 **국가배상책임**의 **성립**을 용이하게 하려는 의도를 지니고 있다. 19서울9

---

34 **국회의원**은 원칙적으로 정치적 책임을 질뿐이므로 헌법에 따른 **구체적 입법의무**를 부담하고 있음에도 그 입법에 필요한 상당한 기간이 경과하도록 고의 또는 과실로 그 **입법**의무를 이행하지 **아니**하는 경우 그 **배상책임**이 인정되기 **어렵다**. 22소방

38 **법령의 규정을 따르지 아니한** 법관의 **재판**상 직무행위는 **곧바로** 국가배상법 제2조제1항에서 규정하고 있는 위법행위가 되어 국가의 손해배상책임이 **발생한다**. 16지방9

39 헌법재판소 재판관이 청구기간을 오인하여 청구기간 내에 제기된 **헌법소원심판** 청구를 **위법하게 각하**한 경우, 설령 본안판단을 하였더라도 어차피 청구가 **기각되었을 것**이라는 사정이 있**다면** 국가**배상책임**이 인정될 수 **없다**. 17국가7

41 **실질적**으로 직무행위가 **아니**거나 또는 직무행위를 수행한다는 행위자의 **주관적** 의사가 **없는** 공무원의 **행위**는 국가배상법상 공무원의 **직무행위가 될 수 없다**. 12국가9

42 공무원의 행위가 실질적으로 공무집행행위가 아니라는 사정을 **피해자가 알았다면** 그것만으로 **국가배상책임을 부인할 수 있다**. 20국회9

45 인사업무담당 공무원이 다른 공무원의 공무원증 등을 위조하여 대출받은 경우, **인사업무담당 공무원의 공무원증 위조**행위는 **실질적**으로 **직무행위**에 속하지 **아니하므로** 대출은행은 국가**배상청구**를 할 수 **없다**. 14지방9

49 (국가배상청구권과 관련하여) 과실개념의 **주관화(主觀化)** 경향이 나타나고 있다. 14서울9

51 ⓒ 행정처분의 담당공무원이 **객관적 주의의무**를 결하여 그 행정 처분이 **객관적 정당성**을 상실하였다고 인정될 정도에 이른 경우에 국가배상법 제2조의 요건을 충족하였다고 봄이 상당하다.(99다70600) 　　　　　　　　　　　　　　　　　 을 20지방7

51 ⓒ 행정처분의 담당공무원이 **주관적 주의의무**를 결하여 그 행정 처분이 **주관적 정당성**을 상실하였다고 인정될 정도에 이른 경우에 국가배상법 제2조의 요건을 충족하였다고 봄이 상당하다. 　　　　　　　　　　　　　　　　　　20지방7

52 ⓒ 국가배상법상 과실을 판단할 경우 **보통 일반의 공무원**을 그 **표준**으로 한다. 이때 반드시 누구의 행위인지 **가해공무원을 특정**하여야 하는 것은 **아니다**. 　　　　　　　　을 12국가9

52 ⓒ 국가배상법상 과실을 판단할 경우 **보통 일반의 공무원**을 그 **표준**으로 하고 반드시 누구의 행위인지 **가해공무원을 특정**하여야 **한다**. 　　　　　　　　　　　　　　12국가9

53 Ⓑ **민법상**의 **사용자 면책사유**는 **국가배상법**상의 고의 · 과실의 판단에서는 적용되지 **않는다**. 　10국가9

54 Ⓑ 공무원이 직무를 집행하면서 고의 또는 과실로 위법하게 타인에게 손해를 가하였다면 국가나 지방자치단체가 그 공무원의 **선임 및 감독에 상당한 주의**를 하였더라도 국가나 지방자치단체는 **국가배상책임을 면하지 못한다**. 　　　　　을 17(하)국가9

54 Ⓑ 공무원이 직무를 집행하면서 고의 또는 과실로 위법하게 타인에게 손해를 가하였어도 국가나 지방자치단체가 그 공무원의 선임 및 감독에 상당한 주의를 하였다면 국가나 지방자치단체는 **국가배상책임을 면한다**. 　　17(하)국가9

55 ⓚ 직무행위가 **위법**하더라도 **과실**의 존재가 **추정되는 것은 아니다**. 　　　　　　을 15서울9
　　➕ 위법은 행위가 법을 위반했는지이고, 과실은 법을 위반함에 주의의무위반이 존재하는지로서 별개의 문제이다.

55 ⓚ 직무행위가 **위법**하다고 판단되면 **과실**의 존재도 **추정**된다. 　　　　　　　　　15서울9

56 Ⓢ 어떠한 행정처분이 후에 **항고소송에서 취소되었다고 할지라도** 그 기판력에 의하여 당해 행정처분은 **곧바로** 국가배상법 제2조의 공무원의 **고의 또는 과실**로 인한 불법행위를 구성하는 것은 **아니다**.(99다70600) 　　　을 17국가9
　　➕ 취소판결의 기판력은 당해 처분의 위법하다는 점에 발생할 뿐, 고의 또는 과실에는 미치지 아니하므로, 이것만으로 곧바로 불법행위를 구성한다고 단정할 수 없다.

56 Ⓢ 어떠한 행정처분이 후에 **항고소송에서 취소되었다면** 그 기판력에 의하여 당해 행정처분은 **곧바로** 국가배상법 제2조의 공무원의 **고의 또는 과실**로 인한 불법행위를 **구성한다**. 　17국가9

57 Ⓑ 영업허가취소처분이 나중에 **행정심판에 의하여** 재량권을 일탈한 **위법한 처분**이 되었더라도 그 처분이 당시 시행되던 「**공중위생법시행규칙**」에 정하여진 행정처분**의 기준에 따른 것**이라면 그 영업 허가취소처분을 한 공무원에게 그와 같은 위법한 처분을 한 데 있어 어떤 직무집행상의 **과실**이 있다고 할 수 **없다**. 　　　　　　　　21국가7

58 ⓒ 행정소송에서 행정처분이 위법한 것으로 확정되었고 그 이유가 **법령 해석의 잘못**이었더라도 그 행정처분을 한 공무원의 **과실이 당연히 인정**되는 것은 **아니다**.(2002다31018) 　을 15서울9

58 ⓒ 행정소송에서 행정처분이 위법한 것으로 확정되었고 그 이유가 **법령 해석의 잘못**이었다면 그 행정처분을 한 공무원의 **과실은 당연히 인정**된다. 　　　　　15서울9

59 ⓒ 행정청이 관계법령의 해석이 확립되기 전에 어느 한 설을 취하여 업무를 처리한 것이 **결과적으로 위법**하게 되어 그 법령의 부당집행이라는 결과를 빚었다고 **하더라도** 처분 당시 그와 같은 처리방법 이상의 것을 성실한 평균적 공무원에게 기대하기 어려웠던 경우라면 특별한 사정이 없는 한 이를 두고 **공무원의 과실**로 인한 것이라고는 볼 수 **없다**. 　　　　　10국가7

60 Ⓐ 일반적으로 공무원이 **관계법규를 알지 못하**였다거나 **필요한 지식을 갖추지 못하**여 법규의 해석을 그르쳐 어떤 행정처분을 하였다면 그가 법률전문가가 아닌 행정직공무원인 경우에도 **과실이 있다**.(98다52988) 　　　　　을 15(2)경행
　　➕ 해석이 확립되지 않아 법령의 해석을 잘못한 경우와 구분이 필요하다.

60 Ⓐ 일반적으로 공무원이 **관계법규를 알지 못하**였다거나 **필요한 지식을 갖추지 못하**여 법규의 해석을 그르쳐 어떤 행정처분을 하였다면 그가 법률전문가가 아닌 행정직공무원인 경우에는 **과실이 없다**. 　　　　15(2)경행

61 소 **대법원**의 판단으로 관계 법령의 해석이 확립되고 이어 상급 행정기관 내지 유관 행정부서로부터 시달된 업무지침이나 업무연락 등을 통하여 이를 충분히 인식할 수 있게 된 상태에서, 확립된 법령의 해석에 **어긋나는 견해를 고집**하여 계속하여 **위법한 행정처분**을 하거나 이에 준하는 행위로 평가될 수 있는 불이익을 처분상대방에게 주게 된다면, 이는 그 공무원의 **고의 또는 과실**로 인한 것이 **되어** 그 손해를 배상할 **책임**이 있다. 　　24소방

62 인 **처분**이 있은 후에 근거법률이 **위헌으로 결정**된 경우, 그 법률을 적용한 공무원에게 **고의 또는 과실**이 있었다고 단정할 수 **없다**.(헌재 2008헌바23) 　　을 19서울9

62 인 **처분**이 있은 후에 근거법률이 **위헌으로 결정**된 경우, 그 법률을 적용한 공무원에게 **고의 또는 과실**이 있었다고 단정할 수 **있다**. 　　　　　　19서울9

63 인 형벌에 관한 법령이 헌법재판소의 위헌결정으로 소급하여 효력을 상실한 경우, **위헌선언 전** 그 법령에 기초하여 **수사**가 개시되어 공소가 제기되고 **유죄판결**이 선고되었더라도, 그러한 사정만으로 국가의 **손해배상책임**이 발생한다고 볼 수 **없다**. 　　19지방9

64 긴급조치 제9호 위헌·무효임이 명백하고 긴급조치 제9호 발령으로 인한 국민의 기본권 침해는 그에 따른 강제수사와 공소제기, 유죄판결의 선고를 통하여 현실화되었다. 이러한 경우 긴급조치 제9호의 발령부터 적용·집행에 이르는 일련의 국가작용은, 전체적으로 보아 공무원이 직무를 집행하면서 객관적주의의무를 소홀히 하여 그 직무행위가 객관적 정당성을 상실한 것으로서 위법하다고 평가되고, 긴급조치 제9호의 적용·집행으로 강제수사를 받거나 유죄판결을 선고받고 복역함으로써 개별 국민이 입은 손해에 대해서는 국가배상책임이 인정될 수 있다. 미기출

65 판례에 의하면 규제권한을 행사하지 아니한 것이 직무상의무를 위반하여 위법한 것으로 되는 경우에는 특별한 사정이 없는 한 과실도 인정된다. 11국가7
  ➕ 규제권한 미행사가 위법한 것으로 되는 경우는 그것이 현저히 불합리한 경우이다. 따라서 이 경우에는 위법은 물론 과실로 인정됨이 원칙

66 식품의약품안전청장이 구 식품위생법 상의 규제권한을 행사하지 않아서 미니컵 젤리가 수입·유통되어 이를 먹던 아동이 질식사 하였더라도 국가가 이에 대한 손해배상책임을 부담해야 하는 것은 아니다.(2008다77795) 19소간

67 공무원의 직무상 불법행위에 대한 국가배상의 요건이 되는 '위법'은 형식적 의미의 법령에 명시적으로 위반한 경우뿐만 아니라 그 행위가 널리 객관적 정당성을 결여한 경우까지 포함한다.(2009다70180) 16행9

68 「국가배상법」 제2조 소정의 '법령을 위반하여'라고 함은 인권존중·권력남용금지·신의성실과 같이 공무원으로서 마땅히 지켜야 할 준칙이나 규범을 지키지 아니하고 위반한 경우를 비롯하여 널리 그 행위가 객관적인 정당성을 결여하고 있는 경우를 포함한다. 22변시

69 신뢰보호원칙의 위반은 국가배상법 상의 위법 개념을 충족시킨다. 21지방9

70 헌법상 과잉금지의 원칙 내지 비례의 원칙을 위반하여 국민의 기본권을 침해한 국가작용은 국가배상책임에 있어 법령을 위반한 가해행위가 된다. 24지방9

71 (국가배상법 제2조의 손해배상책임과 관련하여) 공무원의 직무집행이 법령이 정한 요건과 절차에 따라 이루어진 것이라면 특별한 사정이 없는 한 공무원의 행위는 법령에 적합한 것이고, 그 과정에서 개인의 권리가 침해된 경우에도 법령적합성이 곧바로 부정되는 것은 아니다.(94다2480) 14지방7

72 절차상의 위법도 국가배상법상 법령위반에 해당한다. 15교행9

73 경매 담당공무원이 이해관계인에게 기일통지를 잘못한 것이 원인이 되어 경락허가결정이 취소된 사안에서, 그 사이 경락대금을 완납하고 소유권이전등기를 마친 경락인에 대하여 국가는 배상책임을 진다. 09국회8

74 공무원의 가해행위에 대해 형사상 무죄판결이 있었더라도 그 가해행위를 이유로 국가배상책임이 인정될 수 있다. 17국가7

75 경찰관은 범인의 체포 또는 도주의 방지, 타인 또는 경찰관의 생명·신체에 대한 방호, 공무집행에 대한 항거의 억제를 위하여 필요한 때에는 최소한의 범위 안에서 가스총을 사용할 수 있으나, 이 경우 가스총 사용시 요구되는 최소한의 안전수칙을 준수함으로써 장비 사용으로 인한 사고 발생을 미리 막아야 할 주의의무가 있다. 17경행

76 경찰관이 난동을 부리던 범인을 검거하면서 가스총을 근접 발사하여 가스와 함께 발사된 고무마개가 범인의 눈에 맞아 실명한 경우에는 국가배상이 인정된다. 08국회8

77 국가 소속 전투경찰들이 시위진압을 함에 있어서 합리적이고 상당하다고 인정되는 정도로 가능한 한 최루탄의 사용을 억제하고 또한 최대한 안전하고 평화로운 방법으로 시위진압을 하여 그 시위진압 과정에서 타인의 생명과 신체에 위해를 가하는 사태가 발생하지 아니하도록 하여야 하는데도, 이를 게을리한 채 합리적이고 상당하다고 인정되는 정도를 넘어 지나치게 과도한 방법으로 시위진압을 한 잘못으로 시위 참가자로 하여금 사망에 이르게 하였다는 이유로 국가의 손해배상책임을 인정한 바 있다. 16경행

---

64 긴급조치 제9호에 대해 위헌·무효임이 선고되기 전에 이루어진 긴급조치 제9호의 발령부터 적용·집행에 이르는 일련의 국가작용에 대하여는 개별 국민이 손해를 입었더라도 국가배상책임이 인정될 수 없다. 미기출

66 식품의약품안전청장이 구 식품위생법 상의 규제권한을 행사하지 않아서 미니컵 젤리가 수입·유통되어 이를 먹던 아동이 질식사 하였다면 국가는 이에 대한 손해배상책임을 부담해야 한다. 19소간

67 공무원의 직무상 불법행위에 대한 국가배상의 요건이 되는 '위법'은 형식적 의미의 법령에 명시적으로 위반한 경우만을 말한다. 16교행9

71 (국가배상법 제2조의 손해배상책임과 관련하여) 공무원의 직무집행이 법령이 정한 요건과 절차에 따라 이루어진 것이라면 특별한 사정이 없는 한 공무원의 행위는 법령에 적합한 것이나, 그 과정에서 개인의 권리가 침해된 경우에는 법령적합성이 곧바로 부정된다. 14지방7

78 성폭력범죄의 담당 경찰관이 경찰서에 설치되어 있는 범인식별실을 사용하지 않고 공개된 장소인 형사과 사무실에서 피의자들을 한꺼번에 세워 놓고 나이 어린 학생인 피해자에게 범인을 지목하도록 한 행위는 국가배상법상의 '법령 위반' 행위에 해당한다.(2007다64365) 미기출

78 성폭력범죄의 담당 경찰관이 경찰서에 설치되어 있는 범인식별실을 사용하지 않고 공개된 장소인 형사과 사무실에서 피의자들을 한꺼번에 세워 놓고 나이 어린 학생인 피해자에게 범인을 지목하도록 하였다는 사정만으로는 국가배상법상의 '법령 위반' 행위에 해당한다고 볼 수 없다. 미기출

79 수사과정에서 여자 경찰관이 실시한 여성 피의자에 대한 신체검사가 그 방식 등에 비추어 피의자에게 큰 수치심을 느끼게 했을 것으로 보였다면 피의자의 신체의 자유를 침해하였다고 봄이 상당하다. 20소간

80 C 음주운전으로 적발된 주취운전자가 도로 밖으로 차량을 이동하겠다며 단속 경찰관으로부터 보관 중이던 차량열쇠를 반환받아 몰래 차량을 운전하여 가던 중 사고를 일으킨 경우, 국가배상책임이 인정된다.(97다54482) 20소방

80 C 음주운전으로 적발된 주취운전자가 도로 밖으로 차량을 이동하겠다며 단속 경찰관으로부터 보관 중이던 차량열쇠를 반환받아 몰래 차량을 운전하여 가던 중 사고를 일으킨 경우, 국가배상책임이 인정되지 않는다는 것이 판례의 태도이다. 20소방

81 C 공무원에 대한 전보인사가 법령이 정한 기준과 원칙에 위배되거나 인사권을 다소 부적절하게 행사한 것으로 볼 여지가 있더라도 그 사유만으로 당연히 해당 전보인사가 불법행위를 구성한다고 볼 수는 없다. 19소간

82 C (국가배상과 관련하여) 시청 소속 공무원이 시장을 (구)부패방지위원회에 부패혐의자로 신고한 후 동사무소로 전보된 경우, 사회통념상 용인될 수 없을 정도로 객관적 상당성을 결여하였다고 단정할 수 없어 불법행위를 구성하지 않는다.(2006다16215) 11경행

82 C (국가배상과 관련하여) 시청 소속 공무원이 시장을 (구)부패방지위원회에 부패혐의자로 신고한 후 동사무소로 전보된 경우, 사회통념상 용인될 수 없을 정도로 객관적 상당성을 결여하였으므로 불법행위를 구성한다. 11경행

83 「교육공무원 성과상여금 지급지침」에서 기간제 교원을 성과상여금 지급대상에서 제외하여도 이에 대해 국가배상책임이 있다고 할 수 없다. 18서울9

84 공무원의 부작위로 인한 국가배상책임을 인정하기 위하여는 공무원의 작위로 인한 국가배상책임을 인정하는 경우와 마찬가지로 국가배상법 제2조 제1항의 요건이 충족되어야 한다. 13지방7

85 C 공무원의 부작위가 공무원으로서 마땅히 지켜야 할 준칙이나 규범을 위반한 경우를 포함하여 널리 객관적인 정당성이 없는 경우, 그 부작위는 '법령을 위반'하는 경우에 해당한다. 22지방7

86 B 공무원의 부작위로 인한 국가배상책임을 인정할 것인지 여부가 문제되는 경우에 관련 공무원에 대하여 작위의무를 명하는 형식적 법률의 규정이 없는 경우에도 국가배상책임이 인정될 수 있다.(98다18520) 21지방7

86 B 공무원의 부작위로 인한 국가배상책임을 인정할 것인지 여부가 문제되는 경우에 관련 공무원에 대하여 작위의무를 명하는 형식적 법률의 규정이 없는 경우에는 국가배상책임이 인정되지 않는다. 21지방7

(87~88) 甲이 A시에 공장을 설립하였는데 그 공장이 들어선 이후로 공장 인근에 거주하는 주민들에게 중한 피부질환과 호흡기질환이 발생하였다. 역학조사 결과 甲의 공장에서 배출되는 매연물질과 오염물질이 주민들에게 발생한 질환의 원인이라고 판단하고 있다. 주민들은 규제권한이 있는 A시장에게 甲의 공장에 대해 개선조치를 해줄 것을 요청하였으나, A시장은 상당한 기간이 지나도록 아무런 조치를 취하지 않고 있다. 18국가9

(87~88) 甲이 A시에 공장을 설립하였는데 그 공장이 들어선 이후로 공장 인근에 거주하는 주민들에게 중한 피부질환과 호흡기질환이 발생하였다. 역학조사 결과 甲의 공장에서 배출되는 매연물질과 오염물질이 주민들에게 발생한 질환의 원인이라고 판단하고 있다. 주민들은 규제권한이 있는 A시장에게 甲의 공장에 대해 개선조치를 해줄 것을 요청하였으나, A시장은 상당한 기간이 지나도록 아무런 조치를 취하지 않고 있다. 18국가9

87 C 관계 법령에서 A시장에게 일정한 조치를 취하여야 할 작위의무를 규정하고 있지 않더라도 甲의 공장에서 나온 매연물질과 오염물질로 인해 질환을 앓게 된 주민들이 많고 그 정도가 심각하여 주민들의 생명, 신체에 가해지는 위험이 절박하고 중대하다고 인정된다면 A시장에게 그러한 위험을 배제하는 조치를 하여야 할 작위의무를 인정할 수 있다.

88 C 甲의 공장에서 배출된 물질 때문에 피해를 입은 주민이 A시장의 부작위를 원인으로 하여 국가배상을 청구한 경우에 국가배상책임이 인정되기 위해서는 A시장의 작위의무위반이 인정되어야 함은 물론, A시장이 그와 같은 결과를 예견하여 그 결과를 회피하기 위한 조치를 취할 수 있는 가능성이 있는지 등도 종합적으로 고려하여 판단하여야 한다.

88 C 甲의 공장에서 배출된 물질 때문에 피해를 입은 주민이 A시장의 부작위를 원인으로 하여 국가배상을 청구한 경우에 국가배상책임이 인정되기 위해서는 A시장의 작위의무위반이 인정되면 충분하고, A시장이 그와 같은 결과를 예견하여 그 결과를 회피하기 위한 조치를 취할 수 있는 가능성까지 인정되어야 하는 것은 아니다.

89 C 절박하고 중대한 위험상태가 발생하였거나 발생할 우려가 있는 경우가 아닌 한, 원칙적으로 공무원이 관련 법령대로만 직무를 수행하였다면 그와 같은 공무원의 부작위를 가지고 '고의 또는 과실로 법령에 위반'하였다고 할 수는 없다. 13지방7

90 경찰은 국민의 생명, 신체 및 재산의 보호 등과 기타 공공의 안녕과 질서유지도 직무로 하고 있고 그 **직무**의 원활한 수행을 위한 권한은 일반적으로 경찰관의 전문적 판단에 기한 합리적인 **재량**에 위임되어 있는 것**이나**, 그 취지와 목적에 비추어 볼 때 구체적인 사정에 따라 경찰관이 그 권한을 행사하여 필요한 조치를 취하지 아니하는 것이 **현저하게 불합리**하다고 인정되는 경우에는 그러**한 권한의 불행사**는 직무상의 의무를 위반한 것이 되어 **위법**하게 된다. 17(하)지방9

91 **소방공무원**의 권한 행사가 관계 법률의 규정에 의하여 소방공무원의 **재량**에 맡겨져 있다고 하더라도 구체적인 상황에서 소방공무원이 권한을 행사하지 아니한 것이 **현저하게 합리성을 잃어** 사회적 타당성이 **없는 경우에는** 직무상 의무를 위반하여 **위법**하게 **된다**. 19국회8

92 **경찰들이** 농민들이 시위를 진압하고 시위과정에 도로상에 **방치된 트랙터** 1대에 대하여 이를 도로 밖으로 옮기거나 후방에 안전표지판을 설치하는 것과 같은 위험발생방지 **조치를 취하지 아니**한 채 그대로 방치하고 철수하여 버린 결과, 야간에 그 도로를 진행하던 운전자가 위 방치된 트랙터를 피하려다가 다른 트랙터에 부딪혀 상해를 입었다면 **국가의 배상책임이 인정된다**.(98다16980) 21소간

93 **경찰관**이 **감금 및 윤락강요**행위를 제지하거나 윤락업주들을 체포·수사하는 등 필요한 조치를 취하지 아니하고 그와 같은 행위를 **방치**한 것은 경찰관의 직무상 의무에 **위반**한 것이다. 미기출

94 무장공비와 격투 중에 있는 가족구성원이 위협받고 있던 중, 다른 가족구성원이 **경찰**관서에 3차례나 출동을 요청하였음에도 불구하고 즉시 **출동**하지 **않아** 무장 공비에 의해 가족구성원이 **사망**한 사건에 대하여 국가는 **배상책임**이 있다. 18소간

95 **인감증명사무를 처리하는 공무원**은 인감증명이 타인과의 권리·의무에 관계되는 일에 사용되는 것을 예상하여 그 발급된 인감증명으로 인한 **부정행위**의 발생을 **방지할 직무상의 의무**가 있다. 12국가7

96 **등기신청의 첨부서면**으로 제출한 판결서의 일부 기재사항 및 기재형식이 일반적인 판결서의 작성방식과 다르다는 점만을 근거로 **담당등기관이** 자세한 **확인절차를 거치지 않**은 것을 직무상의 주의의무위반으로 인정할 수는 없어 **국가배상의 책임**이 인정되지 **아니한다**.(2003다13048) 08국회8

97 담당공무원이 주택구입대부제도와 관련하여 **지급보증서제도**에 관해 **알려주지 않**은 조치는 **법령위반**에 해당하지 **않는다**. 18서울9

98 도지사에 의한 지방의료원의 폐업결정과 관련하여 국가배상책임이 성립하기 위하여서는 공무원의 **직무집행이 위법**하다는 **점만으로는 부족**하고 그로 인하여 타인의 권리·이익이 침해되어 **구체적 손해가 발생하여야** 한다. 19국회8

99 **행정절차**는 그 자체가 **독립적**으로 의미를 가지는 것이라기**보다는** 행정의 공정성과 적정성을 보장하는 공법적 **수단**으로서의 의미가 크므로, **관련 행정처분**의 성립이나 **무효·취소 여부 등을 따지지 않은 채** 주민들이 일시적으로 행정절차에 참여할 권리를 **침해**받았다는 사정**만으로** 곧바로 국가나 지방자치단체가 주민들에게 정신적 손해에 대한 **배상의무**를 부담한다고 단정할 수 **없다**. 24변시

100 공법인이 국가나 지방자치단체의 행정작용을 대신하여 공익사업을 시행하면서 행정절차를 진행하는 과정상 주민들의 절차적 권리를 보장하지 않은 위법이 있는 경우, **절차상 위법이 시정으로도** 주민들에게 **정신적 고통이 남아있다고** 볼 특별한 사정이 **있는 경우에는** 정신적 손해의 **배상**을 구할 수 **있다**. 24국회8

101 판례는 한국전력공사가 **송전선로** 등을 설치하면서 **변경된 사업부지** 인근 주민들의 **의견을 청취**하지 않았다면, 그 인근주민들의 정신적 손해에 대한 **배상책임**이 **있다고** 보았다. 미기출

102 공무원이 고의 또는 과실로 그에게 부과된 직무상 의무를 위반하였을 경우라고 하더라도 국가는 그러한 직무상의 의무 위반과 피해자가 입은 손해 사이에 **상당인과관계**가 인정되는 **범위 내**에서만 **배상책임**을 진다. 21지방7

---

91 **소방공무원**의 권한 행사가 관계 법률의 규정에 의하여 소방공무원의 **재량**에 맡겨져 **있으면** 구체적인 상황에서 소방공무원이 권한을 행사하지 아니한 것이 **현저하게 합리성을 잃어** 사회적 타당성이 **없는 경우에도** 직무상 의무를 위반하여 **위법**하게 되는 것은 **아니다**. 19국회8

92 **경찰들이** 농민들이 시위를 진압하고 시위과정에 도로상에 **방치된 트랙터** 1대에 대하여 이를 도로 밖으로 옮기거나 후방에 안전표지판을 설치하는 것과 같은 위험발생방지 **조치를 취하지 아니**한 채 그대로 방치하고 철수하여 버린 결과, 야간에 그 도로를 진행하던 운전자가 위 방치된 트랙터를 피하려다가 다른 트랙터에 부딪혀 상해를 입은 사안에서 대법원은 **국가의 배상 책임을 인정하지 않았다**. 21소간

96 **등기신청의 첨부서면**으로 제출한 판결서의 일부 기재사항 및 기재형식이 일반적인 판결서의 작성방식과 다른 경우에, **담당등기관이** 자세한 확인절차를 거치지 **않았다면 국가배상의 책임**이 인정된다. 08국회8

100 공법인이 국가나 지방자치단체의 행정작용을 대신하여 공익사업을 시행하면서 행정절차를 진행하는 과정상 주민들의 절차적 권리를 보장하지 않은 위법이 있는 경우, **절차상 위법의 시정으로도** 주민들에게 **정신적 고통이 남아있다고** 볼 특별한 사정이 **있어도** 정신적 손해의 배상을 구하는 것은 **불가능하다**. 24국회8

103 우편집배원이 압류 및 전부명령 결정 정본을 특별송달함에 있어 **부적법한 송달을 하고도 적법한 송달**을 한 것처럼 보고서를 작성하여 압류 및 전부의 효력이 발생하지 않아 집행채권자가 피압류채권을 전부받지 못한 경우 우편집배원의 직무상 의무위반과 집행채권자의 손해 사이에는 **상당인과관계가 있다**. 19국회8

104 **소방공무원들이** 다중이용업소인 주점의 **비상구와 피난시설** 등에 대한 **점검을 소홀**히 함으로써 주점의 피난통로 등에 중대한 피난 장애요인이 있음을 발견하지 못하여 업주들에 대한 적절한 지도·감독을 하지 아니한 경우 직무상 의무 위반과 주점 **손님들의 사망** 사이에 **상당인과관계가 인정**된다. 19서울9

105 유흥주점에 감금된 채 윤락을 강요받으며 생활하던 여종업원들이 **유흥주점에 화재**가 났을 때 미처 피신하지 못하고 유독가스에 질식해 **사망**한 사안에서, **소방공무원이** 위 화재전 유흥주점에 대하여 구 소방법상 **시정조치를 명하지 않은 직무상 의무 위반**과 위 사망의 결과 사이의 **상당인과관계가 존재**한다. 미기출

106 유흥주점에 감금된 채 윤락을 강요받으며 생활하던 여종업원들이 **유흥주점에 화재**가 났을 때 미처 피신하지 못하고 유독가스에 질식해 **사망**한 사안에서, **지방자치단체의 담당 공무원이** 위 유흥주점의 용도변경, 무허가 영업 및 시설기준에 위배된 개축에 대하여 시정명령 등 **식품위생법상** 취하여야 할 조치를 게을리 한 **직무상 의무위반행위**와 위 종업원들의 사망 사이에 **상당인과관계가 존재하지 않는다**. (2005다48994) 을 20군무원9
➕ 소방공무원의 소방법상 시정조치 미발령과 구별이 필요하다.

106 유흥주점에 감금된 채 윤락을 강요받으며 생활하던 여종업원들이 **유흥주점에 화재**가 났을 때 미처 피신하지 못하고 유독가스에 질식해 **사망**한 사안에서, **지방자치단체의 담당 공무원**이 위 유흥주점의 용도변경, 무허가 영업 및 시설기준에 위배된 개축에 대하여 시정명령 등 **식품위생법상** 취하여야 할 조치를 게을리 한 **직무상 의무위반행위**와 위 종업원들의 사망 사이에 **상당인과관계가 존재**한다. 20군무원9

107 공무원에게 부과된 직무상 의무의 내용이 **전적으로 공공 일반의 이익**을 위한 것이거나 **행정기관 내부의 질서**를 규율하기 위한 것인 경우에는, 공무원의 그와 같은 직무상 의무 위반으로 인한 손해에 대하여 국가는 **배상책임을 지지 않는다**. (2000다34891) 을 14국가7

107 공무원에게 부과된 직무상 의무의 내용이 **전적으로 공공 일반의 이익**을 위한 것이거나 **행정기관 내부의 질서**를 규율하기 위한 것인 경우에도, 공무원의 그와 같은 직무상 의무 위반으로 인한 손해에 대하여 국가는 **배상책임을 진다**. 14국가7

108 공무원에게 부과된 직무상 의무의 내용이 전적으로 또는 부수적으로 **사회구성원 개인의 안전과 이익**을 보호하기 위하여 설정된 것이라면, 그와 같은 의무를 위반함으로 인하여 피해자가 입은 손해에 대하여는 상당인과관계가 인정되는 범위 내에서 **배상책임이 성립**한다. 23소방

109 국가배상책임이 인정되려면 공무원의 직무상 의무위반행위와 손해 사이에 상당인과관계가 인정되어야 하는데 공무원에게 직무상 의무를 부과한 법령이 단순히 **공공의 이익**을 위한 것이고 **사익을 보호**하기 위한 것이 **아니라면 상당인과관계가 부인**되어 배상책임이 인정되지 않는다. 17서울7

110 **토석채취공사** 도중 경사지를 굴러 내린 암석이 가스저장시설을 충격하여 화재가 발생한 경우, 토지형질변경허가권자에게 허가 당시 사업자로 하여금 **위해방지시설을 설치하게 할 의무를 진다**. (99다64278) 을 12국가7

110 **토석채취공사** 도중 경사지를 굴러 내린 암석이 가스저장시설을 충격하여 화재가 발생한 경우, 토지형질변경허가권자에게 허가 당시 사업자로 하여금 **위해방지시설을 설치하게 할 의무**는 **없다**. 12국가7

111 주민등록사무를 담당하는 공무원은 **개명**과 같은 사유로 주민등록상의 성명을 정정한 경우에는 반드시 본적지 관할관청에 그 변경사항을 통보하여 본적지의 호적관서로 하여금 그 **정정사항의 진위를 재확인할 수 있도록 할 직무상의 의무가 있다**. 12국가7

112 甲이 乙과 동일한 이름으로 개명허가를 받은 것처럼 호적등본을 위조하여 주민등록상 성명을 위법하게 정정하고, 乙 명의의 주민등록증을 발급받아 乙의 부동산에 관하여 근저당권설정등기를 마친 경우, **주민등록**사무를 **담당**하는 **공무원**이 위와 같은 **성명정정** 사실을 甲의 **본적지 관할관청에 통보하지 아니한** 직무상 의무위배행위와 乙이 입은 손해 사이에 **상당인과관계를 인정할 수 있다**. 을 23변시

112 甲이 乙과 동일한 이름으로 개명허가를 받은 것처럼 호적등본을 위조하여 주민등록상 성명을 위법하게 정정하고, 乙 명의의 주민등록증을 발급받아 乙의 부동산에 관하여 근저당권설정등기를 마친 경우, **주민등록**사무를 **담당**하는 **공무원**이 위와 같은 **성명정정** 사실을 甲의 **본적지 관할관청에 통보**하지 **아니**한 직무상 의무위배행위와 乙이 입은 손해 사이에 **상당인과관계**를 인정할 수 **없다**. 23변시

113 군교도소 수용자들이 **탈주**하여 일반 국민에게 손해를 입혔다면 국가는 그로 인하여 피해자들이 입은 손해를 **배상할 책임이 있다**. 21소방

114 성폭력범죄의 수사를 담당하거나 수사에 관여하는 경찰관이 직무상 의무에 위반하여 **피해자의 인적사항 등을 공개 또는 누설**한 경우, 그로 인하여 피해자가 입은 손해에 대하여 국가는 **배상책임을 진다**. 14국가7

115 「공직선거법」이 후보자가 되고자 하는 자와 그 소속 정당에게 전과기록을 조회할 권리를 부여하고 수사기관에 회보의무를 부과한 것은 공공의 이익만을 위한 것이 아니라 후보자가 되고자 하는 자나 그 소속 정당의 개별적 이익까지 보호하기 위한 것이다.(2011다34521) 〔을〕 19국가7

116 개별공시지가 산정업무 담당공무원 등이 그 직무상 의무에 위반하여 현저하게 불합리한 개별공시지가가 결정되도록 함으로써 갑의 재산권을 침해한 경우 상당인과관계가 인정되는 범위에서 그 손해에 대하여 그 담당공무원 등이 속한 지방자치단체가 배상책임을 지게 된다. 19국가7

117 국가 또는 지방자치단체가 법령이 정하는 상수원수질 기준 유지의무를 다하지 못하고, 법령이 정하는 고도의 정수처리방법이 아닌 일반적 정수처리방법으로 수돗물을 생산·공급하였다는 사유만으로 그 수돗물을 마신 개인에 대하여 손해배상책임을 부담하지 않는다. 12국가7

118 「금융위원회의 설치 등에 관한 법률」의 입법 취지에 비추어 볼 때, 금융감독원에 금융기관에 대한 검사·감독의무를 부과한 법령의 목적이 금융상품에 투자한 투자자 개인의 이익을 직접 보호하기 위한 것이라고 할 수 없으므로, 피고 금융감독원 및 그 직원들의 위법한 직무집행과 해당 저축은행의 후순위사채에 투자한 원고들이 입은 손해 사이에 상당인과관계가 있다고 보기 어렵다.(2015다210194) 〔을〕 22소방

119 과실의 입증책임은 피고인 국가 또는 지방자치단체가 아니라 원고가 부담한다. 〔을〕 15서울9

04 공무원 개인의 배상책임 | 요플 p.305 |

120 「국가배상법」에서는 공무원 개인의 피해자에 대한 배상책임을 인정하는 명시적인 규정을 두고 있지 않다. 21소방

121 공무원책임에 대한 규정인 헌법 제29조 제1항 단서는 그 조항 자체로 공무원 개인의 구체적인 손해배상책임의 범위까지 규정한 것으로 보기는 어렵다. 18(1)서울7

122 국가 또는 지방자치단체가 공무원의 위법한 직무집행으로 발생한 손해에 대해 국가배상법에 따라 배상한 경우에 당해 공무원에게 고의 또는 중과실이 있으면 국가나 지방자치단체는 그 공무원에게 구상권을 행사할 수 있다. 이는 국가배상법에 명시적으로 규정되어 있다.(제2조 제2항) 18국가9
➕ 공무원 개인에게 고의나 중과실이 있으면 구상할 수 있다는 결론은 옳다. 다만 이에 대해 국가배상법에 규정이 없다는 부분이 틀린 것이다.

123 공무원 개인이 고의 또는 중과실이 있는 경우에는 불법행위로 인한 손해배상책임을 진다고 할 것이지만, 공무원의 위법행위가 경과실에 기한 경우에는 공무원은 손해배상책임을 부담하지 않는다. 21지방9

124 공무원이 고의 또는 중과실로 직무상 불법행위를 한 경우에는 피해자는 공무원에 대해 선택적 청구가 가능하나 단순 경과실에 의한 경우에는 선택적 청구가 부정된다. 22소간

125 공무원 개인이 지는 손해배상책임에서 중과실이란 공무원에게 통상 요구되는 정도의 상당한 주의를 하지 않더라도 약간의 주의를 한다면 손쉽게 위법·유해한 결과를 예견할 수 있는 경우임에도 만연히 이를 간과한 경우와 같이, 거의 고의에 가까운 현저한 주의를 결여한 상태를 의미한다. 23소방

126 국가가 가해 공무원에 대하여 구상권을 행사하는 경우 국가가 배상한 배상액 전액이 아니라 신의칙상 상당하다고 인정되는 한도 내에서만 구상권을 행사할 수 있다.(91다6764) 〔을〕 21국가9

127 피해자에게 손해를 직접 배상한 경과실이 있는 공무원이 국가에 대하여 국가의 손해배상책임의 범위 내에서 자신이 변제한 금액에 관하여 구상권을 행사하는 것은 허용된다.(2012다54478) 〔을〕 15서울7

128 경과실이 있는 공무원이 피해자에게 직접 손해를 배상하였다면 그것은 채무자 아닌 사람이 타인의 채무를 변제한 경우에 해당한다. 15서울7

129 경과실로 불법행위를 한 공무원이 피해자에게 손해를 배상하였다면 이는 타인의 채무를 변제한 경우에 해당하고, 이는 민법상 제3자의 변제 또는 도의관념에 적합한 비채변제에 해당하여 피해자는 공무원에게 이를 반환할 의무가 없다. 22지방9

---

115 「공직선거법」이 후보자가 되고자 하는 자와 그 소속 정당에게 전과기록을 조회할 권리를 부여하고 수사기관에 회보의무를 부과한 것은 공공의 이익만을 위한 것이지 후보자가 되고자 하는 자나 그 소속 정당의 개별적 이익까지 보호하기 위한 것은 아니다. 19국가7

118 「금융위원회의 설치 등에 관한 법률」의 입법 취지에 비추어 볼 때, 금융감독원에 금융기관에 대한 검사·감독의무를 부과한 법령의 목적이 금융상품에 투자한 투자자 개인의 이익을 직접 보호하기 위한 것이라고 할 수 있으므로, 피고 금융감독원 및 그 직원들의 위법한 직무집행과 해당 저축은행의 후순위사채에 투자한 원고들이 입은 손해 사이에 상당인과관계가 인정된다. 22소방

119 과실의 입증책임은 원고가 아니라 피고인 국가 또는 지방자치단체로 전환된다. 15서울9

122 국가 또는 지방자치단체가 공무원의 위법한 직무집행으로 발생한 손해에 대해 국가배상법에 따라 배상한 경우에 당해 공무원에게 구상권을 행사할 수 있는지에 대해 국가배상법은 규정을 두고 있지 않으나, 판례에 따르면 당해 공무원에게 고의 또는 중과실이 인정될 경우 국가 또는 지방자치단체는 그 공무원에게 구상권을 행사할 수 있다. 18국가9

126 국가가 가해 공무원에 대하여 구상권을 행사하는 경우 국가가 배상한 배상액 전액에 대하여 구상권을 행사하여야 한다. 21국가9

127 피해자에게 손해를 직접 배상한 경과실이 있는 공무원이 국가에 대하여 국가의 손해배상책임의 범위 내에서 자신이 변제한 금액에 관하여 구상권을 행사하는 것은 권리남용으로 허용되지 아니한다. 15서울7

129 경과실로 불법행위를 한 공무원이 피해자에게 손해를 배상하였다면 이는 타인의 채무를 변제한 경우에 해당하므로 피해자는 공무원에게 이를 반환할 의무가 있다. 22지방9

05 자동차 손해배상책임과의 관계 | 요플 p.306 |

130 「자동차손해배상 보장법」은 배상책임의 성립요건에 관하여 **국가배상법에 우선**하여 적용된다.
ⓑ
15지방9

131 공무원이 그 직무를 집행하기 위하여 국가 또는 지방자치단체 소유의 **공용차**를 운행하는 경우, 그 자동차에 대한 **운행 지배나 운행이익**은 그 공무원이 소속한 **국가 또는 지방자치단체에 귀속**된다고 할 것이므로, 그 **공무원이** 자기를 위하여 공용차를 운행하는 자로서 자동차손해배상보장법 제3조 소정의 **손해배상책임의 주체**가 될 수는 **없다**.
14(2)경행

132 공무원이 **자기소유 차량**으로 공무수행 중 사고를 일으킨 경우 공무원 개인이 **경과실**에 의한 것인지 또는 고의 또는 **중과실**에 의한 것인지를 **가리지 않고**「자동차손해배상 보장법」상의 운행자성이 인정되는 한 **배상책임을 부담**한다.
15국회8

133 육군중사 甲이 다음날 실시예정인 독수리 훈련에 대비하여 사전정찰차 훈련지역 일대를 살피고 **귀대하던 중 교통사고**가 일어났다면, 甲이 비록 **개인소유의 오토바이**를 운전하였다하더**라도** 실질적·객관적으로 위 甲의 운전행위는 그에게 부여된 훈련지역의 사전정찰임무를 수행하기 위한 **직무와 밀접한 관련이 있다**고 보아야 한다.
16지방7

테마별 N지 모음

N1 〈보기〉에 관한 설명으로 옳지 않은 것은? (다툼이 있는 경우 판례에 따름)
14국회8 ④

> A시 소유의 임야에 있는 주택가 주변 공터를 두르고 있는 암벽에 **붕괴 위험**이 있었다. 甲을 포함한 지역주민들은 이 암벽에 붕괴 위험이 있으므로 이를 **보수**해달라는 민원을 수차례 제기하였으나, A시는 아무런 **조치**를 취하지 **않았다**. 그런데 해빙기에 얼었던 암벽이 붕괴되어 이 공터에서 놀던 **어린이** 3명이 사망하였다. 사고 후 사망한 어린이의 부모 甲 등은 A시를 상대로「국가배상법」제2조에 근거한 배상청구소송을 제기하였다.
> ※ 지방자치단체가 붕괴 위험이 있는 암벽에 대한 안전관리**조치**를 취하여야 한다는 명시적인 법령**규정**은 존재하지 **않는다**.

① 「국가배상법」제2조의 배상책임과 관련하여 A시의 **부작위**에 의한 배상**책임**이 **문제**될 수 있다.
② 공무원이 그 **권한**을 **행사**하지 **아니**한 것이 직무상 의무를 위반하여 **위법**한 것으로 되는 **경우**에는 특별한 사정이 없는 한 **과실도 인정**된다.
③ 위 사안의 경우 암벽 붕괴로 인한 국민의 **생명, 신체**에 관한 **중대**한 **위험**상태가 발생할 우려가 있는 경우에 해당하므로 판례에 따를 때 A시 또는 A시 공무원의 위험방지 **작위의무**를 **인정**할 수 있다.
④ 만약 甲을 포함한 주민들의 암벽보수에 대한 **신청이 없**었다면 A시의 **배상책임**을 인정하기 **어렵다**.
⑤ 공무원의 직무는 그 내용이 단순히 **공공 일반**의 이익을 위한 것이거나 행정**기관 내부**의 질서를 규율하기 위한 것**뿐만 아니라** 전적으로 또는 부수적으로 **사익보호**를 위한 **직무여야** 한다.

[해설] ④ 주민들의 암벽보수 신청이 있었는지는 국가배상청구권의 성립과는 무관하다. 이는 부작위위법확인소송에서 소송요건으로서 문제될 수 있을 뿐이다.

N2 다음 사안에 관한 설명으로 가장 옳지 않은 것은? (다툼이 있는 경우 판례에 의함)
17서울9 ④

> 甲은 **공중보건의**로 근무하면서 乙을 **치료**하였는데 그 과정에서 乙은 폐혈증으로 **사망**하였다. 유족들은 甲을 상대로 손해배상청구의 소를 제기하였고, 甲의 의료상 **경과실**이 **인정**된다는 이유로 甲에게 손해배상책임을 인정한 판결이 확정되었다. 이에 甲은 乙의 유족들에게 판결금 채무를 지급하였고, 이후 국가에 대해 구상권을 행사하였다.

① **공중보건의** 甲은 **국가배상법상**의 **공무원**에 해당한다.
② 공무원의 직무수행 중 불법행위로 인한 배상과 관련하여, 피해자가 **공무원에** 대해 **직접**적으로 손해**배상**을 **청구**할 수 있는지 여부에 대한 명시적 **규정**은 국가배상법상으로 존재하지 **않는다**.
③ 공중보건의 甲이 직무수행 중 불법행위로 乙에게 손해를 입힌 경우 국가 등이 국가배상책임을 부담하는 외에 甲 **개인도 고의 또는 중과실**이 있다고 한다면 민사상 불법행위로 인한 손해**배상책임**을 **진다**.
④ 乙의 유족에게 **손해를 직접 배상**한 **경과실**이 있는 공중보건의 甲은 **국가에** 대하여 자신이 변제한 금액에 대하여 **구상권**을 취득할 수 **없다**.

[해설] ④ 乙의 유족에게 **손해를 직접 배상**한 **경과실**이 있는 공중보건의 甲은 **국가에** 대하여 자신이 변제한 금액에 대하여 **구상권**을 취득할 수 **있다**.

THEME 72 국가배상법(2) - 영조물의 하자에 따른 국가배상책임(제5조)

○ 지문 / × 지문

01 관련 조문 개관 | 요플 p.307 |

01 영조물의 설치·관리상 하자로 인한 **국가배상**에 관하여는 명문의 **헌법**상 근거가 **없다**. 16교행9

02 **국가배상법 제5조**의 손해배상책임은 동법 제2조의 책임과 달리 **무과실책임주의**로 규정되어 있다. (을) 09국가7

03 국가배상법 제5조는 점유자의 **면책조항을 두고 있지 않다는** 점에서 **민법** 제758조의 공작물 등의 배상책임**과 다르며**, 그 대상을 **공작물에 한정하고 있지 않은** 점에서도 **민법**상의 배상책임규정**과 차이**가 있다. (을) 08국가9

02 **국가배상법 제5조**의 손해배상책임은 동법 제2조의 책임과 같이 **과실책임주의**로 규정되어 있다. 09국가7

03 국가배상법 제5조는 점유자의 **면책조항을 두고 있는** 점에서 **민법** 제758조의 공작물 등의 배상책임**과 동일하며**, 다만 그 대상을 **공작물에 한정하고 있지 않은** 점에서 **민법**상의 배상책임규정**과 차이**가 있다. 08국가9

02 배상책임 인정요건 | 요플 p.307 |

04 **국가배상법상의 영조물**은 **학문상 공물**과 같은 의미로 해석하는 것이 통설이다. 08국회8

05 「국가배상법」 제5조 소정의 공공의 영조물이란 **공유**나 **사유**임을 **불문**하고 행정주체에 의하여 **특정 공공의 목적에 공여된 유체물 또는 물적 설비**를 의미한다. 21지방7

06 국가 또는 지방자치단체가 관리하지만 **사인의 소유**에 속하는 공물에 대하여도 국가배상법 제5조가 **적용된다**.(98다17381) (을) 14국가7

07 '공공의 영조물'이란 국가 또는 지방자치단체가 소유권, 임차권, 그 밖의 권한에 기하여 관리하고 있는 경우를 의미하고, 그러한 **권원 없이 사실상의 관리**를 하고 있는 경우도 **포함된다**.(98다17381) (을) 16국가9

06 국가 또는 지방자치단체가 관리하지만 **사인의 소유**에 속하는 공물에 대하여는 국가배상법 제5조가 **적용되지 아니한다**. 14국가7

07 '공공의 영조물'이란 국가 또는 지방자치단체가 소유권, 임차권, 그 밖의 권한에 기하여 관리하고 있는 경우를 의미하고, 그러한 **권원 없이 사실상의 관리**를 하고 있는 경우는 **제외된다**. 16국가9

08 일반 **공중이 사용**하는 공공용물 외에 **행정주체가 직접 사용**하는 공용물이나 하천과 같은 **자연공물**도 국가배상법 제5조의 '공공의 영조물'에 **포함된다**. 17지방9

09 도로와 일체가 되어 그 효용을 다하게 되는 시설인 **여의도 광장**은 국가배상법 제5조에 의한 영조물에 **해당한다** 10경행(변형)

10 '공공의 영조물'에는 **철도시설물**인 **대합실과 승강장** 및 도로 상에 설치된 **보행자 신호기**와 **차량 신호기**도 포함된다. 20국가7

11 **철도건널목 자동경보기**는 국가배상법 제5조에 의한 영조물에 **해당**한다 10경행(변형)

12 국가의 **철도운행사업과 관련**하여 발생한 사고로 인한 손해배상청구의 경우 그 사고에 **공무원이 간여**하였다고 하더라도 「국가배상법」이 아니라 「민법」이 적용되어야 하지만, **철도시설물의 설치 또는 관리의 하자**로 인한 손해배상청구의 경우에는 「국가배상법」이 적용된다. 21국가7

13 매향리 **사격장**(은 국가배상법 제5조에 의한 영조물에 **해당**한다) 10경행(변형)

14 (국가배상법 제5조와 관련하여) 도로나 하천과 마찬가지로 **경찰견도** 영조물에 **포함된다**는 것이 다수설의 입장이다. (을) 07국가9

14 (국가배상법 제5조와 관련하여) 도로나 하천과 달리 **경찰견은** 영조물에 **포함되지 않는**다는 것이 판례의 입장이다. 07국가9

15 지방자치단체가 옹벽시설공사를 업체에게 주어 공사를 시행하다가 사고가 일어난 경우, 옹벽이 **공사 중이고** 아직 완성되지 아니하여 일반 **공중의 이용에 제공되지 않았다면** 「국가배상법」 제5조 소정의 영조물에 해당한다고 할 수 **없다**. 21소방

16 노선인정 기타 **공용지정을 갖추지 못**하였다면 사실상 군민의 **통행에 제공**되고 있던 **도로라도** 국가배상법 제5조에 의한 **영조물에 해당**하지 **않는다**.(80다2478) (을) 10경행(변형)
  ➕ 인공공물의 경우 물적 형태를 갖추고 동시에 공용개시도 있어야 공물성이 인정될 수 있다. 지문의 경우에는 공용지정을 갖추지 못하여 공용개시가 있었다고 볼 수 없기에 이에 해당하지 않는다.

16 노선인정 기타 **공용지정을 갖추지 못**하였으나 사실상 군민의 **통행에 제공**되고 있던 도로는 국가배상법 제5조에 의한 **영조물에 해당**한다. 10경행(변형)

17 영조물의 설치·관리**하자란** 영조물이 그 용도에 따라 **통상 갖추어야 할 안전성**을 갖추지 **못한 상태**에 있음을 말하며, 안전성의 구비 여부는 당해 영조물의 구조, 본래의 용법, 장소적 환경 및 이용상황 등의 여러 사정을 **종합적**으로 고려하여 **구체적 개별적**으로 **판단**하여야 한다. 23소간

18 영조물이 그 설치 및 관리에 있어 완전무결한 상태를 유지할 정도의 고도의 안전성을 갖추지 아니하였다고 하여 하자가 있다고 단정할 수는 없고, 영조물 이용자의 상식적이고 질서 있는 이용방법을 기대한 상대적인 안전성을 갖추는 것으로 족하다. 24소방

19 '영조물의 설치나 관리의 하자'란 공공의 목적에 공여된 영조물이 그 용도에 따라 갖추어야 할 안전성을 갖추지 못한 상태에 있음을 말하고, 여기서 안전성을 갖추지 못한 상태란 그 영조물을 구성하는 물적 시설 자체에 있는 물리적·외형적 흠결이나 불비로 인하여 그 이용자에게 위해를 끼칠 위험성이 있는 경우뿐만 아니라, 그 영조물이 공공의 목적에 이용됨에 있어 이용상태 및 정도가 일정한 한도를 초과하여 제3자에게 사회통념상 수인할 것이 기대되는 한도를 넘는 피해를 입히는 경우까지 포함된다. 24소방

20 영조물이 공공의 목적에 이용됨에 있어 그 이용상태 및 정도가 일정한 한도를 초과하여 제3자에게 사회통념상 수인할 것이 기대되는 한도를 넘는 피해를 입히는 경우도 국가배상법 제5조 제1항의 '영조물의 설치 또는 관리의 하자'에 해당될 수 있다.(2003다49566) 11사복9

21 김포공항을 설치·관리함에 있어 항공법령에 따른 항공기 소음기준 및 소음대책을 준수하려는 노력을 하였더라도, 공항이 항공기 운항이라는 공공의 목적에 이용됨에 있어 그와 관련하여 배출하는 소음 등의 침해가 인근 주민들에게 통상의 수인한도를 넘는 피해를 발생하게 하였다면 공항의 설치·관리상에 하자가 있다고 보아야 한다. 21소방

22 판례는 사격장에서 발생하는 소음 등으로 지역주민들이 입은 피해가 수인한도를 넘는 경우 사격장의 설치 또는 관리에 하자가 있다고 한다. 11지방9

23 차량이 통행하는 도로에서 유입되는 소음 때문에 인근 주택의 거주자에게 사회통념상 일반적으로 수인할 정도를 넘어서는 침해가 있는지 여부는,「주택법」 등에서 제시하는 주택건설기준보다는 「환경정책기본법」 등에서 설정하고 있는 환경기준을 우선적으로 고려하여 판단하여야 한다.(2008다9358) 21소간

24 안전성의 구비 여부를 판단함에 있어서는 제반사정을 종합적으로 고려하여 설치·관리자가 그 영조물의 위험성에 비례하여 사회통념상 일반적으로 요구되는 정도의 방호조치 의무를 다하였는지 여부를 그 기준으로 삼아야 한다. 12경행

25 (공공의 영조물의 설치·관리의 하자로 인한 국가배상법상 배상책임과 관련하여) 객관적으로 보아 시간적·장소적으로 영조물의 기능상 결함으로 인한 손해발생의 예견가능성과 회피가능성이 없는 경우에는 영조물의 설치관리상의 하자를 인정할 수 없다. 18국8

26 주관적 요소를 고려하는 최근의 판례에 따르면 영조물의 결함이 영조물의 설치관리자의 관리행위가 미칠 수 없는 상황 아래에 있는 것이 입증되는 경우 영조물의 설치·관리상의 하자를 인정할 수 없다.(2000다56822) 16국회8

27 하자의 의미에 관한 학설 중 객관설에 의할 때, 영조물에 결함이 있다면 그 결함이 객관적으로 보아 영조물의 설치·관리자의 관리행위가 미칠 수 없는 상황 아래에 있는 경우에도 영조물의 설치·관리상의 하자를 인정할 수 있다. 21국8

➕ 객관설은 영조물의 통상 갖추어야 할 안정성을 결여하면 하자가 있다고 보기에, 주관적 관리의무와 무관하게 물적 결함이 있으면 하자가 인정된다.

28 국가배상청구소송에서 공공의 영조물에 하자가 있다는 입증책임은 피해자가 지지만, 관리주체에게 손해발생의 예견 가능성과 회피가능성이 없다는 입증책임은 관리주체가 진다. 17(상)국가9

29 고속도로의 관리상 하자가 인정되더라도 고속도로의 관리상 하자를 판단할 때 고속도로의 점유관리자가 손해의 방지에 필요한 주의의무를 해태하지 않았다는 점을 주장·입증하여야 한다.(2007다29287) 17(상)지방9

➕ 주의의무에 대한 주장·입증책임은 피해자가 아닌 관리자에게 있다. 따라서 '주의의무 해태가 있었다'는 것을 피해자가 주장·입증하는 것이 아니라, '주의의무 해태가 없었다'는 것을 관리자가 주장·입증하여야 한다.

---

19 '영조물의 설치나 관리의 하자'란 공공의 목적에 공여된 영조물이 그 용도에 따라 갖추어야 할 안전성을 갖추지 못한 상태에 있음을 말하고, 여기서 안전성을 갖추지 못한 상태란 그 영조물을 구성하는 물적 시설 자체에 있는 물리적·외형적 흠결이나 불비로 인하여 그 이용자에게 위해를 끼칠 위험성이 있는 경우에 한한다. 24소방

20 영조물이 공공의 목적에 이용됨에 있어 그 이용상태 및 정도가 일정한 한도를 초과하여 제3자에게 사회통념상 수인할 것이 기대되는 한도를 넘는 피해를 입히는 경우는 손실보상의 대상으로 논의될 수 있을 뿐, 국가배상법 제5조 제1항의 '영조물의 설치 또는 관리의 하자'에 해당될 수 없다. 11사복9

23 차량이 통행하는 도로에서 유입되는 소음 때문에 인근 주택의 거주자에게 사회통념상 일반적으로 수인할 정도를 넘어서는 침해가 있는지 여부는,「주택법」 등에서 제시하는 주택건설기준보다는 「환경정책기본법」 등에서 설정하고 있는 환경기준을 우선적으로 고려하여 판단하여서는 아니된다. 21소간

26 주관적 요소를 고려하는 최근의 판례에 따르면 영조물의 결함이 영조물의 설치관리자의 관리행위가 미칠 수 없는 상황 아래에 있는 것이 입증되는 경우 영조물의 설치·관리상의 하자를 인정할 수 있다. 16국회8

27 하자의 의미에 관한 학설 중 객관설에 의할 때, 영조물에 결함이 있지만 그 결함이 객관적으로 보아 영조물의 설치·관리자의 관리행위가 미칠 수 없는 상황 아래에 있는 경우에는 영조물의 설치·관리상의 하자를 인정할 수 없다. 21국8

29 고속도로의 관리상 하자가 인정되더라도 고속도로의 관리상 하자를 판단할 때 고속도로의 점유관리자가 손해의 방지에 필요한 주의의무를 해태하였다는 주장·입증책임은 피해자에게 있다. 17(상)지방9

30 가변차로에 설치된 **두 개의 신호기**에서 서로 **모순되는 신호**가 들어오는 고장으로 인하여 사고가 발생한 경우, 그 고장이 현재의 **기술 수준상 부득이한 것**으로 예방할 방법이 없는 것**이라도** 손해 발생의 예견가능성이나 회피 가능성이 없어 영조물의 **하자**를 인정할 수 **없는 경우라고 단정할 수 없다.** (2000다56822) 〔율〕 21소방

31 밤중에 낙뢰로 신호기에 고장이 발생하여 **보행자신호기**와 **차량신호기에 동시에 녹색등**이 표시되게 되었는데 이러한 고장 사실이 다음날 **3차례에 걸쳐** 경찰청 교통정보센터에 **신고**되었다. 교통정보센터는 수리업체에 연락하여 수리하도록 하였으나 수리업체 직원이 고장난 신호등을 찾지 못하여 위 신호기가 고장난 채 **방치**되어 있던 중 보행자신호기의 녹색등을 보고 횡단보도를 건너던 B가 차량신호기의 녹색등을 보고 도로를 주행하던 승용차에 치여 교통사고를 당하였다.(면 대법원 판례에 의할 때 **국가배상책임이 인정**된다.) 10국회8

32 **보행자 신호기**가 고장난 횡단보도 상에서 교통사고가 발생한 사안에서, 적색등의 전구가 **단선**되어 있었던 위 보행자 신호기는 그 용도에 따라 통상 갖추어야 할 안전성을 갖추지 못한 관리상의 하자가 있어 **국가배상책임이 인정**된다고 보아야 한다. 21소간

33 D는 자동차를 운전하고 가던 중 서울 시내 **교차로의 진행방향 신호기**의 정지신호가 **단선**으로 소등되어 있는 상태에서 그대로 진행하다가 좌우 다른 방향의 진행신호에 따라 교차로에 진입한 차량과 충돌하여 부상을 입었다. 한편, 사고 당시 서울시 전역에 약 13만여 개의 신호 등 전구가 설치되어 있었고, 그 중 약 300여 개가 하루에 소등되는데 신호등 **전구의 수명은 예측 곤란하다면** 신호기의 적색신호가 소등된 기능상 결함이 있었다는 사정만으로 신호기의 설치 또는 관리상 어떠한 **하자가 있었다고 할 수 없다.** (99다54004) 〔율〕 10국회8

34 **편도 2차선** 도로의 1차선 상에 교통사고의 원인이 될 수 있는 **크기의 돌멩이가 방치**되어 있었고 도로의 점유·관리자가 그것에 대한 관리 가능성이 없다는 입증을 하지 못하고 있다면 이는 도로관리·보존상의 **하자에 해당**한다. 20국회9

35 강설에 대처하기 위하여 완벽한 방법으로 **도로 자체에 융설 설비**를 갖추는 것은 현대의 과학기술 수준이나 재정사정에 비추어 사실상 **불가능**하다고 하**더라도**, 고속도로의 관리자에게 도로의 구조, 기상예보 등을 고려하여 사전에 충분한 인적·물적 설비를 갖추어 **강설시 신속한 제설작업**을 하고 필요한 경우 제때에 **교통통제** 조치를 취할 **관리의무가 있다.** (2007다29287) 〔율〕 14국가7

36 A가 운전하던 트럭의 앞바퀴가 고속도로 상에 **떨어져 있는 타이어**에 걸려 중앙분리대를 넘어가 맞은편에서 오던 트럭과 충돌하여 부상을 입었다. 그런데, 위 타이어가 사고 지점 고속도로상에 **떨어진 것은** 사고가 발생하기 **10분 내지 15분전**이었다. A는 **국가배상책임**을 물을 수 **없다**. 11사복9

37 〔인〕 乙은 자동차로 겨울철 눈이 내린 직후에 **산간지역**에 위치한 **국도**를 달리던 중 도로에 생긴 빙판길에 미끄러져 상해를 입었다. 위 사례에서 겨울철 산간지역에 위치한 도로에 강설로 생긴 **빙판을 그대로 방치**하고 도로상황에 대한 경고나 **위험표지판을 미설치**했다는 사정**만으로는** 도로관리상의 **하자**가 있다고 볼 수 **없다**. 〔율〕 18지방9

38 〔인〕 甲은 자동차로 좌로 굽은 내리막 국도 **편도 1차로**를 달리던 중 커브 길에서 앞선 차량을 **무리하게 추월**하기 위하여 **중앙선을 침범**하여 반대편 도로를 벗어나 도로 옆 계곡으로 떨어져 중상해를 입었다. 위 사례에서 도로 관리자인 지방자치단체가 차량용 **방호울타리를 미설치**했다는 것만으로는 도로에 통상 갖추어야 할 안전성이 결여된 설치·관리상의 하자가 있다고 보기 **어렵다**. 〔율〕 18지방9

---

30 가변차로에 설치된 **두 개의 신호기**에서 서로 **모순되는 신호**가 들어오는 고장으로 인하여 사고가 발생한 경우, 그 고장이 현재의 **기술 수준상 부득이한 것**으로 예방할 방법이 없는 것**이라면** 손해발생의 예견가능성이나 회피 가능성이 없어 영조물의 **하자**를 인정할 수 **없다.** 21소방

33 D는 자동차를 운전하고 가던 중 서울 시내 **교차로의 진행방향 신호기**의 정지신호가 **단선**으로 소등되어 있는 상태에서 그대로 진행하다가 좌우 다른 방향의 진행신호에 따라 교차로에 진입한 차량과 충돌하여 부상을 입었다. 한편, 사고 당시 서울시 전역에 약 13만여 개의 신호 등 전구가 설치되어 있었고, 그 중 약 300여 개가 하루에 소등되는데 신호등 **전구의 수명은 예측 곤란하다(고 하더라도)** 법원 판례에 의할 때 **국가배상책임이 인정**된다.) 10국회8

35 강설에 대처하기 위하여 완벽한 방법으로 **도로 자체에 융설 설비**를 갖추는 것은 현대의 과학기술 수준이나 재정사정에 비추어 **사실상 불가능**하다고 할 것이**므로**, 고속도로의 관리자에게 도로의 구조, 기상예보 등을 고려하여 사전에 충분한 인적·물적 설비를 갖추어 **강설시 신속한 제설작업**을 하고 필요한 경우 제때에 **교통통제** 조치를 취할 **관리의무가** 있다고 할 수 **없다**. 14국가7

37 〔인〕 乙은 자동차로 겨울철 눈이 내린 직후에 **산간지역**에 위치한 **국도**를 달리던 중 도로에 생긴 빙판길에 미끄러져 상해를 입었다. 위 사례에서 乙은 산악지역의 특성상 **빙판길** 위험 경고나 **위험 표지판**이 설치되었다면 주의를 기울여 운행하여 상해를 입지 않았을 것이므로 그 **미설치만으로도** 국가에 대한 손해**배상책임**을 묻기에 **충분**하다. 18지방9

38 〔인〕 甲은 자동차로 좌로 굽은 내리막 국도 **편도 1차로를 달리던** 중 커브 길에서 앞선 차량을 무리하게 추월하기 위하여 **중앙선을 침범**하여 반대편 도로를 벗어나 도로 옆 계곡으로 떨어져 중상해를 입었다. 위 사례에서 만약 반대편 갓길에 차량용 방호울타리가 설치되었다면 甲이 상해를 입지 않았거나 경미한 상해를 입었을 것이므로 그 **방호울타리 미설치만으로도 손해배상**을 받기에 **충분**한 요건을 갖추었다고 볼 수 있다. 18지방9

39 관리청이 하천법 등 관련규정에 의해 책정한 하천정비기본계획 등에 따라 개수를 완료한 하천 또는 아직 개수중이라 하더라도 개수를 완료한 부분에 있어서는, 위 하천정비기본계획 등에서 정한 계획홍수량 및 계획홍수위를 충족하여 하천이 관리되고 있다면 당초부터 계획홍수량 및 계획홍수위를 잘못 책정하였다거나 그 후 이를 시급히 변경해야 할 사정이 생겼음에도 불구하고 이를 해태하였다는 등의 특별한 사정이 없는 한, 그 하천은 용도에 따라 통상 갖추어야 할 안전성을 갖추고 있다고 보아야 한다. 12(하)지방9

40 이미 존재하는 하천의 제방이 계획홍수위를 넘고 있다면, 하천이 그 후 새로운 하천시설을 설치할 때 '하천시설기준'으로 정한 여유고(餘裕高)를 확보하지 못하고 있다는 사정만으로 안정성이 결여된 하자가 있다고 볼 수는 없다.(2001다48057) 20국가7

40 하천의 제방이 계획홍수위를 넘고 있더라도, 하천이 그 후 새로운 하천시설을 설치할 때 '하천시설기준'으로 정한 여유고(餘裕高)를 확보하지 못하고 있다면 그 사정만으로 안정성이 결여된 하자가 있다고 보아야 한다. 20국가7

41 학생이 담배를 피우기 위하여 3층 건물 화장실 밖의 난간을 지나다가 실족하여 사망한 경우, 학교관리자에게 그와 같은 이례적인 사고가 있을 것을 예상하여 화장실 창문에 난간으로의 출입을 막기 위한 출입금지장치나 추락 위험을 알리는 경고표지판을 설치할 의무는 없으므로 학교시설의 설치·관리상의 하자는 인정되지 아니한다. 14국가7

42 배상의 범위는 영조물의 하자와 상당인과관계에 있는 모든 손해이다. 08국회8

43 다른 자연적 사실이나 제3자의 행위 또는 피해자의 행위와 경합하여 손해가 발생하였더라도 영조물의 설치·관리상의 하자가 공동원인의 하나가 된 이상 그 손해는 영조물의 설치·관리상의 하자에 의하여 발생한 것이라고 보아야 한다. 08국가9
⊕ 영조물의 하자가 손해의 원인 중 하나라면, 다른 요인들이 개입했어도 하자와 손해간 상당인과관계를 인정하여 배상책임을 지게 한다는 의미. 단, 이 경우 다른 원인사유의 존재가 감액사유로 고려될 수는 있음

03 감면사유 | 요플 p.310 |

44 불가항력 등 영조물책임의 감면사유가 있는 경우에도 공무원의 과실로 피해가 확대된 경우에는 그 한도내에서 국가배상법 제2조의 배상책임이 인정된다. 09국가7

45 집중호우로 제방도로가 유실되면서 보행자가 강물에 휩쓸려 익사한 경우, 사고 당일의 집중호우가 50년 빈도의 최대강우량에 해당한다면 불가항력에 기인한 것으로 볼 수 없다.(99다53247) 21국가7

45 집중호우로 제방도로가 유실되면서 보행자가 강물에 휩쓸려 익사한 경우, 사고 당일의 집중호우가 50년 빈도의 최대강우량에 해당한다면 불가항력에 기인한 것으로 볼 수 있다. 21국가7

46 100년 발생빈도의 강우량을 기준으로 책정된 계획홍수위를 초과하여 600년 또는 1,000년 발생빈도의 강우량에 의한 하천의 범람은 예측가능성 및 회피가능성이 없는 불가항력적인 재해로서 영조물의 관리청에게 책임을 물을 수 없다. 24변시

47 소음 등을 포함한 공해 등의 위험지역으로 이주하여 들어가 거주하는 경우와 같이 위험의 존재를 인식하거나 과실로 인식하지 못하고 이주한 경우 에는 손해배상액의 산정에 있어 형평의 원칙상 과실상계에 준하여 감경 또는 면제사유로 고려하여야 한다. 21소간

48 소음 등을 포함한 공해 등의 위험지역으로 이주하여 거주하는 것이 피해자가 위험의 존재를 인식하고 그로 인한 피해를 용인하면서 접근한 것이라고 볼 수 있는 경우 가해자의 면책이 인정될 수 있다. 16국가9

49 소음 등의 공해로 인한 법적 쟁송이 제기되거나 그 피해에 대한 보상이 실시되는 등 피해지역임이 구체적으로 드러나고 이러한 사실이 그 지역에 널리 알려진 이후에 이주하여 오는 경우에는 위와 같은 위험에의 접근에 따른 가해자의 면책 여부를 보다 적극적으로 인정할 여지가 있다. 17(상)지방9

50 영조물이 안전성을 갖추었는지 여부는 영조물의 설치자 또는 관리자가 그 영조물의 위험성에 비례하여 사회통념상 일반적으로 요구되는 정도의 방호조치의무를 다하였는지를 기준으로 판단하여야 하고, 아울러 그 설치자 또는 관리자의 재정적·인적·물적 제약 등도 고려하여야 한다. 23국가7

50 영조물이 안전성을 갖추었는지 여부는 영조물의 설치자 또는 관리자가 그 영조물의 위험성에 비례하여 사회통념상 일반적으로 요구되는 정도의 방호조치의무를 다하였는지를 기준으로 판단하여야 하고, 그 설치자 또는 관리자의 재정적·인적·물적 제약 등은 고려하지 않는다. 23국가7

51 영조물 설치자의 재정사정이나 영조물의 사용목적에 의한 사정은, 안전성을 요구하는 데 대한 참작사유는 될지언정 안전성을 결정지을 절대적 요건은 아니다. 21소방

테마별 N지 모음

N1 국가배상법 제5조의 **영조물**에 해당되지 **않는** 것은? 13서울9 ①
① **현금** ② 도로 ③ 수도
④ 서울시 청사 ⑤ 관용 자동차

해설 ① 현금은 공적 목적에 직접 이용되는 물건이 아니기에 영조물에 해당하지 않는다. 일반재산에 불과하다.

THEME 73 국가배상법(3) - 공통사항 및 특례규정

○ 지문 | × 지문

01 배상금액 | 요플 p.311 |

01 (행정상 손해배상과 관련하여) **손해는** 법익침해로 인한 모든 불이익을 말하며, **재산상**의 손해이든 **비재산**적 손해(생명·신체·정신상의 손해)이든, **적극**적 손해이든 **소극**적손해이든 **불문**한다. 20군무원7

02 **영조물**의 설치·관리 하자로 인한 손해배상의 경우 피해자의 **위자료** 청구권이 반드시 **배제**되는 것은 **아니다**.(90다카25604) 08국회8

03 불법행위를 이유로 배상하여야 할 손해는 **현실로 입은 확실한 손해에만 한정된다.**(2017다278446) 미기출

04 가해자가 행한 불법행위로 인하여 피해자에게 어떤 행정처분이 부과되고 확정되었다면 그 이행에 비용이 발생하는 경우, 그에 대한 손해는 특별한 사정이 없는 한 **처분 당시**에 현실적으로 발생한 것으로 **볼 수 있다**.(2017다278446) 미기출

05 국가배상법이 정하는 **배상기준**은 배상액의 **상한을 정한 것이 아니**고 배상기준을 정한 것에 불과하므로, 국가배상**법이 정하는 배상금액 이상**의 배상**도 가능**하다.(69다1772) 08국가7

06 국가배상법은 생명·신체의 침해에 대한 위자료의 지급만을 규정하고 있으나, 재산권 침해로 인한 위자료의 지급의무를 배제하는 것이라 볼 수는 없기에 **재산권의 침해**에 대해서도 **위자료**를 청구할 수 **있다**.(90다6033) 12경행

07 국가배상법은 피해자가 **손해**를 입은 동시에 **이익**을 얻은 경우 이를 **공제하도록** 규정하고 있다. 08국가7

02 **영조물**의 설치·관리 하자로 인한 손해배상의 경우 피해자의 **위자료청구**는 **포함되지 않는다.** 08국회8

03 불법행위를 이유로 배상하여야 할 손해는 **현실로 입은 확실한 손해에만 한정되지 않는다.** 미기출

04 가해자가 행한 불법행위로 인하여 피해자에게 어떤 행정처분이 부과되고 확정되어 그 이행에 비용이 소요된다 하더라도, 그에 대한 손해는 **실제로 비용을 지출할 때** 현실적으로 발생하는 것이지, **처분 당시**에 현실적으로 발생한 것으로 **볼 수는 없다**. 미기출

05 국가배상법이 정하는 **배상기준**의 성격에 대하여 판례는 **한정액설**을 취함으로써 국가배상**법이 정하는 배상금액 이상**의 배상을 인정하지 **아니한다.** 08국가7

06 국가배상법은 생명·신체의 침해에 대한 위자료의 지급만을 규정하고 있으므로, **재산권의 침해**에 대해서는 **위자료**를 청구할 수 **없다.** 12경행

07 피해자가 **손해**를 입은 동시에 **이익**을 얻은 경우 이를 **공제할 수 없으며**, 이것은 국가배상법이 가지는 생계보장적 성격에서 타당하다. 08국가7

02 배상책임자 | 요플 p.311 |

08 **헌법**은 배상책임자를 '국가 또는 **공공단체**'로 규정하고 있으나, **국가배상법**은 배상책임자를 '국가 또는 **지방자치단체**'로 규정하고 있다. 07국가7

09 **한국수자원공사**는 국가도 지방자치단체도 아니기에 **국가배상법상** 손해배상의 **책임자**가 될 수 **없다.** 11국가7

10 **영조물의 설치·관리**상의 하자로 인한 손해의 원인에 대하여 **책임을 질 사람이 따로 있는 경우**에는 국가·지방자치단체는 그 사람에게 **구상할 수** 있다. 17지방7

11 국가나 지방자치단체가 손해를 배상할 책임이 있는 경우에 **공무원의 선임·감독** 또는 **영조물의 설치·관리**를 맡은 자와 **공무원의 봉급·급여, 그 밖의 비용** 또는 **영조물의 설치·관리 비용**을 부담하는 자가 **동일하지 아니하면** 그 **비용을 부담하는 자도** 손해를 배상하여야 한다. 21지방9

08 **헌법**은 배상책임자를 '국가 또는 **지방자치단체**'로 규정하고 있으나, **국가배상법**은 배상책임자를 '국가 또는 **공공단체**'로 규정하고 있다. 07국가7

09 **한국수자원공사**는 **국가배상법상** 손해배상의 **책임자**가 될 수 **있다.** 11국가7

12 국가나 지방자치단체가 손해를 배상할 책임이 있는 경우에 영조물의 설치·관리를 맡은 자와 영조물의 설치·관리 비용을 부담하는 자가 동일하지 아니하면 그 비용을 부담하는 자도 손해를 배상하여야 한다. 20국가7

13 영조물의 설치·관리자와 비용부담자가 다른 경우 피해자에게 손해를 배상한 자는 내부관계에서 그 손해를 배상할 책임이 있는 자에게 구상할 수 있다. 23지방9

14 국가배상법 제6조(비용부담자 등의 책임)의 '공무원의 봉급·급여 그 밖의 비용'은 공무원의 인건비만이 아니라 당해 사무에 필요한 일체의 경비를 의미한다. 20국회9

15 지방자치단체의 장이 기관위임된 국가행정사무를 처리하는 경우 그에 소요되는 경비의 실질적·궁극적 부담자는 국가라고 하더라도 당해 지방자치단체는 국가로부터 내부적으로 교부된 금원으로 그 사무에 필요한 경비를 대외적으로 지출하는 자이므로, 이러한 경우 지방자치단체는 국가배상법 제6조 제1항의 비용부담자로서 공무원의 직무상 불법행위로 인한 손해를 배상할 책임이 있다. 17(하)지방9

16 지방자치단체장 간의 기관위임이 있을 때 위임받은 하위 지방자치단체 소속 공무원이 위임사무를 처리하면서 고의로 타인에게 손해를 가한 경우에는 상위 지방자치단체는 여전히 그 사무귀속주체로서 손해배상책임을 진다.(96다21331) 11국가7

17 사무귀속주체와 비용부담주체가 동일하지 아니한 경우에는 사무귀속주체가 손해를 우선적으로 배상하여야 하는 것은 아니다. 피해자의 선택에 따라 양자 모두 동일하게 배상할 책임이 있다. 다만, 내부적으로는 사무귀속주체가 최종책임을 진다. 16서울9

18 군수 또는 그 보조 공무원이 농수산부장관으로부터 도지사를 거쳐 군수에게 재위임된 국가사무(기관위임사무)인 개간허가 및 그 취소사무를 처리함에 있어 고의 또는 과실로 타인에게 손해를 가한 경우,「국가배상법」제6조에 의하여 지방자치단체인 군이 비용을 부담한다고 볼 수 있는 경우에 한하여 국가와 함께 손해배상책임을 부담한다. 20소방

19 지방자치단체장으로부터 교통신호기의 관리권한을 위임받은 기관 소속의 공무원이 위임사무 처리에 있어 고의 또는 과실로 타인에게 손해를 가하였거나 위임사무로 설치·관리하는 영조물의 하자로 타인에게 손해를 발생하게 한 경우에는 권한을 위임한 관청이 소속된 지방자치단체가 국가배상법 제2조 또는 제5조에 의한 배상책임을 부담한다. 12(하)지방9

20 지방자치단체장이 설치하여 관할 지방경찰청장에게 관리권한이 위임된 교통신호기의 고장으로 인하여 교통사고가 발생한 경우, 지방자치단체가 사무귀속주체로서 국가배상법 제2조 또는 제5조에 의한 배상책임을 부담하고 국가는 비용부담자로서 피해자에 대하여 동법 제6조에 의한 배상책임을 진다.(99다11120) 20지방7
⊕ 즉, 지자체와 국가 모두 배상책임을 진다.

21 국토해양부장관이 하천공사를 대행하던 중 지방 하천의 관리상 하자로 인하여 손해가 발생하였다면 하천관리청이 속한 지방자치단체는 국가와 함께「국가배상법」제5조 제1항에 따라 지방하천의 관리자로서 손해배상책임을 부담한다. 21소간

22 국가배상법의 규정에 의하면 영조물의 설치·관리를 맡은 자와 영조물의 설치·관리 비용을 부담하는 자가 동일하지 아니한 경우에는 영조물의 설치·관리 비용을 부담하는 자가 우선적으로 손해를 배상하여야 하는 것은 아니다. 피해자의 선택에 따라 양자 모두 동일하게 배상할 책임이 있다. 14국가7

23 (공공의 영조물의 설치·관리의 하자로 인한 국가배상법상 배상책임과 관련하여) 광역시와 국가 모두가 도로의 점유자 및 관리자, 비용부담자로서의 책임을 중첩적으로 지는 경우 광역시와 국가 모두가 국가배상법에 따라 궁극적으로 손해를 배상할 책임이 있는 자가 된다.(96다42819) 18국회8
⊕ 구체적인 내부적인 부담 부분은 제반 사정을 종합하여 결정한다.

24 지방자치단체가 국도의 관리상 비용부담자로서 책임을 지는 것은「국가배상법」이 정한 자신의 고유한 배상책임이므로, 도로의 하자로 인한 손해에 대하여 지방자치단체는 부진정연대채무자인 공동불법행위자와의 내부관계에서 배상책임을 분담하게 된다. 13국가7

16 판례는 지방자치단체장 간의 기관위임이 있을 때 위임받은 하위 지방자치단체 소속 공무원이 위임사무를 처리하면서 고의로 타인에게 손해를 가한 경우에는 상위 지방자치단체는 손해배상책임을 지지 않는다고 본다. 11국가7

17 사무귀속주체와 비용부담주체가 동일하지 아니한 경우에는 사무귀속주체가 손해를 우선적으로 배상하여야 한다. 16서울9

20 국가배상법 제6조 제1항에 의하면 지방자치단체장이 설치하여 관할 지방경찰청장에게 관리권한이 위임된 교통신호기의 고장으로 인하여 교통사고가 발생한 경우, 지방자치단체가 손해배상책임을 지고 국가는 피해자에 대하여 배상책임을 지지 않는다. 20지방7

22 국가배상법의 규정에 의하면 영조물의 설치·관리를 맡은 자와 영조물의 설치·관리 비용을 부담하는 자가 동일하지 아니한 경우에는 영조물의 설치·관리 비용을 부담하는 자가 우선적으로 손해를 배상하여야 한다. 14국가7

23 (공공의 영조물의 설치·관리의 하자로 인한 국가배상법상 배상책임과 관련하여) 광역시와 국가 모두가 도로의 점유자 및 관리자, 비용부담자로서의 책임을 중첩적으로 지는 경우 국가만이 국가배상법에 따라 궁극적으로 손해를 배상할 책임이 있는 자가 된다. 18국회8

25 서울특별시가 점유·관리하는 도로에 대하여 행정권한 위임조례에 따라 보도 관리 등을 위임 받은 관할 자치구청장 갑으로부터 도급받은 A 주식회사가 공사를 진행하면서 남은 자갈더미를 그대로 방치하여 오토바이를 타고 이곳을 지나가던 을이 넘어져 상해를 입은 경우 서울특별시는 「국가배상법」 제5조 제1항에서 정한 설치·관리상의 하자로 인한 국가배상책임을 부담한다. 19국회8
   ➕ 자치구(강동구)의 경우 민법상 도급인책임, 사용자책임 및 국가배상법상 비용부담자책임이 문제되나, 이에 대해서 결론내리지는 않은 판례

26 자동차운전면허시험 관리업무는 국가행정사무이고 지방자치단체의 장인 서울특별시장은 국가로부터 그 관리업무를 기관위임 받아 국가행정기관의 지위에서 그 업무를 집행하므로, 국가는 면허시험장의 설치 및 보존의 하자로 인한 손해배상책임을 부담한다. 20군무원9
   ➕ 국가는 사무귀속주체로서 제5조 책임을 부담하게 된다.

03 피해자가 군인·경찰 등인 경우 | 요플 p.313 |

27 군인·군무원이 전투·훈련 등 직무 집행과 관련하여 전사(戰死)·순직(殉職)하거나 공상(公傷)을 입은 경우에 본인이나 그 유족이 다른 법령에 따라 재해보상금·유족연금·상이연금 등의 보상을 지급 받을 수 있을 때에는 「국가배상법」 및 「민법」에 따른 손해배상을 청구할 수 없다. 21군무원9

28 국가배상법 제2조 제1항 단서에 대해서는 위헌성 시비가 있으나, 헌법재판소와 대법원은 헌법에 위반되지 않는 것으로 보고 있다. 11지방7

29 군인·군무원·경찰공무원의 경우에는 헌법상으로도 이중배상배제가 인정되는 자로 규정되어 있다. 09지방7

30 경비교도나 공익근무요원은 국가배상법 제2조 제1항 단서의 적용대상에 해당하지 아니하나, 전투경찰순경은 국가배상법 제2조 제1항 단서의 적용대상에 해당한다. 11지방7

31 경찰공무원이 낙석사고 현장 부근으로 이동하던 중 대형 낙석이 순찰차를 덮쳐 사망한 사안에서 「국가배상법」의 이중배상 금지 규정에 따른 면책조항은 전투·훈련 또는 이에 준하는 직무집행뿐만 아니라 일반 직무집행에 관하여도 국가나 지방자치단체의 배상책임을 제한하는 것으로 해석하여야 한다. 19국회8

32 경찰서지서의 숙직실에서 순직한 경찰공무원의 유족들은 「국가배상법」 및 「민법」의 규정에 의한 손해배상을 청구할 권리가 있다. 23군무원9

33 경찰공무원인 피해자가 「공무원연금법」에 따라 공무상 요양비를 지급받는 것은 「국가배상법」 제2조제1항 단서에서 정한 '다른 법령의 규정'에 따라 보상을 지급받는 것에 해당하지 않는다. 23국가9

34 전투·훈련 등 직무집행과 관련하여 공상을 입은 군인 등이 먼저 「국가배상법」에 따라 손해배상금을 지급받은 다음 「보훈보상대상자 지원에 관한 법률」이 정한 보상금 등 보훈급여금의 지급을 청구하는 경우, 보훈지청장은 「국가배상법」에 따라 손해배상을 받았다는 사정을 들어 지급을 거부할 수 없다.(2016두60075) 19서울9

35 군 복무 중 사망한 군인 등의 유족이 「국가배상법」에 따른 손해배상금을 지급받은 경우 그 손해배상금 상당 금액에 대해서는 「군인연금법」에서 정한 사망보상금을 지급받을 수 없다. 23지방9

36 군 복무 중 사망한 군인 등의 유족인 원고가 「국가배상법」에 따른 손해배상금을 지급받은 경우, 국가는 「군인연금법」 소정의 사망보상금을 지급함에 있어 원고가 받은 손해배상금 상당 금액을 공제할 수 있다. 24국가9

37 군 복무 중 사망한 사람의 유족이 국가배상을 받은 경우, 관할 행정청 등은 「군인연금법」상 사망보상금에서 소극적 손해배상금 상당액을 공제할 수 있을 뿐, 이를 넘어 정신적 손해배상금까지 공제할 수는 없다. 24지방9

---

25 서울특별시가 점유·관리하는 도로에 대하여 행정권한 위임조례에 따라 보도 관리 등을 위임 받은 관할 자치구청장 갑으로부터 도급받은 A 주식회사가 공사를 진행하면서 남은 자갈더미를 그대로 방치하여 오토바이를 타고 이곳을 지나가던 을이 넘어져 상해를 입은 경우 서울특별시는 「국가배상법」 제5조 제1항에서 정한 설치·관리상의 하자로 인한 국가배상책임을 부담하지 아니한다. 19국회8

34 전투·훈련 등 직무집행과 관련하여 공상을 입은 군인 등이 먼저 「국가배상법」에 따라 손해배상금을 지급받은 다음 「보훈보상대상자 지원에 관한 법률」이 정한 보상금 등 보훈급여금의 지급을 청구하는 경우, 보훈지청장은 「국가배상법」에 따라 손해배상을 받았다는 사정을 들어 지급을 거부할 수 있다. 19서울9

36 군 복무 중 사망한 군인 등의 유족인 원고가 「국가배상법」에 따른 손해배상금을 지급받은 경우, 국가는 「군인연금법」 소정의 사망보상금을 지급함에 있어 원고가 받은 손해배상금 상당 금액을 공제할 수 없다. 24국가9

38 「국가배상법」 제2조제1항 단서에서 정한 '다른 법령의 규정'에 따른 **보상금청구권이** 모두 **시효로 소멸**된 경우라고 하더라도 「**국가배상법**」 제2조제1항 단서 규정이 **적용**된다. 23국가9
- 법령에 따른 보상금청구권이 존재하여 국가배상법상 배상을 받을 수 없었다면(이중배상금지조항이 적용되었다면), 이후 보상금청구권이 시효소멸했어도 여전히 국가배상법상 배상을 받을 수 없다.

39 이중배상이 배제되는 군인 및 경찰공무원 등의 경우에도 다른 법령에 의하여 재해보상금·유족연금·상이연금 등의 **보상을 지급받을 수 없을 때**에는 국가배상법에 의하여 **배상을 청구할 수 있다.** 09지방7

40 민간인과 직무집행 중인 군인의 공동불법행위로 인하여 직무집행 중인 다른 군인이 피해를 입은 경우, **민간인**이 공동불법행위자로 **부담**하는 **책임**은 공동불법행위의 일반적 경우와는 달리 모든 손해에 대한 것이 아니라 **귀책비율에 따른 부분으로 한정**된다는 것이 **대법원**의 입장이다. 10국가7

41 민간인과 직무집행 중인 군인의 공동불법행위로 인하여 직무집행 중인 다른 군인이 피해를 입은 경우 **민간인이** 피해 군인에게 자신의 과실비율에 따라 내부적으로 부담할 부분을 초과하여 피해금액 **전부를 배상한 경우, 대법원** 판례에 따르면 민간인은 **국가**에 대해 가해군인의 과실비율에 대한 **구상권을 행사할 수 없다.** (96다42420) 18국가9
- 대법원은 민간인의 대외적 배상책임을 귀책비율로 한정해 준 뒤, 그를 넘게 배상했더라도 국가에 대한 구상권 행사를 금지하는 방법으로 헌법상 이중배상금지의 입법취지를 관철하고 있다.

42 **헌법재판소**에 따르면 일반 **국민이** 직무집행 중인 군인과의 공동불법행위로 다른 군인에게 공상을 입혀 그 피해자에게 손해 **전부를 배상하였다면,** 공동불법행위자인 군인의 부담부분에 관하여 국가에 대한 **구상은 허용된다.** (헌재 93헌바21) 11지방7
- 헌법재판소는 헌법상 이중배상금지는 군인 등의 국가에 대한 배상청구를 제한하는 것이지, 민간인의 국가에 대한 구상을 제한하는 것이 아니라는 입장이다. 즉, 대법원과 반대이다.

43 도로·하천, 그 밖의 공공의 **영조물(營造物)**의 설치나 관리에 하자(瑕疵)가 있기 때문에 타인에게 손해를 발생하게 하였을 때에는 국가나 지방자치단체는 그 손해를 배상하여야 한다. 이 경우 군인·군무원의 **2중배상금지**에 관한 규정은 **적용된다.** 21군무원9

41 민간인과 직무집행 중인 군인의 공동불법행위로 인하여 직무집행 중인 다른 군인이 피해를 입은 경우 **민간인이** 피해 군인에게 자신의 과실비율에 따라 내부적으로 부담할 부분을 초과하여 피해금액 **전부를 배상한 경우에 대법원** 판례에 **따르면** 민간인은 **국가**에 대해 가해군인의 과실비율에 대한 **구상권을 행사할 수 있다.** 18국가9

42 **헌법재판소**는 일반 **국민이** 직무집행 중인 군인과의 공동불법행위로 다른 군인에게 공상을 입혀 그 피해자에게 손해 **전부를 배상했을지라도**, 공동불법행위자인 군인의 부담부분에 관하여 **국가**에 대한 **구상권은 허용되지 않는다**고 본다. 11지방7

43 도로·하천, 그 밖의 공공의 **영조물(營造物)**의 설치나 관리에 하자(瑕疵)가 있기 때문에 타인에게 손해를 발생하게 하였을 때에는 국가나 지방자치단체는 그 손해를 배상하여야 한다. 이 경우 군인·군무원의 **2중배상금지**에 관한 규정은 **적용되지 않는다.** 21군무원9

04 피해자가 외국인인 경우

44 **외국인**이 피해자인 경우에는 해당 국가와 **상호보증이 있을 때에만** 「**국가배상법**」이 **적용된다.** (제7조) 단, 상호보증이 인정되기 위해 해당 국가와 **조약이 체결되어** 있거나 선례가 있어**야 하는 것은 아니다.** 해당 국가의 법령·판례 등에 비추어 기대가능성이 있으면 족하다. 22국가7

45 일본 「국가배상법」이 국가배상청구권의 발생요건 및 상호보증에 관하여 우리나라 「국가배상법」과 동일한 내용을 규정하고 있는 점 등에 비추어 **우리나라와 일본** 사이에 우리나라 「국가배상법」 제7조가 정하는 **상호보증이 있다.** 19서울9

44 **외국인**이 피해자인 경우에는 해당 국가와 **상호보증이 있을 때에만** 「**국가배상법**」이 **적용**되며, **상호보증은** 해당 국가와 **조약이 체결되어 있어야** 한다. 22국가7

05 양도·압류 금지

46 **생명·신체**의 침해로 인한 국가배상을 받을 권리는 **양도**하거나 **압류**하지 **못**한다. 21소방

47 국가배상법상 **생명·신체**의 침해로 인한 국가배상을 받을 권리는 **압류**하지는 못하고 **양도**할 수도 없다. 13경행

46 **생명·신체**의 침해로 인한 국가배상을 받을 권리는 **양도는** 가능하지만, **압류는** 하지 못한다. 21소방

47 국가배상법상 **생명·신체**의 침해로 인한 국가배상을 받을 권리는 **압류**하지는 **못**하나 **양도**할 수는 **있다.** 13경행

06 소멸시효

48 국가배상청구권은 피해자나 법정대리인이 손해 및 가해자를 **안 날**로부터 **3년간,** 불법행위가 **있은 날**로부터 **5년간** 이를 행사 하지 않으면 **시효**로 인하여 **소멸**된다. 23군무원7

49 배상청구권의 시효와 관련하여 '**가해자를 안다는 것**'은 피해자나 그 법정대리인이 가해 공무원의 불법행위가 그 **직무를 집행함에 있어서** 행해진 것이라는 사실까지 인식함을 요구한다. (88다카32500) 17국가7

49 배상청구권의 시효와 관련하여 '**가해자를 안다는 것**'은 피해자나 그 법정대리인이 가해 공무원의 불법행위가 그 **직무를 집행함에 있어서** 행해진 것이라는 사실까지 인식함을 요구하지 않는다. 17국가7

50 국가배상청구에 있어서 채권자가 동일한 목적을 달성하기 위하여 복수의 채권을 갖고 있는 경우 어느 **하나의 청구권을 행사**하는 것이 **다른 채권**에 대한 소멸**시효 중단**의 효력이 있다고 할 수 **없다**. 08지방7

51 국가배상청구권의 소멸시효 기간이 지났으나 **국가가 소멸시효 완성을 주장하는 것이** 신의성실의 원칙에 반하는 **권리남용으로 허용될 수 없어** 배상책임을 이행한 경우에는, 그 소멸시효 완성 주장이 권리남용에 해당하게 된 원인행위와 관련하여 해당 공무원이 그 원인이 되는 행위를 적극적으로 주도하였다는 등의 특별한 사정이 없는 한, 국가가 해당 **공무원에게 구상권을 행사하는 것**은 **신의칙상 허용되지 않는다**. 19서울9

07 배상심의회에 대한 배상신청 | 요플 p.314 |

52 국가배상청구소송을 제기하기 전에 반드시 **국가배상심의회의 결정을 거치지 않아도** 된다. 15국회8

53 **배상심의회의 결정**은 대외적인 법적 **구속력을 갖지 않**으므로 배상 신청인과 상대방은 그 결정에 **구속되지 않는다**. (울)20지방9

53 **배상심의회의 결정**은 대외적인 법적 **구속력을 가지**므로 배상 신청인과 상대방은 그 결정에 항상 **구속된다**. 20지방9

54 판례에 따르면 국가배상법상 **배상심의회**에 의한 **배상결정**은 행정**처분**이 **아니**다. 08(하)지방9

55 **지구심의회**에서 배상신청이 **기각**(일부기각된 경우를 포함한다) 또는 각하된 신청인은 결정정본이 송달된 날부터 2주일 이내에 그 심의회를 거쳐 **본부심의회**나 특별심의회에 **재심을 신청할 수 있다**.(제15조의2-①) (울)08(하)지방9

55 지구배상심의회와 본부배상심의회의 관할은 배상금의 개산액에 따라 구분되는 것이므로, **지구배상심의회**에서 배상신청이 **기각** 또는 각하되면 **본부배상심의회**에 재심을 신청할 수 **없다**. 08(하)지방9

56 군인 또는 군무원이 타인에게 가한 손해에 대한 배상신청사건을 심의하기 위하여 국방부에 두는 **특별심의회**는 **법무부장관**의 **지휘를 받는**다. (울)08(하)지방9

56 군인 또는 군무원이 타인에게 가한 손해에 대한 배상신청사건을 심의하기 위하여 국방부에 두는 **특별심의회**는 **법무부장관의 지휘를 받지 않는**다. 08(하)지방9

08 쟁송방법 | 요플 p.315 |

57 처분의 위법을 원인으로 하는 국가배상청구권도 **사권**으로 보는 것은 **판례**의 입장이다. 반면, 그 원인관계에 비추어 **공권**으로 보는 것이 **다수설**이다. (울)07국가7

57 처분의 위법을 원인으로 하는 **국가배상청구권**은 그 원인관계에 비추어 **공권**으로 보는 것이 **판례**의 입장이다. 07국가7

58 **국가배상소송**을 제기하는 경우 공법상 당사자소송이 아니라 **민사소송**으로 제기하여야 한다. (울)24지방9

58 **국가배상소송**을 제기하는 경우 민사소송이 아니라 공법상 **당사자소송**으로 제기하여야 한다. 24지방9

09 항고소송과의 관계 | 요플 p.315 |

59 (甲은 A시장의 영업허가 취소처분이 위법함을 이유로 국가배상청구소송을 제기하였다) A시장의 영업허가취소**처분**에 대한 **취소소송에서 인용판결이 확정**된 이후에도 甲의 **국가배상청구소송은 기각될 수** 있다. 17국회8

60 국가배상법상 위법을 항고소송의 위법보다 **넓은 개념**으로 보는 견해에 의하면 취소소송의 판결 중에서 **인용판결**의 기판력은 국가배상소송에 영향을 **미치지만**, **기각판결**의 기판력은 국가배상소송에 영향을 **미치지 않는다**. (울)13서울7
➕ 지문은 인용판결과 기각판결의 경우가 반대로 되어 있어서 틀렸다.

60 국가배상법상 위법을 항고소송의 위법보다 **넓은 개념으로 보는 견해에 의하면** 취소소송의 판결 중에서 **인용판결**의 기판력은 국가배상소송에 영향을 **미치지 않지만**, **기각판결**의 기판력은 국가배상소송에 영향을 **미친다**. 13서울7

테마별 N지 모음

N1 서울특별시 소속의 공무원이 공무집행 중 폭행을 가하여 손해를 입힌 경우에 피해자는 누구를 피고로 하여 손해배상청구소송을 제기하여야 하는가?
13서울9(변형) ①

① **서울특별시**   ② 서울특별시장   ③ 행정안전부장관
④ 경찰청장   ⑤ 서울시지방경찰청장

THEME 74 손실보상(1) - 헌법적 검토

○ 지문

01 헌법 규정

01 헌법 제23조의 근본적 취지는 원칙적으로 모든 국민의 구체적 재산권의 자유로운 이용·수익·처분을 보장하면서 공공필요에 의한 재산권의 수용·사용 또는 제한은 헌법이 규정하는 요건을 갖춘 경우에만 예외적으로 허용되는 것으로 해석된다. 17국회8

02 공공필요에 의한 재산권의 수용·사용 또는 제한 및 그에 대한 보상은 법률로써 하되, 정당한 보상을 지급하여야 한다. 24지방9

03 헌법 제23조 제1항의 규정이 재산권의 존속을 보호하는 것이라면 제23조 제3항의 수용제도를 통해 존속보장은 가치보장으로 변하게 된다. 17(상)지방9

04 재산권의 사회적 제약에 해당하는 공용제한에 대해서는 보상규정을 두지 않아도 된다. 18국회8

02 제23조 제1·2항과 제3항의 구별

05 분리이론과 경계이론은 재산권의 내용·한계설정과 공용침해를 보다 합리적으로 구분하려는 이론이다. 18교행

06 경계이론은 보상을 통한 가치의 보장에 중점을 두고 있음에 비하여, 분리이론은 당해 침해행위의 폐지를 주장함으로써 위헌적 침해의 억제에 중점을 두고 있다. 10서울교행

07 분리이론은 헌법 제23조 제1항 및 제2항을 재산권의 내용을 제한하는 규정으로 보고, 사회적 제약을 넘어서는 경우 비례의 원칙 및 평등의 원칙에 반한다고 본다. 10서울교행

08 재산권의 사회적 제약과 공용침해는 별개의 제도가 아니라 재산권 규제의 강도에 따라서 상대적으로 구분되는 것으로 사회적 제약의 경계를 벗어나면 보상의무가 있는 공용침해로 전환된다고 보는 경계이론은 독일 연방 최고법원의 판결에서 유래한다. 08국가7

09 개발제한구역의 지정으로 인한 지가의 하락은 토지소유자가 수인해야 하는 사회적 제약의 범주에 속하는 것이므로, 아무런 보상없이 이를 감수하도록 하고 있다고 하여 헌법에 위반된다고 할 수 없다.(헌재 89헌마214) 12국가7

10 개발제한구역지정으로 인하여 토지를 종래의 목적으로 사용할 수 없거나 또는 더 이상 법적으로 허용된 토지 이용의 방법이 없기 때문에 실질적으로 토지의 사용·수익의 길이 없는 경우에도 토지소유자가 수인해야 하는 사회적 제약의 한계를 넘는 것으로 볼 수 있다.(헌재 89헌마214) 15경행

11 헌법재판소는 구「도시계획법」상 개발제한구역의 지정으로 일부 토지소유자에게 사회적 제약의 범위를 넘는 가혹한 부담이 발생하는 경우에 보상규정을 두지 않은 것은 위헌성이 있는 것이고, 보상의 구체적 기준과 방법은 입법자가 입법정책적으로 정할 사항이라고 결정하였다. 14지방9

12 헌법재판소는 재산권의 제한이 특별한 희생에 해당하는 경우에 보상규정을 두지 않는 것은 위헌이라고 하면서도 단순위헌이 아닌 헌법불합치결정을 하였다. 11국가9

13 헌법재판소는 「개발제한구역의 지정 및 관리에 관한 특별조치법」 제11조제1항 등에 대한 위헌소원사건에서 토지의 효용이 감소한 토지소유자에게 토지매수청구권을 인정하는 등 보상규정을 인정하고 있는 점 등을 고려할 때, 토지소유자의 재산권을 침해하지 않아 합헌결정하였다.(2006헌바9) 23국가9

× 지문

06 경계이론은 당해 침해행위의 폐지를 주장함으로써 위헌적 침해의 억제에 중점을 두고 있음에 비하여, 분리이론은 보상을 통한 가치의 보장에 중점을 두고 있다. 10서울교행

08 재산권의 사회적 제약과 공용침해는 별개의 제도가 아니라 재산권 규제의 강도에 따라서 상대적으로 구분되는 것으로 사회적 제약의 경계를 벗어나면 보상의무가 있는 공용침해로 전환된다고 보는 경계이론은 독일 연방 헌법재판소의 판결에서 유래한다. 08국가7

09 개발제한구역의 지정으로 인한 지가의 하락은 토지소유자가 수인해야 하는 사회적 제약의 한계를 넘는 것으로, 아무런 보상없이 이를 감수하도록 하고 있는 한, 헌법에 위반된다. 12국가7

10 개발제한구역지정으로 인하여 토지를 종래의 목적으로 사용할 수 없거나 또는 더 이상 법적으로 허용된 토지 이용의 방법이 없기 때문에 실질적으로 토지의 사용·수익의 길이 없는 경우에도 토지소유자가 수인해야 하는 사회적 제약의 한계를 넘는 것으로 볼 수 없다. 15경행

13 헌법재판소는 「개발제한구역의 지정 및 관리에 관한 특별조치법」 제11조제1항 등에 대한 위헌소원사건에서 토지의 효용이 감소한 토지소유자에게 토지매수청구권을 인정하는 등 보상규정을 두었지만 적절한 손실보상에 해당하지 않는다고 위헌결정을 하였다. 23국가9

14 개발제한구역지정으로 말미암아 일부 토지소유자에게 사회적 제약의 범위를 넘는 가혹한 부담이 발생하는 **예외적인 경우임에도 보상규정을 두지 않은 것이 위헌**이라는 견해는 가치보장인 수용 및 보상을 제한하고 **존속보장을 강조**하는 입장이다. 08국가7

+ 개발제한구역지정은 원칙적으로 합헌이나 종래 목적으로 사용할 수 없게되는 토지소유자 등 일부에게는 수인한도를 넘어 보상입법이 없는 한 위헌(헌법불합치)라는 것이 헌법재판소의 입장이다. 이러한 입장은 분리이론으로 평가되고 있고, 분리이론이 가치보장이 아닌 '존속보장'을 강조한다. 지문은 '가치보장'이라고 하여 틀린 것

15 **도축장 사용정지·제한명령**은 공익목적을 위하여 **이미 형성**된 구체적 재산권을 박탈하거나 **제한하는** 「헌법」제23조 제3항의 수용·사용 또는 제한에 해당하는 것이 **아니라**, 도축장 소유자들이 **수인하여야** 할 사회적 제약으로서 「헌법」제23조 제1항의 재산권의 **내용**과 **한계**에 해당한다. 23군무원9

16 정비기반시설과 그 부지의 소유·관리·유지관계를 정한 「도시 및 주거환경정비법」제65조 제2항의 전단에 따른 **정비기반시설의 소유권 귀속**은 헌법 제23조 제3항의 **수용에 해당**하지 **않는다**. (헌재 2011헌바355) 14지방9

17 개성공단 전면 중단조치에 의한 영업중단으로 인해 발생하는 **영업상 손실**이나 **주식** 등 권리의 가치하락으로 인한 손실은 헌법 제23조의 **재산권보장**의 범위에 속한다고 보기 **어렵다**. 23변시

18 도시계획시설의 지정으로 말미암아 당해 토지의 **이용가능성이 배제**되거나 또는 토지소유자가 토지를 종래 허용된 용도대로도 사용할 수 **없기** 때문에 이로 인하여 현저한 재산적 손실이 발생하는 경우에는, 원칙적으로 국가나 지방자치단체는 이에 대한 **보상을 해야** 한다. 24지방9

14 개발제한구역지정으로 말미암아 일부 토지소유자에게 사회적 제약의 범위를 넘는 가혹한 부담이 발생하는 **예외적인 경우임에도 보상규정을 두지 않은 것이 위헌**이라는 견해는 보상을 통한 **가치의 보장을 강조**하는 입장이다. 08국가7

16 정비기반시설과 그 부지의 소유·관리·유지관계를 정한 「도시 및 주거환경정비법」제65조 제2항의 전단에 따른 **정비기반시설의 소유권 귀속**은 헌법 제23조 제3항의 **수용에 해당**한다. 14지방9

17 개성공단 전면 중단조치에 의한 영업중단으로 인해 발생하는 **영업상 손실**이나 **주식** 등 권리의 가치하락으로 인한 손실은 **헌법 제23조의 재산권보장**의 범위에 **속한다**. 23변시

03 제23조 제3항의 해석 | 요플 p.318 |

19 헌법 제23조 제3항을 **불가분조항**으로 볼 경우, **보상 규정을 두지 아니한 수용법률은 헌법위반**이 된다. 17(상)지방9

20 헌법 제23조 제3항을 국민에 대한 **직접적인 효력**이 있는 규정으로 보는 견해는 동조항의 재산권의 수용·사용·제한 규정과 보상규정을 **가분조항**으로 본다. 17(상)국가9

21 (손실보상을 요하는 재산권에 대한 공용침해의 근거규정은 있으나 보상규정을 두지 아니한 법률에 의한 공용침해행위에 대한 판례에 대해) **대법원은 공용침해에 대한 보상규정이 없는 경우에 관련 보상규정을 유추적용**하여 보상하려는 경향이 있다. 14국회8

+ 보상규정을 결한 공용침해조항에 국가배상을 청구할 수 있다고 보는 것은 대법원의 태도가 아니라, 일부 학자가 주장하는 위헌무효설의 견해이다.

22 **대법원**은 손실보상규정이 **없는** 경우에 **다른 손실보상규정의 유추적용**을 인정하는 경우가 있다. 18국회8

23 **제방부지 및 제외지**가 유수지와 더불어 하천구역이 되어 **국유로 되는 이상** 그로 인하여 소유자가 입은 손실은 특별한 희생에 해당하고, 보상방법을 유수지에 대한 것과 달리할 아무런 합리적인 이유가 없으므로 소유자에게 **손실을 보상하여야** 한다. 23소방

+ 유수지 외 제방부지와 제외지도 국유로 편입되는데 유수지만 보상규정이 있던 사안에서 관련 규정의 유추적용을 통해 제방부지와 제외지에도 손실보상을 인정한 사례(대법원의 태도)

24 **하천관리청이 아닌** 행정기관이 하천공사허가를 받아 시행한 **하천공사로** 인하여 **손실**을 받은 자는 「하천법」상 보상규정을 **유추적용하여 손실보상**을 청구할 권리가 있다. 23지방7

25 **헌법재판소**는 공용침해로 인한 특별한 손해에 대한 **보상규정이 없는** 경우에 위헌선언을 하고 **입법의무를 부과**하는 경향이 있다.(개발제한구역 판례 등) 18서울9

+ 지문은 헌재가 아닌 대법원의 태도이다.

26 헌법재판소는 **손실보상규정이 없어** 손실보상을 할 수 없으나 **수인한도를 넘는 침해**가 있는 경우에는 침해를 야기한 행위에 대하여 **위헌결정(헌법불합치결정)**을 하였다(예외적인 경우에도 보상규정을 두지 않은 개발제한구역지정에 대하여 헌법불합치 결정). 18국회8

20 헌법 제23조 제3항을 국민에 대한 **직접적인 효력**이 있는 규정으로 보는 견해는 동조항의 재산권의 수용·사용·제한 규정과 보상규정을 **불가분조항**으로 본다. 17(상)국가9

21 (손실보상을 요하는 재산권에 대한 공용침해의 근거규정은 있으나 보상규정을 두지 아니한 법률에 의한 공용침해행위에 대한 판례에 대해) **대법원은 보상규정을 결한 공용침해조항에 근거한 공용침해처분은 위헌**이며, 따라서 그 공용침해행위로 인하여 손해를 입은 자는 손실보상의 청구가 아닌 **국가배상을 청구**할 수 있다고 본다. 14국회8

25 **헌법재판소**는 공용침해로 인한 특별한 손해에 대한 **보상규정이 없는** 경우에 **관련 보상규정을 유추적용**하여 보상하려는 경향이 있다. 18서울9

26 우리 헌법재판소는 **손실보상규정이 없어** 손실보상을 할 수 없으나 **수인한도를 넘는 침해**가 있는 경우에는 침해를 야기한 행위가 위법하므로 그에 대한 **항고소송**을 제기할 수 있다고 한다. 18국회8

04 손실보상 | 요플 p.318 |

27 평등의 원칙으로부터 파생된 '**공적 부담 앞의 평등**'은 손실보상의 **이론적 근거**가 될 수 있다.
인   17(상)지방9

28 손실보상의 이론적 근거로서 **특별희생설**에 의하면, 공공복지와 개인의 권리 사이에 충돌이 있는 경우에는 **개인의 희생을 전제**한다. 대신 그에 대해 공동체 전체의 부담으로 보상하도록 한다.
인   율 17(상)국가9

28 손실보상의 이론적 근거로서 **특별희생설**에 의하면, 공공복지와 개인의 권리 사이에 충돌이 있는 경우에는 **개인의 권리가 우선**한다.
인   17(상)국가9

29 (손실보상은) **헌법 제23조 제3항**이 **헌법적 근거**가 된다.
기   14서울9

30 **헌법 제23조 제3항**의 규정은 **보상청구권**의 **근거**에 관하여서 **뿐만 아니라** 보상의 **기준**과 **방법**에 관하여서**도 법률**의 규정에 **유보**하고 있는 것으로 보아야 한다.
  15국회8

31 손실보상에 관한 **일반법**은 **없다**.
  율 17경행
  ⊕ 토지보상법, 하천법 등 개별법에서 손실보상에 관한 규정을 두고 있을 뿐이다.

31 손실보상에 관한 **일반법**으로 손실보상법이 **있다**.   17경행

32 손실발생의 원인에 대하여 책임이 없는 자가 **경찰관의 적법한 보호조치**에 **자발적으로 협조하여 재산상의 손실**을 입은 경우, 국가는 손실을 입은 자에 대하여 정당한 **보상을 하여야** 한다.
인   14지방9

33 **손실보상청구권**에 관하여 대법원은 민사소송으로 다루기도 하였으나, 최근에는 **당사자소송**으로 보고 있다.
  11국가9(변형)

34 구 하천법 부칙 제2조와 이에 따른 특별조치법에 의한 **손실보상청구권**의 법적 성질은 **공법상의 권리**이므로 그에 대한 쟁송은 행정소송절차인 **당사자소송**에 의하여야 한다.(2004다6207)
A   율 17(상)지방9

34 대법원은 구 하천법 부칙 제2조와 이에 따른 특별조치법에 의한 **손실보상청구권**의 법적 성질을 **사법상의 권리**로 보아 그에 대한 쟁송은 행정소송이 아닌 **민사소송절차**에 의하여야 한다고 판시하고 있다.
A   17(상)지방9

35 「**하천법**」 부칙과 이에 따른 특별조치법이 하천구역으로 편입된 토지에 대해 규정한 **손실보상청구권**은 당해 **법률규정에 의하여** 당연히 **발생**되는 것이지, 관리청의 보상금**지급결정에 의하여** 비로소 **발생**하는 것이 **아니다**.
C   24지방9

35 「**하천법**」 부칙과 이에 따른 특별조치법이 하천구역으로 편입된 토지에 대하여 **손실보상청구권**을 규정하였다고 하더라도 당해 **법률규정이 아니라** 관리청의 보상금**지급결정에 의하여** 비로소 손실보상청구권이 **발생**한다.
C   24지방9

36 **농업손실**에 대한 보상청구권은 행정소송법상 **당사자소송**에 의해야 한다.
A   17사복9

37 「공익사업을 위한 토지 등의 취득 및 보상에 관한 법률」에 따른 **사업폐지** 등에 대한 보상청구권은 **공법상 권리**로서 그에 관한 소송은 **행정소송절차**에 의하여야 한다.(2010다23210)
A   19지방9

37 「공익사업을 위한 토지 등의 취득 및 보상에 관한 법률」에 따른 **사업폐지** 등에 대한 보상청구권은 **사법상 권리**로서 그에 관한 소송은 **민사소송절차**에 의하여야 한다.
A   19지방9

38 「공익사업을 위한 토지 등의 취득 및 보상에 관한 법률」상 주거용 건축물세입자의 **주거이전비 보상청구권**은 **공법상의 권리**이고, 주거이전비 보상청구소송은 **행정소송**에 의해야 한다.(2007다8129)
A   율 19국가7

38 「공익사업을 위한 토지 등의 취득 및 보상에 관한 법률」상 주거용 건축물세입자의 **주거이전비 보상청구권**은 **사법상의 권리**이고, 주거이전비 보상청구소송은 **민사소송**에 의해야 한다.
A   19국가7

39 동일한 소유자에게 속하는 일단의 건축물의 일부가 수용됨으로써 발생한 잔여 **건축물 가격감소** 등으로 인한 손실보상에 관한 소송(은 행정소송으로 청구할 수 있다)
A   17국가7

40 **손실보상**과 **손해배상**은 근거규정 및 요건·효과를 달리하지만 손실보상청구권에 '손해 전보'라는 요소가 포함되어 있어 실질적으로 같은 내용의 손해에 관하여 양자의 청구권이 **동시에 성립한다면** 청구권자는 어느 **하나만을 선택적**으로 행사할 수 있을 뿐이다.
소   22소방

41 헌법재판소는 헌법 제23조 제3항의 '**공공필요**'는 '국민의 재산권을 그 의사에 반하여 강제적으로라도 취득해야 할 공익적 필요성'을 의미하고, 이 요건 중 **공익성**은 기본권 일반의 제한사유인 '**공공복리**'보다 좁은 것으로 보고 있다.
C   17(상)국가9

42 「국토의 계획 및 이용에 관한 법률」에서 규정하는 **도시계획시설사업**은 도로·철도·항만·공항·주차장 등 교통시설, 수도·전기·가스공급설비 등 공급시설과 같은 도시계획시설을 설치·정비 또는 개량하여 공공복리를 증진시키고 국민의 삶의 질을 향상시키는 것을 목적으로 하고 있으므로, 그 **자체로 공공필요성**의 요건이 **충족**된다.
소   23소방

43 국가 등의 **공적 기관**이 직접 수용의 주체가 되는 것이든 그러한 공적 기관의 최종적인 허부판단과 승인결정하에 **민간기업**이 수용의 주체가 되는 것이든, 양자 사이에 공공필요에 대한 판단과 수용의 범위에 있어서 **본질적인 차이**가 있는 것은 **아니다**.
인   20국가7

44 민간기업을 토지수용의 주체로 정한 법률조항도 헌법 제23조 제3항에서 정한 '공공필요'를 충족하면 헌법에 위반되지 아니한다. 16서울9

45 사업시행자가 사인인 경우에는 공익의 우월성이 인정되는 것 외에 그 사업 시행으로 획득할 수 있는 공익이 현저히 해태되지 아니하도록 보장하는 제도적 규율도 갖추어져 있어야 한다. 17국회8

46 (행정상 손실보상은) 원칙적으로 적법한 공권력 행사로 인한 손해의 전보제도로서 위법한 공권력 행사로 인한 침해에 대한 보상인 국가배상제도와는 다르다. 14서울7

47 재산권의 수용·사용·제한은 법률로써 하여야 하고, 이 '법률'에 법률종속명령이나 조례는 포함되지 아니한다. 11사복9

48 공용수용이 허용될 수 있는 공익사업의 범위는 법률유보 원칙에 따라 법률에서 명확히 규정되어야 한다. 따라서 공공의 이익에 도움이 되는 사업이라도 '공익사업'으로 실정법에 열거되어 있지 아니한 사업은 공용수용이 허용될 수 없다. 17국회8

49 구「소하천정비법」에 따라 소하천구역으로 적법하게 편입된 토지의 소유자가 사용·수익에 대한 권리행사에 제한을 받아 손해를 입고 있다고 하더라도, 손실보상을 청구할 수 있을 뿐, 관리청의 제방부지에 대한 점유를 권원 없는 점유와 같이 보아 관리청을 상대로 손해배상이나 부당이득의 반환을 청구할 수는 없다. (2018다284608) 23소방
　＋ 법률에 따른 편입이므로 부당이득×, 적법하므로 손해배상×

49 구「소하천정비법」에 따라 소하천구역으로 편입된 토지의 소유자가 사용·수익에 대한 권리행사에 제한을 받아 손해를 입고 있는 경우, 손실보상을 청구할 수 있을 뿐만 아니라, 관리청의 제방부지에 대한 점유를 권원 없는 점유와 같이 보아 관리청을 상대로 손해배상이나 부당이득의 반환을 청구할 수 있다. 23소방

50 손실보상청구권을 발생시키는 침해는 재산권에 대한 것이어야 한다. 14서울7
　＋ 손실보상청구는 원칙적으로 재산권 침해에 대해 인정된다. 신체침해에 대해서는 손실보상청구가 아닌 희생보상청구로서 별도로 논의가 이루어진다.

50 손실보상청구권을 발생시키는 침해는 재산권이나 신체에 대한 것이어야 한다. 14서울7

51 손실보상청구권을 공권으로 보더라도 손실보상청구권을 발생시키는 침해의 대상이 되는 재산권에는 공법상의 권리뿐만 아니라 사법상의 권리도 포함된다. 17(상)국가9
　＋ 손실보상청구권이 공권이라는 것과, 손실보상청구권의 대상이 되는 재산권은 사권도 포함된다는 것은 구별해야 함

51 손실보상청구권을 공권으로 보게 되면 손실보상청구권을 발생시키는 침해의 대상이 되는 재산권에는 공법상의 권리만이 포함될 뿐 사법상의 권리는 포함되지 않는다. 17(상)국가9

52 구체적 권리가 아닌 단순한 이익이나 재화 획득의 기회와 같은 것은 손실보상 대상이 되지 않는다. 20국회9

53 감염병예방법에 근거한 집합제한 조치로 인하여 일반음식점 영업이 제한되어 영업이익이 감소되었다 하더라도, 이에 대해 별도의 보상규정을 두지 않는 것이 업주인 청구인들의 재산권을 제한한다고 볼 수 없다. 미기출

53 감염병예방법에 근거한 집합제한 조치로 인하여 일반음식점 영업이 제한되어 영업이익이 감소하였음에도, 이에 대해 별도의 보상규정을 두지 않는 것은 업주인 청구인들의 재산권을 제한한 것이다. 미기출
　＋ 이들은 구체적 권리가 아닌 단순한 이익이나 재화의 획득에 관한 기회 또는 기업활동의 사실적·법적 여건 등에 해당하는 것으로 재산권보장 대상에 포함되지 않기 때문이다.

54 손실보상이 인정되기 위하여 재산권에 대한 침해가 현실적으로 발생하여야 한다.(2007두6571) 12국가9

54 손실보상이 인정되기 위하여 재산권에 대한 침해가 현실적으로 발생하여야 하는 것은 아니다. 12국가9

55 공유수면매립면허의 고시가 있다고 하여 반드시 그 사업이 시행되고 그 인하여 직접 손실이 발생한다고 할 수 없으므로, 관행어업권자는 공유수면매립면허의 고시를 이유로 손실보상을 청구할 수 없다.(2007두6571) 19지방9
　＋ 고시 후 실제 매립공사가 실행되어 실질적이고 현실적인 피해가 발생한 경우에만 손실보상을 청구가능

55 공유수면매립면허의 고시가 있는 경우 그 사업이 시행되고 그로 인하여 직접 손실이 발생한다고 할 수 있으므로, 관행어업권자는 공유수면매립면허의 고시를 이유로 손실보상을 청구할 수 있다. 19지방9

56 공익사업과 이로 인한 손실 사이에는 상당인과관계가 있어야 손실보상의 대상인 손실이 된다. 20소간

57 손실보상은 공공필요에 의한 행정작용에 의하여 사인에게 발생한 특별한 희생에 대한 전보이므로 재산권침해로 인한 손실이 특별한 희생에 해당하여야 한다. 17(하)국가9

58 공익사업의 시행으로 토석채취허가를 연장받지 못한 경우 그 인한 손실은 적법한 공권력의 행사로 가하여진 재산상의 특별한 희생으로서 손실보상의 대상이 되지 않는다.(2009두2672) 18서울9

58 공익사업의 시행으로 토석채취허가를 연장받지 못한 경우 그로 인한 손실은 적법한 공권력의 행사로 가하여진 재산상의 특별한 희생으로서 손실보상의 대상이 된다. 18서울9

59 공공용물에 관하여 적법한 개발행위 등이 이루어짐으로 말미암아 이에 대한 일정범위의 사람들의 일반사용이 종전에 비하여 제한받게 되었다 하더라도, 특별한 사정이 없는 한 그로 인한 불이익은 손실보상의 대상이 되는 특별한 손실에 해당한다고 할 수 없다.(99다35300) 16경행

59 공공용물에 관하여 적법한 개발행위 등이 이루어짐으로 말미암아 이에 대한 일정범위의 사람들의 일반사용이 종전에 비하여 제한받게 되었다면, 특별한 사정이 없는 한 그로 인한 불이익은 손실보상의 대상이 되는 특별한 손실에 해당한다. 16경행

THEME 75 손실보상(2) - 토지보상법 중심 검토

○ 지문 / ✕ 지문

01 보상 기준 | 요플 p.320 |

01 헌법 제23조 제3항에서 규정한 정당한 보상이란 원칙적으로 피수용자의 객관적인 재산가치를 완전하게 보상하여야 한다는 **완전보상**을 뜻하는 것이다.(2000두2426) 〔14서울9〕

02 보상액의 산정은 협의에 의한 경우에는 **협의 성립 당시의 가격**을, 재결에 의한 경우에는 수용 또는 사용의 **재결 당시의 가격**을 기준으로 한다. 〔22국회8〕

03 재결에 의한 토지취득의 경우 보상액 산정은 수용재결 당시의 가격을 기준으로 함이 원칙이다. 보상액을 산정할 경우에 **해당 공익사업으로 인하여** 수용대상 토지의 **가격이 변동**되었을 때에는 이를 **고려하지 아니**한다. 〔16국가7〕
 ⊕ 재결 당시의 가격을 기준으로 한다는 부분은 옳지만, 해당 공익사업으로 인한 가격변동을 고려한다는 부분이 틀림

04 토지수용 보상액 산정시 당해 공공사업의 시행을 **직접 목적**으로 하는 계획의 승인·고시로 인한 **가격변동을 고려함이 없이** 적정가격을 정하여야 한다.(98두8896) 〔08지방7〕

05 공익사업시행으로 인한 개발이익은 완전보상의 범위에 포함되는 피수용토지의 객관적 가치 내지 피수용자의 손실에 해당하지 **아니**한다.(헌재 89헌마107) 〔21국가7〕

06 당해 공익사업으로 인한 개발이익을 손실보상액 산정에서 **배제**하는 것은 헌법상 **정당보상**의 원칙에 **위배**되지 아니한다. 〔17(하)국가9〕

07 어느 수용대상 토지에 관하여 특정 시점에서 용도지역 등의 **지정 또는 변경**을 하지 **않은 것이** 특정 공익사업의 시행을 위한 것일 경우, 용도지역 등의 **지정 또는 변경이 이루어진 상태를 상정**하여 토지가격을 **평가하여야** 한다. 〔22소간〕

08 토지수용으로 인한 손실보상액을 산정함에 있어 당해 공공사업의 시행과 관련이 없는 **다른 사업으로 인한 개발이익을 배제하지 아니한** 가격으로 평가하여야 한다.(98두8896) 〔08지방7〕

09 **문화재보호구역의 확대지정이** 공공사업인 택지개발사업의 시행을 **직접 목적으로 하여 가하여진 것이 아님**이 명백한 이상, 문화재보호구역의 확대지정이 당해 공공사업의 시행 이후에 행해진 경우라 하더라도, 공공사업지구에 포함된 토지에 대한 수용보상액은 **문화재보호구역의 확대지정에 의한 공법상 제한을 받는 것으로 보고** 평가하여야 한다.(2003두14222) 〔18지방7〕
 ⊕ 당해 공익사업과 직접 관련된 공법상 제한이라면, 그 제한요소를 배제한 상태로 보상가격을 책정하여야 한다. 그러나 당해 공익사업과 무관한 공법상 제한이라면 그러한 제한이 있는 그대로 평가한다.

---

01 피수용재산의 객관적인 재산가치를 완전하게 보상한다는 것은 불가능하므로 보상은 **상당한 보상**이면 족하다는 것이 대법원의 입장이다. 〔14서울9〕

03 재결에 의한 토지취득의 경우 보상액 산정은 수용재결 당시의 가격을 기준으로 함이 원칙이나, 보상액을 산정할 경우에 **해당 공익사업으로 인하여** 수용대상 토지의 **가격이 변동**되었을 때에는 이를 **고려하여야** 한다. 〔16국가7〕

04 토지수용 보상액 산정시 당해 공공사업의 시행을 **직접 목적**으로 하는 계획의 승인·고시로 인한 **가격변동을 고려하여야** 한다. 〔08지방7〕

05 **공익사업시행으로 인한 개발이익**은 완전보상의 범위에 포함되는 피수용토지의 객관적 가치 내지 피수용자의 손실에 **해당**한다. 〔21국가7〕

08 토지수용으로 인한 손실보상액을 산정함에 있어 당해 공공사업의 시행과 관련이 없는 **다른 사업으로 인한 개발이익을 배제**한 가격으로 평가하여야 한다. 〔08지방7〕

09 (문화재보호법상 문화재보호구역의 지정과 관련하여) **문화재보호구역의 확대지정이** 공공사업인 택지개발사업의 시행을 **직접 목적으로 하여 가하여진 것이 아님**이 명백한 이상, 문화재보호구역의 확대지정이 당해 공공사업의 시행 이후에 행해진 경우라 하더라도, 공공사업지구에 포함된 토지에 대한 수용보상액은 **문화재보호구역의 확대지정에 의한 공법상 제한을 받지 아니한 것으로 보고 평가하여야** 한다. 〔18지방7〕

02 보상 방법 | 요플 p.320 |

10 공익사업에 필요한 토지 등의 취득 또는 사용으로 인하여 토지소유자나 관계인이 입은 손실은 **사업시행자가 보상**하여야 한다. 〔17서울9〕

11 손실보상에서 **보상의무자**는 수용을 통하여 직접 **수익한 자**인데 수익자와 침해자가 다른 경우에는 **침해자는** 보상의무자가 **아니**다. 〔08(상)지방9〕

12 공익사업을 시행하는 경우에는 **사전보상이 원칙**이나, **천재지변시**의 토지사용의 경우에는 사업시행자가 **후급할 수** 있고 이때의 **지연이자를 부담하여야** 한다.(91누308) 〔08(상)지방9〕

13 정당한 어업허가를 받고 공유수면매립사업지구 내에서 허가어업에 종사하고 있던 어민들에 대하여 손실보상을 할 의무가 있는 사업시행자가 **손실보상의무를 이행하지 아니한 채** 공유수면매립공사를 시행함으로써 실질이고 현실적인 침해를 가한 때에는 **불법행위를 구성**하는 것이고, 이 경우 허가어업자들이 입게 되는 손해는 그 **손실보상금 상당액**이다. 〔18국회8〕

---

12 공익사업을 시행하는 경우에는 **사전보상이 원칙**이나, **천재지변시**의 토지사용의 경우에는 사업시행자가 **후급할 수** 있고 이때의 **지연이자는 부담하지 않는다**. 〔08(상)지방9〕

14 「공익사업을 위한 토지 등의 취득 및 보상에 관한 법률」상 손실보상은 원칙적으로 다른 법률에 특별한 규정이 있는 경우를 제외하고는 현금으로 지급하여야 하고, 토지 등의 현물로 보상하는 것은 예외적으로 허용된다. 17(하)국가9

15 토지투기가 우려되는 지역으로서 대통령령이 정하는 지역 안에서 택지개발촉진법상의 택지개발사업을 시행하는 공공단체는 부재부동산 소유자의 토지에 대한 보상금 중 대통령령이 정하는 1억원 이상의 일정금액을 초과하는 부분에 대하여는 해당 사업시행자가 발행하는 채권으로 지급하여야 한다. 11지방7

16 「공익사업을 위한 토지 등의 취득 및 보상에 관한 법률」에 따른 보상은 토지소유자나 관계인 개인별로 하여야 한다. 다만 개인별로 보상액을 산정할 수 없는 때에는 그러하지 아니하다. 21국가7

17 동일한 사업지역에 보상시기를 달리하는 동일인 소유의 토지 등이 여러 개 있는 경우 토지소유자나 관계인이 요구할 때에는 한꺼번에 보상금을 지급하도록 하여야 한다. 17서울9

18 사업시행자는 동일한 소유자에게 속하는 일단의 토지의 일부를 취득하는 경우 해당 공익사업의 시행으로 인하여 잔여지의 가격이 증가한 경우에 그 이익을 그 취득으로 인한 손실과 상계할 수 없다. 22국회8

14 「공익사업을 위한 토지 등의 취득 및 보상에 관한 법률」상 손실보상은 원칙적으로 토지 등의 현물로 보상하여야 하고, 현금으로 지급하는 것은 다른 법률에 특별한 규정이 있는 경우에 예외적으로 허용된다. 17(하)국가9

15 토지투기가 우려되는 지역으로서 대통령령이 정하는 지역 안에서 택지개발촉진법상의 택지개발사업을 시행하는 공공단체는 부재부동산 소유자의 토지에 대한 보상금 중 대통령령이 정하는 1억원 이상의 일정금액을 초과하는 부분에 대하여는 해당 사업시행자가 발행하는 채권으로 지급할 수 있다. 11지방7

16 「공익사업을 위한 토지 등의 취득 및 보상에 관한 법률」에 따른 보상은 토지소유자나 관계인 개인별로 하는 것이 아니라 수용 또는 사용의 대상이 되는 물건별로 행해지는 것이다. 21국가7

18 사업시행자는 동일한 소유자에게 속하는 일단의 토지의 일부를 취득하는 경우 해당 공익사업의 시행으로 인하여 잔여지의 가격이 증가한 경우에 그 이익을 그 취득으로 인한 손실과 상계한다. 22국회8

03 보상·불복 절차

19 「공익사업을 위한 토지 등의 취득 및 보상에 관한 법률」에 의한 협의취득은 사법상의 법률행위이므로 당사자 사이의 자유로운 의사에 따라 채무불이행책임이나 매매대금 과부족금에 대한 지급의무를 약정할 수 있다. 16지방7(변형)

20 공익사업을 위한 토지 등의 취득 및 보상에 관한 법령에 의한 협의취득은 사법상의 법률행위이므로, 이에 관한 분쟁은 민사소송의 대상이다. 19국가9

21 구 「공공용지의 취득 및 손실보상에 관한 특례법」에 따른 토지 등의 협의취득에 기한 손실보상금의 환수통보는 사법상의 이행청구에 해당하는 것으로서 항고소송의 대상이 되는 행정처분이라고 할 수 없다. 12(하)지방9

22 「공익사업을 위한 토지 등의 취득 및 보상에 관한 법률」이 정하는 기준에 따르지 아니하고 손실보상액에 관한 합의를 하였다고 하더라도 그 합의가 착오 등을 이유로 적법하게 취소되지 않는 한 유효하다. 21소간

23 손실보상금에 관한 당사자 간의 합의가 성립하면, 그 합의내용이 토지보상법에서 정하는 손실보상 기준에 맞지 않는다고 하더라도 합의가 적법하게 취소되는 등의 특별한 사정이 없는 한 추가로 토지보상법상 기준에 따른 손실보상금 청구를 할 수 없다. 18국가7

24 토지수용위원회의 수용재결이 있은 후라고 하더라도 토지소유자와 사업시행자가 다시 협의하여 토지 등의 취득·사용 및 그에 대한 보상에 관하여 임의로 계약을 체결할 수 있다. 18국가7

25 협의취득으로 인한 사업시행자의 토지에 대한 소유권 취득은 승계취득이다. 단, 관할 토지수용위원회에 의한 협의 성립의 확인이 있다면 사법상 매매의 효력만을 갖는 협의취득과는 달리 사업시행자는 수용재결의 경우와 동일하게 그 토지에 대한 원시취득의 효과를 누릴 수 있다.(2016두51719) 20국가7

26 사업인정은 공익사업의 시행자에게 그 후 일정한 절차를 거칠 것을 조건으로 일정한 내용의 수용권을 설정하여 주는 형성행위이다. 23지방9

27 토지수용절차에서의 사업인정은 항고소송의 대상이 된다. 12국회8

28 사업인정 여부는 행정청의 재량에 속한다는 것이 판례의 입장이다. 10국가7

29 「공익사업을 위한 토지 등의 취득 및 보상에 관한 법률」상 토지수용절차로서 사업인정에 대하여 사업인정의 고시로 수용의 목적물은 확정되고 관계인의 범위가 제한된다. 21국가7

25 협의취득으로 인한 사업시행자의 토지에 대한 소유권 취득은 승계취득이므로 관할 토지수용위원회에 의한 협의 성립의 확인이 있었더라도 사업시행자는 수용재결의 경우와 동일하게 그 토지에 대한 원시취득의 효과를 누릴 수 없다. 20국가7

30 사업인정고시는 수용재결절차로 나아가 강제적인 방식으로 토지소유자나 관계인의 권리를 취득·보상하기 위한 절차적 요건에 지나지 않고 영업손실보상의 요건이 아니다. 따라서 토지보상법상의 공익사업으로 인하여 영업이 폐업하거나 휴업하게 된 것으로서 토지보상법령에서 정한 영업손실 보상대상에 해당하면, 사업인정고시가 없더라도 사업시행자에게 영업손실보상의무가 발생한다.(2018다204022) 〈율〉23소간

30 사업인정고시는 수용재결절차로 나아가 강제적인 방식으로 토지소유자나 관계인의 권리를 취득·보상하기 위한 요건으로서 영업손실보상청구를 위해서는 반드시 사업인정이나 수용이 전제되어야 한다. 23소간

31 사업인정기관은 어떠한 사업이 외형상 토지 등을 수용 또는 사용할 수 있는 사업에 해당한다 하더라도, 사업시행자에게 해당 공익사업을 수행할 의사와 능력이 없다면 사업인정을 거부할 수 있다. 20국가7

32 사업시행자가 사업인정을 받은 이후 수용재결 당시 사업을 수행할 능력을 상실한 상태에서 수용재결을 신청하여 그 재결을 받았다면 수용권의 남용에 해당한다고 볼 수 있다.(2009두1051) 〈율〉13국회8

32 사업시행자가 사업인정을 받은 이후 수용재결 당시 사업을 수행할 능력을 상실한 상태에서 수용재결을 신청하여 그 재결을 받았다 하더라도 수용권의 남용에 해당한다고 볼 수 없다. 13국회8

33 (유사) 징발권자인 국가와 피징발자와의 관계는 공법관계에 해당한다. 〈율〉09지방7
⊕ 징발재산 매수결정은 행정처분에 해당한다.(91다26690)

33 (유사) 징발권자인 국가와 피징발자와의 관계(는 사법관계에 해당한다) 09지방7

34 「공익사업을 위한 토지 등의 취득 및 손실보상에 관한 법률」에 따를 경우, 피수용자는 수용재결을 신청할 수 없고 사업인정고시가 있은 후 협의가 성립되지 아니한 때에는 토지소유자 및 관계인은 서면으로 사업시행자에게 재결을 신청할 것을 청구할 수 있다. 14국회8

35 토지소유자 등이 손실보상대상에 해당한다고 주장하며 보상을 요구하는데도 사업시행자가 손실보상대상에 해당하지 아니한다며 보상대상에서 이를 제외한 채 협의를 하지 않아 결국 협의가 성립하지 않은 경우, 토지소유자 등에게는 재결신청청구권이 인정된다. 22지방7

36 공익사업 시행으로 영업손실이 발생하였음에도 사업시행자가 재결을 신청하지 않는 경우에는 피해자는 '정당한 보상'을 받기 위하여 사업시행자를 상대로 곧바로 공법상 당사자소송으로 손실보상금의 지급을 청구할 수 없다.(2009두10963) 〈율〉22변시

36 공익사업 시행으로 영업손실이 발생하였음에도 사업시행자가 재결을 신청하지 않는 경우에는 피해자는 '정당한 보상'을 받기 위하여 사업시행자를 상대로 공법상 당사자소송으로 손실보상금의 지급을 청구할 수 있다. 22변시

37 사업시행자만이 재결을 신청할 수 있고 토지소유자와 관계인은 사업시행자에게 재결신청을 청구하도록 규정하고 있으므로, 토지소유자나 관계인의 재결신청 청구에도 사업시행자가 재결신청을 하지 않을 때 토지소유자나 관계인은 사업시행자를 상대로 거부처분 취소소송 또는 부작위 위법확인소송의 방법으로 다투어야 한다.(2018두57865) 〈율〉22지방7

37 사업시행자가 토지소유자 등의 재결신청의 청구를 거부하는 경우, 토지소유자 등은 민사소송의 방법으로 그 절차 이행을 구할 수 있다. 22지방7

38 토지수용위원회는 사업인정이 취소되지 않는 한 그 기능상 사업인정 자체를 무의미하게 하는, 즉 사업의 시행이 불가능하게 되는 것과 같은 재결을 할 수 없다.(93누19375) 〈율〉12국회8

38 토지수용위원회는 사업인정의 취소와 관련없이 부득이한 사정이 있으면 사업인정과 배치되는 재결을 할 수 있다. 12국회8

39 토지수용위원회는 손실보상의 신청범위와 관계없이 손실보상의 증액재결을 할 수 있다. 〈율〉11국가9
⊕ 토지수용위원회는 원칙적으로 신청범위에서 재결하여야 하나, 증액재결은 신청범위를 넘어서도 할 수 있다.

39 토지수용위원회는 손실보상의 신청범위와 관계없이 손실보상의 증액재결을 할 수 없다. 11국가9

40 공익사업으로 인하여 영업을 폐지하거나 휴업하는 자는 공익사업을 위한 토지 등의 취득 및 보상에 관한 법률상의 재결절차를 거치지 않은 채 곧바로 사업시행자를 상대로 손실보상을 청구하는 것은 허용되지 않는다. 20군무원7

41 공익사업에 영업시설 일부가 편입됨으로 인하여 잔여영업시설에 손실을 입은 자는 재결절차를 거치지 않은 채 곧바로 사업 시행자를 상대로 잔여 영업시설의 손실에 대한 보상을 청구할 수 없다.(2009다43461) 〈율〉20국가7

41 공익사업에 영업시설 일부가 편입됨으로 인하여 잔여영업시설에 손실을 입은 자는 재결절차를 거치지 않은 채 곧바로 사업 시행자를 상대로 잔여 영업시설의 손실에 대한 보상을 청구할 수 있다. 20국가7

42 공익사업으로 인해 농업손실을 입은 자가 사업시행자에게서 「공익사업을 위한 토지 등의 취득 및 보상에 관한 법률」에 따른 보상을 받으려면 재결절차를 거쳐야 하고, 이를 거치지 않고 곧바로 민사소송으로 보상금을 청구하는 것은 허용되지 않는다. 19국가7

43 편입토지·물건 보상, 지장물 보상, 잔여 토지·건축물 손실보상 또는 수용청구의 경우에는 원칙적으로 개별 물건에 따라 하나의 보상항목이 되지만, 잔여 영업시설 손실보상을 포함한 영업손실 보상의 경우에는 '전체적으로 단일한 시설 일체로서의 영업' 자체가 보상항목이 되고, 세부 영업시설이나 공사비용, 휴업기간 등은 영업손실보상금 산정에서 고려하는 요소에 불과하다. 21변시

44 영업의 단일성·동일성이 인정되는 범위에서 보상금 산정의 세부요소를 추가로 주장하는 것은 하나의 보상항목 내에서 허용되는 공격방어방법일 뿐이므로, 별도로 재결절차를 거쳐야 하는 것은 아니다.(2015두4044) 〔율〕미기출

45 ⓒ 「공익사업을 위한 토지 등의 취득 및 보상에 관한 법률」상 토지수용위원회의 수용재결에 대한 이의절차는 실질적으로 행정심판의 성질을 갖는 것이므로 동법에 특별한 규정이 있는 것을 제외하고는 행정심판법의 규정이 적용된다. 17(하)지방9

46 수용재결에 대하여 불복하는 경우 이의재결을 거치지 아니하여도 취소소송을 제기할 수 있다. 〔율〕23군무원7

47 ⓒ 중앙토지수용위원회의 재결에 이의가 있는 자는 중앙토지수용위원회에, 지방토지수용위원회의 재결에 이의가 있는 자는 해당 지방토지수용위원회를 거쳐 중앙토지수용위원회에 이의를 신청할 수 있다. 15국회8

48 (국토교통부장관은 「공익사업을 위한 토지 등의 취득 및 보상에 관한 법률」(이하 '토지보상법'이라 한다)에 따라 A광역시가 추진하는 관할구역 내 甲 소유의 대규모 토지를 부지로 하는 도시공원 내 체육시설 조성사업에 대해 사업인정을 하였고, 사업시행자인 A광역시는 甲과의 협의가 성립하지 않자 중앙토지수용위원회의 수용재결을 거쳤다.) 甲은 중앙토지수용위원회의 수용재결서 정본을 받은 날부터 30일 이내에 중앙토지수용위원회에 이의를 신청할 수 있으며, 중앙토지수용위원회는 수용재결이 위법 또는 부당하다고 인정하는 때에는 그 전부 또는 일부를 취소하거나 보상액을 변경할 수 있다. 〔율〕24변시
➕ 중앙토지수용위원회는 변경을 명하는 것이 아니라 스스로 변경을 한다. 따라서 "보상액의 변경을 명할 수 있다"는 부분을 "보상액을 변경할 수 있다"고 고쳐야 한다.

49 이의재결에서 보상금이 늘어난 경우 사업시행자는 재결의 취소 또는 변경의 재결서 정본을 받은 날부터 30일 이내에 보상금을 받을 자에게 그 늘어난 보상금을 지급해야 한다. 〔율〕23군무원7

50 이의신청에 대한 재결에 대하여 기한 내에 행정소송이 제기되지 않거나 그 밖의 사유로 이의신청에 대한 재결이 확정된 때에는 민사소송법상의 확정판결이 있은 것으로 본다. 16국가7

51 사업시행자 토지소유자 또는 관계인은 토지수용위원회의 재결에 대해 행정소송을 제기할 수 있으며 이 경우 토지보상법상의 별도의 소송제기기간 규정을 적용한다. 〔율〕19소간

52 사업시행자, 토지소유자 또는 관계인은 토지수용위원회의 재결에 불복할 때에는 재결서를 받은 날부터 90일 이내에 행정소송을 제기할 수 있다. 〔율〕11지방7

53 중앙토지수용위원회의 이의재결에 대한 행정소송은 재결서를 받은 날부터 60일 이내에 제기해야 한다. 〔율〕18교행9

54 Ⓑ (건설회사 A는 택지개발사업을 위해 관련 법령에 따른 절차를 거쳐 甲 소유의 토지 등을 취득하고자 甲과 보상에 관한 협의를 하였으나 협의가 성립되지 않았다. 이에 관할 지방토지수용위원회에 재결을 신청하여 토지의 수용 및 보상금에 대한 수용재결을 받은 경우) 甲이 수용 자체를 다투는 경우 관할 지방토지수용위원회를 상대로 수용재결에 대하여 취소소송을 제기할 수 있다. 22국가9

55 Ⓢ (공익사업의 대상지역 내 甲의 토지가 사업인정절차를 거쳐 수용재결된 경우) 甲이 수용재결에서 정해진 보상금에 불복하여 보상금의 증액을 청구하려면 보상금증감소송(당사자소송)을 제기하여야 한다. 〔율〕16서울7

56 Ⓢ (건설회사 A는 택지개발사업을 위해 관련 법령에 따른 절차를 거쳐 甲 소유의 토지에 대한 수용재결을 받았다.) 甲은 보상금 증액을 위해 A를 상대로 보상금증액을 구하는 당사자소송을 제기할 수 있다. 〔율〕22국가9

---

44 영업의 단일성·동일성이 인정되는 범위에서 보상금 산정의 세부요소를 추가로 주장하는 경우라 하더라도 별도로 재결절차를 거쳐야 한다. 미기출

46 수용재결에 대하여 불복하는 경우 이의재결을 거치지 아니하면 취소소송을 제기할 수 없다. 23군무원7

48 (국토교통부장관은 「공익사업을 위한 토지 등의 취득 및 보상에 관한 법률」(이하 '토지보상법'이라 한다)에 따라 A광역시가 추진하는 관할구역 내 甲 소유의 대규모 토지를 부지로 하는 도시공원 내 체육시설 조성사업에 대해 사업인정을 하였고, 사업시행자인 A광역시는 甲과의 협의가 성립하지 않자 중앙토지수용위원회의 수용재결을 거쳤다.) 甲은 중앙토지수용위원회의 수용재결서 정본을 받은 날부터 30일 이내에 중앙토지수용위원회에 이의를 신청할 수 있으며, 중앙토지수용위원회는 수용재결이 위법 또는 부당하다고 인정하는 때에는 그 전부 또는 일부를 취소하거나 보상액의 변경을 A광역시에 명할 수 있다. 24변시

49 이의재결에서 보상금이 늘어난 경우 사업시행자는 재결의 취소 또는 변경의 재결서 정본을 받은 날부터 60일 이내에 보상금을 받을 자에게 그 늘어난 보상금을 지급해야 한다. 23군무원7

51 사업시행자 토지소유자 또는 관계인은 토지수용위원회의 재결에 대해 행정소송을 제기할 수 있으며 이 경우 행정소송법상의 소송제기기간의 규정을 적용한다. 19소간

52 사업시행자, 토지소유자 또는 관계인은 토지수용위원회의 재결에 불복할 때에는 재결서를 받은 날부터 60일 이내에 행정소송을 제기할 수 있다. 11지방7

53 중앙토지수용위원회의 이의재결에 대한 행정소송은 재결서를 받은 날부터 30일 이내에 제기해야 한다. 18교행9

55 Ⓢ (공익사업의 대상지역 내 甲의 토지가 사업인정절차를 거쳐 수용재결된 경우) 甲이 수용재결에서 정해진 보상금에 불복하여 보상금의 증액을 청구하려면 수용재결에 대한 취소소송을 제기하여야 한다. 16서울7

56 Ⓢ (건설회사 A는 택지개발사업을 위해 관련 법령에 따른 절차를 거쳐 甲 소유의 토지에 대한 수용재결을 받았다.) 甲은 보상금 증액을 위해 A를 상대로 손실보상을 구하는 민사소송을 제기할 수 있다. 22국가9

57 형식적 당사자소송인 **보상금의 증감**에 관한 소송을 제기하는 경우 그 소송을 제기하는 자가 **토지소유자**일 때에는 **사업시행자를**, 사업시행자일 때에는 **토지소유자 또는 관계인**을 각각 **피고로** 한다. 〈옳〉 17지방7

  ⊕ 즉, 토지수용위원회는 보상금 증감소송의 피고가 될 수 없다.

58 어떤 보상항목이 **손실보상대상에 해당함에도** 관할 토지수용 위원회가 사실이나 법리를 오해하여 **손실보상대상에 해당하지 않는다고** 잘못된 내용의 **재결**을 한 경우, 피보상자는 관할 토지수용위원회를 상대로 그 재결에 대한 취소소송을 제기할 것이 아니라 **사업시행자를 상대로 보상금증감소송을 제기하여야 한다.**(2018두227) 〈옳〉 23지방9

  ⊕ 수용자체에 불복하는 것이 아니라 보상 대상을 확장하여 보상금을 증감을 요구하는 것이므로, 취소소송이 아니라 보상금증감소송의 대상이 된다.

59 손실보상금 산정을 위한 **감정평가 중 어느 한 가지 점이라도 위법**사유가 있으면 그것으로써 **감정평가결과는 위법**하게 되나, 법원은 그 감정내용 중 **위법하지 않은 부분을 추출**하여 판결에서 **참작할 수 있다.** 20국가7

60 (건설회사 A는 택지개발사업을 위해 관련 법령에 따른 절차를 거쳐 甲 소유의 토지에 대한 수용재결을 받았다.) 甲이 **수용재결**에 대하여 **이의신청**을 제기하더라도 사업의 진행 및 토지의 수용 또는 사용을 **정지시키는 효력이 없다.** 〈옳〉 22국가9

61 (손실보상제도에 관하여 판례는) 재결절차에서 정한 **보상액**과 행정소송절차에서 정한 **보상금액의 차액**이 수용시기에 지급되지 않은 이상 **지연손해금이 당연히 발생**한다고 보았다. 11회9

62 **하나의 수용재결**에서 **여러 가지의 토지, 물건, 권리** 또는 영업의 손실의 보상에 관하여 심리·판단이 이루어졌을 때, 피보상자는 재결 **전부**에 관하여 **불복하여야** 하는 것은 **아니며**, 여러 보상항목들 중 **일부**에 관해서만 **개별적으로 불복할 수 있다.**(2017두41221) 〈옳〉 18국가7

---

57 형식적 당사자소송인 **보상금의 증감**에 관한 소송을 제기하는 경우 그 소송을 제기하는 자가 **토지소유자**일 때에는 사업시행자와 **토지수용위원회**를, **사업시행자**일 때에는 토지소유자와 **토지수용위원회**를 각각 **피고로** 한다. 17지방7

58 어떤 보상항목이 공익사업을 위한 토지 등의 취득 및 보상에 관한 법령상 **손실보상대상에 해당함에도** 관할 토지수용위원회가 사실을 오인하거나 법리를 오해함으로써 **손실보상대상에 해당하지 않는다고** 잘못된 내용의 **재결**을 한 경우에는, 피보상자는 관할 **토지수용위원회를 상대로 재결취소소송을 제기하여야 한다.** 23지방9

60 (건설회사 A는 택지개발사업을 위해 관련 법령에 따른 절차를 거쳐 甲 소유의 토지에 대한 수용재결을 받았다.) 甲이 **수용재결**에 대하여 **이의신청**을 제기하면 사업의 진행 및 토지의 수용 또는 사용을 **정지시키는 효력이 있다.** 22국가9

62 **하나의 수용재결**에서 **여러 가지의 토지, 물건, 권리** 또는 영업의 손실의 보상에 관하여 심리·판단이 이루어졌을 때, 피보상자는 재결 **전부**에 관하여 **불복하여야** 하고 여러 보상항목들 중 **일부**에 관해서만 **개별적으로 불복할 수는 없다.** 18국가7

---

04 재산권 보상 | 요플 p.324 |

63 협의 또는 재결에 의하여 **취득**하는 **토지**에 대하여는 「부동산가격공시 및 감정평가에 관한 법률」에 의한 **공시지가를 기준**으로 하여 보상한다. 10회9

64 판례에 따르면 **시가보다 낮은 공시지가**라 하더라도 헌법 제23조 제3항이 규정한 **정당보상**의 원칙에 위배되는 것은 **아니**라고 본다. 08(상)지방9

65 **개별공시지가가 아닌 표준지공시지가**를 기준으로 보상액을 산정하는 것은 **헌법** 제23조 제3항에 **위반되지 않는다.** 21군무원7

66 수용대상 토지에 대한 **손실보상액을 평가함에 있어**서는 수용재결 당시의 이용 상황, 주위환경 등을 기준으로 하여야하는 것이고, 여기서의 수용대상 **토지의 현실 이용상황**은 **법령의 규정**이나 토지소유자의 **주관적 의도** 등에 의하여 의제될 것이 아니라 오로지 증거에 의하여 확정되어야 한다.(96누2569) 〈옳〉 16경행

67 토지의 **문화적·학술적 가치**는 특별한 사정이 없는 한 손실**보상**의 대상이 되지 **않는다.** 12국9

68 협의 또는 재결에 의하여 **사용**하는 **토지**에 대한 보상은 그 토지와 **인근 유사토지의 지료·임대료**·사용방법·사용기간 및 그 토지의 가격 등을 참작하여 평가한 적정가격으로 하여야 한다. 10국9

69 농지개량사업 시행지역 내의 토지 등 **소유자가 토지사용**에 관한 **승낙**을 하였더라도, 그에 대한 정당한 보상을 받지 않았다면 농지개량사업 시행자는 토지소유자 및 그 승계인에 대하여 **보상할 의무가 있다.**(2016다206369) 〈옳〉 17(하)지방9

70 토지수용위원회가 토지에 대하여 **사용재결**을 하는 경우 사용할 토지의 위치와 면적, 권리자, 손실보상액, 사용 개시일 뿐만 아니라 **사용방법, 사용기간**도 구체적으로 **재결서에 특정하여야** 한다. 20국가7

71 사업인정고시가 된 후 사업시행자가 **토지를 사용하는 기간이 3년 이상**인 경우 토지소유자는 토지수용위원회에 토지의 **수용을 청구**할 수 있고, 토지수용위원회가 이를 **받아들이지 않는 재결**을 한 경우에는 사업시행자를 피고로 하여 토지보상법상 **보상금의 증감에 관한 소송**을 제기할 수 있다. 18국가7

---

66 수용대상 토지에 대한 **손실보상액을 평가함에 있어**서는 수용재결 당시의 이용 상황, 주위환경 등을 기준으로 하여야하는 것이고, 여기서의 수용대상 **토지의 현실 이용상황**은 **법령의 규정**이나 토지소유자의 **주관적 의도** 등에 의하여 **의제되어야** 한다. 16경행

69 농지개량사업 시행지역 내의 토지 등 **소유자가 토지사용**에 관한 **승낙을 한 경우**, 그에 대한 정당한 보상을 받지 않았더라도 농지개량사업 시행자는 토지소유자 및 그 승계인에 대하여 **보상할 의무가 없다.** 17(하)지방9

72 「공익사업을 위한 토지 등의 취득 및 보상에 관한 법률」에 따라 사업인정고시가 된 후 토지의 사용으로 인하여 토지의 형질이 변경되는 경우에 토지소유자는 사업시행자에게 해당 토지의 매수를 청구하거나 관할 토지수용위원회에게 수용을 청구할 수 있다. 23국가9

73 동일한 소유자에게 속하는 일단의 토지의 일부가 협의에 의하여 매수되거나 수용됨으로 인하여 잔여지를 종래의 목적에 사용하는 것이 현저히 곤란할 때에는 해당 토지소유자는 사업시행자에게 잔여지를 매수하여 줄 것을 청구할 수 있으며, 사업인정 이후에는 관할 토지수용위원회에 수용을 청구할 수 있고, 이 경우 수용의 청구는 매수에 관한 협의가 성립되지 아니한 경우에만 할 수 있으며 사업완료일까지 하여야 한다. 23지방7

74 잔여지가 이용은 가능하지만 그 이용에 많은 비용이 소요되는 경우에는 잔여지수용을 청구할 수 있다. 11국가7

75 잔여지 수용청구는 토지소유자가 관할 토지수용위원회에 직접 할 수 있다. 수용재결신청의 경우 사업시행자가 관할 토지수용위원회에게 하여야 하고, 토지소유자는 사업시행자에게 수용을 청구해줄 것을 신청할 수 있을 뿐인 것과 구별한다. 19서울7

76 토지소유자가 사업시행자에게 잔여지 매수청구의 의사표시를 하였다면, 그 의사표시는 특별한 사정이 없는 한 관할 토지수용위원회에 한 잔여지 수용청구의 의사표시로 볼 수 없다.(2008두822) 19지방7

77 잔여지 수용청구는 당해 공익사업의 사업완료일까지 해야 하고, 그 행사기간은 제척기간으로서, 토지소유자가 그 기간 내에 잔여지 수용청구권을 행사하지 아니하면 그 권리가 소멸한다. 19지방7(변형)

78 잔여지 수용청구권은 그 요건을 구비한 때에는 잔여지를 수용하는 토지수용위원회의 재결이 없더라도 그 청구에 의하여 수용의 효과가 발생하는 형성권적 성질을 가진다. 20국가7

79 공익사업을 위한 토지 등의 취득 및 보상에 관한 법률상 잔여지 수용청구를 받아들이지 않은 토지수용위원회의 재결에 대하여 토지 소유자가 불복하여 제기하는 소송은 당사자소송(보상금증감소송)에 해당하여 사업시행자를 피고로 하여야 한다.(2008두822) 20군무원7

80 잔여지 수용 청구가 있으면 그 잔여지에 있는 물건에 대한 권리를 가진 자는 사업시행자에게 그 권리의 존속을 주장할 수 있다. 19서울7

81 동일한 토지소유자에 속하는 일단의 토지의 일부가 취득됨으로써 잔여지의 가격이 감소한 때에는 잔여지를 종래의 목적으로 사용하는 것이 가능한 경우라도 그 잔여지는 손실보상의 대상이 된다. 19지방7

82 잔여지에 현실적 이용상황 변경 또는 사용가치 및 교환가치의 하락 등이 발생하였더라도 그 손실이 토지가 공익사업에 취득·사용됨으로써 발생한 것이 아닌 경우에는 손실보상의 대상이 되지 않는다. 19서울7

83 토지소유자가 잔여지 수용청구에 대한 재결절차를 거친 경우에도 곧바로 사업시행자를 상대로 잔여지 가격감소 등으로 인한 손실보상을 청구할 수 없다.(2012두24092) 19지방7
　　잔여지 자체를 수용하는 것과 잔여지 가격감소분을 보상하는 것은 별개의 제도이기 때문에 잔여지 가격감소분에 대해서는 별도로 재결을 거쳐야 함

84 건물의 일부만 수용되어 잔여부분을 보수하여 사용할 수 있는 경우 그 건물 전체의 가격에서 수용된 부분의 비율에 해당하는 금액과 건물 보수비를 손실보상액으로 평가하여 보상하고, 잔여건물에 대한 가치하락까지도 보상해야 한다. 14국가7

85 지장물인 건물은 그 건물이 적법한 건축허가를 받아 건축된 것인지 여부에 관계없이 토지수용법상의 사업인정의 고시 이전에 건축된 건물이기만 하면 손실보상의 대상이 된다. 16경행

86 광업권·어업권 및 물 등의 사용에 관한 권리에 대하여는 투자비용, 예상수익 및 거래가격 등을 고려하여 평가한 적정 가격으로 보상하여야 한다. 11지방7

72 「공익사업을 위한 토지 등의 취득 및 보상에 관한 법률」에 따라 사업인정고시가 된 후 토지의 사용으로 인하여 토지의 형질이 변경되는 경우에 토지소유자는 중앙토지수용위원회에 그 토지의 매수청구권을 행사할 수 있다. 23국가9

75 잔여지 수용의 청구는 사업시행자가 관할 토지수용위원회에 하여야 하고, 토지소유자는 사업시행자에게 잔여지 수용을 청구해 줄 것을 요청할 수 있다. 19서울7

76 토지소유자가 사업시행자에게 잔여지 매수청구의 의사표시를 하였다면, 그 의사표시는 특별한 사정이 없는 한 관할 토지수용위원회에 한 잔여지 수용청구의 의사표시로 볼 수 있다. 19지방7

77 잔여지 수용청구는 당해 공익사업의 사업완료일까지 해야 하지만, 토지소유자가 그 기간 내에 잔여지 수용청구권을 행사하지 않았더라도 그 권리가 소멸하는 것은 아니다. 19지방7(변형)

79 공익사업을 위한 토지 등의 취득 및 보상에 관한 법률상 잔여지 수용청구를 받아들이지 않은 토지수용위원회의 재결에 대하여 토지 소유자가 불복하여 제기하는 소송은 항고소송에 해당하여 토지수용위원회를 피고로 하여야 한다. 20군무원7

80 잔여지 수용 청구가 있으면 그 잔여지에 있는 물건에 대한 권리를 가진 자는 사업시행자에게 그 권리의 존속을 주장할 수 없게 된다. 19서울7

83 토지소유자가 잔여지 수용청구에 대한 재결절차를 거친 경우에는 곧바로 사업시행자를 상대로 잔여지 가격감소 등으로 인한 손실보상을 청구할 수 있다. 19지방7

84 건물의 일부만 수용되어 잔여부분을 보수하여 사용할 수 있는 경우 그 건물 전체의 가격에서 수용된 부분의 비율에 해당하는 금액과 건물 보수비를 손실보상액으로 평가하여 보상하면 되고, 잔여건물에 대한 가치하락까지 보상해야 하는 것은 아니다. 14국가7

87 구 「하천법」에 의한 하천수 사용권은 「공익사업을 위한 토지 등의 취득 및 보상에 관한 법률」이 손실보상의 대상으로 규정하고 있는 '물의 사용에 관한 권리'에 해당한다. 23지방9

88 손실보상액 산정의 기준이나 방법에 관하여 구체적인 법령의 규정이 없는 경우에는, 그 성질상 유사한 물건 또는 권리 등에 대한 관련법령상의 손실보상액 산정의 기준이나 방법에 관한 규정을 유추적용할 수 있으므로, 하천수 사용권에 대한 '물의 사용에 관한 권리'로서의 정당한 보상금액은 어업권이 취소되거나 어업면허의 유효기간 연장이 허가되지 않은 경우의 손실보상액 산정 방법과 기준을 유추적용하여 산정할 수 있다. 20변시

89 영업을 폐업하거나 휴업함에 따른 영업손실에 대하여는 영업이익과 시설의 이전비용 등을 고려하여 보상하여야 한다. 22국회8

90 영업손실에 관한 보상에 있어서 영업의 휴업과 폐지를 구별하는 기준은 당해 영업을 다른 장소로 이전하는 것이 가능한지의 여부에 달려있다. (2000두1003) 08지방7

90 영업손실에 관한 보상에 있어서 영업의 휴업과 폐지를 구별하는 기준은 당해 영업을 다른 장소로 실제로 이전하였는지의 여부에 달려있다. 08지방7

91 구 토지수용법 제51조가 규정하고 있는 '영업상의 손실'이란 수용의 대상이 된 토지·건물 등을 이용하여 영업을 하다가 그 토지·건물 등이 수용됨으로 인하여 영업을 할 수 없거나 제한을 받게 됨으로 인하여 생기는 직접적인 손실을 말한다. 15경행(변형)

92 (구) 토지수용법 제51조는 영업을 하기 위하여 투자한 비용이나 그 영업을 통하여 얻을 것으로 기대되는 이익에 대한 손실보상의 근거규정이 될 수 없고, 그 보상의 기준과 방법 등에 관한 규정이 없으므로 이러한 손실은 그 보상의 대상이 된다고 할 수 없다. (2003두13106) 11경행

92 (구) 토지수용법 제51조는 영업을 하기 위하여 투자한 비용이나 그 영업을 통하여 얻을 것으로 기대되는 이익에 대한 손실보상의 근거규정이 될 수 없고, 그 보상의 기준과 방법 등에 관한 규정이 없어도 이러한 손실은 그 보상의 대상이 된다. 11경행

93 체육시설업의 영업주체가 영업시설의 양도나 임대 등에 의하여 변경되었으나 그에 관한 신고를 하지 않은 채 영업을 하던 중에 공익사업으로 영업을 폐지 또는 휴업하게 된 경우 그 임차인 등의 영업은 보상대상에서 제외되지 않는다. 19국회8

94 농업의 손실에 대하여는 농지의 단위면적당 소득 등을 고려하여 실제 경작자에게 보상하여야 하지만, 농지소유자가 해당 지역에 거주하는 농민인 경우에는 농지소유자와 실제 경작자가 협의하는 바에 따라 보상할 수 있다. 11지방7

95 영업을 폐업하거나 휴업함에 따라 휴직하거나 실직하는 근로자의 임금손실에 대하여는 「근로기준법」에 따른 평균임금 등을 고려하여 보상하여야 한다. 20국회8

05 생활 보상 | 요클 p.326 |

96 생활보상은 피수용자가 종전과 같은 생활을 유지할 수 있도록 실질적으로 보장하는 보상을 말한다. 15국회8

97 헌법 제23조 제3항의 정당한 보상에 세입자의 이주대책은 포함되는 것은 아니다. (헌재 2004헌마19) 18교행9

97 헌법재판소는 헌법 제23조 제3항의 정당한 보상에 세입자의 이주대책까지 포함된다고 본다. 18교행9

98 대법원은 이주대책이 생활보상의 일환으로 마련된 제도라고 보고 있다. 11지방9

99 이주대책은 이주자들에게 종전의 생활상태를 회복시키기 위한 생활보상의 일환으로서 국가의 정책적인 배려에 의하여 마련된 제도이므로, 이주대책의 실시 여부는 입법자의 입법정책적 재량의 영역에 속한다. 17(하)국가9

100 세입자를 이주대책대상자에서 제외하는 것은 세입자의 평등권과 재산권을 침해하지 아니한다. (헌재 2004헌마19) 11사복9

100 세입자를 이주대책대상자에서 제외하는 것은 세입자의 평등권과 재산권을 침해한다. 11사복9

101 이주대책의 수립의무자는 사업시행자이며, 법령에서 정한 일정한 경우 이주대책을 수립할 의무가 있다. 20국회8

102 사업시행자의 이주대책 수립·실시의무 및 이주대책의 내용에 관한 규정은 당사자의 합의 또는 사업시행자의 재량에 의하여 적용을 배제할 수 없는 강행법규이다. 20국가7

103 이주대책의 내용에는 이주정착지에 대한 도로·급수시설·배수시설 그 밖의 공공시설 등 통상적인 수준의 생활기본시설이 포함되어야 한다. 10서울(변형)9

104 사업시행자가 **이주대책을 수립**하고자 하는 때에는 미리 **관할 지방자치단체의 장과 협의하여야** 한다. 　　　　10지방7

105 이주대책에 필요한 **비용은 사업시행자의 부담**으로 한다. 　　　　10서울(변형)9

106 「공익사업을 위한 토지 등의 취득 및 보상에 관한 법률」상 **행정청이 아닌 사업시행자**가 이주대책을 수립·실시하는 경우에도 이주정착지에 대한 도로 등 통상적인 생활기본시설에 필요한 비용은 **사업시행자가 부담**한다. 단, **지방자치단체는** 비용의 일부를 **보조할 수** 있다. 　　　　을 15지방9

106 「공익사업을 위한 토지 등의 취득 및 보상에 관한 법률」상 **행정청이 아닌 사업시행자**가 이주대책을 수립·실시하는 경우에 이주정착지에 대한 도로 등 통상적인 생활기본시설에 필요한 **비용은 지방자치단체가 부담하여야** 한다. 　　　　15지방9

107 사업시행자는 이주대책을 수립·실시하지 아니하는 경우 또는 이주대책 **대상자**가 이주정착지가 아닌 **다른 지역으로 이주하고자** 하는 경우에는 이주대책 대상자에게 **이주정착금을 지급하여야** 한다. 　　　　10지방7

108 도시개발사업의 사업시행자가 **이주대책기준**을 정하여 이주대책대상자 가운데 이주대책을 수립·실시하여야 할 자를 선정하여 그들에게 **공급할 택지 등을 정**할 때는 **재량**권을 갖는다. 　　　　20국회8

109 이주대책은 이른바 생활보상의 일환으로서 국가의 **정책적인 배려**에 의하여 마련된 제도이다. **법률이** 사업시행자에게 이주대책의 수립·실시의무를 부과하고 있다고 하여 이로부터 사업시행자가 수립한 이주대책상의 택지분양권 등의 구체적 권리가 이주자에게 직접 발생하는 것이라고는 볼 수 **없다**.(94다14391) 　　　　을 19국가7

109 이주대책은 이른바 생활보상에 해당하는 것으로서 헌법 제23조 제3항이 규정하는 **손실보상의 한 형태**로 보아야 하므로, **법률이** 사업시행자에게 **이주대책의 수립·실시의무를 부과하였다면** 이로부터 사업시행자가 수립한 이주대책상의 택지**분양권** 등의 구체적 권리가 **이주자에게 직접 발생**한다. 　　　　19국가7

110 이주대책은 생활보상의 한 내용으로서 사업시행자가 이주대책에 관한 구체적인 계획을 **수립하여** 이를 이주자에게 통지하거나 공고한 후 이주자가 수분양권을 취득하기를 희망하여 이주대책에 정한 절차에 따라 사업시행자에게 이주대책 대상자 선정신청을 하고 사업시행자가 그 신청을 받아들여 이주대책 대상자로 **확인·결정을 하여야만** 비로소 **구체적인 수분양권**이 발생하게 **된다**. 　　　　을 16국가7

110 이주대책은 생활보상의 한 내용이므로 이주대책이 **수립되면** 이주자들에게는 **구체적인 권리**가 **발생하며**, 사업시행자의 **확인·결정이 있어야만 구체적인 수분양권**이 발생하는 것은 아니다. 　　　　16국가7

111 「공익사업을 위한 토지 등의 취득 및 보상에 관한 법률」상 공익사업시행자가 하는 **이주대책대상자 확인·결정**(은 행정소송의 대상인 행정**처분에 해당**한다) 　　　　17(하)국가9

112 이주대책대상자 선정에서 **배제**되어 수분양권을 취득하지 못한 이주자가 사업시행자를 상대로 공법상 **당사자소송으로** 이주대책 상의 **수분양권의 확인**을 구하는 것은 허용될 수 **없다**. 　　　　21국회8

113 '공익사업을 위한 관계 법령에 의한 **고시** 등이 있은 날' 당시 주거용 건물이 아니었던 건물이 그 **이후에 주거용으로** 불법용도**변경**된 경우에는 **이주대책대상**이 되는 주거용 건축물이 될 수 **없다**.(2007두13340)
➕ 이주대책의 대상이 되는 주거용 건축물은 고시 등이 있은 날 기준으로 주거용이어야 　　　　을 11사복9

113 '공익사업을 위한 관계 법령에 의한 **고시** 등이 있은 날' 당시 주거용 건물이 아니었던 건물이 그 **이후에 주거용으로** 불법용도**변경**된 경우에도 **이주대책대상**이 되는 주거용 건축물이 될 수 **있다**. 　　　　11사복9

114 주거용 건물의 거주자에 대하여는 주거이전에 필요한 비용과 가재도구 등 **동산의 운반에 필요한 비용**을 산정하여 **보상하여야** 한다. 　　　　을 20국회8

114 주거용 건물의 거주자에 대하여는 주거이전에 필요한 비용 외에 가재도구 등 **동산의 운반에 필요한 비용은 보상하지 않아도** 된다. 　　　　20국회8

115 생업의 근거를 상실하게 된 자에 대하여 일정규모의 상업용지 또는 상가분양권 등을 공급하는 **생활대책은** 헌법 제23조 제3항이 규정하는 정당한 보상에 포함되는 것이라기**보다는** 생활보상의 일환으로서 국가의 **정책적인 배려**에 의하여 마련된 제도이다.(헌재 2012헌바71) 　　　　을 14지방9

115 헌법재판소는 **생업의 근거를 상실하게 된 자**에 대하여 일정규모의 상업용지 또는 상가분양권 등을 공급하는 **생활대책**이 **헌법 제23조 제3항**이 규정하는 정당한 보상에 **포함**된다고 결정하였다. 　　　　14지방9

116 사업시행자 스스로 **생활대책을 수립·실시**할 수 있도록 하는 **내부규정**을 두고 있고 내부규정에 따라 생활대책대상자 선정기준을 마련하여 생활대책을 수립·실시하는 경우에는, 이러한 생활대책 역시 헌법 제23조 제3항에 따른 정당한 보상에 포함되는 것으로 보아야 한다. 따라서 이러한 생활대책대상자 **선정기준에 해당하는 자**는 사업시행자에게 생활대책대상자 **선정여부의 확인·결정**을 신청할 수 있는 **권리를 가지는 것**이다.(2008두17905) 　　　　을 15국회8

116 사업시행자 스스로 **생활대책을 수립·실시**하는 경우, 이는 내부적인 기준에 불과하므로 생활대책대상자 **선정기준에 해당하는 자**는 사업시행자에게 생활대책대상자 **선정여부의 확인·결정**을 신청할 수 있는 **권리를 갖지 못한다**. 　　　　15국회8

117 생활대책대상자 **선정기준에 해당하는 자**는 자신을 생활대책대상자에서 **제외**하거나 선정을 **거부**한 사업시행자를 상대로 **항고소송**을 제기할 수 있다. 　　　　15국회8

06 간접손실 보상

118 간접적 영업손실도 특별한 희생이 될 수 있다. 19서울9

119 공공사업 시행으로 사업시행지 밖에서 발생한 간접손실은 손실 발생을 쉽게 예견할 수 있고 손실 범위도 구체적으로 특정할 수 있는 경우라면, 그 손실의 보상에 관하여 간접 보상 규정을 유추적용할 수 있으므로, 사업시행자와 협의가 이루어지지 않고 그 보상에 관한 명문의 근거 법령이 없는 경우에도 보상의 대상이 될 수 있다.(98다57419) 19국가7
　⊕ 나아가 현행 토지보상법은 사업시행지구 밖의 영업손실에 대해서도 보상하도록 명문규정도 둠

118 간접적 영업손실은 특별한 희생이 될 수 없다. 19서울9

119 공공사업 시행으로 사업시행지 밖에서 발생한 간접손실은 손실 발생을 쉽게 예견할 수 있고 손실 범위도 구체적으로 특정할 수 있더라도, 사업시행자와 협의가 이루어지지 않고 그 보상에 관한 명문의 근거 법령이 없는 경우에는 보상의 대상이 아니다. 19국가7

120 공유수면매립으로 인하여 위탁판매수수료 수입을 상실한 수산업협동조합에 대해서는 법률의 보상 규정이 없더라도 손실보상의 대상이 된다. 21군무원7

121 공익사업시행지구 밖 영업손실보상의 요건인 '공익사업의 시행으로 인한 그 밖의 부득이한 사유로 일정 기간 동안 휴업이 불가피한 경우'란 공익사업의 시행 또는 시행 당시 발생한 사유로 휴업이 불가피한 경우만을 의미하는 것이 아니라 공익사업의 시행 결과, 즉 공익사업의 시행으로 설치되는 시설의 형태·구조·사용 등에 기인하여 휴업이 불가피한 경우도 포함된다. 21변시

07 손해전보제도의 흠결 및 그 보충이론

122 수용유사의 침해란 타인의 재산권에 대한 위법한 공용침해를 말하고, 수용적 침해란 적법한 행정작용의 이형적·비의욕적인 부수적 결과로서 타인의 재산권에 수용적 영향을 가하는 침해를 말한다. 03국가7

123 대법원은 국군보안사가 사인 소유의 방송사 주식을 강제로 국가에게 증여하게 한 것이 수용유사 행위에 해당되지 않는다고 판시하였다. 24소방

123 대법원은 국군보안사가 사인 소유의 방송사 주식을 강제로 국가에게 증여하게 한 사건에서 수용유사적 침해이론에 근거해 손실보상을 인정한다고 판시하였다. 24소방

124 「감염병의 예방 및 관리에 관한 법률」 제71조에 의한 예방접종 피해에 대한 국가의 보상책임은 무과실책임이지만, 질병, 장애 또는 사망이 예방접종으로 발생하였다는 점이 인정되어야 한다. 23군무원9

125 공법상 결과제거청구권은 공행정작용으로 인하여 야기된 위법한 상태를 제거하여 그 원상회복을 목적으로 하는 권리이다. 10지방7

126 결과제거청구는 권력작용뿐만 아니라 관리 작용에 의한 침해의 경우에도 인정된다. 21군무원9

127 공법상 결과제거청구는 가해행위의 위법은 요건으로 하나, 가해자의 고의 또는 과실을 요건으로 하지 않는다. 10지방7

127 공법상 결과제거청구는 가해행위의 위법 및 가해자의 고의 또는 과실을 요건으로 한다. 10지방7

128 원상회복이 행정주체에게 기대가능한 것이어야 한다. 21군무원9

129 공법상 결과제거청구에 있어서 위법한 상태는 적법한 행정작용의 효력의 상실에 의해 사후적으로 발생할 수도 있다. 10지방7

130 공법상 결과제거청구권의 대상은 공행정작용의 직접적인 결과이다. 21군무원9

130 공법상 결과제거청구권의 대상은 가해행위와 상당인과관계가 있는 손해이다. 21군무원9

131 공법상 결과제거청구권은 공행정작용의 직접적인 결과만을 그 대상으로 한다. 10지방7

132 피해자의 과실이 위법상태의 발생에 기여한 경우에는 그 과실에 비례하여 결과제거청구권이 제한되거나 상실된다. 21군무원9

08 기타 권익구제 제도

133 고충민원은 행정기관 등의 위법·부당하거나 소극적인 처분 및 불합리한 행정제도로 국민의 권리를 침해하거나 국민에게 불편 또는 부담을 주는 사항에 관한 민원을 의미한다. 17소간

134 고충민원에 관한 법률인 부패방지 및 국민권익위원회의 설치 및 운영에 관한 법률에서 국민과 공공기관의 의무 뿐만 아니라 기업의 의무도 규정하고 있다. (을) 17소간

134 고충민원에 관한 법률인 부패방지 및 국민권익위원회의 설치 및 운영에 관한 법률에서 국민과 공공기관의 의무를 규정하고 있으나 기업의 의무는 규정하지 않고 있다. 17소간

135 고충민원의 처리와 이에 관련된 불합리한 행정제도를 개선하고, 부패의 발생을 예방하며 부패행위를 효율적으로 규제하도록 하기 위하여 국무총리 소속으로 국민권익위원회를 둔다. (을) 09지방7

135 고충민원의 처리와 이에 관련된 불합리한 행정제도를 개선하고, 부패의 발생을 예방하며 부패행위를 효율적으로 규제하도록 하기 위하여 대통령 소속으로 국민권익위원회를 둔다. 09지방7

136 (국민권익위원회는) 공직자 행동강령의 시행·운영 및 「행정심판법」에 따른 중앙행정심판위원회의 운영에 관한 업무를 수행한다. 19소방

137 국민권익위원회의 위원장과 위원의 임기는 각각 3년으로 하되 1차에 한하여 연임할 수 있다. (을) 09지방7

137 국민권익위원회의 위원장과 위원의 임기는 각각 2년으로 하되 1차에 한하여 연임할 수 있다. 09지방7

138 누구든지 부패행위를 알게 된 때에는 이를 국민권익위원회에 신고할 수 있다. 19소방(변형)

139 18세 이상의 국민은 공공기관의 사무처리가 법령위반 또는 부패행위로 인하여 공익을 현저히 해하는 경우 대통령령으로 정하는 일정한 수 이상의 국민의 연서로 감사원에 감사를 청구할 수 있다. 19소방

140 국민권익위원회는 필요하다고 인정하는 경우 공공기관의장에게 제도개선의 권고를 할 수 있으며, 제도개선 권고를 받은 공공기관의 장은 이를 제도개선에 반영하여야 하며 그 조치에 대한 결과를 국민권익위원회에 통보하여야 한다. (을) 09국가9

140 국민권익위원회는 필요하다고 인정하는 경우 공공기관의장에게 제도개선의 권고를 할 수 있으며, 제도개선 권고를 받은 공공기관의 장은 이를 제도개선에 반영하여야 하며 그 조치에 대한 결과를 국민권익위원회에 통보할 필요까지는 없다. 09국가9

141 지방자치단체 및 그 소속 기관에 관한 고충민원의 처리와 행정제도의 개선 등을 위하여 부패방지 및 국민권익위원회의 설치와 운영에 관한 법률에서 각 지방자치단체에 시민고충처리위원회를 설치할 수 있는 근거조항을 두고 있다. 09국가9

142 누구든지 국민권익위원회 또는 시민고충처리위원회에 고충민원을 신청할 수 있다. 이 경우 하나의 권익위원회에 대하여 고충민원을 제기한 신청인은 다른 권익위원회에 대하여도 고충민원을 신청할 수 있다. 09지방7

143 국민권익위원회에 고충민원을 신청하고자 하는 자(국내에 거주하는 외국인 포함)는 문서 및 전자문서로 신청하여야 하며, 특별한 사정이 있는 경우에는 구술로도 신청할 수 있다. 17소간

144 (민원 처리에 관한 법률에 따르면) 행정기관은 민원사무에 관해 관계법령 등에서 정한 처리기간이 남아 있더라도 민원처리기간까지 지연시켜서는 아니 된다. (을) 11국회8

144 (민원 처리에 관한 법률에 따르면) 행정기관은 민원사무에 관해 관계법령 등에서 정한 처리기간이 남아있는 경우 민원처리기간까지 지연시킬 수 있다. 11국회8

145 (민원 처리에 관한 법률에 따르면) 민원사무의 처리기간을 5일 이하로 정한 경우 '시각' 단위로 계산하되, 공휴일과 토요일은 산입하지 아니한다. (을) 11국회8
  ➕ 일 단위가 아니라 시각 단위로 계산하는 경우에는 즉시로부터 기산하기에 초일산입여부가 문제 되지 않는다.

145 (민원 처리에 관한 법률에 따르면) 민원사무의 처리기간을 5일 이하로 정한 경우 '일' 단위로 계산하고 초일을 산입하지 않는다. 11국회8

146 (민원 처리에 관한 법률에 따르면) 행정기관의 장은 민원처리결과를 문서로 통지하여야 하나 신속을 요하는 경우에는 구술 또는 전화로 통지할 수 있다. 11국회8(변형)

147 민원 처리에 관한 법률에 따르면) 행정기관의 장이 무인민원발급창구를 이용하여 민원문서를 발급할 수 있도록 하는 법적근거가 있다. 12지방7

148 (민원 처리에 관한 법률에 따르면) 민원인은 대규모 경제적 비용이 수반되는 민원사항의 경우 민원서류를 제출하기 전 사전심사를 청구할 수 있다. (을) 11국회8

148 (민원 처리에 관한 법률에 따르면) 민원인은 대규모 경제적 비용이 수반되는 민원사항의 경우 민원서류를 제출하기 전 사전심사절차를 거쳐야 한다. 11국회8

149 (민원 처리에 관한 법률에 따르면) 민원사항에 대한 거부처분에 대하여 불복이 있는 경우 처분을 받은 날부터 60일 이내에 이의신청을 할 수 있다. (을) 11국회8

149 (민원 처리에 관한 법률에 따르면) 민원사항에 대한 거부처분에 대하여 불복이 있는 경우 처분을 받은 날부터 180일 이내에 이의신청을 할 수 있다. 11국회8

테마별 N지 모음

N1 다음 사례에 대한 설명으로 옳은 것은? (다툼이 있는 경우 판례에 의함) 22국가7 ②

> 경기도 A군수는 개발촉진지구에서 시행되는 지역개발사업의 시행자로 B를 지정·고시하고 실시계획을 승인·고시하였다. B는 개발사업구역에 편입된 甲 소유 토지에 관하여 「공익사업을 위한 토지 등의 취득 및 보상에 관한 법률」에 따라 甲과 협의를 하였으나 **협의가 이루어지지 아니**하자 경기도 **지방토지수용위원회**에 위 토지에 대한 수용재결 신청을 하여 **수용재결**서 정본을 송달받았다.

① 甲은 **수용**재결에 불복할 때에는 그 **재결서를 받은 날**부터 **60일** 이내에, 이의신청을 거쳤을 때에는 **이의**신청에 대한 **재결서를 받은 날**부터 **30일** 이내에 각각 행정소송을 제기하여야 한다.
② 甲이 **수용재결에 이의**가 있을 경우 경기도 **지방토지수용위원회를 거쳐 중앙**토지수용**위원회**에 이의를 신청할 수 있다.
③ 甲이 수용재결에 대하여 중앙토지수용위원회의 **이의재결**을 거친 후 **취소소송**을 제기할 경우, 이의재결에 고유한 위법이 없는 경우에도 **중앙토지수용위원회를 피고**로 하여 **수용재결의 취소**를 구하여야 한다.
④ 甲이 **보상금의 증액청구**를 하고자 하는 경우에는 경기도 **지방토지수용위원회를 피고**로 하여 **당사자소송**을 제기하여야 한다.

[해설] ① 甲은 **수용**재결에 불복할 때에는 그 **재결서를 받은 날**부터 **90일** 이내에, 이의신청을 거쳤을 때에는 **이의**신청에 대한 **재결서를 받은 날**부터 **60일** 이내에 각각 행정소송을 제기하여야 한다.
③ 甲이 수용재결에 대하여 중앙토지수용위원회의 **이의재결**을 거친 후 **취소소송**을 제기할 경우, 수용재결을 한 경기도 **지방토지수용위원회를 피고**로 하여 **수용재결의 취소**를 구하여야 한다.
④ 甲이 **보상금의 증액청구**를 하고자 하는 경우에는 **사업시행자인 B를 피고**로 하여 **당사자소송**(보상금증액소송)을 제기하여야 한다.

N2 A시는 복지시설의 운영자인 B에게 무주택 상태에 있는 C가 6개월간 동 시설에 거주할 수 있게 하도록 명령하였다. 그러나 C가 거주한지 6개월이 **지났는데도 방을 비워주지 않고** 있는 상태이고, A시도 더 이상 아무런 조치를 취하지 않고 있다. 더욱이 C는 본인이 거주하던 방의 일부를 **파손하였다**. 다음 중 이 사례에 관한 설명으로 옳지 않은 것은? 08국회8 ③

① B는 A시가 명령한 6개월의 기간이 종료되었으므로 A시에 대하여 C가 **퇴거하도록 해줄 것을 요구할 수** 있다.
② B가 A시에 대하여 C에 대한 **퇴거조치를 요구**하는 것은 공법적 관계이므로, 이에 대한 소송은 **당사자소송**으로 하여야 한다는 것이 일반적인 견해이다.
③ B는 A시에 대하여 C에 대한 퇴거조치를 요구함에 있어 C가 **파손한 부분**에 대한 **원상회복도 청구할 수 있다**.
④ B는 C를 상대로 **민사상의 손해배상**을 청구할 수 **있다**.
⑤ A시의 **명령은** 행정소송법상 처분에 해당하므로 B는 **취소소송**을 통하여 이를 다툴 수 있으나, 이미 **제소기간이 경과**되어 부적법 **각하**될 것이다.

[해설] ③ B는 A시에 대하여 C에 대한 퇴거조치를 요구함에 있어 C가 **파손한 부분**에 대한 **원상회복을 청구할 수 없다**.
➕ 결과제거청구권은 공행정작용의 직접적 결과만을 목적으로 하는데, C가 파손한 것은 A시의 공행정작용의 직접적인 결과가 아니므로, 이에 대하여 원상회복 청구는 허용되지 않는다.

테마별 N지 모음

N3 감염병의 예방 및 관리에 관한 법률 제71조에 의하면 국가는 동법 규정에 의하여 예방접종을 받은 자가 그 예방접종으로 인하여 질병에 걸리거나 장애인이 된 때나 사망한 때에는 대통령령이 정하는 기준과 절차에 따라 보상을 하여야 한다. 이러한 보상과 관련이 깊은 것은? 06노동부·선관위9(변형) ①

① 희생보상청구
② 공법상 결과제거청구
③ 생활보상
④ 간접손실보상

[해설] 생명·신체 등에 대한 비재산적 손해에 대해서는 재산권에 대한 침해를 보상하는 손실보상 제도가 직접 적용될 수 없으므로, (독일의) 희생보상청구권을 도입하여 적용해야 한다는 견해가 있다.

N4 수용유사침해보상에 관한 설명으로 옳은 것은? 08국가9 ②

① 적법한 공행정작용의 비전형적이고 비의도적인 부수적 효과로써 발생한 개인의 재산권에 대한 손해를 전보하는 것을 말한다.
② 분리이론보다는 경계이론과 밀접한 관련이 있다.
③ 통상적인 공용침해가 적법·무책인데 비하여, 수용유사침해는 위법·유책이다.
④ 수용유사침해는 우리 대법원의 판례를 통해서 발전된 이론으로 그에 관한 명시적인 법률규정은 없다.

[해설] ① 적법한 공행정작용의 비전형적이고 비의도적인 부수적 효과로써 발생한 개인의 재산권에 대한 손해를 전보하는 것은 수용적 침해이다.
③ 통상적인 공용침해가 적법·무책인데 비하여, 수용유사침해는 위법·무책이다.
　⊕ 위법·유책한 행위는 국가배상의 대상이 된다.
④ 수용유사침해는 우리 대법원의 판례가 언급한 적이 있을 뿐 판단한 바 없다. 그에 관한 명시적인 법률규정도 없다.

THEME 76 공공기관 정보공개법(1) - 조문별 기출정리

○ 지문

01 「공공기관의 정보공개에 관한 법률」 제4조제1항에서 '정보공개에 관하여 **다른 법률에 특별한 규정**이 있는 경우'에 해당한다고 하여 **정보공개법의 적용을 배제**하기 위해서는, 특별한 규정이 '**법률**'이어야 하고, **정보공개의 대상 및 범위**, 정보 공개의 절차 등**의 내용에서 정보공개법과 달리 규정**하고 있는 것이어야 한다. 22소간

02 「**형사소송법**」이 형사재판확정기록의 공개 여부나 공개 범위, 불복절차 등에 대하여 규정하고 있는 것은 「정보공개법」 제4조제1항에서 정한 '정보의 공개에 관하여 **다른 법률에 특별한 규정이 있는 경우**'에 해당한다고 볼 수 **있으므로** 형사재판확정기록의 공개에 관하여는 「**정보공개법**」**에 의한 공개청구가 허용되지 아니한다.**(2013두20882) 21국회8

03 공공기관의 **정보공개 담당자**(정보공개 청구 대상 정보와 관련된 업무 담당자를 포함한다)는 정보공개 업무를 **성실**하게 수행**하여야** 하며, 공개여부의 자의적인 결정, 고의적인 처리 지연 또는 위법한 공개 거부 및 회피 등 **부당**한 행위를 **하여서는 아니된다.** 21군무원9

04 공공기관은 국가의 시책으로 시행하는 공사(工事) 등 **대규모 예산**이 **투입**되는 **사업**에 관한 정보에 대해서는 **공개의 구체적 범위, 주기, 시기 및 방법 등을 미리 정하여** 정보통신망 등을 통하여 **알리고**, 이에 따라 **정기적으로 공개하여야 한다.** 24국회8

05 공공기관은 예산집행의 내용과 사업평가 결과 등 행정감시를 위하여 필요한 정보에 대해서는 **공개의 구체적 범위, 주기, 시기 및 방법 등을 미리 정하여 정보통신망 등을 통하여 알리고** 이에 따라 **정기적으로 공개하여야** 한다. 21군무원9

06 공공기관은 국민이 알아야 할 필요가 있는 정보를 국민에게 **공개하도록 적극적으로 노력**하여야 하며, 정보의 공개에 관한 사무를 신속하고 원활하게 수행하기 위하여 **정보공개장소를 확보**하고 공개에 **필요한 시설을 갖추어야** 한다. 10지방7

07 정보공개의 **청구**는 반드시 문서로 하여야 하는 것은 아니고 **말로도** 할 수 있다. 12(하)지방9

08 정보의 공개를 청구하는 자는 당해 정보를 보유하거나 관리하고 있는 공공기관에 대하여 공개를 청구하는 정보의 내용 및 공개방법을 적은 정보공개청구서를 제출하거나 말로써 정보의 공개를 청구할 수 있으며, **정보공개청구권자의 인적사항**은 실명으로 한다(청구인의 성명, 생년월일 등을 밝혀야 함). 09국가9

09 정보의 공개를 청구하는 자가 청구대상정보를 기재함에 있어서는 사회일반인의 관점에서 **청구대상정보의 내용과 범위**를 확정할 수 있을 정도로 **특정하여야** 한다. 19지방7

10 정보비공개결정의 취소소송에서 공개청구한 정보의 **내용과 범위가 특정**되었다고 볼 수 **없는 경우**, 법원은 공공기관에게 청구대상정보를 제출하도록 하여 이를 **비공개로 열람·심사하는 등의 방법으로** 그 대상정보의 내용과 범위를 **특정시켜야** 한다. 20소간

11 법원은 청구대상정보의 일부가 **특정되지 않은 경우** 공공기관이 보유·관리하고 있는 공개청구정보를 제출하도록 하여 이를 **비공개로 열람·심사하는 등의 방법으로** 공개청구정보의 내용과 범위를 **특정시킬 수** 있다. 10국회8

12 공공기관은 정보공개의 청구를 받으면 그 청구를 받은 날부터 **10일 이내**에 공개 여부를 **결정하여야** 한다. 16경행

13 공공기관은 정보공개의 청구를 받으면 그 청구를 받은 날부터 **10일 이내**에 공개 여부를 **결정하여야** 하나 부득이한 사유로 이 기간 이내에 공개 여부를 결정할 수 없는 때에는 그 기간이 끝나는 날의 다음 날부터 기산하여 **10일의 범위**에서 공개 여부 결정기간을 **연장할 수** 있다. 17(상)국가9

14 공공기관은 공개 청구된 정보가 **공공기관이 보유·관리하지 아니하는 정보**인 경우로서 「**민원 처리에 관한 법률**」**에 따른 민원으로 처리할 수 있는 경우에는 민원으로 처리할 수** 있다. 21지방9

× 지문

02 「**형사소송법**」이 형사재판확정기록의 공개 여부나 공개 범위, 불복절차 등에 대하여 규정하고 있는 것은 「정보공개법」 제4조제1항에서 정한 '정보의 공개에 관하여 **다른 법률에 특별한 규정이 있는 경우**'에 해당한다고 볼 수 **없으므로** 형사재판확정기록의 공개에 관하여는 「**정보공개법**」**에 의한 공개청구**가 **허용**된다. 21국회8

05 공공기관은 예산집행의 내용과 사업평가 결과 등 행정감시를 위하여 필요한 정보에 대해서는 **공개의 구체적 범위, 주기, 시기 및 방법** 등을 미리 정하여 **정보통신망 등을 통하여 알릴 필요까지는 없으**나, 정기적으로 공개하여야 한다. 21군무원9

07 정보공개의 **청구**는 반드시 **문서로** 하여야 한다. 12(하)지방9

08 정보의 공개를 청구하는 자는 당해 정보를 보유하거나 관리하고 있는 공공기관에 대하여 공개를 청구하는 정보의 내용 및 공개방법을 적은 정보공개청구서를 제출하거나 말로써 정보의 공개를 청구할 수 있으며, **정보공개청구권자의 인적사항**은 **익명**을 원칙으로 한다. 09국가9

12 공공기관은 정보공개의 청구를 받으면 그 청구를 받은 날부터 **20일 이내**에 공개 여부를 **결정하여야** 한다. 16경행

15 정보공개를 청구하여 정보공개 여부에 대한 **결정의 통지를 받은 자**가 정당한 **사유 없이** 해당 정보의 공개를 **다시 청구**하는 경우, 정보공개 청구를 받은 공공기관은 정보공개 청구 대상 정보의 성격, 종전 청구와의 내용적 유사성·관련성, 종전 청구와 동일한 답변을 할 수밖에 없는 사정 등을 종합적으로 고려하여 해당 청구를 **종결 처리할 수** 있고, 종결 처리 사실을 **청구인에게 알려야** 한다. 24변시

16 국민생활에 매우 **큰 영향**을 미치는 **정책**에 관한 정보 등 **공개를 목적으로 작성**되고 **이미** 정보통신망 등을 통하여 **공개된 정보**는 해당 정보의 **소재(所在) 안내**의 방법으로 공개한다. 20소간

17 예산집행의 내용과 사업평가 결과 등 **행정감시**를 위하여 필요한 정보 등 **공개를 목적으로 작성**되고 **이미** 정보통신망 등을 통하여 **공개된 정보**는 해당 정보의 **소재 안내**의 방법으로 공개한다. 21국회8

18 정보**공개가 결정**되고 공개에 **오랜 시간이 걸리지 않는 정보**는 말로도 공개할 수 있다. 11국가9(변형)

19 공공기관은 정보의 공개를 결정한 경우에는 **공개의 일시 및 장소** 등을 분명히 **밝혀** 청구인에게 **통지하여야** 한다. 16경행

20 공공기관은 정보의 **비공개결정**을 한 경우 **지체없이** 청구인에게 **비공개이유**와 **불복의 방법 및 절차**를 구체적으로 밝혀 **문서로 통지**하여야 한다. 15교행9(변형)

21 행정소송의 재판기록 일부의 정보공개청구에 대한 **비공개결정**은 **전자문서로 통지**할 수 **있다**. (2012두173884) 19국가9
〔옳〕
  ⊕ 비공개결정은 문서로 통지해야 한다. 그런데 정보공개법 상 문서에는 전자문서도 포함된다. 따라서 전자문서로도 비공개결정을 통지할 수 있다.

21 행정소송의 재판기록 일부의 정보공개청구에 대한 **비공개결정**은 **전자문서로** 통지할 수 없다. 19국가9
〔인〕

22 정보공개거부처분의 취소를 구하는 **소송에서** 공공기관이 **청구정보를 증거 등으로 법원에 제출**하여 법원을 통하여 그 사본을 청구인에게 교부 또는 송달되게 하여 청구인에게 정보를 **공개하는 셈이 되었다고 하더라도**, 이러한 우회적인 방법에 의한 공개는 **공공기관의 정보공개에 관한 법률에 의한 공개라고 볼 수 없다**. (2002두6583) 20국가9
Ⓐ 〔옳〕

22 정보공개거부처분의 취소를 구하는 **소송에서** 공공기관이 **청구정보를 증거 등으로 법원에 제출**하여 법원을 통하여 그 사본을 청구인에게 교부 또는 송달되게 하여 청구인에게 정보를 **공개하는 셈이 되었다면**, 이러한 우회적인 방법에 의한 공개는 **공공기관의 정보공개에 관한 법률에 의한 공개**라고 볼 수 있다. 20국가9
Ⓐ

23 정보비공개결정 취소**소송에서** 공공기관이 **청구정보를 증거로 법원에 제출**하여 법원을 통하여 그 사본을 청구인에게 교부되게 하여 정보를 **공개하게 된 경우**에는 비공개결정의 취소를 구할 **소의 이익이 소멸**되지 **않는다**. (2002두6583) 18국가7
Ⓐ 〔옳〕
  ⊕ 법원을 통하여 우회적으로 정보가 공개된 것은 정보공개법에 의한 공개가 아니므로, 여전히 비공개결정의 취소를 구할 소의 이익이 인정

23 정보비공개결정 취소**소송에서** 공공기관이 **청구정보를 증거로** 법원에 제출하여 법원을 통하여 그 사본을 청구인에게 교부되게 하여 정보를 **공개하게 된 경우**에는 비공개결정의 취소를 구할 **소의 이익이 소멸**한다. 18국가7
Ⓐ

24 [甲은 행정청 A가 보유·관리하는 정보 중 乙과 관련이 있는 정보를 **사본 교부**의 방법으로 공개하여 줄 것을 **청구하였다**] A는 甲이 청구한 사본 교부의 방법이 아닌 **열람의 방법으로** 정보를 공개할 수 있는 재량을 갖지 **못한다**. (206두44674) 17(하)국가9
Ⓢ

24 [甲은 행정청 A가 보유·관리하는 정보 중 乙과 관련이 있는 정보를 **사본 교부**의 방법으로 공개하여 줄 것을 **청구하였다**] A는 甲이 청구한 사본 교부의 방법이 아닌 **열람의 방법으로** 정보를 공개할 수 있는 재량을 가진다. 17(하)국가9
Ⓢ

25 공공기관은 청구인이 사본 또는 복제물의 **교부를 원하는 경우**에는 이를 **교부하여야** 한다. 다만, 공개대상정보의 **양이 너무 많아** 정상적인 **업무수행에 현저한 지장**을 초래할 우려가 있는 경우에는 해당 정보를 일정 기간별로 **나누어 제공하거나** 사본·복제물의 교부 또는 **열람과 병행**하여 제공할 수 있다. 15서울7(변형)
Ⓒ

26 공공기관은 전자적 형태로 보유·관리하는 정보에 대하여 청구인이 **전자적 형태로** 공개하여 줄 것을 **요청하는 경우**에는 그 정보의 성질상 현저히 곤란한 경우를 제외하고는 청구인의 요청에 따라 **전자적 형태로 공개**하여야 한다. 09국가9
Ⓒ

26 공공기관은 전자적 형태로 보유·관리하는 정보에 대하여 청구인이 **전자적 형태로** 공개하여 줄 것을 **요청하더라도** 이를 **출력한 형태로 공개**하는 것이 원칙이다. 09국가9
Ⓒ

27 공공기관은 **전자적 형태로 보유·관리하지 아니하는 정보**에 대하여 청구인이 전자적 형태로 공개하여 줄 것을 요청한 경우에는 정상적인 업무수행에 현저한 지장을 초래하거나 그 정보의 성질이 훼손될 우려가 없으면 그 정보를 전자적 형태로 변환하여 공개할 수 있다. 08(하)지방7
Ⓒ
  ⊕ 즉, 청구인이 전자적 형태로 공개해 줄 것을 요청 시 ① 본래 전자적 형태로 보유·관리 중이면 그렇게 하여야 하고, ② 본래 전자적 형태가 아니면 그렇게 할 의무는 없으나, 행정청 스스로 변환하게 공개할 수는 있다.

27 공공기관은 **본래 전자적 형태로 보유·관리하는 정보**에 대해서만 **전자적 형태로 공개할 수** 있다. 08(하)지방7
Ⓒ

28 공공기관이 공개청구의 대상이 된 정보를 공개는 하되, 청구인이 **신청한 공개방법 이외의 방법으로 공개**하기로 하는 결정을 하였다면, 이는 정보공개청구 중 정보공개**방법에 관한** 부분에 대하여 **일부 거부처분**을 한 것이고, 청구인은 그에 대하여 **항고소송으로 다툴 수 있다.** 24지방9

29 행정청이 정보를 공개하는 경우에 그 정보의 **원본**이 **더럽혀지거나 파손될 우려**가 있거나 그 밖에 상당한 이유가 있다고 인정할 때에는 그 정보의 **사본·복제물을 공개할 수 있다.** 24지방9

30 「공공기관의 정보공개에 관한 법률」에는 **부분공개제도**가 채택되어 있으므로, 비공개대상정보에 해당하는 부분과 공개가 가능한 부분을 분리할 수 있는 경우에는 **부분공개**가 허용된다. 09국가9

30 「공공기관의 정보공개에 관한 법률」에는 **부분공개제도**가 채택되어 **있지 않아**, 비공개대상정보에 해당하는 부분과 공개가 가능한 부분을 분리할 수 있는 경우에도 **부분공개**는 허용되지 **않는다.** 09국가9

31 정보의 **부분 공개**가 **허용되는 경우**란 당해 정보에서 **비공개대상정보에 관련된 기술 등을 제외 혹은 삭제**하고 나머지 정보만 공개하는 것이 가능하고 **나머지 부분의 정보만으로도 공개의 가치가 있는 경우**를 의미한다. 24국가9

32 정보공개거부처분 취소소송에 있어서 정보의 분리공개가 가능하다 하더라도 **원고가** 공개가 가능한 정보에 관한 부분만의 **일부취소로 청구취지를 변경하지 않았더라도** 법원은 **일부취소를 명할 수 있다.** 22국회8

32 정보공개거부처분 취소소송에 있어서 정보의 분리공개가 가능하다 하더라도 **원고가** 공개가 가능한 정보에 관한 부분만의 **일부취소로 청구취지를 변경하지 않았다면** 법원은 **일부취소를 명할 수 없다.** 22국회8

33 정보공개거부처분취소소송에서 공개를 거부한 정보에 **비공개대상 부분**과 **공개가 가능한 부분**이 **혼합**되어 있는 경우, 공개청구의 취지에 어긋나지 아니하는 범위 안에서 두 부분을 **분리할 수 있다면** 법원은 **청구취지의 변경이 없더라도** 공개가 가능한 정보에 관한 부분만의 **일부취소를 명할 수 있다.** 18지방9

34 정보의 **공개** 및 우송 등에 드는 **비용**은 실비의 범위에서 **청구인이 부담**한다. 19국가9

34 정보의 **공개** 및 우송 등에 드는 **비용**은 정보공개청구를 받은 **행정청이 부담**한다. 19국가9

35 정보의 공개 및 우송 등에 소요되는 비용은 실비의 범위에서 청구인의 부담으로 한다. 다만, 공개를 청구하는 정보의 **사용 목적이 공공복리의 유지·증진**을 위하여 필요하다고 인정되는 경우에는 비용을 **감면할 수 있다.** 18(1)서울7

35 정보의 공개 및 우송 등에 소요되는 비용은 실비의 범위에서 청구인의 부담으로 한다. 다만, 그 **액수가 너무 많아서** 청구인에게 과중한 부담을 주는 경우에는 비용을 **감면할 수 있다.** 18(1)서울7

36 정보공개청구자는 정보공개와 관련한 공공기관의 비공개결정에 대해서는 이의신청을 할 수 있고, **부분공개의 결정**에 대해서도 따로 **이의신청을 할 수 있다.** 16국가9

36 정보공개청구자는 정보공개와 관련한 공공기관의 비공개결정에 대해서는 이의신청을 할 수 있지만, **부분공개의 결정**에 대해서는 따로 **이의신청을 할 수 없다.** 16국가9

37 정보공개청구 후 20일이 경과하도록 정보공개결정이 없는 때에는 정보공개청구 후 20일이 경과한 날부터 30일 이내에 해당 공공기관에 문서로 **이의신청을 할 수 있다.** 15서울7

38 정보공개 청구 후 **20일이 경과**하도록 정보공개 **결정이 없는 경우**, 이의신청, **행정심판청구**, 또는 행정소송제기가 모두 **허용**된다. 19국가9

38 정보공개 청구 후 **20일이 경과**하도록 정보공개 **결정이 없는 경우**, 이의신청은 허용되나 **행정심판청구**는 허용되지 **않는다.** 19국가9

39 청구인이 정보공개와 관련한 공공기관의 **결정**에 대하여 **불복**이 있거나 정보공개 청구 후 **20일이 경과**하도록 정보공개 결정이 없는 때에는 「행정소송법」에서 정하는 바에 따라 행정소송을 제기할 수 있다. 24소방

39 청구인이 정보공개와 관련한 공공기관의 **결정**에 대하여 **불복**이 있거나 정보공개 청구 후 **30일이 경과**하도록 정보공개 결정이 없는 때에는 「행정소송법」에서 정하는 바에 따라 행정소송을 제기할 수 있다. 24소방

40 정보공개청구에 대하여 공공기관이 비공개결정을 한 경우 청구인이 이에 불복한다면 **이의신청절차를 거치지 않고 행정심판을 청구할 수 있다.** 17(상)국가9

41 공개거부결정에 대하여 공공기관의 정보공개에 관한 법률상의 **이의신청**을 거치지 **아니하고** 직접 행정소송을 제기할 수 있다. 10국가9

42 청구인이 정보공개와 관련한 공공기관의 결정에 대하여 불복이 있는 때에는 결정통지를 받은 날부터 **30일 이내**에 당해 공공기관에 문서로 **이의신청할 수 있다.** 09국가7

43 공공기관의 비공개결정에 대하여 불복이 있는 청구인은 **해당 공공기관**에 **이의신청**을 하여야 한다. 15교행9

43 공공기관의 비공개결정에 대하여 불복이 있는 청구인은 해당 공공기관의 **상급기관**에 **이의신청**을 하여야 한다. 15교행9

44 공공기관은 **이의신청**을 받은 날부터 **7일 이내**에 그 이의 신청에 대하여 **결정**하고 그 결과를 청구인에게 지체 없이 **문서로 통지하여야** 한다. 11지방9

45 공공기관의 비공개결정에 대해 **이의신청**을 하였으나 **각하**결정을 받고 취소소송을 제기하는 경우, 청구인은 **이의신청**에 대한 **결과를 통지받은 날부터 90일 내에 소를 제기**하여야 한다. 　미기출

46 (공공기관에 대한 정보공개청구가 받아들여지지 않았을 때) **행정심판을 거치지 않고** 바로 **항고소송**을 제기할 수 **있다**. 　12국가7

47 공공기관은 **공개대상정보가 제3자와 관련**이 있다고 인정되는 경우에는 **반드시** 공개 청구된 사실을 제3자에게 **통지**하여야 하고, **필요한 경우**에는 그의 **의견을 들을 수** 있다. 　13서울9
　➕ 제3자에 대한 통지는 반드시 하여야 한다(의무). 그러나 의견청취 여부는 공공기관의 재량이다.

48 공공기관은 공개청구된 공개대상정보의 전부 또는 일부가 제3자와 관련이 있다고 인정할 때에는 그 사실을 제3자에게 지체 없이 통지하여야 하며, 공개청구된 사실을 통지받은 **제3자는** 그 통지를 받은 날부터 **3일 이내**에 해당 공공기관에 대하여 자신과 관련된 정보를 **공개**하지 **아니할 것을 요청할 수** 있다. 　22국회8

49 [甲은 행정청 A가 보유·관리하는 정보 중 乙과 관련이 있는 정보를 사본 교부의 방법으로 공개하여 줄 것을 청구하였다] A가 정보의 주체인 乙로부터 의견을 들은 결과, 乙이 정보의 **비공개를 요청한 경우에도** A는 정보를 **공개할 수 있다**. 　17(하)국가9
　➕ 제3자에게 비공개를 요청할 권리는 있다. 그러나 공공기관이 그 요청에 구속되진 않는다.

50 **제3자의 비공개요청**에도 불구하고 공공기관이 **공개결정**을 할 때에는 공개결정이유와 공개실시일을 분명히 밝혀 **지체 없이 문서로 통지하여야** 한다. 　11사복9

51 공공기관은 **제3자의 비공개요청**에도 불구하고 **공개**결정을 하는 때에는 공개**결정일**과 공개실시**일의 사이에 최소한 30일의 간격**을 두어야 한다. 　11사복9

52 자신과 관련된 정보에 대한 **제3자의 비공개요청**에도 불구하고 공공기관이 **공개결정**을 하는 때에는 **제3자는** 당해 공공기관에 **문서로 이의신청**을 하거나 **행정심판** 또는 **행정소송**을 제기할 수 있다. 　11사복9
　➕ 정보공개청구는 문서 또는 말로써 가능하나, 이의신청은 문서로 하여야 한다.

53 행정안전부장관은 정보공개에 관하여 필요할 경우에 **공공기관**(국회·법원·헌법재판소 및 중앙선거관리위원회는 **제외한다**)의 장에게 정보공개 처리 실태의 **개선을 권고할 수** 있고(제24조 제4항), 전년도의 **정보공개 운영에 관한 보고서**를 매년 **정기국회 개회 전까지 국회**에 **제출**하여야 한다(제26조 제1항). 　19국회8

54 정보공개에 관한 정책 수립 및 제도 개선에 관한 사항을 심의·조정하기 위하여 **행정안전부장관 소속**으로 **정보공개위원회**를 둔다. 　19국회8

55 정보공개심의회는 위원장 1명을 포함하여 **5명 이상 7명 이하**의 위원으로 구성한다. 　15국회8

56 국가안전보장·**국방**·**통일**·**외교**관계 분야 업무를 주로 하는 국가기관의 정보공개심의회 구성 시 최소한 **3분의 1이상**은 외부 전문가로 위촉하여야 한다. 　18(1)서울7

57 **공공기관의 장**은 공개 청구된 정보의 **공개 여부를 결정**하는 법적인 **의무와 권한을 가진 주체**이고 **정보공개심의회**는 공공기관의 장이 정보의 공개 여부를 결정하기 곤란하다고 보아 의견을 요청한 사항의 자문에 응하여 **심의**하는 **기관**이다.(2001추95) 　20군무원7

58 정보공개거부결정의 취소를 구하는 소송에서는 해당 **거부결정을 한 행정청**이 **피고**가 된다. 　13지방9
　➕ 정보공개심의회는 심의기관에 불과하여, 피고적격을 갖지 못한다.

59 「공공기관의 정보공개에 관한 법률」에 따르면 **지방자치단체는** 그 소관 사무에 관하여 법령에 위배되지 않는 범위에서 **정보공개에 관한 조례를 제정할 수** 있다. 　24소방

60 정보공개의 원칙에 따라 **공공기관**이 **보유·관리**하는 **정보**는 국민의 알권리 보장 등을 위하여 「공공기관의 정보공개에 관한 법률」에서 정하는 바에 따라 **적극적으로 공개하여야** 한다. 　21군무원9(변형)

---

45 공공기관의 비공개결정에 대해 **이의신청**을 하였으나 **각하**결정을 받고 취소소송을 제기하는 경우, 청구인은 **비공개결정을 안 날로부터 90일 내에 소를 제기**하여야 한다. 　미기출

46 (공공기관에 대한 정보공개청구가 받아들여지지 않았을 때) **행정심판을 거치지 않고** 바로 **항고소송**을 제기할 수 **없다**. 　12국가7

47 공공기관은 **공개대상정보가 제3자와 관련**이 있다고 인정되는 경우에는 **반드시** 공개 청구된 사실을 제3자에게 **통지**하고 그에 대한 **의견을 청취**한 다음에 공개 여부를 결정하여야 한다. 　13서울9

49 [甲은 행정청 A가 보유·관리하는 정보 중 乙과 관련이 있는 정보를 사본 교부의 방법으로 공개하여 줄 것을 청구하였다] A가 정보의 주체인 乙로부터 의견을 들은 결과, 乙이 정보의 **비공개를 요청한 경우에는** A는 정보를 **공개할 수 없다**. 　17(하)국가9

51 공공기관은 **제3자의 비공개요청**에도 불구하고 **공개**결정을 하는 때에는 공개**결정일**과 공개실시일의 사이에 최소한 **20일의 간격**을 두어야 한다. 　11사복9

52 자신과 관련된 정보에 대한 **제3자의 비공개요청**에도 불구하고 공공기관이 **공개결정**을 하는 때에는 **제3자는** 당해 공공기관에 **문서 또는 말로 이의신청**을 하거나 **행정심판** 또는 **행정소송**을 제기할 수 있다. 　11사복9

53 행정안전부장관은 정보공개에 관하여 필요할 경우에 **국회사무총장**에게 정보공개 처리 실태의 **개선을 권고할 수** 있고 전년도의 **정보공개 운영에 관한 보고서**를 매년 **국정감사 시작 30일 전까지 국회**에 **제출**하여야 한다. 　19국회8

54 정보공개에 관한 정책 수립 및 제도 개선에 관한 사항을 심의·조정하기 위하여 **국무총리 소속**으로 **정보공개위원회**를 둔다. 　19국회8

57 **정보공개심의회**는 공공기관의 장의 자문에 응하여 공개 청구된 정보의 **공개 여부를 결정** 하는 법적인 **의무와 권한을 가신 수체**이나. 　20군무원7

58 정보공개거부결정의 취소를 구하는 소송에서는 각 행정청의 **정보공개심의회**가 **피고**가 된다. 　13지방9

테마별 N지 모음

N1 다음 사안에 대한 설명으로 옳지 않은 것은?　　　　　　　　　　　　　　　　11지방7 ④

> 환경부는 전국에 유통 중인 생수 79개 제품을 분석한 결과 8.9 %에 해당하는 7개 제품에서 국제기준치를 초과하는 발암우려물질(브롬산염)이 검출되었다고 발표했다. 그러나 환경부는 명예훼손 등을 이유로 제조사 丙 등의 명단은 발표하지 않았다. 이에 대하여 甲은 환경부장관 乙에게 **제조사 명단**과 제조사 명단 비공개 결정과정의 회의록 등에 대한 **정보공개를 청구**하였다. 甲의 정보공개청구에 대하여 **환경부 장관 乙은** 명단의 공개가 공공기관의 정보공개에 관한 법률 제9조 제1항 제7호의 '법인·단체 또는 개인의 경영영업상 비밀에 관한 사항으로서 공개될 경우 법인 등의 정당한 이익을 현저히 해할 우려가 있다고 인정되는 정보'에 해당하며, 문제가 된 제품이 100% 회수되었다는 이유로 **공개를 거부**하였다.

① 甲은 乙의 **거부처분**에 대하여 공공기관의 정보공개에 관한 법률상의 **이의신청**, 행정심판법에 의한 **행정심판**, 행정소송법에 의한 **행정소송**을 제기할 수 있다.
② 甲의 의무이행소송 제기가능성과 관련하여 대법원은 **의무이행 소송**을 행정소송법 상 **허용되지 않는** 부적합한 소송으로 보고 있다.
③ 乙은 甲에 의해 공개 청구된 대상정보와 관련 있는 **제3자인** 丙에게 그 사실을 지체없이 **통지하여야** 하며, 필요한 경우에는 **의견청취**를 할 수 있다.
④ 공공기관의 정보공개에 관한 법률은 **제3자인** 丙의 **권리구제** 수단에 대해서는 별도의 **규정**을 두고 있지 **않다**.

[해설] ④ 공공기관의 정보공개에 관한 법률은 **제3자**인 丙의 **권리구제**를 위하여 통지의무, 비공개요청권, 이의신청 등을 **규정**하고 **있다**.

THEME 77 공공기관 정보공개법(2) - 정보공개청구권

〇 지문　　　　　　　　　　　　　　　　　× 지문

01 근거 및 한계 | 요플 p.336 |

01 대법원은 **정보공개청구권**의 헌법적 근거를 헌법 제21조 **표현의 자유에서 도출**하고 있다. 　24소방

02 국민의 **알권리**, 즉 정보에의 접근·수집·처리의 자유는 **자유권적 성질**과 **청구권적 성질**을 공유하는 것으로서, **헌법 제21조에 의하여 직접 보장**되는 권리이다. 　20지방7

03 헌법재판소는 **정보공개청구권**을 **알권리의 핵심**으로 파악하고 있으며, 알권리의 헌법상 근거를 헌법 제21조의 **표현의 자유**에서 찾고 있다. 　10지방9

04 「공공기관의 정보공개에 관한 법률」과 같은 **실정법의 근거가 없는 경우**에도 **정보공개청구권**은 **헌법 제21조에 의해 직접 보장**될 수 있다.(헌재 90헌마133)　옳 10지방9

04 판례는 「공공기관의 정보공개에 관한 법률」과 같은 **실정법의 근거가 없는 경우**에는 **정보공개청구권**이 인정되기 어렵다고 보고 있다. 　10지방9

05 청주시의회에서 의결한 **청주시행정정보공개조례안**은 행정에 대한 **주민의 알권리의 실현**을 그 근본내용으로 하면서도 이로 인한 개인의 권익침해 가능성을 배제하고 있으므로, 이를 들어 주민의 권리를 제한하거나 의무를 부과하는 조례라고는 단정할 수 없고 따라서 그 제정에 있어서 반드시 **법률의 개별적 위임**이 따로 필요한 것은 **아니다**. 　13국가9

06 국민의 알권리에서 파생되는 정부의 **정보공개의무**는 특정의 정보에 대한 공개청구가 있는 경우에야 비로소 존재하므로, 특별한 사정이 없는 한 적극적인 정보수집행위, 특히 특정 정보에 대하여 **공개청구를 하지 아니하였다면** 그 정보와 **이해관계를 가지는 자**에 대해서도 인정되지 **아니한다**.(헌재 2002헌마579)　옳 08국가7

06 국민의 알권리에서 파생되는 **정부의 정보공개의무**는 특별한 사정이 없는 한 적극적인 정보수집행위, 특히 특정 정보에 대하여 **공개청구를 하지 아니하였지만** 그 정보와 **이해관계를 가지는 자**에 대해서도 **존재한다**. 　08국가7

02 청구권자

07 이해관계자인 당사자에게 문서열람권을 인정하는 **행정절차법**상의 정보공개와는 달리 「**공공기관의 정보 공개에 관한 법률**」은 **모든 국민**에게 정보공개청구를 허용한다. 17서울9

08 「공공기관의 정보공개에 관한 법률」제5조 제1항은 "모든 국민은 정보의 공개를 청구할 권리를 가진다."라고 규정하고 있는데, 여기서 말하는 국민에는 **자연인**은 물론 **법인, 권리능력 없는 사단·재단**도 포함되고, 법인, 권리능력 없는 사단·재단 등의 경우에는 **설립목적을 불문**한다. 08국가7

09 정보공개청구는 시민단체의 정보공개청구와 같이 **개인적인 이해관계가 없는 공익을 위한** 경우에도 **인정**된다. 10국가9

10 정보공개청구권자인 '모든 국민'에는 자연인 외에 법인, 권리능력 없는 사단·재단도 포함되지만, **지방자치단체**는 포함되지 **아니**한다. 19서울9

10 정보공개청구권자인 '모든 국민'에는 자연인 외에 법인, 권리능력 없는 사단·재단도 포함되므로 **지방자치단체**도 **포함**된다. 19서울9

11 모든 국민은 정보의 공개를 청구할 권리를 가진다. 외국인의 경우 **대통령령으로 정한 외국인**은 정보공개를 청구할 수 있다. 24소방

11 모든 국민은 정보의 공개를 청구할 권리를 가지나, **외국인**은 정보공개를 청구할 수 **없다**. 24소방

12 **외국인**은 **국내에 일정한 주소**를 두고 거주하는 경우에는, 정보공개청구권이 인정**된다**. 15교행9

12 **외국인**은 **국내에 주소**를 두고 거주하는 경우에도, 정보공개청구권이 인정되지 **않는다**. 15행9

13 **국내**에 **사무소**를 두고 있는 외국법인 또는 외국단체는 **학술·연구**를 위한 목적에 **한정하지 않고** 정보공개를 청구할 수 있다. 23군무원9

13 **국내**에 **사무소**를 두고 있는 외국**법인** 또는 외국**단체**는 **학술·연구**를 위한 목적**으로만** 정보공개를 청구할 수 있다. 23군무원9

14 **학술·연구**를 위하여 **일시적**으로 **체류**하는 **외국인**은 정보공개청구를 할 수 있다. 15지방9

03 소송과의 관계

15 「공공기관의 정보공개에 관한 법률」은 정보공개청구권자가 공개를 청구하는 정보와 어떤 관련성을 가질 것을 요구하거나 정보공개청구의 목적에 특별한 제한을 두고 있지 아니하므로 정보공개**청구권자의 권리구제 가능성** 등은 정보의 **공개 여부 결정**에 아무런 **영향**을 미치지 **못한다**. 20국가9

16 국민의 **정보공개청구권**은 법률상 보호되는 **구체적인 권리**이다. 08국가9

17 시민단체가 공개청구한 정보에 대해 **직접적인 이해관계가 있는 경우라도** 행정청의 정보공개거부에 대해 거부처분 취소소송으로 다툴 수 있을 뿐, 정보공개의 **이행을 구하는 당사자소송**을 제기하여 다툴 수는 **없다**. 22국가9

17 시민단체가 공개청구한 정보에 대해 **직접적인 이해관계가 있는 경우에는** 행정청의 정보공개거부에 대해 정보공개의 **이행을 구하는 당사자소송**을 제기하여 다툴 수 **있다**. 22국가9

18 甲이 공개청구한 정보가 甲과 아무런 **이해관계가 없는 경우라도**, 정보공개가 **거부되었다면** 甲은 이를 항고소송으로 **다툴 수** 있는 법률상 이익이 **있다**.(2003두8050) 17(하)국가9
  + 정보공개는 청구권자가 공개를 청구하는 정보와 어떤 관련성을 가질 것을 요구하고 있지 않고, 정보공개를 청구하였다가 거부처분을 받은 것 자체가 법률상 이익의 침해에 해당하기 때문이다.

18 甲이 공개청구한 정보가 甲과 아무런 **이해관계가 없는 경우**라면, 정보공개가 **거부되더라도** 甲은 이를 항고소송으로 다툴 수 있는 법률상 이익이 **없다**. 17(하)국가9

19 청구인이 공공기관에 대하여 정보공개를 청구하였다가 **거부처분**을 받은 것 자체가 **법률상 이익의 침해**에 해당한다고 할 것**이고**, 청구인은 **추가**로 위 거부처분의 취소를 구할 어떤 법률상의 이익을 가질 것을 요구하는 것은 **아니**다. 23변시

19 청구인이 공공기관에 대하여 정보공개를 청구하였다가 **거부처분**을 받은 것 **자체만으로는 법률상 이익의 침해**에 해당한다고 볼 수 **없고**, 청구인은 **추가**로 위 거부처분의 취소를 구할 어떤 구체적인 **이익**이 있다는 점에 관해 **주장·증명하여야** 한다. 23변시

20 공공기관이 **정보공개청구**에 대해 이를 **거부하는 행위**는 취소소송의 대상이 되는 **처분**이다. 18교행9

21 판례에 의하면 청구인이 공공기관에 대하여 **정보공개**를 청구하였다가 **거부처분**을 받았다면 그 **자체가** 법률상 이익의 침해에 해당하여 **원고적격**이 있다고 본다. 10국회8

22 견책처분을 받은 공무원이 **징계위원회** 참여 위원의 성명과 직위**에 대한 정보공개청구**를 하였으나 거부처분을 받은 경우, 대상 **징계처분**에 대한 **취소소송**에서 해당 공무원의 취소청구가 **기각**된 경우라도 정보공개거부처분의 취소를 구할 **법률상 이익**이 **있다**. 22서울7

22 견책처분을 받은 공무원이 **징계위원회** 참여 위원의 성명과 직위**에 대한 정보공개청구**를 하였으나 거부처분을 받았는데, 대상 **징계처분**에 대한 **취소소송**에서 해당 공무원의 취소청구가 **기각**된 경우에는 정보공개거부처분의 취소를 구할 **법률상 이익**이 **없다**. 22서울7

O 지문

23 정보공개제도를 이용하여 사회통념상 용인될 수 없는 **부당한 이득을 얻으려** 하거나, 오히려 공공기관의 **담당공무원을** 괴롭힐 목적으로 정보공개청구를 하는 경우에는 적법한 공개청구 요건을 갖추고 있더라도 정보공개청구권 행사 자체를 **권리남용으로 볼 수 있다**.(2014두9349) 17(하)지방9

24 **정보공개를 청구한 목적**이 손해배상소송에 제출할 증거자료를 획득하기 위한 것이었고 그 **소송이 이미 종결되었더라도**, 그러한 정보공개청구는 **권리남용**에 해당한다고 볼 수 **없다**.(2003두1370) 19국가7

X 지문

23 정보공개제도를 이용하여 사회통념상 용인될 수 없는 **부당한 이득을 얻으려** 하거나, 오히려 공공기관의 **담당공무원을 괴롭힐 목적**으로 정보공개청구를 하는 경우라 하더라도 적법한 공개청구 요건을 갖추고 있는 경우라면 정보공개청구권 행사 자체를 **권리남용으로 볼 수는 없다**. 17(하)지방9

24 **정보공개를 청구한 목적**이 손해배상소송에 제출할 증거자료를 획득하기 위한 것이었고 그 **소송이 이미 종결되었다면**, 그러한 정보공개청구는 **권리남용에 해당**한다. 19국가7

THEME 78 공공기관 정보공개법(3) - 정보공개의 대상

01 정보공개의 대상 | 요론 p.338 |

O 지문

01 정보공개의무를 지는 공공기관에는 **국가기관과 지방자치단체 외에도** 공공기관운영법상의 공공기관, 지방공기업법상의 지방공사 및 지방공단, 기타 대통령령이 정하는 기관이 **있다**. 14서울9

02 **국회도** 「공공기관의 **정보공개**에 관한 **법률**」상 공공기관에 해당하므로 동법이 **적용된다**. 「국회정보공개규칙」은 법률이 아닌 국회규칙이기 때문에 정보공개법 제4조에서 정한 다른 "법률"에 특별한 규정이 있는 경우도 아니어서, **정보공개법을 배제할 수 없고**, 실제로도 정보공개법의 위임을 받은 사항과 시행에 필요한 사항을 규정하고 있을 뿐이다. 19국회8

03 사립학교에 대하여 「**교육관련기관의 정보 공개에 관한 특례법**」이 **적용**되는 경우에도 「**공공기관의 정보공개에 관한 법률**」을 적용할 수 없는 것은 아니다. 17(상)지방9

04 구 「공공기관의 정보공개에 관한 법률 시행령 제2조 제1호가 정보공개의무기관으로 **사립대학교**를 들고 있는 것은 모법의 **위임범위를 벗어난 것으로** 위법하다고 **볼 수 없다**.(2004두2783) 15국가9

05 「유아교육법」에 따른 **사립유치원**은 공공기관의 정보공개에 관한 법령상 **공공기관에 해당**한다. 24지방9

06 **국·공립**의 초등학교 뿐 아니라 **사립초등학교**도 공공기관의 정보공개에 관한 법령상 **공공기관에 해당**한다. 16국가9

07 **사립대학교**는 「공공기관의 정보공개에 관한 법률 시행령」에 따른 공공기관에 해당하고, 국비의 **지원**을 받는 **범위 내에서만 공공기관**의 성격을 가지는 것이 **아니다**. 17(상)지방9

08 **사립대학교**에 **정보공개를 청구**하였다가 **거부**되면 사립대학교 총장을 피고로 하여 **취소소송을 제기**할 수 있다. 12국가7

09 '**특별법에 의하여 설립된 특수법인**'이라는 점만으로 정보공개의무가 인정되지는 **않으며**, 다시금 해당 법인의 **역할과 기능에서** 정보공개의무를 지는 공공기관에 해당하는지 여부를 **개별적으로 판단하여야** 한다.(2008두13101) 17서울9

10 **한국방송공사**는 「공공기관의 정보공개에 관한 법률 시행령」 제2조제4호에 규정된 '특별법에 따라 설립된 **특수법인**'에 **해당**한다. 17(상)지방9

11 판례에 의하면 '**한국증권업협회**'는 정보공개의무를 지는 '**특별법에 의하여 설립된 특수법인**'에 해당한다고 보기 **어렵다**. 11국가7

12 국가 또는 지방자치단체로부터 **보조금**을 받는 **사회복지법인**과 **사회복지사업을 하는 비영리법인**도 공개 대상이 되는 공공기관에 **포함된다**. 14사복9

X 지문

01 정보공개의무를 지는 공공기관에는 **국가기관과 지방자치단체만**이 해당한다. 14서울9

02 **국회는** 「공공기관의 **정보공개**에 관한 **법률**」상 공공기관에 해당하지만 동법이 **적용되는 것이 아니라** 「**국회정보공개규칙**」이 적용된다. 19국회8

04 구 「공공기관의 정보공개에 관한 법률」 시행령 제2조 제1호가 정보공개의무기관으로 **사립대학교**를 들고 있는 것은 모법의 **위임범위를 벗어난 것**으로 위법하다. 15국가9

05 「유아교육법」에 따른 **사립유치원**은 공공기관의 정보공개에 관한 법령상 **공공기관**에 해당하지 **않는다**. 24지방9

06 **국·공립**의 초등학교는 공공기관의 정보공개에 관한 법령상 **공공기관에 해당**하지만, **사립초등학교**는 이에 **해당하지 않는다**. 16국가9

07 **사립대학교**는 「공공기관의 정보공개에 관한 법률 시행령」에 따른 공공기관에 해당하나, 국비의 **지원**을 받는 범위 내에서만 **공공기관**의 성격을 가진다. 17(상)지방9

09 판례는 '**특별법에 의하여 설립된 특수법인**'이라는 점만으로 정보공개의무를 인정하고 있으며, 다시금 해당 법인의 **역할과 기능**에서 정보공개의무를 지는 공공기관에 해당하는지 여부를 **판단하지 않는다**. 17서울9

11 판례에 의하면 '**한국증권업협회**'는 정보공개의무를 지는 '**특별법에 의하여 설립된 특수법인**'에 해당한다. 11국가7

O 지문

13 어떤 정보를 공공기관이 보유·관리하고 있다는 점에 관하여는 **입증책임**이 정보공개를 **구하는 자**에게 있으며, 그 **입증의 정도**는 그러한 정보를 공공기관이 보유·관리하고 있을 상당한 **개연성**이 있다는 점을 증명하는 것**으로 족**하다. 23국회8

14 공개청구된 정보를 공공기관이 **한때 보유·관리**하였으나 후에 그 정보가 담긴 문서가 정당하게 **폐기되어 존재하지 않게** 된 경우, 그 정보를 더 이상 보유·관리하고 있지 아니하다는 점에 대한 **증명책임은 공공기관에게** 있다.(2003두12707) 19국가7

15 정보공개청구를 거부하는 처분이 있은 후 대상정보가 폐기되었다든가 하여 **공공기관이 그 정보를 보유·관리하지 아니하게 된 경우**에는 특별한 사정이 없는 한 정보공개거부처분의 취소를 구할 **법률상의 이익이 없다**. 17국회8

16 **전자적 형태로 보유·관리**되는 정보의 경우에 그 정보가 **청구인이 구하는 대로 되어 있지 않더라도** 공개청구를 받은 공공기관이 공개청구대상정보의 **기초자료를 검색**하여 청구인이 구하는 대로 **편집할 수 있으며**, 그 작업이 당해 기관의 업무수행에 **별다른 지장을 초래**하지 **않는다**면 그 공공기관이 공개청구대상정보를 **보유·관리하고 있는** 것으로 볼 수 있다. 23지방7

17 정보공개제도는 공공기관이 보유·관리하는 정보를 그 상태대로 공개하는 제도이지만, **전자적 형태로 보유·관리**하는 정보를 **검색·편집**하여야 하는 경우는 그러한 작업이 당해 기관의 컴퓨터 시스템 운용에 **별다른 지장을 초래**하지 **아니한다**면, 그 공공기관이 공개청구대상정보를 **보유·관리**하고 있는 것으로 볼 수 **있고**, 이러한 경우에 기초자료를 검색·편집하는 것은 **새로운 정보의 생산 또는 가공**에 해당한다고 할 수 **없으므로** 정보공개의 **대상**이 될 수 **있다**. 21국회8

18 '정보'란 공공기관이 **직무상 작성** 또는 **취득**하여 **관리**하고 있는 문서·도면·사진·필름·테이프·슬라이드 및 그 밖에 이에 준하는 **매체** 등에 **기록**된 **사항**을 말한다. 11지방9

19 「공공기관의 정보공개에 관한 법률」에서 정한 **공개대상 정보**는 **정보 그 자체가 아닌** 제2조제1호에서 예시하고 있는 매체 등에 **기록된 사항**을 의미한다. 22소간

20 어떠한 정보가 국가·지방자치단체 등의 **사경제작용의 주체**라는 지위에서 행한 사업과 **관련된 정보도** 공개대상정보가 **될 수 있다**.(2006두20587) 19소간
   ➕ 공공기관이 직무상 작성하여 관리하고 있는 정보는 정보공개법에 따라 공개대상이 되므로, 사경제의 주체라는 지위에서 행한 사업과 관련된 정보도 직무와 관련이 있다면 정보공개법이 적용되어 공개대상정보가 될 수 있다.

21 「공공기관의 정보공개에 관한 법률」상 공개청구의 대상이 되는 정보란 공공기관이 **직무상** 작성 또는 취득하여 현재 보유·관리하고 있는 **문서에 한정**되는 것이기는 하나, 그 문서가 반드시 **원본일 필요는 없**다. 21소간

X 지문

14 공개청구된 정보를 공공기관이 **한때 보유·관리**하였으나 후에 그 정보가 담긴 문서가 정당하게 **폐기되어 존재하지 않게** 된 경우, 정보 보유·관리 여부의 **입증책임은 정보공개청구자에게** 있다. 19국가7

17 정보공개제도는 공공기관이 보유·관리하는 정보를 그 상태대로 공개하는 제도이므로, **전자적 형태로 보유·관리**하는 정보를 **검색·편집**하여야 하는 경우는 **새로운 정보의 생산으로서** 정보공개의 **대상이 아니다**. 21국회8

20 어떠한 정보가 국가·지방자치단체 등의 **사경제작용의 주체**라는 지위에서 행한 사업과 **관련된 정보**는 공개대상정보가 **될 수 없다**. 19소간

THEME 79 공공기관 정보공개법(4) - 비공개대상정보

01 제9조 제1항 각호의 비공개사유 정리 | 요쓸 p.340 |

O 지문

01 비공개 대상 정보의 **공개여부**에 대한 결정은 공공기관의 **재량**행위에 속한다. 19서울9

02 「공공기관의 정보공개에 관한 법률」에 의하면 "다른 법률 또는 법률에서 위임한 명령에 의하여 비밀 또는 **비공개 사항으로 규정된 정보**"는 이를 공개하지 아니할 수 있다고 규정하고 있는바, 여기에서 '법률에 의한 명령'은 정보의 공개에 관하여 **법률의 구체적인 위임** 아래 제정된 **법규명령(위임명령)**을 의미한다. 20지방9

03 정보공개법상 비공개 대상이 되는 법률에서 위임한 명령은 **국회·대법원·헌법재판소·중앙선거관리위원회 규칙·대통령령** 및 **조례**로 한정된다. 따라서 **부령**에 따라 비밀이나 **비공개 사항**으로 규정된 정보는 비공개 대상이 되지 **아니한다**. 14지방7
   ➕ 지문의 "대통령령" 부분은 옳으나, "부령" 부분이 틀림

X 지문

03 다른 법률 또는 법률에서 위임한 대통령령 및 **부령에** 따라 비밀이나 **비공개사항으로 규정**된 정보는 비공개의 대상이 **된다**. 14지방7

04 법무부령인 「검찰보존사무규칙」은 행정기관 내부의 사무처리준칙인 행정규칙에 불과하므로, 「검찰보존사무규칙」상의 열람·등사의 제한은 「공공기관의 정보공개에 관한 법률」 제9조제1항제1호의 '다른 법률 또는 법률에 의한 명령에 의하여 비공개사항으로 규정된 경우'에 해당한다고 볼 수 없다. 23지방9

05 교육공무원법의 위임에 따라 제정된 교육공무원승진규정은 정보공개에 관한 사항에 관하여 구체적인 법률의 위임에 의하여 제정된 법규명령이라고 할 수 없다.(2006두11910) 10지방9

06 교육공무원승진규정이 근무성적평정결과를 공개하지 아니한다고 규정하고 있는 경우 동 규정을 근거로 정보공개청구를 거부할 수 없다.(2006두11910) 10지방9

07 법령의 위임 없이 제정한 2006년 교육공무원 보수업무 등 편람은 법규명령이 아니다.(2010두16349) 17교행9

08 공직자윤리법상의 등록의무자가 구 공직자윤리법 시행규칙 제12조에 따라 제출한 '자신의 재산등록사항의 고지를 거부한 직계존비속의 본인과의 관계, 고지거부사유'가 기재되어 있는 문서는 정보공개법상의 비공개대상정보에 해당하지 않는다.(2005두13117) 17국회8
  ➕ 단, 신청서에 기재된 고지거부자의 인적사항인 성명·서명 부분만큼은 정보공개법 제9조 제1항 제6호에 따라 비공개 대상에 해당한다.

09 국가정보원이 직원에게 지급하는 현금급여 및 월초수당에 대한 정보는 비공개대상에 해당한다.(2010두14800) 18(2)서울7

10 감사원장의 감사결과가 군사2급 비밀에 해당하는 이상 「공공기관의 정보공개에 관한 법률」 제9조 제1항 제1호에 의하여 공개하지 아니할 수 있다.(2006두9351) 10지방9

11 통일에 관한 사항으로서 공개될 경우 국가의 중대한 이익을 현저히 해칠 우려가 있다고 인정되는 정보는 비공개대상정보에 해당한다. 18국가7

12 공개될 경우 국민의 생명, 신체 및 재산의 보호에 현저한 지장을 초래할 우려가 있다고 인정되는 정보(는 공공기관의 정보공개에 관한 법률상 비공개 대상정보에 해당된다.) 16소간

13 「보안관찰법」소정의 보안관찰 관련 통계자료는 북한의 대남전략에 있어 매우 유용한 자료로 악용될 우려가 없다고 할 수 없으므로 「공공기관의 정보공개에 관한 법률」소정의 비공개대상정보에 해당한다.(2001두8254) 19지방9

14 (민간시민단체 A는 관할 행정청 B에게 개발사업의 승인과 관련한 정보공개를 청구하였으나 B는 현재 재판 진행 중인 사안이 포함되어 있다는 이유로 「공공기관의 정보공개에 관한 법률」 제9조제1항제4호의 사유를 들어 A의 정보공개청구를 거부하였다.) B의 비공개사유가 정당화되기 위해서는 A가 공개청구한 정보가 진행 중인 재판의 소송기록 자체에 포함된 내용일 필요는 없다.(2009두19021) 22국가9

15 비공개대상정보로 '진행 중인 재판에 관련된 정보'는 재판에 관련된 일체의 정보가 그에 해당하는 것은 아니고, 진행 중인 재판의 심리 또는 재판결과에 구체적으로 영향을 미칠 위험이 있는 정보에 한정된다. 21지방7

16 교정에 관한 사항으로서 공개될 경우 그 직무수행을 현저히 곤란하게 하는 정보는 비공개대상정보에 해당한다. 11지방9

17 교도소에 수용 중이던 재소자가 담당 교도관들을 상대로 가혹행위를 이유로 형사고소 및 민사소송을 제기하면서 그 증명자료의 확보를 위해 정보공개를 요청한 '근무보고서'는 비공개대상정보가 아니다.(2009두12785) 19소간

18 공개청구된 정보가 수사의견서인 경우 수사의 방법 및 절차 등이 공개되더라도 수사기관의 직무수행을 현저히 곤란하게 하지 않는 때에는 비공개대상정보에 해당하지 않는다. 20국가7

---

04 법무부령인 「검찰보존사무규칙」은 행정기관 내부의 사무처리준칙인 행정규칙이지만, 「검찰보존사무규칙」상의 열람·등사의 제한은 「공공기관의 정보공개에 관한 법률」 제9조제1항제1호의 '다른 법률 또는 법률에 의한 명령에 의하여 비공개사항으로 규정된 경우'에 해당한다. 23지방9

05 교육공무원법의 위임에 따라 제정된 교육공무원승진규정은 정보공개에 관한 사항에 관하여 구체적인 법률의 위임에 의하여 제정된 법규명령이라고 할 수 있다. 10지방9

06 교육공무원승진규정이 근무성적평정결과를 공개하지 아니한다고 규정하고 있는 경우 동 규정을 근거로 정보공개청구를 거부할 수 있다. 10지방9

07 (유사) 법령의 위임 없이 제정한 2006년 교육공무원 보수업무 등 편람은 법규명령이다. 17교행9

08 공직자윤리법상의 등록의무자가 구 공직자윤리법 시행규칙 제12조에 따라 제출한 '자신의 재산등록사항의 고지를 거부한 직계존비속의 본인과의 관계, 성명, 고지거부사유, 서명'이 기재되어 있는 문서는 정보공개법상의 비공개대상정보에 해당한다. 17국회8

09 국가정보원이 직원에게 지급하는 현금급여 및 월초수당에 대한 정보는 비공개대상에 해당하지 아니한다. 18(2)서울7

10 감사원장의 감사결과가 군사2급 비밀에 해당한다고 하여 「공공기관의 정보공개에 관한 법률」 제9조 제1항 제1호에 의하여 공개하지 아니할 수는 없다. 10지방9

13 「보안관찰법」소정의 보안관찰 관련 통계자료는 「공공기관의 정보공개에 관한 법률」소정의 비공개대상정보에 해당하지 않는다. 19지방9

14 (민간시민단체 A는 관할 행정청 B에게 개발사업의 승인과 관련한 정보공개를 청구하였으나 B는 현재 재판 진행 중인 사안이 포함되어 있다는 이유로 「공공기관의 정보공개에 관한 법률」 제9조제1항제4호의 사유를 들어 A의 정보공개청구를 거부하였다.) B의 비공개사유가 정당화되기 위해서는 A가 공개청구한 정보가 진행 중인 재판의 소송기록 자체에 포함된 내용이어야 한다. 22국가9

17 교도소에 수용 중이던 재소자가 담당 교도관들을 상대로 가혹행위를 이유로 형사고소 및 민사소송을 제기하면서 그 증명자료의 확보를 위해 정보공개를 요청한 '근무보고서'는 비공개대상정보이다. 19소간

19 '감사·감독·검사·시험·규제·입찰계약·기술개발·인사관리·의사결정과정 또는 내부검토 과정에 있는 사항' 등으로서 공개될 경우 업무의 공정한 수행에 현저한 지장을 초래한다고 인정할 만한 상당한 이유가 있는 정보'란 공개될 경우 업무의 공정한 수행이 객관적으로 현저하게 지장을 받을 것이라는 고도의 개연성이 존재하는 경우를 말한다. 14지방9

20 Ⓑ 의사결정과정에 제공된 회의 관련 자료나 의사결정과정이 기록된 회의록 등은 의사가 결정되거나 의사가 집행된 경우에는 더 이상 의사결정과정에 있는 사항 그 자체라고는 할 수 없으나, 의사결정과정에 있는 사항에 준하는 사항으로서 비공개대상정보에 포함될 수 있다. 20군무원9

21 ✕ 외국 또는 외국 기관으로부터 비공개를 전제로 입수한 정보는 비공개를 전제로 하였다는 이유만으로 비공개대상정보에 해당한다고 단정할 수 없다. (2017두69892) 율 20국가7

22 Ⓒ '2002학년도부터 2005학년도까지의 대학수학능력시험 원데이터'는 연구목적으로 그 정보의 공개를 청구하는 경우라도 공개로 인하여 초래될 부작용이 공개로 얻을 수 있는 이익보다 더 클 것이므로, 그 공개로 대학수학능력시험 업무의 공정한 수행이 객관적으로 현저하게 지장을 받을 것이라는 개연성이 있다고 볼 수 없어 비공개대상정보에 해당하지 않는다. (2007두9877) 율 16사복9

23 ○ 사법시험 제2차 시험의 답안지는 공개대상이나, 시험문항에 대한 채점위원별 채점결과는 비공개 정보에 해당한다. (2000두6114) 13국가9

24 치과의사 국가시험은 문제은행 출제방식이어서 시험문제의 공개로 발생될 결과와 시험업무에 대한 부작용 등을 감안하면, 위 시험문제지 등의 공개가 시험업무의 공정한 수행 등에 현저한 지장을 초래한다고 인정할 만한 상당한 이유가 있으므로 공개하지 않을 수 있다. 08(상)지방9

25 ㄱ 개인정보는 절대적 비공개대상정보가 아니다. 12(하)지방9
➕ 개인정보 중 사생활의 침해 우려가 있는 것이 비공개대상정보에 해당하고, 이러한 비공개대상정보에서도 예외적으로 공개가 가능한 경우가 있기에, 절대적 비공개대상정보라 할 수 없다.

26 Ⓒ 「공공기관의 정보공개에 관한 법률」 제9조제1항제6호 본문의 규정에 따라 비공개대상이 되는 정보는 이름·주민등록번호 등 '개인식별정보'뿐만 아니라 자유로운 사생활을 영위할수 없게 될 위험성이 있는 정보도 포함된다. (2017두44558) 율 20지방9

27 ✕ 「공공기관의 정보공개에 관한 법률」상 '공개하는 것이 공익 또는 개인의 권리구제를 위하여 필요하다고 인정되는 정보'에 해당하는지 여부는 비공개에 의하여 보호되는 개인의 사생활의 비밀 등 이익과 공개에 의하여 보호되는 국정운영의 투명성 확보 등의 공익 또는 개인의 권리구제 등 이익을 비교·교량하여 구체적 사안에 따라 신중히 판단하여야 한다. 24국가9

28 Ⓑ 직무를 수행한 공무원의 성명과 직위는 공개될 경우 개인의 사생활의 비밀 또는 자유를 침해할 우려가 있더라도 비공개대상정보에 해당하지 아니한다. 율 15지방9

29 Ⓑ 공개하는 것이 공익을 위하여 필요한 경우로서 법령에 따라 국가가 업무의 일부를 위탁 또는 위촉한 개인의 성명·직업은, 공개되면 사생활의 비밀 또는 자유가 침해될 우려가 있다고 인정되더라도 공개대상 정보에 해당한다. 18국가7

30 대통령의 사면권 행사는 고도의 정치적 행위라고 하더라도 그 정보의 공개가 사면권 자체를 부정하려는 것이 아니라 사면권의 남용을 견제하는 것이고 공개로 얻은 이익이 당사자의 사생활의 비밀에 관한 이익보다 더욱 크다고 할 것이므로 「공공기관의 정보공개에 관한 법률」상의 비공개사유에 해당하지 않는다. (2005두241) 율 10국회8

31 Ⓒ 불기소처분기록 중 피의자신문조서 등에 기재된 피의자 등의 인적사항 이외의 진술내용이 개인의 사생활의 비밀 또는 자유를 침해할 우려가 인정된다면 비공개대상에 해당한다. 18지방9

32 Ⓒ 지방자치단체의 업무추진비 세부항목별 집행내역 및 그에 관한 증빙서류에 포함된 개인에 관한 정보는 「공공기관의 정보공개에 관한 법률」 소정의 '공개하는 것이 공익을 위하여 필요하다고 인정되는 정보'에 해당하지 않아 공개대상이 되지 않는다. (2001두6425) 율 19지방9

---

21 ✕ 외국 또는 외국 기관으로부터 비공개를 전제로 입수한 정보는 비공개를 전제로 하였다는 이유만으로 비공개대상정보에 해당한다. 20국가7

22 Ⓒ '2002학년도부터 2005학년도까지의 대학수학능력시험 원데이터'는 연구목적으로 그 정보의 공개를 청구하는 경우라도 공개로 인하여 초래될 부작용이 공개로 얻을 수 있는 이익보다 더 클 것이므로, 그 공개로 대학수학능력시험 업무의 공정한 수행이 객관적으로 현저하게 지장을 받을 것이라는 개연성이 있어 비공개대상정보에 해당한다. 16사복9

23 ○ 사법시험 제2차 시험의 답안지와 시험문항에 대한 채점위원별 채점결과는 비공개정보에 해당한다. 13국가9

25 ㄱ 개인정보는 절대적 비공개대상정보이다. 12(하)지방9

26 Ⓒ 국민의 알권리를 두텁게 보호하기 위해 「공공기관의 정보공개에 관한 법률」 제9조제1항제6호 본문의 규정에 따라 비공개대상이 되는 정보는 이름·주민등록번호 등 '개인식별정보'로 한정된다. 20지방9

28 Ⓑ 직무를 수행한 공무원의 성명과 직위는 공개될 경우 개인의 사생활의 비밀 또는 자유를 침해할 우려가 있다면 비공개대상정보에 해당한다. 15지방9

30 대통령의 사면권 행사는 고도의 정치적 행위이므로 그 정보의 공개가 사면권 자체를 부정하게 될 위험이 있고 해당 정보외 당사자들이 사생활의 비밀도 침해할 우려가 있기 때문에 「공공기관의 정보공개에 관한 법률」상의 비공개사유에 해당된다. 10국회8

32 Ⓒ 지방자치단체의 업무추진비 세부항목별 집행내역 및 그에 관한 증빙서류에 포함된 개인에 관한 정보는 「공공기관의 정보공개에 관한 법률」 소정의 '공개하는 것이 공익을 위하여 필요하다고 인정되는 정보'에 해당하여 공개대상이 된다. 19지방9

33 **공무원이** 직무와 관련 없이 **개인적인 자격**으로 행사에 참석하고 **금품을 수령한 정보**는 '**공개하는 것이 공익을 위하여 필요하다고 인정되는 정보**'에 해당하지 **않는다**.(2003두8050) 13국회8

34 법인·단체 또는 개인(이하 "법인등"이라 한다)의 **경영·영업상 비밀**에 관한 사항으로서 공개될 경우 **법인등의 정당한 이익을 현저히 해할 우려가 있다고 인정되는 정보**(는 공공기관의 정보공개에 관한 법률상 **비공개** 대상정보에 해당된다) 16소간

35 비공개대상인 '**법인 등의 경영·영업상 비밀**'은 「**부정경쟁방지** 및 영업비밀보호에 관한 **법률**」제2조 제2호에 **규정**된 '**영업비밀**'에 한하지 않고, '**타인에게 알려지지 아니함이 유리한** 사업활동에 관한 **일체의 정보**' 또는 '사업활동에 관한 **일체의 비밀**사항'을 말한다. 14지방9

36 **대한주택공사**의 **아파트 분양원가** 산출내역은 **비공개**대상정보가 **아니다**. 12서울(변형)9

37 **한국방송공사**의 **수시집행 접대성 경비**의 건별 집행서 내역은 **비공개**대상정보에 해당하지 **않는다**. 12서울(변형)9

38 법인등이 **거래하는 금융기관의 계좌번호**에 관한 정보는 법인등의 **영업상 비밀**에 관한 사항으로서 **공개될 경우** 법인등의 **정당한 이익을 현저히 해할 우려가 있다고 인정되는 정보에 해당한다**. 17(하)국가7

39 공개될 경우 **부동산 투기**로 특정인에게 이익 또는 불이익을 줄 **우려**가 있다고 인정되는 **정보**는 **비공개**대상에 **해당한다**. 18지방9

02 회의록 정리

40 한·일 군사정보보호협정 및 한·일 상호군수지원협정과 관련하여 각종 **회의자료 및 회의록** 등의 정보는 정보공개법상 **공개가 가능한 부분과 공개가 불가능한 부분을 쉽게 분리하는 것이 불가능한 비공개**정보에 해당하여 **부분공개도** 가능하지 **않다**.(2015두46512) 19서울7

41 구「학교폭력예방 및 대책에 관한 법률」에 따른 **학교폭력대책자치위원회의 회의록**은 「공공기관의 정보공개에 관한 법률」 소정의 '**공개될 경우 업무의 공정한 수행에 현저한 지장**을 초래한다고 인정할 만한 상당한 이유가 있는 정보'에 **해당한다**. 24국가9
  + 즉, 제5호에 따른 비공개 대상 정보에 해당한다.

42 **학교폭력대책자치위원회**의 **회의록**은 「공공기관의 정보 공개에 관한 법률」 제9조제1항제1호의 '**다른 법률 또는 법률**이 위임한 명령에 의하여 비밀 또는 **비공개 사항으로 규정된 정보**'에 **해당**한다. 19소방
  + 이처럼 학폭위 회의록은 제5호에 따른 비공개 대상임은 물론, 제1호에 따른 비공개 대상이기도 하다는 것이 판례의 태도이다.

43 **학교환경위생구역 내 금지행위(숙박시설) 해제결정**에 관한 **학교환경위생정화위원회의 회의록**에 기재된 발언내용에 대한 해당 발언자의 인적사항 부분에 관한 정보는 「공공기관의 정보공개에 관한 법률」 소정의 **비공개**대상정보에 **해당한다**.(2002두12946) 19지방9

44 '**독립유공자서훈** 공적심사위원회의 심의·의결 과정 및 그 내용을 기재한 **회의록**'은 **공개될 경우**에 업무의 공정한 수행에 **현저한 지장을 초래**한다고 인정할 만한 상당한 이유가 있는 **정보에 해당**한다. 17(하)지방9

45 **도시공원위원회**의 **회의관련자료 및 회의록**은 시장 등의 결정의 **대외적 공표**행위가 있은 **후에는** 이를 의사결정과정이나 내부검토과정에 있는 사항이라고 할 수 없고 위 위원회의 회의관련자료 및 회의록을 공개하더라도 업무의 공정한 수행에 지장을 초래할 염려가 없으므로 **공개대상**이 된다. 23지방7
  + 기본적으로 제5호에 따른 비공개대상이나, 대외적 공표 이후에는 공개대상이 된다고 본 판례

---

33 **공무원이** 직무와 관련 없이 **개인적인 자격**으로 행사에 참석하고 **금품을 수령한 정보**는 '**공개하는 것이 공익을 위하여 필요하다고 인정되는 정보**'에 해당**한다**. 13국회8

40 한·일 군사정보보호협정 및 한·일 상호군수지원협정과 관련하여 각종 **회의자료 및 회의록** 등의 정보는 정보공개법상 **공개가 가능한 부분과 공개가 불가능한 부분을 쉽게 분리하는 것이 불가능한 비공개**정보에 해당하지 **아니한다**. 19서울7

42 **학교폭력대책자치위원회**의 **회의록**은 「공공기관의 정보 공개에 관한 법률」 제9조제1항제1호의 '**다른 법률 또는 법률**이 위임한 명령에 의하여 비밀 또는 **비공개 사항으로 규정된 정보**'에 해당하지 **않는다**. 19소방

43 **학교환경위생구역 내 금지행위(숙박시설) 해제결정**에 관한 **학교환경위생정화위원회의 회의록**에 기재된 발언내용에 대한 해당 발언자의 인적사항 부분에 관한 정보는 「공공기관의 정보공개에 관한 법률」 소정의 **비공개**대상정보에 해당하지 **않는다**. 19지방9

03 비공개대상정보 관련 기타 쟁점 | 요플 p.342 |

46 공개청구의 대상이 되는 정보가 이미 다른 사람에게 공개되어 **널리 알려져 있**다거나 인터넷 등을 통하여 공개되어 **인터넷 검색** 등을 **통하여 쉽게 알 수 있**다는 사정만으로는 행정청의 정보**비공개** 결정이 정당화될 수는 **없다**. ⓢ 20지방9

47 공공기관이 정보**공개**를 거부할 때에는 **개괄적인 사유만**을 들 수 **없고** 어느 부분이 어떠한 법익 또는 기본권과 충돌하여 비공개사유에 해당하는지를 밝혀야 하며, 「정보공개법」 제9조제1항 **몇 호에서 정하고 있는 비공개사유**에 해당하는지 **주장·입증하여야만 한다**.(2001두8827) Ⓑ 22국회8

48 A가 내부적인 **의사결정과정임을** 이유로 정보공개를 **거부**하였다가 정보공개거부처분 취소소송의 계속 중에 개인의 **사생활침해 우려**를 공개거부사유로 **추가**하는 것은 허용되지 **않는다**. ⓒ 17(하)국가9
　➕ 당초 거부사유와 추가사유 간 기본적 사실관계의 동일성이 없기 때문

49 **민사소송법상 문서제출의무 예외에 해당하는** '공무원 또는 공무원이었던 사람'이 그 직무와 관련하여 보관하거나 가지고 있는 **문서에 대한 공개는 공공기관의 정보공개에 관한 법률의 규정에 따라 가능하다**. Ⓩ 12국가9
　➕ 문서제출의무에 대한 민사소송법 규정은 소송 중 법원에 문서를 제출하는 경우에 적용되는 규정일 뿐이다. 따라서 문서의 공개에 대해서는 여전히 정보공개법이 적용된다.

50 공공기관의 **정보공개**에 관한 **법률에서 정하는 비공개 정보에 해당**한다고 하더라도, 특별한 사정이 없는한 그에 관한 **문서제출의무를 면할 수 없다**.(2015무423) Ⓩ 미기출
　➕ 정보공개법상 비공개대상정보라도, 민사소송법상 제출의무를 부담할 수 있다. 전자는 국민에 대한 공개여부이고, 후자는 소송 중 법원에 제출의무로 별개이기 때문이다.

---

46 공개청구의 대상이 되는 정보가 이미 다른 사람에게 공개되어 **널리 알려져 있**다거나 인터넷 등을 통하여 공개되어 **인터넷 검색** 등을 **통하여 쉽게 알 수 있**다면 행정청의 정보**비공개** 결정이 정당화될 수 **있다**. ⓢ 20지방9

47 공공기관이 정보**공개**를 거부할 때에는 **개괄적인 사유만**을 들 수 **없고** 어느 부분이 어떠한 법익 또는 기본권과 충돌하여 비공개사유에 해당하는지를 밝혀야 하나, 「정보공개법」 제9조제1항 **몇 호에서 정하고 있는 비공개사유**에 해당하는지 **주장·입증할 필요까지는 없다**. Ⓑ 22국회8

49 **민사소송법상 문서제출의무 예외에 해당하는** '공무원 또는 공무원이었던 사람'이 그 직무와 관련하여 보관하거나 가지고 있는 **문서에 대한 공개**는 공공기관의 정보공개에 관한 법률의 규정에도 불구하고 **민사소송법의 절차에 따라야 한다**. Ⓩ 12국가9

50 공공기관의 **정보공개**에 관한 **법률에서 정하는 비공개 정보에 해당**한다면, 특별한 사정이 없는 한 그에 관한 **문서제출의무**를 **면할 수 있다**. Ⓩ 미기출

THEME 80 개인정보 보호법(1) - 조문별 기출정리

○ 지문　　　　　　　　　　　　　　　× 지문

01 기본사항 정리 | 요플 p.343 |

01 개인정보는 살아있는 개인에 관한 정보로서 성명, 주민등록번호 및 영상 등을 통하여 개인을 알아볼 수 있는 정보를 말한다. 그러나 **개인정보**에 **사망자**에 관한 정보는 개인정보 보호법상 포함되지 **않는다**. ⓒ 17사복9

02 **법인**의 정보는 「**개인정보 보호법**」의 보호대상이 **아니다**. 18지방7
ⓒ

03 개인정보는 살아 있는 개인에 관한 정보로서 성명, 주민등록번호 및 영상 등을 통하여 개인을 알아볼 수 있는 정보 뿐만 아니라, **해당 정보만으로는** 특정 개인을 **알아볼 수 없더라도**, **다른 정보와 쉽게 결합하여** 그 개인을 **알아볼 수 있는** 정보 역시 **개인정보**에 **해당**한다. ⓤ 18(2)서울7

04 다른 정보와 쉽게 결합하여 특정 개인을 알아볼 수 있는 정보도 개인정보에 포함되며, 이 때 **쉽게 결합할 수 있는지** 여부는 **다른 정보의 입수 가능성** 등을 합리적으로 **고려하여야 한다**. ⓤ 미기출

05 다른 정보와 쉽게 결합하여 특정 개인을 알아볼 수 있는 정보도 개인정보에 포함되며, 이 때 **쉽게 결합할 수 있는지** 여부에는 다른 정보의 입수 가능성 등 개인을 알아보는 데 소요되는 **시간, 비용, 기술** 등까지 합리적으로 **고려하여야** 한다. ⓤ 미기출

---

01 **개인정보**는 살아 있는 개인뿐만 아니라 **사망자**의 성명, 주민등록번호 및 영상 등을 통하여 개인을 알아볼 수 있는 정보도 **포함**한다. 17사복9
ⓒ

03 개인정보는 살아 있는 개인에 관한 정보로서 성명, 주민등록번호 및 영상 등을 통하여 개인을 알아볼 수 있는 정보이며, **해당 정보만으로는** 특정 개인을 **알아볼 수 없다면**, **다른 정보와 쉽게 결합하여** 그 **개인을 알아볼 수 있는** 경우라도 **개인정보**라 **할 수 없다**. 18(2)서울7

04 다른 정보와 쉽게 결합하여 특정 개인을 알아볼 수 있는 정보도 개인정보에 포함되며, 이 때 **쉽게 결합할 수 있는지 여부**는 해당 정보의 내용만으로 판단하여야지 **다른 정보의 입수 가능성** 등을 **고려할 수는 없다**. 미기출

05 다른 정보와 쉽게 결합하여 특정 개인을 알아볼 수 있는 정보도 개인정보에 포함되며, 이 때 **쉽게 결합할 수 있는지 여부**에는 다른 정보의 입수 가능성 등도 고려되지만, 소요되는 **시간, 비용, 기술** 등까지 고려하는 것은 보호대상 개인정보의 범위를 축소시킬 수 있으므로 허용될 수 **없다**. 미기출

06 「개인정보 보호법」의 대상정보의 범위에는 공공기관·법인·단체에 의하여 처리되는 정보 및 개인에 의해서 처리되는 정보가 포함된다. 17사복9

07 개인정보처리자란 개인정보파일을 운용하기 위하여 스스로 또는 다른 사람을 통하여 개인정보를 처리하는 공공기관, 법인, 단체 및 개인 등을 말한다. 16지방7

⊕ 다른 사람을 통하여 개인정보를 처리하는 것도 개인정보처리자에 포함된다. 지문은 이 경우를 포함하고 있지 않아서 틀렸다.

08 개인정보 보호에 관한 사무를 독립적으로 수행하기 위하여 국무총리 소속으로 개인정보 보호위원회를 둔다. 22소방

09 개인정보에 관한 분쟁의 조정을 위하여 위원장 1명을 포함한 30명 이내의 위원으로 구성된 개인정보 분쟁조정위원회를 두고 있다. 12지방9(변형)

10 개인정보 분쟁조정위원회 위원장은 위원 중에서 공무원이 아닌 사람으로 개인정보 보호위원회 위원장이 위촉한다. 19소방

06 「개인정보 보호법」의 대상정보의 범위에는 공공기관·법인·단체에 의하여 처리되는 정보가 포함되고, 개인에 의해서 처리되는 정보는 포함되지 않는다. 17사복9

07 개인정보처리자란 개인정보파일을 운용하기 위하여 스스로 개인정보를 처리하는 공공기관, 법인, 단체 및 개인 등을 말한다. 16지방7

08 개인정보 보호위원회는 대통령 직속 기관으로 대통령이 직접 지휘·감독한다. 22소방

09 개인정보에 관한 분쟁의 조정을 위하여 위원장 1명을 포함한 20명 이내의 위원으로 구성된 개인정보 보호위원회를 두고 있다. 12지방9(변형)

02 개인정보 처리자에 대한 규제 | 요플 p.344 |

11 개인정보처리자는 개인정보의 처리목적을 명확하게 하고 그 목적에 필요한 범위에서 최소한의 개인정보만을 수집하여야 한다. 13국회9

12 개인정보처리자는 정보주체가 필요한 최소한의 정보 외의 개인정보 수집에 동의하지 아니한다는 이유로 정보주체에게 재화 또는 서비스의 제공을 거부하여서는 아니 된다. 21군무원9(변형)

13 개인정보처리자는 법령상 의무를 준수하기 위하여 불가피한 경우에는 개인정보를 수집할 수 있으며 그 수집 목적의 범위 내에서 이용할 수 있다. 18(2)서울7

14 개인정보보호법상 개인정보처리자는 명백히 정보주체 또는 제3자의 급박한 생명, 신체, 재산의 이익을 위하여 필요하다고 인정되는 경우 개인정보를 수집할 수 있으며, 그 수집목적의 범위에서 이용할 수 있다. 14(2)경행(변형)

15 개인정보처리자는 개인정보처리자의 정당한 이익을 달성하기 위하여 필요한 경우로서 명백하게 정보주체의 권리보다 우선하는 경우에는 개인정보처리자의 정당한 이익과 상당한 관련이 있고 합리적인 범위를 초과하지 않는다면 정보주체의 동의가 없더라도 개인정보를 수집할 수 있다. 21국회8

16 정보주체와 체결한 계약을 이행하거나 계약을 체결하는 과정에서 정보주체의 요청에 따른 조치를 이행하기 위하여 필요한 경우에도 정보주체의 별도 동의 없이 개인정보처리자가 개인정보를 수집할 수 있으며 그 수집 목적의 범위에서 이용할 수 있다. 21소간(변형)

17 개인정보처리자는 그의 정당한 이익을 달성하기 위하여 필요한 경우에 명백히 정보주체의 권리보다 우선하는 경우에는 정보주체의 동의 없이 정보주체의 개인정보를 제3자에게 제공할 수 있다. 13국회9

18 개인정보처리자로부터 개인정보를 제공받은 자는 정보주체로부터 별도의 동의를 받은 경우나 다른 법률에 특별한 규정이 있는 경우를 제외하고는 개인정보를 제공받은 목적 외의 용도로 이용하거나 이를 제3자에게 제공하여서는 아니 된다. 18(2)서울7

19 개인정보처리자는 보유기간의 경과, 개인정보의 처리 목적 달성, 가명정보의 처리 기간 경과 등 그 개인정보가 불필요하게 되었을 때에는 지체없이 그 개인정보를 파기하여야 한다. 다만, 다른 법령에 따라 보존하여야 하는 경우에는 그러하지 아니하다. 23군무원9

20 조약, 그 밖의 국제협정의 이행을 위하여 외국정부 또는 국제기구에 제공하기 위하여 필요한 경우로서 정보주체 또는 제3자의 이익을 부당하게 침해할 우려가 없는 경우라면, 공공기관은 개인정보를 목적 외의 용도로 이용하거나 이를 제3자에게 제공할 수 있다. 07국가9(변형)

21 개인정보보호법은 외국의 개인정보처리자에 대하여 개인정보보호규제에 대한 상호주의를 채택하고 있다. 21군무원9(변형)

20 조약, 그 밖의 국제협정의 이행을 위하여 외국정부 또는 국제기구에 제공하기 위하여 필요한 경우로서 정보주체 또는 제3자의 이익을 부당하게 침해할 우려가 없는 경우라도, 공공기관은 개인정보를 목적 외의 용도로 이용하거나 이를 제3자에게 제공하는 것은 허용될 수 없다. 07국가9(변형)

22 개인정보처리자는 당초 수집 목적과 합리적으로 관련된 범위에 속하고 정보주체에게 불이익이 발생하지 않거나 암호화 등 안전성 확보에 필요한 조치를 하였다는 등의 이유로 정보주체의 동의 없이 개인정보를 이용할 수 있다. 미기출

23 개인정보처리자는 당초 수집 목적과 합리적으로 관련된 범위에서 정보주체에게 불이익이 발생하는지 여부, 암호화 등 안전성 확보에 필요한 조치를 하였는지 여부 등을 고려하여 정보주체의 동의 없이 개인정보를 제3자에게 제공할 수 있다. 22소방

24 개인정보처리자는 만 14세 미만 아동의 개인정보를 처리하기 위하여 개인정보보호법에 따른 동의를 받아야 할 때에는 그 법정대리인의 동의를 받아야 하며, 법정대리인이 동의하였는지를 확인하여야 한다. 이 경우 법정대리인의 동의를 받기 위하여 필요한 최소한의 정보는 법정대리인의 동의 없이 해당 아동으로부터 직접 수집할 수 있다. 18경행(변형)

25 이미 공개된 개인정보를 정보주체의 동의가 있었다고 객관적으로 인정되는 범위 내에서 처리를 할 때는 정보주체의 별도의 동의는 불필요하다고 보아야 하고, 별도의 동의를 받지 아니하였다고 하여 「개인정보 보호법」을 위반한 것으로 볼 수 없다. 21국가9

26 법률정보 제공 사이트를 운영하는 甲 주식회사가 乙 대학교 법학과 교수로 재직 중인 丙의 개인 정보를 별도 동의 없이 위 법학과 홈페이지 등을 통해 수집하여 위 사이트 내 법조인 항목에서 유료로 제공하더라도 위법하다고 할 수 없다. 21소간

27 개인정보 처리위탁에 있어 수탁자는 위탁자로부터 위탁사무 처리에 따른 대가를 지급받는 것 외에는 개인정보 처리에 관하여 독자적인 이익을 가지지 않고, 정보제공자의 관리·감독 아래 위탁받은 범위 내에서만 개인정보를 처리하게 되므로, 그러한 수탁자는 「개인정보 보호법」 제17조에 의해 개인정보처리자가 정보주체의 개인정보를 제공할 수 있는 '제3자'에 해당하지 않는다. (2016도13263) 21국가9

28 정치적 견해, 건강, 사상·신념에 관한 정보는 민감정보에 해당한다. 16교행9

29 「여권법」에 따른 여권번호나 「출입국관리법」에 따른 외국인등록번호는 고유식별정보이다. 20군무원9

30 고유식별정보를 처리하려면 정보주체에게 정보의 수집·이용·제공 등에 필요한 사항을 알리고 다른 개인정보의 처리에 대한 동의와 별도로 동의를 받아야 한다. 20군무원9

31 개인정보처리자는 법령에서 민감정보의 처리를 요구 또는 허용하는 경우에는 정보주체의 동의를 받지 못하더라도 민감정보를 처리할 수 있다. 16서울7

32 개인정보처리자는 정보주체에게 다른 개인정보의 처리에 대한 동의와 별도로 동의를 받은 경우에도 주민등록번호를 처리할 수 없고, ① 법률 등에서 구체적으로 주민등록번호의 처리를 요구하거나 허용하는 경우, ② 정보주체 또는 제3자의 급박한 생명, 신체, 재산의 이익을 위해 필요한 경우, ③ 기타 이에 준하여 주민등록번호 처리가 불가피한 경우로서 보호위원회가 고시한 경우에만 주민등록번호를 처리할 수 있다. 21국회8

33 개인정보처리자가 처리하는 주민등록번호가 분실·도난 되는 경우 등에는 개인정보 보호위원회가 과징금을 부과할 수 있다. 미기출

34 시설의 안전 및 관리, 화재 예방을 정당한 권한을 가진 자가 설치·운영하는 경우 공개된 장소에 고정형 영상정보처리기기를 설치·운영할 수 있다. 21소간(변형)

35 불특정 다수가 이용하는 목욕실, 화장실, 발한실(發汗室), 탈의실 등에의 고정형 영상정보처리기기 설치는 허용되지 아니한다. 16지방7(변형)
  ➕ 목욕실, 화장실 등에는 안내판 설치하더라도 고정형 영상정보처리기기를 설치·운영할 수 없다.

22 개인정보처리자는 당초 수집 목적의 범위에서만 엄격하게 개인정보를 이용할 수 있는 것이므로, 정보주체의 동의가 없는 한 당초 수집 목적과 합리적으로 관련된 범위에 속하고 정보주체에게 불이익이 발생하지 않거나 암호화 등 안전성 확보에 필요한 조치를 하였다는 등의 이유로 개인정보를 이용할 수는 없다. 미기출

23 개인정보처리자는 당초 수집 목적과 합리적으로 관련된 범위에서 정보주체에게 불이익이 발생하는지 여부, 암호화 등 안전성 확보에 필요한 조치를 하였는지 여부 등을 고려하더라도 정보주체의 동의 없이는 개인 정보를 제3자에게 제공할 수 없다. 22소방

27 개인정보 처리위탁에 있어 수탁자는 정보제공자의 관리·감독 아래 위탁받은 범위 내에서만 개인정보를 처리하게 되지만, 위탁자로부터 위탁사무 처리에 따른 대가를 지급받는 이상 개인정보처리에 관하여 독자적인 이익을 가지므로, 그러한 수탁자는 「개인정보 보호법」 제17조에 의해 개인정보처리자가 정보주체의 개인정보를 제공할 수 있는 '제3자'에 해당한다. 21국가9

30 고유식별정보를 처리하려면 정보주체에게 정보의 수집·이용·제공 등에 필요한 사항을 알리고 다른 개인정보의 처리에 대한 동의와 함께 일괄적으로 동의를 받아야 한다. 20군무원9

31 개인정보처리자는 법령에서 민감정보의 처리를 요구 또는 허용하는 경우에도 정보주체의 동의를 받지 못하면 민감정보를 처리할 수 없다. 16서울7

32 개인정보처리자가 주민등록번호를 처리하기 위해서는 정보주체에게 다른 개인정보의 처리에 대한 동의와 별도로 동의를 받아야 한다. 21국회8

33 행정안전부장관은 개인정보처리자가 처리하는 개인정보가 분실·도난 되는 경우 등에는 과징금을 부과할 수 있다. 미기출

35 불특정 다수가 이용하는 목욕실, 화장실, 발한실(發汗室), 탈의실 등에의 고정형 영상정보처리기기 설치는 대통령령으로 정하는 바에 따라 안내판 설치 등 필요한 조치를 취하는 경우에만 허용된다. 16지방7(변형)

36 고정형 영상정보처리기기운영자는 고정형 영상정보처리기기의 설치 목적과 다른 목적으로 고정형 영상정보처리기기를 임의로 조작하거나 다른 곳을 비춰서는 아니 되며, **녹음기능은 사용할 수 없다**. 12지방9(변형)

37 개인정보처리자가 이 법에 따라 **고유식별정보**를 처리하는 경우에는 그 고유식별정보가 분실·도난·유출·위조·변조 또는 훼손되지 아니하도록 대통령령으로 정하는 바에 따라 **암호화 등 안전성 확보에 필요한 조치를 하여야** 한다. 20군무원9

38 개인정보처리자는 **주민등록번호**의 분실·도난·유출 등을 방지하기 위하여 **반드시 암호화** 조치를 하여야 한다. 미기출

39 살아 있는 개인을 알아볼 수 있는 개인정보의 **일부를 삭제**하거나 **일부·전부를 대체**하는 방식으로 원래의 상태로 복원하기 위해서는 추가 정보의 사용·결합이 필요하고, **추가 정보 없이는** 특정 개인을 **알아볼 수 없게 된 정보를 가명정보**라 한다. 미기출

40 살아 있는 개인에 관하여 알아볼 수 있는 정보라도 **가명처리함**으로써 원래의 상태로 복원하기 위한 추가 정보의 사용·결합 없이는 특정 개인을 알아볼 수 없게 된 정보는 **가명정보로서** 이 법에 따른 **개인정보에 해당한다**. 22소방

41 **가명처리**란 개인정보의 **일부를 삭제**하거나 **일부 또는 전부를 대체**하는 등의 방법으로 **추가 정보**가 **없이는** 특정 개인을 **알아볼 수 없도록 처리**하는 것을 말한다. 21국회8

42 개인정보처리자는 **통계작성**, 과학적 **연구**, 공익적 **기록보존** 등을 위하여 정보주체의 **동의 없이 가명정보를 처리할 수** 있다. 미기출

43 통계작성, 과학적 연구, 공익적 기록 보존 등을 위한 경우라도 **서로 다른 개인정보처리자 간의 가명정보의 결합**은 개인정보처리자가 아닌 **보호위원회** 또는 관계 중앙행정기관의 장이 지정하는 **전문기관**이 수행한다. 미기출

44 개인정보보호법상 정보주체의 **개인정보 열람·정정·삭제요구권** 규정은 가명정보인 개인정보에도 적용되지 **않는다**. 미기출

45 시간·비용·기술 등을 합리적으로 고려할 때 **다른 정보를 사용하여도** 더 이상 개인을 **알아볼 수 없는 정보**에는 **개인정보 보호법이 적용되지 않는다**. 미기출

➕ 다른 정보를 사용하여도 더 이상 개인을 알아볼 수 없는 정보는 익명정보이며, 익명정보는 개인정보보호법이 적용되지 않는다. 개인의 열람·정정·삭제 요구권 등을 인정하지 않는 특례를 두고 있는 것은 가명정보이다.

46 개인정보처리자는 개인정보를 **익명 또는 가명으로** 처리하여도 개인정보 수집목적을 **달성할 수 있는 경우** 익명처리가 **가능한** 경우에는 **익명에 의하여**, 익명처리로 목적을 달성할 수 없는 경우에는 가명에 의하여 처리될 수 있도록 하여야 한다. 23군무원9

47 개인정보처리자는 **개인정보가** 유출되었음을 알게 되었을 때에는 지체 없이 **해당 정보주체에게 알려야** 한다. 또한 개인정보의 유형, 유출등의 경로 및 규모 등을 고려하여 대통령령으로 정하는 바에 따라 지체 없이 **보호위원회** 또는 대통령령으로 정하는 **전문기관**에 **신고**하여야 한다. 17사복9

48 **공공기관의 장**이 **개인정보파일**을 운용하는 경우에는 개인정보파일의 명칭, 운용목적, 처리 방법, 보유기간 등을 **보호위원회에 등록**하여야 한다. 16서울7(변형)

49 **공공기관의 장**은 대통령령으로 정하는 기준에 해당하는 개인정보파일의 운용으로 인하여 정보주체의 개인정보 침해가 우려되는 경우에는 그 위험요인을 분석하고 개선사항을 도출하기 위하여 '**개인정보 영향평가**'를 하고 그 결과를 **보호위원회에 제출**하여야 한다. 12국회9(변형)

---

39 살아 있는 개인을 알아볼 수 있는 개인정보의 **일부를 삭제**하거나 **일부·전부를 대체**하는 방식으로 원래의 상태로 복원하기 위해서는 추가 정보의 사용·결합이 필요하고, **추가 정보 없이는** 특정 개인을 **알아볼 수 없게 된 정보를 익명정보**라 한다. 미기출

40 살아 있는 개인에 관하여 알아볼 수 있는 정보라도 **가명처리함**으로써 원래의 상태로 복원하기 위한 추가 정보의 사용·결합 없이는 특정 개인을 알아볼 수 없게 된 정보는 이 법에 따른 **개인정보**에 해당하지 **아니**한다. 22소방

42 개인정보처리자는 통계작성, 과학적 연구, 공익적 기록보존 등을 위하여 **가명정보를 처리할 시** 정보주체의 **동의를 받아야** 한다. 미기출

43 **개인정보처리자는** 통계작성, 과학적 연구, 공익적 기록 보존 등을 위한 경우라면 정보주체의 동의가 없더라도 **서로 다른 개인정보처리자 간의 가명정보의 결합**을 할 수 있다. 미기출

44 개인정보보호법상 정보주체의 **개인정보 열람·정정·삭제요구권** 규정은 가명정보인 개인정보에도 적용**된다**. 미기출

45 시간·비용·기술 등을 합리적으로 고려할 때 **다른 정보를 사용하여도** 더 이상 개인을 **알아볼 수 없는 정보**라 하더라도 **개인정보 보호법이 적용**되나, 이에 대해서는 개인의 열람·정정·삭제 요구권 등을 인정하지 않는 특례를 두고 있다. 미기출

47 개인정보처리자는 **개인정보가 유출**되었음을 알게 되었을 때에는 지체 없이 **방송통신위원회 위원장**에게 **신고하여야** 한다. 17사복9

48 **공공기관의 장**이 **개인정보파일**을 운용하는 경우에는 개인정보파일의 명칭, 운용목적, 처리 방법, 보유기간 등을 **과학기술정보통신부장관에게 등록**하여야 한다. 16서울7(변형)

03 정보주체의 권리 | 요플 p.347 |

50 **정보주체**는 자신의 개인정보 처리와 관련하여 개인정보의 **처리 정지, 정정·삭제 및 파기를 요구**할 권리를 가진다. 12지방9

51 ㅇ 개인정보의 **열람**청구와 **삭제** 또는 **정정**청구는 정보주체가 직접 하거나 **대리인**에게 하게 할 수 **있다**. 17(하)국가7

52 소 정보주체가 자신의 개인정보에 대한 **열람을 공공기관에 요구**하고자 할 때에는 **공공기관에 직접** 열람을 요구**하거나** 대통령령으로 정하는 바에 따라 개인정보 **보호위원회를 통하여** 열람을 요구할 수 있다. 22소방

53 자신의 개인정보를 열람한 정보주체는 **개인정보처리자에게 직접** 자신의 개인정보의 **정정** 또는 **삭제를 요구**할 수 있다. 18경행

54 **개인정보처리자는** 처리정보의 삭제를 청구하는 자에게 **수수료를 청구할 수 있다**. 09지방9(변형)

55 C 개인정보처리자의 **고의 또는 중대한 과실**로 인하여 개인정보가 유출된 경우로서 정보주체에게 손해가 발생한 때에는 법원은 그 손해액의 **5배를** 넘지 아니하는 **범위에서 손해배상액**을 정할 수 있다. 18(2)서울7(변형)

56 B 개인정보처리자가 개인정보보호법상의 허용요건을 충족하여 개인정보를 수집하는 경우에는 그 **목적에 필요한 최소한의 개인정보를 수집하여야** 한다. 이 경우 최소한의 개인정보 수집이라는 **입증책임은 개인정보처리자가** 부담한다. 16지방7

57 B 정보주체의 **동의 없이 처리할 수** 있는 개인정보라는 **입증책임**은 개인정보**처리자가 부담**한다. 16지방7(변형)

58 A 정보주체는 개인정보처리자가 개인정보보호법을 위반한 행위로 손해를 입으면 개인정보처리자에게 **손해배상**을 청구할 수 있으며, 이 경우 **개인정보처리자는 고의 또는 과실이 없음을 입증**하지 아니하면 책임을 면할 수 없다. 14국가9

51 ㅇ 개인정보의 **열람**청구와 **삭제** 또는 **정정청구**는 정보주체가 직접 하여야 하고 **대리인**에 의한 청구는 허용되지 **않는다**. 17(하)국가7

53 자신의 개인정보를 열람한 정보주체는 **개인정보처리자에게 직접** 자신의 개인정보의 **정정** 또는 **삭제를 요구할 수 없으며** 개인정보 분쟁조정위원회를 통해서만 이를 요청할 수 있다. 18경행

56 B 개인정보처리자가 개인정보보호법상의 허용요건을 충족하여 개인정보를 수집하는 경우에는 그 **목적에 필요한 최소한의 개인정보를 수집하여야** 한다. 이 경우 개인정보처리자가 최소한의 개인정보 수집이라는 의무를 위반한 경우 그 **입증책임**은 이의를 제기하는 **정보주체가** 부담한다. 16지방7

58 A 정보주체는 개인정보처리자가 개인정보보호법을 위반한 행위로 손해를 입으면 개인정보처리자에게 **손해배상**을 청구할 수 있으며, 이 경우 그 **정보주체는 고의 또는 과실을 입증**해야 한다. 14국가9

04 구제제도 | 요플 p.348 |

59 소 「개인정보 보호법」에 따르면 개인정보와 관련한 분쟁의 **조정을 원하는 자**는 개인정보 분쟁조정위원회에 **조정을 신청할 수** 있으며, 개인정보 **분쟁조정위원회**는 그 신청 내용을 **상대방에게 알려야** 하며, **개인정보처리자**가 이러한 통지를 받은 경우 특별한 사유가 없는 한 **분쟁조정에 응하여야** 한다. 24소방(변형)

60 개인정보 분쟁조정위원회의 **조정**을 분쟁당사자가 **수락**하는 경우, 조정의 내용은 **재판상 화해와 동일**한 효력을 갖는다. 16서울7

61 C 국가 및 지방자치단체, 개인정보보호단체 및 기관, 정보주체, 개인정보처리자는 정보주체의 피해 또는 권리침해가 **다수의 정보주체에게 같거나 비슷한 유형**으로 발생하는 경우로서 일정한 사건에 대하여는 분쟁조정위원회에 **집단분쟁조정**을 의뢰 또는 **신청할 수** 있다. 13국회9

62 소 개인정보 분쟁조정위원회는 **집단분쟁조정**의 당사자인 다수의 정보주체 **중 일부의 정보주체가** 법원에 **소를 제기**한 경우에는 그 **조정절차를 중지하지 아니하고**, 소를 제기한 일부의 정보주체를 그 **절차에서 제외**한다. 19소방

63 **집단분쟁조정의 기간**은 「개인정보 보호법」 제49조 제2항에 따른 공고가 종료된 날의 다음 날부터 **60일 이내**로 하며, 부득이한 사정이 있는 경우에는 분쟁조정위원회의 **의결로** 처리기간을 **연장할 수** 있다. 23소간

64 ㅇ 개인정보 보호법에는 개인정보 **단체소송을 제기할 수 있는** 단체를 일정 요건을 갖춘 **소비자단체**와 **비영리민간단체**로 엄격히 제한하고 있다. 18국가9

62 소 개인정보 분쟁조정위원회는 **집단분쟁조정**의 당사자인 다수의 정보주체 **중 일부의 정보주체가** 법원에 **소를 제기**한 경우에는 그 **조정절차를 중지**하고, 이를 당사자에게 알려야 한다. 19소방

63 **집단분쟁조정의 기간**은 「개인정보 보호법」 제49조 제2항에 따른 공고가 종료된 날의 다음 날부터 **30일 이내**로 하며, 부득이한 사정이 있는 경우에는 분쟁조정위원회의 **의결로** 처리기간을 **연장할 수** 있다. 23소간

64 ㅇ 개인정보 보호법에는 개인정보 **단체소송을 제기할 수 있는 단체**에 대한 **제한을 두고 있지 않으므로** 법인격이 있는 단체라면 어느 단체든지 권리침해 행위의 금지·중지를 구하는 소송을 **제기할 수 있다**. 18국가9

65 법원은 개인정보처리자가 분쟁조정위원회의 조정을 거부하거나 조정결과를 수락하지 않을 경우로서 소송허가신청서의 기재사항이 흠결이 없는 경우에 한하여 결정으로 단체소송을 허가한다. 21소방(변형)

66 개인정보보호법 소정의 일정한 요건을 갖춘 소비자단체나 비영리단체는 개인정보처리자가 집단분쟁조정을 거부하거나 집단분쟁조정의 결과를 수락하지 아니한 경우에는 법원에 권리침해 행위의 금지·중지를 구하는 단체소송을 제기할 수 있다. 13국회9

67 (개인정보) 단체소송의 원고는 변호사를 소송대리인으로 선임하여야 한다. 21소방

68 집단분쟁조정을 신청하기 위해서는 변호사를 소송대리인으로 선임하여야 하는 것은 아니다. 단체소송에서는 변호사를 소송대리인으로 선임하여야 한다는 점과 구별해야 한다. 미기출

69 개인정보 단체소송을 허가하거나 불허가하는 법원의 결정에 대하여는 즉시항고할 수 있다. 16지방9

70 단체소송에 관하여 「개인정보 보호법」에 특별한 규정이 없는 경우에는 「민사소송법」을 적용한다. 21소방

71 단체소송의 절차에 관하여 필요한 사항은 대법원규칙으로 정한다. 21소방

72 소비자기본법에 따라 공정거래위원회에 등록한 소비자 단체가 개인정보 단체소송을 제기하려면 그 단체의 정회원수가 1천명 이상이어야 한다. 16지방9

73 개인정보처리자가 「개인정보 보호법」 제49조에 따른 집단분쟁조정의 결과를 수락하지 아니한 경우, 「소비자기본법」 제29조에 따라 공정거래위원회에 등록 후 3년이 경과한 소비자단체는 법원에 권리침해 행위의 중지를 구하는 단체소송을 제기할 수 있다. 23국회8

65 법원은 개인정보처리자가 분쟁조정위원회의 조정을 거부하는 경우에만, 결정으로 단체소송을 허가한다. 21소방(변형)

68 (구별) 집단분쟁조정을 신청하기 위해서는 변호사를 소송대리인으로 선임하여야 한다. 미기출

69 개인정보 단체소송을 허가하거나 불허가하는 법원의 결정에 대하여는 불복할 수 없다. 16지방9

72 소비자기본법에 따라 공정거래위원회에 등록한 소비자 단체가 개인정보 단체소송을 제기하려면 그 단체의 정회원수가 1백명 이상이어야 한다. 16지방9

73 개인정보처리자가 「개인정보 보호법」 제49조에 따른 집단분쟁조정의 결과를 수락하지 아니한 경우, 「소비자기본법」 제29조에 따라 공정거래위원회에 등록 후 1년이 경과한 소비자단체는 법원에 권리침해 행위의 중지를 구하는 단체소송을 제기할 수 있다. 23국회8

05 벌칙 | 요플 p.348 |

74 「개인정보보호법」은 개인정보의 누설이나 권한 없는 처리 또는 다른 사람의 이용에 제공하는 등 부당한 목적으로 사용한 행위를 처벌하도록 규정하고 있다. 여기에서 '누설'이라 함은 아직 이를 알지 못하는 타인에게 알려주는 일체의 행위를 말한다. 18국회8

75 개인정보를 처리하거나 처리하였던 자로부터 직접 개인정보를 제공받지 아니하더라도, 개인정보를 처리하거나 처리하였던 자가 업무상 알게 된 개인정보를 누설하거나 권한 없이 다른 사람이 이용하도록 제공한 것이라는 사정을 알면서도 영리 또는 부정한 목적으로 개인정보를 제공받은 자라면, 「개인정보 보호법」상 벌칙의 대상자가 된다. 19소방

76 「개인정보 보호법」에 따르면, 죄형법정주의의 원칙상 '법인격 없는 공공기관'을 「개인정보 보호법」 소정의 양벌규정에 의하여 처벌할 수 없고, 그 경우 행위자 역시 위 양벌규정으로 처벌할 수 없다. 24국가9
  ⊕ 법인격 없는 공공기관은 개인정보처리자 중 하나로는 규정되어 있으나, 양벌규정에 의하여 처벌되는 것으로는 규정되어 있지 않기 때문이다.

06 개정사항 Point별 검토 | 요플 p.349 |

THEME 81 개인정보 보호법(2) - 기타 사항

○ 지문 / × 지문

01 개인정보자기결정권과 표현의 자유

01 헌법 제10조의 인간의 존엄과 가치, 행복추구권과 헌법 제17조의 사생활의 비밀과 자유에서 도출되는 **개인정보자기결정권**은 **자신에 관한 정보**가 언제 누구에게 어느 범위까지 알려지고 또 이용되도록 할 것인지를 **정보주체가 스스로 결정**할 수 있는 권리이다. 18국회8

02 헌법재판소는 **개인정보자기결정권**을 사생활의 비밀과 자유, 일반적 인격권, 국민주권원리 등을 이념적 기초로 하는 **독자적 기본권**으로서 **헌법에 명시되지 않은 기본권**으로 보고 있다. 23국회8

03 개인정보자기결정권의 **보호대상**이 되는 개인정보는 개인의 신체, 신념, 사회적 지위, 신분 등과 같이 개인의 인격주체성을 특징짓는 사항으로서 그 개인의 동일성을 식별할 수 있는 일체의 정보이고, **이미 공개된 개인정보도 포함된다**.(헌재 99헌마513) 18지방7

04 헌법 제21조에서 보장하고 있는 **표현의 자유**는 개인이 인간으로서의 존엄과 가치를 유지하고 국민주권을 실현하는 데 필수불가결한 자유로서, 자신의 신원을 누구에게도 밝히지 않은 채 익명 또는 가명으로 자신의 사상이나 견해를 표명하고 전파할 **익명표현의 자유**도 그 보호영역에 **포함**된다. 18국회8

05 **개인정보자기결정권**이나 **익명표현의 자유**도 국가안전보장·질서유지 또는 공공복리를 위하여 필요한 경우에는 헌법 제37조 제2항에 따라 법률로써 **제한될 수** 있다. 18국회8

06 **지문**(指紋)은 **개인정보**에 **해당**한다.(헌재 99헌마513) 16교행9

07 시장·군수 또는 구청장이 개인의 **지문정보를 수집**하고, 경찰청장이 이를 보관·전산화하여 **범죄수사목적**에 이용하는 것은 모두 **개인정보자기결정권을 제한**하는 것이다. 18지방7

08 **검사 또는 수사관서의 장이** 수사를 위하여 구 「전기통신사업법」제54조 제3항, 제4항에 의하여 전기통신사업자에게 **통신자료의 제공**을 요청하고, 이에 **전기통신사업자**가 위 규정에서 정한 형식적·절차적 요건을 심사하여 이용자의 **통신자료를 제공**하였다면, 특별한 사정이 없는 한 이로 인하여 이용자의 개인정보자기결정권이나 익명표현의 자유 등이 위법하게 **침해**된 것은 **아니다**. 21소간

03 개인정보자기결정권의 **보호대상**이 되는 개인정보는 개인의 신체, 신념, 사회적 지위, 신분 등과 같이 개인의 인격주체성을 특징짓는 사항으로서 그 개인의 동일성을 식별할 수 있는 일체의 정보이고, **이미 공개된 개인정보는 포함하지 않는다**. 18지방7

06 판례는 **지문**(指紋)을 **개인정보에 해당하지 않는 것**으로 본다. 16교행9

02 정보공개법과 개인정보보호법

09 **공공기관이 보유·관리하고 있는 개인정보**의 공개에 관하여는 구 **정보공개법** 제9조 제1항 제6호가 「**개인정보 보호법**」에 우선하여 적용된다.(2015두53770) 미기출
　➕ 공공기관 정보공개법상의 규정은 개인정보 보호법에서 말하는 '개인정보 보호에 관하여 다른 법률에 특별한 규정이 있는 경우'에 해당하기 때문이다.

10 개인이 **타인에 관한 정보**의 공개를 청구하는 경우에는 **정보공개법에 따라** 개인에 관한 정보의 공개 여부를 판단하여야 한다.(2007두9877) 12국회9

09 **공공기관이 보유·관리하고 있는 개인정보**라 하더라도, 그 공개에 관하여는 「**개인정보 보호법**」이 구 **정보공개법** 제9조 제1항 제6호에 **우선**하여 적용된다. 미기출

10 개인이 **타인에 관한 정보**의 공개를 청구하는 경우에는 **개인정보보호법에 따라** 개인에 관한 정보의 공개 여부를 판단하여야 한다. 12국회9

수시참고 01   행정행위별 개념·사례 총 정리

○ 지문

01 재량행위인 인가도 있고, 기속행위인 인가도 있는데, 재량행위인 경우에는 부관의 부과가 허용되며, 기속행위인 경우에도 법률에 규정이 있다면 부관의 부과가 허용될 수 있다.   11국가7

02 인가는 보충적 행위이므로 신청을 전제로 한다.   14서울9

03 다수설에 의하면 법령에 명문의 규정이 없는 한 수정인가를 할 수 없다.   11국가7

04 특허의 경우에는 언제나 출원을 전제로 하지만, 법규에 의한 특허에는 출원이 요구되지 않는다.   08(상)지방9

05 특허는 특정인을 대상으로 행하여고, 불특정다수인을 대상으로는 할 수 없다.   19서울7

06 인가의 대상이 되는 기본행위는 법률적 행위에 한하고, 사실행위일 수는 없다.   17(하)국가9
    ➕ 반면, 허가는 법률행위와 사실행위 모두를 대상으로 한다.

07 인가의 대상은 법률행위로서 공법행위이든 사법행위이든 가리지 않는다.   17소간

08 무허가 행위는 강제집행 등의 대상이 되지만 무인가 행위는 행정벌이나 강제집행의 대상이 되지 않는다.   10서울9(변형)

09 공중목욕탕영업허가는 강학상 허가에 해당한다.   10국9

10 구 「학원의설립·운영에관한법률」 제5조 제2항에 의한 학원의 설립인가는 강학상의 이른바 허가에 해당하는 것으로서 그 인가를 받은 자에게 특별한 권리를 부여하는 것이 아니고 일반적인 금지를 특정한 경우에 해제하여 학원을 설립할 수 있는 자유를 회복시켜 주는 것이다.(93누8276)   20군무원7

11 배출시설 설치허가의 신청이 구 「대기환경보전법」에서 정한 허가기준에 부합하고 동 법령상 허가 제한사유에 해당하지 아니하는 한 환경부장관은 원칙적으로 허가를 하여야 한다.   19서울7

12 지방경찰청장이 운전면허시험에 합격한 사람에게 발급하는 운전면허는 강학상 허가에 해당한다.   19서울9

13 구 「지역균형개발 및 지방중소기업 육성에 관한 법률」 및 동법 시행령상, 개발촉진지구 안에서 시행되는 지역개발사업(이하 '지구개발사업'이라 함)에서 지정권자의 실시계획 승인처분은 단순히 시행자가 작성한 실시계획에 대한 보충행위로서의 성질을 가지는 것이 아니라 시행자에게 지구개발사업을 시행할 수 있는 지위를 부여하는 일종의 설권적 처분의 성격을 가진 독립된 행정처분으로 보아야 한다.   23국회8

14 구 「수도권 대기환경개선에 관한 특별법」상 대기오염물질 총량관리사업장 설치의 허가(는 강학상 특허에 해당한다)   19서울9

15 구 「수도권대기환경특별법」상 대기오염물질 총량관리사업장 설치허가(는 판례상 재량행위에 해당한다)   22지방9

16 사회복지법인의 정관변경을 허가할 것인지의 여부는 주무관청의 정책적 판단에 따른 재량에 맡겨져 있다고 할 것이고, 주무관청이 정관변경허가를 함에 있어서는 비례의 원칙 및 평등의 원칙에 적합하고 행정처분의 본질적 효력을 해하지 않는 한도 내에서 부관을 붙일 수 있다.   20국회8

17 재단법인의 임원 취임이 재단법인의 정관에 근거한다 할지라도 이에 대해 주무관청이 당연히 인가하여야 하는 것은 아니며 인가여부를 재량으로 결정할 수 있다.   19서울7

18 인천경제자유구역청은 송도 국제도시를 둘러싼 인접 자치구 간의 행정관할권 다툼에 대하여 인천시 연수구로 귀속문제를 결정했다고 발표하였다. 이 때 인천경제자유구역청의 결정은 준법률행위적 행정행위 중 확인행위이다.   09국가7(변형)

19 국가시험합격자 결정의 성격은 강학상 확인이다.   16서울7

20 선거 당선인 결정의 성격은 확인이다.   16서울7

✕ 지문

01 판례는 인가에 해당하면 부관의 부과가 허용되지 않는다고 본다.   11국가7

05 특허는 주로 특정인을 대상으로 행해지나 이에 한정되지 않으며 불특정다수인에게 행해지기도 한다.   19서울7

06 인가의 대상이 되는 기본행위는 법률적 행위일 수도 있고, 사실행위일 수도 있다.   17(하)국가9

08 무허가 행위는 강제집행 등의 대상이 되지 않지만 무인가 행위는 행정벌이나 강제집행 대상이다.   10서울9(변형)

09 공중목욕탕영업허가(는 특허에 해당한다)   10국회9

10 구 「학원의설립·운영에관한법률」 제5조 제2항에 의한 학원의 설립인가는 강학상의 이른바 인가에 해당하는 것으로서 그 인가를 받은 자에게 특별한 권리를 부여하는 것이고 일반적인 금지를 특정한 경우에 해제하여 학원을 설립할 수 있는 자유를 회복시켜 주는 것이 아니다.   20군무원7

12 지방경찰청장이 운전면허시험에 합격한 사람에게 발급하는 운전면허(는 강학상 특허에 해당한다)   19서울9

19 국가시험합격자 결정의 성격은 통지이다.   16서울7

21 「국방전력발전업무훈령」에 따른 **연구개발확인서 발급**은 개발업체가 전력지원체계 연구개발사업을 성공적으로 수행하여 군사용 적합판정을 받고 경우에 따라 사업관리기관이 개발업체에게 수의계약의 방식으로 국방조달계약을 체결할 수 있는 지위가 있음을 인정해 주는 **확인**적 행정행위로서 **처분**에 해당한다. 22소방

22 **교과서의 검정**(은 준법률행위적 행정행위이다) 14사복9

23 행정심판의 **재결**은 강학상 **확인**에 해당한다. 17(하)지방9

23 행정심판의 **재결**(은 강학상 **공증**행위에 해당한다) 17(하)지방9

24 **도로구역의 결정**(은 준법률행위적 행정행위이다) 14사복9

25 인 건축물 **준공검사**처분은 강학상 **확인**에 해당한다.(91누5358) 16지방9

25 인 건축물 **준공검사**처분(은 강학상 **인가**에 해당한다) 16지방9

26 **발명의 특허**는 강학상 **확인**이고, **광업허가**는 강학상 **특허**이므로 다른 성질의 행정행위이다. 09국가9

26 **발명의 특허**와 광업허가는 **같은 성질**의 행정행위이다. 09국가9

27 특정의 사실 또는 법률관계의 존재를 **공적**으로 증명하여 공적 **증거력을 부여**하는 행정행위는 **공증**행위로서 **당선증 발급**, **자격증 발급**, **선거인명부에의 등록** 등이 그 예이다. 23국가7
➕ 당선인결정, 장애등급결정, 행정심판의 재결은 공증이 아니라 확인의 예시

27 특정의 사실 또는 법률관계의 존재를 **공적**으로 증명하여 공적 증거력을 부여하는 행정행위는 확인위로서 **당선인결정**, **장애등급결정**, **행정심판의 재결** 등이 그 예이다. 23국가7

28 서울특별시장 또는 도지사의 '**의료유사업자 자격증갱신발급행위**'는 **공증**행위에 속하는 것으로서 문서 등 일정한 서식이 요구되는 **요식** 행위이다. 12국회9

28 (서울특별시장 또는 도지사의 '**의료유사업자 자격증갱신발급행위**'는) 문서 등 일정한 서식이 요구되지 않는 **불요식** 행위이다. 12국회9

29 **확인**은 특정한 사실 또는 법률관계에 관하여 **의문이 있는 경우**에 행정청이 그 존부 또는 정부를 **판단**하는 준법률행위적 행정행위이며, 그 예로는 국가시험 **합격자의 결정**, 선거 **당선인의 결정** 등을 들 수 있다. 15국가7
➕ 확인의 정의에 대한 지문 앞부분은 맞았으나 그 예시에 대한 뒷부분이 틀렸다. 합격증서의 발급이나 영수증의 교부 등은 확인이 아닌 공증에 해당한다.

29 **확인**은 특정한 사실 또는 법률관계에 관하여 **의문이 있는 경우**에 행정청이 그 존부 또는 정부를 **판단**하는 준법률행위적 행정행위이며, 그 예로는 **합격증서의 발급 및 영수증의 교부** 등을 들 수 있다. 15국가7

30 **영수증 교부**는 강학상 **공증**이다. 11국가9

30 **영수증 교부**(는 강학상 **통지**이다) 11국가9

31 서울특별시장의 **의료유사업자 자격증 갱신발급**은 의료유사업자의 자격을 부여 내지 **확인**하는 것이 **아니라** 특정한 사실 또는 법률관계의 존부를 공적으로 증명하는 **공증**행위의 성질을 가진다. 18행9

31 서울특별시장의 **의료유사업자 자격증 갱신발급**은 의료유사업자의 자격을 부여 내지 **확인**하는 행위의 성질을 가진다. 18교행9

32 **선거인명부**에의 **등록**은 **공증**으로 법령에 정해진 바에 따라 권리행사의 요건이 된다. 20군무원7

33 인 **건설업면허증** 및 **건설업면허수첩**의 재교부는 건설업의 면허를 받았다고 하는 특정사실에 대하여 형식적으로 그것을 증명하고 **공적인 증거력**을 **부여**하는 행정행위이다. 15국회8
➕ 즉, 공증이다.

34 인 **상표사용권설정등록**행위(는 강학상 **공증**행위에 해당한다) 17(하)지방9

35 **특허의 등록**은 강학상 **공증**이다. 11국가9

35 **특허의 등록**(은 강학상 **수리**이다) 11국가9

36 인 **특허출원의 공고**의 성격은 강학상 **통지**이다. 16서울7

36 인 **특허출원의 공고**의 성격은 **확인**이다. 16서울7

37 **수리**는 행정청이 타인의 행위를 **유효한 것으로서 수령하는 인시이 표시**행위이며, **공무원의 시표 수리**는 "형성적 행위"로서의 성질을 갖는다고 볼 수 있다. 20군무원7

38 행정청이 한 행위가 단지 사인 간 법률관계의 존부를 공적으로 증명하는 **공증행위**에 불과하여 그 효력을 둘러싼 **분쟁의 해결이 사법원리(私法原理)에 맡겨져 있는 경우**에는 **항고소송**의 대상이 되지 **아니**한다.(90누9414) 17서울7

38 행정청이 한 행위가 단지 사인 간 법률관계의 존부를 공적으로 증명하는 **공증행위**에 불과하더라도 그 효력을 둘러싼 **분쟁의 해결이 사법원리(私法原理)에 맡겨져 있는 경우**에는 **항고소송의 대상이 된다**. 17서울7

39 **항고소송의 대상적격** 여부는 행위의 성질·효과 이외에 **행정소송제도의 목적**이나 사법권(司法權)에 의한 국민의 권익보호기능도 충분히 **고려하여 합목적적으로 판단**해야 한다. 17서울7

수시참고 02 행정소송의 종류·내용·구도

O 지문

01 「행정소송법」상 행정청이 일정한 **처분을** 하지 못하도록 그 **부작위를 구하는 청구**는 허용되지 않는 **부적법한** 소송이다. 15지방9

02 신축건물의 **준공처분을 하여서는 아니 된다**는 내용의 **부작위를 청구**하는 행정소송은 예방적 부작위소송으로서 허용되지 **아니한다**.(86누182) 18교행9

03 대법원 판례는 **의무이행소송**이나 **적극적 형성판결**을 구하는 행정소송을 인정하지 **아니한다**. 10경행

04 **거부처분**에 대하여 **의무이행심판**을 제기할 수 있으나, **의무이행소송**은 허용되지 **않**는다. 17소간

05 「행정소송법」은 행정소송사항에 관하여 **개괄주의**를 채택하였지만, **민중소송**은 예외적으로 **열기주의**를 채택하였다. 19소방

06 행정소송법 제3조에서는 **행정소송을 항고소송**, 당사자소송, 민중소송, 기관소송**으로 구분**한다. 12지방9

07 **항고소송**이란 행정청의 **처분** 등이나 **부작위에** 대하여 제기하는 소송이다. 17경행8

08 「행정소송법」상 항고소송은 취소소송 무효등 확인소송 부작위법확인소송으로 구분한다. **당사자소송은 항고소송이 아니다**. 21소방

09 **취소소송**이란 행정청의 위법한 처분 등을 **취소** 또는 **변경**하는 소송을 말한다. 12지방9

10 (**무효등확인소송**에서) 행정행위의 **부존재확인**을 청구하는 것은 허용된다. 08(하)지방9
  ⊕ 무효등 확인소송은 행정청의 처분 등의 효력 유무 또는 존재 여부를 확인하는 소송이다. 즉, 처분의 유효·무효, 존재·부존재의 확인이 모두 가능하다

11 **부작위법확인소송**은 부작위의 위법함을 확인함으로써 행정청의 응답을 신속하게 하여 **부작위** 내지 **무응답**이라고 하는 소극적인 위법상태를 **제거**하는 것을 목적으로 한다. 16서울7

12 **부작위법확인소송**에 있어서의 판결은 행정청의 특정 **부작위의 위법** 여부를 확인하는 데 그치고, 적극적으로 행정청에 대하여 일정한 **처분**을 할 **의무**를 직접 **명**하지는 **않는다**. 20군무원7

13 **당사자소송**이란 행정청의 **처분등을 원인으로 하는 법률관계**에 관한 소송, **그 밖에 공법상의 법률관계**에 관한 소송으로서 그 법률관계의 한쪽 **당사자를 피고로** 하는 소송을 의미한다. 23지방9

14 (**당사자소송은**) **대등 당사자 간**에 다투어지는 **공법상의 법률관계**를 소송의 대상으로 한다. 13지방9

15 **형식적 당사자소송**이란 실질적으로 행정청의 **처분등을 다투는** 것이나 **형식적으로는 처분 등의** 효력을 **다투지도 않고**, 또한 **처분청을 피고로 하지도 않고**, 그 대신 처분 등으로 인해 형성된 법률관계를 다투기 위해 **관련 법률관계의 일방 당사자를 피고로 하여** 제기하는 소송을 말한다. 17서울7

16 소송형태는 **당사자소송의 형식**을 취하지만 **실질적으로는 처분 등의 효력을 다투는 항고소송의 성질**을 가지는 소송은 **형식적 당사자소송으로서** 현행법상 **인정**된다. 대표적으로 토지보상법상의 **보상금증감소송**이 있다. 20지방7

17 **민중소송**은 특별히 법률의 **규정이 있을 때에 한**하여 예외적으로 인정된다. 16국회8

18 민중소송 및 기관소송은 **법률이 정한 자에 한**하여 제기할 수 있다. 21소방

19 (**기관소송은**) 개별법률에 특별한 **규정이 있는 경우**에 인정되고 그 **법률에 정한 자만**이 제기할 수 있다. 09국가7

X 지문

02 신축건물의 준공**처분을 하여서는 아니 된다**는 내용의 **부작위를 청구**하는 행정소송은 예외적으로 **허용된다**. 18교행9

06 행정소송법 제3조에서는 **행정소송을 취소소송**, 당사자소송, 민중소송, 기관소송**으로 구분**한다. 12지방9

08 「행정소송법」상 **항고소송**은 취소소송 무효등 확인소송 부작위법확인소송 **당사자소송으로 구분**한다. 21소방

10 (**무효등확인소송**에서) 행정행위의 **부존재확인**을 청구하는 것은 허용되지 **않는다**. 08(하)지방9

16 소송형태는 **당사자소송의 형식**을 취하지만 **실질적으로는** 처분 등의 효력을 다투는 **항고소송의 성질**을 가지는 소송은 현행법상 **인정되지 아니**한다. 20지방7

20 우리나라에서 **객관소송**은 당사자의 **구체적인 권리·의무**에 관한 분쟁해결이 **아니**라 행정감독적 견지에서 **행정법규의 정당한 적용**을 확보하거나 **선거 등의 공정의 확보**를 위한 소송으로 이해된다. 10국회9

21 **국가 또는 공공단체의 기관**이 **법률에 위반**되는 행위를 한 때에 직접 **자기의 법률상 이익과 관계없이** 그 시정을 구하기 위하여 **제기하는 소송**을 **민중소송**이라 한다. 21소방

21 **국가 또는 공공단체의 기관**이 **법률에 위반**되는 행위를 한 때에 직접 **자기의 법률상 이익과 관계없이** 그 시정을 구하기 위하여 **제기하는 소송**을 **기관소송**이라 한다. 21소방

22 공직선거법상의 **선거소송**(은 **민중소송**에 해당한다) 14서울7

23 공직선거법상의 **당선소송**(은 **민중소송**에 해당한다) 14서울7

24 지방자치법에 따른 **주민소송**의 유형으로서 중지청구소송(은 **민중소송**에 해당한다) 14서울7

25 지방자치법에 따른 **주민소송**의 유형으로서 부당이득반환청구소송(은 **민중소송**에 해당한다) 14서울7

26 **기관소송**이란 국가 또는 공공단체의 **기관 상호 간**에 있어서의 **권한**의 존부 또는 그 행사에 관한 **다툼**이 있을 때에 이에 대하여 제기하는 소송을 말한다. 12지방9

27 **국가기관 상호 간**의 **권한**의 존부에 관한 **다툼**이 있는 경우 행정소송인 **기관소송**을 제기할 수 **없다.** 10국회9
   ⊕ 이 경우 헌법재판소의 권한쟁의 심판의 대상이 되므로, 기관소송은 할 수 없다.

28 **지방자치단체 상호 간**의 **권한쟁의**는 **헌법재판소**의 관할에 속한다. 09국가7

28 **지방자치단체 상호 간**의 **권한쟁의**는 **행정법원**의 관할에 속한다. 09국가7

29 「지방교육자치에 관한 법률」제28조 제3항에 따라 **교육감**이 **시·도의회를 상대**로 대법원에 제기하는 소송은 **객관소송**이다. 10국회9(변형)
   ⊕ 객관소송 중 기관소송에 해당한다.

30 **지방자치단체의 장**이 **지방의회의 재의결**에 대하여 제기하는 무효확인소송은 **기관소송**이다. 16국회8

31 행정소송법에서는 **민중소송으로써 처분 등의 취소**를 구하는 소송에는 그 성질에 반하지 아니하는 한 **취소소송**에 관한 규정을 **준용**한다. 18교행9

32 **기관소송으로서 처분 등의 취소**를 구하는 소송에는 그 성질에 반하지 아니하는 한 **취소소송**에 관한 규정이 **준용**된다. 09국가7

테마별 N지 모음

N1 도로법 제61조에서 "공작물·물건, 그 밖의 시설을 신설·개축·변경 또는 제거하거나 그 밖의 사유로 도로를 점용하려는 자는 도로관리청의 허가를 받아야 한다."고 규정하고 있다. 甲은 도로관리청 乙에게 도로점용허가를 신청하였으나, 상당한 기간이 지났음에도 아무런 응답이 없어 행정쟁송을 제기하여 권리구제를 강구하려고 한다. 다음 설명으로 옳은 것은?(다툼이 있는 경우 판례에 의함) 16지방9 ③

① 甲은 의무이행소송을 제기하여 권리구제가 가능하다.
② 甲이 부작위위법확인소송을 제기한 경우, 법원은 乙이 도로점용허가를 발급해 주어야 하는지의 여부를 심리할 수 있다.
③ 甲이 제기한 부작위위법확인소송에서 법원의 인용판결이 있는 경우, 乙은 甲에 대하여 도로점용허가신청을 거부하는 처분을 할 수 있다.
④ 甲이 의무이행심판을 제기한 경우, 도로점용허가는 기속행위이므로 의무이행심판의 인용재결이 있으면 乙은 甲에 대하여 도로점용허가를 발급해 주어야 한다.

[해설] ① 甲은 의무이행소송을 통한 적극적 권리구제는 불가능하고, 부작위위법확인소송을 제기하여 무등답의 상태를 제거하는 소극적 권리구제만 가능할 뿐이다.
② 甲이 부작위위법확인소송을 제기한 경우, 법원은 乙이 도로점용허가를 발급해 주어야 하는지의 여부를 심리할 수 없고, 乙의 무응답이 위법한지만을 심리할 수 있다.
④ 도로점용허가는 재량행위이다.

N2
기
주관적 소송에 속하지 않는 것은? 13서울9 ④
① 취소소송
② 부작위위법확인소송
③ 당사자소송
④ 기관소송
⑤ 무효등확인소송

[해설] ④ 기관소송은 객관소송에 속한다.

N3 다음 중 행정소송법상 행정소송의 유형이 다른 하나는? 12(하)지방9 ②
① 구「광주민주화운동 관련자 보상 등에 관한 법률」에 따른 보상금지급청구소송
② 주민투표법에 따른 주민투표의 효력에 관한 소송
③ 구 석탄산업법상의 석탄가격안정지원금 지급청구에 관한 소송
④ 구 방송법에 근거한 수신료부과행위를 다투는 소송

[해설] 주민투표법에 따른 주민투표의 효력에 관한 소송은 객관소송인 민중소송에 해당한다(②). 나머지는 모두 자신의 법률상 이익을 위해 다투는 주관소송이다.

N4 지방자치단체인 A광역시가 부과하는 지방세의 징수를 담당하는 소속 공무원인 B는 납세의무자인 D의 허위신고를 묵인하고 해당 지방세를 징수하지 않았다. 이에 감사청구를 한 주민 C가 60일이 경과해도 감사가 종료되지 않았을 때 제기할 수 있는 소송의 유형은? 11국가9 ④
① 민법상 손해배상청구소송
② 공법상 당사자소송
③ 항고소송
④ 민중소송으로서의 주민소송